게임사전

GAME DICTIONARY

게임
사전

게임에 대해 알고 싶었던 모든 것

엔씨소프트문화재단 편찬 | 이어령 감수 | 이인화·한혜원 책임 집필

해냄

■ 감수

이어령

문학평론가, 소설가, 이화여자대학교 국문과 명예교수. 1934년 충남 아산에서 태어났다. 서울대 국문과와 같은 대학원을 졸업하고 초대 문화부 장관, 유네스코 세계문화예술교육대회 조직위원회 위원장 등을 역임했다. 1956년 《한국일보》에 〈우상의 파괴〉를 발표하며 평론계에 등단했다. 저서 『흙 속에 저 바람 속에』는 7개 국어로 번역되는 등 당대 최고의 베스트셀러였으며 『축소지향의 일본인』은 탁월한 일본 문명 분석서로 평가받았다.

이화여대 교수로 30여 년간 재직하면서 여러 신문의 논설위원으로 활약했으며, 월간《문학사상》의 주간을 역임했다. 서울 올림픽 개폐회식 주관을 비롯해 한국을 대표하는 다양한 문화 행사와 대형 기획을 주도했다. 현재 한중일비교문화연구소 이사장으로 재직 중이다.

『생명이 자본이다』『디지로그』『젊음의 탄생』『지성에서 영성으로』『이어령의 80초 생각 나누기』 등 다수의 저서를 펴냈다.

■ 편찬

엔씨소프트문화재단

엔씨소프트가 창립 15주년을 맞아 더욱 체계적이고 지속적인 사회공헌활동을 위해 2012년에 설립한 비영리 공익재단으로, 윤송이 엔씨소프트 글로벌 최고전략책임자(CSO)가 이사장으로 있다. '사회적 약자에 대한 배려'와 '우리 사회의 질적 도약을 위한 가치 창출'을 지향한다.

주요 사업으로 의사소통 지원 SW 〈나의AAC〉 시리즈 등 장애인이 직면하는 문제들을 개선하는 소프트웨어를 개발하고 있으며, 서사 창작을 지원하는 컴퓨터 프로그램인 〈스토리헬퍼〉를 공동 개발했다. 스페셜올림픽 한국대표팀 공식 후원 파트너이기도 하다. 또한 게임도 즐기면서 기부를 할 수 있는 새로운 모바일 퀴즈플랫폼을 개발 중이며, 『게임사전』 편찬을 기획하고 재정 후원을 맡는 등 대한민국 게임 문화 및 콘텐츠의 질적 성장에 앞장서고 있다.

이인화

문학평론가, 소설가, 이화여자대학교 융합콘텐츠학과(구 디지털미디어학부) 교수. 1966년 대구에서 태어났다. 서울대 국문과와 같은 대학원을 졸업하고 이화여대 교수로 20여 년간 재직하면서 문화융성위원회 위원 등을 역임했다. 1988년 계간 《문학과 사회》에 〈양귀자론〉을 발표하며 평론계에 등단했다. 1993년 발표한 소설 『영원한 제국』은 8개 국어로 번역되는 등 당대 최고의 베스트셀러로 대한민국 팩션의 새 지평을 열었다는 평가를 받았다. 영화 〈청연〉 등의 시나리오를 썼고 온라인 게임 〈쉔무〉, 〈길드워〉의 스토리 작업에 참여했다. 영화 애니메이션 시나리오 창작 도구 〈스토리헬퍼〉를 공동 개발했다. 소설에 『내가 누구인지 말할 수 있는 자는 누구인가』 『초원의 향기』 『시인의 별』 『하늘꽃』 『하비로』 『지옥설계도』, 연구서에 『디지털 스토리텔링』(공저) 『한국형 디지털 스토리텔링』 『스토리텔링 진화론』 등이 있다.

한혜원

이화여자대학교 융합콘텐츠학과(구 디지털미디어학부) 부교수. 1976년 서울에서 태어났다. 이화여대 국문과와 같은 대학원을 졸업했다. 「Characterization of Female Protagonists in Video Games : A Focus on Lara Croft」 등 다수의 게임 관련 학술 논문을 발표했다. '여성 트랜스미디어 콘텐츠 기획자 양성'(2014), '인터랙티브 e-콘텐츠 개발'(2012) 등 디지털 게임 및 뉴미디어 콘텐츠 관련 다수의 연구과제 책임자였다. 주요 연구 분야는 웹 콘텐츠, 게임학, 팬덤 등이다. 연구서에 『디지털 게임 스토리텔링』 『디지털 시대의 신인류 호모 나랜스』 『아이의 마음을 훔치는 스토리텔링 전략』 등이 있다.

■ 집필진

강윤정 │ 애니메이션과 게임에서의 이미지-서사 결합 연구자. 이화여자대학교 디지털미디어학부 석사 졸업. 논문으로는 「3D 애니메이션 재현 이미지의 서사적 특징 연구」가 있다. 네오위즈와 위메이드를 거쳐 현재 캡콤에서 〈몬스터 헌터〉 팀의 기획자로 재직 중이다.

구혜인 │ 온라인 게임 스토리텔링 연구자. 이화여자대학교 디지털미디어학부 석사 과정 수료. 논문으로는 「AOS 게임 캐릭터의 존재론적 재현 양상 분석」, 「MMORPG 진영 간 전투의 스토리텔링 연구」가 있다. AOS 장르를 비롯한 온라인 게임 캐릭터의 구현 방식과 특성에 관해 연구하고 있다. 현재 NHN엔터테인먼트에서 게임 기획자로 재직 중이다.

권민경 │ 온라인 커뮤니티에서의 팬덤 담화 연구자. 이화여자대학교 디지털미디어학부 석사 졸업. 논문으로는 「어트리뷰트 뮤지컬 넘버 구성에 따른 서사 구조 연구」가 있다. 현재 이노스파크에서 SNG 게임 디자이너로 재직 중이다.

권보연 │ 게이미피케이션과 디지털 커뮤니티 연구자. 이화여자대학교 디지털미디어학부에서 「SNS의 게임화 연구」로 박사 졸업. 저서로 『게이미피케이션』 『트랜스미디어 스토리텔링의 이해』(공저)가 있다. 현재 이화여자대학교 신산업융합대학 산학협력교수로 재직 중이다.

길선영 │ 디지털 전시관과 전시 영상 연구자. 칼 아츠(California arts institute, Cal Arts)에서 석사학위를 취득했으며, 이화여자대학교 디지털미디어학부 박사과정 수료. 현재 시공테크에 재직 중이다.

김수진 │ 인터랙티브 스토리텔링 연구자. 이화여자대학교 인문대 수석졸업 후, 현재 같은 학교 융합콘텐츠학과 석사과정 재학 중. 학부 시절 《스크랜튼 ATE 저널》에 수록된 한국 드라마 재매개 양상에 대한 연구를 시작으로, 현재는 SNS와 인터넷 개인 방송에 대한 연구를 진행하고 있다.

김연 │ SNS와 게임성 연구자. 이화여자대학교 디지털미디어학부 석사 졸업. 현재 스마일게이트에서 글로벌 게임 사업 담당자로 재직 중이다. 논문으로는 「중국 SNS의 레벨 시스템 연구」가 있다.

김유나 │ 사용자 생성 콘텐츠와 디지털 스토리텔링 연구자. 이화여자대학교 융합콘텐츠학과 박사과정 재학 중. 「한국 일상툰의 풍자 연구」로 석사학위를 받았으며 가천대학교 교양교육연구센터에서 융합 교과과정을 연구 개발했다. 논문으로는 「한국 웹 콘텐츠의 동향 및 유형 연구」 「한국 웹소설의 멀티모드성 연구」, 저서로는 『트랜스미디어 스토리텔링의 이해』(공저) 등이 있다.

김은정 │ 기능성 게임과 체감형 게임 연구자. 이화여자대학교 디지털미디어학부 박사 졸업. 논문으로는 「체감형 게임의 키아즘 연구」가 있다. 중앙대학교 영어영문학과 BK21플러스 스토리텔러 교육공동체 사업

단 연구교수를 역임했다.

김정연 | 게임 스토리텔링 연구자. 이화여자대학교 디지털미디어학부 석사 졸업. 논문으로는 「테크노-코드로서의 캐릭터 이모티콘 분류체계 연구」「MOBA 게임 캐릭터의 기호적 특성에 따른 플레이 양상 연구」등이 있다. 현재 yd온라인에서 게임 기획자로 재직 중이다.

김지희 | 게임 스토리텔링 연구자. 이화여자대학교 융합콘텐츠학과 석사과정 재학 중. 학부 재학 중 게임동아리를 이끌었다. 2015년 한국게임학회 추계학술대회에서 「모바일 러닝액션 게임 〈쿠키런〉의 스토리텔링 연구」로 우수논문상을 받았다. 게임에서의 캐릭터 재현 양상에 대한 연구를 진행하고 있다.

김화현 | 모바일 게임과 디지털 스토리텔링 연구자. 이화여자대학교 융합콘텐츠학과 석사과정 재학 중. 포스코에서 신사업 프로젝트 발굴과 오픈 이노베이션에 기반을 둔 창의혁신 프로그램을 기획 및 운영했다. 논문으로는 「모바일 RPG 자동전투 기능을 통한 욕망 충족 양상 연구」가 있다. 플랫폼의 모바일화에 따른 신규 서비스 연구를 진행하고 있다.

남승희 | 게임 콘셉트 스토리와 시나리오 연구자. 이화여자대학교 디지털미디어학부 석사 졸업. 논문으로는 「시리얼 드라마의 서사 확장 원리 연구」가 있다. 현재 넥슨코리아 〈메이플스토리 2〉 프로젝트에서 시나리오 라이터로 재직 중이다.

류민수 | 에듀테인먼트 스토리텔링 연구자. 이화여자대학교 디지털미디어학부 석사 졸업. 논문으로는 「유아용 서사 창작 어플리케이션의 스토리-리텔링 구조 분석」이 있다. 현재 시공미디어에서 교육 콘텐츠 기획자로 재직 중이다.

문아름 | TV 콘텐츠와 인터랙티브 스토리텔링 연구자. 이화여자대학교 융합콘텐츠학과 박사과정 재학 중. MBC에서 방송작가로 재직했다. 논문으로는 「트위터 기반 대안 미디어의 게임성 연구」「국내 TV 자연 다큐멘터리 에필로그 시스템에 나타난 서사 전략 분석」「소셜 네트워크 서비스의 은유적 특성 연구」가 있다. 저서로는 『책과 연애』가 있다. 디지털 패러다임에 따른 TV 콘텐츠의 스토리텔링 변화 양상에 대한 연구와 스토리 창작을 진행하고 있다.

박경은 | 콘텐츠 산업 연구자. 이화여자대학교 디지털미디어학부 석사 졸업. 논문으로는 「한국 리얼 버라이어티쇼의 게임 진화적 모델 연구」가 있다. 한국콘텐츠진흥원을 거쳐 현재는 경북대 의료로봇연구소에 재직 중이다.

박나래 | 소셜 미디어 스토리텔링 연구자. 여자대학교 디지털미디어학부 석사과정 수료. 현재 글로벌 메신저 라인의 캐릭터 비즈니스 마케터로 재직 중이다.

박나영 | 디지털 문화와 사용자 스토리텔링 연구자. 이화여자대학교 디지털미디어학부 석사 졸업. 논문으로는 「컨버전스 시대 UCC의 활용」이 있다. 현재 라인 플레이에서 책

임연구원으로 재직 중이다.

박미리 | 게임 스토리텔링과 게임 문화 연구자. 이화여자대학교 디지털미디어학부 석사 졸업. 논문으로는 「온라인 게임에 나타난 사용자 생성 규칙 연구」「MOBA 게임 캐릭터의 기호적 특성에 따른 플레이 양상 연구」 등이 있다. 현재 스마일게이트 모바일 NEXT 스튜디오에서 프로젝트 매니저로 재직 중이다.

박세영 | 트랜스미디어와 게임 스토리텔링 연구자. 이화여자대학교 융합콘텐츠학과 석사과정 재학 중. 여성 트랜스미디어 콘텐츠 기획자 양성과정을 수료하였다. 가상 현실 활용 방안 연구와 인디 게임에 나타난 스토리텔링 양상과 플레이에 대한 연구를 진행하고 있다.

박유진 | 게임에 대한 인문학적 비평과 시리어스 게임의 활용 방안 연구자. 이화여자대학교 디지털미디어학부 석사과정 수료. 「타이니팜 : 욕망의 손길에 몸을 맡기고 경계를 넘나들다」로 2012 게임비평상 대상을 받았다. 현재는 스마일게이트에서 〈프로젝트 퍼피〉 팀의 기획자로 재직 중이다.

박은경 | 문화 콘텐츠 스토리텔링 연구자. 이화여자대학교 융합콘텐츠학과 박사과정 재학 중. (재)대구디지털산업진흥원에서 〈지역 스토리텔러 양성사업〉을 비롯한 다수의 정부 사업을 운영 및 기획한 바 있다. 석사학위 논문으로 「온라인 게임 공간의 구조와 특성 연구」가 있으며, 저서로는 『트랜스미디어 스토리텔링의 이해』(공저)가

있다. 문화 콘텐츠를 중심으로 한 융복합 콘텐츠를 연구하고 있다.

박주연 | 인터랙티브 드라마와 1인 미디어 스토리텔링 연구자. 이화여자대학교 융합 콘텐츠학과 석사과정 재학 중. 한국과학창의재단에서 후원하는 초등학교 창의수업을 진행하였으며 그 과정에서 게이미피케이션을 적용하고자 노력하였다. 죽음, 식욕 등 금기적인 소재가 디지털 콘텐츠로 이식 및 변형되는 양상과 그 과정에 대한 연구를 진행하고 있다.

박진서 | 팬덤과 사용자 생성 콘텐츠 연구자. 이화여자대학교 융합콘텐츠학과 석사과정 재학 중. 여성 트랜스미디어 콘텐츠 기획자 양성과정을 수료했으며, 액션 퍼즐 슈팅 게임을 기획한 바 있다. 팬픽의 스토리텔링 양상과 만화 및 웹툰에 등장하는 캐릭터에 관한 연구를 진행하고 있다.

배온유 | 웹툰과 사용자 생성 콘텐츠 연구자. 이화여자대학교 융합콘텐츠학과 석사과정 재학 중. 학부 시절 예술 창작 집단 프로젝트 414에서 미국 극작가 애니 베이커의 연극 〈써클 미러 트랜스포메이션(Circle Mirror Transformation)〉의 번역·기획 작업에 참여했다. 웹툰에서 재현하는 캐릭터와 공간에 관해 연구하고 있다.

배효진 | 1인 미디어 스토리텔링 연구자. 이화여자대학교 디지털미디어학부 석사과정 수료. 한국콘텐츠진흥원 및 서울문화재단이 발주한 프로젝트에 연구원으로 참여하여 스토리 컨설팅 및 온라인 정보구조 분석을

수행하였다. 현재 KTH TV사업본부 모바일 미디어팀에서 편성 기획자로 재직 중이다.

서성은 | 트랜스미디어 스토리텔링 연구자이자 방송작가. 이화여자대학교 디지털미디어학부 박사 졸업. 현재 국립 한경대학교 미디어문예창작학과 교수로 재직 중이다. 방송, 게임, 웹 등 매체를 넘나들며 전개되는 트랜스미디어 프로젝트를 진행하고 있다.

손형전 | MMORPG의 콘텐츠 연구자. 이화여자대학교 디지털미디어학부 석사 졸업. 논문으로는 「게임 캐릭터의 죽음과 부활에 관한 기호학적 분석」이 있다. 현재 넥슨코리아에서 〈메이플스토리 2〉의 시스템 디자이너로 재직 중이다.

송미선 | 소셜 게임과 퍼즐 게임 연구자. 이화여자대학교 디지털미디어학부 석사 졸업. 논문으로는 「사회적 네트워크(Social Network) 기반 게임 사용자 스토리텔링 생성 구조에 관한 연구」가 있다. 현재 플레로게임즈에서 〈에브리타운 포 카카오〉의 기획자로 재직 중이다.

송세진 | 디지털 콘텐츠의 캐릭터라이징 연구자. 이화여자대학교 디지털미디어학부 석사과정 수료. 논문으로는 「Proposing the model of a storytelling-based smart board game for children」이 있다. 현재 네이버 라인 플레이에서 게임 기획자로 재직 중이다.

안보라 | 게임의 구비문학성 연구자. 이화여자대학교 디지털미디어학부 석사 졸업.

논문으로는 「MMORPG에서의 몸과 거주의 문제」가 있다. 엔씨소프트, NHN엔터테인먼트, 넥슨에서 근무했다.

안수지 | 사용자 스토리텔링과 팬 문화 연구자. 이화여자대학교 디지털미디어학부 석사 졸업. 논문으로는 「한국 아이돌 팬픽의 서사 연구」가 있다. 현재 엔씨소프트에서 〈아이온〉 시스템 디자이너로 재직 중이다.

안진경 | 게임학과 디지털 스토리텔링 연구자. 이화여자대학교 융합콘텐츠학과 박사과정에 있으며 계원예술대학교 게임미디어과 겸임교수로 재직 중이다. 엔씨소프트와 바른손게임즈에서 MMORPG와 기능성 게임을 개발했고 제일기획에서 크리에이티브 플래닝 및 브랜드 스토리 디자인을 담당했다. 논문으로 「플레이어 유형에 따른 MMORPG 사용자 생성 콘텐츠 연구」 등이 있으며, 저서로 『트랜스미디어 스토리텔링의 이해』(공저)가 있다. 게이미피케이션에 대한 연구와 콘텐츠 창작을 진행하고 있다.

유지아 | 게이미피케이션과 젠더 스토리텔링 연구자. 이화여자대학교 융합콘텐츠학과 석사과정 재학 중. 삼성출판사의 EC창작본부에서 어린이 교양도서 및 실용도서를 기획하고 제작하고 있다. 게이미피케이션의 실제 적용 양상과 영상 콘텐츠에서 나타나는 젠더 스토리텔링에 대한 연구를 진행하고 있다.

유지은 | UX 기획 연구자. 이화여자대학교 디지털미디어학부 석사 졸업. 논문으로는 「소셜 네트워크 팬덤의 참여 구조 연구 : 페

이스북(facebook)을 중심으로」가 있다. 스마일게이트를 거쳐 SK플래닛의 UX 팀에 재직 중이다. 현재 모바일 11번가의 UX 전략 기획 업무를 담당하고 있다.

윤현정 | 문화 콘텐츠와 디지털 게임 연구자. 이화여자대학교 디지털미디어학부 박사 졸업. 논문으로는 「MCN 게이밍 콘텐츠의 스토리텔링 연구」 「인터랙티브 스토리텔링의 스토리생성 모델 연구」가 있다. 현재 인하대학교 한국학 연구소 HK연구교수로 재직 중이다.

윤혜영 | 가상 세계와 게임 스토리텔링 연구자. 이화여자대학교 융합콘텐츠학과 박사과정 재학 중. 논문으로는 「퍼즐 게임 플레이에 나타난 엔트로피 감소의 시뮬레이션」, 저서로는 『트랜스미디어 스토리텔링의 이해』(공저)가 있다. 디지털 게임의 모디피케이션에 대한 연구를 진행하고 있다.

이동은 | 영상 미디어와 가상 세계 및 디지털스토리텔링 연구자. 이화여자대학교 디지털미디어학부에서 「디지털 게임 플레이의 신화성 연구」로 박사학위 취득. 애니메이션, 영화, 게임 프로듀싱 실무 경력을 바탕으로 현재 가톨릭대학교 미디어기술콘텐츠학과에서 스토리텔링 전공 교수로 재직 중이다. 디지털 패러다임에 따른 스토리텔링 형식의 변화 양상에 대한 연구와 스토리 창작을 진행하고 있다.

이슬기 | 비디오 게임 연구자. 이화여자대학교 디지털미디어학부 석사 졸업. 스마트보드 게임 개발, 제일기획 스토리텔링 전략 교육과정 프로그램 개발, 스토리공모대전 수상작 컨설팅 등의 프로젝트에 참여하였다. 게임 공간에 나타나는 시간적 특성에 대해 연구하고 있다.

이영수 | 환상문학과 게임 연구자. 이화여자대학교 디지털미디어학부에서 「환상소설의 매체 전환 연구 : 해리포터를 중심으로」로 박사학위 취득. 현재 단국대학교 영화콘텐츠전문대학원 영화콘텐츠학과에서 연구전임 조교수로 재직 중이다. 저서로 『디지털 게임과 현대사회』(공저), 『트랜스미디어 스토리텔링의 이해』(공저) 등이 있다.

이주희 | 온라인 게임 연구자. 이화여자대학교 디지털미디어학부 석사 졸업. 논문으로는 「MMORPG의 내재적 시간 경험의 서사화 과정 연구」 「디지털 팝업북의 물질성 연구」가 있다. 현재 블루홀에서 〈테라〉의 게임 디자이너로 일한다.

이지영 | 웹툰 스토리텔링 연구자. 디지털 스토리텔링과 대중 서사 연구자. 이화여자대학교 디지털미디어학부 석사 졸업. 논문으로는 「한국 웹툰의 고백적 중개성 연구」 「자기 재현적 웹툰의 주제의식 연구」가 있다. 현재 넥슨에서 온라인 게임 〈페리아 연대기〉의 기획자로 재직 중이다.

이진 | 게임과 디지털 스토리텔링 연구자. 이화여자대학교 융합콘텐츠학과 박사과정에 재학 중이며 한경대학교 출강 중. 논문으로 「한국 웹드라마의 스토리텔링 양상」 등이 있으며, 저서로 『트랜스미디어 스토리텔링의 이해』(공저)가 있다. 모바일 미디어와

웹 콘텐츠에 대한 연구를 진행하고 있다.

임수미 | 온라인 게임에서의 사용자 서사 연구자. 이화여자대학교 디지털미디어학부 석사 졸업. 논문으로는 「웹 기반 MMORTS 〈부족전쟁〉의 스토리텔링 연구」가 있다. 엔씨소프트의 〈블레이드 & 소울〉 팀과 스마일게이트의 〈로스트 아크〉 팀에서 시나리오와 퀘스트를 기획했다. 현재 스마일게이트 모바일팀에 재직 중이다.

임정희 | 팬 커뮤니티와 팬덤 연구자. 이화여자대학교 디지털미디어학부 석사과정 수료. 스토리공모대전 수상작 컨설팅, 여성 트랜스미디어 콘텐츠 기획자 양성과정, LG전자 UX 및 콘텐츠 전략 자문연구 등 각종 외부 프로젝트를 진행한 바 있다. 현재 팬덤의 특성에 대한 연구를 진행하고 있다.

임현정 | 대중 문화의 팬덤 및 2차 창작 문화 연구자. 이화여자대학교 디지털미디어학부 석사 졸업. 제주 용암동굴 시나리오 콘텐츠 개발 프로젝트에 참여했다. 논문으로는 「보컬로이드 2차 창작의 변형 구조 연구」가 있다.

장세연 | 가상 세계와 사용자 정체성 연구자. 이화여자대학교 융합콘텐츠학과 석사과정 재학 중. 웨어러블 디바이스의 콘텐츠를 기획해 글로벌 해커톤에서 수상한 바 있다. 디지털 가상 세계의 스토리텔링 양상과 세계관, 캐릭터, 플레이를 통한 실존적 정체성에 관한 연구를 진행하고 있다.

정다희 | 교육용 게임 연구자. 이화여자대학교 디지털미디어학부 석사 졸업. 논문으로는 「유머 요소를 적용한 휴대용 게임의 스토리텔링 양상 연구 : 닌텐도 DS Lite 타이틀을 중심으로」가 있다. 엔씨소프트를 거쳐 현재 키드앱티브에서 영어 교육용 게임 〈호두잉글리시〉 기획자로 재직 중이다.

정소윤 | 교육용 가상 세계와 공간스토리텔링 연구자. 이화여자대학교 디지털미디어학부 석사 졸업. 논문으로는 「육성 시뮬레이션 게임을 활용한 교육용 가상 세계의 콘텐츠 연구」가 있다. 현재 카카오에서 키즈·영타깃 서비스를 비롯한 모바일 앱 서비스를 기획하고 있다.

정아람 | 증강 현실과 모바일 게임 스토리텔링 연구자. 이화여자대학교 융합콘텐츠학과 석사과정 재학 중. 플로팅 방식을 이용한 유사 홀로그램 공연의 구성 및 연출에서 나타나는 시각 효과의 특수성과, 국내 모바일 게임의 카드 포맷 도입 양상에 따른 플레이 방식의 성격 변화에 관한 연구를 진행하고 있다.

정유진 | 소셜 미디어의 놀이 문화 양상 연구자. 이화여자대학교 디지털미디어학부 석사 졸업. 논문으로는 「디지털 서사도구의 인과율 개념 연구」가 있다. 현재 모바일 아바타 커뮤니티 서비스 라인 플레이의 서비스 기획을 담당하고 있다.

정은혜 | 웹 콘텐츠와 사용자 참여문화 연구자. 이화여자대학교 디지털미디어학부 석사 졸업. 논문으로는 「한국 웹 기반 여성소설에 나타난 서사적 특성 연구」 등이 있다.

웹 소설의 스토리텔링 양상에 주목하고 이와 관련된 연구를 진행하고 있다.

정재은 | 게임 규칙과 메커닉 연구자. 이화여자대학교 융합콘텐츠학과 석사과정 재학 중. NHN엔터테인먼트에서 게임 기획자로 모바일 맞고와 포커 개발에 참여했다. 논문으로는 「휴먼 컴퓨테이션 게임의 플레이 메커닉 유형 연구」가 있다. 게임 규칙을 중심으로 재미에 대한 연구를 진행하고 있다.

조가비 | 모바일 게임 기획자. 이화여자대학교 디지털미디어학부 석사과정 수료. 3인칭 매칭 타일 게임 〈Chew n' Pop〉과 사천성 〈Tip Tap Pop〉 프로젝트에 참여했다. (주)컴투스에서 신규 모바일 게임을 개발 중이다.

조성희 | 게임 초점화 연구자. 이화여자대학교 디지털미디어학부 석사 졸업. 논문으로는 「디지털 게임에서의 초점화 양상 연구」가 있다. 엔씨소프트를 거쳐 (주)와플소프트에서 〈엘룬사가〉 개발 및 라이브 서비스를 진행하고 있다.

함고운 | 모바일 캐주얼 게임 연구자. 이화여자대학교 디지털미디어학부 석사 졸업. 논문으로는 「시나리오 기법을 활용한 증강현실 서비스 발전 전망」이 있다. 〈런던올림픽 공식 모바일 게임〉 〈에브리타운 포 카카오〉 개발에 참여했다. 현재 레드스타 게임즈에 재직 중이다.

함초롬 | 비주얼 스토리텔링 연구자. 이화여자대학교 융합콘텐츠학과 석사과정 재학 중. 비주얼 아트 및 일러스트레이션 작업을 하고 있다. 논문으로는 「한국 웹툰에 나타난 스노비즘 연구」가 있다. 비주얼 스토리텔링과 게임 그래픽에 나타난 서사적 의미의 연구에 관심이 있으며, 전시 및 인디 출판 등의 창작 활동을 겸하고 있다.

홍연경 | 모바일 게임과 디지털 스토리텔링 연구자. 이화여자대학교 디지털미디어학부 석사 졸업. 논문으로는 「전자책 콘텐츠에 나타난 공포표현양식 연구」가 있다. 모바일 게임 〈드래곤 프렌즈〉 〈히어로스카이〉 개발에 참여했으며 현재 (주)메탈레몬에 재직 중이다.

2015년 6월 26일부터 7월 12일까지 진행된 표제어 자유 공모에서 표제어가 선정된 사용자분들 중 성명 공개를 허락해주신 분들의 명단입니다.

강인건	고성주	권병기	권혁규	김계락	김대성	김대환	김동현
김동환	김동휘	김민재	김성연	김아름	김완수	김일섭	김정윤
김종인	김종하	김지용	김진혁	김진호	김진환	김한솔	김현구
김현구	김효섭	나예호	박성준	박수정	박준학	박진석	박창언
배진형	변상현	서호영	설대만	손우진	송우섭	송원영	신강섭
신수원	신승협	양수연	양준석	양준석 (동명자)	오혜민	오혜민 (동명자)	유범선
유종한	유진실	이광용	이상균	이상민	이선근	이선제	이우상
이종민	이진표	이 찬	이학진	이희진	임수철	임영섭	임준혁
장정헌	전원일	전현준	전현준 (동명자)	정광진	정동화	정수빈	정아황
정연두	정원웅	정유정	정지혁	정지호	조준우	조현준	차상남
최원혁	최하람	한종각	함승현				

이재홍

숭실대학교 예술창작학부 문예창작전공 교수 및 한국게임학회 회장. 숭실대학교 전자공학과 졸업 후, 도쿄대학 대학원의 종합문화연구과에서 비교문학, 비교문화전공 연구과정을 거쳐 지역문화연구전공으로 석사 및 박사과정을 수료했으며, 숭실대학교 국어국문학과에서 「게임 스토리텔링 연구」로 문학박사 학위를 받았다. 저서로『게임 시나리오 작법론』『게임 스토리텔링』 등이 있다.

전봉관

한국과학기술원 인문사회과학부 및 문화기술대학원 교수. 서울대학교 국어국문학과와 동 대학원에서 석사와 박사학위를 받았다. 한국 근대문학과 문화, 인물과 사건, 서사 창작 등을 폭넓게 연구하고 있다. 저서로『경성 고민상담소』『경성 자살 클럽』『럭키경성』『경성기담』『황금광 시대』 등이 있다.

오규환

아주대학교 미디어학과 교수. 한국과학기술원 전산학과를 졸업 후 동 대학원에서 석사와 박사학위를 받았다. 넥슨에서 〈바람의 나라〉〈어둠의 전설〉 등의 온라인 게임 개발에 참여했다. 미국 게임 개발자 컨퍼런스(GDC)에서 2005년 'MMORPG의 퀘스트모델', 2008년 '온라인 게임의 수익 모델'에 대한 주제로 강연했다. 2007년 '인디 게임 공모전'에서 대상, 2010년 '대한민국 게임대상'에서 학술상을 수상했고 20여 건의 스마트폰 게임 개발에 참여했다.

윤형섭

상명대학교 대학원 게임학과 교수. 위자드소프트, 네오리진 등에서 게임 개발 및 프로듀싱에 참여했다. 저서로는『게이미피케이션 : 세상을 플레이하다』(공저)『한국 게임의 역사』(공저) 등이 있고, 번역서로는『게임디자인 원론 1·2·3』(공역)『게임 디자인 원리』(공역) 등이 있다.

세미오시스의 세포들

이어령

1770년에 만들어진 '현명한 터키인'이라는 체스 두는 로봇이 있다. 이 로봇은 당시 오스트리아의 여제, 마리아 테레지아를 즐겁게 해주었고 나폴레옹과도 대국했다. 로버트 윌리스라는 영국인이 의심을 품을 때까지 사람들은 100년간 이 기계가 진짜라고 믿었는데 알고 보니 상자 뒤에서 사람이 조작한 것이었다. 조작이 밝혀진 뒤에도 많은 사람들이 체스를 두는 기계가 있다고 믿었다. 이처럼 한번 들은 정보는 사실이 아님이 밝혀져도 좀처럼 사라지지 않는다.

컴퓨터 게임에 대한 우리들의 잘못된 정보도 마찬가지이다. 오늘날 청소년 범죄가 발생하면 이를 아날로그 결핍증 때문이라고들 한다. 게임을 하다 보면 사람을 죽이는 것과 같은 범죄에 무뎌진다는 것이다. 컴퓨터 게임이 사회악으로 치부되는 이 상황은 잘못된 지식이 한번 입력되면 그것이 나중에 사실이 아니라고 밝혀지더라도 교정되기 어렵다는 것을 보여준다.

잘못된 지식이 교정되기 위해서는 계몽이 필요하다. '현명한 터키인'과 같은 잘못된 지식, 사기극이 난무하던 시대는 동시에 계몽주의의 시대였다. 계몽 사상가들은 인간이 진보하려면 인간의 지식, 즉 인지적 능력이 재고되어야 한다고 보았다. 민중이 똑똑해질 때 무지와 미신이 사라지고 민주주의도 가능해진다고 믿었다. 그래서 만들어진 것이 디드로와 달랑베르의 사전, 즉 『백과전서(Encyclopédie)』였다. 『백과전서』는 동양의 『강희자전(康熙字典)』처럼 새로운 사물들, 새로운 철학 용어들에 삽화까지 넣어서 기술한 백과사전이다.

사전은 새로운 사상을 전파하고 공유하여 동시대 사람들 혹은 미래의 사람들에게 문화 유전자를 남긴다. DNA는 세포와 단백질을 통해서 전승되지만 우리의 말과 생각과 습관과 문화를 만드는 문화 유전자, 소위 밈(meme)이라고 하는 것은 용어 사전을 통해 전승된다. 사전이 생긴다는 것은 마치 DNA 풀(pool)이 생기듯이 그 시대 사회적 삶의 모든 것들에 대해 생각하는 세포, 즉 용어가 생긴다는 것이다.

게임이란 무엇인가. 게임은 이 현실에 있지 아니한 상상의 세계를 통해 어떤 의미를 생성한 것이다. 이를 '세미오시스'라고 한다. 우리는 법과 사회를 '노모스'라고 하고 자연을 '피시스'라고 한다. 인간은 노모스, 피시스, 세미오시스의 세 가지 세계에서 산다. 이 세 가지 세계의 균형이 깨지면 불행이 찾아오고 진화가 멈춘다. 오늘날 디지털 게임이라 하는 것은 좋고 나쁨의 문제가 아니다. 세 가지 법칙 중 게임이라는 규칙과 스토리텔링을 만드는 세미오시스의 세계는 인간의 본성이다. 게임은 어떤 특정 시대의 산물이 아니라 인류가 생기면서부터 지금까지 전해 오는 문화인 것이다. 이것을 우리가 어떻게 다루고, 어떤 규칙을 만들어나갈지를 생각해야 하며 이 문화를 창조적으로 이끌어나가는 일에 참여해야 한다.

21세기는 게임의 시대이다. 게임은 당당한 시민권을 가져야 한다. 그러기 위해서는 지금까지 산재해 있던 모든 용어들을 모아 쉽게 접근할 수 있게 함으로써, 게임 시대의 계몽기를 열어야 한다. 이를 위한 백과전서파가 지금 여기 한국에서 탄생했다. 『게임사전』을 시작으로 게임에 대한 비판과 토론이 가시화될 것이다. 이제 미신과 결별하고 똑바로 게임 문화를 바라볼 때이다.

『게임사전』을 발간하며

엔씨소프트문화재단 이사장
윤송이

게임은 한국이 인력, 기술, 산업 인프라 등에서 두루 국제 경쟁력을 갖춘 몇 안 되는 분야이다. 한국에서는 이메일이 일상화되기도 전인 1998년에 이미 〈리니지〉로 온라인 게임의 대중화 시대가 열렸고, 매출 1조 원 이상의 게임 작품만 8편이 나왔다. 게임은 한국 문화 콘텐츠 수출액의 50퍼센트 이상을 차지하며 인공지능(AI), 가상현실(VR) 등 새로운 정보통신기술의 성장에도 견인차 역할을 하고 있다.

그런데 한국의 소중한 문화자산이자 자랑인 게임은 자주 쉽게 폄하되어 왔다. 안타까운 현실이다. 게임이라는 새로운 미디어에 대한 사회적 편견과 무관심을 극복하고, 건강한 게임 문화를 발전시킬 방법은 없을까? 『게임사전』의 기획은 이렇게 시작됐다.

게임은 대중성과 산업적 가치, 예술성과 학문적 가치를 모두 지니지만 체계적 연구와 학술적 가치를 담은 '게임사전'은 아직까지 없었다. 우리나라의 경우 개발과정의 전문용어들에 관한 설명집 정도가 있었고 미국도 게임 개발자 사전 정도만 있었다. 비영리 문화재단으로서 우리는 『게임사전』을 편찬하여 게임에 대한 사회의 이해를 높이고 새로운 미디어로서의 가능성을 알리고 싶었다.

『게임사전』 편찬에는 게임 연구자, 개발자, 기획자, 이용자 등 다양한 분야의 사람들이 참여했다. 처음 편찬되는 사전이기에 표제어(사전 항목들의 첫머리를 이루는 어휘들)의 선정 기준을 미리 공개해 의견을 수렴했다. 최근 5년간의 게임 커뮤니티 사이트의 각종 게시판, 공략, 뉴스 등에 등장하는 방대한 언어 자료, 말뭉치의 대조 작업도 실시했다. 일반인 누구나 참가할 수 있는 『게임사전』 표제어 자유 공모전을 진행해 그 결과를 실제 표제어에 반영했다. 또한 중간 제작 발표회 성격의 공개 포럼을 열어 각계의 의견을 들었고 사전의 총 편찬 기간도 당초보다 6개월 더 늘렸다. 이 모두가 처음으로 나오는 『게임사전』의 완성도를 높이기 위해서였다.

이제 『게임사전』이 나왔다. 초기에는 군사적 목적에서 시작된 인터넷이 지금은 없어서는 안 될 일상의 서비스가 된 것처럼, 이제 게임은 첨단 과학이나 의학 등 전혀 어울릴 것 같지 않은 분야에서도 점점 관심을 받고 있다. 『게임사전』이 이 같은 학제(學際) 간 연구에도 기여해 좋은 융합 콘텐츠가 나오는 데 도움이 되기를 기대한다. 또한 개발자와 이용자 모두에게 유익하고, 다양한 아이디어가 필요할 때마다 참고가 되는 멋진 장서, 게임 분야의 권위 있는 백과사전이 되었으면 한다.

사전 편찬 과정에 많은 분들의 열정과 노고가 있었다. 특히 단순한 정보 제공이 아니라 역사적·사회적·인문학적 맥락을 담아 사전의 격을 한층 높인 이인화 학회장님 이하 디지털스토리텔링학회 집필진 여러분들, 직접 감수를 맡아주신 이어령 초대 문화부 장관님께 재단을 대표하여 각별한 감사의 말씀을 드린다.

게임 언어의 바벨탑

디지털스토리텔링학회

이인화 · 한혜원

　사전은 특정 분야의 신어(新語)를 일반어로 편입시켜 지식의 자질을 부여하는 문화적 위계화의 표지이다. 사전은 표면적으로 중립성과 객관성을 표방하면서 내면적으로 표제어의 선택과 배제, 정의 정보의 배열과 편집을 통해 편찬 주제의 정치적 목적을 실현한다.

　지금까지 게임 언어는 이러한 문화적 위계를 부여받지 못했다. 게임사전이 편찬되지 않았던 보다 직접적인 이유는 게임 언어 자체의 성격, 즉 사회적·수행적·발생적 차원에서 조망되는 언어적 특성에서 찾을 수 있다.

　첫째, 게임 언어는 사회적 측면에서 '음/습체', '-용체', 반말체, 비어, 속어 등 일반어의 하위문화적 변이형으로서의 성격을 내포하고 있었다. 둘째, 게임 언어는 플레이가 일어나는 수행의 측면에서 그 게임을 하는 사람만이 해득할 수 있는 은어적 성격을 내포하고 있었다. 셋째, 게임의 언어는 그것이 창작되는 발생의 측면에서 소수 직업 사회만 알 필요가 있는 전문용어의 성격을 내포하고 있었다.

　이러한 언어적 상황은 한국의 게이머 인구가 2,000만 명이 넘어서는 현 시점에서 결정적으로 달라졌다. 게임의 사회적 언어는 현실 구어와 융합되었고 게임의 수행적 언어는 특정 세대의 표지가 되었다. 이제 게임은 동터오는 새로운 세계의 문화, 같은 놀이 취향을 매개로 국적과 인종과 문화권을 뛰어넘어 의기투합한 세계 시민의 문화이다. 게임이 지향하는 이상은 여기 이 세계에 대한 사랑, 즉 '아모르 문디(Amor Mundi)'이며 게임에서 발생하는 인간관계는 평등하고 친밀한 친구들 사이에 추구되는 공생, '컨비비얼리티(conviviality)'의 관계이다.

우리『게임사전』의 필자들은 이러한 게임 언어의 형식과 세계관을 '표제어와 정의 정보'라는 사전의 구조에 담아 보존하고자 했다. 미국의 게임 개발자 사전인『The Game Developer's Dictionary』를 제외하고 세계는 아직 본격적인 게임 사전을 가지지 못했다. 그런 의미에서 우리의 작업은 학문의 영역에서 세계 최초로 온라인 게임 상용화에 성공한 나라의 연구자라는 내밀한 자부심을 현실에서 확인하는 방법이었다.

게임은 컴퓨팅이 범용 기술이 되는 21세기의 주류 문화로서 스스로 내용이자 형식이며, 콘텐츠이자 미디어이다. 이에 게임 사전에서 다뤄야 할 대상 역시 복잡다단할 수밖에 없었다.『게임사전』의 용어를 선정하는 데 있어서 우리는 배제보다는 수용의 원칙을, 일면성보다 총체성의 원리에 입각하고자 노력했다. 문헌 고찰과 검토 단계에서는 우리 사회에서 통용되는 게임의 모든 의미를 검토하고자 애썼다.

집필 과정에서 우리는 게임에 대한 객관적이고 간결한 설명을 목표로 하되 대중적 의의를 배제하지 않도록 유의했다. 이를 위해 게임 콘텐츠의 요소 및 구조, 미학은 물론 게임 플레이 및 게임 플레이어를 둘러싼 게임 환경 전반을 아우르고자 노력했다. 나아가 게임 개발자와 게임 플레이어, 기술적 측면과 예술적 측면, 미학적 성취와 산업적 성과, 콘텐츠 생성과 유통 및 소비, 공시적 다양성과 통시적 보편성 등 양가적이고 이항대립적인 가치 기준들을 함께 기술하고자 했다.

처음『게임사전』집필에 착수했을 때, 수많은 연구원과 편저자들이 떠올린 것은 신화 속에 등장하는 바벨탑의 이미지였다. 사람들은 같은 말을 썼기 때문에 하나의 탑을 쌓을 수 있었고, 다른 말을 썼기에 다양한 문명을 일으킬 수 있었다. 여기서 중요한 지점은, 그 전과 후에 모두 '언어'가 있었다는 점이다. 이 사전 역시 용도에 따라서 서로 같고도 다른 용어를 통일하는 데에 쓰일 수 있겠고, 반대로 다양한 용어들을 생성하고 확산하는 역할도 할 수 있으리라 믿는다. 모쪼록 이 사전이 게임의 다양성을 객관적으로 설명하고 설득적으로 펼칠 수 있는 하나의 시금석으로 쓰일 수 있기를 기대한다.

집필진을 대표하여 우리는 『게임사전』을 공동 기획하고 집필과 편찬의 재정적 지원을 해주신 엔씨소프트문화재단의 윤송이 이사장님, 이재성 전무님, 나의진 과장님께 깊은 감사를 드린다. 엔씨소프트문화재단의 한결같은 지지와 성원이 없었다면 우리는 도저히 이 방대한 작업을 끝낼 수 없었을 것이다. 2015년 6월부터 진행되었던 게임사전 표제어 자유 공모에 참여하여 8,839개의 표제어를 추천해주신 한국의 열정적인 게이머 여러분, 사전의 편집과 교정, 교열에 수고해주신 해냄출판사의 임직원 여러분께도 심심한 감사를 드린다.

1. 표제어 선정 및 집필 과정

1) 사전 편찬 구성도(Lexicographical Framework)

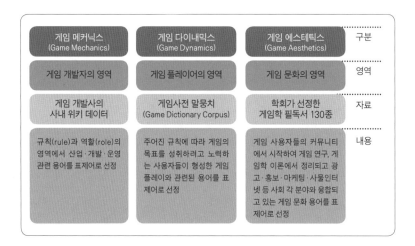

게임 메커닉스 (Game Mechanics)	게임 다이내믹스 (Game Dynamics)	게임 에스테틱스 (Game Aesthetics)	구분
게임 개발자의 영역	게임 플레이어의 영역	게임 문화의 영역	영역
게임 개발사의 사내 위키 데이터	게임사전 말뭉치 (Game Dictionary Corpus)	학회가 선정한 게임학 필독서 130종	자료
규칙(rule)과 역할(role)의 영역에서 산업·개발·운영 관련 용어를 표제어로 선정	주어진 규칙에 따라 게임의 목표를 성취하려고 노력하는 사용자들이 형성한 게임 플레이와 관련된 용어를 표제어로 선정	게임 사용자들의 커뮤니티에서 시작하여 게임 연구, 게임학 이론에서 정리되고 광고·홍보·마케팅·사물인터넷 등 사회 각 분야와 융합되고 있는 게임 문화 용어를 표제어로 선정	내용

2) 일반 개념어

① 게임 개발자 용어의 경우 국내 게임 개발 회사의 개발 위키 데이터 중 선정했다.

② 게임 플레이어 용어의 경우 게임 커뮤니티 사용자 게시판의 담화 자료를 텍스트 데이터베이스화(7.4GB의 텍스트 파일)하고, 게임사전 말뭉치(Game Dictionary Corpus, GDC)를 구성해 높은 출현횟수를 보인 용어를 표제어로 선정했다.

③ 게임 문화에 관한 용어의 경우 게임학(ludology)의 필독서 130종에 수록된 용어 중 집필 및 자문위원단 회의를 거쳐 표제어를 선정했다.

- 2배수의 표제어를 선정한 후 게임사전 말뭉치를 통해 출현횟수와 용례를 정리하고 5,000번 이상 등장하지 않는 표제어는 기술에서 제외했다.
- 일반어와 유사한 의미로 통용되는 용어는 표제어 선정에서 제외했다.
- 동의어 관계에 있는 표제어의 경우 게임사전 말뭉치의 통계 결과에 따라 출현 빈도가 높은 용어를 표제어로 선정했다.
  ⇨ 예시) '버스'와 '쩔' 중에서 버스 선정
- 동의어 중 출현 빈도가 더 높게 나타난 표제어일지라도 일반어와 구분이 쉽지 않은 용어일 경우에는 게임 문화의 특수성을 반영할 수 있는 용어를 선정했다.
  ⇨ 예시) '유저'와 '플레이어' 중에서 플레이어 선정
- 동의어가 다수 존재할 경우, 파생어를 포함할 수 있는 용어를 표제어로 선정했다.
  ⇨ 예시) '맵'과 '지도' 중에서 맵 선정
- 파생어 혹은 연관어는 상위 표제어 기술에 포함하여 수록한다. 하지만 게임 문화사에 큰 영향을 끼치거나 상세한 설명이 필요한 용어의 경우 별도의 독립된 표제어로 선정했다.
  ⇨ 예시) '인던'은 '던전' 표제어 내용에 포함하여 수록
- 사용자 문화에서 비롯한 용어 중 시의성을 띄고 있거나 특정 게임에만 해당하는 표제어의 경우 선정하지 않았다.
  ⇨ 예시) 라면냥꾼

3) 대표 게임선
   ① 대표 게임선은 장르를 장르류(상위 장르), 장르층(하위 장르), 세부 장르의 3단계로 구분하여 해당 장르의 원형이 되거나 게임 문화를 형성한 작품을 우선 선정했다.
   ② 게임 장르와 플랫폼별 최초의 작품은 모두 표제어로 선정했다.
   ③ 게임 장르의 발전 단계에서 장르종의 변형을 보여주는 게임은 모두 표제어로 선정했다.

4) 표제어 자유 공모
   ① 게임 사용자 문화를 반영하기 위해 표제어 자유 공모를 실시, 공모된 8,839개의 표제어 중 일반 개념어 37개, 대표 게임선 19개를 선정했다.
   ② 국어 상식으로 이해될 수 있는 표제어이거나, 기 선정된 표제어일 경우 선정에서 제외하였다.

③ 기 선정된 표제어의 내용과 연관된 표제어의 경우 유의어, 반의어 등의 연관어로 선정했다.

④ 위 과정을 거쳐 선정된 표제어 중 게임사전 말뭉치 내 등장 빈도가 높은 표제어를 최종 수록했다.

2. 일반 개념어 구성

1) 일반 개념어 원고는 요약, 본문, 유의어, 반의어, 관련 용어, 참고 자료로 구성했다.

2) 유의어란 '뜻이 서로 비슷한 말'을 뜻한다. 해당 표제어와 비슷한 뜻으로 사용되는 상위어나 하위어, 실제 사용자들이 사용하는 단어가 이에 해당한다.

3) 관련 용어란 해당 표제어의 설명에 핵심이 되는 용어를 뜻한다. 게임 플랫폼의 경우 대표 타이틀이나 게임사적 의미가 있는 장르가 이에 해당한다.

4) 참고 자료란 해당 표제어 작성 시 참고한 자료를 뜻한다. 게임 타이틀의 경우 본문에 명시되어 있으므로 참고 자료에서 제외한다.

5) 분량이 많은 원고의 경우 체계적으로 기술하기 위해 소제목을 달았다. 표제어마다 차이가 있으나 정의, 구성 요소, 유형, 사례를 위주로 기술했다.

3. 대표 게임선 구성

1) 대표 게임은 출시연도 순으로 수록했다.

2) 시리즈 게임의 출시연도, 플랫폼, 장르, 개발사 정보는 최초 작품을 기준으로 기술했다. 단, 최초 작품에 대한 참고 자료가 미비하고 대중의 이해도가 현저히 낮을 경우 후속 작품을 기준으로 본문을 기술했다.

3) '스토리' 항목은 게임의 배경이나 세계관에 관한 이야기를 적은 것으로, 일부 배경 이야기가 없는 게임의 경우 해당 항목은 기술하지 않았다.

4) '플레이' 항목에는 게임의 목표와 진행 방식, 특징적인 시스템 등을 설명했다.

5) '평가' 항목은 주관적인 평가보다는 기사나 잡지 등의 문헌 자료를 통해 객관

적인 검증이 가능한 내용을 중심으로 기술했다.

6) '핵심어'는 해당 게임의 특징을 드러내는 핵심 용어를 의미하며 본문에 제시
된 내용을 바탕으로 선정했다.

7) '시리즈' 항목은 시리즈 게임에 속하는 일련의 작품들을 제시한 것으로 출시
연도순으로 정리했다.

4. 공통사항

1) 표제어

① 표제어에 실린 일반 명사는 게임 내에서의 용도만을 포함하는 개념이다.

2) 외래어

① 국립국어원의 외래어 표기 원칙에 따라 표기한다.

② 외래어를 발음대로 표기한 경우 실제 사용하는 용어임을 고려하여 표기했으며, 말뭉치
에서 100,000회 이상 등장하는 경우에 한했다.

⇨ 예시) 엔피시(NPC) / 피시(PC)

③ 플랫폼, 게임명, 회사 명칭, 잡지의 경우 공식 명칭을 따른다.

⇨ 예시) 블리자드 엔터테인먼트(Blizzard Entertainment)

④ 게임 장르는 번역하여 표기하는 것을 원칙으로 한다. 단, 번역했을 때 의미 전달이 불
가능한 경우 외래어를 발음대로 표기했다.

⇨ 예시) 머드(MUD)

⑤ 게임명은 국내 정식 발매된 명칭을 따른다. 정식 발매되지 않은 경우 임의로 번역하여
표기했다.

3) 원어 병기

① 외래어는 원어를 병기하는 것을 원칙으로 한다. 단, 아래와 같은 경우 약어로 병기한다.

– 약어를 발음대로 표기한 경우 ⇨ 예시) 엔피시(NPC)

– 약어의 사용 빈도수가 원말의 사용 빈도수보다 높은 경우   ⇨ 예시) 플레이어 간 전투(PvP)

② 다음과 같이 흔히 쓰이는 게임 장르는 문맥상 필요한 경우를 제외하고는 병기하지 않았다.

1인칭 슈팅 게임(First-Person Shooter, FPS)

3인칭 슈팅 게임(Third-Person Shooter, TPS)

다중접속온라인 역할수행 게임(Massively Multiplayer Online Role-Playing Game, MMORPG)

대전 격투 게임(fighting game)

레이싱 게임(racing game)

머드(Multi User Dungeon, MUD)

모바(Multiplayer Online Battle Arena, MOBA)

무(MUD Object Oriented, MOO)

샌드박스 게임(sandbox game)

소셜 네트워크 게임(Social Network Game, SNG)

슈팅 게임(shooting game)

시뮬레이션 게임(simulation game)

실시간 전략 게임(Real Time Strategy, RTS)

액션 게임(action game)

어드벤처 게임(adventure game)

역할수행 게임(Role-Playing Game, RPG)

턴제 전략 게임(turn-based strategy game)

테이블탑 역할수행 게임(Tabletop Role-Playing Game, TRPG)

플랫폼 게임(platform game)

4) 기호

① 사용된 기호는 다음과 같다.

- 학위논문, 책 제목, 장편소설 : 『 』

- 학술논문, 단/중편소설, 시 : 「 」

- 게임명, 영화, 국내 기사 제목 : 〈 〉

- 신문 및 잡지 : 《 》

- 해외 온라인 기사 제목 : " "

5) 참고 자료

① 저자명이 일차 기준이다. 저자명의 가나다순으로 문헌을 먼저 나열하고 이후 알파벳순으로 문헌을 나열하였다. (해외 학자의 국내 번역서는 국내 논저에 포함한다.)

② 온라인 문서의 경우 단행본 및 논문 다음에 나열한다.

③ 국내 번역서의 저자명은 해당 단행본의 표기에 따른다.

■ 차례

일반 개념어

ㄱ

2000년대

2010년대

GAME DICTIONARY

일반 개념어

ㄱ

가마수트라 Gamasutra

| 게임 개발에 관한 정보와 기사 등을 제공하는 게임 사이트. www.gamasutra.com

다국적 미디어 기업 유비엠 테크(UBM Tech)가 1997년부터 운영 중이며, 전 세계의 게임 개발자와 게임 회사가 이용하는 대표적인 게임 사이트. 가마수트라는 게임 학계와 업계를 연결하고 이들이 올린 자료를 대중과 공유한다는 데 의의를

가마수트라 메뉴 분류	
종류	설명
블로그	게임 개발자, 디자이너, 학자 등의 전문가가 블로그 운영.
기사	게임 분석, 게임 전문가를 대상으로 한 인터뷰 등 제공.
특집 보고서	게임 개발자가 특정 게임의 개발 과정 게재.
언론 발표	뉴스와이어(Newswire) 보도 자료와 게임 발표 기사 제공.
일정	게임 관련 행사 일정을 달력에 공지.
운영진 소개	편집장, 기사, 블로그, 광고 등 각 부문 책임자 소개.

지닌다. 게임 학자들과 개발자들이 운영하는 개인 블로그 목록을 제공하거나, 개발자가 직접 게임 개발 과정을 특집 보고서 란에 게재한다. 2013년, 게임 개발 전문 잡지 《게임 디벨로퍼(Game Developer)》가 가마수트라로 통합돼 사이트의 규모가 확대됐다.

- **관련 용어** 게임 사이트, 게임 기사, 게임 개발 정보
- **참고 자료** 송영덕, 유태영, 『게임기술』, 대림, 2004.

가상 경제 | virtual economy

| 가상 세계 내에서 재화를 생산하고 분배하는 활동과 이에 관한 질서 및 제도.

가상 세계의 재화를 생산, 분배, 소비하는 활동과 이 과정에서 형성된 사회적 관계의 총체. 플레이어는 가상 경제의 일원이 되기 위해 현실의 시간과 노력을 투자하며 이때 발생하는 비용은 가상 재화의 교환 가치를 결정하는 한 가지 기준이 된다. 경제학자 에드워드 카스트로노바에 따르면 게임 내 가상 경제는 다음과 같은 면에서 실물 경제와 차별화된다. 첫째, 가상 경제의 상품은 극히 적은 비용으로 한꺼번에 생산되거나 처분된다. 둘째, 가상 경제는 플레이어 캐릭터가 할 일이 없는 상태를 부정적으로 본다. 따라서 여가보다 노동이 선호되기도 한다. 셋째, 일정 수준 이상의 자본 증가는 플레이의 난이도를 떨어뜨려 게임이 주는 재미를 감소시키므로 부정적이다. 넷째, 가상 경제의 인구수와 개인의 능력, 취향은 플레이어의 선택에 따라 달라질 수 있다. 2005년 〈에버퀘스트 2(EverQuest 2)〉는 스테이션 익스체인지(Station Exchange)를 도입해 게임 내 플레이어 간 현금 거래를 허용했다. 이로 인해 가상 경제와 실물 경제 간 거래에 관한 법제가 도입됐다.

- **관련 용어** 가상 통화, 머드플레이션, 부분 유료화, 아이템, 현거래
- **참고 자료** Edward Castronova, "On Virtual Economies", *CESifo Work Paper*, no.752, CESifo, 2002. | Richard A. Bartle, *Designing Virtual Worlds*, New Riders, 2003.

가상 통화 | virtual currency

| 게임 세계에서 플레이어들이 이용할 수 있는 가상 재화.

게임 세계에서 사용하는 가상 화폐 또는 게임 머니. 아이템을 구매하거나 전문 기술을 습득하는 데 사용할 수 있으며, 아바타를 이동시키거나 치료하기 위해 사용하기도 한다. 가상 통화의 소비는 게임 내에 가상 경제를 형성하며 메타노믹스(Metanomics : metaverse와 economic의 합성어)라 불리는 가상 경제는 게임 플레이 중심의 유희형 가상 세계가 사회적·문화적 활동 중심의 생활형 가상 세계로 확장되는 단서가 된다. 생활형 가상 세계에서 가상 통화는 쇼핑과 채팅, 서비스

구매 등 다양한 가상 체험의 매개가 된다. 다중접속온라인 역할수행 게임에서 일부 플레이어는 다량의 가상 통화를 확보하기 위해 봇(Bot) 프로그램을 이용한다. 이는 게임 내 경제 수단의 과잉 생산을 유발하여 경제 구조를 불균형하게 만들기 때문에 게임 퍼블리셔는 가상 경제의 안정을 위해 자동사냥 플레이를 추적하여 징계하기도 한다.

온라인 게임의 가상 통화 유형은 습득 방법에 따라 2가지가 있다. 첫째, 게임 공식 사이트에서 현금을 지불하여 얻을 수 있는 캐시(cash)형 가상 통화이다. 둘째, 게임 플레이 또는 플레이어 간 거래를 통해서만 습득할 수 있는 아이템형 가상 통화이다. 캐시형 가상 통화는 게임 세계 외부에서 습득하여 캐릭터 외모 변경권, 서버 이전권, 외형 변경용 아이템 등의 구매에 주로 소비된다. 아이템형 가상 통화는 가상 세계의 재화로 게임 세계 내에서만 습득할 수 있다.

- 유의어 캐시
- 관련 용어 부분 유료화, 현거래
- 참고 자료 심세라, 『소셜 네트워크 게임의 증여 구조 연구』, 이화여자대학교 대학원 디지털미디어학부 석사논문, 2013. | 한창희 외, 『사이버 공간 경제행위의 특성과 영향에 대한 연구』, 한국게임산업개발원, 2006. | 류철균, 신새미, 「가상 세계의 재미노동과 사용자 정체성」, 『한국콘텐츠학회논문지』, vol.7, no.8, 한국콘텐츠학회, 2007. | 임하나, 「MMORPG의 게임 아이템 현금거래 유형과 한계점 연구」, 『한국게임학회 논문지』, vol.9, no.1, 한국게임학회, 2009. | Jack M. Balkin, *The State of Play : Law, Games and Virtual Worlds*, New York University Press, 2006.

가상성 virtuality

| 실재하지 않으나 실재의 가능성을 지니고 있는 속성.

가상 세계, 가상현실 등의 상위 개념으로 주관적으로는 실제 있는 것처럼 보이나 객관적으로는 존재하지 않는 속성.

어원 스콜라 철학에서 가상성은 '잠재된 힘의 상태로 존재하는 것'이다. 가상성의 개념은 철학 외에도 사회문화 영역, 과학 영역 등에서 폭넓게 활용되어 왔다. 컴퓨터 기술 분야에서 가상성은 현실적인 것처럼 구현된 형태 자체를 일컫는다. 현실과 일정한 관련을 맺는다는 점에서 환상(幻想)이나 환각(幻覺)과 다르며, 현실과 일정한 거리를 둔다는 점에서 현상(現象)과도 구별된다. 즉 가상성은 현실

마리 로르 라이언이 비교한 실재와 가상	
실재(actual)	가상(virtual)
규정된(enacted)	잠재하는(potential)
사실적인(factual)	반사실적인(counterfactual)
완성된(accomplished)	가능한(possible)
닫힌(closed)	열린(open)
물질적인(material)	정신적인(mental)
구체적인(concrete)	추상적인(abstract)
특정한(particular)	일반적인(general)
육체적인(corporeal)	영혼적인(spectral)
물체(object)	아우라(aura)
현시의(temporal)	시간을 초월한(atemporal)
단일한(singular)	복수의(plural)
현재의(present)	과거와 미래의(past and future)
현존(presence)	원격현존(telepresence)
면대면(face to face)	매개적인(mediated)
공간(space)	사이버 스페이스(cyberspace)
신원(identify)	역할놀이(role-playing)
사실(fact)	허구(fiction)
삶의 체험(lived experience)	환상과 꿈(fantasy and dreams)
재현(represented)	이미지(image)

성(reality)과 대비되는 것이 아니라 실재성(actuality)과 대비되는 개념이다.

사이버 스페이스와 가상 세계

가상현실, 가상 세계, 가상 환경, 사이버 스페이스는 불완전한 현실 세계에서 보다 이상화된 세계를 추구한 인간 정신의 산물이다. 사이버 스페이스 개념은 1984년 윌리엄 깁슨(William Gibson)의 공상 과학 소설 『뉴로맨서』에 등장했다. 이 소설은 후기산업사회에서 데이터베이스를 공감각적으로 재현한 환상 또는 환각을 '사이버 스페이스'라고 표현했다. 이후 닐 스티븐슨은 1996년 사이버펑크 소설 『스노 크래시』에서 인터넷 기반의 3차원 가상 세계를 '메타버스(metaverse)'로 명명한다.

가상 세계는 사용자가 아바타를 만들어 거주하고 상호작용하는 컴퓨터 기반의 시뮬레이션 환경이다. 가상 세계는 이미 주어진 현실을 허구적 상상력, 욕망을 통해 재구성할 수 있다는 점에서 소설, 영화 등 허구적 서사의 연장선상이라는 논의가 가능하다. 벳시 북(Betsy Book)은 가상 세계를 공용 공간과 그래픽 유저 인터페이스(Graphic User Interface, GUI), 즉시성, 상호작용성, 지속성, 사회화 및

학자에 따른 가상성 정의	
학자	설명
마이클 하임 (Micheal Heim)	가상은 '사실상 그렇지 않으나, 마치 ~인 듯한'을 의미함. 가상의 구현은 현실 세계의 모방으로부터 시작하며, 가상의 방향성은 시뮬레이션, 상호작용, 몰입, 인공성 등이 있음.
피에르 레비 (Pierre Lévy)	가상은 실재(actual)에 대립되는 개념이며, 가상성과 현실성은 존재의 2가지 다른 방식일 뿐임. 가상은 현실감을 상실하는 것이 아니라, 정체성의 변환으로 봐야 함.
마리 로르 라이언 (Marie-Laure Ryan)	가상 세계가 활성화된다고 해서 실재와 가상이 구분되지 않거나, 가상이 실재의 가치들을 무시하지 않음. 따라서 가상과 허구를 혼동해서는 안 됨.

공동체의 6가지로 나누어 그 특성을 제시한다.

에드워드 카스트로노바(Edward Castronova)는 가상 세계를 크게 놀이 공간으로서의 가상 세계와 생활 공간 확장으로서의 가상 세계로 구분한다. 류철균은 가상 세계를 게임형 가상 세계, 생활형 가상 세계, 파생형 가상 세계로 구분한다. 〈리니지〉와 같은 다중접속온라인 역할수행 게임은 중세 판타지를 배경으로 한 게임형 가상 세계이다.

〈세컨드 라이프(Second Life)〉는 대표적인 생활형 가상 세계에 해당한다. 파생형 가상 세계는 미국항공우주국 승무원 훈련을 위한 시스템과 같이 현실 세계의 한시적, 기능적 요구로 발생한 가상 세계를 지칭한다.

벳시 북이 제시하는 가상 세계의 특징	
종류	설명
공용 공간	다수의 사용자들이 동시에 참여할 수 있어야 함.
그래픽 유저 인터페이스	공간을 시각적으로 표현하며, 2차원 및 3차원 환경에서 구현되어야 함.
즉시성	상호작용이 실시간으로 발생해야 함.
상호작용성	사용자들이 맞춤형 콘텐츠를 변형, 개발, 제시할 수 있어야 함.
지속성	개별 사용자 접속 여부에 상관없이 세계 자체의 존재가 유지되어야 함.
사회화/공동체	사회적 집단을 가상 세계 내에서 형성할 수 있도록 허용 및 권장해야 함.

류철균의 가상 세계 분류	
종류	설명
게임형 가상 세계	판타지 중심의 허구적 배경 서사 아래 역할놀이의 요소와 성장 시스템을 바탕으로 게임 플레이의 즐거움을 추구하는 가상 세계.
생활형 가상 세계	현실의 실제 일상 생활을 재현 및 시뮬레이션한 공간에서 사회적 상호작용을 추구하는 가상 세계.
파생형 가상 세계	현실 중심 세계의 교육, 전시, 의료, 직업, 군사 훈련 등에서 직접 파생된 가상 세계.

- **관련 용어** 가상 세계, 사이버 스페이스, 메타버스, 가상현실, 현존감, 몰입, 아바타
- **참고 자료** 마이클 하임 저, 여명숙 역, 『가상현실의 철학적 의미』, 책세상, 1997. | 여명숙, 『사이버 스페이스의 존재론과 그 심리철학적 함축』, 이화여자대학교 대학원 철학과 박사논문, 1998. | 한혜원, 『디지털 게임의 다변수적 서사 연구』, 이화여자대학교 대학원 국어국문학과 박사논문, 2009. | 류철균, 안진경, 「가상세계의 디지털 스토리텔링 연구 : 〈세컨드 라이프〉와 MMORPG의 비교를 중심으로」, 『게임산업저널』, no.1, 한국콘텐츠진흥원, 2007. | Marie-Laure Ryan, *Narrative as Virtual Reality*, Johns Hopkins University Press, 2003.

가상현실 Virtual Reality, VR

| 플레이어가 게임 세계와의 상호작용을 통해서 현존감을 느낄 수 있도록 구현된 컴퓨터 환경.

인간의 오감을 이용해 실시간으로 컴퓨터와 상호작용이 가능한 인위적 환경 또는 그러한 환경의 구현 기술. 가상현실을 기술적으로 최초로 구현한 것은 1950년 대 다중감각 오락장치 '센소라마(Sensorama)'였다. 가상현실 기술은 1980년대 후반부터 본격적으로 개발되기 시작했다. 1989년 재론 래니어(Jaron Lanier)의 시각 프로그램 언어(Visual Programming Language, VPL) 등 초기 가상현실 기술은 주로 시각적 측면이 강조됐다. 이는 이반 서덜랜드(Ivan Sutherland)의 에이치엠디(HMD)와 오큘러스(Oculus), 구글 글래스 등으로 이어졌다.

가상현실은 원격현존(telepresence), 즉 '멀리 떨어져 있지만 실제 거기에 존재하는 것 같은 느낌(being there)'을 주는 현존감이 특징이다. 이는 군사, 우주항공, 의료, 오락, 예술, 교육 등 다양한 분야의 시뮬레이션에 활용된다. 케빈 로버크는 가상현실을 표와 같이 4가지로 구분한다. 〈하프라이프 2(Half-Life 2)〉, 〈크라이시스 3(Crysis 3)〉, 〈엘더스크롤 5 : 스카이림(The Elder Scrolls V : Skyrim)〉 등은 플레이어의 현존감 강화를 위해 오큘러스 장치를 지원한다.

케빈 로버크가 제시한 가상현실의 구현 유형	
종류	설명
시뮬레이션 기반 가상현실 (Simulation-based VR)	실제로 경험하고 있다는 느낌을 주기 위해 실시간 행동에 따른 환경의 변화를 목표로 함. 비행 및 운전 시뮬레이션이 포함됨.
아바타 기반 가상현실 (Avatar image-based VR)	스크린 속 환경에서 실제 모습이나 아바타의 모습을 지니고 상호작용하는 것을 목표로 함.
프로젝터 기반 가상현실 (Projector-based VR)	현실과 밀접한 영상을 출력하여 몰입할 수 있는 시각적 환경의 제공을 목표로 함. 로봇 내비게이션, 건축 모델링이 포함됨.
데스크톱 기반 가상현실 (Desktop-based VR)	컴퓨터 화면상에 3차원 입체 영상으로 구성된 환경에서 상호작용하는 것을 목표로 함. 온라인 가상현실 게임이 포함됨.

- **유의어** 가상 환경
- **관련 용어** 가상성, 가상 세계, 에이치엠디, 현존감, 오큘러스
- **참고 자료** 마이클 하임 저, 여명숙 역, 『가상현실의 철학적 의미』, 책세상, 1997. | Frank Biocca, Mark R. Levy, *Communication in the Age of Virtual Reality*, Routledge, 1995. | Kevin Roebuck, *Virtual Reality : High-impact Strategies-What You Need to Know : Definitions, Adoptions, Impact, Benefits, Maturity, Vendors*, Tebbo, 2011. | Susan Schreibman, Ray Siemens, John Unsworth, *A Companion to Digital Humanities*, Wiley-Blackwell, 2008.

가입자당 평균 수익 Average Revenue Per User, ARPU

| 가입자 1인이 서비스를 이용하기 위해 일정 기간 동안 지불한 평균 금액.

특정 서비스의 기간 내 총 수익을 전체 가입자 수로 나눈 값. 전체 가입자를 대상으로 한다는 점에서 1회 이상 결제한 가입자를 대상으로 하는 지불 가입자당 평균 수익(Average Revenue Per Paying User, ARPPU)과 다르다. 주로 월별 매출을 기준으로 산정하며 부분 유료화를 도입한 컴퓨터 게임과 모바일 게임 등의 수익성 평가 지표로 쓰인다. 슈퍼데이터(Superdata)에 따르면, 2014년 기준 주요 다중 접속온라인 게임의 가입자당 평균 수익은 최저 1.58달러에서 최고 4.50달러이며 지역에 따른 편차를 보인다. 중국을 비롯한 아시아 시장은 가입자당 평균 수익이 낮음에도 불구하고 두터운 사용자 층을 기반으로 높은 수익을 올리는 게임이 많고, 북미와 유럽 시장은 가입자 수는 적지만 가입자당 평균 수익이 높다.

- **관련 용어** 부분 유료화, 일일 활성 이용자, 지불 가입자당 평균 수익
- **참고 자료** Tim Fields, Brandon Cotton, *Social Game Design : Monetization Methods and Mechanics*, CRC Press, 2011. | 슈퍼데이터, www.superdataresearch.com/blog/mmo-arpu/

가치관 alignment

| 게임 세계관에서 게임 캐릭터가 가지는 고유한 성향.

테이블탑 역할수행 게임에서 캐릭터를 윤리적, 도덕적 기준에 따라 분류하는 시스템. 〈던전 앤 드래곤(Dungeons & Dragons)〉에서 캐릭터에 역할을 부여하기 위해 질서, 중립, 혼돈으로 성향을 분류하는 것에서 유래됐다. 플레이어는 게임 시작 전 규칙서에 따라 가치관을 설정하며, 그에 맞게 역할을 연기해야 한다. 규칙서에 규정된 가치관은 성별, 종족, 계급 등에 따라 영향을 받으며, 플레이어의 행동과 선택을 제약하는 기능을 한다. 만약 게임 중 플레이어가 가치관에 맞지 않는 선택을 할 경우 던전 마스터(Dungeon Master, DM)가 플레이어의 행동을 제지할 수 있으며, 지속적으로 이상 행동을 할 경우 해당 캐릭터의 가치관을 변경할 수 있다. 〈던전 앤 드래곤〉에서는 '선-중립-악'이라는 도덕과 '질서-중립-혼돈'

〈던전 앤 드래곤 5〉의 가치관 시스템			
도덕(moral) / 윤리(ethic)	선(good)	중립(neutral)	악(evil)
질서(lawful)	질서를 준수하면서 선을 행하는 캐릭터.	법과 규범이 최우선이 되는 캐릭터.	법을 무기삼아 이익을 도모하는 캐릭터.
중립(neutral)	선한 행동을 추구하는 캐릭터.	상황에 따라 알맞은 행동을 하는 캐릭터.	악한 행동을 추구하는 캐릭터.
혼돈(chaotic)	규범을 전복하는 혁명가 캐릭터.	규범에 얽매이지 않고 자유로운 캐릭터.	규범, 질서를 파괴하는 파괴적 캐릭터.

이라는 윤리 축의 조합으로 가치관이 결정된다. '질서+선' 캐릭터는 공통의 목표를 좇는다는 점에서 '질서+악' 캐릭터와 공존해야 하고, '혼돈+악'의 캐릭터와는 대립해야 한다. 〈울티마 온라인〉에서는 카르마의 크기에 따라 신뢰자부터 죄인까지 가치관이 나눠진다.

- **관련 용어** 테이블탑 역할수행 게임, 캐릭터, 규칙서
- **참고 자료** Richard A. Bartle, *Designing Virtual Worlds*, New Riders, 2003. | 〈던전 앤 드래곤〉 사이트, http://dnd.wizards.com/articles/features/basicrules

갈등 conflict

| 게임에서 발생하는 다양한 갈등 및 경쟁 행위.

게임 플레이를 통해 플레이어가 겪는 충돌의 양상. 게임을 통해 발생하는 갈등은 크게 2가지로, 플레이어와 환경 사이의 갈등(PvE)과 플레이어 간 갈등(PvP)이다. 크리스 크로포드에 따르면 갈등이란 게임을 구성하는 필수 요소로 게임과 플레이어 간의 상호작용을 통해 나타난다. 케이티 살렌과 에릭 짐머만은 갈등을 게임 규칙 때문에 발생하는 인공적인 결과라고 본다. 살렌과 짐머만은 갈등의 유형과 형태를 표와 같이 분류했다.

갈등의 유형		
유형	설명	사례
영토적 갈등	플레이어가 적군을 잡고 땅을 확보하기 위해 유닛의 전략적인 배치를 구사하는 경쟁의 양상.	체스, 바둑 등
경제적 갈등	게임 시스템을 구성하는 조각이나 부분, 점수, 카드, 아이템 등에 의해서 발생하는 갈등.	포커 등
지식적 갈등	게임에서 제공하는 정보가 그 자체로 갈등의 장을 형성하는 경우 발생하는 갈등.	몸짓 게임 등

갈등의 형태	
유형	사례
1인 vs. 1인	〈체스(Chess)〉, 복싱 등
1인 vs. 다수	〈태그(Tag)〉, 〈우노(Uno)〉 등
1인 vs. 게임 시스템	〈테트리스(Tetris)〉 등
팀 vs. 팀	농구, 축구 등
다수 vs. 게임 시스템	카지노의 〈블랙잭(Blackjack)〉 등
개인 플레이어들이 하나의 게임 시스템에 대항	보드 게임 〈반지의 제왕(Lord of the Rings)〉 등
모든 플레이어가 그들 스스로에 대항	도보 경주 등

- **반의어** 협력
- **관련 용어** 피케이(PK), 플레이어 간 갈등(PvP)
- **참고 자료** 제스퍼 주울 저, 장성진 역, 『하프 리얼 : 가상 세계와 실제 규칙 사이에 존재하는 비디오게임』, 비즈 앤비즈, 2014. | Chris Crawford, *The Art of Computer Game Design*, McGraw-Hill/Osborn Media, 1984. | Katie Salen, Eric Zimmerman, *Rules of Play : Game Design Fundamentals*, The MIT Press, 2003.

강화 enhancement

| 플레이어가 보유한 아이템, 캐릭터 등을 개조 혹은 변형하여 성능을 발전시키는 행위.

게임 안에서 플레이어가 무기, 갑옷, 장신구 등 아이템의 공격력과 방어력을 증가시키는 행위. 강화 방법으로는 강화 스킬과 강화 엔피시(NPC) 등이 있다. 강화에 성공해 아이템의 가치가 높아지면 플레이어 간 현금 거래가 발생하기도 한다. 개발사는 게임의 유료화에 강화를 전략적으로 이용하여 강화 실패 시 장비 파괴를 방지하는 아이템, 강화의 성공 확률을 높이는 아이템 등을 판매한다. 플레이어는 강화에 필요한 재료를 제작하거나 재봉술 등의 기술을 습득하여 다른 플레이어의 강화를 돕기도 한다. 강화는 지속시간에 따라 물약, 버프 등과 같은 일회성 강화와 무기에 한 번 적용하면 그 효과가 영원한 영속적 강화로 나뉘며, 강화 대상에 따라 물성 강화와 상태 강화로 구분할 수 있다.

강화는 플레이어 간 교류가 활발하고 아이템의 성능이 플레이어의 생존에 영향을 미치는 다중접속온라인 역할수행 게임이나 역할수행 게임에서 중요한 역

강화 유형 분류		
유형	종류	설명
물성 강화	아이템 강화	아이템의 치명타를 입히는 빈도 수치, 대미지를 입히는 확률, 힐링 능력, 최대 강화 수치 등이 상승.
상태 강화	캐릭터 강화	캐릭터의 레벨, 능력치, 몸값 등이 상승하거나 낮은 레벨의 캐릭터를 합쳐 레벨을 높임.
	카드 강화	둘 이상의 카드를 조합해 새로운 카드를 만들거나 각기 다른 카드의 기능을 흡수해 레벨을 올림.
	스킬 강화	스킬의 능력치나 대미지 효과를 키우고 마법력의 소모량 및 대기 시간을 단축.

할을 한다. 1인칭 슈팅 게임인 〈카운터-스트라이크〉는 강화를 통해 무기의 공격력을 높이거나 외형을 바꾸며, 스포츠 게임인 〈피파 온라인 3(FIFA online 3)〉의 플레이어는 선수의 이적료와 능력치를 올리는 선수 강화 시스템을 사용한다. 강화는 플레이어가 확률성에 의존하여 현금을 소비하도록 유도한다는 점에서 온라인 게임 사행성 논란의 원인으로 꼽힌다. 강화 관련 상품을 뽑기 형태로 판매하는 행위는 기대 심리에 의지한 반복적인 현금 소비 등의 부작용을 초래하기도 한다. 이는 '게임산업진흥에 관한 법률'과 '사행행위 등 규제 및 처벌특례법'에 따른 규제를 받는다.

■ **관련 용어** 인챈트(enchant), 아이템, 현금 거래
■ **참고 자료** 전경란, 『디지털 게임의 미학 : 온라인 게임 스토리텔링』, 살림, 2005. | 이승제, 「가변비율계획에 근거한 캐쉬 아이템의 사행성 고찰 : 한국의 온라인 게임 사례를 중심으로」, 『한국디자인문화학회지』, vol.17, no.1, 한국디자인문화학회, 2011. | 임하나, 「MMORPG의 게임 아이템 현금거래 유형과 한계점 연구」, 『한국게임학회 논문지』, vol.9, no.1, 한국게임학회, 2009. | 최성락, 「온라인 게임 아이템거래 발생 원인 분석 : 리니지 2 온라인 게임을 중심으로」, 『한국게임학회 논문지』, vol.7, no.4, 한국게임학회, 2007. | Byron Reeves, *Total Engagement—Using Games & Virtual Worlds to Change the Way People Work & Businesses Compete : Using Games and Vitural Worlds to Change the Way People Work and Business Compete*, Harvard Business Review Press, 2009.

개발 시스템 game developing system

| 게임 개발을 위한 산업적 협업 구조.

1인 이상의 개발팀에서 발현되는 협업 구조. 게임 개발팀은 기획자, 프로그래머, 그래픽 디자이너, 사운드 디자이너, 프로젝트 매니저(PM) 등으로 구성되며, 큐에이(QA), 운영, 마케팅 부서 등과 협업한다. 게임의 규모에 따라 업무 분담 및 전문화 정도가 달라진다. 프로젝트 매니저는 개발 인력과 기간을 고려하여 프로젝트의 작업분류체계(Work Breakdown Structure, WBS)를 설정한다. 작업분류체

계는 프로젝트의 세부 업무 및 일정을 세분해서 정하는 것이다. 이때 마일스톤 (milestone, 개발 단계에서 필요한 중요 사건)별로 필요한 세부 업무에 따라 인력의 배치와 해산은 유동적으로 한다.

게임 개발은 다음과 같이 진행된다. 기획자가 제안서를 작성하고, 그것을 바탕으로 소수의 프로그래머와 그래픽 디자이너가 프로토타입을 제작한다. 이후 추가 인력과 프로젝트 매니저 등이 합류하며, 큐에이(QA)와 협업하여 게임 개발을 진행한다. 개발은 기획 내용의 구현과 테스트, 테스트 결과 반영을 반복하면서 진행한다. 사운드 디자이너는 주로 개발의 후반 작업에 참여한다. 출시 전에는 알파 테스트(Alpha Test)와 클로즈 베타 테스트(Closed Beta Test, CBT)를 실시하며, 출시 직후에는 오픈 베타 테스트(Open Beta Test, OBT)를 실시한다. 출시가 완료된 이후

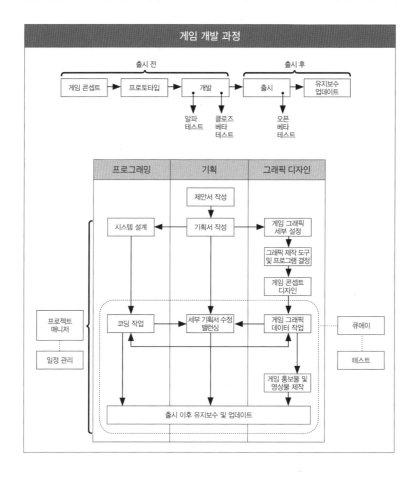

에는 배치된 인력을 축소하여 유지보수 및 업데이트를 위한 게임 개발을 진행한다.

- **관련 용어** 게임 개발팀, 게임 기획자, 게임 프로그래머, 게임 그래픽 디자이너, 큐에이, 프로젝트 매니저
- **참고 자료** 최성, 「게임개발 프로젝트 공정관리 연구」, 『한국멀티미디어학회지』, vol.9, no.2, 한국멀티미디어학회, 2005.

객체지향 프로그래밍 Object-Oriented Programming, OOP

| 명령을 수행하는 사물과 행위를 컴퓨터상에 객체로 표현하여 프로그램을 설계하는 방법.

프로그램을 설계하는 방법 중의 하나로, 절차지향 프로그래밍(Procedure-Oriented Programming, POP)과 대립되는 개념. '객체'란 명령을 수행하는 사물과 사물이 수행하는 행위를 컴퓨터상에 모델화한 것을 말한다. 각 객체는 상태를 나타내는 변수(variables)와 행위를 지시하는 메소드(method)를 갖는다. 객체화가 완료되면 각 객체는 서로 메시지를 주고받으며 프로그램을 완성한다. 절차지향 프로그래밍이 모든 명령을 순차적으로 수행하는 반면, 객체지향 프로그래밍은 각각의 객체가 명령을 수행한다. 명령에 대한 수정 및 보완이 절차지향 프로그래밍에 비해 편리하기 때문에 대용량의 복잡한 프로그램 개발에 적합하다. 객체지향 프로그래밍의 특징은 아래 표와 같다.

객체지향 프로그래밍에 사용되는 프로그래밍 언어를 '객체지향 언어'라 부른다. 최초의 객체지향 언어는 1960년에 개발된 시뮬라 67(Simula 67)이다. 사용자가 객체의 변수와 메소드를 정의하는 탬플릿인 '클래스(class)' 개념을 최초로 도

객체지향 프로그래밍의 특징	
특징	내용
추상화 (abstraction)	객체 간 공통적인 속성과 기능을 도출.
은닉화 (encapsulation)	객체가 수행할 행위에 대한 정보와 기능을 하나로 묶고, 정보에 접근하기 위해서는 기능을 먼저 수행해야 함.
상속성 (inheritance)	클래스가 가진 특정 속성을 하위의 클래스가 물려받음.
다형성 (polymorphism)	동일한 명령이라도 서로 다른 객체에 입력되면 결과가 다르게 나타남.

입했다. 대표적인 객체지향 언어로는 스몰토크(Smalltalk), C++, C#, 자바(java), 파이선(Python), 액션스크립트(ActionScript) 등이 있다.

- **관련 용어** 프로그래밍 언어, 게임 엔진, 게임 개발자, 게임 스크립트
- **참고 자료** 김석수, 『객체지향 프로그래밍 설계 및 구현』, 휴먼싸이언스, 2009. | 다니엘 리앙 저, 권기현, 김웅성 역, 『C++로 시작하는 객체지향 프로그래밍』, ITC, 2008. | 이상정 외, 『C++ 객체지향 프로그래밍』, 사이텍미디어, 2009.

건설–경영 시뮬레이션 게임
Construction and Management Simulation game, CMS

| 시뮬레이션 게임의 일종으로, 한정된 자원을 가지고 가상 세계를 건설하거나 확장하는 게임.

한정된 자원을 분배하여 가상 세계를 건설하고, 가상 세계의 경영을 통해 세계를 확장하는 게임 장르. 하위 장르로 건설 시뮬레이션 게임과 경영 시뮬레이션 게임이 있다. 플레이어는 게임 내 경제 원리를 이해하고 자원을 이용하여 지속적인 성장을 이루어내야 한다. 건설–경영 시뮬레이션 게임의 핵심 요소는 두 번째 표와 같다.

어니스트 아담스가 제시한 건설–경영 시뮬레이션 게임의 하위 장르		
종류	설명	사례
건설 시뮬레이션 게임	플레이어가 시장이나 도시 개발자가 되어 도시를 운영하는 게임으로 플레이어는 건물을 건설하거나 도시를 경영하는 역할을 수행함.	〈심시티(SimCity)〉, 〈시티즈 스카이라인(Cities : Skylines)〉
경영 시뮬레이션 게임	플레이어가 재정적 이익에 초점을 맞추어 주로 경제를 관리하는 게임으로 경제 시뮬레이션 게임(economic simulation games) 또는 타이쿤 게임(tycoon games)으로도 불림.	〈시드 마이어의 레일로드 타이쿤(Sid Meier's Railroad Tycoon), 〈캐피탈리즘(Capitalism)〉

앤드류 롤링스와 어니스트 아담스가 제시한 건설–경영 시뮬레이션 게임의 핵심 요소	
종류	설명
자원(resource)	경제 활동에 필요한 원료로 생산·소비·교환됨.
소모(drain)	자원을 소비하는 활동으로 건설, 건축과 구입, 유지로 나뉨.
변환기(converter)	하나 또는 그 이상의 자원을 다른 것으로 만드는 장소나 활동.
재앙(disaster)	뜻하지 않은 불행한 사고로 플레이어가 행동하도록 만듦.

- **유의어** 시뮬레이션 게임
- **관련 용어** 시티 빌딩 게임, 비즈니스 시뮬레이션 게임
- **참고 자료** 앤드류 롤링스, 어니스트 아담스 저, 송기범 역, 『게임 기획 개론』, 제우미디어, 2004. | Casper Harteveld, *Triadic Game Design : Balancing Reality, Meaning and Play*, Springer, 2011. | Ernest Adams, *Fundamentals of Construction and Simulation Game Design*, New Riders, 2013. | Ernest Adams, *Fundamentals of Game Design*, New Riders, 2013. | Mark J. P. Wolf, *The Medium of the Video Game*, University of Texas Press, 2002.

게이머 gamer

| 디지털 게임을 플레이하는 사람.

디지털 게임을 플레이하는 사람을 총칭하는 말. 플레이어와 혼용되기도 하나, 플레이어 가운데 디지털 게임을 이용하는 플레이어라는 협의의 개념으로 쓰인다. 롤플레잉 게임의 경우, 게이머가 현실 세계의 인격(person), 게임 판타지 세계의 페르소나(persona), 상상력을 통해 둘 사이를 오가는 플레이어(player)의 3가지 정체성을 모두 포함한다고 말하는 연구자도 있다. 게이머들은 게임이 제공하는 환상 공간에서 자신이 설정한 목표를 달성하기 위해 더 수준 높은 기술과 요령을 터득하고 그 세계에 대한 통제감(mastery)을 확보하고자 한다.

도미닉 아르세날트(Dominic Arsenault)와 버나드 페론(Bernard Perron)은 이러한 게이머의 경험이 게임에 새로운 의미를 부여할 수 있다고 말한다. 게임 플레이를 통해 이익 창출을 목적으로 하는 프로게이머 집단의 증가, 게임을 향유하는 인구의 증가 등으로 게임 플레이는 개인의 영역에서 공적인 활동 영역으로 확장됐다. 대표적 사례가 온라인 게임과 스포츠 프레임을 융합한 이-스포츠(e-sports)이다. 게이머는 게임을 특정 직업군으로 삼는지의 여부에 따라 프로게이머와 아마추어 게이머로 나뉜다. 또한 게임에 대한 심리적, 물리적 소비의 정도에 따라 하드코어 게이머와 캐주얼 게이머로도 구분된다.

- **유의어** 플레이어
- **관련 용어** 게임, 프로게이머, 하드코어 게이머, 이-스포츠
- **참고 자료** J. Patrick Williams, Sean Q. Hendricks, W. Keith Winkler (Eds.), *Gaming as Culture : Essays on Reality, Identity And Experience in Fantasy Games*, Macfarland & Company, 2006.

게이미피케이션 gamification

| 게임 기법을 활용하여 사용자를 몰입시키고 참여를 유도하는 동기화 방식 혹은 행위.

게임의 사고방식과 메커닉(mechanic)을 통해 사용자의 흥미를 유발하거나 현실 사회의 문제를 해결하는 방식. 2004년 영국 컨설턴트 닉 펠링(Nick Pelling)이 제안했다. 이후 2011년 샌프란시스코에서 열린 게이미피케이션 서밋(Gamification Summit)에서, '게임(game)'과 접미사 '피케이션(-fication)'을 더한 신조어로 '게이미피케이션'이라는 말을 공식화했다.

게이미피케이션은 마케팅이나 비즈니스 영역에서 활용되기 시작했으나, 사용자의 참여를 넓히기 위해 게임 메커닉스를 활용하는 사례가 늘어나면서 그 외의 영역에서도 활용되는 추세이다. 게이미피케이션의 핵심은 게임이 아닌 매체에 게임 메커닉스를 침투시켜 게임화를 유도하는 것이다. 대표적인 사례로는 위치 기반 소셜 네트워크 서비스인 〈포스퀘어(Foursquare)〉가 있다. 〈포스퀘어〉의 사용자는 사용자가 있는 장소에 체크인(check-in)을 할 수 있으며, 이에 따라 점수를 획득하거나 배지를 수여받는다.

연구자에 따른 게임 메커닉스 구성 요소	
연구자	게임 메커닉스 구성 요소
게이브 지커맨 (Gabe Zichermann)	점수, 레벨, 순위표, 배지, 도전 과제, 퀘스트, 초심자 적응 프로그램, 사회적 관여 루프
번치볼 사 (Bunchball Inc.)	점수, 레벨, 도전 과제, 순위표, 가상 재화, 선물과 기부
후카다 코지 (Fukada Koji)	목적, 단계별 목표, 가시화 피드백
애론 디그넌 (Aaron Dignan)	목적, 산출물, 정보, 피드백, 저항, 자원, 기술, 활동, 움직임, 프로필
토마스 말론 (Thomas W. Malone)	도전 과제, 호기심, 환상성

- **관련 용어** 기능성 게임, 설득적 게임, 대체 현실 게임, 퍼베이시브 게임, 게임 메커닉스, 마케팅
- **참고 자료** 게이브 지커맨, 크리스토퍼 커닝햄 저, 정진영, 송준호, 김지원 역, 『게이미피케이션』, 한빛미디어, 2012. | 권보연, 『SNS의 게임화 연구』, 이화여자대학교 대학원 디지털미디어학부 박사논문, 2015.

게임 game

| 일정한 규칙이 있는 놀이.

게임이란 플레이어들이 규칙을 통해 제한되는 인공적인 충돌에 참여해, 정량화 가능한 결과를 도출해내는 시스템이다. 게임에는 1명 이상의 플레이어와 플레이어의 자발적인 참여가 필요하다. 케이티 살렌과 에릭 짐머만은 게임과 놀이의 관계를 2가지로 제시한다. 먼저 게임을 놀이보다 상위 개념으로 볼 경우, 놀이는 게임을 포함한 다양한 유희 활동을 지칭한다. 이때 게임은 보다 좁은 의미로 디지털 게임을 가리킨다. 반면 놀이가 게임보다 상위 개념인 경우, 놀이는 게임을 규정하는 하나의 특성이다.

요한 하위징아(Johan Huizinga)는 『호모 루덴스 : 놀이하는 인간』에서 놀이를 인간의 본질이자 문화의 원류로 평가했다. 요한 하위징아를 비판적으로 계승한 로제 카이와는 놀이를 자발성, 분리성, 불확정성, 비생산성, 규칙성, 허구성으로 설명했다. 카이와는 놀이를 규칙의 정형성에 따라 루두스(Ludus)와 파이디아(Paidia) 2가지 개념으로 분류했다. 놀이는 루두스에 가까울수록 규칙이 엄격하고 영향력이 높아지는 반면, 파이디아에 가까울수록 규칙에서 벗어나 자유로운 플레이가 중심이 된다. 게임은 규칙이 있는 루두스의 영역이다. 게임에 대한 대다수의 논의는 디지털 게임으로 한정하여 이뤄졌다. 예스퍼 율은 게임의 특징을 규칙, 가변적이고 수치화할 수 있는 게임 결과, 결과의 가치화, 플레이어

예스퍼 율이 제시한 게임의 특징	
종류	설명
규칙	게임은 규칙을 기반으로 한 형식 체계이다.
가변적, 수치화된 게임 결과	게임은 가변적이고 수치화할 수 있는 결과를 가지며 게임 규칙은 다양한 결과를 도출한다.
결과의 가치화	게임의 서로 다른 잠재적인 결과는 각각 다른 가치를 나타내고, 어떤 경우에는 긍정적으로 어떤 경우에는 부정적으로 가치가 매겨진다.
플레이어의 노력	플레이어는 게임 결과에 영향을 미치기 위해 노력하며 이는 게임이 도전적인 요소를 가진다는 것을 의미한다.
플레이어의 애착	플레이어는 긍정적 결과가 나오면 행복을 느끼고, 부정적 결과가 나오면 불행을 느낀다는 점에서 감정적으로 그 결과에 애착심을 느낀다.
협상 가능한 결과	게임은 플레이, 장소, 플레이어에 따라 선택적으로 실제 생활과 관련이 된다.

의 노력, 결과에 대한 플레이어의 애착, 그리고 협상 가능한 결과로 요약했다.

에스펜 올셋에 따르면 게임은 플레이어가 따라야 하는 규칙, 물질적·의미적 시스템으로서의 게임 세계, 규칙의 적용을 통해 게임 세계에서 일어난 사건이라는 3가지 요소로 구성된다. 크리스 크로포드(Chris Crawford)는 게임에 관한 4가지 요소로 표현과 상호작용, 충돌, 안전을 제시했다.

한편, 브라이언 업튼은 게임을 제약과 상태라는 2개의 하위 구성 요소로 분리했다. 제약은 허용되는 움직임을 결정하기 때문에 고정적인 반면, 상태는 시스템 내 플레이어의 위치를 기록하기 때문에 유동적이다. 제약은 잠재 제약과 활성 제약으로 나뉘며, 게임은 매 순간의 활성 제약으로 구성된다. 업튼은 좋은 게임을 구성하기 위한 틀로 선택, 다양성, 결과, 예측가능성, 불확실성, 만족도를 제시했다.

브라이언 업튼이 제시한 게임의 구성 요소		
종류		설명
제약	잠재 제약	미래에 영향을 끼칠 수 있지만 지금은 적용되지 않는 제약.
	활성 제약	지금 이 순간 플레이어의 행위를 규제하는 제약.
상태		활성 제약과 상호작용하는 플레이어의 현 위치.

이안 보고스트의 경우, 복잡한 소프트웨어 프로그램으로서의 비디오 게임에 대해 논의한 바 있다. 이때 비디오 게임은 아케이드 게임기, 개인용 컴퓨터, 콘솔 등을 통해 창작 및 플레이되는 다양한 종류의 디지털 산출물을 모두 포함하는 넓은 의미로 사용된다. 보고스트에 따르면 게임은 플레이어가 조작하는 장치이며, 비디오 게임은 예술이고 매체인 동시에 기기이다. 게임을 플레이하는 것은 게임 세계에서 역할을 선택하고 부과된 규제들 내에서 결정하는 작업들을 포함한다. 게임은 플레이어에게 계속해서 집중, 생각, 움직임을 요구한다. 미국의 완구 회사 파커 브라더스에 따르면 게임 제작은 적절한 테마에 맞는 견고한 구성과 쉬운 접근법을 필요로 한다. 보고스트는 좋은 게임의 조건을 '사용하긴 쉽지만 정복하긴 어려운 것'으로 정의했다. 좋은 게임은 복잡함 속에서 익숙한 규칙을 바탕으로 제공되며, 플레이어가 더 잘 기억할 수 있도록 유도한다.

학자에 따른 게임의 정의를 정리하면 다음과 같다.

학자에 따른 게임의 정의	
학자	정의
요한 하위징아	일상적인 삶에서 분리된 자유로운 행동인 동시에 플레이어를 전적으로 그리고 강렬하게 몰입시키는 것.
로제 카이와	필수적으로 자유롭고, 개별적이고, 불확실하고, 비생산적이며, 규칙에 의해서 지배를 받고, 허구적인 요소를 지닌 행동.
곤살로 프라스카	플레이어가 자발적으로 실행하는 활동이며, 시간과 공간의 제한을 전제로 함.
예스퍼 율	규칙을 바탕으로 한 형식 체계이며, 다양하고 수량화할 수 있는 결과를 지니는 것.
이안 보고스트	실제 체험에 가까운 형태의 유사 체험을 제공하는 복잡한 소프트웨어 프로그램.
크리스 크로포드	플레이어들이 상대방의 목표를 꺾기 위해 노력하는 경쟁으로, 표현, 상호작용, 충돌, 안전을 특징으로 함.
브라이언 업튼	허용되는 움직임을 결정하는 제약과 시스템 내 플레이어의 위치를 기록하는 상태라는 2개의 하위 구성 요소로 이루어진 시스템.
데이빗 팔레트	비형식적 게임과 형식적 게임이 있음. 형식적 게임은 목표 달성을 위한 경쟁이기 때문에 승리라는 목적과 규칙이라는 수단의 이중구조로 나타남.
클라크 앱트	둘 이상의 플레이어가 정해진 맥락 속에서 목표를 달성하기 위해 벌이는 활동으로 목표를 얻기 위해 상대방과 규칙을 갖고 경쟁함.
버나드 슈츠	규칙에 의해 허락된 수단만을 사용하여 특정 활동에 참가하는 것으로, 게임을 하는 것은 불필요한 장애를 극복하기 위한 자발적인 노력.
그렉 코스티키안	플레이어가 목표 달성을 위해 투쟁하도록 만드는 내생적 의미의 상호작용 구조.
에릭 짐머만	플레이어들이 규칙에 의해 제한되는 인공적인 충돌에 참여하여, 정량화 가능한 결과를 도출하는 시스템.
에스펜 올셋	플레이어가 따라야 하는 규칙, 물질적 시스템으로서의 게임 세계, 규칙의 적용을 통한 게임 세계에서 일어난 사건이라는 3가지 요소로 구성됨.
미구엘 시카트	플레이의 형식 중 가장 강력하고, 문화적·경제적으로 가장 일반적인 형식.
엘리엇 애버던, 브라이언 서튼-스미스	제한된 규칙 안에서 권력의 비평형 상태를 만들기 위해 투쟁하는 자발적 지배 체제의 훈련.
트레이시 풀러턴	불평등한 상태로 귀결되는 구조화된 충돌에 플레이어가 참여하는 닫히고 정규화된 시스템.
마크 J.P. 울프	충돌, 규칙, 스킬을 사용하는 플레이어의 능력, 승패 여부와 같은 가치 있는 결과를 지니는 것.
데이비드 켈리	플레이어가 달성할 수 있는 목표를 가정하고, 그 목표를 달성하기 위해서 어떤 행동이 허용 가능한지를 규정해주는 규칙으로 구성된 오락의 형태.
라프 코스터	배움을 위한 시스템으로, 플레이어는 규칙 기반의 게임을 통해 다양한 스킬을 배움으로써 새로운 지식을 얻음.
제인 맥고니걸	목표, 규칙, 피드백 시스템, 자발적 참여라는 4가지 본질적 특징을 필요로 하며, 우리가 자발적으로 장애물에 맞서도록 자극하는 것.

게임의 정의에 포함된 핵심 요소는 규칙, 경쟁, 목표지향, 몰입, 인공적·비일상적, 불확실성, 자발성, 사회적 모임 생성이다. 학자들이 정의한 게임의 구성 요소는 다음과 같다.

학자	게임의 요소							
	규칙	경쟁	목표지향	몰입	인공적/비일상적	불확실성	자발성	사회적 모임 생성
요한 하위징아	V			V	V			V
로제 카이와	V				V	V	V	
곤살로 프라스카	V		V		V		V	
예스퍼 율	V		V				V	
이안 보고스트				V	V			
크리스 크로포드	V	V			V			
브라이언 업튼	V			V		V		
데이빗 팔레트	V	V	V					
클라크 앱트	V		V					
버나드 슈츠	V		V				V	
그렉 코스티키안								
에릭 짐머만	V	V	V		V		V	V
에스펜 올셋	V				V			
엘리엇 애버던, 브라이언 서튼-스미스	V	V	V			V		
트레이시 풀러턴	V	V			V			
마크 J. P. 울프	V	V						
데이비드 켈리	V		V			V	V	
제인 맥고니걸	V	V	V				V	

- **유의어** 놀이
- **참고 자료** 이인화 외, 『디지털 스토리텔링』, 황금가지, 2003. | 곤살로 프라스카 저, 김겸섭 역, 『억압받는 사람들을 위한 비디오게임』, 커뮤니케이션북스, 2008. | 윤형섭 외, 『한국 게임의 역사』, 북코리아, 2012. | 제스퍼 주울 저, 장성진 역, 『하프 리얼 : 가상 세계와 실제 규칙 사이에 존재하는 비디오게임』, 비즈앤비즈, 2014. | Brian Upton, *The Aesthetic of Play*, The MIT Press, 2015. | Espen Aarseth, "Genre Trouble : Narrativisim and the Art of Simulation", *First Person*, The MIT Press, 2004. | Ian Bogost, *Unit Operations : An Approach to Videogame Criticism*, The MIT Press, 2008. | Ian Bogost, *How to Do Things with Videogames*, University of Minnesota Press, 2012. | Katie Salen, Eric Zimmerman, *Rules of Play : Game Design Fundamentals*, The MIT Press, 2003. | Miguel Sicart, *Play Matters*, The MIT Press, 2014. | Mark J.P. Wolf, *The Medium of the Video Game*, University of Texas Press, 2002.

게임 개발자 컨퍼런스 Game Developers Conference, GDC

| 게임 개발자들을 대상으로 하는 세계 최대 규모의 컨퍼런스.

게임 개발자들을 대상으로 한 게임 관련 연례행사. 유비엠 테크(UBM Tech)가 주최한다. 1988년 게임 개발자 크리스 크로포드(Chris Crawford)가 주최한 소규모 모임에서 시작됐으며, 1999년부터 공식 행사로 자리 잡았다. 미국 샌프란시스코에서 열리는 정식 행사 외에도 중국, 독일, 캐나다 등에서 파생 형태의 행사가 개최된다. 게임 개발자들은 강연, 전시, 이벤트, 게임 디벨로퍼 초이스 어워드(Game Developers Choice Awards, GDCA), 인디 게임 페스티벌(Independent Game Festival, IGF) 등의 다양한 부속 행사를 통해 게임 업계와 관련된 정보를 교류한다. 게임 개발 기술, 사업, 디자인 등의 분야를 다루는 강연이 열리고, 주로 최신 개발 기술을 전시하며 개발자와 제작사, 게이머들이 교류하는 자리이다. 시상식에서는 '올해의 개발자'와 '올해의 게임' 등을 선정한다.

- **관련 용어** 게임 디벨로퍼 초이스 어워드, 인디 게임 페스티벌
- **참고 자료** GDC, www.gdconf.com

게임 개발팀 game developers team

| 게임 개발을 진행하기 위해 조직된 팀.

게임 개발에서 각 파트별 업무에 따라 조직된 개발자들의 팀. 총괄, 기획, 프로그래밍, 그래픽, 사운드 등의 파트로 구성된다. 1970년대에는 프로그래밍 지식을 가진 개발자 혼자서도 게임을 만들 수 있었다. 피시(PC), 콘솔 등의 게임 플랫폼들이 발전하면서 게임 용량이 증가하는 등 게임 제작 환경이 복잡해졌고 게임 회사들은 각 파트별 전문가를 중심으로 개발팀을 구성하고 게임 개발을 진행하게 됐다.

제이슨 그레고리에 따르면, 게임 개발은 프로듀서, 게임 디자이너, 엔지니어, 아티스트, 기타 전문가들의 협업으로 진행된다. 프로듀서는 개발 팀원들의 스케줄을 관리하고 팀 간 조율을 담당한다. 게임 디자이너는 게임 플레이 경험을 구상하고, 전

반적인 게임 플레이를 설계한다. 엔지니어는 실제적으로 게임을 구현하기 위해 프로그래밍 작업을 한다. 아티스트는 게임 내 시각적 요소들을 생산한다. 이 외에도 게임의 버그를 잡는 테스트 작업, 사운드 작업 등을 담당하는 전문가들이 있다.

게임 개발팀은 각 파트의 개발 업무를 기반으로 구성되지만, 개발하는 게임의 규모와 회사의 환경에 따라 팀의 세분화가 달라진다. 프로듀서의 역할을 기획팀에서 담당할 수도 있고, 기획팀에 소속된 레벨 기획자가 따로 팀으로 분리될 수도 있다. 프로젝트 매니저는 기획팀이나 프로듀서가 겸직하기도 한다. 아트팀에

게임 개발팀 구성과 설명		
개발팀	설명	팀 구성원
프로젝트 매니저	게임 프로젝트 내 여러 팀 간의 커뮤니케이션과 스케줄을 관리. 개발팀의 규모에 따라 없는 경우도 있음.	–
기획팀	게임을 기획하는 팀. 게임의 전체적인 구상, 시스템, 규칙을 정하고 게임 밸런스를 조정함. 다른 팀에 기획을 설명.	게임 기획 팀장(메인 기획자)
		게임 시스템 기획자
		레벨 기획자
		콘셉트 기획자
		게임 시나리오 작가
프로그램팀	게임을 구현하는 팀. 프로그래밍 작업을 통해 기획서대로 게임이 작동하도록 작업.	프로그램 팀장(메인 프로그래머)
		클라이언트 프로그래머
		서버 프로그래머
		도구 제작 프로그래머(엔진 및 툴 제작 프로그래머)
		라이브러리 관리 프로그래머
아트팀	게임에 필요한 시각적 요소를 만드는 팀. 그림 이미지, 동영상, 애니메이션 등을 작업. 게임의 콘셉트와 분위기를 만드는 작업.	그래픽 팀장(메인 그래픽 디자이너)
		테크니컬 디렉터
		2차원 캐릭터 & 아이템 그래픽 디자이너
		3차원 캐릭터 & 아이템 그래픽 디자이너
		2차원 배경 그래픽 디자이너
		3차원 배경 그래픽 디자이너
		콘셉트 그래픽 디자이너(원화)
		일러스트 작가
		동영상 디자이너
		애니메이터
		3차원 모델러
사운드팀	게임의 사운드를 제작하는 팀. 배경음악, 각종 효과음 등을 작업. 게임 연출과 분위기에 맞게 사운드 제작.	배경음악 제작자
		효과음 제작자
테스트팀	게임 플레이를 테스트하는 팀. 게임 서비스 이전에 전반적인 게임의 완성도를 점검하고 버그를 찾아내는 역할.	게임 테스트 팀장
		테스트 요원

속하는 아트 디렉터와 테크니컬 디렉터도 개발팀 규모에 따라 겸직한다. 아트 디렉터는 아트팀의 총 책임자로, 타 팀들과 커뮤니케이션을 담당한다. 단, 프로그램팀과의 커뮤니케이션은 테크니컬 디렉터가 주로 담당한다.

다중접속온라인 역할수행 게임 〈테라(Tera)〉의 개발사 블루홀 스튜디오(Bluehole Studio) 개발팀은 배경아트팀, 게임디자인팀, 전략기획팀, 캐릭터아트팀, 영상팀, 플랫폼팀, 프로그램팀, 피플(People)팀, 큐에이팀의 9개 팀으로 구성되어 있다.

- **유의어** 게임 개발자
- **관련 용어** 게임 프로듀서, 게임 디자이너, 엔지니어, 아티스트, 아트 디렉터, 테크니컬 디렉터
- **참고 자료** 신용훈, 『전략적 게임학원론』, 북스홀릭, 2012. | 트레이시 풀러턴 저, 최민석 역, 『게임 디자인 워크숍』, 위키북스, 2012. | Jason Gregory, *Game Engine Architecture, Second Edition*, CRC Press, 2014.

게임 공간 game space

| 플레이어가 직접 탐험하거나 조작할 수 있는 게임 환경.

플레이어가 직접 탐험하거나 조작할 수 있는 환경. 플레이어는 게임 공간에서 다른 플레이어, 혹은 게임 시스템과 상호작용한다. 게임 공간은 플레이어가 직접 행동하고 탐험하는 곳이며 서사를 이끌어내는 중요한 요소이다. 플레이어는 게임 공간에서 게임 요소와 상호작용하면서 게임의 규칙을 이해하게 된다. 게임은 공간의 확장을 통해 게임 서사를 진행한다. 가령 다중접속온라인 역할수행 게임에서는 새로운 대륙을 업데이트하는 등 공간의 확장을 통해 서사를 이어나가는 전략을 활용한다. 게임 공간은 구현 방식에 따라 다양한 하위 유형으로 구분된다.

마크 J. P. 울프는 게임에서 구현되는 공간을 11가지 유형으로 분류했다.

마크 J. P. 울프가 제시한 게임의 11가지 공간 유형		
종류	설명	사례
텍스트 기반의 공간	모든 게임 요소가 텍스트로 구현되어 시각적으로 보이지 않는 공간. 플레이어의 상호작용도 텍스트를 통해 이루어짐.	〈콜러설 케이브 어드벤처(Colossal Cave Adventure)〉, 〈조크(Zork)〉

하나의 스크린이 포함된 공간	게임의 플레이가 하나의 고정된 공간에서 진행되는 것. 플레이어는 스크린 밖의 공간으로 이동할 수 없음.	〈스페이스 인베이더(Space Invaders)〉, 〈퐁(Pong)〉
하나의 스크린이 포함되면서도 굽어진 공간	화면의 양 끝 부분이 서로 맞물려 있는 공간. 화면의 끝으로 이동하면 반대편 끝에서 다시 나타남.	〈컴퓨터 스페이스(Computer Space)〉, 〈컴뱃(Combat)〉
1축 스크롤	1개의 축을 중심으로 이동성이 나타나는 공간. 공간이 끊이지 않고 계속되는 느낌을 줌. 횡스크롤 게임이 이에 속함.	〈스트릿 레이서(Street Racer)〉, 〈스탬피드(Stampede)〉
2축 스크롤	가로축과 세로축을 중심으로 이동할 수 있는 공간. 스크린에 표시된 것보다 더 큰 공간을 위아래로 움직일 수 있음.	〈건틀렛(Gauntlet)〉, 〈심시티〉
한 번에 보이는 인접 공간	한 스크린 안에 게임의 공간이 여러 개의 방으로 분할되어 있는 형태. 화면 이동 없이 캐릭터가 공간을 이동함.	〈어드벤처(Adventure)〉, 〈슈퍼맨(Superman)〉
독립적으로 움직이는 레이어	캐릭터와 공간이 다른 층으로 분할되어 구현됨. 캐릭터 층과 공간 층을 겹친 후 공간을 움직여 캐릭터의 이동을 표현함.	〈잭슨(Zaxxon)〉, 〈슈퍼 마리오 브라더스〉
Z축 기반 공간	x, y, z의 3개의 축을 중심으로 구현된 공간. 움직이는 것은 x축과 y축이며, 원근감 구현을 통해 깊이감을 표현함.	〈템페스트(Tempest)〉, 〈나이트 드라이버(Night Driver)〉
동시다발적, 비연속적 공간	한 스크린 안에 2개의 다른 시점을 동시에 구현함. 레이싱 게임에서 주로 사용됨.	〈스파이 vs 스파이(Spy vs Spy)〉, 〈마지막 바퀴(Fianl Lap)〉
상호작용적인 3차원 환경	3차원 그래픽으로 구현된 공간. 공간과 객체를 다각도에서 탐색할 수 있음.	〈미스트〉, 〈둠〉
재현되거나 지도화된 공간	지도 위에 간단한 기호로 구현된 공간. 게임 공간의 지리학적 정보가 담겨 있음.	〈심시티〉, 〈시드 마이어의 문명(Sid Meier's Civilization)〉

- **유의어** 배경, 환경
- **관련 용어** 게임 서사, 이동
- **참고 자료** 제스퍼 주울 저, 장성진 역, 『하프 리얼 : 가상 세계와 실제 규칙 사이에 존재하는 비디오게임』, 비즈앤비즈, 2014. | 제임스 뉴먼 저, 박근서 외 역, 『비디오게임』, 커뮤니케이션북스, 2008. | Mark J. P. Wolf, *The Medium of the Video Game*, University of Texas Press, 2002.

게임 기획자 game designer

| 게임의 기본 콘셉트를 설계하는 직업.

전반적인 게임의 틀을 설계하고 실제적으로 형상화될 수 있도록 세부 사항을 계획하는 게임 개발자의 한 직군. 구상 단계만이 아니라 개발의 모든 사항을 설계하고 진행한다는 의미에서 게임 플래너(planner)가 아닌 게임 디자이너라고 한

다. 초창기 게임은 프로그래머(programmer)가 단독으로 제작하는 경우가 대다수였지만, 게임의 구조가 복잡해지고 체계적인 개발이 요구되면서 프로젝트 전반을 설계하는 기획자의 역할이 대두됐다. 게임 개념 구상, 브레인스토밍, 프로토타입 테스트 및 수정, 기획 문서 작성, 팀 내 의사소통 등을 담당하며 플레이어의 경험을 설계하는 것이 주 업무이다.

프로그래머나 그래픽 디자이너 등 다른 개발자들에게 의견을 전달하고 조율하여 전체 개발 수준을 높여야 하므로 의사소통 능력과 문서화 능력이 필수적이며, 이외에도 창의성과 분석력, 종합성 등이 요구된다. 개발 규모 및 플랫폼에 따라 업무가 축소되거나 다양한 역할을 담당하게 된다. 개발 규모가 커지면 업무를 분담하여 처리하면서 다른 개발팀에게 지시 및 자료를 제공하는 기획팀이 구성된다. 기획자의 세부 유형 및 역할은 표와 같다.

게임 기획자의 유형		
종류		설명
시스템 기획자		플레이의 영역을 시스템 알고리즘으로 표현하고 플레이에 필요한 데이터를 규정.
콘텐츠 기획자	레벨 기획자	게임 시스템이 규정한 기술적 범위 내에서 게임 내 미션, 공간, 수치 레벨을 기획.
	게임 시나리오 작가	게임에 필요한 스토리와 대사를 작성하고 게임의 배경과 세계관을 확립.

- **관련 용어** 게임 개발, 레벨 디자인, 밸런싱, 게임 시나리오
- **참고 자료** 신용훈, 『전략적 게임학원론』, 북스홀릭, 2012. | 제시 셸 저, 전유택, 이형민 역 『The Art of Game Design』, 에이콘, 2010. | Tracy Fullerton, *Game Design Workshop : A Playcentric Approach to Creating Innovative Games*, CRC Press, 2008.

게임 다이내믹스 game dynamics

| 게임 플레이에서 플레이어의 경험 층위를 의미하는 엠디에이(Mechanics, Dynamics, Aesthics, MDA)의 구성 요소 중 하나.

마크 르블랑, 로빈 휴닉, 로버트 주벡이 제시한 게임 분석 방법론 엠디에이(MDA)의 한 요소. 게임 다이내믹스는 게임의 기본 규칙인 메커닉(mechanic)으로

부터 발현돼 플레이어의 감정적 반응인 에스테틱(aesthetic)을 야기한다. 르블랑은 게임에서 에스테틱을 발생시키기 위한 다이내믹 모델로 시간제한, 협력 플레이 등의 플레이 경험 구성 요소를 제시했다. 유닛의 시야가 확보되지 않은 공간에 대한 정보를 노출하지 않는 시스템인 전장의 안개는 다이내믹의 대표적인 사례로, 플레이어의 행동에 따라 변화하면서 전략적 플레이를 구현한다. 게임 다이내믹스는 게임 연구에서 플레이어 경험 층위에 대한 시사점을 제공하며, 개발자는 이를 구축하기 위해 메커닉을 설계하고 플레이어의 에스테틱을 결정할 수 있다.

■ **관련 용어** 엠디에이, 게임 메커닉스, 게임 에스테틱스
■ **참고 자료** 권보연, 『게이미피케이션』, 커뮤니케이션북스, 2015. | Marc LeBlanc, "Tools for Creating Dramatic Game Dynamics", *The Game Design Reader : A Rules of Play Anthology*, The MIT Press, 2005. | Robin Hunicke, Marc LeBlanc, Robert Zubek, "MDA : A Formal Approach to Game Design and Game Research", *Proceedings of the AAAI Workshop on Challenges in Game AI*, vol.4, no.0, 2004.

게임 대화 game talk

| 온라인 게임에서 다수의 플레이어가 소통하는 언어 행위 및 비언어 행위.

게임에서 플레이어가 타플레이어와 소통하는 행위. 다수의 플레이어가 실시간으로 협력 및 경쟁하는 온라인 게임에서 주로 나타난다. 플레이어는 게임의 목표 달성을 위한 과정, 또는 목표 달성과 상관없는 놀이 과정에서 타 플레이어와 대화를 나눈다. 따라서 게임 대화의 내용은 해당 게임의 고유한 사회적 규칙을 반영한다. 게임 대화의 언어 행위에는 텍스트 및 사운드를 활용한 채팅이 해당되며, 비언어 행위에는 이미지 및 애니메이션을 활용한 아바타의 행동 등이 해당된다.

전달 방식에 따른 게임 대화 유형		
종류	설명	사례
언어 행위	텍스트, 사운드를 활용한 대화.	문자 채팅, 음성 채팅
비언어 행위	이미지, 애니메이션을 활용한 대화.	아바타의 외형 및 움직임, 스킬 사용

탈마드지 라이트는 언어적 행위와 비언어적 행위 모두를 아우르는 게임 대화 유형을 수행, 갈등, 모욕, 창작, 게임 외적 대화로 구분했다.

탈마드지 라이트가 제시한 게임 대화 유형		
종류	설명	사례
수행 대화 (performance talk)	목표 달성을 위한 협력 과정에서 나타나는 대화.	인사, 남 탓, 후회, 사과, 전략 짜기, 칭찬, 가르침
갈등 대화 (game conflict talk)	게임 규칙을 따르지 않은 플레이어에 대한 문제 제기.	반칙 여부 따지기, 강제 퇴장시키기
모욕 대화 (insult/distancing talk)	상대 플레이어 모욕.	도발, 모욕, 차별
창작 대화 (creative game talk)	게임의 목표와 관련이 없는 놀이 행위.	이름 붙이기, 말장난, 농담, 규칙 무시
게임 외적 대화 (game technical/external talk)	게임 외적인 대화 내용.	렉 및 게임 기기에 대한 논의, 타 게임 언급

▪ **관련 용어** 채팅

▪ **참고 자료** Talmadge Wright, Eric Boria, Paul Breidenbach, "Creative Player Actions in FPS Online Video Games : Playing Counter-Strike", *Game Studies*, vol.2, no.2, 2002.

게임 메커닉스 game mechanics

| 게임의 형식적 규칙 및 시스템적 요소.

게임 규칙, 알고리즘, 데이터 구조, 공간 등과 같이 게임을 구성하는 시스템 요소. 규칙, 보상 체계, 도전 과제 설정 등과 같이 게임의 골격을 이루는 기능적 요소로, 게임의 상태를 변화시키고 플레이어의 활동과 행위를 규정한다. 게임 메커닉스의 구성 요소는 크게 3가지로 나뉜다. 첫째, 게임 플레이를 위해 정의되어야 하는 물리적 법칙(physical law), 둘째, 게임 플레이를 위한 도구(equipment), 셋째, 게임 플레이 방향을 설정하는 최종 목표와 결과 산출 방법을 포함한 규칙 시스템(games rule as system)이다.

게임 메커닉스의 정의	
학자	정의
마크 르블랑 외	게임을 구성하는 특정 형식 요소로 데이터 재현 알고리즘을 통해 플레이어에게 허용함.
리처드 라우스 (Richard Rouse)	게임 경험을 유도하는 모든 형식으로 게임에서 플레이어가 할 수 있는 것들에 대한 규칙을 말함.

다니엘 쿡 (Daniel Cook)	규칙 기반의 시스템 시뮬레이션으로 플레이어의 게임 내 활동을 지원하는 기능 형식을 의미함.
아키 야르비넨 (Aki Järvinen)	플레이어에 의한 게임 상태와 결과 변화를 가능하게 하는 게임의 형식을 말함.
미구엘 시카트 (Miguel Sicart)	게임 상태 변화와 상호작용 가능한 플레이어 행동을 유도하는 형식화된 규칙을 의미함.

- **관련 용어** 엠디에이, 게임 다이내믹스, 게임 에스테틱스, 게이미피케이션
- **참고 자료** 권보연, 『SNS의 게임화 연구』, 이화여자대학교 대학원 디지털미디어학부 박사논문, 2015. | Marc LeBlanc, "Tools for Creating Dramatic Game Dynamics", *The Game Design Reader : A Rules of Paly Anthology*, The MIT Press, 2006. | Robin Hunicke, Marc LeBlanc, Robert Zubek, "MDA : A Formal Approach to Game Design and Game Research", *Proceedings of the AAAI Workshop on Challenges in Game AI*, vol.4, no.0, 2004.

게임 문식성 gaming literacy

| 게임을 이해하고, 플레이하며, 평가하고, 활용하는 능력.

매체로서 게임을 대하는 사용자의 능력. 플레이 능력뿐 아니라 게임 비평 또는 제작 기술까지를 포괄한다. 20세기 후반, 디지털 매체가 발달함에 따라 문자 언어뿐 아니라 소리, 그림, 영상 등 다양한 형태의 콘텐츠를 이해할 수 있는 능력인 미디어 문식성의 중요성이 대두되었다. 니콜라스 카는 미디어의 특성에 따라 사용자의 사고 과정 또한 변한다고 주장했다.

게임 문식성은 미디어 문식성의 하위 개념으로, 에릭 짐머만은 21세기에 미디어 패러다임이 변화함에 따라 게임 문식성의 중요성이 점차 강조된다고 말했다. 게임을 구성하는 언어, 이미지, 소리, 영상, 기호 등에 대한 분석적 이해 능력과 규칙, 알고리즘, 시스템 등에 대한 절차적 이해 능력이 21세기 문화 전반에 대한 접근 능력이 될 수 있기 때문이다. 케이티 살렌은 게임의 제작 및 플레이가 '시험-평가-수정'과 유사한 과정을 통해 이루어진다고 보고, 게임 문식성을 습득하는 방법으로 2가지를 제시했다. 첫째는 직접 게임을 구성 및 제작하는 것이며, 둘째는 게임을 반복적으로 플레이하는 것이다.

게임 문식성의 평가 기준은 아래의 11가지이다.

게임 문식성 평가 요소		
번호	기준	설명
1	게임 플랫폼 접근성	콘솔(console), 피시(PC), 모바일(mobile) 등 게임 플랫폼을 활용해 게임을 실행 및 진행할 수 있음.
2	시스템 기반 사고	사용자가 입력한 행동에 대한 게임 세계의 반응을 관찰하여 상관관계를 이해할 수 있음.
3	문제 해결 능력	사용자는 게임에서 제시하는 도전 과제를 부여받고, 다양한 방법을 시도함으로써 해결을 도모함.
4	분석 기반의 창의력	게임의 내부 구조와 구성 요소를 분석적으로 이해하고 이를 독창적으로 재구성할 수 있음.
5	예술·미학적 소양	사용자는 게임을 예술적, 미학적으로 이해하고 이를 평가할 수 있음.
6	문화적 맥락에 대한 이해	회사의 이윤 창출을 위해 제작되며 사용자의 문화적 향유를 위해 소비되는 게임을 사회적, 문화적 맥락에서 이해할 수 있음.
7	게임의 수사학에 대한 이해	게임 플레이를 통해 사회적 권력 관계, 이데올로기의 양상 등을 발견하고 이해할 수 있음.
8	글쓰기·스토리텔링 능력	사용자와 개발자는 게임 세계관과 기반 서사를 구성할 수 있는 이야기 능력을 지님.
9	게임 규칙에 대한 이해	게임은 규칙 기반 시스템을 기본으로 함. 개발자는 적절한 난이도를 제공하기 위해 규칙을 만들며, 사용자는 플레이를 통해 규칙을 학습함.
10	프로그래밍 기술	개발자는 프로그래밍 기술을 활용해 게임 세계를 구현함.
11	상호작용에 대한 이해	사용자는 게임을 매개로 다른 사용자들과 상호작용하고 사회적 관계를 맺음.

■ **관련 용어** 미디어 문식성

■ **참고 자료** 니콜라스 카 저, 이진원 역,『유리감옥』, 한국경제신문사, 2014. | James Paul Gee, *What Video Games Have to Teach Us about Learning and Literacy, Second Edition*, Palgrave Macmillan, 2007. | Katie Salen, Eric Zimmerman, *Rules of Play : Game Design Fundamentals*, The MIT Press, 2003. | Idit Harel. Carpenton, "Toward a Theory of Game-Media Literacy : Playing and Building as Reading and Writing", *International Journal of Gaming and Computer-mediated Simulations*, vol.2, no.1, 2010. | Katie Salen, "Gaming Literacies : A Game Design Study in Action", *Journal of Educational Multimedia and Hypermedia*, vol.16, no.3, 2007.

게임 방송 game broadcasting

| 게임을 소재로 하여 개인 혹은 단체가 텔레비전과 온라인을 통해 배포하는 영상 콘텐츠.

게임 정보와 후기를 전달하거나 게임 경기를 중계하는 방송 콘텐츠. 게임 방송은 플랫폼에 따라 텔레비전 게임 방송과 온라인 개인 게임 방송으로 나뉜다. 텔레비전 게임 방송은 게임 개발자, 프로게이머, 기자 및 평론가 등의 전문가 집단

이 주로 출연하며 게임을 소개하고 게임 플레이를 중계한다. 이-스포츠는 텔레비전 게임 방송의 대표적인 콘텐츠로, 기존 스포츠 중계 프로그램의 속성을 적용하여 해설자가 플레이어 간의 경쟁을 중계한다.

　온라인 개인 게임 방송은 플레이어가 자신의 플레이 영상을 촬영 및 편집하고 해설을 덧붙여 제작해 만드는 콘텐츠이다. 개인이 플레이어, 중계자, 평론가 등의 역할을 동시에 맡으며, 게임 방송 진행자라 통칭한다. 유튜브, 아프리카TV와 같은 인터넷 실시간 동영상 스트리밍 플랫폼을 통해서 유통한다. 대표적 사례인 아프리카TV는 2006년부터 온라인 개인 게임 방송 서비스를 지원하기 시작했다.

국내 텔레비전 게임 방송사 인터넷 텔레비전 게임 방송 플랫폼의 연대기		
연도	종류	설명
1998	투니버스	'예측 98 사이버 프랑스 월드컵'을 통해 〈피파 98 로드 투 월드컵(FIFA : Road to World Cup 98)〉 경기 중계.
1999	투니버스	'투니버스 배 99 프로게이머 코리아'를 통해 국내 최초의 이-스포츠 리그로 〈스타크래프트〉 게임 중계.
2000	온게임넷	국내 최초 게임 전문 채널로 '2000 하나로 통신배 스타리그'를 통해 〈스타크래프트〉 게임 중계.
2001	MBC 게임	줄여서 겜비씨라고 칭함. 지상파 최초 게임 채널로 'MBC 게임 스타리그(MBC Game Star League, MSL)' 방영을 통해 〈스타크래프트〉 게임 중계.
2006	곰TV	MBC에서 주최하는 이-스포츠 리그인 'MBC 게임 스타 리그'를 방영.
2008	아프리카TV	게임 전문 멀티미디어인 아프리카 게임 TV 창설.

온라인 개인 게임 방송 연대기		
연도(년)	종류	설명
2010	퓨디파이(PewDiePie)	유튜브 게임 채널
2010	대도서관TV	유튜브 및 아프리카TV 게임 채널
2012	BJ악어	
2013	대정령TV, 머독방송, 양띵TV, 홍방장	

■ **관련 용어** 이-스포츠, 사용자 생성 콘텐츠
■ **참고 자료** 이용준, 『뉴미디어 시대의 게임방송 시청행태 변화 연구』, 중앙대학교 대학원 신문방송학과 석사논문, 2008. | 이영미, 정용찬, 「케이블TV 관련 정책이 시장구조 및 성과에 미친 영향에 관한 연구」, 『커뮤니케이션 이론』, vol.5, no.1, 한국언론학회, 2009. | 한혜원, 김서연, 「온라인 개인 게임 방송의 스토리텔링 분석」, 『한국게임학회 논문지』, vol.14, no.2, 한국게임학회, 2014.

게임 보안 game security

| 게임 제작 및 유통 과정에서 발생할 수 있는 정보 유출을 방지하는 일.

서버와 네트워크, 데이터베이스, 애플리케이션과 같은 유·무형의 자산과 플레이어의 개인 정보를 보호하기 위한 조치. 2000년대 초반 온라인 게임 시장의 성장세가 지속되고 게임 내 가상 재화가 현금성 가치를 지니기 시작하면서 개인 정보 탈취를 위한 해킹이 급증했다. 그 결과 개인 정보 유출, 게임 소스 및 데이터 파일 유출, 아이템 불법 복제 등의 문제가 발생하며 게임 보안의 중요성이 대두됐다. 게임 개발사들은 안랩(AhnLab), 잉카인터넷(Inca Internet)과 같은 전문 업체의 보안 솔루션을 도입하거나 사내 보안 팀을 통해 관련 업무를 처리한다.

게임의 장르와 플랫폼에 따라 구축해야 하는 보안 전략이 달라진다. 다중접속 온라인 역할수행 게임에서는 '골드 파밍(gold farming)'을 방지하기 위한 봇 감지, 사설 서버 차단, 데이터베이스 해킹 방지가 중요한 반면, 모바일 게임은 스미싱(smishing)을 이용한 애플리케이션 내 소액 결제 유도 차단, 점수 조작 방지 등이 중시된다. 게임 보안은 무형 자산으로서의 게임 소프트웨어와 관련 데이터베이스를 보호하고, 게임 내 균형을 유지해 서비스 수명을 연장시킨다.

온라인 게임 보안의 주요 현안과 관련 업무		
사내외 보안 인식 강화	전문 보안 인력 운용	개인 정보 보호
· 보안 지침 배포 · 관련 교육 실시 · 약관 공시 · 보안 솔루션 설치 권장	· 보안 지원 업무 · 개발단 보안 사항 제시 · 웹사이트 취약점 점검 · 위험 분석 및 모니터링	· 개인 정보 암호화 · 본인확인제도, 피시 인증제 · 오티피(OTP) 설치, 2차 암호 설정 · 아이피(IP) 도용 확인
개발단 보안	서버/네트워크단 보안	클라이언트단 보안
· 인트라넷 결재 연동 · 유에스비 매체 제어프로그램 설치 · 디지털 저작권 관리 도입 · 암호화	· 네트워크 분리 · 하드웨어적 보안 · 바이러스 월(wall), 방화벽 설치 · 침입 방지 프로그램 설치	· 보안 솔루션 도입 및 개발 · 클라이언트 위/변조 방지 · 디버깅(debugging) 및 역분석 방지 · 핵(hack), 봇(bot) 차단

- **관련 용어** 온라인 게임
- **참고 자료** 한국게임산업개발원, 『게임 보안 침해에 대한 기술적 대응 방안 연구』, 한국게임산업개발원, 2005. | 김양훈, 강종구, 「신뢰성 있는 게임 환경을 제공하기 위한 게임 DB 보안 플랫폼 개발」, 『한국정보기술융합학회논문지』, vol.1, no.1, 한국정보기술융합학회, 2008. | 조성언, 여상수, 「온라인 게임에서의 보안 이슈들」, 『보안공학연구논문지』, vol.4, no.3, 보안공학연구지원센터, 2007.

게임 비평 game critics

| 게임 텍스트 중심의 문화적 담론.

게임 텍스트에 대한 문화적 담론. 주로 게임이 사회 문화적으로 어떤 역할을 하는지, 인간과 어떻게 상호 교류하는지 등을 분석한다. 비평 대상은 게임 텍스트, 게임 플랫폼, 게임 장르, 플레이어의 경험 등이며, 게임 이론과 서사 이론, 기호학, 장르 이론, 정신분석학 등을 적용하여 분석한다. 이안 보고스트는 저서 『유닛 오퍼레이션(Unit Operations)』에서 문화적·이론적·기술적 영역을 아우르는 비교절차적(comparative procedural) 비평의 필요성을 역설했다. 라스 콘잭은 게임 비평의 대상이 될 수 있는 7가지의 조건을 제시했다. 콘잭이 제시한 조건은 하드웨어, 프로그램 코드, 기능성, 플레이, 의미, 지시성, 사회문화적 층위이다.

- **참고 자료** Ian Bogost, *Unit Operations : An Approach to Videogame Criticism*, The MIT Press, 2008. | Lars Konzack, "Computer Game Criticism : A Method for Computer Game Analysis", Proceedings of the Computer Games and Digital Culture Conference, 2002.

게임 소설 game novel

| 실제 게임의 서사를 소설화한 것.

실제 게임의 서사를 원작으로 한 소설. 게임 제작사와 출판사가 공식적으로 계약하여 출간하는 미디어믹스(media mix) 중 하나이다. 게임 세계와 현실 세계를 구분하여 서술하는 게임 판타지 소설과 달리, 게임 세계 자체를 소설의 세계관으로 사용한다. 대표적인 게임 기반 소설로는 동명의 게임을 원작으로 한 『워크래프트』 시리즈, 『스타크래프트』 시리즈, 『어쌔신 크리드(Assassin's Creed)』 등이 있다. 국내에서는 〈마비노기〉를 기반으로 한 『소설 마비노기 더 드라마 이리아』 시리즈, 동명 게임을 원작으로 한 『아스가르드』 시리즈 등이 있다.

- **유의어** 게임 판타지 소설, 게임 팬픽션
- **관련 용어** 미디어믹스, 세계관
- **참고 자료** 김수현, 『소설 마비노기 더 드라마 이리아(상)』, 학산문화사, 2014. | 제프 그럽 저, 제니스 리 역, 『스타크래프트 1』, 황금가지, 2002. | Oliver Bowden, *Assassin's Creed : The Secret Crusade*, Ace Books, 2011.

게임 스토리텔링 game storytelling

| 게임의 이야기 내용 및 전달 방식.

게임을 통해 전달되는 이야기의 내용과 방식. 게임 배경으로서의 '이야기'와 게임을 플레이하는 '이야기하기'를 포괄한다. 게임 배경으로서 이야기는 플레이어에게 게임의 세계관을 설명하고 목표를 제시한다. 이때 이야기의 흐름은 조셉 캠벨이 제시한 '영웅의 여행' 구조를 취한다. 이재홍은 게임 스토리텔링을 이야기 창작 행위와 연출적 방법론, 2가지로 정의한다. 게임 스토리텔링은 플레이어의 즐거움을 위해 이야기를 담화로 창작하는 행위이자, 게임 설계 및 설정에 따른 연출적 방법론이다. 이야기를 연출하기 위한 게임 내 장치로는 컷신(cutscene)과 퀘스트(quest), 아이템 설명문, 음성 내레이션, 음악 등이 있다.

온라인 게임 스토리텔링은 플레이어 사이의 상호작용으로 구조적 이원성을 띤다. 배경 스토리와 퀘스트 등으로 대표되는 개발자 스토리텔링과 플레이어가 게임 플레이 중 우발적으로 만들어내는 사용자 스토리텔링이 이에 해당한다. 사용자 스토리텔링의 대표적인 예로는 엔씨소프트(NCSOFT)의 〈리니지 II〉에서 발생한 '바츠 해방 전쟁'이 있다.

- **관련 용어** 디지털 스토리텔링, 상호작용, 영웅의 여행
- **참고 자료** 앤드류 글래스너 저, 김치훈 역, 『인터랙티브 스토리텔링 : 21세기 픽션을 위한 테크닉』, 커뮤니케이션북스, 2006. | 이재홍, 『게임 스토리텔링』, 생각의나무, 2011. | 자넷 머레이 저, 한용환, 변지연 역, 『인터랙티브 스토리텔링 : 사이버 서사의 미래』, 안그라픽스, 2001. | 한혜원, 『디지털 게임의 다변수적 서사 연구』, 이화여자대학교 대학원 국어국문학과 박사논문, 2008. | 류철균, 「한국 온라인 게임 스토리의 창작방법 연구」, 『현대문학의 연구』, vol.28, no.0, 한국문학연구학회, 2006. | Joseph Campbell, *The Hero with a Thousand Faces*, New World Library, 2008.

게임 시간 time of game

| 플레이어의 게임 플레이 시간과 게임 세계 내의 허구적 시간을 총칭.

'플레이 시간(play time)'과 '허구적 시간(fictional time)' 2가지로 구성. 플레이 시간이란 플레이어가 게임을 플레이할 때 걸리는 물리적 시간이다. 허구적 시간

은 게임 세계 안에서 아바타가 경험하는 시간이다. 플레이어가 경험하는 시간은 이 2가지 시간의 연계를 통해 구현된다.

게임 시간의 5가지 특징 예스퍼 율은 플레이 시간과 허구적 시간의 관계를 중심으로 게임 시간의 5가지 특징을 제시한다. 첫째, 플레이어가 게임을 플레이할 때 가상 시간은 미리 정해져 있지 않다. 둘째, 게임은 일반적으로 연대기적 시간을 갖는다. 셋째, 플레이어 행동은 플레이 시간에서 발생한다. 넷째, 추상적 게임은 가상 세계가 없어 하나의 시간만 있다. 다섯째, 게임 세계는 일관성이 있는 연대표로 설명할 수 있다.

추상적 게임에서의 시간 추상적 게임에서 플레이어는 게임 세계와 플레이어 사이를 중개하는 아바타 없이 플레이한다. 이 경우 플레이 시간과 허구적 시간의 구분이 없고, 플레이 시간만 존재한다. 〈테트리스〉와 같은 게임이 여기에 속한다.

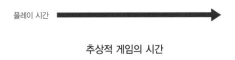

추상적 게임의 시간

실시간 게임에서의 시간 실시간 게임에서는 플레이 시간과 허구적 시간이 모두 존재한다. 이 경우 플레이어의 행동에 게임 세계 속 아바타가 즉각 반응한다. 이 때 플레이 시간과 허구적 시간은 일대일의 관계이며, 플레이어의 행동이 게임 세계에 그대로 영향을 미친다. 액션 게임과 아케이드 게임이 이 경우에 해당한다. 대표적으로 〈퀘이크 III : 아레나〉가 있다.

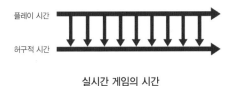

실시간 게임의 시간

가상의 시간 체계를 도입한 게임 게임 세계가 있는 비실시간 게임의 경우, 실시간 게임과 마찬가지로 플레이 시간과 허구적 시간이 모두 존재한다. 그러나 실시간 게임과 달리 플레이 시간과 허구적 시간에 차이가 있다. 이 경우 플레이 시간보다 허구적 시간이 빠르게 흐른다. 가령 플레이 시간은 5분이어도, 허구적 시간은 1년이 될 수 있다. 예를 들어 〈심시티 4〉에서 발전소를 건설하는 시간은 몇 달이지만 실제 플레이하는 시간은 몇 초에 불과하다.

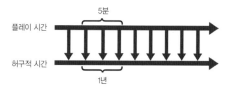

가상의 시간 체계를 도입한 게임의 시간

플레이 시간과 허구적 시간은 서로 연결되며 플레이어 경험을 만든다. 율은 이러한 플레이 시간과 허구적 시간의 연계를 투사 개념으로 설명한다. 플레이 시간에서 발생한 행동이 게임 세계에 투사되고, 게임 세계는 그 영향을 받아 사건을 발생시킨다. 플레이어의 행동은 게임 세계에 영향을 미치는 투사를 만든다. 플레이어는 게임 속도를 설정하고 플레이 시간과 허구적 시간의 관계를 결정한다.

컷신이 개입된 게임 컷신은 플레이 시간과 허구적 시간 사이에 개입된다. 컷신은 허구적 시간과 플레이 시간의 연결을 중단시키고, 플레이어에게 허구적 시간에서 발생한 사건을 보여준다. 플레이어는 컷신이 진행되는 동안 아무것도 할 수 없다. 플레이 시간은 중단되지만 허구적 시간 그대로 진행된다. 따라서 플레이 시간은 허구적 시간에 투영되지 않는다.

컷신이 개입할 때 시간

로딩 시간과 레벨 시간 플레이 시간과 허구적 시간이 일치하지 않고 중단되는 경우는 게임이 로딩될 때와 게임 레벨이 변할 때이다. 이때 플레이 시간은 일시

정지되지만, 허구적 시간은 정지하지 않고 이어진다. 즉 플레이 시간과 허구적 시간의 투영이 끊어진다.

로딩 시간과 레벨 시간

게임 저장 시스템과 시간 마이클 히친스는 플레이 시간(playing time), 엔진 시간(engine time), 게임 진행 시간(game progress time), 게임 세계 시간(game world time)으로 게임 내 시간을 구분했다. 히친스는 게임 저장 시스템을 중심으로 게임 상태의 변화를 측정했다. 마이클 니체는 게임 시간을 플레이어가 경험한 시간이라고 본다. 니체는 율이 제시한 플레이 시간과 허구적 시간 개념을 이용하여, 게임의 저장 기능이 플레이어에게 동일한 시간을 반복적으로 경험하게 만든다고 설명했다.

- **관련 용어** 플레이 시간, 허구적 시간, 가상 시간, 투사
- **참고 자료** 제스퍼 주울 저, 장성진 역, 『하프 리얼 : 가상 세계와 실제 규칙 사이에 존재하는 비디오게임』, 비즈앤비즈, 2014. | Jesper Juul, "Introduction to Game Time", *First Person : New Media as Story, Performance, and Game*, The MIT Press, 2004. | Mark J. Wolf, *The Medium of the Video Game*, University of Texas Press, 2002. | Jose P. Zagal, Michael Mateas, "Time in Video Games : A Survey and Analysis", *Simulation & Gaming*, vol.41, no.6, SAGE, 2010. | Michael Nitsche, "Mapping time in video games", *DiGRA '07-Proceedings of the 2007 DiGRA International Conference : Situated Play The University of Tokyo*, vol.4, no.0, Authors & Digital Games Research Association(DiGRA), 2007. | Michael Hitchens, "Time and Computer Games Or "No, that's not what happened"", IE' 06 Proceedings of the 3rd Australasian conference on Interactive entertainment, Murdoch University, 2006.

게임 시퀀스 game sequence

| 게임 서사의 이야기 구성 단위.

게임 서사를 구성하는 단락. 본래 영화에서 영상을 구분하는 단위로, 여러 개의 신(scene)으로 구성된다. 앤드류 글래스너는 시퀀스를 플롯 시퀀스(plot sequence)

와 뷰 시퀀스(view sequence)로 분류한다. 플롯 시퀀스란 선형적인 흐름을 따라 전개되는 사건들의 연속을 가리키며, 뷰 시퀀스란 일련의 사건들이 독자에게 제공되는 순서를 지칭한다. 플롯 시퀀스는 인과관계로 구성되는 사건들이 일정한 흐름과 방향으로 나열되는 반면, 뷰 시퀀스는 플래시 포워드(flash forward), 플래시백(flashback) 등의 기법을 통해 정해진 흐름과 방향이 아닌 자유로운 속도와 배열로 구성된다. 독자는 플롯 시퀀스의 모든 내용을 보는 것이 아니라 뷰 시퀀스에 제공되는 정보들로 전체적인 플롯 시퀀스를 유추할 수 있다. 디지털 게임의 경우 명확한 시작과 끝이 필요하지 않고 시퀀스의 순서와 흐름도 유동적이다. 게임에서의 시퀀스는 세계관, 컷신 등의 메인 플롯을 제공하는 플롯 시퀀스와 퀘스트, 전투 등의 플레이를 통해 플레이어가 창조하는 뷰 시퀀스가 함께 구현된다.

- **유의어** 뷰 시퀀스
- **관련 용어** 시퀀스, 컷신, 비선형적
- **참고 자료** 곤살로 프라스카 저, 김겸섭 역, 『억압받는 사람들을 위한 비디오게임』, 커뮤니케이션북스, 2008. | 앤드류 글래스너 저, 김치훈 역, 『인터랙티브 스토리텔링 : 21세기 픽션을 위한 테크닉』, 커뮤니케이션북스, 2006.

게임 에뮬레이터 game emulator

| 콘솔 게임을 컴퓨터나 모바일에서 플레이할 수 있도록 개발된 소프트웨어.

컴퓨터 혹은 모바일 환경에서 다른 플랫폼의 게임을 가동시켜 주는 소프트웨어. 다음과 같은 용도로 사용된다. 첫째, 다른 플랫폼으로 출시된 게임을 컴퓨터나 모바일에서 플레이할 수 있게 한다. 이 과정에서 멀티 플레이, 세이브, 속도 조절 등 원본 게임에 없던 기능들이 추가되기도 한다. 둘째, 단종된 콘솔과 아케이드용 게임들을 보존한다. 셋째, 게임의 데모 버전 혹은 현재 구동되지 않는 콘솔용 게임들을 보존한다. 대표적인 게임 에뮬레이터로는 마메(MAME)와 게임보이 어드밴스(GBA) 등이 있다.

게임 에뮬레이터는 게임을 플레이할 수 있도록 하드웨어를 모방한 소프트웨어이다. 따라서 게임을 실제로 가동시키려면 롬(ROM) 파일이 필요하다. 롬 파일은 게임의 데이터를 게임 에뮬레이터에서 읽을 수 있는 파일로 전환시킨 것을 말한다. 이러한 게임 에뮬레이터와 롬 파일은 법적 문제를 야기할 수 있다. 롬 파일은 게임 정보를 그대로 복사한 것이므로 저작권자 혹은 라이선스 보유자 외의 주체가 배포하는 것은 저작권법 위반이 된다. 그러나 에뮬레이터는 원본 기기를 역설계하는 방식으로 제작됐기 때문에 저작권법 적용과 관련하여 논란의 여지가 있다.

2000년 소니 컴퓨터 엔터테인먼트 아메리카(SCEA)는 플레이스테이션 에뮬레이터를 제작한 블림(Bleem)과 코넥티스(Connectix)를 고소했으나, 패소한 바 있다. 이후 게임 회사들은 에뮬레이터로 인한 피해를 최소화하기 위해 직접 에뮬레이터를 제작하고 롬 파일을 배포하기 시작했다. 대표적인 예로는 닌텐도(Nintendo)에서 개발한 버추얼 콘솔(Virtual Console)이 있다.

■ **관련 용어** 게임보이, 데모
■ **참고 자료** Alban Martin, *The Entertainment Industry is Cracked, Here is the Patch!*, Publibook, 2004. | James Newman, *Videogames*, Routledge, 2013. | John St. Clair, *Project Arcade : Build Your Own Arcade Machine*, John Wiley & Sons, 2011. | Mark J.P. Wolf, *The Medium of the Video Game*, University of Texas Press, 2002. | Michael Johnson, *Application Virtualization : What You Need to Know For IT Operations Management*, Tebbo, 2011.

게임 에스테틱스 game aesthetics

| 게임 플레이를 통한 플레이어의 감성적 반응.

플레이어가 게임을 통해 경험하는 감성적 반응으로, 게임 플레이를 통한 심리적, 정서적, 인지적 측면뿐만 아니라 게임을 통해 나타나는 문화적, 관습적 현상을 포괄한다. 게임 에스테틱스는 다양한 유형으로 나타날 수 있으나, 게임 개발자는 이 중 2~4가지에 초점을 맞춰 플레이어의 감성적 반응을 이끌어낸다. 게임 에스테틱스의 종류는 다음과 같다.

엠디에이에 따른 게임 에스테틱스의 종류	
구성 요소	설명
감각 자극(sensation)	플레이어에게 즐거운 놀라움을 제공하는 쾌락적 감각.
환상(fantasy)	플레이어가 믿는 척할 수 있는 상상과 허구적 설정.
서사(narrative)	플레이어가 이야기 속 인물이 될 수 있는 극적 스토리.

도전(challenge)	플레이어의 목적 지향적 게임 활동 과정에 나타나는 장애와 난관.
공동체 의식(fellowship)	팀 플레이 또는 플레이하는 모든 과정에서 교류하는 사람들에 대한 사회적 인식.
발견(discovery)	플레이를 통해 새로이 지각되는 미지의 시간과 공간.
표현(expression)	게임의 과정적, 최종적 결과물을 통해 발생하는 플레이어 스스로의 자기 인식과 반성적 성찰.
취미 활동(submission)	개인 취향과 선호가 반영되는 주관적이며 부담 없는 재미 활동들.

■ **관련 용어** 엠디에이, 게임 메커닉스, 게임 다이내믹스

■ **참고 자료** 권보연, 『게이미피케이션』, 커뮤니케이션북스, 2015. | Robin Hunicke, Marc LeBlanc, Robert Zubek, "MDA : A Formal Approach to Game Design and Game Research", *Proceedings of the AAAI Workshop on Challenges in Game AI*, vol.4, no.0, 2004. | Solarski, Chris, "The Aesthetics of Game Art and Game Design", www.gamasutra.com/view/feature/185676/the_aesthetics_of_game_art_and_.php

게임 엔진 game engine

| 게임 제작에 필요한 프로그래밍 도구 모음.

최소한의 프로그램 변경으로 복수의 게임을 설계할 수 있도록 제작된 소프트웨어. 이드 소프트웨어(Id Software)가 개발한 1인칭 슈팅 게임 〈둠〉에서 유래했다. 〈둠〉은 핵심 소프트웨어와 기타 정보가 구분되도록 설계되어 모드(MOD) 작업에 유리했다. 이후 단일 소프트웨어로 여러 게임을 만들 수 있다는 사고가 확산되며 재사용을 염두에 둔 게임 엔진이 만들어졌다. 보편적으로 동일한 장르나 플랫폼에서 다시 사용되며, 범용성이 높을수록 최적화 정도는 떨어진다.

구성 요소로는 하드웨어와 드라이버, 운영체제, 미들웨어(middleware), 소프트웨어 개발 도구(Software Development Kit, SDK), 플랫폼 독립 계층, 코어 시스템, 런타임 엔진, 툴 등이 있다. 이때 미들웨어가 제공하는 함수 및 클래스 인터페이스를 애플리케이션 프로그래밍 인터페이스(Application Programming Interface, API)라 한다. 주요 미들웨어를 용도와 기능에 따라 분류하면 다음과 같다.

용도와 기능에 따른 게임 엔진 미들웨어 분류		
종류	설명	사례
렌더링	폴리곤 구성 및 공간감·입체감 생성. 자연물과 인공물의 음영과 질감, 형태 재현.	다이렉트엑스(DirectX), 오픈지엘(OpenGL)

물리	충돌 감지와 물리적 효과 재현. 추락과 같은 3차원 공간의 움직임 구현.	하복(Havok), 피직스(PhysX)
사운드	공간 정보를 부가한 음향 재현. 소리를 통한 거리와 방향, 공간 지각 도모.	마일즈 사운드 시스템(Miles Sound System)
서버 관리	서버/클라이언트 시스템의 안정화. 효율성 개선을 위한 중간 작업 처리.	프라우드넷(ProudNet)
애니메이션	게임 캐릭터의 동작 생성과 통제. 모션 캡처를 이용한 정보 수집과 활용.	그래니(Granny), 엣지(Edge)
인공지능	행동 유형과 반응 조건 입력. 최적 쿼리를 통한 효율적 의사결정.	하복에이아이(HavokAI)
라이브러리	자료구조, 문자열, 입출력 스트리밍 관리. 코드와 알고리즘 제공.	에스티엘(STL), 로키(Loki), 부스트(Boost)

게임 엔진은 특정 분야에 최적화된 형태로 제작되거나 게임 개발 전반을 지원하는 통합형으로 만들어지며 해당 엔진이 최초로 적용된 게임이나 개발사의 이름을 따 명명된다. 일례로 에픽 게임즈(Epic Games)의 언리얼 엔진(Unreal Engine)은 1인칭 슈팅 게임 〈언리얼 토너먼트(Unreal Tournament)〉를 위한 게임 엔진으로 개발된 것이다. 2008년 이후 모바일 시장의 성장세는 피시(PC)와 콘솔을 중심으로 형성된 게임 엔진 시장에도 영향을 미쳤다. 통합 제작 도구 유니티 엔진(Unity Engine)의 시장 점유율이 급등하고 기존 개발사들의 부분 유료화 정책이 확장됐다. 통합형 엔진의 사례와 특징은 다음과 같다.

통합형 엔진의 사례와 특징		
종류	설명	사례
소스 엔진 (Source Engine)	밸브 코퍼레이션(Valve Corporation)가 개발. 셰이더(shader)를 통한 그래픽 개선. 실사에 가까운 얼굴 표현과 정확한 표정 구현. 플랫폼 최적화 및 자체 네트워크 엔진 탑재. 1인칭 슈팅 게임에 주로 이용됨.	〈하프라이프(Half-Life)〉, 〈카운터-스트라이크〉, 〈마비노기 영웅전(Mabinogi : Heroes)〉
언리얼 엔진	에픽 게임즈가 개발. 고성능 툴과 다양한 엔진 기능 내장. 유연한 구성과 높은 범용성. 지속적인 업데이트 및 복수의 개발 도구 지원. 액션 게임과 역할수행 게임에 주로 이용됨.	〈리니지 II〉, 〈바이오쇼크(Bioshock)〉, 〈서든어택〉, 〈테라〉
유니티 엔진	유니티(Unity)가 개발한 통합 저작 도구. 모바일, 개인용 컴퓨터, 콘솔 플랫폼 지원. 직관적인 사용자 인터페이스. 스크립트 기반의 프로그래밍 언어 사용. 모바일 플랫폼 전용 게임에 주로 이용됨.	〈데빌메이커 : 도쿄 포 카카오 (Devil Maker : Tokyo for Kakao)〉, 〈더 룸(The Room)〉, 〈블레이드(Blade)〉
이드 테크 엔진 (Id Tech Engine)	이드 테크(id Tech)가 개발. 둠 엔진과 퀘이크 엔진을 포함. 최초의 3차원 그래픽 환경 구현. 액션 게임과 1인칭 슈팅 게임에 주로 이용됨.	〈둠〉, 〈퀘이크〉, 〈콜 오브 듀티(Call of Duty)〉

	크라이텍(Crytek)에서 개발. 높은 그래픽 완성도. 넓은 시야각과 섬세한 사물 표현. 시점 이동에 따른 지형 표현과 배경 처리. 1인칭 슈팅 게임에 주로 이용됨.	〈파 크라이(Far Cry)〉, 〈아키에이지〉, 〈아이온 : 영원의 탑〉, 〈카발 2(Cabal 2)〉
크라이엔진 (CryEngine)		

- **관련 용어** 모드, 물리 엔진, 언리얼 엔진, 유니티 엔진, 크라이엔진
- **참고 자료** 제이슨 그레고리 저, 박상희 역, 『게임 엔진 아키텍처 : 게임 프로그래머가 꼭 알아야 할 게임 엔진 이론과 실무』, 에이콘, 2013. | 존 도란 저, 문기영 역, 『언리얼 UDK 게임 개발』, 에이콘, 2014.

게임 영화 filmed game

| 게임의 스토리를 기반으로 제작한 영화.

기존에 출시된 게임을 바탕으로 제작한 영화·애니메이션 등의 영상물. 1980년대 초부터 산업화되기 시작했으며, 원작 게임이 어드벤처, 1인칭 슈팅 게임 등의 장르인 경우가 주를 이룬다. 〈툼 레이더(Lara Croft : Tomb Raider)〉, 〈페르시아의 왕자 : 시간의 모래(Prince of Persia : The Sands of Time)〉, 〈레지던트 이블(Resident Evil)〉 시리즈 등이 대표적이다. 특히 콘솔 게임에서는 영화적 연출 기법을 차용한 컷신이 등장하는 등 게임 내에 이미 영화적 요소를 내포하고 있어 영화로의 매체 전환이 용이하다.

대표적인 게임 기반 영화의 제작자로는 〈하우스 오브 더 데드〉, 〈파 크라이〉 등을 제작한 독일의 영화 감독 우베 볼(Uwe Boll)이 있다.

북미에서는 실사 장편 영화를 중점적으로 제작하며, 일본에서는 주로 2차원, 3차원 애니메이션을 제작한다. 2차원 애니메이션 각색은 주로 텔레비전 시리즈로 방영되며, 텔레비전 시리즈의 후속 시리즈로 극장판 오브이에이(OVA)가 출시된 바 있다. 〈포켓몬스터〉 시리즈, 〈페이트(Fate)〉 시리즈, 〈아이돌마스터(THE iDOLM@STER)〉 시리즈 등이 이에 해당한다. 텔레비전 시리즈 애니메이션은 원작 게임의 명성을 넘어 흥행에 성공한 사례가 많다. 대표적으로 〈아이돌마스터〉 시리즈는 게임, 애니메이션 외에도 2005년부터 라이브 콘서트를 매년 개최한 바 있다.

유명 게임을 각색한 대표적인 장편영화와 애니메이션 영화의 경우 다음 표와 같다.

게임을 각색한 장편영화		
원작 게임	게임 영화	출시연도
〈슈퍼 마리오 브라더스〉 시리즈	〈슈퍼 마리오〉	1993
〈모탈 컴뱃(Mortal Kombat)〉 시리즈	〈모탈 컴뱃(Mortal Kombat)〉	1995
	〈모탈 컴뱃 2(Mortal Kombat : Annihilation)〉	1997
〈툼 레이더(Tomb Raider)〉 시리즈	〈툼 레이더(Lara Croft : Tomb Raider)〉	2001
	〈툼 레이더 2-판도라의 상자(Lara Croft Tomb Raider : The Cradle of Life)〉	2003
〈맥스 페인(Max Payne)〉 시리즈	〈맥스 페인〉	2008
〈바이오하자드(Biohazard)〉 시리즈	〈레지던트 이블(Resident Evil)〉	2002
	〈레지던트 이블 2 : 아포칼립스(Resident Evil : Apocalypse)〉	2004
	〈레지던트 이블 3 : 인류의 멸망(Resident Evil : Extinction)〉	2007
	〈레지던트 이블 4 : 끝나지 않은 전쟁(Resident Evil : Afterlife)〉	2010
	〈레지던트 이블 5 : 최후의 심판(Resident Evil : Retribution)〉	2012
〈페르시아의 왕자(Prince of Persia)〉	〈페르시아의 왕자 : 시간의 모래〉	2010
〈철권(Tekken)〉 시리즈	〈철권〉	2010
〈역전재판(Ace Attorney)〉 시리즈	〈역전재판(逆転裁判)〉	2011
〈니드 포 스피드(Need For Speed, NFS)〉 시리즈	〈니드 포 스피드〉	2014
〈아오오니(青鬼)〉	〈푸른 귀신(青鬼)〉	2014

게임을 각색한 3차원 극장판 애니메이션 영화		
원작 게임	게임(애니메이션) 영화	출시연도
〈파이널 판타지〉 시리즈	〈파이널 판타지〉	2001
	〈파이널 판타지 7 : 어드벤트 칠드런 (Final Fantasy VII : Advent Children)〉	2005
〈바이오하자드〉 시리즈	〈레지던트 이블 : 디제너레이션 (Resident Evil : Degeneration)〉	2008
	〈레지던트 이블 : 댐네이션(Resident Evil : Damnation)〉	2012
〈철권〉 시리즈	〈철권 : 블러드 벤전스(Tekken : Blood Vengeance)〉	2011

- **유의어** 영화 게임
- **관련 용어** 콘솔 게임, 컷신, 우베 볼
- **참고 자료** Linda Hutcheon, *A Theory of Adaptation*, Routeldge, 2006.

게임 운영자 Game Master, GM

| 온라인 게임에서 게임의 운영을 담당하는 관리자

플레이어들의 원활한 게임 플레이를 위하여 서비스를 제공하는 관리자. 미국에서 〈던전 앤 드래곤〉과 같은 테이블탑 역할수행 게임의 진행자를 지칭하는 말로도 쓰였다. 룰북(rule book)을 가지고 플레이어들의 역할수행을 안내하며 디엠(Dungeon Master, DM)이라고도 불렀다. 한국에서 게임 운영자는 온라인 게임이 보편화되면서 게임 업계의 직군으로 정착했다. 게임 운영자는 첫째, 게임 세계의 안정성을 유지하고 둘째, 플레이어들의 불편 사항을 최소화한다는 2가지 목적의 서비스를 제공한다.

게임 운영자가 제공하는 서비스 유형	
목적	**유형**
게임 안정성 확보	서버 모니터링을 통한 시스템 점검.
	실시간 로그 집계를 통한 버그 수정.
	게임 시장 규모 조사를 통한 온라인 게임의 전망 분석.
	게임 홍보 및 플레이어 평가 조사.
	프로게이머를 활용한 게임 홍보 방안 구축.
	현지화를 위한 국가별 문화적 인식 조사.
	요금제(완전 유료화, 부분 유료화, 무료화) 분석.
	이벤트 기획 및 시행.
	불법 봇 프로그램 이용한 자동사냥 제재.
	치트키(cheat key) 등을 이용한 비정상적 플레이 제재.
플레이어 불만 해결	성별, 연령대에 따른 플레이어의 성향 및 게임 선호도 분석.
	플레이어 불만사항 조사.
	플레이어 간의 분쟁 중재.
	인터페이스의 직관성 점검.
	튜토리얼(tutorial) 및 퀘스트의 기능 점검.
	키보드 설정의 난이도 점검.
	일대일 문의 답변.
	해킹된 아이템 복구.
	스팸 메시지 발송자 / 채팅창 도배 사용자 제재.
	기타 다른 플레이어들에게 불편을 끼치는 사용자 제재.

- **관련 용어** 던전 마스터, 버그, 패치(patch)
- **참고 자료** 나카시마 켄고 저, 김상우 역, 『온라인 게임을 지탱하는 기술』, 위키북스, 2012. | 트레이시 풀러턴 저, 최민석 역, 『게임 디자인 워크숍』, 위키북스, 2012. | 안진경, 정소윤, 류철균, 「매체 특성에 따른 RPG 개념 변화 연구」, 『한국컴퓨터게임학회 논문지』, vol.10, no.0, 한국컴퓨터게임학회, 2007.

게임 윤리 game ethics

| 플레이어 행동의 옳고 그름을 결정하는 게임 내 규칙.

게임 세계에서 플레이어 행동의 옳고 그름을 판단할 수 있도록 규정된 게임 시스템의 규칙. 앤드류 롤링스와 어니스트 아담스는 게임 윤리를 게임 세계의 4가지 차원 중 하나로 명시했다. 게임의 도입부나 세계관 설정을 통해 게임 윤리를 파악할 수 있으며, 게임 시스템에 부합하는 행동일수록 윤리적으로 옳은 플레이어로 간주된다. 플레이어는 게임을 성공적으로 플레이하기 위해 게임 윤리에 따라 자신의 행동을 결정한다. 게임에 따라 현실 세계와 같거나 상이한 윤리를 적용하며, 목표, 장르, 콘셉트 등에 따라 적용된 윤리의 강도에 차이가 있다. 일례로 〈지티에이(Grand Theft Auto, GTA)〉 시리즈는 플레이어에게 게임 내 살인, 강도 등의 행위를 허용하며, 플레이어는 게임 세계에서 가장 악명 높은 인물이 되기 위해 더 많은 범죄를 시도한다. 반면, 〈피파〉 시리즈와 같은 스포츠 게임에는 현실 세계의 스포츠와 유사한 게임 윤리가 적용된다.

- **참고 자료** 앤드류 롤링스, 어니스트 아담스 저, 송기범 역, 『게임 기획 개론』, 제우미디어, 2004. | Ryan M. Moeller, Bruce Esplin, Steven Conway, "Cheesers, Pullers, and Glitchers : The Rhetoric of Sportsmanship and the Discourse of Online Sports Gamers", *Game Studies*, vol.9, no.2, 2009.

게임 음악 game music

| 게임 플레이에서 사용되는 음악 및 이를 발매한 음원.

게임 플레이에 사용되는 배경음악으로, 오리지널 사운드 트랙(Original Sound Track, OST) 및 주제가(theme song)를 포함한다. 초창기 게임 음악은 전기 신호를

이용해 소리를 만드는 신시사이저(synthesizer)를 이용해 제작됐으며, 영화나 만화 등 이전 서사 매체에서 사용된 음악의 수사법이 그대로 게임에 계승됐다. 이후 게임 하드웨어 및 음악 기술이 발달하면서 게임 음악은 풀 오케스트라나 노래로 제작됐고, 상호작용적 성격 및 장르적 특성을 고려해 개발되기 시작했다. 게임 음악은 게임 내적으로는 플레이어가 게임 시퀀스를 따라갈 수 있도록 보조하는 역할을 하며, 외적으로는 게임 세계와 플레이 경험을 확장해 게임 자체에 대한 관심을 촉구한다.

게임 음악은 다음과 같은 3가지 기능을 수행한다. 첫째, 플레이어에게 게임 플레이 상황이나 상태에 대한 정보를 제공한다. 〈포켓몬스터〉 시리즈는 마을이나 건물마다 다른 음악을 사용하여 장소에 대한 정보를 청각적으로 표현했다. 둘째, 플레이어의 감정을 유발한다. 〈맥스 페인〉 시리즈는 어둡고 불길한 음악을 통해 플레이어의 긴장감 및 몰입을 유도한다. 셋째, 마케팅 효과를 창출한다. 〈요구르팅(Yogurting)〉의 오리지널 사운드 트랙 〈올웨이즈(Always)〉는 게임 이상의 유명세를 얻으며 게임 자체의 홍보에 기여했다.

또한 유명 작곡가 및 프로듀서가 제작에 참여한 게임 음악은 그 자체로 높은 평가를 받기도 한다. 대표적인 사례로 한스 짐머(Hans Zimmer)가 참여한 〈콜 오브 듀티 : 모던 워페어 2(Call Of Duty : Modern Warfare 2)〉, 〈크라이시스 2(Crysis 2)〉 오리지널 사운드 트랙과 칸노 요코(菅野よう子)가 참여한 〈대항해시대 1(Uncharted Waters 1)〉, 〈라그나로크 온라인 2〉 오리지널 사운드 트랙이 있다.

게임 음악의 하위 유형		
유형	설명	사례
타이틀 음악 (title music)	게임 타이틀 화면에서 게임 분위기를 상징적으로 표현하는 음악.	〈마비노기〉의 〈어릴 적 할머니가 들려주신 옛 전설(An Old Story from Grandma)〉
인터페이스 음악 (interface music)	대기실, 상점, 게임 로딩, 게임 결과 등에 사용되는 음악으로, 플레이 경험을 지속시키는 역할.	〈포켓몬스터〉 시리즈의 〈포켓몬 센터(Pokémon Center)〉 음악
스테이지 음악 (stage music)	게임 플레이 중에 재생되는 음악으로, 플레이 흐름을 원활하게 하면서 경험을 극적으로 구성하는 역할.	〈스타크래프트〉의 〈테란 테마 1(Terran Theme 1)〉

- **관련 용어** 사운드
- **참고 자료** 박남예, 『게임 장르에 나타난 게임 음악의 특성 연구』, 이화여자대학교 대학원 음악공학과 석사논문, 2004. | Jeannie Novak, *Game Development Essentials : An Introduction*, Cengage Learning, 2011. | 신동혁, "유저가 아무리 즐겨도 소모되지 않는 꿀 콘텐츠, '게임 음악'", 넥슨 개발자 컨퍼런스(Nexon Developers Conference, NDC), 2015.

게임 판타지 소설 game fantasy novel

| 가상의 게임을 소재 및 배경으로 차용한 판타지 소설의 한 장르.

주로 다중접속온라인 역할수행 게임을 소재로 삼는 소설. 소설의 서사 역시 주인공이 게임에서 레벨업(level up)을 하며 발생하는 사건을 중심으로 전개된다. 온라인 게임의 형식을 차용하기 때문에 퀘스트(quest), 레벨(level), 능력치(status) 등 게임에서 사용되는 용어가 사용되며, 게임 시스템 메시지가 소설에 그대로 나타난다. 작가는 이를 통해 독자가 실제로 게임을 플레이하는 것 같은 느낌을 받도록 유도한다. 주인공이 직접 게임 세계에 접속하여 플레이하는 가상현실 게임을 소재로 다루기 때문에 소설의 세계관은 미래 세계를 그리고 있는 경우가 대부분이다. 따라서 공상 과학 장르로 분류되기도 한다. 국내 최초의 게임 판타지 소설은 1999년 출간된 김민영의 『팔란티어 1 : 옥스타칼리스의 아이들』이다. 그 외 게임 판타지 소설의 대표작으로는 남희성의 『달빛조각사』, 미야베 미유키의 『이코 - 안개의 성』, 카와하라 레키의 『소드 아트 온라인』 등이 있다.

- **유의어** 게임 팬픽션
- **관련 용어** 판타지 소설, 공상 과학
- **참고 자료** 김민영, 『팔란티어 1 : 옥스타칼리스의 아이들』, 황금가지, 2006. | 미야베 미유키 저, 김현주 역, 『이코 - 안개의 성』, 황매, 2005. | 카와하라 레키 저, 김완 역, abec 그림, 『소드 아트 온라인 1』, 서울문화사, 2009.

게임물관리위원회 Game Rating and Administration Committee, GRAC

| 게임의 등급을 분류하고 사후 관리하는 위원회.

국내에서 제작했거나 배급되는 컴퓨터, 비디오 게임의 내용을 사전 심의하고, 등급을 분류하는 문화체육관광부 산하의 공공기관. 유사한 역할을 하는 기관으로 미국과 캐나다의 '엔터테인먼트 소프트웨어 등급 위원회(Entertainment Software Rating Board, ESRB)'와 유럽의 '범유럽 게임 정보(Pan Europe Game Information, PEGI)' 등이 있다.

2006년 게임물등급위원회로 설립됐으나 2013년에 기관을 이전하면서 게임물관리위원회로 이름을 바꿨다. 공공성을 갖춘 게임 시장 환경을 조성하고 소비자들의 권익을 보호하는 것을 목적으로 한다. 게임을 유통시키기 위해서는 절차에 따라 게임물관리위원회로부터 등급 분류를 받아야 한다. 과거 〈바다이야기〉와 같이 명백한 사행성 게임은 법적으로 인정하는 게임의 범주에서 배제되므로 사전에 등급 분류 거부의 대상이 된다. 등급 분류 대상 게임 중 사행성이 의심되는 부분이 있을 경우 기술심의특별위원회를 통해 전문적인 검증 과정을 거친다.

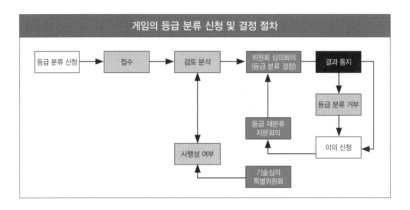

피시, 온라인, 모바일, 비디오 게임물의 등급 분류는 4가지 등급으로 나뉘며 아직 등급 분류가 완료되지 않은 게임에는 평가용 등급이 붙는다. 아케이드 게임물의 경우 전체 이용가와 청소년이용불가 2가지 등급으로 나눈다. 게임의 등급 분류는 선전성, 폭력성, 범죄 및 약물, 부적절한 언어, 사행성의 5가지 요소를 고려하여 이루어진다.

선정 기준을 넘어간 게임의 경우 발매나 판매, 유통이 불가능하다. 게임등급위원회로부터 등급을 받은 모든 게임은 서비스할 때 게임물에 대한 내용정보를 표시해야 한다.

게임물관리위원회의 등급 분류 기준					
구분	전체이용가	12세 이용가	15세 이용가	청소년 이용불가	내용정보 표시
선정성	해당 사항 없음.	성적 묘사가 욕구를 자극하지 않음.	여성의 가슴과 둔부 묘사가 선정적이지 않음.	선정적인 노출이 직접적이고 구체적임.	선정성
폭력성	해당 사항 없음.	폭력을 주제로 하나 표현이 경미함.	폭력으로 인한 선혈, 신체 훼손이 비사실적임.	폭력으로 인한 선혈, 신체 훼손이 사실적임.	폭력성
범죄 및 약물	해당 사항 없음.	해당 내용이 있으나 표현이 매우 약함.	해당 내용이 있으나 표현이 경미함.	범죄, 약물 등의 행동을 조장함.	범죄 약물
언어	해당 사항 없음.	저속어, 비속어 표현이 매우 약함.	저속어, 비속어가 있으나 표현이 경미함.	언어 표현이 청소년에게 유해하다고 인정됨.	언어의 부적절성
사행성	해당 사항 없음.	해당 요소가 다소 있으나 표현이 매우 약함.	해당 요소가 있으나 표현이 경미함.	사행성이 높은 행위를 유발함.	사행성

- **관련 용어** 게임 등급, 범유럽 게임 정보, 엔터테인먼트 소프트웨어 등급 위원회
- **참고 자료** 한국콘텐츠진흥원, 『2014 대한민국 게임백서』, 문화체육관광부 한국콘텐츠진흥원, 2014. | 게임물관리위원회, www.grac.or.kr | 공공기관 알리오, www.alio.go.kr | 법제처 국가법령정보센터, www.law.go.kr

게임북 game book

| 독자가 스토리 분기마다 다른 선택을 해서 서로 다른 결말을 경험할 수 있는 형식의 책.

독자가 페이지나 문단을 선택함으로써 이야기의 진행 방향을 결정할 수 있는 구조의 책. 게임북의 이야기는 각 분기점에서 선택지를 제시하며, 독자가 선택하는 페이지 및 문단은 이야기의 결말에 영향을 미친다. 주로 2인칭 주인공 시점을 이용하기 때문에 독자는 이야기의 등장인물이 되어 사건 진행에 직접 참여한다고 느끼게 된다. 1981년 어린이를 대상으로 출간된 R. A. 몽고메리의 『내 맘대로 골라라 골라맨』 시리즈는 이야기 방향을 결정하는 선택지를 그림과 함께 제시함으로써 게임북이 가진 기본적인 형식의 토대를 마련했다.

이야기 진행 방식에 따른 게임북 분류		
종류	설명	사례
기본형	섹션마다 분기점이 존재하며 이동에 관한 선택지를 제공함. 교훈적 메시지 및 사건의 해결 등으로 결말을 맺음.	『내 맘대로 골라라 골라맨』, 『엔들리스 퀘스트(Endless Quest)』
복합형	분기점이 존재하는 서사와 역할수행 게임 요소를 조합함. 캐릭터 선택, 주사위 게임 대결, 게임 규칙 명시 등의 게임 형식을 차용하며, 임무실패나 성공으로 결말을 맺음.	『터널과 트롤(Tunnels and Trolls)』, 『파이팅 판타지』

게임북은 분기점이 존재하는 이야기 구조를 그림책 형태로 보여주는 기본형과 여기에 게임 요소를 더한 복합형으로 나뉜다. 복합형 게임북의 대표적 사례로 1982년 출간된 스티브 잭슨(Steve Jackson)과 이언 리빙스톤(Ian Livingstone) 공저의 『파이팅 판타지(Fighting Fantasy)』는 독자가 선택지와 주사위 게임 등을 통해 제시된 퀘스트를 완수하는 것을 목표로 한다. 이 특징을 살려 개발사 에이도스 인터랙티브(Eidos Interactive)는 비디오 게임으로도 제작했다.

- **관련 용어** 분기형 서술, 역할수행 게임
- **참고 자료** 앤드류 글래스너 저, 김치훈 역, 『인터랙티브 스토리텔링 : 21세기 픽션을 위한 테크닉』, 커뮤니케이션북스, 2006. | David Hutchison, *Playing to Learn : Video Games in the Classroom*, Libraries Unlimited Inc., 2007. | Marie-Laure Ryan, James Ruppert, John W. Bernet, *Narrative across Media : The Languages of Storytelling*, University of Nebraska Press, 2004. | Raymond Almiran Montgomery, *Choose Your Own Adventure : The Haunted House*, Bantam Books, Chooseco, 2011.

게임브리오 Gamebryo

| 이머전트 게임 테크놀로지스(Emergent Game Technologies)가 개발한 3D 게임 엔진.

이머전트 게임 테크놀로지스에서 개발한 게임 엔진. 그래픽 렌더링 기능만을 제공하는 전용 엔진으로, 한국의 게임베이스(Gamebase)에서 인수했다. 1997년 뉴메리컬 디자인 리미티드(Numerical Design Limited)에서 개발한 넷이머스(NetImmerse) 엔진을 기반으로 한다. 2003년 뉴메리컬 디자인 리미티드가 이머전트 게임 테크놀로지스에 매각되면서 넷이머스가 게임브리오로 명칭이 변경됐다. 2007년 스트림 처리 엔진 플러드게이트(Floodgate), 2009년 물리엔진 피직스(PhysX)를 내장해 높은 그래픽을 구현하는 콘솔과 피시 플랫폼 기반 게임에

최적화됐다.

2010년 게임베이스에서 게임브리오 관련 지적재산권을 모두 인수했으며, 2012년 최신 버전인 게임브리오 4.0을 출시했다. 게임브리오는 C++ 언어를 기반으로 스크립트를 작성하며, 애니메이션 도구, 장면보기(SceneViewer) 도구, 3D 스튜디오 맥스(3D Studio Max), 마야(MAYA)용 플러그인 등을 제공한다. 또한 터치 입력과 움직임 감지 기능을 포함해 모바일 게임과 동작 인식형 컨트롤러용 게임 개발도 가능하다.

게임브리오로 제작된 대표적인 게임으로는 다음과 같은 작품들이 있다. 〈엘더스크롤 4 : 오블리비언(The Elder Scrolls IV : Oblivion)〉, 〈문명 4 : 콜로니제이션(Civilization IV : Colonization)〉, 〈폴아웃 3(Fallout 3)〉, 〈입체닌자활극 천주(Tenchu : Shadow Assassins)〉, 〈메이플스토리 2(MapleStory 2)〉, 〈창세기전 4(The War of Genesis 4)〉 등이 있다.

■ **관련 용어** 게임 엔진, 물리 엔진, 유니티 엔진, 크라이엔진, 렌더링
■ **참고 자료** 디스이즈게임, 〈[3D 게임엔진의 계보 ③] 게임브리오 엔진〉, www.thisisgame.com/webzine/news/nboard/11/?n=5623 | 지디넷, 〈세계적 범용 게임엔진 '게임브리오' 최신버전 공개〉, www.zdnet.co.kr/news/news_view.asp?artice_id=20090202102302 | Gamasutra, "Tooling Around : Emergent's Gamebryo", www.gamasutra.com/php-bin/news_index.php?story=13857 | Gamebryo, www.gamebryo.com

게임산업진흥에 관한 법률 game law

| 게임물 및 게임 산업에 관한 법률.

2006년 4월 8일 제정된 게임물 및 게임 산업에 관한 법률. 본 내용은 법률 제12844호로 2014년 11월 19일 타법개정에 의해 개정되어 2014년 11월 19일 시행 예정인 법령을 기준으로 한다. '게임산업법'으로도 불리며, 게임물이 「음반·비디오물 및 게임물에 관한 법률」에 음반, 비디오물과 같은 유형물로 규정되어 있어 게임물만의 고유한 특성을 반영하지 못하는 것을 개선하기 위해 2006년 게임물 및 게임 산업에 대한 독립적인 법률을 제정하게 됐다. 우리나라는 게임 산업에 관한 독립된 법률을 가지고 있는 유일한 국가이다.

법 개정 및 게임물에 대한 규제 강화 게임산업진흥에 관한 법률은 2006년 제정 당시에는 제2장 게임 산업의 진흥, 제3장 게임 문화의 진흥, 제4장 등급분류, 제5장 영업질서 확립 등을 주요 내용으로 담았다. 그러나 2005년 〈바다이야기〉가 국내로 유입됐고, 2006년 사회적 파장을 야기했다. 〈바다이야기〉 사태 이후 게임산업진흥에 관한 법률은 게임에 대한 규제를 중심으로 발전했다. 2007년 1월 19일에는 법률 일부 개정을 통해 제1장 제2조(정의)에 '사행성 게임물'에 대한 정의를 추가하고 게임물 등급분류의 세분화하고 사후관리 및 규제를 강화하였다. 게임 과몰입 예방에 관한 '제12조의2'가 추가된 것도 동일한 시기이다.

이후 2011년 4월 5일까지의 개정은 게임물 등급 분류 및 규제와 처벌 강화를 목적으로 이뤄졌다. 2011년 7월 21일 일부 개정에서는 게임과몰입 및 중독 예방에 관한 '제12조의3', '제12조의4'가 신설되어 '게임 중독 현상'이라는 용어가 법률에 등장하게 됐다.

주요 용어 정의 제1장 제2조(정의)에서는 게임물, 사행성 게임물, 게임물 내용정보, 게임 산업, 게임 제작업 등 11개의 용어에 대해 정의하고 있다. 주요 용어에 대한 정의는 다음과 같다.

게임산업진흥에 관한 법률 제1장 제2조에 따른 용어 정리	
용어	정의
게임물	컴퓨터 프로그램 등 정보처리 기술이나 기계장치를 이용하여 오락을 할 수 있게 하거나 이에 부수하여 여가선용, 학습 및 운동 효과 등을 높일 수 있도록 제작된 영상물 또는 그 영상물의 이용을 주된 목적으로 제작된 기기 및 장치.
사행성 게임물	베팅이나 배당을 내용으로 하는 게임물, 우연적인 방법으로 결과가 결정되는 게임물, 「한국마사회법」에서 규율하는 경마 및 이를 모사한 게임물, 「관광진흥법」에서 규율하는 카지노와 이를 모사한 게임물 등에 해당하는 게임물을 통칭. 게임 결과에 따라 재산상 이익 또는 손실을 주는 것.
게임물 내용정보	게임물의 내용에 대한 폭력성·선정성 또는 사행성의 여부 또는 그 정도와 그 밖에 게임물의 운영에 관한 정보.
게임 산업	게임물 또는 게임 상품(게임물을 이용하여 경제적 부가가치를 창출하는 유·무형의 재화·서비스 및 그의 복합체)의 제작·유통·이용제공 및 이에 관한 서비스와 관련된 산업.

- **유의어** 음반·비디오물 및 게임물에 관한 법률, 영상물등급위원회
- **관련 용어** 게임물등급위원회, 게임물, 사행성 게임물, 게임 산업, 바다이야기
- **참고 자료** 게임법연구회, 『주해 게임산업진흥에 관한 법률』, 세창출판사, 2014. | 황승흠, 안경봉, 『게임법제도의 현황과 과제』, 박영사, 2009. | 법제처 국가법령정보센터, www.law.go.kr

게임스컴 Gamescom

| 독일 쾰른에서 개최하는 세계 3대 게임 전시회.

매해 독일 연방 인터랙티브 엔터테인먼트 소프트웨어 협회(BIU)에서 주관하는 유럽 최대 규모의 게임 전시회. 2002년 독일 라이프치히에서 게임 컨벤션(Game Convention)이란 이름으로 시작됐으나, 2009년 쾰른의 대규모 전시장 쾰른메세로 개최 장소를 변경한 후 '게임스컴'이라는 이름으로 새롭게 개최됐다. 미국의 일렉트로닉 엔터테인먼트 엑스포(Electronic Entertainment Expo, E3), 일본의 도쿄 게임쇼(Tokyo Game Show)와 더불어 세계 3대 게임 전시회 중 하나이다. 유럽 게임 시장의 동향을 파악할 수 있으며, 전시는 유럽 플레이어의 성향에 맞춰 콘솔 게임 위주로 구성된다. 사업 전시, 엔터테인먼트 전시와 도시 축제 그리고 유럽 게임 개발자 컨퍼런스 등으로 프로그램이 구성된다. 2009년 게임스컴에서 수여하는 '최고의 온라인 게임 상(Best Online Game Award)'에 국내 엔씨소프트(NCSOFT)의 〈아이온 : 영원의 탑〉이 선정됐다.

- **관련 용어** 게임 전시회, 유럽 게임
- **참고 자료** Ben H. Rome, *Games' Most Wanted : The Top 10 Book of Players, Pawns, and Power-Ups*, Potomac Books, 2013. | Immo Prenzel, *Applicability of Mobile Marketing in the Marketing Mix of Trade Fair Organizers*, GRIN Verlag, 2013.

게임학 ludology

| 게임과 놀이 활동을 연구하는 학문.

게임을 학문 연구의 대상으로 규정하고, 게임의 구조와 요소, 미학을 분석함으로써 게임의 메커니즘을 밝히는 것이 목표이다. 또한 게임의 개념과 기능, 구성 요소, 관련 문화를 분석한다. 게임학에서는 게임의 규칙과 시뮬레이션을 주로 연구한다. 규칙은 게임의 기본 원리로 게임의 구조적 체계이다. 시뮬레이션은 현실 내지 현실과 유사한 가상의 세계를 시스템으로 구현하는 것으로, 게임의 기본적인 속성이다.

디지털 게임 연구의 초창기 무렵 게임학은 서사학(narratology)과 게임학파(ludologist)의 논쟁을 통해 부각됐다. 게임 연구에 있어서 서사학파는 게임을 서사적 매체로 이해하고 서사학적 논리를 적용해 게임을 연구하는 학문적 경향이다. 게임학은 2003년 에스펜 올셋(Espen Aarseth)이 "게임은 게임이다"는 선언을 통해서 학문적 정체성을 갖기 시작했다. 점차 게임학은 게임의 본질을 총체적으로 연구하는 학문으로 자리잡고 있다.

루돌로지의 입장을 표명한 학자들	
학자명	주장
곤살로 프라스카 (Gonzalo Frasca)	게임은 내러티브가 아닌 자유로운 시뮬레이션에 기반을 두고 있다.
예스퍼 율 (Jesper Juul)	게임의 본성은 허구가 아니라 규칙에 있다.
마크 에스켈리넨 (Markku Eskelinen)	게임의 즐거움은 스스로 세계를 구축해가는 구성적 실천에 있다.
제임스 뉴먼 (James Newman)	능동성을 제한하는 컷신(cutscene)은 플레이 경험 전체를 훼손한다.
리처드 라우스 (Richard Rouse)	플레이어가 원하는 것은 '하는 것'이지 '보는 것'이 아니다.
소니아 리빙스톤 (Sonia Livingstone)	비디오 게임은 플레이어의 능동성에 근거하여 설명될 수 있다.

- **관련 용어** 규칙, 시뮬레이션, 호모 루덴스
- **참고 자료** 제스퍼 주울 저, 장성진 역, 『하프 리얼 : 가상 세계와 실제 규칙 사이에 존재하는 비디오게임』, 비즈앤비즈, 2014. | Gonzalo Frasca, *Simulation Versus Narrative : Introduction to Ludology*, *The Video Game Theory Reader*, Routledge, 2003. | James Newman, *Playing with Videogames*, Routledge, 2008. | Richard Rouse, *Game Design : Theory and Practice*, Plano, 2001.

경마 horse racing

| 2명 이상의 기수가 말을 타고 일정한 거리를 달려 순위를 겨루는 스포츠.

최초의 경마는 기원전 776년에 그리스의 장군 아킬레우스가 파트로클루스를 죽인 헥토르에게 복수한 뒤 친구의 장례식을 치르면서 마차 경주를 행한 것에서부터 시작됐다. 이후 1774년 영국 미드필드에서 개최된 경주에서 경마라는 명칭

을 공식적으로 사용했으며, 1780년에 현대 경마의 기원인 제1회 더비 경마가 개최됐다. 일반적으로 경마는 경주 이전에 승마투표권을 발매하고 경주의 결과를 맞춘 사람에게 보상금을 지급한다. 경주의 종류는 평지 경주, 장애물 경주, 마차 경주로 나뉜다. 평지 경주는 기수가 말을 타고 경주로를 달린 결과 가장 먼저 결승선에 도착한 말을 1위로 한다. 경마를 디지털 게임으로 만든 사례로는 〈넷마블 경마〉, 〈위너즈 서클(Winner's circle)〉이 있다.

■ **참고 자료** 미래창작연구소, 『경마 경륜의 기술』, 21세기북스, 2015. | 한국마사회 홈페이지, www.kra.co.kr

경매 auction

| 게임 안에서 플레이어의 입찰을 통해 이뤄지는 아이템 획득 과정.

플레이어 간의 자발적인 경제 활동으로, 아이템 거래의 한 방식. 우선 플레이어는 희소가치가 있는 아이템에 임의 가격을 붙여 경매에 올린다. 그러면 플레이어들이 입찰 경쟁을 하고 상위 가격에 입찰한 플레이어에게 해당 아이템이 주어진다. 다중접속온라인 역할수행 게임에서 경매 활동은 일반적으로 경매 시스템을 통해 이루어진다. 경매 시스템은 각 진영의 대도시 혹은 마을의 경매장이나 우체통에서 이루어진다. 플레이어는 경매 관련 엔피시(NPC)를 통해 아이템을 등록하거나 입찰할 수 있다. 판매된 아이템의 대금이나 낙찰된 아이템은 우체통을 통해 플레이어에게 전달된다.

파티 내 경매의 낙찰금 분배 방식 사례	
종류	설명
무득자 분배	파티 내에서 아이템을 획득하지 않은 파티원들에게만 최종 금액을 분배함.
일괄 분배	아이템 획득 여부에 관계없이 파티원 모두에게 최종 금액을 분배함.
조건부 일괄 분배	일정 금액이 모이기까지 무득자 분배, 목표치가 달성되면 일괄 분배로 전환함.

게임 내 경매는 플레이어 간 합의에 따라 진행되기도 한다. 다중접속온라인 역할수행 게임에서 파티 내 경매는 시스템이 아닌 플레이어 간 합의를 통해 이루어지기도 한다. 아이템을 확률에 의해 받는 것보다 파티 내에서 전리품 분배 방식

을 합의해서 받는 것을 선호하는 플레이어들을 위해 도입되었다. 일반적인 파티 내 경매는 몹을 물리쳐서 받는 전리품에 대해 플레이어 간 입찰이 진행되며, 상위 입찰 플레이어가 해당 전리품을 낙찰 받는 형태이다.

파티 내 플레이어 간 아이템 경매가 이루어지는 대표 게임은 〈월드 오브 워크래프트〉이다. 이후 〈블레이드 & 소울(Blade & Soul)〉에서는 파티 내 아이템 경매 문화를 수용하여 별도의 시스템으로 제공했다. 가상 통화 획득 목적의 '골드 파티', 아이템 획득 목적의 '손님 파티' 등 특수한 사용자 문화가 형성된다. '골드 파티'에서 가상 통화의 분배 방식은 성격에 따라 크게 무득자 분배, 일괄 분배, 조건부 일괄 분배로 나눠지며, 분배 방식은 게임마다 자율적으로 규정된다.

- **관련 용어** 파티, 레이드, 인스턴트 던전, 가상 통화, 아이템, 몹(Mob), 머드플레이션
- **참고 자료** 송미선, 「MMORPG에서의 사회적 네트워크 기반 사용자 스토리텔링」, 『한국콘텐츠학회논문지』, vol.9, no.1, 한국콘텐츠학회, 2009.

경험치 | experience point

| 레벨업에 필요한 캐릭터의 성장 정도를 수치로 표현한 값.

플레이어 또는 플레이어 캐릭터의 성장 정도를 수치화한 측정 단위. 최초의 역할수행 게임인 〈던전 앤 드래곤(Dungeons & Dragons)〉에서 캐릭터의 레벨을 올리기 위한 시스템으로 도입하면서 사용되기 시작했다. 레벨에 따라 필요한 경험치가 정해져 있다. 퀘스트 수행이나 사냥, 전투에 대한 보상으로 주어지며, 캐릭터가 죽거나 대결에서 패배하면 떨어지기도 한다. 높은 레벨 플레이어의 학살을 방지하고자 일정 레벨 이상 차이가 나는 플레이어 또는 몬스터를 사냥할 경우 경험치를 받지 못하기도 한다. 특히 플레이어 간 전투(PvP)에서 패배로 경험치가 하락하면 레벨이 다운되기도 한다. 경험치 바(bar)를 통해 해당 레벨에서 쌓은 경험치와 레벨업까지 필요한 경험치를 확인할 수 있다.

- **관련 용어** 레벨, 퀘스트
- **참고 자료** David Perry, Rusel DeMaria, *David Perry on Game Design : A Brainstorming ToolBox*, Charles River Media, 2009.

계정 정지 suspend

| 게임 개발사가 규정을 위반한 플레이어의 계정에 내리는 제재 조치.

약관으로 명시해 놓은 이용자의 의무를 플레이어가 위반할 경우 게임 개발사가 플레이어의 계정에 대해 내리는 제재. 위반 정도에 따라 경고, 일시 정지, 영구 정지 등의 단계별로 제재가 이루어지는데 이 중 일시 정지와 영구 정지를 계정 정지라 한다. 게임 개발사는 이용약관을 통해 게임 서비스를 이용하면서 플레이어가 준수해야 할 사항들과 위반했을 시 발생하는 제재들을 명시한다. 게임 개발사에 따라 세부적인 사항은 다르지만 일반적으로 계정 정지가 이루어지는 경우는 게임 밸런스 훼손, 게임 플레이 방해, 게임의 운영 업무 방해로 구분된다. 게임 개발사는 제재 조치를 취하기 전에 플레이어에게 통보하고 플레이어는 각 개발사별로 명시되어 있는 기간 내에 계정 정지에 대해 요청할 수 있다.

계정 제재의 대상 및 종류		
종류		**설명**
게임 밸런스 훼손	현금 거래	계정이나 아이템, 가상 통화 등을 현금으로 거래하는 행위.
	불법 프로그램 사용	봇(bot), 오토 프로그램 등을 사용하여 게임 재화를 부정적으로 얻는 행위.
	게임 내 시스템 악용	고의로 게임 시스템 내 제한사항이나 오류를 이용하여 부당 이득을 취하는 행위.
	조직적, 집단적 부당 이익 취득	이익을 취하기 위해 여러 플레이어가 조직적, 집단적으로 게임을 이용하는 행위.
	계정 도용	다른 사용자의 계정에 무단으로 접속하여 아이템을 훔치는 등 부당 이익을 취하는 행위.
게임 플레이 방해	채팅 이용 방해	반복적인 글을 올려 다른 플레이어의 채팅 이용을 방해하는 행위.
	상대방 비방 및 위협	상대 플레이어에게 신체적, 성적, 민족적, 종교적 비하 발언을 하여 불쾌감과 모욕감을 주는 행위.
	불건전한 언어 사용	게임 도중 불건전한 언어를 사용해 상대방에게 불쾌감을 주는 행위.
	상업적 광고 행위	음란사이트, 금융서비스, 아이템 및 계정 거래 등을 광고하는 행위.
게임 운영 업무 방해	운영자 사칭 및 허위 사실 유포	게임 운영자 또는 회사 관계자라고 속여 허위 사실을 유포하는 등의 행위.
	게임 내 서비스 방해	고객 상담 서비스를 악용하거나 게임 내 진행되는 서비스를 의도적으로 방해하는 행위.

■ 유의어 계정 압류

■ **관련 용어** 이용약관, 현금 거래, 계정 도용

■ **참고 자료** 김윤명, 「온라인 게임의 법률 문제-아이템 거래와 소비자 보호를 중심으로」, 『지적재산권법연구』, vol.6, no.0, 한국지적재산권학회, 2002. | 최병록, 「온라인 게임 아이템의 현금거래에 관한 법률문제」, 『재산법연구』, vol.25, no.2, 한국재산법학회, 2008.

고블린 goblin

| 속임수를 통해 재물을 빼앗는 녹색의 작은 괴물.

암습을 가하거나 속임수를 사용해 인간의 재물이나 목숨을 빼앗는 난쟁이 괴물. 녹색 피부와 날카로운 이빨을 지니고 있으며, 땅굴이나 지하와 같이 어두운 곳을 좋아한다. 고블린의 원형은 J. R. R. 톨킨(J.R.R. Tolkien)의 판타지 소설 『반지의 제왕』에서 나타났다. 다케루베 노부아키(健部伸明)는 고블린을 서식지와 능력에 따라 표와 같이 분류했다.

다케루베 노부아키가 제시한 고블린의 종류	
종류	설명
코볼트(kobold)	사람이 사는 집이나 광산에 나타남. 변신 능력이 있으며, 좋은 금속을 발견하면 훔쳐감.
그렘린(gremlin)	산 위에 살거나 하늘을 날아다님. 기계 다루는 솜씨가 뛰어나며, 인간에게 짓궂은 장난을 침.
레드 캡(red cap)	피가 흐르는 곳에 나타남. 새빨간 모자를 쓰고 있으며, 살인을 좋아함.
노커(knocker)	광산에 주로 나타남. 모습을 드러내는 것을 싫어하며, 광물을 채굴함.
니스(nis, nisse)	사람이 사는 집에 나타남. 소리나 소란을 싫어하며, 부엌이나 마구간 일을 함.

게임에서 고블린은 돈과 보물을 좋아하는 탐욕스럽고, 기계에 관심이 많은 민첩한 종족으로 묘사된다. 대표적인 사례로 〈월드 오브 워크래프트〉에 등장하는 고블린은 지능과 민첩성이 높고 기계공학 및 금전과 관련된 종족 특성이 있다. 이 외에도 고블린을 캐릭터 모티프로 활용한 다른 예로는 〈클래시 오브 클랜(Clash of Clans)〉이 있다.

■ **관련 용어** 종족, 오크

■ **참고 자료** 박민희, 『판타지 백과』, 유페이퍼, 2012. | 조순곤, 『케인의 판타지 사전』, 북박스, 2004. | 조엘 레비 저, 조진경 역, 『신비동물을 찾아서』, 북플래너, 2009. | 다케루베 노부아키 저, 임희선 역, 『판타지의 주인공들 1』, 들녘, 2000. | Writers Digest Books, *The Writer's Complete Fantasy Reference*, Walking Stick Press, 2001.

고어 gore

| 훼손된 신체를 구체적으로 묘사한 공포 장르.

피와 살, 뼈, 장기와 같이 훼손된 신체 부위를 사실적으로 표현해 공포감과 혐오감을 불러일으키는 장르. 1963년 허셸 고든 루이스(Herschell Gordon Lewis)의 영화 〈피의 향연(Blood Feast)〉 이후 하나의 장르로 정형화됐다. 게임에서 고어는 타격에 대한 피드백을 강화하기 위해 피나 훼손된 신체를 묘사하는 방식으로 나타난다. 플레이어나 엔피시(NPC)가 공격을 당해 타격을 입거나 죽을 때 절단된 신체 부위나 피를 그래픽으로 구현한 것을 집(gib)이라고 부른다. 높은 수준의 그래픽과 클로즈업 롱테이크 등의 영상 기법을 사용해 훼손된 신체를 보다 사실적으로 재현한 게임들도 있다. 대표적인 고어 게임으로는 〈둠〉, 〈맨헌트(Manhunt)〉, 〈디 이블 위딘(The Evil Within)〉 등이 있다.

- **관련 용어** 스플래터(Splatter), 슬래셔(Slasher), 집, 공포
- **참고 자료** 조진희, 『영화의 재구성』, 한나래, 2007. | 필립 루이에 저, 윤현옥 역, 『고어영화 : 피의 미학』, 정주, 1999.

고전 게임 모델 classic game model

| 예스퍼 율이 제안한 게임의 기본 모델.

예스퍼 율이 기존의 다양한 게임 정의를 바탕으로 재정립한 게임의 이념형(ideal type). 고전 게임 모델은 수천 년의 역사를 지닌 고전 게임부터 디지털 게임에 이르기까지 다양하고 광범위한 게임에 적용되며, 게임과 게임이 아닌 것을 구분하는 기준이 된다. 고전 게임 모델에서 제안하는 6가지 특징을 모두 충족하는 행위가 '게임'이며 고전 게임 모델의 특징 중 부분만 나타나는 경우는 '경계적 게임'이 된다.

대표적 예로 시뮬레이션 게임은 플레이어가 목표를 달성하기 위해 일련의 노력을 행하며 이것이 게임에 대한 애착으로 연계된다. 그러나 해당 목표에는 가치가 부여되지 않거나, 무엇이 승패를 결정하는지 명확한 기준을 제시하지 않기 때문

에 경계적 게임으로 규정할 수 있다. 고전 게임 모델의 6가지 특징을 하나도 보유하지 않은 매체 또는 문화적 행위는 '비-게임'이 된다. 비-게임의 예로는 하이퍼텍스트 픽션이 있다.

예스퍼 율이 제시한 고전 게임 모델	
특성	설명
규칙성	게임은 규칙을 기반으로 진행되며, 모든 규칙이 명확함.
가변적·수치적 결과	게임의 결과는 다양하며, 결과가 수치화될 수 있음.
결과의 가치	게임의 결과는 긍정적 또는 부정적의 가치를 내포하고 있음.
플레이어의 노력	플레이어는 목표에 도달하기 위해 노력함.
플레이어의 애착	플레이어는 노력하기 때문에 게임 결과에 애착을 가짐.
결과의 협상 가능성	게임 결과를 현실에 적용하느냐에 대한 여부를 협상할 수 있음.

- **관련 용어** 규칙, 목표, 시뮬레이션 게임, 샌드박스 게임, 스포츠 게임
- **참고 자료** 제스퍼 주울 저, 장성진 역, 『하프 리얼 : 가상 세계와 실제 규칙 사이에 존재하는 비디오게임』, 비즈앤비즈, 2014. | 전경란, 『디지털 게임 게이머 게임문화』, 커뮤니케이션북스, 2009. | George Skaff Elias, Richard Garfield, K. Robert Gutschera, *Characteristics of Games*, The MIT Press, 2012. | James Newman, *Playing with Video Games*, Routledge, 2008. | Katie Salen, Eric Zimmerman, *Rules of Play : Game Design Fundamentals*, The MIT Press, 2003.

공격대 raid

| 여러 플레이어가 몹(Mob)을 공략하기 위해 결성하는 일시적 집단.

다중접속온라인 역할수행 게임에서 다수의 플레이어가 공격력과 방어력이 높은 몹을 공략하기 위해 일시적으로 결성하는 집단. 몹이 위치한 장소에 따라 필드 공격대와 인스턴스 던전 공격대(Instance Dungeon Raid)로 구분된다. 공격대가 최초로 등장한 온라인 게임은 〈에버퀘스트〉로, 이 게임을 기점으로 공격대 내 플레이어의 역할이 탱커, 힐러 등으로 분화됐으며 몹의 어그로 관리가 중시되기 시작했다.

당시 몹은 필드에만 있었기 때문에 한정된 몹을 사냥하기 위한 플레이어 간 경쟁이 치열했다. 이후 〈힘의 차원(The Planes of Power)〉 확장팩을 통해 최대 72인

이 입장할 수 있는 인스턴스 던전 공격대가 구현됐다.

공격대라는 명칭을 최초로 사용한 게임은 〈월드 오브 워크래프트〉로, 인스턴스 던전 공격대를 표준화했으며 공격대를 둘러싼 다양한 사용자 문화를 파생시켰다. 한국에서는 〈에버퀘스트〉의 영향을 받은 〈리니지 II〉를 통해 공격대 콘텐츠가 대중화됐다.

플레이어는 몹 공략에 성공해 보상, 명성, 성취감 등을 얻고자 공격대에 참여한다. 〈월드 오브 워크래프트〉 유럽 서버 니힐럼(Nihilum) 공격대의 공대장 쿤겐(Kungen)은 다수의 공격대 보스몹을 세계 최초로 공략한 것으로 유명하다. 국내에서는 공격대 더 초즌(The Chosen)이 〈월드 오브 워크래프트〉의 첫 번째 공격대 보스몹인 오닉시아를 세계 최초로 공략했다.

〈월드 오브 워크래프트〉에 나타난 공격대 관련 사용자 용어		
구분	용어	설명
공격대 내 지휘 체계	공대장	공격대의 지휘장.
	직업장	특정 캐릭터 직업군의 대장.
모집 방식	막공	막 만난 사람들이 만든 공격대.
	정공	정기적으로 모이는 공격대.
보상 분배 방식	주사위팟	게임 내 대화창에서 주사위를 굴려 보상을 분배.
	선입팟	입찰 아이템을 미리 정해 놓고 레이드 시작.
	골드팟	골드 경매로 아이템을 입찰.
공격대 내 사용자 자체 규칙	포인트 제도	레이드 참여와 지각 등에 따라 포인트를 차등 지급하고 공격대 내 아이템 경매에 사용.
레이드 몬스터	공대파괴자	공략하기 어려운 몬스터.

- **유의어** 레이드, 파티
- **관련 용어** 전투, 충돌, 던전, 몹, 보스몹
- **참고 자료** Bonnie A. Nardi, *My Life as a Night Elf Priest : An Anthropological Account of World of Warcraft*, University of Michigan Press, 2010. | Garry Crawford, Victoria K. Gosling, Ben Light, *Online Gaming in Context : The Social and Cultural Significance of Online Games*, Routledge, 2011. | Hilde G. Corneliussen, Jill Walker Rettberg, *Digital Culture, Play, and Identity : A World of Warcraft Reader*, The MIT Press, 2008. | Timothy Rowlands, *Video Game Worlds : Working at Play in the Culture of EverQuest*, Routledge, 2012. | T.L. Taylor, *Play between Worlds : Exploring Online Game Culture*, The MIT Press, 2009.

공략법 tactic

| 플레이 전략과 전술을 기록한 문서.

게임의 목표를 달성하는 데 도움이 되는 전략 및 전술을 기록한 문서. 개발사나 다수의 플레이어가 작성해 배포하며 공략집이라고도 한다. 엔딩이 있는 역할수행 게임의 경우, 공략법은 게임을 빠르게 완료하는 방법, 퀘스트 진행 순서, 아이템 목록 및 아이템 획득 방법, 전투 전략, 숨겨진 지역 등에 대한 정보를 포함한다. 다중접속온라인 역할수행 게임의 공략법은 주로 던전 공략법, 주요 몬스터의 행동패턴, 파티원의 구성 및 역할 등의 협력 플레이에 관한 내용으로 구성되며, 게임 내 커뮤니티 게시판 또는 보털 사이트(vortal site)에 게재된다. 전략 게임의 공략법은 시간 흐름에 따른 유닛의 생성 및 배치 방법을 주요하게 다루며, 모바(MOBA) 게임의 공략법은 캐릭터별 핵심 아이템, 스킬 활용 방법 등을 제시한다.

시리즈로 출시되는 게임의 경우 플레이어들이 시리즈별 공략법을 모아 놓은 온라인 사이트를 개설하기도 한다. 예로 〈파이널 판타지〉 시리즈의 공략 사이트인 '파이널 판타지 랜드(Final Fantasy Land, www.ffland.net)'가 있다. 특정 공략법의 경우, 그 효율성이 대중적으로 인정을 받으면 플레이어 간 암묵적으로 통용되는 메타(meta)로 발전하기도 한다.

- **관련 용어** 보털 사이트, 실시간 전략 게임, 메타
- **참고 자료** Ernest Adams, *Fundamentals of Game Design*, New Riders, 2013.

공상 과학 Science Fiction, SF

| 과학적 지식과 허구적 이야기를 결합한 장르.

과학적 지식을 바탕으로 허구적인 이야기를 결합한 서사 장르. 과학의 발전에 대한 전망 및 관점에 따라서 유토피아적 이야기와 디스토피아적 이야기로 구분된다. 주요 소재는 우주 탐험, 외계 생명체, 로봇, 시간여행, 순간이동, 돌연변이 등이다. 공상 과학이 하나의 장르로 정립된 것은 19세기 중반이며, 대표적인 작품으로는 허버트 조지 웰스(Herbert George Wells)의 『타임머신(Time Machine)』이 있

다. 공상 과학 장르를 게임에 활용한 대표적인 사례로는 〈커맨드 앤 컨커 : 타이베리안(Command and Conquer : Tiberian)〉 시리즈와 〈헤일로(Halo)〉 시리즈가 있다. 전자의 경우 지구에 떨어진 운석에서 발견된 미지의 광물 타이베리움으로 인해 벌어지는 이권 다툼과 외계인의 침략을 다루며, 후자는 외계 세력 코버넌트와 맞서 싸우는 인류의 이야기를 게임의 스토리로 활용하고 있다. 기존의 공상 과학 소설이나 영화를 게임으로 만든 사례도 있다. 프랭크 허버트(Frank Herbert)의 소설 『듄(Dune)』 시리즈의 세계관과 스토리를 기반으로 제작한 〈듄〉, 〈듄 2〉가 대표적이다.

- **관련 용어** 우주 전쟁, 유토피아, 디스토피아
- **참고 자료** 로버트 스콜즈, 에릭 라프킨 저, 김정수, 박오복 역, 『SF의 이해』, 평민사, 1993. | 정광수 외, 『과학기술과 문화예술』, 한국학술정보, 2010. | 크로노스케이프 저, 김훈 역, 『SF 사전』, 비즈앤비즈, 2012.

공성전 siege warfare

| 성이나 요새를 빼앗기 위해 벌이는 전투.

길드 구성원끼리 성이나 요새를 쟁탈하기 위해 벌이는 대규모 전투. 다중접속 온라인 역할수행 게임에서 대규모의 플레이어 간 전투(PvP)를 지원하기 위해 개발됐다. 공성전을 세계 최초로 도입한 온라인 게임은 엔씨소프트(NCSOFT)의 〈리니지〉이다. 초기 공성전의 경우, 시간과 장소를 정해놓고 제한 시간 내에 성주를 죽여야 승리할 수 있었다. 당시에는 상세한 규칙이 없었기 때문에 성 입구를 버그로 막거나, 상대 길드를 방해하는 사례가 빈번했다. 이후 플레이어의 의견이 반영되어 공성전의 규칙 및 방식이 개선됐다.

공성전에서는 길드 등 플레이어 집단을 가장 중시한다. 이러한 집단주의적 성향을 바탕으로, 공성전은 한국의 온라인 게임의 특화된 전투 방식으로 확립됐다. 공성전은 플레이어 간 권력 관계를 전복하기 위한 수단으로 활용되기도 한다. 대표적인 사례로 2004년부터 4년 동안 〈리니지 II〉의 바츠(Bartz) 서버에서 일어난 '바츠 해방 전쟁(Bartz Liberation War)'이 있다. 〈리니지〉의 공성전의 진행 규칙과 진행 순서는 표와 같다.

〈리니지〉의 공성전 진행 규칙(2015년 6월 기준)	
종류	설명
진행 방법	• 매주 일요일 20시 기란성, 켄트성, 오크 요새에서 동시 진행됨. • 공성, 수성 혈맹의 모든 캐릭터에 혈맹 문장이 표시됨. • 공성, 수성 혈맹 모두 자동으로 플레이어 간 전투(PvP) 상태로 전환됨.
승리 조건	• 수성측의 경우, 20:00부터 20:50까지 성의 소유권을 유지. • 공성측의 경우, 20:00부터 21:00까지 성의 소유권을 획득한 뒤, 20분간 유지.

승리 결과	권리 획득	• 성을 차지한 성주는 영주가 되어, 머리 위에 왕관 표시를 얻게 됨. • 영주가 된 성주는 세율 조절, 성의 용병 이용 등의 권리를 얻게 됨.
	포상 획득	• '승리의 체력 회복제'를 50~100개 획득할 수 있는 '군주의 포상'을 얻게 됨. • '승리의 체력 회복제' 통해 9~45 체력치 즉각 회복 가능, 아덴 상단에 판매 가능.

- **관련 용어** 길드, 플레이어 간 전투, 수성전
- **참고 자료** 이인화, 『한국형 디지털 스토리텔링 : 「리니지 2」 바츠 해방 전쟁 이야기』, 살림, 2005. | 최혜실, 『문자문학에서 전자문화로』, 한길사, 2007. | 게임동아, 〈'MMORPG의 꽃' 'PvP의 정점', 그 이름 바로 '공성 전'〉, http://game.donga.com/67193/

공포 게임 horror game

| 공포감을 조성해 플레이어에게 재미를 제공하는 게임.

플레이어가 공포감을 느끼도록 유도하는 게임 장르. 귀신과 유령, 해골, 뱀파이어, 좀비, 무덤 등이 대표적인 소재로 활용된다. 일반적으로 공포 게임에서 플레이어는 어둡고 밀폐된 공간에서 괴기스러운 존재를 마주하며, 플레이어의 목표는 일정 장소로부터 탈출하거나 자신을 위협하는 무서운 존재를 제거하는 것이다. 1982년 개발된 〈헌티드 하우스(Haunted House)〉가 대표적인 초기 공포 게임으로, 어두운 배경과 한정된 시야를 활용해 공포심을 유발한다. 텍스트만으로 구성된 공포 게임인 〈더 러킹 호러(The Lurking Horror)〉, H. P. 러브크래프트(H. P. Lovecraft)의 공포 소설을 기반으로 제작된 〈크툴루의 부름 : 혜성의 그림자(Call of Cthulhu : Shadow of the Comet)〉 등도 있다.

1993년 〈어둠속에 나홀로(Alone in the Dark)〉를 통해 하위 장르인 생존 공포 게임(survivor horror game)이 등장했다. 〈어둠속에 나홀로〉의 무기 제약, 미로 공간 등의 설정은 이후 〈바이오하자드(Biohazard)〉, 〈사일런트 힐(Silent Hill)〉 등에

영향을 미쳤다. 무기를 제공하지 않는 공포 게임의 경우, 플레이어는 도망치거나 숨는 것만으로 생존을 추구한다. 〈암네시아(Amnesia)〉, 〈아웃라스트(Outlast)〉 등이 대표적이다. 국내 공포 게임의 대표작은 2001년 손노리에서 개발한 〈화이트데이 : 학교라는 이름의 미궁(White Day : A Labyrinth Named School)〉이다.

■ **관련 용어** 생존 게임, 미로, 밀실, 크툴루 신화, 악마, 좀비, 뱀파이어
■ **참고 자료** 윤장원, 『공포게임에서 유희적 공포요소와 플레이어의 반응에 대한 연구』, 숭실대학교 대학원 미디어학과 박사논문, 2008. | 이영수, 「공포게임의 서사적 요소로서의 공간 분석」, 『한국콘텐츠학회논문지』, vol.11, no.6, 한국콘텐츠학회, 2011. | Bernard Perron, *Horror Video Games : Essays on the Fusion of Fear and Play*, McFarland, 2009.

과금 charging

| 플레이어에게 게임 진행을 위해 유료 콘텐츠를 결제하도록 하는 행위.

플레이어에게 게임 자체 또는 게임 내의 아이템, 서비스 등을 구매하도록 하는 행위로, 게임 사업의 수익 창출 모델을 통칭. 웹 기반 사업의 수익 가능 모델 가운데 게임에 적용되고 있는 과금 모델은 6가지이다. 국내 게임 산업에서는 6가지 과금 모델 중 가입형과 판매형을 주요 과금 방식으로 채택하고 있다. 가입형의 경우, 게임 패키지 구매, 전면 유료화, 부분 유료화로 나뉘며, 개인 플레이어 또는 피시방이 과금을 지불한다.

부분 유료화 게임의 경우, 프랜차이즈 상품 개발, 유료 아이템 판매를 통해 판

6가지 게임 과금 수익 모델		
수익 모델	중개형(Brokearage)	가입형(Subscription)	판매형(Merchant)
설명	거래 중계 수수료 및 콘텐츠 서비스, 게임 내 공간 임대료를 통한 수익.	일정 기간 서비스의 정액 회원으로 가입하게 하고 받는 수익.	아바타, 아이템 등의 가상 재화 판매, 서비스와 연계된 실물 제품 판매 수익.
도해			

수익 모델	제조업형(Manufacturer)	광고형(Advertising)	정보중개형(Informediary)
설명	게임 플랫폼의 라이선스 판매를 통한 수익.	게임 서비스 내 광고 제공을 통한 수익.	아바타의 행동 양식 분석을 기반으로 한 정보 활용 수익.
도해			

매형 수익을 창출한다. 온라인 게임의 수익 항목 중 게임 내 유료 아이템 판매는 가장 수익이 높은 항목이다. 플레이어는 무기, 스킬 등을 구매해 캐릭터의 능력치를 올리거나 자원을 구매해 플레이 시간을 단축한다. 의상, 헤어 등의 치장 아이템을 구매해 캐릭터를 커스터마이징(customizing)하기도 한다.

제조업형 과금 모델을 시도한 대표적 사례로는 제이씨엔터테인먼트(JCE)와 담배인삼공사의 사내 벤처기업인 드림포트(Dreamport)가 공동 개발한 커뮤니티 게임 〈해피시티(Happycity)〉가 있다. 드림포트는 담배인삼공사가 가지고 있는 국내의 유통망을 활용해 온·오프라인의 담배판매점에서 게임, 게임 내 캐릭터, 콘텐츠 등의 다양한 상품을 판매했다. 광고형 과금 모델을 시도한 사례는 〈크레이지레이싱 : 카트라이더(Crazyracing : Kartrider)〉로 게임 내 레이싱 트랙의 외벽에 기업 광고를 설치한 적이 있다.

윌 루튼(Will Luton)은 유통 방식에 따른 게임 과금 모델과 과금에 따른 보상의 유형을 표와 같이 제시했다.

윌 루튼의 게임 유통 방식에 따른 과금 모델		
종류		설명
패키지		게임을 직접 구매하는 방식. 시디(CD) 형태로 판매되며 소매점, 잡지를 통한 배포, 소프트웨어 번들 등으로 유통. 유통비와 엠디에프(Marketing Development Funds, MDF)가 발생.
전면 유료화	정액제	특정 일자 혹은 개월 단위 기간 분의 비용을 선결제하는 방식. 개인은 게임의 사용량과 관계없이 일정 기간마다 요금을 결제. 피시방의 경우 신청한 아이피(IP)의 개수가 많을수록 할인.
전면 유료화	정량제	특정 시간분의 비용을 선결제하는 방식. 개인은 게임을 사용하는 총 시간만을 계산해 미리 결제. 피시방의 경우 이용객의 플레이 시간만큼만 게임 회사에 지불.
부분 유료화		무료 게임 속 일부 유료 아이템 혹은 서비스를 구매하는 방식. 현금으로 직접 아이템, 서비스 등을 구매하거나 결제를 통해 게임 내 화폐를 충전.

윌 루튼의 게임 과금 결제 시 보상의 유형	
보상	설명
세계 확장	플레이어가 탐험할 수 있는 영역의 확대.
시간 절약	플레이어의 시간과 노력을 절약.
공격 향상	플레이어가 강한 상대와 대결할 때 유리한 능력 향상.
장식	플레이어가 캐릭터를 장식 혹은 특성화.

■ **유의어** 캐시질, 마이크로 트랜젝션(micro transaction)

■ **관련 용어** 부분 유료화, 부분 무료화, 유료 아이템, 캐시템

■ **참고 자료** 에이드리언 J. 슬라이워츠키 외 저, 이상욱 역, 『수익지대』, 세종연구원, 2005. | 위정현, 『온라인 게임 비즈니스 전략』, 제우미디어, 2006. | 윌 루튼 저, 이지선 역, 『FREE 2 PLAY : 게임 산업을 뒤바꾼 비즈니스 모델』, 에이콘, 2014. | Donna L. Hoffman, *Beyond the Basics : Research-based Rules for Internet Retailing Advantage*, Sloan Center for Internet Retailing, 2005.

과몰입 over-engagement

| 플레이어의 몰입 정도가 일정한 수준 이상에 이른 상태.

2004년 한국게임산업개발원이 제시한 용어로, 몰입이 플레이어가 기쁨, 재미 등을 체험할 수 있는 긍정적 상태라면, 과몰입은 이러한 상태의 강도 및 지속시간이 지나쳐서 현실 생활의 문제를 야기할 수 있는 경계적 상태를 가리킨다.

국내외 게임 과몰입 규제에 대한 논란 한국의 게임 법은 크게 기본법, 지원법, 보호법, 규제법으로 나뉘며, 과몰입과 관련된 법조항은 기본법 중 '게임산업진흥에 관한 법률'에서 다루고 있는 바 이를 규제법의 영역으로 이전하려는 논의들이 제기됐다. 국외에서는 과몰입을 병리적 질환으로 여기는 의견이 이미 공적 타당성과 대중의 신뢰를 상실했으나, 국내에서 과몰입을 정신질환으로 규정하고 중복적 규제를 가해 놀이 문화로서 게임의 정체성을 박탈하려는 특정 이해집단의 시도가 있다.

국외의 게임 규제법 관련 논의				
입장	단체 / 이름	국가	시기	내용
찬성	킴벌리 영 (Kimberly Young)	미국	1998	충동조절장애(impulse-control disorders)의 하위 개념인 병적 도박(pathological gambling)을 기초로 인터넷 중독 척도(Internet Addiction Test)를 마련. 인터넷 중독을 물질 중독 장애와 같은 것으로 여김.
	미국의사협회 (American Medical Association, AMA)	미국	2007	정신병은 현실평가 능력을 상실한 정신질환을 말하는 것으로, 게임 중독도 이에 포함될 수 있다는 주장. 그러나 대다수의 반발로 정식 정신질환으로 채택되지 못함.

반대	콘스탄스 홀든 (Constance Holden)	미국	2001	행동 중독이 실재하는 의학적 질병인지에 대한 재고가 필요함.
	이반 골드버그 (Ivan Goldberg)	미국	2006	과도한 인터넷의 사용은 정신장애가 아니라 인터넷을 사용하는 방법의 일종이라고 주장. 과거 인터넷 중독을 물질 중독과 같은 형태의 장애로 여기던 입장을 철회.
	미디어 카운슬 (Media Council)	스웨덴	2006	게임 이용과 아동 폭력의 연관성을 입증할 수 있는 근거는 불충분함.
	리처드 우드 (Richard Wood)	미국	2008	게임 이용자의 주변인들은 게임 플레이와 관계없는 문제를 게임 중독으로 해석하는 경향이 있다는 분석. 게임은 다른 여가 활동과 큰 차이가 없으며, 게임 이용 시간을 잘 관리하지 못한다는 이유로 게임 중독이라 말하는 것은 잘못임.
	캘리포니아 대법원	미국	2011	게임은 책, 영화, 연극과 마찬가지로 예술로 정의되며 법적인 보호를 받아야 하는 매체임. 게임 과몰입의 해결을 위한 국가 기관의 강제적 조치는 위헌.

한국의 게임 규제법 관련 논의			
입장	단체 / 이름	시기	내용
찬성	여성가족부	2011	청소년의 수면권을 보호하기 위한 셧다운제 시행.
	교육과학기술부	2012	학교 폭력의 주원인의 하나로 게임 과몰입을 지적. 학교 폭력 해결을 위해서 쿨링오프제 도입.
	신의진 (새누리당)	2013	중독 예방·관리 및 치료를 위한 법률안 제안 발의. 인터넷 게임을 알코올, 도박, 마약과 함께 4대 중독 유발물질로 규정하고 이를 국가 차원에서 관리해야 함.
반대	김성식 (한나라당)	2011	셧다운제를 실시하면 부모의 주민등록번호를 도용하려는 청소년이 95%로 추정된다는 점에서 규제의 실효성에 문제가 있음.
	이용경 (창조한국당)	2011	셧다운제는 원인과 처방이 잘못된 법안. 잘못된 처방에 의해 청소년이 외국 사이트로 이동해 폭력적이고 음란한 콘텐츠에 완전히 노출되는 상황을 막아야 함.
	이동연 (한국예술 종합학교)	2013	게임에 의해 학교폭력이 발생한다는 주장에는 객관적인 증거가 부재함. 국가와 보수 언론은 게임에 대한 염려와 혐오의 감정인 게임 포비아를 의도적으로 확산시키고 있음.
	이인화 (이화여자대학교)	2013	문화 콘텐츠를 과몰입 증상만을 근거로 중독이라 판별하는 것은 현 단계의 문화 전체를 잠재적 중독 유발 물질로 규정하는 악법. 치료가 필요한 게임 과몰입 사용자는 전체 게임 인구의 0.25%이며, 게임은 여타 물질 중독과 동등하게 취급될 수 없음.

- **유의어** 게임 중독
- **관련 용어** 몰입 1, 몰입 2, 셧다운제, 쿨링오프제, 피로도 시스템, 게임 법, 게임 규제법
- **참고 자료** 강신규 외, 『게임 포비아』, 커뮤니케이션북스, 2013. | 한국게임산업개발원, 『게임환경 변화에 따른 게임몰입(중독)의 추세와 의미』, 한국게임산업개발원, 2004. | Constance Holden, "'Behavioral' Addictions : Do They Exist?", *Science 2*, vol.294, no.5544, 2001. | Richard T. A. Wood, "Problems with the Concept of Video Game 'Addiction' : Some Case Study Examples", *Int J Ment Health Addiction*, vol.6, no.0, 2008.

과정추론적 procedural

| 디지털 환경의 근본적 속성으로, 일련의 규칙에 따라 작업을 수행하는 특성.

개념 및 연구사 자넷 머레이(Janet H. Murray)는 디지털 환경의 4가지 특성을 과정추론적(procedural), 참여적(participatory), 공간적(spatial), 백과사전적(encyclopedic)인 특징으로 설명했다. 과정추론적 속성과 참여적 속성은 상호작용성을 구성하는 중요한 요소이고, 공간적 속성과 백과사전적 속성은 디지털 창작물이 실제 세계와 같이 탐험 및 확장 가능한 것처럼 보이게 함으로써 사용자가 사이버 공간에 몰입하도록 만드는 역할을 한다. 자넷 머레이는 사이버 서사의 과정추론적 특징에 주목하고, 과정추론적 저술(procedural authorship)에 대한 이론을 정립했다. 이 논의는 사이버 드라마와 같은 인터랙티브 픽션(interactive fiction)의 발전에 영향을 미쳤다. 이안 보고스트는 과정추론적 특성이 게임의 서사를 재현하는 데 있어 영향을 미치는 방식을 연구했다. 제럴드 부어히즈(Gerald Voorhees)는 과정추론성을 바탕으로 역할수행 게임을 연구했다.

과정추론적 저술 컴퓨터는 사용자의 선택에 따라서 이야기의 공식적 단위(formula unit)를 재배열하고 병치하는 공식적 패턴 시스템(formula pattern system)을 통해 다중 형식 스토리(multiform story)를 생성한다. 예시로 캐릭터 행동 모델링을 기반으로 하는 캐릭터 창작 방법, 사건 발생 규칙에 따른 플롯 창작 방법, 다양한 표현 행동 목록을 기반으로 하는 플레이어 참여의 구조화 방법 등이 있다. 학자들은 컴퓨터를 과정추론적 저술의 도구로 사용했다. 대표적으로 브렌다 로럴(Brenda Laurel)의 인터랙티브 픽션 시스템, 마리 로르 라이언의 스토리-생성 시스템을 들 수 있다.

과정추론적 수사학 이안 보고스트는 비디오 게임에 나타난 과정추론성(procedurality)에 주목했다. 그는 모든 대화형 디지털 미디어가 사용자와의 상호작용을 통해 수사적으로 주장을 전달한다는 점에 주목하고, 비디오 게임의 과정추론성이 게임 개발자가 자신의 생각을 표현하고 논의를 생성하는 장치라고 보았다. 대표적으로 광고, 정치, 교육 등의 분야에서 일정한 메시지를 전달하는 설득적 게임(persuasive game)이 있다.

과정추론적 게임의 사례 육성 시뮬레이션 게임인 〈프린세스 메이커(Princess

Maker〉 시리즈는 플레이어가 게임의 진행 과정에서 어떠한 선택을 하는가에 따라 50가지가 넘는 결말을 제공한다. 추리게임 〈검은방 : 밀실탈출(Panic Room)〉 시리즈도 분기점별 플레이어의 선택에 따라 이후 진행 및 결말이 달라지는 멀티 엔딩을 제공한다. 다중접속온라인 역할수행 게임의 경우, 플레이어는 퀘스트 수행 방식에 따라 각기 다른 경로로 게임 서사를 경험할 수 있다.

- **유의어** 과정추론적 저술, 과정추론적 수사학
- **관련 용어** 디지털 환경, 상호작용성, 패턴, 다중 형식 스토리, 설득적 게임
- **참고 자료** 자넷 머레이 저, 한용환, 변지연 역, 『인터랙티브 스토리텔링 : 사이버 서사의 미래』, 안그라픽스, 2001. | 최혜실, 『문자문학에서 전자문화로』, 한길사, 2007. | Ian Bogost, *Persuasive Games : The Expressive Power of Videogames*, The MIT Press, 2007. | Michael Mateas, Andrew Stern, "Writing Façade : A Case Study in Procedural Authorship", *Second Person : Role-Playing and Story in Games and Playable Media*, The MIT Press, 2010. | Gerald Voorhees, "The Character of Difference : Procedurality, Rhetoric, and Roleplaying Games", *The International Journal of Computer Game Research*, vol.9, no.2, 2009.

관전 모드 observer mode

| 플레이에 참여하지 않는 사용자가 플레이 과정을 볼 수 있도록 지원하는 기능.

플레이에 참여하지 않는 사용자가 게임 내 카메라를 통해 플레이를 볼 수 있게 하는 기능. 관전자는 게임의 진행 상황을 제약 없이 볼 수 있지만 영향을 미칠 수는 없다. 관전자가 직접 카메라를 조정하여 원하는 장면을 볼 수 있다는 점에서 게임 방송과 구별된다.

관전 모드는 주로 플레이어 간 대결이 핵심인 게임 장르에서 제공된다. 대표적으로 스포츠 게임, 모바(MOBA), 실시간 전략 게임, 1인칭 슈팅 게임, 대전 격투 게임 등이 있다. 다중접속온라인 역할수행 게임에서는 일대일 플레이어 간 대결의 경우만 관전 모드를 지원하기도 한다. 〈마인크래프트〉의 경우 관전 모드는 타 플레이어에게 창작물을 공개하기 위한 목적으로 적용됐다.

관전자가 제한 없이 게임 진행을 확인할 수 있는 점이 악용되기도 한다. 〈리그 오브 레전드〉의 한국 프로게이머 페이커(Faker)의 플레이가 동의 없이 미국 스트리밍 사이트에서 방송되면서 관전자의 방송 권리에 대한 논란이 일어난 적도 있다. 개발사 라이엇 게임즈(Riot Games)는 동의 없는 방송으로 인해 해당 플레이어

관전 모드를 지원하는 게임 사례	
종류	사례
스포츠 게임	〈피파 온라인 3〉
모바	〈리그 오브 레전드(League of legends)〉
실시간 전략 게임	〈스타크래프트 Ⅱ : 자유의 날개(Starcraft Ⅱ : Wings Of Liberty)〉
1인칭 슈팅 게임	〈배틀필드 4(Battlefield 4)〉, 〈카운터-스트라이크 온라인 2(Counter-Strike : Online 2)〉
대전 격투 게임	〈얼티메이트 마블 vs. 캡콤 3(Ultimate Marvel vs. Capcom 3)〉
다중접속온라인 역할수행 게임	〈마비노기 영웅전〉

가 금전적 혹은 정신적 피해를 입는 경우 제재하겠다는 입장을 밝혔다.

- **관련 용어** 게임 방송, 리캠/리플레이, 이-스포츠
- **참고 자료** Gordon Calleja, *In-game : From Immersion to Incorporation*, The MIT Press, 2011. | Jesse Stay, Thomas Stay, Jacob Cordeiro, *Minecraft for Dummies*, John Wiley & Sons, 2015. | T. L. Taylor, *Raising the Stakes : E-sports and the Professionalization of Computer Gaming*, The MIT Press, 2012. | 〈리그 오브 레전드〉 사이트, 〈SpectateFaker 스트리밍 방송에 대한 입장을 알려드립니다〉, www.leagueoflegends. co.kr/?m=news&cate=notice&mod=view&idx=251092

광고 게임 advergame

| 게임을 활용해 플레이어에게 브랜드 가치를 전달하는 것을 목적으로 하는 간접 광고 기능의 게임.

기능성 게임의 하위 장르로, 플레이어에게 브랜드의 로고, 이미지, 역량 등을 전달하는 게임. 게임 플레이 과정에서 브랜드를 노출시켜 플레이어가 상품을 구매하도록 유도하는 간접 광고의 일종으로, 2001년 잡지 《와이어드(Wired)》에서 최초로 사용한 용어이다. 이안 보고스트에 따르면 광고 게임은 게임에 브랜드의 메시지를 결합한 형태로, 플레이어는 플레이 과정에서 제품의 브랜드 이미지와 메시지를 경험하게 된다. 광고 게임은 플레이어와 게임의 상호작용 정도에 따라 표와 같이 3가지로 분류된다.

제인 첸과 매튜 링겔(Jane Chen & Metthew Ringel)이 제시한 광고 게임의 분류	
종류	설명
연상적 광고 게임	브랜드 혹은 로고를 게임의 배경에 삽입.
설명적 광고 게임	게임의 캐릭터가 제품을 가지고 게임 내 퀘스트를 수행.
입증적 광고 게임	플레이어 캐릭터가 브랜드 제품을 직접 체험.

■ **관련 용어** 기능성 게임, 인게임 광고
■ **참고 자료** David Edery, Ethan Mollick, *Changing the Game : How Video Games Are Transforming the Future of Business*, Financial Times/Prentice Hall, 2008. | Ian Bogost, *Persuasive Games : The Expressive Power of Videogames*, The MIT Press, 2007.

교육용 게임 educational game

| 교육적 효과를 목적으로 하는 게임.

게임의 재미를 이용해 교육적 목적을 달성하려는 게임 장르. 교육용 게임은 학습과 관련된 상황과 지식을 반복적으로 제시하고, 즉각적인 피드백을 제공함으로써, 플레이어가 지식을 경험적으로 재구성할 수 있도록 유도한다. 또한 학습 의도를 직접적으로 노출하기보다 목표와 보상이 명확한 퀘스트를 통해서 간접적으로 전달한다. 대표적 사례로는 역사 교육 시뮬레이션 게임인 〈메이킹 히스토리(Making History)〉, 영어 학습용 가상 세계인 〈호두 잉글리시(hodoo English)〉 등이 있다.

■ **유의어** 에듀테인먼트, 지러닝(G-Learning)
■ **관련 용어** 구성주의
■ **참고 자료** 강심호, 『디지털 에듀테인먼트 스토리텔링』, 살림, 2005. | 백영균, 『게임기반학습의 이해와 적용』, 교육과학사, 2006. | 윤승금, 『멀티미디어를 이용한 교육용 프로그램 개발 이론과 실제』, 복두, 2004. | 위정현 편저, 『온라인 게임, 교육과 손잡다』, 한경사, 2008. | 이재현, 『인터넷과 온라인 게임』, 커뮤니케이션북스, 2001.

교착상태 deadlock

| 자원이 부족해 자원 획득과 생산의 순환이 중단된 상태.

필요 자원 부족으로 생산이 불가능하며 해당 자원을 획득할 수 없는 상황. 특정 생산의 결과가 다른 생산의 자원이 되는 순환 구조(feedback loop)에서 발생할 수 있다. 〈스타크래프트〉에서는 자원 '광물(mineral)'을 채집하는 '건설로봇(SCV)'을 생산하는 데 필요한 '광물'이 부족한 상황을 뜻한다. 이를 방지하거나 해결하기 위해 자원을 획득할 수 있는 추가적인 경로를 배치해야 한다. 예를 들어

〈젤다의 전설(The Legend of Zelda)〉에서는 골드와 아이템을 획득할 수 있는 항아리가 반복하여 무작위로 생성된다.

■ **관련 용어** 피드백, 스타크래프트
■ **참고 자료** Eric Preisz, Ben Garney, *Video Game Optimization*, Delmar Cengage Learning, 2010. | Ernest Adams, *Fundamentals of Game Design*, New Riders, 2013. | Ernest Adams, Joris Dormans, *Game Mechanics : Advanced Game Design*, New Riders, 2012.

국제 게임 개발자 협회
International Game Developers Association, IGDA

| 게임 개발자들 간의 교류를 통해 이들의 권익을 보호하고 기술 발전을 도모하는 비영리 단체.

세계 최대 규모의 비영리 게임 개발자 조직. 1994년 어니스트 아담스가 컴퓨터 게임 개발자 협회(Computer Game Developers Association, CGDA)라는 이름으로 설립했다. 1999년 게임 플랫폼의 다양화, 게임 시장의 세계화 등을 고려해 명칭을 변경했다. 국제 게임 개발자 협회는 전 세계적으로 분포한 90개의 지부와 특별 이해 집단(Special Interest Groups, SIGs)으로 이루어져 있다.

국제 게임 개발자 협회는 프로그래머, 프로듀서, 디자이너, 큐에이(Quality Assurance, QA) 등 다양한 게임 분야의 개발자들이 참여해 협업 프로젝트를 진행한다. 매년 1월 전 세계의 아마추어·프로 개발자들이 모여 하나의 주제로 게임을 개발하고 결과물을 공유하는 '글로벌 게임 잼(Global Game Jam)', 게임 제작 및 관리에 관해 논의하는 '게임 개발자 협회 리더십 포럼(GDA Leadership Forum)'도 주관한다.

■ **관련 용어** 한국 게임 개발자 협회(Korea Game Developers Association, KGDA), 유럽 게임 개발자 협회 (Europe Game Developers Association, EGDA)
■ **참고 자료** Casey O'Donnell, *Developer's Dilemma : The Secret World of Videogame Creator*, The MIT Press, 2014. | June Jamrich Parsons, *New Perspectives on Computer Concepts 2014 : Comprehensive*, Cengage Learning, 2013.

군사용 게임 military game

| 군사 전략, 전투 및 조종 기술 등을 훈련하기 위한 게임 장르.

군대에서 요구되는 전략, 전투 기술, 조종 기술 등의 습득 및 훈련을 위한 게임 장르. 가상의 전투 상황을 구현할 수 있으므로 위험과 비용을 줄이되 날씨와 지형에 구애받지 않고 반복적인 군사 훈련이 가능하다. 〈아메리카스 아미(America's Army)〉 시리즈, 〈버추얼 배틀 스페이스(Virtual Battle Space)〉 시리즈가 대표적이다.

〈아메리카스 아미〉는 2002년 미국 육군이 육군 홍보를 위해 개발한 1인칭 슈팅 게임으로, 이후 군사 훈련 및 교육을 위한 플랫폼으로 확장했다. 〈버추얼 배틀 스페이스〉는 1인칭 슈팅 게임이자 전략 시뮬레이션으로 미국 해병대를 비롯해 캐나다, 영국, 이스라엘, 뉴질랜드 등의 군대에서 활용된다.

2011년에는 한국 최초로 게임 엔진을 활용해 해군 특수전 모의 훈련 프로그램이 제작됐다. 〈전술 이라크어(Tactical Iraqi)〉는 미국 사병들에게 아랍어를 교육하기 위해 개발됐다.

- **관련 용어** 워 게임, 기능성 게임, 머리장착 디스플레이, 메타버스, 밀리터리 게임
- **참고 자료** 노기영, 이영수, 『디지털 게임과 현대사회』, 커뮤니케이션북스, 2015. | David Michael, Sande Chen, *Serious Games : Games that Educate, Train, and Inform*, Course Technology Inc., 2005. | 게임동아, 〈언리얼 엔진, 게임 넘어 군사 모의훈련 프로그램에 적용〉, http://game.donga.com/71913/

군중 제어 Crowd Control, CC

| 상대 플레이어가 캐릭터를 일시적으로 조종할 수 없도록 만드는 스킬.

전투 상황에서 상대 플레이어의 능력이나 행동을 제한하는 스킬. '군중 제어 기술'이라는 의미에서 'CC기'라 부른다. 모바(MOBA)나 다중접속온라인 역할수행 게임 등의 장르에서 협력 플레이 시 전략적으로 사용된다. 대규모 교전에서 적대 플레이어의 능력을 일정 시간 동안 봉쇄하거나 제한하고, 강제로 특정 행동을 유발하여 전투를 유리하게 이끌어 나갈 수 있다. 아이템을 이용해 지속 시간, 대미지 등을 강화하거나 약화할 수 있고, 특정 기술을 통해 이를 무효화할 수도 있

다. 탱커나 힐러의 경우, 딜러를 보호하면서 딜러의 공격을 보조해야 하므로 공격 스킬보다 군중 제어나 군중 제어 해제 스킬의 사용이 중요하다. 일반적으로 사용되는 군중 제어의 종류는 표와 같다.

군중 제어의 종류	
종류	설명
둔화(slow)	이동 속도를 저하.
기절(stun)	행동 불능 상태.
속박(snare)	캐릭터가 있던 자리에 고정.
공포(fear)	제어력을 빼앗고 반대 방향으로 이동.
침묵(silence)	스킬 사용을 막음.
넉백(knock-back)	일정 거리만큼 적을 밀어냄.
에어본(levitate)	공중에 띄웠다 떨어뜨림.
매혹(mesmerize)	자신의 뜻대로 움직이도록 함.
수면(sleep)	잠재워 움직이지 못하게 함.
독(poison)	지속적으로 대미지를 입히거나 명중률을 떨어뜨림.
저주(curse)	능력치를 일정 부분 떨어뜨림.
도발(taunt)	도발을 건 플레이어를 강제로 공격하게 함.
변이(polymorph)	적을 낮은 레벨의 몬스터로 변화.

- **관련 용어** CC, 파티, 넉백
- **참고 자료** 손형률, 『게임 밸런스 이야기』, 한빛미디어, 2014. | Il Kyoung Kown, Lee Sang Yong, "Crowd Control through Needs and Personality Modeling of NPCs Using AHP", *Embedded and Multimedia Computing Technology and Service*, Springer, 2012.

귀속 아이템 bound item, equipment

| 권한을 가진 캐릭터만 사용할 수 있는 아이템.

온라인 게임에서 사용 권한을 가진 특정 캐릭터만 사용할 수 있는 아이템. 플레이어 간 거래가 불가능하기 때문에 아이템의 희소성을 높이는 역할을 한다. 〈에버퀘스트〉에서 최초로 등장했으며, 이후 〈월드 오브 워크래프트〉를 통해 보편

화됐다. 시간에 비례해 증가하는 게임 내 가상 통화 및 아이템의 생성 총량은 일 정치를 초과하면 게임 내 경제를 불안정하게 만드는 머드플레이션(mudflation)을 유발한다. 이에 반해 귀속 아이템은 높은 가치의 아이템이 플레이어 간에 거래되는 것을 막고, 엔피시(NPC)와의 거래나 버리기 행위 등을 통해 가상 세계 내의 아이템 총량이 줄어들게 함으로써 게임 내 경제를 안정시킨다. 이 외에도 귀속 아이템의 도입은 재화로만 여겨지던 아이템을 단순한 재화가 아닌 능력으로 인식하는 계기로 작용했다. 귀속 아이템의 귀속을 해제하기 위해서는 귀속 해제 아이템을 사용해야 한다. 귀속 아이템은 귀속 방식과 귀속 대상에 따라 표와 같이 구분된다.

온라인 게임의 귀속 아이템 분류			
구분	종류	설명	사례
귀속 방식	착용 귀속	캐릭터가 아이템을 착용하는 순간 귀속됨.	〈월드 오브 워크래프트〉의 성령 방어구 세트, 다크문 싹쓸바람 등
	습득 귀속	아이템을 습득하는 순간 습득한 캐릭터에게 귀속됨.	〈월드 오브 워크래프트〉의 광기의 암흑 도끼, 전설의 알도르 파수방패 등
	기타	개조나 인챈트 등의 방식을 통해 귀속됨.	〈마비노기 영웅전〉의 강화 9성 이상의 아이템, 매혹한 아이템 등
귀속 대상	캐릭터 귀속	캐릭터에게 아이템이 귀속됨.	〈던전 앤 파이터〉의 크로니클 장비류 등
	계정 귀속	아이템이 캐릭터가 아닌 계정에 귀속됨. 동일 계정 내 다른 캐릭터와 공유 가능.	〈월드 오브 워크래프트〉의 공포안개 복면, 고대의 해적 반지 등

- **관련 용어** 아이템, 귀속 해제, 가상 통화, 과금, 현질, 머드플레이션
- **참고 자료** 김정남, 김웅남, 김정현, 『게임의 운명을 결정하는 기획과 시나리오』, e비즈북스, 2013. | 박찬일, 최기운, 『위대한 게임 위대한 기획자』, 한빛미디어, 2014. | 이재홍, 『게임 스토리텔링』, 생각의나무, 2011. | 임하나, 『MMORPG 개발자 경제행위 연구』, 이화여자대학교 대학원 디지털미디어학부 석사논문, 2009.

규칙 rule

| 게임 시스템의 기능과 작용에 대한 약속.

플레이어들 간에 합의된 약속의 목록. 플레이어에게 무엇을 할 수 있고 무엇을 할 수 없는지를 설명한다. 게임에 참여하는 플레이어는 규칙을 공유함으로써 게

임을 진행한다. 이상적인 규칙은 '배우기 쉽지만 완벽히 익히기는 어려운 것'이다. 플레이어는 일반적으로 규칙을 자발적으로 수용한다. 그러나 일부러 규칙을 수정하거나 왜곡하거나 어기는 행동에서 재미를 느끼기도 한다. 에릭 짐머만과 케이티 살렌은 명백성과 중요도에 따라 규칙을 표와 같이 유형화한다.

에릭 짐머만과 케이티 살렌의 규칙 유형		
분류 기준		유형
규칙의 명백성	운영적 규칙	플레이어에게 명백히 제시되는 가이드라인.
	구성적 규칙	운영적 규칙 뒤에 존재하는 게임의 기초적 작동 원리.
	암묵적 규칙	플레이어들 간에 암묵적으로 용인되는 규칙으로, 에티켓이나 스포츠맨십 등.
규칙의 중요도	1순위 규칙	게임을 플레이 또는 관람하기 위하여 누구나 알아야 하는 규칙.
	2순위 규칙	게임이 진행되기 위하여 누군가는 알아야 하는 규칙.

- **관련 용어** 루두스(ludus)
- **참고 자료** 로제 카이와 저, 이상률 역, 『놀이와 인간』, 문예출판사, 1994. | 제스퍼 주울 저, 장성진 역, 『하프 리얼 : 가상 세계와 실제 규칙 사이에 존재하는 비디오게임』, 비즈앤비즈, 2014. | Katie Salen, Eric Zimmerman, *Rules of Play : Game Design Fundamentals*, The MIT Press, 2003.

규칙서 rule book

| 게임 플레이에 필요한 규칙과 정보를 명시한 책.

게임 플레이에 필요한 기본 규칙과 구성 요소에 대한 정보를 제공하는 책. 플레이어는 규칙서를 읽고 조작법을 숙지한 후 승패를 겨루게 된다. 테이블탑 역할수행 게임의 경우, 규칙서가 캐릭터 능력치, 아이템 사용 조건과 같은 게임 시스템 요소뿐만 아니라 게임 시나리오에 대한 정보도 제공한다. 게임 진행을 맡은 플레이어는 규칙서를 보고 사건을 구두로 해설하며, 다른 플레이어들은 이를 기반으로 대화를 통해 역할극을 수행한다. 같은 게임이라도 규칙서에 따라 플레이 경험은 달라진다. 겁스(Generic Universal Role-Playing System, GURPS)와 같이 모든 테이블탑 역할수행 게임에 적용되는 범용 규칙서도 있지만, 〈던전 앤 드래곤〉 시리즈처럼 특정 세계관을 바탕으로 한 규칙서가 일반적이다.

■ **관련 용어** 보드 게임, 테이블탑 역할수행 게임, 던전 앤 드래곤
■ **참고 자료** 김원보, 최유찬, 『컴퓨터 게임과 문화』, 이룸, 2005. | Daniel Mackay, *The Fantasy Role-Playing Game : A New Performing Art*, McFarland & Company, 2001. | Tsui-shan Chung, "Table-Top Role Playing Game and Creativity", *Thinking Skills and Creativity*, vol.15, no.0, 2013.

그래픽 graphic

| 게임에 필요한 시각적 요소들의 표현.

게임 세계를 구성하는 데 사용하는 캐릭터나 아이템, 배경, 애니메이션 등 시각적 구성 요소 및 표현 방식.

게임 그래픽의 특징 컴퓨터 그래픽은 컴퓨터와 하드웨어 또는 특정 소프트웨어를 이용하여 도형 및 그림을 만드는 기술을 지칭한다. 붓과 연필, 포스터컬러 등을 통해 이루어지는 수공예적 디자인과 컴퓨터와 입출력 장치에서 이루어지는 전산적 디자인을 모두 포함한다. 컴퓨터 그래픽과 비교하여 게임 그래픽의 특징은 크게 2가지이다. 첫째, 게임 그래픽은 플레이어의 능동적인 플레이를 전제로 이루어진다. 둘째, 게임 그래픽은 플랫폼의 제약을 받는다.

2차원 그래픽 게임 그래픽은 1961년 〈스페이스워!(Spacewar!)〉에서 흑백의 단순한 점과 막대기로 표현했던 2차원 그래픽 방식에서 시작됐다. 2차원 그래픽은 크게 도트 작업 방식과 3차원 모델링 작업을 2차원으로 변환하는 방식으로 구분된다. 도트 방식은 그림의 최소 단위인 점으로 섬세하게 작업하여 캐릭터와 게임 공간을 표현할 수 있다. 이와 달리 3차원을 사용한 이미지를 2차원 기법으로 전환하는 방식은 게임 그래픽 전부를 3차원 그래픽 환경에서 작업한 방식에 비해 캐릭터의 동작 추가, 삭제 등 부분 작업이 용이하다. 게임 개발 초기 단계인 1970년대부터 1980년대 중반의 대다수 게임이 2차원 그래픽 게임에 해당한다. 1972년 아타리(Atari)에서 출시한 최초의 상업적 아케이드 게임 〈퐁(Pong)〉을 비롯해 〈팩맨(Pac-Man)〉, 〈버블 보블(Bubble Bobble)〉 등이 있다. 2차원 그래픽 게임의 제작 도구에는 어도비 일러스트레이터, 포토샵, 디럭스 페인트(Deluxe Paint) 등이 있다.

3차원 그래픽 방식 3차원 그래픽 게임은 평면적 구성의 2차원 그래픽 게임과

달리 입체감 있는 게임 공간을 도입한다. 너비, 높이, 깊이를 나타내는 X, Y, Z축을 바탕으로 하여, 시점을 자유롭게 변환시켜 현실의 인간 시(視)경험과 가장 가까운 환경을 제공한다. 3차원 객체를 만드는 데는 폴리곤 기반 그래픽 기법을 주로 사용한다. 폴리곤 그래픽은 1984년 아타리에서 개발된 3차원 입체 표현 기술로 〈아이, 로봇(I, Robot)〉에 최초로 사용됐다. 1980년대 이후부터 시리즈의 형태로 제작되는 게임들은 2차원 그래픽에서 3차원 그래픽으로의 변화를 보다 명확하게 보여준다. 1985년에 최초 개발된 〈슈퍼 마리오 브라더스〉 시리즈가 2차원 그래픽에서 3차원 그래픽으로 발전된 대표적인 예이다. 3차원 그래픽 게임의 제작 도구로 태블릿, 3차원 스튜디오 맥스(3D Studio Max), 마야(Maya) 등이 있다.

게임 영상 렌더링 방식 3차원 그래픽만으로 특정 장면을 재현해야 할 경우, 구현 난이도가 높을수록 실시간으로 재생하기 어렵다. 이를 사전에 동영상으로 제작 후 게임에 저장해서 활용하는 프리렌더러드 그래픽스(prerendered

장르별 그래픽 활용 양상	
종류	설명
액션 게임	일반적으로 캐릭터의 크기가 크고, 배경의 강도는 약함. 캐릭터의 움직임이 중요한 비중을 차지하므로 캐릭터의 동작 표현이 주요하게 작용함. 구체적으로 캐릭터 동작과 측면, 정면 등 다양한 시점의 방향에 따른 동작 컷이 해당함.
슈팅 게임	비교적 캐릭터의 크기가 작고 공격 패턴이 예측 불가하기 때문에 상징적인 색상 처리와 함축적인 묘사가 중요함. 그래픽 과정에서 직관적인 이해를 돕는 픽셀 조작이 이뤄지며, 대조적인 캐릭터 외형 디자인이 요구됨.
시뮬레이션 게임	실제 군사 훈련에서 사용한 시뮬레이터를 재구현한 게임으로, 배경 그래픽의 해상도가 높음. 육성 시뮬레이션 게임은 캐릭터 및 가상 세계에 3차원 그래픽 애니메이션을 실시간으로 표현하는 데 주력함.
역할수행 게임	캐릭터가 배경보다 비중이 크며, 등장하는 캐릭터의 양이 많아 각각 캐릭터의 동작과 표현에 세심한 작업이 요구됨. 각기 다른 캐릭터의 성격과 크기, 특징 등이 함축적으로 구현되며, 배경 그래픽의 경우 타일 맵에 의해 구성됨.
어드벤처 게임	전반적인 분위기가 배경 그래픽을 통해 이뤄지며 분위기 묘사가 중요함. 타 장르에 비해 그래픽의 작업량이 비교적 많은 편으로 제작 시간이 오래 걸리는 것이 일반적임.

graphics)를 사용하기도 한다. 게임 속에서 잘 활용된 동영상은 플레이어에게 게임에 대한 강렬한 이미지를 제공하고 극적인 플레이 경험을 유도한다. 프리랜더드 그래픽스을 잘 활용한 게임으로는 〈파이널 판타지 8〉이 있다. 단순히 동영상을 연결한 형태로 제공됐던 초기의 시디(CD) 게임과 달리 〈파이널 판타지 8〉에서는 에프엠브이(Full Motion Video, FMV)를 제공한다.

- **관련 용어** 게임 디자이너, 그래픽 유저 인터페이스, 인터페이스, 공간, 시점, 컷신
- **참고 자료** 고병희, 송순엽, 『게임 그래픽 실무』, 예당, 2005. | 김경식 외, 『컴퓨터게임개론』, 글누림, 2005. | 신용훈, 『전략적 게임학원론』, 북스홀릭, 2012. | 조은하, 『컴퓨터 게임 그래픽의 디자인사적 연구』, 한양대학교 대학원 응용미술학부 박사논문, 2000.

그래픽 디자이너 graphic designer

| 게임 개발과 홍보에 필요한 시각 요소들을 개발하는 직업.

캐릭터, 배경, 홍보물 등 게임에 사용되는 시각 요소를 기획 및 제작하는 직업. 그래픽 디자인 과정은 기획 및 구상을 하는 초반 단계, 구상안을 컴퓨터로 구현하고 게임에 적용하는 중반 단계, 제작을 마무리하고 게임을 홍보하는 후반 단계로 나눌 수 있다.

그래픽 디자이너의 업무는 그래픽의 표현 양식 및 용도에 따라 2차원 그래픽, 3차원 그래픽, 그래픽 유저 인터페이스(Graphic User Interface, GUI) 디자인으로 분화되고, 그에 따라 원화와 모델링, 텍스처, 애니메이션, 이펙트, 인터페이스 등의 세부 작업으로 나뉜다. 세부 업무에 따라 모델러(modeler), 매퍼(mapper), 애니메이터(animator), 이펙터(effector), 유저 인터페이스 디자이너라 지칭한다.

아트 디렉터는 그래픽 디자인의 전체 업무를 관리한다. 테크니컬 아티스트는 그래픽 디자인에 필요한 게임 개발 프로그램 툴을 지원하며, 그래픽 디자이너와 프로그래머의 협업을 조율한다. 게임 그래픽 디자인 과정과 업무 분류는 표와 같다.

게임 그래픽 디자인 과정		
과정	종류	설명
초반	게임 그래픽 세부 설정	게임 기획서를 바탕으로 게임에 필요한 시각 요소를 정의하고 작업 목록을 작성.
	그래픽 제작 도구	게임 시각 요소들을 컴퓨터로 구축하는 데 필요한 제작 도구 및 프로그램을 결정.
	게임 콘셉트 디자인	게임 기획서를 바탕으로 그래픽 디자인 작업 전반의 기준이 되는 공간적, 시간적, 문화적 콘셉트를 구성하고 원화를 제작.
중반	게임 그래픽 데이터 작업	완성된 원화를 바탕으로 2차원 그래픽 제작 도구 또는 3차원 그래픽 제작 도구를 활용해 게임 그래픽을 구현.
	게임 그래픽 데이터 수정	제작 완료된 게임 그래픽 데이터를 클라이언트 모듈에 적용하여 보충 및 수정.
	게임 밸런스 조정	완료된 게임 클라이언트 프로그램과 게임 서버를 검토한 뒤 게임 밸런스를 조절하고 연출 및 그래픽 데이터를 조정.
후반	게임 홍보물 및 영상물 제작	게임 홍보 및 마케팅에 사용할 게임 일러스트 및 오프닝 동영상 등을 제작.

게임 그래픽 디자이너의 세부 직업		
직업명	설명	구분
콘셉트 아티스트	캐릭터, 배경 등의 특징을 잡고, 밑그림을 완성. 콘셉트 아트로도 부르며 캐릭터 및 배경 콘셉트 아트로 구분.	2차원 그래픽
모델러	모델링 작업. 3차원 저작도구를 통해 원화를 디지털 이미지로 구현. 캐릭터 모델링과 배경 및 맵 모델링으로 구분.	3차원 그래픽
맵퍼	텍스처 작업. 매핑이라고도 지칭. 모델링을 마친 대상의 표면에 색채와 질감을 표현.	
애니메이터	캐릭터와 엔피시(NPC)의 움직임 등을 구현.	
이펙터	완성된 배경이나 캐릭터, 스킬 구사 장면 등에 특수 효과를 추가.	
인터페이스 디자이너	게임 실행 및 저장, 아이템 사용 등의 기능에 필요한 아이콘, 메뉴, 창 등을 제작하고 구도를 결정.	유저 인터페이스

■ **관련 용어** 그래픽, 인터페이스, 그래픽 유저 인터페이스, 게임 기획자, 게임 프로그래머

■ **참고 자료** 고병희, 송순엽,『게임 그래픽 실무』, 예당, 2005. | 김정남, 김웅남, 김정현,『게임의 운명을 결정하는 기획과 시나리오』, e비즈북스, 2013. | 최세웅, 이지연,『디자이너's PRO 모바일 게임 컨셉 아트 디자인』, 길벗, 2014. | Alice Twemlow, *What is Graphic Design for?*, RotoVision SA, 2006. | Andy Clarke, Grethe Mitchell, *Videogames and Art*, Intellect Books, 2007.

그래픽 유저 인터페이스 Graphical User Interface, GUI

| 게임 사용자가 필요로 하는 정보를 그래픽을 통해 제공하는 인터페이스.

그래픽을 통해 사용자와 컴퓨터 간의 인터페이스를 구현하는 것. 1984년 실생활의 물품을 아이콘화한 매킨토시가 출시되면서 그래픽으로 구성된 유저 인터페이스가 등장했다. 도스(DOS)와 같이 명령어를 이용하던 텍스트 기반의 유저 인터페이스가 그래픽 유저 인터페이스로 대체됨에 따라 사용자의 상호작용을 시각 요소로 유도하는 방법이 중시되기 시작했다. 디지털 게임에서 그래픽 유저 인터페이스는 직관적인 메타포를 제공해 플레이어가 시스템을 쉽게 이해하고 사용할 수 있도록 돕는다.

〈퐁(Pong)〉을 비롯한 초창기 아케이드 게임은 명령어를 입력하는 대신 점과 선, 원의 이미지를 통해 유저 인터페이스를 구현했다. 2차원 그래픽이 3차원 그래픽으로 발전하면서 게임에서 플레이어의 시점도 변화했다. 2차원 그래픽에서는 탑뷰(top-view)와 사이드뷰(side-view)만 가능했지만, 3차원 그래픽에서는 사물을 대각선으로 바라볼 수 있는 쿼터뷰(quarter-view)와 플레이어가 캐릭터의 뒤에서 바라보는 백뷰(back-view)까지 가능해졌다.

■ **반의어** 도스

■ **관련 용어** 인터페이스, 그래픽, 공간, 몰입

■ **참고 자료** 레프 마노비치 저, 서정신 역,『뉴미디어의 언어』, 커뮤니케이션북스, 2014. | 제이 데이비드 볼터, 리처드 그루신 저, 이재현 역,『재매개』, 커뮤니케이션북스, 2006. | Janet Murray, *Inventing the Medium : Principles of Interaction Design as a Cultural Practice*, The MIT Press, 2011.

그리드 컴퓨팅 grid computing

| 다수의 컴퓨터가 하나의 가상 컴퓨터를 구성해 작업을 분산 처리하는 컴퓨팅 시스템.

개인 컴퓨터, 고성능 컴퓨터, 대용량 저장장치, 데이터베이스, 첨단 실험 장비 등을 원거리 통신망(Wide Area Network, WAN)을 통해 하나의 가상 서버로 연결하여 연산을 수행하는 시스템. 1998년 이안 포스터(Ian Foster)가 최초로 제안한 개념이다. 가상 서버에는 다른 기종의 컴퓨터, 모바일 기기, 센서 등 다른 기기도 연결될 수 있다. 서버를 통해 인터넷상의 모든 자원을 연결하고 이 자원에 접근할 수 있는 강력한 컴퓨팅 시스템을 생성한다. 이는 월드 와이드 웹(World Wide Web, WWW)보다 1만 배 빠른 속도로 정보를 처리한다.

그리드 컴퓨팅은 4가지 특성이 있다. 첫째, 시스템에서 수용할 수 있는 기기 수에 제한이 없다. 둘째, 다른 플랫폼의 시스템들을 무리 없이 연결할 수 있다. 셋째, 컴퓨팅 자원을 유동적으로 추가하고 삭제할 수 있다. 넷째, 개인 컴퓨팅 자원에 대한 접근과 사용 정보를 사용자에게 공개한다. 그리드 컴퓨팅은 병렬 컴퓨팅(parallel computing), 클러스터 컴퓨팅(cluster computing), 슈퍼 컴퓨팅(super computing)에서 활용하는 기술을 통합해서 데이터를 분산 처리한다. 그리드 컴퓨팅은 데이터를 해석하고 처리하는 방법에 따라 3가지 유형으로 구분된다.

한국과학기술정보연구원(김석진, 조흥곤, 윤명현)이 제시한 그리드 컴퓨팅 유형	
분류	설명
계산 그리드(computational grid)	대규모 계산 자원을 이용해 고속 연산 처리가 가능함.
데이터 그리드(data grid)	대량 데이터 처리 가능. 데이터의 원활한 공유가 목적임.
액세스 그리드(access grid)	가상현실에서 사용자 사이의 원활한 협업 수행을 제공함.

온라인 게임 서비스는 게임 채널 서버를 수정하고 그리드 시스템과 연동하여 각 게임 서버들의 사용률을 실시간으로 관리한다. 게임 접속자 수의 증감에 따라 자동으로 서버를 할당하고 회수함으로써 서비스를 운영한다. 이를 통해 사용하지 않는 대기 상태인 유휴 사용률을 낮춤으로써 서버 활용성을 높이고 서버 증축 비용을 절감한다. 대용량이 필요한 온라인 게임들은 다운로드 속도를 높이기 위해 플레이어의 개인 컴퓨터를 그리드 컴퓨팅 자원으로 활용하기도 한다.

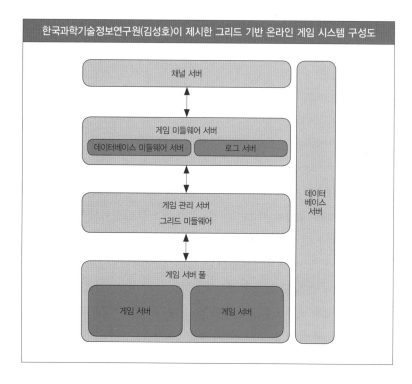

한국과학기술정보연구원(김성호)이 제시한 그리드 기반 온라인 게임 시스템 구성도

채널 서버

게임 미들웨어 서버
데이터베이스 미들웨어 서버　　로그 서버

게임 관리 서버
그리드 미들웨어

게임 서버 풀
게임 서버　　게임 서버

데이터베이스 서버

■ **관련 용어** 계산 그리드, 데이터 그리드, 엑세스 그리드, 온라인 게임, 서버
■ **참고 자료** 김석진, 조홍곤, 윤명현, 「그리드 컴퓨팅 기술개요 및 최신 국내외 기술동향」, 『기술동향보고서』, 한국과학기술정보연구원, 2004.12. ┃ 김성호, 「비지니스 그리드 활용 현황 및 전망」, 『지식정보인프라』, vol.23, no.0, 한국과학기술정보연구원, 2006.08. ┃ Bart Jacob, *Introduction to Grid Computing*, Verante, 2005. ┃ Fran Berman, Geiffrey Fox, Anthony J.G. Hey, *Grid Computing : Making the Global Infastructure a Reality*, Wiley-Blackwell, 2003. ┃ Sergei Gorlatch, Paraskevi Fragopoulou, Thierry Priol, *Grid Computing : Achievements and Prospects*, Springer, 2010.

그리스 신화 Greek mythology

┃ 고대 그리스 민족을 중심으로 창작되고 전승된 세계관과 신화.

이집트, 페르시아의 신화에 고대 그리스 민족의 역사적, 허구적 경험이 더해져서 전승된 신과 영웅, 세계를 다룬 신화이자 이야기. 태초의 혼돈 상태로부터 빛과 어둠, 낮과 밤, 대지와 하늘이 창조된 이야기에서 시작되며, 우주의 질서가 성립된 후에는 신과 인간, 그리고 괴물들의 이야기가 전개된다. 그리스 신화의 신들은 인간적 형상과 성향을 지닌 인격신(人格神)으로, 올림포스 산에 거주하며 다양한 방식으로 인간 세계와 교류한다. 신들은 성격과 개성이 모두 다르며 세계를 관리함에 있어 천둥, 바다, 죽음 등 각기 다른 업무에 맞춰 인간세계와 교류한다. 그리스 신화의 신과 영웅 이야기는 문학, 미술, 음악, 영화, 게임 등 여러 예술 분야에서 모티프로 활용된다.

그리스 신화는 게임에서 다양하게 활용된다. 〈에이지 오브 미솔로지(Age of Mythology)〉의 경우, 플레이어가 선택하는 주요 신의 속성에 따라 마을의 특성이 결정된다. 어드벤처 게임에서는 플레이어의 아바타가 신화 속 영웅의 면모를 지니며 신에 대항하는 영웅이나 정의로운 모험을 수행하는 영웅으로 설정된다. 대표

분류	이름	로마어 표기	내용
신	크로노스 (Chronos)	사타르누스 (Saturnus)	아버지에 대항하여 주권을 가진 뒤, 제우스를 비롯한 자식들의 반란에 의해 쫓겨나는 신.
	가이아(Gaia)	가에아(Gaea)	혼돈 상태로부터 세계와 신들을 낳는 대지의 여신.
	제우스(Zeus)	유피테르(Jupiter)	천둥을 다스리는 올림포스의 우두머리 신.
	포세이돈(Poseidon)	넵투누스(Neptunus)	삼지창을 가진 바다의 신.
	하데스(Hades)	플루톤(Pluton)	죽음과 지하 세계를 관장하는 신.
	아레스(Ares)	마르스(Mars)	피와 살육을 즐기는 전쟁의 신.
	헤라(Hera)	유노(Juno)	결혼을 관장하고 가정을 수호하는 여신.
	데메테르(Demetrer)	케레스(Ceres)	비옥한 대지와 풍요로운 곡식을 지배하는 여신.
	아프로디테 (Aphrodite)	베누스(Venus)	미를 상징하고 사랑을 대표하는 여신.
	아테나(Athena)	미네르바(Minerva)	기예에 재주가 있는 전쟁의 여신.
	아르테미스 (Artemis)	디아나(Diana)	순결을 상징하며 숲의 사냥을 주관하는 처녀신.
	아폴론(Apollon)	포에부스(Phoebus)	태양을 상징하고 예언, 치료, 음악을 관리하는 신.
	헤파이스토스 (Hephaistos)	불카누스(Vulcanus)	절름발이 신으로 불을 다스리는 대장장이 신.
	헤르메스(Hermes)	메르쿠리우스 (Mercurius)	날개가 달린 모자와 신발로 움직이는 전령의 신.
	디오니소스 (Dionysos)	바커스(Bacchus)	풍요와 포도주를 상징하는 술의 신.
	헤스티아(Hestia)	베스타(Vesta)	올림포스 산의 화로를 지키는 처녀신.

	헤라클레스(Heracles)	가장 힘이 센 그리스 영웅으로, 속죄를 위한 12가지 과업을 수행한 인물.
영웅	이카로스(Icaros)	인공 날개를 활용한 비행에 심취하여 추락사 하는 인물.
	오르페우스(Orpheus)	그리스의 최고 시인이자 음악가로 아내를 찾아 지하 세계를 모험하는 인물.
	프로메테우스(Prometheus)	제우스로부터 불을 훔쳐 인간에게 전해주는 타이탄족.
	오디세우스(Odysseus)	트로이 전쟁에 참여한 후, 귀향길에 긴 모험을 겪게 되는 영웅.
	이아손(Iason)	황금양털을 찾아 왕권을 회복하기 위해 아르고호의 원정을 떠나는 영웅.

적인 작품으로 〈갓 오브 워(God of War)〉 시리즈와 이아손과 아르고호 원정대의 모험을 시뮬레이션한 〈라이즈 오브 아르고너츠(Rise of Argonauts)〉 등이 있다.

- **관련 용어** 영웅 서사, 미로(maze), 여신 모티프, 세계창조 모티프
- **참고 자료** 김원익, 윤일권, 『그리스 로마 신화와 서양 문화』, 알렘, 2015. | 아폴로도로스 저, 천병희 역, 『원전으로 읽는 그리스 신화』, 도서출판 숲, 2004. | 윤일권, 『그리스 신화의 세계 : 창의력과 상상력의 바다』, 신아사, 2012. | 토마스 벌핀치 저, 이윤기 역, 『그리스와 로마의 신화』, 대원사, 1989. | 천병희, 『그리스 비극의 이해』, 문예출판사, 2002.

기능성 게임 serious game

| 특정한 목적을 수행함으로써 현실 사회에 실질적인 도움을 제공하는 게임.

교육·학습·훈련 등의 특정한 목적을 수행하기 위해 고안된 게임. 플레이어에게 동기를 제공하고, 즉각적인 피드백을 주며, 오락적인 즐거움을 넘어 실용적인 도움을 준다. 교육·정치·사회·환경·문화, 의료 등 다양한 영역에서 활용되며 게임의 순기능을 보여준다.

기능성 게임이라는 명칭은 1977년 사회과학자 클라크 앱트의 저서 『기능성 게임(Serious Games)』에서 유래했다. 클라크 앱트는 비디오 게임이 아닌 일반적인 놀이와 카드 게임을 교육과 훈련에 이용할 방법을 고민했고, 비디오 게임이 등장하면서 논의가 발전했다. 2002년에는 미국의 벤 소이어(Ben Sawyer)가 '기능성 게임 이니셔티브(Serious Game Initiative)'를 창시하면서 컴퓨터 게임에서 다양한

기능을 접목하려는 기능성 게임 논의가 활발해졌다.

대표적인 기능성 게임으로는 치료용 게임인 〈닌텐도 위 핏(Wii Fit)〉, 〈리미션 (Re-Mission)〉, 국방용 게임인 〈아메리카스 아미〉, 사회적 변화를 위한 게임인 〈다 르푸르가 죽어간다(Darfur is Dying)〉, 〈푸드 포스(Food Force)〉, 〈프리 라이스 (Free Rice)〉, 〈맥도날드 비디오 게임(McDonald's Videogame)〉 등이 있다.

- **유의어** 교육용 게임, 의료용 게임, 국방용 게임, 사회적 변화를 위한 게임
- **관련 용어** 게임의 순기능, 뉴 게임, 기능성 게임 이니셔티브
- **참고 자료** 위정현 편저, 『온라인 게임, 교육과 손잡다』, 한경사, 2008. | 제인 맥고니걸 저, 김고명 역, 『누구 나 게임을 한다 : 그동안 우리가 몰랐던 게임에 대한 심층적인 고찰』, 랜덤하우스코리아, 2012. | 박근서, 「시 리어스 게임의 정의와 의미에 대한 고찰」, 『게임산업저널』, vol.20, no.1, 2009. | Clark C. Abt, *Serious Games*, University Press of America, 1987. | David Michael, Sande Chen, *Serious Games : Games that Educate, Train and Inform*, Course Technology Inc., 2005.

기방 base defence, camping

| 기지 방어를 최우선의 목적으로 두고 기지에 주둔하며 접근하는 적을 처치하는 전략.

기지 방어의 준말로, 자원의 공급처이자 핵심 시설이 모여 있는 기지 근처에 주둔하며 기지를 수호하는 전략. 베이스 디펜스(base defence), 캠핑(camping)이 라고도 한다. 기지의 쟁탈이 게임 승리의 주요 요건이 되는 일부 실시간 전략 게 임, 1인칭 슈팅 게임, 모바(MOBA)에서 쓰인다.

기방 전략은 다음과 같은 상황에서 구사된다. 첫째로 수비수와 공격수로 플레 이어의 역할 혹은 유닛의 역할을 분담하는 일부 게임에서 기본적 수비 전략의 일 환으로 사용된다. 둘째, 전세가 불리할 때 이를 극복하거나 전투를 지연하기 위 한 전략으로 채택된다. 셋째, 상대 진영에 비해 아군의 전력이 월등하게 우세하여 승리가 확실시될 때 사용된다.

기방 전략이 사용되는 게임의 예		
장르	설명	사례
실시간 전략 시뮬레이션	각종 장애물, 건물로 아군의 기지를 봉쇄하고, 아군의 전력을 보강하거나 지원군이 도착할 때까지 기지 내에서 대기.	〈스타크래프트〉의 경우, 생산 비용이 적고 건설 속도가 빠른 건물로 기지의 입구를 봉쇄한 후, 더 향상된 유닛을 생성할 수 있는 건물을 순차적으로 건설한다.

1인칭 슈팅 게임	미션의 목표가 기지의 쟁탈이나 폭파일 때, 수비의 목적으로 사용. 적이 기지 주변에 접근할 때마다 사살.	〈서든어택〉의 경우, 게임 모드 중 하나인 폭파 미션 모드에서 플레이어는 적의 진영을 폭파하는 레드팀과 폭탄을 해체해야 하는 블루팀의 두 진영으로 나뉜다. 블루팀은 폭탄 설치를 원천 봉쇄하려는 목적으로 레드팀이 기지로 다가올 때마다 사살한다.
모바	아군의 핵심 건물까지 전선이 이동했을 경우, 일시적으로 공격을 중단하거나 공격에 분배된 전력을 수비로 전환하고 기지 방어에 모든 전력을 동원.	〈리그 오브 레전드〉의 경우 전투 유닛을 생성하는 넥서스(nexus)가 파괴될 경우 게임에서 패배한다. 방어막을 형성하는 포탑이 모두 무너지거나, 상대방 진영이 버프를 받았을 경우, 공격을 일시적으로 중단하고 넥서스를 최우선적으로 방어한다.

- **유의어** 기지 방어, 기지 방호, 수비, 캠핑
- **관련 용어** 개돌
- **참고 자료** 이태규, 『군사용어사전』, 일월서각, 2012.

기사 knight

| 계약을 통해 주군과 주종관계를 맺고 전쟁에 참여하던 중세 유럽의 전사 직업 혹은 작위.

토지, 무구 등의 대가를 받고 주군과 영지를 지키고 전쟁에 참여하는 중세 유럽의 전사 직업. 초기에는 칼을 무기로 사용하며 말 위에서 전투에 임하던 기마무사를 지칭했다. 12세기에 이르러 명예와 권력을 가진 사회적 신분으로 자리 잡았으며, 기사가 되고자 하는 사람은 서임식을 통해 정식으로 작위를 수여받았다. 이때 영주는 주군으로서 기사에게 검을 하사하고 기사는 충성과 신앙을 맹세했다. 13세기 말 십자군 전쟁에서의 잇단 패배와 봉건제도의 몰락으로 기사의 사회적 권력은 소멸하고, 작위로서의 상징성만 남게 된다.

「롤랑의 노래(La Chanson de Roland)」, 「그랄 이야기」(Le conte du Graal)」 등의 로망스 문학은 기사의 특징을 다음과 같이 유형화했는데, 이는 게임에서 기사 캐릭터에 영향을 끼쳤다. 첫째, 투구와 갑옷으로 신체를 무장하고 창이나 칼, 말을 소지한다. 둘째, 강령이자 덕목인 기사도 정신에 입각해 용기, 정의, 절제, 충성 등을 미덕으로 삼는다. 셋째, 주군이나 왕으로부터 임무를 수여받고 모험을 시도하며 토지, 무구 혹은 사랑을 쟁취함으로서 임무에 대한 보상을 받는다.

〈리니지〉는 군주를 중심으로 한 혈맹과 공성전을 통해 중세 봉건사회 및 기사의 문화를 차용한 대표적 사례이다.

로망스 문학 속 기사의 특징이 나타난 게임 캐릭터 사례		
종류	설명	게임 캐릭터
외양	중세 양식의 투구와 갑옷 장착, 검이나 창 소유.	〈던전 앤 드래곤〉의 전사
성격	전사로서의 특징과 종교적 신앙에 기반, 방어막과 같은 보호마법을 통한 아군 보호.	〈월드 오브 워크래프트〉의 성기사
임무와 보상	자유 기사 신분에서 시작, 주종 관계 형성, 성을 지키고자 전쟁에 참여, 명성 획득.	〈리니지〉의 기사

■ **관련 용어** 중세 판타지, 로망스

■ **참고 자료** 김웅종, 『서양사 개념어 사전』, 살림, 2008. | 박민희, 『중세 라이프』, 미네쟁어의 서재, 2012. | 서성은, 「중세 판타지 게임의 세계관 연구」, 『한국콘텐츠학회논문지』, vol.9, no.9, 한국콘텐츠학회, 2009. | Geraldine Heng, *Empire of Magic : Medieval Romance and the Politics of Cultural Fantasy*, Columbia University Press, 2013.

길드 guild

| 온라인 게임에서 플레이어들이 모여 만든 단체.

공동의 목표를 가진 여러 플레이어가 게임 안에서 구성한 공동체. 다중접속온라인 역할수행 게임에서 플레이어들은 길드에 가입함으로써 사회적 네트워크를 형성하고, 공동의 목표를 성취하기 위해 함께 협력한다. 길드 구성원들끼리 전투를 수행하고, 다른 길드와 경쟁하는 등의 협업 플레이가 가능하다. 길드에 소속된 플레이어에게는 길드 건물, 아이템, 의상, 경험치를 추가로 얻을 수 있는 혜택이 주어진다.

길드의 어원과 발전 길드는 중세 유럽의 동업자 조합을 일컫던 말이다. 1997년 출시된 〈울티마 온라인(Ultima online)〉에서 처음으로 길드라는 용어를 사용한 이후, 게임 내 플레이어의 그룹을 칭하는 개념이 됐다. 게임 세계관에 따라 클랜(clan), 혈맹, 레기온(legion), 문파와 같은 다양한 명칭으로 나타난다. 초기 길드는 플레이어 간의 정보 교류와 친목 도모를 위한 비공식 모임이었다. 이후 플레이어 간 게임 지식을 공유하거나 협업 플레이, 사회적 네트워크를 형성함으로써 길드는 게임 플레이에서 중요한 역할을 차지했다.

길드 창설과 가입 게임에서 길드를 창설하기 위해서는 일정한 조건을 충족시켜

길드 명칭의 사례	
명칭	게임 사례
길드	〈월드 오브 워크래프트〉
클랜	〈리그 오브 레전드〉
혈맹	〈리니지〉 시리즈
레기온	〈아이온 : 영원의 탑〉
문파	〈블레이드 & 소울〉
원정대	〈아키에이지〉

야 한다. 보편적으로 일정 레벨 이상의 캐릭터, 다른 길드에 가입되지 않을 것, 일정 금액을 지불할 것 등의 조건을 가진다. 〈리니지 II〉에서 혈맹을 창설하려는 플레이어는 레벨 10 이상의 캐릭터를 가지고 있어야 하고, 다른 혈맹에 가입되어 있지 않아야 한다. 또한 10일 이내에 혈맹을 해산한 적이 없어야 한다. 조건을 충족한 플레이어는 자신의 캐릭터 종족에 해당하는 엔피시(NPC)를 찾아가 혈맹 창설을 요청할 수 있다. 〈블레이드 & 소울〉의 경우, '천하쌍세의 부름' 퀘스트를 통해 세력 가입을 마친 캐릭터라면, 문파를 창설할 수 있다. 길드는 일정 레벨 이상의 캐릭터부터 가입이 가능하다. 원하는 길드에 가입 신청을 하고 길드 마스터가 이를 수락하기를 기다리거나 길드 구성원의 초대를 통해 가입할 수 있다.

길드 구성원 길드 구성원은 길드 마스터와 일반 회원으로 구분된다. 길드 마스터는 길드를 창설한 플레이어로, 길드에 대한 모든 권한을 가진다. 길드 마스터는 소속 길드원에게 계급을 부여할 수 있고 각 계급마다 권한이 달라진다. 〈아이온 : 영원의 탑〉에는 군단장, 부군단장, 백부장, 군단병, 신임 군단병의 5계급이 있다. 〈리니지〉에서는 군주, 수호기사, 정예기사, 일반기사, 수련기사로 구분된다. 단, 혈맹 간 연맹을 맺은 연맹 혈맹에서는 부군주라는 직책이 추가된다.

길드 성장 길드에는 캐릭터와 마찬가지로 레벨이 있다. 길드의 레벨을 높이기 위해서는 특정 조건을 충족시켜야 한다. 일반적으로 길드 경험치, 일정 비용, 최소 길드 인원이 요구된다. 길드 경험치는 길드 퀘스트, 길드 간 전투, 구성원의 던전 공략 등을 통해 획득할 수 있다. 길드 퀘스트는 길드 소속 캐릭터만이 진행할 수 있는 퀘스트이며, 길드와 캐릭터의 빠른 레벨 상승을 가능하게 한다. 〈월드 오브 워크래프트〉의 경우, 던전 공략을 위한 파티 구성원의 80% 이상이 같은 길드 소속이면 길드의 경험치와 업적을 획득할 수 있다. 〈리니지〉는 혈맹 레벨이 일정 레벨 이상이어야 길드 간 전쟁이 가능하고, 공성전에 참여해 성을 차지할 수 있다.

길드 보상 플레이어는 길드에 가입함으로써 길드 버프(buff), 길드 공용 창고, 길드 전용 아이템 등의 보상을 획득한다. 길드 버프의 효과로는 추가 경험치 획득, 아이템 할인, 드롭(drop)율 증가 등이 있다.

〈리니지〉와 〈아이온 : 영원의 탑〉의 경우, 길드원의 일정 수 이상이 동시에 게임에 접속하면 추가 경험치 버프를 얻을 수 있다. 그리고 〈월드 오브 워크래프트〉의 경우, 길드에 가입된 플레이어들이 길드 전용 상점에서 추가 경험치 아이템 등을 구매할 수 있다.

길드 창고는 길드 구성원들끼리 공유할 수 있는 아이템 보관 장소로 게임 내 가상 통화, 무기, 방어구 등을 보관할 수 있다. 〈월드 오브 워크래프트〉에서는 길드 은행이라 불리고, 길드 마스터는 길드 은행 이용 권한을 지정할 수 있다. 길드 은행에 보관된 게임 내 가상 통화는 길드원의 장비 수리나 기타 경비로 사용된다. 길드 아이템은 길드 구성원만이 가질 수 있는 아이템이다. 길드 문장이 새겨진 망토 등의 의상, 장비 아이템 등이 여기에 속한다. 〈블레이드 & 소울〉의 경우, 문파 안에서 구성원들이 공동으로 아이템을 제작할 수 있다.

길드 간 협력과 경쟁 길드 간 협력이나 경쟁도 게임 내 주요한 플레이 요소로, 이를 구현한 대표적인 게임은 〈리니지 II〉이다. 혈맹 시스템이 강화된 〈리니지 II〉에서는 혈맹 구성원 사이의 사회적 교류를 넘어 혈맹 간 전쟁, 동맹 시스템 등이 구현됐다. 길드 간 협력은 동맹 시스템으로 나타난다. 최대 3개 혈맹이 하나의 동맹을 맺을 수 있다. 동맹을 맺은 혈맹을 동맹혈, 적대하는 혈맹을 적혈이라 부른다.

- **유의어** 클랜, 혈맹, 레기온, 문파, 원정대
- **관련 용어** 길드 마스터, 길드 구성원, 길드 버프, 길드 창고, 길드 아이템, 동맹혈, 적혈, 공성전
- **참고 자료** Hilde G. Corneliussen, Jill Walker Rettberg, *Digital Culture, Play, and Identity : A World of Warcraft Reader*, The MIT Press, 2008. | Luke Cuddy, John Nordlinger, *World of Warcraft and Philosophy : Wrath of the Philosopher King*, Open Court, 2013. | Tom L. Taylor, *Play Between World : Expolring Online Game Culture*, The MIT Press, 2006.

길막 blocking

| 길을 막는 행위.

길을 막아 타인의 진로를 방해하는 행위의 줄임말. 타인의 게임 플레이를 방해하는 행위로, 경우에 따라 전략 전술로 이용된다. 길을 막는 플레이어를 '막자'라고 하며 이러한 플레이어를 저지하거나 해결하는 플레이어를 '뚫자'라고 한다. 레이싱 게임, 1인칭 슈팅 게임, 실시간 전략 게임 등의 장르에서 나타난다. 다중접속 온라인 환경에서 이루어지는 길막은 게임 플레이나 승패에 영향을 끼친다. 비매너 행위로서의 길막은 사냥터, 마을 입구, 캐릭터가 부활하는 리스폰 지역 등과 같이 게임 내 요충지로 가는 길목을 막고 서 있는 것이다.

■ 유의어 막자, 트롤

길찾기 pathfinding

| 출발점과 도착점이 주어졌을 때 최적의 경로를 찾는 인공지능 기술.

게임 내의 캐릭터가 효율적으로 목적지까지 이동할 수 있도록 경로를 계산하는 인공지능 기술. 게임 엔진을 구성하는 모듈 중 하나로, 경로를 계산하는 계획부(planner)와 이동을 수행하는 실행부(executor)로 이루어진다. 계획부는 지형의 맵을 제작하고 공간을 탐색하여 경로 값을 출력한다. 균일 격자 그래프(regular grid), 모서리 그래프 등의 방법으로 공간을 탐색하고 출발 지점부터 도착 지점까지 최대한 많은 노드(node)를 만들고 미리 계산하여 최적의 경로를 찾는다. 이동 대상이 위치하고 있는 초기 상태, 도착지인 목표 상태, 플레이어의 조작이 주요 변수로 작용한다.

출발점과 도착점 사이의 거리가 멀어질수록 탐색공간이 증가하여 메모리 낭비와 탐색 효율이 낮아질 수 있으므로 상황에 맞는 알고리즘을 선택해야 하며, 주로 에이 스타 알고리즘(A*algorithm), 깊이 우선 탐색(Depth First Search, DFS), 너비 우선 탐색(Breath First Search, BFS) 등이 사용된다. 경로계획이 수립되면 실행부에

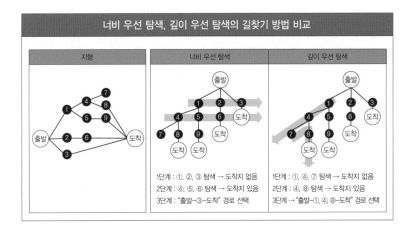

너비 우선 탐색, 깊이 우선 탐색의 길찾기 방법 비교

지형	너비 우선 탐색	깊이 우선 탐색
	1단계 : ①, ②, ③ 탐색 → 도착지 없음 2단계 : ④, ⑤, ⑥ 탐색 → 도착지 있음 3단계 : "출발-③-도착" 경로 선택	1단계 : ①, ④, ⑦ 탐색 → 도착지 없음 2단계 : ④, ⑧ 탐색 → 도착지 있음 3단계 → "출발-①, ④, ⑧-도착" 경로 선택

서 데이터를 받아 플레이어 캐릭터나 엔피시(NPC)를 이동시킨다.

- **유의어** 에이 스타 알고리즘
- **관련 용어** 인공지능, 게임 엔진
- **참고 자료** Alex J. Champandard, *AI Game Development*, New Riders, 2003. | Joseph O'Rourke, *Computational Geometry in C*, Cambridge University Press, 1998. | Steve Rabin, *AI Game Programming Wisdom*, Charles River Media, 2002. | Ross Graham, Hugh McCabe, Stephen Sheridan, "Pathfinding in Computer Games", *ITB Journal*, vol.4, iss.2, 2003.

ㄴ

낙사 falling

| 추락사의 약어. 플레이어 캐릭터가 높은 장소에서 낮은 장소로 떨어져 죽는 것.

추락으로 인한 캐릭터의 사망. 조작 실수와 상대 플레이어의 공격이 주원인이다. 추락과 동시에 생명 단위가 한 번에 깎이거나 체력치가 0이 되며, 낙사한 플레이어는 동일한 게임을 처음부터 다시 플레이하거나 아이템을 잃는 등의 페널티를 감수해야 한다. 특정 지역의 낙사율이 지나치게 높은 경우 개발자는 맵 디자인을 변경하거나 보조 아이템을 지급함으로써 게임의 난이도를 조절한다. 일부 플레이어는 맵의 특성과 시야각을 고려해 상대 플레이어의 낙사를 유도하거나 몹(Mob)의 추적을 따돌린다.

〈아이온 : 영원의 탑〉의 경우 플레이어 간 전투(PvP) 도중 비행을 시도한 상대 플레이어를 공격해 낙사시킬 수 있다. 낙사에 따른 결과를 정리하면 표와 같다.

낙사로 인한 결과		
결과	설명	사례
스테이지 종료	스테이지가 종료되고 플레이어는 처음부터 다시 플레이할 수 있다.	〈슈퍼 마리오 브라더스〉, 〈소닉 어드벤처(Sonic Adventure)〉

전투 종료	전투가 종료되고 플레이어는 참관하거나 다른 전투에 참여한다.	〈서든어택〉, 〈팀 포트리스(Team Fortress)〉
부활 및 귀환	캐릭터가 되살아나고 플레이어는 저장 지점에서부터 다시 플레이한다.	〈아이온 : 영원의 탑〉, 〈월드 오브 워크래프트〉
아이템 손해	아이템의 내구도가 낮아지거나 파괴된다.	〈마비노기 영웅전〉, 〈마인크래프트(Minecraft)〉

■ **관련 용어** 귀환, 부활, 플레이어 간 전투
■ **참고 자료** 게임메카, 〈추락사! 고도 50미터 기준으로 생사가 갈린다!〉, www.gamemeca.com/feature/ view.php?category=mecareport&gid=232613

낚시 게임 fishing game

| 강이나 바다를 배경으로 물고기를 낚는 게임 장르.

낚시 장비를 이용해 물고기를 잡는 게임. 일반적으로 릴(reel)을 이용해 낚싯줄을 감거나 풀어 물고기를 낚는 릴낚시 방식을 차용한다. 포획한 물고기의 종류와 길이, 출현 빈도에 따라 차등적으로 지급받은 포인트나 가상 화폐로 미끼, 릴, 낚싯줄, 낚싯대 등 아이템의 기능을 향상시킬 수 있다. 이 외에도 목표한 어종의 포획 시간이나 수에 따라 상금이 지급되는 낚시 대회, 포획한 물고기를 성장시키는 수족관 시스템, 어류 도감 등의 콘텐츠가 추가된다. 리듬 게임의 방식을 차용해 일정 리듬에 맞춰 버튼을 눌러 물고기를 낚는 게임, 실제 낚시하듯 손목의 스냅을 이용해 낚싯대를 던지는 게임도 있다. 대표적인 낚시 게임으로 〈낚시의 신〉, 〈피싱 마스터(FISHING MASTER)〉, 〈피쉬 아일랜드(FISH ISLAND)〉, 〈청풍명월〉 등이 있다.

게임물관리위원회는 특정 어종 등장 확률을 임의로 조작해 사행성 게임으로 변조하거나 의심되는 낚시 게임에 대해서는 등급거부 판정, 등급취소 결정을 내린 바 있다.

■ **관련 용어** 리듬 게임
■ **참고 자료** 김시철, 『낚시』, 대원사, 2003. | 이일섭, 『낚시 채비전집』, 다락원, 1995.

남코 아케이드 게임기 Namco arcade cabinet

최초의 남코 아케이드 게임기는 1978년 일본에서 발매된 남코 8080(Namco 8080)이다. 게임기를 통해 256색 비트맵 게임인 〈지 비(Gee Bee)〉, 〈봄 비(Bomb Bee)〉 등을 출시했다. 1979년 아케이드 게임 최초로 알지비(RGB) 색감을 구현한 남코 갤럭시안(Namco Galaxian)이 발매됐다. 이는 이후 슈팅 게임 장르의 그래픽 구현에 영향을 줬다. 대표적인 타이틀로 〈갤럭시안(Galaxian)〉이 있다.

1987년 발매한 남코 시스템 2(Namco System 2)의 경우, 최초로 8인의 플레이어가 동시에 플레이할 수 있는 멀티 플레이 기판으로 6개의 게임과 호환이 가능한 형태로 제작됐다. 대표적인 타이틀로는 〈파이널 랩(Final lap)〉이 있다.

1994년 소니와의 협업을 통해 플레이스테이션 1(Playstation 1)과 호환이 가능한 기판인 남코 시스템 11(Namco System 11)을 발매했다. 폴리곤 기반의 시스템 보드를 탑재했으며 초당 60프레임의 애니메이션 및 명암 표현, 그림자의 질감 구현 등을 통해 콘솔 시스템에서 3차원 그래픽을 구현하는데 선두적인 역할을 했다. 대표적인 타이틀로는 〈철권 1(Tekken 1)〉과 〈제비우스(Xevious)〉가 있다.

2000년 남코 시스템 10(Namco System 10)을 발매하며 체감형 아케이드 게임인 〈태고의 달인(Taiko no Tatsujin)〉을 출시했다. 남코 아케이드 게임기를 통해 출시된 대표작으로는 〈철권〉 시리즈와 〈타임 크라이시스(Time Crisis)〉 시리즈 등이 있다.

- **관련 용어** 남코, 반다이, 아케이드
- **참고 자료** 한창완, 『게임 플랫폼과 콘텐츠 진화』, 커뮤니케이션북스, 2015. | Bill Loguidice, Matt Barton, *Vintage Games : An Insider Look at the History of Grand Theft Auto, Super Mario, and the Most Influential Games of All Time*, Focal Press, 2009. | Dillon Roberto, *The Golden Age of Video Games*, CRC Press, 2011. | Mark J.P. Wolf, *The Video Game Explosion : A History from Pong to Playstation and Beyond*, Greenwood Press, 2007. | Sam Pettus, David Muñoz, Kevin Williams, Ivan Barroso, *Service Games : The Rise and Fall of SEGA*, Createspace Independent Publishing Platform, 2013.

내러티브 game narrative

| 사건들을 연결해 서술한 이야기.

복수의 사건을 연결해 하나로 구성한 이야기. 내러티브는 이야기(story)와 담화 (discourse)로 구성된다. 이야기는 내러티브를 구성하는 사건이며 담화는 내러티 브를 구현하는 표현 방식이다. 시대와 문화, 매체에 따라서 내러티브를 전달하는 방식이 다르다. 게임의 경우, 플레이어가 세계관 및 퀘스트 등을 다양한 방식으로 경험하면서 각기 다른 내러티브가 발생한다. 게임 내러티브는 개발자가 사용자에 게 전달하는 내러티브, 플레이어가 게임을 진행하면서 만들어가는 내러티브, 플 레이어 간 상호작용을 통해 발생하는 내러티브를 모두 포괄한다.

- **유의어** 게임 시나리오, 게임 스토리텔링, 내러톨로지
- **관련 용어** 이야기, 담화
- **참고 자료** 시모어 채트먼 저, 한용환 역, 『이야기와 담론』, 푸른사상, 2003. | 제라르 주네트 저, 권택영 역, 『서사담론』, 교보문고, 1992. | Marie-Laure Ryan, *Avatars of Story*, University of Minnesota Press, 2006.

내시 균형 Nash equilibrium

| 다수의 플레이어가 최선의 전략을 선택할 때 발생하는 균형 상태.

다수의 플레이어가 최선의 전략을 선택한 경우, 전략을 변경해도 더 나은 결과 를 도출할 수 없는 상황. 1950년 수학자 존 포브스 내시(John Forbes Nash. Jr)가 고안한 게임 이론으로, 존 폰 노이만(John von Neumann), 오스카 모르겐슈테른 (Oskar Morgenstern)이 제안한 최대/최소 전략 개념에서 확장됐다. 내시 균형은 모든 플레이어가 최대치의 보수(payoff)를 얻기 위해 합리적인 선택을 한다는 최 대/최소 전략을 전제로 한다. 플레이어는 상대방이 선택할 수 있는 모든 경우의 전략을 고려해 자신의 전략을 결정해야 하므로 게임에서 도출될 수 있는 모든 전 략과 결과에 관한 지식을 가지고 있어야 한다. 내시 균형은 게임의 성과를 나열 한 보수 행렬(payoff matrix)로 설명할 수 있다. 보수 행렬은 플레이어의 수와 선 택 가능한 전략의 수가 적을 경우 유용하다.

내시 균형을 보여주는 보수 행렬				
	플레이어 2-A	플레이어 2-B	플레이어 2-C	플레이어 2-D
플레이어1-A	0,0	20,15	0,10	10,0
플레이어1-B	15,20	0,0	10,0	0,10
플레이어1-C	10,0	0,10	15,15	15,0
플레이어1-D	0,10	10,0	0,15	15,15

2명의 플레이어가 게임을 할 경우, 해당 칸의 첫 번째 숫자는 플레이어 1의 선택을, 두 번째 숫자는 플레이어 2의 선택을 가리킨다. 첫 번째 숫자가 해당 열에서 가장 크고 두 번째 숫자가 해당 행에서 가장 클 경우 이 행렬은 내시 균형을 이룬다. 내시 균형의 결과는 파레토 최적으로 귀결되지 않을 수 있다. 내시 균형의 대표적인 사례로는 '죄수의 딜레마'를 꼽을 수 있다. 죄수의 딜레마는 두 죄수가 상대의 침묵·자백 여부를 알 수 없는 상황에서 발생한다. 상의가 불가능한 비협력 게임(non-cooperative game)이므로 2명의 죄수가 모두 침묵할 경우 2명 다 단기형이라는 최선의 결과를 도출할 수 있지만, 최악의 상황을 피하기 위해 2명의 죄수는 자백을 선택하게 된다. 즉 다른 플레이어의 선택에 대한 최선의 전략은 플레이어가 내시 균형의 선택 범위에서 이탈하지 않는 것이다.

이러한 내시 균형을 갖는 대표적인 게임으로는 〈틱택토(Tic-Tac-Toe)〉가 있다. 〈틱택토〉는 2명의 플레이어가 서로의 전략을 예측해 게임을 진행하며 비기는 결과가 도출될 때 내시 균형을 이루게 된다.

- **관련 용어** 죄수의 딜레마, 최대/최소 전략, 파레토 최적
- **참고 자료** 김훈민, 박정호, 『경제학자의 인문학서재』, 한빛비즈, 2012. | 오형규, 『경제학, 인문의 경계를 넘나들다』, 한국문학사, 2013. | Martin J. Osborne, Ariel Rubinstein, *A Course in Game Theory*, The MIT Press, 1994.

너프 nerf

| 게임의 밸런스 조정을 위해 게임 내 오브젝트의 기능을 약화시키는 조치.

개발사가 게임 내 밸런스를 위해 특정 캐릭터, 아이템, 스킬 등의 기능을 일정량 축소하는 것. 1970년대 파커 브라더스(Parker Brothers) 사가 어린이의 안전을

너프 시행 단위 및 양상	
종류	설명
캐릭터	체력치(Health Power, HP), 공격력, 방어력, 마법력(Magic Power, MP) 등 캐릭터의 고유 능력 수치 약화.
아이템	아이템의 효력 약화, 적용 범위 축소, 효과 발생 속도 감소, 효과 지속 시간 감소, 재사용 대기시간 증대 등 아이템의 영향력 축소.
스킬	스킬의 효력 약화, 시전 시간 축소, 재사용 대기시간 축소, 및 사정거리 축소, 스킬 사용 제한 및 삭제 등 스킬의 영향력 축소.
기타	보스몹 등 엔피시(NPC)의 능력치를 약화시키거나 게임 내 획득 가능한 보상 축소.

위해 폴리우레탄 재질의 총알을 사용해 제작한 장난감 총 '너프건(Nerf gun)'에서 유래한 어휘이다. 〈울티마 온라인〉의 플레이어 커뮤니티에서 처음 사용된 용어로, 개발사에 의해 근접전용 칼의 공격력이 낮아지자 플레이어들은 칼을 너프건에 빗대 표현했다.

게임 개발사는 게임의 밸런스를 유지하기 위해 오브젝트의 기능을 조절하는 패치(patch)를 적용하는데, 너프는 기능을 약화시키는 하향 패치에 해당한다. 너프와 대립되는 용어로는 국내에서 사용하는 '버프(buff)'와 미국에서 사용하는 '부스트(boost)'가 있다.

너프는 모바(MOBA) 게임에서 자주 적용되는데, 대표적인 사례로 〈리그 오브 레전드〉가 있다. 모바 게임은 플레이어 간 전투(PvP) 중심의 멀티 플레이 게임이기 때문에 공격력, 방어력 등 각 캐릭터 간 스킬의 균형이 우선시된다. 따라서 오버 파워 캐릭터(Over Power Character), 줄여서 '오피캐'가 등장할 경우 개발사는 너프를 적용한다. 너프는 스킬과 레벨, 캐릭터의 능력 향상을 위한 플레이어의 노력을 무효로 만들어 플레이어의 항의를 야기한다. 플레이어는 특정 캐릭터의 능력치가 과도하게 낮아지면 '고인(故人) 됐다'라고 표현하기도 한다.

- **유의어** 하향 패치
- **관련 용어** 버프, 패치, 부스트, 모바
- **참고 자료** Ed Sobey, Woody Sobey, *The Way Toys Work : The Science Behind the Magic 8 Ball, Etch A Sketch, Boomerang, and More*, Chicago Review Press, 2008. | Richard A. Bartle, *Designing Virtual Worlds*, New Riders, 2003. | Robert Hunter, *The Gamification Handbook : Everything You Need to Know about Gamification*, Tebbo, 2011.

네임드 named

| 개별적인 이름을 가지고 있는 강한 몬스터 혹은 유명한 플레이어.

다중접속온라인 역할수행 게임에서 유명한 플레이어와 몬스터를 지칭하는 표현. 플레이어를 지칭할 경우, 네임드는 게임 방식과 게임 내의 행적으로 유명한 플레이어를 일컫는다. 국내의 네임드 플레이어로는 〈리니지 II〉의 '아키러스'와 〈월드 오브 워크래프트〉의 '용개(Drakedog)'가 있다. 아키러스는 〈리니지 II〉에서 악명 높은 DK혈맹을 이끈 총군주이며, 용개는 〈월드 오브 워크래프트〉에서 흑마법사 직업군의 새로운 육성법을 제시하고 자신의 플레이어 간 전투(PvP) 영상을 웹에 공개해 유명해졌다.

몬스터를 지칭할 경우, 고유한 이름을 가지고 있는 몬스터를 뜻한다. 네임드 몬스터가 가지는 공통적인 특징은 다음과 같다. 첫째, 필드 보스이거나 던전의 최종 보스로 일반 몬스터보다 강하다. 혼자 상대하기 어려운 경우가 많고 파티나 공격대를 형성해 공략해야 한다. 둘째, 공략에 성공하면 희귀 아이템을 떨어뜨린다. 이는 만렙(滿level)에 도달한 플레이어들이 게임을 계속하게 하는 원동력을 제공한다. 셋째, 게임 세계관 혹은 서사와 관련된 배경을 가진다. 〈월드 오브 워크래프트〉의 대표 네임드 몬스터인 데스윙(DeathWing)과 리치 왕(The Lich King)을 예로 들 수 있다. 두 몬스터는 게임 소개, 공식 소설, 퀘스트를 통해 〈월드 오브 워크래프트〉 세계관을 대표하는 악의 축으로 설명됐다.

- **관련 용어** 레이드, 보스몹, 파티, 아이템, 설정, 스타 플레이어
- **참고 자료** 〈에버퀘스트〉 위키, http://eq2.wikia.com/wiki/Terms | 〈월드 오브 워크래프트〉 위키, www.wowwiki.com/Boss

노드 node

| 네트워크에서 분기점으로 나타나는 하나의 기능 단위.

네트워크에서 분기점 혹은 접속점에 해당하는 하나의 기능 단위. 복잡계 네트워크 이론의 창시자인 앨버트 라슬로 바라바시(Albert-Laszlo Barabasi)는 점 형

태의 노드와 선 형태의 링크를 통해 네트워크의 구조를 설명한다. 상호 관계를 맺는 노드는 링크로 연결되며, 노드와 링크의 집합이 모여 하나의 허브를 이룬다. 노드와 링크, 허브의 형태는 디지털 미디어의 네트워크 구조를 설명하기에 용이하다. 컴퓨터 네트워크에서 호스트 컴퓨터, 단말기, 전처리 장치와 같은 노드는 링크를 통해 정보를 생산하고 전송할 수 있다. 웹의 경우 노드는 하나의 페이지로, 링크는 페이지 간 이동이 가능한 유알엘(URL)의 형태로 나타난다. 소셜 네트워크에서 노드는 각 개인으로, 개인 간의 관계는 링크로 이어진 집합으로 표현된다.

- **관련 용어** 네트워크, 링크
- **참고 자료** 신새미, 『MMORPG의 소셜 네트워크 형성 양상에 관한 연구 : 커뮤니케이션 특성을 중심으로』, 이화여자대학교 대학원 디지털미디어학부 석사논문, 2008. | 앨버트 라슬로 바라바시 저, 강병남, 김기훈 역, 『링크 : 21세기를 지배하는 네트워크 과학』, 동아시아, 2002.

노아의 방주 Noah's Ark

| 대홍수로 세상이 멸망할 때 노아가 만들었던 배.

기독교의 신이 타락한 인간 세상을 멸망시키기 위해 대홍수를 내렸을 때, 노아가 자신의 가족과 동물의 암수 한 쌍씩을 피신시키기 위해 제작한 배. 게임에서 노아의 방주는 세계관, 기반 서사, 아이템 등의 모티프로 차용된다. 〈영웅서기 5 : 칠흑의 계약(Heroes Lore 5 : Covenant of Darkness)〉의 기반 서사에서는 인간이 방주에서 내리면서 세상에 최초로 등장했고 그 후로 방주가 봉인됐다는 설정을 차용하고 있다. 〈악튜러스(Arcturus : The Curse and Loss of Divinity)〉에 등장하는 '고대인의 방주'는 이상 사회를 구현해놓은 공간으로 제시되지만 사실 고대인들이 잠들어 있는 13층짜리 던전을 가리킨다. 〈디아블로 3(Diablo Ⅲ)〉의 경우, 노아가 대홍수 이후에 방주에서 까마귀를 보내 육지가 드러났는지 확인했던 이야기를 차용해 모자 아이템인 '폭풍 까마귀'를 만들었다.

- **관련 용어** 모티프, 대홍수
- **참고 자료** 김소정, 박영훈, 『세계사를 움직인 100대 사건』, 청아, 2011. | Alan Dundes, *The Flood Myth*, University of California Press, 1988. | John David Morris, *Noah's Ark and the Lost World*, Master Books, 1988.

논타깃팅 시스템 non-targeting system

| 타깃 설정 정보의 전제 없이 일정 범위에 위치한 상대에게 대미지를 입히는 전투 시스템.

스킬 사용 시 해당 범위 안의 모든 상대 및 오브젝트가 대미지를 입는 시스템. 근거리 공격의 경우 검 등의 무기가 지나가는 경로가, 원거리 공격의 경우 마법, 화살, 총탄이 지나가는 경로가 공격 범위가 된다. 히트박스(hitbox)의 설정이 필수적이다. 히트박스란 피격 판정을 위해 캐릭터, 몬스터, 무기 오브젝트 등을 둘러싼 형태로 설정된 투명한 박스를 의미한다.

논타깃팅 시스템은 조작 난이도가 높은 편이다. 조작의 편의를 위해 공격 가능한 상대를 향하도록 시점을 자동 조정하는 오토 타깃팅(auto targeting)이 조합되어 쓰인다.

대전 게임, 액션 게임, 1인칭 슈팅 게임에서는 논타깃팅 시스템이 주로 적용된다. 역할수행 게임 중 논타깃팅 시스템을 사용한 대표적인 사례는 〈몬스터 헌터(Monster Hunter)〉 시리즈, 〈마비노기 영웅전〉 등이 있다. 〈리그 오브 레전드〉에서는 스킬의 유형을 타깃팅과 논타깃팅으로 구분한다. 논타깃팅 스킬의 경우, 특정 상대가 아닌 일정 범위를 대상으로 대미지를 입히므로 상대의 이동 경로를 예측하여 스킬을 사용해야 한다.

- **반의어** 타깃팅 시스템
- **관련 용어** 히트박스, 대미지, 예샷, 부위 파괴
- **참고 자료** 〈마비노기 영웅전〉 사이트, 〈영웅전의 타격 판정〉, http://heroes.nexon.com/common/postview?b=20&n=35

놀이 play

| 즐거움을 위해 자율적으로 하는 행위.

즐거움과 재미를 위해 수행하는 자유롭고 자발적인 활동. 놀이는 일상과 분리된 영역에서 이루어지며, 규칙 체계를 가지고 자발적인 의지로 수행된다. 놀이가 이루어질 때, 마법원(magic circle)이라는 경계가 생성되고 일상과 분리된 영역을

만든다. 이 영역 안에서 규칙과 허구를 바탕으로 놀이가 진행된다. 인류학자 로제 카이와는 놀이를 문화의 근원으로 설명했다. 카이와는 놀이를 자유로운 활동, 분리된 활동, 확정되어 있지 않은 활동, 비생산적인 활동, 규칙이 있는 활동, 허구적인 활동이라는 6가지 특징으로 정의했다. 또한 놀이를 아곤(Agon, 경쟁), 알레아(Alea, 운), 미미크리(Mimicry, 모방), 일링크스(Ilinx, 현기증)라는 4가지 종류로 분류했다.

로제 카이와가 제시한 놀이 유형 분류		
종류	설명	사례
아곤	하나의 적대관계를 기반으로 승리를 쟁취하는 것이 목적인 놀이.	스포츠 경기, 체스
알레아	놀이하는 사람이 결정할 수 없는 것. 예측 불가능한 우연성에 기반을 둔 놀이.	복권, 내기
미미크리	허구적인 세계를 전제로 하며, 자신이 아닌 다른 무언가를 가장하는 놀이.	가장행렬, 소꿉놀이
일링크스	어지러움, 현기증의 감각처럼 기분 좋은 패닉상태를 일으키는 놀이.	팽이놀이, 롤러코스터

- **유의어** 게임
- **관련 용어** 마법원, 아곤, 알레아, 미미크리, 일링크스
- **참고 자료** 곤살로 프라스카 저, 김겸섭 역, 『억압받는 사람들을 위한 비디오게임』, 커뮤니케이션북스, 2008. | 로제 카이와 저, 이상률 역, 『놀이와 인간』, 문예출판사, 1994. | 요한 하위징아 저, 이종인 역, 『호모 루덴스 : 놀이하는 인간』, 연암서가, 2010. | 전경란, 『디지털 게임이란 무엇인가』, 커뮤니케이션북스, 2014. | 케이티 살렌, 에릭 짐머만 저, 윤형섭, 김신택 역, 『게임디자인 원론 3』, 지코사이언스, 2013.

뉴로맨서 Neuromancer

| 윌리엄 깁슨이 사이버 스페이스를 배경으로 쓴 공상 과학 장편소설.

윌리엄 깁슨은 사이버펑크(cyberpunk) 사조를 대표하는 소설가로, 주요 작품으로 '스프럴 3부작(Sprawl trilogy)', '브릿지 3부작(Bridge trilogy)', '블루 앤트 3부작(Blue Ant trilogy)'이 있다. 깁슨은 디지털 혁명이 일어나기 전부터 비디오 게임 플레이어들을 관찰해 네트워크를 통해 연결되고 감시되는 세계를 예측했다. 사이버 스페이스(cyberspace)라는 용어를 최초로 사용했으며, 첫 장편소설 『뉴로맨서』를 통해 사이버펑크 장르의 전형을 구축했다.

『뉴로맨서』는 근미래(near future)의 치바 시가 배경이다. 비가 내리는 어두운 밤, 고도로 발전된 도시와 마천루, 뇌신경을 통한 네트워크 연결, 허구의 공간으로서 네트워크 등 시공간적 묘사와 디스토피아적 세계관은 1988년 인터플레이 프로덕션(Interplay Productions)에서 개발한 〈뉴로맨서〉를 시작으로 사이버펑크 게임에 지대한 영향을 미쳤다. 사이버펑크 게임은 근미래를 배경으로 고도화된 기술을 활용해 전 세계를 통제하는 권력집단과 인간 사이의 갈등을 주로 다룬다. 해커, 가상현실, 기업국가 등을 소재로 하며, 레이저건과 같은 진보된 무기, 인간 이상의 정신적 능력을 가진 인공지능, 사이보그와 다양한 신체 개조 행위 등이 등장한다. 〈데이어스 엑스(Dues ex)〉 시리즈에서 플레이어는 캐릭터의 다양한 신체 부위를 기계로 개조하여 강화할 수 있다.

- **관련 용어** 사이버 스페이스, 사이버펑크, 사이보그, 매트릭스
- **참고 자료** 슬라보예 지젝 저, 이운경 역, 『매트릭스로 철학하기』, 한문화, 2003. | 윌리엄 깁슨 저, 김창규 역, 『뉴로맨서』, 황금가지, 2005. | Espen Aarseth, "Allegories of space", *Space Time Play*, Birkhäuser Architecture, 2007. | Sabin Heuser, *Virtual Geographies : Cyberpunk at the Intersection of the Postmodern and Science Fiction*, Rodopi, 2003. | Scott Bukatman, *Terminal Identity : The Virtual Subject in Postmodern Science Fiction*, Duke UP, 1993.

뉴비 | newbie

| 온라인 게임 혹은 커뮤니티를 처음 시작한 입문자.

온라인 커뮤니티나 게임을 처음 시작한 사람들. 온라인 커뮤니티에서는 뉴비들에게 본격적인 활동을 시작하기 전에 커뮤니티의 분위기에 적응하는 학습 시간을 갖도록 권장한다. 이를 '닥눈삼(뉴비는 닥치고 눈팅 3년)'이라고도 한다. 서비스를 시작한 지 오래되어 뉴비의 유입이 드물거나 커뮤니티성이 강조되는 온라인 게임에서는 반대로 올드비(오래된 유저, 올드 유저)들이 뉴비에게 호의적이기도 하다. 대표적인 게임으로는 〈메이플스토리(MapleStory)〉와 〈마비노기〉를 들 수 있다.

플레이어는 축적된 플레이 시간에 따라 각기 다른 동기와 목표를 가지고 게임을 한다. 뉴비 단계에서 플레이어는 게임의 시스템과 콘텐츠를 학습하며 가상 세계에 적응한다. 개발사는 튜토리얼 퀘스트(Tutorial Quest)와 같은 기본적인 지침

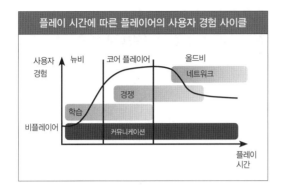

플레이 시간에 따른 플레이어의 사용자 경험 사이클

사용자 경험 — 뉴비 — 코어 플레이어 — 올드비
네트워크
경쟁
학습
비플레이어
커뮤니케이션
플레이 시간

을 제공하기도 한다. 초반의 사용자 경험은 가파른 상승곡선을 형성한다. 코어 플레이어는 게임의 전반적인 시스템을 인지하고, 자기만의 사용자 경험을 설계할 수 있는 플레이어를 지칭한다. 올드비는 개발자들이 제공하는 콘텐츠를 모두 소비한 집단이다. 올드비가 경험하는 오락성은 매우 낮은 수준이지만 게임은 그들의 친교 매트릭스와 연관되어 강한 흡인력을 갖는다.

개발사들은 활발한 사용자 참여를 유도하고 게임의 라이프 사이클을 연장시키기 위해 뉴비들을 대상으로 다양한 프로모션을 진행한다. 〈월드 오브 워크래프트〉는 특정 레벨까지 무료로 플레이할 수 있는 혜택을 제공한다. 〈블레이드 & 소울〉은 플레이어가 특정 레벨에 도달하면 아이템과 10시간 무료 이용권을 추가적으로 제공한다.

- **관련 용어** 닥눈삼, 올드비, 올드 유저, 콘텐츠, 프로모션
- **참고 자료** 김기란, 최기호, 『대중 문화 사전』, 현실문화연구, 2009.

뉴스 게임 news game

| 사건 사고에 관한 보도와 공유, 토론을 중심으로 하는 게임.

플레이어가 취재진의 입장에서 사건을 조사하거나 보도하는 게임. 청소년용 뉴스 게임의 경우 직업 교육 용도로 활용된다. 대표적인 게임으로는 〈리포터 되기 (Be a Reporter)〉가 있다. 1990년 글래스고 미디어 그룹(Glasgow media group) 또한 기사 작법을 학습시키기 위한 수단으로 뉴스 게임을 활용했다. 2014년 9월 알 자지라 방송은 이탈리아의 알테라 스튜디오(Altera studio)가 개발한 온라인 게임 〈파이러트 피싱(Pirate Fishing)〉을 서비스했다. 플레이어는 게임 내 기자 역할을

맡아 불법 어업으로 수십억 원의 이익을 얻는 사람들을 취재한다. 이와 같이 뉴스 게임은 플레이어를 뉴스 생산 과정에 직접 참가시켜 관련 사안에 대한 이해도를 높인다.

- **관련 용어** 게이미피케이션, 저널리즘
- **참고 자료** Eoin Devereux, *Media Studies : Key Issues and Debates*, SAGE, 2007. | Ian Bogost, Simon Ferrari, Bobby Schweizer, *Newsgames : Journalism at Play*, The MIT Press, 2010. | Al Jazeera Media Network, "Al Jazeera's ground-breaking gamification of current affairs", http://pr.aljazeera.com/post/98304620490/al-jazeeras-ground-breaking-gamification-of

능력치 status, stat

| 역할에 따른 게임 캐릭터의 역량을 수치로 표현한 값.

캐릭터가 게임에서 갖는 고유한 특성을 수치화한 것. 스탯(stat)이라고도 한다. 최초의 역할수행 게임인 〈던전 앤 드래곤〉에서 종족 및 직업에 따라 캐릭터의 역량을 표시하면서 사용되기 시작했다. 캐릭터에게 각 역할별로 고유한 특성이 부여되는 역할수행 게임(Role-Playing Game, RPG)에서 일반적이다. 캐릭터를 레벨업(level up)시켜 능력치 포인트를 얻고 능력을 특화시키는 경우도 있지만, 게임 내 역할에 따라 능력치가 자동으로 분배되는 경우도 있다. 레벨업 외에도 아이템 장착이나 버프(buff) 사용을 통해 일시적으로 능력치를 향상시킬 수 있다. 캐릭터는 능력치로 인해 게임 내에서 행동과 상호작용의 제한을 갖게 되고, 이는 캐릭터 역할 밸런스의 근간이 된다. 일반적으로 통용되는 능력치는 표와 같다.

캐릭터 능력치의 예	
종류	설명
체력(Health Point, HP)	캐릭터가 신체적 타격을 버틸 수 있는 정도로, 0이 되면 사망한다.
마나(Magic Point, MP)	마법과 스킬을 쓸 때 소비하는 수치로, 0이 되면 사용 불가하다.
힘(Strength, STR)	물리적인 공격력에 관련된 능력이다.
민첩(Dexterity, DEX)	몸의 빠르기나 발사 무기의 조준 능력이다.
지능(Intelligence, INT)	마법 공격력과 관련된 능력이다.
인내(Endurance, END)	대미지 흡수와 같은 방어력에 관련된 능력이다.

■ **유의어** 어트리뷰트(attribute)
■ **관련 용어** 버프, 스킬, 아이템, 역할수행 게임, 캐릭터
■ **참고 자료** 손형률, 『게임 밸런스 이야기』, 한빛미디어, 2014. | Kyle Orland, Dave Thomas, Scott Steinberg, *The Videogame Style Guide and Reference Manual*, Lulu.com, 2007. | Michael Moore, *Basics of Game Design*, CRC Press, 2011.

닌자 ninja

| 정체를 숨기고 비밀 임무를 수행하는 첩보 캐릭터.

은밀히 정보를 전달하거나 비밀스런 임무를 수행하는 첩보원. 본래 일본의 가마쿠라 시대(鎌倉時代) 시대에 첩보, 침투, 암살 등을 수행했던 개인 또는 집단을 가리킨다. 정체를 숨기고 활동해야 하는 특성상 가면, 복면 등을 쓰고 감색 혹은 검정색 의상을 선호한다.

닌자는 죠닌(上忍), 쥬닌(中忍), 게닌(下忍)의 세 계급으로 나뉜다. 죠닌은 작전 계획·총괄, 쥬닌은 작전 지휘, 게닌은 작전 실행을 담당한다. 표창 끝에 독약을 발라 던지는 수리검, 적의 추격을 방해하기 위해 바닥에 뿌리는 마름쇠, 입으로 독침을 불어 발사하는 바람총 등의 무기를 사용한다. 닌자의 이미지는 1958년 발간된 야마다 후타로(山田風太郎)의 소설 『코우가인법첩(甲賀忍法帖)』으로 인해 대중화되기 시작했다. 이 작품은 동명의 애니메이션으로도 제작되는 등 대중문화 속 닌자 이미지의 정형화에 기여했다.

게임에서 닌자는 상징적 특성이 캐릭터로 재현된 경우와 잠입·매복 등의 행위가 게임 요소로 반영된 경우로 구분된다. 〈리그 오브 레전드〉의 '쉔(Shen)', '케넨(Kennen)', '아칼리(Akali)'는 가면 혹은 복면을 쓴 외형과 은둔, 암살 등의 스킬을 가진 대표적 닌자 캐릭터이다. 행위적 특수성이 반영된 게임으로는 1인칭 슈팅 게임인 〈카운터-스트라이크〉의 '닌자 디퓨즈(Ninja Defuse)'가 대표적이다. 〈입체 닌자활극 천주(Tenchu : Stealth Assassins)〉의 경우 닌자 캐릭터가 적에게 발각되지 않고 잠입 임무를 수행하는 플레이 방식으로 스텔스 게임(Stealth game) 장르의 모티프가 됐다.

■ **유의어** 시노비

■ 관련 용어 스텔스 게임, 사무라이

■ 참고 자료 Andrew Adams, *Ninja, the Invisible Assassins*, Black Belt Communications, 1970. | Joel Levy, *Ninja : The Shadow Warrior*, Sterling, 2008. | Stephen K. Hayes, *The Ninja and Their Secret Fighting Art*, Tuttle Publishing, 1990.

닌텐도 가정용 게임기 Nintendo home consoles

닌텐도에서 개발한 최초의 가정용 게임기는 컬러 티브이 게임 6(Color TV Game 6)으로 1977년 일본에서 발매됐다. 테니스 게임 〈퐁(Pong)〉처럼 간단한 게임 6가지가 내장된 게임기였다. 이후 1980년까지 총 5개 기종의 닌텐도 컬러 티브이 시리즈가 발매됐다. 1983년 7월 일본에서 발매된 패미콤(Famicom, FC)은 8비트 게임기로 닌텐도가 가정용 게임기 시장에 정착하는 데 기여한 기종이다. 북미 및 유럽에서는 엔이에스(Nintendo Entertainment System, NES)로 불리며, 국내에서는 '현대 컴보이'라는 명칭으로 정식 발매됐다.

하드웨어 출시와 함께 〈뽀빠이(Popeye)〉, 〈동키콩(Donkey Kong)〉 등의 게임이 출시됐고, 1985년 〈슈퍼 마리오 브라더스〉를 시작으로 〈젤다의 전설〉 등 독자적인 게임을 개발했다. 패미콤은 본체, 컨트롤러, 마이크, 광선총, 파워 글러브 (power gloves)로 구성된다. 패미콤의 컨트롤러는 십자 형태로 된 방향키, A 버튼, B 버튼, 시작 버튼, 선택 버튼으로 구성되고 본체와 연결이 가능하다. 게임 특성에 따라 마이크나 광선총이 사용되기도 한다.

1990년 11월 일본에서 16비트 게임기인 슈퍼 패미콤(Super Famicom, SFC)이 출시됐고, 국내에서는 '현대 슈퍼 컴보이'로 정식 발매됐다. 컨트롤러에 L 버튼과 R 버튼이 추가됐다. 〈드래곤 퀘스트(Dragon Quest)〉 시리즈, 〈파이널 판타지〉 시리즈 등이 슈퍼 패미콤을 기반으로 출시됐다. 이후 64비트인 닌텐도 64(Nintendo 64), 디브이디(DVD) 매체를 활용한 닌텐도 게임큐브(Nintendo Gamecube)가 발매됐다.

2006년 11월 미국에서 발매된 위(Wii)는 체감형 컨트롤러인 위 리모컨과 눈차크(Nunchuk)를 사용한다는 점에서 이전 기종과 차별적이다. 위 리모컨은 리모컨 형태의 컨트롤러이다. 하나의 본체에 최대 4개의 위 리모컨을 블루투스로 연결할 수 있다. 눈차크는 곡선형 몸체에 긴 막대형의 레버를 조작하는 조이스틱이 있는 형태다. 컨트롤러 몸체 위쪽에 C 버튼과 Z 버튼이 달려있다. 위 리모컨과 유선으로 연결되며 3개의 축 센서를 이용해 전후좌우 인식이 가능하다. 대표적인 위 전용 게임은 〈위 스포츠(Wii Sports)〉, 〈위 핏(Wii Fit)〉 등이 있다. 2012년 11월 미국에서 후속 게임기로 에이치디(HD) 해상도를 지원하는 위 유(Wii U)가 발매됐다.

닌텐도 가정용 게임기 계보			
기종		출시연도	비고
컬러 티브이 게임 시리즈	컬러 티브이 게임 6	1977	닌텐도와 미쓰비시(Mitsubishi)가 공동 개발.
	컬러 티브이 게임 15	1978	2개의 컨트롤러를 케이블로 연결.
	컬러 티브이 게임 레이싱 112 (Color TV Game Racing 112)	1978	탑뷰(top-view) 시점 게임 112개 내장.
	컬러 티브이 게임 블록깨기 (Color TV Game Block Kusure)	1979	닌텐도가 자체적으로 개발한 첫 게임기.
	컴퓨터 티브이 게임 (Computer TV Game)	1980	플레이어 간 멀티 플레이가 가능.
패밀리 컴퓨터/패미콤		1983	8비트 게임기, 독자적인 게임 타이틀 발매.
슈퍼 패미콤		1990	16비트 게임기, 컨트롤러에 L 버튼, R 버튼 추가.
닌테도 64		1996	64비트 게임기, 조이스틱 컨트롤러 사용.
닌텐도 게임큐브		2001	디브이디 매체 사용.
위		2006	체감형 컨트롤러 사용.
위 유		2012	위 후속작, 에이치디 해상도 지원, 터치 스크린 사용.

- **유의어** 닌텐도 휴대용 게임기
- **관련 용어** 닌텐도, 패미콤, 슈퍼 패미콤, 컴보이, 위, 컨트롤러
- **참고 자료** 김영한, 『닌텐도 이야기』, 한국경제신문사, 2009. | Steven E. Jones, George Kuriakose Thiruvathukal, *Codename Revolution : The Nintendo Wii Platform*, The MIT Press, 2012. | Ian Bogost, Nick Montfort, "New Media As Material Constraint : An Introduction to Platform Studies", 1st International HASTAC Conference, Duke University, 2007.

닌텐도 휴대용 게임기 Nintendo handheld game consoles

닌텐도에서 제작한 최초의 휴대용 게임기는 게임 앤드 워치(Game & Watch)로 1980년 4월 일본에서 발매됐다. 당시에는 게임 카트리지의 교환이 불가능해서 한 가지 게임만 플레이할 수 있었다. 이후 1989년 4월 일본에서 게임보이(Game Boy)가 발매됐다. 국내에는 '미니컴보이'라는 이름으로 출시됐으며, 게임보이용 대표 타이틀은 〈포켓몬스터 적·녹(Pokémon Red & Green / ポケットモンスター 赤·緑)〉이다. 이때부터 게임 카트리지의 교환이 가능해졌고, A 버튼, B 버튼, 선택 버튼, 시작 버튼과 십자형 방향키가 조작이 가능해졌다. 이 버튼 배열은 닌텐도 디에스(Nintendo DS)가 발매되기 전까지 모든 후속 기종에 적용됐다.

게임보이에서는 흑백 이미지만 제공했던 반면, 이후 출시된 게임보이 컬러(Game Boy Color)는 컬러 이미지를, 게임보이 어드밴스(Game Boy Advance)는 15비트 그래픽을 구현하여 16비트 그래픽 구현이 가능한 가정용 게임기 슈퍼 패미콤과 유사한 수준의 그래픽을 구현할 수 있게 됐다. 2004년 11월 미국에서 발매된 닌텐도 디에스의 경우 반으로 접을 수 있는 폴더 형태로 출시됐으며, 각각 상단에는 플레이 화면 액정이, 하단에는 터치 패널과 조작 버튼이 배치됐다. 게임보이 시리즈에서 X, Y 버튼이 추가된 형태이며 본체 측면의 좌우에도 각각 L, R 버튼이 도입됐다. 후속 기종인 닌텐도 스리디에스(Nintendo 3DS)의 경우, 특수 안경 없이도 3차원 이미지를 구현할 수 있다는 점이 특징적이다.

닌텐도 휴대용 게임기로 발매된 대표적인 게임은 〈포켓몬스터〉 시리즈, 〈젤다의 전설〉 시리즈, 〈동물의 숲(Animal Crossing / どうぶつの森)〉 시리즈 등이다.

닌텐도 휴대용 게임기 계보		
기종	출시연도	비고
게임 앤드 워치	1980	최초의 닌텐도 휴대용 게임기. (실버 시리즈라고 불림)
게임보이	1989	게임 카트리지가 교환 가능.
슈퍼 게임보이(Super Game Boy)	1994	슈퍼 패미콤에 장착해 게임보이용 타이틀 플레이가 가능.
슈퍼 게임보이 2(Super Game Boy 2)	1998	슈퍼 게임보이에 통신 기능 추가.
게임보이 어드밴스	2001	15비트 그래픽.

게임보이 어드밴스 에스피 (Game Boy Advance SP)	2003	게임보이 어드밴스의 상위 기종.
닌텐도 디에스	2004	폴더 형식. 터치패널 탑재.
게임보이 마이크로(Game Boy Micro)	2005	게임보이 마지막 기종.
닌텐도 디에스 라이트(Nintendo DS Lite)	2006	닌텐도 디에스의 휴대성 보완.
닌텐도 디에스아이(Nintendo DSi)	2008	30만 화소 카메라 탑재.
닌텐도 디에스아이 엑스엘(Nintendo DSi XL)	2009	닌텐도 디에스아이보다 넓은 화면 제공.
닌텐도 스리디에스	2010	3차원 이미지 구현.
닌텐도 스리디에스 엑스엘(Nintendo 3DS XL)	2012	닌텐도 스리디에스보다 넓은 화면 제공.
닌텐도 투디에스(Nintendo 2DS)	2013	논 폴더 형식.
뉴 닌텐도 스리디에스(New Nintendo 3DS)	2014	좌측에 확장 슬라이드패드 추가, 본체 측면에 ZL 버튼, ZR 버튼 추가.
뉴 닌텐도 스리디에스 엑스엘 (New Nintendo 3DS XL)	2014	뉴 닌텐도 스리디에스보다 넓은 화면 제공.

- **유의어** 닌텐도 가정용 게임기
- **관련 용어** 게임 앤드 워치, 게임보이, 닌텐도 디에스, 포켓몬스터, 젤다의 전설
- **참고 자료** Bill Loguidice, Matt Barton, *Vintage Game Consoles : An Inside Look at Apple, Atari, Commodore, Nintendo, and the Greatest Gaming Platforms of All Time*, Focal Press, 2014. | Joost Raessens, Jeffrey Goldstein, "The History of the Video Game", *Handbook of Computer Game Studies*, The MIT Press, 2005. | Mark. J.P. Wolf, *The Medium of the Video Games*, University of Texas Press, 2002.

ㄷ

다각형 모델 polygonal model

| 폴리곤(polygon)을 활용해 3차원 컴퓨터 그래픽으로 구현된 물체.

물체의 표면을 연속적인 폴리곤 집합을 통해 3차원으로 표현한 컴퓨터 그래픽 모델. 게임 그래픽 모델에선 주로 삼각형 폴리곤이 활용된다. 물체의 단일 면적을 구성하는 폴리곤이 많을수록 세밀하고 현실감 높은 표현이 가능하다. 여러 폴리곤의 집합을 다각형 메시(polygonal mesh)라 부른다. 다각형 메시는 면(faces), 모서리(edges), 꼭지점(vertices)으로 구성된다. 모디파이어(modifier)라 불리는 수정 방식을 이용해 물체를 만들 수 있다.

1993년 출시된 아케이드 게임 〈버추어 파이터(Virtua Fighter)〉는 캐릭터에 다각형 모델을 이용한 대표적 사례이다. 〈버추어 파이터〉의 상업적 성공 이후 다각형 모델 방식이 널리 활용됐다. 1996년 이드 소프트웨어(id Software)가 개발한 〈퀘이크〉는 캐릭터, 배경, 무기, 아이

다각형 메시의 구성 요소	
구성 요소	설명
면	다수의 기하학적 면으로 구성된 3차원 모델의 표면.
모서리	3차원 모델의 표면에 어떤 지점으로, 2개의 폴리곤 면이 맞닿는 곳.
꼭지점	3개 혹은 그 이상의 모서리 사이의 교차점.

템 등 게임의 요소가 3차원 폴리곤으로 제작됐다.

- **유의어** 다각형 모델링
- **관련 용어** 3차원 컴퓨터 그래픽, 3차원 그래픽 카드
- **참고 자료** 마르시아 쿠퍼버그 저, 김효용, 김남형 역, 『컴퓨터그래픽 & 애니메이션』, 안그라픽스, 2006. | 최돈일, 이중호, 「게임 3D 그래픽의 영상융합 현황 연구」, 『한국컴퓨터게임학회 논문지』, vol.14, no.0, 한국컴퓨터게임학회, 2008. | Mario Russo, *Polygonal Modeling : Basic and Advanced Techniques*, Jones & Bartlett Publishers, 2005.

다이렉트엑스 DirectX

| 멀티미디어 프로그래밍에 필요한 종합 라이브러리.

마이크로소프트에서 개발한 응용 프로그램들의 집합. 최초의 다이렉트엑스는 1995년 윈도우 95용으로 개발된 다이렉트엑스 1.0(DirectX 1.0)이다. 멀티미디어 기능을 갖춘 윈도우 95 환경에서는 그래픽과 입력, 사운드 제어가 가능한 프로그램이 필요했다. 도스용 게임 개발 프로그램의 사용이 어려워지자 마이크로소프트가 이를 보완할 다이렉트엑스를 개발했다. 다이렉트엑스는 프로그래밍에 필요한 함수를 간단한 인터페이스로 제공함으로써 윈도우용 게임 개발의 편의성을 높였다. 초기의 다이렉트엑스는 2차원과 3차원 그래픽 처리에 초점을 맞췄으나, 후에 소리와 입력 장치를 추가적으로 지원했다. 또한 초기에는 게임 개발용이었으나 동영상, 그래픽 소프트웨어와 같은 멀티미디어 프로그램 제작에 사용됐다.

다이렉트엑스를 구성하는 대표적인 프로그램으로는 그래픽 구현에 필요한 다이렉트 드로우(Direct Draw)와 다이렉트 3D(Direct 3D), 소리를 다루는 다이렉트 사운드(Direct Sound), 네트워크 게임에 활용되는 다이렉트 플레이(Direct Play)와 입력 장치를 관리하는 다이렉트 인풋(Direct Input) 등이 있다. 본래 윈도우용이었으나 2001년 개발한 다이렉트엑스 8.1(DirectX 8.1)부터 엑스박스(XBox)에도 적용할 수 있게 됐다.

- **관련 용어** 마이크로소프트, 소프트웨어 개발 키트(Software Development Kit)
- **참고 자료** 송영덕, 유태영, 『게임기술』, 대림, 2004. | 홍광호, 이대웅, 『윈도우즈 게임 프로그래밍』, 이한디지털리, 2000. | Directx, www.directx11download.com

다중접속온라인 역할수행 게임
Massively Multiplayer Online Role-Playing Game, MMORPG

| 복수의 플레이어가 온라인을 통해 동시 접속하여 함께 플레이하는 역할수행 게임.

하나의 게임 서버 안에서 수천 명 수준의 플레이어가 특정한 역할을 수행하는 역할수행 게임(RPG). 문자 기반의 온라인 게임 머드(MUD)로부터 유래됐다. 초창기에는 그래픽 머드로도 불렸다. 리처드 개리엇(Richard Garriott)이 최초의 다중접속온라인 역할수행 게임 〈울티마 온라인〉을 발표하면서 독립된 장르 명으로 정립됐다.

국내 최초의 다중접속온라인 역할수행 게임은 1996년 출시된 〈바람의 나라〉이며, 이어 〈리니지〉가 출시되면서 세계 최초로 온라인 게임의 상용화에 성공했다.

기존 역할수행 게임은 플레이어 외의 캐릭터는 모두 엔피시(NPC)지만, 다중접속온라인 역할수행 게임에서는 여러 플레이어가 실시간으로 함께 게임을 플레이한다. 플레이어는 게임에서 자신을 대변할 캐릭터인 아바타를 직접 만들어 게임 세계 속 집단의 구성원이 되고, 파티, 길드 등을 통해 플레이 과정에서 다른 플레이어와 상호작용하게 된다. 플레이어는 다른 플레이어와의 상호작용을 통해 게임 시스템에 존재하지 않는 특정한 규범, 위계질서 등의 사회적 특징을 구성하며, 개발자는 이를 반영하기 위해 지속적이고 유기적인 업그레이드 및 패치를 실행한다.

- **유의어** 그래픽 머드
- **관련 용어** 머드, 역할수행 게임, 온라인 게임, 울티마 온라인, 바람의 나라
- **참고 자료** 이상우, 『게임, 게이머, 플레이 : 인문학으로 읽는 게임』, 자음과모음, 2012. | 한혜원, 『디지털 게임 스토리텔링 : 게임 은하계의 뉴 패러다임』, 살림, 2005. | Gray Alan Fine, *Shared Fantasy : Role-Playing Game as Social World*, University of Chicago Press, 2003.

단어 게임 word game

| 글자를 조합하여 단어를 완성하거나 뜻에 맞는 단어를 추리하는 게임.

단어의 철자를 완성하거나 의미에 맞는 단어를 맞추는 게임. 첫째, 글자를 배

열해 단어를 완성하는 유형으로 대표적인 작품은 〈스크래블(Scrabble)〉이 있다. 플레이어는 글자 타일로 보드 위 빈칸을 채우며 단어를 만든다. 둘째, 의미에 맞는 단어를 맞추는 유형으로 제한된 분량의 설명을 보고 올바른 단어를 맞추는 방식이 있다. 주어진 뜻에 맞는 단어를 추리하여 빈칸을 채우는 〈십자말풀이(Crossword)〉가 대표적이다.

단어 게임은 교육용 게임으로도 활용된다. 국내 최초로 상용화된 한글 단어 게임으로 2008년에 제작된 〈라온〉이 있다.

- **관련 용어** 퍼즐 게임, 스크래블, 십자말풀이, 보드 게임
- **참고 자료** 스티븐 핑커 저, 김한영 역, 『단어와 규칙 : 스티븐 핑커가 들려주는 언어와 마음의 비밀』, 사이언스북스, 2009. | Charles Timmerman, *Mind Ticklerz Word Games*, Adams Media, 2009.

닷지 dodge

| 플레이어가 게임 시작 전 단계에서 접속을 끊는 행위.

〈리그 오브 레전드〉의 플레이어가 게임을 시작하기 전 팀 매칭 단계에서 서버를 나가는 행위. 팀 매칭에 참여한 플레이어는 아군과 적군의 캐릭터 선택을 실시간으로 볼 수 있고 팀 구성원들은 원하는 캐릭터와 포지션을 획득하기 위해 채팅을 통한 합의를 시도한다. 캐릭터와 포지션 결정 및 팀 조합 결과에 불만족할 경우 플레이어는 닷지를 결정한다. 닷지가 발생한 팀은 자동으로 해체된다. 닷지의 남용은 게임 진행에 지장을 초래할 수 있으므로 이를 방지하기 위해 닷지 시행 플레이어에게 닷지 시도 횟수에 따라 최소 5분 30초에서 최대 1시간까지 플레이를 할 수 없도록 하는 페널티를 부여한다. 시스템 오류, 게임 외적인 사건 등의 이유로 플레이어가 부득이하게 게임 접속을 끊는 경우도 존재하기 때문에 닷지 페널티는 논쟁의 대상이다.

- **관련 용어** 페널티, 픽
- **참고 자료** 〈리그 오브 레전드〉 위키, http://leagueoflegends.wikia.com/wiki/ | 〈리그 오브 레전드〉 인벤, http://lol.inven.co.kr

대미지 damage

| 피격(被擊)으로 생기는 대상의 피해량.

대상이 공격을 받아 체력치가 감소된 수치. 대미지를 가하는 행위를 대미지 딜링(damage dealing) 혹은 딜(deal)이라 한다. 대미지는 물리적 공격, 마법 공격 공격을 받거나, 아이템 등으로 인한 디버프(de-buff), 추락 등과 같은 행위로 인해 발생한다. 일정 기간 대미지가 지속되는 경우를 도트(Damage over Time, DoT), 한 번에 일정량의 대미지를 입히는 경우를 다이렉트 대미지(Direct Damage, DD)라고 한다. 입힐 수 있는 대미지를 상승시키는 능력치에는 공격력, 공격 속도 등이 있다. 무기의 공격력만을 고려한 대미지를 '깡댐'이라고 하며, 그 외의 캐릭터 능력치 및 무기 옵션을 고려하여 1초에 입힐 수 있는 대미지를 계산한 것을 초당 대미지 지수(Damage Per Second, DPS)라 한다. 〈월드 오브 워크래프트〉, 〈아이온 : 영원의 탑〉 등의 플레이어는 애드온(add-on)을 통해 초당 대미지 지수를 확인한다. 피격 시 최종적으로 적용되는 대미지를 감소시키는 스탯은 방어력이다. 피격 판정의 유형은 캐릭터 공격 모션과 대미지 입력의 순서에 따라 선모션 후판정, 선판정 후모션으로 구분된다.

- 유의어 딜
- 관련 용어 체력치, 스킬, 무기, 도트, 디피에스, 스탯, 낙사, 디버프
- 참고 자료 손형률, 『게임 밸런스 이야기』, 한빛미디어, 2014. | James Pual Gee, Elisabeth R. Hayes, *Language and Learning in the Digital Age*, Routledge, 2011. | Kevin Roebuck, *Virtual Communities : High-Impact Strategies-What You Need to Know : Definitions, Adoptions, Impact, Benefits, Maturity, Vendors*, Tebbo, 2011.

대전 격투 게임 fighting game

| 일대일 전투를 통해 상대를 쓰러뜨리는 게임 장르.

플레이어가 상대와 일대일 전투를 통해 승패를 가리는 게임 장르. 플레이어 대 플레이어의 대전이 가능한 2인용 게임이 주를 이룬다. 제한 시간 안에 승부가 나지 않을 경우 체력치가 더 많이 남은 쪽이 승리한다. 기본 공격법은 주먹

지르기와 발차기이며 방어법은 가로막기다. 아케이드 게임으로 출시된 경우, 정해진 순서에 따라 조이스틱과 버튼을 조작하면 콤보 공격이나 필살기 사용이 가능하다. 대전 게임의 효시는 1976년 세가(SEGA)가 개발한 〈헤비웨이트 챔프(Heavyweight Champ)〉이며, 장르의 전형을 정립한 게임은 스즈키 류(鈴木 裕)가 개발한 〈스트리트 파이터 2(Street Fighter 2)〉이다. 〈스트리트 파이터 2〉에서 최초로 도입된 플레이어 간 대결 시스템과 캐릭터 선택, 필살기는 이후 〈버추어 파이터〉, 〈철권〉 등을 통해 대중화됐다.

- **유의어** 액션 게임
- **관련 용어** 오락실, 아케이드 게임, 기술 조합, 콤보, 필살기
- **참고 자료** 신용훈, 『전략적 게임학원론』, 북스홀릭, 2012. | 윤형섭 외, 『한국 게임의 역사』, 북코리아, 2012. | 이재홍, 『게임 스토리텔링』, 생각의나무, 2011.

대체 역사 alternate history

| 주요한 역사적 사건을 실제와 다르게 구현한 이야기.

역사적 사건을 허구적으로 재구성하거나 창작한 이야기 장르. 주로 실제 사건과는 반대되는 상황을 설정하거나, 없는 사건을 덧붙인다. 세계 멸망, 시간여행 등의 소재와 결합해 공상 과학의 하위 장르로 나타나기도 한다. 대표적인 대체 역사 소설은 1962년 출간된 필립 K. 딕(Philip K. Dick)의 『높은 성의 사내(The Man in the High Castle)』로, 제2차 세계대전에서 추축국이 승리한 세계를 배경으로 한다.

게임에서의 대체 역사는 크게 두 유형으로 나타난다. 첫째, 역사적 사건을 기반으로 하되 실제 일어난 사건과는 다른 전개와 결과를 가정한다. 세계대전에서 나치가 승리한 세계를 배경으로 한 〈울펜슈타인 : 더 뉴 오더(Wolfenstein : The New Order)〉가 대표적이다. 〈어쌔신 크리드(Assassin's Creed)〉 시리즈의 확장팩 〈워싱턴 왕의 폭정(The Tyranny of King Washington)〉은 미국 독립 전쟁의 결과로 조지 워싱턴이 왕이 된 상황을 가정한다. 둘째, 재난, 역병, 좀비, 대규모 전쟁 등으로 인한 디스토피아 또는 포스트 아포칼립스 세계를 가정한다. 〈폴아웃

(Fallout)〉 시리즈는 제2차 세계대전 이후 원자력 에너지 혁명이 발생하고 핵전쟁으로 멸망한 세계를 다루고 있다.

- **관련 용어** 모티프, 디스토피아, 포스트 아포칼립스, 핵전쟁, 좀비, 세계대전, 평행우주
- **참고 자료** Andy Duncan, "Alternate History", *The Cambridge Companion to Science Fiction*, Cambridge University Press, 2003. | Matthew Wilhelm Kapell, Andrew B.R. Elliott, *Playing with the Past : Digital Games and the Simulation of History*, Continuum Publishing Corporation, 2013. | Ryan Lizardi, "Bioshock : Complex and Alternate Histories", *Game Studies*, vol.14, no.1, 2014.

대체 현실 게임 Alternate Reality Game, ARG

| 현실 세계에서 가상의 사건을 해결하는 게임.

현실 세계에서 참여자들은 주어진 문제를 해결하거나 미션을 수행하기 위해 다양한 매체를 활용해 단서를 찾는 게임. 제인 맥고니걸은 대체 현실 게임을 '몇 주, 혹은 몇 달에 걸쳐 온라인과 실제 세계에서 수천 명의 플레이어들이 협력적 네트워크를 통해 주어진 문제를 해결하는 인터랙티브 드라마(interactive drama)'라고 정의했다. 브라이언 알렉산더는 대체 현실 게임이 게임과 이야기를 결합한 장르로 게임과 소셜 미디어의 경계에 위치한다고 본다. 대표적인 국내 사례로는 게임 홍보를 위해 제작됐던 〈노르망디의 이방인을 찾아라〉가 있다.

대체 현실 게임의 유형		
유형	설명	사례
프로모션형	영화, 게임, 드라마 등의 프로모션 전략으로 제작되고 진행되는 경우.	〈더 비스트(The Beast)〉, 〈아이 러브 비즈(I love Bees)〉, 〈와이 소 시리어스?(Why so serious?)〉
독립 게임형	대체 현실 게임 자체를 서비스하기 위하여 제작되고 진행되는 경우.	〈퍼플렉스 시티(Perplex City)〉

- **유의어** 퍼베이시브 게임, 혼합 현실 게임, 증강 현실 게임
- **관련 용어** 인터랙티브 드라마, 퍼즐 구조 게임
- **참고 자료** 서성은, 『매체 전환 스토리텔링 연구』, 이화여자대학교 대학원 디지털미디어학부 박사논문, 2015. | Andrea Phillips, *A Creator's Guide to Transmedia Storytelling*, McGraw-Hill Education, 2012. | Bryan Alexander, *The New Digital Storytelling : Creating Narratives with New Media*, Praeger, 2011. | Jane McGonigal, *Reality is Broken : Why Games Make Us Better and How They Can Change the World*, Penguin Books, 2011. | John W. Gosney, *Beyond Reality : A Guide to Alternate Reality Gaming*, Cengage Learning PTR, 2005.

대포 게임 artillery game

| 포탄을 쏘아 적을 공격하는 게임 장르.

포탄을 정확하게 발사해 적을 파괴하는 슈팅 게임의 하위 장르. 초기 대포 게임은 상대와의 거리, 포탄의 발사 세기 및 각도를 플레이어가 직접 텍스트로 입력하는 형태였다. 대표적으로 1976년 마이크 포만(Mike Forman)이 개발한 〈알티러리(Artillery)〉가 있다. 이후 포탄의 발사 과정을 그래픽으로 구현한 대포 게임이 등장했으며, 〈포트리스(Fortress)〉와 초기 〈웜즈(Worms)〉 시리즈가 이에 해당한다.

물리 엔진 기술의 발달은 포탄 발사 이후의 과정을 사실적으로 재현함으로써 플레이어의 몰입을 높이는 데 일조했다. 일례로 〈월드 오브 탱크(World of Tanks)〉는 2014년 4월 9.0 업데이트를 통해 하복(Havok) 물리 엔진을 도입해 전투 양상 및 전장의 모습을 실감나게 구현했다. 〈앵그리 버드(Angry Birds)〉 또한 포탄과 발사 방식을 차용해 개발된 대포 게임의 일종으로, 박스투디(Box2D) 물리 엔진을 사용했다.

- **관련 용어** 슈팅 게임, 물리 엔진
- **참고 자료** Bill Loguidice, Matt Barton, *Vintage Game Consoles : An Inside Look at Apple, Atari, Commodore, Nintendo, and the Greatest Gaming Platforms of All Time*, Focal Press, 2014. | David H. Ahl, *More Basic Computer Games*, Workman Publishing, 1980. | Armchair Arcade, "Scorched Parabolas : A History of the Artillery Game", www.armchairarcade.com/neo/book/export/html/427

대한민국 게임대상 Korean Game Award

| 문화체육관광부가 주최하는 대한민국 공식 게임 수상 대회.

게임 산업 육성을 위해 제정된 국내의 대표적인 게임상. 문화체육관광부를 중심으로 전자신문, 스포츠조선 등이 공동 주최하며, 한국게임산업협회, 한국게임산업진흥원 등이 공동 주관한다. 게임 창작을 활성화하는 환경을 조성하고 콘텐츠를 다변화시키는 구조적 기반을 마련하자는 취지에서 1996년 시작돼 매년 개최되고 있다. 처음에는 2개 부문과 7개의 분야로 시작됐으나 2014년을 기준으로

총 13개 부문과 20개 분야로 확대됐다.

■ **관련 용어** 문화체육관광부, 스포츠조선, 전자신문
■ **참고 자료** 한국콘텐츠진흥원, 『2012 대한민국 게임백서』, 문화체육관광부 한국콘텐츠진흥원, 2012. | 한국콘텐츠진흥원, 『2013 대한민국 게임백서』, 문화체육관광부 한국콘텐츠진흥원, 2013.

대행 game playing agent

ㅣ금전적 이윤 추구를 목적으로 게임 플레이를 대신하는 행위 혹은 사업.

한 플레이어가 다른 플레이어를 대신해 캐릭터를 육성하거나 인스턴스 던전(instance dungeon)을 공략해주는 행위. 대행 신청자는 주로 뉴비(newbie) 플레이어나 라이트 유저(light user)로, 해당 게임에 익숙한 플레이어에게 본인 대신 캐릭터의 레벨을 올려주거나 던전을 공략해줄 것을 신청하고 그 대가로 현금을 지불한다.

대행을 통해 지속적인 이윤을 추구하는 대행 전문 업자 또는 업체가 존재하며, 2000년대 후반 다양한 국가에서 역할수행 게임의 레벨업 서비스를 시행한 가이포게임(Guy4Game)이 대표적이다.

대행 신청자는 해당 계정 또는 캐릭터의 본래 주인이라는 의미에서 '본주', 또는 용역비를 지불한다는 의미에서 '사장님' 등으로 불리기도 한다. 반면 대행 업자는 '부주' 또는 '알바생'이라 불린다. 대행업 광고의 경우, 게임 내적으로는 '파티모집', '서버대화' 등을 통해 이뤄지며, 게임 외적으로는 아이템 현금 거래 중개 사이트 또는 보털 사이트 등에서 발견할 수 있다. 주로 캐릭터의 지속적인 성장 또는 장비의 획득이 중시되는 다중접속온라인 역할수행 게임에서 발생한다.

대행은 신청자 명의의 계정 정보를 업자에게 공유한다는 점에서 법적·문화적 문제를 야기할 수 있다. 첫째, 정보 보안의 위협이다. 둘째, 계정 명의자의 계정 회수 사기 행위이다. 게임사는 '계정의 사용과 변경에 관한 모든 권리와 책임은 계정 명의자 본인에게만 있으며, 이는 양도할 수 없다'고 명시한다. 이를 악용할 경우 계정 판매자는 구매자에게 계약금을 받은 후, 다시 계정에 대한 소유권을 주장하기도 한다. 이 경우 게임사는 사기 행위를 인정하거나 이에 대한 보상을 책

게임 내외 대행의 유형 분류		
분류		**설명**
게임 내 대행	캐릭터 레벨업	대리자가 신청자의 계정에 접속해 단기간에 빠른 속도로 약속한 레벨을 달성.
	만렙 캐릭터 판매	더 이상 게임을 플레이하지 않거나 해당 캐릭터를 사용하지 않는 일반 플레이어가 최고 레벨 캐릭터의 계정을 원하는 사용자에게 판매.
	공성전	신청자가 정기적으로 발생하는 공성전에 참여할 수 없을 경우 대리자가 공성전에 참여해 그 보상을 축적.
	인스턴스 던전	대리자가 인스턴스 던전을 공략 완료한 후 보상을 획득하기 직전의 상태에서 신청자가 파티에 참여해 계약금을 지불한 후 아이템을 획득.
		신청자가 특정 인스턴스 던전을 공략할 수 없을 때, 대리자가 계정에 대신 접속해 던전 공략을 수행하고 그 보상을 축적.
	퀘스트	대리자가 일일 퀘스트, 반복 퀘스트 또는 뉴비 플레이어가 공략하기 어려운 퀘스트를 수행.
	제작	신청자가 능력치가 부족으로 제작 아이템을 직접 만들 수 없을 경우 능력치를 보유한 플레이어에게 계약금을 지불하고 제작 요청.
	기타 능력치 향상	대리자가 신청자의 계정에 접속해 단순하고 반복적인 행위를 통해 높일 수 있는 채집, 제작, 평판 등의 능력치를 향상.
게임 외 대행	서버 이전	특정 서버로 이전하려는 사용자가 많아 서버 이전이 어려운 경우, 대리자가 정기 점검이 끝나는 시간에 맞춰 서버 이전을 대리 신청.
	아이템 구매	희귀 아이템을 구매할 때, 매물이 존재하는 서버의 대리자가 해당 아이템을 구매한 후 서버를 이전해 신청자에게 재판매.

임지지 않는다. 셋째, 역할수행 게임의 본질 훼손이다. 대행은 플레이어의 몰입을 방해하며, 궁극적으로는 게임으로부터의 이탈을 초래할 수 있다.

- **관련 용어** 버스, 버스 파티, 쩔, 계정 정지, 현금 거래, 계정 소유권, 사장님
- **참고 자료** 김원보, 최유찬, 『컴퓨터 게임과 문화』, 이룸, 2005. | Aaron Marcus, *Design, User Experience, and Usability : User Experience in Novel Technological Environments*, Springer, 2013. | Ernest Adams, *Fundamentals of Game Design*, New Riders, 2013. | William Muehl, Jeannie Novak, *Game Development Essentials : Game Simulation Development*, Delmar Cengage Learning, 2007.

던전 dungeon

| 몹(Mob)이 모여 있는 폐쇄된 공간.

본래 지하 감옥을 의미하나, 게임에서는 다양한 몹이 있는 닫힌 공간을 가리킨다. 어드벤처 게임과 역할수행 게임에서 주로 나타난다. 플레이어는 던전에서 몹

을 무찔러 퀘스트를 수행하거나 아이템을 획득할 수 있다. 최초의 역할수행 게임인 〈던전 앤 드래곤〉에서는 던전을 복잡한 구조의 동굴로 묘사했다. 초기 던전은 지하, 동굴 등으로 그려졌으나 점차 다양한 형태로 구현됐다. 주로 통로로 연결된 여러 개의 방 형태로 구성되며, 방 안에는 엔피시(NPC)와 보상물, 장식품 등이 존재한다. 특정 인원 이상의 파티만 참여하거나 일정한 조건을 충족한 플레이어만 입장할 수 있는 인스턴스 던전도 있다. 던전은 그 기능과 목적에 따라 3가지로 분류할 수 있다.

기능에 따른 던전의 유형 분류		
분류	설명	사례
스토리 중심 던전	스토리 전개를 위한 던전. 컷신이 재생되는 지역으로, 대기 시간이 없고 스토리가 끝나면 플레이도 끝남.	〈마비노기〉의 '메모리얼 던전'
퀘스트 중심 던전	퀘스트를 위한 특별한 지역으로, 다른 플레이어와 만나지 않는 던전. 플레이어가 만나야 하는 엔피시가 존재함.	〈블레이드 & 소울〉의 '수련의 방 던전'
사냥 중심 던전	동시에 다수의 플레이어를 지원하는 던전. 특히 리스폰율 (respawn rate)이 높아 캐릭터 레벨을 올리기에 유용함.	〈리니지〉의 '말하는 섬 던전'

- **유의어** 사냥터, 필드
- **관련 용어** 몹, 어드벤처 게임, 역할수행 게임, 인스턴스 던전
- **참고 자료** 김원보, 최유찬, 『컴퓨터 게임과 문화』, 이룸, 2005. | 류현주, 『컴퓨터 게임과 내러티브』, 현암사, 2003. | Jon Cogburn, Mark Silcox, *Dungeons and Dragons and Philosophy : Raiding the Temple of Wisdom*, Open Court, 2012. | Noor Shaker, Antonios Liapios, Julian Togelius, Ricardo Lopes, Rafael Bidarra, "Constructive generation methods for dungeons and levels(DRAFT)", *Procedural Content Generation in Games*, 2015. | Roland Van der Linden, Ricardo Lopes, Rafael Bidarra, "Procedural generation of dungeons", *IEEE Transactions on Computational Intelligence and AI in Games*, vol.6, no.1, Institute of Electrical & Electronics Engineers, 2014.

데스매치 deathmatch

| 같은 공간에 있는 플레이어 및 엔피시(NPC)를 적으로 두고 벌이는 전투 플레이.

플레이어가 지정된 공간에서 적으로 인식된 모든 플레이어와 엔피시를 공격하는 전투 방식. 1인칭 슈팅 게임 및 실시간 전략 게임에서 주로 등장한다. 크게 개별 데스매치와 팀별 데스매치로 나뉜다. 개별 데스매치의 경우, 전투 공간에 진입

한 모든 플레이어가 서로 적이라는 점에서 플레이어 간 전투(PvP)와 다르다. 어니스트 아담스에 따르면, 데스매치가 이뤄지는 공간 내부의 각개 전투 구역은 통로를 통해 서로 연결되지만 거시적으로는 외부와 단절된 폐쇄형 구조가 된다. 그러므로 플레이어들은 구역을 이동하며 탐색을 하는 과정에서 반드시 적과 맞닥뜨리게 된다. 데스매치 공간에는 체력 보강용 아이템이나 수류탄 등의 무기가 임의로 배치된다. 제한된 시간이 지나거나 한정된 개수의 수류탄을 모두 소모하면 전투가 끝나나, 경우에 따라 시간이나 무기 수량의 제약 없이 전투가 진행되기도 한다.

개별 데스매치에서는 전투가 끝날 때까지 가장 적은 양의 수류탄을 소모하고 가장 많은 수의 적을 처치한 플레이어가 승리한다. 팀별 데스매치의 경우, 각 플레이어의 성과를 합산해 승리 팀을 결정하며, 플레이어가 자신의 팀원을 공격할 경우 팀 점수가 깎인다.

〈둠〉은 데스매치 공간에서 아이템이 같은 장소에 리스폰(respawn)되는 기능과 투신 자폭 등의 자멸 행위를 감점 처리하는 등의 규칙을 도입해 데스매치 게임의 원형이 됐다.

데스매치 유형에 따른 게임 사례		
유형	게임명	설명
개별 데스매치	〈둠〉	아이템 및 점수와 관련한 데스매치의 기본적인 규칙을 마련.
	〈퀘이크〉	플레이어와 엔피시 간 데스매치를 개발.
	〈언리얼(Unreal)〉	참여 직후의 플레이어를 최대 4초 동안 자동 보호하는 기능을 제공.
팀 데스매치	〈카운터-스트라이크〉	대테러리스트와 테러리스트 양 팀으로 구성해 인질을 두고 전투를 진행.
	〈파 크라이(Far Cry)〉	두 팀이 각각 공격과 방어 진영을 맡아 전투를 진행.
	〈크라이시스(Crysis)〉	두 팀이 전투를 벌여 상대 본부를 먼저 점령하는 팀이 승리.

■ **관련 용어** 1인칭 슈팅 게임, 실시간 전략 게임

■ **참고 자료** Brian Schwab, *AI Game Engine Programming*, Cengage Learning, 2009. | David Hutchison, *From Gamer to Game Designer : The Official Far Cry 2 Map Editing Guide*, Cengage Learning, 2008. | Douglas Dalton, *Counter-Strike 197 Success Secrets-197 Most Asked Questions On Counter-Strike-What You Need To Know*, Emereo Publishing, 2014. | Ernest Adams, *Fundamentals of Game Design*, New Riders, 2013. | Larry Bates, *Uncharted 2 : Among Thieves Context Immersion Guide*, Emereo Publishing, 2012.

도미노 게임 domino game

| 숫자가 표시된 도미노 타일을 규칙에 맞춰 나열하는 이어붙이기 게임.

표시된 값에 따라 직사각형 모양의 패를 이어나가는 게임. 일명 '수학 도미노'라고도 한다. 기본적인 패 구성은 더블 식스(double six)로 0부터 6까지의 숫자가 표시된 28개의 패로 이뤄진다. 게임은 각자의 패를 규칙에 따라 일자형 혹은 티(T)자형으로 나열하며 진행된다. 가장 기본적인 블록 게임에서 플레이어는 28개의 패를 숫자가 보이지 않도록 섞은 후 7개씩 나누어 갖는다. 사용되지 않는 패는 본야드(boneyard)라 불리는 곳에 모아둔다. 게임이 시작되면 맞닿은 패의 숫자가 일치하도록 번갈아가며 패를 나열하고, 먼저 가지고 있는 패를 모두 내려놓은 플레이어가 승리한다.

도미노의 기본 규칙을 변형한 게임 사례로는 내려놓을 패가 없는 경우 본야드에서 패를 하나 가져와야 하는 드로우(draw), 맞닿은 패에 표시된 수의 합이 7이되도록 나열하는 메타도어(metador) 등이 있다. 도미노 게임의 또다른 사례로, 도미노 패 혹은 직사각형 모양의 조각을 줄 세운 후, 한쪽 끝에 있는 조각을 쓰러트려 남은 조각을 연쇄적으로 쓰러뜨리는 놀이인 도미노 쇼도 있다.

- **관련 용어** 도미노 타일
- **참고 자료** Jennifer A. Kelley, *Great Book of Domino Games*, Sterling, 1999. | Miguel Lugo, *How to Play Better Dominoes*, Sterling, 2002.

도시 건설 게임 city building game

| 도시를 설계하고 경영하는 시뮬레이션 게임 장르.

플레이어가 도시 계획자나 지도자의 입장에서 도시를 설계하고 경영하는 게임. 건설-경영 시뮬레이션 게임의 하위 장르이다. 상공에서 도시 맵을 내려다보는 탑뷰(top-view) 시점으로 플레이한다. 게임의 주요 목표는 도시 재정과 시민들의 만족도를 유지하면서 도시를 성장시키는 것이다. 일반적으로 경쟁과 승패가 없는 개방형(open-ended) 구조를 채택한다. 최초의 도시 건설 게임은 1989년

〈심시티 5〉에 나타난 도시 경영 요소		
분류	설명	예시
도시 설계	기초적인 도시 구획 및 건설.	도로, 구역, 전기, 수도, 하수 등에 해당하는 시설.
도시 복지	시민들의 만족도와 관계됨. 관련된 공공시설 설치 필요.	범죄, 화재, 교육, 보건 등과 관계된 공공시설.
도시 행정	도시 재정 유지와 관계됨. 주로 '시청' 건물에서 설정 가능.	이웃 도시와의 거래, 세금 조정 등.

일렉트로닉 아츠(Electronic Arts, EA)의 자회사 맥시스(Maxis)에서 개발자 윌 라이트(Will Wright)가 제작한 〈심시티(SimCity)〉이다. 〈심시티〉에서 플레이어는 시장이 돼 도시를 건설하는데, 이는 도시 건설 게임의 장르적 토대를 마련했다. 이 외에도 고대 로마를 재현한 〈시저(Caesar)〉, 전 세계 지역을 구현한 〈시티즈 엑스엘(Cities XL)〉 등이 있다.

- **관련 용어** 건설-경영 시뮬레이션 게임, 개방형 게임, 심시티
- **참고 자료** William Muehl, Jeannie Novak, *Game Development Essentials : Game Simulation Development*, Delmar Cengage Learning, 2007.

도전 challenge

| 플레이어가 게임에 몰입하게 만드는 중요 과제.

도전은 게임의 규칙을 통해 제시되며, 플레이어는 도전 과제를 달성하기 위해 캐릭터의 능력치를 올리고 스킬을 연마하는 등 일련의 학습을 경험한다. 플레이어는 시간과 노력을 투자해 과제를 완수하고 보상을 얻는 일련의 과정을 통해 재미와 성취감, 몰입을 느낀다. 칙센트미하이의 '몰입 이론(Flow Theory)'에 따르면, 도전과 능력은 좌절과 지루함 사이에서 균형을 맞춰 사용자에게 최적 경

예스퍼 율이 제시한 창발성 게임과 진행성 게임		
종류	도전 제시 방식	사례
창발성 게임	게임 규칙과 상호작용하여 도전을 발생시킴. 플레이어의 행동과 기대를 예측할 수 없으므로 계속 새로운 도전 제시.	전략 게임
진행성 게임	게임 시작 전 이미 도전을 설정. 단계별 플레이어의 행동과 기대를 예측할 수 있어 개별적으로 도전 제시.	어드벤처 게임

험을 제공한다. 예스퍼 율은 도전을 제시하는 방식에 따라 게임을 창발성 게임 (emergence game)과 진행성 게임(progression game)으로 분류했다.

- **관련 용어** 능력, 몰입, 플레이, 창발성 게임, 진행성 게임
- **참고 자료** 리처드 라우스 Ⅲ 저, 최현호 역, 『게임 디자인 : 이론과 실제』, 정보문화사, 2001. | 미하이 칙센트미하이 저, 최인수 역, 『몰입, Flow : 미치도록 행복한 나를 만난다』, 한울림, 2004. | 제스퍼 주울 저, 장성진 역, 『하프 리얼 : 가상 세계와 실제 규칙 사이에 존재하는 비디오게임』, 비즈앤비즈, 2014. | 트레이시 풀러턴 저, 최민석 역, 『게임 디자인 워크숍』, 위키북스, 2012. | Ernest Adams, Andrew Rollings, *Fundamentals of Game Design*, Prentice-Hall, 2007. | Thomas Remenyi, *The European Conference on Games Based Learning*, Academic Conferences Limited, 2007.

도쿄 게임쇼 Tokyo Game Show, TGS

| 매년 일본에서 열리는 국제 게임 행사.

매년 9월 일본 치바 현의 전시장 마쿠하리 멧세에서 개최되는 게임 종합 전시 행사. 일본, 아시아, 유럽 등 각국의 게임 개발사와 관람객을 대상으로 열리며, 미국 일렉트로닉 엔터테인먼트 엑스포(Electronic Entertainment Expo, E3), 유럽 게임스컴(Gamescom)과 함께 세계 3대 게임쇼로 꼽힌다. 일본 컴퓨터 엔터테인먼트 협회(Computer Entertainment Supplier's Association, CESA)와 닛케이(Nikkei)에서 공동으로 주최하고 일본 경제산업성에서 후원한다. 콘솔 게임 관련 전시가 가장 크게 다뤄지며, 소셜 게임, 연애 시뮬레이션 게임, 인디 게임 등 장르에 따라 전시 구역이 나뉜다. 게임 소프트웨어뿐만 아니라 게임 사업 솔루션, 게임 개발 툴, 게임 장비, 게임 음악 연주회, 코스프레 행사 등의 체험 활동 및 이벤트를 제공한다.

- **관련 용어** 국제 게임쇼, 콘솔 게임, 미국 일렉트로닉 엔터테인먼트 엑스포(E3), 게임스컴
- **참고 자료** 송영덕, 유태영, 『게임기술』, 대림, 2004. | 최진아, 김동원, 「한국 온라인 게임기업의 국제마케팅 전략에 관한 연구 : 일본에서의 현지화 전략을 중심으로」, 『국제경영리뷰』 vol.15, no.3, 한국국제경영관리학회, 2011.

도트 Damage over Time, DoT

| 제한된 시간 동안 일정한 간격으로 상대에게 피해를 입히는 능력 혹은 스킬.

일정 시간에 걸쳐 목표 상대에게 타격을 주는 능력 혹은 스킬. 한 번에 타격을 주는 다이렉트 대미지와 구별된다. 타격 방식에 따라 다이렉트 대미지 혼합형과 순수 디버프(de-buff)형, 상태 변화 혼합형으로 구분된다. 다이렉트 대미지에 비해 한 번에 가할 수 있는 타격은 적지만, 상대의 방어력에 구애받지 않으며 중첩 사용(overlapping use)할 수 있다. 플레이어 간 전투(PvP)나 플레이어 대 환경 간 전투(PvE)가 활성화된 다중접속온라인 역할수행 게임이나 모바(MOBA)에서 전략적으로 운용된다.

도트 계열 스킬 구분		
종류	설명	사례
다이렉트 대미지 혼합형	적중 즉시 고정된 대미지를 입힌 뒤, 디버프로 추가적 대미지를 주는 형태. 비슷한 전투력을 지닌 상대와의 대전에서 필살기와 함께 주로 사용.	〈아이온 : 영원의 탑〉의 '화염 융해' 스킬. 25m 내의 대상에게 326만큼의 불(火)속성 마법 타격, 이후 10초 동안 불속성 방어력 60만큼 감소시킴.
순수 디버프형	적중 이후 고정된 대미지 없이, 디버프로만 대미지가 주어지는 형태. 공격 초반 전력 소모를 통한 사기 증진을 위해 주로 사용.	〈아이온 : 영원의 탑〉의 '모스키 광시곡' 스킬. 25m 내의 대상에게 8초 동안 2초 간격으로 416만큼씩 추가 타격, 8초 후, 1,001의 대미지 추가됨.
상태 변화 혼합형	적중 이후 지속적인 디버프로 대미지를 입히면서, 이동 속도 감소, 기절 등과 같이 상대의 상태에도 변화를 주는 형태.	〈아이온 : 영원의 탑〉의 '대지의 사슬' 스킬. 25m 내의 대상에게 24의 땅(土)속성 타격 후 10~15초 동안 이동 속도 감소 상태 적용, 3초 간격으로 26만큼씩 추가 타격.

도트는 정해진 시간이 지나면 해제되는 것이 원칙이며, 도트의 효과가 지나치게 오래 지속될 경우 게임 세계의 존립에 악영향을 준다. 대표적인 사례로 2005년 9월 〈월드 오브 워크래프트〉의 북미 서버에서 발생한 '오염된 피 사건(Corrupted blood incident)'이 있다. 당시 인스턴스 던전 줄구룹(Zul'Gurub)의 보스몹 학카르(Hakkar)는 공격을 통해 상대의 체력을 지속적으로 감소시키고 이를 주변 플레이어에게 전염시키는 도트 스킬인 '오염된 피(corrupted blood)'를 사용했다. 오염된 피 스킬은 본래 플레이어가 던전을 벗어나거나 일정 시간이 지나면 해제되는 게 정상이었으나, 시스템 오류로 해당 도트에서 풀려나지 않은 소환수가 대도시로 소환되면서 서버의 대부분 캐릭터가 감염돼 사망했다.

- **관련 용어** 대미지, 디버프
- **참고 자료** Grant Tavinor, *The Art of Videogames*, Wiley-Blackwell, 2009. | James Paul Gee, Elisabeth R. Hayes, *Language and Learning in the Digital Age*, Routledge, 2011.

동기 motivation

| 플레이어 캐릭터나 플레이어의 행동 동인.

플레이어가 게임을 하는 동인. 테이블탑 역할수행 게임의 경우, 게임 시작에 앞서 플레이어는 자신이 연기할 캐릭터의 행동 동기를 결정한다. 숨겨진 보물을 찾아 떠나거나 악당에 맞서는 것 등이 그 예이다. 게임 운영자는 질문을 통해 플레이어가 자신의 캐릭터를 구체화하도록 돕는다. 일부 테이블탑 역할수행 게임에는 동기가 없는 자유형(free-form) 캐릭터도 있으나, 플레이어가 연기하기 어렵고 갈등 상황을 회피해 게임 진행이 지루해질 수 있다.

니콜라스 예(Nicholas Yee)는 플레이어가 다중접속온라인 역할수행 게임을 하는 동기를 연령, 성별, 사용 패턴, 게임 내 행동을 기준으로 분석한 바 있다. 성취적인 플레이어는 타 플레이어와 경쟁하며 먼저 게임 내에서 우위를 점하고자 하며, 사회적인 플레이어는 다른 플레이어와 친밀한 관계를 맺기 위해 게임을 한다.

예가 제시한 플레이어 동기 유형 분류		
대분류	중분류	설명
성취 (achievement)	선취(advancement)	먼저 게임에서 우위를 점하는 것.
	메커닉스(mechanics)	게임의 규칙과 시스템을 분석하는 것.
	경쟁(competition)	다른 플레이어와 경쟁을 즐기는 것.
사회적 (social)	사교(socializing)	타 플레이어와 가벼운 대화를 즐기는 것.
	관계(relation)	새로운 관계를 맺고 유지하는 것.
	팀워크(teamwork)	협업과 소속감에 만족을 얻는 것.
몰입 (immersion)	발견(discover)	다른 플레이어가 모르는 사실을 찾아내는 것.
	역할수행(role-playing)	캐릭터 세팅에 맞춰 연기하는 것.
	맞춤화(customization)	캐릭터의 외향을 꾸미는 것.
	탈출(escapism)	현실에서 잠시 벗어나 온라인 환경을 즐기는 것.

몰입적인 플레이어는 게임 자체에 집중하며 즐거움을 얻는다.

- **관련 용어** 역할수행 게임, 플레이어, 캐릭터
- **참고 자료** Noah Wardrip-Fruin, Pat Harrigan, *Second Person : Role-playing and Story in Games and Playable Media*, The MIT Press, 2010. | Nick Yee, "Motivations for Play in Online Games", *CyberPsychology & Behavior*, vol.9, no.6, 2006.

동기적 플레이 synchronous play

| 다수 플레이어의 동시다발적인 게임 플레이.

같은 시간대에 접속한 다수의 플레이어가 동일한 게임 공간에서 동시에 플레이하는 것. 다수 플레이어가 게임을 동시다발적으로 플레이하지 않는 경우 비동기적 플레이라고 한다. 게임에서 동기화(同期化)란 플레이어 개개인의 플레이 시간을 동일한 시점으로 통일시키는 것이다. 동기적 플레이와 비동기적 플레이를 규정하려면 2가지 전제 조건이 필요하다. 첫째, 2인 이상의 플레이어가 참여할 수 있어야 한다. 둘째, 플레이어들이 네트워크를 통해 일정한 게임 공간에 접속할 수 있어야 한다.

동기적 플레이의 중요성은 다중접속온라인 게임이 보편화되면서 부각됐다. 비동기적 플레이의 가능성은 다른 플레이어가 꾸며둔 가상 공간을 방문하는 방식의 소셜 게임을 통해 재고됐다.

동기화에 따른 플레이 형태 비교		
분류	동기적 플레이	비동기적 플레이
설명	비접속 상태에서 플레이어의 상태 불변.	비접속 상태에서 플레이어의 상태 변화.
대표 장르	다중접속온라인 게임, 실시간 전략 게임, 모바 등.	소셜 게임, 턴 기반 전략 게임 등.
적용 사례	〈울티마 온라인〉, 〈에버퀘스트〉, 〈스타크래프트〉, 〈리그 오브 레전드〉 등.	〈팜빌(FarmVille)〉, 〈동물의 숲(Animal Crossing)〉, 〈클래시 오브 클랜(Clash of Clans)〉 등.

- **반의어** 비동기적 플레이
- **관련 용어** 게임 시간, 턴 기반 게임, 실시간 전략 게임
- **참고 자료** 김정남, 김웅남, 김정현, 『게임의 운명을 결정하는 기획과 시나리오』, e비즈북스, 2013. | Ian Bogost, "Asynchronous Multiplay : Futures for Casual Multiplayer Experience", *Other Players*, vol.6,

no.8, 2004. | Gamasutra, "Adding asynchronicity", www.gamasutra.com/view/feature/179586/ adding_asynchronicity.php?print=1

동시 접속자 Concurrent Connected User, CCU

| 동일한 시간대에 게임에 접속한 사람.

동시간대에 게임 서버에 접속한 플레이어. 운영을 맡은 게임 퍼블리셔는 게임을 성공적으로 운영하기 위해 트래픽, 플레이 패턴, 매출 등을 측정하는 정량적 방법과 게임 게시판, 고객센터 등에서 의견을 수집하는 정성적 방법을 통해 플레이어 행태를 분석한다. 동시 접속자 수는 동기적 플레이를 특징으로 하는 온라인 게임에서 사용되며, 트래픽 관련 지표 중 하나이다.

트래픽 동향을 파악하는 지표는 가입 사용자 수(Registered User, RU), 신규 가입 사용자 수(New Registered User, NRU), 동시 접속자 수, 최대 동시 접속자 수 (Maximum Concurrent Connected User, MCCU), 평균 동시 접속자 수(Average Concurrent Connected User, ACCU), 비중복 접속자 수(Unique Visitor, UV), 접속 시간 지수(Time Spend, TS), 순수 접속 시간 지수(Multi Time Spend, MTS), 잔존율 (Persistence Rate, PR), 재방문율(Return Visit Rate, RVR)이다.

동시 접속자 수가 적었던 초창기 온라인 게임은 단일 서버 구조만으로도 모든 플레이어를 수용할 수 있었다. 그러나 다중접속온라인 게임이 등장함에 따라 동시 접속자 수가 많아지면서 게임 개발사는 다수의 플레이어를 관리할 수 있는 분

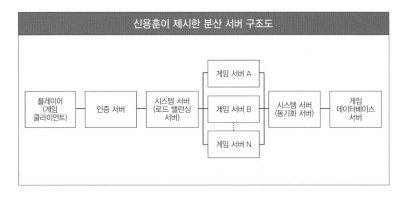

산 서버 구조를 개발했다. 동시 접속자 수는 분산 서버의 규모를 예측하고 준비하는 데 중요한 지표이며, 10가지 트래픽 관련 지표들 가운데 가장 직관적으로 게임의 흥행을 판단할 수 있는 지표로 이해된다.

- **관련 용어** 최고 동시 접속자, 재방문율, 트래픽, 분산 서버 구조
- **참고 자료** 김정남, 김웅남, 김정현, 『게임의 운명을 결정하는 기획과 시나리오』, e비즈북스, 2013. | 신용훈, 『전략적 게임학원론』, 북스홀릭, 2012. | Tim Fields, *Mobile & Social Game Design : Monetization Methods and Mechanics*, CRC Press, 2014.

동작기반 게임 motion-based game

| 신체 동작을 인식하는 기기를 통해 플레이하는 게임 장르.

플레이어가 신체 동작을 인식하는 기기를 이용해 직접 몸을 움직여 플레이하는 게임. 체감형 게임(full-body-experience video game)이라고도 한다. 플레이어가 신체의 움직임을 감지하는 기기를 몸에 장착하고 게임을 진행하면, 기기가 인식한 플레이어의 움직임이 화면에 재현된다. 아케이드 게임인 〈댄스 댄스 레볼루션〉의 경우, 손을 통한 조작에서 나아가 신체 부위를 활용하는 게임 인터페이스로 상업적 성공을 거뒀다. 이후 동작기반 게임이 본격적으로 주목받기 시작했으며 신체 동작을 통해 운동 효과를 주는 데 목적을 둔 게임과 기기가 등장했다. 2006년 출시된 가정용 비디오 게임기인 닌텐도 위(Wii)를 비롯해 엑스박스 키넥트(XBox Kinect), 플레이스테이션 무브(PlayStation Move) 등이 대표적인 사례이다.

- **유의어** 체감형 게임
- **관련 용어** 닌텐도 위, 엑스박스 키넥트, 플레이스테이션 무브, 댄스 댄스 레볼루션
- **참고 자료** 김원제, 『콘텐츠 실크로드 미디어 오디세이』, 이담북스, 2014. | 김은정, 「체감+게임 : 몸으로 즐기는 게임」, 『트랜스미디어 스토리텔링의 이해』, 이화여자대학교출판부, 2015. | Kathrin Gerling, Ian Geling, Lennart Nacke, Regan Mandryk, "Full-body Motion-based Game Interaction for Older Adults", *Proceedings of the SIGCHI Conference on Human Factors in Computing Systems*, ACM, 2012. | Positive Gaming, "Machine Dance as Fitness and Sport", www.web.archive.org/web/20071011214904/www.positivegaming.com/company/index.php?id=fitness

동작언어 kinesics

| 인간의 의사소통을 위한 신체 움직임.

비언어적 의사소통에 사용되는 몸짓, 손짓, 자세, 얼굴 표정 등의 신체적 행위. 육체언어 혹은 신체언어라고도 하며, 언어적 의사소통과 마찬가지로 상황이나 맥락에 따라 그 의미정보가 달라지기도 한다. 1952년 레이 버드위스텔이 최초로 정립한 개념이다.

게임에서 동작언어는 플레이어 간 전투(PvP)에서 상대의 공격을 예측하거나 협력 플레이의 효율을 증진하는 데 도움을 준다. 주로 빠른 상황 인식과 전략적 판단이 요구되는 1인칭 슈팅 게임에서 구현된다. 〈배틀필드 1942(Battlefield 1942)〉에서 게임 캐릭터는 총알을 장전하는 몸짓이나 총에 맞아 쓰러지는 자세 등을 구현한다. 총을 장전하는 주체가 적대 캐릭터일 경우, 플레이어는 그 행위를 통해 위험 상황을 감지할 수 있다.

버드위스텔의 동작언어학 용어	
분류	설명
동작소(kine)	시각적으로 지각할 수 있는 가장 작은 단위의 동작학적 소립자.
이형동작소(allokines)	특정 동작형태 안에서 동작소의 의미를 변화시키지 않는 동작소의 변이.
동작형태(kinemorph)	특정한 동작을 구성하는 둘 이상의 동작소의 집합.
동작형태 구성 (kinemorphic construction)	동작형태들의 결합.

- **유의어** 보디랭귀지, 모션
- **관련 용어** 모션 캡처, 키네틱
- **참고 자료** Mark Knapp, Judith A. Hall, *Nonverbal Communication in Human Interaction*, Wadsworth Publishing, 2013. | Michael Argyle, *Social Interaction*, Aldine transaction, 2007. | Ray Birdwhistell, *Introduction to Kinesics : An Annotation System for Analysis of Body Motion and Gesture*, University of Michigan Library, 1952. | Tony Manninen, Tomi Kujanpää, "The Hunt for Collaborative War Gaming-CASE : Battlefield 1942", *Game Studies*, vol.5, no.1, 2005.

드래곤 dragon

| 판타지 세계에 존재하는 가상의 동물.

강한 힘을 가진 환상의 동물로, 유럽의 용을 통칭한다. 질긴 가죽, 박쥐와 유사한 날개를 지녔으며 불을 내뿜는 거대한 도마뱀으로 묘사된다. 동양의 용(龍)이 인간에게 긍정적인 존재로 그려지는 것과 달리, 서양의 드래곤은 사악하고 탐욕스러운 성향을 지닌 부정적 존재로 그려진다. 드래곤은 다양한 문화권의 신화에 등장하며 공통적으로 해박한 지식과 강력한 마법 능력, 견고한 신체를 갖고 있다고 표현된다. 판타지 세계관을 채택하는 게임의 경우, 테이블탑 역할수행 게임인 〈던전 앤 드래곤〉에 나타난 드래곤의 상성구조를 많이 차용한다.

게임에서 드래곤은 주로 플레이어 캐릭터가 물리쳐야 하는 위협적인 존재, 적대 캐릭터 등으로 설정된다. 경우에 따라 인간과 우호적 관계를 맺은 현자의 모습으로 등장하기도 한다. 〈워크래프트〉의 '검은 용군단'은 아제로스 지역을 위협

〈던전 앤 드래곤 5〉의 드래곤 분류					
종류	명칭	속성	서식지	성향	성격
크로매틱 드래곤 (Chromatic Dragon)	레드 드래곤 (Red Dragon)	화염	아열대성 산악 지대	혼돈 악	탐욕스러우며 보물에 대한 집착이 강함.
	블루 드래곤 (Blue Dragon)	전격	사막 지대	질서 악	비행을 좋아하며 자기 구역과 먹잇감에 대한 집착이 강함.
	그린 드래곤 (Green Dragon)	독	아열대성 숲 밀림 지대	준법 악	거짓말에 능하며 신사적인 태도로 상대방을 현혹하기도 함.
	블랙 드래곤 (Black Dragon)	혼돈 악	늪 지대	혼돈 악	교활하고 잔혹하며 쉽게 분노하는 성격을 지님.
	화이트 드래곤 (White Dragon)	얼음	극지방	혼돈 악	비교적 작고 약하며, 지능이 낮음. 보석에 대한 집착이 강함.
메탈릭 드래곤 (Metallic Dragon)	골드 드래곤 (Gold Dragon)	화염 염소	고원 지대 깊은 골짜기	도덕 선	정의롭고 관대함. 레드 드래곤과 함께 최상급 서열로 구분됨.
	실버 드래곤 (Siver Dragon)	냉기 마비	고산 지대	도덕 선	자비로운 성격을 지녔으며, 인간을 좋아함.
	브론즈 드래곤 (Bronze dragon)	번개 도주	열대 호수	질서 선	변신에 능하며 무리지어 생활함. 인간을 시험하는 것을 좋아함.
	브라스 드래곤 (Brass Dragon)	화염 수면	사막 지대 초원 지대	혼돈 선	수다스러운 편에 속하며, 대화를 통해 정보를 얻는 것을 좋아함.
	카퍼 드래곤 (Copper Dragon)	산성	온대성 산악 지대	혼돈 선	말재주가 좋아 상대방을 가둬두고 농락하는 것을 좋아함.

하는 존재이나 그 외의 용군단은 아제로스를 수호하는 집단으로 등장한다. 〈리니지〉에서는 '용의 계곡', '용계던전' 등의 존재처럼 높은 공략 난이도와 공략 가치를 지닌 보스 몬스터의 상징이 된다. 〈엘더스크롤 5 : 스카이림(The Elder Scrolls V : Sky-rim)〉의 '드래곤 파르수낙스(Paarthurnax)'는 현자로서 플레이어를 돕는 역할을 수행한다.

- **유의어** 용
- **관련 용어** 던전 앤 드래곤, 그리스 신화, 북유럽 신화, 용족
- **참고 자료** 구사노 다쿠미 저, 송현아 역,『환상 동물 사전』, 들녘, 2001. | 다케루베 노부아키 저, 임희선 역,『판타지의 주인공들 1』, 들녘, 2000. | 조순곤,『케인의 판타지 사전』, 북박스, 2004. | 조엘 레비 저, 조진경역,『신비동물을 찾아서』, 북플래너, 2009.

드롭율 drop rate

| 땅바닥에 떨어뜨려진 물건 형태로 특정 아이템이 등장할 확률.

플레이어가 몹을 처치했을 때 그 보상으로 특정한 아이템이 등장할 확률. 일반적으로 고성능 아이템일수록 드롭율이 낮아 이를 레어템(rare item)이라고 부른다. 플레이어 캐릭터의 '행운' 능력치가 높을수록 레어템을 획득할 확률이 높아지며 레어템을 자주 획득하는 캐릭터를 '축캐'라고 한다. 플레이어가 드롭율이 낮은 아이템을 획득하기 위해 반복적으로 몹을 사냥하는 행위는 '아이템 파밍(item farming)'이라고 한다. 플레이어는 정보 공유를 통해 드롭율을 추측하거나 드롭율 계산기 등을 제작해 배포한다.

드롭율은 게임 밸런스를 고려해 설정되며 신규 콘텐츠 업데이트 시 추가로 조정된다. 이전보다 강한 몹과 무기가 포함된 신규 콘텐츠가 업데이트될 경우 개발사는 기존 콘텐츠의 레어템 드롭율을 상승시켜 플레이어가 상위 콘텐츠로 이동하도록 유도한다. 신규 플레이어의 빠른 레벨업 및 아이템 파밍을 돕기 위해 초보 구간의 아이템 드롭율을 상향 조정하기도 한다.

- **관련 용어** 아이템, 레어템, 축캐, 파밍, 밸런스
- **참고 자료** Bernard Perron, Mark J. P. Wolf, *The Video Game Theory Reader 2*, Routledge, 2008.

드워프 dwarf

| 전투와 아이템 제작에 능한 판타지 세계의 종족.

동굴이나 땅굴에 모여 살면서 무기나 보물을 만드는 종족. 힘이 세고 수염이 난 남자 난쟁이의 모습으로 묘사된다. 북유럽 신화에서 유래했으며, 최초의 드워프는 거인 이미르의 시신에서 살던 구더기가 인간과 유사한 형상과 지성을 갖추면서 생겨난 드베르그(dvergr)이다.

목표물의 급소를 맞추는 마법의 창 궁니르와 땅과 바다 위를 지나갈 수 있는 금색 수퇘지 굴린부르스티(Gullinbursti), 원하는 대로 크기를 바꿀 수 있는 망치 묠니르(Mjolnir) 등을 만든 것으로 전해진다.

드워프는 서양의 전설, 민담, 동화 등에서 우수한 대장장이로 그려진다. J.R.R. 톨킨의 『반지의 제왕』 시리즈에서는 높은 기술 문명을 이룩한 전사 종족으로 그려졌다. 이후 판타지 세계관을 채택하는 게임에서 드워프는 마법을 사용하지는 못하나 제작과 전투 능력을 겸비한 종족으로 등장한다. 다중접속온라인 역할수행 게임 〈리니지〉에서는 아름답고 귀여운 소녀 형상의 여성 드워프를 제시했다.

게임 속 드워프의 능력		
분류	제작 능력	전투 능력
〈던전 앤 드래곤〉	하나 이상의 제작 기술 보유. 석재물품 제작 시 보너스 점수 2배.	독에 대한 내성. 능력치 상승 시 건강 수치에 추가 점수.
〈월드 오브 워크래프트〉	타 종족에 비해 아이템 제작에 필요한 고고학 조사 속도 빠름. 아이템 제작에 필요한 유물 조각을 추가 획득 가능.	독, 질병, 저주, 출혈, 마법 효과를 제거. 물리 피해 10% 감소.
〈리니지〉	재료 채집, 아이템 제작 능력 특화.	타 종족에 비해 체력치가 높음.

- **유의어** 드베르그, 난쟁이
- **관련 용어** 북유럽 신화, J.R.R. 톨킨, 던전 앤 드래곤, 대장장이
- **참고 자료** 다케루베 노부아키 저, 임희선 역, 『판타지의 주인공들 1』, 들녘, 2000. | 마크 타일러 노블먼 저, 강미경 역, 『헷갈림 방지 사전』, 보누스, 2009. | 박민희, 『판타지 백과』, 유페이퍼, 2012. | 조순곤, 『케인의 판타지 사전』, 북박스, 2004. | 테리 브룩스 저, 김효명 역, 『판타지 레퍼런스 : 작가를 위한 창작 가이드』, 들녘, 2002.

디버퍼 de-buffer

| 파티 플레이에서 상대를 약화시키는 스킬을 사용해 아군의 효율적 공격을 유도하는 역할군.

디버프(de-buff)와 도트(DoT), 메즈(mez) 등을 사용해 상대를 약화시키는 플레이어. 다중접속온라인 역할수행 게임에서 대규모 사냥을 진행할 때 모집된다. 원거리에서 상대의 전투 능력을 약화시킬 수 있는 스킬을 보유한 마법사나 주술사 직업군이 디버퍼로 선호된다. 대표적으로 〈월드 오브 워크래프트〉의 흑마법사, 〈디아블로 2〉의 네크로맨서, 〈길드워〉의 메스머, 〈아이온 : 영원의 탑〉의 정령성 등이 있다.

디버퍼는 간접적으로 상대를 압박하고 상대의 공격력, 방어력을 약화시키는 스킬을 사용해 딜러(damage dealer)의 캐스팅 시간을 벌어주고, 탱커(tanker)의 체력치(HP)와 방어력(DP)의 효율적 관리가 가능하도록 돕는다. 단시간에 상대에게 높은 대미지를 입히지 못하나 기술을 중첩해 적용시켜 전투의 효율을 높일 수 있다.

디버퍼 역할 수행 시 〈아이온 : 영원의 탑〉 정령성의 활용 스킬		
분류		설명
공격력 및 방어력 약화	마법 연소	상대의 강화 마법 최대 3개 삭제. 1개 삭제 시 192의 타격. 이후 삭제되는 마법의 개수에 따라 96씩 추가 타격.
	황천의 저주	25m 내에 있는 상대 물리 방어력 1분 동안 1,479만큼 감소, 모든 속성 방어력 200 감소, 마법 저항력 230 감소.
행동력 제한	대지의 칼날	25m 내에 위치해 있는 상대 및 그 주변 15m 내의 상대 10~12초 동안 이동 속도 감소 상태 유지.
	둔화의 족쇄	25m 내의 상대 30초 동안 공격 속도 감소, 마법 스킬 시전 시간 증가. 속성 방어력 200 감소.
기타 상태 이상 유도	대지 진동	25m 내의 상대 116의 땅속성 마법 타격 및 밀려난 상태로 유지.
	공포의 절규	15m 내의 상대 11~18초 동안 불의 정령으로 변신 및 공포 상태 지속 및 이동 속도 감소.

- **반의어** 버퍼
- **관련 용어** 버프, 메즈, 도트, 직업
- **참고 자료** Dan Carreker, *The Game Developer's Dictionary : A Multidisciplinary Lexicon for Professionals and Students*, Cengage Learning PTR, 2012.

디스토피아 dystopia

| 미래에 대한 부정적 세계관.

유토피아(utopia)의 반대 개념. 1868년 존 스튜어트 밀이 영국의 아일랜드 지배 정책을 비난하는 연설에서 처음 언급했다. 인간적인 삶을 영위하는 것이 어려운 사회를 의미하며 유토피아의 쇠락, 역전을 가리킨다. 게임에서는 부정적인 사회구조와 그에 따른 사회 문제를 우려하는 세계관으로 그려진다. 주로 거대 정부와 소수의 지배층, 인간성 상실, 과학기술로 인한 생존 위협, 유전자 조작 등의 요소를 포함한다. 그 예로 〈바이오쇼크(BioShock)〉의 배경은 숨겨진 해저 도시 랩처로, 문화적·기술적으로 진보한 것처럼 보이나 사실은 인간성을 상실한 세계이다. 〈레드 팩션(Red Faction)〉에서는 지구의 자원이 고갈돼 거대 기업 얼터코퍼레이션의 주도로 화성 채굴사업을 시작한다. 화성으로 이주한 사람들은 새로운 삶을 기대했지만 혹독한 생활환경과 전염병으로 고통을 받고 반군을 조직한다.

- **유의어** 포스트 아포칼립스, 사이버펑크
- **반의어** 유토피아
- **참고 자료** 에른스트 블로흐 저, 박설호 역, 『희망의 원리 1 : 더 나은 삶에 관한 꿈』, 솔, 1995. | Dragan Klaic, *The Plot of the Future : Utopia and Dystopia in Modern Drama*, University of Michigan Press, 1992. | Hugh C. Holman, *A Hand Book to Literature*, Bobbs-Merrill Education Pub, 1980. | John Stuart Mill, *Public and Parliamentary Speeches*, University of Toronto Press, 1988.

디스펠 dispel

| 플레이어 캐릭터 혹은 상대 캐릭터에 걸려 있는 마법을 무효화하는 스킬.

'디스펠 매직(dispel magic)'의 줄임말로, 마법 효과를 제거하는 스킬. 〈던전 앤드래곤〉에서 최초로 언급됐다. 모바(MOBA) 혹은 다중접속온라인 역할수행 게임과 같이 플레이어 간 전투(PvP)가 중시되는 게임에서 사용된다. 주로 사제나 마법사 계열의 직업군이 사용하며 플레이어의 레벨 및 기술 숙련도에 따라 해제 가능한 마법의 종류와 적용 가능한 공간의 범위가 상이하다. 정화, 면죄, 안정, 마법

제거 등이라 부르기도 한다. 플레이어 캐릭터나 아군 캐릭터가 상태 이상, 디버프 상태에 빠졌을 때 이를 해제하거나 상대 캐릭터의 강화 마법 및 방어 마법을 무효화시키기 위해 사용한다.

대전 상황에서 독단적으로 쓰기보다는 연속기의 일부로 쓰거나 다른 방어 기술과 결합해 쓰는 경우가 많다. 〈아이온 : 영원의 탑〉은 한국 게임 가운데 디스펠을 주요 전술로 도입한 대표적 게임으로 직업군의 특성에 따라 다양한 유형의 디스펠이 있다.

목표 설정 여부에 따른 디스펠의 분류		
분류	유형	설명
공격 거리	단일 디스펠	대상이 명확하게 조준된 디스펠로서 일대일 대전 상황에서 주로 사용됨.
	광역 디스펠	유효 범위 안에 들어오는 모든 대상에 영향을 미치는 디스펠로서 대규모 전투 상황에서 주로 사용됨.
대상의 성격	버프 디스펠	적군 혹은 레이드 몬스터에게 적용된 강화 마법을 해제하는 데 사용됨.
	디버프 디스펠	아군 혹은 플레이어 자신에게 적용된 약화 마법을 해제하는 데 사용됨.

- **유의어** 마법 해제, 디스펠 매직
- **관련 용어** 디버프, 버프
- **참고 자료** 김정남, 김웅남, 김정현, 『게임의 운명을 결정하는 기획과 시나리오』, e비즈북스, 2013. | Monte Cook, Jonathan Tweet, Skip Williams, *Dungeons & Dragons Player's Handbook : Core Rulebook 1*, Wizards of the Coast, 2000.

디시 코믹스 DC Comics

| 슈퍼맨, 배트맨, 원더우먼 등의 영웅 캐릭터를 배출한 미국의 그래픽 노블 출판사.

1934년 설립된 미국의 그래픽 노블 출판사. 현재는 워너브라더스 엔터테인먼트(Warner Bros. Entertainment, Inc.)의 자회사이다. 100여 명의 영웅 캐릭터를 탄생시켰으며, 대표작으로는 『배트맨』 시리즈, 『슈퍼맨』 시리즈, 『원더우먼』 시리즈, 『그린 랜턴(Green Lantern)』 시리즈 등이 있다.

전체 작품이 '평행세계'라는 세계관을 공유하고 있기 때문에 『저스티스 리그(Justice League)』 시리즈 등 디시 코믹스 내부의 모든 영웅 캐릭터가 등장하는 크로스오버 작품도 등장했다.

대표작에 등장하는 영웅 캐릭터를 중심으로 영화, 게임 등 다양한 분야에서 원 소스 멀티 유즈(One-Source Multi-Use, OSMU)가 이뤄졌다.

디시 코믹스의 세계관에 기반을 둔 게임 사례		
분류	타이틀	출시연도
배트맨	〈레고 배트맨 : 더 비디오게임(LEGO Batman : The Videogame)〉	2008
	〈배트맨 : 아캄 어사일럼(Batman : Arkham Asylum)〉	2009
	〈배트맨 : 아캄 시티 락다운(Batman : Arkham City Lockdown)〉	2011
	〈배트맨 : 아캄 시티(Batman : Arkham City)〉	2011
	〈고담 시티 임포스터스(Gotham City Impostors)〉	2012
	〈배트맨 : 아캄 오리진(Batman : Arkham Origins)〉	2013
	〈배트맨 : 아캄 오리진 블랙게이트(Batman : Arkham Origins Blackgate)〉	2013
	〈배트맨 : 아캄 나이트(Batman : Arkham Knight)〉	2015
왓치맨	〈왓치맨 : 디 앤드 이즈 나이(Watchmen : The End is Nigh)〉	2009
슈퍼맨	〈슈퍼맨〉	2011
그린랜턴	〈그린 랜턴 : 라이즈 오브 더 맨헌터스(Green Lantern : Rise of the Manhunters)〉	2011
배트맨, 플래쉬맨	〈배트맨 앤 더 플래쉬 : 히어로 런(Batman & The Flash : Hero Run)〉	2014
통합세계관	〈디시 유니버스 온라인(DC Universe Online)〉	2011
	〈레고 배트맨 2 : 디시 슈퍼 히어로(LEGO Batman 2 : DC Super Heroes)〉	2012
	〈저스티스 리그 : 어스 파이널 디팬스(Justice League : Earth's Final Defense)〉	2012
	〈영 저스티스 : 레거시(Young Justice : Legacy)〉	2013
	〈스크리블너츠 언마스크드 : 에이 디시 코믹스 어드벤처(Scribblenauts Unmasked : A DC Comics Adventure)〉	2013
	〈레고 배트맨 3 : 비욘드 고담(LEGO Batman 3 : Beyond Gotham)〉	2014
	〈인피니트 크라이시스(Infinite Crisis)〉	2014
크로스오버	〈모탈 컴벳 vs. DC 유니버스(Mortal Kombat vs. DC Universe)〉	2008
	〈인저스티스 : 갓 어몽 어스(Injustice : Gods Among Us)〉	2013

- **유의어** 마블 코믹스
- **관련 용어** 배트맨, 슈퍼맨, 그린 랜턴, 원더우먼, 저스티스 리그, 워너 브라더스
- **참고 자료** Scott Beatty, Phil Jimenez, *The DC Comics Encyclopedia : The Definitive Guide to the Characters of the DC Universe*, DK Publishing, 2004. | 디시코믹스, www.dccomics.com

디엘시 Downloadable Content, DLC

| 선택적으로 다운로드하는 추가 게임 콘텐츠.

다운로드를 통해 플레이할 수 있는 미션, 아이템, 스킨 등의 추가 게임 콘텐츠. 디엘시의 특징은 다음과 같다. 첫째, 온라인 게임 유통 플랫폼을 통해 무료 혹은 유료로 배포된다. 확장팩과 달리 오프라인에서 패키지 형태로는 판매되지 않는다. 둘째, 선택적인 콘텐츠이다. 업데이트와 달리 플레이어의 선택에 따라 다운로드할 수도, 하지 않을 수도 있다. 셋째, 콘텐츠의 유형이 다양하다. 신규 미션뿐만 아니라 캐릭터 스킨, 아이템 등도 개별적인 디엘시로 배포된다. 1998년 드림캐스트(Dreamcast)가 게임 콘솔 기기 최초로 온라인 접속을 지원하면서 초기 디엘시의 기반을 마련했다. 초기에는 게임 프로모션의 일환으로 무료 배포됐으

디엘시의 주요 유형 및 사례		
분류		**사례**
추가 개발 콘텐츠	확장팩	〈엘더스크롤 V 스카이림-드래곤본(The Elder Scrolls V Skyrim-Dragonborn)〉
	미션	〈보더랜드 2 : 토그씨의 대학살 캠페인(Borderlands 2 : Mr. Torgue's Campaign of Carnage)〉
	스킨	〈배트맨 : 아캄 오리진-뉴 밀레니엄 스킨 팩(Batman : Arkham Origins-New Millennium Skins Pack)〉 〈유로 트럭 시뮬레이터 2-크리스마스 페인트 잡스(Euro Truck Simulator 2-Christmas Paint Jobs)〉
	아이템	〈페이데이 : 게이지 샷건 팩(PAYDAY : Gage Shotgun Pack)〉
	스킬	〈미들어스 : 쉐도우 오브 모르도르-플레임 오브 아노르 룬(Middle-Earth : Shadow of Mordor- Flame of Anor Rune)〉
	캐릭터	〈마블 히어로즈 2015-매그니토 팩(Marvel Heroes 2015-Magneto Pack)〉
	지역	〈툼 레이더 : 쉽렉드 멀티 플레이어 맵 팩(Tomb Raider : Shipwrecked Multiplayer Map Pack)〉
라이선스 콘텐츠	곡	〈락스미스 2014-뮤즈 "슈퍼매시브 블랙 홀"(Rocksmith 2014-Muse "Supermassive Black Hole")〉
	기차, 차량	〈트레인 시뮬레이터 : 인터시티 클래스 91 로코 애드온(Train Simulator : InterCity Class 91 Loco Add-On)〉 〈니드포스피드 라이벌 페라리 스페셜 에디션 컴플리트 팩(Need for Speed Rival Ferrari Special Ed. Complete Pack)〉
콘텐츠 잠금 해제		〈어쌔신 크리드 IV 블랙플래그-타임세이버 : 콜렉터블 팩(Assassin's Creed IV Black Flag-Time Saver : Collectibles Pack)〉
그래픽 설정		〈스카이림 : 고화질 텍스처 팩(Skyrim : High Resolution Texture Pack-Free DLC)〉
삽입곡		〈포탈 2 사운드트랙(Portal 2 Soundtrack-Free DLC)〉

나 2002년 마이크로소프트가 유료화 제도를 도입했다. 이후 엑스박스 라이브 마켓플레이스(Xbox Live Marketplace), 플레이스테이션 스토어(PlayStation Store), 위숍(Wii Shop) 등 콘솔 기기의 온라인 유통 플랫폼을 통해 확산됐다. 스팀(Steam), 오리진(Origin) 등의 피시(PC) 게임 유통 플랫폼에서도 디엘시를 지원한다.

디엘시는 게임의 수명을 연장해 개발사가 하나의 게임 타이틀로 지속적인 매출을 확보할 수 있는 수익 모델로 자리 잡았다. 게임 리서치 기업 뉴주(Newzoo)에 따르면 2011년 미국의 콘솔 게임 유료 구매 플레이어 중 54%인 약 1억 9,500만 명이 디엘시를 구매했으며, 이는 당시 미국 내 콘솔 게임 총 매출의 12%에 해당한다. 디엘시의 유형은 추가 개발 콘텐츠, 라이선스 획득에 따른 콘텐츠 추가, 콘텐츠 잠금 해제, 그래픽 설정, 삽입곡으로 분류할 수 있다. 특정 게임의 디엘시를 일정 기간 모두 획득할 수 있는 상품은 '시즌 패스(season pass)'라고 칭한다.

디엘시의 유료 판매가 확산되면서 게임에 포함돼야 할 콘텐츠를 디엘시로 별도 판매하는 행태에 대한 비판이 나타났다. 디엘시의 유형이 다양해지면서 디엘시를 기부에 활용하는 사례도 나타났다. 내전을 소재로 한 게임 〈디스 워 오브 마인(This War of Mine)〉은 〈전쟁 고아 자선 디엘시(War Child Charity DLC)〉를 판매해 수익을 전액 기부했다.

- **유의어** 확장팩
- **관련 용어** 업데이트, 모드
- **참고 자료** Gregor White, Nicola Searle, "Commercial Business Models for a Fast Changing Industry", *Hanging the Rules of the Game*, Palgrave Macmillan, 2013. | Jeannie Novak, *Game Development Essentials : An Introduction*, Cengage Learning, 2011. | Josiah Lebowitz, Chris Klug, *Interactive Storytelling for Video Games*, Focal Press, 2011. | Scott Rogers, *Level Up! The Guide to Great Video Game Design*, Wiley, 2014.

디지털 네이티브 digital natives

| 1977년에서 1997년 사이에 태어나 디지털 패러다임을 체득하며 자란 세대.

디지털 환경에서 태어나 인터넷, 컴퓨터 등 쌍방향 커뮤니케이션 매체를 통해 디지털 패러다임을 익히며 자란 세대. 베이비 붐 세대 이후인 1977년에서 1997년 사

이에 태어나, 넷세대(net generation, N세대), D세대(digital generation), 디지털족, 키보드 세대, 엄지족 등으로도 불린다. 2001년, 미국의 교육학자인 마크 프렌스키가 「디지털 네이티브, 디지털 이주민(Digital natives, Digital immigrants)」에서 처음 언급했다. 반대로 디지털 기술을 의식적으로 학습해야 하는 세대는 디지털 이주민이라고 부른다. 디지털 이주민은 1946년에서 1964년 사이에 태어나 텔레비전 중심의 커뮤니케이션 혁명을 경험한 베이비부머 세대로, 디지털 네이티브의 부모 세대이다.

디지털 네이티브는 동시에 여러 가지 일을 수행하는 멀티태스킹과 많은 양의 정보를 한꺼번에 받아들이고 처리하는 데 능하다. 또한 휴대전화, 인터넷을 통한 실시간 커뮤니케이션에 익숙하므로 반응이 신속하고 피드백 또한 즉각적이다. 돈 탭스콧(Don Tapscott)은 저서 『디지털 네이티브』에서 디지털 네이티브의 8가지의 특징을 정리했다. 첫째, 모든 일에서 자유를 원한다. 둘째, 맞춤화, 개인화 등 개성을 추구한다. 셋째, 기업을 감시하고, 자신들의 요구를 어필한다. 넷째, 기업의 성실함과 정직함을 중시한다. 다섯째, 일과 교육을 포함한 삶의 전반에서 엔터테인먼트와 놀이를 추구한다. 여섯째, 빠른 속도를 추구한다. 일곱째, 타인과의 협업, 관계 유지를 중시한다. 여덟째, 혁신을 주도한다. 사이버 공간에서의 인간관계에 익숙하고 사이버 공간과 오프라인 공간을 구분하지 않는다. 온라인 게임을 통해 독자적인 문화와 커뮤니케이션 현상을 창출한다는 점에서 '게임 세대'라고도 불린다.

- ■ **반의어** 디지털 이주민
- ■ **유의어** 넷세대, D세대, 디지털족, 키보드 세대, 엄지족, 게임 세대
- ■ **관련 용어** 디지털, 멀티태스킹, 온라인 게임
- ■ **참고 자료** 김양은, 『새로운 세대의 등장 게임 제너레이션』, 커뮤니케이션북스, 2009. | 돈 탭스콧 저, 이진원 역, 『디지털 네이티브 : 역사상 가장 똑똑한 세대가 움직이는 새로운 세상』, 비즈니스북스, 2009. | Marc Prensky, "Digital natives, Digital immigrants", *On the Horizon*, vol.9, no.5, MCB University Press, 2001.

디지털 펫 게임 digital pet game

| 가상의 애완동물을 육성하는 게임.

플레이어가 가상의 애완동물을 기르는 게임으로 생활 시뮬레이션 게임의 하

위 장르. 플레이어는 애완동물에게 먹이를 주거나 쓰다듬는 등 지속적인 상호작용을 통해 애완동물 육성을 체험할 수 있다. 애완동물의 성장 속도는 플레이어의 관리 정도에 비례하기 때문에 플레이어가 관리를 하지 않을 경우 애완동물이 병에 걸리거나 죽기도 한다. 육성 대상은 강아지, 고양이, 말 등 실제 동물부터 만화 속 캐릭터, 드래곤 등 가상의 존재까지 다양하다. 초창기 디지털 펫 게임의 대표적인 사례는 휴대용 전용기기를 통해 픽셀 형태로 구현된 애완동물 육성 시뮬레이션 게임 〈다마고치(たまごっち!)〉이다. 〈다마고치〉는 이후 등장한 디지털 펫 게임의 기틀을 마련했다. 〈다마고치〉의 형식을 차용한 사례로는 모바일 게임인 〈살아남아라! 개복치(生(い)きろ! マンボウ)〉, 〈마이펫 큐비(My Pet Cuby)〉 등이 있다.

- **유의어** 사이버 펫, 애완동물 육성 시뮬레이션
- **관련 용어** 다마고치, 애완동물
- **참고 자료** 앤드류 롤링스, 어니스트 아담스 저, 송기범 역, 『게임 기획 개론』, 제우미디어, 2004. | Frédéric Kaplan, "Free Creatures : The Role of Uselessness in the Design of Artificial pets", Proceedings of the 1st Edutainment Robotics Workshop, 2000.

디펜스 게임 defense game

| 적의 속성을 고려하여 전략적으로 가용 자원을 배치한 뒤 적으로부터 자신의 영역을 지키는 게임.

한정된 자원을 효율적으로 사용해 몰려오는 적으로부터 자신의 영역을 방어하는 게임. 단순한 게임 공간과 가용 자원의 제한 및 전략적 사용을 내세우면서 전략 시뮬레이션 게임으로부터 분화되어 하나의 장르가 됐다. 디펜스 게임의 형식이 최초로 등장한 게임은 아타리(Atari) 사가 1990년에 개발한 아케이드 게임 〈램파트(Rampart)〉다. 이후 〈스타크래프트〉와 〈워크래프트 III〉의 유즈맵(usemap) 중 하나인 타워 디펜스 맵(tower defense map)에서도 등장했다. 초기 디펜스 게

디펜스 게임의 분류		
종류	설명	사례
수비형 디펜스 게임	최종 거점인 플레이어의 진영까지 상대가 침범할 수 없도록 타워를 세워 사수하는 방식.	〈플랜츠 대 좀비 (Plants vs. Zombies)〉
공격형 디펜스 게임	플레이어와 상대 진영이 양립하는 형태로, 유닛을 생성한 후 상대 진영을 공격하는 방식.	〈팔라독(Paladog)〉

필리파 아베리가 제시한 디펜스 게임의 요소	
종류	설명
영역 (terrain)	타워를 배치할 수 있는 지역으로, 주로 길의 형태로 나타남. 직선 형태의 분기형 경로, 자유 형성 경로, 병렬적 서바이벌형 경로 등이 있음.
타워 (tower)	적을 막기 위해 영역에 배치시킬 수 있는 유닛(unit). 종류에 따라 방어력, 체력치 등이 다르며, 한정된 양으로 주어지기에 전략적 배치가 필요함.
크립 (creep)	영역으로 침범해오는 적대적 유닛. 게임의 인공지능에 의해 조종되며, 타워와 대응되는 능력을 지니게 됨.
보상 시스템 (reward system)	특정 맵을 완료하면 경험치를 얻을 수 있으며, 사용 가능한 타워의 유형이 다양해지며, 타워의 방어력 또는 체력치도 높아짐.
싱글/멀티 플레이어	무작위로 등장하는 크립을 격퇴해야 하는 싱글 플레이어와 협력하여 크립을 물리치거 나 크립 격추율을 중심으로 상대와 대결하는 멀티 플레이어로 구분.

임에서는 타워를 세워 자신의 영역을 사수했다. 이후 상대를 적극 공격하여 자신
의 영역을 방어하는 형태까지도 포함하는 것으로 그 개념이 확대됐다.

디펜스 게임은 수비와 공격 중 무엇을 강조하느냐에 따라 수비형과 공격형으
로 구분된다. 필리파 아베리는 디펜스 게임의 구성 요소로 영역, 타워, 크립, 보상
시스템, 싱글/멀티 플레이어를 제시했다.

■ **관련 용어** 유즈맵, 실시간 전략 게임

■ **참고 자료** Emest Adams, Joris Dormans, *Game Mechanics : Advanced Game Design*, New Riders,
2012. | Scott Rogers, *Swipe This! : The Guide to Great Touchscreen Game Design*, Wiley, 2012. | Simon
Egenfeldt-Nielsen, Jonas Heide Smith, Susana Pajares Tosca, *Understanding Video Games : The Essential
Introduction*, Routledge, 2012. | Phillipa Avery, Julian Togelius, Elvis Alistar, Robert Pieter van
Leeuwen, "Computational Intelligence and Tower Defence Games", Evolutionary Computation(CEC),
2011 IEEE Congress on, IEEE, 2011.

디피에스 Damage Per Second, DPS

| 공격을 통해 상대에게 가할 수 있는 초당 대미지의 양.

평균 대미지를 공격 속도로 나누어 계산하며, 무기나 캐릭터의 공격 효율을 측
정하기 위해 사용된다. 플레이어는 디피에스 효율에 따라 캐릭터의 육성 방향이
나 선택할 무기, 유닛 등을 결정한다. 〈스타크래프트〉에서 테란족의 유닛인 '시즈

탱크'의 경우, 공격 속도가 느린 대신 한 번에 가할 수 있는 대미지량이 높아 디피에스 효율이 좋다. 〈월드 오브 워크래프트〉의 경우, 플레이어들이 디피에스를 측정할 수 있는 애드온(add-on)을 직접 만들어 사용하기도 한다. 플레이어들은 디피에스 측정 애드온을 통해 대미지 딜러들의 디피에스 및 파티 플레이에서의 성과 등을 측정한다. 경우에 따라 파티나 공격대 등에서 가입 조건으로 일정 수준 이상의 디피에스를 요구하기도 한다.

- **유의어** 누적 대미지
- **관련 용어** 대미지 딜러, 무기, 공속, 애드온
- **참고 자료** 앤드류 롤링스, 어니스트 아담스 저, 송기범 역, 『게임 기획 개론』, 제우미디어, 2004. | James Paul Gee, Elisabeth R. Hayes, *Language and Learning in the Digital Age*, Routledge, 2011.

딕토 Deikto

| 상호작용적 스토리텔링(interactive storytelling)을 지원하는 언어체계.

크리스 크로포드(Chris Crawford)가 개발한 상호작용적 이야기 엔진 '스토리트론(Storytron)'의 언어체계. 인간과 컴퓨터 간의 상호작용을 통해 이야기 창작을 할 수 있도록 개발됐다. 딕토는 컴퓨터 기반 시스템에서 자연어의 한계를 극복하고자 에드워드 사피어(Edward Sapir)와 벤자민 워프(Benjamin Lee Whorf)의 '언어상대성 이론'을 바탕으로 고안됐다. 인간은 언어를 통해 세계를 이해하므로 특정 개념을 지시하는 언어가 없을 때 해당 개념을 인지하거나 표현할 수 없다. 컴퓨터 프로그램 언어와 달리 인간의 일상 언어인 자연어는 컴퓨터 환경에서 기능적 한계를 가진다. 자연어가 담고 있는 정보의 양이 컴퓨터의 평균 처리 용량보다 크기 때문

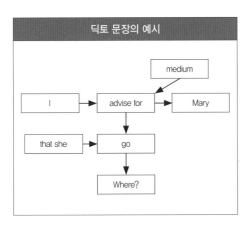

딕토 문장의 예시

I → advise for → Mary

medium → advise for

that she → go

go → Where?

에 연산이 불가능한 것이다. 이에 크로포드는 자연어 중 '조언하다(advise for)' 등을 포함한 64개의 동사를 선별해 딕토를 제안했다.

- **관련 용어** 스토리텔링 창작 도구, 인터랙티브 스토리텔링
- **참고 자료** 이문웅, 한상복, 김광억, 『문화인류학』, 서울대학교출판문화원, 2011. | Noah Wardrip Fruin, Pat Harrigan, *Second Person : Role-playing and Story in Games and Playable Media*, The MIT Press, 2010. | Scott M. Stevens, Shirley Saldamarco, *Entertainment Computing-ICEC 2008 : 7th International Conference*, Springer, 2008. | 스토리트론, www.storytron.com

딜 deal

| 적대 캐릭터나 몬스터에게 대미지를 가하는 행위.

상대에게 타격을 주는 행위인 대미지 딜링(damage dealing)의 준말. 적대 캐릭터나 몬스터와의 전투에서 승패를 가르는 주요 요소이자 역할이나 직업, 능력치, 스킬, 아이템 등 캐릭터 밸런싱의 기준이 된다. 1초에 입힐 수 있는 딜을 측정하는 디피에스로 계산된다. 딜을 내는 방법에는 도트(DoT)와 직접 대미지 두 방식이 있다. 도트의 경우 일정 시간 동안 대미지가 지속되는 딜이며, 직접 대미지는 한 번에 일정량의 대미지만을 입히는 딜이다.

딜의 정도는 레벨과 공격력 관련 능력치에 비례해 상승하며 무기나 장비로 조절 가능하다. 파티 플레이에서의 역할을 나누는 척도로 작용하기도 하는데, 딜이 낮은 역할군의 경우 상대적으로 방어력과 체력치가 높고, 딜이 높은 역할군은 상대적으로 체력이 낮다. 따라서 적에게 최대한 많은 피해를 주는 딜러는 적의 공격을 버티는 탱커나 체력을 회복시켜 주는 힐러와 협력하게 된다. 공격과 방어를 적절한 비율로 전담하는 역할을 딜탱, 짧은 순간 폭발적인 대미지를 적에게 가하는 역할을 극딜로 부르기도 한다.

공격 거리, 대상의 수에 따라 근딜(근거리 공격), 원딜(원거리 공격), 단일딜(한 대상에 대한 공격), 광역딜(여러 대상에 대한 동시 공격)로 분류된다.

- **유의어** 대미지 딜링, 대미지
- **관련 용어** 디피에스, 밸런싱
- **참고 자료** 손형률, 『게임 밸런스 이야기』, 한빛미디어, 2014. | Timothy Rowlands, *Video Game Worlds : Working at Play in the Culture of EverQuest*, Routledge, 2012.

딜러 dealer

| 높은 공격력으로 파티 내에서 적을 공격하는 것을 담당하는 역할.

'대미지 딜러(damage dealer)'의 준말로, 파티에서 적을 공격하는 것에 특화된 역할. 공격력과 공격 속도가 높지만 생명력과 방어력이 낮다. 보스몹의 공격 패턴과 파티에 속한 다른 역할군의 스킬을 파악하고 공격을 이끄는 재능이 요구된다. 파티 플레이 중 몬스터가 플레이어에게 갖는 적대치인 어그로 수치가 탱커(tanker)보다 높아지지 않도록 공격량을 조절하는 플레이 컨트롤도 필요하다.

딜러는 공격의 유형과 공격 거리에 따라 종류가 분화된다. 공격의 유형은 마법과 물리로 나뉘며, 공격 거리는 원거리와 근거리로 구분된다. 다수의 적을 동시에 공격하는 광역 스킬을 가지거나 짧은 시간에 대량의 대미지를 가할 수 있는 딜러를 누커(nuker)라고 부르기도 한다.

주로 탱커나 힐러(healer)에 적합한 직업군이라도 차별화된 육성법에 따라 딜러의 역할을 할 수도 있다. 〈월드 오브 워크래프트〉에는 특성에 관계없이 딜러의 역할을 담당하는 퓨어 딜러(pure dealer)와 선택한 특성에 따라 딜러 역할을 할 수 있는 하이브리드 딜러(hybrid dealer)가 있다. 암흑 사제는 대표적인 하이브리드 딜러로 적에게 지속적인 피해를 주는 마법 공격을 사용한다.

딜러의 유형		
종류	설명	사례
마법	여러 대상에게 적용할 수 있는 광역 스킬, 소환 마법 등을 사용.	마법사, 소서러, 정령사, 주술사, 소환사, 흑마법사
물리 근거리	단검, 장검, 도끼 등을 주 무기로 적에게 큰 피해량을 입힘.	검사, 광전사, 로그, 성기사, 암살자, 전사
물리 원거리	활, 총 등의 무기로 적에게 빠른 속도로 여러 번의 공격을 가함.	건슬링거, 궁수, 레인저

- **관련 용어** 탱커, 특성, 파티, 힐러
- **참고 자료** 〈리그 오브 레전드〉 인벤, http://lol.inven.co.kr | 〈월드 오브 워크래프트〉 위키, http://wowwiki.wikia.com/Damage_dealer | 〈월드 오브 워크래프트〉 인벤, http://wow.inven.co.kr

ㄹ

라이선스 게임 licensed intellectual property game

| 이미 존재하고 있는 지적재산권을 기반으로 만든 게임.

최초의 라이선스 게임은 1976년에 캐나다 드라이(Canada Dry)라는 음료 브랜드를 기반으로 제작된 핀볼 게임이다. 그 후 계약이나 제휴를 통해 인기 있는 영화, 소설, 스포츠 리그 등의 라이선스를 획득하여 게임으로 제작하는 원 소스 멀티 유즈(One-Source Multi-Use, OSMU) 방식으로 발전했다. 라이선스 게임은 원작의 인지도로 인한 마케팅 효과를 누리며 초기 플레이어를 확보하여 일정 수준 이상의 상업적 이득을 기대할 수 있다. 라이선스 게임은 원작의 이미지를 유지하기 위해 주어진 캐릭터나 설정을 사용하거나 원작자의 요구사항을 반영해야 한다. 라이선스 스포츠 게임의 경우 리그에 속한 팀의 로고와 이름을 정확하게 표기해야 하며, 선수의 초상권 등을 고려해 게임을 개발해야 한다. 라이선스 게임의 대표적인 사례로는 〈해리포터〉 시리즈, 〈피파〉 시리즈 등이 있다.

- **관련 용어** IP(Intellectual Property) 게임
- **참고 자료** 앤드류 롤링스, 어니스트 아담스 저, 송기범 역, 『게임 기획 개론』, 제우미디어, 2004. | Rick Hall, Jeannie Novak, *Game Development Essentials : Online Game Development*, Course Technology, 2007. | Scott Rogers, *Level Up! The Guide to Great Video Game Design*, Wiley, 2014.

라이트 건 슈팅 게임 light gun shooter

| 총 모양 컨트롤러로 플레이하는 슈팅 게임.

광센서가 탑재된 총 모양 컨트롤러를 사용해 과녁이나 정지된 특정 물체, 또는 자신을 공격하는 적을 조준 사격하는 슈팅 게임. 플레이어 캐릭터의 이동이나 시점 전환이 자동으로 이루어지기 때문에 레일 슈터(rail shooter)라 부르기도 한다. 최초의 라이트 건 슈팅 게임은 1936년 제부르크(Seeburg) 사가 발매한 기계식 게임 〈레이 오 라이트(Ray-O-Lite)〉로, 플레이어가 라이플 형태의 컨트롤러로 상자 안에서 움직이는 오리 모형을 사격하면 화면에 점수가 출력되는 방식이었다.

이후 라이트 건 슈팅 게임은 1966년 발매된 세가의 〈페리스코프(Periscope)〉를 중심으로 1960~1970년대 아케이드 게임 문화를 주도했고, 1980~1990년대에 이르러 디지털화되었다. 닌텐도가 1984년 〈덕 헌트(Duck Hunt)〉와 함께 권총형 컨트롤러 재퍼(Zapper)를 출시함에 따라 가정용으로 보급되기 시작했으며, 1994년에는 최초의 3차원 라이트 건 슈팅 게임 〈버추어 캅(Virtua Cop)〉이 출시되어 장르의 전성기를 마련했다. 라이트 건 슈팅은 최초의 1인칭 슈팅 게임 〈둠〉을 통해 1인칭 슈팅 게임 장르의 정립에 영향을 미쳤다.

- **유의어** 레일 슈터
- **관련 용어** 슈팅 게임, 컨트롤러
- **참고 자료** IGN, "CONTROLLER CONCEPTS : GUN GAMES", www.ign.com/articles/2005/09/26/controller-concepts-gun-games

라프 Live Action Role-Playing Game, LARP

| 실제 세계의 역할수행 게임.

참여자들이 현실 세계에서 가상의 이야기 속 캐릭터를 연기하는 역할수행 게임. 1977년 미국 워싱턴에서 '다고르히어(Dagorhir)'가 수행한 게임 플레이가 가장 오래된 기록으로 남아있다. 라프는 공포, 대체 역사, 스팀펑크, 판타지 장르를 게임의 배경으로 설정하며, 플레이어가 실제 캐릭터를 연기하면서 이야기를 전개

하는 즉흥극의 특성을 지닌다.

테이블탑 역할수행 게임과 다음과 같은 유사성을 지닌다. 첫째, 게임 운영자가 이야기의 배경을 설정하고 게임을 진행한다. 둘째, 규칙서 혹은 게임 운영자의 지시에 따라 자신이 연기할 캐릭터, 캐릭터의 능력, 아이템의 사용법 등을 설정한다. 셋째, 플레이는 플레이어 캐릭터 간의 관계와 전투에 초점을 두며 연기를 통해 진행된다. 넷째, 하루 동안 진행되는 단편 이벤트와 여러 차례에 걸쳐 진행되는 시리즈로 구분된다.

라프는 캐릭터의 설정에 맞게 의상을 착용하고 소도구를 준비하여 칼을 휘두르거나 대화를 하는 등 캐릭터의 행동을 연기한다는 점에서 다른 역할수행 게임들과 차별화된다. 유명한 이벤트의 경우 관객이 지켜볼 수 있도록 공개적으로 진행되기도 한다. 대표적인 라프 이벤트로는 다고르히어가 진행했던 라그나로크 전투 이벤트가 있다.

- **관련 용어** 테이블탑 역할수행 게임, 역할수행 게임
- **참고 자료** David Simkins, *The Arts of LARP : Design, Literacy, Learning and Community in Live-Action Role Play*, McFarland, 2015. | Noah Wardrip-Fruin, Pat Harrigan, *Second Person : Role-playing and Story in Games and Playable Media*, The MIT Press, 2010. | Stefan Göbel, Rainer Malkewitz, Ido Iurgel, *Technologies for Interactive Digital Storytelling and Entertainment : Third International Conference*, Springer, 2006.

래스터 그래픽 Raster Graphic

| 색을 가진 픽셀로 표현되는 데이터 구조.

격자 모양의 색 화소를 화면에 표시하는 데이터 구조로, 점 방식, 비트맵이라고도 한다. 픽셀들이 모여 2차원 평면을 구성하면 각 평면은 해상도에 맞는 이미지 정보를 표현한다. 점의 개수가 많을수록 고해상도의 정밀한 이미지를 구현할 수 있다. 이미지를 확대했을 때 직사각형의 색점이 그대로 확대되므로 이미지의 경계선 부분에 계단 현상이 나타난다. 래스터 그래픽은 다양한 형식의 그림 파일로 저장할 수 있으며 주로 사용되는 형식은 제이펙(JPEG), 피엔지(PNG), 비엠피(BMP) 등이다. 반대 개념은 점, 직선, 곡선, 다각형 등에 수학 방정식을 적용해 데

이터를 표현하는 벡터 그래픽(Vector Graphic)이다. 래스터 그래픽을 활용한 대표적인 게임으로는 〈마인크래프트〉가 있다.

- **유의어** 비트맵
- **반의어** 벡터 그래픽
- **관련 용어** 그래픽, 픽셀
- **참고 자료** Wayne Graham, *Beginning Facebook Game Apps Development*, Apress, 2012.

랙 lag

| 서버와 클라이언트 사이에서 발생하는 정보 지연 현상.

네트워크를 사용하는 게임에서 화면이 갑자기 멈추거나 플레이어가 조작을 통해 입력한 정보가 화면에서 늦게 아웃풋(output)되는 현상. 클라이언트/서버 시스템(client/server system)을 사용하는 온라인 게임에서 클라이언트 혹은 서버의 접속에 문제가 생길 경우 발생한다. 랙이 발생하는 것을 '랙 걸린다'라고 표현한다. 게임에서 랙은 플레이어가 게임 플레이 상태를 파악하고 타격을 감지하는 것을 방해한다. 클라이언트와 서버 접속 어디에 문제가 발생하느냐에 따라 서버 랙(server lag), 클라이언트 랙(client lag), 이동 랙(latency, internet lag)으로 구분한다.

랙은 애드온(add-on)과 같은 보조 프로그램과 게임 프로그램의 충돌로 인해 발생하기도 한다. 플레이어들은 게임에서 자주 발생하는 랙을 역으로 이용해 공략을 짜기도 있다. 〈검은사막(Black Desert)〉에서 플레이어들은 몹인 오우거를 공략하기 위해 오우거의 이동 랙을 이용한다. 〈사이퍼즈(Cyphers)〉에선 플레이어들이 자주 발생하는 랙 지역을 함께 예측하고 공격 위치를 공유한다.

지연 원인에 따른 랙 유형 분류	
유형	설명
서버 랙	게임 접속자가 갑자기 늘어나는 등의 이유로 서버 연산이 느려지는 현상.
클라이언트 랙	사용자 피시(PC)가 게임 요구 처리 속도를 따라가지 못하는 현상.
이동 랙	서버에서 보내는 캐릭터 위치와 플레이어 스크린의 캐릭터 위치 차이가 발생하는 현상.

- **유의어** 지연(latency)
- **관련 용어** 클라이언트/서버 시스템, 서버 랙, 클라이언트 랙, 이동 랙
- **참고 자료** Astrid Ensslin, *The Language of Gaming*, Palgrave Macmillan, 2011. | Jeannie Novak, GameSalad *The Official GameSalad Guide to Game Development*, Delmar Cengage Learning, 2013. | Sanjay Madhav, *Game Programming Algorithms and Techniques : A Platform-Agnostic Approach*, Addison-Wesley Profession-al, 2013. | Eric Cronin, Burton Filstrup, Anthony Kurc, "A Distributed Multiplayer Game Server System", University of Michigan. 2001.

랭커 ranker

| 리더보드의 상위권 플레이어.

게임 내 순위가 높은 플레이어를 지칭하는 말. 모바(MOBA)나 슈팅 게임과 같이 승패가 명확한 온라인 멀티 플레이 게임에서 주로 사용된다. 랭커의 순위는 일정 기간 동안의 플레이어 전적을 바탕으로 산출하며, 공식 홈페이지나 게임 내 리더보드를 통해 공개한다. 랭커 플레이어가 속한 계급을 '천상계', 순위가 낮은 플레이어가 속한 계급을 '심해'라고도 표현한다. 랭커는 게임 방송, 블로그, 커뮤니티에 플레이 영상, 공략법을 공개하는 방식으로 게임 내의 인지도와 영향력을 높이기도 한다. 〈서든어택(Sudden Attack)〉은 공식 홈페이지를 통해 클랜과 개인 플레이어의 랭킹을 공개한다. 〈리그 오브 레전드〉의 경우 시즌별 승급전에서 획득한 리그 포인트에 따라 등급에 해당하는 티어가 결정된다.

- **관련 용어** 리더보드, 전적, 티어, 천상계, 심해
- **참고 자료** 〈서든어택〉 사이트, http://sa.nexon.com/main/index.aspx

런 앤드 건 run and gun

| 원거리에서 적을 공격하며 앞으로 나아가는 플랫폼 게임.

원거리 무기를 이용해 적을 쓰러트리는 플랫폼 게임. 플랫폼 게임의 캐릭터 이동 방식과 슛뎀업(Shoot'em Up) 게임의 공격 방식을 결합한 형태이다. 게임 화면

은 측면에서 바라본 고정된 시점과 좌우로만 이동 가능한 횡스크롤 방식을 취한다. 캐릭터는 기본적으로 발이 땅에 닿은 상태에서, 적을 쏘면서 앞으로 나아간다. 점프를 이용해 플랫폼 사이를 이동하거나 적의 공격을 피할 수 있다. 이 장르의 대표적인 게임으로는 1987년 출시된 〈콘트라(Contra)〉와 1996년 출시된 〈메탈슬러그(Metal Slug)〉를 들 수 있다. 핸드건, 머신건(machine-gun), 폭탄, 미사일 등 원거리 무기가 주로 사용되지만 〈메탈슬러그〉와 같이 단검, 렌치, 도끼 등 근거리 무기를 사용되기도 한다.

- **관련 용어** 슛뎀업, 플랫폼 게임
- **참고 자료** Bill Loguidice, Matt Barton, *Vintage Games : An Insider Look at the History of Grand Theft Auto, Super Mario, and the Most Influential Games of All Time*, Focal Press, 2009.

레벨 level

| 캐릭터의 성장 정도 혹은 게임 스테이지의 난이도.

스테이지 레벨과 캐릭터 레벨로 나뉜다. 게임 플레이가 진행됨에 따라 일정 조건을 달성하게 되면 레벨이 올라가며 이 과정을 레벨업이라고 부른다. 스테이지 레벨은 스테이지의 난이도를 의미하는 말로, 1개의 스테이지에서 목표를 달성할 경우 다음 레벨의 스테이지로 넘어갈 수 있다. 캐릭터 레벨은 캐릭터의 등급이나 수준을 의미한다. 전투나 퀘스트를 통해 경험치가 일정량 쌓이게 되면 캐릭터의 레벨이 올라간다. 캐릭터의 성장이 중요한 역할수행 게임에서 주로 나타난다.

레벨이 올라감에 따라 레벨업에 필요한 경험치 요구량, 캐릭터의 능력치가 증가하기 때문에 레벨을 통해서 캐릭터의 성장과 능력 강화 정도를 알 수 있다. 레벨 시스템을 사용하는 대부분의 게임에서는 소위 '만렙(萬level)'이라고 부르는 최대 레벨을 설정하고 있다. 최대 레벨에 도달하게 되면 플레이어는 더 이상 레벨을 올릴 수 없다. 레

레벨 구간에 따른 플레이 변화				
레벨 구간	난이도	경험치 요구량	레벨업 속도	대상 플레이어
연습 구간	쉬움	적음	빠름	초보자
모험 구간	보통	보통	보통	일반 플레이어
투쟁 구간	어려움	많음	느림	숙련자

벨은 구간에 따라 난이도, 경험치 요구량, 레벨업 속도가 달라지며 구간은 크게 연습 구간, 모험 구간, 투쟁 구간으로 나뉜다.

- **유의어** 레벨 디자인
- **관련 용어** 스테이지, 성장, 전투, 경험치
- **참고 자료** 손형률, 『게임 밸런스 이야기』, 한빛미디어, 2014. | 위정현 편저, 『온라인 게임, 교육과 손잡다』, 한경사, 2008.

레벨 디자인 level design

| 게임 공간 내의 각종 구조물이나 아이템 등을 위계적인 등급구조로 디자인하는 것.

게임의 공간 및 맵 구조를 설계하는 것. 맵의 목표, 스토리 흐름, 이벤트 구성 등을 총괄적으로 반영해야 하기 때문에 결과적으로 게임의 흥미와 난이도, 균형을 유지하는 데에 영향을 준다. 과거에는 게임의 공간이 단순히 배경과 같은 환경적 요소로 치부되었으나, 게임이 복잡해지고 플레이어의 상호작용이 강화됨에 따라 게임 공간의 중요성이 대두되었다.

게임의 공간이 어떻게 설계되었는지에 따라 플레이의 난이도, 테마가 달라지며, 플레이 경험 또한 달라진다. 이에 게임 공간 중심의 레벨 디자인이 게임 완성도를 결정하는 중요한 요인으로 떠올랐다.

레벨 디자인은 역할수행 게임, 슈팅 게임, 어드벤처 게임 등 게임 내 서사의 세계관이 존재하는 게임 장르에서 중요하게 다루어진다. 성공적인 레벨 디자인을 위해서는 미션과 공간이 함께 고려되어야 한다. 공간은 지도와 같은 지리적 틀을 의미하며, 미션은 플레이어가 해당 레벨에서 도전하고 수행해야 할 일

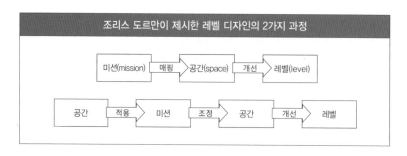

조리스 도르만이 제시한 레벨 디자인의 2가지 과정

미션(mission) — 매핑 → 공간(space) — 개선 → 레벨(level)

공간 — 적용 → 미션 — 조정 → 공간 — 개선 → 레벨

을 의미한다. 따라서 레벨 디자인은 미션을 먼저 구성한 후 미션에 맞는 공간을 구성하거나, 공간을 구성한 후 공간에 적합한 미션을 구성하는 2가지 방법으로 진행된다.

레벨 디자인에는 게임 엔진에 최적화된 레벨 에디터(level editor) 소프트웨어가 사용된다. 레벨 디자이너는 레벨 에디터를 통해 지형 설계, 지형 및 오브젝트의 질감 조정, 모델 디자인 등을 수행한다. 대표적인 레벨 에디터로는 밸브 코퍼레이션(Valve Corporation)의 해머 에디터(Hammer Editor), 에픽 게임즈(Epic Games)의 언리얼 에디터(Unreal Ed), 유니티 테크놀로지스(Unity Technologies)의 유니티 3D(Unity 3D)가 있다.

- **유의어** 매핑, 레벨, 레벨 에디터
- **관련 용어** 게임 공간, 난이도, 균형, 미션
- **참고 자료** 김경식 외, 『컴퓨터게임개론』, 글누림, 2005. | Phil Co, *Level Design for Games : Creating Compelling Game Experiences*, New Riders, 2006. | Joris Dormans, "Level design as model transformation : A strategy for automated content generation.", *Proceedings of the 2nd International Workshop on Procedural Content Generation in Games*, ACM, 2011.

레벨 에디터 level editor

| 게임의 레벨이나 맵, 캠페인 등을 설계하는 소프트웨어.

게임의 레벨, 맵, 캠페인 설계에 사용하는 소프트웨어로, 게임 개발 단계에서 레벨 디자이너들이 활용하며 개발사에서 플레이어들에게 직접 제공하기도 한다. 개발자는 그래픽 요소들의 기능과 용도를 알려주는 그래픽 유저 인터페이스를 활용하여 게임 엔진에 맞는 레벨 에디터를 만든다. 대표적인 예로 언리얼 엔진(Unreal Engine)의 개발 도구인 언리얼 에디터(Unreal Ed)가 있다.

레벨 에디터의 사용자는 소스 코드나 스크립팅 시스템 등을 통해 게임 요소를 설계하고 게임상에 보이는 화면을 편집할 수 있어 변경 사항이 게임에 어떻게 적용되는지 즉각 확인이 가능하다. 〈크라이시스(Crysis)〉의 샌드박스 에디터는 편집한 레벨을 실시간으로 플레이해 볼 수 있는 기능을 제공하고 사용자가 새로운 레벨의 게임을 제작할 수 있도록 게임의 리소스를 공개하기도 한다.

플레이어에게 배포된 대표적인 레벨 에디터로는 〈스타크래프트〉의 맵 설계에 활용되는 스타에디트(StarEdit)와 게임 내 콘텐츠를 추가할 수 있는 〈심즈 2〉의 심페(SimPE) 등이 있다. 매퍼(mapper)라 불리는 플레이어들은 레벨 에디터를 활용해 모드와 유즈맵 등을 제작한다.

- **관련 용어** 레벨, 레벨 디자인, 모드, 유즈맵
- **참고 자료** 김덕호, 『게임 기획과 디자인』, 피씨북, 2001. | 리처드 라우스 Ⅲ 저, 최현호 역, 『게임 디자인 : 이론과 실제』, 정보문화사, 2001.

레어템 rare item

| 획득의 난이도가 높으며 수적으로 희귀한 아이템.

다른 아이템보다 드롭율이 낮은 아이템. 레어 아이템의 줄임말이다. 게임에 따라 영웅, 유니크, 전설 아이템으로 칭하기도 한다. 레어템은 일반템에 비해 캐릭터에 작용하는 능력치가 높고, 디자인이 정교하다. 인벤토리 슬롯에 표시되는 색상으로 아이템의 등급을 구분할 수 있다.

레어템의 입수 경로는 다음과 같다. 첫째, 필드의 네임드 몬스터, 인스턴스 던전에 거주하는 보스 몬스터를 처치하고 획득한다. 둘째, 상대 진영 플레이어와의 전투에서 승리한 플레이어 간 전투(PvP) 점수와의 교환, 높은 난이도를 가진 퀘스트 수행 보상, 높은 난이도의 던전을 클리어한 보상, 프로모션 이벤트 보상으로 획득한다. 네임드 몬스터가 랜덤하게 드롭하는 아이템을 특별 상인이 판매하는 레어템과 교환하는 형식도 있다. 셋째, 기술을 보유한 플레이어가 직접 제작해서 사용할 수 있다.

〈리니지〉의 레어템인 '진명황의 집행검'은 제작 난이도가 높고 강화 성공 확률이 낮아 플레이어들 사이에서 고가에 거래됐다. 재료 아이템 중 '라스타바드 무기 제작 비법서'는 드롭율이 낮은 '라스타바드 역사서'를 8개 모아야 만들 수 있다. 해당 아이템이 드롭되는 라스타바드 던전은 거대 길드에 의해 출입이 통제되어 일반 플레이어들은 입장할 수 없었다. 집행검은 '사업장'이라 불리는 거대 길드들에 의해 제작되어 전 서버에 100개 이하로 유통되었다.

- **관련 용어** 귀속, 드롭율, 레이드, 보스몹, 아이템, 현거래

■ 참고 자료 Benjamin Duranske, *Virtual Law : Navigating the Legal Landscape of Virtual Worlds*, American Bar Association, 2008. | Mia Consalvo, *Cheating : Gaining Advantage in Videogames*, The MIT Press, 2009.

레이싱 게임 racing game

| 자동차나 오토바이 등 탈것을 조종하여 경주하는 게임.

플레이어가 자동차나 오토바이 등을 운전하면서 경쟁 상대와 스피드를 겨루는 게임 장르. 맵을 중심으로 이뤄지며, 차량을 이용한 게임이 많기 때문에 드라이빙 게임이라고 부르기도 한다. 실존하는 레이싱 리그를 재현하거나 플레이어의 구체적인 퍼포먼스를 요구하는 경우가 많아 스포츠 게임, 혹은 시뮬레이션 게임의 하위 장르로 분류되기도 한다. 최초의 레이싱 게임은 1973년 아타리(Atari)에서 개발한 〈스페이스 레이스(Space Race)〉로, 조이스틱을 이용해 장애물을 피하고 경쟁 상대보다 먼저 결승 지점에 도달하는 방식이었다. 자동차 레이싱 게임의 시초는 〈스피드 레이스(Speed Race)〉로 핸들과 페달을 이용한 평면 시점을 시도했으며, 경쟁자를 추월하여 점수를 획득하는 레이싱 게임의 기본 틀을 확립했다.

1990년대 이후부터는 레이싱 게임의 화면 구성이 보편화되면서 상대적으로 플레이 방식의 차별화가 이루어졌다. 게임 제작 과정에서 현실에 존재하는 공간 또는 차량을 사실적으로 모사하기도 하며, 속도뿐만 아니라 핸들과 좌석의 진동, 시동 효과음, 주행 중 엔진 소리의 변화 등 섬세한 조작이 가능하도록 시도하기도 했다. 현실감이 강화된 레이싱 게임은 경우에 따라 실제 차량 브랜드와 협업하기도 한다. 대표적으로 〈그란 투리스모(Gran Turismo)〉와 〈니드 포 스피드(Need for Speed)〉 시리즈가 있다. 레이싱 공간 및 캐릭터를 만화적으로 표현한 〈슈퍼 마리오 카트〉 시리즈와 〈카트라이더(Kartrider)〉도 대표적인 게임이다.

■ 관련 용어 스포츠 게임, 시뮬레이션 게임, 탈것, 자동차, 카트
■ 참고 자료 이동은, 『디지털 게임 플레이의 신화성 연구 : MMOG를 중심으로』, 이화여자대학교 대학원 디지털미디어학부 박사논문, 2013. | 이재홍, 『게임 스토리텔링』, 생각의나무, 2011. | Mark J. P. Wolf, "Genre and the Video Game", *The Medium of the Video Game*, University of Texas Press, 2002.

렉시아 lexia

| 독자가 텍스트를 읽으며 인지하게 되는 텍스트의 한 단위.

롤랑 바르트가 제시한 개념으로, 독자가 텍스트를 읽으며 분할하는 독해의 단위이다. 아리스토텔레스가 제시한 비극의 6가지 요소 중 언어적 요소를 가리키는 렉시스(lexis)에서 유래했다. 렉시아는 텍스트의 분절적 조각으로 하이퍼링크의 노드(node)와 상응한다. 각각의 렉시아는 링크(link)를 통해 네트워크를 이루고, 독자는 렉시아를 이으면서 텍스트 전체를 이해한다. 하이퍼미디어에서의 렉시아는 글자 외에도 소리, 시각적 이미지, 애니메이션 등 다양한 형태의 정보를 포함한다.

게임은 렉시아들이 연결된 트리 구조로, 플레이어가 최종 렉시아에 이르면 게임이 종결된다. 플레이어는 플레이를 통해 하나의 렉시아에서 다른 렉시아로 이동하고 이 연결 구조가 모여 게임 스토리가 완성된다. 이때 각 렉시아는 개발자의 의도에 따라 선형적으로 연결되며 플레이어의 선택에 따라 비선형적으로 연결된다.

- **유의어** 노드, 스크립톤
- **관련 용어** 하이퍼링크, 하이퍼텍스트, 비선형성
- **참고 자료** 롤랑 바르트 저, 김웅권 역, 『S/Z』, 동문선, 2006. | 박정자, 『(스토리텔링의 비밀이 된) 아리스토텔레스의 시학』, 인문서재, 2013. | 에스펜 올셋 저, 류현주 역, 『사이버텍스트』, 글누림, 2007. | 조지 P. 란도 저, 김익현 역, 『하이퍼텍스트 3.0 : 지구화 시대의 비평이론과 뉴미디어』, 커뮤니케이션북스, 2009.

렌더링 rendering

| 3차원으로 구현한 인물, 사물, 배경 등을 평면 화면으로 옮기는 작업.

3차원 사물을 데이터로 변환한 폴리곤(polygon)과 텍스처(texture)의 그래픽 리소스를 다시 플레이어의 시점에 맞춰 평면인 2차원 화면의 이미지로 변환하는 기술. 렌더링 알고리즘(rendering algorithm)이라고도 한다. 렌더링으로 표현할 수 있는 요소는 형태, 음영, 색상, 공간, 재질 등으로 렌더링 과정에서는 그림자, 색상, 색의 농도 등에 변화를 주어 캐릭터나 배경에 사실감을 부여한다. 3차원 그래픽을 표현하는 경우 렌더링은 2가지로 나뉜다. 미리 렌더링을 해두는 프리 렌더링(pre rendering)과 실시간으로 렌더링을 진행하는 실시간 렌더링(real-time rendering)으로 전자는 영화 제작에 사용하며, 후자는 3차원 게임에 활용한다. 3차원 게임은 플레이어의 움직임에 따라 매초 수십 장의 이미지를 실시간으로 생성하기 때문에 실시간 렌더링 기술을 구현하는 그래픽 카드를 사용한다. 대표적인 그래픽 카드로는 에이수스(Asus)에서 개발한 스트릭스(STRIX) 시리즈가 있다.

게임에서의 렌더링은 미국의 프로그래머인 존 카맥(John Carmack)이 〈울펜슈타인 3D(Wolfenstein 3D)〉, 〈둠〉 등 고사양 그래픽 구현과 실시간 상호작용이 중요한 1인칭 슈팅 게임 장르를 개발하면서 본격적으로 발전했다. 2차원 그래픽 게임의 경우 플레이 화면이 고정되어 있지만, 3차원 게임은 전 방향에서 이미지를 구현해야 하기 때문에 게임 개발 요소에서 그래픽 부분을 별도로 분리한다. 이 과정에서 렌더링 엔진이 개발됐다. 〈월드 오브 워크래프트〉의 경우, 그래픽 프로그래머와 디자이너가 협업하여 렌더링 엔진 기능을 향상시키며 성공적으로 그래픽을 구현한 대표적인 사례로 꼽힌다.

최근에는 배경을 그대로 둔 채 캐릭터만 움직이는 셀 애니메이션(cell animation)과 유사한 카툰 렌더링(cartoon rendering) 기술이 개발됐다. 사실적인 렌더링 기술과 비교했을 때 단순한 색감과 단계적인 명암 표현이 특징이다. 〈클로저스(Closers)〉와 〈카트라이더〉가 대표적인 카툰 렌더링 게임이다.

- **유의어** 렌더링 알고리즘
- **관련 용어** 그래픽, 게임 엔진, 카툰 렌더링
- **참고 자료** 박주항, 『CGSF를 활용한 게임 서버 제작 : C++로 온라인 게임 서버 구축하기』, 한빛미디어, 2014. | 토마스 아케닌 묄러, 에릭 헤인즈 저, 신병석, 오경수 역, 『Real-Time Rendering』, 정보문화사, 2003. | Steve Rabin, *Introduction to Game Development*, Charles River Media, 2009.

렌더링 파이프라인 rendering pipeline

| 3차원 그래픽을 2차원 평면으로 표현하는 과정.

3차원으로 제작된 그래픽 리소스를 렌더링 기술을 통해 2차원 화면에 나타내는 일련의 과정. 게임에서는 플레이어 캐릭터의 시점에 따라 실시간으로 변하는 3차원 게임 세계를 빠르게 출력하기 위해 이용된다. 3차원 게임 세계를 관찰하는

가상의 관찰점을 지정하고 그 시야를 제한하여 2차원 이미지를 생성하는 방식으로 구현된다. 폴리곤으로 모델링된 오브젝트에 텍스처를 입혀서 재질감을 부여하는 텍스처 매핑(texture mapping), 오브젝트에 그림자, 명암 같은 광원 효과를 적용하여 보다 사실적으로 보이게 하는 쉐이더(shader), 디테일의 수준을 조절하여 실시간 처리를 용이하게 하는 최적화(optimization) 등 다양한 세부 기술이 동원된다.

프랭크 D. 루나는 렌더링 파이프라인을 9단계로 설명한다. 분할된 각 단계는 사용자 화면의 출력 속도를 향상시켜 게임의 반응 속도를 높인다.

| | 프랭크 D. 루나의 렌더링 파이프라인 |
순서	단계	설명
1	로컬 스페이스 (local space)	3차원 개체를 좌표 위에 배치.
2	월드 스페이스 (world space)	3차원 개체를 이동, 회전, 변환시켜 한 공간에 모음.
3	뷰 스페이스 (view space)	카메라의 위치를 정하고 좌표의 한 축을 바라보는 관찰점을 지정.
4	후면 추려내기	3차원 개체의 전면과 후면을 지정하여 관찰점에서 후면이 보이지 않도록 가림.
5	조명	3차원 개체에 명암 효과를 줄 수 있는 광원을 등록.
6	클리핑(clipping)	관찰점을 기준으로 시야를 결정하고 시야를 벗어난 물체가 보이지 않도록 설정.
7	투영	관찰점과 개체 간 거리 계산을 통해 3차원 개체를 2차원으로 출력.
8	뷰포트(viewport)	개체가 속한 좌표를 뷰포트라 불리는 직사각형으로 변환.
9	래스터라이즈 (rasteriz)	2차원으로 변형된 개체를 표현하는 데 요구되는 픽셀을 계산.

- **관련 용어** 렌더링, 그래픽
- **참고 자료** Frank D. Luna, *Introduction To 3D Game Programming With Directx 9.0C : A Shader Approach*, Jones & Bartlett Learning, 2006.

로그 log

| 플레이어의 입력과 그 결과, 게임 시스템 및 캐릭터의 상태가 기록된 파일 혹은 그 내용.

컴퓨터 시스템의 사용 내역을 기록한 것. 게임에서의 로그는 주로 로그 서버에

시간 순으로 저장되는 플레이어의 행동 기록이다. 이는 기술상의 문제 해결뿐만 아니라 게임 운영에 필수적인 요소이다. 다수의 플레이어가 동시에 접속하는 온라인 게임에서는 문제 상황의 재현이 어렵기 때문에 로그를 참고하여 문제를 파악한다.

특히 클라이언트/서버 시스템을 사용하는 온라인 게임에서는 플레이어의 컴퓨터가 아닌 서버에 아이템 정보 등이 저장된다. 버그로 인한 아이템 손실 등이 발생할 경우 로그가 보상의 근거가 된다.

또한 큐에이(QA) 및 플레이 양상 파악을 위해 로그를 분석하고 업데이트와 마케팅에 참고한다. 로그는 트래픽, 매출, 플레이 패턴 지표로 가공되어 제공되기도 한다. 트래픽 지표는 가입 사용자 수, 동시 접속 사용자 수, 잔존율 등이다. 매출 지표는 구매 사용자당 평균 매출액 등이다. 플레이 패턴 지표는 플레이 시간, 레벨별 가입 사용자 분포, 가상 통화 획득 및 소비 양상 등이다.

게임 로그를 남길 때는 사용자의 조작 요구와 그 결과를 모두 기록해야 한다. 조작 요구에 해당하는 것은 클라이언트가 서버에 보내는 요청이며, 결과에 해당하는 것은 주로 표의 7가지와 같다.

로그는 게임 내에서 플레이어에게 제공되기도 한다. 게임 내 로그는 다중접속온라인 역할수행 게임 및 모바(MOBA)에서는 대화창 등을 통해 표시되어 플레이어들이 전투를 비롯한 게임 플레이에 로그를 참고한다.

나카시마 켄고가 정리한 사용자 조작 결과 로그의 종류
사용자의 조작 결과 기록
아이템 교환/취득/이용
캐릭터 스킬의 이용/취득
경험치나 체력 등 캐릭터 상태 변화
적에게 준 대미지나 스킬 효과/쓰러트린 결과
모든 상점 엔피시(NPC)와의 대화
로그인, 로그아웃 이력
맵 간의 이동에 대한 이력

- **관련 용어** 운영, 큐에이, 클라이언트/서버 시스템
- **참고 자료** 나카시마 켄고 저, 김상우 역, 『온라인 게임을 지탱하는 기술』, 위키북스, 2012. | 정원철 외, 『Game QA : 성공적인 게임의 숨은 조력자』, 한빛미디어, 2011. | Richard A. Bartle, *Designing Virtual Worlds*, New Riders, 2003.

로그라이크 게임 Rogue-like game

| 1980년에 출시된 컴퓨터 역할수행 게임 〈로그〉에서 유래한 장르.

〈로그(Rogue)〉는 아스키 부호를 사용해 캐릭터와 던전 등을 시각적으로
표현하고 플레이어가 캐릭터를 직접 조종할 수 있도록 한 최초의 컴퓨터 역
할수행 게임이었다. 게임 저장과 캐릭터 부활이 존재하지 않고, 게임을 시작
할 때마다 던전의 배치나 몬스터와 아이템의 종류가 무작위로 달라져 게임의
난이도가 높은 것이 특징이었다. 이 같은 특징은 난이도 높은 게임을 선호하
는 마니아층의 지지를 받아 로그라이크라는 장르를 형성했다. 대표적인 로그
라이크 게임으로는 〈넷핵(NetHack)〉, 〈던전 크롤(Dungeon Crawl)〉, 〈모리아
(Moria)〉 등이 있다.

■ **관련 용어** 로그, 무작위 던전
■ **참고 자료** B. Tessem, P. Ala-Siuru, P. Doherty, B. Mayoh, *Eighth Scandinavian Conference on Artificial
Intelligence*, IOS Press, 2003.

로망스 romance

| 궁정 연애담, 기사 모험담 등을 소재로 하는 문학 장르.

12세기 중세 시대에 유행했으며, 17세기 소설(novel) 탄생의 모태가 되었다. 게
임에서는 로망스의 영웅담을 기반 서사로 차용하여 세계관을 구성한다. 노스럽
프라이는 로망스 문학이 모든 문학 형식 가운데 욕구 충족의 꿈에 가장 가까운
것이며 탐색과 해결의 구조를 가진다고 본다. 로망스의 본질적 요소는 추구와 모
험으로, 연속적이고 과정적인 형식을 취하는 것이 일반적이다. 열린 형식의 플롯
으로 결말이 없기 때문에 하나의 모험이 끝나면 새로운 소모험의 생성을 통해
다음 모험을 계속하는 이야기 형식을 취한다. 프라이는 로망스를 표와 같이 6가
지 양상으로 나눈다.

로망스의 6가지 양상은 게임 서사의 영웅 모험담과 연결되며, 이는 플레이어의
경험을 통해 구체적으로 나타난다. 프라이는 로망스 플롯의 주요 3단계를 갈등,

노스럽 프라이가 정의한 로망스의 6가지 양상		
순서	구분	설명
1	영웅의 탄생	신비에 싸여 있는 영웅의 출생 신화로 주기의 시작과 끝을 상징함.
2	목가적 순진무구	영웅의 순진무구한 청춘을 다루며, 목가적인 세계에서 나타남.
3	전형적인 양상	보편적으로 논의되어 왔던 영웅의 퀘스트 주제.
4	지속적 순진무구	경험 세계의 침입으로부터 순진무구한 세계의 일체성을 지키는 것.
5	전원시적 양상	높은 곳에서부터 경험의 세계를 정관적·전원시적인 자세로 바라봄.
6	펜제로소 (penseroso)의 양상	영웅이 모험을 마치고 회귀한 것으로, 활동적인 모험에서 정관적인 모험으로 움직이는 최종단계를 보여줌.

투쟁, 귀환(개선)으로 보았으며, 각각을 아곤(agon), 파토스(pathos), 아나그노리시스(anagnorisis)로 지칭한다.

로망스 플롯의 3단계는 영웅의 성장이라는 추구 서사(quest narrative)를 바탕으로 한다. '목표 설정-모험과 투쟁-목표 달성'으로 나타나는 3단계 추구 서사는 온라인 게임 퀘스트에서 '수락-수행-완료'의 3단계 구조로 나타난다. 일련의 소모험들로 수렴되는 로망스 플롯은 퀘스트라는 소모험을 중심으로 플레이어의 지속적인 서사 경험을 유도한다.

노스럽 프라이가 제시한 로망스 플롯의 3가지 단계	
구분	설명
아곤	모험의 동기인 최초 갈등을 경험하고 모험 준비를 위한 소모험을 경험함.
파토스	주인공의 필사의 투쟁이 벌어지는 단계로 보통 주인공이나 적 중 한쪽이 죽지 않으면 안 될 정도로 생명을 건 투쟁이 이루어짐.
아나그노리시스	발견, 깨달음, 자기 인식의 단계로 영웅으로서 자신을 인식하는 단계에 해당함.

- **유의어** 로맨스
- **관련 용어** 퀘스트, 플롯
- **참고 자료** 노스럽 프라이 저, 임철규 역, 『비평의 해부』, 한길사, 2000. | 도정일, 「신화와 판타지 열풍에 대한 몇 가지 질문들」, 『비평』, vol.0, no.9, 생각의나무, 2002. | 서성은, 「중세 판타지 게임의 세계관 연구」, 『한국콘텐츠학회논문지』, vol.9, no.9, 한국콘텐츠학회, 2009. | 윤혜영, 김정연, 「MMORPG의 서사 양식 전환에 따른 사용자 정체성 연구」, 『한국게임학회 논문지』, vol.15, no.1, 한국게임학회, 2015. | Jeff Howard, *Quests : Design, Theory, and History in Games and Narratives*, CRC Press, 2008.

로밍 roaming

| 몹이 특정 지역을 배회하거나 플레이어가 다른 플레이어를 돕기 위해 자신의 공격로를 벗어나는 행위.

다중접속온라인 역할수행 게임에서 로밍은 몹이 특정 지역을 배회하는 행위를 가리키며, 이러한 몹을 로밍 몬스터, 혹은 로머(roamer)라고 부른다. 예를 들어 〈테라(Tera)〉의 인스턴스 던전인 '비밀 기지'에는 패잔병 정찰병, 훈련된 도베르만 등이 로밍 몬스터로 출현한다.

몹과의 전투에서 로밍 몬스터가 등장할 경우, 로밍 몬스터가 전투에 끼어드는 애드(add)가 발생할 수 있으므로 플레이어는 로밍 몬스터의 이동 경로, 이동 주기 등을 사전에 파악해야 한다.

모바(MOBA) 게임에서 로밍은 플레이어가 전투 중인 아군을 돕기 위해 자신이 맡은 공격로를 벗어나 전투에 합류하는 행위를 뜻한다. 적절한 타이밍에 로밍을 시도할 경우, 기습적으로 해당 공격로의 수적 우세를 거머쥘 수 있기 때문에 전략적으로 사용된다. 일반적으로 은신이 가능하거나 공격력이 강한 캐릭터가 로밍에 유리하지만, 플레이어의 맵 장악력과 상황 판단력 또한 로밍에 영향을 미친다. 〈리그 오브 레전드〉의 경우, 플레이어끼리 적절한 로밍 타이밍과 로밍하기 좋은 캐릭터에 대한 정보를 공유하기도 한다. 대표적인 로밍 캐릭터는 렉사이, 트위스티드 페이트, 판테온 등이다.

- **유의어** 갱킹, 정글러
- **관련 용어** 로머, 애드, 모바, 라인
- **참고 자료** 〈리그 오브 레전드〉 사이트, www.leagueoflegends.co.kr | 〈테라〉 사이트, http://tera.nexon.com

로봇 robot

| 사람을 대신하여 반복적인 작업을 수행할 수 있는 기계.

작가 아이작 아시모프는 1942년 단편소설 「런어라운드(Runaround)」에서 로봇의 3원칙을 제시했다. 첫째, 로봇은 인간에게 해를 가하거나 혹은 행동을 하지 않음으로써 인간에게 해가 가도록 해서는 안 된다. 둘째, 로봇은 인간이 내리는 명

령에 복종하되 명령이 첫 번째 법칙에 위배될 때는 예외로 한다. 셋째, 로봇은 자신의 존재를 보호하되 첫 번째와 두 번째 원칙에 위배될 때는 예외로 한다. 3원칙은 이후 공상 과학 작품에 등장하는 로봇의 전형을 제시했다. 로봇은 3원칙을 지키며 인간과 공존하거나, 3원칙을 위배하여 인간을 공격하거나, 3원칙으로 인해 갈등하는 존재로 그려진다.

일본의 경우, 로봇을 전설적이며 초월적인 능력을 가진 '슈퍼 로봇'과 현실적인 탑승형 병기 '리얼 로봇'으로 나눈다. 그중 대표적인 리얼 로봇의 예로는 애니메이션 〈기동전사 건담(機動戦士ガンダム)〉에서 시작된 〈건담 vs.(Gundam vs.)〉 시리즈가 있다.

게임에서의 로봇은 탑승물, 유닛 등의 무기로 사용되거나 지능 및 인격을 가진 캐릭터로 등장한다. 전자의 경우, 액션 게임, 대전 게임, 1인칭 슈팅 게임에 주로 활용되며 플레이어가 로봇의 파일럿이 되어 로봇을 조작한다. 조립 및 분해가 가능하고 수리가 가능한 로봇의 특징을 바탕으로 하여 플레이어는 로봇을 업그레이드하거나 커스터마이징할 수 있다.

게임에서의 로봇 유형			
종류		설명	사례
비인격형	탑승물	플레이어가 탑승하여 조종하는 기체	〈슈퍼로봇대전(Super Robot Wars)〉 시리즈 〈아머드 코어(Armored Core)〉 시리즈
	유닛	전략 시뮬레이션 게임의 전투용 개체	〈토탈 어나이얼레이션(Total Annihilation)〉 〈슈프림 커맨더(Supreme Commander)〉
인격형	주인공	직접 조작 가능한 로봇 캐릭터	〈록맨(Megaman)〉 시리즈의 록맨 『탈로스의 법칙(The Talos Principle)』의 주인공
	조력자	동행하며 게임 진행을 보조하는 로봇 캐릭터	〈보더랜드(Borderland)〉 시리즈의 클랩트랩 〈라쳇 앤 클랭크(Ratchet & Clank)〉 시리즈의 클랭크 〈포탈(Portal)〉의 휘틀리 〈폴아웃 : 뉴 베가스(Fallout : New Vegas)〉의 이디-이(ED-E)
	적대자	플레이어를 공격 혹은 위험에 빠트리는 로봇 캐릭터	〈메탈 기어(Metal Gear)〉 시리즈의 메탈 기어 〈포탈(Portal)〉의 글라도스

■ **관련 용어** 모티프, 아이작 아시모프

■ **참고 자료** 구신애, 『로봇 디자인의 숨겨진 규칙』, 살림, 2009. | 오은, 『너는 시방 위험한 로봇이다』, 살림, 2009. | Isaac Asimov, *I, Robot*, Spectra, 2008. | Lisa Nocks, *The Robot : The Life Story of a Technology*, John Hopkins University Press, 2008.

로테이션 rotation

| 〈리그 오브 레전드〉에서 매주 10개의 캐릭터를 선정하여 플레이어에게 캐릭터를 무료로 제공하는 제도.

개발사 라이엇 게임즈(Riot Games)는 1주일 단위로 〈리그 오브 레전드〉의 챔피언 캐릭터 130여 개 중에 10개를 선정하여 플레이어가 무료로 체험할 수 있는 기회를 제공한다. 챔피언 로테이션이라고도 한다. 로테이션 명단은 매주 바뀌며, 화요일마다 〈리그 오브 레전드〉의 공식 홈페이지에 공개된다. 새로운 캐릭터를 플레이할 수 있는 기회를 제공한 후, 플레이어가 해당 캐릭터를 구매하도록 유도하는 일종의 프로모션 서비스이다.

- **관련 용어** 리그 오브 레전드, 챔피언
- **참고 자료** Carl Preston, *League of Legends 76 Success Secrets*, Emereo Publishing, 2014. | Theresa Phillis, *How to Start a Hobby in League of Legends*, SamEnrico, 2015.

롤백 roll back

| 데이터베이스에서 오류가 발생할 때, 서버 내 저장된 게임 정보를 특정 시점 이전 상태로 되돌리는 것.

플레이어들 사이에서 '백섭'이라고도 불린다. 게임에서 롤백은 아이템 복제, 캐릭터 해킹 등 버그로 인한 비정상적인 현상을 수습 및 복구하기 위해 사용한다. 플레이어의 반복된 역할수행을 요구하는 온라인 게임의 경우, 롤백은 서버 상태나 내부 데이터뿐만 아니라 플레이어의 역할수행 과정 및 게임에 투자한 시간까지 휘발시킨다. 플레이어의 아이템, 돈, 경험치 등의 휘발은 플레이어와 개발사 간의 갈등, 분쟁으로까지 이어질 수 있다. 개발사는 기록 삭제에 대한 플레이어의 반발과 게임에 대한 신뢰도 약화 방지를 위해 보상 및 이벤트 등을 추가로 진행하는 것이 일반적이다.

2013년 11월 모바일 게임 〈몬스터 길들이기〉에서는 게임 내 과금을 유도하는 뽑기 시스템 '행운상자'에 버그가 발생했다. 쿠폰부터 열쇠, 수정 등 고급 아이템을 무작위로 획득할 수 있는 행운상자의 버그는 행운상자를 구입한 플레이어들의 불만으로 이어졌다. 이에 개발사 넷마블(Netmarble)에서는 데이터 롤백을 결정하고 플레이어에게 보상 아이템을 지급했다.

2015년 6월 다중접속온라인 역할수행 게임 〈아키에이지(ArcheAge)〉에서는 타 플레이어의 아이디만 입력해도 게임에 접속이 가능한 로그인 서버 장애가 발생했다. 이에 개발사 엑스엘게임즈(XLGAMES)는 대규모 계정 해킹 사태를 예방하고자 이상 현상이 발생하기 전으로 롤백을 진행하고 접속한 플레이어에게 일괄적으로 보상을 지급했다.

- **관련 용어** 버그, 백섭
- **참고 자료** 디스이즈게임, 〈몬스터 길들이기, 행운상자 버그 발생으로 몸살〉, www.thisisgame.com/mobile/news/nboard/1/?n=50878 | 한국경제, 〈비정상 접속 '아키에이지', 서버 롤백 결정〉, www.hankyung.com/news/app/newsview.php?aid=201506039965v

루두스 ludus

| 규칙이 강조되는 놀이.

정형화되고 형식적인 규칙을 중시하는 놀이. 루두스는 라틴어로 게임을 의미하며, 인류학자인 로제 카이와는 루두스를 이유 없이 어려움을 추구하는 것으로 설명했다. 놀이는 루두스에 가까울수록 규칙이 엄격하고 영향력이 높아진다. 반대 개념은 즉흥적이고 불규칙적인 놀이, 즉 파이디아(paidia)이다. 곤살로 프라스카는 카이와가 정의한 루두스를 비디오 게임에 적용해 '플레이 목표가 명확하며 규칙 체계를 통해 이뤄지는 것'으로 설명하며, 사례로 〈팩맨(Pac-Man)〉, 〈둠〉, 〈미스트〉를 제시한다.

- **유의어** 놀이
- **반의어** 파이디아
- **관련 용어** 규칙, 승패, 목표
- **참고 자료** 곤살로 프라스카 저, 김겸섭 역, 『억압받는 사람들을 위한 비디오게임』, 커뮤니케이션북스, 2008. | 로제 카이와 저, 이상률 역, 『놀이와 인간』, 문예출판사, 1994. | 요한 하위징아 저, 이종인 역, 『호모 루덴스 : 놀이하는 인간』, 연암서가, 2010. | 케이티 살렌, 에릭 짐머만 저, 윤형섭, 김신택 역, 『게임디자인 원론 3』, 지코사이언스. 2013.

루미큐브 rummikub

| 규칙에 맞게 타일을 조합하고 배열하는 보드 게임.

1940년대 에브라임 헤르차노(Ephraim Hertzano)가 터키의 전통게임 오케이
(Okey), 체스, 마작, 도미노 등의 요소를 차용해 개발했다. 2인에서 4인의 플레이
어가 참여하며, 가장 먼저 모든 타일을 내려놓는 플레이어가 승리하는 게임이다.
빨강, 파랑, 주황, 검정 4개 색으로 구성된 1부터 13까지의 숫자 타일 2세트와 사
람 얼굴을 그려 넣은 조커 타일 2개로 구성된다. 플레이어당 14개의 타일을 배분
하고, 각기 다른 색과 동일한 숫자를 가진 타일 및 동일한 색의 연속된 숫자 타일
을 3개 이상 조합해 내려놓는다. 단 최초로 제시된 타일의 숫자는 그 합이 30 이
상이어야 한다.

네오위즈 게임즈(Neowiz Games)에서 개발한 온라인 게임 〈루미큐브〉는 기존의
루미큐브 규칙에 턴제한을 추가했다. 턴제한은 지정된 횟수의 차례가 끝날 경우 자
동으로 게임이 종료되는 방식으로, 짧은 시간 내에 승패가 결정되도록 유도한다.

- **관련 용어** 보드 게임, 카드, 덱
- **참고 자료** Frederick J. Augustyn, *Dictionary of Toys and Games in American Popular Culture*, Routledge,
2013. | Nikki Katz, *The Everything Card Games Book : A Complete Guide to Over 50 Games to Please any
Crowd*, Adams Media, 2004.

루팅 looting

| 쓰러진 몬스터로부터 아이템을 획득하는 과정.

플레이어가 전투 후 쓰러진 몬스터로부터 가상 통화, 장비, 무기 등을 획득하
는 과정. 적이 쓰러지면 루팅이 가능하다는 표시가 뜨며, 적의 인벤토리 창이 열
려 소지한 아이템의 목록을 확인 후 가져올 수도 있다. 파티 플레이를 통해 몬스
터를 쓰러뜨린 경우 파티장이 설정한 규칙에 따라 루팅 아이템이 분배되며, 고급
아이템의 경우 주로 주사위 굴리기나 경매 방식을 활용한다.

플레이어 간 루팅은 피케이(PK)를 통해 상대가 소지한 아이템을 약탈하는 것

이다. 초기 다중접속온라인 역할수행 게임의 경우 피케이에 제한이 없어 아이템을 노린 전문 루팅꾼들이 등장했다.

〈울티마 온라인〉은 플레이어가 죽으면 모든 아이템을 떨어뜨리고 마을로 보내지기 때문에 아이템을 노린 전문 피케이 플레이어가 마을 밖에 상주했다. 초기 〈리니지〉의 경우도 상대 플레이어를 죽였을 경우 장비를 랜덤하게 떨어뜨리는 현상을 노리고 여러 플레이어가 전문적으로 피케이를 일삼기도 했다. 〈바람의 나라〉에서는 초급 플레이어를 유인하여 아이템을 약탈하는 일도 잦았다. 이러한 무분별한 플레이어 루팅에 대한 거부감을 가진 플레이어가 증가하자 별도의 서버에서만 피케이를 허용하는 게임이 등장했다.

- **유의어** 드롭
- **관련 용어** 몹, 아이템, 파티 플레이, 경매, 피케이
- **참고 자료** Luke Cuddy, John Nordlinger, *World of Warcraft and Philosophy*, Open Court, 2009. | Miguel Sicart, *The Ethics of Computer Games*, The MIT Press book, 2011.

룩덕 costume mania

| 캐릭터의 외형을 꾸미기 위해 다양한 의상 아이템을 수집하고 과시하는 행위들에서 과도한 만족감을 느끼는 플레이어.

캐릭터의 외형을 꾸미는 것에 자기만족을 느끼는 플레이어. 의상을 수집하고 과시하는 일련의 행위들을 통틀어 룩덕질이라고 한다. 캐릭터성이 강조되는 게임에서 주로 나타난다. 초기의 역할수행 게임에서는 장비를 바꾸어 장착해도 캐릭터의 외형에 변화가 없었다. 따라서 플레이어들은 아이템이 추가로 올려줄 수 있는 능력치만 고려해서 장비를 선택했다. 하지만 장착한 아이템이 바뀌면 캐릭터의 외형도 함께 변하는 게임들이 등장하며 플레이어들은 장비를 선택할 때 아이템의 외형도 고려하게 되었다.

룩덕의 성향이 강하게 드러나는 싱글 플레이 게임으로는 상황별로 의상을 달리 설정할 수 있는 〈심즈〉 시리즈, 사용자가 제작한 모드(MOD) 공유가 활성화된 〈엘더스크롤〉 시리즈를 예로 들 수 있다. 다중접속온라인 역할수행 게임에서 플레이어는 의상을 얻기 위해 노가다, 던전 공략, 퀘스트 수행, 현금 결제, 이벤트

참여 등의 방법을 사용해야 한다. 외형으로 드러나는 캐릭터의 장비는 플레이어가 게임에 투자한 노력, 시간, 돈을 나타내는 지표가 된다.

초창기의 게임의 룩덕들은 커스터마이징의 제한을 받았다. 〈라그나로크〉에서 캐릭터 생성 이후 플레이어가 변경할 수 있는 유일한 커스터마이징 요소는 모자 아이템을 착용하는 것이었고 구하기 힘든 디자인의 모자는 고가에 거래되었다. 초창기 〈마비노기〉에서 플레이어는 앰플 아이템을 사용해 의상을 염색하는 것이 전부였다. 많은 룩덕들이 선호하는 색상 조합으로는 리블(리얼 블랙), 리화(리얼 화이트), 리골(리얼 골드) 등이 있었다.

- **관련 용어** 룩덕질, 유료 아이템, 현질, 노가다, 보스몹, 커스터마이징, 염색
- **참고 자료** 〈라그나로크〉 사이트, http://ro.gnjoy.com/guide/runemidgarts/itemclotheslist.asp | 〈리그 오브 레전드〉 사이트, http://kr.leagueoflegends.com | 〈마비노기〉 사이트, http://mabinogi.nexon.com | 〈스카이림〉 커뮤니티, www.nexusmods.com/skyrim

룰렛 roulette

| 38개로 나누어진 회전판의 칸 중에서 공이 멈출 칸을 예측하는 게임.

회전판을 돌려서 정지했을 때 공이 어느 칸에서 멈추는지를 맞추는 게임. 회전판(roulette wheel), 내기판(layout), 공(roulette ball)을 이용한다. 모양과 규칙에 따라 미국식과 유럽식으로 구분된다. 미국식은 회전판이 0, 00, 1~36까지의 숫자가 적힌 38개의 칸으로 구성되며, 유럽식은 00을 제외한 37개의 칸으로 구성된다. 내기판은 플레이어들이 회전판에서 공이 멈출 칸의 숫자나 색을 예측하여 칩을 올려두는 판으로, 상단에 위치한 0과 00을 제외한 나머지 숫자들은 3개의 칸과 12개의 열에 순서대로 배치된다.

게임이 시작되면 룰렛 딜러(roulette dealer)가 회전판을 한 방향으로 돌리면 공이 반대 방향으로 회전한다. 회전이 멈췄을 때 공이 멈춘 칸의 숫자나 색을 예측한 플레이어가 게임에서 승리한다. 공이 0이나 00에서 멈추면 모든 플레이어가 패배하고 딜러가 승리한 것으로 간주된다. 이전에 나온 숫자를 토대로 전략을 세우는 것이 게임의 승패에 영향을 미치지 못하므로 운적인 요소가 강조된다. 룰

렛은 디지털 게임 안의 미니 게임 형태로 수용되었다. 예로 〈블레이드 & 소울〉은 '돌림판'이라는 뽑기 시스템에서 회전판을 사용한다.

- **관련 용어** 마작, 뽑기, 카지노
- **참고 자료** Herb Stephens, *Roulette My Way*, AuthorHouse, 2011. | Kimo Li, *The Roulette Formula : How to Predict the Exact Number*, Trafford Publishing, 2005.

리더보드 leaderboard

| 획득한 점수가 높은 순서대로 플레이어의 순위를 매긴 표.

리더보드 시스템은 동일한 게임을 하는 플레이어들 간의 경쟁을 유도한다. 순위 결정 방법으로는 간접 경쟁과 직접 경쟁이 있다. 간접 경쟁은 같은 게임을 하는 모든 플레이어들의 점수를 비교하는 것이다. 직접 경쟁은 플레이어와 또 다른 플레이어가 경쟁하는 것으로 승패에 따라 순위가 바뀐다. 다중접속온라인 역할수행 게임의 경우 리더보드는 게임 내부가 아닌 외부에서 주로 제공된다. 예를 들어 〈마비노기 영웅전〉은 공식 홈페이지를 통해 길드 순위표를 공개한다. 페이스북, 카카오톡, 구글 플레이 등에서 제공되는 소셜 게임은 실제 인맥을 대상으로 리더보드가 제공된다.

소셜 게임에서 리더보드 공개 범주는 크게 지역, 인간관계, 모드, 시간으로 구분된다. 이 외에도 리더보드는 게이미피케이션의 주요 요소로, 기업 마케팅, 교육, 공공정책, 쇼핑 등 다양한 분야의 마케팅에 활용된다.

소셜 게임의 분야별 리더보드	
분야	설명
지역	플레이어와 가까운 지역에 있는 플레이어들 사이에서 순위를 매김.
인간관계	플레이어와 관계를 맺은 사람들끼리 순위를 매김.
모드	게임의 모드별 점수로 나누어 순위를 매김.
시간	매일, 매주, 매달 등으로 나누어 순위를 매김.

- **유의어** 순위표
- **관련 용어** 전적, 랭킹
- **참고 자료** 존 라도프 저, 박기성 역, 『Gamification & 소셜게임』, 에이콘, 2011.

리듬 게임 rhythm game

| 플레이어가 게임에서 주어지는 음악 노트에 반응하며 진행되는 게임.

음악의 리듬 요소가 플레이의 핵심인 게임 장르. 플레이어의 실제적인 몸의 움직임을 필요로 하기 때문에 플레이어 퍼포먼스와 관련된다. 리듬 액션 게임, 음악 게임을 포함한다. 플레이어의 리듬 조작 정확도에 따라서 점수가 부여된다. 기본적인 인터페이스는 시각적으로 재구성한 음악 패턴이나 터치하는 타깃, 점수 창과 에너지 바 등으로 구성되어 있다. 리듬 게임에서 일반적으로 사용하는 악기로 기타, 턴테이블 등이 있으며, 마라카스와 같이 특수한 컨트롤러를 사용하기도 한다.

최초의 리듬 게임은 1977년 소니가 발매한 〈파라파 더 래퍼(Parappa the Rapper)〉이며, 리듬 게임 인터페이스의 원형이 되었다. 리듬 게임은 스크린과 입력층의 분리 여부에 따라 유형 분류가 가능하다. 대표적인 리듬 게임으로는 1998년 발매된 〈댄스 댄스 레볼루션〉, 〈기타 히어로(Guitar Hero)〉, 〈록 밴드(Rock Band)〉 등이 있다. 한국에서 개발된 리듬 게임으로는 〈펌프 잇 업(Pump It Up)〉, 〈오디션(Audition)〉, 〈러브 비트(Love Beat)〉가 있다. 모바일 플랫폼을 기반으로 한 리듬 게임은 〈탭 소닉(Tap Sonic)〉이 있다.

- **관련 용어** 리듬 액션 게임, 음악 게임, 퍼포먼스, 동작기반 게임, 체감형 게임
- **참고 자료** Mark J. P. Wolf, "Genre and the Video Game", *The Medium of the Video Game*, University of Texas Press, 2002. | Karen Collins, *Game Sound : An Introduction to the History, Theory, and Practice of Video Game Music and Sound Design*, The MIT Press, 2008.

리스폰 respawn

| 캐릭터, 몬스터, 아이템 등이 죽거나 사라졌다가 정해진 위치에 다시 나타나는 현상.

캐릭터나 몬스터가 부활하거나, 아이템이 재생성되는 것을 말한다. 한국에서는 '리젠(regeneration)'이라는 용어와 혼용되기도 한다. 리젠은 몹을 지칭하는 경우에 국한되며 리스폰은 플레이어까지를 포함하는 경우에 사용된다. 1인칭 슈팅 게임인 〈둠〉에서 최초로 등장했다. 〈사이퍼즈(Cyphers)〉 등의 게임에서 캐릭터가 리

스폰될 경우, 죽기 이전에 획득했던 아이템을 모두 상실하고 게임 초기 상태로 돌아가거나 능력치가 하락한다. 캐릭터가 사망한 장소에 바로 재배치되는 경우도 있으나, 〈월드 오브 워크래프트〉와 같은 게임에서는 부활 장소가 임의로 지정되기도 한다. 플레이어가 직접 지정한 장소에서만 부활하는 경우도 있다. 〈마인크래프트〉가 대표적이다. 캐릭터가 리스폰되기까지 일정 시간이 소요되기도 한다. 리스폰 소요 시간은 플레이어의 경우 장착한 아이템에 따라 다르며, 몬스터의 경우 각 종류마다 상이하게 설정된다.

'리젠율'은 몬스터가 리스폰되는 확률을 가리키며, 확률이 높을수록 리젠율의 속도도 향상된다. 몬스터의 사냥이 퀘스트의 주요 내용이며 레벨 향상을 위한 유일한 수단일 때 리젠율은 게임의 난이도와 밸런스를 좌우한다. 리젠율이 과도하게 낮을 경우, 레이드 몬스터 및 아이템의 공급이 수요보다 높아져 플레이어 간 경쟁이 과열된다. 반대로 리젠율이 과도하게 높을 경우 플레이어는 아무리 몬스터를 죽여도 몬스터가 끊임없이 생성되기 때문에 좌절감을 느낄 수 있다.

- **유의어** 리젠, 부활
- **관련 용어** 리젠율
- **참고 자료** Jonathan Mendoza, *The Official Doom Survivor's Strategy & Secrets*, Sybex Inc., 1994. | Kevin Saunders, Jeannie Novak, *Game Development Essentials : Game Interface Design*, Delmar Cengage Learning, 2012.

리캠 recam

| 게임 플레이를 녹화하여 다시 볼 수 있는 기능, 혹은 녹화하는 행위.

자신이나 타인의 플레이를 게임 외부의 카메라를 통해 다시 찍는 것. 리플레이가 게임 내부에서 제공되는 녹화 기능을 의미한다면, 리캠은 게임 외부에서 별도의 프로그램을 활용해 게임을 찍는 것을 의미한다. 리캠 영상은 플레이어 간 게임 경험을 공유하는 데 사용된다. 리캠 영상을 촬영하는 목적은 극적인 승리 경험, 연속적 사건, 전략적 정보나 게임 팁의 공유 등 다양하다. 리캠 영상은 플레이어의 시점을 1인칭에서 3인칭으로 전환시킨다. 플레이어는 플레이 화면을 관중의 입장에서 바라봄으로써 자신의 행동과 플레이를 분리시킨다. 이러한 시점 변화

는 게임의 조준점에서 벗어나 플레이의 극적 측면을 부각시킨다.

　플레이어들은 커뮤니티에서 자신의 게임 플레이를 공유하는 것에 그치지 않고, 새로운 놀이를 만들어 즐기는 사용자 서사를 만들어낸다. 리캠이 만든 사용자 서사의 대표적 사례로는 '스피드런(speedruns)'이 있다. '스피드런'은 게임 내의 모든 목표를 무시하고 오로지 최종 목적지에 가장 빨리 도달하는 것이 목적이다. 〈둠〉, 〈퀘이크〉 등의 1인칭 슈팅 게임 플레이어들이 자신의 리캠 영상을 커뮤니티에 올리고, 얼마나 빨리 목표 지점에 도달했는지를 겨룬다.

- **유의어** 게임 방송, 리플레이
- **관련 용어** 다시 말하기, 게임 서사, 게임 경험, 사용자 서사, 스피드런
- **참고 자료** Katie Salen, Eric Zimmerman, *Rules of Play : Game Design Fundamentals*, The MIT Press, 2003. | 스피드런라이브 커뮤니티, www.speedrunslive.com | 인터넷 어치브, www.archive.org

ㅁ

마니아 mania

| 선호하는 특정 분야에 대한 전문적 지식과 열정을 가진 사람.

자신이 선호하는 사람, 사물 등 특정 분야의 콘텐츠를 열정적으로 소비하는 사람. 대상을 수동적으로 소비하는 것이 아니라 개방적이고 비판적인 태도로 수용하는 적극적인 소비자이다. 마니아라는 말이 콘텐츠 소비 자체에 집중하는 북미의 팬덤 문화에서 비롯한 반면, 오타쿠라는 말은 적극적 소비를 기반으로 콘텐츠를 연구 및 창작하는 일본의 전문적 팬덤에서 비롯한 용어이다. 게임 마니아의 경우, 특정 게임을 반복적으로 플레이할 뿐만 아니라 팬사이트에 많은 팁을 게시하고, 모드 프로그램을 통해 게임을 변형하거나, 플레이에 도움을 주는 애드온 프로그램을 만들기도 한다. 장르, 플랫폼, 타이틀별로 게임을 수집하는 게임 콜렉터 등도 마니아에 해당한다.

- **관련 용어** 팬덤, 오타쿠, 수집
- **참고 자료** 이진천, 『21세기 신문화의 리더, 오타쿠』, 피시스북, 2015. | Henry Jenkins, *Textual Poachers : Television Fans and Participatory Culture*, Routledge, 2012.

마법 magic

| 초자연적인 힘이나 신의 힘을 빌려 사용하는 주술적 능력.

초자연적인 힘을 인간의 욕망에 맞게 차용할 수 있는 능력. 마법은 판타지 세계관 게임의 문화와 시스템을 표현하는 요소로, 마법의 종류와 성격은 게임 내 세계관에 따라 결정된다. 종족과 직업에 따라 마법 스킬이 설계되며, 특정 종족 및 직업에 마법 스킬이 제한되기도 한다. 마법 스킬은 공격, 회복, 이동 등을 위해 사용하며, 물, 불, 바람과 같이 원소에 따라 구분하는 경우가 많다.

역사 최초의 마법은 신, 악마 등 초자연의 힘을 빌려 기적을 행할 수 있다는 원시적인 믿음에서 시작했다. 고대 바빌로니아와 이집트 등 모든 원시 문명에서 진행되던 종교 의식에서 초기 마법 체계가 등장했으며, 마을 공동체를 위한 제사, 의식 등을 통해 나타났다. 중세 이후 크리스트교는 마법을 이교적인 주술로 낙인찍으면서 바빌로니아, 이집트, 중동의 많은 신을 악마로 묘사했다. 고대 종교와 민간 주술이 뒤섞인 유럽 마법은 십자군 전쟁 이후 신플라톤주의, 연금술 서적, 카발라 등의 영향을 받아 체계화되면서 근대 마법의 틀을 마련했다. 게임에서의 마법은 소환술, 주술 등의 마법을 기반으로 세계관에 따라 다르게 구성된다. 테이블탑 역할수행 게임 〈던전 앤 드래곤〉은 게임 마법 설정의 전형을 마련했다.

구성 요소와 원리 【마법의 4원소】 마법의 4원소설은 아리스토텔레스의 불, 공기, 땅, 물의 4원소에서 발전하여 르네상스기의 연금술사 파라켈수스(Paracelsus)에 이르러 보편화됐다. 파라켈수스는 세계를 바람, 땅, 물, 불의 4원소로 나누고, 각 원소에 정령이 깃들어 있다고 보았다. 파라켈수스가 묘사한 4대 원소 및 정령은 이후 판타지 소설 및 게임에 영향을 미쳤으며, 마법 스킬의 전형적인 틀을 마련했다.

【마법의 3요소】 〈던전 앤 드래곤〉에서는 마법을 사용하는 데 필요한 조건을 크게 음성(verbal), 동작(somatic), 물질(material)로 설정한다.

파라켈수스가 제시한 마법의 4원소					
원소	계절	방향	정령	정령의 형상	상성
바람(風)	봄	동	실프(Sylph)	눈에 보이지 않는 미녀	땅
땅(地)	여름	남	노움(Gnome)	삼각 모자를 쓴 작은 노인	바람
물(水)	가을	서	운디네(Undine)	영혼이 없는 미녀	불
불(火)	겨울	북	샐러맨더(Salamander)	도롱뇽의 전설 속 동물	물

〈던전 앤 드래곤〉에서 마법 사용시에 요구되는 3가지 요소	
종류	설명
음성	일반적으로 마법을 사용할 때는 주문을 외워야 하며, 주문은 말 자체에 힘이 있어 주문 시에 효과가 즉각적으로 나타남.
동작	마법을 사용할 때는 특정 도구 또는 신체를 이용해 행위를 취함. 동작은 타깃을 가리키 거나 하늘을 향해 손을 뻗는 등 전형적으로 나타남.
물질	시약으로 부르는 일회성 물질을 의미함. 마법에 사용되는 약초, 보석 등의 재료를 말하 며, 마법의 힘이 깃든 재료로 일반 재료와는 차이가 있음.

【마나】 마법을 펼치려면 자원으로 마나(mana)가 필요하다. 마나는 마법의 원천으로 마법 사용에 제한을 두기 위한 마력의 총량을 의미한다. 본래 오스트로네시아 어족의 한 갈래인 폴리네시아어파에서 나온 단어로, 초자연적인 힘을 뜻했다. 이후 래리 니븐(Larry Niven)의 판타지 소설인 『마법의 나라가 사라져간다(The Magic Goes Away)』에서 마법 사용에 필요한 마법 에너지로 개념이 변화했다.

각 마법 기술은 서로 다른 양의 마나를 요구하며, 마나를 모으는 데 일정 시간이 걸리는 게 일반적이다. 정신력, 기력과 같은 맥락으로 사용하며, 게임에서는 주로 파란색 막대의 마법 에너지로 나타난다. 마법 스킬에 소모되는 마나의 경우, 구체적인 소모 수치를 측정할 수 있으며 아이템 장착, 강화 등을 통해 마나의 총량 또는 마나 회복량을 높일 수 있다. 마법 스킬을 주로 사용하는 플레이어는 제한된 시간 동안 주어진 마나를 관리 및 운용하는 것을 중심으로 플레이를 진행한다.

마법 분류 마법은 사용 목적의 선악에 따라 긍정적 효과를 나타내는 백마법(white magic)과 부정적 효과를 나타내는 흑마법(black magic)으로 나뉜다. 백마법은 성스러운 힘을 근원으로 하며, 지식 획득 또는 치유와 정화를 목적으로 신성한 마법을 구사한다. 이와 달리 흑마법은 어둠의 마나를 바탕으로 자신 또는 타인에게 육체적, 비육체적 해악을 목적으로 행하는 마법이다. 대표적으로 죽은 자를 되살리거나 소환하는 사령술(Necromancy)이 흑마법에 해당한다. 역할수행 게임 〈파이널 판타지〉에서는 치유 및 보호용 마법을 구사하는 백마법사와 높은 마력, 소환술 등을 바탕으로 마법을 구사하는 흑마법사 직업이 존재한다. 다중접속온라인 역할수행 게임 〈월드 오브 워크래프트〉에서 흑마법사 직업은 공격 시

마법 계통에 따른 사용자 명칭		
마법 계통	설명	사용자
소서리 (sorcery)	전형적인 일반 마법을 구사하며, 성별에 따라 사용자 호칭이 다름.	소서러(Sorcerer) 소서리스(Sorceress)
마녀술 (witchcraft)	토속적 마술 모두를 포괄하며, 마녀가 쓰는 마술 전반을 의 미함.	마녀 (Witch)
위카 (wicca)	고대 세계의 신비 종교를 따르는 비밀 단체로, 오각형의 별을 상징으로 함.	위칸 (Wiccan)
연금술 (alchemy)	고대 그리스에서 시작, 이슬람 문화에서 발전했으며, 금속, 영약, 돌 등을 만듦.	연금술사 (Alchemist)
점성술 (astrology)	인간의 삶을 천문학 현상과 연관 지어 해석하는 것으로, 운명 예견을 전문으로 함.	점성술사 (Stargazer)
카발라 (kabbala)	중세 유대교의 신비주의 사상으로, 신의 속성을 10단계로 나 눈 생명나무를 섬김.	카발리스트 (Kabbalist)
룬 (rune)	게르만 민족이 사용했던 문자로, 문자 자체에 마법의 힘이 담 겨있다고 전해짐.	룬 메이지 (Rune Mage)
드루이드 마법 (druidic)	켈트 신앙을 근간으로 하며, 제사와 의식을 담당함. 자연의 힘을 바탕으로 함.	드루이드 (Druid)
주술 (magic)	고대 주술사의 주문에 의해 일으키는 마법을 총칭함. 기도, 의 식 등을 통해 나타남.	주술사 (Shaman)
부두 (voodoo)	영혼을 뜻하며, 죽은 자의 혼령과 생물체를 소환하는 것을 목 적으로 함.	호운간 (Houngan)
사령술 (necromancy)	언데드를 부리거나, 생명과 죽음을 다루어 특정 대상을 약화 시킴.	네크로맨서 (Necromancer)
소환술 (conjuring)	특정 대상을 창조, 소환하는 것으로 순간이동 마법도 소환술 에 속함.	컨저러 (Conjurer)
의식마법 (ritual magic)	마법진이나 부적 등을 통해 사용할 수 있는 형식화된 마법을 지칭함.	위자드 (Wizard)

상대에게 지속적으로 대미지를 가하는 도트(DoT) 등의 디버프 기술과 소환술을 주로 사용한다.

같은 마법도 역사와 문화권 등에 따라 서로 다른 계통을 지니며, 마법 사용자의 호칭 또한 다르게 사용한다. 〈디아블로 3〉은 마나를 사용하던 전작의 '소서리스' 대신 비전을 이용해 마법을 사용하는 '위자드'가 등장한다. 〈월드 오브 워크래프트〉의 직업 중 '흑마법사'는 악마를 소환하고 상대에게 저주를 내리는 등 암흑의 힘을 이용한 마법을 사용한다. 대표적인 마법 계통과 그에 따른 사용자 명칭은 다음과 같다.

게임의 마법 스킬 게임에서 설계되는 마법은 〈던전 앤 드래곤〉의 마법 구성을 기반으로 한다. 각 마법 스킬은 주문력, 마나, 마나 회복, 재사용 대기시간 등의 상대성을 고려해서 설계된다. 판타지 세계관을 차용하는 게임의 경우, 전통적인 마법 계통 직업 외에 전사, 사냥꾼 등 물리 공격 계통 직업에서도 소환, 가속, 회복 등의 스킬을 통해 마법 효과가 발생한다. 보편적으로 사용되는 마법 스킬로는 둔화(slow), 기절(stun), 속박(snare), 수면(sleep), 독(poison), 저주(curse) 등의 군중 제어(Crowd Control, CC)와 캐릭터의 이동 시간을 감면해주는 점멸, 순간이동 등이 있다. 게임 내 마법은 공격, 회복, 이동 스킬 외에 아이템을 강화하거나 제작할 수 있는 연금술, 마법부여, 보석세공 등의 장인 시스템을 통해 나타나기도 한다.

게임의 마법은 원소 속성과 스킬 효과에 따라 구성된다. 스킬 효과는 일정량의 대미지를 한 번에 입히는 다이렉트 대미지, 제한된 시간 동안 지속적인 대미지를 입히는 도트가 대표적이다. 일부 스킬의 경우 상태 변화 및 이상을 수반하는 군중 제어 효과를 추가적으로 발생시킨다. 〈월드 오브 워크래프트〉의 경우, 마법사의 스킬은 물, 불, 비전 3가지 속성을 바탕으로 분화된다. 효과, 상태, 공격 범위별 마법 공격의 종류와 특징은 표와 같다.

〈월드 오브 워크래프트〉 마법사 스킬 종류						
효과	상태	스킬	공격범위	설명	속성	군중 제어
다이렉트 대미지	캐스팅	얼음 화살	단일	냉기 피해를 입히고 이동을 감속시킴.	물	둔화
		서리 고리	광역	대상을 행동불가 상태로 만듦.	물	기절, 침묵
		화염구	단일	화염 피해를 입힘.	불	없음
		불태우기	단일	이동하면서 화염 피해를 입힘.	불	없음
		비전 작렬	단일	비전 피해를 입힘.	비전	없음
	즉시 캐스팅	얼음창	단일	얼어붙은 대상에게 두 배의 피해를 입힘.	물	없음
		동결	단일	얼어붙은 대상을 기절시킴.	물	기절, 속박
		용의 숨결	광역	화염 피해를 입히고 방향 감각을 상실시킴.	불	공포
		신비한 폭발	광역	비전 피해를 입힘.	비전	없음
		비전 탄막	단일	비전 피해를 입히고 추가 피해를 입힘.	비전	없음

		눈보라	광역	냉기 피해를 입히고 이동을 감속시킴.	물	둔화
		살아있는 폭탄	광역	단일 화염 피해를 입히고 추가 광역 피해를 입힘.	불	없음
	순수 디버프	신비한 화살	단일	비전 피해를 입힘.	비전	없음
		황천의 폭풍우	광역	비전 피해를 입히고 추가 피해를 입힘.	비전	없음
도트		감속	단일	대상의 이동 속도를 감속시킴.	비전	둔화
		얼어붙은 구슬	광역	냉기 피해를 입히고 이동을 감속시킴.	물	둔화
		불덩이 작렬	단일	화염 피해를 입히고 추가 피해를 입힘.	불	없음
	다이렉트 대미지 혼합	불기둥	광역	화염 피해를 입히고 추가 피해를 입힘.	불	둔화
		유성	광역	화염 피해를 입히고 추가 피해를 입힘.	불	없음
		초신성	광역	비전 피해를 입히고 대상을 공중에 띄움.	비전	에어본

- **관련 용어** 스킬, 도트, 대미지
- **참고 자료** 리처드 킥헤퍼 저, 김현태 역, 『마법의 역사』, 파스칼북스, 2003. | 야마키타 아쯔시 저, 곽지현 역, 『판타지 사전』, 비즈앤비즈, 2012. | 테리 브룩스 저, 김효명 역, 『판타지 레퍼런스』, 들녘, 2002. | Alex Golub, "The History of Mana : How an Austronesian Concept Became a Video Game Mechanic", *The Appendix*, vol.2, no.2, 2014.

마법원 magic circle

| 놀이가 수행되는 공간의 심리적 경계.

놀이를 할 때 생성되는 심리적 경계로, 일상과 구별되는 영역. 마법원은 본래 마법사가 땅에 그리는 원으로, 그 안에 있는 사람은 마법의 보호를 받아 악마도 위해를 가하지 못한다는 의미를 가지고 있다. 게임에서 마법원은 게임 공간의 경계를 의미한다. 마법원은 놀이가 시작될 때 생성되고 게임이 끝나면 소멸하는 등 일시적 속성을 가진다. 이 공간 안에서 플레이어는 게임 안 구성물들과 소통하고, 게임을 진행한다. 마법원 안에서 수행되는 게임은 그 경계를 만드는 규칙을 중심으로 이루어지고, 이 규칙은 게임이 진행되는 공간을 공고하게 만든다. 플레

이어는 규칙에 자발적으로 참여함으로써 게임이 가진 허구에 자발적으로 동의하고 스스로 마법원에 갇힌다. 게임 스크린은 플레이어의 일상과 게임 세계를 구분하는 가시적인 마법원이다. 플레이어는 게임 스크린 안에서 일상과 완전히 다른 세계로 넘어간다. 이곳에서 플레이어는 자신의 분신 캐릭터를 생성하고 움직임으로써 일상의 자신과 다른 특별한 의미를 부여받는다. 플레이어가 게임을 그만두고자 할 때는 게임 스크린에서 벗어남으로써 마법원 밖으로 나올 수 있다.

- **반의어** 일상 세계
- **유의어** 게임 공간
- **관련 용어** 게임 규칙, 플레이어, 자발적 동의, 게임 스크린
- **참고 자료** 요한 하위징아 저, 이종인 역, 『호모 루덴스 : 놀이하는 인간』, 연암서가, 2010. | 이동은, 『디지털 게임 플레이의 신화성 연구 : MMOG를 중심으로』, 이화여자대학교 대학원 디지털미디어학부 박사논문, 2013. | 케이티 살렌, 에릭 짐머만 저, 윤형섭, 권용만 역, 『게임디자인 원론 1』, 지코사이언스, 2010.

마법적 가정 magic if

| 플레이어의 능동적 참여를 유도하는 상황의 설정.

'만약에 ……라면'이라고 상황을 가정하는 것을 말한다. 콘스탄틴 스타니슬라브스키(Konstantin Stanislavsky)의 연기 이론에서 비롯된 것으로, 배우의 창조적 행동을 위한 발상 기법이다. 배우는 주어진 작품 내의 상황을 스스로에게 일어난 실제 상황으로 가정, 인식하여 자연스럽고 창조적인 연기를 할 수 있다. 소설, 영화, 게임의 스토리텔링에서 마법적 가정은 독자나 플레이어의 몰입을 유도하는 극적 상황을 설정하는 데 사용된다. 특히 게임에서 마법적 가정은 플레이어에게 '만약 내가 어떠한 가상의 상황에 놓인다면'이라고 가정하게 함으로써 주어진 시대적, 공간적 배경과 상호작용하도록 유도한다.

일례로 플레이어는 '판타지 세계의 마법사가 된다면', '선택받은 영웅이 되어 인류를 구해야 한다면' 등의 인식을 기반으로 게임을 하게 된다.

- **관련 용어** 불신의 유예
- **참고 자료** 강심호, 『디지털 에듀테인먼트 스토리텔링』, 살림, 2005. | 김석만, 『스타니슬랍스키 연극론』, 연극과인간, 2015. | 김태훈, 『현장에서 통일되어야 하는 스따니슬랍스끼의 연기학 전문 용어』, 예니, 2009. | Phillip B. Zarrilli, Jerri Daboo, Rebecca Loukes, *Acting : Psychophysical Phenomenon and Process*, Palgrave Macmillan, 2013.

마블 Marvel

| 신화, 공상 과학, 초능력이 존재하는 평행우주 세계관을 바탕으로 만화·영화·드라마·게임·전시 등을 제작하는 미국의 종합 엔터테인먼트 기업.

만화가 스탠 리(Stan Lee)가 창시한 세계관을 바탕으로 초인과 외계의 존재에 대한 이야기를 다루는 종합 엔터테인먼트 회사. 1939년 만화책 출판사 타임리 코믹스(Timely Comics)에서 시작됐으며 1961년 마블 코믹스(Marvel Comics)로 명칭을 바꿨다. 이후 1993년 마블 코믹스 작품을 영화로 제작하는 마블 필름스(Marvel Films)가 설립되면서 종합 엔터테인먼트 기업이 됐다. 마블 엔터테인먼트는 마블 애니메이션 스튜디오(Marvel Animation Studio), 마블 캐릭터스(Marvel Characters), 마블 게임즈(Marvel Games) 등 애니메이션 제작 및 캐릭터 판권 사업까지 사업을 확장했다. 2009년 월트 디즈니 그룹에 인수됐다. 스파이더맨, 울버린, 아이언맨, 캡틴아메리카, 헐크, 토르로 대표되는 약 8,000여 개 이상 캐릭터들의 판권을 보유하고 있다.

마블에 등장하는 캐릭터들은 '마블 유니버스(Marvel Universe)'라는 공통된 세계관 아래 마블 코믹스의 만화책 원작, 마블 스튜디오의 영화, 그 외 드라마, 게임 등을 통해 이야기를 진행 및 공유한다.

1984년 역할수행 게임 〈마블 슈퍼 히어로즈(Marvel Super Heroes)〉는 최초의 마블 만화 기반의 게임이다. 마블 영화를 기반으로 하는 최초의 게임은 2008년 세가에서 출시한 〈아이언맨(Iron Man)〉이다.

대표작으로는 영화 트레일러 게임 및 최초 모바일 게임 〈어벤져스 이니셔티브(Avengers Initiative)〉, 〈마블 퓨처파이트(Marvel Future Fight)〉가 있다. 웹 게임으로는 페이스북과 모바일 앱 게임으로 출시된 〈마블 어벤져스 얼라이언스(Marvel Avengers Alliance)〉가 있으며, 콘솔 게임으로는 〈마블 어벤져스 배틀 포 어스(Marvel Avengers Battle For Earth)〉, 〈레고 마블 슈퍼 히어로즈 : 위험에 빠진 우주(LEGO Marvel Super Heroes)〉가 있다.

- **관련 용어** 영화의 게임화, 마블 유니버스, 디즈니, 어벤져스, 스파이더맨, 아이언맨
- **참고 자료** 이영수, 「멀티버스에 기반한 마블코믹스의 트랜스미디어 스토리텔링 연구」, 『애니메이션연구』, vol.10, no.4, 한국애니메이션학회, 2014.

마이크로비전 Microvision

1979년 11월 밀튼 브래들리(Milton Bradley) 사가 개발한 휴대용 게임기. 휴대용 게임기 최초로 게임 카트리지 교체가 가능하여 동일 기기로 하나 이상의 게임을 플레이할 수 있었다. 마이크로비전의 게임 카트리지는 총 12종이 개발됐다. 1979년 출시된 〈블록 버스터(Block Buster)〉, 〈핀볼(Pinball)〉, 〈스타트렉 : 페이저 스트라이크(Star Trek : Phaser Strike)〉 등이 대표적이다.

마이크로비전은 가로세로 16픽셀 해상도의 흑백 화면, 12개의 버튼, 하나의 다이얼 컨트롤러를 탑재했는데, 게임 카트리지는 게임기의 전면을 덮는 형태로 본체의 화면과 버튼 영역 위로 겹쳐지도록 제작됐다. 카트리지에는 해당 게임에 필요한 버튼의 개수와 위치에 알맞게 버튼 덮개가 배치되어 본체에 위치한 12개의 버튼 중 일부를 선택적으로 사용했다. 〈핀볼〉이나 〈스타트렉 : 페이저 스트라이크〉의 카트리지를 장착할 경우, 각각 4개 또는 7개의 버튼을 누를 수 있다. 1980년 출시된 〈시 듀얼(Sea Duel)〉은 12개의 버튼을 모두 활용했다. 시피유(CPU)는 마이크로비전의 본체가 아닌 게임 카트리지에 내장됐다. 마이크로비전은 1981년까지 생산됐다.

■ **참고 자료** Bill Loguidice, Matt Barton, *Vintage Game Consoles : An Inside Look at Apple, Atari, Commodore, Nintendo, and the Greatest Gaming Platforms of All Time*, Focal Press, 2014. | Mark J. P. Wolf, *The Video Game Explosion : A History from PONG to PlayStation and Beyond*, Greenwood Press, 2007. | Mary Firestone, *Computer Game Developer*, Chelsea House Publication, 2006.

마작 mah-jong

| 같은 모양의 패를 맞추어 겨루는 보드 게임.

숫자와 그림이 그려진 패를 이용하는 보드 게임. 주로 한국, 중국, 일본과 같은 동아시아 지역에서 플레이되며, 지역에 따라서 패의 개수가 104~144개로 달라지기도 한다. 한국에서는 3인의 플레이어가 104개의 패로 승패를 겨루는 방식으로 플레이한다. 기원전 2000년경 중국에서 파림(巴林)이라는 패를 가지고

마작 패의 종류		
종류	설명	개수
만수패(萬數牌)	1만부터 9만까지 한자로 기입된 패.	36
통수패(筒數牌)	1통부터 9통까지 원 모양의 통나무 단면이 표시된 패.	36
삭수패(索數牌)	1삭은 새, 2~9삭은 대나무 단면이 표시된 패. 한국 마작에서 미사용.	36
풍패(風牌)	동, 남, 서, 북이 한자로 기입된 패.	16
삼원패(三元牌)	백판, 녹발, 홍중이 각각 빈 패, 발(發), 중(中)으로 기입된 패.	12
화패(花牌)	매난국죽, 춘하추동이 그려진 패. 일본마작에서 매난국죽 미사용.	8

노는 놀이에서 유래했다는 설이 있으며, 명나라 시기에 기본 규칙이 만들어져 청나라 시기에 지금의 마작이 완성됐다. 마작 한 세트는 마작패, 주사위, 점수봉으로 구성된다.

플레이어는 14개의 패를 활용해 정해진 규칙에 따라 조합을 만들어야 한다. 4인의 플레이어는 동남서북 중 방향을 정하고 13개의 패를 먼저 받은 후 주사위를 굴려 선(先)을 결정한다. 플레이어는 14개의 패를 활용해 머리(2개)와 몸통(3개×4세트)을 만들어야 한다. 순서대로 자신에게 필요한 패는 가져오고, 필요 없는 패는 버리는 것을 반복하면서 같은 종류의 같은 숫자의 패나 같은 종류의 연속적인 숫자 패를 모은다. 가장 높은 점수를 달성한 플레이어가 승자가 된다. 대표적인 온라인 마작 게임으로는 〈작룡문(雀龍門)〉, 〈천봉(天鳳)〉 등이 있다.

- 유의어 사천성
- 관련 용어 고스톱, 솔리테어 게임, 보드 게임
- 참고 자료 박영우, 『마작 길잡이』, 오로미디어, 2009. | Elaine Sandberg, Tom Sloper, *Beginner's Guide to American Mah Jongg : How to Play the Game & Win*, Tuttle Publishing, 2007. | 〈작룡문〉 사이트, www.ncsoft.jp/janryumon

마케팅 marketing

| 게임 유통에 관련된 모든 체계적 경영 활동.

게임을 유통하기 위해 진행되는 일련의 경영 활동. 승용차나 식품 등과 같은 유형 재화와 달리, 게임은 무형의 서비스이기 때문에 게임의 이미지를 사용자에게

각인시키는 것이 마케팅의 핵심 요소이다. 따라서 게임 마케팅을 위해서는 광고 등 지속적인 노출을 통해 사용자에게 이미지를 각인시키고 매출을 끌어내는 것이 중요하다. 성공적인 마케팅을 위해서는 통제 가능한 마케팅 변수를 조절해 전략을 세워야 한다.

이를 위해 마케팅 분야에서는 제롬 매카시(E. Jerome McCarthy)가 제시한 4P를 4가지 마케팅 변수로 사용하고 있으며, 이를 적절히 조절해 마케팅 목적을 이루는 전략을 '마케팅 믹스(marketing mix)'라고 지칭한다.

마케팅의 4P	
구분	설명
제품(product)	상품, 서비스, 포장, 디자인, 품질
가격(price)	제품에 매기는 가격
유통 경로(place)	재화나 서비스를 판매하거나 유통하는 장소
프로모션(promotion)	광고, PR 등 소비자의 구매를 유도하기 위한 커뮤니케이션

게임의 유료화 전략, 게임 유통 플랫폼, 프로모션 전략 등이 모두 게임 마케팅에 속한다. 게임 업계는 게임 내 이벤트, 타 콘텐츠와의 협업(collaboration) 등 다양한 프로모션 전략을 통해 게임의 이미지를 노출시키고 사용자를 유입시킨다. 슈퍼셀(Supercell)에서 제작한 〈클래시 오브 클랜〉이 대표적인 게임 마케팅 성공 사례이다.

슈퍼셀은 〈클래시 오브 클랜〉의 마케팅 비용으로 4,840억 원을 투입해 2014년 1조 8,700억 원의 매출을 올리는 성과를 거둔 바 있다. 그 외에도 넥슨(Nexon)의 〈마비노기〉는 2014년 5월 22일, 일본 애니메이션 〈소드 아트 온라인(Sword Art Online)〉과의 콜라보를 진행한 바 있다. 이를 통해 게임 내의 이벤트 및 아이템 판매를 통해 매출을 올리고, 애니메이션 팬덤을 게임 사용자로 끌어들이는 등의 성과를 거뒀다.

- **유의어** 게임 프로모션
- **관련 용어** 마케팅 믹스, 4P
- **참고 자료** 신대영, 박세용, 『게임마케팅 총론』, 한국게임산업개발원, 2005. | 정찬선, "당신만 모르고 있는 게임마케팅", NDC2014 컨퍼런스, 2014.

만렙 max level

| 게임 내에서 플레이어 캐릭터가 달성할 수 있는 최대 레벨.

레벨 시스템이 적용된 게임에서 플레이어 캐릭터가 도달할 수 있는 최고 등급. 경우에 따라 스킬의 숙련도, 아이템의 기능 등이 최대치에 이른 것을 뜻하기도 한다. 흔히 '만렙을 찍다'라고 표현하며, 만렙을 달성한 플레이어를 '만렙 캐릭터'라 부른다. 플레이어는 퀘스트 수행과 몹과의 전투, 파티 플레이 등을 통해 게임을 진행하면서 만렙을 목표로 캐릭터를 성장시킨다. 개발사는 만렙을 달성한 플레이어가 플레이 동기를 상실하지 않고 게임의 수명 주기를 증진하기 위해 특정 콘텐츠를 도입한다. 이를 '엔드 콘텐츠(end contents)' 혹은 '만렙 콘텐츠'라 칭한다. 일례로 모바(MOBA) 게임 〈리그 오브 레전드〉의 경우 만렙 플레이어만 참여해 순위 경쟁을 할 수 있는 랭킹 게임을 제공한다.

이 외에도 버전 업그레이드를 통해 만렙 수치를 올리는 게임도 있다. 다중접속온라인 역할수행 게임 〈월드 오브 워크래프트〉의 경우, 2004년 출시 이후 5회의 대규모 업데이트를 거쳐 만렙을 60에서 100으로 상향 조정했다.

다중접속온라인 역할수행 게임의 만렙 콘텐츠 유형		
종류	설명	예시
퀘스트	1일 1회로 참여 횟수가 제한되나 시간 간격을 두고 반복적으로 참여가 가능함.	〈메이플스토리〉의 '상인단 일일 퀘스트'
아이템 보상	중저레벨 몬스터가 포진한 인스턴스 던진 및 일반 던전에서 체력 손실 없이 다량의 아이템을 획득할 수 있음.	〈엘로아(Eloa)〉의 '군타라의 은신처'
업적 시스템	도전 과제 수행의 보상으로 캐릭터 이름과 별개인 칭호 부여하는 시스템으로 만렙 플레이어만을 위한 업적 퀘스트 존재함.	〈던전 앤 파이터〉의 86레벨 업적 '나는 VIP다'
평판 시스템	플레이어 개인 및 플레이어 소속 진영, 혈맹, 파벌의 평판을 상승시킬 수 있는 시스템으로 일부 게임에서는 만렙 유저로 참여를 제한함.	〈스타트렉 온라인(Star Trek Online)〉의 '평판 시스템'
플레이어간 전투(PvP)	엔피시(NPC)를 제외한 다른 플레이어와 전투를 수행하며, 만렙 플레이어가 강세를 보임.	〈이브 온라인(EVE Online)〉의 '플레이어 간 전투(PvP) 시스템'
던전	만렙 플레이어로 입장이 제한되며 고레벨 장비와 공격 기술이 있어야만 처치 가능한 몬스터가 포진함.	〈월드 오브 워크래프트〉의 공격대 던전 '검은 바위 용광로'

- **유의어** 최고 레벨, 풀 레벨
- **관련 용어** 레벨, 만렙 콘텐츠, 엔드 콘텐츠
- **참고 자료** 이인화, 『한국형 디지털 스토리텔링 : 「리니지 2」 바츠 해방 전쟁 이야기』, 살림, 2005. | 한혜원, 『디지털 게임 스토리텔링 : 게임 은하계의 뉴 패러다임』, 살림, 2005.

만화경적 서사 kaleidoscopic narrative

| 개별적인 사건을 동시에 제시하는 서사.

컴퓨터는 개별적 요소와 이를 연결하는 방법을 제공해 사용자가 분편을 재배열할 수 있도록 하는데, 이는 서사에서도 다중적인 방식으로 적용된다. 온라인 게임은 만화경적 서사의 특성을 지닌 대표적인 예로, 게임에서는 불연속적으로 발생하는 사건이 동시다발적으로 제시되거나 병치돼 나타난다. 플레이어는 개별적인 방식으로 퀘스트 진행, 다른 플레이어와 관계 맺기, 캐릭터 육성 등의 요소를 조합해 동시에 각기 다른 서사 경험을 창출한다.

- **관련 용어** 디지털 서사, 모자이크, 조합
- **참고 자료** 자넷 머레이 저, 한용환, 변지연 역, 『인터랙티브 스토리텔링 : 사이버 서사의 미래』, 안그라픽스, 2001. | Greg M. Smith, *On a Silver Platter : CD-ROMs and the Promises of a New Technology*, NYU Press, 1998. | Jasmina Kallay, *Gaming Film : How Games are Reshaping Contemporary Cinema*, Palgrave Macmillan, 2013. | Susan Schreibman, Ray Siemens, John Unsworth, *A Companion to Digital Humanities*, Wiley-Blackwell, 2016.

매칭 시스템 matching system

| 복수의 플레이어를 연결해 멀티 플레이를 지원하는 게임 시스템.

플레이 세션과 플레이어를 연결하는 시스템. 초기 온라인 게임에서는 멀티 플레이를 위해 플레이어끼리 각자의 아이피(IP) 주소를 교환했다. 이러한 과정은 1996년 블리자드 엔터테인먼트(Blizzard Entertaniment)의 인터넷 멀티 플레이 서비스 배틀넷(Battle.net)과 이드 소프트웨어(Id software)의 데스크톱 애플리케이션 큐스파이(QSpy)가 개발되면서 자동화됐다. 해당 서비스는 마스터 서버에 플레이어의 아이피 주소를 저장하고 진행 중인 게임 세션 정보를 실시간으로 갱신한다. 그 결과 플레이어가 클라이언트를 실행해 게임에 접속하고, 로비 화면에서 채널 목록을 조회한 후, 개설된 방에 입장하거나 새로운 방을 만드는 일이 가능해졌다.

2015년 현재, 전용 서버를 운영하는 다수의 온라인 게임이 마스터 서버와 서버

브라우저를 활용해 플레이어의 레벨과 승률, 전적, 플레이 횟수에 따른 자동 입장을 지원한다. 이때 점수를 산정하는 기준과 항목별 가중치에 따라 매칭 시스템의 정확도가 결정된다.

적절하게 설계된 매칭 시스템은 불필요한 이동과 방 생성을 감소시켜 플레이어의 탐색 시간을 최소화하고 시스템 과부하를 방지한다. 매칭 시스템은 유사한 실력을 가진 플레이어끼리 연결시켜 공정한 경쟁을 도모하고, 신규 플레이어가 안정적으로 성장할 수 있는 기반을 제공하기도 한다.

- **관련 용어** 서버, 채널, 파티
- **참고 자료** 나카시마 켄고 저, 김상우 역, 『온라인 게임을 지탱하는 기술』, 위키북스, 2012.

매크로 macro

| 한 번의 입력을 통해 반복적으로 사용하는 명령이나 행동을 실행하는 기능.

사용 빈도가 높은 명령어나 행위 등을 키보드의 문자열 조합을 통해 하나의 입력으로 설정하는 기능. 설정된 매크로를 입력하면 일련의 행동이 자동으로 수행된다. 플레이어는 키보드의 키나 마우스 휠·버튼 등에 특정한 명령을 지정할 수 있다. 매크로는 명령어 입력 시간을 단축시키므로 빠른 속도로 전투를 진행해야 하는 게임에서 유용하다.

실시간 전략 게임의 플레이어는 유닛 생산이나 기지 건설 등에 매크로를 사용해 전투 준비 시간을 단축한다. 〈스타크래프트〉의 경우, 건물 선택과 유닛 생산을 매크로로 설정하면 기지로 이동하거나 마우스로 건물을 선택하는 행위 없이 하나의 버튼만으로 유닛을 생산할 수 있다.

다중접속온라인 역할수행 게임에서는 아이템이나 스킬, 대화창 모드, 액션 등이 매크로로 설정된다. 매크로는 직관적인 사용법을 통해 입력 시간을 줄여준다는 점에서 플레이 효율을 높인다.

- **유의어** 단축키
- **관련 용어** 명령어, 매크로 조건
- **참고 자료** 〈아이온〉 파워북, http://aion.power.plaync.com/wiki/매크로 | 〈와우〉 인벤, www.inven.co.kr/board/powerbbs.php?come_idx=17&l=12100

맵 map

| 게임 공간을 기호나 문자 등으로 시각화한 그림.

게임 세계의 지리적 정보 및 공간 요소 등을 제공하는 이미지. 플레이어가 게임 공간을 효율적으로 탐색할 수 있도록 유도한다. 플레이어는 맵을 참고해 상점이나 엔피시(NPC), 던전, 포털 등의 구체적 위치를 확인할 수 있다. 개발자는 레벨링 단계에서 퀘스트 순서나 플레이 난이도 등을 고려해 맵을 구획하고 플레이어의 동선을 결정한다. 맵은 로딩 방식에 따라 크게 존 맵(zone map)과 심리스 맵(seamless map)으로 나눌 수 있다. 존 맵은 구획된 일정 영역의 맵이 한 번에 로딩되는 방식이고, 심리스 맵은 지역 간 경계 없이 캐릭터가 움직일 때마다 실시간으로 맵이 로딩되는 방식이다.

맵은 일반적으로 세계(world), 존(zone), 영역(region), 구역(area), 방(room) 순으로 세분화된다. 마크 J. P. 울프는 게임을 플레이할 때 스크린에 재현된 공간을 온-스크린 공간, 재현되지 않은 공간을 오프-스크린 공간이라고 정의했다. 마크 J. P. 울프에 따르면, 맵은 두 유형의 공간 정보를 모두 포괄하며, 맵의 종류는 4가지로 다음과 같이 분류할 수 있다.

마크 J. P. 울프가 분류한 맵 유형		
분류	설명	사례
구조 정보 맵	스테이지 구성 방식과 해당 스테이지가 요구하는 레벨을 보여줌.	〈와리오 랜드(Wario Land)〉의 맵은 플레이어가 전체 스테이지 중에서 어느 단계에 도달했는지 보여줌.
지리 정보 맵	지형적 특징, 랜드마크, 아이템, 적의 위치 등을 제시하고 핵심 행로에 대한 정보를 제공함.	〈리니지〉의 맵은 필드, 던전, 마을의 위치를 알려줌.
명시적 정보 맵	다음 단계에서 반드시 해야 할 일을 지도상에 표기하여 제시함.	〈심시티〉에서 재난이 발생하면 자동으로 재난 발생 지역을 알려줌.
블라인드 맵	플레이어가 접근하지 않은 지역은 지도상에 노출되지 않으며, 플레이어가 접근한 이후에 노출됨.	〈문명(Civilization)〉에서 플레이어가 접근하지 않은 지역은 플레이어에게 보이지 않음.

이 외에도 플레이어가 언제든 자신의 위치를 확인할 수 있도록 플레이 화면 하단에 존재하는 미니맵, 이동 중인 플레이어의 특정 반경만을 노출하고 나머지는 숨기는 전장의 안개 맵 등이 있다. 전장의 안개 맵의 경우, 플레이어의 시야를 제약해 적의 전략을 파악할 수 없게 하므로 일부 플레이어는 제약된 공간의 정보를

알아내기 위해 맵 핵을 개발한다.

그 밖에도 특정 엔피시나 몹의 위치 등 부가적인 정보를 제공하는 애드온 맵을 사용하는 플레이어도 있다. 〈마인크래프트〉와 〈스타크래프트〉의 경우, 사용자가 직접 맵을 작성할 수 있는 유즈맵 시스템을 제공했다.

- **유의어** 공간
- **관련 용어** 존 맵, 심리스 맵, 맵 핵, 애드온, 미니맵, 오토맵, 유즈맵
- **참고 자료** 레프 마노비치 저, 서정신 역, 『뉴미디어의 언어』, 커뮤니케이션북스, 2014. | 박찬일, 최기운, 『위대한 게임 위대한 기획자』, 한빛미디어, 2014. | Mark J. P. Wolf, *The Medium of the Video Game*, University of Texas Press, 2002. | Steffen P. Walz, *Toward a Ludic Architecture : The Space of Play and Games*, ETC Press, 2010.

머그 Multi-User Graphic, MUG

| 그래픽에 기반을 둔 머드(MUD) 게임.

텍스트 기반으로 제작된 머드 게임에 그래픽 요소를 추가한 형태로, 다수의 플레이어가 컴퓨터 통신망을 통해 동시에 플레이할 수 있는 게임 장르. 1970년대에는 다중 사용자 게임을 통칭하는 말이었으나, 1990년대부터 그래픽 요소가 더해진 머드 게임으로 그 의미가 한정됐다.

세계 최초의 머그 게임은 〈쉐도우 오브 서비우스(Shadow of Yserbius)〉이며, 국내 최초의 사례는 〈바람의 나라〉이다.

머그 게임은 텍스트에 기반을 둔 머드 게임에서 나아가 그래픽 중심으로 사용자 인터페이스를 구성하고 효과음을 도입하는 등 기술적 발전을 이뤄냈다. 이후 머그 게임은 〈울티마 온라인〉, 〈리니지〉 등과 같은 다중접속온라인 역할수행 게임으로 발전했다.

- **유의어** 온라인 게임
- **관련 용어** 머드 게임, 다중접속온라인 역할수행 게임
- **참고 자료** 나카시마 켄고 저, 김상우 역, 『온라인 게임을 지탱하는 기술』, 위키북스, 2012. | 디지털 게임 교과서 제작위원회 저, 최재원, 김상현 역, 『디지털 게임 교과서』, 에이콘, 2012. | 류현주, 『컴퓨터 게임과 내러티브』, 현암사, 2003.

머드 Multi-User Dungeon, MUD

| 다수의 사용자가 컴퓨터 통신망을 통해 동시에 플레이하는 초기 피시(PC) 게임.

다수의 사용자가 컴퓨터 통신망을 통해 동시에 플레이할 수 있는 텍스트 기반의 어드벤처 게임. 세계 최초의 머드 게임은 1978년 영국 에섹스 대학에서 로이 트럽쇼(Roy Trubshaw)와 리처드 바틀(Richard Bartle)이 개발했던 〈머드 1(MUD 1)〉이다. 1980년에 〈머드 1〉의 3번째 버전이 '엑세스 네트워크'에 설치됐다. 엑세스 네트워크란 최초로 다중 클라이언트를 사용해 학교나 직장 등에서 네트워크에 접속 가능한 사람들이 동시에 공유했던 시스템이다. 머드는 텍스트로만 구성됐기 때문에 플레이어는 텍스트 입력을 통해 게임을 진행했다.

1990년대까지 대중적 인기를 얻었으며, 이후 일군의 개발자가 이전과 다른 온라인 환경 구축해 다양한 유형의 머드가 개발됐다. 일례로 기존의 머드와 플레이 방식은 동일하나 그래픽 요소가 더해진 머그(Multi-User Graphic, MUG)가 있다. 한국 최초의 머드 게임은 1993년 한국과학기술원 학생들이 만든 〈쥬라기 공원〉이다.

- **유의어** 온라인 텍스트 기반 역할수행 게임
- **관련 용어** 다중 사용자, 던전, 다중 클라이언트, 텍스트 기반 게임
- **참고 자료** 곤살로 프라스카 저, 김겸섭 역, 『억압받는 사람들을 위한 비디오게임』, 커뮤니케이션북스, 2008. | 류현주, 『컴퓨터 게임과 내러티브』, 현암사, 2003. | 전경란, 『디지털 게임의 미학 : 온라인 게임 스토리텔링』, 살림, 2005. | Frans Mäyrä, *An Introduction to Game Studies : Games in Culture*, SAGE Publications Ltd., 2008. | Jon Radoff, *Game On : Energize Your Business with Social Media Games*, Wiley, 2011. | Markus Friedl, *Online Game Interactivity Theory*, Charles River Media, 2002.

머드플레이션 MUDflation

| 게임 경제 내에서 총 가상 재화의 과잉 증가로 야기되는 인플레이션 현상.

게임 세계 내에서 가상 통화와 아이템이 과잉 생성돼 기존 아이템의 가치가 하락하고 물가가 상승하는 현상. 머드는 플레이어가 생산, 분배, 소비 과정에 참여할 수 있는 시장경제체제가 도입된 모든 게임을 의미한다. 플레이어는 퀘스트를

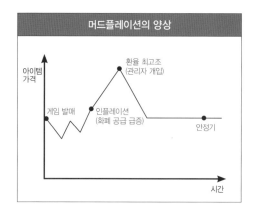

머드플레이션의 양상

아이템 가격

환율 최고조
(관리자 개입)

게임 발매

인플레이션
(화폐 공급 급증)

안정기

시간

완수하고 그 보상으로 가상 통화와 아이템을 획득하는데, 생성된 아이템이 게임 경제 내에 축적되면 점차 아이템의 희소가치가 하락해 물가가 폭등하게 된다.

머드플레이션은 게임 경제의 안정성을 해치고 게임의 수명을 단축할 수 있는 문제점을 야기한다. 첫째로 머드플레이션이 장기간 지속되면 특정 아이템의 희소성이 떨어져 해당 아이템을 소지하고 있던 플레이어의 만족감이 하락한다. 둘째로 머드플레이션으로 인한 물가 상승은 신규 플레이가 유입되는 데 진입장벽이 된다. 신규 플레이어가 획득할 수 있는 통화량으로는 과도한 물가를 감당할 수 없기 때문이다.

머드플레이션에 대한 해결책으로는 '골드 싱크 시스템'이 있다. 골드 싱크 시스템이란 가상 재화에 감가상각을 도입한 것으로, 아이템에 내구도를 부여하거나 세금 제도를 통해 플레이어의 무분별한 아이템 생성을 방지하고 게임 내 총 통화량을 제한하는 것이다.

- **관련 용어** 아이템, 가상 화폐, 가상 경제, 골드 싱크
- **참고 자료** 이명준, 『인플레이션 시대』, 북투어스, 2014. | 임하나, 『MMORPG 개발자 경제행위 연구 : Real Money Trade를 중심으로』, 이화여자대학교 일반대학원 디지털미디어학부 석사논문, 2010.

머리장착 디스플레이 Head-Mounted Display, HMD

| 머리에 착용해 사용하는 가상현실 혹은 증강 현실 기기.

사용자가 머리에 착용할 경우 눈앞에 가상현실이나 증강 현실이 구현되는 기기. 웨어러블 디바이스(wearable device)의 일종으로, 사용자의 눈에서 2~4센티

미터 떨어진 위치에 소형 모니터가 있다. 가상현실 기기는 시야를 차단하고 가상 이미지를 보여주며, 증강 현실 기기는 현실 세계에 실시간으로 가상 이미지를 덧붙여서 보여준다. 후자의 경우, 주로 투명 디스플레이로 제작되므로 오에이치엠디(Optical Head-Mounted Display, OHMD)라고도 불린다.

최초의 머리장착 디스플레이는 1968년 이반 서덜랜드가 제작한 더 소드 오브 다모클레스(The Sword of Damocles)이다. 더 소드 오브 다모클레스의 핵심 기능은 헤드 트래킹으로, 이는 사용자의 머리가 움직이는 방향을 감지해 출력되는 영상의 시점과 일치시키는 기술이다. 이후 머리장착 디스플레이는 헤드트래킹, 모니터 해상도, 시야각의 확대 등 몰입을 강화시키는 기술 위주로 발전해 게임에도 활용되기 시작했다.

게임용 머리장착 디스플레이의 초기 사례로는 1991년 출시된 아케이드용 1인칭 슈팅 게임 〈닥틸 나이트메어(Dactyl Nightmare)〉가 있으며, 이는 머리에 쓰는 가상현실 장치와 캐릭터를 조작하는 조이스틱으로 구성된 아케이드 게임이다. 머리장착 디스플레이를 지원하는 대표적인 게임으로는 1인칭 슈팅 게임 〈하프라이프 2(Half-Life 2)〉, 공포 게임인 〈어 체어 인 어 룸(A Chair in a Room)〉, 벽돌 깨기 게임 〈프로톤 펄스(Proton Pulse)〉, 운전 시뮬레이션 〈유로 트럭 시뮬레이터 2(Euro Truck Simulator 2)〉 등이 있다.

게임 플레이가 가능한 상업용 머리장착 디스플레이 사례			
연도	명칭	개발사	설명
1991	닥틸 나이트메어	더블유 인더스트리즈 (W Industries)	아케이드 1인칭 슈팅 게임기, 머리장착 디스플레이와 조이스틱으로 구성.
1995	브이에프엑스-1(VFX-1)	포르테(Forte)	피시(PC)에 연결해서 사용, 머리장착 디스플레이, 사이버펑크 컨트롤러, 브이아이피(VIP) 보드로 구성.
1997	글래스트론(Glasstron)	소니	이어폰을 포함, 셔터를 열어 시야를 확보하는 기능.
2011	에이치엠지-티1(HMZ-T1)	소니	1280×720 해상도 지원.
2012	오큘러스 리프트 (Oculus Rift)	오큘러스 브이알 (Oculus VR)	위치 추정 기술 적용, 개발자 키트, 유니티 3D, 언리얼 엔진 지원.
2013	구글 글래스(Google Glass)	구글	투명 디스플레이를 사용한 증강 현실 중심 머리장착 디스플레이, 안드로이드 운영 체제.
2014	기어 브이알(Gear VR)	삼성	스마트폰을 삽입하여 구동하는 모바일 가상현실 기기.

머리장착 디스플레이는 '언캐니 밸리(uncanny valley)' 효과로 인해 2000년대까지는 개발이 부진했으나, 2010년 이후 스마트 기기와의 연동을 계기로 발전이 촉진됐다. 2007년에는 사용자의 뇌파를 감지해 컴퓨터를 조작하는 인터페이스 기술인 비시아이(Brain-Computer Interface, BCI)와 연계해 플레이어가 동작을 취하지 않고도 게임을 플레이할 수 있는 기기가 상용화됐다.

- **유의어** 에이치엠디(HMD), 오에이치엠디(OHMD)
- **관련 용어** 가상현실, 증강 현실, 언캐니
- **참고 자료** Ivan E. Sutherland, "The Ultimate Display", *Multimedia : From Wagner to Virtual Reality*, Norton, 1965. | James E. Melzer, Kirk Moffitt, *Head-Mounted Displays : Designing for the User*, CreateSpace Independent Publishing Platform, 2011. | Kevin Petersen, *Head-Mounted Display 87 Success Secrets*, Emereo Publishing, 2014. | Kevin Williams, Michael Mascioni, *The Out-of-Home Immersive Entertainment Frontier*, Routledge, 2014. | R. A. Earnshaw, *Virtual Reality Systems*, Academic Press, 2014.

머시니마 machinima

| 실시간 게임 엔진으로 제작한 3차원 애니메이션 영화.

사용자 생성 콘텐츠. 일반적으로 게임 엔진 데이터베이스에 저장된 리소스를 활용해서 제작된다. 머시니마의 효시는 일군의 게임 길드가 만든 패러디 영상으로, 이후 머시니마를 전문적으로 제작하는 커뮤니티 및 감독이 등장했다. 머시니마라는 용어를 처음으로 언급한 것은 퀘이크 무비의 제작자인 안토니 베일리(Anthony Bailey)이며, 이 용어는 2000년 개설된 머시니마닷컴을 통해 확산됐다.

머시니마는 배우나 촬영 장소를 섭외할 필요가 없다는 점에서 전통적인 영화에 비해 제작비용이나 시간이 적게 들며, 개인이 혼자서 제작할 수 있다는 장점이 있다. 일부 개발사는 플레이어에게 특정 게임에 특화된 머시니마 제작 지원 소프트웨어를 제공하기도 한다. 〈월드 오브 워크래프트〉의 머시니마 제작을 지원하는 '와우 모델 뷰어(WOW Model Viewer)'나 〈팀 포트리스(Team Portress)〉 같은 밸브 코퍼레이션(Valve Corporation) 사 게임의 머시니마 제작을 지원하는 '소스 필름메이커(Source Filmmaker)' 등이 대표적이다. '더 무비즈(The Movies)'에서는 3차원 애니메이션을 제작할 수 있는 기능을 지원했다.

머시니마 제작은 시나리오에 적합한 게임 선택, 캐릭터 생성 및 설정, 환경 및 소품 오브젝트 생성, 플레이 영상 녹화, 사운드 추가를 비롯한 편집의 순서로 이루어진다.

머시니마가 제작된 대표적 게임 사례		
년도	사례	설명
1992	〈스턴트 아일랜드 (Stunt Island)〉	게임 내 카메라의 세밀한 조정, 게임 영상 저장 및 공유 가능. 머시니마의 시초가 된 게임.
1994	〈둠〉	모드 및 사용자 창작 맵을 통해 머시니마를 활성화시킴.
1996	〈퀘이크〉	'퀘이크 무비' 용어를 탄생시킨 게임. 머시니마 대표작은 〈다이어리 오브 캠퍼 (Diary of a Camper)〉(1996).
2001	〈헤일로(Halo)〉	머시니마가 상업적으로 성공을 거둔 사례. 머시니마 대표작은 〈레드 대 블루 (Red Versus Blue)〉(2003) 시리즈.
2003	〈세컨드 라이프 (Second Life)〉	일상적 배경의 가상 세계와 캐릭터들을 사용해 머시니마 제작.
2004	〈월드 오브 워크래프트〉	춤추는 동작을 활용해 머시니마를 활성화시킴. 대표작은 〈메이크 러브, 낫 워크래프트(Make Love, Not Warcraft)〉(2006).

- **관련 용어** 리캠/리플레이, 게임 엔진
- **참고 자료** 유원준, 『뉴미디어 아트와 게임 예술』, 커뮤니케이션북스, 2013. | 이동은, 「데이터베이스를 활용한 디지털 애니메이션 제작 방법 비교 분석」, 『멀티미디어학회논문지』 vol.11, no.1, 한국멀티미디어학회, 2008. | 전경란, 「디지털 게임 팬덤에 관한 연구」, 『게임산업저널』, vol.19, no.0, 한국콘텐츠진흥원, 2008. | Larissa Hjorth, *Games and Gaming : An Introduction to New Media*, Bloomsbury Academic, 2011. | Torill Elvira Mortensen, *Perceiving Play : The Art and Study of Computer Games*, Peter Lang Publishing Inc., 2009.

먹튀 dine and dash

| 타인의 아이템이나 재화를 부당하게 낚아채가는 행위.

게임 내에서 다른 플레이어의 아이템이나 돈 등을 부당하게 가로채는 행위. 일본에서는 '쿠이니게(食い逃げ)', 북미에서는 '다인 앤드 대시(Dine and dash)'라고 한다. 일반적으로 다중접속온라인 환경에서 다른 플레이어가 몹을 처치해서 생성된 아이템이나 가상 통화를 무단으로 획득하는 것을 의미한다. 다수의 플레이어가 몹을 동시에 공격해서 처치했을 때 보상으로 제공된 아이템의 소유권이 불분명한 상황에서 발생한다. 이 외에도 다른 플레이어의 아이피(IP), 계정, 캐릭터

등을 빼앗는 행위, 파티 플레이에서 보상을 독식하거나 아무런 기여 없이 보상만 챙기는 행위도 먹튀에 포함된다.

타인의 아이템을 대량으로 빠르게 획득하는 불법 프로그램이 개발되면서 먹튀로 인한 플레이어 간 갈등이 심화됐으며, 2010년에는 분쟁이 법정 공방으로 이어졌다. 멧돼지로 변신한 플레이어가 상대가 바닥에 내려놓은 고가의 아이템을 훔쳐간 '멧돼지 먹튀 사건'이 그 예이다. 개발사는 먹튀를 방지하기 위해 몹 사냥을 할 때 먼저 공격을 했거나 가장 높은 타격을 입힌 플레이어에게 보상을 귀속시키는 방법을 도입했다. 게임 커뮤니티 역시 먹튀 방지를 위해 가이드라인을 제시하거나 먹튀를 일삼는 플레이어의 아이디를 공유한다.

한편, 개발사와 플레이어가 먹튀 문제로 대립하는 경우도 있다. 일례로 현금 결제를 유도하는 이벤트를 실시한 직후 서비스를 종료한 개발사에 대해 플레이어들이 자신이 보유했던 재화의 환불과 배상을 요구하는 사건이 발생했다. 개발사는 게임 내 재화가 현금화될 수 없다고 주장했으나 플레이어는 가상 재화가 자신이 투자한 노력과 시간에 대한 대가라고 주장해 갈등을 빚었다.

- **유의어** 먹자, 닌자, 한탕, 스틸
- **관련 용어** 쿠이니게, 다인 앤드 대시
- **참고 자료** 게임조선, 〈파티 아이템 분배, 어떤 방식이 가장 효율적인가?〉, http://aion.gamechosun.co.kr/board/view.php?bid=report&num=18668 | 인벤, 〈토글 시스템, 시급한 변화가 필요하다〉, http://m.inven.co.kr/webzine/wznews.php?site=lineage2&p=25&l=92785&idx=92418

멀티 엔딩 multi ending

| 플레이어가 단일한 게임에서 도달할 수 있는 복수의 결말.

플레이어가 달성할 수 있는 게임의 결말이 2가지 이상인 경우. 결말이 제공되는 게임은 크게 싱글 엔딩(single ending) 게임과 멀티 엔딩 게임으로 나뉜다. 싱글 엔딩 게임은 플레이어가 최종 목표를 달성했을 때 제공되는 결과가 한 가지인 경우이며, 멀티 엔딩은 일정한 분기점마다 플레이어가 고른 선택지나 행위에 따라 최종 결말이 달라지는 경우이다. 이 외에도 퀴즈, 대결과 같이 승패를 가르는 이벤트에 따라 결말이 달라지는 게임도 있다. 멀티 엔딩 게임에는, 개발자가 기

반 서사나 세계관 설정 등을 통해 가장 이상적인 엔딩으로 선정한 트루 엔딩(true ending)이 있다. 트루 엔딩은 진 엔딩(眞 ending)이라고도 하며, 일반적으로 나머지 엔딩에 비해 달성 조건이 까다롭거나 게임 진행 과정의 난이도가 높다. 육성 시뮬레이션 게임 〈프린세스 메이커 3(Princess Maker 3)〉은 총 60개의 엔딩을 제공하나, 트루 엔딩은 플레이어가 자신의 딸을 인간계 왕자와 결혼시키는 프린세스 엔딩이다.

플레이어의 분기 선택 방법	
분류	설명
행동 선택	플레이어가 게임 플레이 중에 발생하는 이벤트에서 주어진 선택지 중에서 하나를 선택해 나감. 연애 시뮬레이션 게임에서 주로 사용됨.
지도 선택	플레이어가 캐릭터가 탐색해야 할 행선지를 지도에서 선택하여 이동하는 형태로, 퀘스트가 주어지는 역할수행 게임에서 주로 사용됨.

- **관련 용어** 싱글 엔딩, 트루 엔딩, 진 엔딩
- **참고 자료** 이재홍, 『게임 시나리오 작법론』, 정일, 2004. | 한혜원, 『디지털 게임의 다변수적 서사 연구』, 이화여자대학교 대학원 디지털미디어학부 박사논문, 2009. | Marie-Laure Ryan, *Avatars of Story*, University of Minnesota Press, 2006.

메즈 mez

| 적을 행동 불능 상태로 만드는 기술.

플레이어가 상대를 일정 시간 동안 무력화시키는 기술. 메즈가 속하는 상위 범주는 적의 행동을 제약하는 군중 제어기와 적의 능력을 약화시키는 디버프이다. 모바(MOBA)나 다중접속온라인 역할수행 게임 등에서 주로 사용된다. 일반적으로 〈던전 앤 드래곤〉에서 최초로 사용됐다고 알려져 있으며, 〈에버퀘스트〉를 통해 무력화 기술을 지칭하는 용어로 정립됐다. 아군이 수적으로 열세일 경우, 플레이어는 메즈를 전략적으로 사용해 메즈 상태에 빠지지 않은 적부터 순차적으로 처치할 수 있다.

메즈는 지속 시간과 캐릭터의 의식 불명 여부를 기준으로 수면·기절·마비·무장 해제 등으로 구분된다. 마비 기술은 캐릭터 설정에 따라 다양한 방식으로 구

현된다. 일례로 〈리그 오브 레전드〉의 카시오페아는 석화 방식을, 〈마비노기 영웅
전(Vindictus)〉의 캐릭터 이비는 동결의 방식을 채택한다.

메즈 공격을 당한 캐릭터를 '메즈몹'이라 지칭하며, 메즈 상태는 일반적으로 디
스펠 기술을 사용하거나 다시 공격을 받았을 때 해제된다.

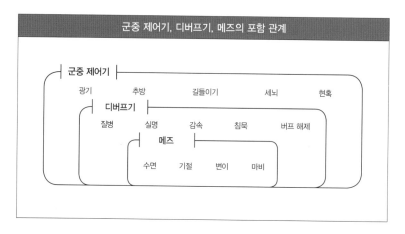

- **관련 용어** 군중 제어 기술, 메저, 메즈몹
- **참고 자료** Scruffy Productions, Debra McBride, *EverQuest : The Planes of Power*, Prima Games, 2002. |
Timothy Rowlands, *Video Game Worlds : Working at Play in the Culture of EverQuest*, Routledge, 2012.

메타 meta

| 게임 플레이에 최적화된 전략 전술.

플레이에 최적화된 외부 전략 전술 및 스킬 정보. 플레이어는 게임에서 승리하
기 위해 플레이어들 사이에서 암묵적으로 통용되는 표준 메타를 따르며, 이는
개발사가 제공하는 시스템상의 규칙과는 상이하다. 일반적으로 메타는 이-스포
츠 리그나 플레이어 커뮤니티를 통해 생성된다. 〈리그 오브 레전드〉에서 최초로
등장한 메타는 2011년 이-스포츠 리그에서 유럽팀 '프나틱(FnaticMSI)'이 만든
'EU메타'이다. EU메타는 5대 5 전투에서 탑과 미드 공격로에 1명, 바텀 공격로에
는 2명을 각각 배치한 후, 나머지 1명이 정글에서 몹 사냥을 통해 성장한 후 상황
에 따라 각 공격로를 지원하는 전술이다.

이후 EU메타를 변형 및 모방한 전략이 급증하면서 메타가 형식화, 다양화됐다. 대표적으로는 돌진메타, 스왑메타, 포킹메타, 한타메타 등이 있다. 메타의 특성은 표와 같다.

메타의 특성	
종류	설명
유동성	플레이어가 제공하는 전략 전술이므로, 동시다발적으로 나타나거나 유행에 따른 변화가 가능함.
규칙성	플레이의 가이드라인으로 각 성격에 따라 독자적인 규칙을 지니며, 플레이어는 맡은 캐릭터를 해당 메타에 따라 운영함. 이를 어길 경우 트롤링으로 간주되기도 함.
상대성	캐릭터 및 스킬 운영 등 게임 플레이 전반에 영향을 미치며, 플레이어는 동일한 메타라고 하더라도 아군 및 적군 캐릭터에 따라 상이한 스킬·아이템 빌드를 진행함.

개발사에서는 메타를 반영해 업데이트나 패치를 진행하기도 한다. 〈리그 오브 레전드〉 개발사 라이엇 게임즈(Riot Games)는 EU메타에서 서포터 역할의 플레이어가 일방적인 희생을 감행해야 한다는 점에 주목하고, 서포터 맞춤 아이템을 도입하고 필수 구매 아이템 개수를 제한하는 등 시스템 규칙을 개선했다.

- **관련 용어** 빌드, 규칙, 이-스포츠, 프로게이머
- **참고 자료** 류철균, 박미리, 「온라인 게임에 나타난 사용자 생성 규칙 연구 : 〈리그 오브 레전드〉를 중심으로」, 『한국게임학회 논문지』, vol.15, no.1, 한국게임학회, 2015.

메타게임 metagame

| 게임의 내부와 외부를 매개하는 활동.

게임에서 파생된 모든 활동. 게임에서 메타란 게임에 영향을 주는 외적 요인으로 게임 조작에 필요한 외부 전략 전술 및 스킬 정보 등을 포함한다. 메타게임에 참여하는 행위는 게임의 내부에서 외부로 연계되는 경우와 외부에서 내부로 연계되는 경우로 구분된다. 전자는 플레이에서 발생하는 플레이어의 감정상태, 태도 등으로 나타나며 경쟁심, 동지애, 만족감 등이 이에 해당한다. 후자는 플레이어가 게임 환경이나 요소를 주어진 그대로 사용하지 않고 독자적인 규칙이나 가이드라인을 만드는 경우이다. 일례로 애완동물을 이용한 전투 플레이, 플레이어

끼리 공유하는 암묵적인 규칙 등이 있다.

리처드 가필드는 메타게임을 게임이 외부를 중개하는 것으로 정의하고 게임이 게임 외부 요소와 맺는 관계에 따라 메타게임을 4가지로 세분화했다. 가필드에 따르면, 메타게임의 관점에서 플레이어는 게임 내부 및 외부 요소를 상호 반영시키는 능동적인 방식으로 게임을 플레이한다.

리처드 가필드가 분류한 메타게임의 종류	
종류	설명
플레이어가 게임에서 가져오는 것(to)	플레이어가 게임에서 가져오는 모든 것으로, 주사위와 같은 가시적인 형태와 지식, 속임수와 같은 비가시적 형태가 존재함.
플레이어가 게임으로부터 가져가는 것(from)	플레이어가 게임을 통해 얻어가는 모든 것으로, 상금과 같은 가시적인 형태와 사회적 지위와 같은 비가시적 형태가 존재함.
게임과 게임 사이에서 발생하는 것(between)	플레이어가 게임에서 일어난 일에 대하여 이야기를 퍼뜨리거나, 전략 및 전술을 통해 다음 게임을 준비하는 것 등을 포괄함.
게임 플레이 도중에 발생하는 것(during)	플레이어가 플레이 중간에 겪는 모든 것으로, 경쟁심과 같은 심리적 요소와 조명이나 시끄러운 분위기 같은 환경적 요소 등을 포괄함.

- **관련 용어** 메타
- **참고 자료** 에스퍼 율 저, 이정엽 역,『캐주얼 게임 : 비디오게임과 플레이어의 재창조』, 커뮤니케이션북스, 2012. | 웬디 디스페인 저, 김정태 외 역,『게임 디자인 원리』, 에이콘, 2014. | Katie Salen, Eric Zimmerman, *Rules of Play : Game Design Fundamentals*, The MIT Press, 2003. | Richard Garfield, "Metagames", *In Horsemen of the Apocalypse : Essays on Roleplaying*, Jolly Rogers Games, 2000.

메타버스 metaverse

| 아바타를 통해 사회, 경제, 문화적 활동을 할 수 있는 가상 세계.

사용자가 아바타를 통해 의사소통하고 정보나 재화를 공유할 수 있는 가상의 세계로, 인터넷이 가능한 컴퓨팅 환경에서 언제 어디서나 접속이 가능하다. 메타버스는 크게 증강 현실(augmented reality), 라이프로깅(life logging), 거울 세계(mirror worlds), 가상 세계(virtual worlds)라는 4가지 범주로 나뉜다.

메타버스의 유래 1992년 닐 스티븐슨(Neal Stephenson)이 소설『스노 크래시(Snow Crash)』를 통해 제시한 개념으로, 해당 소설에서 메타버스는 6,000만 명이 동시에 접속할 수 있고 면적이 1만 킬로미터에 달하는 가상 세계이다.

미국의 비영리 기술 연구 단체인 미래 가속화 연구재단(Acceleration Studies Foundation, ASF)은 2006년 5월 제1회 메타버스 로드맵 정상회담(Metaverse Roadmap Summit)에서 메타버스를 '3차원 가상 세계로서 월드 와이드 웹의 미래'라고 정의했다.

일본 노무라 종합 연구소는 다수의 사람이 동시에 참여하는 3차원 가상 커뮤니티를 메타버스라고 설명하고 가상 세계의 4가지 요건을 다음과 같이 제시했다. 첫째, 플레이어가 만든 콘텐츠가 상품이 된다. 둘째, 가상 통화를 통해 콘텐츠를 유통한다. 셋째, 아바타라 부르는 사용자를 대신한 캐릭터가 사용된다. 넷째, 채팅이나 쇼핑 등 다양한 가상 체험이 생긴다.

메타버스의 4가지 범주 미래 가속화 연구재단은 증강(augmentation)과 모사(simulation), 내재(intimate)와 외재(external)라는 두 축을 기준으로 메타버스를 다음과 같이 4가지 범주로 분류했다.

증강 현실은 컴퓨터가 만든 3차원 그래픽을 현실 공간에 합성해서 보여주는 기술을 이용해 현실 환경에 네트워크화된 정보나 이미지가 실재하는 것처럼 구현한다. 웨어러블 디바이스(wearable device)나 정보 제공형 애플리케이션, 게임 등에서 활용된다. 대표적인 사례로 '구글 글래스'는 안경 스크린에 내비게이션 길 안내, 외국어 인식 및 구글 번역 등의 정보를 증강해서 전달한다.

라이프로깅은 증강 기술을 활용해 개인 일상을 자동으로 기록하고 보관하는 가상 환경이다. 일상에서 이뤄지는 개인의 모든 행동을 데이터베이스로 제시하며, 라이프로깅의 핵심은 위치 파악 시스템(Global Positioning System, GPS)과 연동되는 현실 영상 저장 기술과 이를 해석하는 기술이다. 무인 자동 보안센터, 차량 내장 카메라 등으로 대표되는 객체 라이프로그와 휴대폰 회사 웹사이트의 플랫폼과 같은 사용자 라이프로그로 구분할 수 있다. 대표적인 사례로 '스마트 워치'는 착용자의 걸음 수, 거리, 소요 칼로리 등을 체크하여 정보를 기록 저장하며, 이를 통해 사용자가 자신의 건강 상태를 체크하고 관리하도록 돕는다.

거울 세계는 물리적 현실 세계를 정보적으로 확장한 세계로 지리 정보 서비스에 특화돼 있다. 아마존의 '로컬 블록뷰(Local BlockView)', 구글의 '구글 어스'가 대표적인 사례이다. 구글 어스는 위성사진, 항공사진, 3차원 지리 정보 시스템을 활용해 전 세계 지역 정보를 웹으로 제공한다. 아바타 없이 현존하는 지역 공간

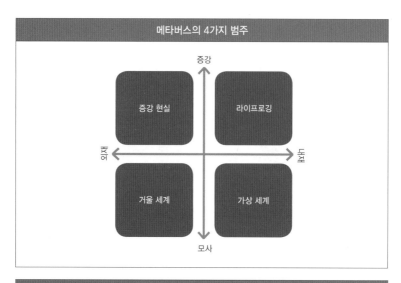

메타버스의 4가지 범주 설명과 예시		
범주	설명	사례
증강 현실	현실에 있는 물리적 대상에 컴퓨터로 제작된 데이터가 겹쳐 보이게 하는 환경. 현실과 가상을 혼합하여 감각을 확장시킴.	구글 글래스
라이프로깅	개인의 일상 경험과 정보를 기록하는 기술. 일상에서 발생한 사건을 텍스트, 영상, 소리 등으로 캡처하고 저장하여 공유함.	스마트 워치
거울 세계	현실을 거울처럼 반영한 3차원 가상 환경. 현실 세계를 모델로 삼음. 정보적으로 확장된 세계이자 현실 세계의 반영.	구글 어스
가상 세계	현실과 유사하거나 완전히 다른 대안적 세계를 디지털로 구현한 세계. 3차원 컴퓨터 그래픽 환경에서 구현된 커뮤니티.	〈세컨드 라이프〉

과 정보만 재현하며, 사용자는 3차원 그래픽을 활용한 입체 가상 화면을 통해 실제 도시의 건물, 계곡, 나무 등을 볼 수 있다.

가상 세계는 현실과 유사한 환경을 3차원으로 구축한 세계로, 사용자는 아바타를 통해 가상 세계 내에서 현실과 다른 인생을 즐길 수 있다. 대표적인 사례는 2003년에 린든랩(Linden Lab)에서 개발한 〈세컨드 라이프(Second Life)〉이다. 〈세컨드 라이프〉는 창작 도구를 제공해 사용자가 아이템을 직접 만들어 판매할 수 있는 가상 세계 제공했다. 이때 가상 세계 내에서 이뤄진 비즈니스 행위가 현실 세계에서 실제 수익을 창출했다는 점에서 주목받았다.

메타버스 서비스 유형 한국전자통신연구원은 메타버스 서비스 유형을 다음 표와 같이 7가지로 정리했다.

한국전자통신연구원이 제시한 메타버스 서비스 유형	
종류	설명
가상 홈 (virtual home)	가상 세계의 가상 홈 아이템과 실생활 정보 기기가 연동돼 가상 기기 조작이 실생활에 반영됨.
가상 오피스 (virtual office)	가상 세계의 가상 오피스에 들어가면 동료 아바타를 볼 수 있고, 실생활처럼 회의와 공동작업 수행이 가능함.
포털 서비스 (portal service)	뉴스, 스포츠, 게임과 같은 포털 서비스를 3차원으로 즐길 수 있고, 3차원 아바타로 된 뉴스 앵커가 오늘 뉴스를 방송함.
이-헬스 (E-health)	사이버 병원에서 원격 진료 서비스를 받을 수 있고, 몸에 장착된 센서를 통해 이상이 발견되면 응급 구호 서비스를 받을 수 있음.
인스턴트 콘텐츠 서비스/전자상거래	3차원 가상 쇼핑몰에서 아이템을 구입하고 별도의 설치과정 없이 바로 실행이 가능함.
이-러닝 (E-learning)	사이버 학교에서 3차원 아바타 선생님을 통해 수업을 듣고 시험을 치를 수 있음.
가상 커뮤니티 (virtual community)	친구 아바타가 사는 가상 세계를 자신의 가상 세계와 연결할 수 있고, 친구 아바타를 자신의 가상 세계로 입주시키는 것도 가능함.

메타버스와 온라인 게임 온라인 게임은 메타버스의 4가지 범주 중 가상 세계에 속한다. 가상 세계는 크게 3가지 유형으로 구분할 수 있다. 첫째는 〈세컨드 라이프〉와 같이 현실 사회를 시뮬레이션한 생활형 가상 세계이다. 둘째는 〈월드 오브 워크래프트〉와 같이 허구적 세계를 시뮬레이션하는 게임형 가상 세계이다. 셋째는 기존 가상 세계에 교육, 의료, 전시 공간 등과 융합한 파생형 가상 세계이다. 게임형 가상 세계는 주로 다중접속온라인 역할수행 게임에서 구현되며, 레벨링 시스템(leveling system), 허구적 테마(fictional theme), 역할수행(role-playing), 경쟁 요소(competitive elements)를 이용하여 플레이어의 몰입을 강화한다.

- **유의어** 가상 세계
- **관련 용어** 3차원 가상 세계, 증강 현실, 라이프로깅, 거울 세계, 생활형 가상 세계, 게임형 가상 세계, 파생형 가상 세계
- **참고 자료** 삼성SDS 기술사회, 『핵심 정보통신기술 총서 05 : 인터넷산업』, 한울아카데미, 2010. | 류철균, 안진경, 「가상세계의 디지털 스토리텔링 연구 : 〈세컨드 라이프〉와 MMORPG의 비교를 중심으로」, 『게임산업저널』, vol.16, no.1, 2007. | 손강민, 이범렬, 심광현, 양광호, 「웹 2.0과 온라인 게임이 만드는 매트릭스 월드 메타버스(Metaverse)」, 『ETRI CEO Information』, vol.47, no.0, 한국전자통신연구원, 2006. | Jamais Casico, Jerry Paffendorf, John Smart, *Metaverse Roadmap : Pathways to the 3D Web A Cross-Industry Public Foresight Project*, Acceleration Studies Foundation, 2007. | Julian Lombardi, Marilyn Lombardi, "Opening the Metaverse", *Online Worlds : Convergence of the Real and the Virtual*, Springer, 2010.

모노폴리 monopoly

| 부동산 매매 소재의 보드 게임.

거래, 협상을 통해 토지와 시설을 독점하고 다른 플레이어를 파산시키는 게임. 찰스 대로우(Charles B. Darrow)가 개발했으며 1935년 완구 회사인 파커 브라더스(Parker Brothers)를 통해 발매됐다. 1904년 엘리자베스 매기(Elizabeth Magie)가 제작한 〈랜드로즈 게임(The Landlord's Game)〉을 토대로 만들어졌으며, 게임의 진행 방식은 다음과 같다.

플레이어는 주사위 2개를 굴려서 나온 수만큼 보드에서 자신의 말을 이동시킨다. 소유한 재화로 도착한 장소의 토지를 구입해 소유지로 만들 수 있으며 해당 장소에 멈춰선 플레이어에게 통행료를 받을 수 있다. 더 비싼 통행료 받기 위해 구입한 땅에 건물을 지을 수도 있다. 플레이어의 말이 다른 플레이어의 소유지에 도착했을 경우, 할당된 통행료를 소유주에게 지급해야 하며 지급할 돈이 없을 경우 파산이 선언된다.

〈모노폴리〉는 2015년 3월을 기준으로 47개 언어로 번역돼 114개국에서 판매됐으며, 출시 이후부터 2015년까지 전 세계 누적 판매량이 10억 개에 이르는 상업적 성공을 거뒀다. 부동산 구입을 통해 부를 축적하고 다른 플레이어를 파산시킨다는 목표는 〈부루마블(Blue Marble)〉, 〈안티-모노폴리(Anti-Monopoly)〉 등 게임을 통해 답습됐다.

- **관련 용어** 독점, 파산, 세금, 경매, 보드 게임
- **참고 자료** Jeffrey P. Hinebaugh, *A Board Game Education*, R&L Education, 2009. | Philip E. Orbanes, *The Monopoly Companion : The Game from A to Z*, Adams Media Corporation, 1999. | Philip E. Orbanes, *Monopoly : The World's Most Famous Game-And How It Got That Way*, Da Capo Press, 2007.

모달리티 modality

| 대상체와 상호작용할 때 메시지를 구성하는 감각인상의 종류.

사용자가 대상체와 상호작용하기 위해 사용하는 감각적 의사소통의 방법. 시

각, 청각, 촉각, 후각 등의 생리학적 감각을 직접적으로 혹은 인터페이스를 통해 간접적으로 사용하는 것을 지칭한다. 인간은 커뮤니케이션 상황에서 메시지의 모달리티 표지(modality marker)나 본문의 단서에 기초해 정보의 신뢰성을 판단하고 의사결정을 내린다. 일례로 청각보다는 시각을 더 믿는 경향이 있다. 사회 기호학파는 메시지의 기호가 사회적 합의에 근거한다고 보고, 모달리티 판단(modality judgement) 역시 사회적 집단 내에서 사실로 간주되는 것에 의존한다고 설명했다.

게임의 경우, 플레이어는 게임 인터페이스를 통해 게임 세계와 간접적으로 상호작용하므로 게임 인터페이스 디자인은 사용자의 모달리티를 효율적으로 반영해야 한다. 서준호, 김일석은 인터랙티브 디자인에서 모달리티 유형과 인터페이스 디자인에 사용되는 모달리티의 감각적 요소를 구분했다.

모달리티 인터페이스 유형		
종류	설명	사례
생리학적 모달리티	사람의 실제 생리학적 감각을 그대로 모방하여 디지털화한 것.	닌텐도 위, 건 슈팅 게임용 아케이드 플랫폼
디바이스 대체적 모달리티	마우스 등의 디바이스를 통해 인터페이스와 상호작용하는 것.	마우스, 조이스틱

인터페이스 디자인에서 사용되는 감각		
종류	설명	사례
촉지(touch)	손을 이용하여 직접 스크린을 누르거나 손의 기능을 확장시킨 디바이스를 통해 입출력 기능을 수행.	아이패드 (iPad)
소리(sound)	마이크를 통해 직접 소리를 입력하거나 스피커를 통해 소리를 출력하는 방식으로 상호작용함.	시리 (Siri)
행동(motion)	카메라를 통해 사용자의 손짓, 몸짓을 인식하고 이를 입출력 모달리티에 반영하는 것.	키넥트 (Kinect)

- **유의어** 커뮤니케이션, 인터페이스
- **관련 용어** 멀티모달리티, 감각, 상호작용
- **참고 자료** 서준호, 김일석, 「인터랙티브 디자인의 모달리티」, 『디자인학연구』, vol.24, no.1, 한국디자인학회, 2011. | Daniel Chandler, *Semiotics : The Basics*, Routledge, 2007. | Gunther R. Kress, Theo van Leeuwen, *Reading Images : The Grammar of Visual Design*, Routledge, 2006. | Margit Böck, Norbert Pachler, *Multimodality and Social Semiosis*, Routledge, 2013.

모델링 modeling

| 2차원의 원화를 3차원으로 구현하는 작업.

2차원의 원화를 가상의 3차원 공간에 재현하는 기술. 3차원 게임 그래픽 디자인은 원화, 모델링, 매핑, 애니메이션, 이펙트의 단계로 진행되며, 모델링은 게임의 콘셉트를 3차원 오브젝트로 구현하는 2번째 단계에 해당한다. 크게 배경 모델링과 캐릭터 모델링으로 구분된다. 모델은 3차원 공간의 원점을 중심으로 X, Y, Z의 3가지 축에 따라 형성된 폴리곤의 집합으로 이뤄진다. 모델링은 폴리곤의 수에 따라 로우 폴리 모델링(low poly modeling)과 하이 폴리 모델링(high poly modeling)으로 나뉜다.

로우 폴리 모델링 방식을 이용하면 캐릭터의 동작을 생성하기 용이하며 낮은 사양에서도 구현이 가능하다. 반면, 하이 폴리 모델링 방식은 로우 폴리 모델링에 비해 배경 및 캐릭터를 사실적이고 섬세하게 표현할 수 있다. 3차원 게임과 온라인 게임 초기에는 로우 폴리 모델링을 사용했으나, 이후 하드웨어 및 3D 엔진 기술이 발전함에 따라 하이 폴리 모델링의 표면을 추출해 로우 폴리 모델링에 덧입히는 노멀 매핑(normal mapping) 방식을 쓰고 있다. 이로 인해 게임의 배경과 캐릭터 구현에 사실성을 부여하고 높은 입체감을 부여하게 되었다.

- **관련 용어** 그래픽, 게임 엔진, 렌더링, 매핑
- **참고 자료** 고병희, 송순엽, 『게임 그래픽 실무』, 예당, 2005. | 김현, 『게임 그래픽 & 애니메이션』, 한빛미디어, 2008. | 지니 노박 저, 김재하 역, 『게임학이론』, 청문각, 2006.

모드 modification, MOD

| 원본 게임의 요소를 부분적으로 변형시켜 가공한 2차 창작 콘텐츠.

플레이어가 원본 게임의 요소를 수정, 혹은 추가해서 제작한 게임 콘텐츠. 전문적인 모드 제작자를 '모더(modder)', 게임 수정을 통해 모드를 제작하는 행위를 '모딩(modding)'이라고 한다.

원본 게임에 아이템, 스킨, 맵 등을 추가하는 것부터 게임 규칙 변형, 그래픽 향

상, 언어 패치 등 게임 소스를 변형시키는 것까지 다양한 형태로 나타난다. 초기의 모드는 게임을 해킹하는 불법 행위로 여겨졌으나 1983년 제작된 아케이드 게임 〈로드 러너(Lode Runner)〉에서 게임 내 맵 편집 기능을 최초로 도입했고, 이를 통해 모드의 개념이 대중화됐다.

플레이어는 모드를 적용하여 자신의 취향을 반영할 수 있고, 게임의 형식을 바꿔 다양한 방식으로 플레이할 수도 있다. 일부 개발사의 경우, 개발 단계부터 게임을 수정, 변형이 가능한 조립식 구조로 제작하고, 게임의 소스 코드와 개발 도구를 공개적으로 배포해 플레이어의 모드 제작을 장려한다.

모드는 원본 게임을 변형한 콘텐츠이므로 원칙적으로 모드 게임을 플레이하기 위해서는 반드시 원본 게임이 사전에 설치되어 있어야 한다. 그러나 〈카운터-스트라이크〉와 같이, 원본 게임을 완전히 변형한 일부 모드의 경우 독립된 게임으로 출시되기도 한다. 〈카운터-스트라이크〉는 1999년 〈하프라이프(Half-Life)〉의 모드 게임으로 처음 출시된 후 〈하프라이프〉의 제작사인 밸브 코퍼레이션(Valve Corporation)과 공식 계약을 맺어 2000년부터 독립적으로 상용화됐다.

독립적으로 상업화된 모드 게임은 '스탠드얼론(Standalone)'이라고 지칭하며, 〈하프라이프 2〉의 모드 게임이었던 〈게리 모드(Garry's Mod)〉 역시 대표적인 사례이다. 〈하프라이프〉 시리즈와 같이 한 가지 원본 게임으로부터 다수의 모드 게임이 나올 경우, 플레이어가 원본 게임과 모드 게임을 구분하기 어렵기 때문에 모드가 전혀 적용되지 않은 원본 게임을 '바닐라(vanilla)'라고 한다.

유형 알렉산더 갤러웨이는 모드의 유형을 다음과 같이 3가지로 정리했다.

알렉산더 갤러웨이가 제시한 모드의 3가지 유형		
유형	설명	사례
시각 요소 변형	게임 맵, 캐릭터 모델링, 아이템 등 시각적 요소를 추가하거나 변형함.	〈심즈〉 시리즈의 '스킨' 모드
게임 규칙 변형	게임 승리 요건 등 플레이에 영향을 미치는 게임 규칙을 변형함.	〈마인크래프트〉의 '투 매니 아이템 (Too Many Item)' 모드
소프트웨어 기술 변형	게임에 적용된 물리법칙, 조명 기술, 캐릭터의 행동 등 게임에 적용된 기술을 변형함.	〈엘더스크롤 5 : 스카이림〉의 '이엔비(ENB)' 모드

모드 제작 도구 모드 제작 도구는 플레이어가 쉽게 모드를 제작할 수 있도록 개발된 소프트웨어이다. 일부 개발사에서는 플레이어에게 프로그램 소스 코드를

공개하고 모드 제작 도구를 제공해 자사 게임의 모드 제작을 장려하기도 한다. 기본적으로 제공되는 모드 제작 도구를 사용하면 쉽게 모드를 제작할 수 있다는 장점이 있으나 게임 변형 정도가 제한적이다. 대표적인 모드 제작 도구는 표와 같다.

개발사별 대표 모드 제작 도구의 예시		
개발사	대표작	모드 제작 도구
밸브 코퍼레이션	〈하프라이프〉 시리즈	밸브 해머 에디터 (Valve Hammer Editor)
파이락시스 게임즈 (Firaxis Games)	〈시드 마이어의 문명 (Sid Meier's Civilization)〉 시리즈	월드 빌더(World Builder)
베데스다 소프트웍스 (Bethesda Softworks)	〈엘더스크롤〉 시리즈	크리에이션 키트(Creation Kit)
크라이텍(Crytek)	〈크라이시스〉 시리즈	샌드박스 에디터(Sandbox Editor)

배포 모드는 일반적으로 무료로 배포되지만, 일부 인기 모드는 원작 게임 개발사나 유통사와의 협의를 거쳐 유료로 배포되기도 한다. 모더의 개인 홈페이지, 게임 플레이어 커뮤니티 사이트 등을 통해 공유된다. 모드 제작이 활성화된 게임의 경우 개발사에서 공식적으로 모드를 공유할 수 있는 장을 마련해주기도 한다. 일렉트로닉 아츠(Electronic Arts, EA)는 2014년 1월 13일 〈심시티(SimCity)〉 시리즈의 모드 제작을 활성화하고 모드에 대한 제작사의 입장 및 가이드라인을 구체화하기 위해 커뮤니티 창작물(Community-Created Content) 포럼을 개설했다. 일렉트로닉 아츠가 제시한 〈심시티〉의 모드 제작 약관은 다음과 같다.

〈심시티〉의 모드 제작 약관 예시	
내용	설명
제작 규칙	1. 모드는 게임플레이를 위태롭게 하거나 타인을 방해해서는 안 됩니다. 순위표, 다른 플레이어와의 거래 등 멀티 플레이어 게임의 시뮬레이션 및 멀티 플레이 기능에 영향을 주는 모드는 허용되지 않습니다.
	2. 모드는 일체의 서드파티(third party) 저작권, 상표권, 특허권, 영업 비밀, 기타 지적재산권을 침해해서는 안 되며, 권리침해, 불법적, 명예훼손, 외설적, 타인의 프라이버시 침해, 위협, 괴롭힘, 모욕, 증오, 인종 차별, 기타 불쾌하거나 부적절한 내용을 포함해서는 안 됩니다. 심시티의 이용 등급은 GRB : 전체 이용가이며 전 세계적으로 이와 유사한 등급을 가집니다. EA는 모드가 이 등급에서 허용되지 않는 어떤 내용도 포함하지 않을 것을 요구합니다.
	3. 모드는 .com, .exe, .dll, 그외 어떤 실행 파일도 수정해서는 안 됩니다.
	4. 심시티 최종사용자 라이선스 계약(EULA)(영문) 및 EA 서비스 이용약관(한글)의 조항이 본 문서에 따라 모드 방침에 포함되었습니다. 모드 방침의 조항이 심시티 최종사용자 라이선스 계약 또는 EA의 서비스 이용약관의 조항과 충돌하는 경우에 언제나 모드 방침이 우선하며 모드 방침에서 지정된 조항의 지배를 받습니다.

	5. 심시티의 완성도를 유지하고 플레이어들에게 가능한 최상의 게임 경험을 보장하기 위하여 EA는 언제든 자체 재량에 따라 모드의 사용, 배포, 제작에 대한 허가를 취소할 수 있습니다. 또한, 심시티 내의 모든 모드를 비활성화하고 타인의 경험을 저해하는 플레이어를 제지하는 징계 조치를 취할 권리를 보유합니다.
배포 기준	1. 모드는 비상업적이어야 하며 무료로 배포되어야 합니다. 마찬가지로, 모드는 대가를 받고 판매, 사용권 제공, 임대할 수 없으며, 모드 게임에는 일체의 금전 거래를 지원하는 기능도 포함해서는 안 됩니다. 모드는 상품이나 서비스를 광고하는 용도로 사용할 수 없습니다.
	2. 기부는 모드를 통해 직접적으로 요청되어서는 안 됩니다. 하지만 EA는 모드를 제작하는 데 때로는 상당한 시간과 자원이 소요될 수 있음을 인정합니다. 따라서 모드 개발자는 모드 자체를 통하지 않은 외부 기부를 통해 개발 비용을 모금하는 것이 허용되나, 단, 아래 조건을 따라야 합니다.
	2-a. 기부 요청은 모드 웹사이트나 배포 사이트에 한정되어야 하며 모드 안에 요청이 나타나서는 안 됩니다.
	2-b. 기부자는 모드에 대한 사적 접근 권한, 특별한 레벨, 그래픽 마커, 특수 텍스트, 능력, 유닛 등 특수한 게임 내 혜택을 제공받을 수 없습니다. 모든 사용자는 동일한 모드를 플레이할 수 있어야 합니다.
	2-c. 법인, 유한책임회사, 협력사 등의 기부자는 모드의 크레디트 섹션에 이름을 나열할 수 없습니다. 오직 개인 이름만 올라갈 수 있습니다.

게임 유통 플랫폼인 스팀(Steam)은 '창작마당' 커뮤니티를 통해 플레이어가 모드를 쉽게 공유할 수 있는 장을 형성했다. 이 외에도 전 세계의 모드 제작자가 자신이 제작한 모드를 공유하고 소통하는 '모드디비(Moddb)' 등의 커뮤니티도 있다.

논란 스팀은 2015년 4월 24일 모드 유료 판매 정책을 발표했다. 〈엘더스크롤 5 : 스카이림〉 모드의 유료화를 시작으로, 모더의 모드 제작 활동을 지원하고 질 높은 모드 제작을 활성화하기 위해 모드의 유료 배포를 공식화하겠다는 입장이었다. 그러나 값비싼 수수료, 스팀의 모드 검증 신뢰성에 대한 의구심 확산, 모드의 제작 및 공유에 대한 자율성 침해 등을 이유로 사용자의 반발이 확산됐다. 스팀은 4일 후인 28일에 모드 유료화 정책을 공식 철회했다.

- **유의어** 패치
- **관련 용어** 모딩, 모드 게임, 모더
- **참고 자료** 앤드류 글래스너 저, 김치훈 역, 『인터랙티브 스토리텔링 : 21세기 픽션을 위한 테크닉』, 커뮤니케이션북스, 2006. | Alexander R. Galloway, *Gaming : Essays on Algorithmic Culture*, University of Minnesota Press, 2006. | Frans Mäyrä, *An Introduction to Game Studies : Games in Culture*, SAGE Publications Ltd., 2008. | James Paul Gee, Elisabeth R. Hayes, *Women and Gaming : The Sims and 21st Century Learning*, Palgrave Macmillan, 2010. | Jon Dovey, Helen W. Kennedy, *Game Cultures : Computer Games as New Media*, Open University Press, 2006.

모바 Multiplayer Online Battle Arena, MOBA

| 실시간 전략 시뮬레이션(RTS)의 조작 체계와 역할수행 게임(RPG)의 캐릭터 및 아이템 체계가 결합된 온라인 게임 장르.

다수의 플레이어가 온라인에서 팀을 이루고 상대 진영의 구조물을 파괴해 승패를 가르는 대전 게임 장르. 〈리그 오브 레전드〉의 장르를 지칭하면서 대중화됐다. 에이오에스(AOS), 액션 실시간 전략, 도타(DotA) 등의 용어와 혼용된다. 양 팀은 서로 다른 능력치를 지닌 캐릭터를 전략적으로 조합해 팀을 구성하며, 인공지능 유닛이 일정 시간마다 재생산되어 적진을 향해 움직이며 아군의 공격을 돕는다. 최종 목표로 설정된 구조물을 먼저 파괴하는 팀이 승리한다.

모바 장르의 대표적인 게임으로 〈리그 오브 레전드〉를 비롯해 〈도타(Defense of the Ancients, DotA)〉, 〈카오스 온라인(Chaos Online)〉, 〈히어로즈 오브 뉴어스(Heroes of Newerth, HoN)〉 등이 있다. 국내 게임으로는 3차원 모바 게임 〈사이퍼즈(Cyphers)〉가 있다.

모바와 혼용되는 용어	
용어	설명
에이오에스	〈스타크래프트〉의 사용자 제작 변형 게임으로, 모바 장르의 기본 규칙을 제시.
액션 실시간 전략	실시간 전략 게임에서 공성과 대전에 플레이의 초점을 맞춘 장르.
도타	〈워크래프트 III〉의 사용자 제작 변형 게임.

■ **유의어** 에이오에스, 액션 실시간 전략, 도타, 도타류 게임
■ **관련 용어** 모드(mod), 유즈맵 시스템
■ **참고 자료** Simon Ferrari, "From Generative to Conventional Play : Moba and League of Legends." *Proceedings of DiGRA 2013 : DeFragging Game Studies*, vol.1, no.1, 2013.

모바일 게임 mobile game

| 모바일 기기에서 플레이할 수 있는 게임.

스마트폰, 태블릿 피시(PC) 등의 모바일 기기에서 구동 가능한 게임. 초기 모바일 게임은 사용자가 기기를 들고 다니거나 이동 중 잉여 시간에 플레이하기 위해 쉽게 익힐 수 있는 단순한 형식으로 제작됐다. 당시 모바일 게임은 1회 플레

이 타임이 짧고 플레이 방식이 반복적이었다. 예스퍼 율은 모바일 기기가 확산되면서 간단한 구조의 게임이 증가하는 현상을 두고 캐주얼 혁명이라 칭한 바 있다. 이후 모바일 기기의 성능이 발전하자 캐주얼 게임 외에도 다양한 게임 장르가 구현 가능해졌다. 스마트폰에 내장된 다양한 기능을 활용해 새로운 방식의 모바일 게임이 출시되기도 한다. 장소 인식 기술을 활용한 위치 기반 게임인 〈인그레스(Ingress)〉가 대표적이다. 소셜 게임은 소셜 네트워크 서비스의 친구 관계를 기반으로 모바일 기기를 활용해 플레이할 수 있는 게임이다.

- **관련 용어** 캐주얼 게임, 소셜 게임, 위치 기반 게임, 피시 게임
- **참고 자료** 김대호 외, 『모바일 미디어의 문화와 시장』, 커뮤니케이션북스, 2007. | 류철균, 한혜원 외, 『트랜스미디어 스토리텔링의 이해』, 이화여자대학교출판부, 2015. | 예스퍼 율 저, 이정엽 역, 『캐주얼 게임 : 비디오게임과 플레이어의 재창조』, 커뮤니케이션북스, 2012. | 이재현, 『모바일 미디어』, 커뮤니케이션북스, 2013. | 전경란, 『디지털 게임이란 무엇인가』, 커뮤니케이션북스, 2014.

모션 캡처 motion capture

| 실재하는 대상의 움직임을 카메라로 기록해 3차원 모델을 움직이게 하는 기술.

실재하는 대상을 다수의 카메라로 기록해 가상의 캐릭터에 대입시키는 기술. 인간 또는 물체에 센서를 부착하고, 이것이 움직이며 수집한 데이터를 가공하여, 가상 캐릭터를 렌더링한다. 초기에는 군사, 의학 등의 분야에서만 사용됐으나 이후 효율적인 애니메이션 생성, 자연스러운 움직임 모델링 등이 가능해지면서 애니메이션, 영화, 게임 등 문화산업으로 쓰임이 확장됐다.

게임의 경우, 사실적인 동작 표현이 요구되는 대전 액션 게임, 1인칭 슈팅 게임, 스포츠 게임 등에서 주로 사용된다. 모션 캡처 기술을 활용한

모션 캡처 기술의 종류	
종류	설명
광학식 모션 캡처 기술	적외선 카메라와 반사 물질을 입힌 마커를 이용하는 방식으로, 카메라로 2차원 이미지를 촬영한 후 그 이미지를 다시 3차원 위치 데이터로 계산 및 추출함.
자기식 모션 캡처 기술	연기자의 각 관절 부위에 자기장을 계측할 수 있는 센서를 부착해 연기자의 움직임에 따라 측정되는 데이터를 공간적인 변화량으로 계산하여 움직임을 측정함.
음향식 모션 캡처 기술	초음파 발생장치와 3개의 수신 장치로 구성되며, 연기자의 각 관절에 부착된 초음파를 바탕으로 초음파가 수신 장치에 수신되기까지 걸린 시간과 거리를 계산함.
기계식 모션 캡처 기술	기계식 특수 장비를 장치하고 연기자의 각 관절 마다 3축 전위차계를 설치해 관절 간 회전 운동 값을 얻음.

대표작으로는 〈버추어 파이터 2〉, 〈파이널 판타지 13〉이 있으며, 이들 경우 캐릭터의 팔·다리 움직임이 모션 캡처의 핵심적인 대상이었다. 2013년에 출시된 〈비욘드 : 투 소울즈(BEYOND : Two Souls)〉에서는 모션 캡처를 통해 배우 엘런 페이지(Ellen Page)의 얼굴 표정, 눈동자의 움직임 등 세밀한 움직임까지 전부 가상의 캐릭터로 재현했다. 모션 캡처 기술은 캡처에 활용하는 장비의 특성에 따라 크게 광학식(optical), 자기식(magnetic), 음향식(acustic), 기계식(mechanic)으로 구분된다.

■ **참고 자료** 구교호, 『체험형 게임을 위한 복합센서 및 인체 움직임 구조 기반 실시간 모션 캡처』, 경희대학교 대학원 컴퓨터공학과 석사논문, 2010. | 최태준, 유석호, 이동열 이완복, 「광학식 모션 캡처 방식을 이용한 디지털 캐릭터 움직임」, 『한국콘텐츠학회논문지』, vol.7, no.8, 한국콘텐츠학회, 2007.

모티프 motif

| 다수의 이야기에서 반복적으로 나타나는 주제 및 내용 요소.

오랜 시간 수많은 이야기에서 반복적으로 등장하는 주제, 상황, 인간형, 행위 등의 내용 요소. 디지털 게임의 경우 플레이어가 몰입할 수 있는 환경을 만들기 위해 세계관, 캐릭터, 기반 서사의 설정에서 모티프를 활용한다. 플레이어는 튜토리얼, 컷신, 퀘스트 등을 통해 모티프를 발견할 수 있다.

서사 이론에서의 모티프 형식적으로 모티프는 서사 구성의 단위 또는 하위 요소이며, 이때 모티프는 서사의 최소 단위로 인식된다. 내용적으로 모티프는 다양한 스토리에 반복적으로 나타나는 주제 요소로, 주제학에서 모티프는 등장인물의 행동을 유도하고 등장인물 사이의 관계를 설정하는 요소이다.

서사 이론에서의 모티프 정의		
학자	용어	설명
조셉 베디어 (Joseph Bedier)	요소	서사 텍스트를 '일정한 것'과 '변하는 것'으로 나눌 때 '일정한 것'의 본질적 단위.
블라디미르 프로프 (Владимир Пропп)	기능	러시아 민담에 나타나는 '가변적 요소'와 '지속적 요소' 중 '지속적 요소'에 해당하는 것으로, 등장인물의 행동과 기능.
알렉산더 베셀로프스키 (A.N. Veselovski)	모티프	서사의 최소 단위, 즉 서사 화소. 특히 신화와 민담에서 더 이상 분해할 수 없는 최하위 요소.

츠베탕 토도로프 (Tzvetan Todorov)	모티프	하나의 시퀀스를 형성하는 서사명제의 흐름 '안정-위반-불안정-반작용-안정' 중 안정에서 위반으로 이르는 변화.
보리스 토마체프스키 (Boris Tomachevski)	모티프	주제의 가장 작은 분자로, 서사 작품에서 더 이상 해체할 수 없는 부분의 주제.
스티스 톰슨 (Stith Thomson)	모티프	설화의 가장 작은 구성 요소로, 설화가 구전되기 위해 지녀야 하는 특이하면서도 뚜렷한 요소.

로버트 스티븐슨이 제시한 모티프의 5가지 특성

특성	설명
반복성	오랜 기간 동안 여러 스토리에서 같은 소재가 반복됨.
원형성	모든 인간에게 보편적으로 중요한 상황과 연결됨.
결합성	스토리 내부의 다른 요소들과 결합되어 하나의 스토리로 재구성됨.
위반성	정상적·보편적 환경인 일상에서 벗어난 이야기를 다룸.
긴장성	대립과 갈등을 통해 사회적, 심리적 긴장감을 야기.

【모티프의 특성】 모티프에는 반복성과 원형성, 결합성, 위반성, 긴장성의 5가지 특성이 있다. 반복성과 원형성은 모티프의 조건이자 자질이다. 로버트 스티븐슨(Robert Stevenson)은 모티프의 결합성을 스토리 구조와 엮었으며, 이때 모티프는 스토리 내에 존재하는 기타 이야기 요소를 통합하는 구심점이자 중심 요소로 작용한다. 위반성은 모티프의 본질적인 특성으로, 이야기는 안정되고 평화로운 상태가 아니라 일반적인 규범에서 벗어나는 이례적인 경험을 말할 때 유의미한 것으로 평가된다.

홀스트 뎀리히와 잉그리드 뎀리히가 제시한 모티프의 6가지 기능

기능	설명
접속	모티프를 통한 사건과 반응의 구조적 통일.
정보 작동	모티프에 의한 독자의 새로운 연상 촉발.
정보 응축	이야기 속 특정한 표지에 대한 독자의 반응과 선택 유도.
긴장 형성	등장인물의 욕망과 행동의 당위성 사이의 갈등을 통해 긴장 유발.
도식화	이야기의 시작, 중간, 끝의 양상을 미리 예견하도록 유도.
주제화	서사가 궁극적으로 전달하려는 메시지를 부각.

【모티프의 기능】 이야기에서 모티프는 특정한 상황, 기이한 행위 등으로 나타나며, 독자의 상상력을 자극하거나 이야기에 대한 감정적 반응을 촉발하는 기제가 된다. 홀스트 뎀리히와 잉그리드 뎀리히는 모티프에 일반적으로 6가지 기능이 있다고 보았다.

【모티프 분류체계】 토마체프스키는 모티프의 기능과 제거 가능성을 기준으로 그 유형을 형식적 측면에서 4가지로 분류했다. 역동적 모티프는 등장인물의 행위, 즉 사건의 형식으로 나타나며 결합 모티프는 등장인물, 자유

토마체프스키가 제시한 모티프 유형 분류			
기준	유형	설명	형식
기능	역동적 모티프	이야기의 상황을 변화시킬 수 있는 모티프.	행위
	정태적 모티프	이야기의 상황을 변화시킬 수 없는 모티프.	-
제거 가능성	결합 모티프	스토리 내에서 제거할 수 없는 모티프.	인물
	자유 모티프	스토리 내에서 제거할 수 있는 모티프.	상황

모티프는 등장인물이 처한 배경이자 상황으로 나타난다. 토마체프스키 외에도 스티스 톰슨, 지그베르트 프라워(Siegbert Prawer), 테오도르 볼퍼스(Theodor Wolpers) 등이 모티프 유형 분류를 시도한 바 있다. 이들의 분류체계는 토마체프스키의 분류와 유사한 형태로 인물, 배경(상황), 사건(행위)을 중심으로 형성됐다.

게임에서의 모티프 【게임 세계관의 모티프】 게임에서의 모티프는 게임의 고유한 세계관에 내재되어 있다. 가령 역할수행 게임인 〈던전 앤 드래곤〉의 세계관은 지하 감옥 모티프, 괴물 모티프, 영웅 모티프 등으로 구성된다. 디지털 기반의 역할수행 게임에서 모티프는 컷신, 튜토리얼, 퀘스트 등을 통해 플레이어에게 전달된다. 컷신은 게임 내 영상으로, 선형적으로 구성되어 있는 게임 서사를 플레이어에게 제공하고, 튜토리얼은 플레이어가 게임과의 상호작용을 통해 직접 해당 세계를 경험하도록 유도한다. 컷신과 튜토리얼은 세계관에 내재된 모티프를 제시하는 대표적인 게임 구성 요소이다.

플레이어는 다양한 모티프의 퀘스트를 수행하면서 공통적으로 나타나는 모티프를 통해 게임 세계관을 점차 구체적으로 인지해간다. 다중접속온라인 역할수행 게임에서는 주로 신화적 모티프를 기반으로 한 세계관이 나타난다. 보편적인 신화적 모티프로는 천지창조, 세계수, 여신, 중세 기사 등이 있으며 대표적인 게임으로는 〈리니지〉, 〈아이온 : 영원의 탑〉 등이 있다.

【게임 플레이어의 모티프】 일반적으로 플레이어 캐릭터는 게임 서사의 주인공으로 설정되며, 주인공은 신화적 모티프로 구성된 세계를 모험하는 영웅이다. 초창기 역할수행 게임에서는 플레이어가 영웅 서사의 모험 단계를 경험하는 영웅의 모티프를 지니는 것이 보편적이었다.

이후 샌드박스형 역할수행 게임 등이 등장하면서 플레이어의 모티프는 영웅에 한정되지 않고 다양화되어 플레이어는 영웅, 반영웅, 비영웅의 모티프를 다양하게 플레이할 수 있게 됐다. 가령 〈지티에이(Grand Theft Auto, GTA)〉 등에서 플레이어는 비도덕적이고 반사회적인 반영웅의 모티프를 경험하며, 〈마인크래프트〉 등에서 플레이어는 세계 구원에는 무관심한 비영웅의 모티프를 경험할 수 있다.

- **관련 용어** 플롯, 튜토리얼, 컷신, 기반 서사, 게임 세계관, 영웅의 모험
- **참고 자료** 블라디미르 프로프 저, 어건주 역, 『민담 형태론』, 지식을만드는지식, 2013. | 이동은, 『디지털 게임 플레이의 신화성 연구 : MMOG를 중심으로』, 이화여자대학교 대학원 디지털미디어학부 박사논문, 2013. | 이인화, 『스토리텔링 진화론』, 해냄, 2014. | 이재선, 『문학 주제학이란 무엇인가』, 민음사, 1996. | 츠베탕 토도로프 저, 김치수 역, 『러시아 형식주의』, 이화여자대학교 출판부, 1981.

모핑 소프트웨어 morphing software

| 이미지나 형상을 변형시키는 영상처리 소프트웨어.

영상처리 기술과 컴퓨터 그래픽 기술을 결합해 이미지나 형상을 자연스럽게 다른 모습으로 변형시키는 프로그램. 원본 영상과 최종 영상 간의 색이나 밝기 값의 변화를 부드럽게 하는 과정인 크로스 디졸브(cross dissolve)와 원본 영상에서 최종 영상까지 형태가 자연스럽게 변하도록 중간 영상을 생성하는 워핑(warping) 과정을 포함한다.

1990년대 초반부터 사실적인 전환효과를 구현하는 컴퓨터 소프트웨어가 등장했다. 대표적인 모핑 소프트웨어는 모피어스 포토 애니메이션 수트(Morpheus Photo Animation Suite), 판타모프(FantaMorph), 애프터 이펙트(After Effects) 등이 있다. 게임에서는 자연스러운 얼굴 표정을 표현하기 위해 2개 이상의 이미지를 연결해 동작을 재현하는 모프 타깃(morph target) 기법이 활용된다. 이를 활용한 대표적 게임으로 〈퀘이크(Quake)〉 등이 있다.

- **관련 용어** 모듈성, 변형
- **참고 자료** 한국미술연구소, 『영상 디자인』, 시공사, 1997. | George Wolberg, *Digital Image Warping*, Wiley-IEEE Computer Society Press, 1990. | Jeff Lander, *Graphic Content. Mighty Morphing Mesh Machine*, Game developer, 1998. | Randy Crane, *A Simplified Approach to Image Processing*, Prentice-Hall, 1996. | Vivian Sobchack, *Meta Morphing : Visual Transformation and the Culture of Quick-Change*, University of Minnesota Press, 2000.

목표 goal

| 플레이어가 성취하기 위해 노력하는 대상.

플레이어가 게임 플레이를 통해 얻고자 하는 대상 혹은 플레이어가 도달하고
자 하는 이상적인 상태 및 결과. 플레이어는 목표에 도달하기 위해 규칙이 허용하
는 범위 내에서 다양한 방법으로 게임을 플레이한다. 일반적으로 규칙은 목표에
도달하는 것을 어렵게 만들지만 플레이어는 게임을 즐기기 위해 이를 자발적으
로 수용한다. 예스퍼 율은 목표에 따라 다양한 결과가 발생할 수 있다는 점을 게
임의 조건 중 하나로 보았으며, 그렉 코스티키안은 게임이란 플레이어가 목표 달
성을 위해 의사결정을 내리는 예술의 한 형태라고 말했다.

목표는 게임을 구성하는 가장 전형적인 요소이지만 목표를 제공하지 않거나
성취 불가능한 목표를 부여하는 게임도 있다. 샌드박스 게임은 목표를 제공하지
않는 대표적인 게임 장르로, 플레이어는 주어진 목표나 지향점 없이 자유롭게 가
상 세계를 향유한다. 플레이어는 집을 꾸미거나 다양한 제작 업적을 달성하는 등
스스로 목표를 세우고 이에 도달하기 위해 노력하면 된다. 성취 불가능한 목표를
부여하는 게임은 주로 정치적 게임이다. 현실비판적인 대안 미디어로서 정치적
게임에서는 목표 달성에 실패하면서 플레이어가 게임 개발자의 의도나 메시지를
유추하게 된다.

- **유의어** 엔딩 컨디션
- **관련 용어** 하위목표, 퀘스트, 보상, 결과
- **참고 자료** 제스퍼 주울 저, 장성진 역,『하프 리얼 : 가상 세계와 실제 규칙 사이에 존재하는 비디오게임』, 비
즈앤비즈, 2014. | 서성은, 「시리어스 게임의 생소화 효과 연구」,『한국컴퓨터게임학회 논문지』, vol.24, no.4,
한국컴퓨터게임학회, 2011. | Katie Salen, Eric Zimmerman, *Rules of Play : Game Design Fundamentals*,
The MIT Press, 2003.

몰입 1 immersion

| 허구적 세계가 실재한다고 생각하는 심리 상태.

가상현실에 빠져들면서 발생하는 플레이어의 심리적, 정신적 상태. 자넷 머레

이에 따르면, 몰입한 상호작용자는 가상현실에 모든 주의력이 집중되고 인식체계가 지배당한다. 머레이는 환상을 제공하는 몰입적 매체로 컴퓨터를 제시한다. 컴퓨터는 상상 속 대상에 생명력을 부여하고 행위를 도출해낼 수 있기 때문이다. 이러한 개념은 사무엘 테일러 콜리지(Samuel Taylor Coleridge)의 '불신의 유예(suspension of disbelief)'를 바탕으로 하고 있다. 가상 세계에 참여하는 상호작용자는 서로를 직접 마주하지 않으므로 방해받지 않고 몰입을 유지할 수 있다. 머레이는 참여를 구조화하는 방법으로 '방문하기' 형식을 제안한다. '방문하기'는 가상현실과 현실 사이의 경계 설정에 용이하다.

앨리슨 맥마한은 가상현실 또는 컴퓨터 게임에서 몰입을 유발하기 위한 3가지 조건을 제시한다. 첫째, 게임 또는 가상 환경의 관습은 그 환경에 대한 플레이어의 기대와 대체로 일치해야 한다. 이는 시각적 재현을 통해 구현된다. 둘째, 플레이어의 행동이 허구 세계에 중요한 영향을 미쳐야 한다. 머레이는 이를 에이전시(agency)라고 칭한다. 셋째, 가상 세계의 관습은 일관되어야 한다. 이를 통해 몰입이 일관적으로 유지될 수 있다. 어니스트 아담스는 게임에서의 몰입을 4종류로 구분한다.

어니스트 아담스가 제시한 몰입의 종류		
종류	설명	몰입 유도 방법
전술적 (tactical)	빠른 액션 게임에서 주로 생존을 위해 집중.	짧은 순간에 해결 가능한 유사한 도전들을 연속적으로 제공.
전략적 (strategic)	승리를 뒷받침하는 선택을 내리기 위한 관찰, 계산, 계획.	명확한 승리 조건과 규칙, 예측 불가능한 요소의 최소화.
공간적 (spatial)	다른 공간에 위치하는 느낌.	3D 그래픽 기술, 가상현실 장치.
서사적 (narrative)	가상 세계와 그 사건들을 현실이라고 믿는 상태.	흥미로운 캐릭터, 재미있는 플롯, 극적인 상황.

- **유의어** 몰입(flow), 에이전시
- **관련 용어** 변형, 사이버 드라마, 불신의 유예
- **참고 자료** 자넷 머레이 저, 한용환, 변지연 역, 『인터랙티브 스토리텔링 : 사이버 서사의 미래』, 안그라픽스, 2001. | Alison McMahan, "Immersion, Engagement, and Presence : A Method for Analyzing 3-D Vidoe Games", *The Video Game Theory Reader*, Routledge, 2003. | Ernest Adams, *Fundamentals of Game Design*, New Riders, 2013. | Gonzalo Frasca, *Videogames of the Oppressed : Videogames as a Means for Critical Thinking and Debate*, Georgia Institute of Technology, 1995. | Marie-Laure Ryan, *Narrative as Virtual Reality : Immersion and Interactivity in Literature and Electronic Media*, Johns Hopkins University Press, 2003.

몰입 2 Flow

| 특정한 대상이나 행동에 완전히 몰두한 최적 경험의 상태.

　반복적인 패턴의 게임 플레이를 통해 플레이어가 체험하게 되는 높은 수준의 집중과 몰두의 상태. 미하이 칙센트미하이는 '사람이 어떤 행동에 온 힘을 다 쏟을 때 느끼는 감정 상태'가 몰입이라고 정의했다. 이는 의식이 경험으로 꽉 찬 상태, 즉 행위에 완전히 몰두한 최적 경험의 상태이다. 칙센트미하이에 따르면 몰입 활동에는 3가지 특징이 있다. 첫째, 목표와 규칙이 분명히 설정된다. 일련의 목표가 있을 때 사람은 이를 달성하기 위해 높은 집중력을 발휘하며, 규칙이 있어야 행동을 곧장 실천에 옮길 수 있다. 둘째, 빠른 피드백이다. 활동에 대한 피드백을 즉각적으로 받음으로써 작업이 이루어지는 과정을 확인할 수 있다. 셋째, 과제와 실력이 균형을 이룬다. 과제란 행위의 난이도를 말한다. 몰입 활동은 사람의 능력에 비해 과제가 너무 쉽거나 어려울 경우 발생하지 않는다.

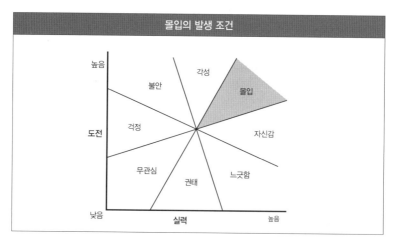

　게임은 목표와 규칙을 동반하고 즉각적인 피드백이 주어진다는 점에서 대표적인 몰입 활동 중 하나이다. 예스퍼 율은 게임에서 제공하는 도전의 성향이 몰입의 구조와 유사하다고 분석했다. 플레이어는 게임에서 제공하는 도전의 난이도가 너무 높을 경우 불안감 혹은 좌절감을 느끼게 되며, 난이도가 너무 낮을 경우 긴장감과 흥미를 잃는다. 케이티 살렌과 에릭 짐머만은 칙센트미하이가 말한 몰입의 요소를 전제 조건과 효과로 구분한다.

몰입의 전제 조건과 효과	
분류	설명
몰입의 전제 조건	도전적 행위	몰입은 목표를 지향하는 능동적이고 적극적인 행위.
	명확한 목표	게임은 목표 지향적.
	명확한 피드백	게임은 플레이의 결과에 따른 분명한 반응을 제공.
	통제의 역설	플레이어는 플레이 결과에 영향을 미칠 수 있다고 생각.
몰입의 효과	행동과 인식의 통합	몰입은 무의식적이고 자동적인 행동을 동반.
	집중	눈앞에 제시된 임무에 완전히 집중하게 됨.
	자아의식의 상실	자아의식은 몰입 경험에 비해 부차적인 것이 됨.
	시간의 왜곡	시간이 연장되거나 줄어든 것으로 느껴짐.

- **유의어** 몰입(immersion), 에이전시
- **관련 용어** 목표, 퀘스트, 피드백
- **참고 자료** 미하이 칙센트미하이 저, 이희재 역, 『몰입의 즐거움』, 해냄, 2007. | 제스퍼 주울 저, 장성진 역, 『하프 리얼 : 가상 세계와 실제 규칙 사이에 존재하는 비디오게임』, 비즈앤비즈, 2014. | Katie Salen, Eric Zimmerman, *Rules of Play : Game Design Fundamentals*, The MIT Press, 2003. | Mihaly Csikszentmihalyi, *Flow : The Psychology of Optimal Experience*, Harper Perennial Modern Classics, 2008.

몹 Mobile Object, Mob

| 게임 내에서 플레이어와 대립하거나 경쟁하는 비사용자 캐릭터.

엔피시(NPC)의 일종으로 플레이어와 적대관계에 있는 움직이는 물체 또는 생명체. 플레이어와 몹의 대립은 플레이어 대 환경 간 전투(PvE)의 주요 콘텐츠로 플레이어는 몹을 물리침으로써 경험치, 가상 통화, 아이템, 퀘스트 완료와 같은 보상을 받을 수 있다. 몹이라는 용어는 1978년 개발된 〈머드 1(MUD 1)〉에서 처음 사용됐다. 이후 역할수행 게임이 발달하면서 움직이는 대상 중에서도 플레이어가 제거해야 하는 대상을 몹으로 국한해 부르기 시작했다. 일반적으로 몹은 비인간형 캐릭터들이 주를 이뤄 몬스터와 혼용하여 부르지만, 인간형 캐릭터도 존재한다. 플레이어 캐릭터와 마찬가지로 몹도 게임 내 세계관에 따라 성별, 이름, 종족, 직업과 같은 구성 요소들을 가진다. 몹의 능력과 공략의 난이도에 따라 일반몹과 보스몹으로 구분한다. 이 외에도 몹은 행동패턴에 따라 표와 같이 분류된다.

역할수행 게임에 나타나는 행동패턴에 따른 몹 분류			
분류 기준	종류	설명	사례
공격 순서	선공형	인지 범위 안에 플레이어가 들어왔을 경우 플레이어의 의사와는 관계없이 먼저 공격하는 몹.	〈리니지〉의 해골 궁수, 헤비 리자드맨 등
	후공형	인지 범위와 관계없이 플레이어가 먼저 공격하지 않는 이상 공격하지 않는 몹.	〈리니지〉의 돌 골렘, 쿠커스 등
	동족 인식형	자신이 공격받지 않았어도 주변에 있던 동족이 공격받으면 같이 공격하는 몹.	〈리니지〉의 고블린, 오크 등
	동명 인식형	동일한 이름을 가진 몹이 공격받으면 같이 공격하지만 이름이 다른 동족이 공격받으면 동요하지 않는 몹.	〈리니지 II〉의 윈드수스, 그린디스 등
공격 거리	근접 몹	가까이서 공격하는 몹.	〈마비노기 영웅전〉의 놀, 우르쿨 등
	원거리 몹	먼 거리에서 공격하는 몹.	〈마비노기 영웅전〉의 스노우 스킨, 싱글샷 등

- 유의어 몬스터
- 관련 용어 엔피시, 보상, 아이템, 역할수행 게임, 던전
- 참고 자료 김정남, 김웅남, 김정현, 『게임의 운명을 결정하는 기획과 시나리오』, e비즈북스, 2013. | 박찬일, 최기운, 『위대한 게임 위대한 기획자』, 한빛미디어, 2014. | 이재홍, 『게임 스토리텔링』, 생각의나무, 2011.

무 MUD Object Oriented, MOO

| 독립된 객체로 조합된 머드(MUD).

스티븐 화이트(Stephen White)가 1990년 최초로 설계한 다수의 사용자가 동시에 상호작용하는 가상 세계. 머드의 하위 개념으로 객체지향 프로그래밍 방식을 적용했다. 플레이어의 모든 행위는 텍스트로 입·출력된다. 무는 데이터와 데이터를 처리하는 방식을 동시에 포함하는 객체를 기본 구성 단위로 삼는다. 무를 사용하기 위해 사용자는

무의 명령어 예시		
동사	데이터	뜻
@desc	me as "a happy girl"	나를 "행복한 소녀"라고 묘사해라.
	hallway	복도의 상태를 묘사해라.
@gender	–	아바타의 성을 확인해라.
	male	아바타의 성을 남성으로 설정해라.
@dig	#2194	2194번을 배정받은 데이터, 즉 '비밀의 문'을 지어라.
	secret door	'비밀의 문'을 지어라.

데이터를 처리하는 방식에 해당하는 동사와 데이터를 조합한 명령어를 입력해야 한다. 이때 일반적으로 동사 앞에는 '@'가 첨가된다.

무의 사용자는 방, 애완동물, 가구 등 새로운 객체를 생성할 수 있으며, 맵을 확장할 수 있다는 점에서 절차적 프로그래밍 언어로 설계한 머드의 사용자보다 적극적인 역할을 수행한다. 친교 활동은 무의 주요 이용 목적 중 하나로 사용자는 실시간 대화, 편지 보내기 등의 기능을 이용하여 다른 플레이어와 사회적 관계망을 형성한다.

- **유의어** 머시(MUSH)
- **관련 용어** 객체, 객체지향 프로그래밍, 데이터, 머드
- **참고 자료** 이재현, 『인터넷과 사이버사회』, 커뮤니케이션북스, 2000. | 제이 데이비드 볼터 저, 김익현 역, 『글쓰기 공간』, 커뮤니케이션북스, 2010. | Richard A. Bartle, *Designing Virtual Worlds*, New Riders, 2003. | Richard Rouse III, *Game Design : Theory and Practice*, Jones & Bartlett Learning, 2004. | 〈하퍼스 테일 무(Harper's Tale MOO)〉 사용자 매뉴얼, www.harpers-tale.com/help.html

무기 weapon

| 공격에 사용되는 장비용 아이템.

게임 내 특정 대상을 공격하는 수단으로, 캐릭터가 가하는 대미지에 직접 영향을 주는 장비용 아이템이다. 다중접속온라인 역할수행 게임 또는 1인칭 슈팅 게임과 같이 사냥이나 전투가 게임의 주 콘텐츠이면서 플레이어가 캐릭터에 아이템을 직접 장착하는 경우 무기의 중요성이 부각된다. 상점 구입, 제작, 몬스터 드롭, 퀘스트 등으로 획득할 수 있으며, 직업이나 종족에 따라 장착 가능한 무기의 종류가 다르다. 일반적으로 레벨 제한이 있기 때문에 레벨이 높을수록 성능이 좋은 무기를 장착할 수 있다.

게임 무기의 계보 게임 무기는 기술에 따라 표현 방식이 발전하는 형태로 진화했다. 텍스트 중심의 초창기 게임에서 무기는 이름과 능력치로만 표현되었으나, 프로그래밍과 그래픽이 발전하면서 다양한 외형과 기능을 게임 내에서 구현할 수 있게 됐다. 이에 따라 플레이어가 인식하는 무기의 가치 또한 변화하여 아이템 현금 거래 등의 사용자 문화 발생의 근간이 되기도 했다. 구현 과정을 중심으로 한 무기의 계보는 다음과 같다.

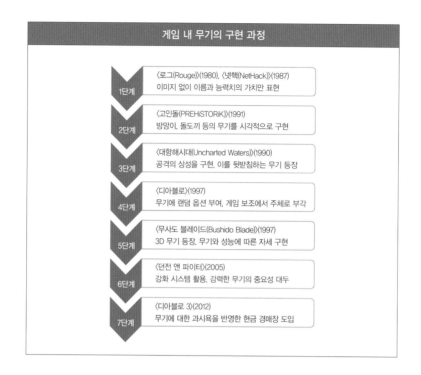

게임 내 무기의 구현 과정

단계	내용
1단계	〈로그(Rouge)〉(1980), 〈넷핵(NetHack)〉(1987) 이미지 없이 이름과 능력치의 가치만 표현
2단계	〈고인돌(PREHiSTORiK)〉(1991) 방망이, 돌도끼 등의 무기를 시각적으로 구현
3단계	〈대항해시대(Uncharted Waters)〉(1990) 공격의 상성을 구현, 이를 뒷받침하는 무기 등장
4단계	〈디아블로〉(1997) 무기에 랜덤 옵션 부여, 게임 보조에서 주체로 부각
5단계	〈무사도 블레이드(Bushido Blade)〉(1997) 3D 무기 등장, 무기와 성능에 따른 자세 구현
6단계	〈던전 앤 파이터〉(2005) 강화 시스템 활용, 강력한 무기의 중요성 대두
7단계	〈디아블로 3〉(2012) 무기에 대한 과시욕을 반영한 현금 경매장 도입

게임 무기의 종류 다중접속온라인 역할수행 게임에서 무기의 종류는 공격 거리에 따라 근접 무기와 원거리 무기로 나뉘며, 공격 행위에 따라 베기, 찌르기, 때리기와 쏘기, 던지기, 휘두르기로 분류된다. 다중접속온라인 역할수행 게임이 서양 판타지를 기반으로 발생했기 때문에 동양적 세계관인 경우에도 서양식 무기가 흔히 사용되며, 세부 설정에 따라 악기, 주방 용품, 스포츠 용품 등을 무기로 활용하기도 한다. 근접 무기와 원거리 무기는 역사적 배경을 바탕으로 재현되나, 마법 무기는 판타지 세계관을 바탕으로 제작된다. 무기의 종류는 표와 같다.

무기는 전투 방식과 연관되므로 게임 내 종족 및 직업군, 사용 가능한 스킬을 결정하는 척도로도 작용한다. 곤, 망치, 도리깨 등 크고 무거운 무기를 사용하는 캐릭터의 경우 탱킹(Tanking) 중심의 전사, 기사와 같이 느리지만 타격당 대미지가 큰 역할을 담당하고, 표창 등 가벼운 무기를 사용하는 캐릭터는 도적과 같이 민첩성 위주의 딜링 역할을 담당한다. 근접 무기는 내구도 시스템이 있더라도 재사용할 수 있다는 이점이 있지만, 표창, 활과 같은 몇몇 원거리 무기는 사용과 동시에 소모되며 충전되어야 하는 경우가 많다.

근접 무기의 종류				
행위	유형	종류	규격	설명
베기	검 (sword)	장검 (Long sword)	80~90cm 1.5~2kg	중세 유럽의 기마 전투에서 기사가 보병을 공격하기 위해 사용된 검으로, 칼날이 긴 검을 통칭함.
		단검 (Short sword)	70~80cm 1~1.5kg	중세 유럽에서 일상적으로 사용되거나 보병이 사용했던 검으로, 칼날이 짧은 검을 통칭함.
		양손검 (Twohand sword)	180cm 4kg	양손으로 사용하도록 손잡이를 길게 만든 검으로 르네상스 시대에는 가벼운 형태로 제작됨.
		브로드 소드 (Broad sword)	70~80cm 1.5kg	광도검(廣刀劍)이라고도 하며, 근세 유럽에서 사용된 칼날이 넓은 검으로 양쪽 날을 모두 사용할 수 있도록 제작됨.
		바스타드 소드 (Bastard sword)	1.2~1.3m 2.5~3kg	중세 후기에 사용된 검으로, 한 손 또는 두 손으로 사용할 수 있기 때문에 핸드 앤드 하프(hand and half)로도 불림.
		클레이모어 (Claymore)	1.2m 3kg	중세 후기에서 근세에 걸쳐 스코틀랜드에서 사용된 양손검의 일종으로, 일반적인 양손검보다 작고 속도가 빠름.
		레피어 (Rapier)	0.8~1.0m 1.5~2kg	근세에 일상적으로 사용된 검으로, 날 부분과 날끝 부분이 일직선이며 예리하기 때문에 주로 찌르는 형태로 사용됨.
	도끼 (ax)	핼버트 (Halbert)	2.0~3.0m 2.5~4kg	중세 후기에서 근세에 걸쳐 유럽에서 사용된 장병 무기로, 창 옆에 도끼와 갈고리를 단 형태로 제작됨.
		크레센트 액스 (Crescent ax)	1.2m 2~3.5kg	동유럽과 스칸디나비아의 전투용 도끼로, 핼버트와 유사하지만 도끼가 초승달 형태임.
		폴 액스 (Pole ax)	2.0~2.5m 2~3kg	도끼날과 함께 반대쪽에 찌르기 위한 날이 달려있으며, 주로 양손으로 사용되는 손잡이가 긴 도끼를 통칭함.
		배틀 액스 (Battle ax)	0.6~1.5m 0.5~3kg	공구인 도끼에서 발달한 무기로, 도끼 부분과 손잡이로 구성된 모든 전투 도끼를 통칭하기 때문에 종류가 다양함.
찌르기	창 (spear)	장창 (Long spear)	2.0~3.0m 1~3.5kg	고대에서 근세까지 사용된 보병용 창으로, 원거리에서 찌를 수 있기 때문에 총기가 일반화되기까지 가장 많이 사용됨.
		단창 (Short spear)	1.0~2.0m 1~1.5kg	석기시대부터 사용된 다목적 창으로, 취급이 간편하기 때문에 보병과 기병을 포함하여 폭넓게 사용됨.
		파이크 (Pike)	5.0~7.0m 4~5kg	중세 스위스 용병이 사용한 거대한 창으로, 긴 손잡이에 나뭇잎 모양의 25cm 가량의 창이 달린 형태임.
		랜스 (Lance)	2.5~4.0m 4~10kg	서유럽 기병이 사용한 무겁고 긴 한 손 무기로, 전쟁 외에 기사들의 군사 행사로도 사용됨.

행위	유형	종류	규격	설명
	도 (knife)	세이버 (Saber)	0.7~1.2m 1~2.5kg	근세 기병이 사용한 도로, 달리면서 적에 접근하여 적을 베거나 찌를 넘기기 쉽게 칼날 끝이 양날로 발달함.
		팔치온 (Falchion)	70~80cm 1~1.7kg	바이킹이 사용한 도로, 몸체가 짧고 폭이 넓으며 칼날은 활 모양이지만 칼등은 직선인 것이 특징임.
		시미터 (Simitar)	0.8~1.0m 1.5~2kg	중세 아라비아에서 사용된 칼자루가 곡선인 도로, 샴시르(shamshir) 또는 신월도(新月刀)라고도 함.
		대거 (Dagger)	30cm 0.2kg	중세부터 전 세계적으로 사용된 찌르는 행위가 목적인 단검을 통칭하며, 발전시기에 따라 다양한 형태를 보임.
		캐터르 (Katar)	35~40cm 0.3kg	인도나 서유럽에서 폭넓게 사용된 단검으로, 북 모양의 손잡이와 예리한 양쪽 날이 특징임.
	곤 (cudgel)	곤봉 (Club)	60~70cm 1~1.5kg	나무나 뼈로 손잡이는 얇게 앞쪽은 두껍게 만들어진 타격 무기로, 시대나 지역에 따라 다양한 형태를 보임.
		스파이크 곤봉 (Spiked club)	50~80cm 1~1.5kg	12세기 유럽에서부터 폭넓게 사용된 곤봉으로, 곤봉 끝 부분에 방사형으로 여러 개의 가시가 박힌 형태임.
		철퇴 (Mace)	30~80cm 2~3kg	고대에서 근세까지 널리 사용된 무기로, 목제 손잡이와 금속제 머리로 이루어져 있으며 양손으로 사용함.
때리기	망치 (hammer)	워 해머 (War hammer)	0.5~2m 1~3.5kg	중세 유럽에서 사용된 한 손 또는 양손 타격무기로, 한 쪽은 망치, 다른 쪽은 피크로 구성됨.
		홀스맨즈 해머 (Horsman's hammer)	50~80cm 1.5~2kg	보병이 사용했던 망치를 기병에 맞게 사용할 수 있도록 독일에서 고안된 한 손 기병 무기임.
	도리깨 (flail)	풋맨즈 플레일 (Footman's flail)	1.6~2m 2~3.5kg	중세 유럽에서 보병이 사용한 긴 봉 끝에 체인으로 추를 달아놓은 무기로, 휘둘러 적에게 대미지를 줄 수 있음.
		홀스맨즈 플레일 (Horseman's flail)	30~50cm 1~2kg	보병이 사용했던 도리깨를 기병에 맞게 사용할 수 있도록 고안한 가볍고 짧은 타격 무기임.
	권갑 (gauntlet)	너클 더스터 (Knuckle duster)	10cm 0.05kg	주먹을 강화하기 위해 손에 끼우는 무기의 총칭이며, 금속 막대의 축에 끝이 날카롭고 구부러진 돌기가 달려있음.

원거리 무기의 종류

행위	유형	종류	규격	사정거리	설명
쏘기	활 (bow)	장궁 (Long bow)	1.5m 1kg	250m	보병이 사용한 활로 사정거리가 길고 위력이 강함.
		단궁 (Short bow)	1m 0.5kg	200m	보병 또는 기마병이 사용한 활로 다양한 형태가 있음.
		석궁 (Cross bow)	1m 이상 1kg 이상	400m	장궁이나 단궁에 비해 위력이 크고 발사 간격이 긴 활임.

	총 (gun)	권총 (Pistol)	0.3m 1~3kg	5~30m	16세기 이후에 등장한 사격이 가능한 소형 화기를 통칭함.
		핸드 캐논 (Hand cannon)	1.5m 4~6kg	10~80m	사람이 들고 발사 가능한 운반 식 화포를 통칭함.
던지기	표창 (dagger)	수리검 (Shuriken)	15cm 0.1kg	5~30m	닌자가 사용하는 투척 무기로, 종류에 따라 다양함.

마법 무기의 종류					
행위	유형	종류	규격	사정거리	설명
휘두르기	마법봉 (magicstick)	완드 (Wand)	1m 미만	–	마법사가 쓰는 작은 지팡이로, 보통 한 손으로 사용함.
		스태프 (Staff)	1m 이상	–	마법사가 쓰는 지팡이로, 한 손 또는 양손으로 사용함.
말하기	책 (book)	마법서 (Grimoire)	–	–	주문을 외우기 위해 사용하는 책을 통칭함.
	구슬 (marble)	수정구슬 (Crystal ball)	–	–	마법력이 깃든 구슬로 주문을 외우거나 문질러 사용함.

게임 설정으로서의 무기 게임 무기는 게임 세계관 내의 문화를 표현하는 요소로, 해당 세계관에서 사용 가능한 자원과 기술 수준에 따라 종류와 모양이 결정된다. 캐릭터의 성격을 부각할 수 있는 방향으로 무기 디자인을 설계하는데, 이때 실제 규격을 고려하여 무기를 들거나 사용하는 캐릭터의 자세가 설정된다. 현실에서의 전형적인 무기 모습을 그대로 재현하기보다는 게임의 개성을 위하여 무기마다 다른 형태를 부여하고 장식적인 요소를 부각시킨다.

이로 인해 무기는 플레이어 정체성 면에서 플레이의 목적이 되기도 하며, 플레이어가 게임에 애착을 갖게 되는 중요한 요인이 된다. 비교적 세계관 설정이 자유로운 캐주얼 게임에서는 실제 무기 외에 다양한 대상을 무기로 설정한다.

게임 시스템으로서의 무기 게임 내 무기는 전투에 사용되므로 디피에스(Damage Per Second, DPS)와 사용할 때의 공격력, 사용 주기, 방어구와의 상대성을 고려하여 설계된다. 초당 대미지 지수의 경우 무기의 특성을 살리기 위한 치명타(critical)율이 계산된다. 둔기류는 평균 대미지가 크기 때문에 안정적인 대미지를 줄 수 있지만 치명타율이 낮게 설정된다. 창이나 검류는 대미지가 일정하지 않은 대신 치명타율이 높게 설정되어 최고 대미지가 높다. 방어구와의 밸런싱을 고려하여 특정 무기는 특정한 방어구에 대해 공력 효율이 높다. 동일한 무기일지라도 세부적인 속성은 랜덤으로 제공되는 경우가 많으며, 강화나 인챈트를 통해 속성을 향상시킬 수 있다. 특정 확률에 따라 강화의 성패 여부가 결정되는 경우에는 강화에 성공한 무기일수록 가치가 높게 평가되고 과시의 대상이 된다.

무기의 속성이 전투 능력에 직결되므로 플레이어는 좋은 무기를 얻기 위해 반복적인 사냥을 하는 '무기작' 또는 무기를 향상시키기 위한 '등급작'을 한다. 일정 수준 이상의 레벨에서는 전투 목적에 따라 다른 무기를 사용하는 플레이가 장려되기도 한다. 시스템 측면에서 플레이어에게는 다음과 같은 데이터가 공개된다.

【이름】〈월드 오브 워크래프트〉의 경우 '회색(하급)-흰색(일반)-녹색(고급)-파란색(희귀)-보라색(영웅)-주황색(전설)'과 같이 색상에 따라 아이템 등급을 표시한다. 이름 앞뒤에 '+숫자'가 붙여 강화 정도를 나타내며, '단계'로 표현되기도 한다.

【종류】직업에 따라 장착 가능한 무기의 종류가 다르며 이름에 포함되어 따로 기재되지 않는 경우도 있다. 〈아이온 : 영원의 탑〉에서는 무기의 종류를 단검, 장검, 전곤, 법봉, 법서, 보주, 대검, 미늘창, 활로 나누어 표시한다.

【레벨 제한】무기를 착용할 수 있는 캐릭터의 최저 레벨을 표시한다. 붉은 색으로 표시되는 경우는 레벨이 낮아서 착용할 수 없음을 의미하며 클릭하거나 장비창에서 장착을 시도해도 변화가 일어나지 않는다.

【공격력】〈블레이드 & 소울〉과 같이 평균 공격력으로 표시되기도 하고, 〈월드 오브 워크래프트〉와 같이 최소 공격력에서 최대 공격력의 범위로 표시되기도 한다. 무기의 강화 수치에 따라 증가하고, 관련 장비 착용 여부에 따라 '+숫자'로 강화 정도를 표현하기도 한다.

【공격 속도】무기의 공격 딜레이 정도로, 수치가 낮을수록 공격 속도가 빠르다. 기본적으로 무기 종류마다 평균 공격 속도에 차이가 있다.

【명중률】무기가 대상에 명중하는 정도로, 수치가 높을수록 명중률이 높아 빗맞을 확률이 줄어든다. 명중률이 따로 표시되지 않는 무기의 종류도 있다.

【치명타】공격했을 때 치명타가 발생할 확률로, 수치가 높을수록 치명타가 발생할 확률이 높다. 치명타가 높은 무기의 경우 최고 대미지가 높다.

【내구도】무기가 마모한 정도를 표시하는 수치로, 무기 사용에 따라 서서히 감소하며 0이 되면 사용할 수 없게 되거나 효과가 없어진다. 수리 도구나 대장장이를 통해 복구할 수 있다.

【추가 슬롯】 특정 아이템을 장착하여 무기의 효율을 높일 수 있는 경우에는 아이템을 장착할 수 있는 슬롯의 개수와 장착한 아이템이 슬롯에 표시된다.

【1인칭 슈팅 게임의 무기】 1인칭 슈팅 게임의 목표는 사격을 통한 적의 제거에 있기 때문에 총을 주요 무기로 사용한다. 다른 장르의 게임과 달리 사실성을 기반으로 실제 전투 메커니즘, 탄도학, 유체역학, 전술을 그대로 게임에 재현하기 때문에 무기 또한 역사적 고증을 통해 구현되며, 반동, 연사력, 탄수, 조준점과 같은 물리적 특징을 고려하여 무기를 설계한다. 플레이어는 한 게임 내에서 주 무기 외에도 여러 무기를 교체해 사용할 수 있다.

무기의 종류는 다른 장르에 비해 다양한 편이지만 일반적으로 통용되는 무기의 종류와 특징은 다음과 같다. 주 무기인 총은 실제 총기의 특징을 그대로 재현하는 경우가 대부분이지만, 연사 속도나 대미지와 같이 특정 요소를 강화한 특수 총을 사용하기도 한다. 특수 무기 중 근접전에 사용되는 칼은 게임에 따라 주먹, 망치, 화염방사기 등으로 다양화되며, 폭탄의 종류 또한 위력과 거리에 따라 다양하다. 1인칭 슈팅 게임의 무기는 주로 상점을 통해 구매할 수 있으며, 같은 종류더라도 대미지, 연사력, 명중률, 반동, 장탄 수가 다양하기 때문에 어느 정도의 숙련성을 요구한다. 또한 다음과 같이 상황에 따라 무기의 효율이 크게 달라지는 특징을 보인다.

1인칭 슈팅 게임 무기의 종류				
유형	종류	거리	대미지	설명
총 (gun)	소총 (Rifle)	중장거리	낮음	기본적인 개인용 화기로, 발사 방식에 따라 단발식, 연발식, 자동장전식으로 구분되며, 어떤 환경 조건에서도 사용할 수 있도록 고안됨.
	산탄총 (Shotgun)	단거리	높음	한 발로 다수의 산탄이 흩어지도록 발사하는 총기를 통칭하며, 일반적으로 내부에 강선(腔線)이 없고, 장전 방식에 따라 다양하게 구분됨.
	저격총 (Sniper rifle)	장거리	높음	일반 소총보다 먼 거리에서 저격에 사용되는 소총으로, 대개 손으로 노리쇠를 장전하는 볼트 액션(bolt action) 방식을 따름.
	권총 (Pistol)	단거리	낮음	근접 전투용, 호신용 총으로 주로 휴대용으로 사용되며 구조상 회전식 권총(revolver)과 자동식 권총(automatic pistol)으로 구분됨.
특수 무기	칼 (Knife)	근거리	높음	근거리에서 적을 살상하기 위해 이용되는 연장의 하나로, 적의 사각을 발견하고 적의 근처에 다가가야 한다는 어려움이 있음.
	폭탄 (Bomb)	중단거리	-	다량 살상이 가능하도록 고안된 폭발물로, 단거리에서부터 중거리까지의 교전에 유용하고, 연막탄처럼 도주 또는 교란을 목적으로도 사용됨.

1인칭 슈팅 게임의 무기 활용도	
종류	설명
적과의 거리	근접 전투가 벌어질 경우 발사 간격이 크고 정확도가 높은 무기보다 빠른 연사력을 가진 무기가 효과적이고, 목표물과의 상대적 높이나 방향 또한 무기의 유효성에 영향을 미침.
전투 진행 상황	관찰, 개전, 반격, 총력전으로 이어지는 시간에 따른 전투 상황의 변화나 우세, 열세의 변화에 따라 무기의 유효성이 달라지며, 보통 급습하고자 할 때는 대미지가 큰 무기가, 반격할 때는 연사력이 높은 무기가 유리함.
환경 배치	주변 환경이 열린 구조인지, 닫힌 구조인지, 또는 장애물이 있는지에 따라 무기의 유효성이 달라지고, 게임 내 장애물을 이해하고 이를 습득하여 유효한 무기를 선택 사용해야 함.
무기 경쟁	연사력이 높은 무기는 대미지가 낮으며, 연사력이 낮은 무기는 대미지가 높은 것과 같이 무기의 특정 속성은 다른 속성과 상대성을 지니기 때문에 상대의 무기를 제압하기 적합한 무기가 존재함.
플레이어의 기술	무기 자체에 대한 숙련 정도로, 뛰어난 기술을 갖춘 플레이어는 무기 선택의 폭이 넓으며, 무기의 유효성을 결정짓는 요소들을 고려한 플레이를 통해 전투를 승리로 이끌 수 있음.

- **관련 용어** 강화, 다중접속온라인 역할수행 게임, 디피에스, 밸런싱, 아이템, 1인칭 슈팅 게임
- **참고 자료** 손형률, 『게임 밸런스 이야기』, 한빛미디어, 2014. | 야마키타 아쯔시 저, 곽지현 역, 『판타지 사전』, 비즈앤비즈, 2012. | 이동은, 「디지털 게임의 장르 문법 연구-FPS 장르를 중심으로」, 『한국게임학회 논문지』, vol.15, no.2, 한국게임학회, 2015. | 이원, 김한경, "무기의 역사-서양 판타지 편", 넥슨 개발자 컨퍼런스(Nexon Developers Conference, NDC), 2013.

무협 wuxia

| 중국 무술을 배경으로 무림이라는 무술인들의 세계와 협객이라는 캐릭터를 소재로 다루는 서사 장르.

협객은 중국 춘추전국시대에 등장한 무사로 목숨을 바쳐 신의를 지키고 자신을 인정해준 사람에게 반드시 은혜를 갚음으로써 의협(義俠)을 실현하고자 했던 존재이다. 대표적인 협객 캐릭터로는 사마천의 『사기』 중 「자객열전」에 등장하는 섭정, 형가 등 5인의 협객이 있다. 협객이 구사하는 무술은 과장되고 초자연적인 동작으로 묘사되며 그 행위 자체로 상징성을 지니기도 한다. 협객은 무술을 연마하는 집단인 문파를 찾아가 그곳의 고수로부터 무술을 배운다. 게임에서 무협은 복장이나 갑옷, 무기 등이 아이템으로 활용되거나 구름 타기와 물 위 걷기, 장풍 쏘기 등의 무술이 스킬로 활용된다.

스네일 게임즈(Snail Games)에서 개발한 〈구음진경 온라인(Age of Wushu Online / 九陰眞經)〉과 퍼펙트월드(Perfect World)에서 개발한 〈소오강호

(Swordsman / 笑傲江湖)〉는 플레이어가 문파에 들어가 무술 실력을 쌓고 레벨을 올리는 중국의 무협 게임이다. 장풍, 경공 등의 무협 요소를 일부 차용한 게임으로는 〈블레이드 & 소울〉이 있다.

- **관련 용어** 무술, 판타지, 협객
- **참고 자료** 김영수, 『사마천, 인간의 길을 묻다』, 왕의서재, 2010. | 문현선, 『무협』, 살림, 2004. | 조해진, 『판타지영화와 문화콘텐츠 산업』, 새미, 2012.

문지기 gatekeeper

| 입장이 제한된 장소의 출입구를 지키는 엔피시(NPC).

건물, 던전, 성 등의 출입구를 지키는 존재로, 플레이어에게 퀘스트, 정보 등을 제공하거나 플레이어가 내부로 입장하는 것을 통제한다. 플레이어는 해당 구역을 탈출 또는 통과하기 위해 주어진 임무를 수행하거나 문지기와 대결해야 한다. 적대 캐릭터로 등장하는 경우, 기본 엔피시보다 능력치가 높고 체력이 강한 것이 일반적이다.

크리스토퍼 보글러는 문지기를 영웅의 의지와 기량을 시험하는 관문의 수호자이자 영웅이 가는 길목에 등장하는 숨은 조력자로 묘사한다. 정보 제공을 목적으로 존재하는 문지기는 마을 안내자, 문 너머의 장소나 존재에 대해 알려주는 매개자 등으로 기능한다.

액션 역할수행 게임 〈마비노기 영웅전(Vindictus)〉에서 문지기는 던전의 몹(Mob)으로 등장하기도 하지만, 일반적으로 문지기는 마을 앞에서 플레이어의 유입을 막거나 퀘스트를 제시한다. 다중접속온라인 역할수행 게임 〈월드 오브 워크래프트〉의 경우 마을 곳곳에 문지기가 배치되어 있으며, 플레이어에게 여관이나 경매장, 은행 등의 위치 정보를 제공한다. 육성 시뮬레이션 게임 〈프린세스 메이커 2(Princess Maker 2)〉에서 문지기는 육성 캐릭터의 능력치 향상에 도움을 주거나 왕궁 캐릭터를 소개하는 역할을 한다.

- **유의어** 수문장, 경비병
- **관련 용어** 엔피시, 몹
- **참고 자료** 크리스토퍼 보글러 저, 함춘성 역, 『신화, 영웅 그리고 시나리오 쓰기』, 비즈앤비즈, 2013.

물리 엔진 physics engine

| 3차원 공간에서 게임 내 캐릭터나 물체의 운동을 현실 물리 효과로 시뮬레이션하는 소프트웨어.

물리 엔진은 게임 엔진에서 물리 작용 산출을 담당하며, 실세계의 물리학 법칙들을 준수하여 플레이어에게 사실감을 주는 것이 목적이다. 오브젝트 간, 오브젝트와 환경 간 상호작용을 실시간으로 시뮬레이션한다. 캐릭터 및 물체의 위치, 속도 등을 바탕으로 다음 위치를 산출하며, 렌더링 엔진을 통해 구현되는 것이 일반적이다. 운동하는 물체의 속성에 따라 강체(rigid body), 유체(fluid), 변형/파괴 등으로 분류된다.

물리 엔진의 주요 기능	
종류	설명
강체 시뮬레이션	물체의 회전이나 이동 등 물체의 형태가 변하지 않는 운동을 다룸.
유체 시뮬레이션	불, 연기 등의 움직임을 시뮬레이션하며 애니메이션 기법을 활용함.
변형/파괴 시뮬레이션	재료의 성질을 표현하며 나무나 금속 등 물체에 가한 충격에 따라 나타남.

3차원 공간에서 이뤄지는 대표적인 물리 엔진 효과는 랙돌(ragdoll)이다. 랙돌은 물리 엔진을 인체에 적용시킨 것으로, 관절 제어 등을 통해 사실적인 애니메이션을 제공한다. 캐릭터 및 물체의 사실적인 동작 반응을 요구하는 1인칭 슈팅 게임에서 일반적으로 사용한다. 랙돌 효과를 활용한 게임으로는 〈헤일로(Halo)〉와 〈디아블로 3〉이 있다. 두 게임은 캐릭터 또는 물체에 수동적 랙돌을 적용하여 사망 후의 쓰러짐, 폭발로 인한 반동과 낙하를 랙돌 상태로 처리한다.

물리 엔진의 적용은 스포츠 게임에서 보다 역동적으로 나타난다. 〈파이트 나이트(Fight Night)〉, 〈피파 인터내셔널 사커〉는 격투 선수와 축구 선수의 관절에 실제 힘을 가하는 능동적 랙돌을 사용한다. 이 외에도 차량, 비행선 등 탈것의 물리 효과, 회전력을 통해 강체가 움직이는 휠(wheel) 충돌체 효과 등과 같은 물리 엔진 효과가 있다. 물리 엔진은 전투의 타격감과 현실감을 증진시키기 때문에 다양한 장르의 게임에서 활용된다. 주요 물리 엔진으로 인텔(Intel)의 하복(Havok)과 엔비디아(Nvidia)의 피직스(PhysX)가 있다.

■ **관련 용어** 게임 엔진, 하복 엔진

■ **참고 자료** 하유종, 박경주, 「물리 엔진에 관한 고찰 : 실시간 물리 기술을 중심으로」, 『한국게임학회 논문지』, vol.9, no.5, 한국게임학회, 2009. | Ian Millington, *Game Physics Engine Development : How to Build a Robust Commercial-Grade Physics Engine for Your Game*, CRC Press, 2010. | Jason Gregory, *Game Engine Architecture*, CRC Press, 2009. | Gamasutra, "Scaling a Physics Engine to Millions of Players", www.gamasutra.com/view/feature/173977/scaling_a_physics_engine_to_.php

물약 potion

| 캐릭터의 상태를 일시적으로 변화시키는 약물 아이템.

플레이어가 캐릭터의 체력, 마력, 능력치 등의 일시적인 향상이나 형상 변화를 위해 사용하는 약물 형태의 아이템. 『트리스탄과 이졸데(Tristan und Isolde)』의 사랑의 묘약, 『아스테릭스(Asterix)』의 켈트족 마법 물약, 『맥베스(Macbeth)』의 독약이 이에 해당한다. 게임에서의 물약은 플레이어 캐릭터가 전투 중 체력을 회복하거나 버프를 적용하기 위해 사용되며, 용도에 따라 회복 물약, 버프 물약, 기타 물약으로 나뉜다. 한 번 사용하면 사라지는 소모성 아이템으로 사용 즉시 효과가

용도에 따른 물약의 유형		
종류	설명	사례
회복 — 체력 회복	캐릭터의 체력, 생명의 개수를 회복시키는 물약으로 주로 빨간색.	〈리그 오브 레전드〉의 '체력 물약'
회복 — 마나 회복	캐릭터의 마력을 회복시키는 물약으로 주로 파란색.	〈메이플스토리〉의 '파란 포션'
회복 — 상태 이상 제거	중독, 화상, 석화, 혼란 등의 상태 이상을 제거하는 물약.	〈던전 앤 파이터〉의 '화상 포션'
버프 — 속도 증가	일정 시간 동안 공격 속도 혹은 이동 속도가 빨라지는 물약.	〈리니지〉의 '축복받은 포도주'
버프 — 공격력 증가	일정 시간 동안 공격 발생률, 피해량이 증가하는 물약.	〈클로저스(Closers)〉의 '능력 각성 드링크-타입 : 치명타×3'
버프 — 방어력 증가	일정 시간 동안 방어력이 증가하는 물약.	〈아키에이지〉의 '왕실 근위병의 명예'
기타 — 수중 활동	수중 체류, 수중 호흡이 가능해지는 물약.	〈아키에이지〉의 '수영 물약'
기타 — 투명화	일정 시간 동안 캐릭터를 투명 상태로 만드는 물약.	〈월드 오브 워크래프트〉의 '투명 물약'
기타 — 변신	일정 시간 동안 캐릭터의 외모를 변형시키는 물약.	〈심즈 3〉의 '유령 물약'

나타나는 것도 있고 일정 시간, 상황에 따라 효과가 발생하는 것도 있다.

상점, 몬스터 처치, 퀘스트 보상, 제작 기술 등을 통해 획득할 수 있으며 게임의 세계관에 따라 세부적인 효과와 명칭이 달라진다. 물약을 남용하면 전투에서 긴장감이 감소하므로 재사용 대기시간을 부여하거나 한 전투당 사용 빈도를 한정하는 것으로 제약을 두기도 한다. 물약을 과다 섭취하는 행위를 '포션 중독'이라 지칭하며 〈마비노기〉의 포션 중독은 캐릭터의 능력치가 감소하는 디버프를 수반한다. 〈몬스터 헌터(Monster Hunter)〉에서는 물약을 과다 섭취하는 플레이어를 '물약 헌터'라고 부르기도 한다.

이 외에도 〈리니지〉의 '엘릭서'와 같이 영구적으로 캐릭터의 능력치를 올려주는 물약, 〈마비노기〉의 '러브 포션'과 같이 엔피시(NPC)에게 선물해 호감도를 상승시키는 물약, 〈마비노기〉의 '축복의 포션'과 같이 무기·장비에 도포해 해당 아이템의 능력치를 향상시키는 물약 등이 있다.

- 유의어 포션
- 관련 용어 쿨타임, 포션 중독
- 참고 자료 John Holland, *The Realms of Atlantasia : The Game Master's Bible*, iUniverse, 2011.

미니 게임 mini game

| 메인 게임 안에 포함되거나 유사 게임들과 하나의 집합을 이루는, 플레이 시간이 짧은 게임.

게임 안에서 제공되는 별도의 게임. 일반 게임에 비해 플레이 시간이 짧아 서브 게임으로 부르기도 한다. 대체로 플레이어가 즉각적으로 몰입할 수 있게 쉬운 조작법을 제공한다. 피터 스미스와 앨리샤 산체스는 미니 게임을 기능에 따라 크게 2가지로 분류한다. 첫째, 메인 게임 내에서 부차적으로 미니 게임이 제시되는 경우이다. 이때 미니 게임은 메인 게임의 개념을 정보 전달하거나 플레이어의 흥미 유발이 목적이다. 이벤트성이 강하기 때문에 메인 게임을 홍보할 목적으로 제공되기도 한다. 〈레이맨 레이빙 레빗(Rayman Raving Rabbids)〉에서의 '소 던지기' 게임이 대표적이다. 둘째, 미니 게임은 다양한 형태로 결합하여 나타나기도 한다. 결합된 여러 가지의 미니 게임은 하나의 독립된 게임 타이틀로 제공된다. 대표적

으로 〈마리오와 소닉 올림픽(Mario & Sonic at the Olympic Games)〉과 〈컴온베이비!(Come on baby!)〉, 〈미니게임천국(Mini Game Paradise)〉 시리즈가 있다.

미니 게임의 종류		
종류	설명	사례
개념적 미니 게임	개념적 정보 전달을 위해 추가적으로 제공되며, 보너스 스테이지나 시크릿 레벨로 분류될 수 있음.	〈레이맨 레이빙 레빗〉 소 던지기 〈애니팡〉 피버 시스템
절차적 미니 게임	다양한 미니 게임의 결합물로 제공되며, 각각의 미니 게임은 독립된 캐주얼 게임으로 기능함.	〈마리오와 소닉 올림픽〉 시리즈 〈컴온베이비!〉 시리즈 〈미니게임천국〉 시리즈

- **유의어** 서브 게임, 보너스 게임
- **참고 자료** 예스퍼 율 저, 이정엽 역, 『캐주얼 게임 : 비디오 게임과 플레이어의 재창조』, 커뮤니케이션북스, 2012. | Peter A. Smith, Alicia Sanchez, "Mini-Games with Major Impacts", *Serious Game Design and Development : Technologies for Training and Learning*, IGI Global, 2010.

미니맥스 원리 minimax theorem

| 불확실한 상황에서 플레이어가 최대 손실을 최소로 줄이는 선택을 하는 것.

게임 이론에서 플레이어가 최대 손실을 최소로 줄이는 선택을 반복함으로써 균형점(saddle point)에 도달하는 것을 말한다. 1928년 존 폰 노이만이 제안한 개념으로, 1950년 수학자 존 포브스 내시(John Forbes Nash, Jr)에 의해 확장됐다.

플레이어 A의 이익(payoff) X는 플레이어 B에게는 손실로, -X이다. A가 이익을 최대로 하는 행동을 취했을 때, 상대 B가 최적의 전략을 선택하고 다시 A가 피해를 최소로 줄이는 행동을 통해 균형을 획득한다. 우선 A는 이익이 극대화되는 전략 a_2를 선택하여 +5의 이득을 취하려 한다. 이것을 본 B는 자신의 최대 손실을 -1로 최소화하는 전략 b_1을 구상한다. 다시 A는 b_1 전략하에서 최대 이익인 +4를 얻기 위해 a_1로 전략을 변경한다. A의 전략 변경을 확인한 B는 다시 -2의 이익을 얻기 위해 전략 b_2를 선택

선택 상황에서 플레이어 A의 이익			
플레이어 B / 플레이어 A	전략 b_1	전략 b_2	전략 b_3
전략 a_1	+4	-2	+2
전략 a_2	-1	0	+5
전략 a_3	-5	-4	+1

한다. 이에 따라 A는 손실을 최소화하는 전략 a_2를 사용하며, 균형점에 도달한다. 2명의 플레이어가 참여하는 제로섬(zero sum) 게임에서는 균형점이 '내시 균형 (Nash equilibrium)'이 된다.

- **관련 용어** 제로섬 게임, 내시 균형
- **참고 자료** John Von Neumann, Oskar Morgenstern, *Theory of Games and Economic Behavior*, Princeton University Press, 2007.

미니언 minion

| 플레이어를 보조하는 인공지능 병력.

모바(MOBA) 장르에서 플레이어의 공격을 보조하고 적의 공격으로부터 플레이어를 보호하는 병력. 〈카오스(Chaos)〉에서는 골드 파밍을 위한 도구에 그쳤으나 〈리그 오브 레전드〉에서는 플레이어 캐릭터를 보조 및 보호하는 병력으로도 사용된다. 종류는 전사 미니언, 마법사 미니언, 공성 미니언, 슈퍼 미니언 등 4가지이다. 미니언별로 체력, 공격력, 방어력, 공격 속도 등의 능력치가 다르다. 아군과 적군 진영의 기지인 넥서스에서 일정 간격으로 생성되며 무리지어 움직인다.

미니언 무리를 웨이브라고 지칭하며, 최초로 생성된 무리를 1웨이브, 30초 후에 생성된 무리는 2웨이브라고 하는 등 생성 순서대로 숫자를 매긴다. 플레이어 캐릭터가 적군의 미니언을 죽일 경우, 골드와 경험치를 획득한다. 미니언의 종류에 따라 골드와 경험치가 각각 다르며 죽인 미니언의 숫자만큼 골드와 경험치가 주어진다. 공격 확률을 높이기 위해 미니언의 체력이 0에 가까워졌을 때 막타를 통해 미니언을 죽이는 시에스(CS)가 중요하다. 이를 '시에스 먹는다'라고 표현한다. 플레이어는 플레이 중 상대편 플레이어와 플레이어 간 전투(PvP)를 하지 않는 상황에서는 미니언을 공격해 골드와 경험치를 최대한 많이 획득하여 캐릭터를 성장시켜야 한다.

- **관련 용어** 웨이브, 오피(OP)
- **참고 자료** John "Pseudonaut" Quarnstrom, *The Art of Support : League of Legends Guidebook on the Support Role*, John Quarnstrom, 2014. | Kevin Saunders, Jeannie Novak, *Game Development Essentials : Game Interface Design*, Delmar Cengage Learning, 2012.

미디어믹스 media mix

| 단일 콘텐츠를 복수 미디어로 기획해 전달하는 마케팅 전략.

단일 콘텐츠를 영화나 게임, 음반, 애니메이션, 라이트 노벨 등 복수의 미디어를 통해 전달하는 마케팅 전략. 1963년 일본에서 애니메이션 〈철완 아톰(ASTRO BOY)〉이 주인공 캐릭터의 이미지를 상품 판매에 전략적으로 활용한 사례가 최초이다. 이후 1980년대 후반부터 일본에서 대중적인 마케팅 전략으로 사용되기 시작했다.

미디어믹스 전략은 〈포켓몬스터(Pokémon)〉 시리즈와 〈유희왕(Yu-Gi-Oh!)〉 시리즈가 미국 시장으로 진출하면서 세계적으로 확대됐다. 미디어믹스의 대표 사례로는 〈건담(Gundam)〉 시리즈가 있다. 〈건담〉 시리즈는 1979년 애니메이션으로 제작된 이후 만화, 소설, 비디오, 게임, 피규어 등에 이르기까지 다양한 미디어를 통해 기획 및 판매됐다.

- **관련 용어** 마케팅 전략, 캐릭터, 건담
- **참고 자료** 프랭크 로즈 저, 최완규 옮김, 『콘텐츠의 미래』, 책읽는수요일, 2011. | 헨리 젠킨스 저, 김정희원, 김동신 역, 『컨버전스 컬처』, 비즈앤비즈, 2008. | Joe Karaganis (Ed.), "Technologies of the Childhood Imagination : Yugioh, Media Mixes and Everyday Cultural Production", *Structures of Participation in Digital Culture*, Social Science Research Council, 2007. | Marc Steinberg, *Anime's Media Mix : Franchising Toys and Characters in Japan*, University of Minnesota Press, 2012.

미로 maze

| 한번 입장하면 출구를 찾아 나오기 난해한 지리적 장소.

갇힌 자의 시야를 차단하여 불안함과 긴장감을 제공하는 장소. 게임에서 미로는 플레이어의 시야와 지각의 범위를 제한하여 예측과 대비가 불가능하도록 한다. 자넷 머레이에 따르면, 미로는 위험과 구제, 살아남기의 서사에 적합한 구조이다. 앤드류 롤링스와 어니스트 아담스는 어드벤처 게임에서 미로 구조는 플레이어가 해결해야 할 퍼즐의 한 형태라고 본다. 또한 미로는 인간의 문화적 상징 중 하나로 그리스·로마 신화로부터 건축물, 디지털 게임에 이르기까지 다방향성, 탈

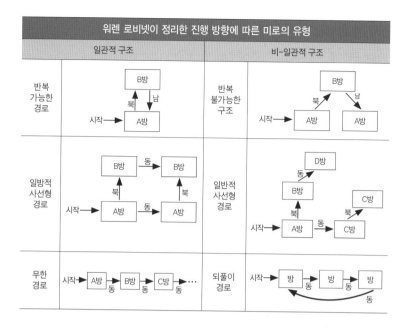

워렌 로비넷이 정리한 진행 방향에 따른 미로의 유형

	일관적 구조		비-일관적 구조	
반복 가능한 경로	(도식)		반복 불가능한 구조	(도식)
일방적 사선형 경로	(도식)		일반적 사선형 경로	(도식)
무한 경로	(도식)		되풀이 경로	(도식)

중심성, 개방성, 가변동성, 파편성, 자율성 등의 상징물로 표현됐다.

게임 공간을 미로 형태로 구성한 대표적인 게임은 1979년의 〈어드벤처 (Adventure)〉이다. 이 게임에서 플레이어는 아바타를 움직여, 총 30개로 이루어진 미로 구조의 방들을 탐험할 수 있다.

움베르토 에코(Umberto Eco)는 미로의 구조를 '선형적 구조', '분규적 구조', '네 트적 구조'의 3종류로 나눈다. 선형적 구조는 일정한 중심을 향해 진행되는 구조, 분규적 구조는 탐험자의 끊임없는 선택이 요구되는 구조이며, 네트적 구조는 미 로 내 각 지점이 서로 다른 지점과 연결된 구조이다.

미로에는 공통적으로 관통이 불가능하며, 탐험자가 전체 구조를 이해하기 어

동선과 구조에 따른 미로의 유형			
기준	분류	설명	특징
동선 경로	단선 미로	시작과 끝이 명확한 단 하나의 경로로 진행되는 미로.	효율적, 강제적 공간 진행
	복선 미로	시작과 끝이 분명한 미로부터 출구가 없는 미로까지 포괄.	플레이어의 선택 강요
공간 구조	집중 네트워크형	1개의 중심점 또는 목표 지점을 향해 나아가는 구조.	선형적 진행
	분산 네트워크형	복수의 목표 지점이 불규칙적으로 존재하는 구조.	비선형적 진행

렵다는 특징이 있다. 이에 따라 미로는 공포 게임, 1인칭 슈팅 게임, 추리 게임 등에서 플레이어에게 공포감을 제공할 수 있는 공간 구조로 활용된다.

- **관련 용어** 어드벤처 게임, 공포 게임, 공간, 맵
- **참고 자료** 변성연, 『어드벤처 게임의 미로 상징 연구』, 이화여자대학교 대학원 디지털미디어학부 석사논문, 2011. | 앤드류 롤링스, 어니스트 아담스 저, 송기범 역, 『게임 기획 개론』, 제우미디어, 2004. | 자넷 머레이 저, 한용환, 변지연 역, 『인터랙티브 스토리텔링 : 사이버 서사의 미래』, 안그라픽스, 2001. | Warren Robinett, "Adventure as a Video Game : Adventure for the Atari 2600", *The Game Design Reader : A Rules of Play Anthology*, The MIT press, 2005.

미션 mission

| 플레이어가 게임 진행을 위해 완수해야 하는 임무.

게임 시스템이 플레이어에게 제시하는 임무로, 넓은 의미에서 퀘스트를 포함한다. 플레이어는 미션을 통해 게임 진행 중 완수해야 할 목표를 부여받고, 이를 통과해서 다음 단계로 넘어간다. 게임 장르에 따라 미션과 퀘스트를 구분하기도 한다. 제프 하워드에 따르면 어드벤처나 역할수행 게임 등 중세나 판타지를 배경으로 하는 게임에서는 퀘스트가 도전 과제이고, 도시를 공간적 배경으로 하는 기타 게임 장르에서 미션이 도전 과제이다.

미션은 퀘스트와 달리 엔피시(NPC)를 통하지 않고도 게임 진행에 따라 자동적으로 제공되며, 반드시 완수해야만 하는 강제적 성격을 가진다. 미션 수행 과정에서는, 게임 세계관이나 스토리의 이해 보다는 목표와 수행이라는 절차적 과정이 중요하다. 〈길드워〉와 같이 한 게임 내에서 퀘스트와 미션을 다른 의미로 사용하는 경우, 퀘스트는 선택적 업무를, 미션은 반드시 수행해야 하는 필수적 업무를 의미한다.

- **관련 용어** 퀘스트
- **참고 자료** Jeff Howard, *Quests : Design, Theory, and History in Games and Narratives*, AKPeters, Ltd., 2008.

민담의 구조 structure of folktale

| 민담을 형성하는 서사 구조.

등장인물의 기능(function)을 중심으로 민담을 분석해 나타나는 서사 구조. 블라디미르 프로프는 『민담형태론』에서 러시아 민담 중 마법담(fairy tale)을 중심으로 민담의 구조를 연구했다. 프로프는 민담의 구조적 특징을 4가지로 정리한다. 첫째, 주인공의 행위는 민담 안에서 고정된 이야기 요소로 작동한다. 둘째, 마법담에 알려진 기능의 수효는 한정적이다. 셋째, 등장인물의 기능이 배열되는 순서는 항상 동일하다. 넷째, 마법담은 하나의 구조를 가지고 있다.

프로프는 등장인물의 기능을 31가지로 분류했으며, 이는 게임 내 서사에서도 나타난다. 게임은 플레이어 행위를 기반으로 서사가 발생한다는 점에서 민담의 구조를 차용한다. 대표적인 예로 게임 퀘스트가 있다. 퀘스트는 플레이어에게 부재와 금지, 위반 등 해결해야 할 과제를 제시한다. 플레이어는 과제를 해결하기 위해 정보 전달과 파견 등의 해결 과정을 거치며, 과제를 해결하면 귀환과 변신 등의 보상을 얻는다.

등장인물의 31가지 기능 분류	
	기능 분류	설명
1	부재	가족의 성원 가운데 한 사람이 부재중임. 부재중인 사람은 주로 늙은 세대 인물이며, 양친의 죽음으로 표현됨.
2	금지	주인공에게 금지의 말이 부과됨. 밖에 나가면 안 된다는 것이 일반적이며, 아이들을 성채에 넣어두거나 요청과 충고로 나타남.
3	위반	금지가 위반됨. 금지 형태와 대응됨. 금지 없이 위반만 나타나기도 하지만, 이 경우 금지가 생략된 것.
4	정찰	악한이 정찰을 시도. 정찰의 목적은 아이가 있거나 귀중한 물체를 찾는 것. 희생자가 악한에게 질문할 경우 역형태의 정찰 발생.
5	정보전달	악한이 그의 희생자에 대한 정보를 입수함. 악한이 문제에 대한 해답을 얻음.
6	책략	악한은 희생자나 재산을 점유하기 위해 주인공을 속이려 함. 악한이 변장을 하고 설득력이나 주술, 사기, 강압적 수단 등을 사용함.
7	연루	희생자는 속임수를 당해 무심결에 적을 도움. 주인공이 악한의 설득에 동의. 마술과 같은 방법에 의해 기계적으로 반응.
8	가해 / 결여	악한이 가족 중 한 사람에게 해를 끼침. 민담의 실제적 활동이 발생. 가족 중 한 사람이 어떤 것을 결여하거나 갖기를 원함. 결여를 자각.
9	중재, 연결된 사건	불운이나 결여가 알려지고, 요청이나 명령에 의해 주인공이 가도록 허락되거나, 급히 보내짐. 탐색자와 희생된 주인공의 유형으로 나뉨.

276

10	대항 행동 개시	탐색자는 대항 행동에 동의하거나 그것을 결정함. 찾는 행위에 자발적 결정이 선행함. 추방되거나 정복된 주인공들은 자발적 열망이 부재.
11	**출발**	주인공이 집을 떠남. 탐색자형 주인공은 탐색할 목표 대상을 가지고 있지만, 희생자형 주인공은 탐색 없이, 다양한 모험을 위한 여행.
12	증여자의 첫 기능	주인공은 시험되고, 심문받고, 공격받는데, 이로 인해 주인공에게 작용물이나 조수를 얻는 방법을 준비시킴. 증여자가 주인공을 시험.
13	주인공의 반응	주인공이 미래 증여자의 행동에 반응. 이때 반응은 긍정적일 수도 부정적일 수도 있음.
14	주술적 작용물의 준비나 수령	주인공이 주술적 작용물을 사용함. 작용물이 주인공에게 주어짐. 친절한 증여자, 불친절한 증여자의 유형이 있음.
15	두 왕국 사이로 공간 이동이나 안내	주인공은 탐색의 대상이 있는 곳으로 옮겨지거나 인도됨. 수평적으로 멀리 떨어진 곳, 수직적으로 아주 높거나 낮은 곳에 위치함.
16	투쟁	주인공과 악한이 직접 싸움. 적대적 증여자와의 싸움과 구분이 필요. 이는 결과로 구분함. 투쟁을 통해 탐색한 대상물을 얻음.
17	표식	주인공은 표식을 받음. 표식은 신체에 찍히거나 반지 혹은 수건의 형태로 나타남.
18	승리	악한이 퇴치됨. 악한의 패배는 야외 전투, 경주, 카드 등 다양한 형태로 발생함. 부정적인 형태와도 맞닿음.
19	해소	최초의 불행이나 결여가 해소됨. 악한 행위와 짝을 이루며, 이 지점에서 이야기 줄거리의 정점에 도달함.
20	귀환	주인공이 귀환함. 도착과 동일한 형태로 수행. 귀환은 즉각적으로 발생하고 도주의 성격이 나타나기도 함.
21	추적	주인공이 추적당함. 추적자가 주인공을 날아서 쫓거나 추적하여 주인공을 죽이려 함.
22	구조	주인공이 추적에서 구출됨. 암살 시도에서 다른 물건으로 변신하거나 다른 이들의 도움을 통해 구출됨. 주인공에게 준비된 또 다른 불행.
23	몰래 도착	주인공이 아무도 모르게 집이나 다른 나라에 도착함. 집에서 견습공 노릇을 하거나 궁중에서 요리사나 말구종 노릇을 함.
24	근거 없는 요구	가짜 주인공이 근거 없는 요구를 함. 다른 인물들이 부당한 요구를 함. 타인이 주인공의 승리를 가로챔.
25	어려운 과제	주인공에게 어려운 과제가 제안됨. 음식, 불, 수수께끼, 숨바꼭질 등의 시련으로 나타남.
26	해결	과제가 해결됨. 해결 형태는 과제 자체의 형태와 정확히 대응함.
27	인정	주인공이 인정받음. 주인공이 받은 상처, 반지, 손수건 등과 같은 표식에 의해 정당하게 인정받음.
28	폭로	가짜 주인공이나 악한의 정체가 폭로됨. 때로는 악한의 정체 폭로가 어려운 과제의 해결이 되기도 함.
29	변신	주인공에게 새로운 모습이 주어짐. 아름다운 궁전을 짓거나 새 옷을 입음. 부와 미에 대한 거짓 증거가 유머러스한 방식으로 진짜가 되기도 함.
30	처벌	악한이 처벌됨. 악한은 처벌되거나 살해되거나 추방되거나 말의 꽁무니에 묶이거나 자살함. 이것과 병행하여 때로 관대하게 용서를 받기도 함.
31	결혼	주인공은 결혼하고 왕위에 오름. 신부 대신 금전이나 다른 형태의 보상을 받기도 함.

- **관련 용어** 기능, 마법담, 퀘스트
- **참고 자료** 블라디미르 프로프 저, 유영대 역, 『민담형태론』, 새문사, 1987. | 김용재, 「게임 퀘스트 스토리텔링 구조분석 : 프롭의 민담기능대입을 중심으로」, 『한국콘텐츠학회논문지』, vol.11, no.10, 한국콘텐츠학회, 2011. | 한혜원, 「신화 퀘스트에 기반한 디지털 게임 스토리텔링 연구」, 『탐라문화』, vol.34, no.0, 제주대학교 탐라문화연구소, 2009.

밀리 melee

| 근접 공격 또는 근접 공격이 가능한 직업.

난전(亂戰)을 의미하는 말로, 게임에서 근접 공격 또는 근접 공격이 가능한 직업을 의미한다. 1913년 허버트 조지 웰스(Herbert George Wells)가 아이들을 위해 제작한 전쟁 게임인 〈리틀 워즈(Little Wars)〉에서 전쟁 규칙 중 하나로 언급하면서 사용되기 시작했다. 밀리는 주로 다중접속온라인 역할수행 게임에서 나타나는 공격 형태이다. 밀리의 세부적인 역할은 공격력, 방어력, 공격 속도 중 상대적으로 높은 특성이 무엇인가에 따라 분류된다. 다중접속온라인 역할수행 게임인 〈아이온 : 영원의 탑〉에서 공격력이 높은 직업은 검성, 방어력이 높은 직업은 수호성, 공격 속도가 빠른 직업으로는 살성이 있다. 근거리 물리 공격 및 마법 공격을 사용하는 밀리는 파티 플레이 시 원거리 물리 공격을 사용하는 레인저(ranger)와 원거리 마법 공격을 사용하는 캐스터(caster)와 협력하여 플레이하게 된다.

- **관련 용어** 레인저, 캐스터
- **참고 자료** 앤드류 롤링스, 어니스트 아담스 저, 송기범 역, 『게임 기획 개론』, 제우미디어, 2004. | Jessica Mulligan, Bridgette Patrovsky, *Developing Online Games : An Insider's Guide*, New Riders, 2003. | Markus Friedl, *Online Game Interactivity Theory*, Charles River Media, 2002.

밀실 locked room

| 외부에서 사람이 침입할 수 없도록 폐쇄된 공간.

바깥에서 사람이 들어올 수 없도록 밀폐된 공간. 문이 잠긴 방, 밀폐된 건물, 조난당한 배, 외부로부터 고립된 섬 등이 밀실에 속한다. 출입구를 쉽게 열 수 없도

록 암호, 퍼즐 등의 장치가 걸려있다는 점이 특징이다. 밀실을 소재로 채택하는 게임은 크게 밀실에서 탈출하는 게임과 밀실에서 벌어진 살인사건을 해결하는 게임으로 나뉜다.

전자의 경우, '방 탈출 게임'이라 부르기도 한다. 플레이어는 방 안의 사물, 가구, 장치 등을 클릭해 단서를 얻어내고 퍼즐을 풀어 문을 열고 탈출해야 한다. 1998년 제작된 텍스트 기반 어드벤처 게임 〈비하인드 클로즈드 도어스(Behind Closed Doors)〉가 시초이며, 이후 그래픽 어드벤처 게임, 비주얼 노벨 등의 형태로 발전했다. 〈크림슨 룸(Crimson Room)〉을 통해 대중화되었으며, 〈방 탈출〉 시리즈, 〈마이 다이아몬드 베이비(My Diamond Baby)〉 등이 대표적이다.

후자는 밀실에서 내부인의 소행으로 살인사건이 벌어지는 '클로즈드 서클(closed circle)' 모티프를 차용한 경우이다. 플레이어는 고립된 공간에서 벌어지는 연쇄 살인의 범인을 찾아야 한다. 대표적인 사례로 〈검은방 : 밀실탈출(Panic Room)〉 시리즈, 〈하얀섬(White Island)〉 시리즈 등이 있다. 공포 게임은 공포감을 강화하기 위해 밀실을 주요한 배경으로 채택하기도 한다. 〈화이트데이 : 학교라는 이름의 미궁(Whiteday : A Labyrinth Named School)〉이 대표적이다.

한편, 현실 공간에서 밀실 탈출을 재현한 '현실 방 탈출 게임'도 있다. 미국의 〈방 탈출 어드벤처(Room Escape Adventures)〉, 한국의 〈서울 이스케이프 룸(Seoul Escape Room)〉, 〈작전명 탈출(Code Escape)〉 등이 대표적이다.

■ **유의어** 미로
■ **관련 용어** 방 탈출 게임, 공포 게임, 클로즈드 서클, 퍼즐, 어드벤처
■ **참고 자료** 미스터리 사전 편집위원회 저, 곽지현 역, 『미스터리 사전』, 비즈앤비즈, 2012. | 이상우, 『추리소설 잘 쓰는 공식』, 커뮤니케이션북스, 2014. | 토마 나르스작 저, 김중현 역, 『추리소설의 논리』, 예림기획, 2003.

ㅂ

바둑 go

| 바둑판 위에 흑돌과 백돌을 번갈아 두며 집을 많이 차지하는 것을 겨루는 놀이.

1명 이상의 플레이어가 19개의 가로줄과 세로줄로 구성된 판 위에 흑돌과 백돌을 번갈아 두는 보드 게임. 기원전 2000년 중국에서 유래됐다는 설이 일반적이다. 주로 중국, 한국, 일본 등 동아시아 지역에서 플레이된다. 바둑의 승리 조건은 가장 많은 집을 차지하는 것이다. 여기서 집은 한 색의 바둑돌로 둘러싼 빈 점으로 구성된 영역을 말하며, 집을 계산할 때는 집 자체의 개수를 세지 않고 집 안의 빈 점의 수를 합산한다.

최초의 바둑 인공지능 프로그램은 1968년 알버트 조브리스트(Albert Zobrist)가 개발한 '조브리스트 해싱(Zobrist Hashing)'이다. 이후 바둑 인공지능 프로그램은 트리 탐색(tree search), 지식기반 시스템 등의 시스템을 활용하여 발전하다 2000년대 후반부터 최적의 결과를 도출하기 위해 임의의 수를 이용하여 반복적인 연산을 하는 몬테카를로 엔진(Monte-Carlo methods)을 도입했다. 몬테카를로 엔진이 적용된 대표적인 프로그램은 알버타 대학의 컴퓨터 바둑 동아리(Computer Go Group)가 만든 푸에고(Fuego)이다. 푸에고는 2009년에 바둑 인공지능 프로그램 최초로 9줄 바둑에서 대만의 바둑 프로기사 저우쥔쉰(周俊勳) 9단과의 대결에서 승리했다.

이 외에도 요지 오지마(Yoji Ojima)가 개발한 젠(ZEN)도 몬테카를로 엔진을 활용한 바둑 인공지능 프로그램에 해당된다. 2016년 구글 딥마인드가 개발한 알파고는 세계 최정상의 프로 기사인 이세돌 9단과의 대결에서 4대 1로 승리했다.

■ **관련 용어** 인공지능
■ **참고 자료** 문용직,『바둑의 발견』, 부키, 2005. | 이해범,『바둑원론』, 전원문화사, 1997. | Jeffrey Bagdis, *A Machine-Learning Approach to Computer Go*, Princeton University, 2007. | Alex Lubberts, Risto Miikkulainen, Co-Evolving a Go-Playing Neural Network, GECCO-01 Workshop on Coevolution : Turning Adaptive Algorithms upon Themselves, 2001.

바운딩 박스 bounding box

| 프로그래밍 환경에서 게임 내 객체를 둘러싸고 있는 가상의 육면체.

2차원 또는 3차원 게임 프로그래밍 환경에서 특정 객체를 선택했을 때 객체를 둘러싸고 있는 육면체. 기본적으로 게임 세계 내에서 해당 객체가 이동할 수 있는 지역의 범위를 나타내며, 객체 간 물리적인 관계나 타격 판정 등을 계산하는 충돌 검사에 사용된다. 충돌 검사에 사용되는 바운딩 박스는 표와 같이 2가지 형태로 구분할 수 있다.

바운딩 박스의 유형	
종류	설명
축 방향 정렬형(Axis-Aligned Bounding Box, AABB)	육면체의 각 모서리가 x, y, z축에 평행한 형태로, 동일 형태와의 충돌 검사가 용이하나 객체가 회전할 때마다 바운딩 박스를 재설정해야 한다.
방향성형(Oriented Bounding Box, OBB)	육면체 각 모서리의 방향이 객체에 따라 변화하기 때문에 복잡한 연산이 필요하나 축방향 정렬형에 비해 세밀한 충돌 검사가 가능하다.

특정 객체를 둘러싸고 있는 바운딩 박스가 다른 객체의 바운딩 박스의 영역과 겹쳐지면 특정 물리 효과가 일어나거나 타격 판정이 발생한다. 객체의 움직임이 바운딩 박스의 경계를 벗어날 경우에는 바운딩 박스의 영역을 넓히거나 객체의 구조를 계층화해 체계적으로 바운딩 박스를 업데이트해야 한다. 경우에 따라 원

형태의 바운딩 스피어(Bounding Sphere)를 사용하기도 하나, 지정된 객체가 원이 아닐 때는 바운딩 박스에 비해 정확성이 떨어진다는 단점이 있다.

- **관련 용어** 게임 프로그래밍, 바운딩 스피어, 충돌 검사
- **참고 자료** 도마에 요시키 저, 고승희 역, 『게임을 움직이는 기술과 발상』, 한빛미디어, 2015.

바이오피드백 게임 bio-feedback game

| 사용자의 생체 신호를 게임 플레이에 반영 및 활용하며 주로 의료용 목적으로 사용하는 기능성 게임.

사용자의 뇌파, 맥박, 혈압 등을 자극 정보로 변환하여 게임 플레이에 활용하는 장르. 사용자는 화면을 통해 자신의 정서와 신체 상태를 파악하고 이를 조절하면서 게임을 플레이할 수 있다. 본래 바이오피드백은 의학적 치료법 중 하나로, 환자의 생체 신호를 측정해서 컴퓨터 등의 출력 장치를 통해 환자에게 보여주면 환자가 자신의 상태를 확인하고 조절하는 것을 의미한다. 바이오피드백 게임 또한 환자의 치료 및 건강 증진에 목적을 둔 의료용 기능성 게임의 하위 장르였다. 주의력 결핍 과잉행동 장애(ADHD)나 집중력 결핍 등 정신 질환 관련 분야에서 치료 목적으로 활용된다.

대표적인 사례로 〈릴랙스 투 윈(Relax To Win)〉과 〈더 저니 투 와일드 디바인(The Journey to Wild Divine)〉 등이 있다. 〈릴랙스 투 윈〉의 경우, 어린이의 우울증 및 스트레스를 치료하기 위한 목적으로 개발됐다. 이 게임은 사용자의 피부 저항 및 맥박을 분석하여 자극 정보로 활용한다. 이때 사용자는 자신의 근육 긴장도와 맥박이 낮아질수록 아바타인 공룡을 더욱 빨리 움직일 수 있다. 바이오피드백 게임은 플레이어의 정서 및 신체적 상태를 지속적으로 피드백하기 때문에 플레이어의 자기 조절 능력을 강화한다.

- **유의어** 뉴로피드백(neurofeedback)
- **관련 용어** 바이오피드백 훈련, 기능성 게임
- **참고 자료** 오상덕, 『스트레스 해소를 위한 스트레칭』, 중앙생활사, 2012. | 동국대학교 갈등치유연구소, 『갈등치유론』, 한국학술정보, 2012. | Charles E. Schaefer, Steven E. Reid, *Game Play : Therapeutic Use of Childhood Games*, Wiley, 2001.

바츠 해방 전쟁 Bartz revolution war

| 2004년 6월, 엔씨소프트가 개발한 다중접속온라인 역할수행 게임 〈리니지 II〉의 '바츠(Bartz)' 서버에서 발생한 대규모 플레이어 간 전쟁.

〈리니지 II〉의 32개의 서버 중에서 가장 오래된 서버인 바츠에서 발생한 플레이어 간 전투. 바츠 서버를 장악한 '드래곤 나이츠 혈맹(Dragon Knights, 이하 디케이 혈맹)'의 폭압에 플레이어 연합(이하 바츠 동맹군)이 대항한 사건으로, 전쟁에 참여한 플레이어는 20만 명에 달했다. 2005년 10월, 마지막 바츠 동맹 문장을 단 캐릭터의 죽음 이후로 바츠 해방 전쟁은 일단락됐다. 이후 소소한 분쟁 및 전쟁은 2008년 디케이 혈맹의 후속 혈맹인 리버스 혈맹이 항복을 선언할 때까지 지속됐다.

바츠 해방 전쟁의 배경 〈리니지 II〉의 세계는 레벨에 따른 계층 분화가 철저한 계급 사회이다. 플레이어는 캐릭터의 레벨에 따라 입을 수 있는 의상부터 출입할 수 있는 지역까지 제한을 받는다. 40레벨 이하의 캐릭터들은 일종의 '민중계층'으로, 바츠 해방 전쟁이 발발하기 이전인 2003년 11월 26일을 기준으로 〈리니지 II〉 플레이어의 85%를 차지했다. 한편, 55레벨에서 75레벨 사이의 캐릭터들은 지배 혈맹에 소속된 '군사 귀족 계층'에 속했다. 전쟁 혈맹의 혈맹원이 되려면 최소 55레벨이 되어야 했고, 디케이 혈맹과 같이 유명한 혈맹의 경우, 최소 61레벨에서 65레벨이 되어야 했다. 따라서 혈맹 전쟁은 레벨이 높은 전쟁 혈맹 플레이어만의 관심사였다. 이러한 점에서 바츠 해방 전쟁은 혈맹 전쟁이 모든 플레이어에게 확산된 이례적인 사건이었다.

전쟁 발발 요인 바츠 해방 전쟁의 발발은 경제적 요인과 정치적 요인 2가지로 설명할 수 있다. 첫째, 경제적 요인은 세율 인상이다. 세율은 상점에서 거래되는 모든 물품의 대금을 성을 차지한 지배 혈맹과 개발 회사인 엔씨소프트가 나누어 갖는 제도이다. 지배 혈맹은 이 세금으로 전쟁 비용과 조직 관리 자금을 조달했고, 엔씨소프트는 인플레이션 예방을 도모했다. 그러나 2004년 2월 16일 10%였던 세율이 15%로 상승하면서 저레벨 계층의 불만이 확산됐다. 플레이어들이 자주 활용하는 아이템 중 소모품인 '정령탄'의 가격 상승은 저레벨 플레이어들에게 지배 혈맹에 대한 강한 불만을 야기했다.

둘째, 정치적 요인은 지배 혈맹의 독재이다. 2003년 7월 6일 오픈 베타 테스트부터 바츠 서버를 지배한 것은 디케이 혈맹으로, 이들은 좋은 아이템과 경험치를 얻을 수 있는 사냥터를 봉쇄하고 타 플레이어의 출입을 금하는 '통제령'과 '척살령'으로 독재를 시행했다. 그들은 '오토'라 불리는 자동 매크로 프로그램 사냥으로 24시간 내내 가상 통화인 아덴을 벌어들였다. 또한 유력한 타 혈맹들과의 제휴를 통해 대항 혈맹의 도전을 막았다.

전쟁의 연혁 바츠 해방 전쟁의 연혁을 정리하면 다음과 같다.

바츠 해방 전쟁 연표	
날짜	사건
2003.07.09	〈리니지 II〉 오픈 베타 시작.
2003.07.26	드래곤 나이츠(이하 디케이) 혈맹(당시 군주=광검), 전 서버 최초로 혈맹 레벨 3에 도달.
2003.08.03	후에 디케이 혈맹의 군주가 되는 아키러스가 전 서버 최고 레벨(당시 51레벨)로 등장.
2003.08.14	디케이 혈맹 최초로 보스 몬스터 코어를 정복.
2003.09.14	디케이 혈맹이 제네시스, 신의 기사단과 3혈맹 연합을 결성, D.S 혈맹을 주축으로 하는 반란 진압.
2003.10.09	디케이, 제네시스, 신의 기사단 기란성에서 정식 동맹식 체결. 3혈 독재 시대 시작.
2003.11.02	디케이 혈맹 최초로 피의 군주 누루카 정복. 최초로 혈맹 아지트 획득.
2004.03.19	아키러스 전 서버 최초로 75레벨 도달.
2004.03.23	거대 3혈맹 단결식.
2004.05.09	붉은혁명 혈맹 기란성 점령. 바츠 해방과 모든 세금 폐지(세율 0%) 선포.
2004.05.23	거대 3혈 동맹이 붉은혁명 혈맹으로부터 기란성 탈환.
2004.06.10	'바츠 해방 전쟁'에의 참전을 호소하는 문건들 출현.
2004.06.14	안타라스의 동굴(일명 용던) 입구에 최초의 내복단 'K-내복단' 2개 파티가 출현.
2004.06.14~06.19	내복단의 절정기. 바츠 동맹군 곳곳에서 승리.
2004.06.19	내복단의 타락 현상. 바츠 동맹군이 내복단을 공격하는 사태가 보도됨.
2004.06.28	제네시스 혈맹이 3혈 동맹 탈퇴, 바츠 동맹군에 투항. 디케이, 신의 기사단, 정혈, 위너스 4혈 동맹 결성.
2004.07.17	동맹군, 아덴성 공성에 성공. '바츠 해방의 날' 선포됨.
2004.07.18	아덴성의 소유권(제네시스 혈맹이 각인)을 둘러싼 혁명군의 상호 비방 시작.
2004.07~11	동맹군, 오랜·아덴·기란·글루디오 4개 성 점령. 디케이 혈맹, '오만의 탑'에 은신.
2004.08.28	신의 기사단을 선봉으로 한 4혈 동맹이 오랜성 탈환 시도. 바츠 동맹군에 패퇴함.
2004.11.18	붉은혁명과 리벤지 혈맹전 선포. 바츠 동맹군 분열.

2004.12.17	제네시스, 리벤지, 붉은혁명, 용던에서의 오토 행위로 도덕성이 비판됨.
2004.12.19	정혈, 동맹군의 오랜성 공격을 단독으로 방어함. 디케이, 신의 기사단, 위너스, 글루디오 성을 탈환함.
2005.01.27	디케이 혈맹, 무제한 척살령 다시 발동함.
2005.04.20	신의 기사단, 제네시스 혈맹을 섬멸하고 혈맹을 해체시킴.

바츠 해방 전쟁의 평가 많은 매체들은 바츠 해방 전쟁을 '사이버 세계에서의 시민혁명'이라 평했고, 학계에서는 개발자가 만든 스토리보다 플레이어가 만든 스토리가 더 심오한 문학적 카타르시스를 만들어내고 있음에 주목했다. 바츠 해방 전쟁은 다수의 플레이어가 게임에서 하나의 역사에 비견할 만한 사건을 만들었다는 점에서 온라인 게임에서 사용자-사용자 상호작용의 대표적 사례로 꼽힌다. 다른 다중접속온라인 역할수행 게임들도 이러한 〈리니지 II〉의 영향을 받아서 진영 간 전투(RvR)를 게임 내 필수 콘텐츠로 도입했다.

바츠 해방 전쟁을 바탕으로 한 2차 콘텐츠 바츠 해방 전쟁은 웹툰, 논문, 서적, 예술작품 전시회에 이르기까지 다양한 문화 콘텐츠로 재생산됐다. 명운화의 『바츠 히스토리아』는 2008년 10월 바츠 해방 전쟁에 참여했던 경험을 토대로 한 소설이다. 2011년 출판된 강진희의 『유령』은 바츠 해방 전쟁과 탈북자의 삶을 접목시켜 호평을 받았으며, 제7회 세계문학상을 수상했다. 경기도미술관은 2012년 6월 25일부터 9월 2일까지 바츠 해방 전쟁을 소재로 '게임X예술 바츠 혁명전(戰)'이라는 기획 전시를 개최했다.

- **관련 용어** 리니지 II, 혈맹, 디케이 혈맹, 내복단, 공성전, 수성전
- **참고 자료** 이인화, 『한국형 디지털 스토리텔링 : 「리니지 2」 바츠 해방 전쟁 이야기』, 살림, 2005. | 게임동아, 〈바츠 해방 전쟁 기억하시죠? 리니지 2의 역사와 전통의 힘〉, http://game.donga.com/56705/

반복 플레이 replay

| 동일한 게임을 처음 또는 중간 저장 지점부터 다시 플레이하는 행위.

동일한 게임을 다시 플레이하는 행위 혹은 게임 내 기능. 리플레이라고도 한다. 게임 플레이를 녹화해서 다시 보는 리플레이 기능과는 구별된다. 플레이어는 게

임의 처음부터 혹은 특정한 저장 지점부터 게임을 다른 방식으로 다시 플레이한다. 플레이어는 반복 플레이를 통해 입력 행위에 숙달되고 게임의 패턴을 학습하여 더 효과적인 전략을 수립한다.

플레이어들이 게임을 반복적으로 플레이하는 목적은 다음과 같다. 첫째, 기록 갱신이다. 점수 혹은 순위가 가시적으로 드러나는 경우에 해당한다. 둘째, 실패를 극복하고 다음 단계로 진행하기 위해서이다. 플레이어는 주어진 도전을 완수하여 다음 단계로 이동하고 게임의 결말에 이르기 위해 노력한다. 따라서 플레이어가 도전에 실패할 경우, 특정한 저장 지점부터 게임을 다시 시작할 기회를 얻는다. 셋째, 다른 방식의 플레이를 경험하기 위해서이다. 역할수행 게임에서 다른 캐릭터를 선택하여 다시 플레이하거나, 시뮬레이션 게임에서 새로운 도시를 건설하는 행위가 그 사례이다. 멀티 엔딩을 가진 게임에서는 새로운 엔딩을 보기 위해 반복 플레이를 하기도 한다.

플레이어의 자발적인 반복 플레이는 게임의 수명을 연장한다. 반복 플레이 가치를 높이기 위해서는 게임의 목표를 다양한 방식으로 달성할 수 있어야 한다. 반복 플레이를 유도하기 위해 수집 요소, 업적 시스템, 순위 시스템 등이 사용된다. 앤드류 글래스너는 게임에서의 반복적 행동을 다음과 같이 제시한다.

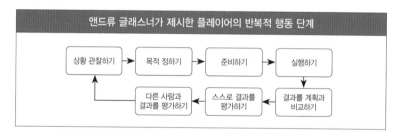

■ **유의어** 리캠/리플레이
■ **관련 용어** 세이브, 멀티 엔딩, 업적 시스템, 수집물, 체크포인트
■ **참고 자료** 앤드류 글래스너 저, 김치훈 역, 『인터랙티브 스토리텔링 : 21세기 픽션을 위한 테크닉』, 커뮤니케이션북스, 2006. | Christopher Hanson, "Repetition", *The Routledge Companion to Video Game Studies*, Routledge, 2014. | Ernest Adams, Joris Dormans, *Game Mechanics : Advanced Game Design*, New Riders Games, 2012. | Katie Salen, Eric Zimmerman, *Rules of Play : Game Design Fundamentals*, The MIT Press, 2003. | Troy Dunniway, Jeannie Novak, *Game Development Essentials : Gameplay Mechanics*, Delmar Cengage Learning, 2008.

반인반수 therianthropy

| 반은 인간이고 반은 짐승인 허구적 존재.

인간의 특징과 동물의 특징을 한 몸에 지니고 있는 환상적 존재. 그리스 신화, 오리엔트 신화, 힌두교 신화, 불교 신화 등에 등장한다. 반인반수는 유전 물질의 혼합 정도에 따라 '완전 통합체'와 '공생체' 두 부류로 나뉜다. 완전 통합체란 인간과 동물의 유전물질이 변형을 통해 합체된 경우로, 겉보기에 사람과 동물의 특징을 일부 가지고 있으면서도 새로운 생물처럼 보인다. 텐구(天狗), 고르곤(Gorgon), 늑대 인간 등이 이에 해당한다. 공생체는 인간이나 동물의 신체 일부가 변형되지 않고 그대로 합체된 경우로, 켄타우로스와 인어가 대표적이다.

게임에서 등장하는 반인반수는 인간과 신, 인간과 짐승 등 이종 간 결합이나 유전자의 변이 때문에 발생한다. 이들은 인간에 비견되는 의사소통 능력과 지능을 지닌 동시에 야생의 본능을 지닌 존재로 묘사된다. 늑대 인간이나 구미호는 야수로서의 자아가 각성될 때 능력치나 체력치가 증폭되기도 한다.

게임에서 나타나는 반인반수의 유형과 사례		
종류	설명	사례
늑대 인간	평소에는 인간의 모습을 하고 있으나, 보름달이 뜨는 밤이면 늑대로 변신한다.	〈월드 오브 워크래프트〉, 〈서머너즈 워(Summoners War)〉
구미호	꼬리가 9개 달렸으나 인간으로 둔갑할 수 있다. 인간의 간을 먹는다.	〈구미호(九尾)〉, 〈리그 오브 레전드〉
켄타우로스	상반신은 인간, 하반신은 말이다. 흉폭하고 야만적인 성격이다.	〈워크래프트〉, 〈모탈 컴뱃(Mortal Combat)〉
사티로스	작은 뿔이 돋은 인간의 얼굴을 지녔으며, 염소의 다리와 발굽을 지니고 있다. 주색을 밝힌다.	〈마비노기〉, 〈캐슬바니아 : 로드 오브 섀도우(Castlevania : Lords of Shadow)〉
인어	여성 인간의 상체와 물고기의 하체를 지녔다. 뱃사람들에겐 불운의 상징이다.	〈판타지 마스터즈(Fantasy Masters)〉
스핑크스	사람의 머리와 사자의 몸을 지니고 있다. 지혜의 상징이다.	〈던전 앤 드래곤〉, 〈최강의 군단(Herowarz)〉

■ **관련 용어** 늑대 인간, 켄타우로스
■ **참고 자료** 구사노 다쿠미 저, 송현아 역,『환상동물사전』, 들녘, 2001. | 다케루베 노부아키 저, 임희선 역,『판타지의 주인공들 1』, 들녘, 2000. | 브리지트 코팽 저, 김승욱 역,『판타지 여행 환상동물백과』, 문학동네. 2000. | 조엘 레비 저, 조진경 역,『신비동물을 찾아서』, 북플래너, 2009. | 즈카사 후미오, 이즈노 하라나리 저, 최수진 역,『몬스터 퇴치』, 들녘, 2001.

반지의 제왕 The Lord of the Rings

| J. R. R. 톨킨의 3부작 판타지 소설.

1955년에 출간된 소설로, 북유럽 신화를 토대로 창작됐으며 전작 『호빗(The Hobbit)』의 세계관을 계승한다. 주인공 프로도가 사악한 힘을 가진 절대반지를 파괴하기 위해 모르도르로 향하는 여정에 관한 이야기이다. 인간, 호빗, 엘프, 드워프, 트롤, 오크 등의 종족이 등장한다. 『반지의 제왕』은 초기 역할수행 게임의 세계관, 종족, 아이템 설정 등에 지대한 영향을 끼쳤다. 『반지의 제왕』을 원작으로 한 게임으로 액션 게임 〈미들어스 : 쉐도우 오브 모르도르(Middle-earth : Shadow of Mordor)〉, 역할수행 게임 〈반지의 제왕 : 북부전쟁(The Lord of the Rings : War in the North)〉, 다중접속온라인 역할수행 게임 〈반지의 제왕 온라인(The Lord of the Rings Online : Shadows of Angmar)〉 등이 있다.

- **관련 용어** 존 로널드 루엘 톨킨, 판타지, 드워프, 오크, 엘프
- **참고 자료** 김용범, 신현욱, 조해진, 『판타지 소설과 문화 콘텐츠』, 시소북스, 2011. | 김원보, 최유찬, 『컴퓨터 게임과 문화』, 이룸, 2005. | J. R. R. 톨킨 저, 한기찬 역, 『반지의 제왕 1 : 반지 원정대(상)』, 황금가지, 2001. | J. R. R. 톨킨 저, 한기찬 역, 『반지의 제왕 2 : 반지 원정대(하)』, 황금가지, 2001. | J. R. R. 톨킨 저, 한기찬 역, 『반지의 제왕 3 : 두 개의 탑(상)』, 황금가지, 2001. | J. R. R. 톨킨 저, 한기찬 역, 『반지의 제왕 4 : 두 개의 탑(하)』, 황금가지, 2001. | J. R. R. 톨킨 저, 한기찬 역, 『반지의 제왕 5 : 왕의 귀환(상)』, 황금가지, 2001. | J. R. R. 톨킨 저, 한기찬 역, 『반지의 제왕 6 : 왕의 귀환(하)』, 황금가지, 2001. | David Day, *Tolkien : The Illustrated Encyclopedia*, Book Club Associates, 1991.

방사 in-game chat mistake

| 방송 사고의 줄임말로, 온라인 게임에서 비공개 채팅의 내용을 실수로 전체 공개하는 행위.

온라인 게임의 채팅창에서 팀원끼리 전략을 공유하는 등의 목적으로 비공개 대화를 하던 중, 실수로 대화 내용을 전체 공개 모드로 입력하는 행위. 플레이어 간 대화를 보여주는 채팅창을 방송에 비유한 용어로, 채팅방 규칙에 어긋나는 대화를 한 경우도 포함한다. 팀원끼리 실시간으로 전략을 교환해야 하는 〈서든어택〉, 〈리그 오브 레전드〉 등의 온라인 게임에서 자주 사용된다. 팀 플레이를 할 때 플레이어들은 방사로 인한 전략 노출에 민감하기 때문에 이를 비매너적인 행위

로 규정한다. 방사 후 플레이어는 채팅창에 '방사요, ㅈㅅ(죄송)' 등의 관습적 약어를 통해 사과를 한다. 키보드를 잘못 누르는 등 실수로 대화 내용이 공개되는 경우도 있으나 고의적으로 대화 내용을 공개하여 상대방을 도발하거나 자극하는 경우도 있다. 고의적인 방사는 도배성 글이나 기호 등을 입력해 상대방의 채팅 화면을 가리는 경우와 비난 및 조롱조의 대화를 입력하는 경우를 모두 포함한다. 〈서든어택〉은 공식 홈페이지에 클랜전 진행 시 비상식적인 대화를 입력해 상대방을 도발하는 등의 고의적인 방사를 금지시키는 제도를 도입했다.

- **관련 용어** 귓말, 파티말, 길드말, 클랜챗, 전체 채팅, 비매너
- **참고 자료** 이성재, 『왕관 잡는 필승 공식 포트리스 전략집』, 길벗, 2002.

배심원단 제도 tribunal system

| 비매너 플레이 제재를 위한 〈리그 오브 레전드〉의 판결 체제.

신고를 통해 접수된 비매너 플레이 상황에 대해 게임 운영자(Game Master, GM)가 아닌 플레이어들이 죄의 유무 판결을 내리는 제도. 개발사 라이엇 게임즈(Riot Games)의 톰 캐드웰(Tom Cadwell)과 스티브 메스콘(Steve Mescon)이 고안했다. 배심원단 제도는 플레이어들이 팀을 이루어 대결할 때 발생할 수 있는 트롤링(trolling)과 욕설 등의 문제 상황을 자체적으로 개선하고, 건전한 게임 문화를 독려하기 위해 개발됐다. 이 제도를 통해 배심원 플레이어는 게임 내 부정행위들을 객관적으로 관찰할 수 있는 기회를 얻고, 개발사는 배심원 플레이어의 판결을 유의미한 척도로 활용할 수 있게 되었다. 2012년 11월부터 2014년 5월까지 진행된 배심원단 제도의 진행 조건 및 과정은 다음과 같다.

〈리그 오브 레전드〉 배심원단 제도의 진행 조건 및 과정		
종류		설명
배심원 자격		레벨 20 이상의 모든 플레이어는 배심원으로 참여 가능. 계정 이용 제한 상태의 플레이어는 제외됨.
배심 과정	1단계	비매너 행위에 대한 신고 입수 및 해당 플레이어에 대한 사례가 데이터로 축적됨.
	2단계	비매너 행위가 축적된 플레이어가 배심원으로 회부됨. 배심원의 자격을 지닌 모든 플레이어는 해당 플레이 상황에 대한 정보 열람 가능.

	3단계	배심원은 회부된 플레이에 대한 날짜, 시간, 사유, 채팅 내용, 분당 게임 내 행동 수, 킬(kill), 데스(death), 어시스트(assist) 수치를 분석함.
	4단계	배심원은 각 플레이 상황마다 '유죄', '무죄', '넘어가기' 중 하나를 선택해 판결하게 됨.
	5단계	다수결에 의거한 배심원의 판결 및 게임 운영자의 판단을 통해 비매너 플레이어에 대한 제재 조치가 이루어짐.
배심 결과 확인		2013년 3월 도입된 '판결 검토 페이지'를 통해 검토한 총 사건 수, 판결 정확도, 제재를 가한 총 일 수, 영구 게임 이용 제한 플레이어 수 등을 확인할 수 있음.

배심원단 제도의 도입은 2가지 의의를 지닌다. 첫째, 플레이어 스스로 부정행위에 대한 경각심을 갖고 행동을 개선하려는 노력이 나타났다. 라이엇 게임즈 코리아가 2013년 9월 25일 공식 홈페이지를 통해 발표한 배심원단 제도의 성과에 따르면, 2012년 11월부터 2013년 8월까지 진행된 재판을 기준으로 제재를 받은 플레이어가 배심원단으로 재회부되지 않을 확률은 52.8%였다. 둘째, 개발사와 플레이어 간 협력을 통해 건전한 플레이 환경 조성이 가능하다는 것을 보여주었다. 다수결에 의거한 플레이어의 판단을 근거로 개발사는 합리적인 판결을 내릴 수 있었다. 메릴랜드 대학교의 로스쿨 교수 다니엘라 키츠 시트론은 배심원 플레이어의 판결과 게임 운영진의 판결이 80% 이상 일치했다고 주장했다.

- **관련 용어** 리그 오브 레전드, 게임 운영자, 트롤, 케이디에이(KDA)
- **참고 자료** Carrie James, Henry Jenkins, *Disconnected : Youth, New Media, and the Ethics Gap*, The MIT Press, 2014. | Danielle Keats Citron, *Hate Crimes in Cyberspace*, Harvard University Press, 2016. | 〈리그 오브 레전드〉 사이트, http://kr.leagueoflegends.com

백과사전적 encyclopedic

| 데이터의 구조화된 집합으로 정보를 저장 및 처리하는 디지털 미디어의 속성.

자넷 머레이가 제시한 디지털 환경의 특징 중 하나로, 무한한 양의 정보를 데이터베이스 형식으로 저장하여 사용자가 이에 접근할 수 있도록 하는 디지털 미디어의 속성. 데이터베이스에 저장된 정보는 컴퓨터를 통해 빠른 검색이 가능하도록 조직화되어 있으며, 사용자는 정보 탐색 경로에 따라 자신만의 고유한 서사를 구성할 수 있다. 이러한 과정은 서로 교차되거나 반복되며, 이질적인 항목으로

연계되면서 확장되어 나간다. 머레이는 머드(MUD) 게임 플레이어들이 게임 내 던전에 자신들이 새롭게 만든 던전을 연결해나가는 플레이 방식을 백과사전적 속성의 예로 제시한다.

각각의 던전은 사본이 아닌 원본의 일부로 존재하면서 기존 서사에 일치하는 방식으로 데이터를 확장하고 변형한다. 이처럼 개별적인 항목이 동등한 중요성을 가지는 디지털 미디어의 서사 구조는 리좀(rhizome)에 비유되기도 한다. 식물학적 용어에서 유래한 리좀은 질 들뢰즈와 펠릭스 가타리가 제시한 서사 구조로서, 하나의 뿌리로부터 줄기가 파생되는 수목과 달리 중심 없이 불연속적으로 뿌리가 형성되는 식물을 의미한다.

수목 형식이 중심 서사로부터 사건이 파생되는 선형적이고 폐쇄적인 서사 구조라면, 리좀 형식은 중심과 주변의 구분이 없는 개방적이고 비선형적인 서사로, 경계도 결말도 없이 어떤 지점이든 다른 지점과 연결되어 있는 디지털 서사 구조를 의미한다. 사용자 주도의 서사가 강화된 다중접속온라인 역할수행 게임에서는 다수의 사용자가 생성하는 다양한 에피소드가 하나의 게임 세계 안에서 리좀의 구조를 가진다.

- **유의어** 비선형성
- **관련 용어** 과정추론적, 게임 스토리텔링, 퀘스트
- **참고 자료** 레프 마노비치 저, 서정신 역, 『뉴미디어의 언어』, 커뮤니케이션북스, 2014. | 자넷 머레이 저, 한용환, 변지연 역, 『인터랙티브 스토리텔링 : 사이버 서사의 미래』, 안그라픽스, 2001. | 질 들뢰즈, 펠릭스 가타리 저, 김재인 역, 『천개의 고원』, 새물결, 2001.

밴 ban

| 대전 모드 시 전술의 일종으로, 특정 캐릭터를 선택 혹은 금지하는 행위.

〈리그 오브 레전드〉의 랭크 게임에서 대결하기 어려운 캐릭터를 선택에서 배제하는 행위. 반대로 플레이하기 원하는 캐릭터를 선택하는 것은 픽(pick)이라 한다. 랭크 게임은 레벨 30 이상인 플레이어들이 5대 5 플레이어 간 전투(PvP)를 벌이는 대전 모드로, 캐릭터 선택이 승패를 가르는 주요 전략이다. 선택 과정은 총 124명의 캐릭터에 대해 밴, 픽, 캐릭터 교환 3단계로 이뤄진다. 밴은 각 팀당 3명씩 총 6명의 캐릭터를 정해야 하며, 결정 시 번복이 불가하다. 보통 평균 승률이

높은 캐릭터가 밴 대상이 된다. 각 캐릭터별 승률은 인벤(Inven) 등 게임 사이트에서 확인 가능하다. 플레이어는 대전 상대가 어떤 캐릭터로 높은 승률을 올렸는지 확인하여 상대에게 맞춘 밴 전략을 수립한다.

밴 단계가 끝나면 플레이어들은 각 팀별 교대로 플레이할 캐릭터를 선택한다. 한쪽 팀에서 선택한 캐릭터는 상대팀에서 고를 수 없다. 따라서 직접 플레이할 캐릭터를 '픽'하는 것이 일반적이나 캐릭터 선택 우선권이 있는 플레이어가 다른 플레이어가 조작할 캐릭터를 대신하여 '픽'해 주기도 한다. 이후 캐릭터 교환 단계 시 팀 내에서 캐릭터를 교환한다. 가장 먼저 캐릭터를 선택하는 것을 선픽이라 하며 준비 완료 버튼을 눌러 캐릭터를 바꿀 수 없게 고정시키는 행위를 '픽 박는다'고 말한다.

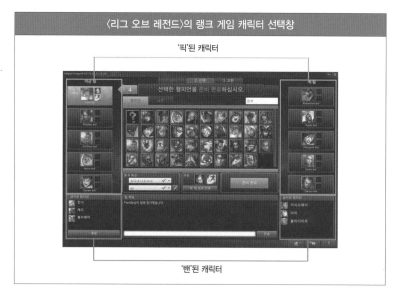

〈리그 오브 레전드〉의 랭크 게임 캐릭터 선택창

- 관련 용어 픽, 리그 오브 레전드, 대전 게임, 모바(MOBA), 캐릭터 교환
- 참고 자료 〈리그 오브 레전드〉 사이트, www.leagueoflegends.co.kr

밸런싱 balancing

| 플레이어의 형평성을 보장하기 위해 게임 내 요소들이 균형을 이루도록 조절하는 작업.

게임을 구성하는 모든 요소에 유사한 수준의 효용가치를 부여하여 플레이어

가 설정한 목표를 충족하도록 게임 시스템을 조정하는 과정. 개발 단계 중 큐에이 (Quality Assurance, QA) 테스트에서 검증되나 사용자에 의해 수시로 변화하기 때문에 패치 및 업데이트를 통한 지속적인 관여가 필요하다.

밸런싱의 중요성 플레이어의 신뢰도와 게임 수명에 절대적인 영향을 미치므로 개발 과정에서 중요한 과제 중 하나이다. 밸런싱 평가에서 주요 요소는 플레이어 능력이 성취에 직접적인 영향을 주는 인자로 작용하는지의 여부이다. 밸런싱이 잘 된 게임의 경우, 플레이어는 게임이 공정하다고 느끼며 자신에게 의미 있는 선택과 보상이 주어진다고 생각해 재미를 느낀다. 밸런싱이 결여되면 플레이어의 만족감이 낮아져 사용자 이탈이 발생하고, 개발한 자원이 플레이어에게 제대로 전달되지 않거나 사장된다.

제한된 변수로 구성된 초창기 게임에서는 밸런싱에 대한 일반적인 규칙을 정립할 수 있었다. 그러나 복잡한 시스템 체계와 범위를 가진 게임의 경우 수많은 독립적 변수를 고려해야 한다. 게임마다 밸런싱 요소가 다르기 때문에 다양한 형태로 이루어지지만, 일반적으로 개발 단계에서는 우선적으로 시스템 균형을 고려한 후 패치를 통해 밸런스를 조정한다.

밸런싱의 영역 게임 밸런싱에 대한 기준이 명확하지 않으면 밸런싱에 실패하게 되고, 그러면 게임에 지속적으로 패치를 더해야 한다. 이는 플레이어의 애착과 신뢰를 잃는 일로까지 연결되므로 개발자는 개발 단계에서 밸런싱의 구체적인 영역을 설정해야 한다. 트레이시 풀러턴은 개발 단계에서 나타나는 밸런싱의 반복적인 패턴을 고려하여 이를 4가지 영역으로 구분하였다. 밸런싱의 영역 및 영역별 전략은 다음과 같다.

트레이시 풀러턴이 제시한 밸런싱의 4가지 영역과 전략			
종류	내용	전략	설명
변수 밸런싱	게임의 적정 플레이어 수, 영역의 크기, 제공되는 리소스의 양, 리소스 자원의 속성 등 게임 개체의 속성을 정의한다.	랜덤	게임 내에서 발생하는 랜덤 이벤트에 순이득 값을 부여하여 적절한 운의 요소를 제공한다.
		상쇄	모든 게임 개체에 특별한 장점과 이에 상응하는 단점을 부여해 개체가 가진 속성의 균형을 맞춘다.
역학 밸런싱	게임이 작동할 때 작용하는 힘을 조정한다는 의미로, 규칙의 조합, 개체의 조합, 또는 한 개체의 힘 등을 조절한다.	조합	둘 또는 그 이상의 개체들이 조합되면 문제가 되는 개체의 속성을 수정한다.
		창발	게임 내 규칙들이 결합하여 뜻밖의 결과가 발생하는 경우, 판단을 통해 제거하거나 유지한다.

위치 밸런싱	각 플레이어에게 동일한 양의 자원과 설정, 목표를 제공하고, 플레이어마다 서로 다른 능력, 자원, 규칙을 제공할 경우에는 변수를 조정한다.	우월	다른 모든 전략보다 우위에 있으며 최선의 선택이 될 수 있는 전략이라면 제거한다.
기술 밸런싱	사용자마다 다른 기술 수준을 가지고 있다는 점을 고려하여 게임 체계가 제공하는 도전의 수준을 사용자의 수준에 맞춘다.	중간 수준	중간 기술 수준을 찾기 위해 하드코어 게이머와 초보자를 대상으로 플레이 테스트를 실시하여 난이도를 낮추거나 높인다.
		난이도 선택	플레이어의 능력에 맞게 난이도를 조절할 수 있도록 서로 다른 난이도의 선택지를 제공한다.

【싱글 플레이 게임의 밸런싱】 싱글 플레이 게임의 밸런싱은 난이도 조정을 의미한다. 전통적인 밸런싱 방법은 시행착오를 통한 사후 조정이었으나, 앤드류 롤링스와 어니스트 아담스는 플레이어의 상호작용 단계에 따라 밸런싱 과정을 정적 밸런싱과 동적 밸런싱으로 나누어 진행할 것을 제안했다.

정적 밸런싱은 플레이어가 게임을 플레이하기 이전에 진행되는 시스템 내 조정 작업으로, 게임의 기본적인 규칙, 규칙 간 상호작용을 포함한다. 문서화할 수 있고 시간에 구애받지 않는다는 특징이 있다. 싱글 플레이 게임의 동적 밸런싱은 처음부터 끝까지 모든 플레이의 연속적인 스펙트럼을 고려하여 요소 간 관계를 조정해 나가는 작업이다. 정적 밸런싱에 대해서 플레이어에게는 복구, 유지, 파괴라는 3가지 상호작용 모델이 주어지며, 이에 따라 동적 밸런싱의 구체적인 방법이 달라진다.

싱글 플레이 게임에서의 동적 밸런싱	
종류	설명
밸런스의 복구	플레이어는 시스템을 질서가 잡힌 상태로 만들기 위해 초기의 언밸런스 상태를 복구하며, 이 과정이 게임 플레이가 된다.
밸런스의 유지	플레이어는 적대적 언밸런싱 세력이 시스템을 장악하지 못하도록 막으며, 플레이어의 행동에 따라 적대 세력이 반응한다.
밸런스의 파괴	플레이어는 처음 주어진 상호작용 모델을 반전시켜 새로운 평형의 상태를 만든다.

【멀티 플레이 게임의 밸런싱】 멀티 플레이 게임은 싱글 플레이 게임에 비해 고려해야 할 변수가 많고, 장르별로 조정해야 할 변수의 종류가 다양하다. 동일 장르의 게임이더라도 세부적 특징에 따라 밸런싱 요소가 달라진다. 다중접속온라인 역할수행 게임, 1인칭 슈팅 게임, 실시간 전략 게임 등의 멀티 플레이 게임 장르는 플레이어 간 형평성과 게임 세계의 안정을 위해 밸런싱을 전투와 경제 분야로 영

역을 구분한 후 각각의 요소를 조정한다.

(1) 전투 밸런싱 멀티 플레이 게임의 핵심 콘텐츠인 전투를 중심으로 한 밸런스로, 캐릭터의 종족이나 직업 간의 밸런싱 작업을 의미한다. 전투 밸런싱에 고려되는 변수로는 전투 소요시간, 승률, 명중률, 분당 행동 수(Action Per Minute, APM), 디피에스(DPS), 경험치 획득량 등이 있으나, 일반적으로 시간당 자원 소모율을 기준으로 한 디피에스를 사용한다. 플레이어 간 전투(PvP), 플레이어 대 환경 간 전투(PvE)로 세분화된다. 플레이어 간 전투 밸런싱은 플레이어 간 형평성을, 플레이어 대 환경 간 전투 밸런싱은 플레이어에게 성취감을 주는 것이 목적이다. 플레이어 간 전투 밸런싱 전략으로는 대칭과 피드백이 사용된다. 대칭은 개체 간 조율을 통해 플레이어에게 플레이가 공평하게 이루어진다는 느낌을, 피드백은 선행 플레이어를 따라잡을 수 있는 기회를 제공한다.

플레이어 간 전투 밸런싱 전략		
종류	유형	설명
대칭	추이적 관계	A는 B를, B는 C를 이기는 형태로 좋은 개체일수록 비용이 많이 든다.
	비추이적 관계	A는 B를, B는 C를, C는 A를 이기는 형태로 한 쪽이 이기면 한 쪽은 반드시 패배한다.
	환경에 따른 관계	환경 a에서는 A가 B를, 환경 b에서는 B가 A를 이긴다.
피드백	부정적 피드백	뒤처진 플레이어에게 보상을 주어 승리의 기회를 제공하고 게임을 연장시킨다.
	긍정적 피드백	앞선 플레이어에게 보상을 주어 게임의 균형을 붕괴시켜 게임이 빨리 끝나도록 한다.

플레이어 대 환경 간 전투 밸런싱은 싱글 플레이의 환경 설계와 유사하다. 주로 개발 단계에서 내부적인 일관성을 확보하여 플레이어에게 일관된 과제를 부여할 수 있도록 시스템을 정비하고, 공정한 플레이 경험을 느끼도록 게임 내 요소를 조정한다. 적절한 난이도와 도전은 게임 플레이를 지속시키는 주요한 요인이다.

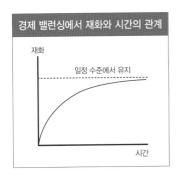

경제 밸런싱에서 재화와 시간의 관계

재화

일정 수준에서 유지

시간

(2) 경제 밸런싱 게임 내 재화 중 플레이어에게 할당되는 재화의 가치를 산정하는 작업을 의미한다. 플레이어는 몬스터 사냥에 대한 보상으로 재화를 얻고 전투, 아이템 합성 등으로 재화를 소모한다. 경제 밸

런싱에서는 플레이 소요 시간에 따라 발생하는 재화의 양이 밸런싱의 기준이 된다. 생성되는 자원의 양이 소멸되는 양보다 크면 인플레이션이, 적으면 디플레이션이 발생하므로 게임 내 통화량을 일정하게 유지하는 작업이 중요하다.

- **관련 용어** 게임 기획자, 레벨 디자인
- **참고 자료** 앤드류 롤링스, 어니스트 아담스 저, 송기범 역, 『게임 기획 개론』, 제우미디어, 2004. | 트레이시 풀러턴 저, 최민석 역, 『게임 디자인 워크숍』, 위키북스, 2012. | Jesse Schell, *The Art of Game Design : A Book of Lenses*, CRC Press, 2014.

뱀파이어 vampire

| 인간의 피를 마시며 생명을 연장하는 흡혈귀.

죽었으나 부활하여 인간의 피를 빨아먹는 악귀. 뱀파이어의 전형적 설정은 다음과 같다. 몰락한 귀족으로 트란실바니아와 같은 동유럽의 성에 거주한다. 창백한 피부와 날카로운 송곳니를 가졌으며 나이를 짐작하기 어려운 매혹적인 모습을 가졌다. 삶과 죽음에 걸쳐 있는 존재이기 때문에 그림자가 없고 거울에 상이 비치지 않는다. 낮에는 태양을 피해 관에서 잠을 자다 밤이 되면 활동을 시작한다. 박쥐, 거미, 늑대 등을 자유롭게 부리며 변신도 가능하다. 인간의 피를 마시며 생을 연장하며 희생자 역시 뱀파이어가 된다. 향신료(마늘, 바곳 등)와 기독교 상징물(성수, 십자가 등)에 의해 치명상을 입으며 완전히 소멸시키기 위해서는 심장에 말뚝을 박고 목을 잘라야 한다.

초기에는 발칸 반도와 동유럽 민담에서 인간의 피를 마시는 귀신이나 망자가 살아 돌아오는 모습으로 주로 나타났다. 11세기 부활한 시체 이야기가 만들어졌으며 14세기 페스트와 같은 전염병이 창궐하면서 무덤에서 걸어 나온 시체에 대한 공포가 만연해진 서유럽으로 유입됐다. 이후 1816년 존 폴리도리(John Polidori)의 소설 『뱀피르(The Vampyre-A tale)』를 시작으로 고딕문학에서 본격적으로 뱀파이어를 다루기 시작했다. 현재 뱀파이어의 전형은 브람 스토커(Bram Stoker)의 『드라큘라(Dracula)』에서 구체화됐다.

뱀파이어가 영화, 텔레비전 드라마 등에서 재생산되면서부터 괴기스러운 모습보다는 반 헬싱과 같은 뱀파이어 헌터와의 대립 구도, 늑대 인간과의 경쟁, 불멸로서의 존재론적 갈등 등이 조명되기 시작했다.

게임에서 뱀파이어는 악마의 수장으로 등장하기 시작해 인간적인 고민을 하는 모습이나 다른 뱀파이어를 양산할 수 있는 종족으로 개념이 확장되었다. 〈던전 앤 드래곤〉에서는 악마적인 모습이 강조된 보스몹으로 나타난다. 또한 플레이어가 뱀파이어에게 공격당하거나 악마의 저주를 받아 뱀파이어로 변하기도 한다. 〈악마성 드라큘라(Castlevania)〉는 뱀파이어가 등장하는 최초의 비디오 게임이다. 고딕 배경과 괴기스러운 아이템, 음울한 음악이 어우러져 공포 분위기를 자아낸다. 100년마다 부활하는 어둠의 마왕 드라큘라와 뱀파이어 헌터 집안인 벨몬트 가의 후손들과의 대결 구도가 주요 스토리이다.

〈엘더스크롤〉 시리즈에서는 뱀파이어를 질병에 감염된 상태로 설명했다. 뱀파이어의 공격을 받은 희생자는 바이러스에 감염이 되지만 3일 안에 치료를 받으면 변화를 막을 수 있다는 설정이다. 〈뱀파이어 : 더 매스커레이드(Vampire : The Masquerade)〉는 인간사회로 숨어든 뱀파이어의 시점에서 진행된다. 뱀파이어임을 숨긴 주인공은 인간성과 흡혈할 때마다 얻는 야수성 사이에서 고뇌하는 존재이다. 다중접속온라인 역할수행 게임 〈다크에덴(Darkeden)〉에서는 뱀파이어가 종족으로 등장한다. 봉인된 뱀파이어의 낙원인 다크에덴의 문을 열기 위해 인간, 뱀파이어, 하프 뱀파이어인 아우스터즈가 대립하는 것이 주요 스토리이다.

■ **관련 용어** 환상, 뱀파이어 헌터, 반 헬싱
■ **참고 자료** 레이몬드 T. 맥널리, 라두 플로레스쿠 저, 하연희 역, 『드라큘라 그의 이야기』, 루비박스, 2005. | 로렌스 A. 릭켈스 저, 정탄 역, 『뱀파이어 강의』, 루비박스, 2009. | 요아힘 나겔 저, 정지인 역, 『뱀파이어, 끝나지 않는 이야기』, 예경, 2012. | 장 마리니 저, 이병수 역, 『드라큘라』, 이룸, 2005. | 클로드 르쿠퇴 저, 이선형 역, 『뱀파이어의 역사』, 푸른미디어, 2002.

버그 bug

| 게임 플레이 과정에서 정상 메커니즘과 다른 오류가 발생하는 현상.

플레이 과정에서 게임 개발자가 제작해 놓은 메커니즘과 다른 오류 현상이 나타나는 것. 버그는 컴퓨터 기술이 존재하기 이전부터 기계의 기술적 결함, 예상

치 못한 작동 방식을 가리키는 말로 사용되었다. 컴퓨터 기술 용어로서 버그는 1945년 마크Ⅱ(Mark.Ⅱ) 컴퓨터에 나방이 들어가 합선이 되면서 오작동을 일으킨 사건을 언급하면서 최초로 사용되었다. 게임에서 버그는 서버와 클라이언트의 두 체제 간 문제에서 발생한다.

서버에서 발생하는 버그는 플레이어의 상태, 인벤토리, 스킬 등의 데이터가 서버로 피드백되지 않거나 크래킹(cracking) 등에 의해 프로그래밍 자체가 변동되면서 발생한다. 클라이언트에서 발생하는 버그는 서버가 전송한 클라이언트 파일이 개인 플레이어의 컴퓨터 사양, 플레이 환경에서 오류를 일으키면서 발생한다. 버그가 발생하면 게임 내부의 스토리나 그래픽에 이상 현상이 일어나거나 치트(cheat)를 사용할 때와 비슷하게 플레이어의 능력이 갑작스레 향상된다. 버그는 플레이어가 플레이를 진행할 수 있는 정도에 따라 마이너 버그, 크리티컬 버그, 크래시 버그의 3가지로 나뉜다.

버그 분류	
종류	설명
마이너 버그 (minor bug)	플레이어는 차이를 알아보지만 게임 진행에는 영향이 없다.
크리티컬 버그 (critical bug)	게임 진행에 기능적 이상이 생기지만 플레이는 지속 가능하다.
크래시 버그 (crash bug)	게임 화면이 멈추거나 플레이어가 게임 밖으로 튕겨 나가거나 블루스크린이 뜬다.

개발자는 버그의 종류를 파악하고 디버깅(debugging)으로 오류를 정정한다. 윈도우의 네트워크 프로그래밍 인터페이스인 윈속(Winsock)에서는 '스니퍼(sniffer)', '윈속 쉼즈(Winsock Shims)' 등의 디버깅 프로그램을 이용해 버그를 수정한다. 개발자가 버그를 통한 노이즈 마케팅 효과를 이용하거나 플레이어가 정교한 플레이 컨트롤을 사용해야 버그를 발생시킬 수 있는 때에는 정식 플레이 방식으로 인정해 디버깅을 하지 않는 경우도 존재한다.

노이즈 마케팅의 대표적 사례는 〈악마성 드라큘라 X 월하의 야상곡(Castlevania : Symphony of the Night)〉의 맵 버그, 정식 플레이가 된 대표적 사례는 〈마비노기 영웅전〉의 헤비스탠더 캔슬 버그를 꼽을 수 있다.

- 유의어 글리치(glitch)
- 관련 용어 디버깅, 치트, 에러
- 참고 자료 박명식, 최설호, 『(배틀넷 개발을 위한) Network Game Server Programming』, 영진닷컴, 2002. | Heather Maxwell Chandler, Rafael Chandler, *Fundamentals of Game Development*, Jones & Bartlett Learning, 2010. | Mark Nunes, *Error : Glitch, Noise, and Jam in New Media Cultures*, Bloomsbury Academic, 2012.

버스 character towing

| 상대적으로 높은 레벨의 플레이어가 다른 플레이어의 성장을 돕는 행위.

다중접속온라인 역할수행 게임에서 높은 레벨의 플레이어가 다른 플레이어를 도와 경험치나 아이템 등의 이익을 얻도록 하는 행위. 소수의 고레벨 플레이어가 저레벨 플레이어들을 데리고 돌아다닌다는 점에서 버스에 빗대어 부르며, 각각의 플레이어를 버스 기사와 손님이라 칭한다. 버스의 목적은 기사와 손님의 입장에 따라 다르나 양쪽 모두 이득을 얻게 된다는 점에서 의의가 있다. 낮은 레벨의 플레이어는 버스를 통해 획득한 경험치로 캐릭터의 레벨을 향상시키거나 고난이도 던전에서의 아이템 파밍(farming)을 통해 단기간에 캐릭터를 성장시킨다.

〈월드 오브 워크래프트〉의 경우 버스 기사가 해당 계정에서 서버 전체 채팅창 혹은 지역 채팅창에 던전명과 금액을 제시하면 플레이어는 귓속말 대화로 탑승 여부를 알린다. 이후 손님이 된 플레이어는 버스 기사와 파티를 맺고 해당 던전을 돌며 레벨을 올린다. 높은 레벨의 플레이어는 버스를 가상 화폐를 얻는 수단이나 놀이 및 친교 활동의 일환으로 사용한다.

전자의 경우 주로 게임 내에서 아이템을 사거나 장비를 업그레이드하기 위한 행위이며, 후자는 길드와 같이 친분이 있는 관계 혹은 단순한 호의에서 비롯된 행위이다. 이러한 사용자 간의 상호작용은 개발자들이 의도하지 않았던 사용자 스토리텔링을 발생시킨다.

〈길드워〉에서는 초보자들이 숙련자와의 버스를 통해 게임 시스템의 한계를 극복하고 최고 레벨의 플레이어들만 진입할 수 있는 특정 마을에 도달한다. 버스를 통해 서로 다른 레벨의 플레이어가 만나는 사용자와 사용자 간의 상호작용은 플레이어들이 게임 세계에 흥미와 몰입감을 느끼게 하고 게임 전체의 서사에 다양성을 부여한다는 점에서 유의미하다.

■ **관련 용어** 파밍, 기사, 손님
■ **참고 자료** 류철균, 「서사 계열체 이론」, 『디지털스토리텔링연구』, vol.1, no.1, 한국디지털스토리텔링학회, 2006.

버퍼 buffer

| 파티 플레이 시 상태 강화를 통해 아군의 능력치를 향상시키는 역할군.

버프(buff)를 비롯한 여러 스킬로 전투를 지원하는 플레이어. 다수의 플레이어를 대상으로 공격, 방어, 회복 능력 등을 강화시킨다. 스킬이나 속성의 수준을 일시적으로 높여 전투를 보조하므로 다중접속온라인 역할수행 게임의 레이드에서 특히 중시된다. 〈에버퀘스트〉의 샤먼, 〈아이온 : 영원의 탑〉의 호법성이 버퍼에 해당한다. 호법성의 주요 스킬은 표와 같다.

〈아이온 : 영원의 탑〉 호법성의 스킬 및 기대효과		
종류	사례	설명
공격 강화	고취의 주문	공격력 +10%, 마법 증폭력 +70, 명중 +70 (지속 시간 15초)
	불패의 진언	물리 공격력 +10%, 물리 방어 +15 마법 증폭력 +100, 마법 적중 +40, 정신력 +32
	행운의 진언	물리 치명타 +60, 물리 치명타 저항 +35 마법 치명타 +35, 마법 치명타 저항 +35
방어 강화	철벽의 주문	물리 방어 +2,000, 속성 방어 +200 (지속 시간 30초)
	방패의 진언	물리 방어 +20, 방패 방어 +40, 무기 방어 +40, 회피 +20
속도 증가	질풍의 주문	이동 속도 +20% 공격 속도 +20% (지속 시간 5분)
	질주의 진언	이동 속도 +10
	바람의 진언	비행 속도 +10%, 비행 시간 1초 회복
회복	생명의 주문	생명력 +220 × 5회 (회복 간격 2초, 지속 시간 10초)
	소생의 진언	생명력 +40, 생명력 회복 효과 +10%

버퍼는 딜러에 비해 공격력이 낮지만 힐러처럼 체력치를 스스로 회복할 수 있다는 특성이 있다. 따라서 기술 연계를 활용한 전략적 플레이가 요구된다. 버퍼에 특화된 직업군이 없으면 마법력이 높은 마법사나 주술사가 힐러와 버퍼의 역할을 겸한다. 일례로 〈리니지〉에서는 대상의 공격 속도와 이동 속도를 1.5배 증폭시키는 가속 주문 '헤이스트(haste)'를 걸 수 있는 마법사가 버퍼의 역할을 수행했다.

- **관련 용어** 버프, 디버퍼
- **참고 자료** 〈아이온〉 사이트, http://aion.plaync.com | 〈에버퀘스트〉 사이트, www.everquest.com/home

버프 buff

| 상태 강화. 대상의 능력을 강화해 일정 시간 유지시키는 특수 효과.

주어진 요건을 만족할 때 발생하는 긍정적 상태 효과. 대상의 체력치나 스킬을 약화시키는 디버프(de-buff)와 구별된다. 마법력이 높은 직업군이 다수의 플레이어를 대상으로 시전하며 레벨업이나 아이템 강화를 통한 능력치 상승이 더 이상 불가능한 만렙 플레이어들에게도 동일하게 적용된다. 적용 증감률과 적용 대상, 적용 범위, 발동 확률에 따라 체감 효과가 달라진다. 일부 스킬은 대상에 따라 버프 효과와 디버프 효과를 동시에 낼 수 있으므로 몬스터의 위협 수준을 고려해 선별적으로 사용해야 한다. 기대 효과에 따른 버프의 분류와 버프가 적용될 수 있는 게임 내외적 요건은 다음과 같다.

기대 효과에 따른 버프 분류		
사례	설명	종류
강화	스킬·속성의 기대 효과를 높인다.	공격력·방어력 상승, 명중률 상승
회복	캐릭터의 특정 수치를 정량/전량 회복한다.	체력치 회복, 마법력 회복
시간 증감	상태 지속 시간을 증감한다.	지속 시간 증가, 쿨타임 감소
추가	행위 보상 확률이 증가한다.	경험치 보너스, 아이템 드롭 증가

버프가 걸리기 위한 게임 내외적 요건		
사례	설명	종류
스킬	버프 효과가 있는 스킬을 시전한다.	주문, 축복 등
아이템	촉매 아이템을 소지하거나 소비한다.	아이템 버프, 버프 이용권 보유
파티·길드	파티 또는 길드에 가입해 플레이한다.	파티 버프, 길드 버프
기타	피시방을 이용하거나 특정 서버에 접속한다.	피시방 버프, 서버 버프

- **반의어** 디버프
- **관련 용어** 버퍼
- **참고 자료** Ernest Adams, *Fundamentals of Game Design*, New Riders, 2013. | Jesse Schell, *The Art of Game Design : A Book of Lenses*, CRC Press, 2014. | Michael Moore, *Basics of Game Design*, CRC Press, 2011.

베오울프 Beowulf

| 괴물과 용을 물리친 스칸디나비아 전설 속 영웅 혹은 그를 주인공으로 한 영웅 서사시.

8~11세기에 발생한 것으로 추정되는 영웅 서사시의 주인공. 구전으로 전해 내려왔으며 11세기 경 총 3,182줄의 고대 영어 필사본으로 기록됐다. 베오울프 필사본은 가장 길고 오래된 고대 영어 문학 작품이다. 형태적으로 고대 영어의 언어학적 양상을, 내용적으로 영웅의 전형적 일대기를 담고 있다.

베오울프는 스칸디나비아 기트족의 전사로, 30명 장정만큼의 강한 악력을 지닌 초인적 영웅이다. 흐로드갈(Hroðgar) 왕의 땅에서 난동을 부리던 괴물 그렌델(Grendel)과 맨손으로 싸워 팔을 뜯어내어 물리쳤으며, 아들의 복수를 하려는 그렌델의 어머니를 쓰러트린다. 즉위 후 50년간 태평성대를 이룩한 베오울프는 나라를 어지럽히는 용을 물리치지만 중상을 입고 죽는다.

초인 베오울프, 악당 그렌델의 인물 모티프와 베오울프와 그렌델의 대결 등 상황 모티프를 활용하여 액션 게임, 어드벤처 게임 등이 제작됐다. 〈데빌 메이 크라이 3(Devil May Cry 3)〉에서는 강인한 능력에 초점을 두어 베오울프를 보스몹으로 설정했다. 악당 그렌델을 활용한 사례는 〈엘더스크롤 3 : 모로윈드〉의 확장팩 〈블러드문(Bloodmoon)〉이다. 플레이어는 그렌델을 모티프로 한 몹 '무서운 놈'을 쓰러트려야 하며 후속작인 〈엘더스크롤 4 : 오블리비언〉에서 해당 몹의 어머니와의 전투 이벤트가 발생한다.

베오울프와 그렌델의 대결을 활용한 사례는 〈더 울프 어몽 어스(The Wolf Among Us)〉로, 베오울프와 동화 속 늑대를 혼용한 캐릭터 빅비 울프(Bigby Wolf)가 주인공이다.

- **관련 용어** 모티프, 스칸디나비아 전설
- **참고 자료** Albert C. Baugh, Thomas Cable, *A History of The English Language*, Routledge, 2012. | Candace Barrington, Timothy English, "Best and Only Bulwark, How Epic Narrative Redeems Beowulf : The Game", *Digital Gaming Re-imagines the Middle Ages*, Routledge, 2013. | Jessica Aldred, "I'm Beowulf! Now, It's Your Turn : Playing with (and As) the Digital Convergence Character", *The Oxford Handbook of Sound and Image in Digital Media*, Oxford University Press, 2015.

베타 테스트 beta test

| 게임 개발 단계에서 내부 오류를 발견하고 서비스를 최적화하기 위해 잠재적 사용자를 모집하여 시험하는 단계.

게임을 상용화하기 전에 오류를 발견하고 시스템을 정비하기 위해 게임 개발사가 실시하는 시범 서비스. 1950년대 아이비엠(IBM) 사에서 최초로 제품에 관련된 아이디어나 가설을 검토해 보는 단계를 '에이(A)'로, 실제 제품을 제작하여 시험하는 단계를 '비(B)'로 나누어 사용하던 것이 '알파(alpha)'와 '베타(beta)'라는 용어가 됐다.

베타 테스트는 게임의 버그(bug)를 찾아내고, 플레이어의 요구사항들을 수렴하여 게임의 시스템을 안정화하기 위해 시행된다. 베타 테스트를 통해 개발사는 유저 인터페이스(user interface), 하드웨어 및 소프트웨어의 호환성, 게임 매뉴얼, 자막 지원 등을 최종적으로 확립한다. 테스트에 참여한 사용자의 의견을 수렴해 게임 내 콘텐츠의 추가 여부를 결정하거나 게임의 밸런싱을 조정하기도 한다. 개발사는 베타 테스트 기간 내에 서버 부하와 안정성을 점검하는 스트레스 테스트(stress test)를 함께 진행하기도 한다.

게임 개발은 단계에 따라 프로토타입 제작, 알파 테스트, 베타 테스트, 상용화로 구분된다. 베타 테스트는 정해진 인원을 중심으로 진행하는 클로즈 베타 테스트(Closed Beta Test, CBT)와 사용자의 수를 제한하지 않고 공개적으로 진행하는 오픈 베타 테스트(Open Beta Test, OBT)로 나뉜다.

온라인 게임 개발 및 상용화 단계	
종류	설명
프로토타입 제작	개발하려는 게임의 전체적인 방향을 잡고, 핵심 재미 요소를 검증하기 위한 초기 판을 제작하는 단계.
알파 테스트	설계와 제작된 게임과의 차이를 검토하고 버그 등 게임 내 중요한 결함을 찾는 단계. 개발사 내부적으로 진행된다.
클로즈 베타 테스트	설계 목표대로 게임이 구현되었는지 최종적으로 검토하는 단계. 베타 테스터의 의견을 수렴해 게임의 완성도를 높인다.
오픈 베타 테스트	게임의 모든 부분이 완전히 구현되었는지 검토하고 난이도를 조율하는 최종 시험 단계.
상용화	서버를 열어 사용자에게 서비스를 제공하는 단계. 이후 지속적인 업데이트를 실시해 서비스하게 된다.

- **관련 용어** 프로토타입, 상용화, 밸런싱, 스트레스 테스트
- **참고 자료** Christopher Thomas Miller, *Games : Purpose and Potential in Education*, Springer, 2008. | Erik Bethke, *Game Development and Production*, Wordware Publishing, Inc., 2003. | Jessica Mulligan, Bridgette Patrovsky, *Developing Online Games : An Insider's Guide*, New Riders Games, 2003. | Katherine Isbister, Noah Schaffer, *Game Usability : Advancing the Player Experience*, CRC Press, 2008. | Centercode, "How IBM and Google Shaped the Term "Beta"", www.centercode.com/blog/2014/03/how-ibm-and-google-shaped-the-term-beta/

변신 metamorphosis

| 게임 캐릭터의 외양을 바꾸는 행위.

질 들뢰즈와 펠릭스 가타리는 변신 모티프를 '다른 무엇 되기'로 정의하고, 이는 부정적인 현실을 극복하려는 인간의 욕망을 반영한다고 말했다. 노스럽 프라이는 민담의 변신 양상을 상승적 변신과 하강적 변신으로 분류했다. 상승적 변신이란 짐승 또는 무생물이 인간으로, 인간이 신으로 변하는 것을 의미하며 하강적 변신이란 그 반대의 경우를 뜻한다. 게임에서 변신은 주로 프라이가 말한 상승적 변신의 형태로 나타나며, 주로 아이템이나 스킬을 이용해 이뤄진다. 다중사용자온라인 역할수행 게임에서 변신은 캐릭터의 직업이나 레벨 등에 따라 사용 여부가 제한되기도 한다.

다른 캐릭터가 변신하도록 만드는 행위는 군중 제어기의 한 종류인 변이에 속

다중접속온라인 역할수행 게임에 나타나는 변신의 유형			
조건	유형	사례	설명
던전 입장	던전 내부 변신	〈아이온 : 영원의 탑〉의 1인 던전 악몽 입장 시 '크로메데 변신'	엔피시(NPC) 크로메데가 되어 그녀가 배신 당하는 과거를 체험한다.
스킬	직업 스킬 변신	〈아이온 : 영원의 탑〉 궁성의 '변신 : 라이칸'	2분 동안 공격력 26%, 공격 속도 26%, 이동 속도 39%가 증가한 라이칸 전사로 변신 한다.
아이템	능력치 향상	〈리니지〉의 '변신 주문서'	20분 동안 원하는 몬스터로 변신하며, 레벨에 따라 변신 가능한 몬스터의 종류가 제한된다.
	외형 변신	〈월드 오브 워크래프트〉의 '마법 죽순'	10분 동안 판다로 변신하며, 능력치 또는 스킬 사용에는 변화 없다.
	탈것으로의 변신	〈월드 오브 워크래프트〉의 '모래의 약병'	용으로 변신하며 동맹을 등에 태우고 이동 및 비행 가능하다.

한다. 대표적으로 〈월드 오브 워크래프트〉에서 마법사 캐릭터가 사용하는 '변이 : 양' 스킬이 있다. 양으로 변신한 캐릭터는 최대 10초 동안 이동 속도가 60% 감소하고, 스킬을 사용할 수 없게 된다. 게임에서 변신은 자신의 능력치를 극대화하거나 상대를 무력화시켜 전투의 승패를 좌우하기도 한다.

- **관련 용어** 버프, 디버프, 군중 제어기
- **참고 자료** 질 들뢰즈, 펠릭스 가타리 저, 김재인 역, 『천 개의 고원』, 새물결, 2001. | Northrop Frye, *The Secular Scripture : A Study of the Structure of Romance*, Harvard University Press, 1976.

변환 행렬 transform matrix

| 3차원 공간에서 물체의 좌표 값 변화를 계산하기 위한 행렬.

물체가 3차원 공간 위, 어느 좌표에 위치하고 있는가를 계산하기 위한 행렬. 행렬은 곱으로 결합할 수 있으므로, 이동, 회전, 크기 변화 행렬을 결합하여 연산을 한 번에 수행할 수 있다. 이를 변환 행렬이라고 칭하며 물체가 3차원 공간상의 원점(0.0f, 0.0f, 0.0f)에서 이동, 축소 또는 확대, 회전한 수치를 표현한다. 현재 물체의 벡터(vector) 또는 동차 좌표계에 변환 행렬을 곱하여 변화한 좌표의 값을 구한다. 주로 점(x, y, z, 1)에 4차 정사각 행렬을 곱하는 형태이다. 3차원 그래픽을 활용한 게임에서는 공간에 물체를 출력하기 위해 변환 행렬을 활용한다.

- **참고 자료** James E. Gentle, "Matrix Transformations and Factorizations", *Matrix Algebra : Theory, Computations, and Applications in Statistics*, Springer, 2007. | James M. Van Verth, Lars M. Bishop, *Essential Mathematics for Games and Interactive Applications*, CRC Press, 2008.

보간법 interpolation

| 주어진 두 점 사이에 존재하는 미지의 값을 추정하는 수학 기법.

둘 이상의 변수에 대한 함수 값을 바탕으로 임의의 변수 x에 대한 함수 값 $f(x)$를 추정하는 산법. 게임 내 대상의 위치와 각도, 크기, 색상이 점진적으

로 변할 때 중간 값을 추정하기 위해 쓰인다. 최근린 보간법(nearest-neighbor interpolation), 다항 보간법(polynomial interpolation), 스플라인 보간법(spline interpolation) 등이 있다. 최근린 보간법은 가장 근접한 위치의 관측치를 추정 값으로 사용하는 방식이다. 다항 보간법은 주어진 점을 모두 지나는 보간 함수에 변수를 대입하여 추정 값을 구하는 방식이다. n+1개의 점을 지나는 추정함수는 n차 이하의 다항식으로 표시되며 미정 계수법, 뉴턴 보간법, 라그랑주 보간법을 이용해 구할 수 있다. 스플라인 보간법은 구간을 나눈 다음 구간에 따라 다항식을 적용시켜나가는 방식이다. 특정 지점에서 급격히 변하는 함수의 근사치를 추정하는 데 유용하다.

■ **참고 자료** 방성완, 『MATLAB으로 배우는 공학 수치해석』, 한빛아카데미, 2014. | 엘리 브레설트 저, 이성주 역, 『SciPy와 NumPy』, 한빛미디어, 2013.

보드 게임 board game

| 일정한 규칙에 따라 도구를 가지고 승패를 가리는 게임.

두 명 이상의 플레이어가 직접 만나 놀이판인 보드 위에서 카드, 타일, 말판, 주사위, 점수판과 같은 유형의 도구를 이용해 규칙서에 기재된 규칙에 따라 승패를 겨루는 놀이다. 플레이가 시작되면 한 판(board)이 형성된다는 의미에서 보드 게임이라는 용어가 사용되기 시작했으며, 놀이판 없이 플레이어가 대면해 도구를 가지고 진행하는 게임 또한 보드 게임으로 통칭한다. 온라인 게임과 반대된다는 의미에서 오프라인 게임 또는 언플러그드 게임이라고 부르기도 한다.

전통적인 보드 게임의 기원은 이집트 벽화에서 발견된 세네트(Senet)로 기원전 3,500년경 만들어져 가장 오래된 보드 게임 중 하나로 손꼽힌다. 현대적인 보드 게임들은 1900년대 초부터 등장하기 시작했다. 널리 알려진 〈모노폴리(Monopoly)〉의 경우 1903년 엘리자베스 J. 매기 필립스(Elizabeth J. Maggie Phillips)에 의해 개발된 〈지주 게임(The Landlord's Game)〉을 시초로 한다. 이후 다수의 유사 게임들이 등장했으나 찰스 대로우(Charles Darrow)가 보완해 출시한 〈모노폴리〉 버전이 1935년 파커 브라더스(Parker Brothers)와 계약되어 큰 히트를 치면서 대표적인 현대적 보드 게임으로 알려졌다.

보드 게임은 물리적인 기술을 중요시하는 당구, 사격 등의 게임과 달리 논리적인 사고를 통해 전략을 수립한다. 보드 게임의 종류로는 〈젠가(Jenga)〉와 같이 손 기술을 요하는 덱스터리티 게임(dexterity game), 〈젬블로(Gemblo)〉와 같이 테마 없이 전략만으로 승부하는 추상전략 게임(abstract strategy game), 〈로보 77(LoBo 77)〉과 같이 카드로만 플레이하는 카드 게임, 〈딕싯(DiXit)〉과 같이 스토리를 만들어가며 하는 스토리텔링 게임 등이 있다. 〈모노폴리〉는 2014년 8월까지 2,570종 이상의 공식 및 비공식 판본을 보유했고, 약 80년 동안 2억 개 이상의 판매량을 기록했다. 보드 게임은 디지털화되면서 피시(PC), 모바일, 콘솔 등 다양한 플랫폼에서 구현되고 있다.

- **유의어** 오프라인 게임, 언플러그드 게임, 테이블탑 게임
- **관련 용어** 규칙서
- **참고 자료** Philip E. Orbanes, *Monopoly : The World's Most Famous Game And How It Got That Way*, Da Capo Press, 2007. | Peter A. Piccione, "In Search of the Meaning of Senet", *Archaeology*, vol.0, no.33, Archaeological Institute of America, 1980. | New Statesman, "Do Not Pass Go : The Tangled Roots of Monopoly", www.newstatesman.com/culture/2015/06/do-not-pass-go-tangled-roots-monopoly | The New York Times, "Monopoly's Inventor : The Progressive Who Didn't Pass 'Go'", www.nytimes.com/2015/02/15/business/behind-monopoly-an-inventor-who-didnt-pass-go.html?_r=0 | BoardGameGeek, www.boardgamegeek.com

보드 게임방 board game cafe

| 다수의 플레이어가 직접 대면해 보드 게임을 대여 및 플레이하는 공간.

두 명 이상의 플레이어가 모여 유료로 보드 게임을 대여하고 플레이할 수 있는 오프라인 공간. 보드 게임방과 음료 등의 서비스를 제공하는 카페가 결합해 보드 게임 카페라고 부르기도 한다. 국내의 경우 1980년대부터 문구점을 통해 보드 게임이 판매되었으며, 2000년대에 들어 일정 시간 동안 보드 게임을 유료로 대여해 주는 보드 게임방이 신설됐다. 국내에서는 신림동의 '페이퍼 이야기'라는 최초의 보드 게임방을 시작으로 '플레이오프', '쥬만지' 등 전국 200여 개의 보드 게임방이 운영됐다. 플레이어는 자신이 원하는 보드 게임을 선택하고, 보드 게임방의 직

원은 플레이어에게 보드 게임의 규칙을 설명해준다.

보드 게임의 소재는 역사, 전쟁, 경제, 추리, 수학, 소설, 영화 등으로 다양하며 게임에 따라 소요 시간도 상이하다. 보드 게임방에서 가장 많이 플레이되는 대표적 게임으로는 〈루미큐브〉, 〈젬블로〉, 〈인생게임(The Game of Life)〉, 〈젠가〉, 〈카탄의 개척자(The Settlers of Catan)〉 등을 꼽을 수 있다.

보드 게임은 단순한 유희 목적 외에도 교육, 의료, 환경보호 등 다양한 목적을 게임에 담고 있는 경우가 많은데 플레이어는 이러한 보드 게임을 통해 다양한 주제와 가능성을 체험한다. 1962년에 게임 디자이너 시드 잭슨(Sid Sackson)이 개발한 〈어콰이어(ACQUIRE)〉의 경우 플레이어들은 게임을 통해 주식과 인수, 합병의 원리를 쉽게 이해하고 배울 수 있다. 국내에서 2005년에 개발된 〈투어코리아 : 도깨비 추격대〉의 경우 플레이어는 여행처럼 진행되는 게임 방식을 통해 국내의 지역별 정보와 문화를 배울 수 있다. 국내에는 보드 게임 전문가가 부족하여 쉬운 게임들만 소비되는 등 보드 게임 문화가 크게 확산되지 못했을 뿐 아니라 피시(PC)방에 비해 사용료가 높은 이유 때문에 2003년부터 보드 게임방의 수가 감소했다. 그러나 보드 게임방은 다수의 플레이어가 오프라인상에서 직접 대면해 즐기는 놀이 문화를 창출한다는 점에서 의의가 있다.

- **유의어** 보드 게임 카페
- **관련 용어** 젠가, 카탄, 젬블로, 루미큐브, 어콰이어, 투어코리아, 보드 게임
- **참고 자료** 한국보드게임산업협회, www.boardgame.or.kr

보상 reward

| 게임 내 플레이어의 특정 행위를 장려 또는 유도하는 장치 및 그에 대한 대가.

플레이어가 게임 내에서 받게 되는 대가. 플레이어의 반복 플레이를 유도하는데 목적이 있다. 영웅 신화에서 보상은 주인공이 시련을 겪은 후 얻게 되는 가치이다. 이는 게임 내에서 플레이어가 퀘스트를 완수 후 얻게 되는 경험치, 아이템 등으로 구현된다. 초기 보상은 메인 퀘스트 수행에 따른 아이템이나 경험치 등이 마련되어 플레이어의 특정 행동을 유발하며, 플레이어의 게임 숙련도가 높아질

수록 보상 획득 과정의 난이도 또한 높아진다. 케이티 살렌과 에릭 짐머만은 보상을 성격에 따라 다음 표에서와 같이 4가지로 분류한다.

보상의 종류		
종류	설명	사례
영광의 보상	플레이어가 게임에서 느끼는 경험의 모든 것을 말한다.	퀘스트 완수
지속의 보상	플레이어 캐릭터의 현재 상태를 유지할 수 있게 한다.	능력치를 높여 주는 물약
접근 보상	플레이어가 새로운 장소나 자원에 접근할 수 있다.	열쇠, 자물쇠, 암호
재능 보상	플레이어 캐릭터의 능력이 향상되거나 스킬을 습득한다.	성능이 향상된 무기

보상과 처벌 분류		
종류	설명	사례
보상의 약속	X를 하지 않는다. 보상을 받는다.	특정 스킬 및 아이템을 쓰지 않고 게임을 클리어한다.
	X를 한다. 보상을 받는다.	퀘스트, 이벤트 참여를 통해 경험치와 아이템을 획득한다.
처벌의 위협	X를 하지 않는다. 처벌을 받는다.	게임 안내를 따르지 않아 게임이 진행되지 않는다.
	X를 한다. 처벌을 받는다.	부적절한 행동으로 계정을 정지 당한다.

처벌은 플레이어의 행동을 규제하는 것으로, 게임 외적으로는 계정 정지가 있으며 내적으로는 캐릭터의 죽음에 따른 페널티 효과 적용 등이 있다. 에스퍼 율은 보상과 처벌의 불확실성(uncertainty)이 플레이어의 긴장감과 정복 욕구를 자극한다고 본다. 플레이어는 일반적으로 게임 내에서의 실패를 피하고자 노력하며, 이러한 플레이어의 욕구는 플레이에 대한 도전의식으로 작용하기도 한다.

- **관련 용어** 처벌, 영웅 서사, 퀘스트, 페널티, 아이템, 불확실성
- **참고 자료** 앤드류 글래스너 저, 김치훈 역, 『인터랙티브 스토리텔링 : 21세기 픽션을 위한 테크닉』, 커뮤니케이션북스, 2006. | 에스퍼 율 저, 이정엽 역, 『캐주얼 게임 : 비디오게임과 플레이어의 재창조』, 커뮤니케이션북스, 2012. | Jesper Juul, *The Art of Failure : An Essay on the Pain of Playing Video Games*, The MIT Press, 2013. | Katie Salen, Eric Zimmerman, *Rules of Play : Game Design Fundamentals*, The MIT Press, 2003.

보스몹 boss Mob

| 플레이어 캐릭터와 대적하는 강한 몬스터.

주로 스테이지나 에피소드의 마지막 등 게임의 클라이맥스에서 등장한다. 보스몹은 중간 보스와 최종 보스로 나뉜다. 플레이어는 다수의 일반 몹과 중간 보스를 물리친 뒤 최종 보스와 대적하게 되며 이와 같은 방식은 주로 횡스크롤 액

게임의 상징으로 자리 잡은 보스몹의 예	
게임	보스몹
〈록맨(Megaman)〉	닥터 와일리
〈블레이드 & 소울〉	진서연
〈엘더스크롤 5 : 스카이림〉	알두인
〈월드 오브 워크래프트〉	리치 왕
〈젤다의 전설 : 시간의 오카리나 (The Legend of Zelda : Ocarina of Time)〉	마왕 가논돌프
〈철권〉	미시마 헤이하치
〈파이널 판타지 7〉	세피로스
〈포탈(Portal)〉	글라도스

션 게임에서 나타난다. 외형, 이름, 사용하는 스킬, 처치 시 보상으로 받을 수 있는 아이템 등에서 일반 몹과 차이가 있다.

역할수행 게임처럼 서사가 중요한 게임에서 나타나는 보스몹의 특징은 다음과 같다. 첫째, 주인공이 통과해야 하는 최종 관문으로 플레이어 캐릭터가 모험을 떠나는 계기를 제공한다. 게임에 따라 플레이어는 보스몹을 처치하기 위해 특정한 아이템이나 스킬을 획득해야 한다. 둘째, 보스몹의 강력함, 게임 세계에서의 위상 등을 알려주는 컷신과 함께 소개된다. 패배한 보스몹은 후속작에서 더 강해져서 돌아오거나 아군으로 합류하기도 한다.

- **관련 용어** 중간 보스, 최종 보스, 필살기, 네임드, 몹
- **참고 자료** Carolyn Handler Miller, *Digital Storytelling : A Creator's Guide to Interactive Entertainment*, CRC Press, 2014. | Ernest Adams, *Fundamentals of Game Design*, New Riders, 2013. | Jeffrey Andrew Weinstock, *The Ashgate Encyclopedia of Literary and Cinematic Monsters*, Ashgate Publishing Ltd., 2014.

보털 사이트 vertical portal site, vortal site

| 특정한 집단에게 전문적인 정보를 제공하는 포털 사이트.

특정한 사용자 집단에게 전문적인 정보를 전달하는 것을 목적으로 만들어진 사이트. 포털 사이트는 정보의 다양성과 깊이에 따라 수평적인(horizontal) 것과 수직적인(vertical) 것으로 구분된다. 전자는 폭넓은 사용자 집단에게 일반적인 정보를 전달하는 것이 목적이며 네이버와 구글을 예로 들 수 있다. 후자는 특정한 사용자 집단에게 전문적인 정보를 전달하는 것이 목적이다. '인벤(Inven)'과 '플레이포럼(Playforum)'은 국내의 대표적인 게임 보털 사이트이다. 게임 보털 사이

트는 웹진과 커뮤니티를 결합한 형태로, 게임 정보와 사건들을 칼럼이나 기사의
형태로 전달한다. 게임 보털 사이트는 게임별로 독립적인 공간을 할당하고 표와
같은 게시판들을 제공한다.

사용자는 각 게시판을 통해 퀘스트 공략법, 게임 패치 내용, 캐릭터 육성법 등
게임과 관련된 정보들을 공유한다. 보털 사이트는 사용자들 간의 상호작용을 통
해 데이터베이스를 구축할 수 있다.

게임 보털 사이트의 게시판 유형	
종류	설명
공략 게시판	퀘스트, 이벤트, 던전 공략법 등을 올리는 게시판.
서버 게시판	같은 서버의 플레이어들이 친목을 도모하는 게시판.
스크린샷/ 동영상 게시판	게임을 플레이하며 촬영한 스크린 샷과 동영상을 올리는 게시판.
직업 게시판	같은 직업을 가진 플레이어들이 정보를 공유하는 게시판.

- **관련 용어** 웹진, 집단지성, 커뮤니티, 포털
- **참고 자료** 신새미, 『MMORPG의 소셜 네트워크 형성 양상에 관한 연구 : 커뮤니케이션 특성을 중심으로』, 이
화여자대학교 대학원 디지털미디어학부 석사논문, 2008. | Kevin Roebuck, *Portlets : High-impact Strategies-
What You Need to Know : Definitions, Adoptions, Impact, Benefits, Maturity, Vendors*, Emereo Publishing,
2012. | Tatnall Arthur, *Encyclopedia of Portal Technologies and Applications*, Idea Group Inc.(IGI), 2007.

복잡성 complexity

| 게임 구성 요소들이 상호작용하여 다양한 패턴을 생성하는 현상.

게임의 구성 요소들이 게임 플레이를 통해 부분의 합 이상의 다양한 플레이
결과를 창출하는 것. 게임 시스템을 이루는 각 부분들은 복잡성을 통해서 의
미 있는 플레이를 구현하게 된다. 복잡성 이론(complexity theory)으로부터 유
래한 개념이다. 복잡성 이론은 1940년대 루드비히 폰 베르탈란피(Ludwig von
Bertalanffy)가 제창한 과학 이론으로, 시스템의 성격은 그것을 구성하는 개별
요소들이 유기체적으로 상호작용함으로써 발현된다는 관점이다. 따라서 각각의
요소보다는 요소 간의 관계와 그 안에서 발생하는 우연성이 중시된다.

게임은 복잡성을 지닌 대표적인 시스템 중 하나이다. 일정한 구성 요소를 지니지만, 이로부터 예측 불가능한 패턴을 무제한적으로 생성하기 때문이다. 예로 〈틱택토(Tic-Tac-Toe)〉, 〈체스〉, 〈바둑〉 등의 규칙은 단순하지만, 플레이어의 자유로운 선택을 통해서 다양한 결과를 창출한다.

복잡성의 4가지 수준	
단계	설명
고정된 시스템	구성 요소들의 관계가 항상 동일하다.
주기적 시스템	요소들의 움직임이 같은 패턴으로 무한 반복된다.
혼돈 시스템	요소들의 상태나 관계가 무작위적이며 임의적이다.
복잡한 시스템	질서와 무질서의 중간으로, 복잡하고 예측 불가능하다.

- **관련 용어** 자기 조직화(self-organizing), 발현, 유닛 오퍼레이션(unit operation)
- **참고 자료** 존 L. 카스티 저, 김동광, 손영란 역, 『복잡성 과학이란 무엇인가』, 까치, 1997. | Ian Bogost, *Unit Operation : An Approach to Videogame Criticism*, The MIT Press, 2006. | John H. Holland, *Emergence : From Chaos to Order*, Perseus Publishing, 1998. | Nisan Kushilevitz, *Communication Complexity*, Cambridge University Press, 1997. | Chris G. Langton, "Computation at the Edge of Chaos : Phase Transitions and Emergent Computation," *Physica D : Nonlinear Phenomena*, vol.42, no.1, 1990.

본캐 master account

| 플레이어가 주로 플레이하는 캐릭터.

본 캐릭터(本 character)의 약어. 플레이어가 처음 만들었거나 주로 플레이하는 캐릭터를 본캐, 여타의 캐릭터를 부캐(副 character)라 한다. 플레이어는 본캐의 아이템을 부캐 인벤토리에 보관해 인벤토리 확장 효과를 누리거나 본캐 플레이 경험과 자금을 부캐로 이전시켜 전혀 다른 육성법을 적용시킬 수 있다. 진영 및 종족, 직업과 같은 속성을 변화시켜 상이한 플레이 경험을 누리기도 한다. 이 과정에서 만렙 플레이어가 부캐를 육성하는 경우 일시적으로 플레이어의 실력과 캐릭터 레벨 간 괴리가 발생한다.

따라서 플레이어 간 전투(PvP) 기반의 게임 일부는 매칭 시스템의 안정성을 위해 처음부터 부캐 생성을 금지한다. 〈클래시 오브 클랜(Clash of Clans)〉과 같이 한정된 자원의 획득과 활용이 중요한 전략 게임 또한 플레이어가 이용 가능한 서비스 계정의 수를 하나로 제한하고 다중 계정을 이용한 자원 약탈을 금지한다.

- **관련 용어** 부캐, 다중접속온라인 역할수행 게임, 전략 게임
- **참고 자료** 한국게임산업개발원, 『2004 대한민국 게임백서』, 문화관광부 한국게임산업개발원, 2004. | 인벤, www.inven.co.kr/webzine/

부스팅 boosting

| 아이템, 기술을 사용해 속도나 공격력을 증진시키거나 레벨을 빠르게 올리는 행위.

기능을 증진시키거나 영향력을 확장시키는 행위를 일컫는 말. 게임에서 부스팅은 기능의 확대라는 광의적 개념 아래 게임 장르에 따라 다양한 현상을 의미한다. 레이싱 게임에서의 부스팅은 게임 플레이 내에서 순간적인 속도 버프를 가리키고, 1인칭 슈팅 게임에서의 부스팅은 버그와 해킹을 이용해 게임 전반의 알고리즘을 변형시켜 공격력을 올리는 행위를 가리킨다. 다중접속온라인 역할수행 게임에서의 부스팅은 캐릭터를 선택하고 레벨업시키는 과정에서의 속도 상승을 일컫는다. 각각의 장르에 따른 부스팅의 의미를 정리하면 표와 같다.

게임 장르에 따른 부스팅 구분		
장르	설명	사례
레이싱 게임	게임에서의 탈것에 가속화 아이템 혹은 기술을 사용해 순간적으로 최대 속력을 낸다.	〈크레이지레이싱 카트라이더〉의 부스터, 크래시 부스터
1인칭 슈팅 게임	맵의 보이지 않는 곳에 은닉해 상대방을 공격하거나, 뛰어 넘을 수 없는 장애물을 넘으며 플레이를 진행한다.	〈아바(AVA)〉의 해머블로우 맵, 〈서든어택〉의 도둑 잡기 맵
다중접속온라인 역할수행 게임	캐릭터의 경험치를 빠르게 쌓거나 전투 효율을 높인다.	〈아이온 : 영원의 탑〉의 부스팅 이벤트, 〈월드 오브 워크래프트〉의 최고 레벨 부스팅

레이싱 게임에서의 부스팅은 레이싱 장르의 재미 요소인 스피드를 증가시킨다. 〈크레이지레이싱 카트라이더(Crazyracing Kartrider)〉는 부스터 장착 외에도 무한 부스터 모드를 통한 스피드 경쟁 모드를 제공한다.

1인칭 슈팅 게임에서의 재미 요소는 상대 캐릭터를 제거하는 것이므로 플레이

어는 부스팅을 이용해 상대를 제거할 수 있는 확률을 증가시킨다. 〈아바〉의 해머 블로우 맵에서 플레이어는 부스팅을 사용해 컨테이너, 지붕 등의 구조물 위에 올라가 적을 공격할 수 있다. 〈서든어택〉의 도둑 잡기 맵에서 도둑에 해당하는 플레이어는 부스팅을 이용해 컨테이너 감옥 천장의 구멍으로 탈출할 수 있다.

다중접속온라인 역할수행 게임의 재미 요소는 캐릭터를 통한 사용자 서사이다. 사용자 서사를 잘 구현할 수 있는 대표적 콘텐츠로 플레이어가 최고 레벨을 달성한 뒤에 플레이할 수 있는 만렙 콘텐츠가 있다. 플레이어는 이 콘텐츠를 플레이하기 위해 캐릭터의 경험치를 쌓아 빠르게 레벨을 높여야 한다. 개발사는 게임 발매 초기에 플레이어 유치를 위한 프로모션으로 부스팅 이벤트를 사용하거나, 기존 유저가 새로운 캐릭터를 이용해 빠르게 만렙 콘텐츠를 플레이할 수 있도록 레벨 부스팅 아이템을 판매한다.

〈아이온 : 영원의 탑〉 개발사는 2015년 2월 25일부터 4주간 마스터 서버에서 경험치 부스팅, 채집·제작의 숙련도 부스팅 등의 이벤트를 진행했다. 〈월드 오브 워크래프트〉에서는 최고 레벨을 달성한 캐릭터가 새로운 캐릭터로 다시 플레이할 때 부스팅을 통해 한번에 캐릭터를 90레벨로 만들어 바로 만렙 콘텐츠를 플레이할 수 있다.

- **관련 용어** 부스터, 버그
- **참고 자료** Andy Slaven, *Video Game Bible : 1985-2002*, Trafford, 2002. | Tony Mott, *1001 Video Games : You Must Play Before You Die*, Universe, 2010.

부위 파괴 part breaker

| 몬스터의 일부만 파괴하는 행위.

몹(Mob)의 특정 부위를 집중 공격하여 일부만 파괴하는 행위. 부위별로 대미지를 입힐 수 있도록 설계된 몹에 한해 가능하다. 일반 몹은 대미지를 받으면 전체 체력이 낮아지는 반면, 부위 파괴가 가능한 몹은 공격 받은 부위에 대미지가 누적된다. 특정 부위에 특정 수치의 대미지가 가해져야 하기 때문에 주로 체력이 높은 보스몹이나 네임드몹이 부위 파괴의 대상이다. 대미지가 축적되면서 몬스터는 공격 패턴이 달라지거나 날개가 꺾이거나 갑옷이 헤지는 등 외형적인 변화

가 일어난다. 부위 파괴에 성공하면 아이템을 획득할 수도 있으며, 분리된 부위 자체가 무기, 체력 회복, 능력치 향상에 사용되기도 한다. 〈몬스터 헌터 4 얼티메이트(Monster Hunter 4 Ultimate)〉의 경우에는 부위 파괴를 통해서만 얻을 수 있는 아이템이 정해져 있다.

보스몹을 수월히 잡기 위해 부위 파괴를 통해 공격력을 낮춘 후 공략하기도 한다. 〈마비노기 영웅전〉과 같은 게임에서는 여러 플레이어가 협공하거나 순서대로 공격하는 파티 플레이로만 공략하는 경우도 있다. 아이템을 획득하기 위해서는 몹이 완전히 죽지 않도록 딜을 조절하여 부위 파괴를 해야 한다. 파티원들은 부위 파괴에 성공하기 위해 몹의 체력이 0에 가까워지면 딜을 넣지 않고, 몹의 움직임에만 집중한다.

〈마비노기 영웅전〉의 부위 파괴 방법		
분류	내용	사례
보조 무기 사용	부위 파괴에 특화된 무기를 사용한다. 공격력이 높아 효과적인 공격이다.	상급창, 점착폭탄 등
스매시 공격	캐릭터 기술을 활용하여 직접 공격한다. 별도의 준비물이 필요 없으나 타격 정확도가 높아야 한다.	대시 스매시, 파이어볼 등
물건 사용	주변의 물건을 활용하여 공격한다. 별도의 준비물이 필요 없으며, 물건에 따라 효과가 달라진다.	바위, 항아리 등

■ **관련 용어** 보스몹, 네임드, 딜, 루팅
■ **참고 자료** 〈마비노기 영웅전〉 사이트, http://heroes.nexon.com/?skip=7 | 〈몬스터 헌터〉 사이트, www.capcom-unity.com/monster_hunter

부활 revival

| 사망한 캐릭터가 다시 살아나는 행위.

게임 내 캐릭터가 사망한 후 다시 살아나는 행위. 부활 시 플레이어 캐릭터는 낮은 수치의 생명력과 정신력을 갖고 회생하게 되며, 일정한 불이익을 받는다. 엔피시(NPC)의 부활은 젠, 리젠 등으로 불리며 대체로 능력치가 완전한 상태로 부활한다. 게임에서 부활은 플레이어가 게임 플레이의 기회를 다시 제공받는 것이며,

레이싱 게임, 플랫폼 게임, 액션 게임 등의 장르에서는 하나의 스테이지를 완료하기까지 부활할 수 있는 횟수가 제한적이다. 다중접속온라인 역할수행 게임의 경우 플레이어 캐릭터의 부활 횟수는 무제한적이며, 그 대상과 방법이 다양하다.

역할수행 게임에서는 부활 시 일정 시간 지속되는 디버프가 페널티로 적용되기도 한다. 예로 〈월드 오브 워크래프트〉에서 영혼 치유사를 이용해 부활하면 10분 동안 캐릭터의 공격력이 75%나 감소하는 '부활 후유증'이 발생한다. 〈아이온 : 영원의 탑〉에서는 3분 동안 캐릭터의 이동 속도가 감소한다. 이러한 불이익은 부활을 통해 게임 플레이의 기회를 다시 제공하는 한편 사망에 따른 제약을 부여하는 것이다.

제약은 플레이 진행에 불편함을 주므로 플레이어들은 다양한 방법으로 이를 극복한다. 〈월드 오브 워크래프트〉의 경우 유령이 된 플레이어가 직접 시체를 찾아 부활하면 부활 후유증을 갖지 않는다. 〈리니지〉에서는 '축복받은 부활 주문서'를 사용하면 캐릭터의 생명력이 100% 회복된 상태로 부활할 수 있다. 이러한 방안은 플레이어 간 전투(PvP)에서 사망 후 신속한 전력 재정비를 위해 사용된다.

부활은 소설, 영화 등의 전통적 서사 매체와 달리 게임만의 특징이다. 전통 서사에서 주인공의 죽음은 곧 서사의 완결을 의미했다. 그러나 게임 서사에서 주인공의 역할을 맡는 플레이어 캐릭터는 끊임없이 부활할 수 있다는 점에서 그의 죽음이 서사의 완결로 직결되지는 않는다. 따라서 게임에서의 삶과 죽음은 지속적으로 순환한다.

다중접속온라인 역할수행 게임의 부활 방법		
대상	방법	사례
플레이어 캐릭터	아이템 사용	〈리니지 II〉의 부활 주문서
	스킬 사용	〈아이온 : 영원의 탑〉의 환생 스킬
	시체 찾기	〈월드 오브 워크래프트〉의 시체 부활
	엔피시 이용	〈월드 오브 워크래프트〉의 영혼 치유사 부활
	귀속 지점 이용	〈아이온 : 영원의 탑〉의 키벨리스크·키스크 부활
타 플레이어 캐릭터	아이템 사용	〈아이온 : 영원의 탑〉의 부활의 정령석
	스킬 사용	〈월드 오브 워크래프트〉의 되살리기 스킬
타 플레이어 캐릭터 집단	스킬 사용	〈월드 오브 워크래프트〉의 대규모 부활, 〈아이온 : 영원의 탑〉의 소환 부활

- **관련 용어** 젠, 리젠, 사망, 부활 후유증
- **참고 자료** 손형전, 「게임 캐릭터의 죽음과 부활에 대한 기호학적 분석」, 『한국컴퓨터게임학회 논문지』, vol.19, no.0, 한국컴퓨터게임학회, 2009. | 안보라, 「MMORPG에서의 몸과 거주의 문제」, 『한국컴퓨터게임학회 논문지』, vol.16, no.0, 한국컴퓨터게임학회, 2009. | Richard A. Bartle, *Designing Virtual Worlds*, New Riders, 2003.

북유럽 신화 Scandinavia mythology

| 스칸디나비아 반도 국가 및 게르만 민족으로부터 전해지는 신과 영웅의 이야기.

스노리 스트를루손(Snorri Sturluson)이 편찬한 『고 에다(Elder Edda)』와 『신 에다(Younger Edda)』에 기반을 둔 신과 영웅의 이야기. 신들의 전쟁, 세계의 종말 등 어둡고 황량한 이야기가 주를 이루며, 주로 '전쟁', '모험' 등을 다루는 영화, 만화, 게임 등에서 차용된다. 북유럽 신화에는 각기 다른 종족의 9개 세계가 등장하는데, 이들 세계를 세계수인 '이그드라실(Yggdrasill)'이 관통하고 있다. 북유럽 신화에서 중요한 비중을 차지하는 것은 '라그나로크(Ragnarǫk)'라는 종말론으로, 이는 광명의 신인 발드르가 로키의 계략에 빠져 살해당한 후 발발한 전쟁 때문에 신들이 몰락하는 이야기이다.

신들의 전쟁 끝에 세상이 멸망하고 바다에서 새로운 대지가 떠올라 세계가 재생된다는 설정은 다양한 작품에서 차용됐다. J. R. R. 톨킨은 북유럽 신화의 세계관과 종족을 차용해 『반지의 제왕(The Lord of the Rings)』을 집필했다. 톨킨의 세계관은 〈던전 앤 드래곤〉부터 〈월드 오브 워크래프트〉에 이르기까지 다양한 역할수행 게임의 기반 서사에 영향을 줬다.

이 밖에도 북유럽 신화의 세계관, 종족, 인물, 보물 등은 다양한 게임에서 차용됐다. 대표적인 예로 〈라그나로크 온라인〉이 있다. 신화에 등장하는 신과 영웅 서사를 게임에 차용한 사례도 있다. 실시간 전략 게임 〈에이지 오브 미솔로지(Age of Mythology)〉의 노르웨이 진영에서는 플레이어가 오딘, 로키, 토르 등 북유럽 신화에 등장하는 12명의 신을 선택해 플레이할 수 있다. 다중접속온라인 역할수행 게임인 〈검은사막(Black Desert)〉은 2015년 4월 14일 업데이트를 통해 북유럽 신화에 등장하는 여전사 발키리를 차용한 신규 캐릭터를 공개했다. 북유럽 신화의 영

북유럽 신화의 세계관			
분류	명칭	설명	통치자
지상	아스가르드(Ásgarðr)	신족인 아스(Ás)가 사는 세계.	오딘(Óðinn)
	미드가르드(Miðgarðr)	인간이 사는 세계.	각 국의 왕
우트가르드 (Útgarðr)	요툰헤임(Jǫtunheimr)	거인들이 사는 세계. 얼음과 눈으로 덮여 있음.	로키(Loki)
	바다(sea)	니플헤임과 무스펠헤임 사이를 가로지르는 바다.	에기르(Ægir)
	니플헤임(Niflheimr)	가장 북쪽에 있는 극한의 세계. 죽은 자의 나라.	헬(Hel)
	무스펠헤임 (Múspellsheimr)	가장 남쪽에 있는 불의 세계. 불의 민족인 무스펠(Muspell)만이 거주 가능.	수르트 (Surtr)
이세계	바나헤임(Vanaheimr)	반(Vanr) 신족이 사는 세계.	뇨르드 (Njǫrðr)
	알브헤임(Álfheimr)	빛의 요정인 료스알프(Ljósálfr)가 사는 세계. 지하에는 도크알프(Dǫkkálfr)가 거주.	프레이 (Freyr)
	스바르트알바헤임 (Svartálfaheimr)	소인족인 드베르그(Dvergr)가 사는 소인국.	모트소그니르 (Mótsognir)

웅이나 보물의 이름만을 차용한 경우도 있다. 일례로 〈스타크래프트 II〉는 오딘, 토르, 로키 등 북유럽 신화의 신 이름을 유닛 이름에 차용했으며, 〈콜 오브 듀티 : 고스트(Call of Duty : Ghosts)〉에서도 오딘 연방, 로키 우주정거장 등이 등장한다.

- **유의어** J. R. R. 톨킨, 반지의 제왕
- **관련 용어** 라그나로크, 아스가르드, 이그드라실, 오딘, 토르, 로키
- **참고 자료** 다케루베 노부아키 저, 박수정 역, 『켈트 북구의 신들』, 들녘, 2000. | 모리세 료 저, 김훈 역, 『북유럽 신화 사전』, 비즈앤비즈, 2014. | 이케가미 료타 저, 김문광 역, 『도해 북유럽 신화』, 에이케이커뮤니케이션즈, 2012. | 정재서, 전수용, 송기정, 『신화적 상상력과 문화』, 이화여자대학교출판부, 2008.

분기형 서사 branch narrative

| 특정 지점에서 독자의 선택 및 결정을 통해 진행되는 서사.

동일한 주제를 가지되, 여러 갈래로 나뉘어 진행되는 서사. 독자는 직접 이야기에 개입해 선택적으로 서사를 탐험할 수 있으며, 전체 서사의 중심이 되는 이야기뿐만 아니라 중심 줄기에서 파생된 다양한 이야기까지 즐길 수 있다. 분기형 서사는 순차적이고 선형적으로 진행됐던 전통적 텍스트와 달리 상호작용적인 이야기 전개 방식을 택한다. 분기점의 등장 시점과 및 선택지를 고르는 방식은 독자의 몰

입과 밀접한 관계가 있다. 분기형 서사에서는 서사가 진행되는 데 독자의 역할이 중요하다. 기초 정보 단위는 '가지점'으로 주어지며, 각각의 가지점이 서로 연결돼 나무의 형태를 이루는 것이 전통적인 분기형 서사에 해당한다.

전통적인 분기형 서사는 독자에게 이야기 단면을 제시하고 줄거리와 캐릭터의 결정을 유도한다. 일정한 단계에 이르면 독자에게 선택지를 제시하며, 선택 결과가 이후 사건 진행과 결말에 영향을 미치는 것이 특징이다. 분기형 서사에서 독자는 선택을 통해 다음 서사로 이동 가능하며, 다음 결정 지점에 이르기까지 상이한 서사를 경험한다. 최초의 분기형 서사를 채택한 작품은 로렌스 스턴(Laurence Sterne)의 『트리스트럼 샌디(Tristram Shandy)』 시리즈이다. 게임에서 분기형 서사는 다면화된 세계관을 보여준다는 점에서 의의가 있다. 플레이어는 게임 안에서 선택적으로 공간을 탐험하고 퀘스트를 수행하며, 종족, 직업 등 선택 가능한 게임 요소를 체험하려는 욕구를 통해 반복적 플레이를 수행한다.

유형 분기형 서사는 서사 진행 방식에 따라 그 유형 구분이 가능하며, 서사 진행 방식에는 결말의 가짓수, 시작 혹은 결말 지점의 분산, 수렴, 분산과 수렴의 복합적 층위가 포함된다. 각 유형은 서사 분기점이 다수로 설정되어 있다는 점과 각 선택의 결과를 통해 이야기를 생성한다는 점에서 동일하다. 앤드류 글래스너는 분기형 서사 구조를 결말의 가짓수, 결정점 등에 따라 6가지로 구분했다. 이재홍의 경우, 게임 서사로 한정하여 분산, 수렴, 분산과 수렴의 복합에 따른 서사 구성을 6가지로 분류했다.

앤드류 글래스너가 제시한 분기형 서사 구조의 유형		
유형	구조	설명
기본 나무 구조		분기점에서 독자의 선택을 통해 이뤄지는 이야기는 모두 서로 다른 결정점을 가지기 때문에 결말의 가짓수가 가장 많다.
부분 나무 구조		기본 나무 구조에서 부분적으로 적용되는 경우로, 상대적으로 결말의 가짓수가 적고 독자가 경험하는 서사의 길이 또한 다르다.

불균형적 나무 구조		기본 나무 구조에서 일부 결정점이 제거된 형태로, 독자는 어떠한 관련성 없이 불균형적으로 서사를 경험하게 된다.
재결합 구조		재결합 가지와 같이 조합을 통한 다중 결말 급증의 대안적 구조로 제시되며, 아래로 갈라져 나오는 가지는 결정점을 나타낸다.
부분 재결합 구조		단일한 결말을 지니는 재결합 구조의 변형으로, 가지점간 재결합이 이뤄지나 부분적으로 다양한 결말을 가진다.
개방형 구조		마크 메도우(Mark S. Meadows)가 제안한 개방형 분기형 서술로, 독자는 모든 교차점으로 원하는 어느 곳으로도 이동이 가능하다.
방사형 구조		모든 결정점이 다른 점과 연결된 극단적 개방형 구조로, 수학자들이 말하는 완벽한 그래프의 형태를 지닌다.

이재홍이 제시한 게임 서사 구조의 유형

유형	구조	설명
일자형 구조		게임 초반에서부터 여러 줄기로 나뉘어 전개되며, 메인 서사에 합류하는 일이 없이 독립된 직선 이야기로 결말까지 이어지는 서사 전개를 말한다.
분산형 구조		메인 서사는 한 줄기로 전개되지만, 중간에 여러 줄기의 이야기로 분기되어 서로 다른 결말을 보게 되는 서사 전개를 말한다.

집합형 구조	시작 ⎯⎯ 끝 ⎯⎯	여러 줄기의 이야기로 분기되어 전개되지만, 중간에 메인 서사로 합류한 후, 하나의 결말을 볼 수 있도록 구성한 서사 전개를 말한다.
집합 분산형 구조	시작 ⎯⎯ 끝 ⎯⎯	여러 줄기의 이야기로 전개된 후 메인 서사로 복귀하지만, 다시 여러 줄기의 이야기로 분산되어 다양한 결말을 보게 되는 서사 전개를 말한다.
회귀형 구조	시작 ⎯⎯ 끝 ⎯⎯	하나의 이야기로 전개되다가 중간에 여러 줄기의 이야기로 분기하여 다시 메인 서사로 복귀하여, 하나의 결말을 보게 되는 서사 전개를 말한다.
반복 회귀형 구조	시작 ⎯⎯ 끝 ⎯⎯	기본 구조는 회귀형을 따르고 있으나, 빈번하게 분기했다가 메인 서사로 복귀하기를 반복한다는 점에서 차별점을 지닌다.

게임에서의 분기형 서사 게임 개발자는 플레이어의 능동적인 게임 서사 경험을 위해 분기형 서사를 고안한다. 게임 결말의 가짓수는 단일과 복수의 가능성 모두를 지니며, 개발자는 분기형 서사를 통해 플레이어가 이미 정해진 극적 흐름을 따라갈 수 있도록 유도한다. 예스퍼 율은 분기형 서사를 사전에 결정된 게임 시스템의 일부로 간주했다. 플레이어는 도전 과제를 해결하면서 게임 세계를 자유롭게 돌아다니지만, 플레이어가 프로그램에 영향을 끼칠 수 있는 행위의 범주는 제한적이기 때문이다.

전통적인 분기형 서사를 채택한 대표 게임으로는 육성 시뮬레이션 게임 〈프린세스 메이커(Princess Maker)〉 시리즈와 공포 게임 〈화이트데이 : 학교라는 이름의 미궁(Whiteday : A Labyrinth Named School)〉, 〈사일런트 힐 2(Silent Hill 2)〉 등이 있다. 〈프린세스 메이커〉에서 플레이어는 동일한 시작점에서 출발하나 플레이 방식에 따라 총 31개의 엔딩 중 하나에 도달한다. 이들 게임의 이야기의 분기점에서는 다음과 같은 선택 사항을 제공한다.

분기형 서사에서 플레이어의 선택 사항	
종류	설명
행동	플레이어의 움직임을 유도하여 서사에 영향을 미치도록 계획한다.
돌발서사	플레이어의 게임 진행 도중, 새로운 사건을 발생시켜 또 다른 서사를 경험하게 한다.
지도	플레이어의 행선지가 정해져 있을 경우, 정확한 행선지를 지정할 때까지 탐색하게 한다.
대결	플레이어가 게임 도중 발생한 대결에 참여하여 승패 또는 목적 달성을 선택하게 한다.
퀴즈	옳고 그름을 판별하거나 예/아니오 선택의 개념을 활용하여 분기를 선택하게 한다.

- **관련 용어** 비선형성, 상호작용성, 하이퍼텍스트, 하이퍼픽션
- **참고 자료** 앤드류 글래스너 저, 김치훈 역, 『인터랙티브 스토리텔링 : 21세기 픽션을 위한 테크닉』, 커뮤니케이션북스, 2006. | 이재홍, 『게임 스토리텔링』, 생각의나무, 2011. | 조은하, 「인터랙티브 스토리텔링 : 게임서사를 중심으로」, 『구보학보』, vol.1, no.0, 구보학회, 2006. | Jesper Juul, "The Open and the Closed : Games of Emergence and Games of Progression", *Computer Games and Digital Cultures Conference Proceedings*, 2002.

불신의 유예 suspension of disbelief

| 게임 혹은 예술 작품의 허구성에 대한 불신을 보류하는 상태.

플레이어가 게임에 몰입하기 위해 게임이 허구라는 상황을 자발적으로 망각한 상태. 사무엘 테일러 콜리지(Samuel Taylor Coleridge)가 처음 제안한 용어로, 본래 시를 감상하기 위해 독자가 갖게 되는 시적 신념에서 유래했다. 예술을 감상하는 사람은 작품의 허구적인 성격을 보존해 몰입의 상태를 유지하고자 하므로 이에 대한 불신을 잠시 보류한다. 이를 통해 감상자는 허구적 작품을 실제로 받아들이고, 몰입에 따른 만족감을 느낄 수 있다. 게임 또한 플레이어가 게임 세계에 몰입할 수 있도록 게임이 허구라는 사실을 잊을 수 있는 경험을 제공한다. 자넷 머레이는 불신의 유예를 '적극적인 믿음의 창조(active creation of belief)'라고 표현하면서, 디지털 매체의 수용자는 대상에 대한 불신을 보류하는 것을 넘어서 대상이 실제라는 믿음을 만들어낸다고 보았다.

플레이어는 게임 환경이 인공적이라는 것이라고 인식하는 동시에, 몰입을 통한 즐

거움을 유지하기 위해 자발적인 믿음을 유지하는 이중적인 상태에 머무르고자 한다.

- **유의어** 적극적인 믿음의 창조
- **관련 용어** 몰입
- **참고 자료** 앤드류 롤링스, 어니스트 아담스 저, 송기범 역, 『게임 기획 개론』, 제우미디어, 2004. | 자넷 머레이 저, 한용환, 변지연 역, 『인터랙티브 스토리텔링 : 사이버 서사의 미래』, 안그라픽스, 2001. | Katie Salen, Eric Zimmerman, *Rules of Play : Game Design Fundamentals*, The MIT Press, 2003.

불확실성 uncertainty

| 플레이 결과의 예측 불가로 발생하는 게임의 특성.

플레이어가 게임의 궁극적인 결과를 알 수 없기 때문에 발생하는 특성. 플레이어의 행동에 따른 결과를 예측 불가능하도록 만드는 무작위성과 플레이어에게 선택을 주는 기회의 균형을 통해 발생한다.

정보 이론의 관점에서 보면, 게임에서 불확실성은 의미 있는 플레이를 구성하는 핵심 요소이다. 정보 이론은 정보의 송수신 과정을 양적으로 측정하는 학문으로, 이에 따르면 정보는 자극과 신호를 측정하는 단위로 의미 그 자체를 지칭하지 않는다. 의미는 오히려 정보의 과잉 상태인 불확실성으로부터 발생하며, 정보의 전달 과정에 영향을 미치는 노이즈가 불확실성을 증가시키는 역할을 한다.

게임을 플레이어와 시스템 요소가 정보를 주고받는 송수신 관계로 정의할 때, 게임 시스템의 정보가 플레이어에게 전달되지 않는 노이즈 현상은 오히려 유의미한 플레이를 발생시킨다. 결과적으로 게임 시스템이 플레이어에게 많은 양의 정보를 전달함으로써 플레이어가 게임의 결과를 알 수 없도록 하면서, 선택과 기회를 통해 그들의 결정이 게임에 영향을 미치는 것처럼 느끼게 하기 때문이다. 게임에서의 불확실성은 확실성, 위험, 불확실성의 3단계로 구분되며, 대부분의 게임은 위험과 불확실성의

게임에서의 불확실성 3단계		
종류	설명	사례
확실성	플레이어가 게임의 결과를 명확히 알고 있는 상태.	실력 격차가 확연한 두 플레이어가 체스 게임을 하는 경우.
위험	플레이어가 게임의 불확실성과 그 정도를 알고 있는 상태.	승리 확률이 명확한 룰렛 게임을 하는 경우.
불확실성	플레이어가 게임의 결과에 대해 전혀 알지 못하는 상태.	한 번도 겨뤄 본 적 없는 상대끼리 체스 게임을 하는 경우.

조합으로 구성된다.

그러나 과도한 무작위성은 플레이어를 무기력하게 만들고, 지나치게 기회가 많은 게임은 결과를 예측 가능하도록 하여 재미를 반감시킨다. 그렉 코스티키안은 불확실성을 게임의 핵심으로 정의하면서, 불확실성의 요소를 다음과 같이 제시했다.

그렉 코스티키안이 제시한 불확실성의 요소	
종류	설명
수행의 불확실성	플레이를 위해 어떤 물리적 행동을 해야 할지 알 수 없는 것.
해결의 불확실성	게임이 제시한 문제를 풀 때 개발자가 설계한 해결책을 알아내야 하는 것.
플레이어의 불확실성	다른 플레이어가 어떤 행동을 할지 알 수 없는 것.
분석의 복잡성	무엇을 해야 할지 생각하면서 복잡한 시스템 내에서 의사결정을 하는 것.
숨겨진 정보	상대가 가진 정보나 게임 내에 알려지지 않은 정보를 찾아내야 하는 것.
서사의 예측	서사가 있는 게임에서 다음 스토리를 알기 위해 게임을 진행하는 것.
개발의 예측	게임의 업데이트, 패치 등으로 인해 게임의 변화를 예측할 수 없는 것.
일정의 불확실성	짧은 플레이 세션을 가지는 게임의 경우 전체 플레이 시간을 알 수 없는 것.
지각의 불확실성	게임 공간에서 무엇이 진행되고 있는지를 인식하기 어려운 것.
의미의 불확실성	게임의 결말을 보기 전까지 게임의 전체적인 의미를 알 수 없는 것.

- **반의어** 확실성
- **관련 용어** 게임 다이내믹스, 플레이
- **참고 자료** Greg Costikyan, *Uncertainty in Games*, The MIT Press, 2013. | Katie Salen, Eric Zimmerman, *Rules of Play : Game Design Fundamentals*, The MIT Press, 2003. | Marc LeBlanc, "Tools for Creating Dramatic Game Dynamics", *The Game Design Reader : A Rules of Play Anthology*, The MIT Press, 2006.

브레이킹 breaking

| 스나이퍼가 이동하다가 순간적으로 멈춘 후, 재빨리 적을 공격하고 다시 이동하는 기술.

〈서든어택〉에서 스나이퍼가 이동 중에 적을 공격하기 위해 사용하는 기술. 벽이나 문 뒤에서 먼 거리에 있는 적을 저격하기 위한 전략으로 사용된다. 약어로 '블킹'이라고도 한다. 플레이어는 이동하던 중에 반대 방향으로 가는 키를 눌러 일시

적으로 멈춰 설 수 있으며, 잠깐의 대기 상태에서 빠르게 적을 공격한 후에 다시 이동한다. 짧은 시간 동안 재빠르고 정확하게 공격해야 하기 때문에 숙련도가 높은 기술로 분류된다. 타이밍이 어긋날 경우 총알이 튀거나 위험에 노출될 수 있다.

브레이킹은 주로 벽 너머에 대기 중인 적이나 스나이퍼인 적을 공격할 때 사용된다. 앉아서 공격하는 덕 샷(duck shot)보다 공격 속도가 빠르고 위험도가 낮다는 장점이 있다. 이동 속도에 따라 일반 브레이킹과 시프트(shift) 브레이킹으로 나뉜다. 시프트 브레이킹의 경우, 시프트 키로 이동 속도를 줄여 정확도를 높이고 위험성을 낮출 수 있다. 브레이킹은 이동 속도 외에도 샷 방식에 따라 유형을 분류할 수 있다.

샷 방식에 따른 브레이킹 분류		
분류	설명	특징
원줌 브레이킹 (one zoom breaking)	이동 중 원줌으로 적 확인 후 공격.	빠른 반응 속도, 근거리 공격에 적합.
투줌 브레이킹 (two zoom breaking)	이동 중 원줌에서 투줌으로 적 확인 후 공격.	높은 정확도, 원거리 공격에 적합.
패줌 브레이킹 (fast zoom breaking)	이동 중 적 확인 후 원줌으로 적 공격.	빠른 반응 속도, 원거리 공격에 적합.

- **관련 용어** 스나이퍼, 샷, 끌어 치기, 덕 샷
- **참고 자료** 〈서든어택〉 사이트, http://sa.nexon.com/gameinfo/AtoZ/list.aspx

브이자형 쐐기 flying wedge

| 인간-컴퓨터 활동에 적용되는 드라마 액션의 완성 과정.

브렌다 로럴(Brenda Laurel)이 아리스토텔레스의 드라마(연극) 이론을 재정립하면서 제시한 개념. 드라마에는 사건의 잠재성(potential), 가능성(possible), 개연성(probable), 필연성(necessary)의 4가지 상태가 있다. 사건이 진행될수록 잠재성은 가능성으로 발전해 개연성을 이루고, 최종적으로 필연성에 도달한다. 브이자형 쐐기는 시간의 흐름에 따라 사건이 진행되고 그 최종 결과로 완성된 플롯 혹은 액션이 구성되는 과정을 보여준다. 로럴은 인간-컴퓨터 활동이 드라마와 유사

하게 진행된다는 점에서 일반적인 브이자형 쐐기를 발전시킨, 상호작용 형식의 브이자형 쐐기를 제시했다. 로럴의 이론은 인터랙티브 드라마 플롯 구성의 이론적 기초로 작용한다.

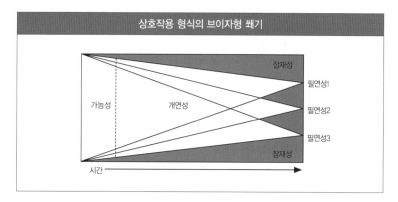

- **관련 용어** 브렌다 로럴, 아리스토텔레스, 시학
- **참고 자료** 브렌다 로럴 저, 유민호, 차경애 역, 『컴퓨터는 극장이다』, 커뮤니케이션북스, 2008. | 아리스토텔레스 저, 이상섭 역, 『시학』, 문학과지성사, 2005. | 이인화, 『스토리텔링 진화론』, 해냄, 2014. | Katherine Lynne Whitlock, *Theatre and the Video Game : Beauty and the Beast*, Ph.D.-dissertation, The Ohio State University, 2004.

블로거 blogger

| 블로그(blog)를 운영하는 사람.

정보나 링크를 모으고 요약한 로그를 업데이트하면서 블로그를 운영하는 사람. 대중적 인지도를 바탕으로 사회적 영향력을 행사하는 블로거를 '파워 블로거'라 칭한다. 블로거가 제공하는 정보는 개인의 일상부터 전문 정보까지 다양하다. 게임 블로거는 주로 게임에 대한 소식, 개인적인 감상, 평가, 공략에 대한 정보를 제공한다. 게임 블로거가 게시한 정보는 해당 게임의 플레이어가 게임을 구매하거나 사용자 문화를 형성하는 데 영향을 미친다. 이 외에도 블로거는 개발사의 자문이나 전문기자 등으로 고용돼 게임 업데이트 과정이나 홍보 등에 참여하기도 한다. 해외의 블로거 제이 바비(Jay Babby)는 게임 리뷰 사이트 '제이 이스 게임(Jay is Game)'을 창설했다.

■ **관련 용어** 파워 블로거
■ **참고 자료** 레베카 블러드 저, 정명진 역, 『블로그 : 1인 미디어시대』, 전자신문사, 2003. | 마크 트레메인 저, 이동훈 역, 『블로그와 시민권 그리고 미디어의 미래』, 커뮤니케이션북스, 2008. | 헨리 젠킨스 저, 정현진 역, 『팬, 블로거, 게이머 : 참여문화에 대한 탐색』, 비즈앤비즈, 2008.

비선형성 nonlinearity

| 사용자의 선택에 따라 텍스트가 비순차적으로 전개되는 구조적 속성.

사용자가 선택한 경로에 따라 텍스트가 다양한 방식으로 전개되는 구조적 속성. 전통적인 인쇄 문학이 선형적인 텍스트 전개 방식을 채택했던 것과 달리, 비선형적 텍스트는 비순차적이며 양방향적인 전개 방식을 택한다.

에스펜 올셋이 제시한 선형성과 비선형성 비교	
분류	설명
선형성	전통적인 인쇄 문학에서의 서사 구조. 서사의 진행이 작가에 의해 고정되어 있으며, 순차적이고 직선적인 독서를 요구한다. 논리적 인과관계를 기준으로 고정된 사건이 전개된다. 독자는 작가가 제시한 서사의 흐름을 따라간다.
비선형성	디지털 매체를 중심으로 새롭게 나타난 서사 구조. 독자의 선택에 의해서 서사가 진행된다. 사건 전개가 비순차적이며 양방향적이다. 독자가 텍스트와 상호작용하면서 스스로 서사 흐름을 만든다.

비선형성을 표방하는 서사는 링크, 노드 등 텍스트를 구성하는 요소와 텍스트 조각들로 구성된다. 사용자는 텍스트 조각을 연결하는 지점인 링크를 통해 매번 다른 방식으로 서사를 경험할 수 있다. 비선형성은 웹페이지로 대표되는 '하이퍼텍스트(hypertext)'의 주요한 특성이며, 비선형적인 텍스트 구조는 촉수형, 나무형, 뿌리형으로 나눌 수 있다.

류현주가 제시한 비선형적 텍스트 구조 유형		
유형	구조	설명
촉수형		하나의 출발점과 서로 독립적으로 병렬 진행되는 다수의 이야기로 구성된다. 독자의 선택은 처음에만 이루어지며, 그다음부터는 서로 관계없는 이야기들이 각각의 결론에 도달한다. 공동 창작에서 각 작가의 독자성을 강조할 때 쓰인다.
나무형		텍스트들이 점점 가지치기를 하면서 늘어나는 구조. 각 분기점에서 분화한다. 독자의 결정이 서사 진행의 경로를 결정하며, 하나의 텍스트에서 출발해 수많은 하위로 내려가는 위계 구조이다.

뿌리형		텍스트들이 식물의 뿌리처럼 얼기설기 연결되어 있다. 분기점들은 서로 뒤엉켜 모든 방향으로 뻗을 수 있다. 미로와 같은 형태이며, 앞으로 나아가는 것과 뒤로 돌아가는 것이 모두 가능한 양방향 구조이다.

게임에서 비선형성은 플레이어가 선택 가능한 방법이 한 가지 이상일 때 발생하며, 이는 플레이의 재미를 발생시키는 주요한 요소로 평가된다. 비선형성은 게임의 스토리, 플레이어의 문제 해결 방식, 플레이어의 플레이 방식 등 다양한 층위에서 구현된다.

리처드 라우스가 제시한 게임에서 나타나는 비선형성 종류	
종류	**설명**
스토리의 전달	가지가 나누어진 스토리를 사용. 플레이어 선택에 따라 다른 상황이 나타나도록 한다.
다중 솔루션	문제 해결에서 여러 방법을 사용 가능. 모든 플레이어가 한 가지 방법만 떠올리진 않기 때문에 합당한 방법이라면 모두 동작해야 한다.
순서	플레이어가 문제 해결 순서를 선택하게 함. 특정 부분에서 막혔을 경우, 다른 문제를 먼저 풀게 하거나 다른 방법으로 풀게 하는 것이다.
선택	어떤 문제를 해결할지 플레이어가 선택. A에서 B까지 가는 길에 X, Y, Z의 문제가 있다면, 이것을 다 풀지 않아도 B에 도달이 가능하다.

- **반의어** 선형성
- **유의어** 다선형성
- **관련 용어** 링크, 텍스트, 하이퍼텍스트, 플레이어 경험
- **참고 자료** 리처드 라우스 Ⅲ 저, 최현호 역, 『게임 디자인 : 이론과 실제』, 정보문화사, 2001. | 에스펜 올셋 저, 류현주 역, 『사이버텍스트』, 글누림, 2007. | 앤드류 글래스너 저, 김치훈 역, 『인터랙티브 스토리텔링 : 21세기 픽션을 위한 테크닉』, 커뮤니케이션북스, 2006. | 유현주, 『하이퍼텍스트 : 디지털미학의 키워드』, 연세대학교 출판부, 2003. | 제이 데이비드 볼터 저, 김익현 역, 『글쓰기 공간』, 커뮤니케이션북스, 2010.

비제이 Broadcasting Jockey, BJ

| 온라인 개인 게임 방송을 진행하는 사람 또는 직업군.

유튜브, 아프리카TV, 트위치TV(Twitch Television) 등과 같은 인터넷 채널에서 방송을 제공하는 방송 진행자. 개인 또는 다수의 게임 플레이 영상을 촬영 및 편집하고 추가적인 해설과 감상을 덧붙여 인터넷 스트리밍 플랫폼을 통해 유통하는 것이 주된 역할이다. 게임 비제이는 게임 프로모션이나 방송 광고 등

국내외 유튜브 온라인 개인 게임 방송국 현황(2014.10 기준)					
	채널명	구독자 보유 순위	구독자 수	업로드 동영상 수	총 누적 시청 수
국외	퓨디파이(PewDiePie)	1	31,071,347	2,002	6,202,760,232
	스카이더즈마인크래프트 (SkyDoesMinecraft)	2	10,465,220	990	2,291,070,768
	바노스게이밍 (VanossGaming)	3	9,020,619	363	1,370,052,452
	더신디케이트프로젝트 (TheSyndicateProject)	4	8,047,915	2,681	1,395,119,470
	캡틴스파클즈 (CaptainSparklez)	5	8,035,745	1,852	1,649,242,779
국내	양띵	14	952,937	2,300	308,300,000
	대도서관TV	17	841,097	1,800	238,900,000
	대정령 TV	28	568,315	1,800	120,900,000
	악어 유튜브	33	509,076	1,000	131,800,000
	양띵TV미소	65	295,887	983	33,100,000

국내 아프리카TV 온라인 개인 게임 방송국 현황(2014.10 기준)					
방송국명	방송 진행자명	베스트 비제이 순위	방송을 즐겨찾기한 구독자 수	총 누적 방송 시간	총 누적 시청 수
로이조TV	BJ로이조	1	546,133	17,065	391,573,437
우주대스타	【BJ효근】	2	495,027	27,610	199,907,465
러너교주	러너교주	3	684,171	29,250	393,412,013
늪	악어∀	4	314,374	16,455	188,510,068
김보겸	한손에총들고	5	378,363	13,724	109,431,970
해물파전	BJ해물파전	6	364,319	3,772	68,171,657
팡이랜드	팡이요	7	384,854	30,307	193,120,105
메도우이헌터	메도우이헌터	8	586,663	13,786	283,344,536
개소주방송	BJ개소주	9	538,414	22,732	312,353,040
롤선생 방송	솔선생	10	525,500	12,436	213,505,793

을 통해 이익을 창출하며, 세부적인 방식은 스트리밍 플랫폼의 특성에 따라 상이하다.

국내 실시간 스트리밍 서비스 플랫폼인 아프리카TV는 비제이와 시청자 간의 실시간 채팅 기능을 제공하며, 시청자들은 채팅창을 통해 게임 비제이에게 '별풍선'을 선물하기도 한다. 별풍선은 추후 현금으로 교환되어 비제이에게 지급된다. 게임 비제이의 방송은 플레이어 간 경쟁 자체만을 콘텐츠의 목적으로 삼지 않는다는 점에서 이-스포츠와 구분된다. 한 가지 게임을 선택해 집중적으로 플레이하는 프로게이머와 달리, 게임 비제이는 여러 장르의 게임을 포괄적으로 플레이한다.

게임 비제이는 해킹 프로그램과 모드(MOD), 기존 세계관의 각색 등을 통해 방송에서 신규 콘텐츠를 생성하고 관람의 재미에 초점을 둔다. 이때 게임 내 요소에 대한 자의적인 해석을 시도하며, 생략, 축소됐던 기호를 전면에 노출시키거나 새로운 의미를 부여하기도 한다. 국외의 대표적인 게임 비제이로는 '퓨디파이(PewDiePie)'의 '퓨디파이'가 있으며 국내의 경우 '양띵 유튜브'의 '양띵'과 '대도서관TV'의 '대도서관' 등이 있다.

- **관련 용어** 게임 방송, 사용자 생성 콘텐츠
- **참고 자료** 한혜원, 김서연, 「온라인 개인 게임 방송의 스토리텔링 분석」, 『한국게임학회 논문지』, vol.14, no.2, 한국게임학회, 2014. | Ben Hudson, *Funny Games : Understanding Videogames as Slapstick and the Experience of Game-worlds as Shared Cultural References*, Videogame Cultures and the Future of Interactive Entertainment 5th Global Conference, 2013. | 아프리카TV, www.afreeca.com

비주얼 노벨 visual novel

| 분기점과 선택지를 중심으로 하는 텍스트 기반의 게임 장르.

이미지나 사운드 요소가 첨가된 소설 형식의 게임. 플레이어는 주로 1인칭 주인공 시점에서 텍스트를 읽으면서 분기점마다 일정한 선택을 한다. 플레이어의 선택에 따라 이후 스토리의 진행 방식과 결말이 달라진다. 최초의 비주얼 노벨은 1996년 제작된 리프(Leaf)의 〈시즈쿠(Shizuku / 雫)〉로 알려져 있다.

당시 개발사 리프는 〈시즈쿠〉에 사용된 애니메이션 효과 등 시각적 요소를 강조하고 이를 사운드 노벨과 구분하기 위해 비주얼 노벨이라고 칭했다. 비주얼 노벨은 스토리의 장르에 따라 연애 시뮬레이션 게임, 공포 게임, 추리 게임 등으로 세분화되기도 한다.

플레이어 개입에 따른 비주얼 노벨 유형		
플레이어 개입 종류	설명	예시
일방적 진행과 형식적 선택지	스토리 전개와 관련한 기본적인 선택지와 2~3 개의 결말을 제공한다.	〈시즈쿠〉, 〈페이트/스테이 나이트 (Fate/stay night)〉
미니 게임 제공	수수께끼, 퍼즐 게임 등의 미니 게임을 통해 재 미 요소를 부가한다.	〈심포닉 레인〉, 〈쓰르라미 울 적에 (Higurashi When They Cry)〉
확장된 선택지와 경로	리셋 기능, 캐릭터 전환, 일정 조정 등 선택지의 기능과 경로 선택 범위가 확장된다.	〈화이트 앨범〉, 〈에버 17(Ever 17)〉

- **관련 용어** 미소녀 게임, 사운드 노벨, 분기형 서사
- **참고 자료** 김원보, 최유찬, 『컴퓨터 게임과 문화』, 이룸, 2005. | 아즈마 히로키 저, 장이지 역, 『게임적 리얼리즘의 탄생』, 현실문화연구, 2012. | 이재홍, 『게임 시나리오 작법론』, 정일, 2004. | 최샛별, 최흡, 『만화! 문화사회학적 읽기』, 이화여자대학교 출판부, 2009. | Marie-Laure Ryan, James Ruppert, John W. Bernet, *Narrative across Media : The Language of Storytelling*, University of Nebraska Press, 2004.

비행 시뮬레이션 게임 flight simulation game

| 가상으로 비행기를 조종하는 시뮬레이션 게임의 하위 장르.

가상의 항공기, 전투기 등의 비행기를 조종하는 게임 장르. 실제 비행기의 구조를 사실적으로 재현해 비행기 조종 방식을 체험할 수 있는 게임과 비행기를 중심으로 진행하는 슈팅 레이싱 게임으로 나뉜다. 전자는 좁은 의미의 비행 시뮬레이션으로, 조종사의 훈련과 교육을 위해 제작된 비행 트레이너(Flight Trainer)에서 유래했다.

대표적인 예로 민간 항공기를 목적지까지 조종하는 〈플라이트 시뮬레이터(Flight simulator)〉 시리즈가 있다. 〈플라이트 시뮬레이터〉는 미 연방 항공국의 공인을 받아 비행 훈련용으로도 사용된다. 이 외에도 비행 게임에 슈팅 요소를 결합한 비행 시뮬레이션 게임 〈팔콘(Falcon)〉, 다중접속온라인 환경을 접목한 〈월드 오브 워플레인(World of Warplanes)〉 등이 있다.

국내에서는 2001년부터 2013년까지 비행 시뮬레이션 게임만을 정식 종목으로 한 '공군 참모 총장배 항공 전투 시뮬레이션 대회'가 열렸다. KF-16 공대지 전투 종목에는 〈팔콘 비엠에스(Falcon BMS)〉, F-15K 공대공 전투 종목에는 〈락온(Lock

On)〉, KT-1 항공레이싱 종목에는 〈플라이트 시뮬레이터〉, 온라인 비행 슈팅 종목에는 〈월드 오브 워플레인〉이 정식 게임으로 선정됐다.

■ **관련 용어** 플라이트 시뮬레이터
■ **참고 자료** 김겸섭,『(모두를 위한 놀이) 디지털게임의 재발견』, 들녘, 2012. | 이상우,『게임, 게이머, 플레이 : 인문학으로 읽는 게임』, 자음과모음, 2012. | Bill Loguidice, Matt Barton, *Vintage Games : An Insider Look at the History of Grand Theft Auto, Super Mario, and the Most Influential Games of All Time*, Focal Press, 2009. | Doug Radcliffe, Andy Mahood, *Microsoft Flight Simulator 2004 : A Century of Flight : Official Strategies & Secrets*, SYBEX, 2003. | 제10회 공군 참모 총장배 항공 전투 시뮬레이션 대회, 〈대회 안내〉, www.airforce.mil.kr/FSH/FSHA/FSHAA_0100.html

빌드 build

| 독립적으로 구동 가능한 소프트웨어.

독립적으로 구동 가능한 소프트웨어 또는 코드 및 리소스를 해당 소프트웨어의 형태로 변환하는 과정. 후자의 경우 주로 소스 코드를 즉시 실행 가능한 코드로 변환하는 컴파일(compile) 과정을 포함하나, 실행과 번역이 동시에 진행되는 인터프리티드(interpreted) 언어의 경우 컴파일에서 제외된다. 게임 빌드는 소스 아트와 스크립트 파일, 컴파일된 코드 등을 포함한다. 테스트와 수정을 거치며 여러 버전의 빌드가 생성되며, 이는 일정 시간의 게임 개발 스냅 샷으로 활용된다. 최종적으로 완성된 빌드는 플레이어에게 배포되며, 이미 출시된 게임이 새로운 버전의 빌드를 배포할 경우, 플레이어들은 업데이트를 통해 빌드를 교체한다.

빌드는 소프트웨어가 구동될 플랫폼, 하드웨어 및 운영체제를 고려하며, 데이터 스키마(data schema) 생성, 컴포넌트 패키징(component packaging), 코드 품질 분석 등의 단계를 포함한다. 빌드 과정을 통합해 자동화한 도구로는 앤트(Ant), 메이븐(Maven), 메이크(Make) 등이 있다. 유니티(Unity), 언리얼(Unreal) 등의 게임 엔진은 자체적인 빌드 기능을 포함하며 게임 플랫폼에 따른 옵션을 제공한다. 빌드 방식에 따라 여러 플랫폼에서 실행이 가능한 형태로도 제작 가능하다. 하나의 빌드로 전 세계 모바일 환경에서 실행 및 서비스가 가능하도록 하는 것을 글로벌 원빌드로 칭한다.

- **관련 용어** 업데이트
- **참고 자료** Mike McShaffry, *The Secret of Game Coding : Game Coding Complete Guide*, Booksmart, 2014.

빌드 오더 build order

| 전략 시뮬레이션 게임에서 전술을 구사하기 위해 건물을 짓는 순서 또는 자원의 제약이 있는 게임에 서 자원의 조합과 순서를 결정하는 방식.

빌드 오더의 목표는 최소의 시간과 자원을 통해 최대의 효율을 내는 것이다. 유닛 생산, 건물 건설에 관한 플레이어의 의사결정이 중요한 전략 시뮬레이션 게임의 핵심적인 플레이 요소이다. 플레이 성향 혹은 상대의 전술에 따라 빌드 오더를 만들 수 있으며, 빌드 오더를 선택할 때 고려 사항은 표와 같다.

빌드 오더 선택 시 고려 사항	
종류	설명
자원 비용	자원 사용량을 최소화하거나 자원을 최대한 활용할 수 있는 방법을 선택.
시간 비용	주도권을 잡기 위해 주어진 상황에서 전략 실행까지의 시간을 최소화하는 방법을 선택.
위험도 및 상성 관계	예상되는 공격에 대한 위험도나 빌드 오더의 상성 관계를 고려.

빌드 오더가 사용되는 대표적인 실시간 전략 게임은 〈스타크래프트〉이다. 〈스타크래프트〉의 플레이어는 유닛의 수, 자원, 맵 및 상대 종족에 따른 상성을 고려하여 빌드 오더를 결정하며, 이를 통해 건물 건설의 적시를 파악하고, 상대 플레이어의 전술에 대처 방안을 마련한다. 빌드 오더는 주로 프로게이머의 전략을 통해 나타나며, 게임 방송이나 플레이어 커뮤니티 등을 통해 확산된다. 〈스타크래프트〉의 프로게이머 임요환은 초반에 빠른 속도로 벙커를 건설하여 상대를 차단하는 '벙커링' 빌드 오더를 활용했다.

이 외에도 넓은 의미에서 빌드 오더는 자원의 제약이 있는 게임에서 자원의 조합과 순서를 결정하는 것을 지칭하기도 한다. 다중접속온라인 역할수행 게임인 〈길드워〉의 경우 스킬 빌드를 도입해 스킬 간의 조합과 연계를 통해 플레이어들이 다양한 전략 및 전술을 구사할 수 있도록 했다. 플레이어는 여러 가지 스킬

중 8가지 핵심 스킬을 선택해 스킬 빌드를 제작하고, 플레이어 대 환경 간 전투
(PvE)나 플레이어 간 전투(PvP)와 같은 상황 혹은 상대를 고려해 다양한 전략을
구사한다.

- **관련 용어** 전략 시뮬레이션 게임
- **참고 자료** 이상호, 허준영, 조유근, 홍지만, 「스타크래프트TM 인공지능의 성능 향상을 위한 불확실한 지식에 기반을 둔 적응성 있는 추론 방법」, 『한국컴퓨터게임학회 논문지』, vol.7, no.0, 한국컴퓨터게임학회, 2005. | 이상호, 조유근, 홍지만, 이봉규, 「스타크래프트 인공지능의 성능 향상을 위한 적응성 있고 비용 효율적인 빌드 오더 선택 기법」, 『한국컴퓨터게임학회 논문지』, vol.14, no.0, 한국컴퓨터게임학회, 2008. | Brian Schwab, *AI Game Engine Programming*, Cengage Learning, 2009.

ㅅ

사무라이 samurai / 侍

| 일본 봉건시대의 무사(武士) 캐릭터.

귀족이나 다이부(大夫)를 섬기는 무사 계층을 부르는 말. 헤이안 시대(平安 時 代) 이후 왕권이 약화되고 봉건제도가 강화되면서 지역 유지들의 땅을 지켜줄 무 력집단이 만들어졌는데 이 중 일부가 귀족의 사병이 되면서 사무라이 계층이 만 들어졌다. 헤이안 시대 말기에는 일반 무사까지 칭하는 말로 확대됐다. 사무라이 의 외양적 특징은 화려하게 장식된 갑옷과 투구, 가문의 문장을 그려 넣은 깃발 과 긴 일본도이다. 무사도란 이기기 위해서는 수단과 방법을 가리지 않는 사무라 이의 자세를 뜻한다. 자신의 결백을 증명하거나 명예를 지키기 위해 할복하는 전 통이 있다.

게임에서 사무라이는 초인적인 능력을 가진 캐릭터, 쇼군을 모시는 무인 계 급, 정의의 사도 등으로 등장한다. 대전 격투 게임 〈철권〉 시리즈에서는 사무라 이 캐릭터인 요시미츠가 등장하는데, 요시미츠의 필살기는 할복이다. 〈사무라 이 쇼다운(Samurai Shodown)〉은 에도시대 배경의 대전 격투 게임으로, 혼돈에 빠진 세계를 구하기 위해 전국의 사무라이들이 모여 악당 아마쿠사를 무찌른다는 기반 서사가 있다. 〈토탈 워 : 쇼군 2(Total War : Shogun 2)〉의 배경은 막부 시대의 일본이며, 게임 내에서 사무라이는 플레이어가 컨트롤하는 유닛의 한 종류로 등장한다.

- 관련 용어 닌자
- 참고 자료 구태훈, 『일본 무사도』, 태학사, 2005. | 니토베 이나조 저, 양경미, 권만규 역, 『일본의 무사도』, 생각의나무, 2006. | 황영식, 『맨눈으로 보는 일본』, 모티브, 2003. | Eiko Ikegami, *The Taming of the Samurai : Honorific Individualism and the Making of Modern Japan*, Harvard University Press, 1997. | Oscar Ratti, Thomas Cleary, *The Code of the Samurai : A Modern Translation of the Budo Shoshinshu of Taira Shigesuke*, Tuttle Publishing, 1999.

사용성 usability

| 플레이어가 게임을 선택하거나 플레이할 때 그 편의성을 판가름하는 척도.

플레이어가 게임의 목표를 달성하는 데 있어 그 게임이 얼마나 효율적이고 유효하게 설계됐는지를 측정하는 척도. 플레이어가 게임을 접했을 때 얼마나 빠르게 게임 시스템을 배우는지, 게임의 인터페이스가 플레이어에게 얼마나 만족감을 주는지 등에 따라 결정된다. 국제표준화기구(International Organization for Standardization, ISO)는 사용성 향상에 영향을 주는 요소로서 유효성(effectiveness), 효율성(efficiency), 만족도(satisfaction)를 제시했다.

게임의 사용성은 플레이어의 플레이 경험에 직접적으로 영향을 주므로 게임을 설계할 때는 게임 디자인의 목적에 따라 요구되는 사용성의 정도를 다르게 설정해야 한다. 게임 인터페이스는 플레이어가 게임을 플레이할 수 있도록 플레이

국제표준화기구에서 제시한 게임 플레이 디자인의 사용성 구성 요소	
요소	설명
유효성	목표 설정의 정확성과 완성도. 플레이어가 성취해야 할 목표가 명확하면 유효성이 높게 측정된다. 게임은 목표나 목표를 향한 길을 한 가지로 특정하지 않기 때문에 유효성 측정이 사실상 불가능하다.
효율성	목표를 성취하기 위해 투자해야 하는 자원의 정도. 플레이어는 도전을 통해 게임의 재미를 느끼기 때문에 지나치게 효율성을 추구하면 게임이 지루해질 수 있다.
만족도	플레이어의 태도. 플레이어가 게임을 통해 느낀 재미, 몰입, 플레이 경험을 측정한다. 플레이어는 게임을 플레이할 때 생산성(productivity)보다 즐거움(entertainment)를 더 추구한다.

어와 게임을 이어주는 매개체이기 때문에 플레이어의 몰입에 방해되지 않도록 높은 사용성을 추구해야 한다. 반면 게임 플레이의 디자인은 플레이어의 도전과 몰입에 영향을 준다. 사용성이 높을 경우 오히려 게임의 난이도가 낮아져 도전 욕구를 하락시키고 게임이 지루해질 수 있으므로 게임의 타깃과 기획 목표에 따라 사용성 설정을 조정해야 한다.

제이콥 닐슨(Jacob Neilsen)은 인터페이스 디자인을 위한 가이드라인인 휴리스틱스(Heuristics)를 제안했다. 휴리스틱스는 소프트웨어 전반의 사용성 평가에 활용되는 기본 지표로, 게임 업계에서는 휴리스틱스를 게임 디자인 목적에 맞게 재구성하여 게임 사용성 평가에 활용한다.

닐슨이 제시하는 10가지 사용성 휴리스틱스	
척도	설명
시스템 상태의 시각화	시스템의 작업 수행 상황을 시각화하여 사용자에게 즉각적으로 보여주어야 한다.
시스템과 현실 세계의 조화	사용자 중심의 언어를 사용하여 사용자에게 시스템이 쉽게 이해되어야 한다.
자유로운 통제권 부여	통제권을 부여하여 사용자가 자신의 행동을 자유롭게 취소, 재실행할 수 있어야 한다.
일관성과 표준성 유지	시스템의 용어, 정보 표현법, 인터페이스의 일관성을 유지하여 사용자의 혼란을 최소화해야 한다.
오류 최소화	사용자의 실수를 예방할 수 있도록 혼란스러운 디자인을 최소화하고 실수 예방 장치를 마련해야 한다.
자연스러운 인지 유도	직관적인 디자인을 통해 사용자가 기능을 기억하기 쉽도록 유도해야 한다.
유연성과 효율적인 사용	초보자, 숙련자 모두 인터페이스를 자신에게 적합하게 직접 조정할 수 있도록 시스템을 유연하게 디자인해야 한다.
심미적이고 간결한 디자인	부적절한 정보를 삭제하여 가능한 시스템을 단순하게 배치해야 하며, 디자인이 아름답고 조화로워야 한다.
오류 자가진단 및 회복	오류 발생 시 사용자 스스로 상황을 인식하고 해결할 수 있도록 오류를 대해 쉽고 정확한 언어로 지적해야 한다.
도움말 기능 제공	사용자가 시스템을 쉽게 이해하고 활용할 수 있도록 시스템에 대한 도움말 및 매뉴얼을 제공해야 한다.

- **유의어** 인터페이스, 난이도
- **관련 용어** 유효성, 효율성, 만족도, 휴리스틱스
- **참고 자료** 예스퍼 율 저, 이정엽 역, 『캐주얼 게임 : 비디오게임과 플레이어의 재창조』, 커뮤니케이션북스, 2012. | Melissa A. Federoff, *Heuristics and Usability Guidelines for the Creation and Evaluation of Fun in Video Games*, Indiana University, 2002. | Erik Frøkjær, Morten Hertzum, Kasper Hornbæk, "Measuring Usability : Are Effectiveness, Efficiency, and Satisfaction Really Correlated?", *Proceedings of the SIGCHI Conference on Human Factors in Computing Systems*, ACM, 2000.

사용자 생성 콘텐츠 User Generated Contents, UGC

| 사용자가 원본 콘텐츠를 편집해서 변형시킨 다양한 형태의 미디어 콘텐츠.

사용자가 원본이 있는 콘텐츠를 일부분 재가공해 웹 게시판에 게재한 미디어 콘텐츠. 게임 문화에서는 사용자들이 게임 내 요소를 활용해 생산하는 콘텐츠 전반을 뜻한다. 콘텐츠 공유가 가능한 플랫폼인 웹 2.0이 개발되면서 사용자 생성 콘텐츠도 함께 발전했다. 웹 2.0은 참여, 개방, 공유를 지향했으며, 그에 따라 생산자는 전문가에서 일반인으로 그 범위가 확장됐고, 콘텐츠의 형태는 글, 그림을 거쳐 동영상으로 발전했다.

사용자 생성 콘텐츠의 유형 분류		
종류	설명	사례
게임 안에서 소비되는 콘텐츠	게임 시스템 혹은 저작툴로 생성한 게임에서 사용할 수 있는 콘텐츠	모드, 하우징 시스템
게임 밖에서 소비되는 콘텐츠	게임의 콘텐츠를 일부 변형하고 편집한 콘텐츠	머시니마

안드레아 필립스는 사용자 생성 콘텐츠가 다음과 같은 기능을 한다고 설명한다. 첫째, 플레이어가 참여할 수 있는 게임 외에 다른 활동을 제공한다. 둘째, 플레이어들의 상호작용을 가능하게 한다. 셋째, 커뮤니티 활동을 촉진시킨다. 넷째, 플레이어의 문화 규범을 창조한다.

게임 문화적 측면에서 사용자 생성 콘텐츠는 플레이어들이 웹에 자신의 플레이 영상을 게시하면서 급속도로 확산됐다. 일례로 〈월드 오브 워크래프트〉의 유명 플레이어 '용개(drakedog)'는 커뮤니티 게시판에 본인의 플레이 영상을 게시하면서 대중의 인기를 얻었다. 〈심즈〉나 〈세컨드 라이프(Second Life)〉 등 생활형 가상 세계를 표방한 게임의 경우 플레이어들이 게임 내에 직접 적용할 수 있는 캐릭터, 의상, 가구 등을 직접 만들어 배포하기도 한다.

2003년에 출시된 린든랩(Linden Lab)의 〈세컨드 라이프〉는 사용자 생성 콘텐츠를 전면으로 내세운 생활형 가상 세계로, 플레이어들은 원자적 건설(atomistic construction) 시스템을 사용해 가상 세계에서 소비할 콘텐츠를 직접 제작할 수 있다.

플레이어들이 만든 아이템의 지적재산권과 소유권은 모두 본인에게 귀속된다. 서비스 이용약관에 명시된 내용에 따라 아이템의 모든 권리를 양도받은 플레이어들은 상권을 형성했으나 이에 여러 법적 분쟁이 뒤따랐다. 대표적인 예로 케빈 앨더만(Kevin Alderman)과 사이먼(Simon)의 소송 사건이 있다. 앨더만은 〈세컨드 라이프〉 안에서 에로스(Eros)라는 회사를 설립해 운영했으나, 곧 사이먼이 자신이 제작한 콘텐츠와 유사한 콘텐츠를 더 저렴한 가격에 판매하고 있다는 사실을 발견하고 2007년 10월 24일 소송을 제기했다. 법원은 사이먼이 고의로 저작권을 침해했다는 주장을 받아들여 2007년 12월 3일 동의판결을 선고했다.

국내에서는 저작권법을 통해 사용자 생성 콘텐츠가 저작물로서 성립하는지 확인할 수 있다. 저작권법에 따르면 저작물과 2차 저작물은 독자적인 저작물로 규정된다. 저작권법 제2조 1항에 따르면 저작물은 인간의 사상 또는 감정을 표현한 창작물로 규정되며, 저작권법 제5조 1항에 따라 2차적 저작물은 원저작물을 번역, 편곡, 변형, 각색, 영상 제작 등 그 밖의 방법으로 작성한 창작물로 규정된다. 사용자 생성 콘텐츠의 2차 저작물 여부는 원본 콘텐츠와의 유사성으로 결정된다. 유통되는 사용자 생성 콘텐츠의 양, 비영리적 목적 같은 이유들 때문에 모든 콘텐츠를 개별적으로 감시하고 단속할 수 없다는 문제점이 있다.

- **유의어** 사용자 창작 콘텐츠
- **관련 용어** 머시니마, 모드, 애드온, 저작권법
- **참고 자료** 조어진, 『UCC의 저작권적 보호에 관한 고찰』, 경희대학교 국제법무대학원 지적재산권법무학과 석사논문, 2009. | 헨리 젠킨스 저, 김정희원, 김동신 역, 『컨버전스 컬처』, 비즈앤비즈, 2008. | 안진경, 「플레이어 유형에 따른 MMORPG 사용자 생성 콘텐츠 연구」, 『한국컴퓨터게임학회 논문지』, vol.13, no.0, 한국컴퓨터게임학회, 2008. | Andrea Phillips, *A Creator's Guide to Transmedia Storytelling : How to Captivate and Engage Audiences Across Multiple Platforms*, McGraw-Hill, 2012. | Michael Haenlein, Andreas M. Kaplan, "Users of the World, Unite! The Challenges and Opportunities of Social Media", *Business Horizons*, vol.53, no.1, 2009.

사용자 참여 유형 type of user engagement

| 디지털 매체의 사용자가 서사에 참여하는 유형.

디지털 매체의 사용자 참여 형태. 디지털 서사의 상호작용적 성격을 시사한다. 마리 로르 라이언에 따르면, 사용자의 의도적 행위에 반응하는 상호작용성은 디

지털 매체의 근본적인 자질이며, 이에 사용자는 디지털 매체의 서사 전달 능력 및 전달되는 서사에 영향을 미치게 된다.

라이언은 사용자의 참여 형태를 내부와 외부, 탐색과 존재론의 두 축으로 구분한다. 내부적 참여 양상의 사용자는 1인칭 관점에서 자신을 가상 세계의 일원으로 여기고 스스로를 아바타와 동일시한다. 반면 외부적 참여 양상의 사용자는 자신을 가상 세계 외부에 위치시키고 허구 세계를 조정하거나 데이터베이스를 탐험한다. 두 유형의 구분은 정도에 따라, 또는 사용자의 성향에 따라 가변적인 특징을 보인다.

이와 달리 탐색적인 참여와 존재론적인 참여는 서사에 미치는 영향에 따라 구분된다. 탐색적인 참여 양상의 사용자는 마음대로 데이터베이스를 탐험할 수 있지만 서사에 영향을 미치지 못하며, 존재론적인 참여 양상의 사용자는 선택에 따라 가상 세계의 서사를 변화시킬 수 있다. 라이언은 두 쌍의 참여 형태를 교차시켜 내재적-존재론적, 내재적-탐색적, 외재적-존재론적, 외재적-탐색적이라는 4가지 유형을 제시하고 각각의 유형이 혼합된 형태를 다음과 같이 명시했다.

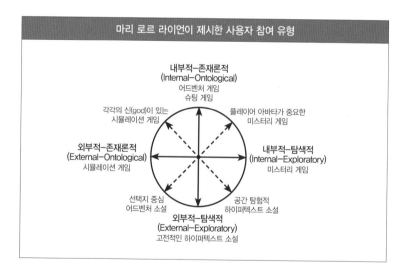

마리 로르 라이언이 제시한 사용자 참여 유형

내부적-존재론적
(Internal-Ontological)
어드벤처 게임
슈팅 게임

각각의 신(god)이 있는
시뮬레이션 게임

플레이어 아바타가 중요한
미스터리 게임

외부적-존재론적
(External-Ontological)
시뮬레이션 게임

내부적-탐색적
(Internal-Exploratory)
미스터리 게임

선택지 중심
어드벤처 소설

공간 탐험적
하이퍼텍스트 소설

외부적-탐색적
(External-Exploratory)
고전적인 하이퍼텍스트 소설

- **관련 용어** 게임 서사

- **참고 자료** Marie-Laure Ryan, "Will New Media Produce New Narratives?", *Narrative Across Media : The Languages of Storytelling*, University of Nebraska Press, 2004. | Marie-Laure Ryan, *Avatars of Story*, University of Minnesota Press, 2006.

사운드 sound

| 게임에 사용되는 청각적 요소의 총체.

게임 시스템으로부터 출력되어 게임 세계를 구성하는 청각적 요소. 게임 내 효과음, 배경음, 보이스오버(voice-over)를 통칭한다. 효과음은 게임 내에서 발생하는 사건 및 인터페이스 조작과 관련된 음향을, 배경음은 게임 플레이 시 반복 재생되는 음악을, 보이스오버는 성우가 녹음한 음성을 의미한다.

게임 사운드의 특징 앤드류 롤링스와 어니스트 아담스는 플레이어의 경험을 구성하는 요소로 상호작용성, 그래픽과 함께 사운드를 제시한다. 마크 르블랑(Marc Leblanc) 또한 게임의 8가지 재미 중 감각을 구성하는 요소로 사운드를 언급했다. 게임 사운드는 전반적인 게임의 분위기를 형성하고 플레이어에게 피드백을 제공하는 데 중요한 역할을 하며, 플레이어의 몰입을 극대화한다. 타격감 및 공간감과 같은 실감 효과를 제공할 수 있어 플레이어의 감정을 유발하는 데 효과적이지만, 플레이 맥락과 일치하지 않을 때를 제외하면 의식적으로 지각되지 않아 연구 및 설계가 어렵다. 게임의 개성을 표현하고 플레이어의 경험을 활성화하는 데 가장 효과적인 요소로 평가된다.

게임 사운드의 조건	
종류	설명
독창성	게임의 콘셉트를 살리되 해당 게임의 정체성을 표현함.
상식	특정 상황에서 연상할 수 있는 범위 안에서 사운드를 구현함.
함축성	해당 상황을 표현할 수 있는 사운드를 압축적으로 제시함.
통일성	게임의 콘셉트를 유지하는 선에서 다양한 사운드가 조화를 이뤄야 함.
안정성	음향학적인 의미의 안정성으로, 장시간 들었을 때 피로하지 않아야 함.

【게임 효과음의 기능】 게임 효과음은 크게 주변 환경의 소음을 표현하는 앰비언트(ambient) 효과음과 이벤트 기반 효과음으로 구분한다. 앰비언트 효과음은 실제 세계의 환경 소음을 구현한 게임 사운드로, 플레이어는 이를 통해 게임 플레이를 실제 경험과 유사하게 인식하고 환경의 변화를 감지한다. 이벤트 기반 효과음은 주로 믹싱을 통해 인공적으로 소리를 만들어내는 폴리 사운드로 제작되며, 게임 내 플레이어의 행동에 대한 피드백으로 사용된다.

1인칭 공포 어드벤처 게임인 〈화이트데이 : 학교라는 이름의 미궁(Whiteday : A Labyrinth Named School)〉은 평범한 그래픽에도 공포감 조성을 위해 추격자의 발소리, 열쇠 소리, 귀신 소리와 같은 효과음을 효과적으로 사용한 사례이다.

【게임 배경음의 기능】 게임 배경음은 스코어(score)와 노래로 구성되며, 플레이어의 지각과 감정에 영향을 주어 몰입을 유도한다. 스코어는 게임 분위기를 표현하기 위한 기악곡이며, 노래는 게임의 대중성을 높이는 요소이다. 게임 배경음은 게임 내에서 반복되는 루핑(looping) 사운드와 플레이어 행동에 따라 변화하는 어댑티브(adaptive) 사운드로 구분된다. 루핑 사운드는 플레이의 흐름을 원활하게 하고, 어댑티브 사운드는 플레이 경험을 극적으로 만드는 역할을 한다. 일부 배경음은 라이선스 계약을 통해 오리지널 사운드 트랙으로 발매되어 게임의 수익 구조에 영향을 미친다.

일반적으로 게임 배경음은 게임의 주제와 조화를 이루는 방향으로 제작되지만, 전투 장면에 클래식 오페라를 사용한 〈스타크래프트〉와 같이 고의적인 불일치를 통해 주제 의식을 강화하는 경우도 있다.

2003년 〈테일즈위버(TalesWeaver)〉가 게임 자체보다 배경음으로 유명해지면

장르별 사운드 활용 양상	
종류	설명
아케이드 게임	빠른 템포의 드럼 루프와 밝은 음색의 멜로디를 이용한 1분에서 1분 30초 정도의 음악을 반복 사용하며, 플레이어의 재미를 고양시키는 역할을 한다.
슈팅 게임	고도의 집중력이 요구되는 장르이므로 절제된 사운드, 멜로디가 거의 없는 저음 악기, 공간 효과음을 사용하고, 상황 분위기를 표현하고 게임 집중을 지원한다.
액션 게임	동작에 대한 감각을 지원하는 것이 목표이므로 빠른 템포의 음악과 타격감 구현에 효율적인 하드 이펙트 효과음을 사용한다.
어드벤처 게임	특정 장르의 음악을 사용하기보다는 서사에 부합하는 음악을 상황에 맞게 언더스코어(underscore)로 사용하는 것이 일반적이다.
보드 게임	오프닝 타이틀, 대기실 등을 제외하고 음악적 요소를 최소화하며, 실제 게임이 진행되는 맵에서는 효과음 및 보이스오버만을 사용한다.
스포츠 게임	활동성이 강조될 경우 빠른 리듬의 음악을, 집중을 요할 경우에는 중간 템포의 캐주얼 음악을 사용하며, 현장감을 위해 현실과 유사한 효과음을 주로 구현한다.
레이싱 게임	속도감을 지원하기 위해 빠른 비트로 구성된 쉬운 멜로디의 음악과 현실 기반의 효과음을 사용하며, 보컬이 메인이 되는 풀 송을 쓰기도 한다.
전략 시뮬레이션 게임	현실 세계를 반영하기 위해 오케스트라 사운드에 기반을 둔 대규모 편성을 선호하며, 극적인 음악을 사용하여 플레이어의 결정에 따른 게임 내 결과를 강조한다.
다중접속온라인 역할수행 게임	세계관 표현을 위해 다양한 창작곡, 효과음을 사용하고 보이스오버를 적극 활용하며, 여러 사운드를 혼합하는 등 다른 장르에 비해 다양한 사운드를 사용한다.
1인칭 슈팅 게임	공간감 구현을 위한 앰비언트 효과음, 발사, 장전 등 플레이어의 행동과 관련한 효과음을 구현하며, 이를 적극 활용한 사운드 플레이가 발생한다.

서 배경음의 중요성이 부각되기 시작했다. 이후 〈아이온 : 영원의 탑〉이 국내 게임 음악 사상 최대 규모로 배경음을 제작해 큰 화제가 되면서, 게임 기획에서 배경 음이 주요 요소로 자리 잡았다.

【게임 보이스오버의 기능】 게임 보이스오버는 성우의 연기력을 바탕으로 여러 버전으로 녹음되어 상황에 맞게 재사용된다. 주로 게임 내 플레이어 캐릭터나 엔피시(NPC)의 대화나 해설로 사용되며 게임 캐릭터를 실감나게 경험할 수 있도록 한다. 〈비욘드 : 투 소울즈(BEYOND : Two Souls)〉의 경우 배우 엘런 페이지(Ellen Page)를 성우로 기용해 플레이어 캐릭터에 대한 몰입도를 높였다.

게임 사운드의 계보 초창기 게임의 사운드는 단순한 효과를 구현하기 위해 비프음(beep sound)을 사용하는 수준이었다. 하지만 오디오 성능이 발달하면서 게임 또한 입체 음향을 포함한 다양한 사운드를 사용할 수 있게 되었다. 이후 사운

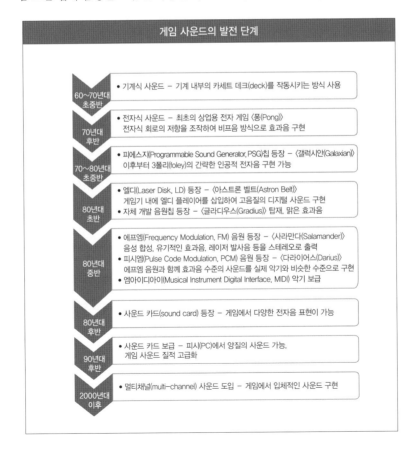

게임 사운드의 발전 단계

60~70년대 초중반	• 기계식 사운드 – 기계 내부의 카세트 데크(deck)를 작동시키는 방식 사용
70년대 후반	• 전자식 사운드 – 최초의 상업용 전자 게임 〈퐁(Pong)〉 전자식 회로의 저항을 조작하여 비프음 방식으로 효과음 구현
70~80년대 초중반	• 피에스지(Programmable Sound Generator, PSG)칩 등장 – 〈갤럭시안(Galaxian)〉 이후부터 3폴리(foley)의 간략한 인공적 전자음 구현 가능
80년대 초반	• 엘디(Laser Disk, LD) 등장 – 〈아스트론 벨트(Astron Belt)〉 게임기 내에 엘디 플레이어를 삽입하여 고음질의 디지털 사운드 구현 • 자체 개발 음원칩 등장 – 〈글라디우스(Gradius)〉 탑재, 맑은 효과음
80년대 중반	• 에프엠(Frequency Modulation, FM) 음원 등장 – 〈사라만다(Salamander)〉 음성 합성, 유기적인 효과음, 레이저 발사음 등을 스테레오로 출력 • 피시엠(Pulse Code Modulation, PCM) 음원 등장 – 〈다라이어스(Darius)〉 에프엠 음원과 함께 효과음 수준의 사운드를 실제 악기와 비슷한 수준으로 구현 • 엠아이디아이(Musical Instrument Digital Interface, MIDI) 악기 보급
80년대 후반	• 사운드 카드(sound card) 등장 – 게임에서 다양한 전자음 표현이 가능
90년대 후반	• 사운드 카드 보급 – 피시(PC)에서 양질의 사운드 가능. 게임 사운드 질적 고급화
2000년대 이후	• 멀티채널(multi-channel) 사운드 도입 – 게임에서 입체적인 사운드 구현

드가 플레이의 주요 요소로 작용하게 되면서, 리듬 게임, 연주 게임, 음악 만들기 게임 등 플레이와 사운드를 연결한 장르가 발생했다. 시기에 따른 게임 사운드의 발전 단계는 다음과 같다.

- **관련 용어** 게임 기획자, 게임 음악, 인터페이스, 타격감, 피드백
- **참고 자료** 김정아, 『미디어 음악』, 커뮤니케이션북스, 2013. | 류휘만, "음악의 게임화에 대한 연구", 한국국제게임컨퍼런스(Korea Game Conference, KGC), 2010. | 이윤재, "게임 사운드의 조건", 넥슨 개발자 컨퍼런스(Nexon Developers Conference, NDC), 2012. | Jeannie Novak, *Game Development Essentials*, Delmar Cengage Learning, 2011. | Karen Collins, *Game Sound : An Introduction to the History, Theory, and Practice of Video Game Music and Sound Design*, The MIT Press, 2008.

사운드 노벨 sound novel

| 분기별 선택으로 진행되는 텍스트 기반의 어드벤처 게임 장르.

플레이어가 일정한 분기점마다 선택지를 골라 진행하는 텍스트 기반의 게임 장르. 주로 호러와 미스테리, 추리 등의 장르를 채택하며, 일본의 춘 소프트(Chun soft)가 제작한 〈제절초(弟切草/おとぎりそう)〉가 최초작이다. 플레이어가 고른 선택지에 따라 이후 이야기 진행, 미션 수행, 선택지, 엔딩 등이 달라진다. 형식적으로는 게임북(game book)과 유사하나 영상 효과, 배경음악, 효과음 등을 삽입해 플레이어의 몰입을 유도하는 것이 특징이다. 플레이어의 목표는 게임의 모든 엔딩을 경험하는 것이며, 엔딩은 하나의 진(眞) 엔딩과 배드(bad) 엔딩으로 구분된다. 게임에 따라 진 엔딩을 달성해야 배드 엔딩으로 갈 수 있는 선택지가 추가되는 경우도 있다.

대표작으로는 〈거리 : 운명의 교차점(Machi/街 : 運命の交差点)〉, 〈카마이타치의 밤(Banshee's Last Cry/かまいたちの夜)〉 등이 있다. 비주얼 노벨(visual novel)은 사운드 노벨에서 파생된 장르로, 사운드 노벨을 그래픽 측면에서 발전시킨 게임을 지칭한다.

- **관련 용어** 선택지, 분기점, 게임북, 비주얼 노벨, 멀티 엔딩
- **참고 자료** 이상우, 『게임, 게이머, 플레이 : 인문학으로 읽는 게임』, 자음과모음, 2012. | Kenneth Y. T. Lim, *Disciplinary Intuitions and the Design of Learning Environments*, Springer, 2014.

사운드 엔진 sound engine

| 게임에서 사용되는 소리를 제작하거나 구현하는 프로그래밍 도구.

효과음이나 배경음, 보이스오버 등의 음원 소스를 제작하거나 음향을 구현하는 소프트웨어. 사운드 엔진은 음원 소스 생산, 사운드 변주, 믹싱(mixing) 등의 작업을 통해 음향을 구현하며, 상황에 맞는 음향 효과를 통해 게임 내 현실감을 강화하고 플레이어의 몰입을 유도한다. 총성 작업의 경우, 녹음 거리에 차이를 둔 8개의 총성 음원 소스와 음의 높낮이를 이용하여 플레이어에게 타격감과 거리감을 전달한다.

초창기 게임에는 비프음과 같은 단순한 음향 효과만 사용됐지만 게임의 세계관이 방대해지고 플레이어의 움직임 등 물리 정보가 증가하면서 사운드의 중요성도 부각됐다. 이후 오디오의 성능 향상과 함께 별도의 도구로서 사운드 엔진이 개발됐다. 사운드 엔진은 플레이어와 스피커 간의 거리와 방향을 계산하여 플레이어에게 원근감과 방향감을 제공하는 3차원 사운드를 제공한다. 언리얼 엔진 4(Unreal Engine 4)의 경우, 다양한 무료 음원과 제작 툴을 제공한다. 사용자는 음의 높낮이 및 음량 조절뿐만 아니라 메아리 밀도, 공기 흡수 등의 요소로 다양한 음향 효과를 구현할 수 있다.

- **유의어** 오디오 엔진
- **관련 용어** 게임 엔진, 게임 사운드
- **참고 자료** 송영덕, 유태영, 『게임기술』, 대림, 2004. | G.W. Childs IV, *Creating Music and Sound for Games*, Cengage Learning, 2007. | 언리얼 엔진 4, http://docs.unrealengine.com

사이버 드라마 cyber drama

| 컴퓨터의 상호작용적 가상 환경에서 구현되는 서사.

컴퓨터 기반 가상 환경에서 상호작용자의 개입을 통해 이뤄지는 서사의 형태. 1997년 자넷 머레이가 처음 제시한 용어이다. 게이머는 〈스타트렉(StarTrek)〉의 가상 장치 홀로덱(holodeck)의 사용자처럼, 가상의 무대와 배우를 통해 연극적 스

토리텔링에 참여할 수 있다. 상호작용자가 자신의 행위에 따라 변화하는 가상 세계를 경험하는 에이전시(agency)와 컴퓨터의 가변적 환경인 변형(transformation)이 상호작용자의 몰입을 강화한다. 머레이는 사이버 드라마의 대표적 사례로 〈심즈〉 시리즈를 꼽는다.

- **유의어** 인터랙티브 드라마, 에르고딕 문학(Ergodic Literature)
- **관련 용어** 에이전시, 변형, 몰입, 상호작용
- **참고 자료** 에스펜 올셋 저, 류현주 역, 『사이버텍스트』, 글누림, 2007. | 자넷 머레이 저, 한용환, 변지연 역, 『인터랙티브 스토리텔링 : 사이버 서사의 미래』, 안그라픽스, 2001. | Brenda Laurel, *Toward the Design of a Computer-Based Interactive Fantasy System*, Ph.D.-dissertation, The Ohio State University, 1986. | Michael Mateas, "A Preliminary Poetics for Interactive Drama and Games", *First Person : New Media as Story, Performance, and Game*, The MIT Press, 2004.

사이버 모욕죄 cyber contempt

| 사이버 공간에서 타인을 모욕함으로써 성립하는 범죄 행위.

사이버 공간에서 타인의 사회적 평가를 저하시킬 수 있는 추상적인 판단이나 경멸적인 감정의 표현. 관련 법안은 2005년에 최초로 제기됐으며 2008년 정부에 의해 입법이 추진됐다. 당시 정부는 사이버 모욕죄를 모욕죄와는 독립된 정보통신망법 법조항으로 신설하고자 했으나 이는 표현의 자유를 억압하는 체제가 될 수 있다는 이유로 반박을 받았다. 또한 기존의 모욕죄보다 형량이 높으며 피해자의 동의 없이도 소송을 제기할 수 있다는 점에서 입법이 무산되었다. 사이버 모욕죄를 저지를 경우, 형법 제311조 모욕죄에 해당하는 처벌을 받게 된다 (2015년 5월 기준).

사용자 생성 콘텐츠의 유형 분류		
분류	사이버 모욕죄	모욕죄
소송 시 피해자 동의	불필요	필요
형량	3년 이하의 징역 또는 1,000만 원 이하의 벌금.	1년 이하의 징역이나 금고 또는 200만 원 이하의 벌금.

모욕죄는 명예훼손죄와는 다른 개념으로 가해자의 발언에 대한 사실 여부를 확인하지 않는다. 따라서 상대방에 대한 모욕적인 언어를 사용한 것만으로도 처벌이 가능하다. 모욕죄가 성립하기 위해서는 모욕성, 공연성, 특정성이라는 3가지 조건을 만족시켜야 한다. 모욕성이란 상대방이 모욕감이나 모멸감을 느낄 만한

언행을 가리킨다. 공연성이란 불특정 다수의 모욕성 인지 여부, 목격 여부를 가리킨다. 특정성이란 특정인의 지명 여부를 가리킨다. 온라인 게임의 경우, 채팅방에 입력한 욕설이나 다수가 접속하는 게임 커뮤니티에서 특정 아이디, 닉네임을 지목한 욕설 등은 처벌의 대상이 된다.

게임 내 비방이 법정 공방으로까지 이어진 것은 2011년 〈리니지〉의 사례가 최초이다. 피해자는 상대가 자신에게 거짓으로 인신공격을 했고 이로 인해 명예가 훼손당했음을 주장했다. 그러나 이는 법정에서 받아들여지지 않았다. 게임 내의 비방 및 욕설 문제가 점차 불거지자, 2013년 서울경찰청은 게임에서 일어나는 사이버 모독죄를 예방하기 위해 게임 내에서 욕설을 할 경우 모욕죄가 성립된다는 사실을 알렸다. 일례로 2014년 〈리그 오브 레전드〉에서는 여성에 대한 비하 발언과 부모에 대한 욕설 등을 한 가해자가 유죄 판결을 받았다.

국립국어원은 건전하고 바람직한 게임 언어 환경을 구축하기 위해 2007년 이화여자대학교 국어국문학과와 디지털미디어학부의 협력을 통해 게임물 언어 사용 실태를 조사했다. 이를 바탕으로 2008년에는 한국게임산업진흥원에서 8,508개의 금칙어를 제정하였고 게임 등급에 따라 적용할 수 있는 기준을 마련했다.

한국게임산업진흥원에 따른 금칙어 분류		
분류	하위 분류	예시
폭력적 표현	욕설	개새끼, 씨팔, 상년
	위협	닥쳐, 눈깔아, 꼽나
	기타(공공질서 및 미풍양속을 저해하는 표현)	새대가리, 빌어먹을, 돌아이, 처드삼
선정적 표현	성기 및 관련 신체 지칭어	개보지, 귀두, 공알
	성행위 관련어	섹스, 딸딸이, 수음
	기타 성적 상상력이나 수치심을 유발하는 표현	갈보, 콘돔, 페티시
차별적 표현	남녀 차별 및 연령 차별	추녀, 창녀, 화냥년
	기타(인종 및 지역 차별)	코쟁이, 쪽바리, 저능아
사행성 유발 표현	불건전 게임 행위 조장	불법 복제 또는 해킹을 조장하는 표현 등
	기타 금전 관련 불법 광고	현금 거래 및 계정 거래 시도 또는 선동하려는 표현 등

금칙어는 표현의 폭력성, 선정성, 차별성, 사행성 유발 등 4가지 기준으로 분류된다. 또한 이는 사용자들이 언어 필터링을 피해가기 위해 기존의 욕설을 변형한 단어들까지 포함한다. 전체 8,508개의 금칙어는 2,308항의 대표형으로 묶이며, 변형형의 유형은 세부 기준에 의거해 분류했다. 이는 실제 게임 회사들의 언어 필터링 기준으로 사용되고 있다.

금칙어 변형형의 유형 분류		
종류	설명	사례
교체	대표형에서 자음이나 모음을 바꾼 경우	**자음 교체** 1) 1음절 : 시팔, 띠팔, 씨팍, 쫕같네 2) 2음절 : 씨발, 씨빨, 시할, 씨빡 3) 2개 음절 이상 : 시밫, 시빨
		모음 교체 1) 1음절 : 씌팔, 쑤팔, 쉬팔 2) 2음절 : 씨풀, 씨팥, 씨펄 3) 2개 음절 이상 : 쑤펼, 쉬펠, 쉬퐄
		자·모음 교체 1) 1음절 : 쉬팔, 스팔, 싀팔 2) 2음절 : 쌰뱔, 씨벨, 씨뱔 3) 2개 음절 이상 : 스발, 띠발, 시벌
탈락 및 축약	대표형의 음절이나 음소가 탈락하거나 음소 탈락 후 음절이 축약된 경우. 혹은 초성만으로 전체 음절을 표기한 경우	**탈락** 1) 음절 탈락 : 양아(양아치) 2) 음소 탈락 : 씨파 3) 두문자 : ㅆㅍ
		축약 새대갈
		탈락+축약 자샤
첨가	대표형에 없는 음소를 첨가하거나 음절 수를 늘린 경우	**음절 첨가** 씨파알, 씨이팔
		음소 첨가 씹팔
		음절+음소 첨가 씨입팔
음소 나열	자음과 모음이 음절을 구성하지 않고 음소를 나열해 표기한 경우	ㅅㅅㅣ팔, ㅆㅣ팔
연철/분철/ 재음소화	연철 : 소리나는 대로 표기 분철 : 후행 음절의 초성을 선행 음절의 종성으로 표기 재음소화 : 한 음소를 둘로 나누어 표기	좆가튼, 질알, 씹핡
기호	비슷한 음상의 외국어 문자, 숫자, 혹은 특수문자를 사용하여 표기한 경우	**외국어 문자** c팔, ccipal, cipal
		숫자 씨8
		특수문자 ^^ㅣ발
		두 개 이상 중복 C8, c8
부가	필터링을 피하기 위해 문자의 중간 혹은 뒤에 의미 없는 기호(외국어, 문자, 숫자, 특수문자 등)를 부가한 경우	자,지, 자.지, 자//지, 자/지, 자지-, 자지1
띄어쓰기	필터링을 피하기 위해 씌어쓰기에 변화를 준 경우	씨팔, 씨 팔, 씨 팔

- **유의어** 사이버 명예훼손죄
- **관련 용어** 모욕죄, 친고죄
- **참고 자료** 류철균, 최형용, 『영화 및 게임물 언어사용 실태 조사』, 국립국어원, 2007. | 안세진, 『사이버공간에서의 모욕죄 관련 판례 연구』, 한양대학교 대학원 석사논문, 2011. | 임채곤, 『사이버 범죄에 관한 연구 : 허위사실유포죄, 사이버모욕죄, 인터넷 실명제를 중심으로』, 경상대학교 대학원 박사논문, 2013. | 정완, 『사이버범죄론』, 법원사, 2010. | 한국게임산업진흥원, 국립국어원, 『게임언어 건전화 지침서 연구』, 한국게임산업진흥원, 2008.

사이버네틱스 cybernetics

| 시스템의 통제와 제어를 연구하는 학문 분야로, 게임 규칙 시스템에 적용됨.

커뮤니케이션과 제어를 중심으로 시스템 내부 메커니즘과 입출력의 상호작용을 연구하는 학문. 미국의 수학자 노버트 위너(Norbert Wienner)가 1948년 『사이버네틱스, 혹은 동물과 기계의 통제와 통신(Cybernetics or Control and Communication in the Animal and the Machine)』이라는 저서에서 처음 언급한 개념이다. 위너는 이 개념을 통해 인간 지능과 같은 제어 기능을 기계에 도입하려 했다. 이러한 논의는 게임의 공학적 논리 구조와 게임 내 인공지능 캐릭터 구현에 영향을 미쳤다.

사이버네틱스 개념은 정보 과학 분야에서 사회학, 인문학 등 여러 학문 분야로 확장됐다. 게임학자 에스펜 올셋이 언급한 '사이버텍스트(cybertext)'란 용어도 이 개념에서 유래했다. 사이버네틱 시스템은 시스템 내부 매커니즘과 입력과 출력의 상호작용을 중심으로 구성된다. 시스템은 입력을 통해 환경을 모니터링하고, 출력을 통해 환경에 영향을 미치면서 환경과 서로 영향을 주고받는다.

사이버네틱 시스템은 감지기(sensor), 비교기(comparator), 활성기(activator)라는 3가지 요소로 구성된다. 감지기는 환경이나 시스템 내부 상태를 감지하고, 비교기는 감지기의 인식 결과에 따라 시스템을 변화시킬지 여부를 판단하며, 활성기는 비교기의 판단에 따라 시스템에 변화를 발생시킨다. 이 3가지 요소는 '출력-피드백-조정'이라는 시스템의 순환을 통해 작동한다. 이는 피드백 시스템 혹은 피드백 루프라고도 불린다. 사이버네틱 시스템은 게임 규칙에 적용되며, 사용자와 게임 간의 관계를 피드백 루프로 설명한다.

- **유의어** 사이버네틱 시스템
- **관련 용어** 커뮤니케이션, 피드백 시스템, 사이버텍스트, 게임 규칙
- **참고 자료** 노버트 위너 저, 이희은, 김재영 역, 『인간의 인간적 활용 : 사이버네틱스와 사회』, 텍스트, 2011. | 백욱인, 『디지털 데이터·정보·지식』, 커뮤니케이션북스, 2013. | 케서린 헤일스 저, 허진 역, 『우리는 어떻게 포스트휴먼이 되었는가』, 열린책들, 2013. | 케이티 살렌, 에릭 짐머만 저, 윤형섭, 이대웅 역, 『게임디자인 원론 2』, 지코사이언스, 2011. | Norvert Wiener, *Cybernetics or Control and Communication in the Animal and the Machine*, The MIT Press, 1961.

사이버텍스트 cybertext

| 에스펜 올셋이 『사이버텍스트(Cybertext)』에서 디지털 텍스트의 특성을 설명하기 위해 제안한 개념.

에스펜 올셋이 노버트 위너의 저서 『사이버네틱스, 혹은 동물과 기계의 통제와 통신』에서 언급한 사이버네틱스의 개념을 이용해 새롭게 제안한 개념. 디지털 매체에서 구현되는 모든 텍스트성을 포괄한다. 하이퍼텍스트, 텍스트 어드벤처, 머드(MUD)와 같은 비선형적 텍스트가 사이버텍스트의 유형에 속한다. 독자는 사이버텍스트를 독해하는 과정에서 '에르고딕(ergodic)'이라고 불리는 일련의 기호적, 연속적 과정을 경험하게 된다. 사이버텍스트의 독자는 단어의 시퀀스를 선택하고 결정하는 능동적 독해 과정을 거친다. 사이버텍스트의 독자는 텍스트를 탐사하며 서사 자체를 새롭게 구성하기 때문에 독자를 넘어 저자의 기능까지 수행하게 된다. 따라서 사이버텍스트의 독자는 '독자(reader)'보다 '사용자(user)'에 가깝다.

- **유의어** 사이버네틱스
- **관련 용어** 에르고딕, 비선형적 텍스트, 에스펜 올셋
- **참고 자료** 에스펜 올셋 저, 류현주 역, 『사이버텍스트』, 글누림, 2007. | 이재현, 『디지털 시대의 읽기와 쓰기』, 커뮤니케이션북스, 2013. | Markku Eskelinen, *Cybertext Poetics : The Critical Landscape of New Media Literary Theory*, Continuum, 2012. | Norbert Wiener, *Cybernetics or Control and Communication in the Animal and the Machine*, The MIT Press, 1961.

사이보그 cyborg

| 의료 및 신체 강화 목적으로 생성된 유기체와 기계의 합성물.

인간, 동물, 곤충 등의 유기체와 기계의 결합물. 1960년 맨프레드 E. 클라인즈와 네이선 클라인의 「사이보그와 우주(Cyborgs and Space)」에서 최초로 사용된 용어이다. 사이보그는 눈, 팔다리, 장기 등을 기계로 대체하거나 기존의 유기체에는 없던 형태의 기계 신체를 추가하여 생성된다. 사이보그의 개념은 페미니스트 도나 해러웨이의 1985년 「사이보그를 위한 선언문(A Cyborg Manifesto : Science, Technology, and Socialist-Feminism in the Late Twentieth Century)」에 차용됐다. 해러웨이는 젠더 개념이 사라진 세상이 도래할 것으로 예상하며, 해당 시대의 모든 인간을 사이보그로 정의한다.

게임의 사이보그는 보통의 인간보다 뛰어난 신체 능력을 가진 주인공, 적, 종족으로 등장한다. 특히 1인칭 슈팅 게임의 사이보그는 인간과 무기가 결합하여 전투 능력이 강화된 존재로 나타난다. 1인칭 슈팅 게임 〈데이어스 엑스 : 휴먼 레볼루션(Deus Ex : Human Revolution)〉은 사이보그 부품으로 스스로를 강화한 인간과 그렇지 못한 인간과의 갈등을 배경 설정으로 다루며, 머리, 팔, 눈, 피부 등의 신체 일부를 사이보그 부품으로 강화하는 방식으로 추가적인 스킬을 습득한다. 이 외에도 사이보그 병사를 중심으로 한 1인칭 슈팅 게임으로 〈메탈 기어(Metal Gear)〉 시리즈, 〈콜 오브 듀티 : 블랙 옵스(Call of Duty : Black Ops)〉가 대표적이다.

- **관련 용어** 사이버펑크, 스팀펑크, 로봇, 언캐니
- **참고 자료** Donna Harraway, "A Cyborg Manifesto : Science, Technology, and Socialist-Feminism in the Late Twentieth Century", *Simians, Cyborgs and Women : The Reinvention of Nature*, Routledge, 1991. | Manfred E. Clynes, Nathan S. Kline, "Cyborgs and Space", *The Cyborg Handbook*, Routledge, 1995. | Helen W. Kennedy, "Lara Croft : Feminist Icon or Cyberbimbo?", *Game Studies*, vol.2, no.2, 2002.

사장님 shopper

| 아이템 습득을 위해 가상 재화를 지불하고 공격대에 참여하는 플레이어.

〈월드 오브 워크래프트〉의 공격대 콘텐츠에서 유래한 사용자 은어이다. 공격대에 참여하되 몬스터 공략보다 보상으로 제공되는 아이템을 획득하는 데 주력하기 때문에 '손님' 또는 '쇼퍼(shopper)'라고도 불린다. 다중접속온라인 역할수행 게임에서 플레이어는 공격대에 참여하여 던전을 공략한 뒤 보상으로 높은 레벨의 아이템을 획득할 수 있다. 공격대원은 일정 수준 이상의 딜, 힐 능력을 갖춰야 하기 때문에 낮은 레벨의 아이템을 착용한 플레이어는 공격대에 참여하기 어렵다. 이러한 플레이어들은 사장님이 되어 공격대에 참여한 파티원들에게 골드를 지불하고 아이템을 구매한다. 공격대원 중 몬스터 공략에 집중하는 플레이어는 선수라고 불리며, 선수는 사장님이 지불한 가상 재화를 분배해 가진다.

- **유의어** 손님, 쇼퍼
- **관련 용어** 공격대, 아이템, 골드파티
- **참고 자료** 게임조선, 〈아이템 비싸게 사실 "사장님 모십니다"〉, www.gamechosun.co.kr/article/view.php?no=62558

사천성 mah-jong / 四川省

| 동일한 그림의 카드 쌍을 찾아 제거하는 게임.

임의적으로 나열된 카드들 중 동일한 그림이 그려진 쌍을 찾아내는 게임. 플레이어는 한정된 시간 내에 짝을 이루는 카드를 찾아 모두 제거하는 것을 목표로 한다. 쌍을 이루는 두 카드는 3개 이하의 직선으로 연결 가능해야 하며, 직선이 지나가는 경로에는 장애물이 없어야 한다. 마작 솔리테어(Solitaire) 게임과 혼용해 부르기도 한다. 마작 솔리테어 게임은 동일한 마작 패의 쌍을 찾아 제거하되 좌우 및 상단에 장애물이 없어야 한다는 제한을 둠으로써 사천성 규칙의 토대를 마련했다.

1986년에 개발된 〈상하이(Shanghai)〉는 대표적인 마작 솔리테어 게임으로서, 4겹으로 쌓인 144개의 마작 패를 그대로 재현한다. 사천성은 마작 솔리테어 게임과 달리 카드를 단일한 면 위에 나열하고, 마작 패의 숫자 및 글자 대신 꽃, 보석, 동물 등 짧은 시간 내에 식별 가능한 그림을 사용한다. 카드를 선택하고 제거하는 간단한 조작법과 변용 가능한 카드 배열 방식 등을 활용해 온라인 게임 및 모바일 게임으로도 개발된다. 게임에 따라 동물과 같은 주인공 캐릭터 및 게임 세계관을 설정하거나 미션, 콤보 점수 시스템, 아이템 등의 게임 요소를 도입한다. 대표적인 예로 〈애니팡 사천성〉, 〈넷마블 사천성〉, 〈한게임 사천성〉 등이 있다.

- **관련 용어** 솔리테어 게임, 마작
- **참고 자료** Rodney P. Carlisle, *Encyclopedia of Play in Today's Society*, SAGE, 2009. | Scott D. Miller, *Mahjong From A To Zhú*, Lulu.com, 2012.

사플 sound play

| 소리로 상대의 위치 및 상태를 파악하여 전략적으로 활용하는 플레이 방식.

사운드 플레이의 준말. 시각 정보 없이 소리만으로 적의 위치 및 상태를 파악하는 플레이 방식을 뜻한다. 사플은 정교한 사운드 환경을 구현한 게임, 특

히 1인칭 슈팅 게임에서 활용된다. 〈카운터-스트라이크(Counter-Strike)〉 시리즈, 〈서든어택〉, 〈스페셜 포스(Special Force)〉 등이 대표적이다. 해당 게임의 사운드는 플레이어를 기준으로 상대방의 거리 및 방향을 반영하여 설정 및 재생된다. 사운드의 종류는 캐릭터의 발자국 및 숨소리 효과음, 장비 교체 및 사용 효과음 등으로 나뉘며, 그 중 발자국 소리는 흙, 철판, 물 등의 지형 요소를 반영한다.

사플은 1인칭 슈팅 게임에서 승리를 위한 고난이도의 플레이 방식이다. 플레이어는 사운드의 거리 및 방향, 발자국 소리를 참고하여 음원, 즉 상대의 위치를 파악한다. 숨소리 효과음을 통해 상대 인원을 확인하며, 아이템 효과음을 통해 상대의 무기와 전략을 예측한다. 일부 플레이어는 상대의 사플을 예상하여, 사운드를 활용한 속임수를 쓴다. 탄창 교체 사운드가 발생하도록 조작하여 상대의 공격을 유도하는 방식 등이 그 예이다. 일부 1인칭 슈팅 게임은 사플을 중심으로 한 게임 모드를 제공한다. 특정 팀의 플레이어를 투명하게 처리하는 〈카운터-스트라이크 온라인〉의 '히든(hidden)', 〈크로스파이어(CrossFire)〉의 '고스트 매치(ghost match)' 등이 있다.

- **관련 용어** 사운드, 슈팅 게임
- **참고 자료** 〈카운터-스트라이크 온라인〉 사이트, '히든모드 리뉴얼', http://csonline.nexon.com/board/570425352/129 | 〈크로스파이어〉 사이트, '고스트 매치', www.crossfire.co.kr/Guide/guideModeInfo.asp?t1=1&t2=3

산해경 Shan Hai Jing / 山海經

| 동아시아 지역에서 가장 오래된 신화집이자 지리서.

동아시아 지역에서 가장 오래된 백과전서. 지리, 역사, 문학, 민족, 동물 등을 총망라한 내용을 담고 있다. 고대 중국과 그 주변의 산과 바다를 배경으로 신과 인간, 기이한 인간, 동물 등에 관한 이야기와 그림이 실려있다. 『산해경』에 등장하는 인간과 동물, 사물 등은 잡종적인 형상이나 양성구유(兩性具有)와 같은 기이한 모습이다. 『산해경』 속 신화적 이야기와 신, 인간, 동물 등은 게임에서 몹(Mob)이나 캐릭터, 세계관의 모티프로 차용된다. 『산해경』을 차용한 대표적인 게임은 〈포

켓몬스터〉이다. 머리가 2개 달린 새 두두와 3개 달린 두트리오, 등껍질을 가진 라프라스는 각각 『산해경』의 유, 기여, 선구의 형상을 반영한다. 날개달린 용이나 뱀의 형상을 가진 존재들은 롱스톤, 갸라도스, 리자몽, 미뇽 등의 포켓몬의 모티프로 사용됐다. 이 외에도 〈바람의 나라〉에서는 『산해경』에 나오는 구미호, 촉룡 등이 몹으로 등장한다.

- **관련 용어** 동양 신화, 몹, 포켓몬스터, 바람의 나라
- **참고 자료** 김윤아, 『포켓몬 마스터 되기』, 살림, 2003. | 예태일, 전발평 저, 서경호, 김영지 역, 『산해경』, 안티쿠스, 2008. | 정재서, 「상상력의 보물창고 : 산해경」, 『동양의 고전을 읽는다 2』, 휴머니스트, 2006.

상성 counterpart element

| 스킬이나 능력치에 따른 캐릭터 간 우열 관계.

밸런싱으로 인해 발생하는 캐릭터의 천적 관계. 게임 안의 모든 캐릭터는 가위-바위-보와 같이 서로에 대해 우월 또는 열등의 관계를 가진다. 앤드류 롤링스와 어니스트 아담스는 가위바위보의 상성 행렬이 다양한 게임 장르에서 밸런싱을 위한 모델로 활용되었다고 말한다. 가위바위보의 상성 행렬은 세로축을 기준으로 1, 0, -1의 값을 매긴다. 1은 이기는 경우를, 0은 비기는 경우를, -1은 지는 경우를 각각 뜻한다.

가위바위보의 상성 행렬			
	가위	바위	보
가위	0	-1	1
바위	1	0	-1
보	-1	1	0

다중접속온라인 역할수행 게임의 경우 상성은 주로 캐릭터의 능력치와 스킬에 의해 규정된다. 첫째, 능력치는 직업에 따라 다르게 설정되므로 상성의 변수가 된다. 일반적으로 능력치는 종족, 직업, 레벨에 따른 기본 능력치와 무기, 방어구 등 장착 아이템에 따른 추가 능력치의 합이다. 직업별 능력치는 협력 플레이에서 플레이어의 역할을 결정한다. 그러나 일대일 전투가 발생할 때, 직업별 능력치는 상대와의 우열 관계를 결정할 수 있다. 근거리 딜러는 공격력과 공격 속도가 높으나 생명력과 방어력이 낮다.

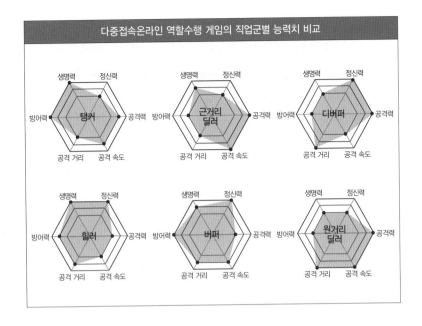

따라서 빠른 속도로 상대의 체력을 소모시키는 전략을 취한다. 그러나 탱커의 높은 생명력과 방어력은 딜러의 대미지를 상쇄시키기 때문에, 탱커는 근거리 딜러의 상성이 된다. 직업군별로 능력치에 따른 상성은 탱커가 근거리 딜러를 이기고, 근거리 딜러는 디버퍼를 이기며, 디버퍼는 힐러와 버퍼를, 힐러와 버퍼는 원거리 딜러를 이긴다. 마지막으로 원거리 딜러는 탱커를 이기는 상관관계가 형성된다.

둘째, 스킬의 속성, 적용 범위, 효과는 상성을 결정하는 변수이다. 탱커의 경우 능력치뿐 아니라 스킬에 있어서도 딜러와의 전투에서 우위에 있다. 탱커는 생명력 강화 버프를 사용하며 일시적으로 방어막을 형성할 수 있기 때문에, 공격 거리가 유사한 근거리 딜러의 상성이 된다. 딜러는 공격력 및 공격 속도 강화 버프를 활용해 빠른 속도로 상대의 체력에 피해를 주는 직업군이다. 또한 넉백(knock-back), 기절, 에어본(airborne), 독, 침묵 등의 다양한 군중 제어 기술을 사용한다. 탱커에게는 상대적으로 약하지만 빠른 속도로 대미지를 가할 수 있어 체력이 약한 디버퍼, 힐러와는 상성이다.

디버퍼는 수면, 속박, 둔화, 매혹, 공포, 변이 등의 스킬과 도트(DoT)를 사용한다. 힐러의 회복 스킬 사용을 차단할 수 있기 때문에 힐러의 상성이다. 힐러는 치유 스킬, 디버프 해제 스킬을 사용해 장기전에 유리하다. 회복 마법을 사용할 수 없게 만드는 디버퍼 계열에는 약하지만, 원거리 딜러의 공격은 예방 및 회복이 가능하기 때문에 원거리 딜러의 상성이 된다. 버퍼는 전투 시 캐릭터의 다양한 능력치를 일시적으로 상승시킬 수 있는 직업군으로 상대의 직업에 따라 적합한 버프 스킬을 활용할 수 있다. 보통 힐러와 유사한 능력치를 가지며, 원거리 딜러의 상성으로 평가된다. 마지막으로 원거리 딜러는 근거리 딜러와 유사한 공격력을 지니며 멀리서 공격이 가능하기 때문에 탱커와의 전투에서 유리하다.

〈포켓몬스터 X·Y(Pokémon X and Y)〉의 경우 방어 포켓몬의 속성과 공격 포켓몬의 스킬 속성을 기준으로 상성이 결정된다. 속성으로는 불꽃, 물, 불, 전기, 땅, 고스트, 격투, 비행, 벌레, 바위, 얼음 등이 있으며 각각은 다른 속성과의 상관관계를 지닌다. 포켓몬 게임에서 공격의 효율은 '▲ 효과가 굉장하다, – 효과가 별로인 듯하다, × 효과가 없다'로 화면에 표시되며, 상성표는 다음과 같다.

〈포켓몬스터 X·Y〉의 속성에 의한 상성																	
공격 스킬 속성 \ 방어 캐릭터 속성	불꽃	벌레	물	풀	전기	땅	바위	얼음	비행	격투	독	고스트	강철	에스퍼	드래곤	악	페어리
불꽃	-		-	▲				▲					▲		-		
벌레	-			▲						-	-	-	-	▲		▲	-
물	▲		-	-		▲	▲								-		
풀	-	-	▲	-		▲	▲			-					-		
전기			▲	-		×			▲						-		
땅	▲	-		-	▲		▲		×		▲		▲				
바위	▲	▲				-		▲	▲	-			-				
얼음	-		-	▲		▲		-	▲				-		▲		
비행		▲		▲	-		-			▲			-				
격투		-					▲	▲				×	▲	-		▲	-
독				▲		-	-				-	-	×				▲
고스트												▲		▲		-	
강철	-		-				▲	▲					-				▲
에스퍼										▲	▲		-	-		×	
드래곤													-		▲		×
악										-		▲		▲		-	-
페어리	-									▲	-		-		▲	▲	

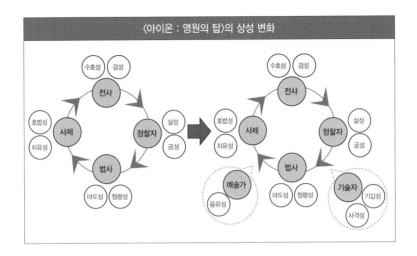

〈아이온 : 영원의 탑〉의 상성 변화

상성은 직업 간 형평성의 지표로 게임의 밸런싱을 평가하는 기준이 된다. 신규 캐릭터가 도입될 때 상성에 균열이 발생하면 이에 대한 플레이어의 불만족이 발생할 수 있다. 〈아이온 : 영원의 탑〉의 경우 2009년 출시 당시 직업 계열에 따른 상성은 위의 그림과 같았다. 그러나 2012년부터 2013년까지 3차례에 걸쳐 신규 직업인 사격성, 음유성, 기갑성이 도입되면서 직업 간 상성에 일부 불균형이 발생했다. 이를 시정하기 위해 개발사는 스킬 변경 등의 패치를 통해 상성을 재조정하고자 했다.

플레이어들은 전투에서 상성을 극복하기 위해 2가지 방법을 사용한다. 첫째, 강화 시스템을 이용한다. 〈아이온 : 영원의 탑〉에서 치유성 플레이어는 '마법 저항력' 마석과 '마법 상쇄' 마석을 이용해 법사 플레이어의 마법 공격을 방어하고자 한다. 이는 플레이어가 게임에서 규정한 직업의 한계를 극복하려는 행위이다. 둘째, 협력 플레이에 참여한다. 이는 다른 직업 플레이어와의 파티를 통해 서로 부족한 능력치와 스킬을 보완하려는 시도이다. 상성이 안정적으로 구현된 게임에서는 다양한 직업의 플레이어가 참여한 협력 플레이가 활성화된다.

- 유의어 카운터
- 관련 용어 밸런싱, 능력치, 스킬, 직업, 군중 제어기
- 참고 자료 손형률, 『게임 밸런스 이야기』, 한빛미디어, 2014. | 앤드류 롤링스, 어니스트 아담스 저, 송기범 역, 『게임 기획 개론』, 제우미디어, 2004.

상연 enactment

| 게임에서 플레이어의 몰입 경험을 만드는 감각적 요소.

게임에서 플레이어가 인지하는 감각적 요소. 아리스토텔레스는 완성된 연극은 유기적 합일체임을 주장하며, 연극을 구성하는 질적 구성 요소들의 인과관계를 이론적 모델로서 정립했다. 그는 이들 사이의 인과관계를 형식적 인과성과 물질적 인과성의 측면에서 설명했다. 이때 각 구성 요소들은 바로 아래 놓인 구성 요소의 형식인(Inferred Formal Cause / 型式因)이자 위에 놓인 구성 요소의 물질인(Material Cause / 物質因)에 해당한다.

형식인이란 그것이 되려고 하는 것의 형태나 모양을 가리키며, 물질인이란 구성 재료를 가리킨다. 아리스토텔레스는 연극의 기본적 물질인으로 상연에 해당하는 '광경(spectacle)'을 언급하며 이를 '퍼포먼스(performance)'라는 용어로 지칭한 바 있다. 그는 퍼포먼스에 시각적인 감각뿐만 아니라 여타 감각까지 포함된다는 점에 주목하고, 이것이 연극을 만드는 재료라고 보았다.

브렌다 로럴은 컴퓨터 기반 환경에서 드라마적 재현을 구현하기 위해서는 구조적 요소와 역동성에 대한 심도 있는 논의가 필요하다고 보았다. 이에 '아리스토텔레스의 극적 경험'이라는 개념을 통해 게임의 '상호작용적 컴퓨터의 경험'을 설명했다. 컴퓨터 게임은 드라마식의 엔터테인먼트와 인간 컴퓨터 활동의 접점에서 전감각적 재현을 가장 활발하게 개척하고 있는 콘텐츠이다. 마이클 마티아스는 아리스토텔레스의 드라마 이론을 실제로 인터랙티브 드라마 이론에 적용했다. 인

브렌다 로럴이 제시한 드라마와 인간-컴퓨터 활동이 갖는 6가지 질적 요소		
구성 요소	드라마	인간-컴퓨터 활동
액션	재현되는 완전한 액션.	시스템과 사용자가 협력해 만든 액션.
캐릭터	에이전트 선택 패턴에서 추출한 성질, 특성의 집합 : 에이전트.	드라마 정의와 동일. 인간과 컴퓨터 양쪽 에이전트를 모두 포함.
생각	선택으로 이끄는 내부 과정 : 인식, 감동, 이유.	드라마 정의와 동일. 인간과 컴퓨터 양쪽 에이전트를 모두 포함.
언어	단어의 선택과 배열 : 언어 사용.	기호 선택과 배열.
패턴	들리는 모든 것 : 말의 멜로디.	감각적 상황에서 패턴의 지각.
상연	보이는 모든 것.	재현되는 액션의 감각적인 면.

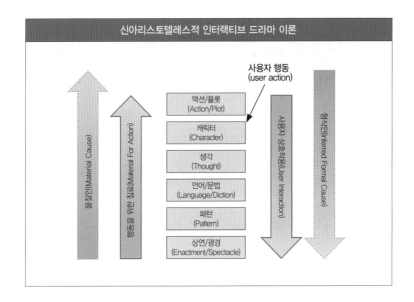

신아리스토텔레스적 인터랙티브 드라마 이론

사용자 행동
(user action)

액션/플롯
(Action/Plot)

캐릭터
(Character)

생각
(Thought)

언어/문법
(Language/Diction)

패턴
(Pattern)

상연/광경
(Enactment/Spectacle)

물질인(Material Cause)

행동을 이끈 질료(Material For Action)

사용자 상호작용(User Interaction)

형식인(Inferred Formal Cause)

터랙티브 드라마와 마찬가지로 게임 플레이어는 자신의 캐릭터를 통해 게임 내 요소와 상호작용하며 상연을 창출하고 극적 몰입을 경험한다.

- 유의어 퍼포먼스
- 관련 용어 감각, 경험, 재현, 상호작용
- 참고 자료 브렌다 로럴 저, 유민호, 차경애 역, 『컴퓨터는 극장이다』, 커뮤니케이션북스, 2008. | 아리스토텔레스 저, 천병희 역, 『시학』, 문예출판사, 2002. | Michael Mateas, *Interactive Drama, Art and Artificial Intelligence, School of Computer Science*, Carnegie Mellon University, 2002. | Anders Sundnes Løvlie, "End of Story? Quest, Narrative and Enactment in Computer Games", *Proceedings of DIGRA 2005 Conference : Changing Views : Worlds in Play*, Authours & Digital Games Research Association DiGRA, 2005.

상점 store

| 게임 내 플레이어들이 다양한 목적으로 방문하는 장소 및 시설.

아이템 거래를 목적으로 만들어진 시설. 엔피시(NPC)로부터 아이템을 구매하거나 플레이 중 얻은 아이템을 팔 수 있다. 게임 플레이를 보조하거나 게임 내 콘텐츠를 즐길 수 있는 매개가 될 뿐만 아니라, 게임의 세계관을 반영할 수 있는 중요한 객체이다. 특히 다중접속온라인 역할수행 게임에서 중요한 역할을 한다.

게임 내 상거래 시설 예시		
구분	설명	판매 아이템 종류
무기 상점	캐릭터가 장착하는 무기 아이템을 파는 곳. 대장간, 무기점, 무기 상점 등으로 지칭된다.	검, 활 등의 무기류
잡화 상점	소모 아이템, 가방, 악기 등 잡화를 파는 곳. 잡화점 등으로 지칭된다.	소모 아이템, 가방 등 잡화
음식 상점	각종 음식 및 음료 아이템을 파는 곳. 식당, 식료품점 등으로 지칭된다.	술, 빵 등의 음식물
방어구 상점	캐릭터가 장착하는 방어구 아이템을 파는 곳. 방어구의 종류에 따라 세분화되기도 한다.	로브, 갑옷 등 방어구
물약 상점	캐릭터 회복에 필요한 물약 등을 파는 곳이다.	체력 물약, 마력 물약 등 물약류
재료 상점	아이템 제작에 필요한 재료 아이템을 파는 곳. 혹은 제작에 필요한 장비 아이템을 판매한다.	촉매제 등 제작 재료
경매장	아이템 경매가 이루어지거나 플레이어가 파는 아이템을 등록할 수 있는 곳이다.	모든 아이템
개인 상점	플레이어가 개설한 상점. 상점을 개설한 플레이어가 등록한 아이템을 구매할 수 있다.	

상거래 상점에 판매되는 아이템을 '상점행 아이템'으로 지칭하며, 아이템을 상점에 판매해 얻을 수 있는 돈을 '상점가'라고 지칭한다. 엔피시에게 판매하는 경우 외에도, 플레이어 간의 거래를 활성화하기 위한 목적으로 만들어진 장소도 존재한다. 경매장, 개인 상점 등이 이에 해당한다. 상점은 판매하는 아이템의 종류에 따라 상점의 유형이 달라진다.

아이템 보관 아이템을 보관하는 목적으로 만들어진 시설이다. 게임에 등장하는 은행, 창고 등의 시설이 이에 해당하며 이곳에서 아이템 외에 돈을 보관할 수도 있다. 플레이어 캐릭터의 인벤토리에 보관할 수 있는 아이템의 수가 제한적이기 때문에 아이템을 별도로 보관할 수 있는 장소가 중요하다. 창고에 보관 가능한 아이템의 수 역시 제한적이기 때문에 일반적으로 전투에서 사용되지 않는 아이템, 착용하지 않는 의상이나 장비 등을 보관한다. 〈아이온 : 영원의 탑〉의 '계정 창고' 등 한 계정의 다른 캐릭터들이 모두 공유할 수 있는 보관 시스템을 별도로 운영하기도 한다. 계정 내 캐릭터 간 아이템 이동이 쉽기 때문에 캐릭터 육성에 전략적으로 활용된다. 사용 빈도가 높은 시설이기 때문에 보관 시설 주위에 플레이어가 몰려있는 경우가 많다.

친목 행위 시설 자체의 목적은 친목 용도가 아니지만, 플레이어가 모여 친목 행위가 이루어지는 장소이다. 장소 자체의 부가 기능은 없다. 마을의 광장이 이에 해당한다. 사망한 플레이어 캐릭터가 '마을에서 부활'을 시도하거나 '순간이동'을 통해 마을로 이동하게 되면 광장으로 이동하는 것이 일반적이다. 이로 인해 광장에 플레이어의 밀집도가 높고, 채팅이 활발하며 친목 활동이 활발하다. 〈마비노기〉의 티르 코네일 광장이 대표적이다.

상징적 장소 장소가 가진 기능은 없지만, 게임 세계관을 구현하는 장소이기 때문에 게임 기반 서사에서 중요한 의미를 갖는다. 퀘스트를 위해 엔피시가 있는 경우가 많다. 성당, 교회, 신전, 엔피시의 집 등이 이에 해당한다. 다만 〈라그나로크 온라인〉 등 일부 게임에서는 성당에서 플레이어 간 결혼이 가능하기도 하다. 장소가 가진 특징을 살려 플레이어의 사용자 문화가 나타나기도 한다. 〈월드 오브 워크래프트〉의 스톰윈드 대성당 결혼식이 대표적이다. 2005년 3월 2일, '카르가스' 서버의 'FresZ' 길드는 게임에서 만나 실제로 결혼하게 된 길드원을 축하해주기 위해 스톰윈드 대성당에서 결혼식을 진행했다. 플레이어들은 줄맞춰 자리에 앉아 결혼식을 지켜보고, 결혼식이 끝난 후 대성당 앞에서 폭죽을 터뜨리는 등 실제 결혼식과 유사한 온라인 결혼식을 거행했다.

회복 장소 캐릭터의 체력치, 마법력 등을 회복하기 위해 만들어진 장소이다. 여관, 힐러의 집, 병원 등이 이에 속한다. 장소에 진입하거나 엔피시와의 대화를 통해 캐릭터를 회복시킬 수 있다. 일부 콘솔 게임에서는 주인공의 집이 회복 장소로 사용되기도 한다. 가령 〈포켓몬스터〉 시리즈의 경우, 시작 마을에 포켓몬 센터가 존재하지 않기 때문에 포켓몬을 회복시키기 위해서는 주인공의 집에 있는 엄마에게 말을 걸어야 한다. 일부 다중접속온라인 역할수행 게임에서는 여관에서 로그아웃할 경우 로그아웃 페널티를 받지 않는 효과가 있다.

〈월드 오브 워크래프트〉에서는 여관에 오래 머물르면 휴식 경험치를 쌓을 수 있으며, 접속 종료 대기시간 없이 즉시 종료가 가능하다. 휴식 경험치가 쌓이면 사냥할 때 경험치를 더 많이 얻을 수 있다는 이점이 있다. 〈테라(Tera)〉에서는 마을에 설치된 모닥불이 회복 기능을 담당한다. 모닥불 근처에 있으면 체력치와 마법력의 자연회복량이 증가하고, 컨디션이 증가하여 버프 효과를 받을 수 있다.

스킬 습득 장소 스킬 습득 및 전직을 위해 만들어진 장소이다. 엔피시로부터 스킬 습득 퀘스트, 전직 퀘스트를 받거나 일정 금액을 내고 스킬을 배울 수 있다. 〈마비노기〉의 학교, 〈월드 오브 워크래프트〉의 '지혜의 골짜기' 등이 이에 해당한다. 캐릭터의 직업에 맞는 엔피시를 찾아가 퀘스트를 수행하거나 일정 금액을 지불하면 스킬을 배울 수 있으며, 게임에 따라서는 전직이 이루어지기도 한다.

이동 장소 마을 간 혹은 대륙 간 이동 수단이 있는 시설이다. 주로 정류장, 정거장, 승강장, 항구 등의 형태로 나타난다. 탈것을 타고 방문한 적이 있는 마을로 빠른 이동이 가능하다. 〈테라〉에서는 페가수스, 〈월드 오브 워크래프트〉에서는 와이번이나 그리폰을 탈 수 있다. 게임에 따라 탈것의 이동 시간이 정해져 있는 경우도 있다. 〈메이플스토리〉의 '엘나스 산맥' 승강장은 정각을 기준으로 매 15분마다 배가 출발하기 때문에, 승선 시간에 맞춰야만 이동할 수 있다. 포털(portal)의 형태로 등장하는 경우도 있는데, 〈울티마〉 시리즈나 〈마비노기〉에 등장하는 '문게이트'가 이에 해당한다.

기타 게임에 등장하는 시설의 사례는 아래 표와 같다.

게임에 등장하는 시설 사례		
구분	설명	사례
결혼식장	결혼 시스템을 도입한 게임에 등장. 캐릭터 간 결혼이 이루어지며, 웨딩드레스와 턱시도 등을 대여하기도 한다.	〈마비노기〉의 '결혼식장'
우체통	캐릭터 간에 편지, 아이템, 돈 등을 주고받을 수 있는 시설. 이용 시 수수료를 지불해야 한다.	〈아이온 : 영원의 탑〉의 '우체통'
부활 장소	캐릭터가 사망했을 때 부활하는 장소. 여신상, 제단, 신전 등으로 나타난다.	〈아키에이지〉의 '누이 신전'
채집 장소	제작에 필요한 아이템을 채집할 수 있는 장소. 낚시터, 농장 등이 이에 해당한다.	〈마비노기〉의 '낚시터'
제작 장소	아이템을 제작할 수 있는 장소. 엔피시나 제작 시설을 사용해 아이템을 제작할 수 있으며, 반복 제작을 통해 숙련도를 높일 수 있다.	〈테라〉의 '제작 장인 공방'

- **유의어** 엔피시
- **관련 용어** 장소, 시설
- **참고 자료** 게임동아, 〈'WOW'가 맺어준 커플, 'WOW'서 결혼식 올려〉, http://game.donga.com/23385/

상징 symbol

| 게임에서 어떤 대상이나 관념을 지시하는 기호적 작용 또는 그 기호.

어떤 개념을 전달하기 위해 매개체를 사용하는 수사 기법 또는 그 매개체. 비유가 원관념에 해당하는 대상을 보조관념으로 수식하는 기법이라면, 상징은 원

다중접속온라인 역할수행 게임의 상징 기호	
상징	설명
!	우호적 엔피시(NPC)의 상단에 표시될 경우 퀘스트의 제공을, 몬스터의 상단에 표시될 경우 공격이 발생한 것을 뜻한다.
💬	좌측 하단의 대화창에 표시될 경우 시스템 안내 또는 플레이어 간 대화를, 엔피시 상단에 표시될 경우 엔피시와 대화가 가능하다는 것을 뜻한다.
▼	캐릭터의 소속 길드에 대한 정보를 확인할 수 있음을 의미. 스킬 아이콘이나 효과로 표시될 경우 방어형 스킬을 뜻한다.
?	게임에 대한 기본 정보 등 게임 플레이에 대한 도움을 얻을 수 있음을 의미. 엔피시 상단에 표시될 경우 퀘스트의 진행 여부를 표시한다.
⚙	게임의 해상도, 창 모드, 사운드, 언어, 비속어 차단, UI 크기 등 각종 게임 설정을 변경할 수 있음을 뜻한다.

관념을 제외시키고 보조관념만을 남겨두는 것이다. 비가시적인 것을 가시화된 기호로 표시하고자 사용하기도 한다. 하나의 상징 기호는 다의성을 갖는다는 점에서 하나의 뜻만을 지시하는 알레고리와 구별된다. 게임에서 상징은 콘텐츠의 여부를 표시하고, 플레이어가 주변 상황을 빠르게 인지하도록 돕기 위해 주로 사용된다. 다중접속온라인 역할수행 게임에서는 〈울티마 온라인〉에서 미덕의 상징 기호로 성배, 저울 등을 사용하고 상점의 상징 기호로 가위, 촛불 등을 표시하기 시작하면서 상징의 사용이 정착됐다.

- **관련 용어** 징표, 기호, 알림
- **참고 자료** 김준오, 『시론』, 삼지원, 2002. | 마광수, 『상징시학』, 철학과현실사, 2007. | 찰스 샌더스 퍼스 저, 김성도 역, 『퍼스의 기호 사상』, 민음사, 2006. | 필립 윌라이트 저, 김태옥 역, 『은유와 실재』, 한국문화사, 2000.

상호작용 interaction

| 플레이어의 게임 세계 내외에서 이루어진 행동과 그로 인한 결과를 포함하는 과정.

플레이어와 게임 시스템, 플레이어와 개발자, 플레이어와 플레이어 간의 상호작용 등 기술적인 상호작용과 사회문화적인 상호작용을 모두 포함한 역동적 과정. 플레이어는 게임 내에서 목표를 달성하기 위해 특정 행동을 하거나 선택하는 과정을 거치는데, 이는 캐릭터 조종하기, 퀘스트 선택하기, 이벤트 참여하기와 같은 플레이어의 명시적인 참여 행위로부터 발생한다.

이때 플레이어는 게임 시스템, 다른 플레이어, 또는 개발자와 서로 영향을 주고

상호작용의 유형	
유형	설명
가장 높은 수준	플레이어의 자유 의지가 게임 시스템에 그 대로 반영됨.
보통 수준	플레이어는 게임 내의 자원을 이용하는 과 정에 개입함.
가장 낮은 수준	플레이어는 퍼즐을 푸는 정도의 역할을 함.

받게 된다. 플레이어의 행동 혹은 선택으로부터 도출된 결과는 다음 행동에 영향을 미치게 되며, 이러한 과정은 반복, 순환된다. 예스퍼 율은 상호작용을 '플레이어의 행동이 게임에서 사건을 결정하게 되는 과정'으로 정의했다.

게임 시스템은 플레이어의 행동과 선택에 따라 각각의 특정한 결과를 산출하기 때문에, 플레이어는 게임의 사건 및 서사를 결정하며 게임을 역동적으로 변화시켜 나갈 수 있다.

- **유의어** 역동성
- **관련 용어** 플레이, 피드백
- **참고 자료** Chris Crawford, *Chris Crawford on Interactive Storytelling*, New Riders, 2005. | James Newman, *Videogames*, Routledge, 2013. | Katie Salen, Eric Zimmerman, *Rules of Play : Game Design Fundamentals*, The MIT Press, 2003.

샌드박스 게임 sandbox game

| 플레이어가 스스로 목표를 설정하여 게임 월드를 탐험하고 창작하는 것이 가능한 게임, 또는 자유도가 높은 게임 경향.

플레이어가 게임 월드 내에서 탐험 및 창작 등의 활동을 자유롭게 할 수 있는 게임. 샌드박스 게임은 자유도가 높은 게임을 의미하며, 테마파크 게임(theme park game)의 반의어로 사용된다. 샌드박스 게임에서 플레이어는 게임 월드에서 자원을 수집하고 자신만의 구조물을 창작해 월드를 변형시킬 수 있다. 대표적인 사례는 〈마인크래프트(Minecraft)〉로 다니엘 골드버그(Daniel Goldberg)는 〈마인크래프트〉를 무엇이든 만들 수 있는 가상 레고 놀이라고 정의한 바 있다. 샌드박스 게임은 플레이어에게 목표를 제공하지 않거나 목표 달성 방식이 정해져 있지 않다. 또한 플레이어가 주어진 목표 외의 다른 활동을 하는 것이 자유롭다.

최초의 샌드박스 게임은 〈헌터(Hunter)〉이다. 〈헌터〉의 자유로운 목표 달성 방식과 게임 월드 탐험은 〈지티에이(Grand Theft Auto, GTA)〉 시리즈와 이후의 샌드박스 게임에 영향을 미쳤다. 온라인 게임 중에서는 〈이브 온라인(EVE Online)〉, 역할수행 게임 중에서는 〈폴아웃(Fallout)〉 시리즈, 시뮬레이션 게임 중에서는 〈심즈(The Sims)〉 시리즈가 샌드박스 게임으로 불린다.

- **관련 용어** 테마파크 게임, 오픈월드, 비-게임, 프리롤 게임, 목표
- **참고 자료** 다니엘 골드버그, 리누스 라르손 저, 이진복 역, 『마인크래프트 이야기』, 인간희극, 2014. | Gamasutra, "Environmental Storytelling : Creating Immersive 3D Worlds Using Lessons Learned from the Theme Park Industry", www.gamasutra.com/features/20000301/carson_01.html | IGN, "GDC 2005 : IWATA KEYNOTE TRANSCRIPT", www.ign.com/articles/2005/03/11/gdc-2005-iwata-keynote-transcript?page=3 | IGN, "THE LEIF ERICSON AWARDS", www.ign.com/articles/2008/03/24/the-leif-ericson-awards?page=3

샘플 비율 sample rate

| 일정한 시간 간격으로 측정한 소리 강도의 데이터.

소리의 강도를 일정한 시간마다 측정한 후 디지털 데이터로 전환한 것으로, 샘플링 주파수(sampling frequency)라고도 한다. 샘플 또는 샘플링이란 연속적인 소리의 진동을 분절적 신호로 전환한 데이터를 가리키며, 샘플 비율이란 시간당 샘플의 빈도수이다. 초당 샘플 비율은 헤르츠(hertz, Hz) 또는 1,000분의 1킬로헤르츠(kilohertz, kHz) 단위로 표기하며, 대표적으로 44.1킬로헤르츠, 48킬로헤르츠, 96킬로헤르츠, 192킬로헤르츠 등의 샘플 비율을 사용한다. 피시(PC) 게임 개발 단계에서 주로 사용하는 샘플 비율은 96킬로헤르츠이며, 개발자는 이 값을 기준으로 샘플 비율을 조정해 원하는 사운드 효과를 얻는다. 성우의 음성이나 특수효과음을 녹음할 때에는 게임 용량을 고려해 48킬로헤르츠의 샘플 비율을 사용하기도 한다.

- **관련 용어** 사운드
- **참고 자료** 카일 로쉬 저, 윤종웅 역, 『iOS 증강 현실 Pro iOS Augmented Reality』, 길벗, 2012. | Briar Lee Mitchell, *Game Design Essentials*, Sybex, 2012.

생존 게임 survival game

| 비일상적 상황에 놓인 캐릭터를 최대한 오래 생존시키는 게임.

캐릭터의 생존을 유일한 목표로 삼는 시뮬레이션 게임. 생존 게임에서 플레이어 캐릭터는 주로 무인도, 황야, 극지방, 핵전쟁 이후의 세계 등 극한 상황에 놓이는 인간으로 설정된다. 플레이어는 고립된 지역에서 다양한 방식으로 캐릭터의 생존을 도모한다. 생존 게임의 인간형 캐릭터는 초인간적인 신체적, 정신적 능력이 없으며, 캐릭터의 상태 또한 추위, 배고픔, 체력 등 비교적 현실적인 내용으로 표시된다. 플레이어는 세계를 배회하며 생존에 도움이 되는 물품을 모으고 이를 여러 방법으로 활용한다. 생존 게임은 어드벤처, 액션 등의 장르와 결합되기도 한다.

대표적인 초기의 생존 게임은 〈로스트 인 블루(Lost in Blue)〉 시리즈이다. 플레이어는 무인도에 표류하게 된 10대 소년 또는 소녀 캐릭터를 플레이하여 무인도에서 살아남아 그곳에서 탈출해야 한다. 이 외에도 만화적 그래픽을 특징으로 하는 〈돈 스타브(Don't Starve)〉, 재앙 이후의 혹한 세계를 배경으로 하는 〈더 롱 다크(The Long Dark)〉 등이 있다. 현실 세계의 서바이벌 레포츠를 생존 게임이라 부르기도 한다. 서바이벌 레포츠에서 참여자들은 두 팀으로 나누어 지형지물을 이용해 상대팀으로부터 스스로를 방어하며, 모형 총을 사용해 상대를 공격한다. 미국과 일본에서 시작되었으며, 한국에서도 2000년대 후반 레저로 자리 잡았다.

- **관련 용어** 샌드박스 게임, 서바이벌 공포 게임, 좀비 게임, 공포 게임, 자유도
- **참고 자료** 앤드류 롤링스, 어니스트 아담스 저, 송기범 역, 『게임 기획 개론』, 제우미디어, 2004. | 제임스 뉴먼 저, 박근서 외 역, 『비디오게임』, 커뮤니케이션북스, 2008. | Ernest Adams, *Fundamentals of Game Design*, New Riders, 2013. | William Muehl, Jeannie Novak, *Game Development Essentials : Game Simulation Development*, Course Technology, 2007.

샷 shot

| 총격 행위 또는 총격으로 발사된 탄환.

사격 행위 또는 사격으로 인해 발사된 탄이나 총기를 발사한 횟수. 1인칭 슈팅 게임과 같이 주 무기가 총기인 게임 장르에서 사용된다. 표적 대상 선택, 조준, 발

무기에 따른 샷의 속성				
무기	거리	반동	연사 속도	대미지
소총(rifle)	중장거리	약	고	약
탄산총(shotgun)	단거리	중	저	강
저격총(sniper rifle)	장거리	강	저	강
권총(pistol)	단거리	약	중	약

사로 이루어지며, 플레이어는 적의 움직임 및 탄도의 궤적을 예측해 적절한 샷을 구사해야 한다. 무기에 따라 발사 거리, 반동, 연사 속도, 대미지와 같은 샷의 세부 속성이 달라지므로 사용하는 무기에 대한 이해가 필수적이다. 일반적으로 통용되는 무기의 종류 및 그에 따른 샷의 특징은 표와 같다.

슈팅 게임의 목표는 사격으로 적을 제거하는 것이기 때문에 샷은 가장 기본적이면서 주요한 전술적 요소가 된다. 샷은 발사 단위에 따라 크게 연사(連射)와 점사(點射)로 구분되는데, 연사는 장전된 탄이 떨어질 때까지 샷을 쏘는 방식을 의미하며, 점사는 샷으로 인한 반동을 방지하기 위해 장전된 탄을 일정 횟수로 끊어 샷을 쏘는 방식을 의미한다. 샷의 위력, 적중 표점, 샷을 쏠 때의 행위에 따라 다음과 같이 다양한 전략적 용어가 사용되기도 한다.

샷의 종류		
유형	종류	설명
위력	원 샷(one shot)	원 킬과 동의어로, 한 발의 탄으로 적을 사살하는 행위, 또는 그 탄.
	반 샷(half shot)	태그(tag)라고도 하며, 원 샷이 가능한 무기로 적을 사살하지 못했을 때, 그러한 행위 또는 탄.
표점	헤드 샷(head shot)	표적 대상의 머리를 쏘는 행위 또는 머리를 쏜 탄. 한 발에 적을 사살할 가능성이 높고 더 큰 점수를 부여받음.
	바디 샷(body shot)	표적 대상의 몸을 쏘는 행위. 머리를 쏘는 헤드 샷에 비해 위력이 낮고 명중률이 높음.
	월 샷(wall shot)	탄이 관통할 수 있는 벽, 문, 유리 등을 쏴 그 너머에 있는 적을 공격하는 행위. 적의 위치를 파악할 때도 사용됨.
행위	빼꼼 샷(peeking shot)	대기 샷의 일종으로, 벽 뒤와 같은 은폐 지역에서 고개만 내밀고 적을 사격하는 행위.
	체인지 샷(change shot)	무기를 스왑해 사격하는 행위. 근거리 특수 무기를 총기류로 스왑하는 경우 특수 무기의 대미지 판정이 남.
	덕/닐링 샷 (duck/kneeling shot)	앉은 상태로 사격하는 행위. 서서 쏠 때보다 반동을 줄이고 정확도를 높일 수 있음.
	무빙 샷(moving shot)	움직일 때 조준점이 벌어지는 것을 방지하기 위해 순간적으로 반대 방향으로 움직여 사격하는 행위.

대기 샷(waiting shot)	적이 접근할 때까지 기다리고 있다가 적을 사격하는 행위, 또는 그 탄.
예측 샷(predicting shot)	적이 나타날 것으로 예측되는 방향 또는 위치를 사격하는 행위.
점프 샷(jump shot)	공중으로 뛰어 사격하는 행위. 적을 기습 공격하거나 동시에 사격하는 상황에서 대미지를 최소화하기 위해 사용함.
굴링 샷(rolling shot)	앞이나 옆으로 구르며 사격하는 행위. 적의 사격을 피하면서 적에게 접근해 사살할 수 있음.

- ■ **관련 용어** 무기, 슈팅 게임
- ■ **참고 자료** 이동은, 「디지털 게임의 장르 문법 연구-FPS 장르를 중심으로」, 『한국게임학회 논문지』, vol.15, no.2, 한국게임학회, 2015. | Gerald A. Voorhees, Joshua Call, Katie Whitlock(edit), *Guns, Grenades, and Grunts : First-Person Shooter Games*, Bloomsbury Academic, 2012.

서사 계열체 narrative paradigme

| 플레이어에게 선택적으로 제시되는 온라인 게임의 서사 구현 방식.

다중접속온라인 역할수행 게임에서의 서사 구현 방식. 플레이어를 통해 선택 또는 대체 가능한 이야기 요소들의 결합을 의미한다. 페르디낭 드 소쉬르(Ferdinand de Saussure)는 기호들이 서로 관계를 맺으면서 의미를 생성하는 방식을 통합체적 축과 계열체적 축으로 설명했다. 소쉬르는 선택 가능한 이야기체의 집합, 또는 집합의 관계를 '계열체(paradigme)', 이야기체의 모든 결합을 '통합체(syntagme)'로 정의한다.

다중접속온라인 역할수행 게임의 경우, 플레이어들은 게임 세계에서 계열체적으로 사건을 경험하며, 이를 바탕으로 플레이어 서사가 발생한다. 서사 계열체는 게임에서 개발자 서사와 플레이어 서사를 설명하는 원리이다. 서사 계열체는 긴밀한 관계없이 허구적 공간에 흩뿌려진 서사 요소들을 플레이어가 자신만의 방식대로 연결해 독자적인 서사를 구축할 수 있다는 점에 초점을 맞춘다. 이에 따라 게임 세계에서 플레이어는 스스로의 의지에 따라 사건을 선택적으로 경험하며 의미를 창출한다.

온라인 게임 서사에서는 플레이어의 선택을 통해 서사가 진행될 뿐 아니라 선택되지 않은 대상도 명시적으로 공간 안에 존재한다는 점에서 플레이어는 온라인

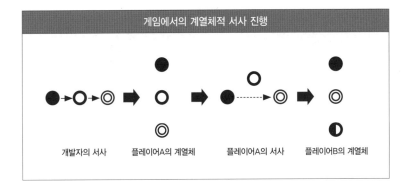

게임에서의 계열체적 서사 진행

개발자의 서사　　플레이어A의 계열체　　플레이어A의 서사　　플레이어B의 계열체

게임 세계를 계열체적으로 경험하게 된다. 가령, "나는 악마의 군주 카자크를 죽였다"라는 통합체는 가상으로 존재하지만, "악마의 군주 카자크/안개날개 키메라/제왕 아크로로크/어미 천둥뿔 히포그라프" 같은 계열체는 게임 세계에 이미 실재(實在)하는 것이기 때문이다. 즉, 플레이어로 하여금 선택적으로 서사를 경험하게 한다는 점에서 게임의 서사를 만드는 주요한 요소이다. 게임의 서사는 계열체적으로 존재하는 게임 요소들과 플레이어의 선택적 경험을 통해 통합체적으로 창출된다.

게임 서사에는 과거의 통합체가 현재의 계열체를 만드는 원천이 되고 다시 현재의 계열체가 미래의 통합체를 만드는 원천이 되는 연쇄 구조가 존재한다. 즉, 개발자가 배경 이야기와 도입부 이야기를 통해 하나의 서사 형식으로 게임 세계를 소개하면 그 속으로 들어온 플레이어는 그 서사의 요소들을 하나하나 계열체로 경험한다. 계열체를 경험한 플레이어는 개발자의 서사 속에 특정한 순서에 따라 연결된 계열체 요소들을 자기 식대로 다시 구성함으로써 또 다른 서사를 구성한다. 플레이어가 만든 서사는 다른 플레이어에게 또 다른 계열체를 제공한다. 이러한 서사 계열체 연쇄 구조는 계열체가 명시적으로 드러난다는 점에서 특정적이다.

2005년 〈월드 오브 워크래프트〉의 놀드랏실 서버에서 일어난 '카자크, 아이언포지 침공' 사건은 40인 공격대를 위해 디자인된 '카자크'라는 필드 레이드 몹(Mob)을 이용하여 일어났다. 개발자가 정해둔 게임 스토리는 '40명의 영웅이 저주받은 땅의 카자크를 물리친다'로, '각자의 스킬을 활용, 협동하여 월드를 위협하는 몬스터를 제거하라'는 명령을 수행하는 것이었다. 하지만 '풍백비렴'이라는 호드 진영의 마법사가 게임 플레이의 재료인 카자크를 이용, 다른 지점의 게임 플레이와 연결하는 사건이 발생했다. '전투 상태'를 풀지 않으면 몬스터가 해당 지역을 벗어나도 계속해서 쫓아온다는 시스템의 허점을 이용, 카자크를 적대 진영인 얼라이언스의 수도 아이언포지에 데려다 놓은 것이다. 이 사건은 게임 운영자가 카자크를 다시 '저주받은 땅'으로 돌려보냄으로써 마무리됐다.

'풍백비렴'은 통합체 구조 속에 선형적인 순서로 구성된 사건을 경험 후 이를 계열체로 환원시켰다. 즉, 모든 지역을 자신의 의지에 따라 선택할 수 있는 동등한 항목의 계열체로 간주하고 '카자크, 아이언포지 침공' 사건이라는 서사를 만들어낸 것이다. 이러한 플레이어의 서사는 당시 아이언포지에 있던 다른 플레이어에 의해 경험됨으로써 또 다른 계열체 항목을 만들어낸다.

- **관련 용어** 게임 스토리텔링, 분기형 서사, 사용자 참여 유형
- **참고 자료** 페르디낭 드 소쉬르 저, 최승언 역, 『일반언어학 강의』, 민음사, 2006. | 류철균, 「서사 계열체 이론」, 『디지털스토리텔링연구』, vol.1, no.0, 디지털스토리텔링학회, 2006. | 안진경, 「MMORPG의 개발자와 사용자의 상호작용 연구 : 플레이어의 사건 생성과 개발자의 월드 수정을 중심으로」, 『디지털스토리텔링연구』, vol.3, no.0, 디지털스토리텔링학회, 2008. | 이진, 「온라인 게임 월드의 공간 층위 연구」, 『디지털스토리텔링연구』, vol.3, no.0, 디지털스토리텔링학회, 2008.

서사학 narratology

| 디지털 게임을 서사의 연장선상에서 이해하는 학문적 경향.

게임을 소설, 연극, 영화와 같은 서사의 연장선상에서 이해하는 학문적 입장. 서사학의 목표는 디지털 게임의 재현 양상을 증명하는 것이다. 여기서 재현이란 아리스토텔레스가 말한 극적 모방을 말한다. 기존의 선형적 서사가 고유한 모방의 대상을 지니는 것처럼 디지털 게임도 모방하는 대상이 존재한다. 모방을 통해 재현된 세계에서 플레이어는 직접 주인공이 되어 세계와 상호작용하며 게임 서사를 경험한다.

서사학은 20세기 후반 북미 지역을 중심으로 본격화됐다. 디지털 게임 연구의 초창기에 서사학이 확산되자 이에 반발한 게임학이 등장했다. 게임학은 게임의 형식적 측면에 중심을 두고 이를 연구하는 경향으로, 특히 규칙과 시뮬레이션에 초점을 두고 있다. 그러나 이후 일부 학자들이 서사학과 게임학이 상호 보완적인 것을 인정한 바 있으며, 서사학과 게임학 사이에서 중립적인 의견을 취하는 학자

들도 있다. 게임에 대한 서사적 논의가 활성화됨에 따라 서사학은 전통서사학파와 확장서사학파로 나뉘었다. 전통서사학파는 게임의 서사를 기존의 선형적 서사에 상호작용성이 더해진 비선형적 서사로 파악하며, 서사의 형식적 변화를 인정하지 않는다. 확장서사학파는 게임을 통해 서사가 발생한다는 기본 전제는 유지하되, 게임이라는 매체의 특성에 따라 서사의 양상은 변화할 수 있다고 본다.

전통서사학파(the traditionalist school)의 논의

【브렌다 로럴】 로럴은 디지털 게임과 고대 그리스 비극 간의 유사성에 주목한다. 아리스토텔레스가 『시학(Poetics)』에서 비극의 조건으로 제시한 액션, 캐릭터, 생각, 언어, 패턴, 상연은 인간-컴퓨터 인터페이스에도 동일하게 존재한다. 컴퓨터 게임은 이러한 여섯 가지 요소를 바탕으로 사용자에게 에이전시를 제공한다.

【마이클 마티아스와 앤드류 스턴】 마티아스와 스턴은 로럴의 이론에 착안해 게임을 분석하며, 컴퓨터 그래픽이 발달함에 따라 가상 세계에서의 모방적 재현에 주목한다. 특히 텍스트 또는 그래픽으로 이루어진 어드벤처 게임은 상호작용적 서사이다. 상호작용적 서사는 문학이 아닌 연극의 특성을 지니며, 플레이어의 상호작용을 기반으로 1인칭 시점의 사용자 몰입을 유발한다.

【자넷 머레이】 머레이는 디지털 게임의 형식이 극으로부터 이어진다는 로럴의 논의를 확장시켰다. 게임 세계에서 플레이어는 행위의 주인공이 되며, 플롯을 따라 이야기를 경험한다. 디지털 게임을 컴퓨터를 매개로 발생하는 '사이버 드라마'로 보았다.

확장서사학파(the expansionist school)의 논의

【조지 랜도우(George Landow)】 랜도우는 디지털 게임을 극 이론의 관점에서 접근하는 것은 잘못이라고 주장한다. 게임은 하이퍼텍스트적 속성을 지니지만 다른 하이퍼텍스트 서사 양식과 완전히 동일하지 않기 때문이다. 게임은 그것만이 갖는 새로운 하이퍼텍스트성이 있다는 점에서 고유한 특징을 갖는 매체이다. 게임의 하이퍼텍스트적 속성은 플레이어의 지속적인 행위 요구, 선택 가능성, 이야기 분기점 등이다.

【마리 로르 라이언】 라이언은 기존 매체에 적용된 서사 이론을 뉴미디어의 특성에 맞게 변용하고자 했다. 다변수적 서사 이론은 디지털 게임 중에서도 다중접속온라인 역할수행 게임의 서사를 설명할 수 있다. 다변수적 서사란 문제풀기

서사의 연속에 의해 사용자의 행동이 유발되며 이에 따라 이야기가 진행되는 양상이다.

■ **관련 용어** 상호작용적 서사, 사이버 드라마, 게임 스토리텔링, 분기형 서사, 플롯, 모티프, 재현

■ **참고 자료** 브렌다 로럴 저, 유민호 역, 『컴퓨터는 극장이다』, 커뮤니케이션북스, 2008. | 자넷 머레이 저, 한용환, 변지연 역, 『인터랙티브 스토리텔링 : 사이버 서사의 미래』, 안그라픽스, 2001. | 한혜원, 『디지털 게임의 다변수적 서사 연구』, 이화여자대학교 대학원 박사논문, 2009. | Marie-Laure, Ryan, *Avatars of Story*, University of Minnesota Press, 2006. | Micheal Mateas, Andrew Stern, "Interaction and narrative", *The Game Design Reader : A Rules of Play Anthology*, The MIT Press, 2005.

설명서 manual

| 플레이어에게 게임의 규칙과 정보를 전달하는 책자.

인쇄물뿐만 아니라 웹페이지 혹은 전자책 형태로 제공되기도 한다. 보드 게임과 테이블탑 역할수행 게임에 한정되어 사용되는 규칙서(rule book)와 달리 포괄적인 용어이다. 설명서는 신규 플레이어가 게임을 경험하는 흐름에 따라 목차를 구성한다. 게임 소개, 컨트롤러 사용법, 게임 시작하기, 화면 구성, 메뉴와 설정, 게임 메커닉스, 지도, 개성 더하기, 도표, 차트, 목록 순으로 진행된다. 설명서는 텍스트, 게임 내 스크린샷, 원화로 구성되며 웹페이지로 제공될 경우 동영상을 포함하기도 한다.

설명서는 신규 플레이어에게 최소한의 규칙을 전달하고 능숙한 플레이어에게 전략의 바탕이 될 수 있는 상세한 정보를 제공한다. 또한 게임의 이야기를 전달하는 기능을 한다. 복잡한 메커니즘을 가진 게임들이 등장하면서 설명서는 규칙 설명뿐만 아니라 유닛과 아이

존 필이 정리한 설명서의 주요 항목	
항목	설명
게임 소개	배경 서사, 세계관, 주인공, 주요한 적
컨트롤러 사용법	컨트롤러의 각 버튼에 대응하는 사용법
게임 시작하기	게임 설치 방법, 실행 방법, 캐릭터 생성
화면 구성	각 요소가 의미하는 것과 사용법, 스크린샷 활용법
메뉴와 설정	저장, 불러오기, 변경 가능한 설정들
게임 메커닉스	게임 진행 방법과 과정
지도	각 지역에 대한 정보와 이야기
개성 더하기	엔피시(NPC)들의 배경 이야기
도표, 차트, 목록	획득할 수 있는 것들에 대한 상세한 정보

템 등을 도표로 정리해서 전달하는 기능을 하게 됐다. 시뮬레이션 게임, 실시간 전략 게임, 다중접속온라인 역할수행 게임 등이 이에 해당한다.

- **유의어** 규칙서, 게임 가이드
- **관련 용어** 튜토리얼, 규칙
- **참고 자료** 제스퍼 주울 저, 장성진 역, 『하프 리얼 : 가상 세계와 실제 규칙 사이에 존재하는 비디오게임』, 비즈앤비즈, 2014. | Chris Crawford, *The Art of Computer Game Design*, Osborne/McGraw-Hill, 1984. | John Feil, "Manuals, In-Game Text, and Credits", *Professional Techniques for Video Game Writing*, CRC Press, 2008. | Katie Salen, Eric Zimmerman, *Rules of Play : Game Design Fundamentals*, The MIT Press, 2003.

설정 기획 setting in game

| 세계관, 공간, 캐릭터 등 게임의 전반적인 콘셉트를 설정하는 것.

게임 시나리오의 하위 또는 레벨 디자인의 초기 단계에서 이루어진다. 다중접속온라인 역할수행 게임에서는 플레이어의 공간 이동을 통해 이야기가 진행되기 때문에 세계관 및 배경의 설정이 중요한 요소이다. 기획자는 설정 기획서를 작성할 때, 게임 개발에 투입되는 디자이너, 개발자들이 개발할 게임에 대해 전반적으로 이해할 수 있도록 상세하게 작성한다. 설정 기획은 게임의 장르적 특성에 따라 다르게 구성되기도 한다. 가령, 캐릭터 설정에 있어 스킬, 능력치를 위주로 설명하는 액션 게임과 달리, 온라인 게임에서는 종족, 직업 등을 위주로 설명한다. 세계관 설정은 하나의 세계를 창조하는 작업인 만큼 규칙적이고 논리적으로 구성된다. 설정 기획 시 일반적으로 고려하는 요소는 다음과 같다.

설정 분야별 주요 기획 요소	
분야	설정 기획 요소
세계관	테마, 시대적 배경, 역사, 신화 등
공간	계절, 자연기후, 지역, 랜드마크, 인구비율 등
캐릭터	이름, 나이, 성별, 인종, 외양, 배경 이야기, 성격 등

설정 기획은 게임 시스템과 플레이에 영향을 미친다. 〈리그 오브 레전드〉에서는 캐릭터의 설정을 바탕으로 스킬 시스템을 구성한다. 예를 들어, 천재 발명가 콘셉트를 갖고 있는 캐릭터 '하이머딩거'는 로켓 발사, 수류탄 투척, 미사일 포탑 설치 등의 스킬을 구사할 수 있다.

- **관련 용어** 세계관, 퀘스트, 캐릭터, 게임 기획자, 게임 시나리오, 레벨 디자인

■ **참고 자료** 사사키 토모히로 저, 방수진 역, 『기초부터 배우는 게임 시나리오』, 비즈앤비즈, 2007. | 서효석, 『MMORPG 게임기획실무』, 혜지원, 2007. | Pat Harrigan, Noah Wardrip-Fruin, *Second Person : Roleplaying and Story in Games and Playable Media*, The MIT Press, 2010.

성배 holy grail

| 신비한 능력을 가진 성스러운 잔.

성유물 중 하나로, 최후의 만찬에서 사용된 술잔이자 예수의 피를 받은 잔. 신의 권능을 가지고 있으며, 성배를 얻은 사람은 마법적 능력을 갖게 된다. 이때 마법적 능력은 주로 치료와 재생의 능력, 필요한 것을 부를 수 있는 능력으로 나타난다. 성배를 얻기 위해서는 도전과 시련을 거쳐야 한다. 잃어버린 성배를 찾는 모험담의 원형은 '아서 왕의 전설(Arthurian legend)'이다. 성배는 게임에서 세계관 설정이나 아이템의 모티프로 활용된다. 〈페이트(Fate)〉 시리즈 게임 속 성배는 소원을 이뤄주는 도구이며, 이를 차지하기 위한 전쟁이 게임의 배경이다. 〈월드 오브 워크래프트〉에서는 퀘스트 아이템으로 활용되거나, 영웅 등급의 보조 장비나 장신구로 사용된다. '이글거리는 빛의 성배'와 같은 보조 장비나 장신구는 지능, 정신력 등의 수치를 높여준다. 〈리그 오브 레전드〉의 '아테나의 부정한 성배'와 '조화의 성배'란 아이템은 플레이어 캐릭터의 마나를 회복시켜 주고, 마법 저항을 높여준다.

■ **관련 용어** 아서 왕 전설, 아이템
■ **참고 자료** 강심호, 『디지털 에듀테인먼트 스토리텔링』, 살림, 2005. | 야마키타 아쯔시 저, 곽지현 역, 『판타지 사전』, 비즈앤비즈, 2014. | J. 스티븐 랭 저, 남경태 역, 『바이블 키워드』, 들녘, 2007.

세가 가정용 게임기 SEGA home consoles

세가에서 만든 첫 번째 가정용 게임기는 에스지-1000(SG-1000)으로, 1983년 일본에서 발매되었다. 에스지-1000은 게임 카트리지를 장착하는 형식으로 3.58

메가헤르츠(MHz)의 시피유(CPU)를 탑재했다. 1985년에 출시된 세가 마크 3(SEGA Mark 3)는 시피유의 성능을 4메가헤르츠로 강화했으며, 다양한 종류의 컨트롤러를 지원했다. 총 형태의 컨트롤러 '라이트 페이저(Light Phaser)'가 대표적이다.

1988년 출시된 메가 드라이브(Mega Drive)는 16비트의 시피유를 탑재하여 액션 게임과 슈팅 게임 등을 빠른 속도로 구동할 수 있었다. 메가 드라이브의 게임 타이틀은 〈소닉 더 헤지혹(Sonic the Hedgehog)〉 시리즈가 대표적이다. 1994년 출시된 세가 새턴(SEGA Saturn)부터는 카트리지 대신 시디(CD)를 삽입하여 게임을 구동했다.

1998년 출시된 드림캐스트(Dreamcast)는 가정용 게임기 최초로 모뎀을 탑재하여 온라인 접속을 통한 게임 다운로드를 지원했다. 드림캐스트는 2001년까지 생산됐으나 한국에서는 발매되지 않았다. 2001년 세가는 가정용 게임기 제조 및 판매 중단을 선언했다.

세가 가정용 게임기 계보		
기종	출시연도	비고
에스지-1000	1983	8비트 시피유
에스시-3000(SC-3000)	1983	에스지-1000의 컴퓨터 결합 기종
에스지-1000 2	1984	에스지-1000의 상위 기종
세가 마크 3	1985	8비트 시피유
마스터 시스템(Master System)	1986	세가 마크 3의 북미 출시 기종, 한국 출시명은 삼성 겜보이
메가 드라이브	1988	16비트 시피유, 한국 출시명은 슈퍼 겜보이 또는 슈퍼 알라딘보이, 북미 출시명은 세가 제네시스(SEGA Genesis)
테라드라이브(TeraDrive)	1991	메가 드라이브의 컴퓨터 결합 기종
메가 드라이브 2	1993	메가 드라이브의 보급형 기종
세가 새턴	1994	32비트 시피유, 한국 출시명은 삼성 새턴
드림캐스트	1998	128비트 시피유

- **관련 용어** 세가 휴대용 게임기, 닌텐도 가정용 게임기, 마이크로소프트 가정용 게임기
- **참고 자료** Roberto Dillon, *The Golden Age of Video Games : The Birth of a Multibillion Dollar Industry*, CRC Press, 2011. | Sam Pettus, David Munoz, Kevin Villiams, Ivan Barroso, *Service Games : The Rise and Fall of SEGA*, Smashwords, 2012.

세가 아케이드 게임기 SEGA arcade cabinet

세가에서 만든 첫 번째 아케이드 게임기는 페리스코프(Periscope)로 1966년 일본에서 발매되었다. 페리스코프는 잠망경 형태의 컨트롤러, 종이로 만들어진 배, 엘이디(LED) 전구 등으로 구성된 세계 최초의 체감형 게임기이다. 1976년에 출시된 미로 게임 〈블로케이드(Blockade)〉의 아케이드 기판(基版)인 세가 블로케이드(SEGA Blockade)가 세가 최초의 범용 기판이다. 이 기판은 〈블로케이드〉와 유사한 게임들의 기판으로 사용됐다. 1981년 출시된 기판 브이시오 오브젝트(VCO Object)는 2차원 이미지를 사용하여 3차원과 같은 효과를 냈다. 레이싱 게임기 〈터보(Turbo)〉는 해당 기능을 활용한 사례이다. 1983년 출시된 기판 레이저 디스크(Laser Disc)에서는 롬(ROM)뿐만 아니라 레이저디스크를 장착하여 게임을 실행할 수 있었다.

1983년부터 1990년까지는 주로 시스템(System) 시리즈 기판을 기반으로 아케이드 게임기들을 개발했다. 시스템 1을 기반으로 개발된 〈원더보이(Wonder Boy)〉가 대표적이다. 1985년 출시된 행온(Hang-on)은 오토바이 형태의 기기에 탑승하여 플레이하는 레이싱 게임기이다. 1992년 출시된 모델 1(Model 1)은 세가 기판 중 최초로 폴리곤 기반의 3차원 그래픽을 지원했다. 모델 1을 사용한 대표적인 게임기는 〈버추어 파이터(Virtua Fighter)〉, 〈버추어 레이싱(Virtua Racing)〉 등이다. 모델 2는 세가 기판 중 최초로 텍스처 매핑을 지원하여 그래픽 기능을 강화했다. 모델 2를 사용한 대표적인 게임기는 〈하우스 오브 더 데드(The House of the Dead)〉이다.

1998년 출시된 기판 나오미(NAOMI)부터 기존의 롬 카트리지 외에 지디-롬(GD-ROM)을 장착해 게임을 실행할 수 있게 됐다. 치히로(Chihiro)와 린드버그(Lindbergh) 기판은 각각 엑스박스(Xbox)와 피시(PC)를 기반으로 설계됐다. 2009년 출시된 링에지(RingEdge)부터는 롬과 지디-롬을 대체하여 에스에스디(SSD)가 사용됐으며, 2013년에는 그래픽과 사운드 성능을 강화한 누(Nu)가 출시됐다.

- **관련 용어** 세가 휴대용 게임기, 세가 가정용 게임기, 아타리 게임기
- **참고 자료** 한창완, 『게임 플랫폼과 콘텐츠 진화』, 커뮤니케이션북스, 2015. | Sam Pettus, David Munoz, Kevin Villiams, Ivan Barroso, *Service Games : The Rise and Fall of SEGA*, Smashwords, 2012. | 세가 아케이드, www.segaarcade.com | IGN, "IGN Presents the History of SEGA", www.ign.com/articles/2009/04/21/ign-presents-the-history-of-sega

세가 아케이드 기판 계보		
기종	출시연도	비고
페리스코프	1966	최초의 체감형 게임기
세가 블로케이드	1976	세가 최초의 범용 기판. 〈블로케이드〉
세가 브이아이시 듀얼 (SEGA VIC Dual)	1977	〈뎁스차지(Depthcharge)〉
세가 지80(SEGA Z80)	1980	〈문 크레스타(Moon Cresta)〉
세가 지80(SEGA G80)	1981	〈신밧드 미스터리(Sindbad Mystery)〉
브이시오 오브젝트	1981	유사 3차원 그래픽. 〈터보〉
잭슨(Zaxxon)	1982	등각 투영 그래픽. 〈잭슨〉
레이저디스크	1983	세가 최초의 레이저디스크 지원 기판. 〈아스트론 벨트(Astron Belt)〉
시스템 1	1983	〈원더보이〉
시스템 2	1985	시스템 1의 상위 기종
시스템 16	1985	〈골든 엑스(Golden Axe)〉
행온	1985	〈행온〉, 〈스페이스 해리어(Space Harrier)〉
아웃런(Out Run)	1986	〈아웃런〉
엑스 보드(X Board)	1987	유사 3차원 그래픽
와이 보드(Y Board)	1988	엑스 보드의 상위 기종
시스템 24	1988	〈보난자 브라더스(Bonanza Bros.)〉
시스템 18	1989	〈에일리언 스톰(Alien Storm)〉
시스템 32	1990	〈소닉 더 헤지혹〉
모델 1	1992	세가 최초 폴리곤 기반 3차원 아케이드 기판. 〈버추어 레이싱〉, 〈버추어 파이터〉
모델 2	1993	텍스처 매핑 지원. 〈하우스 오브 더 데드〉
모델 3	1996	〈세가 랠리 2(SEGA Rally 2)〉
나오미	1998	다수의 기판 동시 사용 가능
히카루(Hikaru)	1999	퐁 쉐이딩(Phong shading)을 사용한 최초의 아케이드 기판
나오미 2	2000	나오미의 상위 기종
치히로	2003	엑스박스 기반 하드웨어 구조
린드버그	2005	피시 기반 하드웨어 구조. 〈이니셜 디 아케이드 스테이지 버전 4(Initial D Arcade Stage ver.4)〉
유로파-알(Europa-R)	2008	〈레이스 드라이버 : 그리드(Race Driver : GRID)〉
링에지	2009	〈이니셜 디 아케이드 스테이지 버전 6 더블 에이스(Initial D Arcade Stage ver.6 AA)〉
링와이드(RingWide)	2009	링에지의 보급형 기종
링에지 2	2012	링에지의 상위 기종
누	2013	윈도우 8(Windows 8) 운영체제의 피시 기반. 〈프로젝트 디바 아케이드 퓨처 톤(Project DIVA Arcade Future Tone)〉

세가 휴대용 게임기 SEGA handheld consoles

세가에서 만든 첫 번째 휴대용 게임기는 게임 기어(Game Gear)로 1990년 일본에서 발매되었다. 한국에서는 '핸디 겜보이'라는 이름으로 정식 판매했으며, 핸디 겜보이는 이후 핸디 알라딘보이로 변경됐다. 시피유(CPU), 그래픽, 사운드, 메모리 등하드웨어의 성능은 세가에서 발매한 가정용 게임기 세가 마크 3(Sega Mark 3)과 동일하며, 휴대용 텔레비전으로도 사용할 수 있다.

흑백 액정을 사용한 닌텐도의 게임보이(Game Boy)와 달리, 게임 기어는 색상 액정과 백라이트를 제공했다. 게임 기어는 1997년 기준 전 세계 누적 판매량을 1,100만 대 기록했으며, 대표 타이틀로는 〈소닉 더 헤지혹(Sonic The Hedgehog)〉 시리즈가 있다.

후속 기종인 노매드(Nomad)는 세가의 16비트 가정용 게임기인 메가 드라이브(Mega Drive)의 휴대용 기기로서 재설계됐으며, 1995년 일본과 북미에 한정하여 출시됐다. 거치용 비디오 게임기와 호환되므로 별도의 컨트롤러를 연결하여 2인 플레이가 가능하며, 텔레비전과도 연결할 수 있다.

세가 휴대용 게임기 계보		
기종	출시연도	비고
게임 기어	1990	최초로 색상 액정 제공
노매드	1995	메가 드라이브의 휴대 버전

- **관련 용어** 세가, 게임 기어
- **참고 자료** Sam Pettus, David Munoz, Kevin Villiams, Ivan Barroso, *Service Games : The Rise and Fall of SEGA*, Smashwords, 2012.

세계관 world concept

| 게임의 시간적 · 공간적 · 문화적 배경 설정

게임의 바탕이 되는 배경 설정으로 시간적 배경에는 시대, 국가체제 등이 포함되며, 공간적 배경에는 자연 환경, 도시 환경, 기후 등이 속한다. 또한 문화적 배경으로는 정치, 종교, 경제, 종족 배경 등이 포함된다. 세계관은 게임의 기반 서사, 캐릭터, 공간, 아이템 등의 전반적인 체계를 구성하므로 시간적 · 공간적 · 문화적

배경이 서로 통일성을 유지하도록 설정하는 것이 중요하다.

- **유의어** 게임 시나리오
- **관련 용어** 배경, 캐릭터, 공간, 서사, 시간
- **참고 자료** 이재홍, 『게임 시나리오 작법론』, 정일, 2004. | 이재홍, 『게임 스토리텔링』, 생각의나무, 2011.

세계대전 world war

| 1914~1918년, 1939~1945년 두 차례에 걸쳐 연합국과 동맹국, 연합국과 추축국(樞軸國)이 벌인 전쟁.

1914년 사라예보 사건을 계기로 시작된 전쟁. 영국, 프랑스, 러시아가 연합국의 중심이 되고, 독일과 오스트리아가 동맹국의 중심이 되어 전쟁을 벌였다. 1918년 독일의 항복으로 끝이 났지만, 1939년 독일이 폴란드를 침공하여 제2차 세계대전이 시작됐다. 추축국과 연합군의 대립은 1945년 8월 일본의 항복으로 종결됐다. 세계대전의 명확한 대립관계와 동맹관계, 자원, 정치적 목적 등 전략적 요소 등이 게임에서 차용된다. 실제 전쟁에서 사용된 다양한 무기와 이동 수단이 게임 내 아이템으로 등장해 게임의 현실성과 몰입도를 높였다.

주로 1인칭 슈팅 게임과 전략 게임에서 세계대전을 배경으로 차용하며, 대표적인 예로는 〈메달 오브 아너(Medal of Honor)〉, 〈배틀 필드(Battlefield)〉, 〈콜 오브 듀티(Call of Duty)〉 시리즈 등이 있다. 핵무기를 이용한 가상의 제3차 세계대전을 배경으로 하는 게임들도 출시되고 있으며, 대표작으로는 〈폴아웃(Fallout)〉 시리즈가 있다.

- **관련 용어** 핵전쟁, 실시간 전략 게임, 1인칭 슈팅 게임, 디스토피아, 무기
- **참고 자료** Carl J. Schneider, Dorothy Schneider, *World War II*, Infobase Publishing, 2003. | Chris Kempshall, *The First World War in Computer Games*, Palgrave Macmillan, 2015. | Debra Ramsay, *American Media and the Memory of World War II*, Routledge, 2015. | Stewart Ross, *Causes and Consequences of the First World War*, Evans Brothers, 2003.

세이렌 Seiren

| 노래를 통해 인간을 유혹하여 죽음에 이르게 하는 환상의 캐릭터.

아름다운 여인의 머리에 독수리의 몸을 가진 신화 속 존재. 세이렌은 호메로스 (Homeros)의 『오디세이아(Odysseia)』에 처음 등장한다. 뱃사람을 홀려 죽음에 이르게 하는 캐릭터로, 중세에 이르러 여인의 머리에 물고기의 지느러미를 가진 인어의 모습으로 묘사됐기 때문에 세이렌을 인어의 기원으로 보는 시각도 있다.

게임에서 세이렌은 바다에 서식하는 몬스터로 묘사된다. 대부분 인어의 모습이며, 노래나 악기를 이용해 캐릭터를 현혹하거나, 삼지창과 같은 무기를 사용하는 공격 스킬을 가진다. 세이렌을 모티프로 제작된 대표적인 게임 캐릭터로는 〈록맨 9 : 야망의 부활!!〉의 보스몹 '스플래시 우먼'이 있다. 이 외에도 세이렌 모티프를 차용한 게임의 종족으로는 〈워크래프트 : 오크와 인간〉의 나가 종족과 〈마비노기 영웅전(Vindictus)〉의 세이렌 종족이 있다. 〈마비노기 영웅전〉의 세이렌은 노래를 통해 분신술을 쓰거나 캐릭터의 움직임을 속박시킨다. 〈도타 2(DOTA 2)〉의 영웅 중 하나인 나가 세이렌은 환영을 만들어 공격할 수 있으며, 노래를 통해 아군의 체력을 회복시킬 수도 있다. 〈확산성 밀리언 아서(Kaku-San-Sei Million Arthur)〉의 세이렌은 노래를 통해 공격력을 높이는 버프 스킬을 보유했다.

- **유의어** 사이렌
- **관련 용어** 인어, 오디세이아
- **참고 자료** 다케루베 노부아키 저, 임희선 역, 『판타지의 주인공들 1』, 들녘, 2000. | 빅 드 동데르 저, 김병욱 역, 『세이렌의 노래』, 시공사, 2002. | 이명옥, 『팜므파탈 : 치명적 유혹, 매혹당한 영혼들』, 다빈치, 2003. | 조순곤, 『케인의 판타지 사전』, 북박스, 2004.

세이브 save

| 플레이어가 언제든 특정 순간으로 돌아갈 수 있도록 게임 세계를 저장하는 것.

플레이어가 게임 속의 가상 시간을 정지시켜, 일정한 시점까지 진행된 플레이 정보를 저장하는 것. 플레이어는 이를 통해 게임을 중단한 후 다시 시작할 수 있으며 이전 시점으로 돌아가 실수를 만회하거나, 다양한 전략을 사용할 수 있다.

이때 원하는 결과를 얻기 위해 수차례 세이브와 리셋을 반복하는 것을 '리셋 마라톤'이라고도 한다. 〈포켓몬스터〉에서 확률상 얻기 힘든 포켓몬을 획득하기 위해서 리셋 마라톤을 하기도 한다.

게임에서의 시간은 실제 시간인 '플레이 시간(play time)'과 스토리상의 시간인 '가상 시간(event time)'을 포함하는 이중적인 시간이다. 게임 세이브는 플레이어가 의도적으로 가상 시간을 조정하는 것으로 현실에서는 과거로 돌아가 실수를 만회할 수 없지만 게임 세계에서는 '세이브-도전-실패-재시작'의 과정을 반복하며 대안 세계를 경험할 수 있다.

미하이 칙센트미하이의 '몰입(Flow)' 이론에 따르면 목표가 플레이어의 수준보다 높을 때 플레이어는 불안과 좌절감을 맛본다. 게임 세이브와 재시작을 통해 반복적으로 게임을 수행한 플레이어는 게임 플레이의 숙련도를 높일 수 있다. 이를 통해 플레이어는 최적 경험(optimal experience)를 통해 게임에 몰입할 수 있게 된다. 게임 세이브가 게임을 예전 상태로 언제든 돌릴 수 있기 때문에 게임의 긴장감과 몰입감을 떨어뜨리며, 머리를 써서 문제를 풀기보다는 시행착오를 거치면서 풀게 되어 도전의 의미를 무색케 한다는 반론도 있다.

롤링스와 아담스가 제시한 게임 세이브 방식 분류	
방식	설명
파일/슬롯 세이브	컴퓨터 폴더나 세이브 슬롯 화면으로 이동하여 저장.
퀵 세이브	게임 세계에 머물면서 퀵 세이브/로드 버튼을 통해 저장.
자동 세이브	게임 진행에 맞춰 체크포인트 도달시 자동으로 저장.

- **관련 용어** 체크포인트, 리셋 마라톤
- **참고 자료** 제스퍼 주울 저, 장성진 역, 『하프 리얼 : 가상 세계와 실제 규칙 사이에 존재하는 비디오게임』, 비즈앤비즈, 2014. | 조성희, 『게임의 세이브 기능이 플레이어의 스토리 생성에 미치는 영향』, 『한국게임학회 논문지』 vol.9, no.1, 2009. | Andrew Rollings, Ernest Adams, *On Game Design*, New Riders, 2001.

셧다운 제도 shutdown law

| 청소년의 수면권과 학습권을 보장하고 인터넷 게임 중독을 예방하기 위해 마련된 제도.

16세 미만의 청소년에게 오전 0시부터 오전 6시까지 심야 6시간 동안 인터넷 게임 접속을 제한하는 법. 신데렐라 법으로도 불리며, 이를 위반할 경우 2년 이하

의 징역 또는 1,000만 원 이하의 벌금에 처한다. 2004년에 와이엠시에이(Young Men's Christian Association, YMCA), 와이더블유시에이(Young Women's Christian Association, YWCA) 등의 시민단체가 청소년의 수면권 확보를 위한 대책의 일환으로 도입을 주장한 제도이다.

2005년에 인터넷 게임 셧다운 제도를 골자로 하는 청소년보호법 일부 개정안이 처음으로 발의됐다. 이에 대해 여성가족부는 찬성했고, 문화체육관광부는 국내 게임 산업 육성을 이유로 반대했다. 게임에 대한 지나친 규제라는 의견이 많아 무산됐으나 학교폭력 사건 등의 원인으로 게임이 지목되면서 2008년에 셧다운 제도가 다시 발의됐다. 2010년에 여성가족부와 문화체육관광부 간의 대립과정에서 타협안이 도출됐다.

셧다운 제도는 크게 여성가족부가 발의한 강제적 셧다운 제도와 문화체육관광부에서 발의한 선택적 셧다운 제도로 나뉜다. 일반적으로 셧다운 제도는 여성가족부에서 발의한 강제적 셧다운 제도를 뜻한다.

『2013 대한민국 게임백서』에 설명된 셧다운 제도		
종류	설명	사례
강제적 셧다운 제도 (전면적 셧다운 제도)	2011년부터 시행. 만 16세 미만의 청소년에게 오전 0시부터 오전 6시까지 심야 6시간 동안 인터넷 게임 접속을 제한하는 제도.	모든 피시(PC) 온라인 게임 및 시디(CD) 패키지 게임
선택적 셧다운 제도 (게임 시간 선택 제도)	2012년부터 시행. 만 18세 미만 청소년 본인 또는 법정 대리인이 원할 경우 해당 이용자가 특정 시간에 게임에 접속하는 것을 제한하는 제도.	엔씨소프트의 '내 자녀 관리', 넥슨의 '자녀사랑 시간 지키미'

셧다운 제도 시행에 대해서는 실효성 논란이 존재한다. 셧다운 제도는 성인 주민등록번호 도용 및 해외 서버 이용 등의 방식을 통해 규제를 회피할 수 있다는 점에서 실효성이 낮은 규제로 평가받고 있다. 또한 셧다운 제도로 인해 청소년의 수면권과 학습권이 보장됐는지 그 효과를 실질적으로 확인할 수 없다는 점에서 비판받고 있다.

셧다운 제도에 대해서는 사회적으로 청소년 게임 중독 해소라는 찬성의 입장과 청소년 인권 침해라는 반대의 입장이 존재한다. 실제로 2011년 문화연대는 강제적 셧다운 제도에 대해 청소년들의 자유권과 행복추구권을 침해한다는 이유로 위헌 소송을 제기했다. 그러나 2014년 헌법 재판소에서는 강제적 셧다운 제도에 대해 합헌 판결을 내렸다.

- **유의어** 신데렐라 법
- **관련 용어** 강제적 셧다운 제도(전면적 셧다운 제도), 선택적 셧다운 제도(게임 시간 선택 제도)
- **참고 자료** 이동연, 『게임 이펙트』, 이매진, 2014. | 윤형섭 외, 『한국 게임의 역사』, 북코리아, 2012. | 전종수, 『게임 중독과 셧다운제』, 커뮤니케이션북스, 2012. | 한국콘텐츠진흥원, 『2013 대한민국 게임백서』, 문화체육관광부 한국콘텐츠진흥원, 2013.

소셜 네트워크 게임 Social Network Game, SNG

| 소셜 네트워크 서비스(Social Network Service, SNS)를 기반으로 플레이하는 게임.

소셜 네트워크 서비스를 통해서 개인이 가진 사회 관계망을 이용하는 게임. 주로 플레이어 간 교류, 자원 구축을 위한 협력 등이 중요 요소로 나타난다. 소셜 네트워크 게임은 사용자의 간편한 플레이를 지향하며, 이를 위한 6가지 주요 특징을 가진다.

첫째, 소셜 네트워크 서비스를 기반으로 커뮤니케이션이 발생한다. 둘째, 브라우저를 베이스로 한다. 셋째, 게임 구조가 심플하다. 넷째, 협력 요소가 필요하다. 다섯째, 비동기적 게임 플레이(asynchronous gameplay)가 발생한다. 여섯째, 여러 사용자의 참여는 가능하지만, 사용자 간 교류는 필수가 아닌 선택 사항이다. 이 중 비동기적 게임 플레이라는 특성은 소셜 네트워크 게임의 변별적 요소이다. 플레이어들이 시간과 공간을 공유하며 즐기는 게임과 달리, 소셜 네트워크 게임은 같은 시간과 공간이 필요하지 않다. 비교적 짧은 플레이 시간과 잦은 접속을 중심으로 플레이가 진행된다.

2007년 페이스북(Facebook)은 페이스북 플랫폼을 개발했고, 반 년 만에 1만 4,000개 이상의 애플리케이션을 개발했다. 이후 2008년부터 페이스북과 마이스페이스(Myspace) 같은 소셜 네트워크 서비스가 확대되면서 소셜 네트워크 게임이 대중화됐다. 세계 최대의 소셜 네트워크 게임 업체인 징가(Zynga)는 설립한 지 2년 만인 2009년, 매출 2억 달러 이상을 달성했다. 국내 소셜 네트워크 게임은 카카오톡(KakaoTalk)을 기반으로 급성장했다. 대표적인 소셜 네트워크 게임인 〈애니팡 포 카카오(Anipang for Kakao)〉는 카카오톡 게임하기 플랫폼으로 출시된 지 2개월 만에 일일 사용자 1,000만, 동시 접속자 200만, 다운로드 건수 2,000만을 달성했다. 초기에는 캐주얼 게임류의 레이싱 게임, 시뮬레이션 게임 등이 많았으나, 점차 역할수행 게임, 1인칭 슈팅 게임 등 다양한 장르의 게임으로 확장됐다.

- **관련 용어** 소셜 네트워크 서비스, 비동기적 게임 플레이, 페이스북, 마이스페이스, 카카오톡
- **참고 자료** 이상우, 『게임, 게이머, 플레이 : 인문학으로 읽는 게임』, 자음과모음, 2012. | 존 라도프 저, 박기성 역, 『Gamification & 소셜게임』, 에이콘, 2011. | 후카다 코지 저, 김훈 역, 『소셜게임과 게이미피케이션으로 승부하라』, 비즈앤비즈, 2012. | 송은지, 「SNG(Social Network Game)」, 『인터넷 & 시큐리티 이슈』, 11월호, 한국인터넷진흥원, 2012. | 홍유진, 「소셜 네트워크 게임(SNG)의 현황과 전망」, 『한국콘텐츠진흥원 포커스』, vol.18, no.0, 한국콘텐츠진흥원, 2010.

소셜 시뮬레이션 게임 social simulation game

| 플레이어가 다른 캐릭터와 가상의 사회적 관계를 형성하는 게임.

게임 세계 안에서 다양한 상호작용을 통해 사회적 관계를 경험하는 게임. 라이프 시뮬레이션 게임(life simulation game)의 하위 장르이다. 경쟁이나 전투를 통해 적을 처치하기보다는 친구 맺기, 함께 놀기, 협력 등을 통해 우호적 관계를 형성하는 것이 목표이다. 대표적인 사례로 〈심즈 온라인〉과 〈동물의 숲(Animal Crossing)〉이 있다. 두 게임에서 플레이어는 마을, 도시 등의 가상 세계를 돌아다니며 다양한 엔피시(NPC)나 플레이어와 상호작용할 수 있다. 〈심즈 온라인〉의 경우, 플레이어는 '심(sim)'이라 불리는 캐릭터를 조종해 다른 캐릭터와 친구나 연인, 적대자 등의 관계를 형성하게 할 수 있다. 〈동물의 숲〉에서는 캐릭터 간 친밀도가 높아질수록 별명 짓기, 집으로 초대 등의 추가 기능을 사용할 수 있다.

- **유의어** 시뮬레이션 게임, 라이프 시뮬레이션 게임
- **관련 용어** 사회적 관계 형성, 상호작용, 친밀도
- **참고 자료** 곤살로 프라스카 저, 김겸섭 역, 『억압받는 사람들을 위한 비디오게임』, 커뮤니케이션북스, 2014. | Kevin Roebuck, *Social Simulation Games : High-Impact Strategies-What You Need to Know : Definitions, Adoptions, Impact, Benefits, Maturity, Vendors*, Emereo Pty Limited, 2011. | Peter Landwehr, Marc Spraragen, Balki Ranganathan, Kathleen M. Carley, Michael Zyda, "Games, Social Simulations, and Data-Integration for Policy Decisions : The SUDAN Game", *Simulation & Gaming*, vol.20, no.10, SAGE, 2012.

소셜 인터랙션 social interaction

| 캐릭터의 동작으로 의사소통하는 방식.

다중접속온라인 역할수행 게임에서 플레이어의 감정이나 캐릭터의 행동을 지정된 애니메이션으로 표현하는 방식. 소셜 액션(social action)이라고도 한다. 웃기, 울기와 같은 감정 표현형과 박수치기, 춤추기와 같은 행동형으로 구분할 수 있다. 채팅창에 '/웃음', '/춤' 등 적절한 명령어를 입력하거나 아이콘 또는 단축키를 눌러 캐릭터의 모션을 활성화시킨다. 플레이어의 의도를 시각적으로 표현할 수 있기 때문에 플레이어의 감정을 효과적으로 전달할 수 있는 수단이 된다. 소셜 인터랙션은 엔피시(NPC) 캐릭터와 상호작용해야 하는 퀘스트에 활용되기도 한다. 예로 〈블레이드 & 소울〉에서 플레이어가 엔피시 캐릭터들에게 문안인사를 다니며 '큰절하기' 소셜 인터랙션을 사용한 것을 들 수 있다. 이 외에도 소셜 인터랙션은 길드나 파티에 속한 플레이어들이 서로에게 신호와 암호를 전달하는 역할을 하기도 한다.

- **유의어** 소셜 액션
- **관련 용어** 채팅, 소셜 액션
- **참고 자료** 신새미, 『MMORPG의 소셜 네트워크 형성 양상에 관한 연구 : 커뮤니케이션 특성을 중심으로』, 이화여자대학교 대학원 디지털미디어학부 석사논문, 2008. | Tony Manninen, "Interaction Forms and Communicative Actions in Multiplayer Games", *Game Studies*, vol.3, no.1, 2003. | 〈에오스〉 인벤, 〈20여 가지의 다양한 감정 표현, 소셜액션 기능〉, http://m.inven.co.kr/webzine/wznews.php?site=eos&idx=83603

소스북 source book

| 게임 세계관과 관련된 이야기 요소를 모아놓은 자료집.

테이블탑 역할수행 게임 플레이에 활용할 수 있는 배경지식을 제공하는 서적. 소스북은 던전과 마법, 몬스터, 스킬, 역사, 종족과 같은 게임 내 이야기 요소를 설명한다. 일반적으로 정의와 종류, 특징, 상성, 장단점을 나열하고 이를 캠페인 구성에 활용하는 방법을 안내한다. 이를 통해 세계관을 심화, 확장하고 플레이

관련 지침을 제공해 몰입을 유도한다. 스티브 잭슨이 창안한 범용 테이블탑 역할수행 게임 시스템 '겁스(Generic Universal Role-Playing System, GURPS)'는 역사와 사이버펑크, 초능력, 평행우주 등 다양한 분야에 걸친 소스북을 제공한다. 겁스의 연대표는 50가지 이상의 역사적 사건을 다루며 사건별 배경과 결과, 영향력을 기술한다. 플레이어는 소스북을 활용해 플레이 시점을 결정하고 자신만의 게임을 디자인할 수 있다.

- **관련 용어** 규칙서, 월드북, 역할수행 게임, 테이블탑 역할수행 게임, 시나리오북
- **참고 자료** Bill Slavicsek, Richard Baker, *Dungeon Master For Dummies*, John Wiley & Sons, 2006. | Chris W. McCubbin, Steve Jackson, *Gurps Timeline : From the Big Bang to the Bombing of Baghdad*, Psi, 1992.

소환수 minion

| 플레이어가 소환할 수 있는 보조 캐릭터.

플레이어가 소환을 통해 불러낼 수 있는 캐릭터로 플레이어에게 귀속된 존재. 동물, 정령, 몬스터, 메커닉 등의 형태로 나타나며 게임 플레이에 직·간접적으로 도움을 준다. 플레이어가 소환에 필요한 조건을 만족시키거나 플레이어의 직업군이 소환사일 경우 소환이 가능하다. 게임에 따라 '펫'의 개념과 혼용하기도, 별개의 존재로 구분하기도 한다. 플레이어는 계약, 사냥, 퀘스트 달성에 대한 보상, 구입 등을 통해 소환수를 획득할 수 있으며, 소환수는 경험치 누적이나 아이템 장착 등을 통해 성장할 수 있다. 플레이어 캐릭터와 항상 동행하는 경우도 있으나 인벤토리에 수납해두었다가 전투할 때만 불러내는 경우도 있다.

소환수의 능력치에 따라 소환의 조건을 강화하거나 지속 시간 등을 제한함으로써 소환수가 없는 캐릭터와 균형을 맞춘다. 〈월드 오브 워크래프트〉의 경우, 사냥꾼 캐릭터는 야수를 길들여 소환수로 육성시킬 수 있으며 성기사 캐릭터는 '성스러운 복수자'를 소환함으로써 자신의 '성스러운 힘'을 소모하는 대신 소환수의 동일한 힘을 사용할 수 있다. 소환수는 성스러운 힘을 3중첩으로 사용할 수 있으나 이는 10초 동안만 지속된다. 소환수는 기능에 따라 표와 같이 유형을 분류할 수 있다.

일부 게임에서는 소환수를 불러내 공격에 사용하는 특화된 직업으로써 소환

소환수의 기능에 따른 유형 분류		
기능	설명	사례
전투 — 공격	전투 중, 플레이어와 별개로 적을 직접 공격.	〈파이널 판타지 3〉의 '오딘'
전투 — 보조	전투 중, 적의 능력을 약화시키거나 플레이어 캐릭터의 능력을 강화.	〈월드 오브 워크래프트〉의 '지옥사냥개', 〈리니지 II〉의 '유니콘 박서'
탑승	플레이어가 탈것으로 이용, 플레이어의 이동 속도 증가.	〈아키에이지〉의 '검은 화살'
파밍(farming)	아이템, 골드 습득 보조.	〈리니지 II〉의 '레서 피닉스', '커럽티드 맨'

사가 존재하며, 이 경우 소환수의 역할과 능력이 중요한 요소로 작용한다. 〈블레이드 & 소울〉의 경우, 소환사인 린족의 공격 능력 중 70%를 소환수를 이용해 사용할 수 있다.

- **유의어** 펫
- **관련 용어** 소환사, 육성
- **참고 자료** 최세웅, 이지연, 『디자이너's PRO 모바일 게임 컨셉 아트 디자인』, 길벗, 2014. | 〈리니지 2〉 파워북, http://lineage2.power.plaync.com | 〈블레이드 & 소울〉 사이트, http://bns.power.plaync.com

솔리테어 solitaire

| 단독 플레이어가 트럼프 카드를 순서대로 배열하는 게임.

섞인 트럼프 카드를 규칙에 따라 차례대로 배열하는 카드 게임 장르. 페이션스 (patience)라고도 한다. 혼자 플레이하는 게임이지만 누가 높은 점수를 얻는가를 놓고 여러 명이 경쟁할 수도 있다. 조커를 제외하고 52장으로 구성된 트럼프 카드 한 벌을 사용한다. 플레이어는 덱(deck)에서 카드를 선택하여 테이블의 카드 배열로 옮기고, 에이스(ace)에서 킹(king)의 순으로 모양에 따라 정리해야 한다. 카드를 옮길 때는 색깔, 모양, 숫자의 순서를 고려해야 한다. 덱에서 한 번에 볼 수 있는 카드의 수, 테이블의 카드 배열 방법, 배열된 카드 간의 이동 방법, 점수산정 방법 등에 따라 다양한 방식으로 플레이할 수 있다. 대표적인 방식으로 클론다이크(Klondike), 프리셀(Freecell), 스파이더(Spider), 피라미드(Pyramid), 블랙홀 (Black hole), 스콜피온(Scorpion) 등이 있다.

19세기 프랑스, 영국 등지에서 인기를 얻었으며 영어로 된 최초의 컬렉션은 1876년에 나온 〈카도건 부인의 페이션스 게임(Lady Cadogan's Illustrated Games of Patience)〉이다. 1990년 마이크로소프트사가 윈도우 3.0(Windows 3.0)에 기본 응용 프로그램으로 도입하면서 컴퓨터 게임화됐다.

- **유의어** 페이션스
- **관련 용어** 트럼프 카드, 클론다이크, 프리셀
- **참고 자료** 에스퍼 율 저, 이정엽 역, 『캐주얼 게임 : 비디오게임과 플레이어의 재창조』, 커뮤니케이션북스, 2012. | David Parlett, *A History of Card Games*, Oxford paperbacks, 1991. | Francesca Parodi, *Big Book of Solitaire*, Sterling, 2004. | Joost Raessens, Jeffrey Goldstein, *Handbook of Computer Game Studies*, The MIT Press, 2005.

수류탄 투척 grenade throw

| 적을 공격하거나 적의 시야를 은폐하기 위해 소형 폭탄을 던지는 행위.

슈팅 게임에서 적을 공격 및 제압하기 위해 특수 무기인 수류탄을 던지는 기술. 주 무기로 사용되는 총기 공격을 보조하면서 적군의 시야를 방해하거나 일시적으로 기절시킬 수 있어 전략적으로 사용된다. 수류탄의 종류는 실제 수류탄의 폭발력 및 기능적 특징을 따르는 것이 일반적이나, 게임의 특징이나 플레이 방식에 따라 다양한 형태로 개발된다. 게임에서 사용되는 대표적인 수류탄의 유형 및 특징은 다음과 같다.

게임에서 사용되는 수류탄의 유형		
유형	설명	사례
고폭 수류탄	폭발 시 높은 열과 압력을 발생시켜 적에게 높은 대미지를 준다.	〈카운터-스트라이크〉 'HE 수류탄'
파편 수류탄	폭발 시 발생하는 파편으로 적에게 대미지를 주거나 다가오는 적을 쫓는다.	〈서든어택〉 'Grenade 400'
섬광 수류탄	빛이나 소음을 통해 적의 눈과 귀를 무력화해 플레이에 지장을 준다.	〈카운터-스트라이크 2〉 'FlashBang'
연막 수류탄	대미지 없이 인공적인 연기를 발생시켜 아군이나 주요 시설을 적의 시야에서 은폐한다.	〈서든어택〉 'Smoke Grenade No.402'
특수 수류탄	적에게 부착하거나 지뢰 형태로 제작되어 밟으면 대미지를 준다.	〈버블 파이터(Bubble Fighter)〉 '스티키뱀 E01-S'

한 게임당 소지할 수 있는 수류탄의 개수가 제한적이며, 투척 후 위력이 발생하기까지 일정 시간이 소요되기 때문에 플레이어는 투척 각도뿐 아니라 수류탄의 수, 위력, 폭발 시간 등의 특징을 고려해야 한다. 플레이어 자신이나 아군 또한 대미지를 입기 때문에 적절한 거리 조절이 필수적이다. 수류탄 투척은 전투 상황에 다양한 변수를 제공하고 예측을 통한 전략적 플레이를 가능하게 한다. 다음은 수류탄 투척 방식을 정리한 것이다.

수류탄 투척 방식	
종류	설명
직폭	지형지물 없이 직선의 거리에서 수류탄으로 적을 맞추는 투척 방식으로, 기절하거나 큰 대미지가 발생한다.
위폭	특정 건물이나 지형지물 위로 수류탄을 투척해 지형지물 너머의 적에게 수류탄이 떨어지도록 하고, 적의 위치를 확인하는 경우에도 사용된다.
각폭	벽이나 지형지물에 수류탄을 맞혀 일정 각도로 튕겨 나가도록 하는 투척 방식으로, 맵마다 각폭이 가능한 위치 및 지형지물이 공유된다.
역각폭	적 진영이 각폭을 하는 방향과 반대 방향에서 반대 각도로 수류탄을 투척하는 방식으로, 각폭을 준비하는 적을 제압하기에 유리한다.

- ■ **관련 용어** 무기, 샷, 슈팅 게임
- ■ **참고 자료** Gerald A. Voorhees, Joshua Call, Katie Whitlock(edit), *Guns, Grenades, and Grunts : First-Person Shooter Games*, Bloomsbury Academic, 2012.

수집 collecting

| 플레이어가 캐릭터, 아이템, 타이틀 등 게임 내 요소를 모으는 행위.

플레이어가 캐릭터, 아이템, 타이틀 등 게임 내 요소를 획득 후 축적하는 행위. 게임에서 수집 행위는 3가지 유형으로 나타난다.

첫째, 게임 내에서 수집 퀘스트가 제공되는 경우로, 주로 엔피시(NPC)를 통해 특정한 아이템을 정해진 개수 이상 수집하라는 퀘스트가 제시된다. 플레이어의 탐험, 사냥, 채집, 제작 등의 부차적 행위를 유도하기 위해 제시된다. 둘째, 업적이나 엔딩, 타이틀 등 게임 내에서 수집할 수 있는 대상을 제시하는 경우이다. 게임 진행에는 영향을 미치지 않지만, 플레이어의 성취 욕구를 자극함으로써 게임 플레이의 동기를 제공하고 콘텐츠 소비 속도를 늦출 수 있다는 장점이 있다. 셋째, 게임 플레이의 목적 자체가 수집인 경우이다. 카드 수집 게임이나 게임 내 캐릭터를 키우고 모으는 수집형 육성 시뮬레이션 게임 등이 이에 해당한다. 수집형 게임은 플레이어의 지속적인 수집 행위를 유도하기 위해 콘텐츠의 업데이트 속도가 빠른 것이 특징이다.

개발사에서 의도하지 않았지만 플레이어들의 자발적인 수집 행위를 통해 사용자 문화가 발생하는 경우도 있다. 〈마비노기〉에서는 자신이 원하는 색의 옷과 아이템 등을 집중적으로 수집하는 플레이어들이 있기 때문에 아이템을 염색할 수 있는 '염색 앰플' 아이템이 고가로 거래된다. 리얼 블랙, 리얼 화이트 등 인기 색상이 시세보다 3배 이상 높은 가격으로 거래되기도 하며, '염색 도우미' 등 자체 프로그램을 만들어 활용하기도 한다.

〈리그 오브 레전드〉에서는 플레이어가 자신이 소유한 캐릭터에 적용할 스킨을 수집하는 경향을 보인다. 이러한 현상을 가리켜 '롤켓몬'이라 하며, 모든 스킨을 수집한 플레이어를 '롤켓몬 마스터'라고 한다. 〈리그 오브 레전드〉 '오메가 분대 티모' 등의 전설 스킨, 〈마비노기〉 '강철의 연금술사 코스튬' 등의 기간 한정 의상, 〈블레이드 & 소울〉 '붉은새' 등의 한정 의상이 이에 해당한다.

게임에서의 수집 유형		
유형	설명	사례
수집 퀘스트	게임에서 특정 아이템을 일정량 수집하라는 퀘스트를 제시.	〈블레이드 & 소울〉 '중독 예방약' 퀘스트, 〈메이플스토리〉 '모자란 약재 구하기' 퀘스트, 〈월드 오브 워크래프트〉 '살덩이 열근' 퀘스트
수집 요소	플레이어의 동기 부여를 위해 업적, 타이틀 등 수집 요소를 제시.	〈마비노기〉 타이틀, 〈프린세스 메이커〉 시리즈 엔딩 수집, 〈포켓몬스터〉 시리즈 도감 수집
수집형 게임	수집 자체가 게임 플레이의 목적.	〈만지기탐정 나메코 재배 키트(Mushroom Garden/さわる探偵なめこ栽培キット)〉, 〈확산성 밀리언 아서(Kaku-San-Sei Million Arthur)〉, 〈재배소녀(Mandrake Girls)〉 시리즈

- **관련 용어** 수집형 게임
- **참고 자료** 구자영, 『모바일 게임의 성장경험 연구』, 한양대학교 대학원 문화콘텐츠학과 석사논문, 2015. | 존 라도프 저, 박기성 역, 『Gamification & 소셜게임』, 에이콘, 2011.

순서도 flowchart

| 게임 프로그램의 작동 흐름을 기호로 나타낸 도표.

게임 프로그램의 작동 알고리즘을 특정 기호와 화살표를 사용해 도식화한 그림. 게임 개발 단계에서 프로그램 코딩의 자료로 활용된다. 각 메뉴와 사용자 입력에 따른 프로그램의 처리 과정을 가시화해 전체적인 진행 상황을 논리적으로 파악할 수 있다. 순서도에 따라 프로그램 언어 및 코드가 작성되기 때문에 컴퓨터의 사고 체계를 따라 프로그램 요소 간의 관계를 도식화하는 작업이 중요하며, 알고리즘의 처리 순서와 예외값을 명확히 기입해야 한다. 마이크로소프트 비지오(Microsoft Visio), 이드로우 맥스(Edraw Max) 등 순서도 작성을 지원하는 소프트웨어가 활용되기도 한다. 순서도 작성에 사용되는 기호는 다음과 같다.

순서도 기호		
이름	기호	설명
흐름도(flowline)		처리의 흐름 및 기호 연결
단말(terminal)		순서도의 처음과 끝 표시
판단(decision)		경로 선택 비교 및 판단
처리(process)		값의 계산 및 처리
입·출력(input·output)		데이터의 입력과 출력
준비(preparation)		초기값 및 준비 단계
연결자(connector)		다른 부분으로 연결
정의된 처리 (predefined process)		이미 정의된 명령어 처리
문서(document)		처리값 출력

- **관련 용어** 개발 시스템, 게임 프로그래밍, 프로그래머
- **참고 자료** 이호웅 저, 웰기획 편, 『(속전속결) 프로그래밍 입문 : 쉽고 재미있게 익히는 프로그래밍 입문서』, 영진닷컴, 2005. | 트레이시 풀러턴 저, 최민석 역, 『게임 디자인 워크숍』, 위키북스, 2012.

숨은 그림 찾기 picture puzzle

| 복잡한 그림에 숨겨진 그림을 찾아내는 놀이.

삽화에 숨겨진 그림을 찾는 놀이. 찾아야 하는 항목은 단어나 그림으로 제시된다. 신문이나 잡지 등 인쇄 매체에서 주로 실리며, 디지털 게임으로도 다수 제작된다. 디지털 게임으로 제작된 숨은 그림 찾기에는 다음과 같은 규칙들이 추가된다. 첫째, 플레이어는 제한 시간 내에 목록에 제시된 숨은 그림들을 찾아야 한다. 게임 중 잘못된 그림을 선택하면 생명이나 남은 시간, 점수가 줄어든다. 둘째, 힌트를 사용할 수 있지만 횟수나 시간의 제약이 뒤따른다. 만약 힌트를 썼다면 다시 사용하기 위해 일정 시간을 기다려야 한다. 셋째, 2개 이상의 그림들을 결합해 제시된 찾기 목록 중 플레이어가 찾아야 하는 그림으로 만들 수 있다. 어드벤처 게임과 결합된 숨은 그림 찾기는 스토리 진행을 위한 미니 게임으로 틀린 그림 찾기나 퍼즐 등과 함께 제시된다. 숨은 그림 찾기를 온라인으로 배포, 판매하는 대표적인 퍼블리셔로는 빅 피쉬 게임즈(Big Fish Games)와 아웸 스튜디오(Awem Studio)를 들 수 있다.

- **관련 용어** 틀린 그림 찾기, 퍼즐
- **참고 자료** Katherine Isbister, Noah Schaffer, *Game Usability : Advancing the Player Experience*, CRC Press, 2008.

슈팅 게임 shooting game

| 함선, 우주선, 비행기 또는 총을 든 캐릭터의 조작을 통해 총, 미사일 등의 무기를 발사하여 적을 공격하는 게임.

총, 미사일 등의 무기를 발사하여 적을 공격하는 게임 장르. 발사 가능한 무기가 반드시 등장한다는 것이 가장 큰 특징이다. 플레이는 대부분 스테이지 형식을 통해 진행되며, 각 스테이지에서 적을 제거하는 등 주어진 임무를 완수해야 다음 스테이지로 이동할 수 있다. 적을 겨냥하여 무기를 발사하는 것이 플레이의 핵심이기 때문에 각종 무기를 사실감 있게 재현하는 것과 그래픽 효과와 음향 효과

슈팅 게임의 하위 장르		
종류	설명	사례
슛뎀업	플레이어가 다수의 상대를 한 번에 공격하며 비대칭 전투를 벌이는 슈팅 게임이다. 한 번에 많은 공격이 들어오기 때문에 플레이어의 순발력을 요구한다.	〈스페이스 인베이더(Space Invaders)〉, 〈갤러가(Galaga)〉
건 슈팅 게임	총을 재현한 조작기기를 사용하는 슈팅 게임이다. 1인칭 시점으로 진행된다. 별도의 조작기기가 필요하기 때문에 아케이드 플랫폼을 기반으로 하는 경우가 많다. 라이트 건 슈터 게임이라고도 불린다.	〈버추어 캅(Virtua Cop)〉, 〈하우스 오브 더 데드(The House of the Dead)〉
1인칭 슈팅 게임	1인칭 시점으로 플레이하는 슈팅 게임이다. 3차원 그래픽으로 구현되며, 플레이어와 캐릭터의 시점이 동일하기 때문에 몰입도가 높다.	〈메이즈 워(Maze War)〉, 〈둠〉
3인칭 슈팅 게임	3인칭 시점으로 플레이하는 슈팅 게임이다. 플레이어가 조작하는 캐릭터의 모습을 볼 수 있기 때문에 1인칭 슈팅 게임보다 더 넓은 시야를 확보한 상태로 플레이할 수 있다.	〈맥스 페인(Max Payne)〉, 〈레드 데드 리뎀션(Red Dead Redemption)〉

등을 통해 타격감을 높이는 것이 플레이의 중요한 몰입 요소로 작용한다. 적의 형태, 플레이어의 시점에 따라 슛뎀업, 건 슈팅 게임, 1인칭 슈팅 게임, 3인칭 슈팅 게임 등으로 하위 장르를 나눌 수 있다.

상대를 제압해야 한다는 점은 공통적이지만, 발사 가능한 무기가 필수적이라는 점에서 대전 격투 게임과 차이가 있다. 무기로 적을 쏘아 맞춘다는 일관된 목표를 지향하며, 이에 다양한 하위 장르를 포괄함에도 그 플레이 규칙이나 키 조작 방식 등이 일관적이다.

- **유의어** 슛뎀업, 건 슈팅 게임, 1인칭 슈팅 게임, 3인칭 슈팅 게임
- **관련 용어** 무기
- **참고 자료** 신용훈, 『전략적 게임학원론』, 북스홀릭, 2012 | 이재홍, 『게임 스토리텔링』, 생각의나무, 2011 | Mark J. P. Wolf, *The Video Game Explosion : A History from Pong to Playstation and Beyond*, Greenwood Press, 2007.

스노 크래시 Snow Crash

| 닐 스티븐슨(Neal Stephenson)이 창작한 사이버펑크 소설.

1992년 미국에서 출간된 공상 과학 소설. 윌리엄 깁슨(William Gibson)의 『뉴로맨서(Neuromancer)』와 함께 사이버펑크 문학의 대표적인 작품으로 손꼽힌다. 2005년 《타임》이 선정한 '최고의 현대 영미 소설 100선'에 선정됐다. 『스노 크래

시』의 배경은 정부가 모든 권력을 민간 업체에 이양하고 무정부 상태에 놓인 근미래의 미국이다. 주인공 히로 프로타고니스트가 가상 세계인 메타버스에서 유행하고 있는 신종 마약 '스노 크래시'의 실체를 밝혀나가는 이야기이다.

닐 스티븐슨은 『스노 크래시』를 통해 메타버스 개념을 최초로 제시했다. 메타버스는 초월(meta)과 세계(universe)의 합성어로, 소설 내에서 고글, 이어폰과 같은 시청각 출력 장치를 통해 다수의 사람들이 접근 가능한 사이버 공간으로 묘사된다. 이후 메타버스는 가상 세계를 뜻하는 일반 용어로 정립됐다. 게임 개발자 필립 로즈데일(Philip Rosedale)은 『스노 크래시』를 읽고 소설 속의 메타버스를 구현하겠다는 취지에서 3차원 가상 세계 〈세컨드 라이프(Second Life)〉를 설계했다. 『스노 크래시』의 메타버스는 〈퀘이크〉, 〈이머서너리(Immercenary)〉 등의 세계관에도 모방되며 후대의 게임에 지속적인 영향을 미쳤다.

- **관련 용어** 메타버스, 가상 세계, 사이버펑크
- **참고 자료** 김겸섭, 『(모두를 위한 놀이) 디지털게임의 재발견』, 들녘, 2012. | 닐 스테픈슨 저, 김장환 역, 『스노우 크래쉬 1』, 새와물고기, 1996. | 닐 스테픈슨 저, 김장환 역, 『스노우 크래쉬 2』, 새와물고기, 1996. | 정재승, 진중권, 『크로스 1 : 무한 상상력을 위한 생각의 합체』, 웅진지식하우스, 2009. | Gamasutra, "Making a Prototype of the Future : The Development of Immerenary", www.gamasutra.com/view/feature/177905/making_a_prototype_of_the_future_.php

스도쿠 sudoku / 數獨

| 가로 9칸 세로 9칸의 표에 1~9사이의 숫자를 가로줄, 세로줄, 가로 3칸 세로 3칸 영역 안에서 한 번씩만 쓰이도록 배치하는 퍼즐 게임.

가로 9칸 세로 9칸의 표의 일부 칸이 1~9 사이의 숫자로 채워진 형태의 퍼즐. 플레이어는 나머지 빈 칸에 1~9 사이의 숫자를 채워서 퍼즐을 완성한다. 이때 다음 3가지 조건을 만족시켜야 한다. 첫째, 모든 세로줄은 1~9 사이의 숫자를 한 번씩만 사용해야 한다. 둘째, 모든 가로줄에도 1~9 사이의 숫자를 한 번씩만 사용해야 한다. 셋째, 굵은 테두리 등으로 표시된 가로 3칸, 세로 3칸의 정사각형 영역 안에 1~9 사이의 숫자를 한 번씩만 사용해야 한다. 이때 미리 채워져 있는 숫자의 개수가 많을수록 스도쿠의 난이도는 감소한다.

최초에 공개된 숫자의 배열과 개수에 따라 스도쿠의 풀이는 유일하거나 다양할 수 있다. 풀이가 유일한 경우의 최소 공개 숫자 개수는 17개로 알려져 있다. 스도쿠는 1979년 미국 퍼즐 잡지 《델 매거진(Dell Magazine)》의 하워드 간즈(Howard Garns)에 의해 만들어졌다. 최초에는 넘버 플레이스(Number Place)라는 이름으로 불렸으나, 일본 퍼즐 잡지 《퍼즐 통신 니코리(Monthly Nikolist / パズル通信ニコリ)》를 통해 스도쿠라는 명칭이 확산됐다. 스도쿠는 신문, 잡지 등 정기간행물의 지면에 실리거나 퍼즐 책으로 출판된다. 디지털 게임으로는 플래시 게임 및 모바일 게임 등으로 다수 제작됐다. 가로 9칸, 세로 9칸이라는 스도쿠의 기본 형태를 변형한 스도쿠가 제작되기도 한다.

- **관련 용어** 퍼즐
- **참고 자료** Florella Grossi, Wayne Gould, *The Addict's Guide to Everything Sudoku*, Fair Winds, 2007. | Jason Rosenhouse, Laura Taalman, *Taking Sudoku Seriously : The Math Behind the World's Most Popular Pencil Puzzle*, Oxford University Press, 2011. | Naresh Mohan Lal Sood, *Sudoku Gems*, Diamond Pocket Books, 2006.

스레드 thread

| 특정 프로세스 내부의 실행 흐름 단위.

프로세스 내부에서 다수의 작업을 처리하기 위한 실행 흐름의 단위. 멀티스레딩 환경에서 다수의 요청이 동시에 발생할 경우 요청의 개별적인 스레드가 생성된다. 스레드는 요청과 관련된 정보를 보관하고, 프로세스의 스케줄러는 스레드들 간의 처리 우선순위를 판단한다. 하나의 프로세스는 1개의 프로그램 명령어만을 수행할 수 있기 때문에 다수의 스레드를 유지하면서 우선순위에 따라 처리 대상을 전환한다. 전환이 매우 빠르게 일어나므로 여러 작업을 동시에 처리하는 것처럼 보인다. 스레드들의 공유 자원이 잠금장치를 사용하면서 서로를 배타적으로 참조하도록 설계될 경우, 서로의 잠금이 풀리기를 기다리는 교착상태에 빠질 수 있다.

멀티스레딩은 여러 사용자 및 작업 요청이 동시다발적으로 발생하는 환경에서 원활한 실행 및 성능 향상을 위해 활용된다. 다중접속온라인 역할수행 게임은 서버 설계를 위해 멀티스레딩을 활용한다. 모바일 플랫폼에서는 원활한 게임 실행을 위해 게임의 스레드를 기기에서 실행되는 기타 스레드들에서 분리시킨다. 이외에도 2개 이상의 시피유(CPU)가 있는 환경에서는 멀티스레딩을 통해 각 시피유에 작업을 분배하여 게임이 원활하게 실행되도록 한다.

- **관련 용어** 교착상태, 멀티프로세싱
- **참고 자료** 김민장, 『프로그래머가 몰랐던 멀티코어 CPU 이야기』, 한빛미디어, 2010. | Jerome DiMarzio, *Practical Android 4 Games Development*, Apress, 2011. | Mario Nemirovsky, Dean M. Tullsen, *Multithreading Architecture*, Morgan & Claypool, 2013.

스왑 swap

| 플레이어가 무기를 변경하는 행위.

플레이어가 일시적으로 무기를 교체하는 행위. 스위칭(switching)이라고도 한다. 1인칭 슈팅 게임에서 주로 연사 간격을 단축하기 위해 전략적으로 무기를 교체하는 것을 뜻한다. 〈카운터-스트라이크〉를 비롯한 여러 슈팅 게임에서 저격소총은 명중률과 대미지가 높지만 재장전에 걸리는 시간이 비교적 길다. 따라서 격발 후 보조 무기를 선택했다가 곧바로 저격소총을 다시 장착해 발포하는 데 걸리는 시간이 지정된 재장전 시간보다 짧을 수 있다. 이때 무기 교체를 스왑이라 한다. 스왑 시 줌(zoom)과 장전이 자동으로 취소돼 시야가 확보되는 효과도 발생한다.

스왑은 지정된 재장전 시간을 강제로 단축시켜 전투의 진행 속도와 클래스 간 균형에 영향을 미친다. 따라서 사실성을 중시하고 클래스 구분이 명확한 슈팅 게임은 스왑 횟수를 제한하거나 스왑에 걸리는 시간을 늘려 균형을 맞춘다. 반면 〈서든어택〉과 같이 복수의 무기를 소지하게 하고 신속한 스왑을 지원하는 사례도 존재한다. 〈길드워 2〉, 〈아크로드 2(Archlord 2)〉와 같은 일부 다중접속온라인 역할수행 게임은 무기별 스킬을 다양화하고 실시간 스왑을 지원했다. 이를 통해 플레이어가 단일 캐릭터로 40가지가 넘는 스킬을 사용하거나, 검사가 전투 도중 마법봉으로 체력치를 회복하는 등의 플레이가 가능해졌다.

- **유의어** 스위칭
- **관련 용어** 1인칭 슈팅 게임, 다중접속온라인 역할수행 게임

■ **참고 자료** 게임메카, 〈길드워 2 리뷰, 첫경험에 대한 솔직한 느낌〉, www.gamemeca.com/preview/ view.php?gid=119749 | 게임샷, 〈블랙스쿼드 OBT 리뷰〉, www.gameshot.net/common/con_view. php?code=GA548d994edda1a

스크린샷 screenshot

| 모니터에 나타난 장면을 포착 및 저장한 것.

정해진 단축키를 이용해 모니터 화면에 나타난 장면을 그대로 포착한 그림 파일. 컴퓨터 운영체제에 따라 단축키 조작법이 상이하다. 포착한 장면은 제이펙(JPEG), 피엔지(PNG) 등의 파일 형식으로 저장할 수 있다. 게임의 경우, 개발사가 신작 홍보용 판촉물을 만드는 데 스크린샷을 활용하면서부터 대중화됐다. 플레이어는 게임 영상 녹화 프로그램인 프랩스(Fraps)을 사용해 스크린샷을 제작하기도 하며, 게임 유통 오픈 마켓인 스팀(Steam)은 자체적으로 스크린샷 기능을 제공하기도 한다.

게임 스크린샷은 플레이어에게 게임의 해상도나 그래픽 요소에 대한 정보를 제공할 뿐만 아니라 플레이어가 캐릭터의 일상, 성장, 업적 등을 기록하는 데 사용되기도 한다. 게임 커뮤니티 게시판의 경우, 플레이어끼리 스크린샷으로 포착한 캐릭터의 외양이나 플레이 장면 등을 자랑·설명 등의 목적으로 공유하기도 한다.

■ **관련 용어** 그래픽, 스팀
■ **참고 자료** 이상우, 『게임, 게이머, 플레이 : 인문학으로 읽는 게임』, 자음과모음, 2012. | Jeremiah McCall, *Gaming the Past: Using Video Games to Teach Secondary History*, Routledge, 2013.

스크립트 언어 scripting language

| 컴파일(compile) 없이 즉각적인 수정 및 실행이 가능한 단순한 형태의 프로그래밍 언어.

응용 프로그램을 제어하는 프로그래밍 언어의 일종으로 일반 프로그래밍 언어에 비해 간단하게 구성된 명령어. 대부분의 스크립트는 인터프리티드 언어

(Interpreted Language)로, 컴파일 없이 실행이 가능하다. 컴파일이란 프로그래밍 언어를 다른 언어, 주로 컴퓨터가 이해할 수 있는 기계어로 옮기는 것을 뜻한다. 인터프리티드 언어는 실행과 번역이 동시에 진행되므로, 실행 속도가 느리지만 컴파일 없이 즉각적인 수정이 가능하다. 게임에서는 코어 엔진 외의 부분을 데이터와 스크립트로 구성하는 데이터 주도적 개발을 위해 스크립트가 활용된다. 프로그래머는 프로그램 코드 작성 및 스크립트 엔진 개발을, 게임 기획자는 스크립트 작성을 담당하여 협업한다.

게임에 주로 사용되는 스크립트는 루아(Lua)와 파이선(Python)이다. 루아를 적용한 게임은 〈월드 오브 워크래프트〉, 〈마인크래프트〉, 〈앵그리 버드(Angry Birds)〉, 〈라그나로크 온라인〉이 있다. 파이선을 적용한 게임은 〈문명 4(Civilization 4)〉, 〈월드 오브 탱크(World of Tanks)〉, 〈이브 온라인(EVE Online)〉이 대표적이다. 이 외에도 자바스크립트(JavaScript), 액션스크립트(ActionScript) 등이 사용된다. 언리얼(Unreal) 게임 엔진은 자체 스크립트인 언리얼스크립트를 지원하며, 유니티(Unity) 게임 엔진은 자바스크립트 혹은 C#으로 작성된 스크립트를 오브젝트에 컴포넌트로 추가할 수 있다. 일부 개발사는 스크립트 엔진을 자체적으로 개발하여 사용한다.

스크립트를 활용한 게임 개발은 다음과 같은 특징을 지닌다. 첫째, 재컴파일 없이 게임 로직을 변경할 수 있다. 따라서 밸런싱 등을 위한 반복적인 테스트가 용이하다. 모바일 게임의 경우, 빌드를 재컴파일하지 않고 게임을 변경할 수 있으므로 앱 마켓의 심사 과정 없이 패치가 가능하다. 둘째, 단순한 문법으로 구성되어 비(非) 프로그래머가 게임 로직을 변경할 수 있다. 따라서 게임 기획자가 기획 의도를 직접 적용할 수 있다. 큐에이(QA)는 상수 등을 직접 변경하여 게임을 테스트할 수 있다. 셋째, 플레이어가 스크립트를 변경하여 애드온(add-on) 및 모드(MOD)를 제작할 수 있다. 〈월드 오브 워크래프트〉는 유저 인터페이스를 스크립트로 작성해, 플레이어들의 유저 인터페이스 애드온 제작을 가능하게 했다.

- **관련 용어** 게임 엔진, 모드, 애드온, 게임 기획자, 큐에이
- **참고 자료** Avinash C. Kak, *Scripting with Objects*, John Wiley & Sons, 2012. | Lee Berger, "Scripting : Overview and Code Generation", *AI Game Programming Wisdom*, Cengage Learning, 2002. | Paul Emmerich, *Beginning Lua with World of Warcraft Add-ons*, Apress, 2009. | Steve Rabin, *Introduction to Game Development*, Charles River Media, 2009.

스킨 skin

| 캐릭터의 외형이나 스킬 효과 등을 변경할 수 있는 그래픽 요소.

제공되는 콘셉트에 맞춰 캐릭터의 신체 일부 혹은 전신을 바꿀 수 있는 그래픽 요소. 옷·액세서리 등 장착을 통해서 캐릭터에 덧입힐 수 있는 치장 아이템과는 구분된다. 플레이어는 캐릭터에 스킨을 적용하여 자신의 취향이나 개성을 표현할 수 있다. 퀘스트 완수나 이벤트 참여에 대한 보상으로 주어지거나 상점에서 유료로 판매된다. 〈히어로즈 오브 더 스톰(Heroes of the Storm)〉에서는 스킨을 써서 의복, 피부톤, 장착 무기를 바꿀 수 있으며, 〈리그 오브 레전드〉에서는 캐릭터의 동작, 대사까지 변형시킬 수 있다.

플레이어들이 모드(MOD)의 형태로 스킨을 직접 제작하여 배포하는 경우도 있다. 대표적으로 〈심즈〉에서는 스킨을 적용하여 피부의 색상, 근육의 모양 등을 바꿀 수 있으며, 〈엘더스크롤〉에서는 캐릭터의 이목구비와 피부의 질감을 변경할 수 있다. 일부 플레이어들은 소장한 스킨을 과시하기 위해 경쟁적으로 스킨을 수집하기도 한다. 판매 기간, 판매 서버, 플레이어의 레벨 등 획득 가능한 조건이 한정적일수록 희소가치가 높아져 고가에 거래된다.

〈리그 오브 레전드〉의 스킨 유형		
유형	설명	사례
일반 스킨	캐릭터의 외형, 스킬 이펙트가 변화됨.	방랑자 가렌, 특공대 갈리오, 파괴단 그라가스
준전설급 스킨	캐릭터의 외형, 스킬 이펙트, 귀환 모션이 변화됨.	별 수호자 럭스, 사신 소라카, 인간 사냥꾼 아칼리
전설급 스킨	캐릭터의 외형, 스킬 이펙트, 귀환 모션, 캐릭터의 목소리, 대사가 변화됨.	피의 군주 블라디미르, 어둠 서리 애니비아, 승리의 잔나
초월급 스킨	캐릭터의 외형, 스킬 이펙트, 귀환 모션, 캐릭터의 목소리, 대사, 챔피언 초상화가 변화됨.	펄스건 이즈리얼, 정령 수호자 우디르, 디제이 소나

- **관련 용어** 아이템, 캐릭터 커스터마이징, 일반 스킨, 준전설급 스킨, 전설급 스킨, 초월급 스킨
- **참고 자료** 인벤, 〈블리자드, '히어로즈 오브 더 스톰' 스킨과 탈것, 진척 시스템 등 공개〉, www.inven.co.kr/webzine/news/?news=106093 | 인벤, 〈리그 오브 레전드, 2014 월드컵 신규 스킨 출시 및 클라이언트 랜딩 페이지 개편〉, www.inven.co.kr/webzine/news/?news=112469

스킬 skill

| 게임 내에서 캐릭터가 사용하는 기술.

게임 내 캐릭터가 지니고 있거나 익힐 수 있는 기술. 각 기술은 캐릭터의 종족이나 직업에 따른 특성을 반영한다. 스킬을 시전하기 위해서는 쿨타임이라 불리는 스킬 재시전 시간과 시전 에너지가 필요하다. 스킬의 사용 조건에 따라 한번 익히면 무한정 사용할 수 있는 스킬과 일정한 조건 및 시한을 갖는 스킬로 구별된다. 활성화 조건을 기준으로 할 때 스킬은 패시브 스킬(passive skill)과 액티브 스킬(active skill)로 나뉜다. 패시브 스킬은 일정한 조건이 충족될 경우 자동으로 효력이 발생하는 스킬이다. 플레이어가 스킬을 지니고 있을 경우, 특별한 조작 없이도 항시 활성화된다. 반면 액티브 스킬은 단축키, 커맨드 키 등을 입력하거나 캐릭터가 가진 자원을 소모해야 활성화된다. 이 외에도 스킬은 게임의 세계관과 캐릭터의 특성에 맞춰 다르게 구분된다.

역할수행 게임에서의 기능에 따른 전투 스킬의 분류		
종류	설명	사례
전투스킬 — 물리 공격	물리 피해를 주는 스킬. 대부분 전사 계열 캐릭터가 사용한다.	검, 활, 도끼와 같은 물리적 무기 활용 스킬 등
전투스킬 — 마법 공격	마법 피해를 주는 스킬. 속성별로 나뉘어져 있는 경우가 많음. 대부분 마법사 계열 캐릭터가 사용한다.	물, 불, 얼음, 바람 등과 같은 속성별 마법 활용 스킬 등
전투스킬 — 방어 스킬	공격을 막는 스킬. 탱커 역할을 하는 캐릭터가 주로 사용한다.	방패 활용 스킬, 방어 기술을 활용한 스킬 등
전투스킬 — 전투 보조	전투를 보조하는 스킬. 대미지와 무관하게 전투 그 자체에 도움이 된다.	전투 보조 아이템을 활용하는 스킬, 회복 스킬, 상태 이상 스킬, 버프, 디버프 등
숙련 스킬	장비나 캐릭터를 숙련시켜 기존에 주어진 능력치를 향상시키는 스킬.	천옷 숙련, 중갑 숙련, 무기 숙련 등
생활 스킬	전투 외에 캐릭터 생활과 관련된 스킬. 채집, 제작, 생산 스킬을 포함한다.	약초, 채광, 대장장이, 연금술, 낚시 스킬 등

스킬은 아바타의 동작과 무기, 적용 범위, 적용 효과, 직업 전직, 종족, 딜(deal) 등 게임 내 세계관에 따라 연계되어 복합적인 양상을 보인다. 적용 범위에 따라 근접 스킬, 원거리 스킬, 범위 공격 스킬 등으로 나눌 수 있다. 범위 공격과 같은 광역 스킬의 경우 장판, 바닥이라고도 부른다. 몹(Mob)이 많은 지역에서 전투가 벌어지면 플레이어는 몹을 한쪽 방향으로 유인해 광역 스킬로 한번에 처리하는

몸몸이 전략을 쓰기도 한다. 적용 효과에 따라서는 정신력 감소 스킬, 체력 감소 스킬, 상태 이상 유발 스킬 등으로 나눌 수 있다. 승급이나 전직 시스템을 적용하는 게임의 경우, 승급 전 보유하고 있는 기초 스킬과 승급 후 얻게 되는 특수 스킬로 구분된다.

스킬은 각 종족의 특성을 보여주는 고유한 동작, 상태 변화, 음향효과 등을 수반한다. 중국 무술 액션 게임의 사례에서 스킬이 상호 연계되는 복합 양상은 아래와 같다.

종족-스킬 연계 사례			
종족	스킬 모델	종족별 동작 특성	스킬
북방 무술인	태극권, 북파 소림권, 팔극권, 당랑권	다리 기술, 도약 공격이 많다.	주먹 공격
			손가락 공격
		동작이 크며 신축의 범위가 넓다.	손바닥 공격
			잡아채기
		팔극권의 경우 북파이지만 발차기 기술이 거의 없다.	잡아 던지기
			발차기
			발 후리기
남방 무술인	오형권, 남파 소림권, 홍가권, 영춘권	다리 움직임이 없이 발동하는 제자리 공격이 많다.	발성
			박치기
		동물 동작을 흉내 낸 상형기술이 많다.	주먹 공격
			손가락 공격
		동작 발동 시 발성이 많다.	손바닥 공격
			관절 꺾기

적용 효과-스킬 연계 사례			
적용 효과	스킬-동작	동작 속성	스킬 개발
적 체력 수치 감소	주먹 공격	단타	레벨1-레벨4
	손가락 공격	단타	레벨1-레벨4
	손바닥 공격	단타	레벨1-레벨4
	이단 옆차기	연속 공격	레벨1, 레벨2
	잡아 던지기	연속 공격-상태 이상	레벨1, 레벨2
	옆차기	단타	레벨1-레벨4
	박치기	단타-상태 이상	레벨1-레벨4

적 정신력 수치 감소	발성	단타	레벨 없음
	발 후리기	단타	레벨 없음
	주먹 공격	단타	레벨1-레벨4
	손가락 공격	단타	레벨1-레벨4
	손바닥 공격	단타	레벨1-레벨4
적 상태 이상	관절 꺾기	단타	레벨1-레벨 7
	잡아 던지기	연속 공격	레벨1, 레벨 2
	박치기	단타	레벨1-레벨4
	저주	연속 공격	레벨 없음
본인 상태 강화	단전호흡	체력 수치 회복	레벨1-레벨 7
	정신집중	정신력 수치 회복	레벨1-레벨 7
	반탄강기	방어력 증가	레벨1, 레벨2
	금강불괴	방어력 증가	레벨1, 레벨2

스킬은 스킬의 발동과 함께 가시적으로 확인될 수 있는 아바타의 동작 변화를 수반한다. 더욱 화려한 동작을 연출하기 위해 약진, 회전, 전진, 후퇴 등 아바타의 위치를 바꾸기도 한다.

스킬-아바타 동작 변화 연계 사례				
이름	분류	표시	종류	추가효과
내려찍기	타격	뛰어올라서 발로 회전하며 공격한다.	근거리 공격	없음
정권 찌르기	타격	주먹을 전방으로 빠르게 내지른다.	근거리 공격	없음
발라내기	상처 유발	손을 수평으로 빠르게 휘두른다.	근거리 공격	출혈
반달 찍기	조작 불능 야기	뒤꿈치로 상대방의 머리를 위에서 아래로 내리찍는다.	근거리 공격	스턴
급소차기	밀어냄	몸을 돌려 발을 일직선으로 내지른다.	근거리 공격	뒤로 밀림
메치기	잡아서 공격	팔로 상대를 잡아 바닥에 메친다.	근거리 잡기	쓰러짐
짓이김	쓰러진 상대 공격	마운트 포지션으로 공격을 한다.	특수공격	없음
철벽	상대 스킬을 방어	팔을 들어 올려 얼굴을 가린다.	근·원거리 방어	없음
앞차기	강한 타격	강한 킥을 한다.	근거리 공격	없음
참룡	강한 타격	무기를 휘둘러 상대의 상체를 공격한다.	근거리 공격	없음
일자 베기	상처 유발	무기를 수평으로 빠르게 휘두른다.	근거리 공격	출혈
압정	조작 불능 야기	무기로 머리를 내려친다.	근거리 공격	스턴

부딪히기	상대를 뒤로 밀어냄	어깨로 상대의 몸을 밀어낸다.	근거리 공격	뒤로 밀림
묘비	상대를 잡아서 공격	무기를 이용해서 상대를 잡아 바닥에 메친다.	근거리 잡기	쓰러짐
장살	쓰러진 상대를 공격	무기를 휘둘러서 쓰러진 상대를 공격한다.	특수공격	없음
튀겨내기	속계열의 스킬을 방어	무기를 들어서 몸을 막는다.	근·원거리 방어	본인 회전
반탄공	타격에 대한 반격기	무기로 상대의 몸을 빠르게 찌른다.	근거리의 타격의 반격	없음
불꽃의 분노	부적을 이용한 공격	불이 붙은 부적을 상대에게 날린다.	근·원거리 공격	일정 시간 동안 상대의 체력 소진
쌍장파	일반적인 강한 타격	양손을 전방으로 빠르게 내지른다.	근거리 공격	본인 도약
바람 할퀴기	상처 유발	아래에서 위로 팔을 휘둘려 올려친다.	근거리 공격	본인 약진
무거운 울림	조작 불능시키는 공격	공격을 할 때 일정 확률로 상대를 스턴 상태로 만들 수 있다.	거리 무시	스턴
금강체	가까이 있는 모든 상대를 뒤로 밀어냄	몸을 십자로 펴서 온몸에서 기를 방출한다.	근거리 공격	뒤로 밀림
폭류	상대를 잡아서 공격	손바닥에서 기를 써서 상대를 날려버린다.	근거리 잡기	쓰러짐
신명 방어	마법 계열의 스킬을 방어	기의 벽이 나와서 공격을 방어한다.	근·원거리 방어	없음
신명 소환	체력을 조금 회복	양손을 들어 올린다.	특수행동	체력 회복
사직의 부름	상대를 제자리에 묶음	지면이 움직여 상대의 발을 잡는다.	근·원거리 공격	이동 불능

역할수행 게임 내에서 스킬은 사냥, 엔피시(NPC)와의 대화, 퀘스트 수행 등을 통해 익힐 수 있다. 이는 캐릭터의 성장과 밀접한 상관관계를 가진다. 캐릭터의 레벨이 높아질수록 보유할 수 있는 스킬의 개수가 늘어나며 기존에 습득한 스킬보다 더 높은 수준의 스킬을 습득할 수 있다. 성장을 통해 이미 얻었던 스킬의 능력을 증폭시킬 수도 있다. 캐릭터의 성장 단계에 따른 스킬 배분의 사례는 아래와 같다.

스킬-캐릭터 성장 연계 사례				
이름	분류	종류	적용 단계	추가효과
내려찍기	타격	근거리 공격	입문	없음
정권 찌르기	타격	근거리 공격	입문	없음
발라내기	상처 유발	근거리 공격	입문	출혈

반달 찍기	조작 불능 야기	근거리 공격	승급 전	스턴
급소 차기	밀어냄	근거리 공격	승급 전	뒤로 밀림
메치기	잡아서 공격	근거리 잡기	승급 전	쓰러짐
앞차기	강한 타격	근거리 공격	1차 승급	없음
참룡	강한 타격	근거리 공격	1차 승급	없음
일자 베기	상처 유발	근거리 공격	1차 승급	출혈
압정	조작 불능 야기	근거리 공격	1차 승급	스턴
부딪히기	상대를 뒤로 밀어냄	근거리 공격	전직	뒤로 밀림
묘비	상대를 잡아서 공격	근거리 잡기	전직	쓰러짐
장살	쓰러진 상대를 공격	특수공격	전직	없음
불꽃의 분노	부적을 이용한 공격	근·원거리 공격	2차 승급	일정 시간 동안 상대 체력 소진
쌍장파	일반적인 강한 타격	근거리 공격	2차 승급	본인 도약
바람 할퀴기	상처 유발	근거리 공격	2차 승급	본인 약진
무거운 울림	조작 불능시키는 공격	거리 무시	2차 승급	스턴

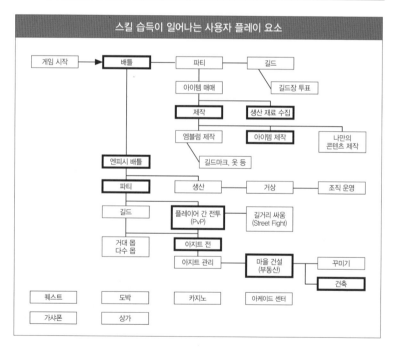

스킬의 습득은 해당 스킬을 사용하는 사용자 플레이 영역과 연계된다. 사용자 들은 해당 스킬과 상호 연관성이 높은 장소, 사물, 엔피시와 접촉하면서 스킬을

습득하게 된다. 사용자의 게임 플레이 환경에서 스킬 습득이 주로 일어나는 사용자 플레이 영역은 엔피시와의 배틀, 플레이어 간 전투(PvP), 아이템 제작, 재료 수집, 아지트 전, 마을 건설 등이다.

- **유의어** 기술, 능력
- **관련 용어** 퀘스트, 아이템, 스킬 트리, 성장, 바닥, 장판, 몸몰이
- **참고 자료** 김정남, 김웅남, 김정현, 『게임의 운명을 결정하는 기획과 시나리오』, e비즈북스, 2013. | 박찬일, 최기운, 『위대한 게임 위대한 기획자』, 한빛미디어, 2014. | 손형률, 『게임 밸런스 이야기』, 한빛미디어, 2014.

스타워즈 Star Wars

| 조지 루카스(George Lucas)가 감독 및 각본을 맡은 7부작 공상 과학 영화.

가상의 은하를 배경으로 하는 스페이스 오페라. 1977년부터 2005년까지 에피소드 4, 5, 6, 1, 2, 3 순으로 개봉했다. 2015년에 〈스타워즈 : 깨어난 포스〉가 개봉했다. 대다수 에피소드의 감독과 각본을 조지 루카스가 맡았으나 예외적으로 5편은 어빈 커슈너(Irvin Kershner), 6편은 리처드 마퀀드(Richard Marquand)가 감독을 맡았다. 〈스타워즈〉 시리즈는 게임, 소설, 애니메이션, 그래픽 노블 등 다양한 매체로 제작됐다.

주요 내용은 은하 공화국의 붕괴와 은하 제국의 탄생, 은하 제국의 대한 저항 연합의 저항과 승리이며, 선과 악을 대표하는 세력, 제다이와 시스의 갈등을 다룬다. 제다이는 은하 공화국의 기사단으로 가상의 에너지인 포스를 선을 위해 사

〈스타워즈〉 시리즈 개봉 연표		
개봉	제목	구분
1977	〈스타워즈 에피소드 4 : 새로운 희망(Star Wars : Episode IV-A New Hope)〉	오리지널 (original)
1980	〈스타워즈 에피소드 5 : 제국의 역습(Star Wars : Episode V-The Empire Strikes Back)〉	
1983	〈스타워즈 에피소드 6 : 제다이의 귀환(Star Wars : Episode VI-Return of Jedi)〉	
1999	〈스타워즈 에피소드 1 : 보이지 않는 위험(Star Wars : Episode I-The Phantom Menace)〉	프리퀄 (prequel)
2002	〈스타워즈 에피소드 2 : 클론의 습격(Star Wars : Episode II-Attack of the Clones)〉	
2005	〈스타워즈 에피소드 3 : 시스의 복수(Star Wars : Episode III-Revenge of the Sith)〉	
2015	〈스타워즈 : 깨어난 포스(Star Wars : The Force Awakens)〉	

용하는 반면, 시스는 악을 목적으로 포스를 사용한다.

대표적인 제다이 캐릭터는 저항 연합의 루크 스카이워커, 구공화국의 마스터 제다이 오비완 케노비와 요다 등이 있으며, 시스 캐릭터는 은하 제국의 황제 팰퍼틴이 대표적이다. 루크 스카이워커의 아버지이자 오비완 케노비의 제자인 아나킨 스카이워커는 제다이에서 시스로 타락하여 은하 제국의 사령관 다스 베이더가 됐다.

오리지널 시리즈는 루크 스카이워커가 성장하여 다스 베이더에 대항하는 내용을 다루며, 프리퀄은 다스 베이더의 탄생을 다룬다. 〈스타워즈〉 시리즈를 기반으로 슈팅 게임, 어드벤처 게임, 전략 시뮬레이션 게임, 역할수행 게임, 퍼즐 게임, 레이싱 게임, 보드 게임 등이 제작됐다.

장르별 〈스타워즈〉 게임 사례	
장르	제목
슈팅	〈스타워즈 : 로그 스쿼드런(Star Wars : Rogue Squadron)〉 시리즈, 〈스타워즈 : 배틀프론트(Star Wars : Battlefront)〉 시리즈
어드벤처	〈스타워즈 : 포스 언리쉬드(Star Wars : The Force Unleashed)〉 시리즈, 〈레고 스타워즈(LEGO Star Wars)〉 시리즈
전략 시뮬레이션	〈스타워즈 : 리벨리언(Star Wars : Rebellion)〉, 〈스타워즈 : 포스 커맨더(Star Wars : Force Commander)〉
역할수행 게임	〈스타워즈 : 구공화국의 기사단(Star Wars : Knights of the Old Republic)〉 시리즈
다중접속온라인 역할수행 게임	〈스타워즈 : 구공화국〉, 〈스타워즈 : 갤럭시즈(Star Wars : Galaxies)〉 시리즈
퍼즐	〈앵그리 버드 스타워즈(Angry Birds Star Wars)〉 시리즈
보드	〈스타워즈 : 이스케이프 프롬 더 데스 스타(Star Wars : Escape from the Death Star)〉
레이싱	〈스타워즈 에피소드 1 : 레이서(Star Wars Episode I : Racer)〉

■ **관련 용어** 스타트렉, 영화 게임

■ **참고 자료** Andy Mangels, *Star Wars : The Essential Guide to Characters*, Ballantine Books, 1995. | Lucasfilm, *Star Wars and History*, John Wiley & Sons, 2012. | Neal Roger Tringham, *Science Fiction Video Games*, CRC Press, 2014. | Ryder Windham, *Jedi vs. Sith : Star Wars : The Essential Guide to the Force*, Random House Publishing Group, 2013. | Stephen J. Sansweet, *The Complete Star Wars Encyclopedia*, Titan Books Limited, 2009.

스타트렉 Star Trek

| 엔터프라이즈 호의 우주 탐험을 다룬 공상 과학 시리즈물.

미국의 대표적인 공상 과학 프랜차이즈 시리즈물. 23세기 우주를 여행하는 엔터프라이즈(Enterprise) 호 승무원들의 외계 탐험을 다룬다. 세계 3대 공상 과학 시리즈 중 하나로 평가되며, 팬덤 '트레키(Trekkie)'를 중심으로 다양한 사용자 문화가 형성됐다. 1966년 진 로든베리(Gene Roddenberry)가 엔비시(National Broadcasting Company, NBC) 텔레비전 시리즈 드라마로 제작한 이래, 5편의 후속 텔레비전 시리즈, 1편의 애니메이션 시리즈, 12편의 극장판 영화가 제작되었으며, 원작을 기반으로 다양한 소설과 만화, 게임, 테마파크 등이 만들어졌다. 다양한 외계 종족 및 외계인을 통한 현실의 은유적 표현, 과학적 이론에 근거한 기술 및 문화의 재현은 기존 공상 과학물과 차별화되는 요소로 후대 공상 과학물의 주제적 측면에까지 영향을 미쳤다.

게임에서 〈스타트렉〉은 우주를 배경으로 한 판타지적 세계관을 기반으로 어드벤처, 보드 게임, 퍼즐 게임 등 다양한 장르로 파생된다. 대표적인 게임으로는 〈스타트렉〉의 세계관과 인물 및 소재를 게임으로 구현한 플레이스테이션 3(PlayStation 3) 기반의 콘솔 게임 〈스타트렉〉, 시뮬레이션 게임 〈스타트렉 브릿지 커맨더(Star Trek Bridge Commander)〉, 크립틱 스튜디오(Cryptic Studios)가 제작한 다중접속온라인 역할수행 게임 〈스타트렉 온라인(Star Trek Online)〉을 들 수 있다.

〈스타트렉〉 플레이어는 주인공이 되어 외계 종족을 비롯한 적을 물리치며 〈스타트렉〉의 서사를 직접 경험할 수 있으며, 〈스타트렉 브릿지 커맨더〉 플레이어는 주인공의 입장에서 엔터프라이즈 호를 운행할 수 있다. 〈스타트렉 온라인〉은 다양한 행성 연방과 종족 설정을 그대로 차용하여 플레이어가 자신의 우주선을 지휘하고 캐릭터를 성장시키며 다른 플레이어와 경쟁할 수 있는 멀티 플레이 구도를 마련했다.

- **관련 용어** 미래, 영화의 게임화, 우주
- **참고 자료** Douglas Brode, Shea T. Brode(edit), *The Star Trek Universe : Franchising the Final Frontier*, Rowman & Littlefield Publishers, 2015. | Lincoln Geraghty, *Living with Star Trek : American Culture and the Star Trek Universe*, I. B. Tauris, 2007.

스테이지 stage

| 게임을 구성하는 개별적 단계.

게임에서 스테이지란 서로 분리된 게임의 장을 뜻한다. 각 스테이지는 플레이를 진행하는 게임의 배경이 되며, 스테이지가 모여 하나의 전체 게임 공간을 구성한다. 스테이지의 기능은 게임 장르에 따라 3가지로 분류된다.

첫째, 게임의 단계로 작용한다. 주로 횡스크롤 게임, 플랫폼 게임, 액션 게임 등에서 나타나며, 이 경우 스테이지는 곧 레벨이 된다. 한국에서는 이를 1탄, 2탄과 같이 '탄'으로 부르기도 한다. 보너스 스테이지는 일반 스테이지보다 비교적 보상을 많이 얻을 수 있거나 캐릭터의 능력치가 향상되는 스테이지이다. 보너스 스테이지에서는 최종 목표를 달성하지 못하더라도 게임 진행에 차질이 발생하지 않는다.

둘째, 배경으로 작용한다. 주로 어드벤처 게임, 퍼즐 게임 등에서 나타나며, 이때 스테이지는 플레이어가 퀘스트를 수행하거나 단서를 모으기 위해 탐험하는 공간, 즉 맵이 된다. 각 스테이지는 하나 이상의 목표를 지니고 있으며, 목표를 달성하면 스테이지가 완료된다.

셋째, 무대의 기능을 담당한다. 대전 격투 게임이 대표적이며 이때 스테이지는 격투가 발생하는 링의 배경 테마가 된다. 사례로는 동양풍의 고성(古城)을 배경으로 하는 〈스트리트 파이터(Street Fighter)〉의 류 스테이지, 달리는 기차 위를 배경으로 하는 〈아랑전설〉의 테리 스테이지 등이 있다.

- **관련 용어** 레벨, 보너스 스테이지, 공간
- **참고 자료** 변성연, 『어드벤처 게임의 미로 상징 연구』, 이화여자대학교 대학원 디지털미디어학부 석사논문, 2011. | 손형률, 『게임 밸런스 이야기』, 한빛미디어, 2014. | Mark J. P. Wolf, Bernard Perron, *The Routledge Companion to Video Game Studies*, Routledge, 2014.

스토리 메이킹 게임 story-making game

| 이야기 창작 요소와 게임 규칙을 조합한 게임 장르.

플레이어가 규칙에 따라 이야기를 만들고 원하는 결말에 도달하기 위해 경쟁하는 게임. 주어진 게임 요소를 사용해 이야기를 직접 생성하는 것이 플레이의

핵심이다. 카드를 이용한 보드 게임의 형식을 취하는 것이 일반적이며, 카드는 스토리 카드, 결말 카드 등으로 구성된다. 카드의 내용은 캐릭터, 행위, 사물 등을 포함한다. 플레이어는 카드를 사용하거나 이야기 진행에 방해되는 단어를 외치는 등 지정된 행위를 통해 다른 플레이어를 방해할 수 있다.

제임스 월리스가 제시한 스토리 메이킹 게임 제작 요소	
종류	설명
장르	규칙과 목표 설정에 영향을 미치며, 공포, 모험, 동화 등 장르를 주로 사용.
구조	발단, 전개, 결말을 갖추고, 목표 및 다른 플레이어에 의한 위기가 존재.
규칙	배경 이야기와 세계관을 제시하며, 제시된 규칙을 플레이어가 해석 및 응용 가능.
이야기/게임 밸런스	게임 규칙이 이야기 창작 행위에 대한 한계를 제시해 플레이 재미를 부가.

게임의 목표는 이야기 장르에 따라 다르다. 동화를 소재로 하는 〈옛날 옛적에(Once upon a time)〉의 경우 플레이어는 이야기를 '해피 엔딩(happy ending)'이 적힌 결말 카드로 끝내야 하고, 살인사건을 다룬 〈유던잇(Youdunit)〉의 플레이어는 이야기 결말에서 범인을 찾아내야 한다. 제임스 월리스는 스토리 메이킹 게임 제작에 필요한 요소를 장르, 구조, 규칙, 이야기/게임 밸런스로 나누어 제시한다.

스토리 메이킹 게임의 구조와 규칙은 각각 게임의 이야기 진행과 배경 이야기를 제시하기 때문에 상호 연관을 가진다. 일례로 〈다크 컬츠(Dark Cults)〉는 H. P. 러브크래프트(Howard Philips Lovecraft)의 세계관을 내포한다. 플레이어는 원작에 대한 이해를 바탕으로 캐릭터가 저주받은 집에서 살아남도록 이야기를 진행한다.

- **관련 용어** 보드 게임, 스토리텔링 게임
- **참고 자료** James Wallis, "Making Games That Make Stories", *Second Person : Role-Playing and Story in Games and Playable Media*, The MIT Press, 2010.

스토리 아크 story arc

| 서사의 갈등 곡선 혹은 극적 구조.

문제가 발생하여 갈등이 극대화되었다가 해결되는 구조. 아리스토텔레스의 3막 구조, 구스타프 프라이타크(Gustav Freytag)의 삼각형, 조셉 캠벨(Joseph

Campbell)의 영웅의 여행에서 나타나는 플롯이 스토리 아크의 구조를 가진다. 아리스토텔레스는 서사는 하나의 전체로 시작, 중간, 끝을 가지며 갈등이 고조되다가 가장 심각한 갈등의 순간을 지나 해결되면서 이야기가 마무리된다고 보았다. 프라이타크는 아리스토텔레스의 3막 구조를 세분화하여 사건 전개가 발단, 상승, 위기 혹은 절정, 하강, 파국의 5단계로 진행된다고 보았다. 조셉 캠벨은 17개의 구조로 영웅의 여행을 구분했으며, 이를 후대의 학자들은 12단계로, 프라이타크의 구조와 유사한 5단계로 정리했다.

브렌다 브레스웨이트와 이안 슈라이버는 게임에서의 스토리 아크는 아리스토텔레스가 제시한 3막 구조와 조셉 캠벨이 제시한 5단계의 아크가 활용된다고 설명한다.

게임에서 스토리 아크는 게임 기획부터 플레이어 경험까지 게임 플레이의 전반을 구성하는 주요한 요소로, 게임 설정과 플레이어 두 측면에서 발생한다. 게임 설정 측면에서 스토리 아크는 세계관과 퀘스트에서 나타난다. 게임 세계 전체를 관통하는 세계관은 스토리 아크를 바탕으로 배경 설정을 구상하며, 이는 게임 메인 플롯에 영향을 준다. 콘솔 게임은 컷신을 통해 게임의 배경을 설명하고 선형적 스토리를 제시하여 스토리 아크를 만든다. 다중접속온라인 역할수행 게임의 경우, 세계관에 기반하여 각 지역의 퀘스트를 작성한다. 이러한 게임 설정에서 나타나는 스토리 아크를 기반으로 플레이어는 스토리 아크를 다양하게 변형시킨다.

스토리 아크 유형		
스토리 아크 유형	파트 구분	설명
아리스토텔레스의 스토리 아크	행동 1	문제 사건이 발생한다. 플레이어는 목표를 성취하기 위해 사건을 따라간다.
	행동 2	극적인 반전이 발생한다. 극적인 반전은 논리적이고 가능하게 보여야 한다.
	행동 3	초반 사건에서 묘사된 목표가 해결된다. 찾고자 하던 것을 성취한다.
조셉 캠벨의 스토리 아크	파트 1	모험의 소명을 받고 여행을 시작한다.
	파트 2	일련의 도전을 통과한다.
	파트 3	최종 보스와 대면하고 목표를 달성한다.
	파트 4	일상 세계로 돌아온다.
	파트 5	모험에서 얻은 교훈, 물건을 일상 세계에 적용한다.

■ **유의어** 이야기 구조
■ **관련 용어** 플롯, 스토리 변화, 영웅의 여행, 게임 기획, 퀘스트, 플레이어의 결정

■ **참고 자료** Alice Pope, *2011 Novel And Short Story Writer's Market*, Writer's Digest Books, 2010. | Brenda Brathwaite, Ian Schreiber, *Challenges for Game Designers*, Cengage Learning, 2009. | Bruno Faidutti, "On Mystery of the Abbey", *Second Person : Role-Playing and Story in Games and Playable Media*, The MIT Press, 2010. | Jonathan Degann, "Game Theory 101-Part1 : Tell Me A Story. How a Story Arc Helps Make a Game Great", *The Games Journal*, 2003.

스토리텔링 게임 storytelling game

| 플레이어들이 공동으로 이야기를 만들어가는 게임.

역할극을 기반으로 게임의 참가자가 공동으로 서사를 창작하는 게임. 미국 역할수행 게임 개발사이자 출판사인 화이트 울프(White Wolf)가 테이블탑 역할수행 게임인 〈월드 오브 다크니스(World of Darkness)〉 시리즈를 통해 처음으로 고안했다. 이 게임은 참가자가 함께 하나의 스토리를 만들어가는 과정이 중요하다. 참가자는 스토리텔러와 플레이어로 나뉘며 규칙서, 종이와 연필 그리고 주사위를 이용해 게임을 진행한다. 스토리텔러는 규칙서에 제시된 세계관과 규칙을 이행하며 게임을 진행하는 데 필요한 상황과 사건을 창작한다. 반면 플레이어는 자신이 창조한 캐릭터의 종족, 그리고 수치화된 특성과 능력 등을 종이에 기록한다. 그리고 스토리텔러가 제시한 상황에 캐릭터가 어떻게 반응할지를 자유롭게 결정한다. 단, 생사나 승패가 걸린 극적인 상황에서는 주사위를 던져 나온 숫자에 따라 결과를 정한다.

스토리텔링 게임은 스토리텔러와 플레이어가 직접 창작하는 이야기에 의존하고 있다는 점과 주사위를 통한 우연성이 서사에 영향을 준다는 점에서 스토리메이킹 게임과는 구별된다.

스토리텔링 게임 내 참가자 유형별 설명		
	플레이어	스토리텔러
역할	가상의 인물.	감독, 중재자, 서술자, 심판.
캐릭터 생성	가상의 단일한 캐릭터 생성.	조력자 혹은 적대자 캐릭터 생성.
참여 방식	직접 이야기에 참여.	플레이어를 통해서 한 편의 이야기를 만듦.
결정권	게임 안의 상황에서 그들의 캐릭터가 어떻게 반응할 것인지를 결정.	캐릭터의 행동이 성공했는지, 성공했다면 어느 정도인지를 결정.

- **관련 용어** 역할 수행, 스토리텔러 시스템, 스토리 메이킹 게임
- **참고 자료** Andrew Greenberg, *Vampire Players Guide, 2nd Edition*, White Wolf Publishing, 1998. | Justin Achilli, Anne Sullivan Braidwood, *Vampire Storytellers Handbook*, White Wolf Publishing, 1999. | Pat Harrigan, Noah Wardrip-Fruin, *Second Person : Role-Playing and Story in Games and Playable Media*, The MIT Press, 2010.

스트리밍 streaming

| 다운로드를 거치지 않고 데이터를 실시간으로 재생하는 기술.

인터넷에서 전송되는 음원, 동영상, 애니메이션 등의 데이터를 실시간으로 처리해 재생하는 기술. 게임의 경우, 플레이어는 스트리밍을 통해 별도의 장비를 설치하지 않고도 원격의 서버와 실시간으로 상호작용할 수 있다. 따라서 서버의 성능이나 네트워크 회선을 최적화하는 것이 중요하다. 스트리밍 기반 게임 기술의 장점은 다음과 같다. 첫째, 추가적인 장비 설치 없이 모바일 단말기나 디지털 텔레비전에서 고품질의 3차원 애플리케이션을 실시간으로 사용할 수 있다. 둘째, 게임 패치 및 업그레이드 적용이 특정 서버에서만 이루어지므로 개발이 용이하다. 셋째, 서버 밖으로 게임 코드가 유출되지 않기 때문에 불법 복제 및 해킹의 위험이 적다.

- **관련 용어** 서버, 클라우드 게이밍
- **참고 자료** 김경일, 『스트리밍 게임의 동시성 및 가용성 확장을 위한 리소스 가상화』, 충남대학교 대학원 컴퓨터공학과 박사논문, 2014. | 스마트 초이스, 〈게임 스트리밍 세상이 다가온다〉, www.smartchoice. or.kr/smc/smartreport/smarttalkview.do?sm_Seq=1595

스팀 Steam

| 커뮤니티 활동, 콘텐츠 유통을 지원하는 대표적인 전자 소프트웨어 유통(Electronic Software Distribution, ESD) 클라이언트.

밸브 코퍼레이션(Valve Corporation)에서 개발한 전자 소프트웨어 유통 클라

이언트. 디지털 저작권 관리(Digital Rights Management, DRM)를 행사하고, 멀티
플레이, 소셜 네트워킹, 콘텐츠 유통 등을 지원한다. 전자 소프트웨어 유통은 온
라인을 통해 소프트웨어의 라이선스를 거래하는 방식을 의미한다. 이 방식을 사
용하는 플랫폼은 일렉트로닉 아츠(Electronic Arts, EA)의 오리진(Origin), 블리자
드 엔터테인먼트(Blizzard Entertainment)의 배틀넷(Battle.net), 소니 컴퓨터 엔터
테인먼트(Sony Computer Entertainment)의 플레이스테이션 네트워크(PlayStation
Network)가 있다.

유통 클라이언트로써 스팀은 다음과 같은 특징을 지닌다. 첫째, 소규모 개발
자들이 제작한 인디 게임을 포함한 다양한 퍼블리셔의 게임을 유통한다. 둘째,
컴퓨터에서 콘솔에 이르는 다양한 플랫폼을 지원한다. 셋째, 한 번 스팀 계정에
등록된 게임은 기기나 다운로드 횟수에 구애받지 않고 영구적으로 사용할 수
있다.

밸브 코퍼레이션은 2003년 〈카운터-스트라이크〉의 베타 테스트를 시작하면
서, 자사의 온라인 게임 패치 내역을 자동으로 업데이트하기 위한 시스템으로 스
팀을 개발했다. 이후 기존에 사용하던 온라인 게임 서비스 클라이언트를 스팀으
로 대체하면서 정식으로 스팀 서비스를 시작했다. 밸브 코퍼레이션이 정식 클라
이언트로 자리 잡으면서 이 회사의 게임을 플레이하려면 스팀을 무조건 설치해
야 했다. 2005년부터 타사의 게임들을 스팀을 통해 판매하면서 소프트웨어 유통
을 시작했다.

또한 스팀은 소규모 개발자들이 게임을 출시할 수 있는 2가지 절차를 도입했
다. 첫째, '앞서 해보기(Early Access)'에서 플레이어는 완성되지 않은 게임을 구매
할 수 있다. 완성되지 않은 게임에 대해 플레이어들은 피드백을 남기고 개발자는
이를 토대로 게임을 업데이트 하거나 추가 콘텐츠를 발매한다. 둘째, '그린라이트
(Green light)' 게시판에서 플레이어들은 개발자가 올린 게임 정보, 스크린샷, 동영
상을 보고 투표를 할 수 있다. 스팀 본사는 해당 게시판에 등록된 게임 중 높은
표를 얻은 게임을 스팀 상점에 정식으로 등록한다.

두 절차는 게임의 개발 과정에 적극적으로 참여하고 게임 정보를 공유하는 커
뮤니티가 활성화되어 있기 때문에 가능하다. 커뮤니티는 게임 소규모 개발자들
이 플레이어의 피드백을 받아볼 수 있는 소통 창구 역할을 했고, 인디 게임을 대

중화하는 데 기여했다.

- **유의어** 오리진
- **관련 용어** 디지털 저작권 관리, 인디 게임, 전자 소프트웨어 유통
- **참고 자료** Brandon Cotton, Tim Fields, *Social Game Design : Monetization Methods and Mechanics*, CRC Press, 2011. | Brandon Cotton, Tim Fields, *Mobile & Social Game Design : Monetization Methods and Mechanics*, CRC Press, 2014. | James Allen-Robertson, *Digital Culture Industry : A History of Digital Distribution*, Palgrave Macmillan, 2013. | Todd Arias, *The Cloud Computing Handbook—Everything You Need to Know about Cloud Computing Storage*, Emereo Publishing, 2012.

스팀펑크 steampunk

| 증기동력이 발달한 가상의 과거 또는 평행세계를 배경으로 하는 공상 과학물.

근대 과학 기술의 시발점인 '증기기관 시대'를 배경으로 하는 공상 과학물. 19세기의 영국 빅토리아 시대 또는 증기기관에 의한 산업혁명 시기를 배경으로 상상력을 가미해 가상의 세계관을 구성한다. 사이버펑크에서 분화됐다. 공상 과학 소설 작가 케빈 웨인 지터(Kevin Wayne Jeter)는 사이버펑크에서의 컴퓨터를 증기기관으로 대체하는 세계관을 스팀펑크라 칭했다. 스팀펑크 장르를 대표하는 작가로는 팀 파워즈(Timothy Thomas Powers)가 있다. 이후 초현실주의적 내용, 증기기관 시대의 대체 역사, 공상 과학의 결합이라는 장르적 특징을 확립했다.

스팀펑크 세계관은 증기기관식 기계와 증기 비행선, 철도, 톱니바퀴 등의 표현 양식을 지닌다. 고전적인 기계장치 혹은 황동 소재의 기계 부품으로 만들어지며, 아날로그를 지향하는 경향이 있다. 과거의 기술을 사용하지만 미래나 평행세계를 표현하기 때문에 과학기술은 현대보다 높은 것으로 설정되는 것이 일반적이다. 증기동력에 의한 비행선, 타임머신 등의 기술은 실제 역사에서 일어나지 않은 것을 '실제 일어났던 것'으로 가정하며 대체 역사를 만들어낸다.

19세기 영국 빅토리아 시대는 '벨 에포크(La belle époque)'라 불리는 유럽 역사의 황금기였기 때문에, 이를 배경으로 하는 스팀펑크 세계관은 기술의 발전을 낙관하는 쾌활한 분위기가 주를 이룬다.

정통 스팀펑크 세계관을 지닌 게임으로는 〈바이오쇼크 : 인피니트(BioShock :

Infinite)〉와 〈디스아너드(Dishonored)〉가 있으며, 스팀펑크의 일부 모티프만을 차용한 사례로는 〈월드 오브 워크래프트〉와 〈리그 오브 레전드〉가 있다. 스팀펑크 모티프는 게임 내에서 일부 종족의 기술 양식으로 차용된다. 〈월드 오브 워크래프트〉에서 유쾌한 분위기의 '고블린'과 '노움' 종족이 대표적이다. 두 종족을 선택한 플레이어는 전문 기술로 '기계 공학'을 선택할 수 있으며, 증기기관과 기계장치를 이용해 총기, 수류탄, 지뢰, 전차, 항공기, 로봇 등의 근대 병기 및 탈것을 제작할 수 있다. 〈리그 오브 레전드〉 세계관에 등장하는 과학의 요충지 '필트오버' 또한 스팀펑크를 배경으로 하고 있으며, 필트오버 출신 캐릭터의 경우 기계장치를 공격 무기로 사용한다.

- **관련 용어** 사이버펑크, 판타지, 세계관
- **참고 자료** 크로노스케이프 저, 김훈 역, 『SF 사전』, 비즈앤비즈, 2012. | 박진, 「스팀펑크의 장르적 성격과 서사 담론 : 〈스팀보이〉와 〈신비한 바다의 나디아〉를 중심으로」, 『국제어문』, vol.37, no.0, 국제어문학회, 2006. | Jeff Vandermeer, *The Steampunk Bible*, Abrams Image, 2011.

스포츠 게임 sports game

| 가상의 환경에서 플레이어가 실제 스포츠 종목을 경험하는 게임.

가상의 환경에서 현실의 스포츠와 동일한 축구·야구·농구·골프·당구·스키·테니스 등을 재현한 게임의 한 장르. 플레이어는 개인 혹은 팀을 구성하여 스포츠 선수들을 조종하거나 팀을 관리 및 운영하면서 실재하는 스포츠 종목을 경험한다. 스포츠 게임은 현실에서 사용되는 경기 규칙을 토대로 제작되기 때문에, 다른 게임 장르와 달리 스포츠 게임 규칙을 이해하는 데 따로 지침을 마련할 필요가 없다. 현실성을 추구하는 스포츠 게임의 경우, 정확하게 수집된 스포츠 정보를 토대로 경기장과 캐릭터의 사실성을 부여하며 실제 스포츠 스타의 각종 데이터를 게임에 적용하여 현실감이 높은 경기를 구현한다.

최초의 스포츠 게임은 1958년 윌리엄 히긴보덤(William Higinbotham)이 개발한 〈테니스 포 투(Tennis For Two)〉이며, 대표적인 스포츠 게임으로는 일렉트로닉 아츠(Electronic Arts, EA)에서 출시한 〈피파(FIFA)〉 시리즈가 있다. 한국에

스포츠 게임의 종류와 사례	
종류	사례
축구	〈피파〉, 〈차구차구〉
미식축구	〈매든 엔에프엘(Madden NFL)〉, 〈풋볼 히어로(Football Hero)〉
농구	〈엔비에이 2 케이 13(NBA 2 K 13)〉, 〈마리오 바스켓 3 온 3(Mario Hoops 3 On 3)〉
야구	〈엠브이피 베이스볼(MVP Baseball)〉, 〈마구마구〉
골프	〈타이거 우즈 피지에이 투어(Tiger Woods PGA Tour)〉, 〈팡야〉
스키 /스노우보드	〈에스에스엑스(Snowboard Supercross, SSX)〉, 〈마리오와 소닉 동계올림픽(Mario & Sonic at the Olympic Winter Games)〉

서는 넥슨(Nexon)이 일렉트로닉 아츠와 라이선스 계약을 맺고 서비스하는 〈피
파 온라인(FIFA Online)〉이 있다.

- **관련 용어** 시뮬레이션 게임
- **참고 자료** Ernest Adams, *Fundamentals of Game Design*, New Riders, 2013. | Mark J. P. Wolf, "Genre and the Video Game", *The Medium of the Video Game*, University of Texas Press, 2002.

스프라이트 sprite

| 2차원 그래픽 요소를 사용해 개체의 움직임을 구현한 애니메이션 이미지.

개체의 움직임을 표현할 때 사용하는 그래픽으로, 배경, 캐릭터, 물체 등의 개
별 요소 및 이를 조합한 애니메이션 이미지. 1976년 반도체 회사인 시그네틱스
(Signetics)가 스프라이트를 구현하는 컴퓨터 프로세서를 처음 개발했으며, 게임
그래픽, 마우스 포인터 등의 제작에 주로 사용된다. 스프라이트에 사용되는 이미
지는 사각 형태의 픽셀로 구성되며, 개체 움직임의 제작 원리는 애니메이션과 동
일하다. 플레이어는 일련의 이미지가 빠른 속도로 교체되면서 야기하는 착시를
통해 움직임을 인지한다. 이를 위해 개별 동작 과정의 세부 단계에 해당하는 이
미지가 필요하다.

게임의 경우 단순한 색 구성의 픽셀 이미지를 사용한 비디오 게임에서 개체 움
직임을 구현하기 위해 사용되기 시작했다. 3차원 게임 그래픽이 개발된 이후에는
3차원과 2차원 그래픽을 조합하는 과정에서 활용된다. 스프라이트를 도입한 게

임으로는 〈스트리트 파이터(Street Fighter)〉, 〈동키콩(Donkey Kong)〉 등이 있으며, 〈모탈 컴뱃(Mortal Kombat)〉은 실제 사진 및 영상과 2차원 그래픽 요소를 조합한 디지털 스프라이트의 대표적 사례이다.

- **관련 용어** 2차원 그래픽, 픽셀
- **참고 자료** 강권학, 박창민, 『만들면서 배우는 아이폰 게임 프로그래밍』, 한빛미디어, 2012. | 웰북교재연구회, 『(알고리즘으로 풀어가는) 스크래치 프로그래밍』, 웰북, 2013.

슬로모션 시스템 slow motion system

| 플레이 순간을 실제 속도보다 느리게 재생하는 영상 기법.

실제보다 느린 속도로 특정한 플레이 순간을 보여주는 영상 효과. 불릿 타임이라고도 한다. 플레이어는 슬로모션 시스템을 통해 빨라서 움직임을 포착하기 어려운 사물, 기술, 공격 등의 이동 궤적을 볼 수 있다. 상대적으로 적의 움직임이 느려지므로 빠른 대응, 역공격 등으로 공격의 우위를 선점하거나 타격감을 강화할 수도 있다. 1인칭 슈팅 게임이나 대전 격투 게임 등 실시간 전투가 진행되는 게임에서 주로 사용된다.

〈철권 7(Tekken 7)〉에서는 캐릭터가 녹다운 당할 경우, 해당 장면이 '카운트 히트'라는 슬로모션 연출 효과를 통해 표현된다. 〈맥스 페인(Max Payne)〉에서는 공격 순간에 특정 버튼을 누르면 총알이 확대되면서 그 이동 궤적이 천천히 재생되는 '불릿 타임' 기능이 있다. 〈피어(F. E. A. R.)〉에서는 플레이어 캐릭터가 슬로모션 능력을 사용하면 적과 적이 쏜 총알의 움직임이 느려져서 공격 회피가 가능하며, 낙하 시 대미지를 낮추는 등의 효과가 있다.

- **유의어** 불릿 타임
- **관련 용어** 버추얼 카메라
- **참고 자료** Juho Kuorikoski, *Finnish Video Games*, McFarland, 2015. | Tom Kindt, Hans-Harald Müller, *What is Narratology? : Questions and Answers Regarding the Status of a Theory*, Walter de Gruyter, 2003.

슬롯머신 slot machine

| 동일한 그림을 일렬로 배열하면 상금이 주어지는 게임기.

손잡이를 당겨 화면 안에 동일한 그림을 일렬로 배치하면 상금을 얻을 수 있는 아케이드 게임기. 게임기는 동전 투입구와 손잡이 그리고 릴이라고 불리는 원통으로 구성되어 있다. 슬롯머신 1개당 3개 이상의 릴이 들어가 있다. 슬롯머신은 포커를 새긴 릴을 돌려서 나온 카드에 따라 담배, 술 등의 간단한 상품 지급하는 데서 유래한다. 1985년 미국의 찰스 페이(Charls Fey)가 직접 상금을 수령할 수 있도록 개조하면서 슬롯머신의 전형을 마련했다. 이후 포커 카드 대신 과일, 숫자, 종 등의 그림이 릴에 삽입됐다. 플레이어는 릴에 새겨진 동일한 그림을 일렬로 배치해야 한다. 상금은 일렬로 배치된 그림에 따라 달라진다. 최대치의 상금을 부여하는 특정한 그림이 있으며 이런 그림을 일렬로 맞추는 것을 잭팟(jackpot)이라고 한다.

슬롯머신의 종류와 설명	
종류	설명
프로그레시브 슬롯머신 (progressive slot machine)	카지노 전체 혹은 일정한 지역 전체의 슬롯머신과 연계되어 그동안 투입된 금액과 비례하는 높은 상금을 낮은 확률로 지급하는 기계.
플랫 톱 슬롯머신 (flat top slot machine)	잭팟의 금액이 일정하게 지정되어 있어 프로그레시브 슬롯머신보다 상금의 규모는 적지만 당첨확률이 높은 기계.

- ■ **관련 용어** 아케이드
- ■ **참고 자료** 고택운, 『카지노 실무용어 해설』, 백산출판사, 2007. | 조지 맨도스 저, 정건식 역, 『카지노 갬블링』, 북플러스, 2005. | 토머스 J. 크로웰 저, 박우정 역, 『역사를 수놓은 발명 250가지』, 현암사, 2011. | Frank Legato, *How to Win Millions Playing Slot Machines! Or Lose Trying*, Bonus Books, 2000. | John Grochowski, *The Slot Machine Answer Book : How They Work, How They've Changed, and How to Overcome the House Advantage*, Bonus Books, 1995.

시 게임 poem game

| 시를 감상한 것과 같은 감정적 경험을 전달하는 게임 장르.

게임 플레이를 통해 시를 감상한 것과 같은 감정적인 경험을 하게 하는 게임 장르. 디담 세젠에 따르면, 시 게임은 시와 게임의 유사성을 기반으로 한다. 시는

제인슨 로허(Jason Rohrer)가 개발한
〈길〉의 플레이 화면

독자의 감상을 통해 의미가 발생하는 시스템으로 다수의 상이한 해석 가능성을 지닌다. 따라서 시 게임은 뚜렷한 승패 조건이 없으며 멀티 엔딩의 경우 모든 엔딩이 동일한 수준의 가치를 가진다. 시 게임의 대표 사례는 〈길(Passage)〉, 〈느린 해(Slow Year)〉, 〈렉시아 투 퍼플렉시아(Lexia to Perplexia)〉, 〈죽은 세계를 위한 애도가(Elegy for a Dead World)〉이다. 〈죽은 세계를 위한 애도가〉는 퍼시 셸리(Percy Shelley), 존 키츠(John Keats), 로드 바이런(Lord Byron)의 시를 소재로 한 게임 세계를 제공하며 플레이어가 직접 시를 쓰도록 한다.

- **관련 용어** 전자문학, 기능성 게임, 게이미피케이션
- **참고 자료** 요한 하위징아 저, 이종인 역, 『호모 루덴스 : 놀이하는 인간』, 연암서가, 2010. | Astrid Ensslin, *Literary Gaming*, The MIT Press, 2014. | Diğdem Sezen, "Videogame Poetry", *Interactive Digital Narrative : History, Theory and Practice*, Routledge, 2015. | N. Katherine Hayles, *Electronic Literature : New Horizons for the Literary*, University of Norte Dame Press, 2008. | Dichtung-digital, "Six Problems in Search of a Solution : The Challenge of Cybertext Theory and Ludology to Literary Theory", www.dichtung-digital.org/2004/3/Eskelinen/index.htm

시간 관리 게임 time management game

| 제한 시간 내에 주어진 목표를 달성해야 하는 게임.

캐주얼 게임의 하위 장르로 주어진 시간 안에 일련의 과제를 수행하는 게임 장르. 시간 관리 게임의 목표는 가장 효율적인 방법으로 작업을 수행하여 가능한 최대의 보상을 얻는 것이다. 목표 제시와 동시에 제한 시간이 주어지며, 플레이어는 목표를 달성하기 위해 우선순위를 정하고 순차적으로 작업을 수행해야 한다. 게임이 진행됨에 따라 가상 통화를 사용하여 작업 수행 속도를 빠르게 하는 등 가용 자원을 업그레이드할 수 있다. 게임의 배경으로는 레스토랑, 회사, 공항 등의 테마가 사용되며, 플레이어는 요리사, 웨이터, 매니저 등 노동자 혹은 경영자의 입장이 되어 서비스 업무를 수행한다. 대표적으로 〈에어포트 마니아(Airport Mania)〉, 〈다이너 대시(Diner Dash)〉 등이 있다.

- **관련 용어** 캐주얼 게임
- **참고 자료** 에스퍼 율 저, 이정엽 역, 『캐주얼 게임 : 비디오게임과 플레이어의 재창조』, 커뮤니케이션북스, 2012. | Chris Bateman, *Beyond Game Design : Nine Steps Toward Creating Better Videogames*, Cengage Learning, 2009.

시골 서버 low population server

| 플레이어 인구 밀도가 낮은 서버.

다수의 서버를 제공하는 온라인 게임에서 활동하는 플레이어 수가 적은 서버. 반대로 플레이어 수가 편중돼 인구 밀도가 높은 서버를 도시 서버라 부른다. 다중접속온라인 역할수행 게임에서 주로 사용된다. 게임 서버의 인구 편중 현상은 신규 플레이어가 한꺼번에 한 서버로 유입되는 경우, 특정 서버가 장기간 다운돼 플레이어들이 다른 서버로 대거 이동하는 경우, 물가 불안정 등 서비스 불만족 때문에 서버 간 인구 이동이 발생하는 경우 등에 형성된다.

시골 서버는 동시 접속자 수가 높은 도시 서버에 비해 접속 대기시간이 짧으며 오류 발생 빈도 역시 낮은 반면, 팀 플레이나 플레이어 간 거래 등을 진행하기 어렵다. 게임 개발사는 시골 서버를 활성화하고 특정 서버의 인구 편중 현상을 완화하기 위해 서버 통합을 실시하거나 이벤트를 통해 플레이어의 서버 이동을 유도한다.

일례로 2014년 〈아이온 : 영원의 탑〉은 카이시넬, 브리트라 등 기존의 15개 서버를 3개의 신규 서버로 통합했으며, 〈임진록온라인 거상〉은 인구 밀도가 높은 백호 서버의 플레이어를 대상으로 서버 이주 이벤트를 실시했다. 서버 통합은 통합된 서버의 플레이어가 게임 내 랭킹이나 아이템에 손실을 입으면서 분쟁의 원인이 되기도 한다. 그 사례로 2015년 〈아이온 : 영원의 탑〉의 플레이어는 서버 통합후 착용할 수 없게 된 아이템에 대한 손해배상청구를 제기했다.

- **관련 용어** 동시 접속자, 접속 대기시간, 이벤트, 서버 이주, 도시 서버
- **참고 자료** Luke Cuddy, John Nordlinger, *World of Warcraft and Philosophy : Wrath of the Philosopher King*, Open Court, 2013. | 게임동아, 〈[칼럼:김성회] '와우', 서버편중화 현상〉, http://game.donga.com/23189/ | 베타뉴스, 〈'아이온' 신규 서버 예고… "시골 서버를 도시 서버로"〉, www.betanews.net/article/590117

시나리오 scenario

| 이야기, 주제, 세계관을 비롯해 등장인물의 관계, 대사 등을 모두 포함하는 게임 서사.

게임을 이끌어가는 주제, 세계관과 이를 구성하는 모든 이야기 요소를 포함한 게임 서사. 게임 시나리오 구조는 크게 배경 이야기, 캐릭터 모델 이야기, 퀘스트 3가지로 이뤄진다. 게임의 배경 이야기와 캐릭터 모델 이야기는 컷신과 같은 영상, 공식 홈페이지의 프롤로그 등을 통해 이뤄지며, 퀘스트는 엔피시(NPC)와의 대화를 통한 임무 부여, 수행, 보상의 구조로 이뤄진다. 비교적 고정된 텍스트로 주어지는 배경 이야기, 캐릭터 모델 이야기와 달리, 퀘스트는 임무 수락, 임무 수행 등과 같이 게임 내에서 플레이어의 능동성과 상호작용성을 요구한다.

개발자가 제시하는 게임 시나리오는 '적을 쓰러뜨린다', '스테이지를 통과한다'와 같은 플레이 행위에 이야기를 덧씌워 플레이어의 동기를 부여하고, 목적의식을 고취시킨다. 다중접속온라인 역할수행 게임 〈리니지〉는 '아덴 왕국 본토에서 압력을 가하고 있는 반왕을 물리치고 왕권을 되찾는 것'이라는 배경 서사를 통해 플레이어에게 '왕권 회복'이라는 명확한 목적을 부여한다. 게임 시나리오는 기승전결 구조를 따른다는 점에서 일반 시나리오와 유사하다. 그러나 독자 및 관객의 해석적 실천만을 요구하는 드라마, 영화, 애니메이션 등과 달리, 플레이어의 수행적 실천을 요구하며, 능동성과 상호작용성 등 변수와 결말을 고려해 작성된다.

■ **관련 용어** 게임 스토리텔링, 세계관, 캐릭터, 퀘스트
■ **참고 자료** 김정남, 김웅남, 김정현, 『게임의 운명을 결정하는 기획과 시나리오』, e비즈북스, 2013. | 노기영, 이영수, 『디지털 게임과 현대사회』, 커뮤니케이션북스, 2015. | 민용식, 이동희, 『게임학개론』, 정일, 2002. | 이재홍, 『게임 스토리텔링』, 생각의나무, 2011. | 이재홍, 「게임 시나리오 기획에 관한 연구」, 『한국게임학회 논문지』, vol.3, no.2, 한국게임학회, 2003.

시나리오북 scenario book

| 미리 설정된 이야기로 게임의 진행 방향을 안내하는 책.

테이블탑 역할수행 게임을 진행하는 데 쓰이는 자료집의 일종. 규칙서나 플레이 사례와 묶여 정식 출간되거나 보충 자료집 형태로 제공된다. 던전 마스터의 캠

페인 설정과 진행에 도움을 준다. 주로 예상 인원과 소요 시간, 참조 규칙서를 안내하고 이야기의 배경을 설명한 후 사건이 진행되는 흐름을 안내한다. 이 과정에서 세계관과 규칙이 반영된 일련의 장면을 제시해 게임 시스템 학습을 돕는다. 일례로 〈크툴루의 부름〉 시리즈의 시나리오북인 『요그 소토스의 그림자(Shadows of Yog-Sothoth)』나 범용 역할수행 게임 시스템 '페이트 코어(Fate Core)'의 시나리오북 『메르시아의 별(Star of Mercia)』은 사건 해결에 필요한 구체적 실마리를 제공하고 플레이어가 이야기를 만들어나갈 수 있는 기반을 마련했다. 한편 〈던전 월드(Dungeon World)〉와 같이 플레이어의 즉흥적 선택을 중시해 최소한의 규칙을 제외한 어떤 시나리오도 제공하지 않는 게임도 존재한다. 이 경우 플레이 자유도는 높아지지만 게임의 전개 방향을 예측하기 어려워진다.

- **관련 용어** 규칙서, 소스북, 테이블탑 역할수행 게임
- **참고 자료** Jennifer Grouling, *The Creation of Narrative in Tabletop Role-Playing Games*, McFarland, 2010. | Noah Wardrip-Fruin, Pat Harrigan, *Second Person : Role-playing and Story in Games and Playable Media*, The MIT Press, 2010.

시네마틱 트레일러 cinematic trailer

| 게임의 서사를 부각시키기 위해 게임 이미지들을 영화적 기법으로 가공하여 제작한 홍보 영상.

게임의 홍보를 위해 제작된 영상. '트레일러(trailer)'는 영화의 예고편 혹은 상업적인 광고 영상을 지칭했던 단어로, 영화가 상영된 뒤에 제공되었기에 트레일러라고 불렸다. 2000년대 중반 이후 게임 산업에서 마케팅이 중요해지면서 홍보용 트레일러가 등장했다. 게임 트레일러는 인 게임 프로모션 트레일러(in-game promotion trailer)와 시네마틱 트레일러로 구분된다. 인 게임 프로모션 트레일러는 게임의 실제 플레이 영상을 사용해 게임의 인터페이스나 플레이 방식, 제작 과정 등에 대한 정보를 전달하기 위해 제작된다. 반면 시네마틱 트레일러는 디지털 애니메이션 및 영화의 표현 기법과 요소가 가미된 서사 위주의 홍보 영상으로 세계관, 배경 서사 등 게임 스토리텔링을 전달하는 것을 목적으로 제작된다.

국내 최초의 본격적인 시네마틱 트레일러는 2004년에 4월 출시된 〈아크로드

(Archlord)〉의 1차 홍보 영상이다. 대표적인 시네마틱 트레일러로 〈데드 아일랜드 (Dead Island)〉의 공식 발표 트레일러, 2011년 일렉트로닉 엔터테인먼트 엑스포 (Electronic Entertainment Expo, E3)에서 공개됐던 〈어쌔신 크리드 : 레벌레이션 (Assassin's Creed : Revelations)〉의 트레일러 등이 있다.

- 유의어 게임 예고편
- 관련 용어 게임 프로모션
- 참고 자료 앤드류 달리 저, 김주환 역, 『디지털 시대의 영상 문화』, 현실문화연구, 2003. | 문유라, 「3D게임 그래픽의 최근 트렌드에 관한 연구: 3D MMORPG 〈아크로드〉 트레일러를 중심으로」, 『애니메이션연구』, vol.3, no.2, 한국애니메이션학회, 2007. | Anne Zeiser, *Transmedia Marketing : From Film and TV to Games and Digital Media*, Focal Press, 2015. | Paul Grainge, Catherine Johnson, *Promotional Screen Industries*, Routledge, 2015. | The Creators Project, "The 15 Best Video Game Trailers Of All Time", http://thecreatorsproject.vice.com/blog/the-15-best-video-game-trailers-of-all-time-according-to-us

시뮬레이션 simulation

| 현실의 작동 방식을 모델화한 게임의 역동적인 시스템.

현실과 유사한 가상 세계를 규칙 기반의 시스템으로 구현하는 것. 디지털 게임의 기본적인 속성이다. 일반적인 의미에서 시뮬레이션은 현실의 특정 현상을 모형화하고 가상으로 수행시켜 결과를 예측하는 모의실험을 지칭한다.

게임에서 시뮬레이션은 2가지 의미가 있다. 첫째, 현실을 재현하거나 현실로부터 상상할 수 있는 또 다른 현실을 재현한다. 따라서 실재를 바탕으로 게임에 통용될 수 있는 법칙을 마련하는 작업이 중요하다. 그 과정에서 게임의 중요한 규칙이 될 수 있는 현상은 구체화하고, 그렇지 않은 현상은 단순화한다. 둘째, 시뮬레이션은 작동할 수 있는 역동적인 시스템이다. 시뮬레이션은 컴퓨터 기술을 이용하여 플레이어가 특정 사건을 동적으로 경험할 수 있도록 현실을 표현한다. 플레이어는 게임을 행동할 수 있는 하나의 현실로 경험하기 때문에 넓은 의미에서 모든 디지털 게임은 시뮬레이션의 속성을 가진다.

플레이어들은 시뮬레이션으로서의 게임을 플레이하기도 하지만, 게임 내의 규칙과 상황을 시뮬레이션하여 또 다른 시뮬레이션을 창조하기도 한다. 시뮬레이션의 창조를 지원하는 시뮬레이터를 메타-시뮬레이션(meta-simulation)이라 한다. 플레이어는 기존 시스템 내의 규칙을 일부 유지하면서 새로운 규칙과 환경을 창출할 수 있다. 메타-시뮬레이션으로 인해 게임은 많은 사람들의 참여와 변형이 가능한 개방형 시스템으로서 가능성을 갖게 됐다.

- **관련 용어** 재현
- **참고 자료** 곤살로 프라스카 저, 김겸섭 역, 『억압받는 사람들을 위한 비디오게임』, 커뮤니케이션북스, 2008. | 레프 마노비치 저, 서정신 역, 『뉴미디어의 언어』, 커뮤니케이션북스, 2014. | Katie Salen, Eric Zimmerman, *Rules of Play : Game Design Fundamentals*, The MIT Press, 2003.

시뮬레이션 게임 simulation game

| 현실 세계의 다양한 활동을 재현함으로써 플레이어가 모의 체험을 할 수 있도록 고안된 게임.

현실의 활동을 재현하여 가상에서 모의로 체험할 수 있게 하는 게임 장르. 현실 세계의 물리 법칙과 논리가 실제와 동일하게 재현된다. 시뮬레이션 게임은 어떤 활동을 재현하느냐에 따라 다양한 하위 장르로 구분할 수 있다. 시뮬레이터 게임, 연애 시뮬레이션 게임, 육성 시뮬레이션 게임, 건설-경영 시뮬레이션 게임, 역사 시뮬레이션 게임, 전략 시뮬레이션 게임, 신 게임(god game) 등이 하위 장르에 해당한다. 시뮬레이션 게임은 본래 실험, 연구, 분석, 훈련 등의 용도로 제작된 장비인 시뮬레이터에서 유래했다. 현실 세계의 다양한 활동을 재현하는 데 그 목적을 두기 때문에, 이러한 활동 자체를 시뮬레이션의 대상으로 삼으며 현실 세계의 인과 법칙 혹은 물리 법칙 등이 그대로 적용된다.

최초의 시뮬레이터 게임은 군사적 목적을 가지고 있었다. 이에 영향을 받은 초기 시뮬레이션 게임들은 비행기나 우주선을 조종하는 경우가 대부분이었다. 이후로 장르가 점차 다양화되어 건설, 경영, 연애, 육성 등의 주제까지 다루게 됐다. 시뮬레이션의 대상에 따라 하위 장르를 나누며, 종류는 다음과 같다.

시뮬레이션 게임의 하위 장르		
종류	설명	사례
시뮬레이터 게임	실제 군사 훈련에서 사용한 시뮬레이터를 게임으로 재구현한 게임. 시뮬레이션 게임의 대표적인 하위 장르.	〈플라이트 시뮬레이터(Microsoft Flight Simulator)〉 시리즈, 〈유로 트럭 시뮬레이터(Euro Truck Simulator)〉 시리즈

건설-경영 시뮬레이션 게임	플레이어가 도시, 회사, 건설 등 경영 과정을 실시간으로 진행하는 게임. 타이쿤으로 지칭되는 건설 시뮬레이션 장르 포함.	〈심시티(SimCity)〉 시리즈, 〈롤러코스터 타이쿤(Rollercoaster Tycoon)〉 시리즈, 〈트랜스포트 타이쿤(Transport Tycoon)〉
연애 시뮬레이션 게임	게임에 등장하는 여러 명의 상대 캐릭터와의 호감도를 쌓아 로맨스 관계를 달성하는 것이 목표인 게임.	〈두근두근 메모리얼(ときめきメモリアル)〉, 〈러브 플러스(Love plus)〉
육성 시뮬레이션 게임	역할수행 게임과 결합한 경우로, 일정 기간 동안 캐릭터를 성장시키는 것이 목표인 게임.	〈심즈〉 시리즈, 〈프린세스 메이커(Princess Maker)〉 시리즈
신 게임	경영, 육성, 건설, 전략 시뮬레이션의 요소가 복합적으로 포함된 장르. 플레이어가 신의 입장이 되어 세상을 통제하는 게임.	〈파퓰러스(Populous)〉, 〈블랙 앤 화이트(Black & White)〉

- **유의어** 시뮬레이터, 타이쿤, 경영 시뮬레이션, 육성 시뮬레이션, 연애 시뮬레이션
- **관련 용어** 재현, 모의 체험
- **참고 자료** 디지털 게임 교과서 제작위원회 저, 최재원, 김상현 역, 『디지털 게임 교과서』, 에이콘, 2012. | 신용훈, 『전략적 게임학원론』, 북스홀릭, 2012. | 이재홍, 『게임 스토리텔링』, 생각의나무, 2011. | Mark J. P. Wolf, *The Medium of the Video Game*, University of Texas Press, 2002.

시속 casting speed

| 마법 및 물리 공격의 빠른 정도.

시전 속도의 준말로 특정 대상에 마법 공격이나 물리 공격을 가할 때의 빠르기를 말한다. 시속과 공속이 높을 경우 같은 시간 내 더 빠른 공격을 가할 수 있어 공격 대상에 더 치명적인 대미지를 줄 수 있다. 시속은 주로 마법을 사용하는 캐스터 직업군의 중요한 특성으로, 캐릭터 능력치나 장비, 스킬, 버프, 아이템 등으로 결정된다. 공속은 밀리나 레인저 직업군에 관련된 특성으로, 무기의 공격 속도와 캐릭터 능력치에 따라 결정되어 캐릭터 정보 창에 표시되는 것이 일반적이다. 상대적으로 공격력이 높은 주문이나 무기는 전투 밸런싱을 위해 낮은 시속·공속이 부여되며, 플레이어는 전투 시 주문서, 버프, 물약 등을 통해 지속적으로 시속·공속을 높일 수 있다. 초 단위로 스킬과 스킬, 공격과 공격 사이 딜레이 정도를 계산하고 스킬과 공격을 사용하는 가속도를 계

〈월드 오브 워크래프트〉의 시속값과 공속값 계산식	
종류	계산
시전 속도값	기본 시전 시간 / ((주문 가속도 비율 / 100) + 1)
공격 속도값	기본 무기 속도 / ((공격 가속도 비율 / 100) + 1))

산해 총 시속값과 공속값을 산출하며, 산출값이 낮을수록 시속과 공속이 빠르다.

- **관련 용어** 대미지, 레인저, 무기, 물약, 밀리, 밸런싱, 버프, 스킬, 전투, 캐스터
- **참고 자료** Katie Salen, Eric Zimmerman, *Rules of Play : Game Design Fundamentals*, The MIT Press, 2003.

시점 perspective

| 플레이어에게 게임 세계를 보여주는 관점.

플레이어가 게임 세계를 바라보는 위치에 따른 시각으로, 플레이어의 경험을 구성하는 주요 요소.

문학의 시점과 게임의 시점 문학에서 시점이란 사건에 대한 화자의 보는 위치 또는 관찰 지점을 의미한다. 문학에서 독자는 특정 시점으로 서술된 사건을 전달받는다. 이때 시점은 일반적으로 1인칭 주인공 시점, 1인칭 관찰자 시점, 3인칭 관찰자 시점, 전지적 작가 시점으로 구분된다. 게임은 전통적인 서사와 달리 화자의 위치를 명확히 지정하기 어려우며, 독자에 해당하는 플레이어가 게임 세계에 참여하여 직접 상호작용하는 서사 매체다. 따라서 게임에서 시점은 1인칭일 경우 주인공만 가능하며, 이 경우 플레이어는 캐릭터의 시점으로 서사 공간을 직접 탐험하며 높은 몰입감을 경험하게 된다. 3인칭 시점의 경우, 게임 캐릭터의 움직임을 따라 세계를 경험할 수 있으며, 전지적 시점의 플레이어는 게임 세계 전반에 관여할 수 있다. 이처럼 게임의 시점은 서사에 대한 접근 방식 및 플레이어 경험에 있어 전통 서사에서 경험할 수 없었던 미적 경험을 제공한다.

게임 시점의 발전사 및 유형 게임 시점은 그래픽 기술과 밀접한 연관을 갖고 발전했다. 초창기 게임의 시점은 하드웨어와 그래픽 기술의 한계로 인해 플레이어가 게임 세계를 위에서 내려다보는 시점만을 사용할 수 있었다. 그러나 1983년에 개발된 시뮬레이션 게임 〈파퓰러스(Populous)〉가 1인칭 시점으로 화면을 조망할 수 있는 기회를 최초로 제공하면서 다양한 게임 시점이 발생했고, 2차원 게임 환경에서 좌우 또는 위아래로 화면 스크롤이 가능한 게임이 등장해 게임 시점의 주류를 이뤘다. 이후 3차원 그래픽의 구현이 가능해지자 플레이어가 직접 캐릭터 입장에서 게임을 경험하거나 몰입을 높일 수 있는 방안으로 '1인칭 시점 및 3인

칭 시점'이 도입됐다. 이 시기에는 장르에 따라 시점이 관습적으로 사용되었다. 그러나 3차원 디스플레이 엔진이 등장하고, 그래픽 관련 개발 비용이 낮아지면서, 플레이 특성에 따라 다양한 시점이 채택되기 시작했다. 발전 순서에 따른 게임 시점의 유형 및 해당 시점에 따른 주요 장르는 다음과 같다.

게임 시점의 유형		
종류	설명	주요 장르
탑뷰 (top-view)	일정한 높이의 공중에서 게임 세계 전체를 조망하는 관찰자 관점. 초창기 게임은 고정된 화면만을 볼 수 있었지만, 점차 상하좌우 화면 스크롤이 가능한 형태로 발전한다. 플레이어는 안정감을 느끼지만 입체적 경험에는 한계가 있다.	퍼즐 게임, 시뮬레이션 게임
사이드뷰 (side-view)	물체나 캐릭터가 측면으로 보이는 관점으로, 횡스크롤 게임 이후 도입된 게임 시점. 비교적 적은 그래픽 요소로 다양한 연출을 할 수 있지만, 플레이어가 느끼는 공간의 입체감이나 이동의 자유도는 제한적이다.	아케이드 게임
쿼터뷰 (quarter-view)	직선 원근법을 적용하지 않은 3차원 공간의 관점으로, 플레이어는 약 45도 측면에서 게임 세계를 바라봄. 공간에 대한 입체감이 극명하기 때문에 플레이어는 쿼터뷰를 적용한 2차원 게임에서도 입체감을 느낄 수 있다. 3차원 환경에서 쿼터 뷰는 특정 부분을 확대 및 축소할 때 사용된다.	모바 (MOBA)
1인칭 시점 (first-person view)	캐릭터의 관점에서 플레이하기 때문에 공간과 플레이어의 상관관계가 가장 큰 관점. 플레이어는 가장 큰 몰입감과 극적 긴장감을 경험할 수 있으나, 다른 시점에 비해 주변 공간을 파악하기 어렵고 캐릭터 자체의 액션을 느끼기 어렵다.	1인칭 슈팅 게임
3인칭 시점 (third-person view)	캐릭터의 어깨 너머로 게임 세계를 바라보는 숄더뷰(shoulder-view) 또는 캐릭터의 뒷모습을 바라보는 백뷰(back-view)가 이에 해당한다. 공간 내에서의 역동성과 캐릭터의 액션에 대한 연출이 가능하므로, 플레이어는 1인칭 시점의 몰입을 느끼면서 액션을 경험할 수 있다.	역할수행 게임

게임 시점의 설계 게임 시점은 공간 디자인 시 화면 구성과 그래픽 기술, 투영법 등을 고려하여 설계되며, 시점에 따라 플레이어가 게임 공간을 파악하는 방식이 결정되기 때문에 플레이어의 몰입에 영향을 준다. 시스템 내에서 카메라의 배치와 설정값에 의해 시점이 결정되고, 1인칭 및 3인칭 시점의 경우 캐릭터를 대상으로 평면상의 정점을 기준으로 각도를 측정해 보이는 정도를 구현한다. 이때 실제와 유사한 공간감을 제공하기 위해 거리를 기준으로 오브젝트의 그래픽 및 해상도를 설정한다. 필요에 따라 다양한 시점을 미리 시스템에 내장한 후 상황 또는 플레이어의 선택에 따라 전환하는 방식을 사용하기도 한다.

- **관련 용어** 공간, 인터페이스

- **참고 자료** 앤드류 롤링스, 어니스트 아담스 저, 송기범 역, 『게임 기획 개론』, 제우미디어, 2004. | 이용욱, 『온라인게임 스토리텔링의 서사시학』, 글누림, 2010. | 트레이시 풀러턴 저, 최민석 역, 『게임 디자인 워크숍』, 위키북스, 2012. | Laurie N. Taylor, *Video Games : Perspective, Point-of-view, and Immersion*, University of Florida, 2002.

신곡 The Divine Comedy / La Divina commedia / 神曲

| 단테 알리기에리가 쓴 기독교적 세계관의 서사시.

이탈리아의 작가 단테 알리기에리(Dante Alighieri)가 1308년부터 1320년까지 쓴 서사시. 주인공 단테가 어두운 숲으로부터 출발해 지옥, 연옥, 천국을 순서대로 여행하는 내용이다. 게임에서는 『신곡』의 계층적 공간 구성이 맵의 모티프로 차용된다. 전지전능한 신이 세계를 창조했으며, 이 세계는 위계질서가 뚜렷하다는 중세의 기독교적 세계관이 반영되어 있다. 지구는 우주의 중심에 위치하며, 지구 내부에는 9개의 층으로 된 지옥이 있다. 아래층으로 갈수록 형벌의 정도가 심하며, 최하층에는 악마 루시퍼가 거주한다. 연옥은 정화될 수 있는 죄를 가진 사람들이 모이는 공간이다. 인간의 7가지 죄악에 따라 층이 구분되며, 사람들은 각 층을 통과하며 죄를 씻어낸다. 천국은 달, 태양, 별, 금성, 수성 등의 10개 영역으로 이루어져 있다.

〈디아블로〉는 『신곡』의 지옥 공간을 맵의 모티프로 차용한 게임이다. 플레이어는 모험을 통해 지하 최하층에 도달하여 악마 디아블로와 싸워 승리해야 한다. 〈단테스 인페르노(Dante's Inferno)〉는 『신곡』의 이야기를 변용한 게임으로 단테는 중세의 기사로 등장하여 악마 루시퍼에게 잡혀간 연인 베아트리체를 구하기 위해 지옥을 여행한다.

- **관련 용어** 천국, 지옥, 천사, 악마, 루시퍼, 던전
- **참고 자료** 단테 알리기에리 저, 김운찬 역, 『신곡 지옥』, 열린책들, 2009. | 단테 알리기에리 저, 김운찬 역, 『신곡 연옥』, 열린책들, 2009. | 단테 알리기에리 저, 김운찬 역, 『신곡 천국』, 열린책들, 2009.

신아리스토텔레스주의 Neo-Aristotelianism

| 아리스토텔레스의 이론을 토대로 게임을 설명한 학파의 이론 체계.

문학 분야에서는 1930년대부터 1950년대까지 시카고 대학을 중심으로 활동했던 비평가들의 사상과 활동을 가리킨다. 대표적으로 로널드 크레인(Ronald Crane), 리처드 매키언(Richard McKeon), 웨인 부스(Wayne Booth) 등이 있다. 게임학에서는 아리스토텔레스의 이론을 수정 및 변용하여 게임을 설명하고자 한

일군의 서사학자들을 가리킨다. 마이클 마티아스와 켄 펄린(Ken Perlin)이 대표적이다. 이들은 브렌다 로럴, 자넷 머레이 등 게임을 서사로 인식한 게임 서사학파를 계승하여 게임을 소설, 영화와 같은 서사의 하위 장르로 보았다.

마티아스는 게임의 서사가 강력할수록 플레이어가 컴퓨터로 일정한 행동을 취한 후 자신이 내린 결정과 선택의 결과를 직접 눈으로 확인할 수 있는 에이전시(agency)가 강화된다고 보았다. 그는 머레이의 분류를 토대로 아리스토텔레스적 드라마 이론에 에이전시를 통합하여 '신아리스토텔레스적 인터랙티브 드라마 이론' 모델을 제시했다. 펄린 역시 전통적인 서사와 게임 텍스트의 비교를 통해 게임에서 플레이어 간 상호작용의 중요성에 주목했다. 펄린은 소설을 읽거나 영화를 보는 독자나 관객은 자신이 아닌 제3자의 허구적 이야기를 소비하는 반면, 플레이어는 게임을 플레이하면서 오로지 나의 움직임에 따라 이야기가 전개되는 것을 경험한다고 보았다.

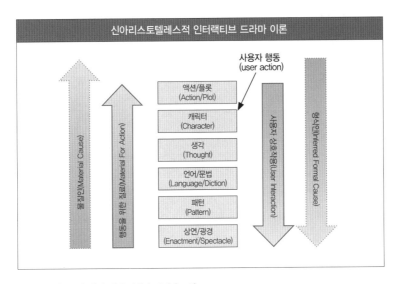

- **유의어** 내러톨로지, 상연, 자넷 머레이, 브렌다 로럴
- **관련 용어** 아리스토텔레스, 문학비평, 인터랙티브 드라마, 마이클 마티아스, 켄 펄린
- **참고 자료** 브렌다 로럴 저, 유민호, 차경애 역, 『컴퓨터는 극장이다』, 커뮤니케이션북스, 2008. | Janet Murray, "From Game-Story to Cyberdrama", *First Person : New Media as Story, Performance, and Game*, The MIT Press, 2004. | Michael Mateas, *Interactive Drama, Art and Artificial Intelligence*, School of Computer Science Carnegie Mellon University, 2002. | Michael Mateas, "Working notes of the AI and Interactive Entertainment Symposium", Proceedings of the AAAI Spring Symposium on Artificial Intelligence and Interactive Entertainment, 2000.

신컨 great playing

| 플레이어가 게임 내 캐릭터와 유닛을 다루는 능력이 뛰어남.

게임 플레이의 컨트롤이 정확하고 적시에 이루어짐을 표현하는 말. '신의 컨트롤'의 약칭이다. 반의어로 '발컨(발로 마우스를 움직여도 그것보다 잘하겠다고 여겨지는)'이 있다. 유닛 및 캐릭터의 위치 지정, 스킬 사용의 적시성 등으로 승패가 갈리는 플레이어 간 전투(PvP)에서 중시된다. 둘 이상의 플레이어 캐릭터가 동급의 능력치, 레벨, 아이템을 갖춘 경우 컨트롤의 속도와 정확성에 따라 승패가 갈린다. 플레이어는 반응 속도 향상을 위해 단축키 설정과 게임 플레이에 최적화된 컴퓨터 입력 장치를 활용할 수 있다. 실시간으로 중계되는 국내외 게임 리그에서는 유명한 랭커 또는 프로게이머가 뛰어난 컨트롤로 선택 종족과 직업의 열세를 극복하고 불리한 상황을 역전시키기도 한다. 〈워크래프트 III〉의 프로게이머 장재호는 유닛 단위의 정확한 조종으로 제플린 아케이드(zepplin arcade)와 같은 기술 활용도를 높여 15회 이상의 세계 대회 우승을 기록한 바 있다.

- **관련 용어** 뉴비, 랭커, 발컨, 티어, 플레이어 간 전투
- **참고 자료** DigitalSpy, "Gaming Like A Pro : An Overview Of The eSports Scene", www.digitalspy. co.uk/gaming/news/a363769/gaming-like-a-pro-an-overview-of-the-esports-scene.html | 인벤, www.inven.co.kr/webzine/zone/gamer/

실시간 real time

| 사용자의 행동이 즉각적으로 게임에 반영되는 시스템.

플레이어의 행동이 입력과 동시에 계산되고 이에 따라 게임 세계가 즉각적으로 변하는 시스템. 실시간 시스템은 다음과 같은 과정으로 처리된다. 우선 플레이어가 수행한 행동이 서버로 전송된다. 다음으로 정보를 수용한 서버에서 입력된 행동에 대한 계산을 처리한다. 마지막으로 결과에 의해 변화된 세계가 다시 플레이어에게 전달된다. 실시간 시스템은 플레이어의 행동에 의한 세계의 변화를 지원하므로 플레이어의 몰입감을 높일 수 있다. 그러나 정보량이 많아질 경우 입력과 반응의 지연 현상인 레이턴시(latency)가 발생할 수 있다. 실시간 시스템에서

정보를 주고받는 속도를 핑(ping)이라 하며, 플레이어는 활발한 상호작용을 위해 게임핑 프로그램을 이용하기도 한다. 실시간 시스템이 기본적으로 적용되는 장르로는 실시간 전략 게임, 다중접속온라인 역할수행 게임 등이 있다.

- **관련 용어** 레이턴시, 핑
- **참고 자료** Jane W. S. Liu, *Real-Time Systems*, Prentice Hall, 2000.

실시간 전략 게임 Real Time Strategy, RTS

| 자원 채취, 기지 건설, 병력 생산이 실시간으로 이루어지는 전략 게임.

한정된 자원을 이용해 전투에서 승리하는 것을 목표로 하는 게임 장르. 실시간 컨트롤을 기반으로 진행되는 전투 액션과 자원 채취, 기지 건설, 기술 개발 등은 플레이어의 전략적 대전을 유도한다. 따라서 플레이어는 사령탑의 역할을 맡아 진영에 속한 모든 유닛을 통제하고 승리하기 위한 전략을 수립한다.

최초의 실시간 전략 게임은 1992년 웨스트우드 스튜디오(Westwood Studios)가 개발한 〈듄 2(Dune II : The Building of a Dynasty)〉이다. 〈듄 2〉는 자원 생산, 건물 증축, 병력 생산으로 이어지는 실시간 전략 게임의 틀을 구축했다. 대표작으로는 블리자드 엔터테인먼트(Blizzard Entertainment)가 개발한 〈워크래프트 II〉와 〈스타크래프트〉가 있다.

- **관련 용어** 시뮬레이션 게임, 전략 게임
- **참고 자료** 이인화 외, 『디지털 스토리텔링』, 황금가지, 2003. | Katie Salen, Eric Zimmerman, *Rules of Play : Game Design Fundamentals*, The MIT Press, 2003. | Mark J. P. Wolf, "Genre and the Video Game", *The Medium of the Video Game*, University of Texas Press, 2002.

십자군 전쟁 Crusades

| 예루살렘 탈환을 목적으로 200년간 지속된 그리스도교도와 이슬람교도의 전쟁.

11세기 말부터 13세기까지 진행된 종교 전쟁. 서유럽의 그리스도교도들이 이슬람교도들로부터 예루살렘 성지를 되찾기 위해 일으켰다. 전쟁에 나선 기사들

이 가슴과 어깨에 십자가 표시를 하고 나갔기 때문에 십자군 전쟁이라 불렸다. 200년간 예루살렘으로 수차례 십자군이 파견됐으나, 십자군의 마지막 거점이었던 아콘이 함락되면서 원정은 실패로 끝난다. 십자군에 대항한 암살자 조직이라는 설정의 〈어쌔신 크리드(Assasin's Creed)〉가 대표적 게임이다. 전략 시뮬레이션 게임인 〈크루세이더 킹즈(Crusader Kings)〉와 〈미디블 : 토탈 워(Medieval : Total War)〉에서는 플레이어가 십자군 전쟁 시기의 군주를 선택하여 외교, 전쟁, 무역 등을 통해 나라를 운영한다.

- **관련 용어** 종교 전쟁
- **참고 자료** 아민 말루프 저, 김미선 역, 『아랍인의 눈으로 본 십자군 전쟁』, 아침이슬, 2002. | 토머스 F. 매든 저, 권영주 역, 『십자군』, 루비박스, 2005.

ㅇ

아마겟돈 Armageddon

| 신과 악마 간 최후의 격전지를 의미, 또는 세계 종말을 상징.

'므깃도(Megiddo)의 언덕'을 뜻하는 히브리어 '하르마게돈(Harmagedon)'의 헬라식 표현. 세계 종말에 대해 기록한 『요한계시록(Revelation)』에 등장한다. 구약 성서를 보면 이곳은 중대한 전투가 수차례 벌어졌던 군사적 요충지로 예루살렘 서북쪽 갈멜(Garmel) 산 인근에 위치한다. 성서에서 유래했으나 격전지, 종말, 혹은 그에 준하는 전 인류적 위기를 상징적으로 나타낸다. 게임에서는 공상 과학과 결합해 외계인 침공, 대재앙, 미래전의 형태로 묘사된다. 〈워해머 40,000 : 아마겟돈(Warhammer 40,000 : Armageddon)〉에서 등장하는 아마겟돈은 행성 이름으로, 종족 갈등의 중심지로 끊임없는 격전이 벌어지는 공간이다. 반면 〈레드 팩션 : 아마겟돈(Red Faction : Armageddon)〉은 외계인의 침략 및 테러로 발생한 전 인류적 위기 상황을 아마겟돈이란 타이틀을 통해 상징적으로 표현한다.

이 외에도 아마겟돈은 강력한 무기나 마법, 아이템의 명칭으로 사용된다. 트레이딩 카드 게임 〈매직 : 더 개더링(Magic : The Gathering)〉에서 카드 아마겟돈은 모든 카드 덱을 무효화시켜 승기를 잡는 '초토화' 기능을 가지고 있다.

■ 참고 자료 박조준, 『요한계시록』, 샘물같이, 1998. | 이종근, 『신학 용어 사전』, 기독양문사, 1994. | 크로노 스케이프 저, 김훈 역, 『SF 사전』, 비즈앤비즈, 2012. | Jonathan Green, *Conquest of Armageddon (Warhammer 40,000 Novels)*, Games Workshop 2005.

아바타 avatar

| 게임에서 플레이어가 조종하는 가상의 캐릭터.

가상 세계에서 플레이어의 행동을 대리하는 캐릭터. 힌두교에서 가시화된 신을 부르는 단어 '아바타라(avatara)'에서 유래했다. 크리스 크로포드(Chris Crawford)에 따르면, 게임에서 아바타란 플레이어에 의해 조작되는 가상의 구성물이며, 플레이어가 다른 캐릭터와 상호작용하기 위한 수단이다. 주로 2차원이나 3차원으로 재현된 가시적인 형태의 플레이어 캐릭터를 말한다. 1986년 출시된 온라인 역할수행 게임 〈해비타트(Habitat)〉에서 처음으로 그래픽 기술에 의해 재현된 플레이어 캐릭터를 아바타라고 부르기 시작했다. 이후 닐 스티븐슨(Neal Stephenson)이 1992년에 발간한 소설 『스노 크래시(Snow Crash)』를 통해 가상 세계 속에 시뮬레이션된 인간을 아바타라고 표현하면서 대중화됐다.

게임에서 아바타는 플레이어의 개성과 정체성을 표현하는 대리인 또는 플레이어의 분신(分身)으로 기능한다. 플레이어가 스스로를 동일시할 수 있는 대상이라는 점에서 게임 속 다른 캐릭터와 구분된다. 마크 메도우즈(Mark S. Meadows)는 플레이어 정체성을 '나'와 '아바타'로 구분하고, 아바타를 사용자와 가상 세계의 상호작용을 중개하는 매개체로 정의했다. 다니엘 크로맨드는 아바타의 기능에 주목하여 플레이어가 조작할 수 있는 게임 속 모든 대상을 가리키는 말로 그 정의를 확장하기도 했다.

■ 관련 용어 캐릭터, 페르소나, 플레이어
■ 참고 자료 Mark J. P. Wolf, Bernard Perron, *The Routledge Companion to Video Game Studies*, Routledge, 2014. | James Newman, "The Myth of the Ergodic Videogame : Some thoughts on Player-Character Relationships in Videogames", *The International Journal of Computer Game Research*, vol.2, no.1, 2002. | Daniel Kromand, "Avatar Categorization", Proceedings from DiGRA 2007 : Situated Play, 2007.

아서 왕 전설 Arthurian legend

| 아서 왕의 탄생부터 죽음까지의 이야기.

5~6세기경 앵글로색슨족의 침입을 막아낸 아서 왕(King Arthur)의 탄생, 모험, 죽음을 다룬 켈트 민족의 영웅담. 이러한 아서 왕에 관한 기록은 9세기 초의『브리튼의 역사(Historia Brittonum)』, 10세기 중엽의『웨일스 연대기(Annales Cambriae)』등을 통해 전해졌다.

이후 원탁의 기사단(Knights of the Round Table)의 성배 탐색, 중세 유럽 기사단의 충정, 왕비 기네비어(Guinevere)와 기사단의 로맨스 모티프가 추가되면서 문학 작품으로 구현됐다. 게임에서 차용된 대표적 사례는 다음과 같다.

게임에 차용된 아서 왕 전설		
종류	게임명	설명
기반 서사의 흐름 차용	〈더 킹 : 고결한 기사도 (The King)〉	아서 왕의 통치 체제하에서 반란을 일으키는 블러드 결사단에 대항해 세계의 평화를 찾는 기사들의 이야기를 다룬다.
	〈타임 앤 테일즈 (Time N Tales)〉	플레이어는 곤 박사를 쫓아 과거의 영국으로 돌아간다. 색슨족의 침략을 받은 마을을 구하는 등 원탁의 기사들을 돕고, 아서 왕을 만나게 된다.
	〈확산성 밀리언 아서 (Kaku-San-Sei Million Arthur)〉	플레이어는 약 100만 번째로 엑스칼리버를 뽑은 전사이며 멀린의 도움으로 외적을 물리쳐 브리튼 대륙의 왕이 되어야 한다.
명칭의 부분적 차용 및 변용	〈다크 에이지 오브 카멜롯 (Dark Age of Camelot)〉	플레이어는 알비온, 하이버니아, 미드가르드 중 하나의 영역을 선택해 플레이하며, 이 중 알비온은 아서 왕의 후예로 설정된다.
	〈페이트/스테이 나이트 (Fate/stay night)〉	성배 탐색 모티프 및 멀린, 아서 왕 등 인물들을 부분 차용한다. 아서 왕을 여성 캐릭터로 구현한 '세이버(Saber)'가 등장한다.
	〈워프레임(Warframe)〉	게임 진행시 플레이어가 착용해야 하는 아이템의 이름을 엑스칼리버, 아발론, 팬드래건 등 아서 왕 전설에 등장하는 명칭으로부터 차용한다.

- **관련 용어** 엑스칼리버, 퀘스트
- **참고 자료** 토머스 불핀치 저, 이동일 역,『아더 왕과 원탁의 기사』, 황금가지, 2004. | Dominic Head, *The Cambridge Guide to Literature in English*, Cambridge University Press, 2006. | Frank D. Reno, *The Historic King Arthur : Authenticating the Celtic Hero of Post-Roman Britain*, McFarland, 1996. | Jeff Howard, *Quests : Design, Theory, and History in Games and Narratives*, CRC Press, 2008. | Philip Wilkinson, *Myths & Legends : An Illustrated Guide to Their Origins and Meanings*, DK, 2009.

아이템 item

| 게임 플레이를 통해 획득할 수 있는 가상의 물건 또는 대상.

고유의 정보가 입력된 가상 세계의 물건. 본래 아이템은 하나의 단위로 다뤄지는 데이터의 집합 또는 데이터의 가장 작은 단위를 뜻한다. 게임에서의 아이템은 플레이어가 가시적으로 확인할 수 있도록 구현된 정보의 집합으로, 주로 게임을 진행하는 데 사용되는 도구이다. 역할수행 게임에서 플레이어는 퀘스트 수행, 루팅, 상점 구매, 플레이어 간 거래 등 다양한 방식으로 아이템을 습득한다. 초기 디지털 게임의 아이템은 주로 공격 기능을 높이거나 추가하는 목적으로 나타났다.

최초의 비디오 게임인 〈스페이스워!(Spacewar!)〉에서 비행기는 제한된 양의 미사일로 적을 공격한다. 특정 아이템을 획득하면 미사일의 양이 많아지거나 속도가 빨라진다. 〈팩맨(Pac-Man)〉에서 과일 아이템은 팩맨이 일정 기간 공격 능력을 갖도록 한다. 최초의 컴퓨터 역할수행 게임인 〈울티마(Ultima)〉에는 돈, 음식과 같은 아이템이 등장했으며, 이후 역할수행 게임의 기본 아이템 요소로 정착됐다. 디지털 게임 초창기의 아이템은 텍스트 정보만으로 플레이어에게 인식됐다. 이후 그래픽 기술이 발전함에 따라 2차원, 3차원의 형상으로 점차 실제적이고 정교한 모습의 아이템이 구현됐다.

게임 아이템 유형 분류 게임 아이템의 유형은 크게 캐릭터 정보 표시 여부를 기준으로 장착 아이템과 비장착 아이템으로 나뉜다.

장착 아이템이란 플레이어 캐릭터의 정보를 변화시키는 장비 아이템을 일컫는다. 더 좋은 장비를 착용하기 위해 플레이어는 꾸준히 퀘스트를 수행하거나 인스턴스 던전 공략, 레이드, 플레이어 간 전투(PvP), 진영 간 전투(RvR),

아이템 유형 분류	
대분류	소분류
장착 아이템	무기
	방어구
	장신구
비장착 아이템	소모 아이템
	탑승 아이템

아이템 경매 등에 참여해야 한다. 비장착 아이템은 플레이어 캐릭터가 착용하지 않는 아이템으로, 소모 아이템과 탑승 아이템으로 분류된다. 소모 아이템은 한 번 사용하면 인벤토리에서 사라지는 아이템을 전부 포괄한다. 탑승 아이템은 캐릭

터가 탑승할 수 있는 이동 수단이다.

【장착 아이템】 기능에 따라 크게 무기, 방어구, 장신구로 분류된다. 무기는 공격에 사용되는 아이템으로 주로 캐릭터의 물리 공격력, 마법 공격력, 치명타율, 명중률 등의 수치를 결정한다. 공격 거리에 따라 근거리 무기와 원거리 무기로 나눌 수 있으며, 직업에 따라 사용하는 무기가 다르다. 무기는 동일한 종류일 경우, 한손 무기와 양손 무기를 기준으로 능력치가 서로 다르게 책정된다. 양손에 각각 한 개씩을 착용할 수 있는 한손 무기는 동급의 양손 무기에 비해 평균 절반의 능력치를 지닌다. 한손 무기에는 도끼, 망치, 단검, 총 등이 있으며 양손 무기에는 창, 활, 마법봉, 마법서, 양손대도 등이 있다.

방어구는 캐릭터의 생명력, 정신력의 총량과 저항력, 방어력 등의 수치를 결정하며, 착용 부위 또는 재료를 기준으로 분류된다. 방어구의 1세트는 상의, 하의,

장착 아이템의 유형 분류			
분류	기준	세부기준	종류
무기	공격 거리	근거리	장검, 단검, 도끼, 장창, 단창, 곤봉, 철퇴, 망치 등
		원거리	활, 총, 포, 표창, 마법봉, 마법서, 수정구슬 등
방어구	착용 부위	상체	상의, 흉갑, 조끼, 티셔츠, 망토, 가슴 보호구
		하체	하의, 바지, 각반, 다리 보호구
		어깨	견갑, 어깨 보호구
		손	장갑, 손 보호구, 글로브, 골무
		발	신발, 발 보호구, 전투화, 부츠
	재료	물리 방어력 위주	판금, 중갑
		회피 능력 위주	가죽, 경갑
		정신력, 집중력 위주	로브, 천
		마력 위주	사슬
	방패	전투용	전투방패
		방어용	보호방패
장신구	착용 부위	머리	투구, 모자, 보호두건, 왕관
		목	목걸이
		귀	귀고리
		손가락	반지
		허리	허리띠

견갑, 장갑, 신발의 5개 부위로 구성된다. 세트 효과가 부여된 방어구 아이템의 경우 구성이 채워질수록 추가 효과가 부여되며 세트가 완성되면 상위 등급 아이템보다 더 높은 성능을 발휘하기도 한다. 방어구는 재료에 따라 판금, 가죽, 로브, 사슬 등으로 분류된다. 재료의 특성은 곧 능력치와 연관되기 때문에 직업에 따라 장착 가능한 방어구가 다를 수 있다.

장신구 또한 착용 부위에 따라 모자, 목걸이, 귀걸이, 반지, 허리띠 등으로 구성된다. 장신구는 무기, 방어구에 비해 캐릭터 정보 변화에 미치는 영향이 상대적으로 작다. 그러나 일정 수준에 다다른 플레이어들에게는 총 능력치에 관건이 되는

〈아이온 : 영원의 탑〉의 마법 계열 직업 아이템과 캐릭터 능력치의 상관관계												
능력치/아이템	무기	상의	하의	견갑	장갑	신발	방패	모자	목걸이	귀고리	반지	허리띠
생명력		■	■	■	■	■						■
정신력		■	■	■	■	■						■
공격력	■											■
치명타								■	■	■	■	■
명중												■
마법 증폭력	■										■	■
마법 적중	■	■									■	■
공격 속도	■											
이동 속도						■						
시전 속도					■							
비행 속도		■										
치유량 증가												■
물리 방어		■	■	■	■	■						■
마법 방어		■	■	■	■	■						■
방패 방어							■					■
무기 방어	■											■
회피		■	■	■	■	■						■
마법 저항		■	■	■	■	■	■					■
마법 상쇄	■	■	■	■	■	■	■					■
물리 치명타 저항								■	■	■	■	■
마법 치명타 저항								■	■	■	■	■
물리 치명타 방어												

치명타 저항력 등을 향상시킨다.

　장착 아이템은 종류에 따라 능력치 옵션이 다르다. 플레이어는 개별 아이템에 설정된 능력치를 확인하고 장비의 입수 순서를 결정한다. 아이템 능력치는 캐릭터의 성장이 중심이 되는 역할수행 게임에서 특히 상세하게 설정된다. 아이템의 성능은 곧 캐릭터의 능력치에 직접적으로 연계되기 때문에 플레이어는 좋은 성능을 지닌 아이템을 확보하기 위해 아이템 현금 거래를 활용하기도 한다.

　장착 아이템에는 착용 시 캐릭터에 능력치를 전혀 부여하지 않을 뿐만 아니라 특별한 착용 조건이 없는 외형용 아이템이 존재한다. 대표적인 예가 〈아이온 : 영원의 탑〉의 '아이유의 귀요미 복식'과 '노바디 복고 원피스', '줄무늬 발레복' 등이다. 이런 외형용 아이템은 연예인을 이용한 게임 프로모션 전략으로 제공되기도 한다.

　【소모 아이템】 플레이어가 소유할 수 있으나 한 번 사용하면 더 이상 소유권을 주장할 수 없는 아이템을 뜻한다. 소모 아이템은 퀘스트 진행에 필요한 진행 아이템, 음식 등의 일회용 아이템, 가상 재화인 통화 아이템, 제작에 사용되는 재료 아이템, 하우징에 사용되는 주택 자재 아이템 등 다양한 형태로 나타난다. 진행 아이템은 콘솔 게임이나 비디오 게임 등에서 더욱 중시된다. 이들 게임은 선형적 게임 시나리오가 플레이의 기본 바탕을 이루며, 진행 아이템이 시나리오 진행의 필수 요소가 되기 때문이다. 이 경우의 진행 아이템을 '키 아이템'이라 부른다. 키 아이템의 사례로는 〈테일즈 오브 디 어비스(Tales of the Abyss)〉의 '로렐라이의 보주'를 들 수 있다.

소모 아이템의 유형 분류			
분류	종류	설명	사례
진행 아이템	퀘스트 진행용 아이템	게임 시나리오에 따라 퀘스트를 진행할 때 캐릭터가 일시적으로 소유하게 되는 아이템.	〈아이온 : 영원의 탑〉의 '행운의 눈물', 〈블레이드 & 소울〉의 '영기' 등
일회용 아이템	음식, 음료수	일정 기간 캐릭터의 생명력 · 정신력 자연 회복량 또는 최대 수치를 증가시키는 아이템.	〈리니지〉의 '힘센 한우 스테이크', '환상의 케이크 조각' 등
	회복 아이템	캐릭터의 체력(HP), 정신력(MP), 상태 이상 등을 회복시키는 아이템.	〈월드 오브 워크래프트〉의 '엘리누의 눈물', 〈리니지〉의 '해독제' 등
	이동 주문서	사용 시 캐릭터를 지정된 장소로 순간 이동시키는 아이템.	〈리니지〉의 '오만의 탑 이동 주문서' 등
	버프 주문서	일정 기간 캐릭터의 이동 속도, 공격 속도, 시전 속도 등을 높이는 아이템.	〈월드 오브 워크래프트〉의 '민첩의 두루마리' 등

일회용 아이템	조율 주문서	주로 아이템마다 능력치가 랜덤으로 부여되는 장착 아이템의 옵션을 변경하는 조율, 재조율 아이템.	〈아이온 : 영원의 탑〉의 '신화용 옵션 재조율 주문서' 등
	변신 주문서	일정 기간 캐릭터의 모습을 변경하는 아이템. 사용에 따라 능력치가 변경되거나 스킬 사용이 제한되기도 함.	〈리니지〉의 '올딘 변신 주문서', 〈아이온 : 영원의 탑〉의 '포효의 씨앗' 등
	소환 재료	네임드 몬스터, 파티원, 소환수 등을 소환하는 재료.	〈월드 오브 워크래프트〉의 '부름의 문장', 〈아이온 : 영원의 탑〉의 '차원의 조각' 등
	공격 재료	적을 공격할 때 사용되는 재료.	〈아이온 : 영원의 탑〉의 '트리피드의 씨앗' 등
통화 아이템	가상 통화	게임 내 거래를 위한 가상의 화폐.	〈월드 오브 워크래프트〉의 '골드', 〈리니지〉의 '아데나' 등
제작 아이템	제작 재료, 도안 등	연금술, 요리, 재봉, 세공 등의 제작에 사용되는 도안 및 재료 아이템.	〈월드 오브 워크래프트〉의 '코룸 광석', '대지의 근원', '조합 장인의 마법가루' 등
보조 아이템	강화 아이템, 탑승물 강화 아이템, 펫 먹이 등	주로 장착 아이템의 능력치 강화에 사용되는 아이템. 펫의 능력치나 기분을 향상시키는 먹이 등의 아이템.	〈아이온 : 영원의 탑〉의 '환영신석 : 에레슈키갈의 명예', 〈이카루스〉의 '뛰어난 사막의 안장' 등
주택 자재 아이템	식물, 가구, 실내 설비 재료, 실외 설비 재료 등	주택에 설치할 수 있는 아이템으로 창고의 기능을 하는 서랍장 등의 가구, 주택 내부를 꾸밀 수 있는 바닥재, 벽지, 주택 외관을 꾸밀 수 있는 지붕, 돌담 등의 아이템.	〈아키에이지〉의 '완공도면 : 세련된 누이아 별빛 주택' 등
학습 아이템	모션 카드, 스킬북	캐릭터의 특정 행위 표현이나 스킬을 배우기 위한 카드 또는 스킬북 아이템.	〈아이온 : 영원의 탑〉의 '오빠가 좋은걸', '무도의 경지' 등

【탑승 아이템】 플레이어가 클릭할 때 소환되는 탈것을 뜻한다. 탑승 아이템은 게임의 장르 및 세계관 따라 성격이 다르게 나타난다. 현대적 세계관을 반영하는 1인칭 슈팅 게임이나 레이싱 게임에서 탑승물은 주로 오토바이, 자동차, 탱크, 헬기, 비행기, 전투기, 선박 등으로 구현된다. 환상적 세계관을 기반으로 하는 역할 수행 게임에서는 일반적으로 신화적 이야기 속 동물의 모습으로 재현된다. 〈월드 오브 워크래프트〉의 '알라르의 재'가 죽지 않는 새인 불사조를 재현한 탑승 아이

〈아이온 : 영원의 탑〉의 탑승 아이템 '레기온 군마'와 '부유하는 유피'

템이다. 역할수행 게임 〈이카루스(Icarus)〉의 경우 탑승 아이템을 중심으로 한 '펠로우 시스템'을 설계했다. 이는 탑승 아이템을 루팅이나 구매가 아닌 '길들이기'를 통해 획득하도록 유도하는 제도로, 봉인석 등의 아이템을 활용하면 탑승 아이템을 애완동물 또는 특정 능력치(특성력)로 전환할 수 있다.

게임 아이템의 정보 구성 게임에서 개별 아이템이 지닌 능력치나 입수 방법은 모두 다르다. 아이템이 지닌 정보는 다음과 같은 항목으로 구성된다.

게임 아이템의 정보 구성 항목	
항목	내용
이름	게임 내 아이템의 이름.
종류	무기, 방어구, 장신구의 세부 분류에 따른 종류. '로브 상의', '판금 신발' 등으로 표시.
사용 조건	아이템을 착용 또는 사용 가능한 캐릭터의 레벨, 등급, 계급 또는 사용 가능 지역 등을 표시.
거래 조건	타인과 거래할 수 있는지에 대한 여부. 계정 공용 창고 또는 길드 창고에 저장할 수 있는지에 대한 여부를 표시.
귀속(각인) 여부	캐릭터에 귀속되는 아이템인지에 대한 여부. 귀속 아이템의 경우 귀속 조건 표시.
추출(분해) 조건	아이템을 추출 또는 분해할 수 있는지에 대한 여부. 분해 가능 아이템은 추출 시 일정 확률로 제작 재료 또는 보조 아이템을 획득할 수 있음.
외형 변경 여부	아이템의 외형 변경 가능 여부 또는 외형 변경 가능 횟수를 표시.
능력치	아이템의 능력치를 표시. 동일한 아이템이지만 능력치가 다르면 게임에 따라 재조율이 가능.
최대 강화 레벨	아이템에 설정된 최대 강화 레벨.
소켓(슬롯) 개수	아이템의 효율을 높일 수 있는 보조 아이템이 총 몇 개나 장착될 수 있는지에 대한 정보. '마석 슬롯수' 등으로 표시.
입수 방법	아이템 획득 방법을 표시. 훈장, 포인트, 가상 통화 등으로 획득할 수 있는 경우 교환에 소모되는 가격을 표시. 퀘스트를 통해 입수할 수 있는 경우 관련 퀘스트 정보를 제공. 인스턴스 던전 공략 시 일정 확률로 얻을 수 있는 경우 해당 던전의 이름과 아이템을 제공하는 몬스터의 이름을 표시.
세트 정보	하나의 세트로 구성된 아이템의 경우 세트의 이름과 나머지 세트 구성 아이템의 목록을 표시. 소유 또는 장착하고 있는 아이템과 그렇지 않은 아이템의 이름이 색상으로 구별되어 표시.

게임 아이템을 둘러싼 플레이어 간 갈등 게임 아이템은 주로 플레이에 대한 보상으로 제공된다. 고성능의 아이템은 드롭율이 낮아 획득이 어렵기 때문에, 소유권을 둘러싼 플레이어 간 갈등의 요인이 되기도 한다. 장착 아이템의 경우 직업이나 종족에 따라 착용 가능한 캐릭터 또는 전문 사용 캐릭터가 지정되는 것이 일반적이다. 협력 플레이가 끝나면 플레이어들은 암묵적 규칙에 따라 자신의 캐릭터 특성에 가장 부합하는 아이템에 대한 소유권을 주장한다. 가령 〈아이온 : 영원의

직업/방어구 재료	판금	가죽	로브	사슬
수호성	■			
검성	■			
살성		■		
궁성		■		
사격성		■		
마도성			■	
정령성			■	
음유성			■	
호법성		□	□	■
치유성		□	□	■
기갑성		□	□	■

〈아이온 : 영원의 탑〉의 직업별 전용 또는 착용 가능 방어구 비교

■ 직업 전용 방어구　　■ 착용 가능 방어구

탑〉의 경우 수호성과 검성을 선택한 플레이어들은 캐릭터가 모든 재료의 방어구를 착용할 수 있지만 판금 방어구에만 소유권을 주장한다. 이러한 암묵적 규칙이 와해될 때, 소위 비매너 행위로 여겨지는 '먹튀', '닌자' 플레이가 발생한다. 먹튀 또는 닌자란 파티원과의 상호 조율 없이 스스로의 캐릭터 특성과 무관한 아이템을 획득하거나, 드롭 아이템을 독식하는 플레이어 또는 그 행위를 총칭한다.

〈월드 오브 워크래프트〉의 대표적인 닌자 사건은 2005년에 발생한 '튀김우동 사건'이다. 한 플레이어가 레이드 후 보상 아이템을 모두 획득하고 파티를 탈퇴하여 타 플레이어로부터 닌자라는 비난을 받은 일이다. 이후 그는 커뮤니티 게시판에 아이템을 모두 획득한 것은 의도적인 것이 아니었다고 해명했다. 해명글에 따르면 당시 그는 현실에서 튀김우동을 먹으며 게임을 플레이하다가 잠깐 자리를 비웠다. 그때 연인이 "이거 다 먹어도 돼?"라고 물었으며, 그는 튀김우동을 뜻하는 것으로 이해하고 "먹어도 된다"고 말했으나 뒤늦게 알고 보니 자신의 캐릭터가 아이템을 모두 획득했던 것이다. 닌자 플레이는 게임에서의 아이템 중요도가 높을수록, 해당 아이템이 희귀할수록 크게 비난받는다.

게임 아이템 거래 플레이어가 특정 아이템을 획득하기 위해 지속적으로 게임에 접속하는 행위는 게임사의 장기적 이윤 창출과 연관된다. 그러나 현실 재화를 기반으로 한 게임 아이템의 자유로운 거래는 플레이어가 아이템을 보다 쉽게 획득

하도록 유도하며, 이는 플레이어 이탈의 원인이 되기도 한다. 따라서 게임사는 공식적으로 '아이템을 현금이나 현실의 재화/용역과 거래하는 행위'를 금지한다. 이외에도 게임마다 다양한 아이템 거래 제한 제도를 도입해 아이템의 자유로운 거래를 사전 예방하고 있다.

〈월드 오브 워크래프트〉의 경우 대부분 아이템에 2가지 형태의 귀속 시스템을 적용한다. 캐릭터 또는 계정에 아이템의 고유 소유권을 부여함으로써 해당 아이템에 대한 거래를 완전히 차단하는 것이다. '습득 귀속'은 아이템을 획득하는 순간 귀속이 발생하는 시스템이며, '착용 귀속'은 아이템을 착용할 때 귀속이 발생하는 경우를 말한다. 한국의 경우 게임 아이템의 현금 거래에 대한 논의는 〈리니지〉를 통해 활성화됐다. 2009년 대법원에서는 개인이 게임 플레이 중 획득한 아이템은 시간과 노력에 상응하는 결과물이라는 것을 인정하고, 가상 재화 환전행위에 대해 무죄판결을 내린 바 있다.

게임 아이템 창작 시스템 〈세컨드 라이프(Second Life)〉는 아이템 창작 시스템을 가진 게임이다. 〈세컨드 라이프〉에서는 플레이어들이 가상 세계 내에서 직접 건물, 의상, 물건 등의 아이템을 제작하고 이를 판매할 수 있다. 해당 게임의 가상 재화인 린든 달러는 미국 달러로 정식 환전할 수 있으며, 이러한 시스템은 기업체의 상품 홍보 및 판매에 이용되기도 한다.

- **관련 용어** 귀속 아이템, 퀘스트, 현금 거래, 레벨, 던전
- **참고 자료** 손형률, 『게임 밸런스 이야기』, 한빛미디어, 2014. | 이재홍, 『게임 스토리텔링』, 생각의나무, 2011. | 트레이시 풀러턴 저, 최민석 역, 『게임 디자인 워크숍』, 위키북스, 2012. | Ernest Adams, *Fundamentals of Game Design*, New Riders, 2013.

아이템 빌드 item build

| 아이템을 구입하는 순서.

게임 시작 시 아이템과 돈이 초기화되는 모바(MOBA)에서 중시되는 행위 전략. 〈리그 오브 레전드〉의 경우 선택한 챔피언, 팀, 상대 챔피언에 따라 상성 등을 고려하여 아이템을 구입해야 한다. 플레이어는 챔피언의 물리 공격, 마법 공격 여

부, 보유하고 있는 가상 통화의 양, 챔피언의 레벨을 고려하여 아이템 빌드를 구축한다. 챔피언이 담당하는 라인에 따라 같은 챔피언이라 하더라도 아이템 빌드는 달라진다. 예를 들어 서포터 챔피언인 잔나는 보통 주문도둑의 검, 시야석, 미카엘의 도가니, 기동력을 높이는 신발류 아이템, 메자이의 영혼약탈자 등의 순으로 아이템을 구입하지만, 미드 라인에서 공격형으로 사용하기 위해서는 물리 공격이나 마법 공격력을 높이는 아이템을 구입할 수 있다. 아이템 상점에서 챔피언에게 적합한 아이템을 추천하기도 하지만 '인벤(Inven)'과 같은 공략 커뮤니티에서 플레이어들 간 챔피언별, 상황별 다양한 아이템 빌드를 추천하기도 한다.

〈리그 오브 레전드〉 잔나의 아이템 빌드 사례		
종류	서포터일 경우	미드일 경우
시작 아이템	주문도둑의 검, 체력포션, 마나포션, 와드장신구	체력포션, 도란의 검, 장신구
핵심 아이템	미카엘의 도가니, 얼어붙은 심장	무한의 대검, 유령무희, 벤시의 장막
최종 아이템	주문도둑의 검, 시야석, 미카엘의 도가니, 얼어붙은 심장, 강철의 솔라리, 기동력의 장화	무한의 대검, 유령무희, 벤시의 장막, 아이오니아의 장화, 최후의 속삭임, 피바라기
아이템 빌드	주문도둑의 검→시야석→기동력의 장화→미카엘의 도가니→강철의 솔라리→얼어붙은 심장	도란의 검→무한의 대검→아이오니아의 장화→유령무희→최후의 속삭임→피바라기→벤시의 장막

■ **관련 용어** 아이템, 모바
■ **참고 자료** 〈리그 오브 레전드〉 사이트, http://kr.leagueoflegends.com

아케이드 게임 arcade game

| 오락실, 쇼핑센터 등 상업 시설에 설치된 별도의 게임기로 플레이할 수 있는 게임.

한 개의 하드웨어로 구동되는 한 개의 게임 소프트웨어. 동전을 넣어 플레이하는 것이 특징이다. 아케이드 게임은 플레이 타임이 짧으며 게임의 조작법 및 스토리가 단순하고 게임의 난이도가 빠르게 상승한다. 아케이드 게임이 유동 인구가 많은 상업 시설에 설치되는 공간제약형 게임이기 때문에, 한 사람이 계속해서 기계를 차지할 수 없게 하기 위해서이다.

최초의 아케이드 게임은 1971년 출시된, 〈스페이스워!(Spacewar!)〉의 아케이드 버전인 〈컴퓨터 스페이스(Computer Space)〉이다. 이후 1972년 〈퐁(Pong)〉이 처음으로 상업적 성공을 거뒀다. 1975년에는 〈건 파이트(Gun Fight)〉가 일본 게임으로 는 최초로 미국 진출에 성공했다. 1980년 〈팩맨(Pac-Man)〉이 성공을 거두면서 아 케이드 게임 시장이 본격적으로 성장하기 시작했다. 1982년에는 〈벅 로저스 : 플래 닛 오브 줌(Buck Rogers : Planet of Zoom)〉이 출시됐으며, 이는 2.5차원 그래픽 기 술을 통해 그래픽을 입체적으로 구현한 최초의 아케이드 게임으로 평가받고 있 다. 1984년에는 〈아이, 로봇(I, Robot)〉이 아케이드 게임으로는 최초로 3차원 그래 픽 기술과 카메라 조작 기술을 사용했다.

초기의 아케이드 게임은 1인용 슈팅 게임 등 한 명이 플레이하는 게임이 많았 다. 그러나 1992년 〈모탈 컴뱃(Mortal Kombat)〉을 시작으로 2명의 플레이어가 서 로 승패를 겨루는 대전 격투 게임이 등장하면서 아케이드 게임의 대표 장르가 됐 다. 아케이드 대전 격투 게임으로는 〈철권〉 시리즈, 〈스트리트 파이터〉 시리즈가 있다. 그 외에도 〈비트매니아(Beatmania)〉, 〈댄스 댄스 레볼루션〉 등 리듬 게임 장 르가 아케이드 게임으로 활발하게 개발됐다.

- **유의어** 피시(PC) 게임, 콘솔 게임
- **관련 용어** 오락실
- **참고 자료** 디지털 게임 교과서 제작위원회 저, 최재원, 김상현 역, 『디지털 게임 교과서』, 에이콘, 2012. | Mark J. P. Wolf, *Before the Crash : Early Video Game History*, Wayne State University Press, 2012. | Matt Fox, *The Video Games Guide : 1,000+ Arcade, Console and Computer Games, 1962-2012*, McFarland, 2013.

아타리 게임기 Atari consoles

제작사 아타리에서 개발한 게임기를 일컫는 말로 최초의 아타리 게임기는 1972년 미국에서 발매된 퐁(Pong)이다. 퐁은 동명의 게임인 〈퐁〉을 플레이하기 위해 개 발됐다. 화면과 컨트롤러가 일체형이며, 컨트롤러는 2개의 패들 컨트롤러로 구성 됐다. 1974년에는 퐁의 가정용 게임기 버전이 출시됐다. 1977년에 출시된 아타리 2600(Atari 2600) 시리즈의 첫 모델인 아타리 비디오 컴퓨터 시스템(Atari Video Computer System)에는 기기 상단에 6개의 스위치가 부착됐다. 스위치는 위아래로 움직여 조작할 수 있으며 각각 전원, 텔레비전 타입(컬러, 흑백), 좌측 난이도(A : 일 반, B : 쉬움), 우측 난이도(좌측과 동일), 게임 선택, 게임 리셋을 입력하는 용도로 이용됐다. 컨트롤러는 조이스틱 컨트롤러와 패들 컨트롤러 각 한 쌍으로 구성됐다.

시엑스 2600-에이(CX 2600-A)부터는 스위치의 개수가 4개로 줄었다. 1982년에 처음 출시된 아타리 5200 슈퍼시스템(Atari 5200 Supersystem)은 컨트롤러의 형태가 아타리 2600에 비해 복잡하다. 윗면은 조이스틱과 시작, 일시 정지, 리셋으로 이루어진 3개의 버튼, 숫자패드로 구성되며 양옆에는 발사 버튼이 있어 기존의 아타리 게임기에 비해 보다 정교하고 자세한 조작을 지원한다. 1986년에는 아타리 7800 프로시스템(Atari 7800 Prosystem)이 출시됐다. 아타리 5200과 마찬가지로 아타리 2600과의 호환을 지원했으며, 1992년 생산이 중단됐다. 1989년에는 휴대용 게임기 중 최초로 컬러 화면출력을 지원한 아타리 링크스(Atari Lynx)가 발매됐다. 마지막 아타리 게임기는 1993년에 출시된 아타리 재규어(Atari Jaguar)로, 비디오 게임기 최초로 64비트 그래픽을 제공했다.

아타리는 1972년 놀란 부시넬(Nolan Bushnell)과 테드 대브니(Ted Dabney)가 설립한 비디오 게임기 제작사로, 1970년대부터 1990년대 중반까지 다양한 아케이드 및 콘솔 게임기를 개발했다. 그러나 1970년대 후반부터 콘솔 게임기 시장이 급속히 확대되면서 타이틀 가격이 정가의 약 10%로 하락하는 등 위기를 겪었

아타리 게임기의 계보		
기종	출시연도	비고
퐁	1972	아케이드 게임기
퐁	1974	가정용 게임기
아타리 비디오 컴퓨터 시스템	1977	아타리 2600 시리즈 최초 모델
시엑스 2600(CX 2600)	1978	–
시엑스 2600-에이	1980	–
아타리 2600	1982	아타리 2600 시리즈 마지막 모델
아타리 5200 슈퍼시스템	1982	아타리 2600 시리즈 후속 기종
아타리 2800(Atari 2800)	1983	아타리 2600의 일본 판매용
아타리 2600 주니어(Atari 2600 Junior)	1984	아타리 2600의 보급형 모델
아타리 7800 프로시스템	1986	아타리 5200 슈퍼시스템의 후속 기종
아타리 링크스	1989	휴대용 게임기
아타리 링크스 2	1991	휴대용 게임기
아타리 재규어	1993	–

다. 특히 1982년 연말 출시한 타이틀 〈이티(E.T the Extra-Terrestrial)〉가 약 150만 장의 저조한 판매율과 80만 장 이상의 반품을 기록하면서 재정적 위기에 처했다. 아타리로부터 시작된 재정 위기는 수많은 콘솔 게임사의 파산 계기가 됐으며 이를 '아타리 쇼크' 또는 '1983년 북아메리카 비디오 게임 위기'라 부른다.

- **관련 용어** 콘솔 게임, 아케이드 게임, 게임 컨트롤러
- **참고 자료** 아타리, www.atari.com

악마 demon / devil

| 신의 뜻을 거슬러 세상을 타락시키고 인간에게 재앙을 주는 마물.

기독교적 관점에서 인간을 불행으로 몰아넣는 초자연적 존재. 불교의 마(魔), 이슬람교의 이블리스(Iblīs)와 유사하다. 어둠, 절망, 타락 등을 상징하며 지옥 또는 마계에 머무른다. 존 밀턴(John Milton)의 『실낙원(Paradise Lost)』은 천국에서 추방된 천사들이 지옥의 수도 판데모니움(Pandaemonium)에 모이며 시작된다. 악마의 수장을 마왕, 마왕이 다스리는 종족을 마족이라고도 한다. 게임에서는 주로 강력한 힘을 지닌 적대자로 설정되며 빛, 신성력과 상극을 이룬다. 외형적 특징으로는 어두운 색의 피부, 머리에 솟은 뿔, 거대하고 검은 날개를 들 수 있다. 커다란 용의 모습을 하고 있거나 여러 종이 뒤섞인 형상으로 나타나기도 한다. 게임 캐릭터로 자주 구현되는 악마는 다음과 같다.

게임에 나타난 주요 악마의 사례		
종류	설명	사례
사탄 (Satan)	인간을 유혹해 신에게 대적하게 만드는 악령의 우두머리(『마태복음』 외).	〈악마성 드라큘라(Castlevania)〉, 〈여신전생(女神轉生)〉
루시퍼 (Lucifer)	신에게 대항한 타락천사. 사탄의 동의어로도 쓰임(『요한묵시록』 외).	〈파이널 판타지〉, 〈도타 2(DOTA 2)〉
벨제붑 (Belzébuth)	파리의 왕. 루시퍼 다음 가는 악마의 2인자로 묘사됨(『마태복음』 외).	〈던전 앤 파이터〉, 〈라그나로크〉
벨리알 (Belial)	불의 전차를 타고 다니며 기만과 음란함을 상징함(『고린도후서』 외).	〈드래곤 퀘스트〉, 〈디아블로〉
리바이어던 (Leviathan)	강력한 힘을 가진 바다 괴물. 주로 탐욕과 대식을 상징함(『욥기』).	〈갓 오브 워(God of War)〉, 〈기어즈 오브 워(Gears of War)〉

〈마계촌(Ghosts'n Goblins)〉, 〈둠〉, 〈드래곤 퀘스트〉, 〈디아블로〉, 〈데빌 메이 크라이(Devil May Cry)〉 시리즈를 비롯한 다수의 게임에서 플레이어는 마왕과 맞서 싸운다. 〈던전 키퍼(Dungeon Keeper)〉와 〈던전스 2(Dungeons 2)〉의 플레이어는 스스로 마왕이 되어 던전으로 들어오는 용사를 처치해야 한다. 한편 일부 역할수행 게임의 종족이나 직군은 악마를 본떠 만들어지거나, 악마의 힘을 빌리도록 설정된다. 〈아이온 : 영원의 탑〉의 마족은 악마에서 모티프를 얻은 종족으로 푸른 피부와 검은 날개, 등의 갈기털이 특징이다. 〈월드 오브 워크래프트〉의 흑마법사는 서큐버스(Succubus) 등의 소환수를 부리고 '탈태' 스킬을 사용해 악마로 변신한다.

- **관련 용어** 천사, 마왕, 마족
- **참고 자료** 구사노 다쿠미 저, 송현아 역, 『환상동물사전』, 들녘, 2001. | 스티븐 랭 저, 남경태 역, 『바이블 키워드』, 들녘, 2007. | 야마키타 아쯔시 저, 곽지현 역, 『판타지 사전』, 비즈앤비즈, 2012. | 한국사전연구사 편집부, 『종교학대사전』, 한국사전연구사, 1998.

알고리즘 algorithm

| 문제를 해결하기 위해 행위를 추상화하여 단계적으로 접근하는 규칙들의 유한 집합.

문제 해결을 위해 단계적으로 접근하는 수학적 절차. 일상어를 프로그래밍 언어로 기술하기 위해서는 객체와 행위를 추상화해야 한다. 이때 컴퓨터 환경에서 행위를 추상화하기 위해 사용되는 것이 알고리즘이다.

게임에서는 규칙을 절차적으로 표현하기 위해 알고리즘을 사용한다. 도널드 커누스는 알고리즘의 요건으로 유한성, 명확성, 입력, 출력, 효과성을 제시했다. 예스퍼 율은 이러한 요건들을 바탕으로 알고리즘과 게임 규칙의 유사성을 정리했다. 게임 규칙은 알고리즘으로 표현되고 수행될 수 있어야 한다. 모건 맥과이어는 게임 규칙의 요소로 상태, 정의, 만족되어야 할 상태, 결정, 조건문, 반복, 순환, 실행 순서, 확률, 계산 가능성을 제시한다. 이렇게 정의된 게임 규칙은 곧 알고리즘의 특성들을 반영하고 있으므로 프로그램화하기 용이하다.

알고리즘을 바탕으로 한 게임의 규칙 정의는 2가지 기능을 한다. 첫째, 플레이어에게 규칙을 이해시킨다. 게임의 단계적 진행 순서, 할 수 있는 선택과 행동의 범위를 정의함으로써 규칙을 명확하게 전달할 수 있다. 둘째, 컴퓨터가 무엇을 수행해야 하는지 지정한다. 플레이어는 지정된 범위 내에서 규칙을 항상 따르게 된다. 알고리즘은 실행 조건과 반응할 수 있는 경우의 수가 한정되어 있으므로 플레이어가 특정 행동을 했을 때만 게임 상태가 변화하기 때문이다. 크리스 크로포드는 게임의 상태가 변화할 때마다 알고리즘을 전환시킴으로써 게임을 더 흥미롭게 만들 수 있다고 말한 바 있다. 게임에서 주로 논의되는 알고리즘은 엔피시(NPC) 인공지능 알고리즘, 길찾기 알고리즘, 물리 규칙 알고리즘 등으로 게임 장르에 따라 다르다.

알고리즘과 게임 규칙과의 유사성		
종류	설명	게임에의 적용
유한성	유한한 수의 단계를 거친 후 항상 종료.	게임 규칙이 실제로 사용 가능한 점
명확성	각 단계 정확하고 구체적으로 규정 필요.	게임 규칙의 명확성
입력	0개 이상의 입력.	상태 기계의 입력
출력	입력에 따른 하나 이상의 출력.	상태 기계의 출력
효과성	일반적으로 효과적이라고 기대됨. 한정된 시간 내에 종이와 펜만으로도 수행 가능.	게임 규칙이 실제로 사용 가능한 점

- **유의어** 코드
- **관련 용어** 규칙, 상태 기계, 프로그래밍
- **참고 자료** 제스퍼 주울 저, 장성진 역, 『하프 리얼 : 가상 세계와 실제 규칙 사이에 존재하는 비디오게임』, 비즈앤비즈, 2014. | Chris Crawford, *The Art of Computer Game Design*, Osborne/McGraw-Hill, 1984. | Donald E. Knuth, *The Art of Computer Programming*, Addison-Wesley, 1968. | Janet H. Murray, *Inventing the Medium : Principles of Interaction Design as a Cultural Practice*, The MIT Press, 2011. | Morgan McGuire, Odest Chadwick Jenkins, *Creating Games*, CRC Press, 2008.

알림 기능 push

| 모바일 게임에서 플레이어에게 게임과 관련된 메시지를 전달하는 기능.

서버에서 직접 사용자에게 정보를 전달하는 푸시 서비스(push service)의 일종. 푸시 알림(push notification)이라고도 한다. 모바일 상단 상태 바에 아이콘과 메시지 형태로 나타나며, 플레이어가 알림을 터치하면 해당 게임이 실행된다. 알림 기

알림 기능의 종류 및 목적	
종류	목적
상기 알림	일정 기간 접속하지 않은 플레이어를 상기시킴.
요청 알림	게임에 접속하여 필요한 작업을 실행하도록 요청.
경고 알림	게임 내 위협 사항에 대한 정보를 제공.
이벤트 알림	게임에서 진행되는 이벤트에 관한 정보를 제공.
업데이트 알림	게임 업데이트 사항에 대해 정보를 제공.

능은 게임에 필요한 정보를 제공하여 플레이어가 게임을 원활히 플레이할 수 있도록 돕는다. 소셜 네트워크 게임의 경우 플레이어가 게임에 접속하지 않을 때에도 게임이 진행되기 때문에 플레이어는 알림 기능을 통해 게임의 진행 사항을 확인해야 한다. 이 외에도 알림 기능은 일일 활성 이용자(Daily Active Users, DAU)를 증가시킬 수 있기에 모바일 게임의 수익과 관련된 핵심 요소이다. 모바일 게임에서 알림 기능을 사용하는 경우는 위의 표와 같다.

- **유의어** 푸시 알림
- **관련 용어** 모바일 게임
- **참고 자료** 심세라, 『소셜 네트워크 게임의 증여 구조 연구』, 이화여자대학교 대학원 디지털미디어학부 석사논문, 2013. | 이미향, 김동립, 임영환, 「스마트폰 기반 푸시 서비스의 사용자 반응에 영향을 주는 속성에 관한 연구」, 『예술과 미디어』, vol.12, no.1, 한국영상미디어협회, 2013. | 이신호, 김현우, 주홍택, 「모바일 통합 SNS 게이트웨이의 상위 구조 및 MQTT 기반의 푸시 알림 프로토콜 설계」, 『한국통신학회논문지』, vol.38, no.5B, 한국통신학회, 2013.

알파 블렌딩 alpha blending

| 픽셀 값을 조정해 이미지의 투명도를 설정하는 방법.

이미지의 투명도를 조절해 객체를 표현하는 방식. 배경 이미지와 객체 이미지의 알지비(RGB) 값을 혼합해서 투명도를 조정하며, 투명도는 총 256단계로 표현할 수 있다. 게임에서 알파 블렌딩은 배경 이미지와 캐릭터, 아이템 등의 경계선을 자연스럽게 처리하는 데 사용된다. 몹(Mob)이 처치되어 사라지거나 리스폰되는 경우에 적용하는 페이드(fade) 기법이 대표적이다. 물, 유리, 그림자 등의 시각적 효과를 구현하기 위해서 사용되기도 한다. 이 경우 50% 알파 블렌딩을 적용하며 배경 이미지와 객체 이미지의 픽셀 색상 값의 중간 값을 계산한 후, 겹치는 부분을 중간

색상 값으로 변경한다. 알파 블렌딩을 통해 게임 세계의 원근감과 사실감을 구현할 수 있다. 대표적으로 사용되는 프로그램은 다이렉트 3D(Direct 3D), 오픈 소스 컴퓨터 비전(Open Source Computer Vision, OpenCV), 유니티 3D(Unity 3D) 등이다.

- **관련 용어** 렌더링, 블렌딩, 리스폰
- **참고 자료** 고현철, 전호철, 『안드로이드의 모든 것 NDK』, 한빛미디어, 2012. | Charles Kelly, *Programming 2D Games*, CRC Press, 2012. | Kenny A. Hunt, *The Art of Image Processing with Java*, CRC Press, 2010.

암살자 assassin

| 발각되지 않고 특정한 인물을 살해하는 직업.

잠입에 특화된 기술과 신속하고 소음 없는 무기류를 활용하는 살인 전문가. 암살자는 전술적, 정치적 목적 등을 위해 특정 인물을 살해한다. 게임의 암살자는 대개 은신과 빠른 이동에 특화된 스킬을 지니며, 게임의 세계관에 따라 단검과 표창, 다트, 독약, 연막탄, 저격소총, 초능력 등의 무기를 사용한다. 암살자가 주인공이며 잠입이 주요 요소가 되는 스텔스 게임으로는 〈어쌔신 크리드(Assassin's Creed)〉, 〈히트맨(Hitman)〉, 〈디스아너드(Dishonored)〉가 대표적이다.

암살자 스킬 사례		
장르	사례	스킬
다중접속온라인 역할수행 게임	〈블레이드 & 소울〉의 암살자	적 너머로 이동하는 '나뭇잎 운신'
액션 역할수행 게임	〈크리티카(Kritika)〉의 암살자	마지막 피격 대미지를 무효화하는 '통나무 환영'
1인칭 슈팅 게임	〈보더랜드 2(Borderland 2)〉의 제로	홀로그램 미끼를 만든 후 적에게 보이지 않는 상태로 변하는 '디셉션'
모바(MOBA)	〈도타 2〉의 암살 기사	적에게 보이지 않는 상태로 변하는 '숨어들기'
대전 격투 게임	〈철권〉 시리즈의 니나 윌리엄스	암살 격투술

- **관련 용어** 모티프, 닌자
- **참고 자료** David S. J. Hodgson, David Knight, Damien Waples, *Assassin's Creed*, Prima Games, 2007. | Farhad Daftary, *The Assassin Legends : Myths of the Isma'ilis*, I.B.Tauris, 1994. | Haha Lung, *Assassin!*, Kensington Publishing Corporation, 2004.

애드 add

| 플레이어의 의도와 무관하게 몬스터를 도발하는 현상.

플레이어가 예상치 못한 상황에서 몬스터로부터 공격을 받는 현상. 플레이어가 몬스터 주변에 지정된 범위 내부로 들어설 때 발생하며, 경고음 또는 느낌표와 같은 기호 등을 통해 애드 발생 여부를 알 수 있다. 몬스터가 플레이어에게 반응하는 해당 범위를 '인식 거리'라 부르고, 이러한 범위를 가지는 몬스터를 '선공 몬스터' 혹은 '인식 몬스터'라 부른다. 플레이어가 인식 거리에 근접함으로써 몬스터의 반응을 유발하는 것을 '애드가 난다'라고 표현한다.

애드는 주로 다음과 같은 상황에서 플레이에 영향을 미친다. 첫째, 팀별 전투가 벌어지는 현장에 이동형 몬스터가 접근할 경우 애드가 발생한다. 이동형 몬스터란 던전과 같이 지정된 구역을 임의로 돌아다니는 몬스터로, 플레이어는 이동형 몬스터가 가까이 오는 것을 감지해 이에 대처해야 한다. 둘째, 플레이어와 전투 중인 몬스터가 다른 몬스터를 호출할 때 애드가 일어난다. 셋째, 몬스터와의 충돌을 피해 지나가던 플레이어가 실수로 인식 거리 내에 들어가는 경우에도 애드가 발생한다. 초보 플레이어의 경우 몬스터가 반응하는 범위를 파악하지 못하고 침범함으로써 전투 상황을 유발하기도 한다.

다중접속온라인 역할수행 게임에서는 몬스터의 인식 범위 및 애드 작동 규칙을 파악하는 것이 중요하다. 〈아이온 : 영원의 탑〉의 경우 플레이어의 레벨보다 몬스터의 레벨이 낮으면 애드가 발생하지 않거나 적용 범위가 축소된다. 〈리니지〉의

〈아이온 : 영원의 탑〉 플레이어와 몬스터의 레벨 차이에 따른 애드 범위 변화

레벨 차이	몬스터 > 플레이어	몬스터= 플레이어	몬스터 < 플레이어
애드 범위			

플레이어 몬스터 애드 범위

일반 몬스터는 투명 망토를 사용 중인 플레이어의 접근에는 반응하지 않는다. 몬스터의 레벨 또는 종류에 따라서 애드가 발생하는 거리에 차이가 있다. 〈아이온 : 영원의 탑〉에서 일반 몬스터의 인식 범위는 대부분 10미터 이하이며 네임드 몬스터의 인식 거리는 20미터 이상이다. 〈아이온 : 영원의 탑〉의 플레이어 레벨에 따른 애드 범위 변화는 앞의 표와 같다.

■ **관련 용어** 몬스터
■ **참고 자료** 인벤, 〈[리뷰] '블레스' 2차 CBT, "열쇠는 디테일한 콘텐츠에서 찾길"〉, www.inven.co.kr/webzine/news/?news=124399

애드온 add-on

| 게임에서 특정 요소나 환경을 개선·변환시키는 프로그램.

플레이어나 개발사가 기존 게임의 인터페이스를 보강하기 위해 추가하는 프로그램. 주로 개인 플레이어가 개발하며 온라인 자료실을 통해 공유한다. 플레이어는 원하는 애드온을 선택해 해당 폴더에 설치한다. 직업 애드온, 경매 및 경제 애드온, 아이템 관련 애드온, 전투 애드온 등으로 나뉜다. 플레이어는 개발 방법을 습득해 개선을 원하는 기능에 대한 소스를 생성하고 이를 공유한다. 애드온 개발 시 적용성과 호환성, 애드온 간의 충돌 가능성, 기존 인터페이스와의 조화, 게임 표준 규칙, 조작의 편리성, 단축키, 애드온 배치 등을 고려한다. 주로 개발사와 무관한 개인이 만드는 프로그램이므로 호환성에 문제가 생기거나 기존 인터페이스와 충돌하는 등의 한계를 지니기도 한다.

블리자드 엔터테인먼트(Blizzard Entertainment)는 2007년 〈월드 오브 워크래프트 : 불타는 성전〉의 발매를 기점으로 사용자 인터페이스 애드온 개발 정책을

〈월드 오브 워크래프트〉 애드온 사용 파일 및 기본 작성법	
종류	설명
티오시(toc) 파일	애드온 구성 정보 입력 파일로 인터페이스, 타이틀, 추가 정보를 작성.
엑스엠엘(xml) 파일	인터페이스 및 이벤트 구현을 위한 함수를 입력.
루아(lua) 파일	프로그램 로딩 및 이벤트 발생 시 수행되는 함수 입력.

발표했다. 애드온 사용을 공식적으로 인정하고 수렴해 전투 중 메시지, 대미지 미터기를 제외한 애드온을 기본 인터페이스에서 지원한다. 단, 무료 프로그램이어야 하며 프로그래밍 소스를 공개해야 한다. 애드온을 사용하는 대표적 게임으로는 〈월드 오브 워크래프트〉와 〈마인크래프트〉가 있다.

- **관련 용어** 루아, 게임 소스, 오픈 소스 커뮤니티
- **참고 자료** 신호철, 조인형, 『예제로 배우는 프로그래밍 루아』, 한빛미디어, 2008. | 이명주, 류한영, 「온라인 게임 애드온의 사용성 평가 및 향상을 위한 휴리스틱스」, 『디지털디자인학연구』, vol.21, no.0, 한국디지털디자인학회, 2009. | 조성희, 「온라인 게임 서사의 연속성을 위한 애드온 디자인 방안 연구 : 〈월드 오브 워크래프트〉를 중심으로」, 『디지털스토리텔링연구』, vol.3, no.0, 디지털스토리텔링학회, 2008.

애완동물 pet

| 플레이어에게 귀속되는 동물형 캐릭터.

플레이어 캐릭터가 메뉴에서 불러내거나 데리고 다니면서 키울 수 있는 게임 캐릭터. 일부 소환수를 포함한다. 일반적으로 동물이며, 인간형과 무생물형도 있다. 구매, 포획, 조합 및 합성 등의 방식으로 획득하고 능력치나 획득 난이도에 따라 급이 나뉜다. 주 기능은 전투 보조, 아이템 보관, 능력치 강화, 생산 및 획득이다. 이밖에도 버프, 순간이동, 채집 기능을 수행하기도 한다. 다중접속온라인 역할수행 게임에 주로 나타나는 애완동물의 역할을 정리하면 표와 같다.

애완동물 기르기가 주목적인 육성 시뮬레이션 게임에서는 애완동물의 기능보

다중접속온라인 역할수행 게임에 나타나는 애완동물의 기능과 사례		
종류	설명	사례
전투 보조	직접 전투에 참가해 플레이어 캐릭터의 전투를 대신하거나 보조.	〈아키에이지〉의 '야차 하즈라드', 〈바람의 나라〉의 '현무'
아이템 보관	일정량의 아이템을 보관. 애완동물의 레벨과 종류에 따라 보관량이 다름.	〈아이온 : 영원의 탑〉의 '무림 팬더', '가진 게 많은 황금삼'
이동	1~2명의 플레이어 캐릭터를 태우고 이동. 지상으로 이동하거나 비행.	〈월드 오브 워크래프트〉의 '날쌘 천마'
아이템 생산	정해진 시간마다 가상 통화, 회복용 물약 등의 아이템을 생산.	〈마비노기〉의 '양', '젖소', '데저트 코브라'
획득	필드맵의 가상 통화 또는 아이템을 자동으로 획득.	〈메이플스토리〉의 '아기 호랑이', '유니콘'

다 종류, 외양, 다양성 등이 중시된다. 대표적 사례로 〈닌텐독스(Nintendogs)〉, 〈심즈 3 : 나는 심 너는 펫〉이 있다. 플레이어는 주기적으로 애완동물의 상태를 확인하고 적정한 수준의 친밀도를 쌓아야 한다. 식욕, 청결 등의 기준치에 따라 애완동물의 외양이 달라지는 등 가시적인 변화가 발생한다. 애완동물은 플레이어의 수집 욕구를 자극하고 목적이나 상성에 따른 전략적 조합을 가능하게 함으로써 게임의 재미를 배가시킨다.

- **관련 용어** 소환수
- **참고 자료** Maiga Chang, Rita Kuo, Kinshuk, *Learning by Playing. Game-based Education System Design and Development*, Springer Science & Business Media, 2009. | William Muehl, Jeannie Novak, *Game Development Essentials : Game Simulation Development*, Cengage Learning, 2007.

애플리케이션 application

| 사용자가 직접 조작하고 사용할 수 있는 응용 소프트웨어의 총칭.

컴퓨터 시스템 운영을 위해 자동으로 하드웨어를 제어하는 시스템 소프트웨어와 구분되는 개념. 어플(appl), 앱(app)이라고도 한다. 애플리케이션은 구동되는 플랫폼에 따라 웹 애플리케이션, 모바일 애플리케이션 등으로 구분된다. 그러나 스마트폰이 대중적으로 보급된 이후에는 애플리케이션이라는 용어 자체가 모바일 애플리케이션에 국한되어 사용되기도 한다. 모바일 애플리케이션은 아이오에스(iOS)나 안드로이드 등의 모바일 운영체제를 기반으로 구동되는 애플리케이션을 의미한다.

애플리케이션은 발전사에 따라 크게 3세대로 나눌 수 있다. 1세대 애플리케이션은 단일 컴퓨터에서 실행되던 최초의 소프트웨어를 지칭한다. 네트워크를 통해 다수의 사용자가 동시 접속하여 작업할 수 있게 되면서 네트워크 시스템을 적용한 2세대 애플리케이션이 등장했다. 기업의 데이터베이스, 지불/정산 시스템 등이 이에 속한다. 3세대 애플리케이션은 현재 사용되는 애플리케이션으로, 앱 3.0이라고 불린다. 3세대 애플리케이션은 2세대 애플리케이션이 확장된 형태로, 코딩 방식으로 개발되던 기존의 애플리케이션과 달리 여러 애플리케이션을

목적에 따른 애플리케이션 유형 분류		
종류	설명	사례
범용적 소프트웨어 (general-purpose software)	한 가지 소프트웨어에서 다양한 목적의 과업을 수행할 수 있는 소프트웨어.	워드프로세서, 스프레드시트(spreadsheet)
특수 목적 소프트웨어 (special-purpose software)	한 가지의 특수한 목적을 수행하기 위해 제작된 소프트웨어.	그래픽 프로그램, 멀티미디어 제작도구
맞춤형 소프트웨어 (bespoke software)	특정 사용자를 위해 맞춤형으로 제작된 소프트웨어.	병원 데이터페이스 프로그램, 학교 관리 프로그램

조합하여 새로운 애플리케이션을 만드는 컴포넌트 개발 방식(Component-Based Development, CBD)을 취한다. 이로 인해 단일한 애플리케이션에서 여러 가지 기능을 동시에 구현할 수 있다. 애플리케이션은 목적에 따라 3가지로 분류할 수 있다.

브렌다 로럴은 애플리케이션을 생산적 애플리케이션(productive application), 창조적 애플리케이션(creative application), 오락 애플리케이션(entertainment application)으로 나눈 바 있다. 게임은 특수 목적용 소프트웨어임과 동시에 오락 애플리케이션에 속한다.

- **반의어** 하드웨어
- **유의어** 시스템 소프트웨어
- **관련 용어** 응용 소프트웨어, 어플, 앱, 소프트웨어
- **참고 자료** 브렌다 로럴 저, 유민호, 차경애 역, 『컴퓨터는 극장이다』, 커뮤니케이션북스, 2008. | 제시 페일러 저, 김재순 역, 『앱으로 부자되기!』, 21세기북스, 2010. | 한혁수, 『소프트웨어 공학의 소개』, 홍릉과학출판사, 2008. | 이양환, 「모바일 어플리케이션 비즈니스 현황과 전망」, 『KOCCA 포커스』, vol.48, no.20, 한국콘텐츠진흥원, 2012.

액션 게임 action game

| 실시간으로 캐릭터의 행동을 조작하는 것이 핵심인 게임 장르.

캐릭터의 행동을 플레이어가 실시간으로, 또 직관적으로 조작할 수 있으며 이것이 게임의 재미에 결정적인 영향을 미치는 게임 장르. 레버, 버튼, 키보드 등의 입력 인터페이스와 달리고 때리고 점프하고 구르는 캐릭터의 움직임이 정교하고 다양한 연관성과 화려한 스펙터클을 발생시킬 때 플레이어의 만족도가 높아진

다. 액션 게임의 목표는 레벨의 공략과 높은 최종 점수의 획득이다. 플레이어는 장애물 및 적을 피하거나 공격하여 이동한 후, 보스몹을 쓰러트리고 다음 레벨로 이동한다.

광의의 액션 게임은 1962년 〈스페이스워!(Spacewar!)〉를 비롯하여 〈갓차(GOTCHA)〉, 〈건 파이트(Gun Fight)〉 등 캐릭터가 등장하고 이동하고 슈팅 등의 결정적인 행동을 하는 초창기 게임 대부분을 포괄한다. 그 후 액션 게임은 레버와 버튼, 아날로그 스틱 등으로 이루어진 입력 인터페이스와 플랫폼, 2차원 횡스크롤 등으로 이루어진 출력 인터페이스 구조로 구현됐다. 1984년에 제작된 〈쿵푸마스터(Kung-Fu Master)〉부터 1991년 〈소닉 더 헤지혹(Sonic the Hedgehog)〉에 이르는 시대이다.

이후 액션 게임은 3차원 그래픽과 적대적 엔피시(NPC)의 인공지능을 수용하며 발전했다. 장르적으로 액션 게임은 자신이 내장하고 있던 특정 기능을 강조하면서 분화 발전되었다. 달리기(러닝 게임), 때리기(대전 격투 게임), 쏘기(슈팅 게임) 등이 대표적이다. 또 액션 게임은 다른 게임 장르와의 결합을 통해 더욱 풍성하고 서사적인 세계를 구현하게 되었다. 액션 어드벤처 게임, 액션 역할수행 게임 등이 그것이다.

- **관련 용어** 어드벤처 게임, 역할수행 게임, 횡스크롤 게임, 플랫폼 게임
- **참고 자료** 앤드류 롤링스, 어니스트 아담스 저, 송기범 역, 『게임 기획 개론』, 제우미디어, 2004. | 이상우, 『게임, 게이머, 플레이 : 인문학으로 읽는 게임』, 자음과모음, 2012. | Dominic Arsenault, "Action", *The Routledge Companion to Video Game Studies*, Routledge, 2014. | Ernest Adams, *Fundamentals of Action and Arcade Game Design*, New Riders, 2014. | John E. Laird, Michael van Lent, "The Role of Artificial Intelligence in Computer Game Genres", *Handbook of Computer Game Studies*, The MIT Press, 2005. | Katie Salen, Eric Zimmerman, *The Game Design Reader : A Rules of Play Anthology*, The MIT Press, 2006.

어그로 aggro

| 몬스터에 대한 위협 수준 혹은 상대방을 도발하는 행위.

영어 단어 'aggravation(도발)' 혹은 'aggression(공격)'에서 파생된 말. 다중접속온라인 역할수행 게임에서 몹(Mob)이 공격할 캐릭터의 우선순위를 결정하는

메커니즘을 지칭하는 단어로 사용된다. 어그로의 개념은 1999년 출시된 〈에버퀘스트(EverQuest)〉에서 처음 등장했으며, 〈월드 오브 워크래프트〉를 통해 널리 사용되기 시작했다. 일반적으로 플레이어가 몹을 공격할 때 몹에게 가해진 공격에 비례하여 어그로 수치도 올라간다. 그러나 플레이어가 몹을 공격하지 않았을 때도 몹의 인식 범위 안에 들어가면 어그로 수치가 올라가기도 한다. 몹은 플레이어 중 어그로 수치가 가장 높은 플레이어를 공격한다. 다중접속온라인 역할수행 게임에서 파티 플레이를 할 경우, 플레이어는 각자 역할에 따라 어그로 수치를 조절하며 플레이한다. 탱커의 경우 어그로 수치를 높게 유지하여 몹이 다른 파티원을 공격하지 않도록 한다. 어그로 수치를 높게 유지하는 행위를 '어그로를 끈다'고 지칭한다. 공격을 담당하는 대미지 딜러나 파티원의 체력을 회복시키는 힐러의 경우, 탱커보다 체력이 낮기 때문에 어그로 수치가 높아지지 않도록 몹에게 가하는 공격을 조절해야 한다. 어그로의 수치 조절에 실패할 경우, 몹의 공격 대상이 달라진다. 이를 두고 '어그로가 튄다'고 한다.

- **유의어** 탱커, 탱킹, 딜
- **관련 용어** 몹, 공격, 파티
- **참고 자료** Simon Carless, *Gaming Hacks*, O'Reilly Media, 2004. | Timothy Rowlands, *Video Game Worlds : Working at Play in the Culture of EverQuest*, Left Coast Press, 2012.

어드벤처 게임 adventure game

| 플레이어가 게임 공간을 탐험하며 단서나 아이템을 획득하고, 이를 통해 사건을 풀어나가는 게임 장르.

기반 스토리를 바탕으로 각각의 상황을 유기적으로 연결시킬 수 있는 게임 장르. 플레이어는 게임의 공간을 직접 탐험하고 관찰하면서 사건의 실마리가 되는 아이템이나 단서를 얻어야 한다. 게임 내에 플레이어가 직접 풀어야 할 퍼즐 요소가 반드시 들어가며, 이것이 게임의 진행 시간이나 난이도에 영향을 미친다. 게임 장르 중 가장 스토리 의존도가 높은 장르로 꼽힌다. 호러 장르, 추리 장르의 서사가 많이 구현되며 1인칭 슈팅 게임, 역할수행 게임 등 다른 게임 장르와 결합되기도 한다.

최초의 어드벤처 게임은 1976년에 개발된 〈콜로설 케이브 어드벤처(Colossal

Cave Adventure)〉이다. 이미지 없이 모든 게임 요소가 텍스트로 제공되며, 플레이어는 명령어 입력을 통해 게임을 플레이한다. 이러한 방식의 어드벤처 게임을 '텍스트 어드벤처'라고 지칭한다. 이미지를 사용한 최초의 '그래픽 어드벤처' 게임은 1980년 〈미스터리 하우스(Mystery House)〉이다.

어드벤처 게임의 대표작으로는 〈조크(Zork)〉, 〈킹스 퀘스트(King's Quest)〉 시리즈, 〈원숭이 섬의 비밀(Monkey Island)〉 시리즈, 〈미스트〉, 〈툼 레이더(Tomb Raider)〉 시리즈 등이 있다. 국내 어드벤처 게임의 대표작으로는 호러 어드벤처 게임인 〈화이트데이 : 학교라는 이름의 미궁〉이 있다.

- **유의어** 텍스트 어드벤처, 그래픽 어드벤처
- **관련 용어** 퍼즐, 미션
- **참고 자료** 박병규, 유지상, 이승현, 『디지털 컨텐츠 제작 개론』, 인터비전, 2006. | 이상우, 『게임, 게이머, 플레이 : 인문학으로 읽는 게임』, 자음과모음, 2012. | 이재홍, 『게임 스토리텔링』, 생각의나무, 2011. | Mark J. P. Wolf, "Genre and the Video Game", *The Medium of the Video Game*, University of Texas Press, 2002.

언리얼 엔진 Unreal Engine

| 에픽 게임즈(Epic Games)에서 개발한 3차원 게임 엔진.

게임 개발에 필요한 에디터와 툴을 제공하는 통합형 게임 엔진. 1997년 1인칭 슈팅 게임 〈언리얼(Unreal)〉을 제작하는 데 사용된 '언리얼 엔진 1'을 시작으로 '언리얼 엔진 4'까지 출시됐다. 안정성과 범용성, 꾸준한 업데이트, 적극적인 사후 관리를 바탕으로 게임 산업에 엔진 라이선스를 일반화했다. 프로젝트 설계와 레벨 디자인, 오브젝트 배치, 색감 조절, 광원 설정, 플레이 테스트, 시뮬레이션에 걸친 제작 과정 전반을 지원하며 그래픽 효과와 캐릭터 애니메이션을 구성하는 여러 에디터를 활용할 수 있다.

언리얼 엔진 4부터 비주얼 스크립팅 시스템 블루프린트(blueprint)를 통해 노드, 이벤트, 함수, 변수를 선으로 연결하는 직관적 설계가 가능하다. 소스 코드는 C++로 구성되어 있으며 C#, 어셈블리어, 자바, 루아를 이용한 개발 또한 가능하다. 2015년 3월 게임 개발자 컨퍼런스(Game Developers Conference, GDC)에서 언리얼 엔진 4의 무료화가 공시되며 언리얼 엔진의 소스 코드와 툴셋이 일반에 개방됐다. 단, 해당 엔진으로 게임을 출시해 분기별 3,000달러 이상의 매출액을 기록한 경우 개발사는 수익금의 5%를 사용료로 지급해야 한다. 언리얼 엔진을 사용한 대표적인 게임으로는 〈기어스 오브 워(Gears of War)〉와 〈리니지 II〉, 〈바이오쇼크(BioShock)〉, 〈사이퍼즈(Cyphers)〉 등이 있다.

■ **관련 용어** 게임 엔진, 소스 엔진
■ **참고 자료** 로버트 친 저, 손의형 역, 『iOS 3D 언리얼 게임 개발』, 길벗, 2013. | 이득우, 유우원, 인자건, 『3대 게임엔진 완전정복 세트』, 에이콘, 2014. | 제이슨 그레고리 저, 박상희 역, 『게임 엔진 아키텍처 : 게임 프로그래머가 꼭 알아야 할 게임 엔진 이론과 실무』, 에이콘, 2013.

언캐니 밸리 uncanny valley

| 익숙한 것과 낯선 것의 혼재로 인해 경험하게 되는 기이한 느낌.

익숙한 것에서 낯선 감정이나 두려운 감정을 느끼는 현상. 1906년에 에른스트 옌치(Ernst Jentsch)의 논문 「언캐니의 심리학(On the Psychology of the Uncanny)」에서 심리학 용어로 처음 등장했다. 지적 불확실성(intellectual uncertainty)에서 기인한 감정으로 정의된다. 이후 로봇 공학자 모리 마사히로(森 政弘)는 로봇 디자인 분야에 언캐니 개념을 적용하여 언캐니 밸리 현상을 기술했다.

로봇이 인간의 외양을 닮을 경우 사람들의 호감도는 상승하나 사람과 지나치게 유사하면 호감도는 오히려 하락한다. 그러나 로봇이 인간과 거의 구별할 수 없는 정도가 되면 호감도는 다시 상승한다. 이때 호감도가 감소한 영역을 언캐니 밸리라 칭한다. 이는 인간과 흡사한 로봇이 기계음을 내거나 상황에 맞지 않는 반응을 하는 등 인간과는 다른 행동을 보일 때 느껴지는 거부감이나 혐오감이 존재하는 지점이다.

언캐니 밸리 현상은 컴퓨터 그래픽을 활용한 디지털 게임에도 나타난다. 인터랙티브 드라마 게임인 〈헤비 레인(Heavy Rain)〉에는 정교한 그래픽 기술로 구현된 사실적인 주인공 캐릭터가 등장한다. 그러나 캐릭터의 외관과는 상이한 부자연스러운 얼굴 표정과 말투는 실제 사람과의 차이를 부각시켜 플레이어에게 기이한 느낌을 준다.

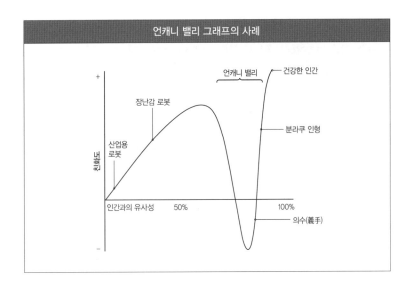

■ **관련 용어** 환상성, 인공지능, 로봇, 그래픽
■ **참고 자료** 진중권, 『이미지 인문학 2』, 천년의상상, 2014. | Angela Tinwell, *The Uncanny Valley in Games and Animation*, CRC Press, 2014. | M. Mori, K. F. MacDorman, N. Kageki, "The Uncanny Valley", *Robotics & Automation Magazine*, vol.19, no.2, 2012.

업데이트 update

| 게임 시스템을 수정 또는 보수하거나, 새로운 콘텐츠를 추가하는 행위.

프로그램과 데이터의 최신성과 정확성을 유지하기 위한 보수 작업. 컴퓨터 미디어 학자 레프 마노비치(Lev Manovich)는 뉴미디어가 자기충족적이며 개별적인 요소로 구성되므로 수정 및 내용의 추가가 자유로우며, 게임의 업데이트는 뉴미디어의 개방적 속성이 구현되는 방식이라고 보았다.

초기 패키지 게임의 업데이트는 수정사항을 반영한 확장팩을 발매하는 방식이었다. 서버를 통해 수정된 데이터를 다운로드 할 수 있는 온라인 게임의 경우 결함이 발견될 때마다 바로 업데이트되며 업데이트 기간 동안 게임 시스템의 오작동을 방지하기 위해 플레이어의 서버 접근을 차단하기도 한다. 업데이트는 실행하는 목적에 따라 시스템 안정화를 위한 결함 수정 업데이트와 플레이어에게 새로운 경험을 제공하기 위한 콘텐츠 확장 업데이트로 분류된다.

업데이트는 기존 플레이어의 게임 완성도에 대한 불만을 해소하고, 새로운 경험을 지속적으로 제공하여 기존 플레이어의 만족도 제고와 신규 플레이어의 유입을 유도하는 역할을 한다.

게임 업데이트의 유형		
종류	설명	사례
결함 수정 업데이트	게임 발매 후 버그를 수정하거나 플레이어의 만족도 제고를 위하여, 패치 또는 데이터 수정을 실시한다.	접속 실패·지연·플레이 속도 저하 등 각종 프로그램 오류 해결, 종족 관련 스킬 및 특성 밸런싱 보정, 직업 관련 스킬 및 수치 밸런싱 보정, 전문 기술 관련 수치 밸런싱 보정, 아이템 능력치 변경 등.
콘텐츠 확장 업데이트	기존 게임 월드의' 체계를 해치지 않는 것을 전제로 새로운 콘텐츠를 더한다.	인스턴스 던전의 추가, 대륙의 추가, 종족·직업·캐릭터의 추가, 아이템 추가, 몬스터 추가, 탈것의 추가, 각종 축제·대회·시합의 추가 등.

■ **유의어** 갱신, 버전업

■ **관련 용어** 패치, 확장팩, 서버 점검, 신규 서버 오픈

■ **참고 자료** 김경남, 김웅남, 김정현, 『게임의 운명을 결정하는 기획과 시나리오』, e비즈북스, 2013. | 레프 마노비치 저, 서정신 역, 『뉴미디어의 언어』, 커뮤니케이션북스, 2014. | 이진, 『온라인 게임 스토리의 업데이트 양상 연구 : 〈리니지 2〉를 중심으로』, 이화여자대학교 대학원 디지털미디어학부 석사논문, 2009. | 권혁인, 최용석, 이상우, 「온라인 게임 서비스 방안에 관한 연구 : WOW 사례를 중심으로」, 『한국컴퓨터게임학회 논문지』, vol.24, no.4, 한국컴퓨터게임학회, 2011.

업적 시스템 character achievement system

| 게임 진행과는 별도로 일정 목표를 제시하고 플레이어가 이를 달성할 시 보상을 주는 게임 내 시스템.

온라인 게임에서 플레이어가 게임 진행 외에 주어지는 일련의 과제 수행을 통해 보상을 획득하고, 이러한 과정을 기록으로 남기는 체계. 게임을 클리어하는 것 외에 특정 목표를 위해 플레이하는 것을 지칭하는 일본의 '야리코미(やり込み)'에서 유래했다. '파고들기'라는 용어로 사용하기도 한다. 게임 제작자가 의도하지 않은 것을 목표로 게임을 플레이하는 성향이 하나의 체계로 발전한 것이다. 게임 진행과는 직접적인 관련이 없다는 점에서 퀘스트나 미션과는 구분된다.

업적은 개인 기록을 통해 확인할 수 있으며, 의상이나 칭호의 경우 다른 플

레이어에게도 보인다. 이에 따른 상호 비교가 플레이어의 성취감과 플레이 동기 등을 강화한다. 이미 만렙을 달성한 플레이어에게 새로운 도전 과제를 제시한다는 점에서 플레이 타임을 증가시키는 역할도 한다. 업적 시스템은 엑스박스 360(XBox 360)에서 게이머스코어라는 점수 공유 체계를 구현하면서 정식으로 대두됐다. 2008년 엑스박스 360의 판매량과 업적의 개수 간에 높은 상관관계가 있다는 연구 결과도 발표됐다. 2009년 마이크로소프트에서 밝힌 통계에 따르면 엑스박스 플레이어들이 달성한 업적은 약 25억 개에 달한다.

플랫폼에 따른 업적 시스템의 종류	
종류	설명
엑스박스 360	도전 과제가 제시되며 성취 점수가 게이머 카드에 기록된다. 엑스박스 라이브를 통해 다른 플레이어와 비교가 가능하다.
플레이스테이션	획득 조건의 난이도에 따라 브론즈, 실버, 골드로 등급을 나눈다. 트로피를 모두 모으면 플래티넘 트로피를 부여함. 트로피 컬렉션이라고도 한다.
구글 플레이	플레이어 간의 성취 수준을 비교할 수 있다. 업적 달성 시 경험치를 얻어 계정을 레벨업 할 수 있다.

다중접속온라인 역할수행 게임은 레벨 시스템과 업적 시스템을 통해 플레이어에게 동기를 부여한다. 〈월드 오브 워크래프트〉의 경우 업적 시스템에 700여 개 이상의 업적이 존재하며 업적으로 희귀한 아이템이나 특별한 호칭을 제공하여 플레이어에게 성취감을 부여하고 명예욕을 유발한다.

〈월드 오브 워크래프트〉의 칭호 분류		
종류		설명
일반 칭호	탐험가	동부 왕국, 칼림도어, 아웃랜드, 노스랜드 탐험.
	요리사	요리 업적 완료.
	낚시의 달인	낚시 업적 완료.
	현자	퀘스트 업적 완료.
이벤트 칭호	장로	달의 축제 업적 완료.
	사랑에 빠진 바보	온누리에 사랑을 업적 완료.
	후원자	어린이 주간 업적 완료.
	불꽃지기	한여름 축제 업적 완료.
	양조장이	가을 축제 업적 완료.
	흥겨운 축제꾼	겨울맞이 축제 업적 완료.

	젠킨스	15초 안에 부화장 새끼용 50마리 처치.
던전 및 공격대 칭호	스카라베 군주	아퀴라즈 성문 열기, 서버당 한 개의 캐릭터
	불멸자	공격대원이 한 명도 죽지 않은 상태로 낙스라마스의 모든 우두머리 처치.
	일몰의 정복자	황혼 비룡 셋 모두 살아있는 상태에서 칠흑의 수호자 살타리온 처치.
	마법 탐구가	서버 최초 말리고스 처치에 참여.

- **유의어** 퀘스트, 미션
- **관련 용어** 성취, 보상, 온라인 게임, 레벨, 현거래, 칭호
- **참고 자료** 레프 마노비치 저, 서정신 역, 『뉴미디어의 언어』, 커뮤니케이션북스, 2014. | 안진경, 『MMORPG 의 캐릭터 업적(achievement) 시스템 연구』, 이화여자대학교 대학원 디지털미디어학부 석사논문, 2009. | 케 이티 살렌, 에릭 짐머만 저, 윤형섭, 권용만 역, 『게임디자인 원론 1』, 지코사이언스, 2010. | Lucas Blair, *The Use of Video Game Achievements to Enhance Player Performance, Self-efficacy, and Motivation*, University of Central Florida Orlando, 2011.

에르고딕 ergodic

| 독자가 텍스트를 재구성하여 비선형적으로 읽고 해석하는 과정.

독자가 텍스트를 비선형적으로 재구성하는 일련의 기호적, 연속적 과정. 에스 펜 올셋이 1997년 그의 저서 『사이버텍스트(Cybertext)』에서 사이버텍스트와 디 지털 미디어를 이해하기 위해 제안한 개념이다. 에르고딕은 그리스어인 에르곤 (ergon, 작업)과 호도스(hodos, 경로)를 합성한 단어로, 본래 물리학에서 사용되 는 개념이다. 올셋은 사이버텍스트에 나타난 비선형성의 특징을 설명하기 위해 에르고딕 문학(ergodic literature)을 언급했다. 에르고딕 문학은 독자가 텍스트 자 체를 스스로 탐험하도록 요구하는 비선형적 텍스트이다. 같은 텍스트를 읽더라 도 독자가 어떤 방식으로 텍스트를 구성하고 선택하느냐에 따라 독자의 경험과 해석이 달라진다.

과거에 일부 텍스트에서 부분적으로 나타나던 에르고딕 특성은 디지털 매체와 함께 새로운 텍스트 기술이 개발됨에 따라 에르고딕 문학이라는 독립적 영역으로 발전하게 됐다. 디지털 에르고딕 문학의 대표적인 예로는 하이퍼텍스트, 컴퓨터 생 성 내러티브, 텍스트 기반의 머드(MUD), 텍스트 어드벤처 게임 등이 있다.

- **반의어** 선형적 텍스트
- **유의어** 사이버텍스트
- **관련 용어** 에스펜 올셋, 비선형성
- **참고 자료** 에스펜 올셋 저, 류현주 역, 『사이버텍스트』, 글누림, 2007. ㅣ 이재현, 『디지털 시대의 읽기 쓰기』, 커뮤니케이션북스, 2013. ㅣ Jeffrey S. J. Kirchoff, "It's Just Not the Same as Print(and It Shouldn't Be) : Rethinking the Possibilities of Digital Comics", *Technoculture : An Online Journal of Technology in Society*, 2013.

에스엔케이 게임기 SNK consoles

일본 에스엔케이 회사에서 발매한 게임기. 1990년의 네오지오 엠브이에스 (Neo-Geo MVS)가 최초 모델이다. 네오지오 엠브이에스는 하나의 아케이드 기판에 최대 6개의 게임을 구동시킬 수 있어, 다른 게임을 설치하려면 기존의 게임을 삭제하고 새로 설치해야 했던 기존 아케이드 기판의 단점을 보완했다. 대표적인 타이틀로 〈메탈슬러그(Metal Slug)〉 시리즈, 〈아랑전설(Fatal Fury / 餓狼伝説)〉 시리즈, 〈더 킹 오브 파이터즈(The King of Fighters)〉 시리즈 등이 있다.

1997년 9월에는 아케이드 기판인 하이퍼 네오지오 64(Hyper Neo-Geo 64)가 발매됐으나 2차원 그래픽 전용 기판에 3차원 그래픽을 무리하게 구현해 판매 실적은 저조했다. 에스엔케이는 1999년 하이퍼 네오지오 64의 생산을 종료하고, 아케이드 기판 개발을 중단했다.

에스엔케이 게임기 계보		
기종	출시연도	비고
네오지오 엠브이에스	1990	하나의 아케이드 기판에 최대 6개의 게임 구동 가능.
네오지오 에이이에스 (Neo-Geo AES)	1990	네오지오 엠브이에스의 가정용 게임기 버전.
네오지오 시디(Neo-Geo CD)	1994	시디 게임 구동 가능.
하이퍼 네오지오 64	1997	에스엔케이가 발매한 마지막 아케이드 기판.
네오지오 포켓	1998	에스엔케이가 발매한 최초의 휴대용 게임기.
네오지오 포켓 컬러 (Neo-Geo Pocket Color)	2001	컬러 그래픽 구현 가능.
네오지오 엑스(Neo-Geo X)	2012	20개의 게임이 내장됨.

1998년 10월, 일본과 홍콩에서 에스엔케이의 첫 휴대용 게임기인 네오지오 포켓(Neo-Geo Pocket)이 발매됐다. 게임기의 좌측에는 조이스틱, 우측에는 A 버튼과 B 버튼이 배치됐으며, 흑백 그래픽을 구현했다. 대표작으로는 〈더 킹 오브 파이터즈 알-원(The King of Fighters R-1)〉, 〈소닉 더 헤지혹 포켓 어드벤처(Sonic the Hedgehog Pocket Adventure)〉가 있다.

- **관련 용어** 네오지오, 더 킹 오브 파이터즈
- **참고 자료** Andy Slaven, *Video Game Bible, 1985-2002*, Trafford, 2002.

에이 스타 알고리즘 A*Algorithm

| 출발점과 도착점 사이의 최단 경로를 찾아내는 길찾기 알고리즘의 일종.

노드(node)와 휴리스틱(heuristic) 추정 값을 통해 출발점과 도착점 사이의 최단 거리를 찾아내는 방식. 1968년 닐스 닐슨(Nils Nilsson), 버트램 라펠(Bertram Raphael), 피터 하트(Peter E. Hart)에 의해 고안됐다.

에이 스타 알고리즘이 작동하기 위해서는 게임 월드의 공간이 노드로 정의되어야 한다. 최단 거리 이동을 위한 노드의 적합도를 평가하기 위한 함수는 'f=g+h'이다. g는 출발 노드에서 현재 노드까지의 이동 비용을 의미하며, h는 현재 노드에서 도착 노드까지 이동 비용의 추정 값이다. f 값이 낮을수록 최단 경로일 가능성이 높다.

에이 스타 알고리즘은 다음과 같은 단계로 동작한다. 첫째, 시작점의 이웃 노드를 탐색하여 각각의 f 값을 계산한다. 계산을 완료한 노드의 위치는 '열린 목록'에 저장된다. 둘째, f 값이 가장 낮은 노드로 이동한다. 셋째, 현재 노드의 이웃 노드를 탐색한다. 새로운 노드일 경우 f 값을 계산한 후 위치를 '열린 목록'에 추가한다. '열린 목록'에 저장된 노드일 경우 f 값이 변화하는지 확인하여 갱신한다. 이웃 노드의 f 값 계산을 모두 마친 노드는 '닫힌 목록'으로 저장되며 계산하지 않는다. 넷째, 도착점에 이를 때까지 위의 과정을 반복한다.

게임에서 에이 스타 알고리즘은 캐릭터, 엔피시(NPC)가 특정 지점으로 자동으로 이동하게 하거나, 최단 이동 경로를 추천하기 위해 사용된다. 최선의 경로를 상대적인 비교를 통해 탐색하므로 유동적으로 적용될 수 있다. 길찾기 알고리즘 중 가장 빈번하게 사용된다. '열린 목록'과 '닫힌 목록'에 노드 위치 값을 저장해야 하므로, 노드의 배열이 촘촘하거나 개수가 많으면 효율성이 떨어진다.

- **관련 용어** 길찾기
- **참고 자료** Daniel Sanchez-Crespo Dalmau, *Core Techniques and Algorithms in Game Programming*, New Riders, 2004. | David M. Bourg, Glenn Seemann, *AI for Game Developers*, O'Reilly Media, 2004. | Steve Rabin, *AI Game Programming Wisdom*, Cengage Learning, 2002. | Bryan Stout, "The Basics of A* for Path Planning", *Game Programming Gems 1*, Charles River Media, 2000.

엑스박스 Xbox

마이크로소프트(Microsoft)에서 개발한 가정용 게임기. 2001년 11월 미국에서 처음 발매되었다. 플레이스테이션 2(PlayStation 2), 드림캐스트(Dreamcast)의 경쟁 제품으로 출시됐으며, 마이크로소프트 윈도우 운영체제를 기반으로 비디오 게임 최초로 하드 디스크를 장착해 피시(PC)와 유사한 환경을 지원했다. 윈도우 응용 프로그램 인터페이스인 다이렉트엑스(DirectX)를 내장했으며, 추가 기기 없이 본체만으로 온라인 서비스에 접속할 수 있는 엑스박스 라이브(Xbox Live) 서비스를 제공했다. 함께 출시된 컨트롤러는 2개의 아날로그 스틱과 방향 패드, 2개의 트리거, 시작 버튼과 뒤로 가기 버튼, A, B, X, Y로 구성된 8비트 아날로그 액션 버튼으로 구성되어 있으며, 별도로 음성 채팅용 헤드셋을 연결할 수 있다.

엑스박스 360(Xbox 360)은 2005년에 발매된 엑스박스의 후속 게임기로, 멀티미디어 기능을 탑재하고 고화질 기능을 구현했다. 기존 라이브 서비스를 확장해 게임 및 영상 콘텐츠를 다운로드할 수 있는 마켓 플레이스를 추가해 게임 플레이 외에도 다양한 멀티미디어 재생을 가능하게 했다. 엑스박스 360 컨트롤러는 기존 엑스박스 컨트롤러를 기반으로 메뉴 버튼과 범퍼가 추가된 무선 형태를 기본으로 했다. 2010년에는 엑스박스 360에 연동해 플레이어의 동작과 음성을 인식할 수 있는 컨트롤러 키넥트(Kinect)가 출시됐으며, 2012년에는 마이크로소프트 기기와 엑스박스 360을 연결하는 애플리케이션 스마트글래스가 출시됐다.

이후 2013년에 종합 엔터테인먼트 비디오 게임기를 콘셉트로 엑스박스 원

(Xbox One)이 발매됐다. 와이파이(Wi-fi)가 내장되어 기기 간 직접 통신이 가능하고, 스마트 TV 및 클라우드(Cloud) 기능을 통한 비디오 채팅을 지원한다. 엑스박스 원에는 동작 인식 기능이 향상된 키넥트가 표준 탑재되어 있으며, 컨트롤러는 키넥트와 연동되도록 설계됐다.

엑스박스 시리즈는 고품질의 게임 환경을 구현했고, 특히 1인칭 슈팅 게임 장르에 최적화된 비디오 게임기라는 평가를 받았다. 대표적인 독점 타이틀로 〈헤일로(Halo)〉 시리즈, 〈기어스 오브 워(Gears of War)〉 시리즈가 있다.

엑스박스 계보		
기종	출시연도	비고
엑스박스	2001	비디오 게임기 최초로 하드디스크 장착.
엑스박스 360	2005	엑스박스 후속 모델, 에이치디(HD) 고화질 구현.
엑스박스 원	2013	엑스박스 360 후속 모델, 스마트 TV 기능 탑재.

■ 관련 용어 콘솔 게임, 컨트롤러
■ 참고 자료 Bill Loguidice, Christina Loguidice, *My Xbox : Xbox 360, Kinect, and Xbox LIVE*, Que Publishing, 2012. | Rich Stanton, *A Brief History Of Video Games : From Atari to Xbox One*, Robinson, 2015.

엑스칼리버 Excalibur

| 아서 왕(King Arthur) 전설에 나오는 성검(聖劍).

영국의 아서 왕 전설에 등장하는 성검으로, 왕의 절대적 권위를 상징. 엑스칼리버의 기원이 되는 전설은 크게 2가지로 나뉜다. 첫째, 아서 왕이 바위에서 뽑은 검으로, 검을 뽑은 자가 왕이 된다는 전설이다. 둘째, 호수의 요정 비비안이 직접 아서 왕에게 검을 줬다는 전설이다. 엑스칼리버는 황금 자루에 은색 칼날을 가진 장검으로, 회복 마법을 구사할 수 있다고 묘사된다.

게임에서 엑스칼리버는 강한 위력을 가진 장검으로 묘사된다. 판타지 세계관의 게임에 등장하며, 획득 난이도가 높은 아이템에 속하는 것이 일반적이다. 엑스칼리버가 등장하는 대표적인 게임으로 〈페이트(Fate)〉 시리즈와 〈파이널 판타지〉 시리즈가 있다. 〈페이트〉에서 엑스칼리버는 아서 왕을 모티프로 만든 캐릭터인 세이버의 무기로, 최상위 랭크에 해당하는 위력을 보인다. 〈파이널 판타지〉에서 엑스칼리버는 전 시리즈에 걸쳐 명검 중 하나로 등장한다. 이 외에도 〈확산성 밀리언 아서(Kaku-San-Sei Million Arthur)〉에서는 왕의 자격을 갖춘 플레이어만이 뽑을 수 있는 무기로, 〈툼 레이더(Tomb Raider)〉, 〈대항해시대 온라인(Uncharted Waters Online)〉 등의 게임에서는 고대 전설 속 무기로 묘사된다.

- **관련 용어** 무기, 성검, 아서 왕
- **참고 자료** 사토 도시유키 저, 이규원 역, 『신검전설』, 들녘, 2000. | 찰스 스콰이어 저, 나영균, 전수용 역, 『켈트 신화와 전설』, 황소자리, 2009. | Tomas Malory, Helen Cooper, *Le Morte D'Arthur : The Winchester Manuscript*, Oxford University Press, 2008.

엔이시 게임기 NEC consoles

일본 엔이시(NEC) 회사에서 발매한 게임기. 엔이시가 제작한 최초의 게임기는 1987년에 발매한 피시(PC) 엔진이다. 북미에서는 1989년 8월 터보그래픽스16(TurboGrafx-16)이라는 이름으로 발매됐다. 8비트 운영체제를 사용했으나 16비트 게임기에 근접한 그래픽을 구현했기 때문에 동시대 게임기인 닌텐도의 패미콤(Famicom), 세가의 메가 드라이브(Mega Drive)와 경쟁했다. 휴카드(HuCARD)라는 롬팩을 사용해 게임을 플레이할 수 있었다. 휴카드는 다른 게임기에 비해 작고 얇다는 장점이 있었으나 용량이 작았다.

엔이시는 휴카드의 용량 문제를 극복하기 위해 피시 엔진에 시디(CD)를 장착하는 시디롬롬(CD-ROM^2)을 1988년 12월 발매했다. 이는 최초의 시디 사용 게임 플랫폼이었다. 대표작으로는 〈봄버맨(Bomberman)〉 시리즈, 〈스트리트 파이터 2(Street Fighter 2)〉 등이 있다.

1991년 9월 일본에서는 시디롬롬이 기본 장착된 피시 엔진 듀오가 발매됐으며, 이는 플레이스테이션(PlayStation), 엑스박스(Xbox) 등의 게임기에 영향을 줬다. 대표작으로는 〈레밍즈(Lemmings)〉, 〈마이트 앤 매직(Might and Magic)〉 등이 있다.

엔이시 게임기 계보		
기종	출시연도	비고
피시 엔진	1987	엔이시가 제작한 최초의 게임기.
피시-케이디863지(PC-KD863G)	1987	피시 엔진이 내장된 모니터.
엑스원 트윈(X1 twin)	1987	피시 엔진이 내장된 컴퓨터.
시디롬롬	1988	시디 게임 구동이 가능한 확장 드라이브.
피시 엔진 셔틀(PC Engine Shuttle)	1989	우주선 모양의 외형.
피시 엔진 코어그래픽스(PC Engine CoreGrafx)	1989	패드에 연사버튼 추가.
피시 엔진 슈퍼그래픽스(PC Engine SuperGrafx)	1989	피시 엔진 성능 상향 버전.
피시 엔진 지티(Turbo Express)	1990	피시 엔진의 휴대용 기기.
피시 엔진 코어그래픽스 2(PC Engine SuperGrafx II)	1991	피시 엔진 코어그래픽스의 후속 기종.
슈퍼 시디롬롬(Super CD-ROM²)	1991	시디롬롬의 후속 기종.
피시 엔진 듀오	1991	시디롬롬 내장.
피시 엔진 엘티(PC Engine LT)	1991	피시 엔진 지티의 후속 기종. 휴대용 게임기.
피시 엔진 듀오-알(PC Engine Duo-R)	1993	헤드폰 단자, 베터리 단자 제거.
피시 엔진 듀오 알엑스(PC Engine Duo RX)	1994	6버튼 컨트롤러.

- **유의어** 패미콤, 메가 드라이브
- **관련 용어** 최초의 시디 사용 게임기
- **참고 자료** Kevin Baker, *The Ultimate Guide to Classic Game Consoles*, eBookIt.com, 2013. | Rusel Demaria, Andy Eddy, *TurboGrafx-16 and Turboexpress Secrets : The Power User's Guide*, Prima Communications, Inc., 1990.

엔터테인먼트 소프트웨어 등급위원회

Entertainment Software Rating Board, ESRB

| 미국, 캐나다의 게임 등급 분류 기준에 관한 체계를 세우고 그에 따라 게임을 사전 심의하는 단체.

미국과 캐나다의 게임 등급 분류 심사를 담당하는 비영리 단체. 1994년에 설립됐다. 등급위원회와 협약을 체결한 소매점에서 게임을 유통하기 위해서는 등급위원회의 사전 심의를 받아야 한다. 게임의 등급을 받기 위해 개발자는 우선 게임의 조작 방식, 퀘스트의 내용, 보상 시스템 등 온라인으로 게임의 내용과 관련된 설문에 응해야 한다. 이어서 폭력성과 선정성이 높은 게임 플레이 장면을 추출하여 디

엔터테인먼트 소프트웨어 등급위원회의 게임 등급	
종류	설명
EC(Early Childhood)	3세 이하의 유아가 이용하기에 적합함.
E(Everyone)	모든 연령이 이용하기에 적합함. 만화와 비현실적 장면, 경미한 폭력적 장면을 최소한으로 포함함. 경미한 저속어·비속어가 빈번하지 않게 삽입됨.
E10+(Everyone 10+)	만 10세 이상 이용가. 만화와 비현실적 장면, 경미한 폭력적 장면을 다소 포함함. 경미한 저속어·비속어와 외설적 장면을 최소한으로 포함함.
T(Teen)	만 13세 이상 이용가. 외설적 장면, 도박 장면, 잔인한 농담, 유혈 사태를 포함한 폭력적 장면을 내용에 포함함.
M(Mature)	만 17세 이상 이용가. 유혈 사태를 포함하는 강력한 폭력적 장면, 성적 장면, 강력한 저속어·비속어를 포함함.
AO(Adults Only)	만 18세 이상 이용가. 유혈 사태를 포함하는 강력한 폭력적 장면, 자세하게 묘사된 성적 장면, 강력한 저속어·비속어, 사행성 도박 장면을 포함함.
RP(Rating Pending)	최종 등급이 분류되지 않음. 발매 전 광고, 마케팅·프로모션 행사에서만 사용 가능하며, 발매된 상품에는 등급 심사에서 결정된 등급으로 변경하여 표시해야 함.

브이디(DVD) 형식으로 등급위원회에 제출해야 한다. 게임의 등급은 도박과 같은 사행성 행위, 성적 행위, 폭력적 행위 등 선정적 내용의 포함 여부로 결정된다. 심사 과정에는 관련 경력과 심의 교육을 거친 최소 3명의 심사위원이 참여한다.

- **관련 용어** 게임 등급, 심의
- **참고 문헌** Craig A. Anderson, Douglas A. Gentile, Katherine E. Buckley, *Violent Video Game Effects on Children and Adolescents*, Oxford University Press, 2007. | 엔터테인먼트 소프트웨어 등급위원회, www.esrb.org

엔피시 Non-Player Characeter, NPC

| 게임 내에서 플레이어가 조종하지 않는 비사용자 캐릭터.

게임 인공지능에 의해 조종되는 캐릭터. 게임 개발자의 시스템 설정에 따라 행동한다. 게임 내 몬스터부터 퀘스트를 제공하는 캐릭터까지 포함한다. 게임 내 캐릭터는 플레이어 캐릭터와 논플레이어 캐릭터, 즉 엔피시로 분류된다. 플레이어 캐릭터는 게임 플레이어가 조종하는 것으로 서사의 프로타고니스트에 해당하며 엔피시는 개발 목적에 따라 조력자, 적대자가 될 수 있다. 개발사는 가상 세계에서의 현실감을 높이고 플레이어의 몰입을 유도하기 위해 인공지능을 사용하여

엔피시를 설계한다. 엔피시는 플레이어가 얻을 수 있는 정보를 바탕으로 행동해
야 하며 상황 변화를 인지하고 반응할 수 있어야 한다.

기능에 따라 제거해야 하는 대상인 적, 소환수와 같이 도움을 주는 동료, 퀘스
트를 부여하거나 능력치를 상승시키는 협력적 인물로 나눌 수 있다. 컴퓨터 기반
의 역할수행 게임이 보편화되면서 테이블탑 역할수행 게임에서 던전 마스터가 하
던 역할 중 게임 진행과 스토리텔링의 역할을 엔피시가 맡게 됐다. 엔피시는 물건
을 사고팔거나 제작하기도 하고, 게임의 배경과 문화에 대한 설명을 하기도 하며,
특정 지역을 지키는 역할도 한다.

엔피시 통제에 적용되는 인공지능 유형		
기법	설명	사용 게임
규칙 기반 시스템	인간의 경험 기반의 단계적 문제 해결 과정을 모델링. 상황과 행동으로 구성.	〈둠〉, 〈퀘이크〉
퍼지 논리	불확실한 상황에서 인간의 의사결정 방식을 모델링. 애매한 값을 변환.	〈문명(Civilization)〉, 〈심즈〉
유한 상태 머신	조건별 가능한 모든 행동을 그래프로 표현. 행동패턴, 상태, 외부 조건 설정.	〈하프라이프(Half-Life)〉, 〈S.W.A.T 2〉
신경망	인간의 뇌구조를 모델링. 입력 값에 대한 가중치로 학습.	〈배틀 크루즈 : 3000AD(Battlecruise : 3000AD)〉, 〈크리처(Creatures)〉

- **관련 용어** 플레이어 캐릭터, 인공지능
- **참고 자료** 임차섭, 엄상원, 김태웅, 「게임 NPC 지능 개발 플랫폼 구조 비교 및 분석」, 『2004년도 한국
정보과학회 가을 학술발표 논문집』, vol.31, no.2, 한국정보과학회, 2004. | 한혜원, 손형진, 「MMORPG
의 NPC 유형에 따른 서사적 기능 연구」, 『한국게임학회 논문지』 vol.9, no.3, 2009. | Jeannie Novak,
Game Development Essentials : An Introduction, Cengage Learning, 2011. | John David Funge, *Artificial
Intelligence for Computer Games*, AKPeters, 2004. | Penny Baillie-de Byl, *Programming Believable
Characters for Computer Games*, Charles river media, 2004.

엘리자 Eliza

| 자연어 입력을 통해 사용자와 대화하는 인공지능 프로그램.

1966년 엠아이티(MIT) 컴퓨터 공학 교수인 요제프 바이젠바움이 논리 언어
연산 실험의 일환으로 만든 컴퓨터 프로그램. 엘리자라는 영국 정신과 의사를 모

델로 환자들과의 대화 방식을 구조화하고 있다. 사용자가 문장을 입력하면, 프로그램이 대답하는 채팅 형태로 대화가 진행된다. 컴퓨터와 사용자 사이에서 이루어지는 대화는 칼 로저스식 상담 치료 이론에 입각하여 만들어진 과정추론적 규칙이 적용됐다. 사용자가 입력한 문장의 키워드를 추론하고, 그 키워드를 사용자에게 다시 되묻는 방식이다. 사용자가 "나는 ○○합니다"라는 문장을 작성하면, 엘리자는 무조건 "당신이 나를 보러 온 것은 당신이 ○○하기 때문인가요?"라는 공식에 따라 답변을 한다.

- **유의어** 채터봇(chatterbot)
- **관련 용어** 인공지능 프로그램, 인터랙티브 스토리텔링, 과정추론적
- **참고 자료** 자넷 머레이 저, 한용환, 변지연 역, 『인터랙티브 스토리텔링 : 사이버 서사의 미래』, 안그라픽스, 2001. | Joseph Weizenbaum, *Computer Power and Human Reason : From Judgment to Calculation*, W. H. Freeman and Company, 1976. | Peter Norvig, *Paradigms of Artificial Intelligence Programming : Case Studies in Common Lisp*, Morgan Kaufmann, 1991. | Joseph Weizenbaum, "ELIZA—A Computer Program For the Study of Natural Language Communication Between Man And Machine", *Communications of the ACM 9*, 1996. | Eliza, computer therapist, www.manifestation.com/neurotoys/eliza.php3

엘프 elf

| 높은 마력과 자연 친화적 특성을 지닌 뾰족한 귀의 요정 혹은 환상 종족.

북유럽 신화, 전설 등에 나타난 도도한 성품을 지닌 아름다운 외모의 인간형 종족. 고대의 엘프는 정령, 마법사, 요정, 난장이를 모두 포함하며 장난을 좋아하는 존재로 묘사됐다. 대부분 판타지 문학에 등장하는 엘프는 J. R. R. 톨킨이 쓴 『반지의 제왕(The Lord of the Rings)』에 등장하는 엘프의 특징을 따른다.

첫째, 뾰족한 귀와 아름다운 외모를 지닌다. 분화된 종족의 특성에 따라 외형은 다르게 나타나기도 한다. 둘째, 불멸자이거나 그에 상응하는 긴 수명을 지닌다. 수명이 긴 종족 특성상 지혜롭고 마법과 연금술에 뛰어나다. 셋째, 자연 친화적으로 동물, 정령과의 친화력이 높다. 넷째, 민첩하며 궁술에 능하다. 다섯째, 다른 종족의 문명이 발생하기 전 이미 고대 문명을 건설하고 황금기를 지나온 것으로 묘사된다.

엘프의 종류와 게임에 등장하는 엘프의 예		
종류	설명	〈엘더스크롤 5 : 스카이림〉
하이 엘프(high elf)	가장 순수하고 고귀한 엘프	알트머(Altmer)
다크 엘프(dark elf)	피부색이 어둡고 악한 엘프	던머(Dunmer)
우드 엘프(wood elf)	숲에 거주하며 자연 친화적인 엘프	보스머(Bosmer)
하프 엘프(half elf)	엘프와 인간의 혼혈	브리튼(Breton)

게임에 등장하는 엘프는 종족의 특성을 본거지나 직업적 특성 등을 통해 드러낸다. 엘프 캐릭터는 주로 높은 마나와 지능을 가지며, 종족에 따라 선택할 수 있는 직업의 제한이 있는 경우 마법사, 궁수 직업에 특화되기도 한다. 궁수 직업을 가진 엘프로는 〈메이플스토리(MapleStory)〉의 메르세데스가 있다. 종족의 본거지는 주로 아름다운 숲속 혹은 세계수의 가지 위에 자리한다. 〈워해머(Warhammer)〉의 아델 로렌은 우드 엘프가 거주하는 신비한 숲이다.

- **관련 용어** 궁수, 마나, 마법사, 북유럽 신화, 요정, 정령, 종족, 직업, 톨킨, 판타지
- **참고 자료** 다케루베 노부아키 저, 임희선 역, 『판타지의 주인공들 1』, 들녘, 2000. | David Day, *Tolkien : The Illustrated Encyclopaedia*, Simon and Schuster, 1996. | Writer's Digest Books(Firm), *The Writer's Complete Fantasy Reference*, F+W Media, 2000. | Nathaniel Poor, "Digital Elves as a Racial Other in Video Games : Acknowledgment and Avoidance", *Post Script 7*, no.5, 2012.

엠디에이 Mechanics, Dynamics, Aesthetics, MDA

| 게임 메커닉스, 게임 다이내믹스, 게임 에스테틱스의 병렬 구조로 이루어진 게임 디자인 방법론.

게임 메커닉스, 게임 다이내믹스, 게임 에스테틱스로 이루어진 게임 분석 도구. 마크 르블랑과 로빈 휴닉, 로버트 주벡이 2004년 미국 인공지능연합(American Association for Artificial Intelligence, AAAI) 워크숍에서 처음 제안했다. 게임 메커닉스는 시스템으로서의 게임으로 플레이어의 행동을 유도하는 기능적 요소를 뜻한다. 공식적인 규칙이나 알고리즘, 데이터 구조 등 게임을 구성하는 기본 요소들이 이에 해당한다. 게임 다이내믹스는 게임 메커닉스가 유도하는 플레이어의 행위 전반을 의미한다. 게임 에스테틱스는 플레이어가 게임 속에서 느끼는 감성적 반응들을 말하며, 이때 감성적 반응은 게임 메커닉스와 다이내믹스가 상호작용하면서 나타난다.

르블랑과 휴닉, 주벡은 게임을 지각하는 순서에 있어 게임 기획자(designer)와 플레이어가 각각 다른 관점을 가진다고 말한다. 게임 기획자는 게임 메커닉스의 요소를 조합하여 매체를 설계하고 게임 다이내믹스를 구축하며, 게임 다이내믹스는 게임 에스테틱스를 플레이어에게 전달하는 전제 조건을 구성한다. 반대로, 플레이어는 감정적 반응인 게임 에스테틱스의 요소를 획득한 후 게임 다이내믹스와 메커닉스에 접근한다. 예를 들어, 〈퀘이크〉에서 플레이어는 먼저 도전과 경쟁이라는 게임 에스테틱스를 획득한다. 이후 성공적인 도전을 위해 적군과의 플레이를 통한 게임 다이내믹스의 과정을 지나 총기, 탄약, 맵 등 게임 메커닉스를 파악한다.

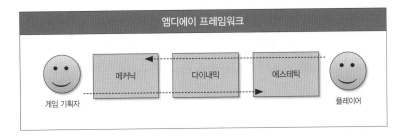

엠디에이 프레임워크

게임 기획자 · 메커닉 · 다이내믹 · 에스테틱 · 플레이어

- **관련 용어** 게임 메커닉스, 게임 다이내믹스, 게임 에스테틱스, 게이미피케이션, 재미
- **참고 자료** 게이브 지커맨, 크리스토퍼 커닝햄 저, 정진영, 송준호, 김지원 역, 『게이미피케이션』, 한빛미디어, 2012. | 권보연, 『SNS의 게임화 연구』, 이화여자대학교 대학원 디지털미디어학부 박사논문, 2015. | Robin Hunicke, Marc LeBlanc, Robert Zubek, "MDA : A Formal Approach to Game Design and Game Research", *Proceedings of the AAAI Workshop on Challenges in Game AI*, vol.4, no.0, 2004.

여성향 게임 otome game / 乙女ゲーム

| 여성 플레이어를 겨냥하여 개발한 게임.

여성적 취향을 기반으로 개발된 게임 장르. 주로 스토리 중심의 연애 시뮬레이션을 다루며 동인 문화와 관련이 깊다. 여성향 게임은 게임의 생산과 소비 과정에서 소외된 여성 플레이어를 겨냥한다. 1994년 〈안젤리크 스페셜(Angeliqu Special)〉을 시작으로 연애 육성 시뮬레이션 게임이 본격적으로 개발되기 시작했다. 특히 남성 캐릭터의 동성애를 다루는 비엘(Boys Love, BL)이 일본 동인을 중심으로 활발히 생산되며 게임 속 성우에 따라 흥행이 결정되기도 한다. 행위의 주

행위 주체-객체에 따른 여성향 게임 분류		
종류	설명	예시
노멀	일명 오토메 게임. 여성 주인공이 남성 캐릭터를 공략하는 게임으로 다양한 남성 캐릭터가 등장.	〈안젤리크〉, 〈두근두근 메모리얼 걸즈 사이드(ときめきメモリアル Girl's Side)〉
비엘	일명 야오이 게임. 남성 주인공이 남성 캐릭터를 공략하는 게임으로 등장 캐릭터가 대부분 남성.	〈BOY×BOY ~사립 고료 학원 세이신 기숙사~(BOYxBOY ~私立光稜学院誠心寮~)〉, 〈어이쿠 왕자님 ~호감가는 모양새~〉
지엘	일명 백합 게임. 여성 주인공이 여성 캐릭터에게 강한 우정이나 동성애를 느끼는 게임.	〈프린세스 메이커 4 완전판(Princess Maker 4)〉, 〈그 꽃잎에 입맞춤을(その花びらにくちづけを)〉

체와 객체에 따라서 노멀(normal), 비엘, 지엘(Girls Love, GL)로 분류할 수 있다.

대표적인 여성향 게임으로는 〈하트 나라의 앨리스(Alice in the Country of Hearts)〉, 〈박앵귀-신선조 기담(薄桜鬼 ~新選組奇譚~)〉, 〈귀축안경(鬼畜眼鏡)〉 등이 있으며 국내 사례로는 〈스타 프로젝트 온라인〉, 〈구운몽-어느 소녀의 사랑이야기〉가 있다.

- **관련 용어** 오토메, 야오이, 백합, 오타쿠, 남성향 게임
- **참고 자료** 사이토 타마키 저, 김유영 역, 『관계녀 소유남』, 나비꿈, 2014. | 전경란, 『디지털 게임, 게이머, 게임 문화』, 커뮤니케이션북스, 2009. | Aleks Krotoski, *Chicks and Joysticks : An Exploration of Woman and Gaming*, Entertainment & Leisure Software Publisher Association, 2004. | Henry Jenkins, *From Barbie to Mortal Kombat : Gender and Computer Games*, The MIT Press, 1998.

여신 goddess

| 여성성을 지니고 여성의 역할을 하는 신.

여성성을 지닌 신으로 초월적 능력을 지녔으며 숭배의 대상이 되는 존재. 여신은 모성, 다산, 풍요, 대지 등을 관장하며, 성애나 아름다움을 상징하기도 한다. 게임에서 여신의 역할은 다음과 같다. 첫째, 세계를 창조하거나 일국을 수호하는 존재이다. 〈다크폴 : 잔혹한 전쟁(Darkfall : Unholy War)〉의 대륙 아곤은 본래 어떠한 생명체도 살지 않던 황폐한 땅이었으나 여신 가디스가 생명을 불어넣은 이후로 생동하기 시작한다. 둘째, 플레이어에게 소명을 부여하는 역할을 수행한다. 〈에오스(EOS)〉의 여신 프리그는 신과 거인의 전쟁으로 인해 파괴된 세계를 정화하기 위해 세계수로 분하지만 완벽한 정화에 실패하게 된다. 남겨진 세계의 정화

는 플레이어의 임무로 부여된다. 셋째, 게임에서 주인공을 돕는 조력자로 나타난다. 〈여신연맹(League of Angels)〉에는 청춘의 여신, 달의 여신, 전쟁의 여신 등 다양한 속성의 여신이 등장한다. 게임의 목표는 봉인된 여신을 소환하여 함께 악에 대항하는 것이다.

- **관련 용어** 신, 수호신, 영웅
- **참고 자료** 다카히라 나루미 저, 이만옥 역, 『여신』, 들녘, 2002. | 장영란, 『위대한 어머니 여신』, 살림, 2003. | 이진, 「MMORPG 트레일러에 나타난 여신 모티프 연구」, 『한국컴퓨터게임학회 논문지』, vol.27, no.3, 한국컴퓨터게임학회, 2014.

역병 plague

| 병원균에 의해 전파돼 전신적 증세를 나타내는 급성 전염병.

치사율이 높고 급속도로 확산되는 전염병. 지역 내 풍토병과 천연두, 흑사병 등을 포괄한다. 생물학과 의학이 발달하지 않았던 중세 시대, 역병은 높은 치사율과 감염률로 인해 두려움과 공포의 대상으로 간주됐다. 이러한 인식은 중세를 모티프로 하는 게임 내 세계관에도 영향을 미친다. 〈디아블로 3〉, 〈월드 오브 워크래프트〉, 〈도타 2(DOTA 2)〉와 같은 게임에서 역병은 죽음과 밀접하게 연관되어 스킬, 직업, 지역 또는 집단의 특질을 나타낸다. 주로 네크로맨서나 부두술사 계열의 직업군을 통해 디버프 스킬로 구현되며 녹아내림, 출혈과 같은 효과를 동반한다고 기술된다. '역병굴', '역병지구', '역병지대'와 같이 던전이나 마을을 명명하는 용어에 쓰이기도 한다. 특히 언데드(undead)나 좀비와 같이 죽었다 되살아난 종족이 존재할 시 집단적 사망의 원인을 역병에서 찾기도 한다.

현대나 미래를 배경으로 하는 게임의 역병은 흔히 변종 바이러스로 인한 생물학적 재해로 묘사된다. 정부 산하의 연구 기관이나 이익 집단의 실험이 원인인 것으로 드러나는 경우가 많다. 〈바이오하자드(Biohazard)〉, 〈디스아너드(Dishonered)〉 등이 이에 해당한다.

- **관련 용어** 네크로맨서, 언데드, 좀비, 주술사
- **참고 자료** Deborah Todd, *Game Design : From Blue Sky to Green Light*, CRC Press, 2007. | Kenneth J. Ryan, John C. Sherris, *Medical Microbiology : An Introduction to Infectious Diseases*, Elsevier, 1984.

역할수행 게임 Role-Playing Game, RPG

| 반복되는 전투를 통해 캐릭터를 성장시키며 특정 역할을 수행하는 게임.

플레이어가 생성하거나 선택한 캐릭터를 통해 특정한 역할을 수행하면서 캐릭터를 성장시키는 게임 장르. 플랫폼에 따라 테이블탑 역할수행 게임, 컴퓨터 기반 역할수행 게임으로 분류된다. 다른 장르와 활발하게 융합되는 장르로, 액션 장르와 융합한 액션 역할수행 게임, 턴제 시뮬레이션 게임과 융합한 시뮬레이션 역할수행 게임 등 다양한 하위 장르가 있다.

세계를 탐험하고 사건을 해결해나간다는 점에서 어드벤처 게임과 공통점이 있으나, 퍼즐적 요소보다 전략적 전투와 캐릭터 성장이 게임의 중요한 키워드가 된다는 차이가 있다. 반복적인 전투나 미션 수행을 통해 경험치, 게임 머니 등을 획득하고 캐릭터를 성장시키며, 레벨이나 능력치 등의 수치변화를 통해 캐릭터의 성장을 나타낸다. 캐릭터의 성장은 누적되고 연속성을 띄기 때문에 액션 게임에서 나타나는 아이템을 통한 일시적 성장과 차이가 있다.

역할수행 게임의 역사는 보드 게임 방식의 테이블탑 역할수행 게임에서 시작한다. 그중에서도 〈던전 앤 드래곤〉은 역할수행 게임의 시초로, 이후 역할수행 게임의 소재와 세계관, 전투 방식에 영향을 끼쳤다. 오늘날 역할수행 게임은 일반적으로 컴퓨터 기반 역할수행 게임을 지칭한다. 대개 신화나 전설을 배경으로 차용하며, 특히 J. R. R. 톨킨의 소설 『반지의 제왕』의 세계관을 기반으로 한 소재들이 많이 사용된다. 배경 서사의 경우, 캐릭터의 성장이 주요 플레이 요소이기 때문에 영웅 서사 구조를 취하는 것이 일반적이다.

역할수행 게임의 대표 작품으로는 〈드래곤 퀘스트(Dragon Quest)〉 시리즈, 〈울티마〉 시리즈, 〈에버퀘스트(EverQuest)〉, 〈디아블로〉 시리즈 등이 있다. 국내 대표작으로는 손노리(Sonnori)의 〈어스토니시아 스토리(Astonishia Story)〉, 국내 최초의 온라인 역할수행 게임인 넥슨(Nexon)의 〈바람의 나라〉 등이 있다.

- **유의어** 다중접속온라인 역할수행 게임, 테이블탑 역할수행 게임
- **관련 용어** 퀘스트, 성장, 레벨, J. R. R. 톨킨, 던전 앤 드래곤
- **참고 자료** 박병규, 유지상, 이승현, 『디지털 컨텐츠 제작 개론』, 인터비전, 2006. | 이상우, 『게임, 게이머, 플레이 : 인문학으로 읽는 게임』, 자음과모음, 2012. | 이재홍, 『게임 스토리텔링』, 생각의나무, 2011. | Mark J. P. Wolf, "Genre and the Video Game", *The Medium of the Video Game*, University of Texas Press, 2002.

연금술사 alchemist

| 순금, 영약, 현자의 돌 등을 연성하는 사람.

불·물·흙·공기로 구성된 4대 원소를 이용해 순금이나 영약 등을 만들고 이를 통해 세상의 이치를 연구하는 사람 또는 직업군. '금을 연성하는 자'라는 뜻으로, 고대 이집트에서 금속을 정련해 순금을 만드는 치금술(治金術)로부터 유래했다. 일반 금속을 순금으로 만들거나, 만병통치약인 엘릭서(Elixir), 인공 생명인 호문클루스(Homonculous), 부와 영생을 상징하는 현자의 돌(Philosopher's Stone)을 만드는 것이 목적이다.

게임에서 연금술사는 주로 직업, 스킬, 아이템의 소재로 차용된다. 직업으로서 연금술사는 〈던전 앤 파이터〉와 같이 물약이나 비약 등을 만드는 직업군으로 등장하며, 스킬로는 〈몬스터 헌터(Monster Hunter)〉 시리즈, 〈월드 오브 워크래프트〉와 같이 아이템 조합을 통해 장신구나 물약을 만들어내는 제작 기술이 있다. 〈메이플스토리〉의 아이템 엘릭서, 현자의 돌 등과 같이 연금술사를 상징하는 아이템만이 게임에 등장하기도 하며, 〈도타 2(DOTA 2)〉의 라질 다크브루나 〈워크래프트 III〉의 고블린 알케미스트와 같이 연금술사가 게임 캐릭터로 구현될 경우에는 화학물을 사용하거나 골드 보너스를 받는 등 대사, 스킬, 외형에 특징이 반영된다.

- **관련 용어** 스킬, 아이템, 직업, 캐릭터
- **참고 자료** 다키하라 나루미 저, 신은진 역, 『소환사』, 들녘, 2000. | 야마키타 아쯔시 저, 곽지현 역, 『판타지 사전』, 비즈앤비즈, 2012.

연대기 chronicle

| 게임 서사에 나타난 역사적 사건을 시간 순서대로 기록한 출판물.

게임 문학의 형식 중 하나로, 게임 서사를 역사서 형식의 소설 또는 연표로 정리한 출판물. 주로 방대하고 체계적인 서사를 기반으로 하는 다중접속온라인 역할수행 게임, 워 게임(war game) 등의 장르를 대상으로 한다. 이러한 게임은 지속

적인 업데이트 및 패치를 통해 시간의 흐름에 따라 세계관을 확장해나가기 때문
에 게임 서사가 일종의 역사 서사의 특성을 가진다.

대표적인 예로는 1994년 출시된 〈워크래프트〉에서 세계관을 차용한 〈월드 오
브 워크래프트〉의 서사를 연대기 형식의 소설로 출판한 『월드 오브 워크래프트
: 전쟁 연대기(World of Warcraft : Chronicles of War)』와 〈디아블로〉 시리즈에 나
타난 세계관의 역사를 소설로 정리한 『디아블로 : 죄악의 전쟁(Diablo : The Sin
War)』 시리즈가 있다. 화이트 울프 퍼블리싱(White Wolf Publishing)과 같이 게임
개발사가 스토리 엔진을 이용해 직접 다양한 게임의 서사를 연대기로 출판하는
경우도 있으며, 정식으로 출판되지 않더라도 플레이어 커뮤니티에서 여러 플레이
어들이 함께 게임 서사를 연대기로 기록하기도 한다.

- **관련 용어** 게임 문학, 세계관, 게임 스토리텔링
- **참고 자료** Christie Golden, *World of Warcraft : Chronicles of War*, Gallery Books, 2010. | Kenneth Hite, "Narrative Structure and Creative Tension in Call of Cthulhu", Pat Harrigan(edit), *Second Person : Role-Playing and Story in Games and Playable Media*, The MIT Press, 2010. | Richard A. Knaak, *Diablo : The Sin War, Book 1*, Pocket Star, 2006.

연애 시뮬레이션 게임 dating simulation game

| 플레이어 캐릭터가 특정 캐릭터와 사귀는 것이 목적인 게임.

특정 캐릭터와 사귀는 것을 목적으로 하는 게임 장르. 1994년 출시된 코나미
(Konami)의 〈두근두근 메모리얼(Tokimeki Memorial / ときめきメモリアル)〉 시리즈
를 통해 대중성을 얻었다. 코나미가 '연애 시뮬레이션 게임'을 상표로 등록했기
때문에 일본에서는 이와 유사한 게임들을 통틀어 연애 게임이라고 칭한다. 선택
지로만 게임이 진행되는 비주얼 노벨 형식의 연애 어드벤처와 달리 캐릭터 육성
이 필수적이지만 국내에서는 연애 시뮬레이션 게임과 연애 어드벤처 게임이라
는 용어가 혼용되어 사용된다.

전자에 속하는 게임으로는 〈소녀적 연애혁명 러브 레볼루션(乙女的恋革命
★ラブレボ!!)〉과 〈프린세스 메이커〉 시리즈, 후자에 속하는 게임으로는 퀸로제
(QuinRose)에서 출시한 〈하트 나라의 앨리스〉 등이 대표적이다.

플레이어는 게임을 진행하면서 공략 가능한 다수의 캐릭터를 만난다. 주어진 시간 동안 필요한 조건을 충족시켜야 특정 캐릭터와 사귀는 엔딩을 볼 수 있는데, 조건은 다음과 같다. 첫째, 필요한 능력치를 쌓는다. 둘째, 상대 캐릭터의 호감도를 일정 수준까지 올린다. 셋째, 특정 캐릭터와의 이벤트를 경험한다. 공략하는 캐릭터에 따라 서사가 달라지며, 플레이어 캐릭터의 파라미터(Parameter) 수치나 경험한 이벤트에 따라 엔딩이 세분화된다.

- **유의어** 연애 게임
- **관련 용어** 연애 어드벤처, 공략, 호감도, 능력치
- **참고 자료** 김겸섭, 『(모두를 위한 놀이) 디지털게임의 재발견』, 들녘, 2012. | 김정남, 김웅남, 김정현, 『게임의 운명을 결정하는 기획과 시나리오』, e비즈북스, 2013. | 루크 도멜 저, 노승영 역, 『만물의 공식 : 우리의 관계, 미래, 사랑까지 수량화하는 알고리즘의 세계』, 반니, 2014. | 이상우, 『게임, 게이머, 플레이 : 인문학으로 읽는 게임』, 자음과모음, 2012. | 조은하, 『게임 시나리오 쓰기』, 랜덤하우스코리아, 2008.

영웅의 여행 hero's journey

| 주인공인 영웅이 모험을 떠나 성장하는 이야기 구조.

영웅이 일상 세계를 떠나 특별한 세계에서 모험을 경험하고 돌아오는 이야기 구조. 신화학자인 조셉 캠벨(Joseph Campbell)이 처음 제시한 용어이다. 캠벨은 심리학자 카를 구스타프 융(Carl Gustav Jung)의 원형이론과 집단 무의식을 신화와 전설에 적용해 이야기의 원형 패턴을 밝히고자 했다. 영웅의 여행은 신화, 전설, 민담 등의 설화 문학부터 영화, 연극, 컴퓨터 게임까지 모든 서사 예술에서 보이는 보편적인 이야기 구조이다. 캠벨은 영웅이 거치는 통과 제의로 출발, 입문, 귀환의 3단계를 제시하고, 각 단계를 구성하는 요소로 17가지 구조를 설명했다.

주인공인 영웅은 일상적 삶에서 초자연적 세계로 떠나고, 적대적 세력과 만나 시련과 고통을 극복하여 승리를 거둔다. 영웅은 여행을 마치고 세계를 이롭게 할 보상과 교훈을 가지고 일상으로 돌아온다. 시나리오 작가인 크리스토퍼 보글러(Christopher Vogler)는 이 이야기 구조를 시나리오에 적용하여 12단계로 재정리했다. 주로 영화, 드라마, 게임 등 시나리오 작법에서 활용한다.

크리스토퍼 보글러가 정리한 영웅의 여행 12단계		
3막 구성	영웅의 여행 12단계	설명
1막	일상 세계 (The Ordinary World)	이야기 시작을 위한 소재 제시. 일상 세계의 평범함을 통해 모험이 진행될 세계의 차별성을 부각함.
	모험에의 소명 (The Call to Adventure)	일상을 떠나 특별한 세계로 떠나야 함을 암시함. 이야기의 시발점으로 작동.
	소명의 거부 (Refusal of the Call)	소명을 받아들일지 고민함. 두려움 때문에 소명을 거부. 극적 긴장감 고조.
	조력자와 만남 (Meeting with the Mentor)	조력자를 만남. 모험에 필요한 것들을 제공하고 모험을 지속하도록 격려함.
	첫 관문의 통과 (Crossing the Threshold)	특별한 세계에 들어서며 첫 관문을 통과함. 관문수호자를 만나게 됨.
2막	시험, 협력자, 적대자 (Tests, Allies, Enemies)	시련을 이겨내고 영웅으로 거듭나는 3요소를 경험함.
	동굴의 가장 깊은 곳으로 접근 (Approaching the Cave)	여행의 핵심인 동굴에 도달함. 협력자의 도움으로 난관을 해결해나감.
	시련 (The Ordeal)	영웅은 최강의 적을 마주함. 시련을 겪으며 죽음을 경험하고 다시 태어나는 과정을 거침.
	보상 (The Reward)	시련을 이겨낸 영웅은 검, 보물, 영약 등을 보상으로 받음.
3막	귀환의 길 (The Road Back)	보상을 가지고 일상으로 돌아갈지, 모험을 지속할지 선택의 기로에 섬.
	부활 (Resurrection)	집으로 귀환함. 최후의 시련을 직면하고 부활을 경험함.
	영약을 가지고 귀환 (Returning with the Elixir)	불로불사의 영약을 가지고 귀환하며 여행의 막을 내림.

디지털 게임의 서사는 영웅의 여행 구조를 재구성한다. 게임 기획자는 영웅의 여행을 바탕으로 시나리오를 구성한다. 플레이어는 게임 기획자가 구성한 서사를 따라가며 게임 세계에서 영웅이 되는 경험을 한다.

대부분의 게임에서 플레이어는 제공하는 플롯을 따라 영웅의 역할을 충실히 수행한다. 그러나 다중접속온라인 역할수행 게임의 경우, 기획자가 전체 플레이어의 서사를 개별적으로 통제할 수 없다. 따라서 전체 시나리오보다 개별 퀘스트가 게임 플레이에 미치는 영향이 크다. 다중접속온라인 역할수행 게임에서 플레이어는 게임 서사를 만드는 창작자이자, 서사의 주인공이다. 플레이어의 플레이에 따라서 전형적인 영웅 서사가 아닌 다른 형태의 서사가 발생할 수 있다. 악한 행동을 하거나 세계 질서에 반발하는 반(反)영웅의 서사나 게임 세계의 갈등에 관심을 두지 않고 관망자로 존재하는 비(非)영웅의 서사가 나타난다.

함선우가 제시한 게임에서의 영웅의 여행과 〈블레이드 & 소울〉 사례		
게임에서 영웅의 여행 12단계	설명	〈블레이드 & 소울〉 '제룡림 에픽 퀘스트' 사례
일상 세계	특별한 세계의 기초가 되는 곳. 게임의 주제와 전제를 보여줌. 플레이어 지향점을 제시.	플레이어의 캐릭터 '막내'(영웅)는 홍문파 일원으로 무일봉에서 수련하며 지냄.
모험에의 소명	플레이어가 수락하지 않으면 비참한 사건이 발생. 여행을 떠나야 세상의 질서가 회복됨을 주지시킴.	홍문파 사부의 검을 빼앗기 위해 '진서연'(적)이 습격하고, 모두가 죽지만 막내는 살아남음.
소명의 거부	플레이어는 소명을 거절할 수 있으나 결국 원점으로 옴. 여행의 시작이 초라함.	플레이어는 소명을 거부할 수 없음. 진서연을 찾기 위해 대나무 마을에서 여행을 시작.
조력자와 만남	조언자와 만남. 사제 관계. 경험, 지식, 방법 등을 가르치고 무기를 플레이어에게 전달함.	의문의 편지를 받고 편지에 적힌 곳으로 가자 죽은 줄 알았던 '화중사형'(조력자)과 만남. 스킬을 배움.
첫 관문의 통과	이야기가 시작점. 새로운 지역으로 이동함. 플레이어의 캐릭터 변화가 눈에 보임.	화중사형과의 수련을 마치자 사형은 지난 상처로 인해 죽음. 사형의 일기장과 홍문귀를 얻고 본격적인 모험이 진행.
시험, 협력자, 적대자	적에 대한 정보 수집. 기술에 대한 테스트. 여러 캐릭터가 모인 장소에서 동료와 적을 만듦. 세계의 규칙을 배움.	강해지기 위해 '독초거사'를 찾아감. 시험을 통과해 인정을 받고, '팔부기재'를 찾아가는 새 미션을 받음.
동굴의 가장 깊은 곳으로 접근	퀘스트 목표가 있는 곳. 여러 상대와 만남. 퀘스트의 본격 스토리가 시작됨.	'팔부기재'가 있는 수련 동굴에 도착해 시험을 통과. 상처를 치료하는 데 도움을 받음.
시련	가장 어려운 난관에 직면. 강대한 적, 어려운 퍼즐, 운 등. 최종 목표에서 잠시 분리 발생.	시험 통과 후 마을에 도착하니 망자들(몸)이 마을을 습격. 주동자를 찾아 던전으로 들어감.
보상	플레이어에게 새 목표와 반전을 제시. 새로운 힘, 무기, 능력을 얻음. 마지막 전투 전 회복 시간.	망자들과 주동자를 처리하고 모든 사건이 충각단의 계략이라는 정보(보상)를 얻게 됨.
귀환의 길	이야기 진행 가속화. 적을 막기 위한 대전투를 위해 집으로 귀환.	대나무 마을을 돕기 위해 다시 돌아감. 자경단 지도자의 딸이 잡혔다는 것을 듣고 구하러 감.
부활	마지막 관문. 최종 보스와 직면. 영웅이 가진 모든 스킬을 시험 받음. 희생이 발생.	충각단을 쓰러트리고 지도자의 딸을 구했으나 딸이 첩자였음. 마을로 돌아가 보니 마을이 불타고 있음.
영약을 가지고 귀환	모든 스토리와 최종 보상을 얻음. 플레이어는 더 강해지거나 부유해짐.	충각단 우두머리를 물리치고 마을의 영웅이 됨. 다시 진서연을 찾아 여행을 떠남.

캠벨은 다양한 문화권의 신화와 전설에서 영웅의 여행 구조가 발견되고 있다는 것에 주목하고 영웅의 여행 구조를 보편적 원형 신화라 설명했다. 영웅의 여행에서 주인공인 영웅의 모습은 모든 인간 안에 내재된 이미지이다. 영웅의 여행은 인간 안에 내재된 영웅을 찾는 과정이며 개인이 갖고 있는 그림자와 대면하고 자기를 극복하는 과정을 반영한다. 게임은 플레이어에게 캐릭터를 통해 직접 영웅의 여행에 동참하게 한다. 이를 통해 플레이어는 내면에서 현실에 억압된 영웅을 발견하고 표출함으로써 카타르시스를 경험한다.

- **유의어** 영웅의 모험담
- **관련 용어** 이야기 구조, 퀘스트, 영웅, 반영웅, 비영웅, 원형신화, 카타르시스
- **참고 자료** 앤드류 롤링스, 어니스트 아담스 저, 송기범 역, 『게임 기획 개론』, 제우미디어, 2004. | 이동은, 『디지털 게임 플레이의 신화성 연구 : MMOG를 중심으로』, 이화여자대학교 대학원 디지털미디어학부 박사 논문, 2013. | 조셉 캠벨 저, 이윤기 역, 『천의 얼굴을 가진 영웅』, 민음사, 1999. | 크리스토퍼 보글러 저, 함춘 성 역, 『신화, 영웅 그리고 시나리오 쓰기』, 무우수, 2005. | 함선우, 「'A hero's journey'의 소개 및 게임 시나 리오로의 접목 시도」, 『KGDC 2002』, 한국게임개발자협의회, 2002.

영지전 territory arena / 領地戰

| 플레이어들이 영지를 획득하기 위해 벌이는 전투 시스템.

영지 획득을 위해 플레이어들이 집단적인 싸움을 벌이도록 고안된 전투 시스 템. 주로 다중접속온라인 실시간 전략 게임에서 사용되는 방식이다. 전쟁을 테마 로 하는 다중접속온라인 실시간 전략 게임에서 플레이어는 하나의 영토나 부족 을 책임지고 있는 왕 혹은 장군의 역할로 등장한다. 대표적인 사례로는 이노게임 즈(Innogames)의 〈부족전쟁(Tribal War)〉이 있다. 게임 도입부에서 플레이어는 기 본적으로 하나의 마을을 소유하며, 자원 채집과 건설 등을 통해 마을을 성장시 킨다. 이를 바탕으로 플레이어들은 군대를 양성하고 서로의 마을을 점령하기 위 해 전투를 벌인다. 영지전은 플레이어들 간의 협업과 경쟁을 유도하여 게임 내 다 양한 플레이를 제공한다는 점에서 의의가 있다.

이러한 전투 시스템은 다중접속온라인 역할수행 게임에서도 나타난다. 다중접 속온라인 역할수행 게임의 경우 영지전의 대상이 되는 영지는 제한적이며, 일정 레벨 이상의 플레이어들만 참여가 가능하다. 길드나 종족과 같은 세력이 아닌 지 역을 기반으로 한 전투 시스템으로 승리할 경우 해당 플레이어는 경험치, 아이템 과 같은 보상과 동시에 영지 내에 존재하는 시설 및 엔피시(NPC)의 능력을 사용 할 수 있는 부가적인 혜택을 얻는다. 길드에 소속된 플레이어들뿐만 아니라 일반 플레이어들까지 참여하여 전투의 판도에 영향을 줄 수 있다는 점에서 영지전은 새로운 플레이어 간 전투(PvP) 콘텐츠로서 유의미하다. 다중접속온라인 역할수 행 게임의 대표적인 사례로는 〈리니지 II〉의 영지전이 있다.

- **유의어** 점령전
- **관련 용어** 공성전
- **참고 자료** 류철균, 임수미, 「웹기반 MMORTS 〈부족전쟁〉의 스토리텔링 연구」, 『한국게임학회 논문지』, vol.10, no.3, 한국게임학회, 2010.

영화 게임 film based video game

| 영화를 기반으로 만든 게임.

기존에 출시된 영화를 게임으로 만든 것. 린다 허천에 따르면 영화를 게임화하는 것은 보여주기 모드에서 상호작용 모드로 변환하는 경우에 해당한다. 영화의 관객은 영화 콘텐츠를 일방향적으로 수용하지만, 게임의 플레이어는 직접 콘텐츠의 스토리 진행 과정을 결정한다. 이처럼 상호작용성이 강한 매체인 게임은 플레이 과정에서 긴장감과 불안감을 유지하고, 플레이어의 참여를 유도해야 한다. 허천은 영화가 게임화될 때 주로 차용되는 요소를 캐릭터, 오프닝 신(opening scene), 세계관으로 꼽았다.

차용 요소에 따른 영화의 게임화 유형		
유형	설명	게임 사례
캐릭터 중심의 게임화	영웅 캐릭터가 등장하는 영화의 매체 전환이 주로 이에 해당한다. 캐릭터가 가진 특성이 게임 플레이에서 스킬로 부각된다.	〈프로즌 : 프리 폴(Frozen : Free Fall)〉
서사 중심의 게임화	영화 속 사건을 중심으로 하는 게임이 해당한다. 모험과 여행 기반의 영화에서 나타나는 서사를 주로 오프닝 신에서 차용한다.	〈반지의 제왕 : 중간계 전투(The Lord of the Rings : The Battle for Middle-Earth)〉
세계관 중심의 게임화	영화의 특정한 요소를 중심으로 차용한 게임이 이에 해당한다. 주로 영화의 외전에 해당하는 스토리를 가진다.	〈엔터 더 매트릭스〉

1982년 아타리(Atari)는 영화 〈이.티.(E.T.)〉의 게임화를 시도했다. 아타리가 출시한 〈이티(E.T. the Extra-Terrestrial)〉는 게임의 특성에 대한 재고 없이 영화의 서사를 그대로 차용하는 데 그쳐 흥행에 실패했다. 아타리는 1983년, 영화 〈스타워즈〉의 게임화를 다시 시도했으며 흥행에 성공했다.

이후 여러 영화들이 게임화를 시도하면서 영화의 게임화는 영화와 게임 시장에서 주요 사업으로 부상했다. 특히 영화에서 나오지 않은 프리퀄(prequel)이나 시퀄(sequel)이 들어간 게임을 출시하여 영화 관람객을 게임 플레이로 유도했다. 가령 2013년 출시된 〈에일리언 : 식민지 해병대(Aliens : Colonial Marines)〉는 영화 〈에일리언 2(Aliens 2)〉 이후의 스토리를 중심으로 게임이 진행된다. 이는 영화사 20세기 폭스(20th Century Fox)에서 정식 라이선스를 받았다. 2003년 출시된 〈엔터 더 매트릭스(Enter the Matrix, ETM)〉 역시 영화 〈매트릭스〉 시리즈의 2편과 3편 사이의 이야기를 기반으로 한다.

- **유의어** 게임 영화
- **관련 용어** 상호작용, 아타리, 프리퀄, 시퀄
- **참고 자료** 이동은, 「게임과 영화의 스토리텔링 융합요소에 대한 연구」, 『한국디지털콘텐츠학회논문지』, vol.8, no.3, 한국디지털콘텐츠학회, 2007. | Linda Hutcheon, *A Theory of Adaptation*, Routledge, 2006. | Robert Alan Brookey, *Hollywood Gamers : Digital Convergence in the Film and Video Game Industries*, Indiana University Press, 2010. | Jesper Juul, "Games Telling stories?-A Brief Note on Games and Narratives", *Game Studies*, vol.1, no.1, 2001.

예술 게임 art game

| 게임 형식을 차용한 미디어 아트 혹은 예술을 소재로 다루는 기능성 게임.

개발자의 의도를 전달하기 위해 게임 형식을 차용한 미디어 아트. 관객의 참여와 해석을 강조하는 인터랙티브 아트를 포함하며, 예술 자체를 소재로 채택하는 기능성 게임을 지칭하기도 한다. 최초의 예술 게임은 1983년에 발매된 〈문더스트(Moondust)〉로, 이는 플레이어가 우주선을 조작하는 방향에 따라 사운드가 변화하는 비디오 게임이다. 2002년 티파니 홈즈(Tiffany Holmes)는 학문적 용어로서 예술 게임을 정립했으며, 예술 게임의 조건으로 문화적 고정관념에 대한 도전, 소설 형식을 갖춘 스토리텔링, 플레이어 캐릭터의 존재 등을 언급했다.

예술 게임의 등장은 게임과 예술의 관계를 재고하고, 미술관에서 게임을 다룬 전시를 기획하는 계기를 마련했다. 최초의 게임 전시는 1983년에 열린 미국 '아트케이드(Artcade)' 전으로, 〈문더스트〉, 〈퐁(Pong)〉과 같은 실험적 비디오 게임 및 초기 비디오 게임을 주로 다뤘다. 이후 센서, 터치 스크린 등의 상호작용적 매

체 및 오브제를 설치하고 전시 공간을 활용한 작품이 등장해 예술 게임의 범위가 확장됐다. 대표적 사례로 2001년 미국 휘트니 미술관에서 열린 '비트스트림(Beatstreams)' 전과 2004년 제3회 서울 국제 미디어 아트 비엔날레의 주전시인 '디지털 호모 루덴스(Digital Homo Ludens)' 전이 있다.

게임과 예술을 접목한 사례로 미디어 아티스트 에네스(ENESS)는 플레이어가 실제 흔들목마를 조종해 화면 속 게임 세계를 여행하는 〈버주얼-디지털 흔들목마(Virsual-The Digital Rocking Horse)〉를 제작했다. 아티스트 그룹 에브리웨어(Everywhere)는 텔레비전 화면 앞에 설치된 나무자전거를 조종해 레이싱 게임을 진행하는 〈넛츠 라이더(Nuts Rider)〉를 선보였다. 〈끝없는 숲(The Endless Forest)〉, 〈저니(Journey)〉와 같이 개발자의 실험적 창작과 플레이어의 자발적 해석을 중시하는 인디 게임을 예술 게임으로 보기도 한다. 예술 게임은 실험적 방식으로 게임의 구조를 다룬다는 점에서 게임 그래픽의 완성도를 연구하는 게임 아트와는 구분된다.

- **관련 용어** 기능성 게임, 인디 게임
- **참고 자료** 유원준, 『뉴미디어 아트와 게임 예술』, 커뮤니케이션북스, 2013.

오디세이 Odyssey

| 텔레비전 제작사인 마그나복스(Magnavox)가 출시한 가정용 비디오 게임기.

1972년 8월 출시한 세계 최초의 가정용 게임기. 1967년에 랄프 베어가 개발한 브라운 박스(Brown Box)를 원형으로 제작됐다. 브라운 박스는 비디오 게임기의 시초가 된 기기로 당시 프로토타입으로 제작됐지만, 세계 최초로 다중 플레이어를 지원한 게임기였다. 오디세이는 텔레비전에 연결해 사용하며 하드웨어 정면의 슬롯에 게임 카트리지를 끼워 게임을 실행했다. 텔레비전 화면에는 '스팟(spot)'이라 부르는 흰색 정사각형이 최대 3개까지 표시됐다. 마그나복스 사는 그래픽 기술의 한계를 극복하기 위해 화면에 부착하는 반투명의 필름인 스크린 오버레이를 게임기와 함께 제공했다. 스크린 오버레이를 부착하면 플레이어가 맞추어야 하는 스팟이 공룡, 동물 등의 형상 위에 표시돼 재미를 더할 수 있었다. 본 제품

에는 2개의 패들 컨트롤러가 있었으나 오디세이가 발매되던 같은 해 소총 형태의 라이트 건을 따로 판매하기도 했다. 오디세이는 1975년에 공식적으로 생산이 중단됐으며, 아타리, 콜레코(Coleco), 액티비전(Activision), 닌텐도 등 다른 게임사들과 특허권 분쟁을 치른 바 있다.

- **관련 용어** 콘솔, 아타리 게임기
- **참고 자료** Mark J. P. Wolf, *The Medium of the Video Game*, University of Texas Press, 2002. | Ralph H. Baer, *Videogames : In the Beginning*, Rolenta Press, 2005. | Steven Kent, *The Ultimate History of Video Games : From Ping to Pokemon*, Three Rivers Press, 2001.

오디오 게임 audio game

| 음향 효과를 통해 플레이하는 게임 장르.

음향 효과를 주된 플레이 요소로 삼는 게임 장르. 주로 시각장애인을 위한 게임이며, 플레이어는 소리의 높낮이, 박자, 리듬을 구분하거나 녹음된 이야기를 듣고 플레이를 진행한다. 최초의 오디오 게임은 1974년에 발매된 〈터치 미(Touch Me)〉로, 아타리에서 개발한 전용 게임기를 사용한다. 플레이어는 차례로 제시되는 음조를 듣고 각 음조에 해당하는 버튼을 눌러 순서를 맞춰야 한다. 2000년대에는 3차원 오디오 게임이 제작됐으며, 플레이어는 각각 오른쪽, 왼쪽, 중앙에 설치된 스피커의 소리를 통해 아이템 및 엔피시(NPC)의 위치, 위험 경보 등을 파악했다.

오디오 게임 개발자는 다양한 음향 기술을 통해 액션 게임이나 슈팅 게임을 제작하며, 문자를 음성으로 변환하는 소프트웨어인 티티에스(TTS)를 활용해 어드벤처 게임 및 인터랙티브 드라마를 개발하기도 한다. 대표적인 사례로 〈리얼 사운드 : 바람의 리글렛(リアルサウンド ~風のリグレット~)〉은 플레이어가 녹음된 이야기를 듣고 분기점마다 선택지를 골라 이야기를 진행하는 콘솔용 어드벤처 게임이다.

- **관련 용어** 사운드, 스피커, 티티에스
- **참고 자료** 1UP.com, "Japan's Wayward Son Reclusive creator Kenji Eno waxes nostalgic about his past and plots his return to gaming.", www.1up.com/do/feature?pager.offset=4&cId=3169166

오마주 hommage

| 특정 작품에 대한 존경의 표시로 유사한 작품을 만드는 것.

존경하는 작가나 작품 등에 영향을 받은 사람이 이와 유사한 작품을 만들거나 원작을 일부 차용해 새로운 방식으로 표현하는 것. 원작에 대한 존경심에 기반을 둔다는 점에서 원작의 요소를 희화화하는 패러디와는 다르며, 원작의 일부를 새롭게 표현한다는 점에서 원작을 그대로 베끼는 표절과도 구분된다. 게임의 경우, 아트 게임 장르에서 오마주를 찾아볼 수 있다. 초기 아트 게임은 1970~1980년대의 클래식 아케이드 게임을 오마주했으며, 일례로 아트 게임 〈폰트 아스테로이드(Font Asteroids)〉는 아케이드 게임 〈아스테로이드(Asteroids)〉와 플레이 방식이 거의 유사하다. 이 외에 게임이 영화나 소설, 애니메이션 등을 오마주하는 사례도 있다. 〈스타크래프트〉의 경우, 엔딩 크레디트를 통해 개발 과정에서 영향을 받은 일군의 작품을 제시한다. 그 예로 프로토스족의 유닛인 리버(Reaver)는 일본 애니메이션 〈바람 계곡의 나우시카(風の谷のナウシカ)〉에 등장하는 캐릭터 오무(王蟲)를 오마주했다.

- **유의어** 리메이크(remake)
- **관련 용어** 패러디, 표절, 아트 게임
- **참고 자료** 김겸섭, 『(모두를 위한 놀이) 디지털게임의 재발견』, 들녘, 2012. | 최세웅, 이지연, 『디자이너's Pro 모바일 게임 컨셉아트 디자인 by 포토샵』, 길벗, 2015. | Tiffany Holmes, "Arcade Classics Spawn Art? Current Trends in the Art Game Genre", *Melbourne Digital Arts and Culture*, 2003.

오마케 omake / お負け

| 추가 상품을 의미하는 일본어.

원작과 관계된 추가 정보나 상품. 일본 애니메이션, 만화 등의 팬들 사이에서 처음 사용된 용어이다. 영화, 애니메이션 등에서는 본편과 관계없는 특별 부록 형태로, 배우 인터뷰, 만드는 과정을 담은 클립, 삭제된 장면, 원화 등을 오마케라고 칭한다. 게임에서 오마케는 본편 내용과는 무관한 추가 이벤트 형태로 나타난다. 세가(SEGA)의 게임 〈쉔무 2(Shenmue 2)〉는 게임 디스크 안에 '오마케(Omake)'라

는 이름의 숨겨진 폴더가 있다. 폴더 안에는 배경화면, 콘셉트 아트 등이 포함되어 있다. 스퀘어 에닉스(SQUARE ENIX)의 〈파이널 판타지 9〉는 게임 종료 후 '블랙 잭(Black Jack)'이란 미니 게임을 오마케로 제공했다. 이 외에도 연애 시뮬레이션 게임은 한 캐릭터의 스토리를 완료하는 등의 특정 조건을 충족시키면 시지(CG), 이벤트 등을 특별 콘텐츠로 제공한다.

- **유의어** 이스터 에그(easter egg)
- **참고 자료** Cheat Mistress, *EZ Cheats : Multi-Format Video Game Cheats, Tips and Secrets*, ICE Games Ltd., 2010.

오목 omok / 五目

| 판 위에 5개의 같은 색 돌을 먼저 일렬로 놓아야 하는 놀이.

두 플레이어가 흑돌과 백돌을 교대로 두되 가로, 세로, 대각선 중 하나의 형태로 5개의 돌을 배열하는 사람이 승리하는 놀이. 기본은 15×15칸의 오목판을 쓰지만, 19×19칸의 바둑판을 사용하거나 필기구를 이용해 그려나가기도 한다. 주로 흑돌을 쥔 플레이어가 오목판의 중앙인 천원(天元)에 돌을 놓으며 시작된다.

오목에 대한 가장 오래된 기록은 중국 『한서(漢書)』에서 찾아볼 수 있으며 기원전 2세기 일본으로 전파됐다는 것이 정설이다. 오목은 두 플레이어가 실수하지 않는다면 먼저 시작한 플레이어가 반드시 승리하는 게임으로, 1994년 빅토르 알리스에 의해 수식으로 증명됐다. 이를 보완하기 위해 국제 경기는 '렌주 규칙(Renju rule)', '야마구치 규칙(Yamaguchi rule)'과 같은 시작 규칙을 도입하거나 흑돌이 둘 수 있는 수의 형태를 제약함으로써 두 플레이어가 최대한 공정한 환경에서 경기할 수 있도록 한다. 오목은 〈넷마블 오목〉, 〈엠게임 오목〉 등 여러 온라인 게임으로 개발됐다.

- **관련 용어** 렌주, 틱택토, 보드 게임
- **참고 자료** 김종수, 『오목의 세계』, 더키친, 2015. | Louis Victor Allis, *Searching for Solutions in Games and Artificial Intelligence*, Ponsen & Looijen, 1994. | 한국오목협회, www.omok.or.kr

오염된 피 사건 corrupted blood incident

| 2005년 9월 미국 〈월드 오브 워크래프트〉에서 발생한 대규모 디버프 전염 사건.

〈월드 오브 워크래프트〉에서 전염성 디버프 스킬이 정상적으로 해제되지 않고 게임 캐릭터에게 끊임없이 전염되어 다수 플레이어가 희생된 사건. 사건은 인스턴스 던전 줄구룹의 보스몹인 학카르가 사용하는 공격 스킬 '오염된 피'에 의해 발생했다. 오염된 피에 피격된 캐릭터는 2초마다 200의 체력 피해를 입고 주변 캐릭터에게 동일한 디버프를 옮긴다. 본래 학카르의 흡혈 스킬인 '피의 착취'를 받거나 줄구룹으로부터 나오면 해제된다. 그러나 당시 플레이어 캐릭터의 애완동물에 걸려있던 오염된 피가 인스턴스 던전 외부에서 해제되지 않아 서버에 유포되기 시작했다.

사건은 2가지 원인에 의해 확산됐다. 첫째는 '오염된 피' 스킬이 갖는 전염적 속성과 디스펠 저항적 속성 때문이다. 오염된 피는 사제 캐릭터의 디스펠 스킬이나 물약에 의해 해제되지 않아 던전 외부에서 감염될 경우 해결할 수 없다. 둘째는 엔피시(NPC)의 자연 회복 능력 때문이다. 일반적으로 마을에 주재하는 엔피시는 피해를 입더라도 자연적으로 체력이 회복되어 사망하지 않는다. 엔피시는 디버프에 걸려도 죽지 않는 속성에 의해 사건의 피해 확산에 기여했다.

오염된 피 사건은 실제 세계의 접촉성 전염병과 유사한 형태로 확산됐기 때문에 실제 세계의 전염병을 설명하는 의학적 용어로 해석되기도 한다.

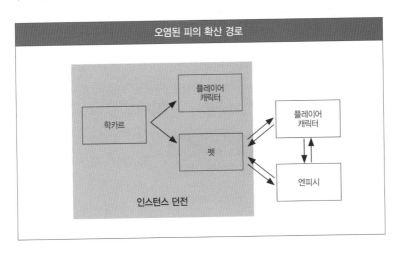

오염된 피의 확산 경로

오염된 피 사건에 대한 의학적 해석		
용어	대상	설명
최초 유포자	학카르	오염된 피 스킬을 서버에 최초로 유포한 캐릭터.
병원체	오염된 피	일정 범위 내로 접근하는 모든 캐릭터에게 전염되는 디버프 스킬.
1차 감염자	던전에 참여한 플레이어 캐릭터, 펫	줄구룹 공략에 참여해 학카르의 직접적인 오염된 피 공격을 받음.
2차 감염자	던전 외부의 캐릭터	학카르의 직접적인 오염된 피 공격을 받지 않았으나, 1차 감염자에 의해 디버프에 감염됨.
보균자	줄구룹 외부 엔피시	접촉하는 플레이어 캐릭터에 의해 디버프에 전염되지만 증상은 나타내지 않음.

오염된 피의 전염은 플레이어가 밀집한 대도시를 중심으로 유포됐다. 얼라이언스의 대도시 아이언포지와 호드의 대도시 오그리마가 대표 피해지였다. 사건 초기 단계에 해당 지역의 플레이어들은 영문을 모른 채 사망했으며, 이에 도시는 사망한 캐릭터들의 해골로 가득 찼다.

사건에 대응하는 플레이어의 행위는 다양한 형태로 나타났다. 첫째, 문제 해결에 소극적인 플레이어들은 추가 피해를 예방하고자 인적이 드문 장소에서 죽음을 기다렸다. 둘째, 회복 스킬을 지닌 플레이어는 주변 피해자들의 체력 회복을 지원했다. 셋째, 적극적으로 문제 예방을 도모한 플레이어들은 피해 지역의 진입로에서 통행의 위험을 알렸다. 넷째, 고의적으로 다른 지역 또는 상대 진영의 마을로 이동해 디버프를 유포했다. 마지막으로 오염된 피를 해제할 수 있는 거짓 디스펠 물약을 판매하기도 했다. 사건은 개발사가 전염 서버를 리셋함으로써 종결됐다. 이후 해당 사건은 게임즈 포 헬스(Games for Health) 컨퍼런스에서 현실의 전염병 확산 시 인간 행동과 비교된 바 있다.

디지털 게임의 상호작용 양상은 대상과 배경을 기준으로 4가지 유형이 있는데, 이 중 오염된 피 사건은 내재적-사용자 간 상호작용으로 나타났다.

표에서 보는 것과 같이 ②의 내재적-시스템 상호작용 양상으로는 1인 플레이어가 게임을 진행하는 싱글 플레이가 해당된다. ③의 외재적-사용자 상호작용 양상은 게이머들이 모이는 커뮤니티에서 발견할 수 있으며, ④

디지털 게임의 상호작용 분류체계		
	사용자와 사용자	사용자와 시스템
내재적 상호작용	① 내재적 -사용자 상호작용	② 내재적 -시스템 상호작용
외재적 상호작용	③ 외재적 -사용자 상호작용	④ 외재적 -시스템 상호작용

의 외재적-시스템 상호작용 양상은 〈우르(Uru)〉 디아스포라 현상에서 발견할 수 있다. 이는 게임 서비스가 중지되자 다른 가상 세계로 집단이주하면서도 우르에서의 정체성인 우르비언으로 살고자 했던 플레이어들의 행동 양상이다. 다양하게 발생하는 사용자 스토리텔링은 디지털 게임의 사회적, 정치적 공간성을 증명하고 있다.

유사 사건으로는 2012년 한국의 아즈샤라(Azshara) 서버에서 발생한 '타락 기생충 사건'이 있다. '타락 기생충'은 2010년 출시된 확장팩 〈월드 오브 워크래프트 : 대격변(World of Warcraft : Cataclysm)〉의 보스몹 데스윙이 사용하는 스킬로, 데스윙 레이드에 참여하던 플레이어가 도중에 마을로 귀환했을 때 디버프가 해제되지 않아 발생했다. 타락 기생충은 도트(DoT)형 디버프가 유지되다가 지속 시간이 끝날 때 피격된 플레이어 주변의 캐릭터에게 치명적인 체력 피해를 입혔으며, 많은 플레이어들이 피해를 입어 대응을 하지 못하고 사망했다. 타락 기생충 사건은 개발사의 패치에 의해 종결됐다.

- **관련 용어** 버그, 리셋, 패치, 도트, 타락 기생충 사건, 사용자 스토리텔링, 상호작용
- **참고 자료** 류철균, 권보연, 「디지털 게임에 나타난 미학의 정치」, 『인문콘텐츠』, vol.0, no.37, 인문콘텐츠학회, 2015. | Kylie Rrymus, "Bits of Orges, Bytes of Orges", *World of Warcraft and Philosophy*, Open Court, 2009. | Ran D. Balincer, "Modeling infectious diseases dissemination through Online Role-Playing Games", *Epidemiology*, vol.18, no.2, Epidemiology, 2007. | Gamasutra, "GFH : The Real Life Lessons Of WoW's Corrupted Blood", www.gamasutra.com/php-bin/news_index.php?story=18571

오즈 프로젝트 OZ project

| 카네기 멜론 대학교의 조셉 베이츠를 중심으로 구성된 오즈 그룹(Oz group)이 수행한 인터랙티브 드라마 관련 프로젝트.

카네기 멜론 대학교의 오즈 그룹에서 인공지능(Artificial Intelligence, AI) 기술을 기반으로 사용자의 몰입을 유도하는 인터랙티브 드라마를 구현해내기 위해 수행된 실험적 연구. 브렌다 로럴이 제시한 인터랙티브 드라마의 실현 가능성을 증명했으며, 이후 마이클 마티아스와 앤드류 스턴(Andrew Stern)이 개발한 〈파사드(Façade)〉의 기반이 됐다. 오즈 그룹은 인터랙티브 드라마의 구성 요

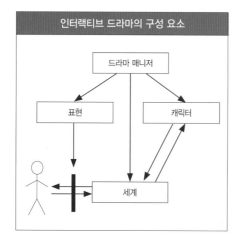

인터랙티브 드라마의 구성 요소

- 드라마 매니저
- 표현
- 캐릭터
- 세계

소를 5가지로 꼽는다. 캐릭터, 캐릭터가 포함된 가상 세계, 플레이어, 가상 세계와 플레이어의 상호작용을 뜻하는 표현 (presentation), 플레이어에게 이야기를 경험하고 있다는 느낌을 주도록 가상 세계와 캐릭터를 조정하는 드라마 매니저 (drama manager)가 그것이다.

오즈 그룹은 인터랙티브 드라마에서 캐릭터가 지닌 중요성을 '그럴 듯한 행위자(believable agent)'란 개념을 통해 제시했다. '그럴 듯한 행위자'란 인공지능을 기반으로 가상 세계 내부에서 고유한 성격과 감정을 가지고 자율적으로 행동하는 캐릭터를 말한다. 시간에 따라 변화하고 성장하는 모습, 다른 캐릭터 혹은 플레이어들과의 사회적 관계 형성 등 인간의 삶을 모방하기 때문에 캐릭터는 극에 대한 몰입의 핵심 요소가 된다.

'이아이(Edge of Intention, EI)'는 대표적인 캐릭터에 대한 실험이다. 오즈 그룹은 타원형의 몸에 눈을 가진 캐릭터 '보글즈(Woggles)'를 개발했고, 보글즈가 플레이어들의 움직임을 모방하여 튕겨 다니도록 프로그램화했다. 그 결과 인간의 움직임을 따라하는 것만으로도 '그럴 듯한 행위자'로서 기능하여 플레이어가 가상 세계에 몰입할 수 있음을 입증했다. 이 외에도 오즈 프로젝트에는 텍스트 기반의 가상 세계에서 감정, 인성을 가지고 플레이어와 상호작용하는 고양이 캐릭터 '리오타르(Lyotard)' 등이 포함된다.

■ **관련 용어** 브렌다 로럴, 인터랙티브 드라마, 파사드

■ **참고 자료** Hartmut Koenitz, Gabriele Ferri, Mads Haahr, Diğdem Sezen, Tonguç Ibrahim Sezen, *Interactive Digital Narrative : History, Theory and Practice*, Routledge, 2015. | Michael Mateas, *Interactive Drama, Art and Artificial Intelligence*, Ph.D. thesis, School of Computer Science, Carnegie Mellon University, 2002. | Ray Paton, Irene Neilsen, *Visual Representations and Interpretations*, Springer Science & Business Media, 1999. | Joseph Bates, "Virtual Reality, Art and Entertainment", *Presence : Teleperators and Virtual Environments*, vol.1, no.1, 1991. | Margaret Thomas Kelso, Peter Weyhrauch, Joseph Bates, "Dramatic presence", *Presence : Teleperators and Virtual Environments*, vol.2, no.1, 1993.

오크 orc

| 판타지 세계에 등장하는 반인반수 형상의 종족.

인간의 몸에 돼지의 얼굴을 더한 형상으로, 호전적인 성향을 가진 허구의 종족. 식인 괴물, 검은 날개와 돼지 머리를 가진 악마 등으로 알려진 지옥의 신 오르쿠스(Orcus)를 기원으로 한다. J. R. R. 톨킨은 판타지 소설을 통해 오크가 가진 전형적인 외모와 성격의 토대를 마련했다. 톨킨이 묘사한 오크는 엄니가 입 밖으로 돌출되어 있고, 다리와 허리가 구부정하다. 육식만을 즐기는 종족 특성상 동족 또는 인간을 잡아먹기도 한다. 빛과 물을 두려워해서 육지인 중간계(Middle Earth)의 지하 요새에서 생활한다. 오크는 힘이 세고 성격이 난폭해 전사로서 유용한 종족이다.

톨킨의 작품 『실마릴리온(The Silmarillion)』에서는 악의 화신인 멜코르가 엘프들을 지하 감옥에 가두고 고문을 가한다. 오크는 고문을 받은 엘프가 변형되면서 처음 생겨난다. 그들은 멜코르, 사루만, 사우론과 같은 지배자들에 의해 전쟁의 용병으로 이용당하며 발라, 난쟁이, 인간 등에게 매번 패배한다. 이후 반지전쟁에서 사우론의 용병으로 참전했다가 대패한 후 소수만 목숨을 부지한 채 종적을 감춘다.

톨킨이 묘사한 오크는 〈던전 앤 드래곤〉, 〈워해머〉, 〈월드 오브 워크래프트〉, 〈엘더스크롤〉 등 판타지 캐릭터를 소재로 한 게임에 영향을 미쳤다. 게임에 등장하는 오크는 톨킨이 제시한 원형을 그대로 따르는 기본형과 그와 다른 성격을 부가하는 변화형으로 나뉜다.

톨킨의 작품에 등장한 오크 유형 분류	
종류	설명
우루크하이 (uruk-hai)	품종이 개량된 오크로 인간과 비슷한 키, 꼿꼿한 다리, 까만 피부, 엄니를 가지며, 일반 오크와 달리 빛을 두려워하지 않는다.
반 오크 (half-orc)	오크 및 우루크하이와 인간 사이에서 태어나거나 마법에 의해 피가 섞여 만들어졌으며, 몸집이 크고 살쾡이와 닮은 눈을 가진다.
스나가 (snaga)	전쟁터에 나가지 않고 무기를 제조하거나 잡일을 도맡아 하며 오크 중에서 노예 계급에 속한다.
늑대 기수 (wolf rider)	오크의 주요 이동 수단인 와르그(warg)와 늑대를 전문적으로 훈련시키고 전쟁터에서 통제하는 역할을 한다.
고블린 (goblin)	반지전쟁 이후 소수 단위로 흩어진 오크의 후예로, 붉은 눈을 가지며 장난을 즐기는 족속이다.

공상 과학적 요소를 차용한 게임 〈워해머〉의 오크는 외계 행성에서 온 종족이라는 점에서 차별점을 보이지만 여전히 난폭하고 단순한 생물체로 묘사된다. 〈월드 오브 워크래프트〉의 오크는 종족의 명예를 중시하며 자유를 위해 투쟁하는 존재로 나타나기도 한다.

- **관련 용어** J.R.R. 톨킨, 종족
- **참고 자료** 데이비드 데이 저, 김보원, 이시영 역, 『톨킨 백과사전』, 해나무, 2002. | Christopher Vaccaro, *The Body in Tolkien's Legendarium : Essays on Middle-earth Corporeality*, McFarland, 2013. | Janet Brennan Croft, Donald E. Palumbo, C. W. Sullivan III, *Tolkien and Shakespeare : Essays on Shared Themes and Language*, McFarland, 2007. | J.R.R. Tolkien, *The Silmarillion*, Houghton Mifflin Harcourt, 2012.

오타쿠 otaku / 御宅

| 특정 문화에 열광하는 개인 및 집단.

애니메이션, 만화, 게임, 영화 등의 콘텐츠 소비를 즐기는 사람. 협의로는 특정 장르, 작품, 캐릭터 등을 주로 소비하는 사람을 의미한다. 1983년 일본의 평론가 나카모리 아키오(中森明夫)가 주류 문화와 대비되는 독자적인 특성을 지닌 하위 문화(subculture)를 향유하는 사람들을 지칭하기 위해 처음 사용됐다. 일본의 평론가 오쓰카 에이지(大塚英志)는 『이야기 소비론(物語消費論)』, 『리얼의 행방—오타쿠는 어떻게 사는가(リアルのゆくえ—おたく オタクはどう生きるか)』 등 오타쿠 문화를 연구한 여러 저서를 남겼다.

1990년대 이후 의미가 확장되어 단순한 팬의 수준을 넘어서 특정 분야의 전문가를 포괄하는 의미로 통용된다. 국내에서는 '오덕후'라는 용어로 불리기도 한다. 아즈마 히로키는 오타쿠들이 문화 현상을 소비하는 것이 '데이터베이스 소비'라 지칭하며, 캐릭터의 자율화, 미디어믹스 등으로 설명한다.

게임 오타쿠는 크게 2가지 방식으로 게임을 향유한다. 첫째, 게임 플레이 자체 혹은 플레이로 얻는 즐거움을 목적으로 게임을 소비한다. 이 경우 플레이어는 게임의 고유한 플레이 방식, 스스로 설정한 목표의 성취에 집중한다. 일반 플레이어와 달리 게임의 세계관, 캐릭터 설정까지 게임 콘텐츠를 상세하게 연구한다. 예를 들어, 역할수행 게임인 〈엘더스크롤〉 시리즈는 공식 설정이 존재하지 않기 때문에 캐릭터들의 대사나 책 형태의 아이템을 통해 드러난 게임 설정을 분석하는 전문적인 플레이어가 존재한다. 둘째, 게임에서 파생된 2차 창작물을 소비 혹은 생산하는 방식이다. 게임을 바탕으로 제작된 애니메이션, 피규어 등을 구매하거나 혹은 사용자 창작 콘텐츠(User Created Contents, UCC)와 모드(MOD) 등을 제작한다. 캐릭터를 동영상으로 촬영하며 머시니마(machinima)를 제작하거나, 게임 캐릭터에 대한 팬아트(fan-art)를 그리는 사람들이 해당한다.

- **유의어** 오덕후
- **관련 용어** 서브컬처, 사용자 생성 콘텐츠, 모드, 게임 세계관
- **참고 자료** 아즈마 히로키 저, 이은미 역,『동물화하는 포스트모던』, 문학동네, 2007. | 아즈마 히로키 저, 장이지 역,『게임적 리얼리즘의 탄생』, 현실문화연구, 2012. | 오카다 토시오 저, 김승현 역,『오타쿠 : 애니메이션 게임 영화에 미친놈들』, 현실과미래사, 2000. | 정원,『오타쿠 이웃나라』, 버무리, 2009. | 프랭크 로즈 저, 최완규 역,『콘텐츠의 미래』, 책읽는수요일, 2011.

오픈 마켓 open market

| 개인 또는 게임 제작사의 게임을 등록하여 배포할 수 있는 플랫폼.

개인이나 소규모 업체가 구매자에게 상품을 판매할 수 있도록 중개하는 전자 상거래 유통망. 게임의 경우, 다운로드 가능한 게임이나 상업용 소프트웨어만을 전문으로 취급하는 오픈 마켓이 존재하며 이러한 오픈 마켓을 두고 전자 소프트웨어 유통망이라 부르기도 한다. 오픈 마켓에서 판매되는 게임은 패키지 형태로 발매되는 과정에서 발생하는 유통 마진이 없어 가격이 저렴하다. 오픈 마켓은 새로 발매되는 게임 외에 패키지 형태로는 유통이 중단된 게임이나 인디 게임도 취급하여 소비자에게 넓은 선택의 폭을 보장한다.

스팀은 대표적인 게임 전문 오픈 마켓이다. 스팀에서 구매한 게임은 인터넷을 통해 다운로드할 수 있으며 자동으로 업데이트된다. 게임 진행 기록이 서버에 자동으로 저장되므로 다른 기기로 전환해도 게임 플레이가 연속해서 가능하다.

이동통신기기가 플랫폼인 모바일 게임의 경우 주로 모바일 오픈 마켓에서 유통된다. 애플의 앱스토어, 구글의 플레이 스토어, 네이버 앱스토어, 케이티의 올레 마켓 등의 모바일 오픈 마켓에는 하위 항목으로 게임 카테고리가 존재한다. 한국

의 경우, 2011년 7월 6일 이후로 모바일 오픈 마켓에서 유통되는 게임은 게임물 등급위원회의 사전 등급 분류를 받지 않고 오픈 마켓에서 자체적으로 등급을 부여할 수 있다. 단, 사행성 게임이나 청소년 유해 매체로 지정된 게임은 사전 등급 분류 절차를 밟아야 한다.

아이템베이나 아이템매니아와 같은 오픈 마켓에서는 다중접속온라인 역할수행 게임 플레이어 간의 아이템 거래를 중개하고, 아이템의 시세 및 아이템 판매자 정보 등을 제공한다. 이와 같은 아이템 오픈 마켓에서의 거래는 만 19세 이상의 성인에게만 허용된다.

- **유의어** 전자 소프트웨어 연결망
- **관련 용어** 자체적 등급 분류, 스팀, 앱스토어, 플레이 스토어
- **참고 자료** 류한석, 『모바일 플랫폼 비즈니스』, 한빛비즈, 2012. | 황승흠, 『영화·게임의 등급 분류』, 커뮤니케이션북스, 2014. | 디지털 데일리, 〈오픈마켓 게임물, 6일부터 자율등급제도 시행〉, www.ddaily.co.kr/news/article.html?no=79853

오픈 소스 open source

| 누구나 목적에 상관없이 사용·수정·배포할 수 있는 소프트웨어.

프로그램의 소스 코드를 공개하여 일반 대중이 자유롭게 사용, 복제, 수정, 배포할 수 있도록 권리를 보장하는 소프트웨어. 리처드 스톨먼(Richard Stallman)이 주도했던 프리 소프트웨어 운동(the Free Software Movement)으로 인해 '프리 소프트웨어(free software)'라고 불렸다. 그러나 프리 소프트웨어의 '프리'가 '무료'를 뜻하기 때문에 기업들의 참여가 저조했고, 이에 오픈 소스라는 용어가 제안됐다. 이후 1998년 이 용어는 캘리포니아에서 열린 넷스케이프(Netscape) 소스 코드 발매 발표 전략회의에서 처음 공식적으로 사용됐다. 또한 오픈 소스 이니셔티브(Open Source Initiative, OSI)가 설립된 이후 대중적으로 사용되기 시작했다.

베를레콘 조사(2002)에서 제시한 오픈 소스 소프트웨어와 그 외 소프트웨어 구분		
	소스 코드 공개	소스 코드 비공개
무료 배포	비상업적 오픈 소스 소프트웨어	프리웨어(freeware), 셰어웨어(shareware)
유료 배포	상업적 오픈 소스 소프트웨어	상업용 소프트웨어

오픈 소스에서 '오픈'은 일반 대중에게 소스 코드를 공개할 것인지의 여부를 뜻한다. 따라서 반드시 무료로 배포될 필요는 없다. 오픈 소스 소프트웨어는 배포시 금전적 이익을 추구하는지 여부와 소스 코드를 공개할 것인지 여부에 따라 분류된다. 이때 유·무료 배포 여부와 상관없이 소스 코드가 공개되는 소프트웨어를 오픈 소스 소프트웨어라고 부른다.

에릭 레이먼드는 저서 『성당과 시장(The Cathedral and the Bazaar)』에서 오픈 소스 소프트웨어를 개발 모델에 따라 2가지로 분류했다. 레이먼드는 리눅스(Linux)의 성공 사례를 예로 들면서 시장 모델을 사용하는 오픈 소스 소프트웨어의 개발을 장려했다. 그 결과로 많은 오픈 소스 소프트웨어들이 시장 모델을 사용하게 됐다.

에릭 레이먼드가 분류한 오픈 소스 소프트웨어 개발 모델			
유형	구조	설명	사례
성당 모델		출시될 때에만 소스 코드를 공개함. 출시 이전에는 제한된 개발자만이 코드에 접근 가능. 완성된 소프트웨어 공개 이전까지는 소프트웨어를 공개하지 않음.	유닉스(Unix)
시장 모델		소스 코드를 인터넷에 공개하여 일반 대중이 언제든지 접근 가능하도록 함. 사용자들이 서로 다른 접근 방법으로 소프트웨어 개발에 개입 가능.	리눅스(Linux)

오픈 소스 이니셔티브는 '오픈 소스 정의(The Open Source Definition, OSD)'를 제시함으로써 오픈 소스에 대한 정의를 공식적으로 규명하고 있으며, 이 기준에 부합하는 소프트웨어에 오픈 소스 라이선스를 부여하고 있다.

오픈 소스 정의	
기준	설명
1. 자유로운 재배포 (Free Redistribution)	소프트웨어를 판매하는 것은 허용하나, 판매에 대한 로열티, 수수료를 받을 수 없다. 이를 통해 소스 코드의 배포가 자유롭게 이루어질 수 있도록 유도하며, 금전적 수익을 위해 사용자를 제한할 수 없도록 한다.
2. 소스 코드 (Source Code)	프로그램에 소스 코드가 포함되어 있거나 다운로드 받을 수 있도록 해야 하며, 소스 코드의 배포를 허용해야 한다. 소스 코드는 프로그래머들이 수정하기 적절한 형태여야 하며, 프리프로세서(preprocessor)나 번역기를 사용한 중간 형태는 허용되지 않는다.

3. 2차 저작물 (Derived Works)	소프트웨어를 수정하거나 2차 저작물을 만드는 것을 허용해야 한다. 이때 2차 저작물 역시 원래의 소프트웨어와 동일한 조건으로 배포되어야 한다.
4. 저자의 소스 코드 완결성 (Integrity of The Author's Source Code)	소스 코드를 수정한 2차 저작물을 허용하되, 소스 코드가 수정된 형태로 배포되는 것을 제한할 수 있다. 2차 저작물의 이름을 원래 소프트웨어와 다르게 명시하거나 버전 번호(version number)를 기입하도록 요구할 수 있다.
5. 사람이나 그룹에 대한 차별 금지 (No Discrimination Against Persons or Groups)	어떠한 사람들이나 그룹에 대해서도 소스 코드 사용 및 접근에 대해 차별하지 않아야 한다. 오픈 소스는 모든 사람 및 그룹이 오픈 소스에 기여할 수 있도록 동등한 기회를 부여해야 한다.
6. 이용 분야에 대한 차별 금지 (No Discrimination Against Fields of Endeavor)	소스 코드는 목적에 상관없이 배포되고 사용될 수 있어야 한다. 오픈 소스가 상업적으로 사용되는 것을 막지 못하도록 한 조항으로, 이를 통해 상업적 사용자 역시 오픈 소스를 자유롭게 사용 가능하다.
7. 라이선스의 배포 (Distribution of License)	프로그램에 부여된 권리는 재배포된 프로그램을 사용하는 모든 사용자들에게 동일하게 적용되어야 하며, 이를 위해 추가로 라이선스를 얻을 필요는 없다. 비공개 계약 등 간접적 수단을 통해 사용이 제한되는 것을 방지하기 위해서이다.
8. 특정 제품에서만 유효한 라이선스의 금지 (License Must Not Be Specific to a Product)	프로그램에 대한 권리는 프로그램의 유형, 프로그램이 사용되는 제품의 유형에 상관없이 동일하게 적용되어야 한다. 재배포된 프로그램을 사용하는 사용자에게도 최초 배포판 프로그램 사용자와 동일한 권리가 보장되어야 한다.
9. 다른 소프트웨어를 제한하는 라이선스의 금지 (License Must Not Restrict Other Software)	프로그램에 대한 권리는 함께 배포되는 다른 소프트웨어를 제한해서는 안 된다. 동일 매체를 통해 배포되는 다른 소프트웨어에 소스 공개를 강요할 수 없다. 또한 오픈 소스 소프트웨어 배포자들은 배포 매체를 스스로 선택할 수 있다.
10. 기술 중립적 라이선스 (License Must Be Technology-Neutral)	라이선스의 어떤 조항도 특정 기술이나 인터페이스에 국한되어 적용되어서는 안 된다. 이를 통해 특정 컴퓨터의 운영체제나 환경에서 라이선스가 위반되는 것을 막기 위해서이다.

오픈 소스 소프트웨어로 출시된 대표적인 게임으로 〈인피니마이너(Infiniminer)〉가 있다. 상업용 소프트웨어로 처음 출시된 〈인피니마이너〉는 출시 이후 소스 코드가 유출되자 오픈 소스 소프트웨어로 재출시하여 플레이어가 자유롭게 게임을 변형할 수 있도록 했다.

- **반의어** 사유 소프트웨어, 클로즈드 소프트웨어
- **유의어** 프리웨어, 셰어웨어
- **관련 용어** 성당 모델, 시장 모델, 에릭 레이먼드, 오픈 소스 이니셔티브
- **참고 자료** 김정호, 이완재, 『오픈소스 소프트웨어의 경제학』, 자유기업원, 2004. | 조쉬 러너, 마크 솅커맨 저, 박지유 역, 『오픈 소스와 소프트웨어 산업, 상생의 경제학』, 에이콘, 2013. | Berlecon Research, "Basics of Open Source Software Markets and Business Models", *FLOSS Final Report*, Berlecon Research, 2002. | Eric S. Raymond, "The Cathedral and the Bazaar", *Knowledge, Technology & Policy*, vol.12, no.3, 1999. | 오픈소스 협회, www.opensource.org

오픈지엘 Open Graphics Library, OpenGL

| 2차원·3차원 그래픽 라이브러리를 지원하는 표준 응용 프로그램 인터페이스(Application Programming Interface, API).

그래픽 라이브러리를 지원하는 산업 표준 응용 프로그램 인터페이스. 그래픽 카드를 제어해 2차원·3차원 그래픽 성능을 가속화한다. 1992년 실리콘 그래픽스(Silicon Graphics, SGI)가 개발했으며, 마이크로소프트의 다이렉트엑스(DirectX)와 함께 가장 대중적으로 사용된다. 윈도우 운영체제 전용인 다이렉트엑스와는 달리, 모든 운영체제에서 구동 가능하며 안드로이드 등의 모바일 운영체제에서도 활발하게 사용된다. 캐드(Computer-Aided Design, CAD), 콘텐츠 제작, 엔터테인먼트 산업, 게임 개발, 가상현실 구현 등의 분야에서 활용된다. 운영체제의 플랫폼과 관계없이 동일한 그래픽 효과를 구현할 수 있다는 점이 특징이다. 세부 종류로는 오픈지엘, 오픈지엘 이에스(OpenGL ES), 웹 지엘(WebGL), 불칸(Vulkan) 등이 있다. 오픈지엘을 사용한 대표적인 게임으로는 〈퀘이크(Quake)〉 시리즈, 〈둠 3〉 등이 있다.

- **유의어** 다이렉트엑스
- **관련 용어** 그래픽, 응용 프로그램 인터페이스
- **참고 자료** 백남훈, 「모바일 그래픽스 분야 기술 동향」, 『TTA저널』, vol.150, no.0, 한국정보통신기술협회, 2013. | Kevin Hawkins, Dave Astle, *OpenGL Game Programming*, Cengage Learning PTR, 2002. | Luke Benstead, *Beginning OpenGL Game Programming*, Cengage Learning PTR, 2009.

오피 Over Power, OP

| 게임 플레이의 불균형을 초래하는 것.

게임에서 평균에 비해 과도한 효용가치를 지닌 것. 종족, 직업, 스킬, 아이템, 유닛 등에서 나타나며, 게임 시스템의 밸런싱 불균형에 의해 발생한다. 주로 업데이트나 패치를 통해 신규 요소를 도입하면서 생겨난다. 오피는 기존 플레이어의 만족도 하락 및 게임 이탈을 촉진시키므로 너프(nerf) 등의 수정 및 보완 과정이 필요하다. 〈리그 오브 레전드〉의 챔피언 '르블랑'이 출시 3일 만에 전 스킬에서 너프 패치를 받

오피의 유형과 예시		
종류	설명	사례
아이템	구입 가격, 사용 레벨, 획득 난이도에 비해 성능이 상대적으로 높음.	〈악튜러스(Arcturus)〉의 통클레티
스킬	캐릭터의 레벨과 속성에 따른 상성과 상관없이 적에게 입히는 대미지가 상대적으로 높음.	〈페르소나(Persona)〉 시리즈의 하르마게돈
캐릭터	다른 종족, 직업군 등 캐릭터에게 부여되는 속성이 여타 캐릭터와 비교하여 높음.	〈데빌 메이 크라이(Devil May Cry)〉의 단테

은 것이 대표적 사례이다. 오피의 유형은 크게 아이템, 스킬, 캐릭터로 나뉜다.

오피는 캐릭터 간의 대결이 설정된 게임 시스템에서 유의해야 하는 항목으로 제재 조치를 가하기도 한다. 대전 격투 게임인 〈철권 2〉의 캐릭터 '아머 킹'은 일부 국내 대회에서 출전을 금지당했다. 〈리그 오브 레전드〉의 랭킹 게임에서 플레이어들은 상대팀이 오피 캐릭터를 선택할 수 없도록 게임에서 제외시키는 전략을 사용하며 그러한 행위를 밴(ban)이라고 칭한다.

플레이어 커뮤니티에서 오피는 비정상적 효과에 의해 '사기' 등의 용어로 수식된다. 예를 들어 종족, 직업, 캐릭터의 경우 '사기캐(사기 캐릭터)', 아이템의 경우 '사기템(사기 아이템)', 스킬의 경우 '사기스킬'이라 불린다.

- **유의어** 사기캐
- **관련 용어** 너프, 밴픽, 밸런스, 약캐
- **참고 자료** Frostarix, *League of Legends Guide : Master Ranked Solo Queue-Secure Every Possible Advantage*, Frostarix, 2015. | Robert Hunter, *The Gamification Handbook—Everything You Need to Know about Gamification*, Tebbo, 2011.

온라인 게임 online game

| 네트워크 환경을 기반으로 플레이어가 참여하는 디지털 게임의 한 유형.

네트워크를 통해 전용 서버를 이용하거나 다른 플레이어의 기기에 연결하는 등 멀티 플레이를 지원하는 디지털 게임. 피시(PC) 게임만을 온라인 게임으로 지칭하는 경우도 있지만, 넓게는 네트워크 기능을 지원하는 콘솔 및 휴대용 게임기까지도 포함한다.

1969년 릭 블룸(Rick Bloom)이 네트워크 시스템 플라토(PLATO)를 〈스페이스 워!(Spacewar!)〉에 도입해 2인용 멀티 플레이를 지원한 것이 온라인 게임의 시초이다. 1970년에는 플라토를 이용한 시뮬레이션 게임 〈에어파이트(Airfight)〉와 〈토크 오 매틱(Talk-O-Matic)〉이 최초로 플레이어에게 아바타와 채팅 룸을 제공해 플레이어 간 직접 대화를 가능하게 했다. 1980년대 중반까지 온라인 게임은 에섹스(Essex) 네트워크에 설치된 머드(MUD)가 주를 이루었고, 다중 클라이언트 방식으로 이루어졌기 때문에 학교, 직장 등 네트워크에 접속할 수 있는 제한된 사람들만이 플레이할 수 있었다. 당시 온라인은 프로토콜 등을 이용해 피시끼리 직접 접속하는 방식으로 이루어졌으며, 게임을 주목적으로 다루기보다는 통신 서비스 업체로부터 전자 우편, 자료 전송 등과 같은 일종의 하위 서비스로 제공됐다.

1993년에 이르러 월드 와이드 웹(World Wide Web, WWW)의 전신인 아프라넷(ARPANet)으로부터 TCP/IP 프로토콜 방식이 대중화되고 피시가 도입되면서 온라인 게임 플레이어가 급증하게 됐다. 이후 웹이 전 세계적인 네트워크로 부상했고, 1996년 출시된 〈퀘이크〉가 최초로 게임에 웹을 이용하게 되면서 멀티 플레이 게임 증가에 기여했다. 이로 인해 플레이어들은 특정 서버에 접속하여 게임을 플레이하게 됐으며, 관련된 게임 웹 사이트들 또한 확장되어 온라인 게임을 대중화하는 데 기여했다. 대표적인 예로 〈스타크래프트〉, 〈월드 오브 워크래프트〉 등을 한 서버에서 접속할 수 있는 배틀넷(Battle.net)이 있다.

- **관련 용어** 네트워크, 멀티 플레이
- **참고 자료** 나카시마 켄고 저, 김상우 역, 『온라인 게임을 지탱하는 기술』, 위키북스, 2012. | 위정현 편저, 『온라인 게임, 교육과 손잡다』, 한경사, 2008. | Markus Friedl, *Online Game Interactivity Theory*, Charles River Media, 2002.

온라인 텍스트 기반 역할수행 게임

online text-based role-playing game

| 온라인에서 텍스트 입력을 통해 플레이하는 역할수행 게임.

온라인에서 모인 다수의 플레이어가 텍스트 입력을 통해 주어진 역할을 수행

하는 게임. 머드(MUD), 무(MOO)에서 시작하여 게임 팬덤을 만들었다. 아이알시(IRC)와 같은 전문 채팅 프로그램이나 텔넷(TELNET), 이메일, 웹사이트 등 온라인 미디어를 이용해 진행하기도 한다. 장르의 시초는 1978년 로이 트럽쇼(Roy Trubshaw)와 리처드 바틀이 개발한 〈머드 1(MUD 1)〉이다.

온라인 텍스트 기반 역할수행 게임은 경우에 따라 영상이나 그래픽을 활용하기도 하지만, 텍스트 중심적으로 플레이하는 것이 일반적이다. 온라인 텍스트 기반 역할수행 게임은 판타지나 공포, 공상 과학 등 다양한 장르의 세계관을 차용한 미디어 기반 팬 역할놀이를 가리키기도 한다.

놀이의 배경이 되는 세계관의 경우, 운영자가 새롭게 창조하거나 『해리포터』, 『반지의 제왕』 등의 작품에서 차용한다. 플레이어는 자신의 캐릭터를 생성해 주어진 규칙과 에티켓에 따라 게임 세계에 참여한다. 온라인 텍스트 기반 역할수행 게임의 유형은 표와 같이 분류할 수 있다.

온라인 텍스트 기반 역할수행 게임의 유형	
종류	설명
실시간형	트위터와 같은 소셜 네트워크 서비스나 채팅 프로그램을 통해 역할놀이가 이뤄지며, 채팅의 경우 캐릭터를 통제하는 별도의 운영자가 존재함.
비실시간형	게시판이나 이메일을 통해 역할놀이가 진행되며, 플레이어는 별도의 시간제한 없이 대사, 이야기를 게시하는 형태로 플레이함.

- **관련 용어** 머드, 게임 팬덤, 게임 팬픽
- **참고 자료** Edward Castronova, *Synthetic Worlds : The Business and Culture of Online Games*, University of Chicago Press, 2005. | Lisa S. Brenner, *Playing Harry Potter : Essays and Interviews on Fandom and Performance*, McFarland, 2015.

온리전 fan created product exhibition

| 한 가지 장르나 주제를 중심으로 개최되는 동인 행사.

한 가지 주제로 모인 동인들이 2차 창작품을 판매하고 교류하는 행사. 일본에서는 '온리 이벤트(only-event)'라고 칭한다. 모든 행사의 기획 및 진행이 동인들의 자발적 참여에 의해 비영리로 이루어진다.

온리전의 유형은 크게 단독 개최와 연합 개최로 나뉜다. 주로 '동인 페스타', '케이크 스퀘어' 등의 행사를 통해 진행되며, 각 연합의 심사 규정에 부합해야 온리전을 개최할 수 있다. 게임을 주제로 한 온리전은 2014년 2월과 8월에 개최된 〈검은방(Panic Room)〉과 〈회색도시(City of Mist)〉의 온리전 '검은 도시', 2015년 1월에 개최된 〈소닉 더 헤지혹〉의 온리전 '트루 블루(True Blue)', 2015년 2월 개최된 리듬 게임 종합 온리전인 '유 아 미스터 리게이(U R Mr. Rhygay)' 등이 있다.

- **관련 용어** 온리 이벤트, 배포전, 동인 행사, 동인 네트워크, 케이크 스퀘어
- **참고 자료** 동인 행사 안내 홈페이지, http://onlyevent1.cafe24.com

와이어프레임 wireframe

| 선을 그려 3차원 객체를 형상화하는 방법.

수많은 선을 통해 객체의 뼈대를 세우는 모델링 방식. 3차원의 좌표 데이터 값을 기반으로 객체의 꼭짓점과 모서리를 이어 360도 방면으로 형상화하기 때문에 객체에 입체감을 부여한다. 게임에서 배경과 객체를 3차원으로 구현하는 모델링 초기 과정에 해당한다. 와이어프레임은 3D 맥스(3D Max), 유니티 3D(Unity 3D) 등의 프로그램을 통해 작업된다. 모델링 작업의 첫 번째 단계에서는 객체에서 가시적으로 드러나는 부분과 비가시적인 부분까지 모든 뼈대가 선으로 표시되고, 두 번째 단계에서 실질적으로 보이지 않게 될 뒷면의 와이어프레임을 삭제하는 은선 제거(hidden line elimination) 작업이 실행된다. 이후 와이어프레임 위에 색상, 질감, 그림자 등의 텍스처를 입혀 객체가 완성된다. 선에 의해 분할된 폴리곤의 숫자가 늘어날수록 객체가 사실적이고 생동감 있게 구현된다. 움직임이 많은 캐릭터의 경우, 와이어프레임의 분할이 섬세한 하이 폴리 모델링(high poly modeling) 기법을 사용한다. 〈둠〉, 〈퀘이크〉, 〈버추어 파이터〉 등은 세밀한 와이어프레임과 셰이딩 기법을 사용해 성공적으로 3차원 객체를 구현한 사례로 꼽힌다.

- **관련 용어** 그래픽, 렌더링, 모델링, 폴리곤
- **참고 자료** John Billingsley, Peter Brett, *Machine Vision and Mechatronics in Practice*, Springer, 2015. | Mark J. P. Wolf, Bernard Perron, *The Video Game Theory Reader*, Routledge, 2003.

왕자 prince

| 왕족의 남성을 칭하는 말.

왕족과 관계된 높은 지위의 남성. 왕자의 영어 단어 '프린스(prince)'는 본래 군주를 가리키는 말이었으나 점차 왕족 남성을 아울러 칭하는 용어로 굳어졌다. 일반적으로 왕자나 황태자를 의미하며 군주라는 뜻도 포함한다. 게임에서 왕자는 주로 주인공으로 등장한다. 〈페르시아의 왕자(Prince of Persia)〉와 〈리니지〉에서 주인공으로 각각 왕자와 군주를 채택한 것이 그 예이다.

왕족과 관계된 높은 지위를 가지면서 왕자에 대응되는 여성을 의미하는 단어는 공주(princess)이다. 공주는 왕족 여성을 칭하는 용어로, 주로 왕녀나 왕자의 아내 등을 의미한다. 게임에서 공주는 플레이어가 구해야 할 대상이다. 대표적인 예로 〈슈퍼 마리오 브라더스〉와 〈젤다의 전설〉에서 플레이어 캐릭터는 공주를 구하기 위해 여정을 떠난다. 이 외에도 딸을 공주로 키우는 것이 목표인 육성 시뮬레이션 게임 〈프린세스 메이커(Princess Maker)〉 시리즈, 디즈니 만화의 공주 캐릭터가 주인공으로 등장하는 〈디즈니 프린세스 : 마이 페어리테일 어드벤처(Disney Princess : My Fairytale Adventure)〉 등이 있다.

- **유의어** 프린스
- **관련 용어** 주인공, 군주, 공주 구하기 게임, 육성 시뮬레이션 게임
- **참고 자료** 김겸섭, 『(모두를 위한 놀이) 디지털게임의 재발견』, 들녘, 2012. | 이상우, 『게임, 게이머, 플레이 : 인문학으로 읽는 게임』, 자음과모음, 2012.

요정 fairy

| 중세 유럽 민담에 등장하는 인간 형상의 초자연적인 존재.

인간과 유사한 형상으로, 마법을 사용하는 초자연적인 존재. 본래 픽시(pixie), 푸카(phooka), 시(sidhe), 고블린(goblin) 등과 같이 특정 지역의 민담에서 등장하는 신비한 존재들을 포괄했다. 19세기 빅토리아 시대 예술가들의 작품을 통해 날개가 달린 작은 체구의 정령으로 정형화되면서 요정이 가리키는 대상이 축소됐다. 조엘 레비(Joel Levy)는 요정을 모습을 마음대로 바꿀 수 있으며, 사람

예이츠가 제시한 요정의 분류		
종류	특징	예시
고독한 요정 (solitary fairies)	크기는 다양하나 못생기고 불결한 모습을 지녔으며 성격이 괴팍함. 마법을 사용해 인간을 골탕 먹이는 경우가 많음.	추수가 끝날 때 곡식의 분배를 요구하는 '푸카(pooka)', 인간이 죽었을 때 나타나는 '밴쉬(banshee)'.
사교적인 요정 (trooping fairies)	아름다운 외모를 지녔으며 계층적인 사회 구조를 형성함. 크기나 모습을 자유롭게 바꿀 수 있고 연회를 벌이는 경우가 많음.	인간의 아이를 데려가는 대신에 병든 아기 요정을 남겨 놓는 '첸지링(changeling)'.

들에게 마법을 걸 수 있는 능력을 가진 것으로 묘사했다. 윌리엄 버틀러 예이츠는 켈트족 문화를 공유하는 아일랜드 지역을 조사하여 요정 관련 민담을 수집, 연구했다.

요정은 문학을 거치며 주인공에게 특별한 능력을 부여하거나 길을 안내하는 조력자 역할로 자리 잡았다. 『한여름 밤의 꿈』의 '퍽', 『피터 팬』의 '팅커벨', 『피노키오의 모험』에서 피노키오에게 생명을 주는 '푸른 요정'이 이에 해당한다.

게임에서 요정은 플레이어를 도와주는 길잡이나 조력자, 동료 등 긍정적 존재로 등장하거나, 플레이어가 목표를 완수하기 위해 제거해야 할 부정적 존재로 등장한다. 전자의 사례로 〈젤다의 전설 : 시간의 오카리나(The Legend of Zelda : Ocarina of Time)〉에 등장하는 요정 '나비'가 있다. 나비는 플레이어와 함께 이동하면서 게임 내 오브젝트의 정체를 화살표의 색을 통해 알려주고, 수수께끼의 힌트도 알려준다. 〈확산성 밀리언 아서(Kaku-San-Sei Million Arthur)〉에는 요정 '페이', '리페', '엘'이 등장한다. 이들은 게임 접속 시 화면에 등장하여 수집한 카드의 상태, 카드를 수집할 수 있는 지역을 알려주어 플레이어의 성장을 돕는다. 후자의 사례로는 〈메이플스토리〉에서 보스몹으로 등장하는 '에피네아'가 있다. 엘린 숲의 지배자이자 요정들의 여왕인 에피네아는 유혹 스킬을 사용해 플레이어의 이동, 공격 능력을 일정 시간 동안 봉인할 수 있다. 한편, 〈심즈 3 : 슈퍼내추럴〉에서 요정은 하나의 종족으로 등장했다.

■ 관련 용어 고블린, 엘프

■ 참고 자료 조엘 레비 저, 조진경 역, 『신비동물을 찾아서』, 북플래너, 2009. | 서혜숙, 「예이츠의 『아일랜드 요정담과 민담』에 나타난 아일랜드 요정의 세계」, 『한국예이츠저널』, vol.25, no.0, 한국예이츠학회, 2006. | Katharine Briggs, *The Fairies in Tradition and Literature*, Routledge, 2002. | Nicola Bown, *Fairies in Nineteenth-Century Art and Literature*, Cambridge University Press, 2006. | William Butler Yeats, *Fairy and Folk Tales of the Irish Peasantry*, Walter Scott, 1888.

우주 전쟁 space war

| 우주를 배경으로 벌어지는 전쟁.

우주를 무대로 인류를 포함한 여러 종족이 벌이는 전쟁. 외계에서 지구를 침략하는 경우도 우주 전쟁에 해당한다. 최초의 우주 전쟁 이야기는 고대 로마의 문인 루키아노스(Lucianus)의 『진실한 이야기(A True Story)』이며, 대표적인 작품으로는 허버트 조지 웰스(Herbert George Wells)의 공상 과학 소설 『우주 전쟁(The War of the Worlds)』이 있다. 우주 전쟁 모티프를 활용한 초기 게임으로는 우주선을 조작하는 슈팅 게임 장르가 있다. 대표적으로 〈스페이스워!(Spacewar!)〉와 〈스페이스 인베이더(Space Invaders)〉가 있다. 이 외에도 다양한 장르에서 우주 전쟁 모티프가 차용됐다. 실시간 전략 게임에서는 다양한 외계 종족을 등장시켜 각 종족의 특성을 게임 플레이에 반영한다. 〈워해머 40,000 : 던 오브 워(Warhammer 40,000 : Dawn of War)〉 시리즈와 〈스타크래프트〉 시리즈가 대표적이다. 다중접속온라인 역할수행 게임의 예로는 〈이브 온라인(EVE Online)〉이 있다.

■ **참고 자료** 크로노스케이프 저, 김훈 역, 『SF 사전』, 비즈앤비즈, 2012.

운동 게임 fitness game

| 플레이어의 동작을 통해 운동 효과를 유발하는 기능성 게임.

화면을 통해 운동 방법을 제시하여 이를 따라한 플레이어에게 운동 효과를 제공하는 기능성 게임. 엑서게이밍(exergaming)이라고도 한다. 체중을 감량하거나 신체를 단련하려는 플레이어를 위해 개발됐으며, 별도의 컨트롤러가 포함된 콘솔 기기를 통해 발매된다. 플레이어는 리모컨, 풋 패드 등의 컨트롤러를 이용해 화면에 제시된 운동 방법을 모사하며, 플레이어의 신체 동작은 점수나 레벨로 치환된다. 대표적인 게임 기기로 닌텐도의 위 밸런스 보드(Wii balance board)와 엑스박스의 키넥트(Kinect) 등이 있다. 일렉트로닉 아츠(Electronic Arts, EA)가 개발한 〈이에이 스포츠 액티브(EA Sports Active)〉는 가상의 개인 트레이너를 통해 운

동 방법 및 식이요법, 30일간의 도전 모드 등을 제공한다. 닌텐도 〈위 핏(Wii fit)〉
의 경우, 플레이어의 체중 및 비만도를 측정하고 몸의 상태에 맞는 트레이닝 방법
을 제공한다. 〈위 핏〉은 2008년 일본 게임대상에서 '대상(Grand Award)' 및 '최고
의 판매 상(Best Sales Award)'을 수상했으며, 2015년 닌텐도에서 공식 발표한 바
에 따르면 전 세계적으로 2,200만 장이 판매됐다.

- **유의어** 엑서게이밍, 헬스 게임(health game)
- **관련 용어** 기능성 게임, 동작기반 게임, 풋 패드, 컨트롤러, 위 핏, 키넥트
- **참고 자료** Ian Bogost, *Persuasive Games : The Expressive Power of Videogames*, The MIT Press, 2007. |
Ian Bogost, Nick Montfort, *Racing the Beam*, The MIT Press, 2009.

워 게임 war game

| 역사적인 사실을 바탕으로 전쟁 상황을 시뮬레이션한 게임 장르.

전쟁이나 군사적 충돌 상황을 모사해 놀이 대상으로 축소시킨 게임 장르. 영
토나 군대의 구성 같은 역사적 자료를 소재로 사용한다. 지도 위에서 말을 이동
시키고 주사위를 굴리면서 전쟁의 결과를 측정하고 전술과 군대의 운영을 훈련
하던 군사 전략에서 유래했다.

1913년 소설가 허버트 조지 웰스는 〈리틀 워즈(Little Wars)〉를 통해 군대에
서 사용되던 지도와 말을 미니어처로 축소시켜 보드 게임으로 활용하는 형태
의 워 게임을 고안했다. 이때 주사위로 게임을 진행한다는 점, 병과별로 말들의
이동 거리나 공격력, 방어력 등을 서로 다르게 설정한 점이 워 게임의 기본적인
규칙으로 정립됐다. 이후 1953년 찰스 로버트(Charles Robert)는 최초의 상업용
워 게임 〈택틱스(Tactics)〉를 발매하면서 보드 게임 업체인 아발론 힐 게임 컴퍼
니(Avalon Hill Game Company)를 설립했다. 이로 인해 미국과 유럽을 중심으
로 워 게임이 대중화되고 일반적인 게임 장르로 정립됐다.

실제 전쟁의 특징인 영토 분쟁과 군사적 전술, 승패 구조는 그대로 워 게임
의 중요한 요소로 반영된다. 따라서 워 게임은 실제의 역사적인 전투를 배경으
로 하며, 당시의 군사적 병력이나 탈것, 무기들을 소재로 반영한다. 플레이어는

지도를 확인하면서 말을 전략적으로 배치하고, 다른 플레이어의 군대를 무찌르면서 영토를 확장해야만 승리할 수 있다. 대표적인 워 게임으로 〈커맨드 앤 컨커(Command & Conquer)〉 시리즈, 〈클로즈 컴뱃(Close Combat)〉 시리즈가 있다.

- **관련 용어** 시뮬레이션 게임, 전략 게임
- **참고 자료** 김원보, 최유찬, 『컴퓨터 게임과 문화』, 이룸, 2005. | Keith Burgun, *Game Design Theory : A New Philosophy for Understanding Games*, CRC Press, 2012. | Richard Rouse III, *Game Design : Theory and Practice*, Jones & Bartlett Learning, 2004.

원 소스 멀티 유즈 One Source Multi Use, OSMU

| 하나의 원작을 복수 매체 및 장르의 콘텐츠로 변용하는 문화 산업 전략.

하나의 원형 콘텐츠를 활용해 다른 장르의 콘텐츠로 확대·발전시키는 전략. 이미 특정 시장에서 성공한 콘텐츠를 원작으로 상품을 개발하여 판매 또는 서비스함으로써 원작과 같은 성공을 거두려는 것을 포함한다. 이때 원천 소재가 되는 원작은 대중에게 가치를 인정받았거나 받을 수 있는 스토리, 혹은 캐릭터를 가진 양질의 콘텐츠여야 한다. 디지털 콘텐츠 분야에서 시작된 개념으로 기술의 발전으로 인해 매체 간 융합과 장르 간 이동이 용이해지면서 발생한 현상이다. 미디어 믹스(media mix), 미디어 프랜차이즈(media franchise)라고도 한다.

이 전략은 하나의 콘텐츠를 영화, 게임, 애니메이션, 팬시, 방송, 출판 등의 다양한 형태로 변용해 부가가치를 극대화한다. 이러한 효과를 기대하고 기획 단계에서부터 다양한 영역과 연계된 콘텐츠가 개발되는 경우도 있다. 대표적인 사례로는 1996년 출시된 〈포켓몬스터〉 시리즈가 있다. 이 게임은 만화, 애니메이션, 영화 등의 매체를 이용한 원 소스 멀티 유즈 전략으로 2000년에 누적 판매량 10억 장을 돌파했다. 게임 〈포켓몬스터〉를 소재로 한 영화의 경우에는 1999년 약 8,500만 달러 수익을 올리면서 흥행에 성공했다.

국내에서는 2011년 기준 동시 접속자 수 62만 명을 기록한 〈메이플스토리〉를 예로 들 수 있다. 이 게임은 애니메이션, 만화, 캐릭터 상품 외에도 게임 세계를 오프라인에서 경험할 수 있는 체험전을 기획한 바 있다.

■ **관련 용어** 미디어믹스, 미디어 프랜차이즈, 트랜스미디어
■ **참고 자료** Andrea Phillips, *A Creator's Guide to Transmedia Storytelling : How to Captivate and Engage Audiences Across Multiple Platforms*, McGraw-Hill Education, 2012. | Derek Johnson, *Media Franchising : Creative License and Collaboration in the Culture Industries*, NYU Press, 2013. | Henry Jenkins, *Convergence Culture : Where Old and New Media Collide*, New York University Press, 2006. | Jay Lemke, *Critical Analysis across Media : Games, Franchises, and the New Cultural Order*, University of Michigan, 2004. | 전자신문, 〈포켓몬스터가 펼친 '미디어믹스' 전략〉, http://media.daum.net/digital/all/view.html?cateid=1008&newsid=20101208120809327&p=etimesi

원버튼 게임 one button game

| 버튼 하나 또는 손가락 하나로 플레이할 수 있는 게임.

하나의 버튼이나 손가락만으로 게임의 모든 요소를 조작할 수 있는 게임. 대표적인 초기 원버튼 게임으로는 원형 버튼과 스틱으로 조작이 가능한 〈스페이스 인베이더(Space Invaders)〉가 있다. 원버튼 게임에서 필요한 버튼은 하나이지만, 하나의 버튼에 다수의 기능을 부여해 캐릭터의 액션에 변화를 준다. 액션은 플레이어가 버튼을 누르고 떼는 방식, 누르는 시간, 연타 횟수에 따라 액션의 강도 및 종류가 달라진다.

원버튼 게임의 플레이 방식은 주로 캐릭터가 자동으로 움직이면, 플레이어가 버튼을 눌러 액션을 발동시키는 것이다. 원버튼 게임은 단순한 조작법으로 다양한 액션이 가능하다는 점에서 액션 게임, 어드벤처 게임, 퍼즐 게임, 슈팅 게임 등 다양한 장르의 게임과 접목됐으며, 게임 플랫폼의 발전에 따라 플래시 게임을 거쳐 모바일 게임으로 확장됐다.

피처폰용으로 제작된 국내 초기의 원버튼 게임은 2003년 게임빌(Gamevil)에서 제작된 〈놈〉이다. 플레이어는 자동으로 달리는 캐릭터 놈이 장애물이나 적을 만날 때면 올바른 타이밍에 버튼을 눌러 회피해야 한다. 이 외에도 원버튼으로 조작 가능한 7가지의 게임들로 구성된 〈미니게임천국(Mini Game Paradise)〉이 있다. 모바일 게임 시장이 스마트폰 게임 시장으로 바뀐 이후, 원버튼 게임은 버튼 하나에서 손가락 하나로 조작하는 게임이라는 의미가 강화됐다. 대표적인 스마트

폰용 원버튼 게임으로는 퍼즐 게임 〈애니팡〉, 러닝 게임 〈윈드러너 포 카카오(Wind Runner for Kakao)〉, 액션 게임 〈앵그리 버드(Angry Birds)〉 등이 있다.

- **관련 용어** 러닝 게임
- **참고 자료** Ryan Rigney, *Buttonless : Incredible iPhone and iPad Games and the Stories Behind Them*, CRC Press, 2011. | 헝그리앱, 〈(기획) 타이쿤과 미니 게임의 추억-피처폰 게임을 찾아서-〉, www.hungryapp. co.kr/news/news_view.php?bcode=news&pid=23897&catecode=007 | Gamasutra, "One Button Games", www.gamasutra.com/view/feature/2316/one_button_games.php

원질 신화 monomyth / 原質神話

| 영웅 신화에 나타나는 보편적인 서사 구조.

신화학자 조셉 캠벨이 제시한, 영웅 신화에 공통적으로 나타나는 서사 구조. 캠벨은 카를 구스타프 융의 원형이론을 원용해 전 세계의 신화와 전설에서 공통으로 나타는 이야기의 원형을 찾고자 했다. 융에 따르면 모든 인간에게는 원형이라 불리는 선천적이면서도 보편적 성질을 지닌 집단 무의식이 존재한다. 이와 같은 맥락에서 캠벨은 신화에 나타나는 영웅의 이야기를 인간의 무의식 속에 존재하는 보편적인 서사 구조로 보았다.

원질 신화의 핵심은 영웅의 여행 과정에서 나타나는 분리, 입문, 회귀의 3단계 구조이다. 일상적인 세계에서 살던 영웅은 어떠한 부름에 의해 초자연적인 세계로 떠난다. 여행에서 영웅은 적대 세력과 만나 승리를 거두고 세상을 구원할 힘이나 동료들에게 이익이 되는 보상을 획득해 일상 세계로 돌아온다. 이와 같은 영웅의 여행 구조는 디지털 게임의 서사에 활용된다. 대표적인 사례로 〈아이온 : 영원의 탑〉과 같은 다중접속온라인 역할수행 게임에서 플레이어는 퀘스트를 부여받고 이를 해결하기 위해 게임 속의 세계를 탐험하며 다양한 과제를 수행하고 마침내 보상을 획득한다.

- **관련 용어** 영웅의 여행
- **참고 자료** 조셉 캠벨 저, 이윤기 역, 『천의 얼굴을 가진 영웅』, 민음사, 1999. | 한혜원, 『디지털 게임 스토리텔링 : 게임 은하계의 뉴 패러다임』, 살림, 2005.

월드 사이버 게임즈 World Cyber Games, WCG

| 한국에서 출범한 국가 대항전 형식의 국제 이-스포츠 대회.

국가 대항전 형식의 국제 게임 대회. 이-스포츠(e-sports)를 활용해 사이버 올림픽을 구현하기 위해 한국에서 출범한 행사이다. 삼성전자의 후원을 받아 게임 마케팅 전문 업체인 인터내셔널 사이버 마케팅(International Cyber Marketing, ICM)이 주관했다. 2000년에 열린 월드 사이버 게임즈 챌린지(World Cyber Games Challenge, WCGC) 대회를 시초로 발전했으며, 2001년부터 이-스포츠 경연에서 우승한 국가에 대한 시상식을 진행했다. 2014년 후원 문제 등으로 대회가 종료됐다. 이후 운영총괄책임자였던 전명수 대표의 주도 아래 월드 이-스포츠 챔피언십 게임즈(World e-Sports Championship Games, WECG)가 출범했다. 정식 게임 종목으로는 〈스타크래프트〉 시리즈, 〈워크래프트〉 시리즈, 〈피파〉 시리즈, 〈에이지 오브 엠파이어(Age of Empires)〉 시리즈 등이 있다.

- **유의어** 사이버 게임즈 페스티벌
- **관련 용어** 이-스포츠, 월드 이-스포츠 챔피언십 게임즈
- **참고 자료** 디스이즈게임, 〈월드사이버게임즈 2013년 추가 종목 발표〉, www.thisisgame.com/esports/nboard/162/?n=44494 | 데일리e스포츠, 〈새로운 e스포츠 국가 대항전 WECG 출범〉, http://esports.dailygame.co.kr/view.php?ud=201406051239340402 9#close_kova

월트 디즈니 컴퍼니 The Walt Disney Company

| 월트 디즈니가 설립한 미국의 미디어 및 엔터테인먼트 종합 회사.

애니메이션, 영화, 게임 등 미디어 매체 전반을 아우르는 미국의 엔터테인먼트 기업. 1923년 월트 디즈니와 로이 디즈니(Roy Disney) 형제가 애니메이션 스튜디오를 설립하면서 시작됐다. 디즈니에서 제작한 최초의 애니메이션 작품은 1937년 개봉한 〈백설 공주와 일곱 난쟁이〉로 미국 최초의 장편 애니메이션이었다.

애니메이션 사업의 성공 후, 미키 마우스, 도널드 덕, 백설 공주, 신데렐라, 우디, 스티치 등의 애니메이션 캐릭터들을 중심으로 다양한 상품이 개발됐다. 애니

메이션 외에도 영화, 음악, 텔레비전 프로그램, 놀이공원 어트랙션, 게임 등 다양한 미디어로 사업 영역을 확장했다. 하나의 콘텐츠를 미디어의 특징에 맞게 기획 개발하는 방식으로 팬층을 확보하고 있다.

최초로 디즈니 캐릭터를 게임화한 작품은 1981년 출시된 〈미키 마우스〉이다. 월트 디즈니 컴퍼니는 1988년에 월트 디즈니 컴퓨터 소프트웨어를 설립해 직접 디즈니의 소프트웨어와 비디오 게임을 개발하고 판매하기 시작했다. 이후 2003년 부에나 비스타 게임즈(Buena Vista Games)를 거쳐 2007년 디즈니 인터랙티브 스튜디오(Disney Interactive Studios)로 명칭을 변경했다.

디즈니 인터랙티브 스튜디오에서 최초로 개발한 게임은 1990년 출시된 〈미키 마우스 : 캐슬 오브 일루전(Mickey Mouse : Castle of Illusion)〉이다. 미키 마우스, 도널드 덕, 디즈니 프린세스와 같이 대표 캐릭터의 캐릭터성만 가져가거나 〈토이 스토리 2(Toy Story 2)〉와 같이 디즈니가 제작한 애니메이션의 서사를 위주로 게임화가 이루어진다.

크로스오버 게임으로는 게임 회사 스퀘어 에닉스(SQUARE ENIX)의 캐릭터들과 디즈니 캐릭터들이 이야기 세계를 공유하는 액션 역할수행 게임 〈킹덤 하츠(Kingdom Hearts)〉 시리즈가 있다. 2007년에는 유아용 가상 세계 게임인 〈클럽 펭귄(Club Penguin)〉을 인수하여 게임 사업 확장을 시도했으며 모바일 게임 시장에 적극적으로 진출했다.

2014년 모바일 게임 〈프리즌 : 프리 폴(Frozen : Free Fall)〉은 7,000만 번 이상 다운로드됐으며, 이를 기반으로 디즈니는 모바일 게임 분야에서 260억 달러의 매출을 달성했다.

- **관련 용어** 애니메이션, 캐릭터, 디즈니 인터랙티브 스튜디오, 킹덤 하츠 시리즈, 모바일 게임
- **참고 자료** 한국콘텐츠진흥원 일본사무소, 「글로벌 종합 엔터테인먼트 그룹 디즈니의 전략」, 『일본 콘텐츠산업동향』, 한국콘텐츠진흥원, 2012.06. | Newton Lee, Krystina Madej, *Disney Stories : Getting to Digital*, Springer, 2012. | 디지털타임스, 〈디즈니 게임사업 철수〉, www.dt.co.kr/contents.html?article_no=2014032402010831749002 | 아이뉴스24, 〈디즈니는 게임회사?…작년 게임 매출 29조원〉, http://news.inews24.com/php/news_view.php?g_menu=020600&g_serial=863848 | IGN, Disney Interactive Studios, www.ign.com/companies/disney-interactive-studios

웨이브 wave

| 게임에서 몬스터가 단체로 생성되고 나타나는 방식.

게임에서 다수의 몬스터가 플레이어 캐릭터를 향해 몰려오는 방식. 수적인 우세로 상대를 압도하는 전략인 인해전술(human wave tactics)에서 유래했다. 몬스터의 수, 종류, 이동 패턴, 출현 간격 등을 모두 포함하는 개념으로 레벨 디자인의 주요 요소 중 하나이다. 게임 디자이너는 게임의 난이도와 레벨에 따라 출현하는 몬스터의 종류와 위치, 패턴 등을 조합해 알고리즘을 제작한다. 게임의 난이도와 레벨이 높아질수록 더 강력한 몬스터로 구성된 웨이브가 발현되는 것이 일반적이다.

웨이브는 정해진 스크립트와 코드를 따라 발현되는 경우와 몬스터 유닛이 인공지능을 가지고 자의적인 출현 패턴을 형성하는 경우로 나뉜다. 전자는 디자이너가 유닛의 이동 경로를 일일이 선정하고 배치하는 웨이브 포인트(wave-point)와 웨이브 포인트에 코드를 첨가해 다양한 패턴을 따라 이동하게 하는 웨이브 패턴(wave-pattern) 형식으로 구현된다. 후자는 게임 디자이너가 플레이어의 레벨, 점수, 상태 등에 따라 웨이브를 자동적으로 발현시키는 웨이브 생성기(wave generator)를 제작해 자동적으로 웨이브가 발생하도록 설정하는 방식이다.

웨이브는 다수의 몬스터를 처치해야 하는 슈팅 게임, 다중접속온라인 역할수행 게임, 역할수행 게임 등에서 발현된다. 〈서든어택〉의 맵인 '통제구역 6'의 경우 좀비 웨이브가 일정 시간마다 몰려오며 웨이브를 다 처치하면 30초 뒤에 다음 스테이지로 넘어간다. 〈플랜츠 대 좀비(Plants vs. Zombies)〉는 일정 시간마다 좀비 웨이브가 발생하며 각 스테이지의 마지막 웨이브에는 높은 공격력을 가진 좀비가 포함된다. 〈뮤 오리진(MU Origin)〉의 경험치 던전에서는 3번의 웨이브가 생성되며 플레이어가 한 웨이브를 처치해야 다음 웨이브가 생성된다. 웨이브의 패턴이 일정한 경우 플레이어는 패턴에 따라 플레이 전략을 구상하고 실현한다. 반면 플레이어가 생성 주기와 빈도를 알 수 없는 웨이브는 게임의 긴장감과 몰입도를 극대화할 수 있다.

- **관련 용어** 레벨 디자인, 리스폰
- **참고 자료** 스콧 로저스 저, 전유택, 유창석 역, 『게임 디자인 레벨업 가이드』, 에이콘, 2015. | 앤드류 롤링스, 어니스트 아담스 저, 송기범 역, 『게임 기획 개론』, 제우미디어, 2004. | 크레이그 스티븐슨, 사이먼 퀴그 저, 조형재 역, 『UNITY 3 BLUEPRINT : 4가지 실전 게임으로 배우는 유니티 프로그래밍』, 에이콘, 2011.

웹 게임 web game

| 인터넷 접속만으로 플레이할 수 있는 웹 브라우저 기반의 게임.

인터넷 웹 브라우저(web browser)를 통해 플레이할 수 있는 게임. 자바(JAVA), 플래시(Flash) 등 표준 플러그인(plug-in) 기술을 통해 실행된다. 웹 브라우저를 기반으로 하기 때문에 웹 브라우저 게임, 브라우저 게임으로 불리기도 한다. 게임 소프트웨어의 설치 과정이 별도로 필요하지 않고 플랫폼의 사양에 구애받지 않기 때문에 다른 플랫폼에 비해 비교적 접근성이 뛰어난 편이다. 웹 게임은 페이지뷰와 접속유저 수를 기반으로 플레이어의 체류시간과 게임의 흥행 정도를 측정한다. 일반적으로 별도의 구매과정 없이 무료로 플레이할 수 있지만, 경우에 따라 게임 내에서 부분 결제를 요구하기도 한다.

웹 게임은 게임에 접속하지 않아도 게임의 시간 흐름과 상호작용이 끊이지 않는다. 따라서 플레이어는 자신이 접속하지 않는 플레이 타임 외의 시간까지 고려해야 하며, 이로 인해 다른 플랫폼 게임과 플레이 방식, 게임 경험이 다르게 나타난다. 그러나 웹 서버의 특성상 접속자의 상호작용을 동시다발적으로 처리하기 어렵기 때문에 턴 방식이나 시간 단위 플레이 방식을 사용하여 게임에 제약을 주는 경우가 많다. 또한 대부분 게임 공간의 이동성이 직접적으로 나타나지 않고 정지된 화면 내에서 게임 플레이가 이루어진다. 다른 플레이어와 함께 플레이하거나, 다른 플레이어의 기록을 보고 메시지를 보내는 등의 의사소통 시스템을 제공하기도 한다.

최초의 웹 게임은 1996년에 제작된 〈지구 : 2025(Earth : 2025)〉이며, 국내 대표 웹 게임으로는 1999년에 제작된 〈아크메이지(Arcmage)〉가 있다. 그 외의 대표적인 게임으로는 2003년 독일 이노게임즈(Innogames)가 제작한 〈부족전쟁(Tribal Wars)〉이 있다.

- 유의어 머드
- 관련 용어 웹 브라우저, 플러그인 기술
- 참고 자료 Alan Thorn, *Cross Platform Game Development*, Jones & Bartlett Learning, 2009. | Juha-Matti Vanhatupa, Janne Lautamaki, "Content Generation in a Collaborative Browser-Based Game Environment", *Handbook of Digital Games*, Wiley, 2014. | Mehdi Khosrowpour, *Dictionary of Information Science and Technology*, Idea Group Inc., 2012.

위치 기반 게임 location-based game

| 실제의 공간적 지표를 가상 세계에 입력하여 진행되는 디지털 게임.

장소 인식 기술을 기반으로 사용자의 지리적 정보를 파악하고, 가상 세계에 반영하여 플레이하는 게임. 모바일 기기가 보편화되면서 기기의 이동성을 활용한 위치 기반 게임이 활성화됐다. 현실에서 사용자의 위치 이동이 요구된다는 점에서 플레이어의 신체가 화면 앞에 고정되어 있는 피시(PC)나 콘솔 게임과 다르다. 위치 기반 게임에서 플레이어의 이동은 게임의 내용을 생성한다. 이동성의 유형은 플레이어와 게임의 상호작용 양상에 따라 2가지로 나뉜다.

위치 기반 게임의 이동성 유형		
유형	설명	사례
교환적 이동성	게임의 내적 변화와 게임 외부의 플레이어 이동이 순환적으로 발생.	〈팩맨하탄(Pac-manhattan)〉, 〈캔유시미나우(Can you see me now)〉 등
증여적 이동성	플레이어 위치가 게임 내 변화를 촉발하지만 순환적 상호작용이 부재.	〈패러렐 킹덤(Parallel Kingdom)〉 등

최초의 위치 기반 게임은 2003년에 일본에서 시작된 〈모기(Mogi)〉이다. 이 게임은 플레이어가 장소 인식 기능이 내장된 모바일 기기를 가지고 특정 지역에 도달하여 가상의 아이템을 획득하는 게임이다. 〈모기〉에서는 피시 사용자가 모니터상의 지도를 보고 이동 중인 플레이어에게 정확한 정보를 전달하는 등 협력적 플레이가 발생하기도 했다. 대표적인 위치 기반 게임으로는 2013년에 출시된 〈인그레스(Ingress)〉가 있다. 〈인그레스〉에서 플레이어는 실제 세계의 지형지물을 포털로 지정하고, 포털을 서로 연결하여 영역을 확장해간다.

위치 기반 게임은 소셜 네트워크 서비스와 연동되기도 하는데, 2010년에 시작된 〈포스퀘어(Foursquare)〉가 대표적이다. 〈포스퀘어〉는 플레이어가 자신의 위치를 네트워크를 통해 공유하는 게임이다. 플레이어는 특정 장소에 대한 방문 횟수를 축적하여 배지를 모으며, 특정 장소에 대한 방문 횟수가 가장 많은 플레이어는 그곳의 시장이 된다.

- **관련 용어** 증강 현실 게임, 모바일 게임
- **참고 자료** 제인 맥고니걸 저, 김고명 역, 『누구나 게임을 한다 : 그동안 우리가 몰랐던 게임에 대한 심층적인 고찰』, 알에이치코리아, 2012. | 권보연, 「위치 기반 게임의 이동성 반영 구조에 관한 문체적 접근 : 〈패러렐 킹덤(Parallel Kingdom)〉을 중심으로」, 『한국게임학회 논문지』, vol.15, no.2, 한국게임학회, 2015.

유니티 엔진 Unity Engine

| 유니티 테크놀로지스(Unity Technologies)에서 개발한 게임 엔진.

유니티 테크놀로지스에서 제작한 게임 개발 소프트웨어. 게임 개발에 필요한 에디터 및 미들웨어 등을 통합하여 제공한다. 최초 버전인 유니티 1은 2005년에 출시됐다. 초기에는 3차원 게임 개발을 중심으로 지원했으나, 2013년 유니티 4.3부터 2차원 개발 툴을 제공했다. 2014년에는 유니티 5가 출시됐다.

유니티 엔진의 주요 기능은 컴포넌트의 조합을 통한 오브젝트 정의, 재생 기능을 통한 개발 진행 상황 확인, 자바(java)와 C#, 부(Boo) 언어를 사용하는 스크립트 작성, 물리 기반 셰이더, 상태 기계를 기반으로 한 애니메이션 생성 등이 있다. 또한 에셋 스토어를 통해 3차원 모델, 셰이더, 스크립트, 애니메이션, 오디오, 텍스처, 파티클 시스템 등 게임 개발에 필요한 자원을 추가할 수 있다. 모바일 플랫폼, 피시(PC) 플랫폼, 콘솔 플랫폼 등 다양한 플랫폼의 게임 개발이 가능하다.

유니티 엔진은 직관적인 인터페이스와 에셋 스토어, 간편한 출시 플랫폼 설정을 기반으로 접근성을 높였으며 2015년 3월부터 개인 사용자 버전을 무료로 제공했다. 유니티 엔진으로 제작한 대표적인 게임은 〈모뉴먼트 밸리(Monument Valley)〉, 〈데이어스 엑스 : 더 폴(Deus EX : The Fall)〉, 〈하스스톤 : 워크래프트의 영웅들(Hearthstone : Heroes of Warcraft)〉, 〈블레이드(Blade)〉, 〈윈드러너 포 카카오(Wind Runner for Kakao)〉 등이 있다.

- **관련 용어** 게임 엔진, 스크립트
- **참고 자료** John P. Doran, *Unity Game Development Blueprints*, Packt Publishing Ltd., 2014. | 유니티 홈페이지, www.unity3d.com/kr/

유닛 unit

| 플레이어가 움직일 수 있는 게임 내 개체.

게임에서 플레이어가 직접 조작할 수 있는 특정 종족, 직업별 단위 개체. 둘 이상의 개체를 생산하고 관리하는 게임 전반에서 등장한다. 개별적인 특성보다 소

속 집단의 특성을 반영한다는 점에서 캐릭터와 구분된다. 실시간 전략 게임에 특화된 전투용 개체를 지칭하는 경우가 많다. 실시간 전략 시뮬레이션 게임은 한정된 자원으로 유닛을 생산하고 운용하는 것이 게임의 승패를 가르기 때문에 공격과 방어의 균형을 맞춰 전투에 최적화된 유닛을 구현하는 것이 중요하다. 실시간 전략 게임에 최적화된 유닛 구현을 위해서 다음과 같은 규칙들이 동반된다.

1) 모든 유닛은 평균적으로 일정치 이상 능력을 갖추어야 한다.
2) 모든 유닛은 레벨이나 계급을 올릴 수 있는 능력을 가진다.
3) 유닛의 능력은 기술이나 계급에 따라 제한된다.
4) 모든 유닛은 장비와 상태 창을 가진다.
5) 캐릭터의 공격력을 향상시키는 것이 생산 비용이 많이 드는 유닛을 생산하는 것보다 가치 있어야 한다. 그러나 가장 강력한 유닛을 잃는 것이 게임의 승패를 결정지어서는 안 된다.

블리자드 엔터테인먼트(Blizzard Entertainment)에서 개발한 〈스타크래프트〉는 유닛의 종류가 다양하고 유닛 간의 상성 조화가 잘된 대표적인 실시간 전략 게임이다. 플레이어가 선택할 수 있는 종족은 프로토스와 테란, 저그 중 하나로, 세 종족은 각기 다른 역사적, 신체적 특성을 지닌다. 게임 진행 정도에 따라 초기·중반·종반 유닛으로 나누며 전투력에 따라 기초·중급·고급 유닛으로 나눌 수 있다. 종족별로 크기, 지상 공격력, 공중 공격력에 따라 유닛이 세분화된다. 유닛의 크기는 체력과 이동 속도 등을 반영한다.

하나의 유닛에는 신체 타입, 이동 형태, 공격 및 방어 타입 등 여러 가지 특징이 복합적으로 나타난다. 테란의 시저 탱크는 기계 유닛이면서 동시에 지상 유닛이고 원거리 공격 유닛이다. 각 유닛의 특징은 가위바위보 게임처럼 종족 간의 상성 관계를 반영한다. 예를 들어, 프로토스의 질럿은 공격력이 강하지만 공격 속도가 느리다. 따라서 공격 속도가 빠른 저그의 저글링을 상대할 때 약세를 보인다.

유닛의 생산 비용 및 생산 속도는 유닛의 체력 및 공격력과 밀접한 상관관계를 맺는다. 뿐만 아니라 유닛의 운용은 자원 운용과도 직접적으로 연결된다. 플레이어가 유닛을 조합하고 운용하는 방법에 따라 다양한 형태의 전략을 구현할 수 있다. 실시간 전략 게임에서는 모든 유닛이 방어력을 가지고 있다. 예를 들어, 공격

〈스타크래프트〉에 나타난 테란의 유닛 크기 및 공격력			
종류	크기	지상 공격력	공중 공격력
마린(marine)	소형	모든 유닛에 일정치 대미지 가능.	모든 유닛에 일정치 대미지 가능.
파이어뱃(firebat)	소형	모든 유닛에 일정치 대미지 가능.	공중 유닛 공격 불가.
고스트(ghost)	소형	중간 유닛에게 50%, 큰 유닛에게 25% 대미지 가능.	중간 유닛에게 50%, 큰 유닛에게 25% 대미지 가능.
벌처(vulture)	중형	중간 유닛에게 50%, 큰 유닛에게 25% 대미지 가능.	공중 유닛 공격 불가.
시저 탱크(siege tank)	대형	작은 유닛에게 50%, 중간 유닛에게 75% 대미지 가능.	공중 유닛 공격 불가.
골리앗(goliath)	대형	중간 유닛에게 50%, 큰 유닛에게 25% 대미지 가능.	작은 유닛에게 50%, 중간 유닛에게 75% 대미지 가능.
배틀크루저(battlecruiser)	대형	모든 유닛에 일정치 대미지 가능.	모든 유닛에 일정치 대미지 가능.

형 유닛은 공격력과 방어력을 모두 가진다. 유닛의 업그레이드는 방어력 업그레이드와 공격력 업그레이드로 나뉜다. 특정 유닛을 업그레이드할 경우 생산된 모든 유닛에 업그레이드가 적용된다.

- **관련 용어** 실시간 전략 게임, 밸런스, 조합, 운용
- **참고 자료** 김겸섭, 『(모두를 위한 놀이) 디지털게임의 재발견』, 들녘, 2012. | Kevin Saunders, Jeannie Novak, *Game Development Essentials : Game Interface Design*, Cengage Learning, 2012. | Todd Barron, *Strategy Game Programming with DirectX 9.0*, Wordware Publishing, 2003.

유브이 매핑 UV mapping

| 2차원 그림을 3차원 모델로 만드는 과정.

2차원 텍스처 맵을 3차원 오브젝트에 투사시키는 과정. 유(U), 브이(V)는 각각 3차원의 엑스(X), 와이(Y) 축에 대응한다. 오브젝트의 표면에 텍스처를 입히기 위해서는 텍스처 맵에 유브이 좌표 값을 설정하고, 오브젝트에 대응점을 지정해야 한다. 이를 위해 3차원 오브젝트를 평면에 전개한다. 전개하는 방식은 평면투사(planar projection), 원기둥 투사(cylindrical projection), 원형 투사(spherical projection), 자동 투사(automatic projection) 등의 방식이 있으며 오브젝트의 외형에 따라 선택적으로 사용된다.

■ **관련 용어** 그래픽, 모델링, 매핑
■ **참고 자료** 김현, 『게임그래픽 & 애니메이션』, 한빛미디어, 2008. | Mike De la Flor, Bridgette Mongeon, *Digital Sculpting with Mudbox : Essential Tools and Techniques for Artists*, CRC Press, 2012.

유즈맵 usemap

| 원본 게임의 맵 편집기를 사용한 플레이어 제작 게임.

모드(MOD)의 일종으로, 플레이어가 원본 게임의 맵 편집기를 이용해 제작한 게임 콘텐츠. 모드의 경우 플레이어가 원본 게임의 프로그램 소스 코드까지 변형할 수 있으나, 유즈맵은 맵 편집기 설정에 따라서만 제작할 수 있다는 차이가 있다. 유즈맵으로 게임을 플레이하는 방식을 유즈맵 세팅이라고 한다. 주로 실시간 전략 게임 장르를 중심으로 발달했다.

맵 편집기의 구성 요소 유즈맵 제작을 지원하는 맵 편집기는 사용자가 직접 만든 비공식 편집기와 개발사가 게임 내 시스템으로 구현한 공식 편집기로 구분된다. 비공식 편집기는 다양한 요소를 제작할 수 있지만 오류에 취약해 시스템 충돌이 잦으며, 공식 편집기는 제작 가능한 요소가 한정적인 데 반해 제작 즉시 플레이가 가능하다. 블리자드 엔터테인먼트(Blizzard Entertainment)에서 개발한 〈워크래프트〉 및 〈스타크래프트〉 시리즈는 공식 편집기를 도입한 대표적인 사례로, 그 구성 요소는 표와 같다.

플레이어는 유즈맵을 통해 종족, 유닛, 업그레이드 한도 및 비용과 같은 기본 사항과 함께 프로그램과 관련된 기본 논리를 설

유즈맵 제작을 지원하는 공식 편집기의 구성 요소		
유형	종류	설명
외부	지형 (terrain)	공간을 이루는 지형에 대한 정보를 결정함.
	장식물 (doodad)	공간을 구성하는 장식적 요소를 설치함.
	유닛 (unit)	게임 내 등장하는 유닛의 위치를 설정함.
	전장의 안개 (fog of war)	시야가 확보되지 않은 부분에 대한 정보를 설정함.
내부	세력 (force)	세력 간 관계를 수치적으로 결정함.
	사운드 (sound)	사운드를 삽입하거나 삽입 가능한 사운드를 조정함.
	트리거 (trigger)	특정 조건과 그에 따라 발생하는 사건을 설정함.
	미션 (mission)	플레이어에게 제시하는 임무를 설정함.

정한다. 제작된 유즈맵에 누구나 접근할 수 있기 때문에 다른 플레이어가 제작한 맵 파일을 수정할 수 없도록 하는 프로텍션(protection) 기술이 따로 개발됐으며, 이를 적용한 프로그램을 프로텍터(protector)로 통칭한다. 반면 프로텍터가 적용된 맵 파일을 수정할 수 있도록 하는 언프로텍션(unprotection) 기술 또한 개발돼 일부 맵 편집기에 구현됐다.

유즈맵의 유형 특정 유즈맵의 유행은 해당 유즈맵에 적용된 규칙 및 형식을 관습화하여 유사한 방식의 유즈맵이 계속해서 생성되는 동기로 작용한다. 유즈맵 제

〈스타크래프트〉 시리즈 유즈맵의 유형 분류		
유형	설명	사례
옵저버 (observer)	유닛 없이 모든 플레이어의 시야를 공유해 게임 진행을 볼 수 있다. 관전 모드로 게임 내에서 활용되거나, 이-스포츠 경기 진행 및 해설에 사용되기도 한다.	파이선 맵 (Python map)
블러드 (blood)	제한 시간 내에 적을 가장 많이 처치한 플레이어가 승리하는 맵으로, 보통 한 종류의 유닛만 생성되며 일정 수를 처치하면 진화한 유닛이 등장한다. 방어 시설이 설치된 경우도 있다.	히드라 블러드 (Hydra Blood)
에이온 오브 스트라이프 (Aeon of Strife, AOS)	여러 유닛을 조종하지 않고 자신의 캐릭터를 골라 한 캐릭터를 위주로 게임을 진행하는 맵으로, 적의 병력을 죽여 자원을 얻고 최종적으로 상대방 기지를 파괴시켜 승리할 수 있다.	고대의 문 (Gate of Ancient)
디펜스 (defense)	1999년 '터렛 디펜스' 맵을 시작으로, 주어진 유닛이나 자원으로 방어선을 구축하여 특정 지점까지 적 병력이 오지 못하도록 막거나, 제한 시간 내에 적 병력을 처치하도록 제작된 맵이다.	캐논 디펜스 (Canon Defense)
컨트롤 (control)	특정 유닛만을 조종하도록 설계된 맵으로, 여러 종류의 유닛에 대한 숙련성을 높이기 위해 연습용으로 많이 쓰인다. 스테이지마다 다른 유닛을 컨트롤하도록 제작되기도 한다.	마린 컨트롤 (Marine Control)
RPG (Role-Playing Game)	하나 또는 소수의 유닛만을 조종할 수 있는 맵으로, 상대 유닛을 처치하여 유닛의 능력치를 높인다. 다른 유즈맵에 비해 플레이 시간이 길고 유닛의 성장이 승패를 가른다.	마린 키우기 (Marine Special Forces)
시네마틱 (cinematic)	유닛의 움직임이나 사운드, 지형, 효과 등을 영화적으로 구현한 맵이다. 플레이어는 맵에 개입할 수 없으며 맵에 따라 미션을 수행해야 하는 경우도 있다.	멍청한 듀란
외교 (diplomacy)	국가를 선택해 영토를 넓히고 타 플레이어와 교류할 수 있도록 제작된 맵으로, 도시를 점령해 세금을 얻고 국가별로 특화된 병력을 생산할 수 있는 것이 특징이다.	디플로메시 인피니티 (Diplomacy Infinity)
대전 (great war)	플레이어 간에 팀을 구성하고 싸워 상대팀을 제압하는 맵으로, 2000년에 제작된 '넥서스(nexus) 부수기' 유즈맵의 경우 수많은 유사 작품을 파생시키며 다른 유형의 유즈맵에도 영향을 줬다.	신전 부수기
서바이벌 (survival)	특정한 유닛만을 제공해 다수의 적 유닛으로부터 자신의 유닛을 생존시키면 승리하는 방식의 맵으로, 주로 제한 시간이 주어진다. 특정 조건에 따라 부활이 가능한 경우도 있다.	벌처 태그 (Vulture Tag)
심리전 (psychological)	다수의 플레이어 중 다른 특징을 가진 플레이어를 찾아내거나, 여러 플레이어가 동시에 한 목표를 부여받아 특정 조건을 만족시키면 승리하도록 제작된다.	소우(Saw), 눈치 보며 수리하기

작이 가장 활발하게 나타나는 〈스타크래프트〉 시리즈의 경우, 일정한 유형의 유즈맵만을 플레이하는 플레이어들의 커뮤니티가 활성화되면서 다양한 유형의 유즈맵이 생겨났다.

유즈맵의 발전사와 모바(MOBA) 장르의 발생 1983년 제작된 퍼즐 아케이드 게임 〈로드 러너(Lode Runner)〉는 게임 내에 맵 편집기를 도입한 최초의 사례로, 플레이어는 맵 편집기를 통해 새로운 스테이지를 제작할 수 있었다. 이후 〈울펜슈타인 3D(Wolfenstein 3D)〉, 〈커맨드 앤 컨커 : 레드 얼럿(Command & Conquer : Red Alert)〉 등이 맵 편집기를 게임 내 시스템으로 도입했고, 개발사 블리자드 엔터테인먼트가 〈워크래프트 II〉에서 맵 편집기인 캠페인 에디터(Campaign Editor)를 구현하면서 유즈맵이 플레이 시스템으로 각광받기 시작했다. 이후 블리자드 엔터테인먼트가 〈스타크래프트 1〉의 캠페인 에디터에 트리거 기능을 포함시켜 제작 가능한 요소를 확대하면서 본격적으로 다양한 유즈맵이 제작됐다.

캠페인 에디터로 제작한 유즈맵 중 2001년 말 'Aeon 64'가 제작한 〈스타크래프트 1〉 유즈맵 '에이온 오브 스트라이프(Aeon of Strife)'는 기존 유즈맵의 규칙 및 형식을 종합해 관습화한 최초의 사례이다. 이는 한 팀을 이룬 4명의 플레이어가 각각 하나의 캐릭터를 조종하는 방식으로, 2002년 제작된 2.0 버전에서는 인공지능 적군 대신 2대 2 멀티 플레이가 가능했다. 이후 이와 유사한 유즈맵은 '에이오에스(AOS)'로 통칭되었고, 2002년 말 'Karukef'라는 유저가 〈워크래프트 III〉 유즈맵 최초로 '밸리 오브 디센트(Valley of Dissent)'를 제작하면서 에이오에스형 유즈맵의 유행에 기여했다.

2003년 에이오에스 유즈맵 마니아인 'Eul'이 '디펜스 오브 에인션츠(Defense of the Ancients, DotA)'라는 유즈맵을 제작했다. 도타는 에이오에스 유즈맵에 기존에 없던 레벨 디자인, 독창적인 캐릭터와 스킬, 아이템 구매, 공성 루트 등을 도입한 유즈맵으로, 플레이어 의견을 적극 반영한 패치를 거듭하며 인기를 끌었다. 그러나 〈워크래프트 III〉 확장팩 '프로즌 스론(Frozen Throne)'으로 인해 유즈맵 소스가 공개되면서 각종 아류작과 해킹 유즈맵이 등장했고, Eul은 도타 업데이트 및 후속작 개발을 중단했다.

이에 2004년 'Meian', 'Rang0r'는 도타형 유즈맵의 완성도를 높여 〈도타 올스타즈(DOTA Allstars)〉를, '초고수'는 〈도타 카오스(DOTA Chaos)〉를 제작했다. 〈도

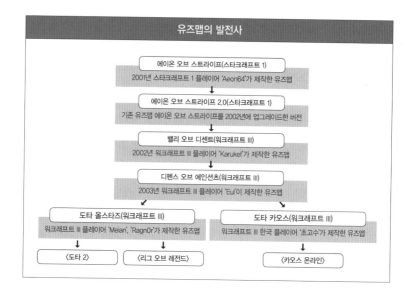

유즈맵의 발전사

에이온 오브 스트라이프(스타크래프트 1)
2001년 스타크래프트 1 플레이어 'Aeon64'가 제작한 유즈맵

에이온 오브 스트라이프 2.0(스타크래프트 1)
기존 유즈맵 에이온 오브 스트라이프를 2002년에 업그레이드한 버전

밸리 오브 디센트(워크래프트 III)
2002년 워크래프트 III 플레이어 'Karukef'가 제작한 유즈맵

디펜스 오브 에인션츠(워크래프트 III)
2003년 워크래프트 III 플레이어 'Eul'이 제작한 유즈맵

도타 올스타즈(워크래프트 III)
워크래프트 III 플레이어 'Meian', 'Ragn0r'가 제작한 유즈맵

도타 카오스(워크래프트 III)
워크래프트 III 한국 플레이어 '초고수'가 제작한 유즈맵

〈도타 2〉　〈리그 오브 레전드〉　〈카오스 온라인〉

타 올스타즈〉는 이후 'Guinsoo', 'IceFrog' 등 유명 플레이어들에 의해 지속적으로 패치 및 업그레이드가 됐으며, 아마추어 제작 유즈맵 최초로 월드 사이버 게임즈(World Cyber Games, WCG) 정식 종목으로 채택됐다. 반면 '도타 카오스'는 한국 플레이어들의 성원으로 〈카오스(Chaos)〉로 개명해 독자적 노선을 지향했다. 이러한 유즈맵이 원작 게임 이상의 인기를 얻게 되면서 해당 게임의 규칙 및 형식은 특정한 장르로 관습화됐다.

2008년 〈아발론 온라인(Avalon Online)〉은 최초로 플레이어 콘텐츠를 독립 장르로 개발한 사례이다. 2009년에는 〈도타 올스타즈〉 개발자인 Guinsoo가 라이엇 게임즈(Riot Games)에 입사해 〈리그 오브 레전드〉를 출시했고, 2011년에는 〈카오스〉를 원작으로 하는 〈카오스 온라인(Chaos Online)〉이 출시됐다. 이러한 유즈맵 기반의 플레이어 콘텐츠는 이후 도타-라이크(DOTA-Like), 에이오에스 등으로 불리며 모바로 통칭되는 장르를 발생시켰다. 이는 원작 게임에 대한 플레이어의 욕구를 게임 시스템에 적극 반영한 결과로, 다중접속온라인 역할수행 게임 이후 온라인 게임 시장을 선도한 장르로 평가된다.

- **관련 용어** 모드, 모바
- **참고 자료** 류철균, 박미리, 「온라인 게임에 나타난 사용자 생성 규칙 연구 : 〈리그 오브 레전드〉를 중심으로」, 『한국게임학회 논문지』, vol.15, no.1, 2015. | Eurogamer, "The Story of DOTA : How a Bastard Mod Became Its Own Genre", www.eurogamer.net/articles/2011-08-16-the-story-of-dota-article

유토피아 utopia

| 이상향의 이미지 및 세계.

이상향의 세계. 토마스 모어(Thomas More)가 저서 『유토피아(Utopia)』에서 처음 제시한 개념으로, 본래 누구나 동등하게 물질적 안정을 누리며 학문에 몰두하고 여가를 즐기는 허구의 국가를 의미했다. 지금은 어디에도 없는 곳, 좋은 곳이라는 뜻의 이상향을 의미하는 말로 굳어졌다. 게임에서는 유토피아적 상상력을 통해 이상적인 세계관, 생활상, 이미지, 목표 등을 표현한다.

전략 게임인 〈유토피아(Utopia)〉의 경우, 그 배경으로 토마스 모어가 제시한 유토피아와 유사한 세계를 그리고 있다. 일례로 플레이어는 섬의 주민들이 행복한 상태를 유지하도록 건물을 짓고 낚시 수확량을 확보해야 한다. 모바일 게임 〈유토피아 : 여왕의 부름〉에서는 여왕 엘론드가 지키려는 세계로 유토피아를 묘사한다. 플레이어는 인간 세계의 균열을 막고 평화를 지키기 위해 적대자인 데이몬을 찾아 나선다. 플레이어가 달성해야 할 최종 목표의 조건이 유토피아적 세계인 경우도 있다. 〈문명 5(Civilization 5)〉에서 플레이어의 목표는 문명을 이룩해 게임에서 승리하는 것이다. 승리 조건 중 하나인 '문화승리'를 이룩하려면 플레이어가 문화 정책을 5개 수립하여 유토피아 프로젝트를 수행해야 한다.

- **관련 용어** 이상향, 디스토피아
- **참고 자료** 알베르토 망구엘 저, 강주헌 역, 『밤의 도서관』, 세종서적, 2011. | 토마스 모어 저, 김남우 역, 『유토피아』, 문예출판사, 2011.

유희적 태도 lusory attitude

| 게임에 임하는 플레이어의 태도.

플레이어가 놀이를 하기 위해 게임 규칙에 순응하고 이를 준수하는 상태. 버나드 슈츠가 처음 제안한 개념으로, 그는 게임을 한다는 것은 곧 불필요한 장애를 극복하기 위한 자발적인 노력이라 정의했다. 플레이어는 즐거움을 얻기 위해 게임을 플레이하며, 이를 위해 일상과 구분된 마법원(magic circle)으로 들어선다. 이

후 플레이어는 마법원에서 성립되는 게임의 규칙에 자발적으로 준수하며 게임 내부 규칙에 의해 허락된 수단만을 사용해 목표된 상태에 도달하기 위해 노력한다. 케이티 살렌과 에릭 짐머만은 이러한 규칙을 통한 제약이야말로 플레이어에게 즐거움을 제공하는 게임의 핵심적 요소라고 설명했다.

- **관련 용어** 규칙, 마법원
- **참고 자료** 제스퍼 주울 저, 장성진 역, 『하프 리얼 : 가상 세계와 실제 규칙 사이에 존재하는 비디오게임』, 비즈앤비즈, 2014. | 케이티 살렌, 에릭 짐머만 저, 윤형섭, 권용만 역, 『게임디자인 원론 1』, 지코사이언스, 2010. | Bernard Suits, *The Grasshopper : Games, Life and Utopia*, Broadview Press, 2005.

육각 타일 전투 hex tile combat system

| 육각형의 지형을 플레이어의 이동 범위 및 경로의 기준으로 삼는 게임 내 전투.

육각형을 나열한 격자 위에서 벌이는 게임 내 전투. 격자는 게임 배경 위에 중첩돼 나타나며 게임 내 모든 이동 범위 및 방향의 기준이 된다. 플레이어는 격자의 칸을 기본 단위로 유닛을 옮기고, 육각형의 각 변이 향하는 방향을 따라 이동 경로를 결정한다. 이때 앞, 뒤, 좌, 우의 방향으로만 이동이 가능한 사각 타일과 달리 대각선 방향으로도 이동이 가능하다. 전투에서 적용되는 공격 범위와 유닛의 배치 규칙 역시 격자 칸 단위로 결정된다. 육각형의 변을 따라 선회하는 횟수를 단축해 전투 지역까지의 이동 거리를 최소화하기도 한다. 플레이어가 육각 형태의 칸을 토대로 게임 세계를 인식하고 전투 전략을 짜기 때문에 게임 디자이너는 각 칸에 맞춰 게임 지형을 설정해야 한다. 육각 타일 전투는 군사 훈련을 재현한 워 게임(war game)에서 유래했으며, 대표적인 사례로는 보드 게임 〈헥스 게임(hex game)〉과 게임용 보드 '헥손 2(hexon 2)'가 있다.

〈헥스 게임〉은 가로 11칸, 세로 11칸으로 구성된 육각 타일 맵을 사용한다. 이 게임은 2명의 플레이어가 각각 보드의 가장자리에서 출발해 이동 경로를 개척하다가 가장 먼저 맞은편 가장자리에 도달하는 사람이 이기게 된다. '헥손 2'는 육각형 모양의 플라스틱 조각을 이어 붙여 맵(map)을 만들 수 있는 보드로, 각 조각 위에 군사 모형의 말을 배치할 수 있다. 컴퓨터 게임의 경우, 육각 타일 전투는 주로 실시간 전략 게임과 턴제 전략 게임 등의 장르에서 차용된다.

〈문명 5〉 시대별 전투 유닛의 이동 및 공격 거리			
종류	유닛	이동 거리 (칸)	공격 거리 (칸)
고대 시대	궁기병	4	2
	손도끼	2	1
고전 시대	발리스타	2	2
	합성궁병	2	2
중세 시대	갈레아스	3	2
	낙타궁수	4	2
르네상스 시대	대포	2	2
	프리깃	5	2
산업 시대	개틀링	2	1
	야포	2	3
원자력 시대	바주카	2	1
	로켓포	2	3
정보화 시대	순양함	7	3
	스텔스 폭격기	2	20

〈문명 5〉는 사각 타일 맵을 사용한 이전 시리즈와 달리 유닛의 이동 선택 폭을 넓히고 경로를 다양화하기 위해 육각 타일 전투 방식을 도입했다. 유닛별 공격 및 이동 거리는 각 시대에 사용된 실제 무기의 성능을 반영해 결정된다. 〈문명 5〉의 시대별 전투 유닛의 이동 및 공격 가능한 격자 개수를 정리하면 표와 같다.

■ **관련 용어** 워 게임, 전략 시뮬레이션 게임, 턴제 전략 게임, 유닛, 전투, 맵

■ **참고 자료** 케이티 살렌, 에릭 짐머만 저, 윤형섭, 김신택 역, 『게임디자인 원론 3』, 지코사이언스, 2013. | Chana Stiles, *A Beginners Guide to Hex(volume1)*, SamEnrico, 2015. | Paul Davies, *Battlefields in Miniature : Making Realistic and Effective Terrain for wargames*, Pen and Sword, 2015.

육성 시뮬레이션 upbringing simulation game

| 일정 기간 동안 캐릭터를 성장시키는 게임.

역할수행 게임과 시뮬레이션 게임이 결합한 장르로, 일정 기간 동안 캐릭터를 성장시켜 정해진 목표를 달성하는 게임. 플레이어가 딸 캐릭터를 육성한 후 왕자와 결혼시키는 것을 목표로 하는 〈프린세스 메이커(Princess Maker)〉 시리즈가 대표적이다. 게임에 따라 인간, 애완동물, 식물부터 가족, 아이돌 팀, 스포츠 팀 등의 집단까지 다양한 대상을 육성한다. 플레이어는 캐릭터가 수행할 활동을 미리 지정할 수 있다. 수행 활동에는 아르바이트, 학습 행위, 여가 활동, 수행, 휴식 등이 포함된다. 육성 방식에 따라 체력, 지식, 스트레스 등의 상태 값이 변화하며, 인

육성 대상에 따른 게임 사례		
분류	설명	사례
자녀	부모가 되어 자녀를 일정 기간 동안 육성하는 것을 목표로 함. 가장 일반적인 형태.	〈프린세스 메이커〉 시리즈, 〈포켓 프린세스〉
아이돌	아이돌 기획사 사장, 혹은 프로듀서가 되어 이제 막 데뷔한 아이돌을 스타로 키워내는 것이 목표.	〈탄생(Debut / 誕生~Debut~)〉, 〈아이돌마스터〉 시리즈
애완동물	애완동물의 식욕, 배변욕 등 기본적 욕구를 충족시켜주며 최대한 오래 길러내는 것이 목표.	〈다마고치(Tamagotchi / たまごっち)〉, 〈닌텐독스(Nintendogs)〉
집단	가족, 스포츠 팀, 학생 등 집단을 육성하는 것이 목표. 집단 구성원의 서로 다른 요구사항을 충족시켜야 함.	〈심즈〉 시리즈, 〈졸업(Graduation / 卒業)〉 시리즈

간 관계나 엔딩과 관련된 이벤트가 발생하기도 한다.

육성 시뮬레이션은 스포츠 게임이나 리듬 게임 등의 장르적 요소와 결합하기도 한다. 〈실황 파워풀 프로야구(Jikkyou Pawafuru Puro Yakyu / 実況パワフルプロ野球)〉 시리즈에서는 플레이어가 직접 육성한 야구 선수를 기용하여 경기를 진행하기도 하며, 〈아이돌마스터(THE iDOLM@STER / アイドルマスター)〉 시리즈에서는 육성한 아이돌 캐릭터로 리듬 게임을 진행하기도 한다.

- **유의어** 시뮬레이션 게임
- **관련 용어** 육성, 생활 시뮬레이션 게임, 다마고치
- **참고 자료** 이상우, 『게임, 게이머, 플레이 : 인문학으로 읽는 게임』, 자음과모음, 2012.

은신 sneak

| 스킬 또는 주변 환경을 활용해 숨는 것.

플레이어가 적대 플레이어 또는 엔피시(NPC)에게 발각되지 않도록 특정 스킬을 사용해 몸을 감추거나 숨기는 것. 일반적으로 적대 캐릭터와 전투를 할 때 잠입해서 기습 공격을 하거나 전투 상황을 회피하기 위해 활용하는 기술이다. 플레이어 간 전투(PvP)에서 승패를 결정하는 주요한 전략으로 활용된다. 은신이 자주 사용되는 스텔스 게임(stealth game)의 경우, 적대 엔피시에게 발각되는 즉시 미션 수행에 실패하기도 한다. 은신 상태의 플레이어는 상대 플레이어에게 보이지 않으며, 거리에 상관없이 몹(Mob)의 어그로를 끌지 않는다.

은신 방식은 크게 스킬 사용과 주변 환경 요소 활용으로 나뉜다. 다중접속온라인 역할수행 게임과 모바(MOBA)에서 도적이나 암살자 직업군은 스킬을 사용해 은신하며, 이때 스킬의 지속 시간은 제한적이다. 일반적으로 플레이어가 은신 중에 공격을 시도하거나 상대가 쓴 광역 마법 등에 대미지를 입으면 은신이 풀린다. 〈아이온 : 영원의 탑〉의 정찰자 직업군은 '간파의 눈' 스킬을 사용해 은신 중인 플레이어를 볼 수 있으며, 은신 스킬을 사용해 몸을 숨길 수도 있다. 단, 은신 중일 경우 이동 속도가 40% 감소한다. 주변 환경을 활용한 은신의 경우, 플레이어가 특정한 장소에 캐릭터를 숨기는 방식을 채택한다. 〈리그 오브 레전드〉에서는 캐릭터가 수풀에 들어가면 은신 상태가 되며, 〈어쌔신 크리드〉 시리즈에서는 플레이어가 군중과 같은 중립 엔피시를 활용해 캐릭터의 몸을 숨길 수 있다.

- **관련 용어** 닌자, 암살자, 스텔스 게임
- **참고 자료** Scott Rogers, *Level Up! The Guide to Great Video Game Design*, John Wiley & Sons, 2014.

의료용 게임 medical game

| 건강의 개선 및 유지를 위해 고안된 기능성 게임 장르.

환자의 치료 및 재활, 질병의 예방 등 의료 목적을 위해 개발된 기능성 게임 장르. 게임을 통해 플레이어 개인의 건강 혹은 공중 보건을 개선하려는 목적으로 고안됐다. 의료용 게임은 목적에 따라 크게 3가지로 나눌 수 있다. 첫째 유형은 질병 예방 차원에서 정보를 제공하는 게임이다. 주로 역할수행 게임 형식으로 제작되며 질병을 치료하거나 병의 확산을 저지하는 과정이 퀘스트로 제시된다. 질병의 요인이 플레이어가 제거해야 할 적이나 극복해야 할 상황으로 나타나는 것이 특징이다. 대표적인 사례로 〈더 그레이트 플루(The Great Flu)〉에서 플레이어의 목표는 전염성 감기의 확산을 막는 것이다.

둘째 유형은 질병을 개선하는 치료법의 일환으로 사용되는 게임이다. 재활 치료나 물리 치료 분야에서 사용되며, 주로 체감형 게임으로 제작된다. 국내 기업 디게이트(D-GATE)가 개발한 의료 기기 〈리햅 마스터(Rehab Master)〉는 뇌졸중, 근골격계 환자의 재활에 직접적인 도움을 주는 게임을 제공한다.

셋째 유형은 환자가 치료 과정을 긍정적으로 수용하도록 돕는 게임이다. 환자의 어린 연령, 투병 기간의 장기화, 치료 과정에서 동반되는 극심한 고통 등의 요인으로 환자가 복약과 시술을 기피하는 경우 동원된다. 이때 의료용 게임의 활용은 환자에게 질병에 대한 정보를 제공하고 치료에 대한 환자의 참여 의지를 증대한다. 미국 비영리재단 호프랩(Hopelab)이 개발한 〈리-미션(Re-mission)〉의 경우, 플레이어가 게임 내에서 무기를 사용하기 위해서 반드시 약을 복용해야만 한다.

■ **관련 용어** 기능성 게임, 스마트 재활
■ **참고 자료** 한창완, 『게임 플랫폼과 콘텐츠 진화』, 커뮤니케이션북스, 2015. | 권준모, 여명숙, 정영찬, 임충재, 「의료 기능성게임 기획 전략」, 『한국멀티미디어학회지』, vol.14, no.2, 한국멀티미디어학회, 2011. | 우탁, 염진, 「의료용 기능성 게임에 대한 고찰」, 『한국게임학회 논문지』, vol.12, no.2, 한국게임학회, 2012. | 이혜림, 정의준, 「보건 의료용 기능성 게임의 효과적 개발 방향 연구」, 『한국게임학회 논문지』, vol.13, no.4, 한국게임학회, 2013. | MK뉴스, 〈디게이트, 게임하면서 재활하는 의료기기〉, http://news.mk.co.kr/newsRead.php?year=2014&no=1132534

의사결정 트리 decision tree

| 나무 구조를 통해 데이터를 분류 및 예측하는 분석 방법.

의사결정 규칙과 그 결과를 트리 구조로 도표화해 데이터를 분류 및 예측하는 분석 방법. 마디와 가지로 이루어져 있으며, 뿌리 마디에서 시작해 하나의 입력 값에 기초한 각각의 마디들이 가지의 형태를 통해 연결된다. 일반적으로 의사결정 트리의 분석 과정은 다음과 같다. 첫째, 데이터의 종류와 사용 목적에 따라 규칙을 정하고 의사결정 트리를 제작한다. 둘째, 규칙과 부합하지 않거나 분류에 부적절한 가지를 제거한다. 셋째, 의사결정 트리의 타당성을 평가하고 해석해 분류 및 예측 모형을 설정한다. 의사결정 트리는 신경망구조분석 등과는 달리 트리 구조로 규칙을 표현하기 때문에 분석 과정을 쉽게 이해할 수 있다는 장점이 있다. 또한 의사결정에 직접적으로 사용할 수 있기에 데이터마이닝 과정에서 결과 예측 및 자료 분류에 효과적으로 사용된다.

■ **관련 용어** 데이터마이닝
■ **참고 자료** 최종후, 서두성, 「데이터마이닝 의사결정나무의 응용」, 『통계분석연구』, vol.4, no.1, 통계

청, 1999. | Gordon S. Linoff, Michael J. A. Berry, *Data Mining Techniques : For Marketing, Sales, and Customer Relationship Management*, John Wiley & Sons, 2011. | Katie Salen, Eric Zimmerman, *Rules of Play : Game Design Fundamentals*, The MIT Press, 2003.

이니시 initiating

| 한타(전력 싸움)를 시작하기 전 적군을 공격하는 행위.

모바(MOBA)에서 대규모 전투인 한타에 앞서 적군을 공격하는 행위. 시작을 의미하는 이니시에이팅(initiating)의 준말이다. 이니시 역할을 담당한 플레이어를 이니시에이터(initiator)라 하며, 이니시에이터는 적군의 거리 및 플레이 상황을 주기적으로 파악해 한타를 시작해야 한다. 적군의 이니시에 반격해 한타를 승리하는 경우를 역이니시라 지칭한다. 성공적인 이니시는 유리한 전투 환경을 조성함으로써 게임 승패에 영향을 미친다. 광역 스킬이나 군중 제어 및 돌진 스킬을 보유한 캐릭터가 주로 이니시에이터를 담당하며, 대표적인 캐릭터로는 〈리그 오브 레전드〉의 아무무, 애쉬, 소나, 〈도타 2(DOTA 2)〉의 파도사냥꾼, 도끼전사 등이 있다.

- **관련 용어** 모바, 한타
- **참고 자료** Engadget, "The Summoner's Guidebook : Teaming up to fight in League of Legends", www.engadget.com/2012/12/27/the-summoners-guidebook-teaming-up-to-fight-in-league-of-legen/

이-스포츠 e-sports

| 온라인 게임을 통해 승부를 겨루는 스포츠.

가상의 전자 환경에서 정신적, 신체적인 능력을 활용하여 승부를 겨루는 경기. 일렉트로닉 스포츠(electronic sports)의 약칭으로, 넓게는 온라인 게임 관련 대회, 경기에 대한 중계 및 관전, 이와 관련된 커뮤니티 활동 및 부대 엔터테인먼트 등을 모두 포괄한다. 국내 이-스포츠의 시초는 피시(PC)방을 중심으로 개최된 게임 대회이며, 이-스포츠 산업은 온라인 접속 대전 모드인 배틀넷(Battle.net)의 등

장을 통해 본격적으로 성장했다. 1990년대 후반 〈스타크래프트〉의 대중적 인기와 피시방에 설치된 초고속 인터넷 등 온라인 게임 인프라의 확충과 함께 발전했다. 개인 리그로 출발한 게임 리그는 이후 프로게임단 창단과 함께 팀 리그가 생겨나면서 그 규모가 확대됐다. 게임 전문 방송이 출범된 2000년대 이후, 프로게이머 및 중계자로 대표되는 생산자와 관전을 목적으로 게임 플레이를 지켜보는 수용자가 분리되면서 더욱 전문성을 갖추게 됐다. 이-스포츠의 주요 종목은 실시간 전략 게임과 1인칭 슈팅 게임, 모바(MOBA) 등이며, 대표 게임으로는 〈스타크래프트〉, 〈리그 오브 레전드〉, 〈서든어택〉 등이 있다.

- **관련 용어** 프로게이머, 실시간 전략 게임, 모바
- **참고 자료** 윤형섭 외, 『한국 게임의 역사』, 북코리아, 2012. | 임하나, 「e스포츠의 수용자 커뮤니케이션 변화 연구」, 『한국컴퓨터게임학회 논문지』, vol.0, no.14, 한국컴퓨터게임학회, 2008.

인게임 광고 in-game advertising

| 게임 내 공간을 활용한 광고.

게임 내 공간에 특정 브랜드나 제품을 노출시키는 광고 기법. 게임 내 간접 광고(Product Placement on Game, PPG)라고도 한다. 최초의 인게임 광고가 도입된 게임은 1973년 〈루나 랜더(Lunar Lander)〉로, 플레이어가 우주선을 특정 위치에 정확하게 착륙시키면 맥도날드(McDonald) 가게가 등장했다.

국내에서 인게임 광고를 통해 매출을 올린 대표적 업체는 넥슨이다. 게임 〈큐플레이(QPLAY)〉에 플레이어가 구입할 수 있는 아이템으로 삼성 애니콜과 휠라(FILA)의 제품을 등장시키거나 〈크레이지 아케이드(Crazy Arcade)〉에 케이에프시(KFC) 매장 형태의 맵을 등장시켰다. 인게임 광고는 게임의 회원 정보를 바탕으로 사용자의 연령이나 성별에 따라 실시간으로 특정 브랜드나 제품을 노출시킬 수 있다. 데이비드 J. 에더리와 에선 몰릭은 인게임 광고를 제품이 게임 플레이와 서사에 밀접하게 통합된 형태(highly integrated into the gameplay experience)와 게임의 플레이나 서사와는 상관없이 주변에 위치한 형태(peripheral to a game's action and plot)로 구분했다.

데이비드 J. 에더리와 에선 몰릭이 제시한 인게임 광고의 유형		
종류	설명	사례
통합형	플레이어가 행동하는 데 필요한 아이템으로서 특정 제품이 사용되거나 머무르게 되는 장소에서 브랜드의 이미지를 제고 및 부각시키는 형태.	《CSI : 3 디멘션스 오브 머더(CSI : 3 Dimensions of Murder)》에서 플레이어가 핵심 정보를 저장할 때 사용하는 '산디스크(SanDisk)'의 플래시 드라이브
주변 배치형	게임 내 등장하는 간판이나 상자, 날아가는 항공기, 캐릭터가 입고 있는 옷 등의 오브젝트를 통해 특정 브랜드를 노출시키는 형태.	《카트라이더(Crazyracing KartRider)》에서 경주에 사용되는 카트나 도로 옆 설치된 광고판에 등장했던 '코카콜라'.

■ **유의어** 게임 내 간접 광고

■ **관련 용어** 광고 게임

■ **참고 자료** 이명천 외, 『광고학 개론』, 커뮤니케이션북스, 2010. | 데이비드 에더리, 에선 몰릭 저, 최영재 역, 『게임의 변신』, 커뮤니케이션북스, 2009. | Marios C. Angelides, Harry Agius, *Handbook of Digital Games*, Wiley-IEEE Press, 2014. | Matthew S. Eastin, Terry Daugherty, Neal M. Burns, *Handbook of Research on Digital Media and Advertising : User Generated Content Consumption*, Information Science Reference, 2010.

인공지능 Artificial Intelligence, AI

| 게임 내 데이터 분석을 통해 인간과 유사한 능력을 실현하는 비사용자 캐릭터.

사용자가 입력한 문장에 컴퓨터가 적절한 답변을 제시하는 튜링 테스트(Turing test)에 안정적으로 응답하는 시스템으로, 인간의 학습 능력, 지각 능력, 자연언어 이해 능력 등을 프로그램으로 실현한 기술. 게임에서 인공지능은 플레이어가 상대하는 게임 시스템 또는 이를 조종 및 제어하는 코드를 의미한다. 게임 인공지능은 대부분 게임 내 엔피시(NPC)로 구현되어 플레이어와 협력하거나 플레이어에게 도전 과제를 제시하고, 서사 전달을 보조하는 역할을 담당한다.

게임 인공지능의 목적은 게임 환경을 구성하는 요소로 플레이어에게 새로운 경험을 제공하고 현실과 유사한 가상 세계를 구현하는 것이다. 실시간 전략 게임, 1인칭 슈팅 게임 등의 장르에서 인공지능은 플레이어의 적이나 경쟁 상대로 구현되어 다양한 난이도와 능력을 제공한다. 역할수행 게임과

게임 인공지능의 기본 요소	
종류	설명
공간과 물체의 인식	경로 탐색 기술을 통해 복잡한 지형에서도 임의의 포인트로 이동이 가능하다.
시간의 인식	과거와 현재의 정보로부터 현재를 이해하고 미래를 계획하는 일련의 지적 활동이 가능하다.

같이 시뮬레이션 측면이 강조된 게임에서 인공지능은 플레이어를 공격하는 몬스터에서부터 직접적으로 상호작용할 수 없는 대상에 이르기까지 다양하게 구현되어 게임 세계를 구성한다. 인공지능은 게임 세계의 사실성을 부각시켜 플레이어가 게임 본연의 목적에 충실하도록 유도한다.

게임 인공지능의 설계 게임 개발의 마지막 순서인 레벨 디자인 단계에서 인공지능을 설계하는 것이 일반적이다. 인공지능이 레벨 구조에 따라 작동하기 어려운 경우, 개발자는 시나리오를 수정하거나 레벨 디자인 이전 단계로 돌아가 인공지능을 구현한다. 인공지능은 특정한 문제를 해결하는 풀이 과정이므로 게임 인공지능 또한 목적에 따라 게임 데이터를 실시간으로 분석 및 판단하고 이에 따라 행동하도록 설계된다.

인공지능이 유사한 행동패턴을 반복할 경우 게임 플레이는 지루해지고, 인공지능의 행동이 지나치게 예측 불가능할 경우에는 게임의 밸런스가 붕괴된다. 따라서 게임 플레이에 미치는 영향을 고려하여 전반적인 게임 환경과 조화를 이루는 방향으로 인공지능을 설계하는 것이 중요하다. 설계된 게임 인공지능은 구체적인 플레이 과정, 게임 환경과의 상호작용 등을 반영하여 지속적으로 테스트

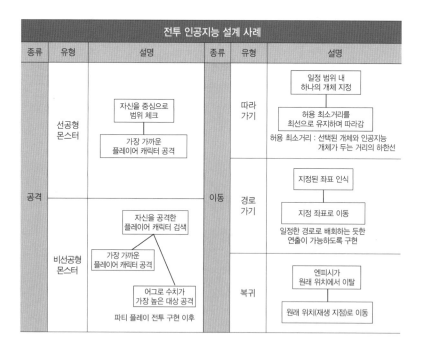

534

되고 업데이트된다. 시공간 내의 활동 범위와 정도에 따라 평가되기 때문에 기본적으로 다음과 같은 능력을 요구한다.

게임 내 전투 엔피시에게는 공격, 이동 등의 행위가 요구되므로 공간과 물체의 인식이 중요하다. 선공형 몬스터는 자신을 중심으로 특정 범위 내에 접근한 플레이어를 공격하도록 설계되고, 비선공형 몬스터는 외부 공격을 인지하여 이에 따라 행동하도록 설계된다.

이동에는 크게 특정 대상을 따라가는 경우와 경로를 설정하는 경우, 이전 위치를 저장하여 복귀하는 3가지 경우가 있다. 공격, 이동 행위와 관련한 전투 인공지능 설계 사례는 왼쪽 표와 같다.

게임 인공지능의 역사 게임 인공지능은 기술적 진화에 따라 게임 스테이지 구조의 일부에서 자기 판단에 따라 행동하는 에이전트로 발전한다. 하드웨어의 역량이나 게임 장르, 플레이 방식에 따라 다양한 인공지능이 필요하기 때문에 게임 인공지능의 역사는 다층적인 흐름을 보이며 축적되는 형태로 진행된다. 이에 따라 미야케 요이치로(三宅 陽一郎)는 게임 인공지능의 발전사를 그림과 같이 4단계로 구분했다.

전자 회로 설계와 어셈블리 언어로 구성된 초창기 게임의 인공지능은 스테이지 일부로만 존재했다. 스테이지 구동형 인공지능은 플레이어의 행동과 관계없이 정해진 시간에 입력된 행동만을 반복하기 때문에 플레이어는 패턴을 파악해 게임을 공략할 수 있다. 스테이지가 진화하면서 인공지능은 플레이어 행동에 따라 반응하는 반사형 인공지능으로 발전했고, 개발자는 반사 패턴을 조합하여 높은 수준의 인공지능을 구현할 수 있었다. 게임 환경이 3차원으로 발전하면서 정보 처리를 배분하는 작업이 중요해지자 인공지능은 정보를 구조화하는 구조화 인공지능으로 변모했고, 이에 따라 다양한 알고리즘이 파생됐다. 이후 1980년대에서 1990년대를 거

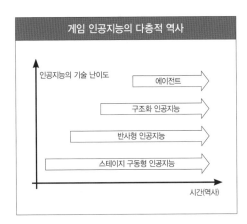

게임 인공지능의 대표적 알고리즘		
종류	설명	사례
유한 상태 기계 (Finite State Machine, FSM)	복수의 상태를 가정하고 특정 상태로부터 다른 상태로의 변환 조건에 따라 상태를 바꾸는 원리를 인공지능 사고에 응용하는 것.	〈퀘이크〉에 등장하는 몬스터는 플레이어의 상태에 따라 복잡한 공격 양상을 보임.
유전적 알고리즘 (Genetic Algorithm)	각 인공지능에 유전자를 할당하고 행동시킨 후 결과를 기준으로 우수한 인공지능의 유전자끼리 조합하여 다음 세대를 만드는 것.	〈아스트로노카(Astronoka / アストロノーカ)〉의 엔피시는 플레이어의 반응에 따라 진화하여 난이도가 높아짐.
강화 학습 (Reinforcement Learning)	행동과 반응의 프로세스로 구성되어, 에이전트가 특정 행위를 통해 얻은 보상을 통해 그 행위를 학습해 나가는 것.	〈포르자 모터스포츠(Forza Motor-sports)〉의 인공지능은 플레이어의 운전 습관을 학습함.
목표 지향 행위 계획 (Goal Oriented Action Planning, GOAP)	달성해야 하는 목표를 제시하면, 인공지능이 해당 목표를 달성하기 위한 행동의 시퀀스를 상황에 맞게 검색 및 제시하는 것.	〈엘더스크롤〉의 마을을 돌아다니는 엔피시는 특정 목적을 충족하기 위해 행동함.

치며 게임 인공지능은 역할에 따라 자율적으로 목표를 완수하는 에이전트로 진화했다. 게임 인공지능에 사용되는 대표적인 알고리즘은 다음과 같다.

게임 인공지능의 발전 방향 게임 인공지능은 게임 플레이 양상에 따라 전투 중심의 게임에서는 멀티 에이전트로, 시뮬레이션 중심의 게임에서는 감정형 에이전트로 발전해 나간다. 멀티 에이전트는 〈크롬 하운즈(Chrome Hounds)〉, 〈헤일로 3(Halo 3)〉 등에서 시작된 인공지능으로, 각기 다른 목적과 능력을 가진 에이전트들을 제휴시켜 공동의 목표를 달성하는 기술이다. 에이전트는 한 팀을 이루어 팀 전체의 목표를 수립하고 적절한 전략을 선택한다. 선택한 목표가 개별 에이전트에 할당되면 각각의 에이전트는 우선순위에 따라 게임을 진행에 나가며 플레이어와 경쟁한다.

감정형 에이전트는 〈심즈〉 시리즈로 대표되는 인공지능으로, 다양한 욕구를 데이터로 저장하고 이에 따라 행동하는 인공지능이다. 욕구의 대상과 그에 대한 행위, 행위에 의해 변하는 감정의 관계가 정밀하게 형성되어 있기 때문에 에이전트는 실제 세계의 인간과 유사한 생활 패턴을 보인다. 두 에이전트의 속성은 게임 시스템 전체를 지성화할 수 있는 가능성을 시사하며, 플레이어는 이러한 게임 인공지능을 통해 플레이를 지속할 수 있는 동기를 부여받는다.

- **유의어** 에이전트, 엔피시
- **관련 용어** 레벨 디자인, 스테이지, 알고리즘
- **참고 자료** 디지털 게임 교과서 제작위원회 저, 최재원, 김상현 역, 『디지털 게임 교과서』, 에이콘, 2010. | Alex J. Champandard, *AI Game Development : Synthetic Creatures with Learning and Reactive Behaviors*, New Riders Games, 2003. | Richard Rouse III, *Game Design : Theory and Practice*, Jones & Bartlett Learning, 2004.

인디 게임 independent game

| 개인이나 소규모 개발자 집단이 자율적으로 제작 및 배급하는 게임.

개인이나 소규모 개발자 집단이 제작, 유통, 서비스하는 게임 장르. 상업 게임이 이윤 창출과 대중적인 성공에 목표를 두는 반면, 인디 게임의 경우 대규모 자본 없이 개발자들의 창의적인 아이디어를 표현하는 것을 목표로 한다. 인디 게임의 주요한 특징은 개발자들의 자율성, 제작 과정의 유연성, 유통 구조의 간소화이다. 2000년대 들어 대표적인 게임 플랫폼들이 인디 게임들을 지원하면서 대중적으로 알려지기 시작했다.

인디 게임은 인디 문화의 특징을 갖는다. 인디 문화란 주류에 저항하고 거대 자본에서 독립하려는 문화로, 인디 게임은 게임 창작 방식뿐 아니라 판매, 배급, 플레이 등 게임의 모든 과정에서 대안을 제시하는 움직임을 의미한다.

인디 게임은 게임 시장에서 자본의 독립, 생산 방식의 차별화, 소재의 독창성 등 통해 대안을 제시한다. 한 명의 독립 개발자나 2명 이상의 소수 개발자들이 모여 소규모 개발팀을 구성해 제작하며, 예산 또한 외부 업체의 지원 없이 자율적으로 충당하기 때문에 제한적이다. 유통사도 별도로 존재하지 않기 때문에 디지털 유통을 하는 경우가 많다. 대표적인 인디 게임으로는 〈월드 오브 구(World of Goo)〉, 〈림보(Limbo)〉, 〈투 더 문(To the Moon)〉, 〈저니(Journey)〉, 〈페즈(FEZ)〉, 〈더 스탠리 패러블(The Stanley Parable)〉, 〈페이퍼스, 플리즈(Papers, Please)〉 등이 있다.

인디 게임 제작의 특징 히치베 노부시게(七邊信重)에 따르면 인디 게임 제작의 특징은 지향성, 자율성, 유연성, 개발 스피드, 디버그, 유통, 사용자와의 거리, 매출의 8가지로 정리할 수 있다.

첫째, 지향성은 게임 개발자의 목적에 대한 것으로, 게임 개발자가 게임에서 성취하려는 목적은 다양하다. 이때 게임을 창업이나 수익을 위한 도구로 여기는지, 게임 그 자체를 즐기기 위해 개발하는지에 따라서 수단적 목적과 즉자적 목적으로 구분할 수 있다. 인디 게임 개발자들의 경우, '나만의 게임을 만들고 싶다'는 창작 욕구에 기반을 둔 즉자적 목적을 우선시한다.

둘째, 자율성은 개발자의 자율성 정도로, 대형 게임 개발사의 경우 대중성에 소구하는 기획을 하는 반면, 인디 게임 개발팀은 기발하거나 창의적인 작품을 자유롭게 기획한다.

셋째, 유연성은 개발 과정 중의 변경 수용 정도와 관계된다. 기획서와 사양서에 근거해 개발을 진행하는 상업 게임의 워터폴 모델(waterfall model)과 달리 인디 게임은 테스트나 의사소통에서 나온 문제점들을 고치기 위해 빈번히 사양을 변경하는 애자일 모델(agile model)을 채택한다. 따라서 개발 도중에 발생하는 다양한 변경 사항을 유연하게 수용하고 대응할 수 있다.

넷째, 개발 속도는 게임 개발 기간과 관계된다. 인디 게임에는 게임 테스트가 따로 없으므로 개발 기간이 상업 게임보다 단축된다. 개발 속도가 빨라지면 손익분기점이 낮아지며 제작자의 동기를 플레이어에게 빠르게 전달할 수 있다는 점에서 이점이 있다.

다섯째, 인디 게임은 디버깅 작업을 플레이어에게 맡겨 추가 패치로 대응한다. 개발자도 디버깅 작업을 하지만 플레이어에게 맡기는 쪽이 수월하다고 평가된다. 주로 인터넷을 통해 유통되므로 추가 패치 배포를 통한 디버그 대응이 간결하다.

여섯째, 유통 과정에서 개발자가 직접 유통 매장과 교섭하며, 인디 게임 전문 네트워크를 통해서 배급된다. 별도로 유통 및 홍보에 투자할 예산이 없는 경우가 많기 때문에 이메일이나 트위터 등의 개인 소셜 네트워크 서비스나 커뮤니티를 통해 홍보가 이루어진다. 2000년대 후반부터는 피시(PC) 게임을 배급하는 밸브 코퍼레이션(Valve Corporation)의 '스팀(Steam)', 소니의 '플레이스테이션 네트워크(Playstation Network, PSN)' 등 대표적인 게임 플랫폼이 소규모 개발자를 지원하기 시작했다.

일곱째, 인디 게임은 개발자와 플레이어가 게시판이나 메일로 직접 교류하기 때문에 사용자와 개발자 사이의 거리가 가깝다. 플레이어가 버그를 발견하고, 감상, 의견 같은 피드백을 주기 때문에 개발자는 이를 바탕으로 작품을 개선한다. 게임 개발의 주요 작업인 디버깅 작업을 플레이어에게 맡긴다는 점에서 이미 플레이어는 개발자와 거의 동등한 위치를 부여받는다.

여덟째, 인디 게임은 단가가 상업 게임보다 낮기 때문에 수익성은 크지 않은 편이나 다이렉트엑스(DirectX) 등의 개발 툴이 널리 보급되면서 매출도 상승했다. 《게임 디벨로퍼 매거진(Game Developer Magazine)》의 조사에 따르면, 2010년 인디 게임 개발자 평균 수입은 1만 1,379달러였으나 2011년에는 2만 3,549달러까지 2배 상승했다. 〈마인크래프트〉를 비롯한 유명 인디 게임은 상업 게임에 비견될 만큼 상업적 성공을 이루었다.

인디 게임과 상업 게임의 비교		
	인디 게임	상업 게임
지향성	게임을 개발하는 목적이 즉자적. 비경제적 이익을 추구.	게임을 개발하는 목적이 수단적·경제적 이익을 추구.
손익분기점	개발 비용이 적어서 손익분기점이 낮음.	개발 비용이 많으므로 손익분기점이 높음.
자율성	개발자의 자율적 판단과 의지가 게임 개발에 다수 반영됨.	회사의 지침이나 대중성에 의해 게임 개발이 진행됨.
유연성	변경 사항이 발생했을 때 대처가 유연함.	개발서와 기획서로 개발이 진행되며, 변경 사항 반영이 힘듦.
개발 스피드	개발 과정이 적고 개발 기간이 빠름.	개발 과정이 여러 단계이므로 개발 기간이 오래 걸림.
사용자와의 거리	개발자와 사용자와의 교류가 직접적이고 가까움.	개발자와 사용자의 교류는 간접적이고 멂.
수입	제로~극단적으로 많음.	다소 적음~많음.

인디 게임의 대표적인 유통사 인디 게임을 유통하는 대표적인 게임 플랫폼에는 '스팀', '플레이스테이션 네트워크', '엑스박스 라이브 아케이드(Xbox Live Arcade)' 등이 있다. 게임 개발사 밸브 코퍼레이션이 2003년 개시한 개인용 컴퓨터 게임 전용 온라인 유통 플랫폼인 스팀은 인디 게임의 주요한 유통 창구이다. 스팀은 홈페이지에서 게임을 소개하고 다운로드할 수 있는 방식으로 게임을 유통하며, 대형 상업 게임과 인디 게임을 진열하는 방식에 차등을 두지 않는다. 2011년에는 사용자가 직접 소규모 개발사나 독립 개발사들이 개발한 게임을 스팀 판매장에 등록할지 말지를 투표로 결정하는 그린라이트(Greenlight) 서비스를 개시했다. 게임 개발자는 그린라이트에 게임을 올릴 수 있으며, 투표를 통해 자신의 게임이 선정되면 유통 채널을 확보할 수 있다. 그린라이트 서비스는 일반 플레이어들의 접근성을 높여주고 관심을 불러일으켜 마케팅이 취약한 인디 게임의 프로모션 효과를 증진시켰다.

플레이스테이션 네트워크는 일본 소니 컴퓨터 엔터테인먼트(Sony Computer Entertainment, SCE)의 게임 유통 플랫폼으로, 인디 게임만을 전문으로 유통하는 채널을 만들었다. 마찬가지로 엑스박스 라이브 아케이드는 마이크로소프트의 콘솔 게임 온라인 유통 플랫폼으로 다수의 인디 게임을 유통한다. 엑스박스 원 스토어(Xbox One Store)에서는 온라인 게임 유통 채널을 모든 규모의 개발사에게 개방하면서, 인디 게임들도 대형 상업 게임 유통사와 동일한 플랫폼 지원을 받을 수 있도록 무료 개발 도구를 지원했다.

인디 게임 페스티벌 및 사이트 대표적인 인디 게임 페스티벌로는 인디 게임 페스티벌(The Independent Game Festival, IGF), 인디케이드(IndieCade) 등이 있다. 인디 게임 페스티벌은 게임 개발자 컨퍼런스(Game Developer Conference, GDC)에서 함께 주관하며, 매년 미국에서 개최된다. 〈마인크래프트〉, 〈투 더 문〉 등의 인디 게임들이 수상한 바 있다. 대표적인 인디 게임 사이트로 '인디게임즈닷컴(indiegames.com)', '인디게임번들(Indiegamebundles)' 등이 있으며, 국내에는 '한국 독립 게임 마당(Korea Indie Game Shop, KIGS)'이 있다. 각 사이트들은 신규 인디 게임을 소개하고 다양한 관련 정보를 게시하여 인디 게임 개발자와 플레이어들의 소통의 장을 제공한다.

- **반의어** 상업 게임
- **유의어** 동인 게임
- **관련 용어** 스팀, 플레이스테이션 네트워크, 엑스박스 라이브 아케이드, 인디 게임 페스티벌, 인디 게임 사이트
- **참고 자료** 디지털 게임 교과서 제작위원회 저, 최재원, 김상현 역, 『디지털 게임 교과서』, 에이콘, 2012. | 스트라베이스, 『글로벌 게임산업 트렌드』, vol.2, no.0, 한국콘텐츠진흥원, 2014. 8. | 이정엽, 「인디 게임의 아방가르드적 인터랙션 메커니즘과 서술방식 연구」, 『미디어스토리텔링학회』, vol.1, no.0, 2014. | 테크인아트, 「창의성과 혁신적 아이디어로 무장한 인디 게임」, 『문화와 기술의 만남』, vol.37, no.0, 한국콘텐츠진흥원, 2014.07. | Richard Hill-Whittall, *The Indie Game Developer Handbook*, Focal Press, 2015.

인디 게임 페스티벌 Independent Game Festival, IGF

| 1998년부터 매년 미국에서 열리는 국제 인디 게임 행사.

유비엠 테크(UBM Tech)가 주최하는 게임 개발자 컨퍼런스(Game Developers Conference, GDC)에서 열리는 국제 게임 행사. 1998년 뛰어난 인디 게임 개발자들을 선발하고 게임 개발을 지원하기 위해 개최됐으며, 행사를 통해 인디 게임 개발자들의 작품과 유통 회사 간의 연결이 이뤄진다.

행사는 토론과 전시, 시상식으로 구성된다. 토론의 경우, 인디 게임에 관심 있는 사람들이 포럼 등에 참석해 게임의 디자인, 기술, 마케팅 등과 같은 각 분야의 정

보를 공유한다. 전시는 심사위원들이 그 해에 출시된 인디 게임을 4~6주 정도 플레이한 후 추천한 게임들로 구성되며, 일부 작품은 시상식 후보로 선정된다. 참가자들은 전시작들을 직접 플레이해볼 수 있다. 시상식의 경우, 학생 부문과 성인 부문으로 나뉘어 진행된다. 성인 부문에서는 2015년 기준으로 '시머스 맥널리 최우수상(Seumas McNally Grand Prize)', '누오보(Nuovo) 상', '청중상', '비주얼 아트상', '오디오 상', '디자인 상', '내러티브 상' 등 총 7개 부문의 상을 수여한다. 인디게임 페스티벌에서 가장 권위 있는 상인 시머스 맥널리 최우수상을 받은 개발자에게는 상금 3만 달러가 수여된다.

역대 시머스 맥널리 최우수상 수상작			
년도	수상작		개발사
1999	〈화염과 어둠(Fire and Darkness)〉		싱귤래리티 소프트웨어 (Singularity Software)
2000	〈트레드 마크(Tread Marks)〉		롱보우 디지털 아트 (Longbow Digital Arts)
2001	〈택티컬 커맨더스(Shattered Galaxy)〉		넥슨(Nexon)
2002	〈나쁜 우유(Bad Milk)〉		드리밍 미디어(Dreamingmedia)
2003	〈와일드 어스(Wild Earth)〉		슈퍼 엑스 스튜디오(Super X Studios)
2004	Open Category	〈세비지 : 배틀 포 뉴워스 (Savage : The Battle for Newerth)〉	에스투 게임즈(S2 Games)
	Web/Downloadable	〈오아시스(Oasis)〉	마인드 컨트롤 소프트웨어 (Mind Control Software)
2005	Open Category	〈기시(Gish)〉	크로닉 로직 엘엘시(Chronic Logic LLC)
	Web/Downloadable	〈위크 : 페이블 오브 소울 (Wik and the fable of souls)〉	리플렉시브 엔터테인먼트 (Reflexive Entertainment)
2006	〈다위니아(Darwinia)〉		인트로버전 소프트웨어 (Introversion Software)
2007	〈아쿠아리아(Aquaria)〉		비트 블롯(Bit Blot)
2008	〈크레용 피직스 디럭스(Crayon Physics Deluxe)〉		페트리 퍼호(Petri Purho)
2009	〈블루베리 정원(Blueberry Garden)〉		에릭 세베당(Erik Svedäng)
2010	〈모나코(Monaco : What's Yours Is Mine)〉		포켓왓치 게임즈(Pocketwatch Games)
2011	〈마인크래프트〉		모장(Mojang)
2012	〈페즈(FEZ)〉		폴리트론 코퍼레이션 (Polytron Corporation)
2013	〈카트 라이프(Cart Life)〉		리처드 호프마이어(Richard Hofmeier)
2014	〈페이퍼스, 플리즈(Papers, Please)〉		루카스 포프(Lucas Pope)

■ **관련 용어** 인디 게임, 상업 게임, 게임 개발자 컨퍼런스
■ **참고 자료** 디지털 게임 교과서 제작위원회 저, 최재원, 김상현 역, 『디지털 게임 교과서』, 에이콘, 2012. | Richard Hill-Whittall, *The Indie Game Developer Handbook*, Focal Press, 2015. | IGF, www.igf.com

인벤토리 inventory

| 게임 세계 내의 아이템 보관함.

플레이어가 게임 중 획득한 아이템을 보관할 수 있는 공간. 아이템의 종류가 많고 그 활용 방식이 다양한 역할수행 게임의 경우, 인벤토리 관리가 중요하며 인벤토리에 보관할 수 있는 아이템의 수가 제한된다. 아이템의 수를 제한하는 방법은 크게 2가지로 나뉜다.

첫째, 각각의 아이템에 무게를 설정해 플레이어가 들고 다닐 수 있는 무게의 총합을 제한한다. 〈엘더스크롤〉 시리즈의 인벤토리 시스템이 이에 해당한다. 둘째, 인벤토리가 아이템을 담을 수 있는 칸(slot)으로 구성된 경우, 아이템을 수납할 수 있는 칸의 수를 제한한다. 게임에 따라 한 아이템이 하나의 칸만 차지하는 경우와 아이템의 크기에 따라 차지하는 칸의 개수가 상이한 경우로 나뉜다. 〈블레이드 & 소울〉은 전자에 해당하며 〈마비노기〉는 후자에 속한다. 게임 개발사는 인벤토리를 확장할 수 있는 유료 아이템으로 가방, 슬롯 확장권, 펫 등을 판매하기도 한다.

온라인 게임에서는 특정 플레이어의 인벤토리 정보를 아이템 정보와 플레이어 캐릭터 정보를 통해 처리한다. 플레이어의 인벤토리에 표시되는 아이템의 정보는 플레이어의 피시(PC)에 다운로드된 클라이언트 파일에 고정된 것일 수 있다. 반면, 인벤토리에 해당 아이템이 보관돼 있다는 사실 자체는 클라이언트 파일이 아닌 게임 서버에 저장된 플레이어 캐릭터의 정보이다. 게임 서버는 플레이어가 게임 세계와 상호작용한 결과를 전송받아 실시간으로 게임 세계에 적용시키는 역할을 한다. 아이템을 추가하고 삭제하는 인벤토리 정보 또한 플레이어가 게임 세계와 상호작용한 결과로 게임 서버에 저장된다. 서버에 접속할 때 사용하는 계정과 비밀번호는 아이템을 특정 캐릭터에게 귀속시키기 위해 인벤토리 정보를 확인할 때 사용된다.

■ **관련 용어** 슬롯, 서버, 계정, 아이템
■ **참고 자료** Brendan Burns, *Darkstar : The Java Game Server*, O'Reilly Media, 2007. | Edward F. Maurina, *The Game Programmer's Guide to Torque : Under the Hood of the Torque Game Engin*, CRC Press, 2006 | Ernest Adams, *Fundamentals of Game Design*, New Riders, 2013. | R. V. Kelly2, *Massively Multiplayer Online Role-Playing Games : The People, the Addiction and the Playing Experience*, McFarland, 2004. | Kaiwen Zhang, Bettina Kemme, Alexandre Denault, "Persistence in Massively Multiplayer Online Games", *Net Game 2008*, 2008.

인스턴스 던전 instance dungeon

| 온라인 게임에서 특정한 플레이어나 파티를 위해 생성된 던전.

동일한 구조의 던전을 복사한 공간으로, 플레이어 개인이나 파티에게 개별적으로 제공되는 던전. '인던'이라고도 한다. 인스턴스 던전에 입장할 경우, 다수의 플레이어가 동일한 던전에 입장하더라도 실제로는 별개의 공간에서 플레이가 진행된다. 플레이어는 다른 플레이어나 파티에게 방해받지 않고 게임을 진행할 수 있다. 인스턴스는 본래 객체지향 프로그래밍에서 사용하는 개념으로, 한 집합을 구성하는 복사된 객체를 의미한다.

인스턴스 던전에 입장한 플레이어는 자동으로 복사된 공간으로 배정되며, 해당 공간은 던전만을 전문으로 처리하는 인스턴스 서버를 통해 구동된다. 이를 통해 한정된 지역에 플레이어가 몰려서 발생하는 과부하를 방지하고, 한 개의 셀당 플레이어 캐릭터와 몬스터의 적정비율을 유지할 수 있다.

초기 다중접속온라인 역할수행 게임에서는 대규모의 플레이어가 한 공간에 밀집돼 서버에 과부하가 발생했다. 이 외에도 접속한 플레이어에 비해 몬스터 수가 부족해 특정 지역에서 플레이어가 자리를 잡고 몬스터를 독점하는 '캠핑' 현상도 일어나 플레이어 간 분쟁이 초래됐다. 게임 개발사는 이러한 문제를 해결하기 위해 인스턴스 던전을 도입했다. 〈월드 오브 워크래프트〉는 인스턴스 던전이라는 개념을 정립했으며, 이는 파티원만 입장할 수 있는 던전이라는 뜻으로 사용된다. 〈마비노기〉에서는 인스턴스 던전 입구에 있는 제단에 아이템을 놓을 수 있으며, 아이템의 종류에 따라 던전의 모양이 달라진다.

플레이어는 인스턴스 던전을 통해 높은 경험치를 얻거나 고가의 아이템을 얻기도 한다. 따라서 게임의 밸런스를 유지하기 위해 인스턴스 던전의 재입장을 제한하는 게임도 있다. 경우에 따라 인스턴스 던전은 지정된 시간이나 요일에만 열리거나, 특정한 레벨의 플레이어만 입장이 가능한 이벤트형 던전을 의미하기도 한다.

- **관련 용어** 던전, 퀘스트, 다중접속온라인 역할수행 게임, 캠핑
- **참고 자료** 나카시마 켄고 저, 김상우 역, 『온라인 게임을 지탱하는 기술』, 위키북스, 2012. | 이동은, 윤현정, 「디지털 게임의 공간성에 관한 연구 : MMORPG를 중심으로」, 『디지털스토리텔링연구』 vol.2, no.0, 2007. | 이영수, 「MMORPG 업데이트를 위한 장소 스토리텔링」, 『디지털스토리텔링연구』 vol.4, no.0, 2009.

인캐릭터 In Character, IC

| 게임 내 플레이어의 정체성.

인캐릭터(In Character, IC)와 아웃오브캐릭터(Out of Character, OOC)는 게임을 하는 동안 발현되는 플레이어 정체성이다. 어빙 고프먼(Erving Goffman)은 사람들의 일상생활을 연극의 한 형태로 봤으며, 연극의 무대를 개인이 사회적 가면을 쓰고 특정한 배역을 연기하는 전면과 비공식적이고 자연스런 행동이 일어나는 후면으로 구분했다. 무대 전면의 개인이 인캐릭터에 속하며, 무대 후면의 개인이 아웃오브캐릭터에 해당한다.

토릴 몰텐센은 플레이어가 가상과 현실을 구별하지 못한다는 편견에 반박하기 위해 이 개념을 게임에 적용했다. 게임 세계는 무대의 전면에 속하고 게임 커뮤니티는 무대의 후면에 해당한다. 두 공간에서 플레이어의 정체성은 명확히 구분되며, 게임 세계에서 플레이어는 인캐릭터라는 정체성을 통해 게임 환경의 제공자가 이미 구축해 놓은 허구적인 문화를 기반으로 활동한다. 플레이어는 자신이 선택하거나 생성한 캐릭터의 배역을 연기하며 게임의 스토리, 퀘스트, 그래픽, 음악 등을 통해 자신의 캐릭터에 몰입한다. 반면 게임 커뮤니

게임 플레이어의 정체성 분류		
	인캐릭터	아웃오브캐릭터
공간	게임 세계.	게임 커뮤니티.
기반문화	게임 환경 제공자가 이미 만들어놓은 허구적인 문화.	플레이어 간 상호작용을 통해 형성된 문화.
활동	몰입한 캐릭터로서 역할을 수행하고 게임 세계를 탐험.	플레이어 간의 설정 및 합의, 경험과 기술 교류.

티에서 플레이어는 아웃오브캐릭터라는 정체성으로 플레이어 간 상호작용을 통해 형성된 문화를 기반으로 활동한다. 플레이어는 글을 게시하거나 채팅을 통해 게임 세계 내에서의 매너나 은어, 실수 허용 범위 등을 서로 합의하고 설정한다. 이 외에도 게임을 진행하면서 경험한 놀라움이나 불만, 기술이나 전략을 공유하는 등의 사회적 교류를 한다.

- **관련 용어** 정체성, 게임 커뮤니티, 게임 세계
- **참고 자료** Pat Harrigan, Noah Wardrip-Fruin, *Second Person : Role-Playing and Story in Games and Playable Media*, The MIT Press, 2010. | Torill M. Mortensen, *Perceiving Play : The Art and Study of Computer Games*, Peter Lang Publishing Inc., 2009. | Torill E. Mortensen, Jonas Linderoth, *The Dark Side of Game Play : Controversial Issues in Playful Environments*, Routledge, 2015.

인터랙션 방송 interaction broadcasting

| 콘텐츠 제공자와 시청자 간의 소통을 기반으로 진행되는 방송.

시청자와 콘텐츠 제공자가 상호 소통할 수 있는 방송. 인터랙션 방송의 유형은 다음과 같다. 첫째, 시청자에게 방송 콘텐츠 서비스와 관련된 정보와 시청 옵션을 제공하는 유형, 둘째, 시청자가 콘텐츠 제공자와 직접 상호 소통을 해서 콘텐츠 제공자가 시청자의 반응을 방송에 반영할 수 있는 유형이다.

초기의 인터랙션 방송은 전자에 해당하며, 대표적인 예로 비비시(BBC)의 레드 버튼(Red Button)이 있다. 비비시의 아동용 프로그램인 시비즈(CBbeebies)는 오후 7시까지만 진행됐으나, 방송을 더 보길 희망하는 시청자는 레드 버튼을 눌러 방송을 더 볼 수 있었다.

두 번째 유형은 인터넷을 활용한 인터랙션 방송에서 나타난다. 북미의 트위치TV(Twitch Television), 국내의 아프리카TV, 다음팟TV 등이 이에 속한다. 게임에서 인터랙션 방송은 실시간 상호소통을 기반으로 콘텐츠 제공자와 시청자가 대화를 나누는 방식으로 진행된다. 대표적인 예로 아프리카TV와 다음팟TV는 방송 진행자인 비제이(BJ)가 게임을 하면서 채팅창을 통해 시청자와 소통하는 방식을 채택한다. 트위치TV의 경우, 시청자가 대전 게임의 승패를 배팅하는 '썰티벳(SaltyBet)'이나 채팅창에 명령어를 입력해 캐릭터를 조작하는 '트위치 플레이 포

켓몬(Twitch Plays Pokémon, TPP)' 등의 프로그램을 통해 시청자와 함께 실시간으로 콘텐츠를 제작하는 방송을 선보였다.

- 유의어 양방향 방송, 쌍방향 방송
- 관련 용어 아프리카TV, 트위치TV
- 참고 자료 안종배 외, 『방송통신융합시대 양방향방송광고 효과에 관한 연구』, 방송통신위원회, 2008. | 이용준, 『뉴미디어 시대의 게임방송 시청행태 변화 연구』, 중앙대학교 신문방송대학원 방송영상학과 석사논문, 2008. | 아프리카TV, www.afreeca.com | 트위치TV, www.twitch.tv

인터랙티브 드라마 interactive drama

| 사용자가 이야기에 참여할 수 있도록 구현된 서사체.

사용자가 가상으로 구현된 세계의 캐릭터와 상호작용으로써 극적 경험을 느낄 수 있는 드라마. 1986년, 브렌다 로럴(Brenda Laurel)은 인터랙티브 드라마에 대해 사용자가 1인칭 주인공 시점으로 참여하는 극적인 이야기라 설명한 바 있다. 이후 자넷 머레이(Janet H. Murray)는 컴퓨터 매체의 인터랙티브 드라마를 '사이버 드라마'라 칭했으며, 마이클 마티아스(Michael Mateas)는 이를 사용자가 1인칭 시점에서 컴퓨터의 통제를 받는 캐릭터들과 극적인 이야기를 경험할 수 있는 가상 세계로 정의했다.

인터랙티브 드라마에서 사용자들은 가상 세계에 들어와 자유롭게 움직이거나 물체를 조작하며 다른 캐릭터와 상호작용할 수 있다. 인터랙티브 드라마 연구는 사용자에게 극적 경험을 제공하기 위해 캐릭터 중심으로 스토리를 생성하는 기술과 플롯 중심으로 스토리를 생성하는 기술을 개발하는 방향으로 진행됐다.

초기 인터랙티브 드라마의 경우, 오즈 프로젝트(OZ Project)와 같이 캐릭터의 행동 통제에 기반을 두었으나 이후 플롯 기반 시스템을 사용하는 〈파사드(Façade)〉가 등장했다. 인터랙티브 드라마는 상호작용성과 극적인 서사 경험의 통합을 추구하지만 정해진 플롯 구조 속에서 사용자가 제한된 선택만을 할 수 있기에 몰입감과 극적 경험을 제공하지 못한다는 비판을 받기도 한다.

- 관련 용어 브렌다 로럴, 파사드, 오즈 프로젝트, 사이버 드라마
- 참고 자료 류철균, 한혜원 외, 『트랜스미디어 스토리텔링의 이해』, 이화여자대학교출판부, 2015. | 브렌다

로럴 저, 유민호, 차경애 역, 『컴퓨터는 극장이다』, 커뮤니케이션북스, 2008. | 서성은, 『인터랙티브 드라마의 사용자 참여 구조 연구』, 이화여자대학교 대학원 디지털미디어학부 석사논문, 2009. | 손형전, 안보라, 「사용자의 극적 경험을 위한 인터랙티브 드라마 연구」, 『디지털스토리텔링연구』, vol.3, no.1, 한국디지털스토리텔링학회, 2008. | 윤현정, 「인터랙티브 드라마의 스토리생성 모델 연구-〈Façade〉를 중심으로-」, 『한국컴퓨터게임학회 논문지』, vol.21, no.0, 한국컴퓨터게임학회, 2010.

인터랙티브 픽션 게임 interactive fiction game

| 텍스트를 중심으로 플레이하는 게임 장르.

플레이어가 텍스트를 입력 및 선택해 플레이하는 게임 장르. 하위 장르로 게임북과 텍스트 어드벤처 게임, 사운드 노벨, 비주얼 노벨, 인터랙티브 노벨 등을 포함한다. 최초의 인터랙티브 픽션 게임은 1976년에 윌리엄 크로우더(William Crowther)와 도널드 우즈(Donald Woods)가 제작한 텍스트 어드벤처 게임 〈콜로설 케이브 어드벤처(Colossal Cave Adventure)〉이다. 이미지나 영상 등 시각적 요소 대신 오로지 텍스트만으로 플레이 공간을 구현하므로 무한한 공간 창출이 가능하다. 플레이어는 인폼(Inform), 어드리프트(ADRIFT) 등의 프로그램을 이용해 인터랙티브 픽션 게임을 제작할 수도 있다.

- **유의어** 텍스트 어드벤처 게임
- **관련 용어** 상호작용성, 게임북, 사운드 노벨, 비주얼 노벨, 인터랙티브 드라마
- **참고 자료** 앤드류 글래스너 저, 김치훈 역, 『인터랙티브 스토리텔링 : 21세기 픽션을 위한 테크닉』, 커뮤니케이션북스, 2006. | Michael La Ronn, *Interactive Fiction : How to Engage Readers and Push the Boundaries of Storytelling*, Ursabrand Media, 2015. | Nick Montfort, *Twisty Little Passages : An Approach to Interactive Fiction*, The MIT Press, 2005.

인터페이스 interface

| 사물 간 또는 사물과 인간 간 의사소통이 가능하도록 만들어진 물리적·가상적 매개체.

게임 플레이어와 컴퓨터 사이에서 플레이어가 게임을 즐길 수 있도록 작용하는 요소. 브렌다 로럴은 인터페이스를 인간과 컴퓨터가 각자 역할을 맡아 특

정 업무를 수행할 수 있도록 해주는 공간으로 정의했다. 자넷 머레이 역시 같은 관점에서 인터페이스가 인간과 기계 사이에 존재한다고 말했다. 인터페이스는 서로 다른 개체가 만나는 접점이며, 서로 다른 개체가 소통하는 공간이자 도구이다.

게임 인터페이스의 유형 기 본지페(Gui Bonsiepe)는 컴퓨터 과학의 인터페이스를 2가지 기준으로 나누어 설명한다. 첫 번째 분류는 외부 인터페이스로, 중앙 연산 장치, 프린터 등을 포괄하는 일련의 하드웨어를 말한다. 키보드, 마우스 등 다양한 종류의 컨트롤러가 여기에 해당한다. 두 번째 분류는 내부 인터페이스로, 사용자가 컴퓨터 프로그램을 사용할 때 경험하는 소프트웨어를 말한다. 스피커를 통해 듣는 청각적 감각, 스크린을 통해 보는 시각적 감각 등 인간의 모든 인지적 감각이 내부 인터페이스에 해당한다.

기 본지페가 분류한 인터페이스의 종류		
종류	설명	사례
외부 인터페이스	직접적인 물리적 접촉을 통해 컴퓨터와 상호작용함.	마우스와 키보드, 키패드, 게임 컨트롤러 등
내부 인터페이스	화면에 나타나는 기본적 구성 요소로 외부 인터페이스를 통해 상호작용함.	스크린 속 마우스 아이콘, 화면 구성, 메뉴, 아이콘 등

【게임 외부 인터페이스】 게임에서 활용한 최초의 외부 인터페이스는 키보드이다. 도스(DOS)와 같이 키보드만을 사용한 초기 인터페이스의 경우 텍스트만을 통해 입출력이 이뤄졌다. 그러다 마우스가 등장하면서부터 내부 인터페이스와 마우스 포인터를 통해 화면 내 내비게이션이 가능하게 되었다. 이후 콘솔 게임이 등장하면서 전용 컨트롤러까지 생겨났다. 대표적인 콘솔 게임 전용 컨트롤러로는 디지털 스틱에 버튼 1개가 달린 조이스틱, 십자 모양의 버튼이 부착된 컨트롤러 등이 있다.

전통적 인터페이스에서 플레이어가 마우스, 조이스틱, 또는 키보드의 특정 버튼을 누르는 행위로 컴퓨터와 상호작용했다면, 체감형 인터페이스에서는 직접 몸을 이용한 직관적인 조작 방식을 취한다. 예스퍼 율은 게임 속 행동을 그대로 현실에서 모방하는 물리적 인터페이스를 모방적 인터페이스라고 말한다. 닌텐도 위의 게임들이 대표적이다.

【게임 내부 인터페이스】 사용자의 인지적 측면에서 플레이에 활용되는 하드웨어의 발전은 소프트웨어의 발전에도 영향을 미친다. 게임 내부 인터페이스가 문자, 이미지뿐만 아니라 시청각 요소까지 확장하여 구현되기 때문이다. 앤드류 롤링스와 어니스트 아담스는 게임 내부 인터페이스의 발전 단계를 아케이드 게임, 어드벤처 게임, 실시간 전략 게임에 따라 분류했다.

초기 아케이드 게임은 고정된 화면과 반복적 이미지를 통해 게임 정보를 제시했다. 인터페이스의 대부분은 플레이 영역으로 채워졌으며, 화면 상단 또는 하단에 점수, 레벨, 체력 등과 같은 기본 정보가 제공됐다. 반면 어드벤처 게임의 경우, 내부 인터페이스가 글자와 이미지를 기반으로 발전된 양상을 보였다. 초기 어드벤처 게임인 텍스트 어드벤처 게임에서 플레이어는 문자만으로 제공되는 상황 설명에 명령어를 입력해 게임을 진행했다. 이후 1980년 〈미스터리 하우스(Mystery House)〉에서 최초로 이미지를 구현하면서 그래픽 어드벤처 게임이 등장했으며 인터페이스가 진화했다. 그래픽 어드벤처 게임에서 시작된 '포인트 앤드 클릭(point and click)' 방식은 이후 어드벤처 게임을 포함한 타 장르 게임의 표준 인터페이스가 됐다.

실시간 전략 게임의 경우 대규모 유닛을 제어해야 하는 특성 때문에 유닛 그룹을 쉽고 편리하게 조작할 수 있도록 내부 인터페이스가 발전했다. 〈워크래프트〉나 〈커맨드 앤 컨커〉 시리즈로 대표되는 실시간 전략 게임 인터페이스의 주요 구성 요소는 미니맵, 대화창, 유닛 운영 정보 등이다. 유닛 선택을 위한 좌 클릭과 클릭한 유닛에게 특정 행동을 취하게 하기 위한 우 클릭은 초기 실시간 전략 게임의 플레이 방식이며, 이후 다수의 유닛을 한번에 선택하기 위한 '클릭 앤 드래그(click and drag)' 방식이 추가됐다.

■ **관련 용어** 공간, 컨트롤러

■ **참고 자료** 기 본지페 저, 박해천 역, 『인터페이스』, 시공사, 2003. | 브렌다 로럴 저, 유민호, 차경애 역, 『컴퓨터는 극장이다』, 커뮤니케이션북스, 2008. | 앤드류 롤링스, 어니스트 아담스 저, 송기범 역, 『게임 기획 개론』, 제우미디어, 2004. | 예스퍼 율 저, 이정엽 역, 『캐주얼 게임 : 비디오게임과 플레이어의 재창조』, 커뮤니케이션북스, 2012. | Janet Murray, *Inventing the Medium : Principles of Interaction Design as a Cultural Practice*, The MIT Press, 2011.

인형술사 puppet master

| 대체 현실 게임의 제작자 및 운영진.

대체 현실 게임(Alternate Reality Game, ARG)을 기획하고 실행하는 게임 제작진 및 운영진. 2001년 제작된 최초의 대체 현실 게임 〈더 비스트(The Beast)〉의 플레이어들이 '제페토(Gepetto)'라는 이름으로 글을 올리던 운영진을 인형술사라고 칭하던 것에서 유래했다. 제페토는 동화 『피노키오(The Adventure of Pinocchio)』에서 나무 인형을 만든 목수의 이름이다.

대체 현실 게임은 퍼베이시브 게임(pervasive game)의 한 장르로, 플레이어들은 가상 세계가 아닌 실제 세계에서 허구적 사건을 해결해야 한다. 문제 발생 지점, 플레이어의 움직임이 진행되는 공간, 실시간으로 제공되는 단서들이 현실과 밀접한 연관을 맺고 등장한다. 국내에서 2007년 진행된 대체 현실 게임 〈노르망디의 이방인〉을 중심으로 인형술사의 역할을 살펴보면 표와 같다.

인형술사의 역할		
종류	설명	〈노르망디의 이방인〉의 사례
게임 설정	게임의 목적에 맞게 캐릭터, 사건, 배경 및 전체적 진행 방향 설정.	1인칭 슈팅 게임 〈투워(2WAR)〉의 프로모션을 목적으로 제작됨.
단서 제공	여러 매체를 활용해 관찰된 플레이어의 행동을 바탕으로 실시간으로 단서를 제공.	에이알에스(ARS) 메시지, 유에스비(USB) 음성파일, 이메일, 그림 등을 통해 사건 해결의 단서인 오디오 파일을 찾게 됨.

제인 맥고니걸은 인형술사가 가상 세계의 게임을 진행하는 '게임 운영자(Game Master, GM)'나 '던전 마스터(Dungeon Master, DM)'와 구별된다고 주장한다. 게임 운영자나 던전 마스터는 게임 진행 도중 플레이어와 공식적 방법을 통해 개방적 의사소통이 가능하며 권한을 갖고 직접 상황을 관리 및 감독할 수도 있다. 반면, 인형술사는 플레이어와 일정한 거리를 유지해야 한다. 플레이어들이 운영자의 존재와 의도를 인지하지 못한 채, 주어진 문제를 자발적으로 협력하여 해결하는 것이 대체 현실 게임의 목적이기 때문이다. 이를 위해 게임의 진행 방향은 현실에서 있을 법하게 설정되어야 하고, 단서 또한 플레이어의 참여를 유도하고 게임 진행을 견인할 수 있도록 설정되어야 한다.

■ **유의어** 게임 기획자, 게임 운영자

- **관련 용어** 대체 현실 게임, 퍼베이시브 게임, 게임 운영
- **참고 자료** 남승희, 「대체현실게임(ARG)의 스토리텔링 연구」, 『한국게임학회 논문지』, vol.9, no.2, 한국게임학회, 2009. | Jane McGonigal, *Reality is Broken : Why Games Make Us Better and How They Can Change the World*, Penguin Press, 2011. | Karl M. Kapp, *The Gamification of Learning and Instruction : Game-based Methods and Strategies for Training and Education*, John Wiley & Sons, 2012. | Pat Harrigan, Noah Wardrip-Fruin, *Second Person : Role-Playing and Story in Games and Playable Media*, The MIT Press, 2010.

일렉트로닉 엔터테인먼트 엑스포

Electronic Entertainment Expo, E3

| 매년 미국에서 개최되는 국제 게임 박람회.

매년 미국 로스앤젤레스의 로스앤젤레스 컨벤션 센터(Los Angeles Convention Center)에서 열리는 국제 게임 박람회. 독일의 게임스컴(Gamescom), 일본의 도쿄 게임쇼(Tokyo Game Show)와 함께 세계 3대 게임 전시회 중 하나로 꼽힌다. 매년 5~6월에 열리며, 전 세계의 게임 미디어와 업체 관계자, 일반 관람객들이 참가한다. 전시는 컴퓨터 게임, 비디오 게임, 모바일 게임을 비롯해 이와 관련된 제품들로 구성된다. 다른 게임 박람회에 비해 이른 시기에 열리기 때문에 게임 개발사들의 최신 기술과 게임이 가장 먼저 발표된다.

처음 개최된 시기는 1995년으로 엔터테인먼트 소프트웨어 협회(Entertainment Software Association, ESA)와 인터내셔널 데이터 그룹(International Data Group, IDG)이 공동 개최했다. 그해 소니는 플레이스테이션으로 비디오 게임 산업에 참여했으며, 세가 역시 새로운 게임 플랫폼인 세가 세턴(SEGA Saturn)을 발표했다. 8만 명이 넘는 관람객이 방문했으며, 역사상 가장 규모가 컸던 전시회 중 하나로 손꼽힌다. 이후에도 소니와 마이크로소프트, 닌텐도, 유비소프트(Ubisoft), 일렉트로닉 아츠(Electronic Arts, EA)와 같은 세계적인 게임 개발사가 참여하고 신작을 발표했다.

2007년과 2008년에는 일반 관람객의 수요를 감당할 수 없어 게임 산업 종사자들만 참가했으며, '일렉트로닉 엔터테인먼트 엑스포 미디어 앤드 비즈니스 서밋(E3 Media and Business Summit)'이라는 이름으로 개최됐다. 2009년부터 본래의 이름과 함께 이전 운영 방식으로 돌아와 일반 관람객들의 참가도 가능해졌다.

■ 관련 용어 게임 박람회, 게임스컴, 도쿄 게임쇼, 지스타(G-STAR)

■ 참고 자료 한국콘텐츠진흥원, 『2012 대한민국 게임백서』, 문화체육관광부 한국콘텐츠진흥원, 2012. | E3, www.e3expo.com

일일 활성 이용자 Daily Active Users, DAU

| 하루 동안 특정 인터넷 서비스에 1회 이상 접속한 이용자 수.

24시간 동안 해당 인터넷 서비스를 이용한 사람의 수. 이용자 집단의 규모를 측정하기 위한 지표로, 월간 활성 이용자(Monthly Active Users, MAU)와 더불어 모바일 게임과 소셜 게임의 성공 여부를 판단하는 지표로 쓰인다. 월간 활성 이용자란 1개월 동안 1회 이상 게임에 접속한 플레이어의 수를 의미한다. 개발사는 월간 활성 이용자로 플레이어 집단의 규모를 산정하고, 일간 활성 이용자를 통해 플레이어 집단의 몰입과 애착(stickiness)을 가늠한다. 일일 활성 이용자 지수를 높이기 위한 이벤트 프로모션은 표와 같다.

일일 활성 이용자를 확보하기 위한 이벤트 프로모션		
종류	설명	사례
직접 유도	지정 기간, 요일 시간대에 접속한 플레이어에게 경험치, 아이템, 가상 통화 등의 보상을 지급.	경험치 2배 이벤트, 주말 버프 제공, 출석 체크 보상.
간접 유도	특정 조건을 만족시키는 날짜나 요일에만 누릴 수 있는 콘텐츠를 제공함으로써 접속을 유도.	요일 던전, 1일 1회 무료 뽑기 기회 제공 등.

모바일 애플리케이션 분석 홈페이지 '메트릭스몽크닷컴(www.metricsmonk.com)'에 따르면 2015년 6월, 일일 활성 이용자 평균이 가장 높은 게임은 〈캔디 크러쉬 사가(Candy Crush Saga)〉로, 약 1,160만의 일일 활성 이용자를 기록하고 있다. 국내 모바일 게임의 경우 일일 활성 이용자 평균이 100만 이상이고 월간 활성 이용자 수치가 3개월 이상 안정적이면 성공적이라 평가된다. 개발사는 일일 활성 이용자를 고려해 프로모션 시기를 결정하고, 패치나 업데이트가 효율적으로 적용되었는지 살핀다. 나아가 서버나 채널의 장기적 운영 방침을 결정하거나 서비스 지속 여부를 결정하기 위한 지표로 일일 활성 이용자를 활용할 수도 있다.

■ 관련 용어 동시 접속자, 월간 활성 이용자

■ 참고 자료 Magy Seif El-Nasr, Anders Drachen, Alessandro Canossa, *Game Analytics : Maximizing the Value of Player Data*, Springer Science & Business Media, 2013. | 메트릭스몽크, www.metricsmonk.com

ㅈ

자동 조준 auto-aim

| 가까이 있는 적이나 객체를 자동으로 선택, 혹은 조준해주는 시스템.

플레이어 캐릭터로부터 일정 거리 안에 있는 대상을 자동으로 선택 혹은 조준 해주는 시스템. 플레이어 대신 컴퓨터가 반복적 행위를 수행하도록 하는 자동화 기법 중 하나이다. 개발사가 플레이의 난이도를 낮추기 위해 제공한다는 점에서 비공식적인 에임봇(aim bot)과 구분된다. 슈팅 게임에서는 주로 적을 조준할 때 사용되며, 기타 장르의 게임에서는 플레이어와 객체 간 상호작용을 용이하게 하기 위해 사용된다. 전투 상황에서 자동 조준이 구동될 경우, 대상을 선택하는 과정이 생략되므로 플레이어 캐릭터는 보다 자유롭게 이동하면서 다양한 전략을 세울 수 있다. 이 외에도 1인칭 슈팅 게임에서는 자동 조준 시스템을 통해 공격력이 가장 높은 헤드 샷의 성공률을 증가시키기도 한다. 자동 조준 시스템이 적용된 게임으로는 1인칭 슈팅 게임인 〈퀘이크〉 시리즈와 〈헤일로〉 시리즈가 대표적이다.

- **관련 용어** 슈팅 게임, 헤드 샷, 샷, 자동화 기법, 에임봇
- **참고 자료** Andrew Sears, Julie A. Jacko, *Human-Computer Interaction : Designing for Diverse Users and Domains*, CRC Press, 2009. | Ernest Adams, *Fundamentals of Game Design*, New Riders, 2013.

자동사냥 hunting bot

| 플레이어 캐릭터를 자동으로 작동시켜 아이템이나 경험치 등을 획득하는 행위.

특정 소프트웨어나 하드웨어를 통해 플레이어 캐릭터가 플레이어의 조작 없이도 사냥을 하는 행위. 몹(Mob) 선택, 스킬 선택, 체력지수에 따른 물약 섭취 등을 자동으로 작동시켜 지속적, 반복적인 사냥을 가능하게 하는 모든 행위를 총칭한다. '오토(auto)'나 '봇(bot)'이라고도 부른다. 주로 경험치나 아이템을 획득하기 위해 반복적 행위를 해야 하는 다중접속온라인 역할수행 게임에서 나타난다.

자동사냥 프로그램을 집단적, 전문적으로 구동시키는 곳을 '작업장'이라고 하며, 이는 가상 통화 획득과 현거래를 통한 이익 추구에 목적을 둔다. 자동사냥 프로그램은 그 물리적 형태에 따라 전문 프로그램을 통해 진행하는 소프트웨어형과 매크로와 같이 마우스와 키보드 등을 자동 설정해 진행하는 하드웨어형으로 나뉜다. 실행 방식에 따라서는 인게임(In Game, IG)과 아웃오브게임(Out of Game, OOG)의 형태로 분류할 수 있다.

자동사냥 프로그램 실행 방식에 따른 분류	
종류	설명
인게임	코드 변경 없이 게임 클라이언트 실행 시 일부 자동화 기능만을 수행함.
아웃오브게임	코드 변경을 통해 게임 클라이언트를 대체하는 기능을 수행함.

자동사냥은 게임 내 가상 통화와 아이템을 과잉 생성해 아이템의 가치가 하락하고 물가가 상승하는 인플레이션 현상을 야기한다. 이 외에도 자동사냥 캐릭터의 사냥터 점령이나 몹 감소 등의 사태를 유발해 게임 환경의 최적 상태를 파괴한다. 이는 신규 플레이어의 유입을 방해하고 게임의 수명을 단축시킨다. 자동사냥을 통해 획득한 아이템, 계정, 가상 통화 등을 현거래하는 경우 온라인 게임의 사행성을 조장할 수 있다.

2012년 1월 기준으로 자동사냥 프로그램의 제작 및 판매는 불법으로 규정됐으나, 아이템 및 가상 통화의 현거래는 형사 처벌의 대상이 되지 않는다. 각 개발사는 이용약관에 따라 자동사냥 프로그램 이용 계정을 제한하는 등의 조치를 취하고 있다. 〈월드 오브 워크래프트〉는 2015년 5월 14일 '허용되지 않은 제3자 외부 프로그램 사용'이라는 운영 정책에 따라 자동사냥 이용 플레이어의 계정을 영구 정지하는 조치를 취했다. 해당 조치에 따라 1월부터 4월까지 총 4개월에 걸쳐

5만 6,982개의 계정이 사용 제재를 당했다.

- **유의어** 오토, 봇
- **관련 용어** 게임 법, 작업장, 매크로, 현거래
- **참고 자료** 김상겸, 『자동사냥프로그램과 아이템거래에 관한 법적 연구 : MMORPG 게임 중심으로』, 동국대학교 대학원 법학과 석사논문, 2011. | 김윤명, 「자동게임 프로그램에 대한 법적 고찰」, 『중앙법학』, vol.13, no.1, 중앙법학회, 2011.

자원 resource

| 플레이어가 특정한 목표를 달성하기 위해 필요로 하는 대상물.

플레이어가 일정한 목표를 이루기 위해 보유 및 사용해야 하는 실제적 혹은 추상적 원료. 생명이나 유닛, 체력, 가상 통화, 동작, 소지품, 특수 지형, 시간 등이 이에 해당한다. 희소하고 유용한 자원일수록 가치가 높다. 아이템이나 통화와 같이 유형 자원인 경우도 있으며, 시간처럼 무형 자원인 경우도 있다. 플레이어는 목표를 달성하기 위해 주어진 자원으로 효율적인 의사결정을 하고 게임을 진행한다.

확장팩 등과 같이 추가 콘텐츠의 업데이트를 요구하는 경우, 새로운 자원을 가상 통화로 설정해 핵심 자원으로 운영한다. 〈월드 오브 워크래프트〉에서는 인던에서 레어템 드롭율을 높여주는 '인장'을 확장팩에 따라 다르게 제공한다. 2014년에 출시한 확장팩 〈월드 오브 워크래프트 : 드레노어의 전쟁군주(World of Warcraft : Warlords of Draenor)〉는 추가 퀘스트 또는 일일 퀘스트로 얻을 수 있는 '주둔지 자원', '에펙시스 수정' 등을 통해 만렙 콘텐츠를 제공하고 있다.

자원이 승패를 결정하는 게임의 사례		
종류	설명	사례
보드 게임	가상 통화를 통해 부동산 및 건물을 교환하며, 자원으로 부동산이 중시됨.	〈모노폴리〉에서의 가상 통화, 건물, 부동산
실시간 전략 게임	자원을 통해 건물 및 유닛을 생성하며, 광물이 중요한 자원으로 사용.	〈스타크래프트〉와 〈워크래프트 Ⅲ〉의 광물, 건물, 유닛

일부 보드 게임과 실시간 전략 게임 등에서는 자원의 운용이 게임의 승패를 결정하기도 한다. 일례로 〈모노폴리(Monopoly)〉에서는 부동산을 많이 확보할수록 승리할 확률이 높아진다. 〈스타크래프트〉와 〈워크래프트 Ⅲ〉에서는 유닛 운영을 통한 광물 및 건물 확보가 승리에 영향을 미친다.

- **관련 용어** 아이템, 유닛, 가상 통화, 보드 게임, 실시간 전략 게임
- **참고 자료** 김원보, 최유찬, 『컴퓨터 게임과 문화』, 이룸, 2005. | 앤드류 글래스너 저, 김치훈 역, 『인터랙티브 스토리텔링 : 21세기 픽션을 위한 테크닉』, 커뮤니케이션북스, 2006. | 트레이시 풀러턴 저, 최민석 역, 『게임 디자인 워크숍』, 위키북스, 2012. | Katie Salen, Eric Zimmerman, *The Game Design Reader : A Rules of Play Anthology*, The MIT Press, 2005.

자유도 degree of freedom

| 게임 세계를 탐색하거나 게임 내 요소와 상호작용할 때 플레이어 행동의 자율성의 정도.

게임 세계 내에서 플레이어의 행동이 자유로운 정도. 이동 및 탐색의 자유, 목표 설정의 자유, 목표 달성 방식의 자유, 이야기 전개 방향을 선택할 자유, 창작의 자유 등을 의미한다. 일반적으로 이동의 자유에 초점을 둔 오픈월드 게임이나 목표 설정 및 창작의 자유에 초점을 둔 샌드박스 게임 등이 자유도가 높은 게임으로 분류된다. 자유도가 높은 게임은 크게 3가지 방식으로 제작된다.

첫째, 플레이어가 상호작용할 수 있는 다수의 대상, 상호작용을 할 때 고를 수 있는 복수의 선택지와 그에 따른 피드백을 제공한다. 일례로 〈지티에이 5(Grand Theft Auto 5, GTA 5)〉에서 플레이어는 게임 내 등장하는 모든 탈것을 조종하고 대부분의 집에 들어갈 수 있기 때문에 게임 세계 내에서 무엇이든 할 수 있다고 느낀다.

둘째, 플레이어가 자유로운 창작 활동을 할 수 있는 게임 환경을 제공한다. 대표적인 사례로 〈마인크래프트〉에서 플레이어는 다양한 자원을 조합해 각종 아이템이나 구조물을 만들 수 있다. 다중접속온라인 역할수행 게임 〈울티마 온라인〉의 플레이어 역시 자유로운 하우징 시스템을 통해 다양한 형태의 구조물을 만들 수 있었다.

셋째, 플레이어 간 상호작용 방식에 제약을 두지 않는다. 〈울티마 온라인〉에서는 플레이어 간 전투(PvP)가 자유로워 플레이어 캐릭터가 상대 캐릭터 외에도 엔피시(NPC)를 공격할 수 있었으며, 상대를 죽이고 물건을 빼앗는 집단, 이들에 저항하는 집단 등이 생겨났다.

- **관련 용어** 샌드박스 게임, 오픈월드, 비선형성
- **참고 자료** 김정남, 김웅남, 김정현, 『게임의 운명을 결정하는 기획과 시나리오』, e비즈북스, 2013. | James Newman, *Videogames*, Routledge, 2013.

잠수 Away From Keyboard, AFK

| 플레이어가 게임 중 자리를 비우는 행위.

게임 플레이 중 플레이어가 고의로 자리를 비우는 행위. 플레이어가 자리를 비운 상태를 의미하는 채팅 용어에서 유래했으며, 이후 인터넷 게임 방송, 온라인 게임 등으로 확장돼 사용되었다. 북미에서는 에이에프케이(Away From Keyboard, AFK)라고 표현한다. 플레이어끼리 팀을 이뤄 실시간으로 상대팀과 경쟁해야 하는 게임에서, 잠수는 팀워크를 방해하는 무례한 행위로 간주된다. 특히 플레이어 간의 협동이 중요시되는 스포츠 게임, 모바(MOBA), 전략 시뮬레이션 게임, 다중 접속온라인 역할수행 게임 등에서 잠수는 게임 진행을 방해한다. 잠수는 자신이 원하는 아이템을 얻거나 원하는 역할을 맡기 위해 팀을 협박할 때, 팀에 대한 불만을 표출할 때 사용되기도 한다. 따라서 아군에게 피해를 입히기 위해 고의로 저지르는 독단 행동인 '트롤'의 일종으로 여겨진다.

한편, 패배 시에도 보상을 주는 게임이 생기면서 전투에 참여하지 않고 보상만 받아가는 잠수 플레이어가 증가했다. 이를 대처하기 위해 개발사들은 잠수를 하는 플레이어들의 경험치를 삭감하거나 파티에서 추방시키는 등의 불이익을 주기 시작했다.

〈리그 오브 레전드〉의 경우, 자신이 원하는 역할이나 포지션을 배당받지 못한 플레이어들이 지나치게 잠수를 남용하는 사례가 있었다. 이에 개발사 라이엇 게임즈(Riot Games)는 대안으로 '편리한 팀 구성' 기능을 고안하였다. 이는 플레이어가 원하는 챔피언, 역할, 포지션을 미리 설정하면, 이와 겹치지 않는 선에서 다른 4명의 플레이어를 한 팀으로 구성해주는 기능이다. 만약 플레이어가 이렇게 팀을 배정받은 후에도 잠수를 지속할 경우, 더 이상 '편리한 팀 구성' 기능을 사용할 수 없게 된다.

- **유의어** 에이에프케이
- **관련 용어** 트롤, 파티 플레이
- **참고 자료** 류철균, 박미리, 「온라인 게임에 나타난 사용자 생성 규칙 연구 : 〈리그 오브 레전드〉를 중심으로」, 『한국게임학회 논문지』, vol.15 no.1, 2015. | 한경닷컴 게임톡, 〈리그오브레전드, '편리한 팀 구성' 정식 서비스 개시〉, http://gametoc.hankyung.com/news/articleView.html?idxno=16601 | 〈리그오브레전드〉 사이트, 〈편리한 팀구성〉, http://event.leagueoflegends.co.kr/teambuilder/

장기 | janggi / Korean chess / 將棋

| 2명의 플레이어가 기물을 활용해 대전하는 민속놀이.

플레이어 2명이 진영을 나누어 각기 16개의 기물로 대전하는 보드 게임. 6세기경 고대 인도에서 발생한 차투랑가(Chaguranga)가 시초이다. 이후 세부 요소들이 변형돼 서양의 체스, 중국의 샹치(象棋), 일본의 쇼기(將棋), 한국의 장기가 됐다. 한국에는 고려 초에 도입됐다. 장기판에는 가로선 10개와 세로선 9개, 이들 선이 맞닿는 총 90개의 교차점이 있다. 일본의 쇼기와 달리, 교차점에 기물을 배치하는 방식으로 게임을 진행한다. 기물의 종류는 크게 궁(宮), 대기물(大棋物), 소기물(小棋物) 3가지로 구분되며 각 기물은 다시 차(車), 포(包), 마(馬), 상(象), 사(士), 졸·병(卒·兵)으로 세분화된다.

두 플레이어는 초나라, 한나라 두 진영 중 하나를 택해서 승부를 벌인다. 초나라를 택한 플레이어부터 게임을 시작하며 이후 두 사람이 번갈아 가며 기물을 하나씩 놓는다. 상대의 궁을 가장 먼저 잡는 쪽이 승리하며 똑같은 수를 되풀이하게 될 경우 '만년수'라고 하여 무승부로 끝나게 된다. 이 외에도 궁과 궁 사이에 기물이 장애물이 없이 일직선으로 놓여있으면 '박장'이라고 하여 무승부가 된다.

컴퓨터 장기로는 〈바다장기〉, 〈장기도사〉, 〈한게임 장기〉 등이 있다. 2009년에는 대한장기협회의 주관으로 중국 하얼빈에서 최초로 국제 장기 기전이 개최됐다.

- **관련 용어** 체스, 바둑, 쇼기, 기물, 만년수, 박장
- **참고 자료** 김성배, 『한국의 민속』, 집문당, 1980. | 서득창, 『조선의 민속놀이』, 민속원, 2010. | 한게임 장기, http://janggi.hangame.com

재매개 remediation

| 하나의 미디어가 기존의 미디어를 표상하면서 문화적 정체성을 획득하는 과정.

새로운 미디어가 선행 미디어를 표상하는 과정. 폴 레빈슨(Paul Levinson)이 새로운 미디어 기술이 앞선 기술을 개선하거나 수정한다고 정의한 것에서 유래했다.

이후 제이 데이비드 볼터(Jay David Bolter)와 리처드 그루신(Richard Grusin)에 의해 이론이 구체화됐다. 재매개는 비매개와 하이퍼매개라는 이중논리로 이루어진다. 비매개는 표상 행위를 지우거나 자동화하도록 유도하며 미디어의 흔적을 지우려는 특성이 있다. 반대로 하이퍼매개는 표상 행위를 인정하고 이를 가시적으로 드러나게 하며 미디어의 존재감을 전면적으로 내세운다. 비매개와 하이퍼 매개는 문화적 관습에 가까우며 각각의 논리가 배타적이기보다는 상호 의존적으로 작동한다.

게임에서의 재매개는 2가지 양상으로 나타난다. 첫째, 플랫폼의 특성을 재매개하는 양상으로 상당수의 디지털 게임은 〈모노폴리(Monopoly)〉와 같은 보드 게임을 재매개한 것이다. 둘째, 영화나 책과 같은 선행 미디어의 특성을 재매개하는 양상이다. 영화가 기존의 인쇄 미디어인 소설을 재매개했듯이 게임은 소설과 영화를 재매개한다.

제이 데이비드 볼터와 리처드 그루신이 제시한 재매개의 이중논리		
종류	설명	사례
비매개	보는 사람이 미디어의 존재를 잊고 대상 속에 있다고 믿게 만드는 시각적 표상 양식.	〈미스트〉, 〈둠〉과 같은 디지털 게임에서 표현된 극사실주의 그래픽.
하이퍼매개	보는 사람에게 미디어를 인식시켜 줄 목적으로 만들어진 시각적 표상 양식.	〈조크(Zork)〉 및 유사 어드벤처 게임에서 유래한 역할수행 게임의 서사 구조.

■ **관련 용어** 비매개, 하이퍼매개
■ **참고 자료** 레프 마노비치 저, 서정신 역, 『뉴미디어의 언어』, 커뮤니케이션북스, 2014. | 이영수, 『환상소설의 매체 전환 연구』, 이화여자대학교 대학원 디지털미디어학부 박사논문, 2013. | 제이 데이비드 볼터, 리처드 그루신 저, 이재현 역, 『재매개』, 커뮤니케이션북스, 2006.

재미 fun

| 게임의 패턴에 숙달되어 가는 과정에서 발생하는 정신적 즐거움.

요한 하위징아는 재미를 누구에게나 익숙한 삶의 주요한 부분이자 놀이의 본질을 규정하는 요소라고 정의한다. 라프 코스터는 이를 문제의 패턴에 숙달돼 가는 행위에서 오는 즐거움으로 정의했다. 주어진 문제의 난이도가 적절하거나 문

제의 패턴이 플레이어의 성향에 적합할 때 플레이어는 더 큰 재미를 느낀다. 패턴이 너무 쉽거나 어려운 경우와 패턴이 해당 플레이어의 성향에 맞지 않을 때, 플레이어가 패턴에 완전히 숙달되었을 때 플레이어는 지루함을 느낀다. 코스터에 따르면 플레이어 각자가 느끼는 패턴의 난이도는 모두 다르다.

앤드류 글래스너는 투자해야 하는 노력에 비해 얻을 수 있는 재미가 높을 때 사람들은 기꺼이 그 활동에 참여한다는 '재미 대 일의 비율'을 제시했다. 마크 르블랑은 게임 경험을 통해 얻을 수 있는 재미를 감각, 환상, 서사, 도전, 동료애, 발견, 표현, 복종이라는 8개 항목으로 분류했다. 마이클 J. 앱터(Michael J. Apter) 역시 놀이가 제공하는 인지적 상승 상태에 초점을 두고 재미를 자극에 대한 노출, 픽션과 서사, 도전, 탐험, 반항, 인지적 시너지, 위험에 맞서기라는 7개 항목으로 분류한 바 있다.

■ **관련 용어** 몰입, 놀이, 게이미피케이션, 재미 노동
■ **참고 자료** 앤드류 글래스너 저, 김치훈 역, 『인터랙티브 스토리텔링 : 21세기 픽션을 위한 테크닉』, 커뮤니케이션북스, 2006. | 요한 하위징아 저, 이종인 역, 『호모 루덴스 : 놀이하는 인간』, 연암서가, 2010. | Raph Koster, *Theory of Fun for Game Design*, O'Reilly Media, 2005. | Marc LeBlanc, "Feedback Systems and the Dramatic Structure of Competition," Game Developers Conference, 1999.

재미 노동 fun labor

| 게임 플레이가 현실 세계의 노동처럼 느껴지는 현상.

놀이와 유희를 목적으로 시작한 게임이 현실 세계의 노동과 유사하게 진지하고 몰입적인 체험이 되는 현상. 닉 이가 처음 제시한 개념으로, 재미 노동은 게임 내 장시간 몰입을 유발한다. 게임 세계에서 플레이어는 아이템을 제작하거나 레벨을 높이기 위해 현실의 노동과 같은 행위를 수행하며 재미 노동은 플레이어가 자아를 실현하기 위해 기술을 연마하고 적성을 개발하는 과정이다. 이를 통해 플레이어는 게임 내에서 명성과 경제적 보상을 획득하게 된다.

재미 노동의 대표적인 사례는 다음과 같다. 〈월드 오브 워크래프트〉에서 칼 제작 달인으로 유명한 'kita', 〈마비노기〉에서 방직 기술의 전문가로 인정받고 있는 '마뇨혜라', 〈길드워〉에서 달리기 기술로 인정받고 있는 '거꾸로전설' 등 유명 플레

이어들의 행적을 꼽을 수 있다. 플레이어들은 자신만의 기술을 개발하거나 아이템을 제작하는 등 일련의 노동 과정을 통해 게임 내에서 사회적 지위를 획득하고 정체성을 찾는다.

- **관련 용어** 재미, 아이템 제작, 노가다, 몰입
- **참고 자료** 신새미, 『MMORPG의 소셜 네트워크 형성 양상에 관한 연구 : 커뮤니케이션 특성을 중심으로』, 이화여자대학교 대학원 디지털미디어학부 석사논문, 2008. | 류철균, 신새미, 「가상 세계의 재미노동과 사용자 정체성」, 『한국콘텐츠학회논문지』, vol.7, no.8, 한국콘텐츠학회, 2007. | Nick Yee, "The Labor of Fun : How Video Games Blur the Boundaries of Work and Play", *Games and Culture*, vol.1, no.1, 2006.

재현 representation

| 가상 세계를 구현하기 위해서 실재를 인위적으로 표현하는 것.

'다시 현전하게 한다(re-presence)'라는 의미로 플라톤과 아리스토텔레스가 제시한 문학의 핵심 개념. 눈앞에 존재하지 않거나 스스로를 표현하지 못하는 실물을 표현 혹은 대리하는 행위이다. 게임에서는 플레이어를 전통적인 소설과 유사한 상상적 허구의 세계 안에 몰입하게 하는 기술을 말한다. 플라톤과 아리스토텔레스가 제시한 '모방(mimesis)'과 같은 맥락에서 이해되며, 문학뿐만 아니라 철학, 예술학을 비롯한 다양한 분야에서 폭넓게 사용된다.

아리스토텔레스는 『시학(Poetics)』에서 재현을 통해 연극과 현실의 관계를 설명했으며, 레프 마노비치는 '뉴미디어의 객체는 외부의 어떤 지시체가 구성되도록 도움과 동시에 재현한다'고 언급하면서 뉴미디어의 재현을 전통적인 미디어의 재현과 구분했다. 자넷 머레이와 브렌다 로럴, 에스펜 올셋은 게임을 포함한 컴퓨터를 재현으로 보았다.

브렌다 로럴은 컴퓨터에서 나타난 재현을 내부적 재현과 외부적 재현으로 나눈다. 내부적 재현은 프로그램을 구성하는 코드의 조합을 말하며 외부적 재현은 감각과 기능적 속성에 의해 인간과 컴퓨터 시스템의 에이전트가 행하는 액션을 뜻한다. 로럴은 게임을 전감각적인 재현이 가장 활발히 개척되는 매체로 언급했는데, 이때 게임은 다수의 층으로 이루어진 시스템이자 재현과 행위를 결합하는 과정으로 볼 수 있다. 게임이 재현한 대상은 플레이어의 경험을 포함한 기호

로 작동하며 플레이어는 기호의 의미 해석을 놀이의 과정으로 받아들이고 의미 생성에 스스로 참여한다.

- **관련 용어** 시뮬레이션, 플레이어 경험, 모방
- **참고 자료** 곤살로 프라스카 저, 김겸섭 역, 『억압받는 사람들을 위한 비디오게임』, 커뮤니케이션북스, 2008. | 레프 마노비치 저, 서정신 역, 『뉴미디어의 언어』, 커뮤니케이션북스, 2014. | 브렌다 로럴 저, 유민호, 차경애 역, 『컴퓨터는 극장이다』, 커뮤니케이션북스, 2008. | 한혜원, 『디지털 게임의 다변수적 서사 연구』, 이화여자대학교 대학원 국어국문학과 박사논문, 2009.

전술 게임 tactical game

| 플레이어가 전술을 수립해 실제와 유사한 전투 상황을 경험하는 게임 장르.

전쟁이나 전투에서 승리하기 위해 사용하는 전술을 시뮬레이션하는 게임 장르. 전략 게임보다 현실적인 상황이 구현되며 환상적 요소가 희소하다. 전체적인 규모의 전쟁이 아닌 특정 지역에서 발발하는 단편적인 전투가 주를 이룬다. 하위 장르로는 실시간 전술 게임, 턴제 전술 게임, 전술적 역할수행 게임 등이 있다.

실시간 전술 게임은 실시간 환경에서 군사적 전술을 시뮬레이션하는 게임 장르이다. 실시간 전략 게임과 달리 자원의 운용이나 유닛, 기지, 건물 등에 대한 관리가 요구되지 않는다. 〈그라운드 컨트롤(Ground Control)〉, 〈배틀스테이션 : 미드웨이(Battlestations : Midway)〉 등이 대표적이다. 턴제 전술 게임은 상대와 턴을 주고받으며 전술을 수행하는 게임 장르로, 워 게임에 비해 정교한 전투 시스템이 구현된다. 대표적인 사례로 〈배틀 아일(Battle Isle)〉이 있다. 전술적 역할수행 게임은 캐릭터의 전투와 전술적 움직임이 중시되는 역할수행 게임이다. 일반적인 역할수행 게임이 캐릭터의 성장과 모험을 위주로 진행되는 것과 달리 전투를 통해 능력을 쌓는 것이 중시된다. 〈파이어 엠블렘(Fire Emblem)〉, 〈샤이닝 포스(Shining Force)〉 등이 대표적이다.

- **관련 용어** 실시간 전략, 역할수행 게임, 전술, 전략 게임
- **참고 자료** Keith Burgun, *Game Design Theory : A New Philosophy for Understanding Games*, CRC Press, 2012. | Richard Rouse III., *Game Design : Theory and Practice*, Jones & Bartlett Learning, 2005.

전이 | transformation

| 디지털 환경에서 사용자 중심으로 서사체가 변화하는 과정.

사용자의 참여를 통해 이야기의 다양성이 만들어지는 과정, 혹은 가상 체험을 통한 사용자 스스로의 변화. 자넷 머레이는 디지털 환경의 특성으로 '전이'를 제시했다. 컴퓨터의 가상 환경은 가변적으로, 언어와 이미지, 동영상 등을 쉽게 변형할 수 있다. 상호작용자가 가상현실 혹은 게임에 개입함으로써 발생하는 전이는 에이전시를 강화하여 몰입(immersion)의 바탕이 된다. 전이가 나타나는 디지털 매체의 사례는 시뮬레이션 기반의 이야기, 이야기 조각들의 비선형적 연결로 만들어진 리좀과 하이퍼텍스트, 가상 공간 내 다양한 위치와 관점에서 감상이 가능한 내비거블(navigable) 영화 등이 있다. 가상 환경의 전이적 특성은 이야기의 명확한 결말을 거부하며 상호작용자가 다양한 종류의 결말에 이르게 한다. 전이의 종류는 크게 3가지로 분류할 수 있다.

전이의 종류	
분류	설명
만화경적 서사	모자이크처럼 나누어진 이야기 조각들을 결합하고, 재배열을 가능하게 함으로써 이야기의 다양한 가능성을 경험하는 것.
상호작용자의 이야기 구축	상호작용자들이 직접 이야기에 참여하거나 스스로의 이야기를 만드는 것.
상호작용자의 변형	가상 환경의 이야기 속에서 연기할 수 있는 기회를 얻음으로써, 현실에서 상호작용자의 행동이 변화하는 것.

마이클 마티아스에 따르면, 전이와 에이전시는 서로 모순된다. 전이를 위해서는 사용자의 개입에 따른 결과 변화가 중요한 반면, 열린 결말의 이야기는 에이전시의 느낌을 떨어트리기 때문이다.

- **유의어** 변형
- **관련 용어** 에이전시, 에이전트, 사이버 드라마, 몰입
- **참고 자료** 자넷 머레이 저, 한용환, 변지연 역, 『인터랙티브 스토리텔링 : 사이버 서사의 미래』, 안그라픽스, 2001. | Katie Salen, Eric Zimmerman, *The Game Design Reader : A Rules of Play Anthology*, The MIT Press, 2006. | Michael Mateas, "A Preliminary Poetics for Interactive Drama and Games", *First Person : New Media as Story, Performance, and Game*, The MIT Press, 2004.

전자문학 electronic literature

| 디지털 매체를 통해 창작, 유통, 소비되는 문학.

케서린 헤일즈가 제안한 문학의 개념으로, 컴퓨터, 태블릿, 핸드폰과 같은 디지털 환경에서 창작되고 소비되는 문학 장르. 디지털 매체를 통해서만 경험할 수 있으며 인쇄 문학을 디지털 환경으로 옮긴 것은 제외한다. 전자문학은 디지털 환경의 특성을 적극 활용한다. 텍스트 내에 게임, 영화, 애니메이션, 그래픽 디자인 등 시각, 청각, 운동감각의 다감각적인 요소를 포함할 수 있다.

케서린 헤일즈의 전자문학 분류	
종류	**설명**
하이퍼텍스트 픽션	링크와 노드로 구조화된 문학.
네트워크 픽션	하이퍼텍스트 기술을 사용하여 만들어진 서사 문학.
인터랙티브 픽션	게임성이 강화된 문학.
장소 기반 서사	현실 장소 기반의 텍스트.
생산적인 예술	팬픽, 블로그 소설과 같은 파생 예술.
플래시 시	이미지 중심으로 보여지는 시.

초기 전자문학은 노드와 링크로 구성된 하이퍼텍스트 픽션을 중심으로 발달했다. 대표적으로 '스토리 스페이스(Story space)'라는 하이퍼텍스트 픽션 창작 소프트웨어를 활용해 만들어진 마이클 조이스(Michael Joyce)의 『오후, 이야기(Afternoon, a Story)』가 있다. 이후 월드 와이드 웹의 보급으로 게임성이 강화된 인터랙티브 픽션(interactive fiction), 장소 기반의 증강 현실 텍스트(augmented reality text), 이미지 중심의 디지털 시(digital poetry) 등을 포괄하는 개념으로 발전했다.

스튜어트 물스롭(Stuart Moulthrop)의 『승리의 정원(Victory Garden)』, 셸리 잭슨(Shelley Jackson)의 『패치워크 걸(Patchwork Girl)』, 리처드 홀턴(Richard Holeton)의 『유별난 핀던의 피겨스키(Figurski at Findhorn on Acid)』 등이 대표적인 사례이다.

- **관련 용어** 하이퍼텍스트 픽션, 인터랙티브 픽션

- **참고 자료** 에스펜 올셋 저, 류현주 역, 『사이버텍스트』, 글누림, 2007. | 제이 데이비드 볼터 저, 김익현 역, 『글쓰기 공간』, 커뮤니케이션북스, 2010. | Katherine Hayles, *My Mother Was a Computer*, University of Chicago Press, 2002. | Katherine Hayles, *Writing Machines*, The MIT Press, 2005. | Katherine Hayles, *Electronic Literature : New Horizons for the Literary*, University of Notre Dame Press, 2008.

전장의 안개 fog of war

| 플레이어가 탐험하지 않은 맵 일부 구역의 정보를 제한하는 기능.

시점을 자유롭게 이동할 수 있는 게임에서 플레이어가 아직 탐험하지 않은 지역을 검은색 등으로 가리는 기능. 주로 전략 시뮬레이션 게임에서 활용된다. 전장의 안개는 1832년 카를 폰 클라우제비츠(Carl von Clausewitz)의 『전쟁론(Vom Kriege)』에서 전쟁의 불확실성이라는 의미로 처음 사용됐다. 1977년 〈엠파이어(Empire)〉 등의 초기 전략 시뮬레이션 게임에서는 플레이어가 탐험하지 않은 타일을 검은색으로 처리했다. 1995년 〈워크래프트 II〉가 이러한 기능을 전장의 안개로 칭하면서 게임 기능 형태로 확산됐다.

전장의 안개는 지역이 표현되는 색상에 따라 크게 2가지 종류로 나뉜다. 검은 지역은 아군 유닛이 탐험하지 않은 지역으로 지형 및 유닛이 전혀 드러나지 않는다. 회색 지역은 1회 이상 탐험됐으나 아군 유닛 및 빌딩의 유효 시야 밖에 위치하는 지역으로 적 유닛을 제외한 지형 정보 등 일부 정보만이 노출된다. 마지막으로 아군 유닛 및 빌딩의 유효 시야 안에서는 안개가 적용되지 않으며 모든 정보를 확인할 수 있다.

〈워크래프트 II〉의 전장의 안개

개발자는 전장의 안개를 통해 정보를 제한함으로써 게임에 불확실성을 부여할 수 있으며 플레이어는 상대를 속이는 등 다양한 전략을 구사할 수 있다. 플레이어는 정보의 우위를 차지하기 위해 정찰대와 같은 유닛이나 빌딩, 와드(ward)와 같은 특수 아이템 등을 사용해 전장의 안개로 가려진 지역을 줄인다. 전장의 안개를 사용하는 게임으로는 실시간 전략 게임 〈스타크래프트〉 시리즈, 턴제 전략 게임 〈문명〉 시리즈, 모바(MOBA) 게임 〈리그 오브 레전드〉 등이 있다.

■ **관련 용어** 실시간 전략 게임, 워 게임

■ **참고 자료** David Morris, Leo Hartas, *Strategy Games*, The Ilex Press, 2004. | Ernest Adams, *Fundamentals of Game Design*, New Riders, 2013. | Ernest Adams, *Fundamentals of Strategy Game Design*, New Riders, 2014. | Katie Salen, Eric Zimmerman, *The Game Design Reader : A Rules of Play Anthology*, The MIT Press, 2006. | Kevin D. Saunders, Jeannie Novak, *Game Development Essentials : Game Interface Design Delmar*, Cengage Learning, 2012.

전적 win or loss ratio

| 플레이어의 대전 성적을 계산해 승률로 기록한 수치.

플레이어가 상대 플레이어나 엔피시(NPC)와 대전해 얻은 승패 결과를 누적한 수치. 주로 승률로 표시되며 상대 플레이어와 승패를 겨루는 슈팅 게임, 대전 격투 게임, 모바(MOBA) 등에서 사용된다. '전적이 좋다', '전적이 나쁘다' 등으로 표현한다. 전적이 나쁠 경우 숙련도가 낮은 플레이어로 평가돼 파티 사냥에 참여하지 못하거나 길드 가입에 제한될 수 있기 때문에 플레이어는 자신보다 약한 플레이어를 집중적으로 공격하거나 전적을 초기화하는 등의 방법으로 전적을 관리한다.

다중접속온라인 역할수행 게임에서는 피케이(PK) 전적이 승률로 표현되는 경우가 많으며 승률에 따라 차별적으로 계급이나 칭호가 주어지기도 한다. 〈서든어택〉과 같은 슈팅 게임에서는 플레이어의 킬(kill), 데스(death), 어시스트(assist), 적중률 등의 정보가 표시된다. 〈리그 오브 레전드〉와 같은 모바 장르는 플레이어간 대결이 중심이기 때문에 전적 확인이 중요하다. 따라서 플레이 시작 전 상대의 전적을 확인하는 플레이어 간 대전 정보를 바탕으로 전적을 검색할 수 있는 프로그램을 제공한다. 해당 프로그램을 통해 플레이어의 승패, 플레이 시간, 획득한 가상 통화, 아이템 빌드 순서, 팀, 평점 등을 확인할 수 있다. 적군 플레이어의 전적 확인은 공격 순서와 같은 플레이 전략 결정에 영향을 미친다. 패배보다 게임 강제 종료로 인한 불이익이 낮기 때문에 아군의 전적이 좋지 않으면 강제로 게임을 종료하기도 한다.

■ **관련 용어** 킬, 슈팅 게임, 모바

■ **참고 자료** 〈리그 오브 레전드〉 사이트, http://kr.leagueoflegends.com | 〈마비노기 영웅전〉 사이트, http://heroes.nexon.com/?skip=7

전투 combat / battle

| 플레이어가 다른 플레이어나 게임 환경에 맞서 싸우는 행위.

플레이어가 특정 목표를 달성하기 위해 장비를 갖추고 싸우는 행위. 게임 플레이에서 도전과 충돌을 발생시키는 게임의 핵심 요소이다.

전투는 플레이어가 게임 내에서 취할 수 있는 액션의 하나로, 플레이어의 기본적인 행위인 활동적 액션이면서 이를 이용해 목적을 달성하는 결과적 액션이다. 전략 시뮬레이션 게임, 대전 격투 게임 등의 장르에서 전투는 게임 플레이 자체로 구현되며, 역할수행 게임 등의 장르에서는 플레이 시간의 대부분을 차지하는 주요 콘텐츠로 구현된다. 전투는 게임 플레이 시간을 조절하거나 다양한 미션, 퀘스트를 구성하는 근간이면서 게임의 레벨, 시스템, 밸런싱을 결정하는 요소로 작용한다.

진행 방식에 따른 전투 유형 게임에서의 전투는 행동 간격을 의미하는 액션 타임에 따라 진행되는 것이 일반적이다. 이는 전투 행동을 할 때마다 액션 타임에 따라 시간 간격이 생기면서 전투에 참여하는 플레이어 간에 행동 순서가 발생하는 방식이다. 액션 타임이 짧을수록 플레이어는 실시간으로 전투가 일어난다고 느끼며, 타격감 및 조작감을 통해 몰입을 경험할 수 있다.

액션 타임에 따른 게임 전투 유형	
유형	설명
실시간 전투 (real-time combat)	전투에 참여하는 플레이어들이 모두 동시에 싸우는 전투 방식.
턴제 전투 (turn-based combat)	플레이어들이 차례대로 돌아가면서 공격과 방어를 주고받는 전투 방식.
반턴제 전투 (semiturn-based combat)	공격에 따라 경직, 밀려남 등이 발생해 플레이어 간 공격과 방어를 주고받는 것처럼 전투가 진행되는 방식.

전투 상황은 플레이어의 행위 입력에 따라 발생하는 수동 전투(hand-operated combat) 방식을 따른다. 플레이어는 적을 먼저 공격하거나 적의 공격에 전략적으로 대응하기 위해 지형지물을 파악하고 스킬 및 아이템을 사용하며 전투 로그를 통해 상황을 인지할 수 있다. 경우에 따라 전투로 인한 반복적 요소를 최소화하기 위해 플레이어가 직접 전투 상황에 개입하지 않고도 전투를 진행하는 자동 전투(automatic combat), 일부 요소만 설정하는 반자동 전투(semiautomatic combat) 방식이 사용되기도 한다.

전투 시스템 설계 전투 시스템은 전반적인 게임의 세계관 및 설정에 따라 콘셉트를 결정한 뒤 프로그래밍을 통해 구현된다. 시스템의 목표는 플레이어가 적절한 순간에 적절한 능력을 사용할 수 있도록 유도하는 것이다. 성공적으로 설계된 전투 시스템은 게임 메커니즘를 안정화시켜 게임 수명을 연장시키고 플레이어의 몰입을 강화한다. 전투 공식은 최초의 역할수행 게임인 〈던전 앤 드래곤〉과 이를 시스템적으로 구현한 〈울티마 온라인〉을 모델로 발전했다. 전투 시스템 설계의 기본적인 규칙은 일반적으로 다음과 같이 공식화되어 개발 단계에 활용되며, 요소 간 조합을 통해 다양한 전투 시스템을 개발할 수 있다.

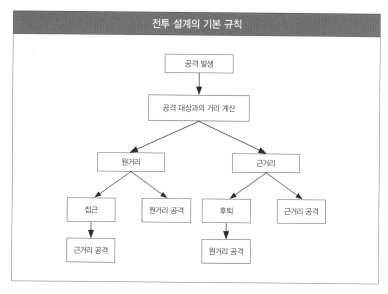

전투 시스템의 대표적인 요소	
종류	설명
반응 및 회복 시간 (reaction/ recovery times)	캐릭터가 서로 대미지를 주고받을 때 이에 대한 반응 시간을 설계하고, 방어도 설정 시 체력치 회복 정도 및 시간을 고려.
원-오프 어택 (one-off attack)	턴제 게임과 유사한 게임 진행 방식을 전투 시스템에 도입하는 것으로, 두 캐릭터는 전투 상황에서 반드시 한 번씩 번갈아가며 대미지를 주고받도록 함.
입장 (stances)	공격자가 방어자의 방어에 대응해 얼마나 대미지를 줄 수 있는지 대략적인 메커니즘을 결정하는 것으로, 캐릭터의 능력치 및 속성 값이 고려됨.
타격 위치 (hit location)	타격 위치에 따라 대미지 값을 다르게 설정할 수 있고, 1인칭 슈팅 게임의 경우, 일반적으로 상체 또는 머리에 대한 대미지 값이 큼.
대미지 타입 (damage types)	타격 위치, 무기의 종류, 방어구의 종류, 공격자와 방어자의 상성 등에 따라 대미지 값이 달라지기 때문에 이러한 요소를 변수로 특정 대상에 효율적인 대미지 타입이 결정됨.

상해 정도 (wound levels)	경상, 중상 등 부상 정도를 시스템적으로 유형화한다. 상해 정도는 누적형이자 조합형 으로 설계되기 때문에 공격자의 공격 횟수, 대미지 타입 등에 따라 달라짐.
치명 타격 (critical hits)	타격 위치, 상해 정도를 변수로 치명 타격이 발생할 수 있는 확률에 대한 공식을 세우 고, 이에 따라 강화된 대미지 값을 부여.
어플릭션 (afflictions)	캐릭터가 전투를 행할 수 있는 능력에 영향을 주는 주문 또는 강타를 부가적으로 설정 함. 어플릭션이 적용된 대미지를 맞을 경우 전투 능력 일부가 상실됨.
전투 스크립트 (combat scripts)	전투를 프로그램화한 것으로, 전투 로그로 플레이어에게 따로 공개되기도 함. 명령의 조합을 미리 볼 수 있어 플레이어는 특정 상황에서 전투를 유리하게 이끌 수 있음.

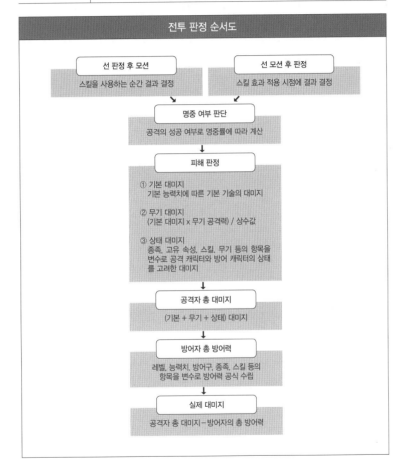

사용 가능한 스킬 및 스킬의 균형은 전투 시스템을 결정하는 중요한 요인이다. 각각의 스킬은 전투 상황에서 고유한 능력을 가져야 하며 사용 시 보상 요소와 위험 요소가 균형을 이루도록 설계되어야 한다. 이에 따라 플레이어는 적과의 거리, 스킬 수행 시간 및 지속 시간, 스킬 조합 등을 고려해 전투를 하게 되며, 같은

스킬을 상황에 따라 대응, 탈출, 회피 등으로 활용하기도 한다.

【전투 판정】 전투 판정이란 전투 중에 공격자가 방어자에게 어느 정도 피해를 입혔는지 계산하는 과정을 의미한다. 명중 여부, 피해 정도에 따라 공격자의 대미지와 방어자의 방어력이 결정되며, 이를 통해 전투에서 일어나는 실제 대미지를 도출할 수 있다.

- **관련 용어** 능력치, 대미지, 무기, 밸런싱, 스킬
- **참고 자료** 김정남, 김정현, 『게임의 운명을 결정하는 상상력과 기획』, 사이버출판사, 2006. | 제시 셸 저, 전유택, 이형민 역 『The Art of Game Design』, 에이콘, 2010. | Richard A. Bartle, *Designing Virtual Worlds*, New Riders, 2003.

전투 서버 combat server / battle server

| 플레이어 간 전투(PvP)가 가능한 서버.

플레이어 간 전투(PvP)에 특화된 서버. 전쟁 서버라고도 한다. 일반적으로 진영 간 전투(RvR) 요소가 도입된 게임에서 제공되며 플레이어 간 야외 피케이(PK)를 허용한다. 야외 피케이는 '필드잼'으로도 불리며 진영이 다른 플레이어 간에는 언제 어디서든 벌어질 수 있다. 일대일 전투 등 소규모인 경우도 있으나 길드 간 전투 등 대규모 전면전으로 확장되기도 한다. 일부 고 레벨 플레이어가 다수의 저레벨 플레이어를 학살하거나 고의적으로 전투를 유발시키는 등의 문제가 발생하기도 한다. 전투 서버와는 달리, 일반 서버에서는 플레이어 대 환경 간 전투(PvE)가 주된 플레이 콘텐츠이다. 플레이어는 상대 진영의 도시 및 마을에 침입하거나 쟁을 유도하는 일부 퀘스트 등에 한정적으로 적대 진영의 플레이어와 야외 피케이를 진행할 수 있다.

다중접속온라인 역할수행 게임 〈월드 오브 워크래프트〉에서는 전쟁 서버의 인구 쏠림 현상으로 일반 서버 통폐합이 이루어지면서, 2015년을 기준으로 5개의 일반 서버와 13개의 전쟁 서버를 제공한다. 일반 서버에서는 모든 플레이어 간 전투가 상호 합의를 통해서만 이뤄지므로 개인의 의사에 따라 플레이어 간 전투를 활성화 또는 비활성화할 수 있다. 전쟁 서버의 경우, 투기장, 전장 외에도 야외 피

케이를 통해서 진영 간 전투가 가능하며, 플레이어는 대도시나 마을 등의 안전 지역을 제외하고 어디서든 상대 진영의 플레이어를 공격할 수 있다.

- **유의어** 전쟁 서버
- **관련 용어** 클라이언트 서버 시스템, 플레이어 간 전투, 쟁
- **참고 자료** 〈월드 오브 워크래프트〉 사이트, http://kr.battle.net/wow/ko

점령지 occupied territory

| 플레이어 간 경쟁을 통해 점령할 수 있는 장소.

플레이어들이 서로 경쟁 또는 협력하여 점령권을 획득할 수 있거나 이미 점령한 장소. 점령 시 소유 국가, 길드, 캐릭터 등의 이름이 게재된다. 웹 기반 실시간 전략 게임에서 주로 등장하며, 한번 점령한 지역은 다른 플레이어의 침략이 있기 전까지 고유 점령권을 인정받을 수 있다. 〈부족전쟁〉에서 플레이어는 게임 시작 시 1개의 마을을 성장시키는 것에서 출발하지만 다른 마을이나 장소를 점령해 영토를 확장할 수 있다. 다중접속온라인 역할수행 게임에서 점령지는 공성전, 영지전 등을 통해 소유권을 획득할 수 있는 성, 요새, 영지, 마을 등을 뜻한다. 경쟁에서 승리한 플레이어, 길드 또는 진영은 일정 기간 점령지를 소유할 수 있으며, 시간이 지나면 점령권은 자동 박탈된다.

점령지는 대상에 대한 경쟁 및 난이도가 높을수록 더 많은 보상이 주어진다. 게임에 따라 다수의 점령지를 가진 플레이어 캐릭터의 공격력 및 방어력을 차감하여 다른 플레이어의 점령에 대한 가능성을 높이고, 이로써 게임 내 밸런스를 조정하기도 한다. 대표적으로 〈삼국영웅전〉이 있으며, 점령지의 유형 및 보상 내역은 표와 같다.

〈삼국영웅전〉의 점령지 유형에 따른 보상		
유형	보상	공통
대형 점령지	최대 200개 부대 주둔, 공훈에 따라 금상자 제공.	점령권을 가진 플레이어가 주둔 시 방어력과 공격력 30% 향상.
중형 점령지	최대 100개 부대 주둔, 공훈에 따라 은상자 제공.	
소형 점령지	최대 50개 부대 주둔, 공훈에 따라 동상자 제공.	

- **관련 용어** 영지전, 공성전, 실시간 전략 게임, 다중사용자온라인 실시간 전략 게임
- **참고 자료** 류철균, 임수미, 「웹기반 MMORTS 〈부족전쟁〉의 스토리텔링 연구」, 『한국게임학회 논문지』, vol.10, no.3, 한국게임학회, 2010. | 윤선미, 「웹기반 MMORTS 기호작용의 사용자 특성 연구」, 『한국게임학회 논문지』, vol.11, no.3, 한국게임학회, 2011.

점사 burst

| 사전에 정해진 수만큼 총탄이 자동적으로 발사되는 사격 기술.

사격 기술의 일종으로 방아쇠를 당길 경우 미리 정해진 수만큼 총탄이 발사되는 방식. 게임에서 점사란 1인칭 슈팅 게임의 경우 끊어 쏘기를 의미한다. 마우스를 통해 제어할 수 있으며, 한 번 방아쇠를 당겼을 때 총탄이 나가는 개수에 따라 2점사, 3점사 등으로 구분된다.

1인칭 슈팅 게임은 총의 반동 정도, 적과의 거리, 플레이 스타일 등에 따라 상이한 사격 기술이 사용된다. 점사는 단발 사격에 비해 속도가 빠르며, 총구의 반동을 일정 부분 제어할 수 있기 때문에 연사에 비해 조준점을 정확하게 맞출 수 있다는 점에서 전략적으로 사용된다.

점사는 역할수행 게임이나 전략 시뮬레이션 게임에서도 활용된다. 이 경우 점사는 특정 대상을 집중적으로 공격하는 행위를 의미한다. 역할수행 게임에서 점사는 파티 플레이의 효율을 높이기 위해 사용되는 방식으로 강력한 몬스터나 위협적인 몬스터를 우선적으로 지목하여 한 번에 제거하는 형태가 일반적이다. 이와 유사하게 전략 시뮬레이션 게임에서 점사는 다수의 공격 유닛을 활용하여 상대 플레이어의 주요 유닛을 제거하고 상대 진영에 치명적인 대미지를 입히는 행위를 뜻한다.

- **관련 용어** 샷
- **참고 자료** 편집부, 『서든어택 스페셜 가이드북』, 해드미디어, 2007.

점핑 캐릭터 | jumping character

| 단기간에 게임의 핵심 콘텐츠를 소비할 수 있도록 개발사가 플레이어에게 지급하는 고(高) 레벨의 캐릭터.

개발사가 플레이어에게 제공하는 고 레벨의 캐릭터. 개발사는 서버 확장, 퀘스트 추가 등 콘텐츠를 업데이트하거나 확장팩을 발매한 후, 플레이어의 관심과 참여를 유도하기 위해 점핑 캐릭터를 지급한다. 캐릭터의 빠른 레벨업을 위해 플레이어 간 대가를 주고받으며 대리 육성을 하는 행위가 증가하면서, 이를 개발사 차원에서 수용해 개발한 것이다.

국내 최초 점핑 캐릭터 이벤트가 진행된 게임은 네오플(Neople)의 〈던전 앤 파이터〉이다. 2009년 12월 17일부터 31일까지 진행된 이벤트를 통해 네오플은 모든 플레이어에게 40레벨 캐릭터를 무상으로 지급했다. 이후 〈라그나로크 온라인〉, 〈그라나도 에스파다(Granado Espada)〉, 〈월드 오브 워크래프트〉 등 다수 게임에서 이벤트가 실시되면서 온라인 게임 업계의 주요 마케팅 수단이 됐다.

점핑 캐릭터 이벤트는 캐릭터의 지급 형식에 따라 일괄 지급형과 조건 만족형으로 구분된다. 초기에는 일괄 지급형이 주류를 이뤘지만 이후 플레이어의 적극적 참여를 유도하기 위해 조건 만족형도 등장했다.

점핑 캐릭터 이벤트의 양상 분류		
종류	설명	사례
일괄 지급형	이벤트 기간 동안 캐릭터 지급을 신청한 플레이어에게 부가 조건 없이 캐릭터를 지급하는 형태.	〈라그나로크 온라인〉의 2011년 점핑 캐릭터 이벤트. 12월 7일에서 28일까지 신청자에게 99레벨의 캐릭터를 지급함.
조건 만족형	이벤트 기간 동안 캐릭터 생성 후 일정 레벨에 도달하는 등의 조건들을 제시하고 만족할 시 고 레벨 캐릭터를 지급하는 형태.	〈테라(Tera)〉의 2014년 점핑 캐릭터 이벤트. 6월 26일 신규 서버 '카이아의 금지'에서 20레벨 달성 시 해당 캐릭터를 58레벨로 올려줌.

점핑 캐릭터 이벤트의 긍정적 효과는 다음과 같다. 첫째, 신규 플레이어의 유입을 활성화하고 떠나갔던 플레이어의 복귀를 유도한다. 이는 플레이어가 점핑 캐릭터를 통해 필수적으로 거쳐야 했던 게임의 초반 콘텐츠들을 건너뜀으로써 게임 내 핵심 콘텐츠들을 단시간에 적은 노력으로 경험할 수 있기 때문이다. 둘째, 장기간 서비스된 게임의 콘텐츠의 순환을 돕는다. 레벨이 높은 플레이어들에게 점핑 캐릭터를 부 캐릭터(sub account)로 활용할 수 있게 하여 특정한 높

은 레벨의 콘텐츠에만 플레이어가 몰려있는 현상을 완화하고 타 지역들을 활성화한다.

- **관련 용어** 마케팅, 대행, 본캐, 부캐
- **참고 자료** Heather Maxwell Chandler, Rafael Chandler, *Fundamentals Of Game Development*, Jones & Bartlett Learning, 2010. | 디스이즈게임, 〈왜 게임업계는 '점핑 캐릭터'에 주목하는가?〉, www.thisisgame. com/webzine/news/nboard/4/?n=29800 | 디스이즈게임, 〈진화하는 '점핑 캐릭터', 새로운 트렌드?〉, www.thisisgame.com/webzine/news/nboard/4/?n=29724

정글러 jungler

| 정글에서 활동하며 아군을 보조하거나 상대편을 견제하는 역할군.

각 진영이나 라인을 제외한 지역인 정글에서 중립 몬스터를 사냥하며 아군을 보조하는 역할군. 〈리그 오브 레전드〉를 비롯한 모바(MOBA) 장르에서 사용되는 용어이다. 전투 플레이가 진행되는 주요 길목인 라인에서 미니언을 사냥하며 상대 플레이어를 견제하는 탑(top), 미드(mid), 바텀(bottom) 등의 역할군과 달리, 정글 몬스터를 통해 경험치와 골드를 얻어 성장한다. 정글러는 미니맵을 통해 지속적으로 게임의 흐름을 파악하고, 정글 몬스터의 리젠 시간을 숙지하여 효율적인 동선을 구상한다. 또한 적절한 타이밍에 불리한 라인을 지원해 아군의 성장을 돕고, 적군의 행동을 제약하는 역할을 수행한다. 정글러가 특정 라인을 도와 플레이어 간 전투(PvP)에 참여하는 행위를 '갱킹'이라 한다.

각 라인의 경계에 걸쳐 정글이 존재하기 때문에 정글러는 게임의 판도를 바꿀 수 있는 중요한 역할군으로 평가된다. 따라서 정글러는 맵의 흐름을 정확히 읽을 수 있는 판단력, 정글을 빠르게 파밍하는 능력, 상대를 빠르게 따라잡거나 상대의 움직임을 막는 기술 등이 필요하다. 일반적으로 근딜, 딜탱, 탱커와 같은 챔피언들이 정글러 역할을 담당하며, 〈리그 오브 레전드〉의 대표적인 정글러 챔피언으로는 녹턴, 자르반 4세, 누누 등이 있다.

- **관련 용어** 모바(MOBA), 리그 오브 레전드, 갱킹
- **참고 자료** 시민일보, 〈롤 점검 조기종료, 5.5 패치 '바드' 출시… '신비한 차원문'으로 재빠른 갱킹〉, www.siminilbo.co.kr/news/articleView.html?idxno=391251

정밀도 Level of Detail, LOD

| 오브젝트나 지형의 세밀한 정도를 달리할 때 사용되는 알고리즘.

3차원 오브젝트의 메시(mesh) 모델링 데이터를 카메라 시점에 따라 단계별로 조정하는 알고리즘. 메시는 3개 이상의 정점(vertex)이 모여 만들어진 폴리곤(polygon)의 집합체로, 메시의 세분화 정도에 따라 그래픽의 품질이 달라진다. 정밀도는 단위 시간당 처리되어야 할 메시의 개수를 능동적으로 가감하는 것으로, 오브젝트가 가까이 있을수록 메시의 개수를 높여 정밀하게 표현하고, 멀리 있을수록 개수를 낮춰 소략하게 표현한다. 이는 시각적 품질을 떨어뜨리지 않고도 렌더링 시간을 줄일 수 있다는 점에서 효과적이다.

정밀도의 적용 기준으로 오브젝트와 카메라 간 거리 외에도 편심률(eccentricity), 움직임 정도, 심도(depth of field)도 고려된다. 3차원 그래픽 게임에서 사실적인 그래픽 표현은 플레이어의 몰입에 영향을 미치는 주요 요소이므로 저사양의 컴퓨터에서도 유지되어야 한다. 개발자는 플레이어 각자의 컴퓨터 사양에 맞게 세부 그래픽 품질을 조절할 수 있는 기능을 부여하고, 이에 따라 플레이어는 '환경설정' 란에서 지형, 배경, 캐릭터의 그래픽 구현 정도를 설정할 수 있다.

정밀도는 연산 및 데이터 처리 방식에 따라 연속 정밀도(Continuous Level of Detail, CLOD)와 불연속 정밀도(Discrete Level of Detail, DLOD)로 구분된다.

정밀도의 유형	
종류	설명
연속 정밀도	폴리곤의 정점마다 카메라와의 거리에 따라 실시간 연산을 통해 메시 모델링 데이터를 출력하는 기법. 동시에 화면에 표현해야 할 오브젝트가 많을 때 주로 사용된다. 정밀도에 비해 메모리 소모가 적으며, 거리에 따라 화면의 품질이 급격히 낮아지는 튐(popping) 현상이 발생하지 않는다는 장점을 지닌다. 반면, 메시 분할, 간략화에 추가적 연산이 필요하기 때문에 진행 속도가 느려진다는 단점이 있다.
불연속 정밀도	카메라와 오브젝트의 거리에 따라 미리 한정된 수의 오브젝트 표현을 구현해놓고, 해당되는 거리에 도달할 때마다 적합한 표현 방식을 선택해 적용하는 기법. 간단한 연산으로 인해 진행 속도가 빠르다는 장점을 지닌다. 반면, 여러 단계의 메시 데이터를 보유하고 있어야 하기 때문에 높은 메모리가 소모되며, 튐 현상이 발생한다는 단점이 있다.

- **관련 용어** 모델링, 최적화, 렌더링
- **참고 자료** David P. Luebke, Martin Reddy, Jonathan D. Cohen, Amitabh Varshney, Benjamin Watson, Robert Huebner, *Level of Detail for 3D Graphics*, Morgan Kaufmann, 2002. | Sebastien St-Laurent, *Shaders for Game Programmers and Artists*, Thomson Course Technology PTR, 2004.

정치 게임 political game

| 정치 참여 및 목표 달성을 다루는 게임.

집단 간 대립을 극복하기 위한 교섭과 조율이 중요한 게임. 유명 정치인을 패러 디하거나 정치적 상징을 활용할 수도 있다. 플레이어는 국가나 정부의 대표 또는 유권자가 되어 정치적 결정을 내린다. 정책 활동을 다룬 게임으로 국한하는 시각 도 있고 가치의 전략적 배분이 중시되는 게임을 모두 포괄하는 시각도 있다. 이안 보고스트는 정치 게임을 '과정적 수사학을 통해 정치 구조의 작동 원리와 지향점 을 보여주는 게임'으로 정의했다.

최초의 정치 게임은 보드 게임의 형태였다는 것이 정설이며, 이후 1985년 〈밸런 스 오브 파워〉와 같이 컴퓨터를 이용한 정치 게임이 제작되기 시작했다. 2003년 만들어진 〈아이오와의 하 워드 딘(Howard Dean for Iowa)〉은 미국 대통령 선 거에서 공인된 최초의 비 디오 게임이다. 정치 게임 을 내용과 플레이 목표에 따라 분류하면 표와 같다.

정치 게임의 유형 분류		
유형	설명	사례
외교 및 협상	지정학적 위기를 주로 다룸. 전쟁 등의 국가 간 분쟁을 피하는 것을 목표로 함.	〈디플로메시(Diplomacy)〉, 〈피스메이커(Peacemaker)〉
내정	재선 또는 독재를 목표로 교육과 국방, 보건, 환경 등의 문제를 해결함.	〈데모크라시(Democracy)〉, 〈트로피코(Tropico)〉
선거 운동	지지율을 확보하고 당선 되기 위한 선거 활동 전반을 다룸.	〈정치 기계(Political Machine)〉, 〈프런트 러너(Frontrunner)〉

■ **관련 용어** 기능성 게임, 시뮬레 이션 게임, 전략 게임

■ **참고 자료** George sk aff Elias, Richard Garfield, Robert Gutschera, *Characteristics of Games*, The MIT Press, 2012. | Ian Bogost, *Persuasive Games : The Expressive Power of Videogames*, The MIT Press, 2007. | Ute Ritterfeld, Michael Cody, Peter Vorderer, *Serious Games : Mechanisms and Effects*, Routledge, 2009.

제로섬 zero-sum

| 이득과 손실이 완벽하게 균형을 이룬 경우.

게임을 통해 플레이어가 얻은 것을 +1, 잃은 것을 −1이라 할 때, 이익과 손해 의 총합이 0이 되는 경우. 제로섬의 상황에서 두 사람이 플레이할 경우 한 사람이

이기면 다른 한 사람은 반드시 지게 된다. 제로섬 게임이란 승리한 플레이어의 이득이 패배한 플레이어의 손실과 완전히 일치하는 게임이다. 〈포커(Poker)〉가 대표적이다. 〈포커〉에서 게임에 참여하는 플레이어들은 각자 돈을 배팅하고 게임이 끝나면 승자가 배팅된 금액을 얻게 되는데, 그가 얻은 금액은 다른 플레이어들이 잃은 금액과 동일하다. 〈포커〉에서 플레이어들이 배팅된 금액 이상을 얻을 수 있는 방법은 존재하지 않는다. 따라서 이는 플레이어들에게 제공되는 자원이 유한한 제로섬 게임이다.

제로섬은 파레토 최적의 상태에서 발생한다. 빌프레도 파레토(Vilfredo Pareto)는 플레이어가 자신의 상황을 개선하기 위해서는 반드시 상대 플레이어에게 부정적인 영향을 줘야 하는 경우를 파레토 최적이라 정의했다. 파레토 최적에서 플레이어의 갈등은 불가피하다. 〈문명〉과 같은 전략 게임에서 플레이어들은 서로 영향을 주지 않고 나름대로 각자의 영토를 넓혀간다. 그러나 게임에서 제공한 모든 영토가 점령되면, 이후에는 자신의 영역을 확장하기 위해 반드시 다른 플레이어의 영토를 빼앗아야 한다. 이때 플레이어들이 제공된 모든 영토를 점령한 상태를 파레토 최적이라 한다.

■ **관련 용어** 죄수의 딜레마, 파레토 최적
■ **참고 자료** 웬디 디스페인 저, 김정태 외 역, 『게임 디자인 원리』, 에이콘, 2014. | Katie Salen, Eric Zimmerman, *Rules of Play : Game Design Fundamentals*, The MIT Press, 2003. | John Von Neumann, Oskar Morgenstern, *Theory of Games and Economic Behavior*, Princeton University Press, 2007. | William Poundstone, *Prisoner's Dilemma*, knopf Doubleday Publishing Group, 1993.

제작 기술 crafting skill

| 장비 아이템이나 소모 아이템을 생산하는 시스템.

플레이어가 아이템을 생산할 수 있는 시스템. 주로 역할수행 게임에서 나타난다. 아이템 생산은 플레이어가 직접 하거나 엔피시(NPC)를 통해서 할 수 있으며 게임에 따라 생산 스킬, 제작, 전문 기술, 장인 시스템 등으로 불린다. 전투 외 보조 스킬로 분류되는 것이 일반적이다. 플레이어는 반복적인 제작을 통해 제작 레벨이나 숙련도를 올릴 수 있으며, 제작 레벨이 높을수록 고성능의 아이템을 생산

할 수 있다. 아이템을 제작하기 위해서는 우선 재료를 구해야 한다. 아이템의 제작 레벨이나 성능이 높을수록 재료 또한 구하기 어려워지기 때문에 스킬을 익힐 때 생산을 위한 제작 스킬과 재료 수급을 위한 채집 스킬을 전략적으로 선택하는 것이 중요하다. 〈블레이드 & 소울〉의 경우, 무기제작소 '철무방'에서는 무기의 주재료로 석재를 요구하기 때문에 석재를 채집하는 '석공방'과 계약하는 것이 제작에 유리하다.

제작 기술은 플레이어가 스킬을 사용해 직접 아이템을 제작하는 방식과 엔피시에게 제작을 의뢰하는 방식으로 나뉜다. 숙련도를 높이기 위해서 반복적인 제작을 해야 하는 것은 같지만, 엔피시에게 제작을 의뢰하는 경우 수수료를 추가로 지불해야 한다는 점이 다르다. 게임에 따라 캐릭터마다 배울 수 있는 제작 기술의 개수를 제한하는 경우도 있으며, 이때 플레이어는 '본캐'가 배우지 않은 기술을 '부캐'를 통해 습득한 후 '본캐'를 보조할 수도 있다. 플레이어는 캐릭터의 직업을 고려하여 기술을 선택적으로 습득한다. 예를 들어 〈월드 오브 워크래프트〉에서는 판금 갑옷을 장착할 수 있는 전사, 죽음의 기사, 성기사들이 이를 제작할 수 있는 '대장 기술'을 선택하는 경우가 많다.

습득할 수 있는 제작 기술의 개수가 혼합적으로 나타나는 경우도 있다. 최초로 제작 기술을 배울 때에는 개수 제한이 없으나 레벨을 올릴 수 있는 기술의 개수가 제한되는 경우이다. 〈아키에이지〉에서는 플레이어가 제작 기술의 숙련도를 높여 수습-숙련-전문-장인 단계로 승급할 수 있다.

상위 단계로 갈수록 승급 가능한 제작 기술은 1개씩 줄어들며, 장인 단계로 승급 가능한 제작 기술은 최대 2개이다. 〈아이온 : 영원의 탑〉 역시 배울 수 있는 제작 기술의 개수에는 제한이 없으나 최고 단계인 '달인' 단계로 승급 가능한 기술은 캐릭터당 1개로 제한된다.

제작 기술은 다음과 같은 장점을 통해 게임 내 가상 경제에 영향을 미친다. 첫째, 플레이어는 제작 기술을 통해 소모성 아이템을 저렴한 가격으로 습득할 수 있다. 〈월드 오브 워크래프트〉의 전문 기술인 '연금술'은 소모성 아이템인 물약을 제작할 수 있다. 연금술을 습득한 플레이어는 물약을 대량 제작하여 이를 상점보다 저렴한 가격에 판매하여 이윤을 얻는다. 둘째, 제작을 통해서만 얻을 수 있는 희귀한 아이템을 습득할 수 있다. 〈블레이드 & 소울〉의 무기 제작 장인인 '철무방'

은 제작 레벨을 최고 단계로 올렸을 때 '초롱무기'를 제작할 수 있다. 초롱무기는 철무방 제작을 통해서만 습득 가능하기 때문에 상점에서 비싼 가격으로 거래되며, 플레이어는 이를 통해 이윤을 창출할 수 있다. 셋째, 동일한 아이템일지라도 제작 기술을 통해 생산된 아이템은 내구도가 더 높거나 아이템에 부가 효과가 붙는 경우가 많다. 〈마비노기〉에서는 제작 기술인 '생산 스킬'의 레벨에 따라 생산 아이템의 등급이 결정된다. 높은 등급의 제작 아이템은 상점에서 파는 아이템보다 좋은 효과가 부여되기 때문에 상점 가격보다 더 높은 가격에 거래된다.

- **유의어** 채집, 시장, 플레이어 간 거래
- **관련 용어** 숙련, 생산, 공방, 전문 기술, 제작
- **참고 자료** Richard A. Bartle, *Designing Virtual Worlds*, New Riders, 2003.

젠가 jenga

| 나무 조각으로 이뤄진 탑에서 플레이어들이 돌아가며 조각을 하나씩 빼내는 보드 게임.

개발자 레슬리 스콧이 설립한 레슬리 스콧 어소시에이츠(Leslie Scott Associates)에서 발매한 보드 게임. 이후 파커 브라더스(Parker Brothers)에 판권이 양도됐다. 플레이어는 나무 조각으로 만든 탑이 쓰러지지 않도록 조각 하나를 빼내어 탑 위에 올려놓아야 한다. 플레이어는 게임 시작 전 직육면체의 나무 조각 54개로 3개씩 18층의 탑을 만든다. 2인 이상의 플레이어들이 번갈아가며 나무 조각을 하나씩 뺀다. 이때 탑이 무너지지 않도록 해야 하며 빼낸 나무 조각은 탑의 맨 위층에 올려놓는다. 탑 위에 나무 조각을 올려놓는 방식을 통해 다음 플레이어를 불리하게 만드는 전략을 구사한다. 나무 조각을 빼내거나 올려놓을 때 탑을 무너뜨리면 패배한다. 2007년 닌텐도 위와 닌텐도 디에스(Nintendo DS)에서 비디오 게임으로 발매됐다.

- **관련 용어** 보드 게임
- **참고 자료** Gregory Trefry, *Casual Game Design : Designing Play for the Gamer in ALL of Us*, Taylon & Francis, 2010. | Leslie Scott, *About Jenga : The Remarkable Business of Creating a Game that Became a Household Name*, Greenleaf Book Group Press, 2009. | Tim Walsh, *The Playmakers : Amazing Origins of Timeless Toys*, Keys Publishing, 2004.

존 로널드 루엘 톨킨 John Ronald Reuel Tolkien, J. R. R. Tolkien

| 서구 판타지 세계관을 창시한 영국의 학자.

서구 판타지의 시초가 된 신화적 세계관을 창조한 영국의 학자이자 소설가. 북유럽 신화와 전설들을 참조하여 새로운 세계관을 만들었다. 톨킨이 창조한 판타지 세계관은 주로 역할수행 게임에서 스토리 배경과 캐릭터 설정 등으로 활용된다. 톨킨은 북유럽 신화와 전설을 연구하면서, 그의 소설 전반을 관통하는 거대한 신화적 판타지 세계를 창조했다.

톨킨의 저서 『호빗(The Hobbit)』, 『반지의 제왕(The Lord of the Rings)』, 『실마릴리온(The Silmarillion)』에 등장하는 오크(Orc), 호빗(Hobbit), 엔트(Ent), 엘프(Elf), 드워프(Dwarf) 등의 종족과 종족별 역사, 신화, 전설, 민담, '중간계(Middle-Earth)'라는 지형 공간 등 구체적인 묘사들은 이후 판타지 문학과 게임 설정에 많은 영향을 미쳤다.

톨킨의 판타지 세계관은 주로 역할수행 게임에서 활용된다. 최초의 역할수행 게임인 〈던전 앤 드래곤〉은 게임 내 종족 명칭으로 호빗, 발록(Balrog), 미스릴(Mithril), 엔트 등의 용어를 사용했으나 저작권 문제에 걸려 하플링(Halfling), 발러(Balor), 미스랄(Mithral), 트렌트(Trent) 등으로 변경하기도 했다. 톨킨의 소설 『반지의 제왕』을 기반으로 한 게임도 다수 발매됐다. 대표적으로 〈반지의 제왕 : 중간계 전투(The Lord of the Rings : The Battle for Middle-Earth)〉, 〈반지의 제왕 온라인(The Lord of the Rings Online)〉, 〈미들어스 : 쉐도우 오브 모르도르(Middle-Earth : Shadow of Mordor)〉 등이 있다.

- **관련 용어** 반지의 제왕, 게임 세계관, 게임 스토리, 역할수행 게임, 던전 앤 드래곤
- **참고 자료** 박병규, 유지상, 이승현, 『디지털 컨텐츠 제작 개론』, 인터비전, 2006. | 송태현, 『판타지 : 톨킨, 루이스, 롤링의 환상 세계와 기독교』, 살림, 2003. | 이영수, 『환상소설과 게임의 재매개 연구』, 이화여자대학교 대학원 디지털미디어학부 영상콘텐츠 전공 석사논문, 2009 | Celia Pearce, "Towards a Game Theory of Game", *First Person : New Media as Story, Performance, and Game*, The MIT Press, 2006.

좀비 zombie

| 살아있지도 죽지도 않은 시체 형태의 캐릭터.

저주나 바이러스에 걸려 살아있지도 죽지도 않은 존재. 본래 아이티(Haiti)의 부두교에서 영혼을 뽑아내는 주술에 걸린 사람이나, 약을 먹고 가사 상태에 빠져 노예가 되는 사람을 가리키는 용어로 사용했다. 현대의 좀비 형태는 1968년 조지 A. 로메로(George Andrew Romero) 감독의 영화 〈살아있는 시체들의 밤(Night of the Living Dead)〉에서 시작됐다.

로메로가 묘사한 좀비는 인간을 식량으로 삼아 살육하며 뇌가 불에 타거나 완전히 파괴되지 않는 한 제거할 수 없는 존재이다. 살아있을 때의 습성을 유지하지만 생체 회복을 담당하는 기능이 없고, 여러 근육이 함께 움직이지 않아 절뚝거리며 걷는다. 지능과 의사소통 능력은 거의 없다. 좀비를 제거하기 위해서는 총, 불 등을 이용해 반드시 뇌를 파괴해야 한다.

게임에서는 주로 인류의 대부분이 좀비가 된 후 소수의 영웅이 좀비를 무찌르는 좀비 아포칼립스(apocalypse)의 서사로 구현된다. 여기서 좀비는 제거해야 할 몹(Mob)으로 설정되며, 느리고 무기력한 전형적 좀비부터 인간보다 빠르고 강한 공격력을 지닌 진화형 좀비까지 다양하다. 〈하우스 오브 더 데드(The House of The Dead)〉, 〈바이오하자드(Biohazard)〉, 〈워킹 데드(The Walking Dead)〉의 좀비는 느리고 절뚝거리는 전형적 좀비의 특성을 가지고 있는 반면, 〈카운터-스트라이크〉, 〈레프트 4 데드(Left 4 Dead)〉에서 인간보다 빠른 속도로 달리거나 벽을 타고 기어오르는 등 운동신경이 발달한 진화형 좀비로 구현된다.

일부 게임에서는 좀비를 플레이어 캐릭터로 제공하는데 〈월드 오브 워크래프트〉의 언데드 종족이 대표적이다. 〈플랜츠 대 좀비(Plants vs Zombies)〉, 〈좀비 카페(Zombie Cafe)〉와 같은 캐주얼 게임에서는 귀여운 외모의 캐릭터로 묘사되기도 한다.

- **유의어** 언데드, 워커
- **관련 용어** 언캐니, 강시, 구울, 네크로맨서, 미라, 뱀파이어,

- **참고 자료** 김봉석, 임지희, 『좀비사전』, 프로파간다, 2013. | Matt Mogk, *Everything You Ever Wanted to Know about Zombies*, Gallery Books, 2011. | Max Brooks, *The Zombie Survival Guide : Complete Protection from the Living Dead*, Crown Publishing Group, 2003.

종족 race

| 세계관에 따른 캐릭터 분류 범주.

종족은 게임 세계관에 따라 결정되기 때문에 세계관과 캐릭터를 이어주는 요소 중 하나이다. 세계관에 따른 시나리오가 게임 서사에 중요하게 작용하는 역할 수행 게임, 어드벤처 게임, 시뮬레이션 게임 등의 장르에서 중요하게 다루어진다.

개념 설명 게임은 플레이어가 자신의 캐릭터를 통해 가상 세계를 능동적으로 탐험하는 상호작용적 서사를 구현하기 때문에 캐릭터 서사가 중요하게 작용한다. 캐릭터는 종족 설정에 따라 행동, 외형, 직업, 언어 등이 결정된다. 따라서 종족 체계를 구성할 때에는 종족 간의 능력 편중 현상이 발생하지 않도록 종족의 밸런스 조절이 필수적이다. 또한 종족은 세계관을 반영하기 때문에 게임 세계관의 역사나 환경 등 시간적, 공간적, 사상적 배경이 투영되어야 한다. 다중접속온라인 역할수행 게임의 플레이어는 캐릭터를 생성할 때 가장 먼저 종족을 선택하게 된다. 각 종족마다 거주 구역, 배경 서사가 다르기 때문에 플레이어마다 첫 시작 마을이 달라진다.

【J. R. R. 톨킨의 종족】 대부분의 다중접속온라인 역할수행 게임은 J. R. R. 톨킨의『반지의 제왕』에 등장하는 종족 설정을 차용하고 있다. 톨킨은 북유럽 신화를 차용하여 독자적인 종족 체계를 만들고, 이를 선과 악으로 양분하여 위계적으로 구분했다.

『반지의 제왕』에 등장하는 주요 종족의 예시	
종류	설명
인간	권모술수에 능함. 가장 개체 수가 많고, 수명이 짧으며 질병에 상대적으로 취약함.
호빗	평균 키 60~100cm의 난쟁이 종족. 인간과 비슷한 외모를 가지고 있으며 대체로 사교적인 성격을 가지고 있음. 생명력이 강함.
오크	인간보다 체격적으로 우월하지만 상대적으로 지능이 떨어짐. 호전적이며 특히 엘프에게 적대적임.
엘프	주로 숲에 거주함. 빼어난 외모를 가지고 있으며, 수명이 길고 궁술이 뛰어남. 뾰족하고 긴 귀를 가지고 있는 것이 특징.
드워프	호빗보다 큰 체격을 가지고 있는 난쟁이 종족. 호전적이며 무쇠를 다루는 능력이 뛰어남.

다중접속온라인 역할수행 게임의 종족 구분 다중접속온라인 역할수행 게임은 톨킨의 종족 설정을 차용하되, 위계적 종족 구분이 아닌 수평적 종족 구분을 지향

〈블레이드 & 소울〉의 종족별 선택 가능한 직업								
종족/직업	검사	권사	역사	기공사	암살자	소환사	린검사	주술사
진	■	■		■	■			■
곤		■	■	■				■
건	■			■	■			■
린		■		■		■	■	■

한다. 이를 위해 발라(Valar) 등 『반지의 제왕』에서 초자연적 힘을 가진 우월한 존재로 묘사되는 종족은 게임 종족에서 배제된다. 각 종족들은 배경 서사와 종족 고유의 영역, 문화를 가지고 있으며, 종족마다 기본 능력치와 특성 혹은 선택 가능한 직업이 다르다. 종족 설정은 게임의 목적이나 세계관에 따라 다르게 나타나지만, 선택 가능 직업과 능력치가 어떻게 변화하느냐에 따라 크게 3가지 유형으로 나눌 수 있다.

【진영 구분형】 종족의 능력치와 선택 가능 직업에는 큰 차이가 없으나, 종족 간의 대립 구도를 통해 진영 간 전투 콘텐츠를 강화한 경우이다. 대표적인 예가 〈아이온 : 영원의 탑〉이다. 플레이어는 캐릭터 생성 시 천족과 마족 중 한 종족을 선택해야 하며, 선택하지 않은 종족과 반드시 대립하게 된다. 선택 가능한 직업은 두 종족 모두 동일하지만, 종족에 따라 외형과 시작 마을과 배경 서사가 달라진다.

【직업 구분형】 종족 간 특성 혹은 선택 가능 직업이 달라지는 경우이다. 종족에

〈월드 오브 워크래프트〉의 종족별 선택 가능한 직업												
진영	종족/직업	전사	성기사	사냥꾼	도적	사제	죽음의 기사	주술사	마법사	흑마법사	수도사	드루이드
얼라이언스	인간	■	■	■	■	■	■		■	■	■	
	드워프	■	■	■	■	■	■	■	■		■	
	노움	■		■	■	■	■		■	■	■	
	나이트 엘프	■		■	■	■	■		■		■	■
	드레나이	■	■	■		■	■	■	■		■	
	늑대 인간	■		■	■	■	■		■	■		■
호드	오크	■		■	■		■	■	■	■	■	
	타우렌	■	■	■		■	■	■			■	■
	트롤	■		■	■	■	■	■	■	■	■	■
	언데드	■		■	■	■	■		■	■	■	
	블러드엘프	■	■	■	■	■	■		■	■	■	
	고블린	■		■	■	■	■	■	■	■		
중립	판다렌	■		■	■	■		■	■		■	

따른 배경 서사, 외형, 종족 특성, 선택 가능 직업 등이 달라지지만 종족에 따른 진영 간 전투는 발생하지 않는다. 대표적인 예가 〈블레이드 & 소울〉이다. 〈블레이드 & 소울〉은 종족을 진, 곤, 건, 린으로 나누었으며 각 종족마다 선택 가능한 직업이 달라진다. 첫 시작 마을 역시 동일하다.

【혼합형】 종족에 따라 진영과 선택 가능한 직업이 모두 달라지는 경우이다. 배경 서사, 외형, 종족 특성, 선택 가능 직업이 모두 다르게 나타나며, 진영이 다르기 때문에 시작 마을 또한 종족마다 다르다. 대표적인 예로 〈월드 오브 워크래프트〉가 있다. 〈월드 오브 워크래프트〉는 캐릭터 생성 시 '얼라이언스'와 '호드' 중 한 진영을 먼저 선택한 후 각 진영에 해당하는 종족을 선택해야 한다. 이때 종족 간 특수 능력이 달라지며, 선택 가능한 직업 또한 종족마다 다르다.

- **유의어** J. R. R. 톨킨, 반지의 제왕, 진영 간 전투
- **관련 용어** 세계관, 캐릭터
- **참고 자료** 김정남, 김웅남, 김정현, 『게임의 운명을 결정하는 기획과 시나리오』, e비즈북스, 2013. | 류현주, 『컴퓨터 게임과 내러티브』, 현암사, 2003. | 이재홍, 『게임 스토리텔링』, 생각의나무, 2011. | 전경란, 『디지털 게임의 미학 : 온라인 게임 스토리텔링』, 살림, 2005. | Luke Cuddy, John Nordlinger, *World of Warcraft and Philosophy : Wrath of the Philosopher King*, Open Court, 2009.

죄수의 딜레마 prisoner's dilemma

| 개인의 이익을 위한 합리적 선택이 모두에게 불리한 결과를 야기하는 현상.

서로 협력할 때 더 나은 결과를 얻을 수 있음에도 불구하고 누구도 협력하지 않는 부정적 상황. 한 명의 이익이 다른 한 명의 손해로 이어지지 않는 비제로섬 게임(non zero-sum game)의 일종으로, 1950년에 미국 랜드 연구소의 메릴 플러드(Merrill Flood)와 멜빈 드레셔(Melvin Dresher)가 고안한 개념이다. 수학자 앨버트 터커(Albert Wucker)는 이를 죄수의 딜레마라 명명하고 특정 상황을 가정했다.

2개의 독방에 격리된 죄수들이 있다. 죄수들은 모두 단기형을 선고받았고 형량을 늘릴 증거는 발견되지 않았다. 이때 경찰이 찾아와 한 가지 거래를 제안한다. 2명 중 한 명만 자백하면 자백한 죄수는 즉시 풀려나지만 침묵한 죄수는 장기 수감되고, 2명 모두 자백하면 공범이 되어 중장기형을 선고받는다는 내용이다.

단, 2명의 죄수가 모두 침묵하면 거래는 무효가 돌아가고 2명은 모두 단기형을 산다. 이를 표로 나타내면 다음과 같다.

괄호의 숫자는 죄수 1과 죄수 2가 얻게 될 보상을 보여준다. 형량은 부정적 보상이므로 수치는 음수이며, 합리적인 두 죄수는 상대의 선택과 무관하게 자백해야만 한다는 사실을 안다. 상대가 침묵하면 즉시 풀려날 수 있고, 상대가 자백하는

죄수의 딜레마에서 나타나는 보수행렬		
죄수 2 죄수 1	협력(침묵)	변절(자백)
협력(침묵)	(-2, -2)	(-10, 0)
변절(자백)	(0, -10)	(-7, -7)

경우에도 최악의 상황은 피하게 되기 때문이다. 따라서 둘은 모두 자백하고 중장기형을 살게 되며, 이는 서로 협력해 단기형만 사는 경우보다 훨씬 불리하다. 메릴과 멜빈은 이 딜레마가 결코 해결될 수 없으며, 합리적 개인의 선택이 모여 최악의 결과를 유발할 수도 있다고 지적했다.

1984년 로버트 액셀로드(Robert M. Axelrod)는 죄수의 딜레마를 기반으로 한 반복 게임을 실시하고 여러 전략 프로그램을 대결시켰다. 그 결과 장기간에 걸친 반복 게임에서는 팃포탯(tit-for-tat)을 비롯한 협력 기반 프로그램이 높은 점수를 기록한다는 사실이 밝혀졌다. 이처럼 죄수의 딜레마는 간단한 규칙으로도 복잡한 결과가 유발될 수 있으며, 게임의 반복 여부에 따라 플레이어의 전략이 달라짐을 보여준다.

- **관련 용어** 제로섬 게임, 팃포탯
- **참고 자료** 윌리엄 파운드스톤 저, 박우석 역, 『죄수의 딜레마』, 양문, 2004. | Katie Salen, Eric Zimmerman, *Rules of Play : Game Design Fundamentals*, The MIT Press, 2003.

주몽 신화 Ju-Mong mythology / 朱蒙神話

| 고구려의 건국자 주몽에 대한 신화.

고구려 시조왕인 주몽의 영웅적 삶과 고구려 건국을 다룬 설화. 주몽의 시호(諡號)를 따라 동명성왕(東明聖王) 또는 동명왕 신화라고도 한다. 천부지모형(天父地母型) 신화 또는 개국(開國) 신화로 분류되며, 난생(卵生), 천손강림(天孫降

臨), 기아(棄兒) 등 다양한 신화소를 복합적으로 내재한다. 주몽은 하늘의 신 해모수(解慕漱)와 강물의 신 하백(河伯)의 딸 유화(柳花)의 아들로 태어났으며, 활쏘기와 주술에 출중하고 주변 국가를 복속시킨 용맹스러운 영웅이다. 주몽 신화는 고귀한 혈통, 비정상적 출생, 탁월한 능력, 고난, 극복 등의 요소로 구성된 전형적인 영웅 서사로, 경우에 따라 고구려 2대 왕인 유리왕 신화, 또는 백제를 건국한 온조·비류 신화로 연계되기도 한다.

주몽 신화를 차용한 대표적인 게임으로는 국내 최초의 다중접속온라인 역할수행 게임 〈바람의 나라〉가 있다. 〈바람의 나라〉는 주몽의 업적을 이어받은 고구려 3대 임금인 대무신왕(大武神王) 시대의 고구려와 부여를 배경으로, 당시 배경과 세계관, 주몽 신화와 관련된 설화를 반영한 게임이다. 초창기에는 주몽, 비류, 온조 등 신화에 등장하는 인물이 게임 내 엔피시(NPC) 또는 게임 운영자로 등장했고, 이후 2004년과 2007년에 각각 '주몽 호위전' 퀘스트, '바람 연대기' 모드가 추가되어 플레이어는 플레이를 통해 주몽 신화의 서사를 직접 경험할 수 있게 됐다.

이 외 게임에서 주몽 신화는 대부분 캐릭터로 차용되며, 신화적 맥락에 의거하기보다는 영웅으로서의 상징성만을 부각한다. 해외 다중접속온라인 역할수행 게임 〈드라켄상(Drakensang)〉과 모바일 역할수행 게임 〈몬스터 스트라이크(Monster Strike)〉는 한국 플레이어를 대상으로 각각 한국 전통 복식과 무기를 사용하는 캐릭터 '주몽'과, 판타지가 가미된 한국형 캐릭터 '주몽', '소서노'를 개발했다.

- **관련 용어** 게임 스토리텔링, 영웅
- **참고 자료** 국립민속박물관, 『한국민속문학사전 : 설화편』, 국립민속박물관, 2012. | 정재서, 문현선, 『게임 소재로서의 동양신화』, 한국게임산업개발원, 2006.

주사위 dice

| 면마다 다른 숫자가 기입된 다면체 형태의 놀이 도구.

각 면마다 다른 숫자가 기입되어 있는 다면체 놀이 도구. 주로 정육면체로 제작되며 테이블탑 역할수행 게임에서는 정이십면체 주사위를 사용한다. 이 외에도 정사면체부터 백면체까지 다양한 형태의 주사위가 있다. 주사위는 모든 면이 나

올 확률이 같다는 전제하에 우연성과 무작위성에 기반한 결과를 얻고자 할 때 사용된다. 고대 사회에서 점술이나 신탁의 도구로도 이용됐던 주사위는 점차 놀이 도구로서 그 기능이 정립됐다. 보드 게임의 경우, 주사위는 말과 함께 게임 진행을 위한 보조 기구로 활용된다. 플레이어는 자신의 차례에 주사위를 던지거나 굴려, 나온 숫자만큼 자신의 말을 게임 보드 위에서 움직인다. 대표적인 게임으로 〈쌍육(雙六)〉, 〈백가몬(Backgammon)〉, 〈크랩스(Craps)〉, 〈뱀과 사다리(Snakes and Ladders)〉가 있다.

〈던전 앤 드래곤〉과 같은 테이블탑 역할수행 게임에서는 주사위를 활용해 캐릭터 능력치를 세부적으로 조정한다. 플레이어가 시전한 공격·방어 기술의 발동 여부를 결정할 때, 주사위를 굴려 나온 숫자를 기준으로 판단하기도 한다. 이때 플레이어가 공격을 위해 주사위를 던지는 행위를 명중 굴림, 방어 차례에 주사위를 던지는 행위를 내성 굴림이라 지칭한다. 이와 같은 내성 굴림과 명중 굴림 개념은 〈위저드리(Wizardry)〉 등의 일부 디지털 게임에도 도입됐다.

- **관련 용어** 내성 굴림, 명중 굴림
- **참고 자료** 요한 하위징아 저, 이종인 역, 『호모 루덴스 : 놀이하는 인간』, 연암서가, 2010. | 진중권, 『놀이와 예술 그리고 상상력』, 휴머니스트, 2005. | 김영진, 「주사위와 민속놀이 쌍육」, 『생활문물연구』, vol.11, no.0, 국립민속박물관, 2003.

죽음 death

| 캐릭터의 체력치가 0이 되어 이동 등의 조작이 불가능한 상태.

캐릭터의 체력치가 모두 소모되어 이동, 스킬 사용 등의 조작이 불가능한 상태. 플레이어는 게임 세계에서 캐릭터의 죽음과 부활을 반복적으로 경험한다. 플레이어는 이를 통해 해당 게임 세계의 고유한 규칙을 이해하며 조작에 숙달된다. 플레이어 캐릭터가 사망할 경우, 추가 목숨, 스킬, 아이템 등을 사용하여 사망한 위치 또는 특정한 지점에서 부활할 수 있다. 이때 경험치 및 아이템을 잃기도 한다. 싱글 플레이어 게임의 경우 마지막으로 저장했던 시점, 체크포인트로 돌아가서 게임을 다시 진행하기도 한다.

- **관련 용어** 부활, 체크포인트
- **참고 자료** 앤드류 롤링스, 어니스트 아담스 저, 송기범 역, 『게임 기획 개론』, 제우미디어, 2004. | 손형전, 「게임 캐릭터의 죽음과 부활에 대한 기호학적 분석」, 『한국컴퓨터게임학회 논문지』, vol.19, No.0, 한국컴퓨터게임학회, 2009. | Karin Wenz, "Death", *The Routledge Companion to Video Game Studies*, Routledge, 2014. | Richard A. Bartle, *Designing Virtual Worlds*, New Riders, 2003.

줌 zoom

| 총기의 조준경을 통해 적을 확대해 보는 행위.

슈팅 게임 장르에서 적을 정확히 조준 및 사살하기 위해 총기에 장착된 조준경을 보는 행위. 대상을 확대해 보는 줌 인(zoom in)을 의미한다. 사격 행위의 사실성 및 몰입감을 증대시켜 전략적 플레이를 가능하게 하므로 슈팅 게임의 중요한 플레이 요소 중 하나이다. 장거리용 총기인 저격총의 경우 줌 사용이 필수적이며, 저격총을 사용하는 저격수는 줌을 통해 사격의 정확성과 집중도를 높일 수 있다. 먼 거리에 있는 적의 움직임을 파악하거나 헤드 샷(head shot)을 하기 위해 전략적으로 줌을 사용하기도 한다. 총기마다 줌의 배율 및 조준점 크기가 다르고, 게임의 특징이나 플레이 방식에 따라 다양한 형태가 있다. 줌을 사용하는 동안 플레이어 캐릭터는 자리에 정지하고 있으며, 이동 속도가 느려지고 시야가 좁아져 적의 공격을 피하기 어렵다는 문제가 발생한다. 따라서 엄폐물을 이용하거나 전략적으로 줌을 사용해 적을 사격한다.

줌의 사용 방식	
종류	설명
대기 줌	줌의 기초 방식으로, 특정 지역에서 적이 조준경 범위에 들어올 때까지 기다린 후 적을 사살하는 방법.
노줌	줌을 사용하지 않고 저격총으로 적을 사살하는 방법으로, 적의 머리나 머리 위를 조준하고 점프해 사격함.
패줌	패스트(fast)와 줌의 합성어로, 노줌 상태에서 적을 발견한 즉시 조준과 동시에 줌과 샷을 연속으로 사용해 적을 사살하는 방법.
순줌	'순간 줌'의 준말로, 줌을 사용한 상태에서 조준과 샷을 동시에 사용해 적을 사살하는 방법.
2단 줌	줌을 연속으로 2번 사용해 배율을 높여 적을 더 확대해 보는 방법. 이와 구분해 줌을 한 번 사용하는 행위를 1단 줌으로 구분해 부름.

- **관련 용어** 무기, 샷, 슈팅 게임
- **참고 자료** Gerald A. Voorhees, Joshua Call, Katie Whitlock, *Guns, Grenades, and Grunts : First-Person Shooter Games*, Continuum International Publishig Group, 2012.

중세 판타지 | medieval fantasy

| 서구의 중세 시대를 시공간적 배경으로 하는 환상적 이야기.

사회문화적 공간으로서의 봉건사회를 의미하는 중세 시대 배경의 환상적 이야기. 광대한 숲, 창을 든 기사, 검을 든 전사, 대열을 이룬 보병, 투석기 등 중세 유럽 배경에 마법과 같은 환상성이 더해지면서 중세 판타지 세계를 이룬다. 드래곤과 같은 상상의 동물, 엘프, 마법사와 같은 종족 및 직업 구성을 포함하는 것이 일반적이다. 온라인 게임의 중세 판타지 세계관은 J. R. R. 톨킨의 『반지의 제왕』과 테이블탑 역할수행 게임 〈던전 앤 드래곤〉을 기원으로 한다. 톨킨은 환상성이 결합된 중세를 통해 새로운 시대를 보여주고자 했다. 다중접속온라인 역할수행 게임으로 대표되는 게임에서의 중세 판타지 세계관은 기반 서사와 퀘스트, 캐릭터 설정 등에 영향을 미쳤다.

중세 판타지 세계관의 발현 양상	
구분	설명
기반 서사	자연과 초자연의 공존이라는 이중 구조는 중세 판타지 게임의 기반 서사를 설정함.
퀘스트	'목표 설정-모험과 투쟁-목표 달성'의 3단계 추구 서사를 가진 중세 로망스 문학은 게임에서 '수락-수행-완료'의 3단계 구조의 퀘스트로 나타남.
캐릭터 및 레벨 설정	봉건제로 대표되는 중세의 엄격한 피라미드적 위계질서는 캐릭터 설정과 레벨 체계에 반영됨.

중세 판타지 세계관의 온라인 게임	
제목	게임의 배경
〈월드 오브 워크래프트〉	중세 유럽 배경을 중심으로 동양 신화, 크툴루 신화, 북유럽 신화 등 다양한 신화를 차용함.
〈리니지〉	중세 유럽 배경으로 왕, 영주, 기사가 등장하며, 봉건제도를 사회적, 경제적 제도의 근간으로 하여 가상 세계 '아덴 왕국'을 그림.
〈디아블로〉	중세 유럽풍 '칸두라스'라는 가상의 왕국을 배경으로, 유대 신화, 북유럽 신화의 악마와 인간 대결 모티프를 차용함.
〈반지의 제왕 온라인〉	톨킨의 『반지의 제왕』 세계관을 바탕으로, 중세 유럽에 환상적 특성을 부여함.
〈다크 에이지 오브 카멜롯〉	'아서 왕 전설'에서 비롯하였으며, 중세 유럽, 아일랜드 켈트 신화, 북유럽 신화를 배경으로 3국의 대립을 그림.

기사의 모험과 성장, 보상을 통한 성취감, 기사도 정신 등 기사도 문학에서부터 내려오는 각 요소들은 온라인 게임에 반영되어 플레이어의 모험과 성장에 대한 욕구, 질서 유지에 대한 의지 등을 추인하는 동력으로 작용한다. 이 외에도 인간, 오크, 엘프 등과 같은 종족 개념과 마을을 중심으로 형성되는 종족 간 화합 및 대립구조는 중세 판타지 세계관을 차용한 온라인 게임에서 공통적으로 나타난다. 십자군 전쟁으로 인해 중세 문화 전반에 영향을 미친 기사 문화, 중세 시대의 독특

한 예술 사조인 로마네스크와 고딕 양식, 중세 시대를 대표하는 복식 스타일, 마상시합에서 가문을 구별하기 위해 고안된 문장 또한 중세 판타지 세계관을 구성한다. 중세 판타지 세계관의 대표적 게임으로는 〈월드 오브 워크래프트〉, 〈리니지〉, 〈디아블로〉, 〈반지의 제왕 온라인(The Lord of the Rings Online)〉, 〈다크 에이지 오브 카멜롯(Dark Age of Camelot)〉이 있다.

- **관련 용어** 세계관, 퀘스트, 캐릭터, 북유럽 신화, J. R. R. 톨킨
- **참고 자료** 민석홍, 『서양사 개론』, 삼영사, 1997. | 야마키 아쯔시 저, 곽지현 역, 『판타지 사전』, 비즈앤비즈, 2012. | 서성은, 「중세 판타지 게임의 세계관 연구」, 『한국콘텐츠학회논문지』, vol.9, no.9, 한국콘텐츠학회, 2009.

증강 현실 게임 augmented reality game

| 현실 공간에 가상의 정보를 증강시켜 플레이하는 게임.

현실 공간에 가상 세계의 정보나 사물을 증강시켜 플레이하는 게임. 플레이어는 현실 공간에 가상 세계의 시각적 정보를 더해 가상 세계를 현실 공간에서 체험한다. 증강 현실 게임은 가상 세계의 정보를 현실 공간에 증강시키기 위해 웹캠(web cam)이나 모바일 장치를 이용한다. 이러한 장치들은 현실 공간에 3차원의 가상 물체를 겹쳐서 보여주고, 이를 통해 플레이어는 현실과 가상이 중첩된 게임 세계를 경험할 수 있다. 이때 플레이어가 게임에 몰입하기 위해선 3차원 가상 환경이 현실 환경과 긴밀하게 연계돼야 한다.

1990년대 증강 현실 기술이 대두되면서 증강 현실 기술의 체험적 요소가 게임과 엔터테인먼트 분야에서 주목받았다. 이러한 예로 1998년 닌텐도는 '게임보이 카메라(Game Boy Camera)'를 출시했다. 닌텐도 전용 디지털 카메라로 사진을 찍어 게임 캐릭터에 합성하고 게임을 플레이하는 장치였다. 이후 2003년 일본의 소니는 플레이스테이션에 연결 가능한 아이토이(EyeToy)와 아이토이 전용 게임 시리즈를 출시했다.

2000년에는 모바일 증강 현실 게임인 〈에이알퀘이크(ARQuake)〉라는 1인칭 슈팅 게임이 발표됐다. 이 게임은 장소 인식 기술(Global Positioning System, GPS)과 협업해 현실과 게임 공간을 합성했다. 이후 모바일 장치에서 증강 현실 게임이 주

목을 받았다. 공포 게임인 〈고스트와이어(Ghostwire)〉는 닌텐도 디에스(Nintendo DS)와 아이폰, 안드로이드 애플리케이션으로 개발됐다.

- **관련 용어** 웹캠, 모바일 장치, 장소 인식 기술
- **참고 자료** 한국콘텐츠진흥원, 『문화기술(CT) 심층리포트 4호 : 모바일 AR기술 및 산업동향』, 한국콘텐츠진흥원, 2010. | 전경란, 「스마트 미디어 환경과 게임 콘텐츠」, 『콘텐츠』, 커뮤니케이션북스, 2013. | 이건, 「증강 현실 기술의 현재와 미래」, 『TTA Journal』, vol.133, 한국정보통신기술협회, 2011. | Borko Furht, *Handbook of Augmented Reality*, Springer, 2011. | Minhua Ma, Lakhmi C. Jain, Paul Anderson, *Virtual, Augmented Reality and Serious Games for Healthcare 1*, Springer Science & Business Media, 2014.

지러닝 G-learning

| 디지털 게임을 활용한 학습체제.

'게임 중심 학습(Game learning)'의 약어로 디지털 게임을 활용한 학습체제. 정규 교과 과정 및 문제 해결력, 협동심 등을 교육하기 위한 방법으로 사용된다. 지러닝은 게임 플레이와 학습 과정의 유사성을 기반으로 하며 학생들의 자발적인 학습 참여를 유도한다. 제임스 폴 기는 게임은 정보를 문제 해결의 도구로 활용하며, 협력과 경쟁을 통해 목표를 달성하는 플레이 과정이 학습에 유의미하다고 말했다. 기에 따르면, 게임은 경험과 행동, 피드백, 실패의 극복을 통해 진행되므로 플레이어들은 위험을 감수하고 다양한 방식으로 문제에 접근할 수 있다. 또한 플레이어들이 동일한 목표를 각자의 방식과 속도로 달성하게 하므로, 개별적인 학습이 가능하다. 라프 코스터는 게임을 '패턴의 학습'으로 정의하여 플레이어들은 이를 통해 재미를 얻는다고 말했다.

국내에서는 지러닝을 위한 기능성 게임으로 〈한자마루〉, 〈호두잉글리시(Hodoo English)〉 등이 개발됐다. 상업용 온라인 게임 중 지러닝을 위해 활용된 사례는 〈군주 온라인〉이 대표적이다.

- **관련 용어** 교육용 게임, 기능성 게임, 게이미피케이션
- **참고 자료** James Paul Gee, *What Video Games Have to Teach us about Learning and Literacy*, Palgrave Macmillan, 2003. | Karl M. Kapp, *The Gamification of Learning and Instruction*, John Wiley & Sons, 2012. | Raph Koster, *Theory of Fun for Game Design*, O'Reilly Media, 2013. | 인벤, 〈게임 활용한 G-러닝 수업 후 성적 향상〉, www.inven.co.kr/webzine/news/?news=27467 | 전자신문, 〈G러닝 시장 기지개〉, www.etnews.com/200903180068

지스타 G-Star

| 한국인터넷디지털엔터테인먼트협회에서 주최하는 국제 게임 전시회.

2005년부터 매년 개최되는 한국 국제 게임 전시회. '게임 쇼 & 트레이드, 올 라운드(Game Show & Trade, All-Round)'의 줄임말이다. 한국인터넷디지털엔터테인먼트협회가 주최하고 부산정보산업진흥원, 지스타조직위원회가 주관한다. 지스타의 전신은 국내 최초의 게임쇼인 대한민국 게임대전(Korea Amuse World Game Expo, KAMEX)이다. 국내 대표 게임쇼 중 하나로 매년 11월경 개최되며, 블리자드 엔터테인먼트, 워게이밍, 넥슨, 엔씨소프트 등 국내외 게임 회사가 참여한다. 참가 회사는 홍보관을 열고 신작 게임을 발표하기도 한다.

지스타 연혁			
구분	참여 규모	참관 (명)	슬로건
1회(2005)	13개국 156개사	15만	'오라! 게임의 신천지가 열린다'
2회(2006)	13개국 152개사	16만	'게임으로 시작되는 세상'
3회(2007)	14개국 150개사	15만	'게임을 즐겨라, 비즈니스를 즐겨라'
4회(2008)	17개국 162개사	19만	'게임으로 여는 즐거운 세상'
5회(2009)	21개국 189개사	24만	'Beautiful Game Ocean(in Busan)'
6회(2010)	22개국 316개사	28만	'Game & More'
7회(2011)	28개국 384개사	18만	'Connect with Game'
8회(2012)	31개국 434개사	19만	'Game, Touching The World'
9회(2013)	32개국 512개사	19만	'Game Together, Dream Forever'
10회(2014)	35개국 617개사	20만	'Game is not Over!'

홍보관은 비투비(Business to Business, B2B, 기업 간 거래)관과 비투시(Business to Consumer, B2C, 기업과 개인 간의 거래)관으로 구성된다. 게임 관련 관계자들을 대상으로 하는 비투비관에서는 게임 관련 솔루션 홍보와 게임 수출 상담 등이 이루어진다. 이에 비해 비투시관은 온라인 게임, 모바일 게임, 보드 게임, 콘솔 게임 등의 전시, 시연, 이벤트가 중심이다.

또한 컨퍼런스 세션이 있어 개발자들의 팁을 공유하는 장을 마련한다. 기업 간의 거래 상담을 위한 관계자들과 게임 트렌드를 살펴보고 직접 신작 게임을 체험해보려는 유저들 등 매년 20만여 명이 지스타에 방문한다.

- **관련 용어** 일렉트로닉 엔터테인먼트 엑스포, 도쿄 게임쇼, 차이나조이(Chinajoy)
- **참고 자료** 한국콘텐츠진흥원, 『2013 대한민국 게임백서』, 문화체육관광부 한국콘텐츠진흥원, 2013. | 지스타, www.gstar.or.kr

지식재산권 Intellectual Property, IP

| 인간의 지적 창작물에 대한 배타적 독점 권리.

인간의 지적 창작물에 부여된 무형적인 권리. 한국은 지식재산권의 보호를 위해 2011년 5월 법률 제10629호 지식재산기본법을 제정했다. 지식재산권의 필요성은 4가지로 설명할 수 있다. 첫째, 시장에서 독점적 지위를 확보할 수 있다. 둘째, 분쟁을 예방하고 권리를 보호할 수 있다. 셋째, 알앤디(Research and Development, R&D, 연구 개발) 투자비를 회수하는 수단이자 향후 추가적인 기술 개발의 원천이다. 넷째, 정부의 각종 정책 지원과 세제 지원 혜택을 얻을 수 있다.

지식재산권은 산업재산권, 저작권, 신지식재산권으로 구분된다. 게임의 지식재산권은 주로 저작권법과 특허법으로 나눠진다. 저작권법은 게임 내 그래픽, 소스 코드 등의 게임 표현에 관한 요소를 보호한다. 특허법은 게임 규칙, 조작법 등의 게임 아이디어를 보호한다. 한국은 2000년대부터 게임 관련 특허가 증가했고, 이에 따라 지식재산권 관련 분쟁이 게임 산업의 주요 사안으로 대두됐다.

게임 저작권 분쟁의 대표적인 판례는 2003년 허드슨 소프트(Hudson Soft)와 넥슨의 〈크레이지 아케이드 비엔비(Crazy Arcade BnB)〉 소송과 2006년 코나미(Konami)의 〈신야구〉 소송이 있다. 2003년 허드슨 소프트는 넥슨의 〈크레이지 아케이드 비엔비〉가 〈봄버맨(Bomberman)〉을 표절했다는 소송을 걸었으나 넥슨이 승소했다. 2006년 코나미에서 한빛소프트와 네오플(Neople)의 〈신야구〉가 〈실황 파워풀 프로야구(実況パワフルプロ野球)〉를 표절했다는 소송 역시 한빛소프트와 네오플이 승소했다.

이러한 판례들은 '여러 게임에서 전형적으로 이용되는, 사실상 표준적인 항목에 대한 저작권 범위와 한계를 어

특허청(2012)에서 제시한 지식재산권 분류		
분류	설명	세부항목
산업재산권	특허청에 출원하여 등록함으로써 독점권이 부여된 권리.	특허권
		실용신안권
		디자인권
		상표권
저작권	저작물에 대해 창작자가 갖는 독점, 배타적 권리. 별도 절차 없이 창작과 동시에 부여받을 수 있음.	저작권
		저작인접권
신지식재산권	경제, 사회, 문화의 변화나 과학기술의 발전에 따라 새로운 분야에서 출현하는 지식재산에 대한 권리.	첨단산업재산권
		산업저작권
		정보재산권
		기타

떻게 규정할 것인가'라는 문제를 반영한다.

게임 수출과 개발 층위에서도 지식재산권의 영향력이 커졌다. 2012년 국내 게임 업계들이 벌어들인 지식재산권 사용료 수입은 7,700억 원이었다. 이는 다른 한류 관련 업체들이 벌어들인 지식재산권 사용료 수입의 5.7배였으며, 게임의 지식재산권은 게임 산업의 주요 수출 항목이 됐다. 게임 개발에서는 대중적 인지도가 높은 지식재산권을 활용함으로써 개발 비용 부담을 줄이고, 인지도를 통한 홍보 효과를 얻었다. 인기가 높았던 기존 게임들의 지식재산권을 활용한 대표적인 게임들로는 〈메이플스토리 2(MapleStory 2)〉, 〈문명 온라인(Civilization Online)〉, 〈뮤 오리진(MU Origin)〉 등이 있다.

영화, 드라마 등의 지식재산권 계약을 통한 라이선스 게임(licensed intellectual property game) 역시 확장됐다. 대표적으로 2013년 게임로프트(GAMELOFT)의 〈슈퍼배드-미니언 러쉬(Despicable Me : Minion Rush)〉가 있다. 이 게임은 일루미네이션 엔터테인먼트(Illumination Entertainment)와 유니버셜 픽처스(Universal Pictures)의 애니메이션 〈슈퍼배드(Despicable Me)〉와의 라이선스 계약을 통해 제작됐으며, 2015년 3월 기준 글로벌 다운로드 5억 회를 달성했다.

- **유의어** 지적재산권, 지식재산기본법
- **관련 용어** 산업재산권, 저작권, 신지식재산권, 저작권 분쟁, 모바일 게임, 라이선스 게임
- **참고 자료** 특허청, 『지식재산권의 손쉬운 이용』, 특허청, 2012. | 스트라베이스, 「국내 게임시장 동향」, 『글로벌 게임산업 트렌드』, vol.1, 한국콘텐츠진흥원, 2013. | 정경석, 「게임 저작권 관련 판례의 동향」, 『게임산업저널』, vol.19, 한국콘텐츠진흥원, 2008. | 테크인아트, 「게임 시장에 부는 IP(지적재산권)활용 열풍」, 『CT 문화와 기술의 만남』, vol.42, 한국콘텐츠진흥원, 2015. | 법률지식정보시스템, "지식재산기본법", http://likms.assembly.go.kr/law/jsp/law/Law.jsp?WORK_TYPE=LAW_BON&LAW_ID=A3385&PROM_NO=10629&PROM_DT=20110519&HanChk=Y

지지 Good Game, GG

| 게임 종료 후 플레이어가 서로 나누는 인사말.

'굿 게임(Good Game)'의 약자로, 게임 시작 혹은 종료 후 플레이어끼리 주고받는 인사말. '굿겜', 'ㅈㅈ'라고도 한다. 실시간 전략 게임 〈스타크래프트〉에서 플레이어가 게임을 시작하기 전 사용하는 인사말 문화에서 비롯됐다. 게임 종료 후

게임에서 패배한 플레이어가 먼저 언급하는 경우가 많아, '게임을 포기하다(Give up Game)'라는 의미의 항복 선언으로 받아들여지기도 한다. 이 경우, 패배를 인정하는 말로서 '지지 치다'라는 표현을 사용한다. 패배한 플레이어가 먼저 대화창에 지지를 입력하면 상대 플레이어가 동일하게 답하는 것이 게임 내 에티켓으로 간주된다. 다수의 플레이어가 승패를 가리는 전략 게임 혹은 모바(MOBA) 게임에서 주로 언급된다. 〈리그 오브 레전드〉에서 지지는 완패를 선언하는 용어로 사용되기도 한다.

- **유의어** 굿겜, ㅈㅈ, GL(Good Luck)
- **관련 용어** 게임 채팅, 게임 대화
- **참고 자료** 한혜원, 『디지털 게임 스토리텔링 : 게임 은하계의 뉴 패러다임』, 살림, 2005.

직소 퍼즐 jigsaw puzzle

| 조각들을 조립해 그림이나 형태를 완성하는 퍼즐.

맞물리는 면을 가진 각기 다른 조각을 끼워 맞추는 놀이 혹은 놀이 도구. 직소라는 명칭은 나무를 잘라 만드는 실톱(jigsaw)에서 따왔다. 직소 퍼즐은 그림이 어긋나지 않게 모든 조각을 맞춰 완성하는 것이 목표이다. 그림이 없는 직소 퍼즐은 화이트 퍼즐 혹은 백야 퍼즐이라 칭한다. 완성된 형태에 따라서 평면형 직소 퍼즐과 입체형 직소 퍼즐로 나뉜다. 평면형 직소 퍼즐은 액자 형태 등의 판과 틀을 갖춘 퍼즐과 정해진 판과 틀이 없는 퍼즐로 나뉜다. 입체형 직소 퍼즐은 실제로 회전이 가능한 룰렛이나 지구본으로 제작되기도 한다.

예스퍼 율은 직소 퍼즐이 가진 견인력이 마지막 한 조각을 움직여 퍼즐을 끝내는 순간의 만족감에 있다고 말한다. 플레이어는 이 순간을 상상하며 퍼즐 맞추기에 몰입한다. 그림의 일부를 통해 전체를 연상한다는 점에서 지각적 문제 해결 능력을 위한 학습용 매체로 활용한다.

- **관련 용어** 퍼즐, 퍼즐 게임, 그림 퍼즐
- **참고 자료** 김혁, 『나는 장난감에 탐닉한다』, 갤리온, 2007. | 예스퍼 율 저, 이정엽 역, 『캐주얼 게임 : 비디오 게임과 플레이어의 재창조』, 커뮤니케이션북스, 2012. | Jon Radoff, *Game On : Energize Your Business with Social Media Games*, Wiley, 2011.

직업 class

| 게임에서 플레이어가 선택할 수 있는 사회적 역할.

검사, 마법사 등과 같이 플레이어가 선택할 수 있는 캐릭터의 역할. 최초 캐릭터 생성 시에 선택 가능하며 이후 전직을 통한 역할 바꾸기 또는 역할 확대가 가능하다. 각 직업별로 고유한 능력치 및 스킬을 가진다. 플레이어는 스킬 및 스킬 관련 특성을 습득함으로써 아바타가 게임 세계에서 사회구성원으로 성장할 수 있도록 한다.

게임 직업의 기원 역할수행 게임의 직업은 J. R. R. 톨킨의 『반지의 제왕』과 테이블탑 역할수행 게임 〈던전 앤 드래곤〉에서 설정한 중세 판타지 세계관에 기초한다. 〈던전 앤 드래곤〉의 직업은 크게 근접 공격 담당인 '밀리', 원거리 물리 공격 담당인 '레인저', 원거리 마법 공격 담당인 '캐스터', 치유 담당인 '클레릭'으로 나눠진다. 이러한 구분은 이후 역할수행 게임 등 온라인 게임 직업 구성의 전형을 만들었다.

게임 직업의 유형 분류 직업 설정은 종족 선택 이후에 진행되는 것이 일반적이다. 종족 설정에 따라 선택 가능한 직업이 제한되거나 특성화된 직업을 선택할 수 있다. 각 직업은 정형화된 역할을 부여받으며, 직업군은 게임별 설정에 따라 세분화되거나 독자적인 직업으로 소개된다. 〈월드 오브 워크래프트〉의 경우, 마법사에서 파생된 '흑마법사'가 존재하며, 그 외에 치유 능력이 강한 '주술사', 전사의 기본 능력에 치유 능력이 강화된 '성기사'가 있다. 직업별 유형에 따라 전문 기술과 지식 습득의 차이를 갖는다.

플레이어는 직업에 따라 직업 퀘스트, 파티 등에서 서로 다른 역할수행을 진행하게 된다. 직업별 주요 스킬과 능력치의 차이는 게임 내 밸런스에 맞게 구성된다. 다중접속온라인 역할수행 게임에서는 〈던전 앤 드래곤〉의 직업 구성을 기반으로 세계관에 따라 명칭을 변경하거나 직업을 추가한다. 대표적으로 중세 판타지 세계관의 '전사', '궁수', '마법사' 등이 있으며, 무협 세계관을 바탕으로 하는 동양 판타지의 '수도사', '무사' 등이 있다. 대표적인 다중접속온라인 역할수행 게임의 직업 구성은 표와 같다.

직업별 주요 능력치 및 스킬 대다수의 역할수행 게임에서는 직업별로 전형적인

다중접속온라인 역할수행 게임의 직업별 특성		
게임	직업	설명
리니지	군주	혈맹 생성, 군주 특수 마법 사용이 가능함.
	기사	압도적인 체력을 보유하며, 평균 이상의 공격력, 방어력을 갖춤.
	요정	원거리 공격에 특화됐으며, 정령마법을 구사함.
	마법사	공격 마법에 물리 공격을 혼합하여 스킬을 구사함.
	다크엘프	흑정령 마법을 구사하며 근거리 및 원거리 공격이 가능함.
	용기사	기사와 다크엘프의 중간 역할로, 체력소모용 기술을 채택함.
	환술사	버프 마법을 구사하여 아군에게 도움을 줌.
	전사	체력 성장률은 기사를 능가하며, 창과 도끼를 이용해 공격함.
월드 오브 워크래프트	전사	방어구와 방패, 전투 기술에 의지함.
	성기사	보조 치료사의 역할을 수행하기도 함.
	사냥꾼	야수를 길들일 수 있음.
	도적	은신 능력이 있어 적을 급습할 수 있음.
	사제	자신과 아군을 치유, 회복시킬 수 있음.
	죽음의 기사	높은 방어력으로 자신과 아군을 지킬 수 있음.
	주술사	토템을 통해 치유, 공격이 가능함.
	마법사	높은 공격력을 지니며, 순간이동이 가능함.
	흑마법사	동물 및 아군을 소환할 수 있음.
	수도사	맨손과 발을 사용한 공격을 구사함.
	드루이드	외형 변형으로 다른 스킬을 구사함.

능력치가 존재한다. 게임마다 능력치의 종류에는 차이가 있지만, 일반적으로 '힘', '민첩', '체력', '지능', '정신력'으로 구성된다. 기본 능력치는 직업과 밀접한 연관성을 지닌다. 전사 계열의 경우, 신체적 타격을 견딜 수 있는 높은 '체력'과 막기, 회피 등이 가능한 '힘'을 중시한다. 이와 달리 마법사 계열은 주문력이 증가하는 '지능'을 중시하며, 힐러 계열은 초당 마나 회복량이 증가하는 '정신력'을 중시한다.

각각의 능력치는 직업 밸런스 조정에 근간이 되며, 직업별 능력치 차이는 캐릭터의 아이템 선택에도 영향을 미친다. 또한 직업별 능력치 차이는 스킬 구성에 적용된다.

마법 공격 계열 직업군의 경우 제한된 시간 동안 일정 간격으로 피해를 입히는 도트(DoT) 스킬이 구성되는 것이 일반적이며, 근접 방어 계열 직업군의 경우 적의 능력이나 행동을 제한하는 군중 제어 스킬이 주를 이룬다.

직업에 따라 특화된 파생적 분류체계가 존재하기도 한다. 〈월드 오브 워크래프트〉에서 야수를 길들여 소환수로 부릴 수 있는 '사냥꾼', 하수인을 통해 공격이 가능한 '흑마법사', 그리고 언데드(undead)를 소환하여 공격이 가능한 '죽음의 기사'가 이에 해당한다. 소환수는 단순한 애완용에서 플레이어의 전투에 실질적인 도움을 주는 전투 보조의 역할을 수행할 수 있다. 특히 '사냥꾼'은 희귀한 몹(Mob)을 길들여 소환수로 부릴 수 있다는 점에서 별도의 재미 요소로 작용하기도 한다.

직업의 분화 직업은 플레이어에게 게임의 사회적 네트워크 속에서 역할을 부여한다. 세분화된 직업별 특징 및 기술 디자인은 여러 명의 플레이어가 모여 파티 플레이를 할 때, 각자 역할을 분담하고 상호작용하도록 유도한다. 초기 역할수행 게임에서는 직업을 구성할 때 각 캐릭터의 역할 및 기술 구성이 명확하게 구분됐다. 이후 등장한 역할수행 게임 및 다중접속온라인 역할수행 게임에서는 직업의 특성에 따라 세분화되기도 하며, 플레이어의 의지에 따라 직업군 변경이 가능해졌다.

가령, 〈월드 오브 워크래프트〉는 직업마다 선택 가능한 3가지 특성이 존재하며, 플레이어가 올리는 특성에 따라 하나의 '마법사' 직업에서 '비전마법사', '화염마법사', '냉기마법사'로 세분화된다. 〈길드워〉와 같은 일부 게임에서는 한 캐릭터에게 2개의 직업을 선택할 수 있도록 한다. 여기서 플레이어가 선택하는 주직업과 부직업에 따라 습득 스킬과 스킬 조합의 차이가 발생한다. 다양한 직업이 모여 전략적으로 집단을 구성하고 플레이를 할 경우, 직업 간 상호 보완을 통해 효율적인 파티 플레이를 할 수 있다.

직업 변경은 크게 가상 통화 및 과금을 통해 이뤄지는 경우와 일정 레벨에 도달하면 직업 세분화를 통해 전직이 이뤄지는 경우로 나눠진다. 여기서의 전직은 플레이어가 선택한 해당 종족의 직업을 보다 전문화된 직업으로 분화하는 과정을 말한다. 〈리니지 II〉는 4차 전직까지 있으며, 각 전직은 20레벨, 40레벨, 76레벨, 85레벨에 진행할 수 있다. 직업별 고유 성격이 드러나는 것은 2차 전직 이후이며, 상위 직업으로 전직하기 위해서는 해당 직업마다 정해진 퀘스트를 완료해야 한다. 캐릭터는 전직을 통해 보다 높은 전투 능력과 전문화된 스킬을 습득할 수 있다.

종족	초기 직업	1차 직업	2차 직업	3차 직업	4차 직업
			\<리니지 Ⅱ\>의 전직 계보		
휴먼	휴먼파이터	워리어	위로드	드레드노트	티르 드레드노트
			글라디에이터	듀얼리스트	티르 듀얼리스트
		나이트	팰러딘	피닉스나이트	시겔 피닉스나이트
			다크어벤져	헬나이트	시겔 헬나이트
		로그	트레져헌터	어드벤처러	오셀 어드벤처러
			호크아이	사지타리우스	율 사지타리우스
	휴먼메이지	위저드	소서러	아크메이지	페오 아크메이지
			네크로맨서	소울테이커	페오 소울테이커
			워록	아르카나로드	윈 아르카나로드
		클레릭	비숍	카디날	에오로 카디날
			프로핏	하이로펀트	이스 하이로펀트
엘프	엘븐파이터	엘븐나이트	템플나이트	에바스템플러	시겔 에바스템플러
			소드싱어	소드뮤즈	이스 소드뮤즈
		엘븐스카우트	플레인워커	윈드라이더	오셀 윈드라이더
			실버레인져	문라이트센티넬	율 문라이트센티넬
	엘븐메이지	엘븐위저드	스펠싱어	미스틱뮤즈	페오 미스틱뮤즈
			엘레멘탈서머너	엘레멘탈마스터	윈 엘레멘탈마스터
		오라클	엘더	에바세인트	에오로에바스세인트
다크엘프	다크파이터	팰러스나이트	실리엔나이트	실리엔템플러	시겔 실리엔템플러
			블레이드댄서	스펙트럴댄서	이스 스펙트럴댄서
		어쌔신	어비스워커	고스트헌터	오셀 고스트헌터
			팬텀레인져	고스트센티넬	율 고스트센티넬
	다크메이지	다크위저드	스펠하울러	스톰크리머	페오 스톰크리머
			팬텀서머너	스펙트럴마스터	윈 스펙트럴마스터
		실리엔오라클	실리엔엘더	실리엔세인트	에오로 실리엔세인트
오크	오크파이터	오크레이더	디스트로이어	타이탄	티르 타이탄
		오크몽크	타이런트	그랜드카바타리	티르그랜드카바타리
	오크메이지	오크샤먼	오버로드	도미네이터	이스 도미네이터
			워크라이어	둠크라이어	이스 둠크라이어
드워프	드워븐파이터	스캐빈져	바운티헌터	포춘시커	오셀 포춘시커
		아티산	워스미스	마에스트로	티르 마에스트로
카마엘	카마엘솔저(남)	트루퍼	버서커	둠브링거	티르 둠브링거
			소울브레이커(남)	소울하운드(남)	페오 소울하운드
	카마엘솔저(여)	워더	소울브레이커(여)	소울하운드(여)	
			아바레스터	트릭스터	율 트릭스터

직업과 사용자문화 게임 디자인 과정에서 밸런스 조절에 실패했거나 파티 플레이시 특정 직업군에 대한 선호도에 따라 플레이어 간 직업 호불호 양상이 일어나기도 한다. 〈월드 오브 워크래프트〉에서는 낮은 인구수 대비 높은 선호도를 이유로 복원 주술사를 '복황상제'라고 불렀으며, 높은 인구수 대비 낮은 선호도를 이유로 보호 성기사를 '보레기'라고 불렀다. 〈블레이드 & 소울〉에서 선호도가 높았던 직업인 역사를 '역느님', '역보살'로 불렀던 점 또한 직업 호불호 양상의 예이다. 직업별 분명한 역할 부여 및 능력치의 고른 분포는 상호작용을 촉발하는 요소가 되며 파티 플레이의 활성화 및 게임 공간 내 체류 시간 증가에도 영향을 미친다.

- 관련 용어 종족, 스킬, 파티, 밸런싱
- 참고 자료 이인화 외, 『디지털 스토리텔링』, 황금가지, 2003. | 한혜원, 『디지털 게임의 다변수적 서사 연구』, 이화여자대학교 대학원 국어국문학과 박사논문, 2009. | Debra Jackson, "Utopian Fantasy and the Politics of Difference", *World of Warcraft and Philosophy, Popular Culture and Philosophy*, Open Court, 2009. | Katie Salen, Eric Zimmerman, *Rules of Play : Game Design Fundamentals*, The MIT Press, 2003.

진영 간 전투 Realm vs. Realm, RvR

| 플레이어의 캐릭터가 둘 이상의 진영 중 하나의 진영을 선택하여 플레이하는 대결 방식.

다중접속온라인 역할수행 게임에서 둘 이상의 진영이 벌이는 전투. 진영 간 전투가 가능한 게임에서 플레이어는 같은 진영의 플레이어와 협력하면서 다른 진영의 플레이어와 싸우거나 동일한 보상을 두고 경쟁한다. 종족전, 공성전, 길드전 등을 포함한다. 다중접속온라인 역할수행 게임의 역사는 플레이어 대 환경 간 전투(PvE)에서 플레이어 간 전투(PvP)로 발전했으며, 이는 다시 다수 대 다수의 협력과 경쟁을 유도하는 진영 간 전투로 발전해왔다. 2002년 〈다크 에이지 오브 카멜롯(Dark Age of Camelot)〉이 '알비온', '하이버니아', '미드가드' 3국의 갈등을 바탕으로 플레이어 간 협력 및 전투를 유도하면서 진영 간 전투를 시도했다.

진영 간 전투를 배경 서사의 전제로 삼는 게임에서는 플레이어에게 자신의 진영에 대한 소속감과 애착을 주입하면서 상대 진영을 공격하고 상대와 대립하기 위한 동기와 정당성을 부여한다. 플레이어는 진영 간 전투를 통해 아군 진영에서 협력을 도모하고 적군 진영과는 전투를 벌이면서 전략적 타협을 꾀하는 등 다양한 서사를 경험할 수 있다. 진영 간 전투를 포함한 대표 게임인 〈월드 오브 워크래프트〉에서는 '얼라이언스'와 '호드' 중 하나의 진영과 그 세력 내의 종족, 직업을 선택해야 한다.

- **관련 용어** 플레이어 간 전투, 플레이어 대 환경 간 전투
- **참고 자료** 류철균, 『한국형 디지털 스토리텔링 : 「리니지 2」 바츠 해방 전쟁 이야기』, 살림, 2005. | 류철균, 구혜인, 「MMORPG 진영 간 전투의 스토리텔링 연구 : 〈블레이드 & 소울〉을 중심으로」, 『한국컴퓨터게임학회 논문지』, vol.27, no.4, 한국컴퓨터게임학회, 2014.

집 gib

| 캐릭터가 신체 공격을 받아서 떨어져 나온 신체 파편.

캐릭터가 총, 폭탄 등의 폭발성 무기와 베기, 자르기가 가능한 칼, 톱 등의 무기 공격에 상해를 입거나 죽임을 당했을 때 신체로부터 떨어져 나온 신체 파편. 주로 1인칭 슈팅 게임에서 타격감과 역동성을 극대화하기 위해 나타난다. 집은 1988년 〈나크(Narc)〉를 통해 게임에서 최초로 구현됐으며, 이후 1993년 〈둠〉이 액션 묘사에 집을 사용하면서 주목받았다. 초기의 집은 단순히 신체 파편이 무작위적인 방향으로 튀도록 구현됐으나, 물리엔진 기술이 발달하면서 신체의 관절마다 중력을 적용하는 랙돌 물리 효과(ragdoll physics)를 통해 보다 사실적인 구현이 가능해졌다. 따라서 공격받은 신체 부위에 정확한 물리 효과가 적용되어, 해당 부위가 떨어져나가는 것으로 구현된다.

캐릭터를 공격할 때 집이 등장하는 대표적인 게임으로는 〈둠〉 시리즈, 〈퀘이크〉 시리즈 등이 있다. 또한 〈콜 오브 듀티 : 월드 앳 워(Call of Duty : World at War)〉의 멀티 플레이 모드 도전 과제인 '집 팩토리(Gib Factory)'는 신체 훼손이 가능한 무기로 적을 섬멸했을 때에만 달성 가능하다.

- **관련 용어** 랙돌 물리 효과
- **참고 자료** Dan Pinchbeck, *DOOM : SCARYDARKFAST*, University of Michigan Press, 2013.

집단지성 collective intelligence

| 다수의 개체들이 협력 혹은 경쟁으로 형성한 집합적 지식.

다수의 개체들이 협력하여 형성한 집합적 지식. 1910년 곤충학자 윌리엄 모튼 휠러(William Morton Wheeler)가 제안한 용어이다. 집단지성은 다양한 사람들이 모여 자신의 생각을 펼치고, 문제 해결에 있어 한 부분에 치중되지 않는 지식들이 공유될 수 있는 공간에서 극대화된다.

사회학자 피에르 레비(Pierre Levy)는 사이버 공간의 특징을 바탕으로 집단지성의 개념을 정립했다. 사이버 공간에서 사용자들은 상호 소통을 위해 자발적으로 자신의 전문성을 활용하여 지식과 정보를 공유하며, 이는 실시간으로 축적된다. 레비는 사이버 공간에서 축적된 데이터가 정보의 단순 총량을 넘어 범지구적인 지식 공동체를 형성하는 것에 주목했다. 사이버 공간에서 사용자들은 시공간의 제약 없이 협동적 상호작용을 통해 집단지성을 구축할 수 있다. 이를 통해 레비는 공동선을 목적으로 공동체를 이루는 '누스페어(noosphere)'를 구축할 수 있다고 보았다.

사이버 공간에서 형성된 집단지성은 누구나 쉽게 접근할 수 있으며, 사용자는 이를 활용하여 새로운 데이터를 생성할 수 있다. 위키피디아(Wikipedia)와 구글은 집단지성이 나타난 대표적 사례이다. 집단지성을 바탕으로 한 게임 사례로는 〈폴드 잇(Fold it)〉이 있다. 〈폴드 잇〉은 아미노산을 다양한 방법으로 조합하는 시뮬레이션 게임으로, 전문적인 지식을 갖추지 않은 플레이어도 참여할 수 있게 개발되었다. 그 결과 수많은 과학자들이 몇 년 동안이나 찾아내지 못했던 에이즈 바이러스를 증식시키는 단백질의 구조를 플레이어들이 단 열흘 만에 찾아냈다.

- **유의어** 집단지능
- **참고 자료** 피에르 레비 저, 권수경 역, 『집단지성 : 사이버 공간의 인류학을 위하여』, 문학과지성사, 2002. | 피에르 레비 저, 김동윤, 손주경, 조준형 역, 『누스페어』, 생각의나무, 2003. | fold it, http://fold.it/portal

ㅊ

차이나조이 Chinajoy

| 매년 상하이 신 국제 박람 센터(Shanghai New International Expo Center)에서 개최되는 중국 최대의 게임 전시회.

신문출판총서와 과학기술부, 국가체육총국 등 중국 정부 부처에서 개최하는 국제 게임쇼. 차이나조이는 2004년 1월 중국 베이징에서 처음 개최됐다. 그리고 상하이 신 국제 박람 센터로 장소를 옮긴 후로는 매년 7월에 행사를 진행하고 있다. 일렉트로닉 아츠(Electronic Arts, EA)와 블리자드 엔터테인먼트(Blizzard Entertainment) 등 해외 게임 개발사와 알리바바, 바이두 모바일 등 중국의 아이티(IT) 대기업들이 행사에 참가했다. 플레이어들을 위한 비투시(Business to Consumer, B2C, 기업과 개인 간 거래)관에서는 신상 게임 소개와 캐릭터 이벤트 중심의 행사가, 기업을 위한 비투비(Business to Business, B2B, 기업 간 거래)관에서는 판권 거래, 판권 협력, 공동 개발 및 공동 운영 등의 행사가 이뤄진다.

이 외에도 중국과 해외 유명개발자들이 참가하는 중국 게임 개발자 컨퍼런스(Chinese Game Developers Conference, CGDC), 중국 게임 산업의 고위관계자들이 참가하는 중국 디지털 엔터테인먼트 콩그레스(China Digital Entertainment

Congress, CDEC) 등의 컨퍼런스가 준비되어 있다.

- **관련 용어** 일렉트로닉 엔터테인먼트 엑스포, 지스타(G-Star), 도쿄 게임쇼
- **참고 자료** 2015 차이나조이, http://en-2015.chinajoy.net

채널링 Channeling

| 온라인 게임을 둘 이상의 게임 포털에서 링크 형식으로 제공하는 서비스.

특정 사이트에서 제공 중인 온라인 게임을 다른 포털에서도 접속할 수 있도록 제공하는 서비스. 채널링은 게임 라인업을 강화하고 안정적으로 플레이어를 확보하기 때문에 개발사는 성숙기에 접어든 게임이나, 매출 혹은 동접자 수가 하락세에 접어든 게임에 대해 해당 서비스를 진행한다. 개발사는 신규 플레이어를 확보하고 플레이어 성향에 맞춰 게임을 제공하며, 게임 포털은 보유하고 있는 플레이어에게 새로운 게임을 제공해 추가 수익을 얻는다는 이점이 있다. 또한 플레이어는 쉽고 간단하게 다양한 경로로 게임을 즐길 수 있다.

채널링은 주로 경쟁 관계가 아닌 회사 간에 이루어지지만 상황에 따라 안정적인 매출 구조를 위해 경쟁 게임사 간에 이뤄지는 경우도 있다. 국내에서는 네이버 게임과 한게임이 채널링 서비스를 제공한다. 모바일 게임 시장이 성장하면서 스마트폰 메신저 서비스의 채널링 서비스도 확대됐다. 스마트폰 메신저인 카카오톡은 자체 플랫폼을 통해 500여 개의 게임을 제공한다.

채널링은 개발사와 게임 포털, 플레이어 모두에게 이익이 되는 서비스로 평가받았으나 포털 기업의 시장 지배력이 강화되면서 게임 플랫폼을 일정 포털이 독점하는 현상이 발생했고, 시장 주도 세력인 포털이 종속 세력인 개발사에 과다한 수수료를 부여하면서 개발사의 피해 사례가 발생했다. 이와 같은 채널링 독점 현상은 게임 업계의 중요한 문제로 대두됐다.

- **유의어** 공동 퍼블리싱
- **관련 용어** 퍼블리싱, 제휴, 동접
- **참고 자료** 김지현, 『포스트 스마트폰, 경계의 붕괴』, 위즈덤하우스, 2013. | 중소기업청, 창업진흥원, 『꿈을 현실로, 글로벌 창업에 도전하라』, 중소기업청, 2014. | 게임조선, 〈적과의 동침 '필연(?)' …온라인 게임 '채널링' 확대, '왜?'〉, www.gamechosun.co.kr/article/view.php?no=98914

채집 gathering

| 제작에 필요한 재료 아이템을 채취하는 활동.

플레이어가 아이템 제작에 필요한 재료를 모으는 행위. 게임에 따라 '추출' 등으로 불리기도 한다. 몹(Mob) 사냥을 통해 아이템을 습득하는 것과는 구분된다. 주로 필드에 배치된 약초, 광물, 물고기 등이 채집의 대상이 된다. 채집 후 사라진 자원은 일정 시간 후에 다시 리스폰(respawn)되는 것이 일반적이다. 플레이어는 반복적인 채집 행위를 통해 숙련도를 높일 수 있으며, 숙련도가 높을수록 채집에 성공할 확률이 높아진다. 〈아이온 : 영원의 탑〉 등 일부 게임에서는 채집 숙련도가 일정 수치 이상이 되면 채집 등급을 올릴 수 있으며, 높은 등급일수록 채집 가능한 자원이 많아진다.

일반적으로는 클릭을 통해 필드에 배치된 자원을 채취할 수 있으나 게임에 따라 채집의 조건이 상이한 경우도 있다. 〈마비노기〉의 경우, 양털 채집을 위해 단검, 낫 등의 날이 있는 무기를 장착해야 하며, 감자나 조개를 채집하기 위해서는 호미를 반드시 장착해야 한다. 〈블레이드 & 소울〉의 경우, 플레이어는 직접 채집 행위를 할 수 없으며 엔피시(NPC)에게 채집을 의뢰해야만 자원을 습득할 수 있다. 채집을 통해 얻은 자원은 아이템 제작의 재료로 사용된다. 제작 기술마다 재료 아이템으로 사용하는 채집물의 종류가 다르므로, 제작 기술과 병행하여 전략적으로 채집 숙련도를 높이는 것이 중요하다. 일례로 〈월드 오브 워크래프트〉의 경우, 물약 제작 기술인 '연금술'에는 약초가 필요하기 때문에 '약초 채집'의 숙련도를 올리는 것이 물약 제작에 유리하다.

수요가 높은 일부 자원의 경우, 플레이어 사이에서 경쟁적인 채집 활동이 나타나기도 한다. 〈아키에이지〉의 경우, '건축' 행위가 핵심적인 플레이 콘텐츠이며, 건축의 재료로 '통나무' 아이템이 반드시 필요하다. 따라서 이를 습득할 수 있는 나무 채집이 활발하게 이루어진다. 통나무는 '묘목-조그만 식물-다 자란 식물'로 3~4단계의 성장을 거치는데, 묘목일 경우 채집이 불가능하기 때문에 다 자란 통나무를 채집하려는 플레이어 간 쟁탈전이 심각하게 나타난다. 대표적인 사례로 '키프로사 서버 대규모 서리 사건'이 있다. 이는 〈아키에이지〉 키프로사 서버의 '쇼크웨이브' 원정대가 이니스테르 언덕에 나무를 대량으로 심은 후 다른 플레이어들의 접근을 막고 맵을 통제하자, 'edisnicd' 원정대에서 이를 서리하기 위해 대규모 전투를 벌인 사건이다.

한편 채집 자체가 게임의 목적을 달성하는 데 결정적인 요소로 작용하는 경우도 있다. 굶지 않고 최대한 오래 살아남는 것이 게임의 목표인 〈돈 스타브(Don't Starve)〉는 생존을 위해 풀, 나무, 열매 등을 채집하는 것이 중요하다. 유사 사례로 〈마인크래프트〉, 〈동물의 숲(Animal Crossing)〉 시리즈 등이 있다.

- **유의어** 제작 기술
- **관련 용어** 채집물
- **참고 자료** Richard A. Bartle, *Designing Virtual Worlds*, New Riders, 2003.

채터봇 chatterbot

| 인물 간 대화를 시뮬레이션하기 위해 설계된 인공지능 프로그램.

채팅을 목적으로 하는 지능형 에이전트. 수학자 앨런 튜링(Alan Turing)이 대화의 자연스러움으로 인공지능 성능을 판단하는 튜링 테스트(Turing test)를 제안하며 발전한 개념이다. 1963년 요제프 바이젠바움(Joseph Weizenbaum)이 개발한 〈엘리자(Eliza)〉를 시초로 〈랙터(Ractor)〉, 〈앨리스(A.L.I.C.E.)〉, 〈재버워키(Jabberwacky)〉 등이 만들어졌다. 초기 채터봇은 문장으로부터 추출한 키워드를 이용해 미리 입력된 응답을 출력하는 유형 연결 알고리즘을 이용했다. 이러한 알고리즘은 대화의 맥락을 반영하지 못하고 말의 앞뒤가 맞지 않는다는 단점이 있었다. 그러나 자연어 처리 과정이 도입되고 빅 데이터를 이용한 심화학습(deep learning)이 가능해지며 보다 자연스러운 대화가 이루어졌다. 2015년 현재 채터봇은 데이트 애플리케이션, 모바일 고객 센터, 온라인 게임, 포털 사이트 검색 등에 이용되고 있다. 2014년 6월 런던왕립학회는 인공지능 프로그램 〈유진(Eugene)〉이 최초로 튜링 테스트를 통과했다고 발표했다.

- **관련 용어** 기계학습, 빅 데이터, 인공지능
- **참고 자료** 도용태 외, 『인공지능 개념 및 응용』, 사이텍미디어, 2009. | 에스펜 올셋 저, 류현주 역, 『사이버텍스트』, 글누림, 2007. | 존 앤더슨 저, 이영애 역, 『인지심리학과 그 응용(제4판)』, 이화여자대학교출판부, 2000.

채팅 chatting

| 온라인 게임에서 다수의 플레이어가 서로 소통하는 언어적 행위.

온라인 게임의 플레이어들이 대화하는 행위. 키보드를 사용하는 문자 채팅과 음성 장비를 이용한 음성 채팅으로 나뉜다. 키보드를 이용한 문자 채팅은 일반적 대화와 특정 명령어를 통한 전략, 거래, 감정표현 등의 특수 대화로 구현된다. 문자 채팅에서는 비속어, 욕설, 선정적 표현 등의 언어적 문제가 발생하기도 하는데 이때 게임 개발사는 금칙어, 블록 단어, 필터링어 등의 제약을 통해 문자 채팅 내의 언어 사용을 제한한다.

2008년 한국게임산업진흥원은 국립국어원과 공동으로『게임언어 건전화 지침

〈아이온 : 영원의 탑〉의 문자 채팅 입력 방법 분류		
채팅 모드	명령어	게임 화면
일반대화	/s, /ㄴ, /ㅇ, /일반, /일	일반 안녕하세요!
외치기	/y, /ㅛ, /외치기, /외, !	외치가 만나서 반갑습니다~
귓속말	/w 캐릭터명, /ㅈ 캐릭터명, /귓 캐릭터명	사산뉴몽라피에게 귓속말 누나 지금 어디세요?
귓속말 답변	T 키	사산뉴몽라피에게 귓속말
귓속말 대상 목록	Tab 키 연속 입력	사산뉴몽라피에게 귓속말
파티 대화	/p, /ㅔ, /파티, /파	피타: 수호님 오시면 출발할까요
포스 대화	/a, /ㅁ, /포스, /포	포스: 오새 키스크 근처로 모두 모이세요.
레기온 대화	/g, /ㅎ, /레기온, /레	레기온: 간약에 어버스 가려눈데 가상 분 손~
파티장/포스장 공지	/알림	알림: 먹보 스킬 쓸 때 굳제열분들은 뒤로 빠지세요.
이전 입력 내용 확인	↑ 키, ↓ 키	1.지역: 초대 받으세외
이전 채팅 모드로	Shift+↑ 키, Shift+↓ 키	4.마도성: 초대 받으세외
채팅 채널 이동	/1 지역채널 /2 거래채널 /3 파티구함채널 /4 직업채널	일반 /1 1.지역: /2 2.거래: /3 3.파티찾기: /4
감정표현	/웃기, /슬픔, /도발, /따귀, /수면 등 캐릭터의 동작으로 구현	캐릭터의 동작으로 구현

서 연구』를 통해 폭력적, 선정적, 차별적, 사행성 유발의 4가지 유형으로 구분된 8,503종의 금칙어를 선정했다. 금칙어 필터링은 스웨어 필터(Swear Filter) 등의 프로그램을 통해 부적합한 단어를 검출하며 해당 단어는 채팅 인터페이스에서 *** 등의 기호를 통해 필터링된다. 〈리그 오브 레전드〉는 플레이어 중 선정된 배심원이 비속어, 욕설 신고에 대한 유죄 여부를 판단하는 플레이어 배심원 제도를 시행한다.

실시간 전투에서 팀 플레이처럼 플레이어끼리 바로바로 의사소통이 필요할 경우 마이크나 헤드셋 등의 음성 장비를 통한 음성 채팅을 사용한다. 문자 채팅과는 달리 채팅을 위해 플레이를 중지하지 않아도 되며 많은 양의 정보를 빠르게 전달할 수 있다는 장점이 있다.

2007년 〈월드 오브 워크래프트〉는 2.2.0 패치를 통해 게임 내에 음성 채팅 기능을 추가했으며 〈블레이드 & 소울〉은 음성 채팅 시스템을 탑재한 대표적인 국내 게임이다. 게임 자체에 음성 채팅 기능이 포함되어 있지 않은 경우 스카이프(Skype), 게임톡(GameTalk), 토크온(TalkOn), 팀보이스(TeamVoice) 등 별도의 음성 채팅 전용 프로그램을 함께 사용한다.

- **유의어** 게임 챗, 보이스 챗, 음성 챗
- **관련 용어** 명령어, 사이버 모욕죄
- **참고 자료** 앤드류 롤링스, 어니스트 아담스 저, 송기범 역, 『게임 기획 개론』, 제우미디어, 2004. | 한국게임산업진흥원, 국립국어원, 『게임언어 건전화 지침서 연구』, 한국게임산업진흥원, 2008.

천사 angel

| 기독교, 유대교, 이슬람교에서 신의 명령을 이행하는 영적인 존재.

신과 인간을 중재하는 영적 존재. 그리스어로 전령, 사자를 뜻하는 단어 '안겔로스(ángelos)'에서 유래했다. 신에게 봉사하고 찬미하기 위해 존재하며, 선한 인간들을 돕는다. 불사불멸의 존재이며 비행할 수 있는 등 초자연적 능력을 지녔다. 능력에 따라 천사장·대천사·천사로 계급이 나뉘며, 성경과 외경에서 대천사로 언급되는 미카엘·가브리엘·라파엘·우리엘은 4대 천사 혹은 방위 천사로

게임에 나타난 천사의 종류		
종류	설명	사례
수호천사	사람들을 악마로부터 보호하는 존재로서 모든 사람에게는 자신만의 수호천사가 존재함.	〈카드 파이트!! 뱅가드(カードファイト!! ヴァンガード)〉
대천사 미카엘	천사들의 우두머리인 천사장으로 죽은 자의 영혼을 저울질함.	〈퍼즐 앤 드래곤(Puzzle & Dragons)〉, 〈로스트 사가(Lost Saga)〉
가브리엘	신의 계시를 인간들에게 전함.	〈여신전생(女神転生)〉, 〈최강의 군단(Hero Warz)〉
라파엘	인간들의 고통 받는 영혼을 치유함.	〈바하무트 : 배틀 오브 레전드(Rage of Bahamut)〉, 〈몬스터 스트라이크(Monster Strike)〉
우리엘	모든 별들의 운행을 감독하고 통제함.	〈다크사이더스〉, 〈트리니티 소울즈(Trinity Souls)〉
세라핌	6개의 날개를 지녔으며, 신의 보좌 곁에서 신을 찬미함.	〈새크리드(Sacred)〉
케루빔	4개의 얼굴과 2쌍의 날개를 지녔으며 신의 운반을 담당함.	〈유희왕 오피셜 카드게임(Yu-Gi-Oh! Trading Card Game)〉, 〈아이온 : 영원의 탑〉

일컬어진다.

게임에 주인공 또는 조력자로 등장하는 천사는 인간의 고통을 치유하는 따뜻한 인물 혹은 세계와 인류를 수호하는 정의로운 인물 등 주로 선(善)의 상징으로 그려진다. 게임에 따라 천사는 주인공이 극복해야 할 적대 세력으로 등장하기도 하는데, 〈베요네타(Bayonetta)〉에서 천사들은 인간의 안위를 전혀 고려하지 않는 잔인한 종족으로 묘사되며 주인공인 플레이어가 무찔러야 할 대상으로 등장한다. 〈다크사이더스(Darksiders)〉에서 최종 보스인 천사장 아바돈은 지옥의 군주가 되려는 야심을 이루기 위해 주인공을 배신하는 캐릭터로 등장한다.

천사와 악마의 대립 구도를 배경 서사로 채택하거나 모티프로 사용한 게임은 〈디아블로〉와 〈아이온 : 영원의 탑〉이 대표적이다.

- **관련 용어** 신, 악마, 사탄, 마귀, 천계
- **참고 문헌** 구사노 다쿠미 저, 송현아 역, 『환상동물사전』, 들녘, 2001. | 마노 다카야 저, 신은진 역, 『천사』, 들녘, 2000. | 인천가톨릭대학교 종교미술학부, 『천사』, 학연문화사, 2007. | 조엘 레비 저, 조진경 역, 『신비동물을 찾아서』, 북플래너, 2009.

체스 chess

| 32개의 기물을 가지고 64칸의 정사각형 체스판 위에서 경쟁하는 보드 게임.

2명의 플레이어가 64개의 격자 칸으로 이루어진 정사각형 판 위에서 32개의 기물을 가지고 플레이하는 전략 보드 게임. 6세기경 고대 인도에서 발생한 차투랑가(Chaguranga)에서 유래했으며 페르시아를 통해 유럽으로 전해졌다. 체스는 다음과 같은 규칙으로 진행된다.

플레이어들은 흑·백의 두 진영 중 하나를 선택한다. 첫 수는 백의 진영을 선택한 플레이어가 둘 수 있으며 이후 교대로 기물을 움직인다. 기물의 종류는 총 6가지로, 각 진영은 1개의 킹(king)과 퀸(queen), 2개의 비숍(bishop)과 나이트(knight), 룩(rook), 8개의 폰(pawn)을 가진다. 각 기물은 저마다의 규칙에 따라 이동한다.

킹은 모든 방향으로 1칸씩 움직이는 게 가능하며, 퀸은 방향 및 칸수에 제한 없이 이동이 가능하다. 비숍은 대각선으로 칸수에 제한 없이 이동이 가능하나 진영과 같은 색의 칸 안에서만 움직일 수 있다. 나이트는 2칸 전진한 위치에서 양 옆으로 1칸 움직이며, 다른 기물을 뛰어넘을 수 있다. 룩은 직선 방향으로 칸수에 제한 없이 이동이 가능하다. 폰은 첫 수에는 1칸 혹은 2칸을 전진할 수 있으나 다음 수부터는 1칸 전진만 가능하다. 그러나 대각선 방향으로 1칸 앞에 상대 기물이 있으면, 해당 위치로 이동하여 상대 기물을 잡을 수 있다.

체스는 상대편의 킹을 먼저 잡는 쪽이 이긴다. 이때, 자신의 기물이 다음 수에서 상대편의 킹을 잡을 수 있는 위치에 있을 때 반드시 '체크 메이트(Check Mate)'를 선언해야 한다. 이 외에도 시간이 초과되거나 기권을 선언한 플레이어가 나오는 경우 게임이 종료된다.

■ **관련 용어** 장기, 바둑, 보드 게임, 전략
■ **참고 자료** 가리 카스파로프 저, 송진우 역, 『체스 교과서』, 보누스, 2011. | Bruce Pandolfini, *Kasparov and Deep Blue : The Historic Chess Match Between Man and Machine*, Simon and Schuster, 1997. | David Levy, Monroe Newborn, *All About Chess and Computers*, Computer Science Press, 1982. | Jon Peterson, *Playing at the World : A History of Simulating Wars, People and Fantastics Adventures, from Chess to Role-Playing Games*, Unreason Press, 2012. | Marilyn Yalom, *Birth of the Chess Queen*, Harper Perennial, 2005.

체크포인트 check point

| 게임이 자동으로 저장되는 지점.

게임이 자동으로 저장되는 지점. 주로 어려운 전투나 퍼즐로 인해 실패 확률이 높아지는 지점에 위치하거나 게임 내 서사상 한 챕터가 끝나는 지점이 체크포인트로 설정된다. 플레이어는 도전에 실패하여 게임을 더 이상 플레이할 수 없거나 플레이 지점을 되돌리고 싶을 때, 마지막 체크포인트에서부터 게임을 재개할 수 있다. 체크포인트가 자주 등장할수록 플레이어가 다시 플레이해야 하는 거리가 짧아지고, 플레이어가 부담해야 하는 위험이 줄어든다는 점에서 체크포인트의 등장 빈도는 게임의 난이도에 영향을 미친다.

체크포인트 종류는 크게 가시적 체크포인트와 비가시적 체크포인트로 구분할 수 있다. 가시적 체크포인트는 게임 내에서 체크포인트 지점이 공간이나 물건으로 구현되어 있어, 플레이어가 저장 시점을 뚜렷하게 알 수 있게 한다. 대표적인 예로 〈소닉 더 헤지혹〉 시리즈에 등장하는 메가 드라이브와 〈슈퍼 마리오 브라더스〉 시리즈에 등장하는 깃발이 있다. 반면, 비가시적 체크포인트는 플레이어가 일정 지점에 도달하면 자동으로 저장되지만, 게임이 저장되고 있음을 플레이어가 체크포인트에 도달하기 전까지 알려주지 않는다. 이에 따라 게임을 처음 플레이하는 플레이어는 체크포인트를 명확하게 알 수 없다. 대표적인 게임으로는 〈바이오쇼크(BioShock)〉 시리즈와 〈록맨(Megaman)〉 시리즈가 있다.

- 유의어 세이브
- 관련 용어 저장, 세이브포인트
- 참고 자료 앤드류 롤링스, 어니스트 아담스 저, 송기범 역, 『게임 기획 개론』, 제우미디어, 2004. | 에스퍼 율 저, 이정엽 역, 『캐주얼 게임 : 비디오게임과 플레이어의 재창조』, 커뮤니케이션북스, 2012. | Ernest Adams, *Fundamentals of Game Design*, New Riders, 2013.

초능력자 psychic

| 초자연적인 능력을 가진 사람.

일반 사람은 지니고 있지 않은 초자연적인 능력을 발휘할 수 있는 사람. 일

반적으로 초능력은 선천적으로 획득되고, 물리 법칙을 초월하며, 과학에 기반을 둔 정신적인 힘이다. 좁은 의미에서 초능력자는 초감각적 지각(Extra Sensory Perception, ESP)과 같은 정신 계열 능력을 지닌 사람으로 한정되나, 넓은 의미에서는 신체 재생 능력과 같이 비정신 계열 능력을 지닌 사람까지도 모두 포함한다. 초능력의 종류로는 염동력, 초감각적 지각, 시간 조작 등이 존재한다.

초능력자를 게임에 활용한 대표적인 사례로는 〈던전 앤 드래곤〉 시리즈와 〈워해머 40,000(Warhammer 40,000)〉을 들 수 있다. 〈던전 앤 드래곤〉 시리즈의 경우 염동력이나 정신 공격을 사용하는 초능력자 클래스인 사이언(psion)이 등장하며, 〈워해머 40,000〉에는 정신감응, 예언 등의 능력을 지닌 사이커(psyker)가 등장한다. 이 외에도 기존의 만화나 영화와 같은 매체에 등장했던 초능력자 캐릭터 및 세계관을 게임에 적용한 경우도 존재한다. 디시 코믹스(DC Comics)와 마블 코믹스(Marvel Comics)의 캐릭터를 이용한 〈디시 유니버스 온라인(DC Universe Online)〉과 〈마블 히어로즈(Marvel Heroes)〉가 대표적이다.

■ **참고 자료** 미스터리 사전 편집위원회 저, 곽지현 역, 『미스터리 사전』, 비즈앤비즈, 2012. | 손 펀치, 필 마스터스 저, 김성일 역, 『GURPS 초상능력』, 초여명, 2009.

초당 프레임 수 Frame Per Second, FPS

| 컴퓨터 화면에서 1초당 프레임(frame)이 바뀌는 속도.

1초에 몇 개의 프레임이 화면에 출력되는가를 측정한 단위. 프레임 율(frame rate)라 불리기도 한다. 프레임은 영상을 구성하는 정지된 장면이다. 프레임 속도는 1/프레임 시간(frame time)으로 측정한다. 프레임 시간은 하나의 프레임을 구성할 때 걸리는 시간이다. 초당 프레임 수가 높을수록 화면 간의 연결은 자연스럽게 이어지지만, 데이터 크기가 커지기 때문에 네트워크 전달 속도가 느려질 수 있다. 컴퓨터 게임은 일반적으로 초당 30프레임에서 60프레임을 사용한다. 컴퓨터 하드웨어 성능과 그래픽 카드, 사용자 반응 시간 등에 따라 초당 프레임 수가 달라진다. 충돌 감지와 인공지능, 물체 변환 등 다양한 요소가 조합된 게임에서는 게임 플레이 중에 프레임 수 변화 폭이 커진다.

원활한 게임 플레이 지원을 위해 개발자는 게임 로직 연산을 최적화시켜 일정한 프레임 수를 유지해야 한다. 화면 전환과 물체 이동이 빠른 1인칭 슈팅 게임과 대전 격투 게임 등에서는 반응 속도가 빨라야 하기 때문에 초당 프레임 수가 중시된다. 액션 게임에서는 타격을 판정할 때, 프레임 단위에 따라 결정되기도 한다. 액션 게임과 다중접속온라인 역할수행 게임이 결합된 〈클로저스(Closers)〉는 초당 85프레임을 지원했지만, 플레이어들 사이에 프레임 속도 차이가 발생하면서 파티 플레이와 전투 플레이에 문제가 나타났다. 이에 2015년 5월 22일 초당 프레임을 60프레임으로 낮추는 후속 조치가 취해졌다.

- **유의어** 프레임 율
- **관련 용어** 프레임, 프레임 시간
- **참고 자료** 김도훈, 『비디오 코덱과 동영상 포맷』, 커뮤니케이션북스, 2014. | 황동윤, 『만들면서 배우는 HTML5 게임 프로그래밍』, 한빛미디어, 2013. | Kajal T. Claypool, Mark Claypool, "On frame rate and player performance in first person shooter games", *Springer Multimedia Systems Journal*, vol.13, no.1, Springer Science & Business Media, 2007.

초크 포인트 choke point

| 게임에서 승리를 위해 필수적으로 통과해야 하는 길목.

군사 작전 및 물자 공급을 위해 확보해야 하는 전략적 요충지를 의미하는 군사 용어. 애로, 조임목이라고도 한다. 군사 전략이 게임 플레이의 핵심인 실시간 전략 시뮬레이션 게임이나 1인칭 슈팅 게임, 모바(MOBA)에서 퀘스트의 수행이나, 전투의 승리를 위해 필수적으로 통과해야 하는 좁은 길을 일컫는다. 초크 포인트의 전제는 대안이 되는 다른 경로가 존재하지 않는다는 것이다. 복도나 좁은 통로, 골짜기, 교각 등으로 구체적으로 형상화되며, 주로 양 진영에서의 거리가 비슷한 위치에 존재하는 것이 특징이다. 적군의 출현이 확실하게 담보된 초크 포인트를 활용하여 플레이어는 다양한 전략을 구사한다. 매복은 초크 포인트에서 빈번하게 사용되는 전략으로 엄폐물을 이용해 몸을 숨기고 있다가, 상대 진영이 예상치 못한 시점에 공격을 가하는 것이다. 초크 포인트에서 매복 전략을 사용할 경우, 적은 전력으로도 대군을 상대로 승리할 수 있다. 1인칭 슈팅 게임인 〈카운터-

스트라이크〉의 'De_dust2' 맵은 초크 포인트를 사용한 게임 공간의 대표적 예로 플레이어가 긴박감 있는 게임 플레이를 하도록 유도한다.

- **유의어** 조임목, 애로
- **관련 용어** 1인칭 슈팅 게임, 실시간 전략 시뮬레이션 게임
- **참고 문헌** 제스퍼 주울 저, 장성진 역, 『하프 리얼 : 가상 세계와 실제 규칙 사이에 존재하는 비디오게임』, 비즈앤비즈, 2014. | 최규혁, 진형우, 김미진, 「FPS게임 레벨 디자인에서 Choke Point 유형과 Cover Pattern 속성의 관계」, 『한국게임학회 논문지』, vol.14, no.4, 한국게임학회, 2014. | Clara Fernández-Vara, *Introduction to Game Analysis*, Routledge, 2014. | Steve Rabin, *AI Game Programming Wisdom*, Cengage Learning, 2002. | Richard Rouse III, *Game Design : Theory and Practice*, Jones & Bartlett Learning, 2004.

최적화 optimization

| 게임이 원활하게 실행되도록 조정하는 과정.

한정된 조건에서 최대한의 성능을 발휘할 수 있도록 시스템의 구성 요소와 구동 환경을 수정하는 과정. 게임에서는 서버 최적화, 메모리 최적화, 렌더링 최적화 등으로 다양하게 사용되며, 주로 그래픽 최적화를 의미한다. 그래픽 최적화는 개발자와 플레이어 간의 컴퓨터 사양 차이를 줄여 게임의 속도감을 높이고 안정적인 그래픽을 구현하기 위함이다. 그래픽 사양을 낮추면 저사양의 컴퓨터에서도 잘 구동되나, 폴리곤, 텍스처, 그림자, 이펙트 등이 줄어 사실감이 낮아지기도 한다.

개발자가 직접 데이터 용량을 최적화하는 것과 플레이어가 단계별로 환경을 조정할 수 있도록 환경을 제공하는 방법이 있다. 개발 시에는 폴리곤, 텍스처, 셰이딩 등을 조정하여 최적화한다. 사물과 캐릭터는 폴리곤 방식으로 설계되어

〈리그 오브 레전드〉의 비디오 환경 설정		
구분	설명	예시
해상도	화면의 해상도 설정.	2560x1600, 2560x1440, 2048x1536 등
효과 품질	스킬 이펙트 효과 조정.	매우 높음, 높음, 중간, 낮음, 매우 낮음
그림자	그림자유무 설정.	매우 높음, 높음, 중간, 낮음, 매우 낮음
캐릭터 품질	챔피언 윤곽 및 해상도 등 변경.	매우 높음, 높음, 중간, 낮음, 매우 낮음
최대 초당 프레임 수(FPS) 설정	애니메이션 효과 설정.	25FPS, 60FPS, 144FPS 등
빠른 지형	원근감 조정.	매우 높음, 높음, 중간, 낮음, 매우 낮음

텍스처로 질감을 표현한다. 폴리곤이 많고 텍스처가 클수록 세부적인 표현이 가능하지만 용량이 커지기 때문에 개발자는 폴리곤의 수와 텍스처의 크기를 최적화한다. 또한 그림자의 선명도를 조정하거나 광원의 수를 조정하기도 한다. 〈리그 오브 레전드〉와 〈아이온 : 영원의 탑〉과 같은 멀티 플레이어 게임에서는 플레이어가 직접 컴퓨터 사양에 따라 해상도, 그림자, 초당 프레임 수를 조정할 수 있다.

- **관련 용어** 환경 설정, 그래픽, 컴퓨터 사양
- **참고 자료** 고일, 『온라인 게임 제작의 3D컨버팅 최적화에 대한 연구』, 국민대학교 대학원 디지털미디어디자인학과 석사논문, 2004. | 리처드 라우스 III, 최현호 역, 『게임 디자인 : 이론과 실제』, 정보문화사, 2001. | 〈리그 오브 레전드〉 사이트, http://kr.leagueoflegends.com

최종 사용자 라이선스 협정 End User License Agreement, EULA

| 소프트웨어 개발자 및 유통업자와 사용자 간의 법적인 계약.

사용자가 소프트웨어에 대한 비용을 지불하고 협정에 포함된 모든 내용을 지킬 것을 약속하는 법적 계약. 최종 라이선스 계약은 컴퓨터에 설치된 소프트웨어 및 클라이언트의 저작권에 한정되는 협정이라는 점에서 인터넷 서비스 및 플레이에 적용되는 이용약관(Terms Of Use agreement, TOU)과는 구분된다. 협정의 목적은 소프트웨어를 무한 복제로부터 보호하고 사용자가 소프트웨어를 사용할 권리를 인정하는 것이다. 미국의 통일컴퓨터정보거래법(Uniform Computer Information Transaction Act, UCITA)에 명시되면서 법적 효력을 발휘하게 되었다. 최종 사용자 라이선스 협정은 쉬링크랩(shrink-wrap) 형식과 클릭랩(click-wrap) 형식으로 나뉜다.

최종 사용자 라이선스 협정의 2가지 유형		
유형	설명	사례
쉬링크랩	•박스형 소프트웨어에서 박스 외부에 인쇄된 협정 조건이나 책자 형태로 협정 내용을 수록. •소프트웨어의 포장을 뜯는 행위로 협정에 동의.	소매점 등에서 구매하는 시디(CD)나 디브이디(DVD) 형태의 원본 미디어.
클릭랩	•소프트웨어 설치 시 화면에서 '다음 내용에 동의하면 동의란에 클릭하고 설치를 진행하십시오' 등의 협정 문구가 스크롤바로 제시. •아이콘이나 버튼을 클릭하여 협정에 동의.	개발사 홈페이지나 스팀(steam) 등에서 다운로드 가능한 소프트웨어나 게임.

블리자드의 최종 사용자 라이선스 협정, 제2조 블리자드의 소유권		
유형	설명	사례
서비스나 게임 등에 등장하는 다음과 같은 모든 가상 콘텐츠	가상 구성 요소	장소, 삽화, 건물 및 풍경 디자인, 애니메이션 및 시청각 효과
	서사	주제, 콘셉트, 이야기 및 줄거리
	캐릭터	게임 캐릭터의 이름, 화상, 목록 및 선전문구
	아이템	가상 재화, 통화, 물약, 의복아이템, 애완동물, 마운트 등

법적 가치 측면에서 쉬링크랩 형식을 상위 개념으로 규정하여 클릭랩 형식을 쉬링크랩에 포함하기도 한다. 게임 개발사인 블리자드 엔터테인먼트(Blizzard Entertainment)의 경우, 배틀넷(Battle.net)의 최종 사용자 라이선스 협정 16조항에 대해 플레이어가 동의하는 절차를 거친 이후 자사 게임의 이용 권리를 제공한다.

플레이어는 게임을 다운로드하고 플레이할 수 있는 라이선스를 부여받으며, 동시에 라이선스 사용에 대해 부분적인 규제를 받는다. 예를 들어 배틀넷의 경우, 플레이어가 계약을 위반하고 게임의 클라이언트, 서비스, 게임의 일부를 사용하는 행위, 이를 변환하거나 역설계해서 2차 저작물을 만드는 행위, 치트 프로그램이나 게임 내용을 조작하는 행위, 게임 내의 버그 등을 이용하는 치팅 행위, 게임 내 화폐 및 아이템 등을 수집하여 영리를 추구하는 행위 등을 규제하고 있다.

그 예로 2010년 블리자드 엔터테인먼트는 한국이스포츠협회(Korea e-Sports Association, KeSPA), MBC 게임, 온게임넷 등이 〈스타크래프트〉 프로 리그 중계권을 통해 수익 사업을 진행한 것이 불법임을 지적했다. 블리자드는 자사의 지적재산권이 침해당했음을 주장하며 스타크래프트 리그 중단을 촉구했다. 그러나 2011년 블리자드는 한국이스포츠협회와 국내 이-스포츠 대회 개최 및 방송에 대한 최종 사용자 라이선스 계약을 체결하는 것으로 합의를 했다. 2012년 '스타크래프트 2 e스포츠 공동 비전 선포식'을 통해 블리자드와 한국이스포츠협회, 온게임넷, 그래텍(gretech)이 협력 관계를 구축하며 리그 주최 및 방송에 대한 안정적인 라이선스 계약 문화를 정착시켰다.

- **유의어** 소프트웨어 사용권 동의, 소프트웨어 사용 계약서, 대여 협정
- **관련 용어** 저작권, 지적재산권
- **참고 자료** 그렉 호그런드, 개리 맥그로우 저, 전상우, 오한별 역, 『온라인 게임 해킹』, 정보문화사, 2008. | 비즈스프링, 『웹 사이트의 측정과 분석』, 비즈스프링, 2008. | 한병완, 서민교, 「디지털정보거래에 있어 쉬링크랩 라이센스에 관한 연구」, 『e-비즈니스연구』, vol.11, no.2, 국제e비즈니스학회, 2010.

추리 게임 inference riddle game

| 플레이어가 단서를 수집하여 사건을 해결하거나 비밀을 밝혀내는 게임.

플레이어가 퀘스트를 통해 단서를 탐색하여 사건을 해결하거나 숨겨진 비밀을 밝히는 게임 장르. 한정된 공간 내의 물체 혹은 엔피시(NPC)를 통해 단서를 수집하는 것이 주요한 플레이 과정이다.

추리 게임은 게임 플레이의 구조로 추리 문학의 서사적 기법을 활용한다. 일반적으로 추리 서사는 문제 해결 구조의 플롯을 채택한다. 이는 스토리의 초반부에 의문의 사건이 발생하고 다양한 단서와 암시를 통해 진실을 추적하며 결말에서 전체적인 해답이 드러나는 구성이다.

추리 게임은 플레이어에게 해결되지 않은 사건의 전말을 추적하여 이를 해결하도록 한다. 따라서 플레이는 주로 물체 또는 엔피시를 통해 단서를 수집하고, 문제를 해결하는 것으로 이루어진다. 추리 게임의 주인공은 탐정이나 기자 등의 직업으로 설정되는 경우가 많다. 주인공이 범인을 쫓고 사건을 해결하는 이야기가 주를 이루기 때문이다.

탐정이 주인공으로 등장하는 최초의 추리 게임은 1983년 출시된 〈포토피아 연속 살인사건(The Portopia Serial Murder Case / ポートピア連続殺人事件)〉으로 알려져 있다. 기존의 추리 소설을 게임으로 풀어낸 사례로는 〈셜록 홈즈 : 컨설팅 디텍티브(Sherlock Holmes : Consulting Detective)〉 시리즈 등이 있다. 〈역전재판(逆転裁判)〉 시리즈에서는 사건 현장의 단서를 수집하여 법정에 제출해야 한다. 〈엘에이 누아르(L.A. Noire)〉에서는 엔피시의 표정을 관찰해야 하며, 〈에단 카터의 실종(The Vanishing of Ethan Carter)〉에서는 영혼으로 그려지는 엔피시와 대화하여 과거의 사건을 알아내야 한다. 국내에서는 〈검은방 : 밀실탈출(Panic Room)〉 시리즈가 대표적이다.

- **관련 용어** 공포 게임, 어드벤처 게임, 퍼즐 게임
- **참고 자료** 대중문화연구회 편, 「추리 소설의 기원」, 『추리소설이란 무엇인가』, 국학자료원, 1997. | A.S. Jenning, "Creating an Interactive Science Murder Mystery Game : The Optimal Experience of Flow", *Professional Communication*, vol.45, no.4, 2002. | Jennifer Rosenstein, "Ghost Hunters in the Library : Using an Interactive Mystery Game for Freshman Library Orientation", *College & Research Libraries News*, vol.74, no.7, 2013.

추상 게임 abstract game

| 플레이어의 허구적 상상을 제한 또는 유도하는 게임.

게임의 전체 혹은 부분이 특정한 의미를 지니지 않으며, 플레이어로 하여금 해석의 여지를 두지 않는 게임. 추상 게임 자체가 곧 규칙이며, 플레이어는 게임 세계나 아바타 없이 플레이를 진행한다. 〈테트리스〉가 대표적이다. 〈테트리스〉에서 플레이어는 별도의 세계관 없이 블록 제거라는 단일한 목적으로 게임을 플레이한다. 반면, 재현 게임은 특정한 가상 세계를 바탕으로 플레이어의 적극적 해석을 유도하는 게임을 말하며 역할 수행 게임에서 주로 나타난다. 재현 게임에서 플레이어는 가상의 캐릭터를 통해 가상 세계를 대리 경험한다. 예스퍼 율은 게임을 추상적 혹은 재현 가능성을 바탕으로 표와 같이 분류한다.

예스퍼 율이 제시한 재현 가능성을 기준으로 한 게임 유형	
종류	설명
추상적 게임	세계관을 구성하는 스토리, 캐릭터 등이 없고 오직 규칙만을 제공하는 게임.
상징적 게임	카드놀이와 같이 세계관이 별도로 존재하지 않지만 게임을 구성하는 물체를 통해 해석의 여지를 두는 게임.
비일관적 게임	〈월드 체스 챔피언십(World Chess Championship)〉과 같이 특정한 가상 세계를 갖고 있지만 그 외의 구체적인 해석은 규칙에 의존한 게임.
일관적 게임	어드벤처 게임과 같이 가상 세계를 논리적으로 설명 가능하며 플레이어의 해석이 가능한 게임.
스테이지 게임	다중접속온라인 역할수행 게임과 같이 정교한 세계관을 갖고 있으며, 허구의 시간과 플레이 시간이 명확하게 구분되는 게임.

- **관련 용어** 몰입, 규칙, 재현
- **참고 자료** 제스퍼 주울 저, 장성진 역, 『하프 리얼 : 가상 세계와 실제 규칙 사이에 존재하는 비디오게임』, 비즈앤비즈, 2014. | David Parlett, *The Oxford History of Board Games*, Oxford University Press, 1999. | Jesper Juul, "Introduction to Game Time", *First Person : New Media as Story, Performance, and Game*, The MIT Press, 2006.

축캐 blessed character

| '축복받은 캐릭터'의 줄임말.

높은 확률로 희귀 아이템을 습득하는 등 긍정적인 효과를 얻는 플레이어 캐릭터. 이 용어는 〈리니지〉에서 레벨 상승 시 무작위로 증가하는 체력(Health Point,

HP)과 정신력(Magic Point, MP)의 총량이 평균보다 높은 캐릭터를 지칭하면서 사용되기 시작했다.

일반적인 의미에서 축캐는 온라인 게임 플레이 과정에서 다른 플레이어보다 양질의 아이템을 획득할 확률이 높거나 아이템의 강화 성공 확률이 높은 캐릭터 등을 모두 포함하는 의미로 사용한다. 주로 파티원이나 다른 플레이어들이 해당 플레이어가 상자에서 희소성이 높은 아이템을 획득하거나 아이템 경쟁에서 높은 수의 주사위 결과를 가질 때 '축캐'라고 명명한다. 혹은 해당 플레이어가 스스로 게임 커뮤니티에 자신이 획득한 아이템, 강화에 성공한 아이템 등을 언급함으로써 증명하기도 한다. 축캐와 반대의 경우는 '저주받은 캐릭터'라 부르며, 그 줄임말은 저주캐이다.

- **반의어** 저주캐
- **관련 용어** 행운
- **참고 자료** Katie Salen, Eric Zimmerman, *Rules of Play : Game Design Fundamentals*, The MIT Press, 2003. | 〈아이온〉 인벤, http://aion.inven.co.kr

춘추전국 Warring States period

| 진(秦)나라가 중국을 통일하기 전 여러 나라가 공존하던 시대.

주(周)나라의 평왕이 수도를 낙양으로 옮겼을 때부터 진나라가 중국을 통일하기 전까지의 시기. 주나라가 수도를 옮긴 후 세력이 쇠퇴하자 제후국의 힘이 강해졌다. 그중 진나라가 한(韓), 위(魏), 조(趙) 3국으로 나뉜 기원전 403년을 전후로 춘추시대와 전국시대로 구분한다. 패권을 잡기 위한 전쟁이 치열했던 시기로 게임에서는 당시 실존했던 인물과 전쟁, 사건을 소재로 차용한다. 전략 시뮬레이션 게임 〈웹 춘추전국시대 : 전쟁의 기술(七雄爭覇)〉과 〈춘추영웅(戰國)〉은 춘추전국시대의 전투인 '일기토'를 게임 내 콘텐츠로 도입했다. 춘추전국시대를 배경으로 〈웹 열국지〉의 경우, 당시 실존했던 영웅 캐릭터를 육성해 다른 연맹을 무너뜨릴 수 있다. 다중접속온라인 역할수행 게임 〈영웅연대(英雄年代)〉 시리즈는 플레이어가 춘추전국시대의 한 국가를 선택해 해당 국가에 소속된 캐릭터를 생성할 수 있다.

- **관련 용어** 역사 게임, 전쟁, 전투, 영웅
- **참고 자료** 이춘식, 『중국 고대의 역사와 문화』, 신서원, 2007. | 장현근, 『중국사상의 뿌리』, 살림, 2004. | Michael Loewe, Edward L. Shaughnessy, *The Cambridge History of Ancient China : From the Origins of Civilization to 221 BC*, Cambridge University Press, 1999.

충돌 감지 collision detection

| 객체 간 교차를 탐지하는 기술.

네트워크에서 2개 이상의 객체가 교차하는 상황을 탐지하는 기술. 물체가 충돌했을 때의 모양, 크기, 운동량 등 속성 변화를 미리 예상하고 충돌 이후 반응을 고안하는 데 사용된다. 충돌 감지에서 중요한 요소는 탐지의 정확성과 탐지하는 데 걸리는 시간이다. 게임의 경우, 정밀성보다는 정확성과 빠른 속도가 중요하다. 객체 간 충돌을 감지하는 기초적인 접근 방법은 상응하는 객체 내 모든 요소 사이에 잠재된 충돌 가능성을 검사하는 것이다. 유니티 엔진(Unity Engine)은 충돌 감지를 위해 6개의 충돌형 가속기(collider)를 제공한다. 여기에는 감지 속도가 가장 빠른 구체형, 상대 플레이어나 적 캐릭터와의 충돌체로 사용하는 캡슐형, 속도가 느린 대신 정밀한 감지가 가능한 메시형 등이 포함된다.

- **관련 용어** 충돌 반응
- **참고 자료** Ming C. Lin, Stefan Gottschalk, "Collision Detection Between Geometric Models : A Survey", *Proceedings of IMA Conference on Mathematics of Surfaces*, vol.1, 1998.

충돌 반응 collision response

| 충돌 이후 오브젝트의 움직임을 동역학적으로 처리하는 과정.

게임 내 오브젝트 간 충돌이 발생한 이후 해당 오브젝트의 외형이나 운동 궤적에 변화를 가하는 알고리즘. 충돌 감지(collision detection) 과정 이후에 진행되며 물리 엔진에서 처리된다. 개발자는 물리 법칙을 기반으로 충돌 및 폭발 액션

을 표현하기 위해 충돌이 발생하는 오브젝트에 리지드 바디 컴포넌트(rigid body component)를 적용한다. 리지드 바디란 게임 내 오브젝트에 물리적인 특성을 부여하는 컴포넌트이다. 리지드 바디가 적용된 오브젝트는 외력을 가해도 크기나 형태가 변하지 않기 때문에 물리 법칙 적용이 가능하다. 충돌 반응의 예로는 탄환이 캐릭터에 명중한 이후 특정 캐릭터가 대미지를 입는 현상, 자동차가 벽에 충돌한 후 일정 부분 파괴되는 현상, 공의 특정 부분이 가격당한 이후 일정한 각도로 되튀어 나가는 현상 등이 포함된다. 충돌 반응은 충돌을 처리하는 물리학적 방법의 차이에 따라 분석적 방법(analytical method)과 페널티 기반 방법(penalty-based method)으로 구분된다.

충돌 반응의 구현 방법 분류	
종류	설명
분석적 방법	오브젝트 간 상호 침투(inter-penetration)를 허용하지 않는 방식. 충격량-운동량 법칙 및 뉴턴의 운동량 보존의 법칙과 같이 고전 역학을 기반으로 충돌을 처리하는 방법. 오브젝트의 선형(linear) 운동과 각(angular) 운동에 대한 동역학이 모두 모델링되어야 한다.
페널티 기반 방법	오브젝트 간 상호 침투를 허용하는 방식. 오브젝트 사이에 가상의 스프링을 넣어, 충돌이 발생하는 순간의 스프링 압축 정도에 따라 힘의 양과 방향을 계산해 침투한 오브젝트를 밀어내도록 하는 방법. 구현이 간단하지만 불안정한 수치로 물리 법칙에 맞지 않는 결과를 발생시킬 수 있다.

- **관련 용어** 충돌 감지
- **참고 자료** David H. Eberly, *Game Physics*, Taylor and Francis, 2010. | David M. Bourg, *Physics for Game Developers*, O'Reilly Media, Inc., 2002. | Steve Rabin, *Introduction to Game Development*, Charles River Media, 2009.

치명타 critical hit

| 일정한 확률에 따라 발생하는 추가 대미지.

여러 차례의 타격 중 확률적으로 치명적인 대미지가 일어나는 현상. 크리티컬(critical)이라고도 한다. 치명타 요소를 도입한 최초의 게임은 〈던전 앤 드래곤〉 시리즈이다. 치명타의 산정 방식은 캐릭터의 기본 공격력, 상대 캐릭터의 방어율, 치명타 발생 확률, 치명타 공격력에 따라 달라진다. 치명타의 대미지 총량은 기본 공격력에서 상대 캐릭터의 방어율을 제외한 값에 치명타 공격력을 곱한 값으로,

주로 기본 공격력의 2배의 대미지를 발생시킨다. 플레이어는 무기, 아이템 장착을 통해 캐릭터의 능력치를 강화시켜 치명타 발생 확률과 공격력을 높일 수 있다. 전투의 승패에 운(運)적인 재미 요소를 부여하며, 기본 공격과 다른 그래픽 효과를 통해 높은 타격감을 제공한다.

게임별 치명타 대미지 산정	
게임명	수식
〈던전 앤 드래곤〉	무기 공격력+추가 공격력 (무기 공격력이 18~20일 경우, 치명타 발생으로 총 대미지×2)
〈마비노기 영웅전〉	((의지/2000)×0.15+(치명타 스킬/100)+캐릭터창 치명타/100)+(버프 치명타/100)-(몹 치명타 저항/100))+0.03
〈리그 오브 레전드〉	공격력×((100+치명타 발생 확률)×(100+치명타 공격력)/100)/100

- **유의어** 크리티컬, 크리, 크리티컬 대미지
- **관련 용어** 대미지, 강화, 타격감
- **참고 자료** 케이티 살렌, 에릭 짐머만 저, 윤형섭, 김신택 역, 『게임디자인 원론 3』, 지코사이언스, 2013.

치트키 | cheat key

| 플레이어의 임의대로 게임의 설정을 변경할 수 있는 명령어.

'속이다'란 뜻의 치트(cheat)와 키(key)의 합성어로 플레이어가 데이터를 조작할 수 있는 명령어. 게임 내에서 쓸 수 있는 속임수를 의미하며 게임 진행의 편의나 재미를 위해 제작된다. 치트 코드(cheat code)라고도 불린다. 보다 쉬운 게임 진행, 상대 플레이어에 대한 압도적 우위 경험, 게임 속 특별한 콘텐츠 실행을 위해 사용한다. 치트키는 플레이어들이 직접 개발하거나 개발사가 게임 테스트 시 만들어 놓은 명령어를 이용한다. 이 외에도 개발사가 특별한 이벤트를 위해 코드를 삽입하기도 한다.

멀티 플레이가 가능한 게임에서는 플레이어 간 공정한 경쟁을 위해 치트키 사용이 금지된다. 예를 들어 〈스타크래프트〉에서 미네랄과 가스를 1만 씩 늘려주는 'Show me the money' 코드는 1인 플레이에서만 사용할 수 있다.

치트키는 초보 플레이어가 보다 수월하게 게임을 진행할 수 있도록 도와주는 역할을 하며, 때로는 개발자가 숨겨 놓은 콘텐츠를 경험할 수 있는 수단이 되기도 한다. 예를 들어 〈버블 보블(bubble bobble)〉은 치트키를 사용해야만 진행할 수 있는 슈퍼 모드를 삽입해 플레이어들의 흥미를 유발했다.

- **유의어** 트레이너, 에디터
- **관련 용어** 맵 핵, 이스터 에그, 오메틱, 어뷰저, 어뷰즈, 어뷰징
- **참고 자료** 김용휘, 『세계제일 게임으로 배우는 컴퓨터 입문』, 베스트북, 1999. | 박성봉, 『멀티미디어 시대에 교실로 들어온 대중예술』, 일빛, 2009. | 진석, 윤준성, 「디지털 게임 규칙의 진화론에 관한 연구」, 『한국게임학회 논문지』, vol.9, no.1, 한국게임학회, 2009. | 함정호, 김원준, 유승호, 「게임 이용자 권한부여에 기초한 이용자 혁신 연구 : 온라인·PC Game을 중심으로」, 『한국게임학회 논문지』, vol.10, no.6, 한국게임학회, 2010.

ㅋ

카드 덱 card deck

| 트레이딩 카드 게임(Trading Card Game, TCG)의 카드 모음.

트레이딩 카드 게임에서 사용하기 위해 정해진 규칙에 따라 만든 카드 모음. 게임에 사용되는 메인 덱(main deck)을 의미하며, 일부 게임에서는 카드를 교환할 수 있는 보조용 사이드 덱(side deck)을 포함하기도 한다. 게임에 따라 차이가 있으나 대개 30~60장 규모로 구성된다. 각각의 카드는 몬스터, 마법, 대지 등과 같은 속성이나 특수 효과, 사용 방법, 공격력, 수비력 등 능력치 면에서 차이가 있다.

최초로 카드 덱을 사용한 게임은 〈매직 : 더 개더링(Magic : The Gathering)〉이다. 〈유희왕 아크 파이브 오피셜 카드 게임(Yu-Gi-Oh!'Arc-V Official Card Game)〉의 경우 카드 덱은 몬스터 카드, 마법 카드, 함정 카드로 구성된다. 몬스터 카드의 레벨은 1~6 사이로, 이는 다시 어둠, 땅, 화염 등 6개 속성과 마법사, 악마, 기계 등 15개 종족으로 구분된다.

한편 각 카드에는 능력을 발동함과 동시에 지불해야 하는 코스트(cost)가 있다. 〈확산성 밀리언 아서(Kaku-San-Sei Million Arthur)〉의 경우, 게임의 시작과 함께 플레이어에게 27만큼의 배틀 코스트(battle cost)가 주어진다. 이는 1분에 1씩

구분	종류	설명	사례
몬스터 (노랑)	일반 몬스터	노란색 배경. 기본 능력치 중심으로 공격/방어력 가짐.	푸른 눈의 백룡, 라비 드래건, 블랙 매지션
	의식 몬스터	파란색 배경. '의식 마법'에 의해서만 소환 가능.	세크리파이스, 사이버엔젤, 매지션 오브 블랙 카오스
	융합 몬스터	보라색 배경. 둘 이상의 몬스터를 '융합'하여 소환됨.	궁극의 푸른 눈의 백룡, 기황신마니시클, 슈팅퀘이사드래곤
	효과 몬스터	주황색 배경. 공격/방어력과 함께 고유한 특수한 효과를 가짐.	갤럭시 솔저, 야마토신, 성스러운 마술사
	싱크로 몬스터	흰색 배경. 싱크로 소환에 의해 소환됨.	슈팅퀘이사드래곤, 수신발칸, 월화룡블랙로즈
	튜너 몬스터	배경색에 영향 없음. 싱크로 소환할 때 필요함.	가면 레온, 블랙 로즈 위치, 트랩 이터
	엑시즈 몬스터	검은색 바탕. 레벨 대신에 랭크를 가지며, 둘 이상의 몬스터를 사용하여 소환됨.	스테라나이트세이크리드다이아, 다크리벨리온엑시즈드래곤, 외신아자토트
	펜듈럼 몬스터	위쪽은 노랑/주황색, 아래쪽은 녹색 배경. 펜듈럼 소환으로 대량 소환됨.	클리포트디스크, 오드아이즈펜듈럼드래곤, 마요선수대인화시
마법 (초록)	통상 마법	강력한 1회용 마법으로 메인 페이즈에만 사용 가능함.	죽은 자의 소생, 마수의 회유, 탐욕의 항아리
	필드 마법	끝이 날카로운 십자가 아이콘. 발동하면 지속적으로 영향을 줌.	버닝 블러드, 파사의 마법벽, 삼라의 영봉
	장착 마법	끝이 뭉툭한 십자가 아이콘. 몬스터에 장착되어 영향을 미침.	단결의 힘, 성검EX-칼리번, 살라만드라
	의식 마법	불 아이콘. 의식 몬스터를 소환하기 위한 마법이며 발동 재물이 필요함.	환술의 의식, 백룡강림, 네크로즈의 반혼술
	지속 마법	무한대 아이콘. 파괴되기 전까지 지속적으로 영향을 미침.	생환의 패, 보급부대, 왕가의신전
	속공 마법	번개 아이콘. 상대 순서에도 사용할 수 있어 기습 공격이 가능함.	RUM-퀵카오스, 엘섀도르 퓨전, 싸이크론
함정 (보라)	통상 함정	발동되면 상대에게 피해를 주거나 행동을 제약시킨 후 사라짐.	시원의 제왕, 영혼의 턴오버, DD리쿠르트
	지속 함정	무한대 아이콘. 파괴 전까지 필드 위에 남아 영향을 미침.	문댄스의 의식, 발키리의 계약서, 왕궁의 철벽
	카운터 함정	화살표 아이콘. 상대가 함정 카드를 발동했을 때, 되받아치는 공격을 함.	매직 드레인, 신의 심판, 라스트 카운터

회복된다. 카드가 강할수록 코스트가 높기 때문에 플레이어는 전략에 따라 적합한 카드를 선택하여 덱을 구성해야 한다. 게임에 따라서 상대를 지나치게 압도하는 카드나 같은 종류의 카드 등을 덱에 포함시킬 수 없는 경우도 있다. 카드의 종류가 다양하기 때문에 초보 플레이어는 스타터 팩(starter pack)을 중심으로 기본

덱을 구성한다. 이후 카드 컬렉션을 확장하기 위해서 다른 플레이어와의 카드 교환, 부스터 팩(booster pack) 구입, 갸챠(ガチャ, 뽑기) 등과 같은 방법으로 추가 카드를 구입하기도 한다. 컬렉션 확장 방법은 게임마다 방식이 다르다.

플레이어는 덱을 구성할 때 카드별 상성을 고려해야 한다. 〈하스스톤 : 워크래프트의 영웅들(Hearthstone : Heroes of Warcraft)〉의 경우 카드에 전사, 도적, 사냥꾼 등 9개의 직업이 있으며 직업별로 각각 9명의 영웅이 있다. 이때 성기사 직업은 주술사, 흑마술사와는 상성이 좋지 않지만 드루이드, 사제와는 상성이 좋다.

- **관련 용어** 트레이딩 카드 게임, 상성
- **참고 자료** Jane Frank, *Role-Playing Game and Collectible Card Game Artists : A Biographical Dictionary*, McFarland, 2012. | John Jackson Miller, Joyce Greenholdt, *Collectible Card Games Checklist & Price Guide*, Krause Publications, 2003. | Thomas S. Owens, *Inside Collectible Card Games*, Millbrook Press, 1996. | 〈매직 더 개더링〉 사이트, http://magic.wizards.com | 〈유희왕〉 사이트, www.yugioh.co.kr

카운터 counter

| 상대의 기술에 대한 반격기 혹은 상성상 우위를 점하는 요소.

상대방의 기술에 반격을 가하는 행위 혹은 상성상 우위를 점하는 요소. 전자는 대전 격투 게임에서 사용되며, 상대의 공격을 받아쳐 역공에 성공하는 행위를 말한다. 카운터 공격에 성공할 경우 상대방에게 추가적인 대미지를 주거나 연계기를 사용하는 것이 가능하다. 후자는 실시간 전략 게임이나 모바(MOBA)에서 주로 사용된다. 플레이어는 카운터 유닛, 속성, 캐릭터 등을 이용해 상대방의 약점을 극대화시키거나 강점을 무효화할 수 있다. 〈스타크래프트〉는 저그, 테란, 프로토스 등 세 종족의 운용에서 카운터 전략이 중요한 게임으로 평가된다. 〈리그 오브 레전드〉에서는 상대에 비해 상성상 우위에 있는 캐릭터를 선택하는 행위를 '카운터 픽(counter pick)'이라 부른다. 예를 들어 돌진기와 제어기를 가진 캐릭터는 도주기가 없는 캐릭터의 카운터이며, 공격 사거리가 긴 캐릭터는 공격 사거리가 짧은 캐릭터의 카운터이다. 카운터 전략의 영향을 받지 않는 무상성 캐릭터를 오피(Over Power, OP)라 부르기도 한다.

- **유의어** 상성

■ 관련 용어 속성, 오피
■ 참고 자료 오시리스 〈스타크래프트 2〉 가이드, www.osirissc2guide.com/starcraft-2-counters-list.html

카지노 casino

| 음악과 무도, 도박을 즐기기 위한 시설을 갖춘 실내 오락 공간.

주사위, 트럼프, 슬롯머신을 이용한 게임을 하거나 음악, 춤, 쇼를 즐길 수 있는 시설을 갖춘 실내 오락장. 17~18세기 유럽 귀족의 소규모 사교 모임에서 시작됐다. 이후 1930년대 미국 네바다 주에서 대공황을 극복하기 위해 경제정책의 일환으로 활용되면서 산업으로 발전했으며, 1990년대에는 대부분의 주에서 카지노가 합법화되면서 테마파크 같은 대형 카지노가 등장했다. 국내에서는 '사행행위 등 규제 및 처벌 특례법'으로 규정되어 오다가 1994년 '관광 진흥법'의 개정으로 관광 산업으로 분류됐다.

주사위, 카드 등으로 이루어지는 카지노 게임은 이상적인 규칙은 있으나 플레이어의 의지가 반영되지 않으며, 승패는 운이나 우연에 좌우된다. 카지노에서의 게임은 테이블 게임(table game)과 슬롯머신으로 대표되는 머신 게임(machine

카지노에서 진행되는 게임의 종류		
종류		설명
테이블 게임	블랙잭 (blackjack)	카드 숫자의 합이 21 또는 21에 가깝도록 카드를 취하는 것이 목적. '21(twenty-one) 게임'이라고 불리기도 함.
	바카라 (baccarat)	플레이어 자신과 딜러가 선정한 타 플레이어인 뱅커(banker) 중 카드의 합이 9에 가까운 쪽을 맞히는 것이 목적.
	룰렛 (roulette)	시계 방향으로 굴린 공이 반대 방향으로 돌아가고 있는 회전판의 공간 중 어디에 떨어질지 맞히는 것이 목적.
	빅휠 (big wheel)	수레바퀴 모양의 굴레를 딜러가 손으로 돌린 뒤, 멈추게 되는 곳의 색상 또는 숫자를 맞히는 것이 목적.
	다이사이 (tai-sai)	'다이스 쉐이커(Dice Shaker)'를 흔들어 결정된 3개의 주사위의 합 혹은 조합을 맞히는 것이 목적.
머신 게임	릴 머신 (reel machine)	핸들이나 버튼을 사용해 기호가 그려진 원통을 회전시켜, 보상을 받을 수 있는 기호의 조합을 취하는 것이 목적.
	비디오 머신 (video machine)	플레이 방식은 슬롯 머신과 동일하나 기호가 그려진 원통 대신 비디오 화면을 보고 게임을 진행하게 됨.

game)으로 구분된다.

디지털 게임에서 카지노는 미니 게임이 진행되는 건물이나 아이템 교환소 등으로 등장한다. 대표적으로 〈드래곤 퀘스트(Dragon Quest)〉 시리즈와 〈폴아웃 (Fallout)〉 시리즈가 있다. 플레이어는 카지노로 지정된 특정 건물에 입장하여 포커, 슬롯머신 등의 미니 게임을 즐기고 특정 보상을 획득할 수 있다. 〈드래곤 퀘스트〉에서는 코인을 획득하여 교환소에서 아이템과 교환할 수 있으며, 〈폴아웃〉 시리즈에서는 통용 화폐인 캡(cap)을 획득해 장비를 개선하고 구입할 수 있다. 한편, 카지노 산업으로 특화된 지역은 게임 내 공간에서 주로 환락의 도시로 묘사된다. 〈폴아웃 : 뉴 베가스(Fallout : New Vegas)〉의 '스트립'은 거대 카지노, 고층 호텔들이 몰려있는 화려한 도시로 묘사된다.

- **관련 용어** 룰렛, 운
- **참고 자료** 이충기, 권경상, 김기엽, 『카지노 산업의 이해』, 대왕사, 2009. | 케이티 살렌, 에릭 짐머만 저, 윤형섭, 이대웅 역, 『게임디자인 원론 2』, 지코사이언스, 2011. | Gerda Reith, *The Age of Chance : Gambling in Western Culture*, Routledge, 2002.

카타르시스 catharsis

| 무의식에 있는 억압된 감정을 배설함으로써 마음을 정화하는 행위.

아리스토텔레스가 『시학(Poetics)』에서 제시한 개념으로 비극의 고통을 통해 관객이 느끼게 되는 마음의 정화. 관객은 비극의 갈등 고조에 따라 긴장감을 증폭시키다가 결말에서 갈등 해소와 함께 쾌감을 느끼고 안정을 찾는다. 비극에서의 카타르시스는 인간의 무의식에 있는 불안, 공포, 연민 등의 감정이 안전하게 배출되도록 하는 도덕적 기능을 담당한다.

브렌다 로럴은 아리스토텔레스의 『시학』과 인간-컴퓨터 활동을 연결시키며 인간-컴퓨터 활동 중 인간이 카타르시스를 느낄 수 있는 최고이자 최악의 활동으로 컴퓨터 게임을 꼽는다. 플레이어는 게임에서 성공할 때 최고의 카타르시스를 경험하지만 실패할 경우 카타르시스를 경험하지 못하고 게임이 종결되기 때문이다.

예스퍼 율은 카타르시스를 '플레이어가 게임에서 실패를 겪은 뒤 성공할 때 느끼는 쾌감'이라고 정의한다. 로럴의 주장과는 달리 게임에서 플레이어가 경험할 수 있는 실패는 카타르시스를 경험하기 위한 필수적인 요소로 간주한 것이다. 플레이어는 참여와 몰입을 통해 게임과 자신을 동일시하며 이때 게임의 실패는 플레이어에게 불쾌감을 주지만 동시에 플레이어로 하여금 게임의 실패와는 관련 없는 현실의 안전함을 상기시킨다. 율은 이를 '실패의 역설(the paradox of failure)'이라 칭한다. 이 역설은 플레이어가 게임에서의 실패로 인해 느끼는 불쾌함과, 그 누적을 통해 성공을 이루었을 때 느끼는 카타르시스의 과정을 보여준다.

- **유의어** 감정의 정화, 감정의 배설
- **관련 용어** 불신의 유예, 몰입, 실패의 역설
- **참고 자료** 김정남, 김웅남, 김정현, 『게임의 운명을 결정하는 기획과 시나리오』, e비즈북스, 2013. | 박철희, 『문학이론입문 : 무엇을 어떻게 읽을 것인가』, 형설출판사, 2009. | 브렌다 로럴 저, 유민호, 차경애 역, 『컴퓨터는 극장이다』, 커뮤니케이션북스, 2008. | 아리스토텔레스 저, 이상섭 역, 『시학』, 문학과지성사, 2005. | Jesper Juul, *The Art of Failure : An Essay on the Pain of Playing Video Games*, The MIT Press, 2013.

카트 kart

| 레이싱 게임에서 이용되는 단거리 경주용 소형차.

레이싱 게임에서 플레이어가 탑승·운전할 수 있는 소형차. 주로 단거리 레이스에 이용되며, 납작한 형태이므로 급격한 방향 전환에도 전복 위험이 적은 것이 특징이다. 종류에 따라 속도, 핸들링 민감도, 중량 등 성능과 외양이 상이하기 때문에 레이싱 게임에서 승패를 좌우할 수 있는 주요 요소로 평가된다. 플레이어가 개성 표출을 위해 이용하기도 한다. 고급 사양의 카트는 게임에서 승리하거나 가상 통화 또는 현금 거래를 통해 획득할 수 있다. 레이싱 게임의 플레이어들은 카트를 이용하여 드리프트, 스네이킹, 길막 등의 기술을 구사한다. 드리프트는 카트의 속도를 올리는 동시에 살짝 미끄러져 코너를 도는 기술이며 스네이킹은 카트의 동선을 구불거리는 형태로 변환하는 기술이다. 길막은 주행 중인 다른 플레이어의 카트를 막는 행위를 지칭한다.

대표적인 카트 레이싱 게임으로는 〈카트라이더(Kartrider)〉, 〈마리오 카트(Mario

Kart)〉가 있다. 〈카트라이더〉에서는 카트를 지칭하는 용어로 '카트 바디'를 사용한다. 게임 초기에는 카트 본연의 의미로 사용됐으나 점차 일반 사륜 차량과 오토바이 등 게임 내에서 사용되는 모든 탈것을 통칭하는 용어가 됐다. 〈마리오 카트 8〉의 경우, 플레이어는 카트 바디, 바퀴, 글라이더 등 부품을 재조립하여 자신만의 카트를 만들 수 있다.

- **관련 용어** 레이싱 게임, 탈것, 길막, 드리프트, 스네이킹
- **참고 자료** 〈카트라이더〉 사이트, http://kart.nexon.com/Events/2015/PcRoomPromotion5M/index.aspx

칼전 melee fight

| 도검류의 근접 무기만이 허용되는 전투 모드.

칼과 전투의 합성어. 총, 수류탄 등의 화기를 모두 배제하는 슈팅 게임 내 전투 모드를 의미한다. 밀리전(melee戰)이라고도 한다. 1인칭 슈팅 게임에서 주로 나타나며 게임에 따라 곡괭이, 낫, 단검, 단도, 대검, 도끼, 망치, 몽키스패너, 접칼, 쿠크리와 같은 무기를 선택할 수 있다.

초기에는 플레이어 간 합의하에 임의로 이루어졌으나 최근 칼전 전용 모드나 맵을 지원하는 게임이 늘어났다. 〈카운터-스트라이크 온라인〉의 경우 방 설정 시 무기 제한을 두어 칼전 전용 방을 만들 수 있다. 〈서든어택〉은 보조 임무의 일종으로 칼전을 두고 평지와 지형지물을 활용할 수 있는 매드 케이지, 몽키 가든, 클리프 행어 등의 맵을 추천한다.

근접전 시 공격 지점 또는 출혈량에 따라 대미지가 결정되며 주로 신체 후방과 머리를 공격할 때 가장 높은 대미지가 발생한다. 주요 공격 방식으로는 긁기와 찢기, 베기, 찍기가 있고 공격 속도와 자세에 따라 '늦찍(늦은 찍기)', '빠찍(빠른 찍기)', '투찍(2번 찍기)', '연찍(연속 찍기)', '장찍(길게 찍기)', '앉찍(앉아서 찍기)', '날찍/점찍(점프 후 찍기)', '각치기(의도적으로 상대의 옆을 겨냥해 공격하는 행위)', '뒷치기(후방을 기습적으로 공격하는 행위)' 등으로 분류한다.

게임 내 버그를 악용해 다른 플레이어들을 혼란스럽게 하는 기술은 매너 없는 행위로 지양된다. 칼전은 플레이어 간 암묵적 규칙의 공유와 합의를 바탕으로 슈

팅 게임의 재미를 다양화한다는 점에서 긍정적으로 평가된다.

- **관련 용어** 밀리전
- **참고 자료** 〈서든어택〉 사이트, http://sa.nexon.com/main/index.aspx | 인벤, www.inven.co.kr/webzine/ | 〈카운터-스트라이크 온라인〉 사이트, http://csonline.nexon.com/Contents/main/index.aspx

캐리 carry

| 게임을 아군의 승리로 이끌어가는 플레이어 또는 플레이어의 행위.

게임에서 아군이 승리할 수 있도록 주도하는 플레이어 또는 그 행위. 협력 플레이를 통해 승패를 결정하는 〈리그 오브 레전드〉, 〈도타(DotA)〉 등의 모바 (MOBA) 장르에서 주로 사용된다.

캐리는 팀 내 특정 캐릭터가 비교적 높은 능력치를 지니거나 플레이어의 실력 이 월등한 경우 발생한다. 캐릭터의 고유 능력치에 의한 캐리는 〈도타 올스타즈 (DOTA Allstars)〉에서 처음 등장했다. 〈도타 올스타즈〉에서는 캐릭터 운용 방법에 따라 캐리를 2가지 유형으로 구분한다.

〈도타 올스타즈〉에 나타난 캐리의 2가지 유형	
분류	**설명**
하드 캐리 (hard carry)	초중반에 약하지만 아이템 빌드 또는 능력치 발전을 통해 후반을 도모하는 성장형의 캐릭터.
세미 캐리 (semi carry)	초반 전투에 강한 캐릭터로 후반으로 갈수록 성장의 한계가 있는 캐릭터.

〈리그 오브 레전드〉에서 캐리의 개념은 나머지 팀원의 역량이 부족한 상황에 서도 우수한 성적으로 팀의 승리를 주도하는 플레이어나 그 행위를 지칭한다. '팀 을 캐리한다'와 같이 동사형으로 사용하는 것이 일반적이다. 플레이어의 캐리 행 위는 강도가 높을 경우 '하드 캐리', '슈퍼 캐리', '강제 캐리' 등으로 불린다. 캐리에 의해 개인의 역량과 관계없이 팀이 승리하게 되는 경우를 가리켜 '버스 탄다'로 표현하기도 한다.

- **관련 용어** 모바, 버스, 리그 오브 레전드
- **참고 자료** 〈리그 오브 레전드〉 인벤, http://lol.inven.co.kr

캐릭터 character

| 플레이어가 조종하거나 상호작용할 수 있는 게임 속 인물.

플레이어의 액션을 반영하거나 플레이어와 상호작용할 수 있는 가공의 인물. 플레이어의 조종 여부에 따라 플레이어가 직접 플레이할 수 있는 캐릭터를 플레이어 캐릭터, 플레이어가 조종할 수 없는 캐릭터를 엔피시(NPC)라 한다. 게임 서사에서 플레이어 캐릭터는 일반적으로 주인공 입장에서 조력자 캐릭터의 도움을 받으며 적대자 캐릭터와 대립하며 플레이를 진행하게 된다. 개발자에 의해 게임 시스템 요소로 설계되어 있으며, 플레이어가 커스터마이징(customizing)을 통해 직접 만든 캐릭터는 아바타(avatar)라 한다. 캐릭터마다 고유한 배경 서사, 기능, 외형을 보유하고 있고, 플레이어에게 게임 세계에 대한 정보를 제공하고 목표를 부여한다. 초창기 게임에서 캐릭터는 외형적 특징으로만 설정됐으나, 배경 서사나 성격 묘사를 통해 플레이어의 경험에 직접 영향을 주는 방향으로 발전했다. 인공지능을 이용해 게임 캐릭터에 자율성을 부여하는 경우, 플레이어의 의도와 캐릭터 목표 간 긴장을 유발해 플레이에 재미를 부여할 수 있다.

- **유의어** 아바타
- **관련 용어** 엔피시, 플레이어
- **참고 자료** 트레이시 풀러턴 저, 최민석 역, 『게임 디자인 워크숍』, 위키북스, 2012. | Mark J. P. Wolf, Perron Bernard edits, *The Routledge Companion to Video Game Studies*, Routledge, 2014.

캐스터 caster

| 마법 또는 주문을 통해 공격이 가능한 직업.

'스펠 캐스터(spell caster)'의 줄임말로, 주문이나 마법을 통해 원거리 공격이 가능한 직업군. 다중접속온라인 역할수행 게임에서 캐스터는 마법사, 사제, 주술사 등의 직업으로 등장하며, 파티 플레이 시 근접 공격을 담당하는 밀리(melee), 원거리 물리 공격을 담당하는 레인저(ranger)와 협력한다. 최대 마나량과 관련된 지능, 마나의 회복과 관련된 정신력이 높은 반면, 밀리나 레인저에 비해 방어력

과 체력이 낮은 것이 특징이다. 캐스터는 공격력과 공격 지속력 중 상대적으로 어떤 특성이 높은지에 따라 세부적인 역할이 분류된다. 〈아이온 : 영원의 탑〉의 경우 강력한 원거리 마법 공격으로 적에게 큰 대미지를 주는 마도성은 공격형 캐스터에 해당되며, 디버프, 상태 이상의 마법으로 아군의 공격을 보조하는 정령성은 공격 지속력이 높은 캐스터에 해당된다. 캐스터 중 마법 스킬을 사용해 상대에게 순간적으로 막대한 대미지를 주는 캐릭터는 '누커(nuker)'로 구분되기도 한다.

- **유의어** 스펠 캐스터
- **관련 용어** 직업, 마법, 밀리
- **참고 자료** Aubrey Sherman, *Wizards : The Myths, Legends, and Lore*, Adams Media, 2014. | Ernest Adams, *Fundamentals of Game Design*, New Riders, 2013.

캐주얼 게임 casual game

| 규칙이 간단하여 쉽게 조작하고 플레이할 수 있는 게임.

간단한 규칙을 통해 비교적 쉽게 배울 수 있고, 장르나 플레이어의 유형에 구애받지 않는 게임 장르. 플레이를 위해 긴 시간이나 특별한 기술을 요구하지 않아 하드코어 게임(hard-core game)과 구분된다. 캐주얼 게임은 게임의 타깃층을 게이머에서 일반 대중까지 확장시켰다.

캐주얼 게임은 크게 2종류로 나눌 수 있다. 첫 번째는 모방적 인터페이스로, 사람의 실제 동작을 따라하며 플레이하는 게임을 말한다. 주로 닌텐도 위(Nintendo Wii)나 아케이드 플랫폼을 기반으로 하는 캐주얼 게임이 이에 해당한다. 실제 움직임을 모방해야 하기 때문에 3차원 그래픽으로 구현되는 경우가 대부분이다. 대표적 게임으로는 〈댄스 댄스 레볼루션〉이나 〈위 스포츠〉가 있다. 두 번째는 다운로드 가능한 캐주얼 게임이다. 일반적 스크린에서 구동되는 캐주얼 게임으로, 모방적 인터페이스 게임과 달리 대부분 2차원 그래픽으로 구현된다. 플레이 방식이 단순하고 짧은 시간에 높은 몰입을 유발할 수 있어 게임에 대한 배경지식 없이도 쉽게 플레이 가능하다. 대표적인 게임으로는 〈테트리스〉와 〈케이크 마니아(Cake Mania)〉 등이 있다.

캐주얼 게임은 개발 비용도 다른 게임에 비해 적은 편이다. 그러나 플레이어에게 쉽고 직관적인 플레이 경험을 제공해야 하기 때문에 게임 디자인에 앞서 플레이 측면에 대한 고려가 필요하다. 예스퍼 율은 캐주얼 게임을 디자인하기 위해 고려해야 할 5가지 요소를 제시했다.

예스퍼 율이 제시한 캐주얼 게임의 5가지 구성 요소	
종류	설명
소재 (fiction)	플레이어가 쉽게 접근할 수 있도록 일반적으로 가볍고 밝은 소재를 사용한다.
사용성 (usability)	플레이어가 게임에 대한 배경지식이 거의 없다고 가정하고 플레이 규칙이 복잡하지 않도록 설계한다.
중단가능성 (interruptibility)	플레이어가 짧은 시간 안에 순간적으로 강한 몰입을 느낄 수 있도록 설계한다. 또한 플레이어가 원할 때 언제든 게임을 중단할 수 있어야 한다.
난이도와 벌칙 (difficulty and punishment)	플레이어가 목표 달성에 실패했을 경우 다시 도전할 욕구가 생기도록 벌칙을 가하기도 한다. 게임 진행 상황에 따라 난이도가 점점 어려워지기도 하지만, 플레이어에게 재도전을 강요하지는 않는다.
풍성함 (juiciness)	플레이어가 수행하는 성공적 액션에 적극적으로 긍정적 피드백을 제공한다.

- **반의어** 하드코어 게임
- **유의어** 캐주얼 게이머
- **관련 용어** 간단한 규칙, 쉬운 플레이
- **참고 자료** 예스퍼 율 저, 이정엽 역, 『캐주얼 게임 : 비디오게임과 플레이어의 재창조』, 커뮤니케이션북스, 2012. | Ernest Adams, *Fundamentals of Puzzle and Casual Game Design*, New Riders, 2014. | Robert Hunter, *The Gamification Handbook—Everything You Need to Know about Gamification*, Emereo Publishing, 2012.

캠페인 campaign

| 실시간 전략 게임과 1인칭 슈팅 게임의 싱글 플레이용 시나리오 모드.

실시간 전략 게임이나 1인칭 슈팅 게임에서 싱글 플레이를 할 때 적용되는 시나리오 모드. 본래 군사 작전을 뜻하는 말로, 실시간 전략 게임이나 1인칭 슈팅 게임의 싱글 플레이 모드가 전쟁을 중심으로 진행되기 때문에 차용된 용어이다. 캠페인 모드에서 플레이어는 작전을 수행하는 사령관 혹은 전사가 되어 주어진 미션을 수행하며, 미션들 사이에는 컷신이 등장해 기반 서사를 전달한다. 멀티 플

레이 모드와는 달리, 사용 가능한 유닛이나 무기가 제한돼 있다. 플레이어는 캠페인 모드를 통해 게임의 세계관과 배경 서사를 이해하고 등장인물 간의 관계를 파악할 수 있다. 캠페인 모드의 시나리오를 바탕으로 소설이 발매되기도 한다.

캠페인 모드를 사용하는 대표적 사례로는 〈에이지 오브 엠파이어(Age of Empires)〉 시리즈, 〈워크래프트〉 시리즈, 〈스타크래프트〉 시리즈 등의 실시간 전략 게임과 〈레프트 4 데드(Left 4 Dead)〉 시리즈, 〈콜 오브 듀티(Call of Duty)〉 시리즈, 〈크라이시스(Crysis)〉 등의 1인칭 슈팅 게임이 있다.

- **유의어** 게임 시나리오, 게임 문학
- **관련 용어** 실시간 전략 게임, 1인칭 슈팅 게임, 시나리오
- **참고 자료** Kyle Orland, Scott Steinberg, Dave Thomas, *The Videogame Style Guide and Reference Manual*, Lulu.com, 2007.

커스터마이징 customizing

| 플레이어가 자신의 기호에 맞는 아바타를 생성하거나 변형하는 것.

플레이어가 게임 세계 안에서 아바타의 외모와 능력을 맞춤 설정하는 시스템. 일반적으로 개별 사용자를 위한 맞춤 제작 시스템을 의미한다. 게임에서는 플레이어가 아바타를 생성하고 조정하는 시스템을 뜻한다. 플레이어는 아바타를 만들고 키우면서 아바타의 외향과 능력을 개인의 기호에 맞춰 조정한다. 게임에 따라 아바타를 제작하는 방식이 다르며, 플레이어는 커스터마이징을 통해 자신만의 아바타를 만들 수 있다. 커스터마이징 시스템은 그래픽 기술과 함께 발전했다.

언리얼 엔진 3(Unreal Engine 3)은 메시, 텍스처 조합 기능 등을 통해 정교한 캐릭터 커스터마이징 기능을 제공했다. 플레이어는 아바타의 의상, 눈, 코, 입, 머리 모양, 머리카락 색, 얼굴 색 등 얼굴과 신체 모든 부분을 변경할 수 있다. 아바타 커스터마이징이 온라인 게임에 도입된 것은 2000년대에 3차원 게임이 등장한 이후이다. 다중접속온라인 역할수행 게임에서는 복잡하고 정교한 커스터마이징 시스템이 도입됐으며, 2가지로 분류할 수 있다.

아바타 커스터마이징의 2가지 분류		
분류	설명	사례
기능 커스터마이징	아바타가 가진 능력과 특성을 결정하는 것. 게임 스토리에 직접적인 영향을 미친다.	종족, 직업, 능력치
디자인 커스터마이징	아바타의 외향을 결정하는 것. 게임 스토리에 영향을 미치지 않는다.	얼굴, 몸, 의상

초기 커스터마이징은 기능적인 측면이 중심이었다. 이후 2008년 〈아이온 : 영원의 탑〉에서 '외향 변경'이라는 아이템 개조 방법을 이용해 디자인 커스터마이징 기능을 확장했다. 커스터마이징 시스템이 대표적인 게임은 〈아이온 : 영원의 탑〉, 〈엘더스크롤〉, 〈검은사막(Black Desert)〉 등이다. 〈심즈〉는 커스터마이징 시스템을 전면에 내세운 대표적인 게임이다. 플레이어는 자신의 취향대로 아바타인 심(sim)을 생성한다. 이때, 플레이어는 심의 외모, 성격, 다른 심과의 관계 등을 커스터마이징할 수 있다. 또한 플레이어는 커스터마이징 시스템을 이용해 취향에 맞는 '스킨(skin)'과 게임 세계 안의 물건을 새로 만들고 이를 다른 플레이어와 공유할 수 있다.

■ **관련 용어** 아바타, 언리얼 엔진, 스킨
■ **참고 자료** 곤살로 프라스카 저, 김겸섭 역, 『억압받는 사람들을 위한 비디오게임』, 커뮤니케이션북스, 2008. | 김은지, 『온라인 게임 캐릭터 커스터마이징 UI 사용편의성 연구』, 인제대학교 디자인학과 시각정보 디자인 석사논문, 2011. | 양기현, 백철호, 「MMORPG에서 아바타 커스터마이징의 유저 몰입요인과 충성도에 관한 연구」, 『한국게임학회 논문지』, vol.13, no.2, 한국게임학회, 2013. | Ernest Adams, *Fundamentals of Game Design*, New Riders, 2013. | James Lee, Stefan Rank, "Towards Realistic Female Avatar Creation", *Intelligent Virtual Agents*, Springer International Publishing, 2014.

컨버전스 convergence

| 융합이나 혼합을 뜻하는 말로, 다양한 대상이 하나로 혼융되는 현상.

기술적·산업적·문화적 융합을 지칭하는 개념. 1979년 니콜라스 니그로폰테(Nicholas Negroponte)가 방송, 컴퓨터, 출판 등의 융합을 지칭하면서 매체를 중심으로 하는 융합을 지칭하는 용어로 보편화됐다. 이티엘 데 솔라 풀(Ithiel de Sola Pool)은 우편, 전화, 라디오, 텔레비전 등 커뮤니케이션 매체의 경계가 점차 사라지는 현상이라 설명했다.

헨리 젠킨스는 21세기 디지털 매체의 발달에 의해 컨버전스가 더욱 활발히 발생하고 있다고 주장한다. 미디어 컨버전스는 '콘텐츠가 다양한 미디어 플랫폼에 걸쳐 흐르는 현상, 매체 간 협력, 원하는 콘텐츠를 소비하려는 대중의 행위를 모두 포괄하는 개념'이다. 컨버전스가 활성화된 사회에서는 매체의 일방적 전달이 아닌 소비자의 능동적인 소비가 중시된다. 이는 대중의 참여문화와 집단지성, 곧 컨버전스 문화를 형성한다. 즉 컨버전스란 단순한 대상들의 합에 그치지 않고 기술, 산업, 장르, 시장, 수용자들 사이의 관계를 변화시키는 현상이다. 레프 마노비치는 컨버전스의 유형을 표에서와 같이 3가지로 설명했다.

레프 마노비치가 제시한 컨버전스의 유형	
유형	내용
과거 문화와의 컨버전스	과거의 문화적 내용과 형식을 현시대의 매체에 융합.
세계화적 컨버전스	한 나라의 문화, 전통, 특성, 감성 등이 세계적으로 수용될 수 있도록 다른 것과 융합.
문화와 기술의 컨버전스	기존의 문화를 컴퓨터 기술을 기반으로 재구성.

컨버전스는 미디어의 융합뿐 아니라 국가, 사회, 종교, 학문, 기술 등에서 발생하는 모든 융합 현상을 일컫는다.

- 유의어 융합, 혼합
- 관련 용어 트랜스미디어 스토리텔링, 집단지성, 참여문화
- 참고 자료 강승규, 『Convergence : 미래의 키워드』, 중앙일보시사미디어, 2009. | 레프 마노비치 저, 서정신 역, 『뉴미디어의 언어』, 커뮤니케이션북스, 2014. | 이화인문과학원, 『디지털 시대의 컨버전스』, 이화여자대학교 출판부, 2011. | 헨리 젠킨스 저, 김정희원, 김동신 역, 『컨버전스 컬처』, 비즈앤비즈, 2008.

컨트롤러 controller

| 게임을 플레이하기 위한 조작 도구.

특정한 대상을 조작하기 위한 장치 또는 제어 기기. '조작하다, 제어하다'라는 뜻의 '컨트롤'에 '-하는 기기'를 뜻하는 '-er'을 합친 단어이다. 게임 컨트롤러란 게임 플레이만을 위해 제작된 조작 기기를 말한다. 주로 콘솔 기기나 컴퓨터에 연결하여 사용한다. 넓은 의미의 게임 컨트롤러는 게임을 플레이할 때 이용되는 입력 장치로, 게임 아케이드의 조이스틱과 버튼으로부터 피시(PC)용 키보드와 마우스까지를 모두 포괄한다.

계보 비디오 게임 조작을 위한 컨트롤러는 1960년대부터 개발되기 시작했다.

최초의 비디오 게임인 〈스페이스워!(Spacewar!)〉의 컨트롤러는 좌우 방향 전환, 전진, 미사일 발사의 3종류의 조작을 지원했다. 컨트롤러의 세대 구분은 콘솔 기기와 동일하다. 1세대는 1970년부터 1975년까지를 일컬으며, 마그나복스(Magnavox) 사의 오디세이(Odyssey)가 대표적이다. 이 시기의 게임 컨트롤러는 2~3개의 조작 장치를 지닌 단순한 형태였다.

2세대는 1976년부터 1979년까지를 말하며, 아타리 2600(Atari 2600)이 대표적이다. 아타리 2600은 테니스 게임 〈퐁(Pong)〉을 위한 컨트롤러이다. 손가락 2개로 회전시킬 수 있는 다이얼이 상자 좌우에 1개씩 배치된 형태였으며, 이는 패들 컨트롤러의 시초가 됐다. 1978년에는 조이스틱 하단에 스위치가 아닌 원형의 베이스를 삽입하여 보다 자세한 방향 조작을 지원하기 시작했다.

3세대는 1980년부터 1985년 사이에 발매된 콘솔 기기를 말한다. 닌텐도 패미콤(Famicom / Nintendo Entertainment System, NES)이 대표적이다. 닌텐도 패미콤은 십자 형태의 디-패드(Directional pad, D-pad)를 통해 컨트롤러 방향키의 새로운 형태를 제안했으며, 이후 비디오 게임 컨트롤러의 대표적인 방향 조작 장치가 됐다. 디-패드의 개발과 함께 컨트롤러는 X-Y, 숫자 패드, 터치 스크린 등을 추가로 갖추게 됐다.

4세대는 1986년부터 1990년까지를 말한다. 휴대용 컨트롤러인 닌텐도의 게임보이와 아타리 링스(Atari Lynx) 등이 본격적으로 등장하기 시작했다. 5세대는 1993년부터 1996년까지를 지칭하며, 당대에는 플레이스테이션, 세가 새턴(SEGA Saturn) 등 가정용 콘솔 기기가 게임 시장에 보편화됐다. 6세대는 1998년부터 2001년까지로 닌텐도, 소니, 마이크로소프트 등 대표적인 콘솔 개발사들이 각자의 제품을 업그레이드하여 출시했다.

2005년부터 2010년으로 이어지는 7세대는 닌텐도 위로 대표된다. 닌텐도 위에 의해 모방적 인터페이스를 지닌 컨트롤러와 체감형 게임에 대한 관심이 촉발됐다. 2012년부터 이어지는 시기를 8세대라 부른다. 8세대에는 체감형 게임기들이 본격적으로 시장에 보급됐다.

구성 요소 비디오 게임의 방향 조작 장치는 스틱, 조이스틱, 패들, 디-패드, 레이싱 휠(racing wheel, steering wheel), 비행 조종기(Flight yoke) 등이 있다. 일반적인 게임 컨트롤러는 표와 같은 구성 요소의 조합으로 설계된다.

표준 콘솔 기기의 구성 요소	
유형	내용
디-패드	상하좌우의 방향키로, 십자형의 입력 장치.
스틱	360도로 전환할 수 있는 조작 장치.
버튼	게임마다 정해진 값이 모두 다른 A, B, X, Y 등의 버튼.
옵션	시작, 선택, 모드, 중지 등의 버튼.
숄더	컨트롤러 상단의 버튼으로, 왼쪽과 오른쪽에 대한 버튼.
숫자 패드	숫자 1부터 9까지의 입력 버튼.
터치 스크린	펜, 손가락으로 터치하여 조작할 수 있는 화면.

유형 휴대 여부에 따라 크게 두 분류로 나뉜다. 첫째, 가정용 컨트롤러는 가정용 콘솔 기기에 유선 또는 무선으로 연결하여 사용하는 컨트롤러를 말한다. 둘째, 휴대용 컨트롤러는 출력 장치와 입력 장치가 일체형으로 구성된 휴대용 콘솔 기기를 뜻한다.

한편 모방적 인터페이스 컨트롤러는 직관적이고 단순한 조작이 가능한 기기를 말한다. 모방적 인터페이스란 게임 속 캐릭터가 플레이어의 실제 움직임을 모방하는 인터페이스를 말한다. 주로 슈팅 게임, 권투 게임, 낚시 게임, 레이싱 게임 등 실제 스포츠가 지닌 고유의 행동을 재현한 게임을 만들기 위해 이용된다. 총 모양의 라이트 건, 낚싯대 모양의 피싱 컨트롤러 등이 대표적이다. 2000년대에는 닌텐도 위 리모트(Nintendo Wii Remote, Wiimote)와 같은 체감형 게임 컨트롤러가 개발되기 시작했다.

다미엔 로페가 정리한 게임 컨트롤러의 역사				
분류	유형	이름	제작사	출시연도
가정용	표준 콘솔	탠디(Tandy)	–	–
		아타리 2600	아타리	1977
		콜레코비전(Colecovision)	콜레코(Coleco)	1982
		아타리 5200(Atari 5200)	아타리	1982
		닌텐도 패미콤	닌텐도	1983
		세가 마스터 시스템(SEGA Master System)	세가	1985
		세가 제네시스(SEGA Genesis, Mega Drive)	세가	1988
		닌텐도 슈퍼 패미콤(Super Famicom, SFC / Super Nintendo Entertainment System)	닌텐도	1990
		세가 시디(SEGA CD, Mega CD)	세가	1991
		닌텐도 64(Nintendo 64, N64)	닌텐도	1996
		드림캐스트(Dreamcast)	세가	1998
		플레이스테이션 2(Playstation 2, PS2)	소니	2000
		닌텐도 게임큐브(Nintendo Gamecube)	닌텐도	2001

		오리지널 엑스박스(Original Xbox)	마이크로소프트	2001
		엑스박스 360(Xbox 360)	마이크로소프트	2005
		닌텐도 위 리모트	닌텐도	2006
		위 유(Wii U)	닌텐도	2012
	모방적 인터페이스	닌텐도 라이트 건 (Nintendo Light gun, NES Zapper)	닌텐도	1984
		닌텐도 파워 글러브(Power Glove)	닌텐도	1989
		드림캐스트 피션 피싱 컨트롤러 (Dreamcast Fission Fishing Controller)	세가	–
		키보드/마우스	–	–
		슈퍼 닌텐도 라이트 건 (Super Nintendo Light gun, Super Scope)	닌텐도	1992
		댄스 패드(Dance pad)	–	
		레이싱 휠	–	–
		비행 조종기	–	–
		플레이스테이션 2 기타(Playstation 2 Guitar)	소니	–
휴대용	휴대용 콘솔	게임보이(Game Boy)	닌텐도	1989
		링스(Atary Lynx)	아타리	1989
		게임 기어(Game Gear)	세가	1990
		버추얼 보이(Virtual Boy)	닌텐도	1995
		게임보이 컬러(Game Boy Color)	닌텐도	1998
		게임보이 어드밴스드(Game Boy Advanced, GBA)	닌텐도	2001
		게임보이 어드밴스드 스페셜 (Game Boy Advanced SP, GBA SP)	닌텐도	2003
		닌텐도 디에스(Nintendo DS)	닌텐도	2004
		게임보이 마이크로(Game Boy Micro)	닌텐도	2005
		피에스피(Playstation Portable, PSP)	소니	2004
		닌텐도 디에스 라이트(Nintendo DS Lite)	닌텐도	2006

유형별 대표 컨트롤러		
유형 표준 콘솔	휴대용	모방적 인터페이스
이름 플레이스테이션 2	닌텐도 디에스	댄스 패드
사진		

【모방적 인터페이스 컨트롤러】 컨트롤러는 게임 플레이 방식과 콘텐츠의 구성 방식에 영향을 미친다. 모방적 인터페이스 게임에서 플레이어는 현실 공간에서 직접 행동함으로써 게임을 진행한다. 따라서 플레이어의 신체가 곧 컨트롤러가 된다. 이때 게임 플레이가 실제로 구현되는 공간은 기존의 비-모방적 인터페이스 게임과 같은 화면 속 가상 공간이 아니라 현실의 물리적 공간이다. 예스퍼 율은 현실의 물리적 공간을 플레이어 공간으로, 가상 공간을 스크린 공간으로 구분해서 불렀다.

게임 인터페이스에 따른 플레이 공간 변화		
분류	비-모방적 인터페이스 게임	모방적 인터페이스 게임
플레이어 공간	플레이 조작 공간	플레이 조작 및 발생 공간
스크린 공간	플레이 발생 공간	플레이 투영 공간

대표적인 모방적 인터페이스 컨트롤러의 예는 댄스 패드다. 댄스 패드는 평평한 형태의 게임 컨트롤러로, 구획이 나뉜 각각의 부분들이 압력을 감지하여 게임을 조작한다. 1990년대 출시된 〈댄스 댄스 레볼루션〉과 〈펌프 잇 업(Pump it up)〉과 같은 리듬 게임 플레이에 이용됐다. 이는 몸 전체를 움직여 게임을 조작하는 인터페이스를 대중화했다. 2000년대에는 닌텐도 위를 시작으로 엑스박스 키넥트(Xbox Kinect), 플레이스테이션 무브(Playstation Move) 등의 가정용 체감형 게임기가 보급되면서 체감형 게임이 보편화됐다. 플레이어는 복잡한 컨트롤러 조작을 익히는 것이 아니라, 컨트롤러를 손에 들고 몸을 움직여 비교적 쉽고 단순하게 게임을 플레이할 수 있다.

모방적 인터페이스 게임의 한 종류로 체감형 게임을 들 수 있다. 예스퍼 율은 플레이어가 화면에서 묘사하는 동작을 실제의 물리적인 동작을 통해 따라하는 게임을 체감형 게임이라고 정의했다. 체감형 콘솔 기기는 빛 센서, 가속도 센서, 위치·방향 감지 센서 등을 내장하고 있다. 이는 버튼 입력이나 스틱 조작이 아닌 컨트롤러 자체의 물리적 움직임을 게임에 반영한다. 2006년에 출시된 닌텐도 위는 테니스, 볼링, 요가 등을 게임에 도입한 최초의 체감형 게임기이다.

- **관련 용어** 콘솔, 아케이드, 아타리, 닌텐도, 플레이스테이션, 엑스박스

- **참고 자료** 김은정, 『체감형 게임의 키아즘 연구』, 이화여자대학교 대학원 박사논문, 2013. | Blake J. Harris, *Console Wars : Sega vs Nintendo*, Dey Street Books, 2015. | J. C. Herz, *Joystick Nation : How Videogames Ate Our Quarters, Won Our Hearts, and Rewired Our Minds*, Little Brown and Company, 1997. | Kevin Baker, *The Ultimate Guide to Classic Game Consoles : An Ideal Reference for Collectors!*, ebookIT.com, 2013. | Damien Lopez, "A History of Game Controllers", www.headphonaught.co.uk/2008/12/this-is-cool-damien-lopez-history-of.html

컬트 cult

| 특정 대상을 열광적으로 숭배하는 현상 혹은 종교적 집단.

특정한 인물이나 사물을 열광적으로 숭배하고 찬양하는 종교적 현상 혹은 집단. 게임에서 컬트는 주로 처치해야 할 대상이나 적대자 캐릭터 집단으로 등장한다. '컬트 오브 더 드래곤(The Cult of the Dragon)'은 〈던전 앤 드래곤〉 시리즈의 포가튼 렐름 세계관에 등장하는 종교 집단으로, 사악한 드래곤을 신으로 섬긴다. 플레이어는 일련의 퀘스트를 통해 신을 숭배하는 종교적 행위를 수행하거나 컬트 집단을 와해시키고 교주를 제거하기도 한다. 〈워크래프트〉 시리즈의 '저주받은 자들의 교단(Cult of the Damned)'은 리치 왕을 신으로 섬기는 스컬지 종족의 종교로, 플레이어는 전염병을 퍼트리는 교단의 교주 켈투자드를 처치해야 한다.

- **관련 용어** 마니아, 워크래프트, 던전 앤 드래곤
- **참고 자료** David G. Bromley, J. Gordon Melton, *Cults, Religion, and Violence*, Cambridge University Press, 2002. | Rodney Stark, William Sims Bainbridge, *The Future of Religion : Secularization, Revival, and Cult Formation*, University of California Press, 1986. | Sigmund Mowinckel, *Religion and Cult : The Old Testament and the Phenomenology of Religion*, Wipf and Stock Publishers, 2012.

컴퓨터 바이러스 computer virus

| 컴퓨터 망에 침입하여 정상적인 프로그램이나 데이터 파일을 파괴하는 악성 프로그램.

컴퓨터 내에 침투한 악성 프로그램. 자료를 손상시키거나 프로그램을 파괴하며, 자가 복제를 통해 다른 컴퓨터까지 전염시킬 수 있다. 1949년 존 루이스 폰 노이만(John Louis von Neumann)은 프로그램이 자가 복제를 통해 증식할 수 있다는 가능성을 제시했다. 최초의 컴퓨터 바이러스는 1971년 디이시 피디피-10(DEC PDP-10) 컴퓨터를 감염시킨 크리퍼(the Creeper)로 알려져 있다.

컴퓨터 바이러스는 감염 부위에 따라 부트 바이러스(boot virus)와 파일 바이러스(file virus)로 나뉜다. 부트 바이러스는 컴퓨터의 부트 섹터에 감염되어 부팅과 디스크 인식에 영향을 미치며, 파일 바이러스는 파일에 감염되는 것으로 대부분의 바이러스가 이에 해당한다. 파일 바이러스에 감염되면 특정 파일이 실행되

지 않거나 갑자기 화면에 작업과 관련 없는 문자가 나타나거나 이상한 소리가 나기도 한다. 1990년대 인터넷 네트워크 보급과 피투피(Peer to Peer, P2P)의 확산으로 시스템에 접근할 수 있는 응용 프로그램을 중심으로 컴퓨터 바이러스 감염이 이슈가 되기 시작했다.

파일 바이러스의 종류		
종류	설명	사례
기생형	감염된 프로그램에 전후에 기생하는 형태. 감염 프로그램을 실행하면 바이러스가 실행.	예루살렘 바이러스
겹쳐쓰기형	감염 프로그램의 위치에 바이러스가 겹쳐서 존재. 바이러스가 대신 실행되고 본 프로그램 파괴.	Miny1.1010 바이러스
산란형	프로그램과 동일한 명의 COM파일을 만든 형태. 바이러스가 먼저 실행.	AIDSII 바이러스
연결형	시작 위치를 바이러스의 시작 위치로 변경. 원래 프로그램 대신 바이러스가 실행.	DirII 바이러스

- **유의어** 악성코드(malware), 애드웨어(adware), 스파이웨어(spyware)
- **관련 용어** 게임 보안
- **참고 자료** Joseph Migga Kizza, *Guide to Computer Network Security*, Springer, 2013. | Peter Szor, *The Art of Computer Virus Research and Defense*, Addison-Wesley, 2005. | Richard R. Brooks, *Introduction to Computer and Network Security : Navigating Shades of Gray*, CRC Press, 2013. | William Stallings, *Network Security Essentials : Applications and Standards*, Pearson Prentice Hall, 2011.

컴퓨터 스페이스 Computer Space

| 1971년 출시된 세계 최초의 아케이드 비디오 게임기.

놀란 부시넬(Nolan Bushnell)과 테드 대브니(Ted Dabney)가 1971년 개발한 세계 최초의 상업용 아케이드 게임기. 너팅 어소시에이츠(Nutting Associates)에서 출시했다. 컴퓨터 스페이스는 1962년 개발된 컴퓨터 게임 〈스페이스워!(Spacewar!)〉에서 영향을 받아 만들어졌다. 컴퓨터 스페이스 본체는 컴퓨터, 전면의 컨트롤 패널, 흑백 텔레비전 세트로 구성됐다. 25센트 동전을 투입하면 1회 플레이가 가능했고, 게임 플레이를 돕기 위한 지시문이 제공됐다. 컴퓨터 스페이스는 동전을 투입해 게임을 즐기는 방식을 최초로 고안했으며, 이후 개발된 아케이드

게임기에 영향을 줬다.

부시넬과 대브니는 컴퓨터 스페이스 개발 경험을 기반으로 아타리(Atari)를 설립했고, 컴퓨터 스페이스를 단순화시킨 형태인 〈퐁(Pong)〉을 1972년에 개발했다. 〈퐁〉은 발매 후 1년 만에 1만 대 이상 판매되며, 처음으로 상업적 성공을 거둔 아케이드 게임기가 됐다.

- **관련 용어** 아케이드 게임, 너팅 어소시에이츠, 스페이스워!, 퐁
- **참고 자료** 와타나베 슈우지, 나카무라 아키노리 저, 김성재 역, 『왜 게임에 빠질까 : 사람을 유혹하는 게임의 심리학』, 길벗, 2014. | 정미라 외, 『어린이와 멀티미디어』, 이화여자대학교 출판부, 2002. | 히라바야시 히사가즈 저, 에이케이 편집부 역, 『게임대학 : 산업학개론/비즈니스 모델론』, 에이케이커뮤니케이션즈, 2013. | Henry Lowood, "Videogames in Computer Space : The Complex History of Pong", *IEEE Annals of History of Computing*, vol.31, no.3, IEEE Computer Society, 2009.

컷신 cutscene

| 게임 플레이의 처음, 끝, 중간에 제시되는 동영상.

게임 내에 삽입된 동영상. 주로 게임 플레이 중간에 등장하는 동영상만을 컷신이라 하지만, 넓은 의미에서 게임 플레이 처음과 마지막에 등장하는 동영상까지를 의미한다. 최초의 컷신은 아케이드 게임 〈팩맨(Pac-Man)〉에 도입됐는데, 플레이어가 특정 레벨에 도달하면 팩맨이 유령에게 쫓기는 짧은 영상이 자동 재생됐다. 컷신이 재생될 동안 플레이어는 컷신을 건너뛰는 것 외에는 직접적으로 상호작용할 수 없으며, 선형적으로 짜인 게임 서사를 관객의 입장에서 소비하게 된다. 일반적으로 컷신은 게임 서사에 대한 정보를 제공하고, 플레이어에게 자신의 행동이 게임 세계에 어떤 영향을 미쳤는지를 보여줌으로써 플레이어의 행동에 중요성을 부여한다.

오프닝 컷신은 게임 서사의 시간상으로 과거이기 때문에 플레이어는 이를 통해 게임에 참여하기 이전 숙지해야 할 게임 내 인물이나 시공간적 배경에 대한 정보를 얻게 된다. 플레이를 유도하는 동기가 될 수 있기 때문에 콘솔 게임을 중심으로 빠르게 보편화됐다. 플레이 중간에 등장하는 컷신은 게임 공간의 다른 부분에서 일어나는 사건, 찾는 대상에 대한 정보 등 게임 플레이의 핵심적

인 순간을 보여준다. 이를 통해 플레이어는 다음 행동에 대한 동기를 부여받고 게임에 몰입하게 된다. 엔딩 컷신은 게임을 마친 플레이어에게 제공되는 일종의 보상으로, 플레이어는 엔딩 컷신을 통해 자신의 플레이가 게임 세계에 미친 결과를 확인한다.

- **관련 용어** 게임 서사
- **참고 자료** 제임스 뉴먼 저, 박근서 외 역, 『비디오게임』, 커뮤니케이션북스, 2008. | Anna Anthropy, Naomi Clark, *A Game Design Vocabulary : Exploring the Foundational Principles Behind Good Game Design*, Addison-Wesley Professional, 2014. | Aaron Marcus, *Design, User Experience, and Usability : User Experience in Novel Technological Environments*, Springer, 2013.

케이디에이 Kill, Death, Assist, KDA

| 플레이어의 킬(kill)·데스(death)·어시스트(assist) 횟수를 계산한 값.

킬, 데스, 어시스트의 첫 글자를 따서 만든 용어로, 플레이어의 전투 운용 능력을 수치화한 지표. 킬, 데스, 어시스트는 각각 플레이어가 다른 플레이어 캐릭터 혹은 엔피시(NPC)를 죽인 횟수, 플레이어 캐릭터 자신이 플레이 도중 죽은 횟수, 플레이어가 다른 플레이어의 킬을 도운 횟수를 가리킨다. 케이디에이 값은 '(킬 횟수 + 어시스트 횟수) / 데스 횟수' 공식을 통해 산출하며, 계산된 결과 값은 전투 플레이에서 플레이어의 공격 효율을 나타낸다. 플레이어는 다른 플레이어와 협업 플레이를 진행할 때 상대 플레이어의 케이디에이 값을 통해 해당 플레이어의 전투 역량을 가늠할 수 있다.

케이디에이를 활용하는 대표적인 게임은 〈리그 오브 레전드〉이다. 〈리그 오브 레전드〉에서는 킬, 데스, 어시스트 횟수 각각을 전체 플레이 횟수로 나누어 평균 케이디에이 값을 산출한다.

- **관련 용어** 킬, 데스, 어시스트, 협업 플레이, 플레이 평가 기준
- **참고 자료** 머니투데이, 〈롤 전적 검색, "게임 재미 떨어뜨려"…이용자들 갑론을박〉, www.mt.co.kr/view/mtview.php?type=1&no=2014011014084619940&outlink=1 | 헤럴드경제, 〈리그오브레전드 형그리앱, 롤전적 검색 서비스 개시〉, http://news.heraldcorp.com/view.php?ud=20150707000301&md=20150707100427_BL | 〈리그 오브 레전드〉 사이트, www.leagueoflegends.co.kr

코스튬 플레이 costume play

| 게임 캐릭터의 외형적 특성과 행동 특성을 오프라인에서 재현하는 행위.

게임 캐릭터의 의상을 착용하고 캐릭터의 제스처를 따라하는 퍼포먼스. 의상 (costume)과 놀이(play)의 합성어로서, 가상의 캐릭터를 오프라인 공간에서 재현하는 것을 목적으로 캐릭터의 의상, 소품을 모방하는 행위이다. 게임뿐만 아니라 만화, 애니메이션, 영화와 같은 콘텐츠를 즐기는 팬 문화의 한 방식이다. 주로 캐릭터의 배경 설정과 외형적 특성이 명확한 경우 코스튬 플레이의 대상이 된다. 게임 코스튬 플레이는 전업 플레이어 집단이 존재할 정도로 전문화된 분야이다. 게임 개발사에서는 게임 홍보의 일환으로 게임 출시 기념회나 이-스포츠 대회 등 게임 산업 관련 행사에 전문 코스튬 플레이어 팀을 홍보대사로 초청하며, 팬 서비스 차원에서 이들의 화보를 제작하기도 한다. 전문 코스튬 플레이어 팀 스파이럴 캣츠(Spiral Cats)는 2014년 반도체 제조업체 에이엠디 코리아(AMD Korea)의 홍보대사로 활동하며 코스튬 플레이어의 활동 영역을 확장했다.

- **유의어** 팬시 드레스 플레이, 코스플레이, 코스프레, 코스
- **관련 용어** 코스튬 플레이어
- **참고 자료** 김일태 외, 『만화 애니메이션 사전』, 한국만화영상진흥원, 2008. | 조현진, 조우현, 「코스프레 코스튬의 특성」, 『한국의상디자인학회지』, vol.8, no.2, 한국의상디자인학회, 2006. | 한혜원, 구혜인, 「AOS 게임 캐릭터의 존재론적 재현 양상 분석 : 〈리그 오브 레전드〉를 중심으로」, 『한국게임학회 논문지』, vol.15, no.1, 한국게임학회, 2015.

콘솔 게임 console game

| 게임 전용 하드웨어인 콘솔(console)을 플랫폼으로 사용하는 게임.

콘솔 기기를 플랫폼으로 사용하는 게임. 콘솔이란, 게임 전용 하드웨어의 한 형태로, '가정용 게임기', '비디오 게임기'라고도 불린다. 콘솔은 일반적으로 텔레비전에 연결하여 구동하는 하드웨어를 지칭하지만, 화면과 조작 패널이 하나의 휴대용 하드웨어에 합쳐져 있는 형태의 휴대용 콘솔 기기도 포함한다. 콘솔 게임은 단일 하드웨어를 기반으로 소프트웨어를 제작하기 때문에 플레이 환경 및 시

마크 J. P. 울프가 제시한 콘솔 기기의 발전사에 따른 콘솔 세대 분류		
구분	가정용 콘솔 기기 (제조사-기기)	휴대용 콘솔 기기 (제조사-기기)
1세대 (1970~1975)	• 마그나복스(Magnavox)-마그나복스 오디세이(Magnavox Odyssey)	—
2세대 (1976~1979)	• 페어차일드(Fairchild Semiconductor)-페어차일드 채널 F(Fairchild Channel F) • 아타리-아타리 2600(Atari 2600)	• 밀턴 브래들리 컴퍼니(Milton Bradley Company)-마이크로비전(Microvision)
3세대 (1980~1985)	• 닌텐도-패미콤 • 세가-세가 마크 III(SEGA Mark III) • 세가-마스터 시스템(Master System)	• 에폭(Epoch)-게임 포켓 컴퓨터(Game Pocket Computer)
4세대 (1986~1990)	• 세가-메가 드라이브(Mega Drive) • 엔이시(NEC Corporation)-피시 엔진(TurboGrafx-16) • 닌텐도-슈퍼 패미콤(Super Famicom)	• 닌텐도-게임보이(Game Boy) • 아타리-아타리 링스(Atari Lynx) • 세가-세가 게임기어(SEGA Game Gear) • 엔이시-피시 엔진 지티(Turbo Express)
5세대 (1993~1996)	• 파나소닉, 산요(Sanyo), 엘지(LG)-스리디오(3DO) • 세가-세가 새턴(SEGA Saturn) • 소니 컴퓨터 엔터테인먼트(Sony Computer Entertainment)-플레이스테이션(PlayStation) • 닌텐도-닌텐도 64(Nintendo 64)	• 세가-세가 노마드(SEGA Nomad) • 닌텐도-게임보이 포켓(Game Boy Pocket) • 닌텐도-게임보이 컬러(Game Boy Color)
6세대 (1998~2001)	• 세가-드림캐스트(Dreamcast) • 소니 컴퓨터 엔터테인먼트-플레이스테이션 2 • 닌텐도-게임큐브(GameCube) • 마이크로소프트-엑스박스	• 닌텐도-게임보이 어드밴스(Game Boy Advance)
7세대 (2005~2010)	• 마이크로소프트-엑스박스 360 • 소니 컴퓨터 엔터테인먼트-플레이스테이션 3 • 닌텐도-닌텐도 위(Nintendo Wii)	• 닌텐도-닌텐도 디에스(Nintendo DS) • 소니 컴퓨터 엔터테인먼트-플레이스테이션 포터블(PlayStation Portable, PSP)
8세대 (2012~)	• 닌텐도-닌텐도 위 유(Nintendo Wii U) • 마이크로소프트-엑스박스 원(Xbox One) • 소니 컴퓨터 엔터테인먼트-플레이스테이션 4	• 닌텐도-닌텐도 스리디에스(Nintendo 3DS) • 소니 컴퓨터 엔터테인먼트-플레이스테이션 비타(PlayStation Vita)

스템이 일관적이다. 또한 새로운 기종의 하드웨어가 개발되기 전까지 성능이 변하지 않기 때문에 게임과 플랫폼의 최적화가 용이하다. 콘솔 게임은 콘솔의 성능과 특성에 의존한다. 따라서 콘솔 게임과 콘솔 기기는 함께 발전해왔다. 콘솔 기기는 운영체제와 그래픽 구현 기술에 따라 위 표에서와 같이 세대 구분이 가능하다.

- **유의어** 가정용 게임기, 비디오 게임기
- **관련 용어** 패미콤, 플레이스테이션, 엑스박스, 닌텐도 위
- **참고 자료** Mark J. P. Wolf, *The Medium of the Video Games*, University of Texas Press, 2002. | Mark J. P. Wolf, *The Video Game Explosion : A History from PONG to Playstation and Beyond*, Greenwood Press, 2007. | Mark J. P. Wolf, *Encyclopedia of Video Games : The Culture, Technology, and Art of Gaming*, Greenwood Press, 2012. | Steve Rabin, *Introduction to Game Development*, Charles River Media, 2009. | Steven Malliet, Gust de Meyer, "The History of the Video Game", *Handbook of Computer Game Studies*, The MIT Press, 2005.

콤보 combo

| 플레이어가 일정한 순서로 기본 기술을 조합해 구사하는 연속 기술.

기본 기술을 연속적으로 조합해 추가적 보상을 얻을 수 있는 연속 기술. 콤비네이션(combination)의 줄임말로 각기 다른 기능을 함께 섞는다는 의미에서 유래했다. 게임에서의 콤보는 주로 대전 격투 게임에서 사용하는 용어로 플레이어가 정확한 순서로 기본 기술을 연속 입력할 경우 발생하며, 난이도가 높은 콤보일수록 상대에게 입힐 수 있는 대미지의 양이 증가한다. 콤보를 구현하는 것을 '콤보를 넣는다'라고 지칭한다.

〈스트리트 파이터 2(Street Fighter 2)〉의 '달심' 캐릭터에서 버그로 인한 콤보가 발생한 것을 시초로 1993년 〈슈퍼 스트리트 파이터 2〉에는 플레이 화면에 콤보 횟수와 추가 득점이 표시됐다. 플레이어는 콤보 기술을 입력하는 동안 상대 플레이어의 공격에 무방비 상태이므로 입력 기술의 개수가 많아질수록 위험도가 증가한다. 대전 격투 게임에서의 콤보는 난이도, 발생 조건, 대미지의 크기 등에 따라 다양하게 발생한다.

콤보는 액션 게임, 타일 맞추기 게임, 리듬 게임 등에서도 발현된다. 액션 게임의 콤보는 〈데빌 메이 크라이(Devil May Cry)〉와 같이 캐릭터의 무기와 스킬을 조합해 공격을 구현하는 경우를 가리킨다. 타일 맞추기 게임의 콤보는 연속해서 타일을 사라지게 할 경우 발생한다. 콤보의 누적 횟수에 따라 보너스 점수를 획득하거나 〈애니팡〉에서와 같이 '피버 모드(fever mode)'가 발생해 일정 시간 동안 더 높은 점수를 획득할 수 있다.

리듬 게임의 콤보는 〈댄스 댄스 레볼루션〉과 같이 정확한 박자에 노트를 맞히는 경우 발생한다. 게임 시작부터 모든 노트를 정확히 맞히는 경우를 '풀콤보'라고 부른다.

모든 플레이어가 쉽게 구현할 수 있고 보편적으로 사용

캡콤 사의 대전 격투 게임에서 발생하는 콤보 유형	
종류	설명
오리지널 콤보	모든 공격이 중도 정지 가능한 상태가 되며 다른 기술과의 조합이 가능한 콤보.
체인 콤보	일정 기술을 정해진 순서대로 입력해 화려한 액션을 구현하는 콤보.
공중 콤보	공중에 떠 있는 상대에게 일정 조합의 기술을 사용하는 콤보.
절명 콤보	상대방 캐릭터의 체력치가 완전할 때 한 번에 상대를 쓰러뜨릴 수 있는 콤보.
원버튼 콤보	기술들을 개별적으로 입력하지 않고 버튼 하나로 여러 기술의 복합을 구현하는 콤보.

하는 콤보는 '국민 콤보', 상대가 반격할 틈 없이 계속 공격하는 콤보는 '무한 콤보'
라고 부른다. 여러 기술을 조합하는 과정을 생략하고 버튼 하나로 구현할 수 있
는 콤보는 '원버튼 콤보'라고 부른다.

콤보는 잘 사용하면 전투에서 빠르게 승리하고 보너스 점수를 얻을 수 있지만,
콤보를 구현하지 못하는 신규 플레이어에게는 게임에 진입하기 어려운 장벽을 형
성한다. 버그로 인한 콤보 발생도 존재하나 해당 콤보의 구현이 어려운 경우 정식
플레이로 인정하기도 한다.

- **관련 용어** 대전 격투 게임, 피버 모드, 버그, 풀콤보
- **참고 자료** 앤드류 롤링스, 어니스트 아담스 저, 송기범 역, 『게임 기획 개론』, 제우미디어, 2004. | Clark
Aldrich, *The Complete Guide to Simulations and Serious Games : How the Most Valuable Content Will be
Created in the Age Beyond Gutenberg to Google*, Pfeiffer, 2009.

쿨타임 cooldown time

| 게임에서 스킬이나 아이템의 재사용 대기시간.

스킬이나 아이템을 한 번 사용한 후 재사용하기 위해 대기해야 하는 시간. 쿨
다운 타임의 줄임말로, 재시전(再始展) 시간이라 부르기도 한다. 디지털 게임에서
쿨타임은 재미를 부여하는 규칙 중 하나이다. 스킬의 쿨타임이 플레이어가 다양
한 스킬을 전략적으로 사용하도록 유도하기 때문이다. 〈리그 오브 레전드〉의 경
우 캐릭터의 액티브 스킬은 총 4가지인데 그중 가장 효율이 높은 궁극기(ultimate
skill)의 쿨타임은 다른 스킬에 비해 상대적으로 매우 길다. 캐릭터 애니가 가
진 3개의 스킬은 쿨타임이 각각 4초, 8초, 10초인 반면 궁극기의 경우 쿨타임이
80~120초이다.

아이템의 쿨타임은 승패의 빠른 판정을 유도하기도 한다. 쿨타임으로 인해 캐
릭터의 회복과 버프에 제한이 발생하기 때문이다. 이러한 규칙에 의해 플레이어
들은 각 스킬의 쿨타임을 계산하고 아이템을 전략적으로 사용하는 등 다양한 전
략을 구축하게 된다. 쿨타임은 게임 내 요소들이 균형을 이루도록 하는 밸런싱
작업에서 다뤄진다.

▪ **관련 용어** 스킬, 밸런싱
▪ **참고 자료** 신용훈, 『전략적 게임학원론』, 북스홀릭, 2012. | 제시카 멀리건, 브릿지 패트로브스키 저, 송기범 역, 『온라인 게임기획, 이렇게 한다』, 제우미디어, 2003.

퀘스트 quest

| 게임 시스템에서 보상을 전제로 플레이어에게 제시되는 일련의 과제나 임무.

제한된 시간과 공간 내에서 플레이어가 특정한 목적을 위해 수행하는 임무. 퀘스트를 완료한 플레이어는 경험치, 아이템 등의 보상을 받는다. 게임 서사의 일부로 세계관에 대한 정보를 전달하면서, 플레이어에게 특정한 행동을 유발하는 동기로 작용한다.

유래 퀘스트는 라틴어 '탐색하다(questare)'를 어원으로 하며, 영웅 신화나 중세 로망스 문학에서 영웅의 탐색 여정을 의미한다. 조셉 캠벨은 영웅이 일상적인 세계를 떠나 귀환하기 전까지 수행하는 임무를 퀘스트로 정의했으며, 노스럽 프라이는 퀘스트가 일련의 모험 중에서 가장 극적이고 주요한 모험이라고 지칭했다. 이는 게임에서 플레이어가 게임 시스템으로부터 부여받는 일련의 과제로 구현된다. 제프 하워드는 영웅 신화가 강화된 이야기를 퀘스트 서사로, 플레이 자체가 퀘스트 수행으로 구성된 게임을 퀘스트 게임으로 구분하면서, 퀘스트는 이 둘을 매개한다고 정의했다.

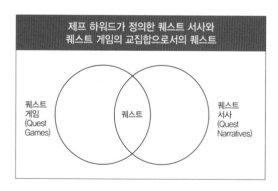

제프 하워드가 정의한 퀘스트 서사와
퀘스트 게임의 교집합으로서의 퀘스트

퀘스트
게임
(Quest
Games)

퀘스트

퀘스트
서사
(Quest
Narratives)

계보 게임에서 퀘스트는 최초의 테이블탑 역할수행 게임 〈던전 앤 드래곤〉에서 유래했다는 관점이 일반적 정설이다. 게임을 진행하는 마스터는 규칙서에 따라 플레이가 발생하는 사건의 시나리오를 제공하고, 플레이어는 이에 따라 자신의 행동을 결정하면서 임무를 수행한다. 이는 최초의 다중접속온라인 역할수행 게임 〈울티마 온라인〉에 반영되어 플레이어들은 엔피시(NPC)를 통해 퀘스트를 받을 수 있었다. 이후 〈에버퀘스트〉가 퀘스트의 상호 연계를 통해 게임을 진행하기 시작했고, 〈월드 오브 워크래프트〉에 이르러 게임 서사를 구축하는 퀘스트 시스템이 정립됐다. 〈월드 오브 워크래프트〉의 방대한 퀘스트 구조는 세계관과 캐릭터만을 강조하던 게임 개발 풍토에 대한 인식을 바꾸는 계기가 됐다.

퀘스트가 제시되는 방식 또한 초창기 텍스트 위주 전달 방식에서 대화형 진행과 실시간 렌더링 기법을 사용한 동영상 재생 등으로 다양해졌다. 텍스트 기반 퀘스트는 엔피시가 줄글로 퀘스트의 내용과 목표를 설명해 주는 퀘스트로, 플레이어에게 반복적인 지문 읽기 행위를 요구한다. 반면 대화형 퀘스트는 엔피시의 말에 따른 플레이어의 반응을 통해 퀘스트 내용을 전달하여 플레이어와의 상호 작용을 강조하며 실시간 렌더링 기법을 통해 플레이어 캐릭터를 컷신에 반영한다. 이러한 퀘스트 제시 방식은 서사적 정보를 플레이어에게 효과적으로 전달하고 몰입을 강화하는 역할을 한다.

구성 요소 게임 내 퀘스트는 일반적으로 퀘스트 부여자, 목적, 보상, 배경 서사라는 4가지 요소로 구성된다.

첫째, 퀘스트 부여자는 플레이어에게 임무를 부여하는 주체로, 플레이어는 느낌표, 물음표 등의 기호로 표시된 엔피시와 대화하거나 특정 아이템을 클릭해서 퀘스트를 받을 수 있다. 일부 퀘스트는 특정 지역에 진입하거나, 일정 레벨에 이르면 게임 내 팝업창을 통해 자동으로 부여되기도 한다. 부여받은 퀘스트는 수행 단계에서 게임 내 지도나 퀘스트 창을 통해 진행 상황을 파악할 수 있다. 둘째, 목적은 플레이어의 행위 유발의 직접적인 동기로, 플레이어는 목적을 달성하는 것을 목표로 퀘스트를 수행한다. 플레이어는 퀘스트의 목적에 맞게 게임 세계 내에서 자신의 행동을 능동적으로 결정해 나간다.

셋째, 퀘스트 완료에 따른 보상은 플레이어가 퀘스트를 수행하고 완료하는 가장 큰 원인이다. 경험치나 가상 통화, 무기나 장비, 소모품 등의 아이템이 보상으로 제공된다. 넷째, 배경 서사는 퀘스트 목적에 당위성을 부여함으로써 플레이어의 퀘스트 수행 동기를 강화한다. 플레이어는 배경 서사를 통해 자신이 게임 내에서 어떤 역할을 하는지를 알게 되고, 게임 세계에 소속감을 가질 수 있다. 퀘스트의 구성 요소는 게임의 장르나 플랫폼별로 차이가 있지만, 퀘스트를 통해 게임을 진행하는 다중접속온라인 역할수행 게임은 이러한 4가지 요소가 필수적이다.

서사적 기능 수산나 토스카는 퀘스트를 플레이어의 행동과 서사를 연결시키는 중요한 장치로 본다. 퀘스트 진행은 수락, 수행, 완료의 3단계로 구분되는데, 이는 분리(separation), 입문(initiation), 귀환(return)이라는 영웅 서사의 구조를 그대로 답습한다. 플레이어는 퀘스트를 통해 레벨을 올리고 공간을 이동해 나가며 게임을 일종의 영웅 서사로 경험한다. 하나의 퀘스트는 시작과 끝이 명확한 에피소드 구조를 가지며, 전체 게임 서사의 일부로 게임 서사의 유의미한 최소의 단위를 구성한다. 플레이어는 퀘스트의 선택과 조합을 통해 게임

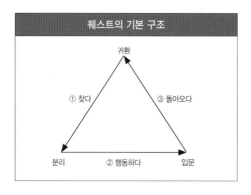

서사를 진행해 나간다. 퀘스트를 수행하는 일련의 과정은 영웅 서사의 구성 방식과 마찬가지로 반복적으로 확장되어 서사 전체를 구현하는 데 기여한다. 수행된 퀘스트는 게임의 세계관 자체를 변화시키는 않지만 플레이어의 개인의 서사로 확정된다.

수행적 기능 에스펜 올셋은 플레이어의 행동에 주목하여 퀘스트를 과정추론적이고 유동적인 특징을 지닌 게임의 핵심 요소로 정의한다. 플레이어는 퀘스트의 순서를 임의로 정하고 접근할 수 있으며, 이에 따라 사건은 인과적이고 극적인 연결 구조를 가진다. 수행적 기능의 1차 목적은 플레이어가 게임의 규칙이나 세계관 등을 원활히 습득하도록 하는 데 있다. 따라서 초기의 퀘스트는 아이템 사용, 공간 이동과 같이 게임 조작에 필요한 기본적인 내용으로 구성된 일종의 튜토리얼 역할을 한다.

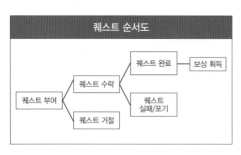

플레이어가 게임에 숙련될수록 난이도가 높아지는 것

이 특징이며, 게임을 진행할수록 퀘스트 수행을 통해 얻은 보상으로 플레이어의 캐릭터를 성장시키는 것이 중요한 목적으로 전환된다. 이처럼 퀘스트는 플레이어가 이를 수락할지에 대한 여부에서부터 수행 과정, 보상 획득에 이르기까지 플레이어의 인과적 행동을 결정한다.

퀘스트의 유형 게임 내 퀘스트는 필수 수행 여부와 난이도, 기능적 측면, 내용적 측면으로 분류할 수 있다.

필수 수행 여부에 따라서는 필수적으로 수행해야 하는 메인 퀘스트, 선택적으로 수행할 수 있는 사이드 퀘스트로 분류된다. 메인 퀘스트는 게임에서 중요한 세계관에 대한 정보를 전달하거나, 특정 기술을 습득하도록 한다. 반면 사이드 퀘스트는 플레이어의 선택에 따라 진행되는 부차적인 퀘스트이며 보상을 목적으로 수행하는 것이 일반적이다. 난이도에 따른 분류는 플레이어의 레벨 대비 퀘스트 수행 정도로, 게임 내 시스템에서 지원된다. 〈월드 오브 워크래프트〉의 경우, 회색, 녹색, 노란색, 주황색, 빨간색 등 색으로 퀘스트의 난이도를 표시하고, 난이도가 높을수록 더 많은 경험치를 제공한다. 기능적으로는 플레이어가 레벨을 올리고 기술을 숙련하는 데 도움을 주는 성장형 퀘스트와 여러 플레이어가 함께 수행하는 사교형 퀘스트가 있다.

내용에 따른 퀘스트 유형	
종류	설명
전투형	대상이 되는 엔피시와의 전투에서 승리해야 한다.
수집형	지정하는 아이템을 수렵, 채집, 채광 등을 통하여 획득한다.
정찰형	목표가 되는 지역을 살피고 돌아오거나 조사를 통해 특정 사건을 경험한다.
호위형	엔피시가 특정 장소까지 이동하는 동안 공격해오는 엔피시나 몬스터를 처치한다.
대화형	지정된 대상과 대화하거나 다른 엔피시로부터 받은 아이템을 전달한다.
기술형	해당 직업군 스킬을 배우거나 제작 스킬을 이용해 아이템을 만드는 등 특정 스킬을 습득한다.

- **유의어** 미션
- **관련 용어** 게임 서사, 보상, 엔피시

- **참고 자료** Espen Aarseth, *Quest Games as Post-Narrative Discourse, Narrative Across Media*, University of Nebraska Press, 2009. | Jeff Howard, *Quests : Design, Theory, and History in Games and Narratives*, AKPeters, Ltd., 2008. | Jill Walker Rettberg, *Deferral and Repetition, Digital Culture, Play, and Identity : A World of Warcraft Reader*, The MIT Press, 2008. | Susana Tosca, "The Quest Problem in Computer Games", Technologies for Interactive Digital Storytelling and Entertainment Conference, in Darmstadt, 2003.

퀴즈 게임 quiz game

| 퀴즈의 정답을 맞히는 게임.

제시된 문제의 정답을 맞혀 점수를 획득하는 게임. 퀴즈라는 용어는 18세기 말 '이상한 사람'이라는 뜻을 가진 라틴어로부터 유래했다. 퀴즈는 문제의 성격에 따라 추리 퀴즈, 상식 퀴즈, 수리 퀴즈 등으로 나뉜다. 정답을 제시하는 방식에 따라 분류하면 스피드 퀴즈, 단답식 퀴즈, OX 퀴즈 등으로 나눌 수 있다. 퀴즈 게임은 보드 게임에서 시작하여 디지털 게임으로 발전했다.

디지털 퀴즈 게임의 초창기 사례로는 1985년에 '서울 코인(Seoul Coin)'에서 제작한 〈퀴즈올림픽(QuizOlympic)〉이 있다. 〈퀴즈올림픽〉은 아케이드 게임으로 플레이어가 퀴즈의 정답을 맞혀 높은 점수를 얻는 것이 목표인 비교적 단순한 게임이다. 이후의 퀴즈 게임은 어드벤처, 역할수행 등 다양한 게임 장르와 결합하여 제작됐다.

1989년에 출시된 〈어드벤처 퀴즈 : 캡콤 월드(Adventure Quiz : Capcom World)〉는 퀴즈 게임과 어드벤처 게임이 융합된 형태이다. 플레이어는 캡콤 왕국에서 납치된 공주를 구하기 위해 다양한 장르의 사지선다 형태의 퀴즈를 풀어야 한다. 이 외에도 추리 기반의 어드벤처 게임과 퀴즈 게임을 결합한 〈퀴즈 사립탐정(クイズ 大捜査線)〉, 육성 시뮬레이션 게임과 퀴즈 게임을 결합한 〈프린세스 메이커 Q(Princess Maker Q)〉가 있다.

국내의 사례로는 1999년 넥슨에서 출시한 세계 최초의 다중접속온라인 퀴즈 게임 〈큐플레이(QPlay)〉가 있다. 〈큐플레이〉는 2002년 기준으로 300만 명이 넘는 가입자와 동시 접속자 수 5만 명을 기록한 대표적인 캐주얼 게임이다. 연상 퀴즈, 가로세로 퀴즈, 스피드 퀴즈, 빙고 퀴즈, OX 퀴즈 등 다양한 형태의 퀴즈를 제공하며, 플레이어는 퀴즈를 풀어 획득한 코인으로 아바타를 커스터마이징 할 수 있다.

- **관련 용어** 퀴즈, 캐주얼 게임
- **참고 자료** 윤형섭 외, 『한국 게임의 역사』, 북코리아, 2012. | 에스퍼 욜 저, 이정엽 역, 『캐주얼 게임 : 비디오게임과 플레이어의 재창조』, 커뮤니케이션북스, 2012. | 디지털타임스, 〈게임 "퀴즈퀴즈" 매출 100억 넘었다〉, http://news.naver.com/main/read.nhn?mode=LSD&mid=sec&sid1=105&oid=029&aid=0000004042

큐 Queue

| 서비스가 데이터를 처리할 때 발생하는 대기상황.

서비스가 데이터를 처리하는 시간 동안 발생하는 일련의 대기행렬. 데이터가 들어간 순서대로 제거되는 선입선출 구조를 따르며, 대기열이라고도 불린다. 게임에서는 시스템이 게임을 서비스할 때 데이터 조합 또는 분석을 위해 필요한 시간 동안 생기는 대기상황을 가리킨다. 시스템이 플레이어 데이터를 비교해 팀 혹은 적으로 매칭시켜 줄 때 발생한다. 자동 매칭 시스템이 도입된 게임에서 자주 언급된다. 〈리그 오브 레전드〉는 플레이어의 티어(tier), 엠엠알(Match Making Rating, MMR) 등을 계산해 비슷한 데이터 값을 지닌 플레이어끼리 같은 팀 혹은 상대팀으로 연결해주는 매칭 시스템을 지원한다. 플레이어가 대기행렬에 서는 행위를 '큐 돌린다'라고 하며, 대기시간이 길어질 경우 '큐가 안 잡히다', '큐가 길다'라고 표현한다.

- **유의어** 대기열
- **관련 용어** 매칭 시스템, 전적
- **참고 자료** 도널드 커누스 저, 류광 역, 『The Art of Computer Programming 1 : 기초 알고리즘』, 한빛미디어, 2006.

큐에이 Quality Assurance, QA

| 게임의 안정성과 재미를 검증하는 직업.

제품이 일정 수준의 품질을 가질 수 있도록 각종 검수를 맡는 직군. 게임 큐에이는 게임의 안정성과 재미를 검증하는 업무를 담당한다. 출시 및 업데이트까지의 과정에서 게임 기획자, 프로그래머, 디자이너 등으로 이루어진 개발팀과 협업한다. 개발팀과 큐에이는 테스트가 필요한 항목과 일정을 함께 검토하며, 큐에이는 테스트 계획서와 기획서를 바탕으로 테스트를 진행한다. 큐에이는 기획서의 내용이 알맞게 구현됐는지, 기능이 안정적으로 실행되는지, 기획에 문제는 없는지 등을 검토한다.

정원철이 정리한 게임 큐에이 검수 항목	
테스트 분류	설명
기능 테스트 — 단위 기능 테스트	각 기능별 테스트.
기능 테스트 — 통합 기능 테스트	기능 간 충돌 여부 등을 확인하는 전체적인 기능 테스트.
기능 테스트 — 애드혹(ad-hoc) 테스트	사용자 관점에서 버그 여부를 확인하는 테스트.
기능 테스트 — 회귀 테스트	과거 대응했던 버그의 재발생 여부 및 버그 수정으로 인한 문제 발생 여부 확인.
시스템 테스트 — 밸런스 테스트	캐릭터, 아이템, 플레이어 간 전투의 균형 테스트.
시스템 테스트 — 호환성 테스트	운영체제, 하드웨어, 소프트웨어, 네트워크 호환성 테스트.
시스템 테스트 — 성능 테스트	서버, 클라이언트, 네트워크 보안 테스트.
서비스 테스트	인증, 결제, 게임 로그, 운영 도구, 보안 도구 테스트.

통합 기능 테스트의 경우, 버그를 수정하면서 발생할 수 있는 새로운 문제를 확인하는 회귀 테스트를 함께 진행한다. 결과는 테스트 결과 보고서 및 버그 리스트로 작성되며 주로 버그 트래킹 시스템을 통해 개발팀에 공유된다. 검수 항목은 크게 기능 테스트, 시스템 테스트, 서비스 테스트로 구분된다.

큐에이는 주로 위와 같이 시스템 및 기획 결함을 파악하는 테크니컬 큐에이(technical QA)를 의미한다. 이 외에 펀 큐에이(fun QA), 크리티컬 큐에이, 데이터 분석 큐에이를 구분하기도 한다. 각 세부직군의 업무는 표와 같다.

큐에이의 세부 직군 및 업무	
세부 직군	설명
테크니컬 큐에이	시스템 및 기획 결함 파악.
펀 큐에이	포커스 그룹 테스트(Focus Group Test, FGT) 및 게임 로그 분석을 통한 재미 검증.
크리티컬 큐에이	매출에 영향 미치는 치명적인 버그 파악.
데이터 분석 큐에이	플레이어 행동 양상 분석.

- **관련 용어** 게임 기획자, 게임 프로그래머
- **참고 자료** 정원철 외, 『GAME QA : 성공적인 게임의 숨은 조력자』, 한빛미디어, 2011. | 게임 큐에이, www.gameqa.org

큐투엘 Quest to Learn, Q2L

| 학생이 게임을 통해 지적 능력을 계발할 수 있도록 지도하는 뉴욕 맨해튼의 공립학교.

2009년 세계 최초로 게임 기반 학습법을 도입한 미국 맨해튼의 공립학교. 미국 놀이 연구소(Institute of Play)가 설립했다. 첫해에는 6학년만을 대상으로 운영했으나 2015년에는 6학년부터 12학년까지를 포함한 중·고등학교 교육과정에 게임 기반 학습법을 적용했다. 큐투엘은 '게임과 같은 학습'을 목표로 하며 게임 디자인 원칙에 따라 커리큘럼을 기획한다. 커리큘럼 기획은 교사뿐만 아니라 게임 디자이너, 커리큘럼 디자이너가 공동으로 참여한다. 학생은 수업 시간에 게임을 직접 플레이하거나 만드는 과정을 통해 커리큘럼을 익힐 수 있다. 또한 역할극이나 시뮬레이션을 하면서 디지털, 온라인, 모바일 매체를 적극적으로 활용한다.

전반적인 교육 과정은 낙오자가 생기지 않도록 재도전이 가능한 구조로 이루어져 있다. 게임에서처럼 학생이 자신에게 주어진 퀘스트를 해결하면 그에 따른 보상을 받고 레벨이 상승한다. 다만, 실패할 경우에도 불이익은 주어지지 않는다. 2011년 뉴욕 수학 경시대회(New York State Mathematics League)에서 큐투엘 출신의 학생이 1위를 차지하면서 이 학교의 학습 효과가 주목받기 시작했다. 2011년 시카고에서는 유사한 교육 모델을 도입한 시카고 퀘스트(Chicago Quest, CQ)가 설립됐다.

- **관련 용어** 미국 놀이 연구소, 시카고 퀘스트
- **참고 자료** Bernard Perron, *The Video Game Theory Reader 2*, Routledge, 2008. | Katie Salen, *Quest to Learn : Developing the School for Digital Kids*, The MIT Press, 2011. | 미국 놀이 연구소, www.instituteofplay.org | 퀘스트 투 런, www.q2l.org | 한국국제게임컨퍼런스, www.kgconf.com

크라우드 소싱 crowd sourcing

| 지적재산의 생산 과정에 대중을 참여시키는 방식.

집단지성을 이용한 과제 해결 방법. 익명의 대중이 웹 기반 가상 세계에서 정보의 생성·편집·제공에 참여하는 것이다. 크라우드 소싱은 대중(crowd)과 외부

발주(outsourcing)의 합성어로, 2006년 미국 월간지 《와이어드(Wired)》에서 제프 하우(Jeff Howe)가 처음 언급했다. 크라우드 소싱의 개념이 등장한 초기에는 기업의 제품·서비스 개발 기법의 일환으로 주목받았으나 점차 공공의 지적재산을 창조하는 방식으로 의미가 확장됐다.

크라우드 소싱의 장점은 소수 전문가 집단의 폐쇄성을 극복하고 창의적인 해결 방식을 도출할 수 있다는 점이다. 대중의 참여를 원활하게 하기 위해 게임 기법을 활용하는 경우가 많다. 대표적인 사례로 미국 워싱턴대학교에서 개발한 온라인 게임 〈폴딧(Foldit)〉이 있다. 아미노산을 다양한 방식으로 조합하는 퍼즐 게임인 〈폴딧〉은 단백질 구조를 해독하기 위한 데이터 수집에 이용된다.

대체 현실 게임(Alternative Reality Game, ARG)은 크라우드 소싱을 게임 진행 방식으로 수용한 장르이다. 한정된 정보를 제공받은 플레이어들은 협업을 통해 가상의 사건을 해결한다. 〈아이 러브 비즈(I Love Bees)〉와 〈더 비스트(The Beast)〉가 대표적이다.

- **관련 용어** 크라우드 펀딩
- **참고 자료** 제프 하우 저, 박슬라 역, 『크라우드소싱』, 리더스북, 2012. | 황용석, 『온라인 저널리즘』, 커뮤니케이션북스, 2013. | 한혜원, 「가상 세계의 집단 지성과 창작 주체 연구」, 『한국문학이론과 비평』, vol.44, no.0, 한국문학이론과비평학회, 2009.

크라우드 펀딩 crowd funding

| 개인이나 집단이 인터넷을 통해 다수의 대중으로부터 모금을 받는 행위.

개인, 단체, 기업이 모금 취지와 사업 개요를 공개하고 다수의 대중으로부터 자금을 조달하는 모금 방식. 주로 소셜 네트워크 서비스나 인터넷 중개 사이트를 통해 진행된다. 목표 금액과 모금 기간을 명시하며 기간 내에 목표 금액에 도달하지 못할 경우, 투자자의 돈을 모두 돌려준다. 크라우드 펀딩은 투자금에 대한 보상 여부와 보상 형태에 따라 기부형·후원형·투자형으로 구분된다.

소규모 제작사가 개발하는 게임의 경우, 후원형 크라우드 펀딩을 통해 자본을 확보하기도 한다. 투자에 대한 보상으로 알파·베타 테스트 참가권, 각종 아

크라우드 펀딩의 유형	
종류	설명
기부형	투자에 대한 보상이 지급되지 않으며 모금액은 공익적 용도로 이용됨.
후원형	투자에 대한 보상이 금전적 보상 외에 공연 티켓 제공, 시사회 초대 등 다른 형태로 지급됨.
투자형	투자에 대한 보상이 기업 지분, 수익 배분 등 금전적 형태로 지급됨.

이템, 한정판 패키지 등을 제공한다. 후원형 크라우드 펀딩을 통해 제작된 게임으로는 모바일 게임인 〈와들와들 펭귄즈(Waddle Waddle Penguins)〉를 비롯해, 테이블탑 역할수행 게임인 〈던 오브 페이트(Dawn of Fate)〉가 있다.

일부 크라우드 펀딩 중개 사이트에서는 투자 유도의 방편으로 게임화 전략을 이용하기도 한다. 투자 금액에 따라 순위를 부여하여 투자자의 경쟁심을 자극하고, 추첨을 통해 일부 투자자에게 본래 받는 보상을 상회하는 금액이나 상품을 지급한다. 대표적으로 크라우드 펀딩 중개 사이트인 '라주(Razoo)'의 기빙 데이(Giving Day) 이벤트가 있다. 24시간 동안 가장 많은 모금액을 달성하는 비영리 단체가 승리하는 이벤트이다.

- **유의어** 소셜 펀딩
- **관련 용어** 크라우드 소싱
- **참고 자료** 김인현 외, 『핀테크와 디지털뱅크』, 투이컨설팅, 2015. | 신혜성 외, 『크라우드펀딩』, 에딧더월드, 2014.

크라이엔진 CryEngine

| 개발사 크라이텍(Crytek)에서 개발한 게임 엔진.

크라이텍은 2001년부터 개발을 시작해 2004년에 1인칭 슈팅 게임 〈파 크라이(Far Cry)〉를 통해 첫 크라이엔진을 선보였다. 최초로 퍼 픽셀 쉐이딩(per pixel shading)과 하이 다이내믹 레인지(High Dynamic Range, HDR)를 사용했다. 이후 크라이텍은 일렉트로닉 아츠(Electronic Arts, EA)와 제휴해 〈크라이시스(Crysis)〉 시리즈를 제작하고, 이를 통해 크라이엔진 2와 크라이엔진 3으로 발전시켰다. 이들은 자체 에디터인 샌드박스 툴을 가지고 있으며 윈도우를 기본 플랫폼으로 한다. 물리역학, 루아(Lua) 언어 기반 인공지능, 높이맵(heightmap) 시스템을 지원하며 다이렉트 3D를 이용한 3차원 렌더링, 네트워크 엔진 등이 내장되어 있다. 이

후 엑스박스 360(Xbox 360)과 플레이스테이션 2(Playstation 2) 등 콘솔에 적용할 수 있는 범용엔진으로 발전했다. 크라이엔진으로 제작한 게임으로는 〈문명 온라인(Civilization Online)〉, 〈아이온 : 영원의 탑〉, 〈아키에이지〉 등이 있다.

- **관련 용어** 게임 엔진
- **참고 자료** 댄 트레이시, 숀 트레이시 저, 정재원 역, 『CryENGINE 3 Cookbook 한국어판 : 〈아이온〉을 만든 3D 게임엔진 크라이엔진 3』, 에이콘, 2012. | 제이슨 그레고리 저, 박상희 역, 『게임 엔진 아키텍처 : 게임 프로그래머가 꼭 알아야 할 게임 엔진 이론과 실무』, 에이콘, 2013. | Sascha Gundlach, Michelle K. Martin, *Mastering CryENGINE*, Packt Publishing, 2014.

크랙 crack

| 소프트웨어의 보안 암호 코드를 해지하고 복제 혹은 개조한 파일.

정품 확인 및 보안과 관련된 일련의 인증 과정을 생략한 불법 파일. 크랙 파일을 만드는 행위를 '크래킹(cracking)', 크래킹을 전문으로 하는 사람을 '크래커(cracker)'라 한다. 크래킹 도구에는 키젠(keygen), 패치(patch), 로더(loader) 등이 있다. 크래커는 키젠을 통해 제품의 라이선스를 생성하거나 패치를 통해 다른 프로그램의 머신 코드를 수정한다. 보안 절차를 회피하기 위해 로더를 이용해 프로그램의 시작 과정을 수정하기도 한다. 크래킹 전문 집단을 '릴리즈 그룹(release group)'이라 칭한다. 모바일 게임은 일반적으로 정품 인증을 거치지 않기 때문에 캐릭터 능력치, 가상 통화, 유료 아이템 등을 수정한 크랙 애플리케이션이 등장해 문제가 됐다. 일례로 모바일 게임 〈크리티카 : 혼돈의 서막(Kritika : Chaos Unleased)〉의 경우 출시 첫 주부터 크랙 애플리케이션이 남용돼 게임 운영에 차질이 생겼다. 크랙을 막기 위해 게임 개발자들은 지속적인 업데이트를 통해 보안을 강화한다.

- **유의어** 크래커, 크래킹
- **관련 용어** 소프트웨어, 정품 인증, 보안, 릴리즈 그룹, 크랙 애플리케이션
- **참고 자료** 가드프리 놀란 저, 박수현 역, 『디컴파일링 안드로이드』, 길벗, 2012. | 조시행, 「악성코드의 진화에 따른 대응기술 및 표준화 동향」, 『TTA Journal』, no.118, 한국정보통신기술협회, 2008. | Donn Seeley, "Password Cracking : A Game of Wits", *Communications of the ACM*, vol.32, no.6, ACM, 1989. | 디스이즈게임, 〈크리티카 모바일'도 넘은 크랙에 몸살. '불법개조 & 유포'와 전쟁〉, www.thisisgame.com/webzine/news/nboard/4/?n=55929

크레디트 영상 credit

| 게임 개발에 참여한 사람들의 명단을 보여주는 영상.

게임 제작에 참여한 개발자, 디자이너, 기획자 등의 이름을 분야별 책임자순으로 보여주는 영상. '클로징 크레디트(closing credit)'나 '스태프 롤(staff roll)'이라고도 한다. 화면 하단에서 상단으로 나열되는 롤 업(roll up) 방식을 사용한다. 게임을 클리어한 후 엔딩 지점에서 확인할 수 있다. 경우에 따라 크레디트 영상을 보는 것이 미션으로 주어지는 게임도 있다. 온라인 게임의 경우, 크레디트 영상을 볼 수 있는 별도의 메뉴가 존재한다.

크레디트 영상은 개발진의 이름만 나열하는 경우가 대부분이지만 게임의 스토리를 일부 차용하여 독자적인 방식으로 구성된 경우도 있다. 엔씨소프트(NCSOFT)에서 개발한 〈블레이드 & 소울〉은 스토리를 소개하는 오프닝에 크레디트 영상이 나온다. 캡콤(Capcom)이 개발한 〈역전재판(逆転裁判)〉에서는 캐릭터별 성우가 소개될 때마다 해당 성우가 주인공의 주요 대사인 '이의 있음!'을 외친다. 닌텐도(Nintendo)가 개발한 〈대난투 스매시 브라더스(Super Smash Bros.)〉에서는 플레이어가 크레디트 영상에 나타난 개발자의 이름을 사격 표적처럼 명중시키면 해당 개발자가 담당한 작업 내역이 뜬다. 〈동물의 숲(Animal Crossing)〉의 경우, 캐릭터에게 노래를 신청하여 들을 수 있는데 이때 개발자의 이름이 화면 오른쪽에 나타난다. 네시삼십삼분이 개발한 〈회색도시 2〉에서는 하나의 에피소드가 끝날 때마다 크레디트 영상이 등장하며 최종 엔딩 크레디트

〈블레이드 & 소울〉 크레디트 영상

영상에 'And You'라는 문구를 삽입해 플레이어와의 유대감을 강화한다.

2007년 록스타 노스(Rockstar North)가 개발한 〈맨헌트 2(Manhunt 2)〉의 크레디트 영상에 50여 명의 개발자 명단이 누락되는 일이 계기가 되어 같은 해, 국제 게임 개발자 협회(International Game Developers Association, IGDA)는 개발자 크레디트의 표준안을 마련했다. 그러나 2011년 팀 본디(Team Bondi)가 개발한 〈엘에이 누아르(L.A. Noire)〉에서 130여 명의 개발자 명단이 또다시 누락되는 일이 벌어졌고, 개발자들은 항의의 표시로 페이스북과 공식 홈페이지 등에 모든 개발자가 포함된 크레디트 영상을 만들어서 공개했다.

2013년 국제 게임 개발자 협회에서는 개발자 크레디트와 관련하여 별도의 '특별 이해 집단(Special Interest Groups, SIG)'을 조직했다. 공식 홈페이지에 개발자 크레디트와 관련한 개발사 및 유통사의 모범 사례를 제시하고 표준안을 비디오 형태로 페이스북에 게재했다. 크레디트 영상은 개발자의 저작권에 대한 존중의 표시이다. 게임이 시리즈물인 경우, 크레디트를 통해 게임의 역사와 계보를 확인할 수 있다.

- **유의어** 게임 크레디트, 클로징 크레디트, 스태프 롤
- **관련 용어** 게임 저작권, 개발자
- **참고 문헌** 김일태 외, 『만화 애니메이션 사전』, 한국만화영상진흥원, 2008. | 린다 그래튼 저, 조성숙 역, 『일의 미래』, 생각연구소, 2012. | Mary S. Schaeffer, *Essentials of Credit, Collections, and Accounts Receivable*, John Wiley & Sons, 2002.

크로스미디어 cross media

| 하나의 콘텐츠가 다양한 미디어 플랫폼으로 출시되는 현상.

동일 콘텐츠가 다수의 미디어 플랫폼을 통해 유통되는 미디어 현상. 게임에서 크로스미디어는 게임 콘텐츠가 만화, 애니메이션, 영화 등의 플랫폼으로 출시되는 현상을 지칭한다. 구현되는 플랫폼에 따라 원작이 되는 게임 콘텐츠의 내용 및 구성은 변하지만, 스토리는 동일하기 때문에 사용자는 이를 결합해 전체 서사를 완성할 수 있다.

게임 기반 크로스미디어의 대표적인 사례는 일본의 게임 회사 레벨파이브

(LEVEL-5)가 2013년에 진행한 〈요괴워치(Yo-Kai Watch / 妖怪ウォッチ)〉 크로스미디어 프로젝트가 있다. 〈요괴워치〉는 〈썬더 일레븐(Lightning Eleven / イナズマイレブン)〉, 〈골판지 전사(Danball Senki / ダンボール戦機)〉에 이은 레벨파이브의 크로스미디어 작품으로, 게임 개발 단계에서부터 만화, 애니메이션, 캐릭터 상품, 서적 등을 동시에 기획 및 출시한 게임 원작 프로젝트이다.

레벨파이브의 〈요괴워치〉는 2014년 일본의 경제 잡지 《닛케이 트렌디(Nikkei Trendy / 日濟トレンディ)》가 선정한 히트상품 2위에 선정됐으며, 게임을 기반으로 복수 미디어를 활용한 성공적인 크로스미디어 사례로 평가됐다.

- **관련 용어** 게임의 영화화, 트랜스미디어, 피규어
- **참고 자료** 류철균, 한혜원 외, 『트랜스미디어 스토리텔링의 이해』, 이화여자대학교출판부, 2015. | 한국콘텐츠진흥원 일본사무소, 『일본 콘텐츠 산업동향 2015년 3호』, 한국콘텐츠진흥원, 2015.

크툴루 신화 Cthulhu mythology

| 미지에 대한 공포를 바탕으로 창시한 고대 문명과 외계의 존재에 대한 이야기.

H. P. 러브크래프트(Howard Philips Lovecraft)가 창시하고 어거스트 델레스(August Derleth)가 정리한 인공 신화. 인류가 탄생하기 이전 태고 시대에 우주나 다른 차원에서 지구를 찾아와 지배했던 이계의 존재에 관해 다룬다. 20세기 초 러프크래프트를 중심으로 미국 공포 소설 작가들이 본인이 만든 태고의 신, 마도서 등의 용어를 공유하면서 확장됐고 하나의 신화 체계를 구성했다. 모리세 료(森瀬繚)는 크툴루 신화를 체계화시킨 작가들을 표와 같이 세대별로 분류했다.

크툴루 신화 작가들의 세대 분류	
분류	설명
1세대	신화 형성기. 러브크래프트와 교류하며 용어를 주고받고, 신화 창조에 참여한 작가들.
2세대	신화 정리 및 보완기. 1세대 작가 작품에 영향을 받아 아캄 하우스 등의 출판사에서 작품을 발표한 작가들.
3세대	2세대 작가 작품과는 관계없이 크툴루 신화 장르가 이미 존재하는 시점에서 등장한 작가들.

러프크래프트는 인류 역사에서 가장 오래되고 강력한 감정을 공포라고 설명하고 미지에 대한 공포를 강조했다. 크툴루 신화는 이러한 미지에 대한 공포를 중심으로 만들어졌다. 크툴루 신화의 세계관은 인류가 탄생하기 이전에 신이라 불

게임 〈크툴루의 부름〉(1981)에 나타난 크툴루 신화의 신 분류		
분류	설명	사례
외부 신 (Outer God)	우주 원리를 나타내는 신들. 인간의 일은 신경쓰지 않음.	아자토스(Azathoth), 요그 쇼트스(Yog-Sothoth), 니알랏토텝(Nyarlathotep)
위대한 고대의 존재들 (Great Old One)	인류 이전에 지구를 지배했던 이들. 인류와 다른 정신.	크툴루, 하스터(Hastur), 크투가(Cthugha)
고대 신 (Elder God)	인류에게 호의적이며, 외부 신. 위대한 고대 존재들과 적대관계. 선한 신.	노덴스(Nodens)

리는 외계의 존재들이 지구를 지배했다는 상상에서 출발한다. 인간은 우주의 신비, 공포적인 비밀들, 이해할 수 없는 초자연적 존재들에게 압도당했다. 크툴루 신화에 따르면, 현재 신들은 활동을 쉬고 잠들어 있으며 이러한 태고의 진실은 금지된 서적에만 단편적으로 남아 있다.

크툴루 신화는 소설, 영화, 게임 등에서 다양하게 차용된다. 게임의 경우 세계관, 기괴한 몹(Mob)의 디자인 설정 등에서 나타나며, 주로 공포 게임에서 차용된다. 대표적인 사례는 테이블탑 역할수행 게임인 〈크툴루의 부름(The Call of Cthulhu)〉으로, 이는 크툴루 신화의 신들을 체계적으로 분류했다. 이 외에도 크툴루 신화를 차용한 게임들은 신들 사이의 대립관계를 설정하기도 했다.

야마키타 아쯔시가 제시한 크툴루 신화 게임 속 신들의 관계 분류		
이름	설명	적대관계
니알랏토텝	속성은 흙. 천의 가면을 지님. 외부 신의 사자이자 위대한 고대의 존재들.	크투가
크툴루	속성은 물. 날개 달린 문어 괴물. 태평양 해저에 있는 폐허에 잠들어 있음.	하스터
하스터	속성은 바람. 부정형의 모습. 알데바란 성계 고대 도시에 있는 검은 호수에 유폐됨.	크툴루
크투가	속성은 불. 초고열 플라즈마 상태의 모습. 항성 포마르하우트의 중력권에 유폐.	니알랏토텝

크툴루 신화를 차용한 게임의 경우 전체적인 세계관을 차용한 경우와 모티프만 차용한 경우로 나눌 수 있다. 크툴루 신화의 배경 세계관을 그대로 가져온 대표적인 게임으로는 보드 게임인 〈아캄 호러(Arkham Horror)〉와 〈혜성의 그림자(Shadow of the Comet)〉, 1인칭 슈팅 게임인 〈크툴루의 부름 : 지구의 음지(Call of Cthulhu : Dark Corners of the Earth)〉, 모바일 게임인 〈엘더 사인 : 오멘스(Elder Sign : Omens)〉 등이 있다.

한편 일부 모티프만 차용한 대표적 게임들도 있다. 〈월드 오브 워크래프트〉에 등장하는 고대신은 크툴루 신화의 신들에서 모티프를 가져왔다. 〈도타 2〉에는 아이템으로 크툴루 신화의 주요 마도서인 네크로노미콘(Necronomicon)이, 〈리그 오브 레전드〉에서는 모렐로노미콘(Morellonomicon)이 등장한다.

- **관련 용어** 미지에 대한 공포, 고대문명과 우주, 공유된 세계관
- **참고 자료** 모리세 료 저, 김훈 역, 『크툴루 신화 사전』, 비즈앤비즈, 2014. | 야마키타 아쓰시 저, 곽지현 역, 『판타지 사전』, 비즈앤비즈, 2012. | 이나바 요시아키 저, 송현아 역, 『부활하는 보물』, 들녘, 2002. | IT동아, 〈[보드 게임의 세계] 압도적 공포와의 한 판 대결, '아캄 호러'〉, http://it.donga.com/20683/

클라우드 게이밍 서비스 cloud gaming service

| 클라우드 서버에서 게임을 실행 및 연산한 후 인터넷을 통해 스트리밍하는 게임 서비스.

서버에 게임 데이터를 저장하고 개인용 컴퓨터, 스마트폰 등에서 요청이 들어오면 실시간으로 게임을 제공하는 서비스. 기본적으로 클라우드 컴퓨팅 시스템(cloud computing system)을 활용한다. 플레이어는 게임 클라이언트를 설치하지 않고서도 개별 단말기를 통해 인터넷 접속이 가능한 모든 곳에서 게임을 즐길 수 있다. 플레이어의 개별 단말기는 데이터를 출력할 뿐, 모든 데이터는 중앙 서버에서 통합적으로 처리되므로, 데이터 업데이트, 데이터 저장 및 관리, 정보 보안 등의 측면에서 효율적이라고 평가된다.

클라우드 게이밍 서비스는 지연시간(latency)이 생길 수 있다는 약점이 있는데, 플레이어들은 지연시간이 60초를 초과할 경우 입력과 출력된 화면이 실시간으로 연동되지 않음을 인지하고 불편함을 느낀다. 이는 캐릭터의 역동적인 움직임을 중요시하는 액션, 스포츠 등의 게임 장르에서 치명적인 결함으로 여겨진다. 지연시간을 낮추기 위해서는 데이터 압축, 네트워크 대역폭 등 다양한 기술적 기반이 요구된다.

클라우드 게이밍 서비스의 기반이 되는 클라우드 컴퓨팅 시스템은 사용자가 필요한 작업을 네트워크 환경에 요청한 후, 네트워크 환경에서 필요한 자원을 할당받아 작업을 실행하는 것이다. 기업 내 협업 환경을 구축하기 위해 중앙 서버에

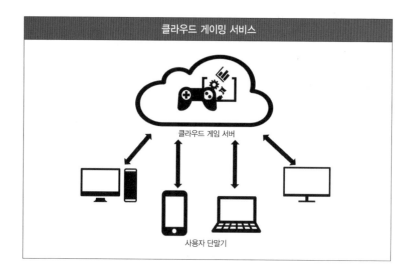

클라우드 게이밍 서비스

클라우드 게임 서버

사용자 단말기

서 모든 데이터를 관리하는 프라이빗 클라우드(private cloud)에서 시작됐다. 이후 별도의 서비스 업체가 서버를 대여하는 퍼블릭 클라우드(public cloud), 기업이 대여한 서버에 보안 시스템을 접목해 폐쇄적으로 운영하는 하이브리드 클라우드(hybrid cloud)가 등장했다.

대상 고객에 따라 클라우드 컴퓨팅 서비스는 기업 클라우드와 개인 클라우드로 구분된다. 개인 클라우드의 주요 서비스에는 단말기 간 동기화 서비스, 클라우드 기반 스트리밍 서비스 등이 있다.

클라우드 컴퓨팅의 유형 클라우드 컴퓨팅은 제공하는 서비스에 따라 아래 표에서와 같이 3가지로 구분된다.

스트라베이스가 제시한 클라우드 컴퓨팅 서비스 종류와 특징		
분류	설명	사례
소프트웨어 서비스 (Software as a Service, SaaS)	소프트웨어나 애플리케이션을 서비스하는 형태. 기존 소프트웨어처럼 라이선스를 구매해 단말에 설치하는 것이 아니라 웹을 통해 임대하는 방식.	구글 앱스, 애플 모바일 미 (Apple Mobile Me) 등
플랫폼 서비스 (Platform as a Service, PaaS)	애플리케이션 제작에 필요한 개발 환경을 제공하는 방식. 개발사는 비싼 장비와 개발 툴을 구매하지 않고 쉽게 애플리케이션을 개발할 수 있음.	구글앱엔진, 페이스북 F8 등
인프라 서비스 (Infrastructure as a Service, IaaS)	서버, 스토리지(storage), 시피유(CPU), 메모리 등 각종 컴퓨팅 기반 요소를 서비스 형태로 제공. 자체 인프라 투자가 어려운 중소업체가 주 고객.	아마존 EC2 & S3, 고그리드 조이엔트(Gogrid Joyent) 등

클라우드 컴퓨팅 서비스는 주로 아마존, 구글, 마이크로소프트, 애플 등의 사업자들에 의해 제공된다. 아마존은 방대한 데이터 센터 인프라를 활용해 아마존 웹 서비스(Amazon Web Service, AWS)를 2002년부터 제공하고 있다. 대표적인 서비스는 웹 기반 스토리지 서비스 'S3'와 일종의 가상 서버를 제공하는 'EC2'이다. 아마존은 초기 투자비용 절약, 유연한 용량 확장, 서비스 이용량에 따른 빠른 확장, 탄력적 규모 관리, 글로벌 시장 진출의 용이, 소규모 관리 인원이라는 6가지 장점을 들며 게임 서비스에서 아마존 웹 서비스의 강점을 제시했다. 네오위즈 게임즈(Neowiz Games), 넥슨(Nexon), 올엠(allm) 등의 게임 업체는 아마존 웹 서비스를 통해 게임 서비스를 제공하고 있다.

역사 최초의 클라우드 게이밍 서비스는 2000년에 제시된 지클러스터(G-cluster)이다. 이후 온라이브(OnLive)가 주목을 받았다. 온라이브는 고사양 콘솔 게임을 온라인 클라우드로 제공하는 게임 스트리밍 서비스이다. 이후 엔비디아 그리드(Nvidia Grid), 플레이스테이션 나우(Playstation Now), 스팀 인홈 스트리밍(Steam In-Home Streaming) 등 다양한 클라우드 게이밍 서비스가 등장하며 상용화 단계로 진입했다. 이들 클라우드 게이밍 서비스는 플레이어들의 게임 이용 행태를 '패키지 게임 구매'에서 '스트리밍 방식의 게임 이용'으로 변화시켰다.

클라우드 게이밍 서비스는 주로 게임 플랫폼 사업자와 이동통신사가 제공하며 각각 장단점이 다르다. 플랫폼 사업자의 경우 게임 종류는 다양하지만 지연시간이 상대적으로 길다. 소니의 플레이스테이션 나우가 여기에 속한다. 이동통신사의 경우 지연시간은 짧지만 게임 콘텐츠가 부족하다.

- **유의어** 클라우드 컴퓨팅 시스템
- **관련 용어** 게임 스트리밍, 지연시간, 아마존 웹 서비스
- **참고 자료** 크리스토퍼 버넷 저, 이경환, 윤성호 역, 『클라우드 컴퓨팅』, 미래의창, 2011. | 한국콘텐츠진흥원, 『문화기술(CT)심층리포트 11호 : 클라우드 컴퓨팅 기술 동향』, 한국콘텐츠진흥원, 2011. | 한국콘텐츠진흥원, 『글로벌 게임산업 트렌드』, 한국콘텐츠진흥원, 2014. 12. | 테크인아트, 「클라우드 게임 스트리밍 서비스 사례와 동향」, 『문화와 기술의 만남』, vol.40, 한국콘텐츠진흥원, 2015. | Larry Bernard, *Cloud Computing-Unabridged Guide*, Tebbo, 2012.

클라이언트/서버 시스템 client/server system

| 네트워크를 통해 데이터를 분산 처리하는 시스템.

클라이언트가 서버에 서비스를 요청하면 서버가 이를 처리해 결과를 주는 시스템. 다중접속온라인 역할수행 게임에서 활용된다. 클라이언트/서버 시스템은 네트워크에서 컴퓨팅 자원을 분산하여 자료를 처리하는 분산 처리 시스템으로, 하나의 서버는 네트워크를 통해 동시에 복수 클라이언트를 지원한다.

온라인 게임에서 클라이언트/서버 시스템은 클라이언트, 서버, 데이터베이스로 구성된다. 서버는 게임 진행의 모든 정보를 저장하고 유지하며 클라이언트 프로그램은 플레이어의 개인 컴퓨터에서 작동하며 서버에 저장된 정보를 표시한다. 게임은 상시 가동하는 게임 서버를 통해 실행된다. 서버는 어떤 시스템을 사용하고 어떻게 게임을 발전시킬 것인지에 따라 그 구조가 상이하다. 이때 플레이어 데

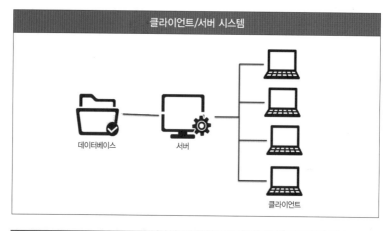

클라이언트/서버 시스템

데이터베이스 　 서버 　 클라이언트

신용훈이 제시한 게임 서버 구조의 종류	
종류	설명
단일 서버 구조	서버에 접속 가능한 플레이어 수가 제한적임. 클라이언트가 인증 서버를 거치고 바로 게임 서버에 접속하는 구조. 게임 데이터베이스를 따로 두고 저장함.
분산 서버 구조	2대 이상의 서버를 운영. 특정 서버에 부하가 집중되지 않도록 각 서버 접속 인원을 파악해 서버 부하를 분산. 대칭 서버 방식, 비대칭 서버 방식이 있음.
중앙집중형 인증 구조	하나의 서버 집단이 아닌 다수의 서버 집단을 사용. 여러 서버 집단에서 하나의 인증 서버와 로비 서버를 통해 게임에 접속. 통합형 플레이어 데이터베이스를 사용함.
분산형 인증 구조	서버 집단마다 고유한 인증 서버를 가짐. 선택한 서버 집단에 해당하는 고유 인증과 로비 서버를 활용하여 게임에 접속. 개별 플레이어 데이터베이스를 사용함.

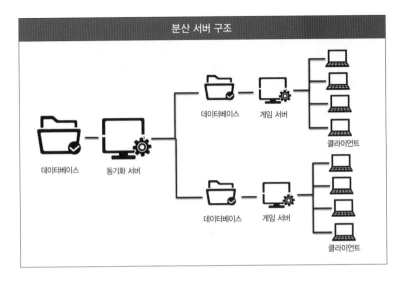

분산 서버 구조

데이터베이스   게임 서버

클라이언트

데이터베이스   동기화 서버

데이터베이스   게임 서버

클라이언트

이터베이스의 저장 및 활용 범위 등도 영향을 미친다.

〈이브 온라인(EVE Online)〉은 전 세계 단일 서버를 제공하는 대표적 게임이다. 대부분의 다중접속온라인 역할수행 게임은 분산 서버 구조를 활용하며, 대표적으로는 〈리니지 II〉, 〈월드 오브 워크래프트〉 등이 있다. 분산 서버 구조는 각각의 서버마다 관리하는 정보에 차등을 주어 관리해 서버 과부하를 방지한다.

서버에서 관리할 수 있는 플레이어 데이터베이스의 기능에는 한계가 있으므로 갑자기 플레이어들이 동시 접속하는 경우 서버에서 정보를 처리하는 속도가 현저하게 느려지고 이로 인해 운영체제가 다운될 수 있다. 일례로 〈리그 오브 레전드〉는 한국 이용자 수가 급격히 늘어나자 2012년 말부터 2013년 초까지 주기적으로 서버 장애가 발생했다. 개발사인 라이엇 게임즈(Riot Games)는 서버를 증설하고 게임 시작 인원수를 조정하는 등 서버 안정화를 위한 조치를 취했다.

이러한 데이터베이스 과부하를 막기 위해서는 서버 분산 처리가 중요하다. 서버 관리자는 이러한 문제를 방지하기 위해 서버의 동작 과정을 점검하고, 문제가 발생하면 이를 해결하는 업무를 수행한다. 서버 관리자의 주 업무는 컴퓨터 시스템의 유지 보수, 성능 향상에 대한 기획, 전산실 유지, 정기적 자료 백업, 플레이어별 권한 부여, 사용법 교육, 시스템 모니터링, 개선책 마련 등이다.

■ **유의어** 클라우드 게이밍 서비스, 그리드 컴퓨팅
■ **관련 용어** 클라이언트, 서버, 데이터베이스, 서버 관리자

■ **참고 자료** 나카시마 켄고 저, 김상우 역, 『온라인 게임을 지탱하는 기술』, 위키북스, 2006. | 삼성SDS 기술사회, 『핵심 정보통신기술 총서 05 : 인터넷산업』, 한울아카데미, 2010. | 신용훈, 『전략적 게임학원론』, 북스홀릭, 2012. | 알렉스 버슨 저, 엄기현 역, 『클라이언트/서버구조』, 이한출판사, 1995. | Robert Orfali, Jeri Edwards, Dan Harkey, *The Essential Client/Server Survival Guide*, Van Nostrad Reinhold, 1994.

키 프레임 애니메이션 key frame animation

| 캐릭터 동작의 핵심인 키 프레임을 통해 움직임을 구현하는 기술.

캐릭터의 동작을 구현하는 애니메이션 기술. 키 프레임은 캐릭터의 움직임에서 중요한 부분을 표시한 프레임을 가리킨다. 주로 동작의 첫 부분과 마지막 부분이 키 프레임에 해당한다. 전통적인 방식의 셀 애니메이션의 경우, 수석 애니메이터가 먼저 키 프레임을 그린 후 인-비트윈(in-between) 애니메이터가 키 프레임 사이의 프레임을 채워 넣었다. 셀 애니메이션에서는 모든 과정이 수작업으로 진행됐으나 기술이 발달한 후에는 애니메이션의 타임라인에 키 프레임을 설정하고 위치, 각도, 회전 등에 해당하는 변화 값을 입력하면 키 프레임 사이에 인-비트윈 프레임이 자동으로 생성 및 연결된다. 게임에서도 캐릭터의 동작을 구현하기 위해 필수적으로 사용되며 유니티 3D(Unity 3D), 언리얼 유디케이(Unreal UDK) 등의 게임 엔진에서 기능이 제공된다.

■ **관련 용어** 키 프레임, 인-비트윈, 프레임, 게임 엔진
■ **참고 자료** 마르시아 쿠퍼버그 저, 김효용, 김남형 역, 『컴퓨터그래픽 & 애니메이션』, 안그라픽스, 2006. | 수 블랙먼 저, 유윤선 역, 『(시작하세요!) Unity 3D 게임 프로그래밍 : 유니티를 활용한 3D 게임 개발』, 위키북스, 2012.

키덜트 kidult

| 유년의 감성과 취향을 가지고 이와 관련된 문화를 소비하는 성인.

어린이를 의미하는 단어인 키드(kid)와 어른을 칭하는 어덜트(adult)의 합성어. 키덜트라는 용어는 1985년 《뉴욕타임스(The New York Times)》에서 갓 성인에 진

입한 사람들을 대상으로 하는 방송 프로그램을 가리키기 위해 처음 사용했다. 2000년대 이르러 유년 시절의 문화를 다시 찾는 성인들이 급증하자 동심과 관련된 문화를 소비하는 성인을 지칭하는 말로 굳어졌다. 키덜트는 과거의 향수를 불러일으키는 복고 문화나 동심을 불러일으키는 문화를 향유한다. 현재는 완구를 수집하는 성인을 지칭하는 의미로 한정시켜 사용하기도 한다.

게임 문화에서 키덜트는 주로 유년시절 플레이하던 게임 캐릭터의 정보나 피규어를 수집하는 형태로 나타난다. 수집의 대상이 되는 대표적인 게임은 〈슈퍼마리오 브라더스〉와 〈포켓몬스터〉 등의 닌텐도 게임이다. 이 외에도 게임에서 등장한 로봇이나 무선모형 자동차를 수집하거나 레이싱 경주를 벌인다. '국제 무선모형 자동차 대회(Thailand International R/C Touring Car Championship, TITC)' 등에 참가하기도 한다.

■ **관련 용어** 마니아, 오타쿠, 복고 문화
■ **참고 자료** 김대영 외, 『마니아 씨, 즐겁습니까?』, 바이북스, 2014. | 박재환, 일상성·일상생활연구회, 『현대 한국사회의 일상문화코드』, 한울아카데미, 2004. | 아즈마 히로키 저, 장이지 역, 『게임적 리얼리즘의 탄생』, 현실문화연구, 2012.

키치 게임 kitsch game

| 구조나 그래픽 등에 키치적 요소가 포함된 게임.

통속성과 상업성을 내포한 예술 작품과 그 경향을 일컫는 말. 1860년대 독일 뮌헨에서 판매된 저가의 그림을 지칭하는 말에서 유래했다. 기존 예술 작품의 형식이나 기법을 의미 없이 모방한 작품, 대중에게 판매하기 위해 대량 생산된 작품 등을 일컫는다. 일군의 팝 아티스트가 상업적 이미지 및 텍스트를 예술의 기법으로 활용하면서 키치는 순수예술과 대중예술의 경계를 허무는 장치로 대두됐다. 키치 게임은 그래픽이나 게임 구조, 게임 세계, 캐릭터 설정 등에 키치적 요소를 활용해 대중적 선호도와 친밀감 등을 높인다.

이안 보고스트는 키치 게임의 특성으로 게임 세계의 개연성과 갈등의 부재, 단순한 구조, 친근한 그래픽, 쉬운 조작법 등을 언급했다. 페리 할림(Ferry Halim)이 개발한 〈레인메이커(Rainmaker)〉와 〈다이너 대시(Diner Dash)〉 등이 대표적이다.

- **관련 용어** 대중, 팝아트
- **참고 자료** Brian Schrank, Jay David Bolter, *Avant-garde Videogames: Playing with Technoculture*, The MIT Press, 2014. | Ian Bogost, *How to Do Things with Videogames*, University of Minnesota Press, 2011. | Thomas Kulka, *Kitsch and Art*, Penn State Press, 2010. | Clement Greenberg, "Avant-Garde and Kitsch", *Partisan Review*, vol.6 no.5, 1939.

킬 스틸 kill stealing

| 마지막 타격으로 다른 플레이어의 킬을 가로채는 행위.

멀티 플레이 게임에서 한 플레이어가 다른 플레이어의 킬을 뺏는 행위. 플레이어 A가 특정 대상의 체력치를 거의 소진시켰을 때, 전투에 적극적으로 관여하지 않은 플레이어 B가 마지막 타격을 가해 대상을 처치하는 방식으로 이루어진다. 플레이어의 킬 수가 기록되어 게임의 승패 및 개인의 기록에 영향을 미치는 1인칭 슈팅 게임, 모바(MOBA) 등의 장르에서 주로 나타난다. 다른 플레이어로부터 경험치, 아이템 등의 보상을 빼앗기 때문에 트롤링의 한 유형으로 분류되기도 하지만, 아군 플레이어의 성장을 도울 수 있어 전략적으로 사용되기도 한다. 일부 게임의 경우 킬 스틸을 방지하기 위해 대미지량을 계산해 이에 상응하는 보상을 제공하고, 킬 외에 어시스트 수를 따로 기록하는 시스템을 도입한다.

- **유의어** 막타, 트롤링
- **관련 용어** 부분 유료화, 현거래
- **참고 자료** Greg Lastowka, "Planes of Power : EverQuest as Text, Game and Community", *The International Journal of Computer Game Research*, vol.9 no.1, 2009. | James Grimmelmann, "Virtual Worlds as Comparative Law", *New York Law School Law Review*, vol.47 no.0, 2004.

ㅌ

타격감 impact feeling

| 게임 내 특정 대상을 공격했을 때 돌아오는 감각적 피드백.

플레이어가 특정 물체나 적을 타격했을 때 경험하는 심리적 감각. 타격하는 순간 게임에서 출력되는 시각적, 청각적, 촉각적 효과로부터 발생한다. 로라 에르미(Laura Ermi)와 프란스 메이라(Frans Mäyrä)는 게임의 감각적 재미로 그래픽, 사운드, 실재감, 통제감과 함께 타격감을 제시했다. 타격감이 좋은 게임에서 플레이어는 특정 대상을 물리적으로 타격했을 때와 유사한 느낌을 받으며 이에 따라 자신의 조작 습관을 형성한다. 물리적 타격감은 시각, 청각, 촉각으로부터 발생하기 때문에 게임에서는 영상, 음향, 체감 정보를 중심으로 타격감을 구현한다. 게임 내 타격감을 구현하는 요소는 표와 같다.

플레이어에게 타격감을 제공하기 위해서는 구현 요소의 유기적인 조합과 타격 순서에 대한 고려가 필요하다. 타격감은 플레이어의 몰입 정도를 결정하기 때문에 게임 평가의 주요한 요인으로 작용한다. 〈리니지〉의 경우 무기에 화려한 타격 효과를 구현하는 아이템 '정령탄' 패치 이후 본격적으로 흥행에 성공했다.

타격 행동에 대한 반응이 지연되거나 반응 시간이 적절하지 않으면 플레이어

게임의 타격감 구현 요소		
분류		설명
영상	애니메이션	대미지 (damage)	타격 대상이 충격을 받았을 때 발생하는 애니메이션으로, 타격 부위와 세기에 따라 다양한 물리 효과를 표현함.

게임의 타격감 구현 요소			
분류			설명
영상	애니메이션	대미지 (damage)	타격 대상이 충격을 받았을 때 발생하는 애니메이션으로, 타격 부위와 세기에 따라 다양한 물리 효과를 표현함.
		경직 (freezing)	플레이어가 대상을 타격하는 순간 프레임을 일시적으로 정지, 지속시켜 타격 행위를 부각시킴.
		암전 (dark change)	타격이 발생하는 순간 타격자와 피격자를 제외한 다른 부분을 흐리게 처리하거나 보이지 않도록 함.
	카메라	이동 (shift)	타격 시 대상에 가해지는 힘의 방향으로 이동하거나 타격 무기의 속도를 관성 효과로 표현하기 위해 사용함.
		흔들림 (shaking)	타격으로 인한 충격을 모방하기 위한 기법으로, 흔들리는 속도나 정도에 따라 타격감의 강약 조절이 가능함.
		줌 인 (zoom in)	타격이 발생하는 순간 타격 지점을 중심으로 화면을 줌 인 시켜 타격으로 인한 충격을 강조함.
	특수효과	충격 효과 (hit lighting)	타격으로 인한 충격을 시각적으로 표현하는 기법으로, 타격 무기, 피격 대상의 재질에 따라 다른 효과를 사용함.
		파편 (particles)	대상이 충돌했을 때 충격으로 인해 발생하는 입자나 불꽃을 표현하는 효과로, 충격 정도에 따라 크기를 조절함.
		잔상 (after image)	타격을 위해 휘두른 무기의 이동 거리만큼 잔상을 표현하여 속도감을 표현하고 타격 여부를 인지할 수 있도록 함.
음향	충격 효과음 (impact sound effects)		타격 시 발생하는 충돌의 효과음으로, 타격 무기나 피격 대상의 재질을 고려하여 실제 감각을 모방함.
	발사 효과음 (shoot sound effects)		타격 무기로 발사형 무기를 사용할 때 발생하는 효과음으로, 무기의 종류, 발사 방법에 따라 다른 효과를 사용함.
	대미지 신음 (damage moan)		소리의 출력이 가능한 대상을 타격했을 때 발생하는 효과음으로 플레이어의 심리적 타격감을 가중시킴.
체감	컨트롤러 진동 (controller rumble)		타격 시 발생하는 충격을 컨트롤러의 진동을 통해 전달하는 기법으로, 진동 시간, 강약 조절을 통해 충격 정도를 조절함.

가 느끼는 타격감은 감소하게 된다. 기법별 효율 정도로는 카메라 흔들림, 대미지 애니메이션, 충격 효과음이 가장 큰 타격감을 제공하며, 타격 무기, 피격 대상의 재질에 맞는 효과를 구현해야 한다. 일반적으로 게임의 장르나 시스템, 세계관 등을 고려하여 적합한 효과와 기법을 선택한다.

- **관련 용어** 몰입, 플레이어
- **참고 자료** 문성준, 조형제, 「게임의 타격감에 대한 효율 향상 연구」, 『한국게임학회 논문지』, vol.12 no.2, 한국게임학회, 2012. | 문성준, "게임 속 타격감의 근원과 효율 향상에 대하여", 한국국제게임컨퍼런스 (Korea Game Conference, KGC), 2014. | Suzanne de Castell, Jennifer Jenson(edit), *Worlds in Play : International Perspectives on Digital Games Research*, Peter Lang International Academic Publishers, 2007. | Gamasutra, "Improving the Combat 'Impact' Of Action Games", www.gamasutra.com/view/feature/2290/improving_the_combat_impact_of_.php?print=1

타일 맞추기 게임 tile-matching game

| 타일을 없애기 위해 규칙에 따라 타일을 움직이는 게임.

규칙에 맞게 타일을 조작해 타일을 제거하는 게임. 예스퍼 율은 그 시초를 〈테트리스(Tetris)〉와 〈체인 샷(Chain Shot)〉으로 보며, 타일 맞추기 게임의 4가지 중요한 요소로 시간, 조작, 맞춤의 기준, 의무적인 맞춤을 제시했다. 각 요소는 신규 타일 맞추기 게임을 디자인하는 데 있어 독립적 요소로 활용돼 조합이 가능하다. 타일 맞추기 게임은 기존 타일 맞추기 게임의 요소를 차용하면서 발전했다. 대표적으로 〈닥터 마리오(Dr. Mario)〉에서는 타일을 맞추기 위해 특별한 물체를 맞춰야 하는데, 이는 이후 〈뿌요뿌요(Puyo Puyo)〉, 〈바쿠바쿠 애니멀(Baku Baku Animal)〉과 같은 게임에서도 차용됐다. 〈비주얼드(Bejeweld)〉의 경우 타일을 맞출 때 3개씩 맞춰야 한다는 규칙을 통해 '3개 맞추기(match-tree)'라는 하위 장르를 파생시켰다.

타일 맞추기 게임의 4가지 요소	
분류	설명
시간 (time)	타일을 맞추는 시간. 제한되거나 무한정 제공될 수 있음.
조작 (manipulation)	타일의 종류와 조작 방식. 떨어지는 타일 혹은 떨어진 타일을 조작함.
기준 (match criteria)	타일이 사라지는 기준. 한 줄 전체가 차야 사라지기도 하고, 타일의 색깔이나 모양이 맞아야 사라지기도 함.
의무(obligatory matches)	다음 행동을 위한 조건. 타일을 맞췄는지 아닌지에 따라 다음 행동을 수행할 수 있음.

- **유의어** 퍼즐 게임
- **관련 용어** 퍼즐 게임, 아케이드 게임
- **참고 자료** 이재홍, 『게임 스토리텔링』, 생각의나무, 2011. | 예스퍼 율 저, 이정엽 역, 『캐주얼 게임 : 비디오 게임과 플레이어의 재창조』, 커뮤니케이션북스, 2012. | 제스퍼 주울 저, 장성진 역, 『하프 리얼 : 가상 세계와 실제 규칙 사이에 존재하는 비디오게임』, 비즈앤비즈, 2014. | Ernest Adams, *Fundamentals of Puzzle and Casual Game Design*, New Riders, 2014.

타임머신 time machine

| 시공간의 경계를 넘나드는 데 사용되는 이동 수단.

과거 또는 미래로 시간 이동을 가능하게 하는 장치. 1895년 허버트 조지 웰스

의 공상 과학 소설 『타임머신(The Time Machine)』에서 최초로 미래로 이동할 수 있는 기계를 타임머신이라고 칭했다. 이후 드라마, 영화, 소설 등에서 시간여행 모티프와 함께 사용됐다. 게임에서 플레이어는 현재 또는 미래의 암울한 상황을 개선하기 위해 타임머신을 타고 과거로 돌아가거나 뜻하지 않게 타임머신에 탑승해 시간여행을 하게 된다. 개발자는 평행세계 모티프를 함께 도입하기도 하는데, 이는 플레이어가 과거로 돌아가서 한 행동으로 인해 현재 또는 미래에 모순이 발생하는 것을 방지한다.

〈크로노 트리거(Chrono Trigger)〉에서는 '실버드'라는 비행물체 형태의 타임머신이 등장한다. 플레이어는 실버드를 타고 원시, 고대 문명, 중세, 현대, 시간의 끝 등 시공간을 넘나들며 모험을 하게 된다. 이 외에도 '마스터 소드'라는 검을 통해 7년 전, 7년 후의 시간으로 이동할 수 있는 〈젤다의 전설 : 시간의 오카리나(The Legend of Zelda : Ocarina of Time)〉, 에너지원이 담긴 유물 형태의 타임머신이 등장하는 〈타임 앤 테일즈(Time N Tales)〉 등이 있다.

- **관련 용어** 시간여행, 평행우주, 공상 과학
- **참고 자료** Herbert George Wells, *The Time Machine*, Perfection Learning, 1992. | Matthew Jones, Joan Ormrod, *Time Travel in Popular Media : Essays on Film, Television, Literature and Video Games*, McFarland, 2015. | Paul Davies, *How to Build a Time Machine*, Penguin, 2003.

탄막 슈팅 게임 bullet hell

| 대규모 탄환 공격에 맞서 적을 격추시키는 장르.

다수의 적과 대치하면서 적의 공격을 회피하고 반격하는 게임. 흔히 슛뎀업(Shoot'em up)이라고도 한다. 주로 고정된 화면의 하단이나 측면에 플레이어의 우주선, 비행기, 로봇 등이 위치하고, 반대편에서 등장하는 적이 다량의 탄환으로 플레이어를 공격한다. 발사된 탄환은 색과 움직임이 화려하며 일정한 패턴을 이루는 것이 특징이다. 플레이어는 탄환의 복잡한 패턴을 학습해 판정 범위(hit box)에 닿지 않도록 빠르게 피해야 한다.

〈도돈파치(DoDonPachi)〉는 판정 범위가 작은 대표적인 게임으로, 플레이어가 미사일을 맞은 것 같아 보이더라도 판정 범위 안에 들어오지 않았다면 실제 대미지를 입지 않는다. 〈벌레공주(Mushihimesama)〉는 난이도에 따라 탄환의 수와 속도가 달라진다.

- **유의어** 슛뎀업
- **관련 용어** 슈팅 게임, 아케이드, 판정 범위
- **참고 자료** Mark J. P. Wolf, *The Medium of the Video Game*, University of Texas Press, 2002. | Game one, "Japon : Histoire du Shooting Game", https://vimeo.com/11393132

탈것 시뮬레이션 게임 vehicle simulation game

| 탈것을 가상으로 조종하거나 운전할 수 있는 게임 장르.

플레이어가 자동차, 비행기 등과 같은 이동 수단을 가상으로 조종하거나 운전하는 시뮬레이션 게임. 하위 장르로 비행 시뮬레이션 게임과 운전 시뮬레이션 게임이 대표적이며, 이 외에도 기차, 잠수함, 우주선 등을 소재로 하는 시뮬레이션 게임이 있다. 게임의 목표는 단순한 체험, 교육, 경주, 전투 등 다양하다. 체험 및 교육이 목적인 게임에서는 실제 탈것의 특징이나 조작 방법을 사실적으로 구현하여 운송회사, 군대 등에서 훈련용으로 활용되기도 한다. 우주 비행 시뮬레이터 게임인 〈마이크로소프트 스페이스 시뮬레이터(Microsoft Space Simulator)〉가 대표적이다.

이와는 다르게 오락에 비중을 둔 경우 물리적 법칙, 조작 방법 등의 사실적 재현보다는 날거나 달리는 기본적인 움직임 구현에 집중하며, 플레이어들이 즐길 수 있는 경주, 전투 등과 같은 경쟁적인 요소를 추가하는 것이 특징이다. 대표적으로 미래 우주를 배경으로 하는 〈윙 커맨더(Wing Commander)〉 시리즈가 있다.

- **관련 용어** 비행 시뮬레이션 게임
- **참고 자료** 김겸섭, 『(모두를 위한 놀이) 디지털게임의 재발견』, 들녘, 2012. | Ernest Adams, *Fundamentals of Vehicle Simulation Design*, New Riders, 2014.

탐정 detective

| 의뢰를 받아 미스테리나 범죄 사건을 조사하고 알아내는 직업.

의뢰를 받고 명확하게 드러나지 않은 사건의 추이를 알아내는 사람. 본래 근대 영미권 국가에서 형사의 수사를 보강하는 직업군을 지칭했다. 주로 미스터리, 수수께끼, 범죄 등을 다루며 사건의 원인 규명과 범인 색출을 담당한다. 추리 소설에 묘사된 세계 3대 탐정은 에드거 앨런 포(Edgar Allan Poe) 작품의 오귀스트 뒤팽(C. August Dupin), 아서 코난 도일(Arthur Conan Doyle) 작품의 셜록 홈즈, 애거서 크리스티(Agatha Christie) 작품의 에르퀼 포아로이다.

대중문화의 탐정 이미지를 구축한 대표작은 도일의 소설 『셜록 홈즈』 시리즈이다. 작품의 주인공 셜록 홈즈는 사냥 모자, 망토가 달린 코트, 파이프 담배 등을 착용한 외모로 묘사되며 뛰어난 시력, 기억력, 화학 지식 등을 겸비한 탐정 캐릭터의 전형으로 자리 잡았다. 레이먼드 챈들러(Raymond Chandler)의 소설에 등장하는 필립 말로는 또 다른 대표 탐정 캐릭터이다. 중절모, 트렌치코트, 권총, 줄담배 등의 외형으로 묘사되며 거리에서 일어나는 일을 중심으로 진행되는 하드보일드(hardboiled) 탐정의 전형을 보여준다.

게임에서 탐정은 주로 추리 게임 장르에서 등장한다. 탐정을 게임 내 캐릭터로 사용한 최초의 사례는 〈포토피아 연속 살인사건(The Portopia Serial Murder Case / ポートピア連続殺人事件)〉이며, 이 외에도 대표적인 탐정 캐릭터로는 〈식신의 성(式神の城)〉의 쿠가 코타로, 〈페르소나 4(Persona 4)〉의 시로가네 나오토, 〈레이튼 교수(レイトン教授)〉 시리즈의 레이튼 교수 등이 있다. 플레이어가 목표를 달성하기 위해 탐정 행위를 해야 하는 게임도 있다. 대표적으로 〈역전재판 (Phoenix Wright : Ace Attorney / 逆転裁判)〉, 〈클루(Clue)〉, 〈검은방 : 밀실탈출 (Panic Room)〉 등이 있다.

- **관련 용어** 미스터리, 추리 게임, 추리 소설, 범죄
- **참고 자료** 김봉석, 윤영천, 장경현, 『탐정사전』, 프로파간다, 2014. | 미스터리 사전 편집위원회 저, 곽지현 역, 『미스터리 사전』, 비즈앤비즈, 2012.

탐험 일지 expedition report

| 플레이어가 게임 세계에서 경험한 일을 기록한 문서.

플레이어가 게임 세계 내부에서 겪은 사건 등을 게임 세계 외부에서 기록한 문서. 스토리가 고정되어 있지 않고 한 번 선택한 캐릭터로 반복 플레이하는 경우가 많은 테이블탑 역할수행 게임에서 주로 사용한다. 그렉 코스티키안(Greg Costikyan)은 플레이어가 주체가 돼 기술한 게임 스토리텔링의 예로서 탐험 일지를 설명한다. 테이블탑 역할수행 게임의 플레이어는 대결 규칙, 마법 주문, 기술 등 제시된 게임 요소를 토대로 각자의 세계관과 이야기를 구축한다. 주로 동일한 구성원이 같은 게임을 반복해서 플레이하는 경우가 많기 때문에 세계관 및 캐릭터 설정이 유지되고, 그에 따른 게임 세계의 역사가 만들어진다. 플레이어는 이렇게 생성된 이야기 중 특정 부분을 탐험 일지에 기록해두고 참고한다.

- **관련 용어** 테이블탑 역할수행 게임, 게임 스토리텔링
- **참고 자료** Pat Harrigan, Noah Wardrip-Fruin, *Second Person : Role-playing and Story in Games and Playable Media*, The MIT Press, 2010.

탱커 tanker

| 게임에서 적의 공격을 대신 받아 아군을 보호하는 역할군.

파티 플레이나 레이드, 대규모 플레이어 간 전투(PvP)에서 공격을 방어하고 적의 주의를 끌며 아군을 보호하는 역할. 주로 역할수행 게임이나 모바(MOBA)와 같은 장르에서 등장한다. 중세 시대 무장 기병으로서 갑옷과 방패를 착용하고 무술을 연마해 전투에 참가했던 기사(knight)나 성기사(paladin)가 그 원형이다. 일반적으로 체력치가 높으며 방어 기술과 적의 주의를 끄는 도발 기술, 근접 물리 공격에 특화돼 있다. 탱커는 방어와 치유에 중심을 둔 방어형 탱커와 공격력 및 상태 이상 기술에 중심을 둔 공격형 탱커로 구분된다.

탱커의 시초는 〈던전 앤 드래곤〉의 전사로, 전사는 높은 체력치와 방어력만으로 파티의 선두에서 적의 공격을 막았다. 탱커가 팀원을 대신해 방어를 전담하기

〈월드 오브 워크래프트〉의 탱커에 해당하는 직업별 특성 및 주요 기술 분류				
유형	직업	특성	설명	주요 기술
방어형	전사	방어	방패를 이용한 방어 기술로 피해를 최소화하여 자신과 아군을 보호.	수비 대장
	성기사	보호	신성한 마법을 이용하여 반격과 치유 기술로 자신과 아군을 보호.	정화의 손길
	수도사	양조	몸을 강화하는 주류를 사용한 방어와 회피 기술로 아군을 보호.	선의 구슬
공격형	드루이드	수호	치명타 회피, 상태 이상을 일으키는 곰으로 변해 아군을 보호.	행동불가의 표효
	죽음의 기사	혈기	피해를 흡수하고 생명치 회복하는 방어 기술로 아군을 보호.	고어핀드의 손아귀

시작한 것은 〈에버퀘스트〉에서 어그로(aggro) 개념이 등장한 이후부터이다. 탱커는 팀원 중 가장 높은 어그로 수치를 유지해 자신에게 적의 공격을 집중시키고 전투가 끝날 때까지 생존해야 하며, 전투에 유리한 진영을 형성하기 위해 보조 기술을 통해 몬스터의 위치를 조종한다. 플레이어 대 환경 간 전투(PvE)에 기반을 둔 파티 플레이에서 탱커는 숙련도에 따라 전세를 좌우하는 핵심이 되기도 한다.

게임에 따라 방어 외에도 군중 제어와 치유, 속박, 회피, 적의 생명을 흡수하거나 공격을 상쇄하는 반격 등의 기술이 추가된다. 원거리 딜러는 상대팀의 탱커를 제압하기 위해 자신에게 유리한 위치에서 스킬을 넣는 행위인 카이팅(kiting)을 시도한다.

- **관련 용어** 어그로, 직업, 파티, 힐러, 딜러, 카이팅
- **참고 자료** 〈리그 오브 레전드〉 인벤, www.inven.co.kr/webzine/news/?site=lol&news=79179 | 〈아이온〉 파워북, http://aion.power.plaync.com/wiki/%ED%83%B1%EC%BB%A4 | 〈월드 오브 워크래프트〉 특성 계산기, http://kr.battle.net/wow/ko/tool/talent-calculator

터틀링 turtling

| 방어적 플레이 전략.

공격을 거의 하지 않고 방어에 치중하는 플레이 방식 또는 전략. 거북이(turtle)가 등딱지 속으로 숨는 모습에서 유래한 말이다. 플레이어는 터틀링을 통해 방어에

집중하면서 공격 유닛 등을 축적하며, 상대가 자원과 유닛을 소모하기를 기다린 후 공격한다. 자신을 제외한 2명 이상의 상대가 전투를 통해 약해지기를 기다리거나 상대가 실수하기를 기다리면서 방어에 치중하는 전략을 뜻하기도 한다. 한국에서는 주로 〈도타 2(DOTA 2)〉에 한정해서 사용된다. 플레이어 간 전투(PvP)가 중심인 게임에서는 과도한 터틀링을 방지하기 위해 무작위성을 강화하거나 터틀링으로는 득점이 어렵도록 게임을 설계한다. 기지 쟁탈전 중심의 일부 실시간 전략 게임과 1인칭 슈팅 게임, 모바(MOBA)에서는 기지 방어에 치중하는 전략을 '기방'이라고 칭한다.

- **관련 용어** 기방, 유닛, 방어, 전략
- **참고 자료** Drew Davidson, Greg Costikyan, *Tabletop : Analog Game Design*, lulu.com, 2011. | Ernest Adams, Joris Dormans, *Game Mechanics : Advanced Game Design*, New Riders, 2012.

턴제 전략 게임 turn-based strategy game

| 플레이어와 상대가 한 차례씩 돌아가면서 전투를 진행하는 전략 게임.

턴 방식을 채택하는 전략 시뮬레이션 게임의 하위 장르. 게임 참가자들은 한 번씩 돌아가면서 정해진 차례에만 명령을 이행할 수 있다. 플레이어는 자신의 차례가 돌아왔을 때 유닛 생산, 이동, 건물 건설, 공격, 방어 등의 명령을 한번에 수행한 후 다른 플레이어에게 차례를 넘긴다. 일반적으로 한 차례당 시간제한이 없으므로 실시간으로 진행되는 게임보다 플레이 시간이 길다. 게임에 따라 멀티 플레이 모드에서는 시간제한을 두는 경우도 있다. 상대방의 플레이를 예상해 작전을 세워야 하므로 순발력이나 현란한 기술보다는 거시적이고 장기적인 계획이 요구된다. 대표적으로 〈삼국지(Romance of the Three Kingdoms)〉 시리즈와 〈히어로즈 오브 마이트 앤 매직(Heroes of Might and Magic)〉 시리즈, 〈시드 마이어의 문명(Sid Meier's Civilization)〉 시리즈 등이 있다.

- **유의어** 실시간 전략 게임, 전략 시뮬레이션 게임
- **관련 용어** 부분 유료화, 현거래
- **참고 자료** Keith Burgun, *Game Design Theory : A New Philosophy for Understanding Games*, CRC Press, 2012. | Richard Rouse III, *Game Design : Theory and Practice*, Jones & Bartlett Learning, 2004.

테라포밍 terraforming

| 미개척 지역의 지형과 환경을 변형하는 행위.

사람이 살 수 없는 척박한 지역을 변형시켜 생존 가능한 환경을 만드는 행위. 테라포밍이란 용어는 1961년 칼 세이건이 《사이언스(Science)》에 게재한 논문 「더 플래닛 비너스(The Planet Venus)」에서 처음으로 제시됐다. 지구라는 뜻의 '테라(terra)'와 형상이란 뜻의 '포밍(forming)'이 결합된 단어로, 외행성을 지구와 유사한 환경으로 만든다는 뜻이다. 테라포밍은 외계 행성과 같이 사람이 살지 않는 지역이 배경인 게임에서 시스템적으로 활용된다.

2012년 출시된 보드 게임 〈테라 미스티카(Terra Mystica)〉는 테라포밍 중심으로 진행하는 게임이다. 플레이어는 평원, 늪, 호수, 숲, 산악, 황무지, 사막의 7가지 지역에 사는 종족 중 하나를 선택하고 해당 종족이 사는 지형을 변형해 문명을 번영시킨다. 1990년에 출시된 〈심어스(SimEarth)〉와 2014년 출시된 〈시드 마이어의 문명 : 비욘드 어스(Sid Meier's Civilization : Beyond Earth)〉는 외계 행성을 배경으로 플레이어가 사람들이 살 수 있도록 그 행성의 환경을 조정하는 시뮬레이션 게임이다.

- **관련 용어** 지형 변화, 시뮬레이션 게임
- **참고 자료** Carl Sagan, "The Planet Venus Recent Observation Shed Light on the Atmospherer, Surface, and Possible Biology of the Nearest Planet", *Science*, vol.133, no.3456, American Association for the Advancement of Science, 1961. | Rémi Kahwaji, Bassam Ghantous, "Terraforming, A Reality Or Science Fiction?", the 62th International Astronautical Congress, International Astronautical Federation, 2011.10. | 디스이즈게임, 《(영상)지형을 깎고 건물을 짓는다, 에버퀘스트 넥스트》, www.thisisgame.com/special/page/event/gc/2013/nboard/214/?page=7&n=48865 | IT동아, 〈[보드 게임의 세계] 판타지 세계의 테라포밍, '테라 미스티카'〉, http://it.donga.com/20880/

테마파크 게임 theme park game

| 테마파크 혹은 도시를 건설 및 경영하는 게임 또는 개발자가 제공한 범위 내에서 플레이하는 형태의 게임 경향.

플레이어가 주어진 공간에 건물, 길 등을 건설해 테마파크, 도시를 세우고 경영하는 게임. 시뮬레이션 게임의 하위 장르이다. 또는 게임 개발자가 제공하는 범

위 내에서 플레이하는 형태의 게임 경향을 의미하며, 이때는 테마파크형 게임이라 칭한다.

테마파크 게임의 핵심은 건설과 경영으로, 플레이어의 목표는 테마파크나 도시를 성공적으로 운영하는 것이다. 수익과 엔피시(NPC)의 행복 수치로 성공 여부가 평가된다. 테마파크 게임에서 건설이란 건물과 길 등의 구조물을 선택적으로 배치하는 것을 의미하며, 플레이어는 주어진 범위 안에서 창의력을 발휘해 자신만의 테마파크나 도시를 건설한다. 어니스트 아담스는 이를 '제한된 창의적 플레이'로 정의했으며, 플레이어를 제한하는 요소로 경제적 한계와 물리 규칙을 제시했다. 플레이어는 공간을 성공적으로 경영해서 수익을 얻고 경제적 한계를 벗어나 더 다양한 구조물을 건설할 수 있다. 테마파크 게임의 초기 사례로는 1994년 발매된 〈테마파크(Theme Park)〉가 있다. 이 외에도 대표적인 게임으로 〈롤러 코스터 타이쿤(Roller Coaster Tycoon)〉 시리즈가 있다.

테마파크형 게임은 플레이어의 목표 설정이 자유로운 샌드박스형 게임의 반대 개념이다. 게임 세계나 퀘스트, 이야기 등이 게임 개발자에 의해 상세하게 설정되어 제공되므로 플레이어는 개발자가 제시한 범위 내에서 게임을 플레이하게 된다.

- **반의어** 샌드박스 게임
- **관련 용어** 시뮬레이션 게임, 건설, 경영, 도시
- **참고 자료** Ernest Adams, *Fundamentals of Game Design*, New Riders, 2013. | William Muehl, Jeannie Novak, *Game Development Essentials : Game Simulation Development*, Cengage Learning, 2007.

테이블탑 역할수행 게임 Tabletop Role-Playing Game, TRPG

| 플레이어들이 같은 공간에서 마주한 상태로 캐릭터를 조작하고 연기하는 게임 장르.

플레이어들이 직접 만나서 각자 캐릭터의 역할을 연기하며 전투를 진행하는 게임 장르. 게임에 필요한 책자와 종이, 펜, 주사위, 캐릭터 모형 등의 도구를 탁자에 펼쳐놓는 것에서 유래한 용어이다. 연기는 게임을 진행할 때마다 정해지는 규칙과 이야기에 적절한 형태로 캐릭터의 행동과 대사를 결정하는 것을 의미한다. 게임이 진행될수록 플레이어 캐릭터는 성장하며, 플레이어의 목표는 시나리

오의 성공 조건을 만족시키는 것이다. 상업적 목적으로 출시된 최초의 테이블탑 역할수행 게임은 1974년에 출시된 〈던전 앤 드래곤〉이다.

테이블탑 역할수행 게임의 주요 요소는 규칙서와 게임 운영자(Game Master), 주사위이다. 규칙서는 해당 게임의 규칙과 세계관을 기술한 책자로, 플레이어는 규칙서를 바탕으로 캐릭터를 연기한다. 게임 운영자는 던전 마스터(Dungeon Master)라고도 불리며 게임 내 상황을 설정하고 배경 이야기를 전달하는 진행자의 역할을 맡는다. 주사위는 게임에 무작위성을 더하기 위해 사용된다. 〈던전 앤 드래곤〉의 경우 주사위 결과 값으로 공격의 대미지를 결정한다. 캐릭터의 조작과 성장을 중심으로 진행되며, 이러한 특성은 이후 컴퓨터 역할수행 게임의 개발에 영향을 미쳤다. 대표적인 테이블탑 역할수행 게임은 〈겁스(GURPS)〉, 〈월드 오브 다크니스(World of Darkness)〉, 〈소드 월드 RPG(Sword World RPG)〉 등이다.

- **관련 용어** 역할수행 게임, 규칙서, 게임 운영자, 주사위
- **참고 자료** Drew Davidson, Greg Costikyan, *Tabletop : Analog Game Design*, lulu.com, 2011. | Ernest Adams, *Fundamentals of Role-Playing Games Design*, New Riders, 2014. | Jennifer Grouling Cover, *The Creation of Narrative in Tabletop Role-Playing Games*, McFarland, 2010. | Michael J. Tresca, *The Evolution of Fantasy Role-Playing Games*, McFarland, 2010.

텍스처 매핑 texture mapping

| 3차원 객체의 표면 질감을 묘사하는 컴퓨터 그래픽 기법.

3차원 객체의 표면에 2차원 이미지인 텍스처 맵(texture map)을 덧씌워 질감을 표현하는 그래픽 기법. 텍스처링(texturing), 매핑(mapping) 등으로도 불린다. 객체의 재질을 묘사할 수 있으므로 입체적이고 사실적인 그래픽 구현이 가능하다. 텍스처 매핑에서 중요한 것은 텍스처 맵이 3차원 객체에 균일하게 적용될 수 있도록 좌표 값을 설정하는 것이다. 게임 제작사에서는 아이템, 캐릭터, 배경 등에 세계관이 드러날 수 있도록 텍스처 맵을 디자인하는 텍스처 아티스트(texture artist) 혹은 텍스처러(texturer)를 고용한다.

1995년 출시된 〈버추어 파이터 리믹스(Virtua Fighter Remix)〉는 1993년에 출시됐던 〈버추어 파이터〉에 텍스처 매핑을 적용하여 그래픽을 월등하게 개선시켰다.

〈마인크래프트〉에서는 텍스처 팩을 적용하여 그래픽을 수정할 수 있으며, 플레이어들은 텍스처 팩을 자체 제작하여 공유한다. 대표적인 텍스처 팩으로는 인빅투스(Invictus), 포토 리얼리즘(Photo Realism) 등이 있다.

- **관련 용어** 텍스처 맵, 3차원 이미지, 텍스처 아티스트, 텍스처 팩
- **참고 자료** 마르시아 쿠퍼버그 저, 김효용, 김남형 역, 『컴퓨터그래픽 & 애니메이션』, 안그라픽스, 2006. | 박동주, 『3ds Max 2013』, 가메출판사, 2013.

텍스톤 texton

| 텍스트에 나타난 2가지 상반된 정보를 설명하기 위해 에스펜 올셋이 제안한 개념.

에스펜 올셋의 『사이버텍스트(Cybertext)』에서 제안된 정보 개념. 텍스톤은 텍스트 자체에 존재하는 문자 정보를 의미하며, 독자가 텍스톤을 재구성하여 만들어낸 정보를 스크립톤(scripton)이라고 한다. 문자 정보가 작가의 서술 그대로 드러나는 인쇄 문학과 달리 컴퓨터 게임에서의 텍스톤은 잠재적 상태로 존재한다. 게임을 하는 플레이어의 선택과 행동에 따라 텍스톤이 재구성되고 스크립톤으로 구현된다. 이때 텍스톤은 작가 혹은 기획자가 만든 텍스트이며 스크립톤은 독자나 사용자에 의해 구현된 텍스트이다. 스크립톤은 독자의 선택이 반영되기 때문에 독자가 실질적으로 읽는 텍스트와 반드시 일치하지는 않는다.

올셋은 텍스톤에서 독자의 선택을 통해 스크립톤이 구현되는 과정을 '횡단 기능(traversal function)'이라고 칭한다. 모든 텍스트는 횡단 기능이 구현되는 방식에 따라 다른 속성을 보인다. 올셋은 횡단 기능이 구현되는 방식을 결정하는 7가지 요소를 제시했다.

올셋이 제시한 횡단 기능의 7가지 요소	
종류	설명
역동성 (dynamics)	스크립톤이 변화하는 정도. 텍스톤은 일정하지만, 선택 가능한 텍스톤의 수에 따라 구현되는 스크립톤이 변화함. 스크립톤이 일정할 경우 정적인 텍스트, 스크립톤이 변화할 경우 동적인 텍스트라고 지칭함.
결정성 (determinability)	횡단 기능의 안정성 여부. 주어진 상황에 대한 반응이 항상 일정하여 구현되는 스크립톤이 동일할 경우 이를 결정적 텍스트라고 지칭함. 결정성이 높을수록 결과를 예측하기 쉬움.

일시성 (transiency)	사용자가 상호작용하지 않아도 스크립톤이 나타날 경우 해당 텍스트는 일시적 텍스트이고, 스크립톤의 변화가 나타나지 않는 경우 비일시적 텍스트임.
관점 (perspective)	사용자가 직접 캐릭터가 되어 텍스트의 세계를 탐험해야 할 경우 개인적 관점이라고 지칭함. 반면 사용자가 수동적으로 서사를 받아들이기만 할 경우 비개인적 관점이라고 지칭함.
접근 (access)	스크립톤에 대한 접근성 정도. 사용자가 모든 스크립톤을 마음대로 접근할 수 있을 경우 임의적이라고 함. 반면 하이퍼텍스트와 같이 특정한 곳을 가기 위해서는 일정 경로를 거쳐야 할 경우 통제적이라고 함.
링크 (linking)	링크가 드러나 있는 정도를 판가름하는 변수. 사용자가 쉽게 링크를 따라갈 수 있는가, 혹은 일정 조건을 충족시켜야 링크가 드러나는가에 따라 결정됨.
사용자 기능 (user functions)	사용자가 텍스트를 보며 수행하는 부가 기능들. 해석적 기능·탐험적 기능·구성적 기능·텍스톤적 기능이 있음.

- **유의어** 사이버텍스트, 에르고딕
- **관련 용어** 에스펜 올셋, 횡단 기능
- **참고 자료** 에스펜 올셋 저, 류현주 역, 『사이버텍스트』, 글누림, 2007. | 이인화, 『한국형 디지털 스토리텔링 : 「리니지 2」 바츠 해방 전쟁 이야기』, 살림, 2005. | 이인화 외, 『디지털 스토리텔링』, 황금가지, 2003. | 이재현, 『디지털 시대의 읽기 쓰기』, 커뮤니케이션북스, 2013. | Michael Nitsche, *Video Game Spaces*, The MIT Press, 2008.

텔레포팅 teleporting

| 캐릭터의 위치를 순간적, 비연속적으로 변화시키는 행위.

서로 다른 시공간을 물리적 여행 없이 이동하는 행위. 1931년 작가 찰스 포트 (Charles Fort)가 처음 사용한 용어로, 주로 공상 과학 소설에서 등장한다. 이후 게임에서 캐릭터의 위치를 순간적, 비연속적으로 이동시킬 수 있게 되면서 이를 가리키는 말로 사용됐다. 플레이어는 캐릭터 스킬, 아이템, 포털 등을 통해 텔레포팅

목적에 따른 텔레포팅 유형		
분류	설명	사례
공간 이동형	플레이어 캐릭터가 방문한 적이 있는 장소로 이동.	〈포켓몬스터〉 시리즈의 공중 날기, 〈블레이드 & 소울〉의 축지술.
전투형	캐릭터의 실시간 회피 및 기습 스킬, 적과의 거리를 조절하기 위해 사용되므로 비교적 짧은 거리를 이동.	〈마비노기 영웅전(Vindictus)〉의 블링크, 〈디아블로 3〉의 순간이동.
이벤트형	숨겨진 보너스 혹은 함정, 일방향으로 작동하며 플레이어는 텔레포팅의 목적지를 미리 알 수 없음.	〈던전 크롤(Dungeon Crawl)〉, 〈크립트 오브 더 네크로댄서(Crypt of the NecroDancer)〉.

기능을 사용하는데 텔레포팅의 목적은 앞의 표와 같이 3가지로 구분된다.

공간 이동형 텔레포팅은 플레이어가 반복적인 공간이동을 피하고 이동 시간을 단축하기 위해 사용하는 유형이다. 돌아다닐 수 있는 공간이 넓은 다중접속온라인 역할수행 게임에 주로 나타난다. 전투형 텔레포팅은 실시간 전투 중심의 액션 어드벤처나 액션 역할수행 게임에서 사용된다. 이벤트형 텔레포팅은 무작위하게 생성되는 던전을 탐험하는 로그라이크 게임에서 주요한 요소로 작용한다.

■ **관련 용어** 포털, 공간, 스킬

■ **참고 자료** 앤드류 롤링스, 어니스트 아담스 저, 송기범 역, 『게임 기획 개론』, 제우미디어, 2004. | Alison Gazzard, "Teleporters, Tunnels & Time : Understanding Warp Devices in Videogames", *Breaking New Ground : Innovation in Games, Play, Practice and Theory*, DiGRA, 2009. | Ernest Adams, *Fundamentals of Game Design*, New Riders, 2013. | James Newman, *Videogames*, Routledge, 2013. | Gonzalo Frasca, "Videogames of the Oppressed : Videogames as a Means for Critical Thinking and Debate", Diss. Georgia Institute of Technology, 2001.

튜링 테스트 Turing test

| 기계의 인공지능(Artificial Intelligence, AI)을 판별하기 위해 앨런 튜링이 제안한 방법.

인공지능을 평가하는 기법. 기계가 얼마나 인간과 유사한 의식으로 사고할 수 있는지를 시험하는 방법이다. 1950년 영국의 수학자이자 암호 해독가인 앨런 튜링이 처음으로 제시했다. 튜링 테스트의 심사위원은 격리된 장소에서 컴퓨터와 사람이 자유롭게 나눈 대화만을 보고 둘 중 누가 사람인지 구분해야 한다. 만약 이를 구별하지 못할 경우, 컴퓨터는 시험을 통과하고 인간과 같은 사고능력을 가졌음을 인정받게 된다. 러시아 과학자들이 개발한 컴퓨터 프로그램 '유진 구스트만(Eugene Goostman)'은 2014년 최초로 튜링 테스트를 통과했다.

현재 공식적인 튜링 테스트로는 휴 뢰브너(Hugh Loebner)의 후원을 받아 케임브리지 행동 연구 센터(The Cambridge Center for Behavioral Studies)에서 진행되는 '뢰브너 상(Loebner Prize)'이 있다. 게임 분야의 대표적인 튜링 테스트로는 국제 전기 전자 기술자 협회(Institute of Electrical and Electronics Engineers, IEEE)가 주

최하는 '투케이 봇프라이즈(2K Botprize)'가 있다. 이는 게임 속 엔피시(NPC)의 인공지능을 시험하는 기술경연대회로 2008년부터 2012년까지 개최됐다. 플레이어들이 멀티 플레이 환경에서 인공지능 프로그램과 함께 게임을 진행한 후, 누가 가장 인간다운지를 평가하는 방식으로 진행된다. 2012년에 해당 대회에서 미하이 폴세누(Mihai Polceanu)와 팀 'UT^2'가 만든 인공지능이 '가장 인간다운 프로그램(most human bots)'으로 뽑혔다.

- **관련 용어** 튜링 기계(Turing Machine), 봇프라이즈
- **참고 자료** James H. Moor, *The Turing Test : The Elusive Standard of Artificial Intelligence*, Springer, 2003. | Alan Turing, "On Computable Numbers, with an Application to the Entscheidungsproblem", Proceedings of the London Mathematical Society, 1936. | 튜링 테스트, www.fil.ion.ucl.ac.uk/~asaygin/tt/ttest.html | 뢰브너 상, www.loebner.net/Prizef/loebner-prize.html | 봇프라이즈, www.botprize.org

튜토리얼 tutorial

| 신규 플레이어에게 게임 규칙과 목표를 전달하는 게임 구성 요소.

주로 게임 초반부에 위치해 플레이어에게 목표와 승패 조건, 조작법, 메뉴의 위치 및 기능 등을 전달하는 요소. 경우에 따라 배경 서사와 함께 제공돼 플레이 동기를 강화하기도 한다. 플레이어는 튜토리얼을 통해 게임 세계를 인식하고 자신의 역할을 파악한다. 플레이어가 흥미를 잃지 않도록 게임을 시작한 지 5분 안에 진행되는 것이 일반적이다.

플레이어는 일련의 과정을 통해 인터페이스와 조작의 편의성을 느끼고 엔진의 안정성과 양질의 그래픽, 전투 활동에 따른 효과와 기능 등을 확인할 수 있어야 한다. 또한 게임의 시간적, 공간적 배경을 확인하고 적과 우호적 엔피시(NPC)에 대한 구별이 가능해야 한다.

튜토리얼은 일방향적인 설명과 상호작용을 통한 습득으로 구성된다. 전자는 인터페이스의 헤드업 디스플레이(Heads-Up Display, HUD)를 통해 표시되며 후자는 퀘스트 형태로 제시된다. 플레이어는 퀘스트를 통해 규칙을 습득하며, 퀘스트의 난이도가 증가할수록 게임 세계에 몰입한다.

일반적으로 튜토리얼의 원칙은 다음과 같다. 첫째, 혼동과 이탈을 방지하기 위

해 일직선으로 진행된다. 둘째, 튜토리얼의 끝에는 학습한 조작 방식을 시험할 수 있는 도전을 배치한다. 셋째, 단시간에 성취감을 느낄 수 있어야 하므로 캐릭터 성장 및 아이템 보상을 제공한다.

배경 서사가 강한 게임에서는 튜토리얼이 프롤로그 이벤트(prologue event)와 결합되어 제시되기도 한다. 사례로 〈마비노기 영웅전〉과 〈블레이드 & 소울〉 등이 있다. 라이트 유저가 많은 소셜 게임의 튜토리얼은 플레이어가 엔피시의 설명에 따라 게임의 순환 구조를 한 바퀴 이상 경험하도록 유도한다.

- **유의어** 게임 가이드
- **관련 용어** 규칙, 규칙서(rule book), 퀘스트
- **참고 자료** 김정남, 김웅남, 김정현, 『게임의 운명을 결정하는 기획과 시나리오』, e비즈북스, 2013. | 와타나베 슈우지, 나카무라 아키노리 저, 김성재 역, 『왜 게임에 빠질까 : 사람을 유혹하는 게임의 심리학』, 길벗, 2014. | 후카다 코지 저, 김훈 역, 『소셜게임과 게이미피케이션으로 승부하라』, 비즈앤비즈, 2012. | John Ferrara, *Playful Design*, Rosenfeld, 2012. | Matthew M. White, *Learn to Play : Designing Tutorials for Video Games*, CRC Press, 2014.

트래픽 traffic

| 게임 네트워크를 통해 움직이는 데이터의 양.

게임 서버를 통해 전송되는 데이터량. 게임 내의 동시 접속자 수, 접속 시간의 길이 등에 비례하며 게임 콘텐츠가 포함하고 있는 텍스트, 이미지, 음악, 동영상의 용량이 클수록 증가한다. 대규모 사용자가 동시에 이용하는 온라인 게임의 경우 트래픽은 게임의 성과를 파악하는 중요한 지표로 활용된다. 트래픽을 측정하는 단위로는 초당 비트수를 의미하는 비피에스(bps)를 사용하며, 데이터가 지나가는 통로의 트래픽 한계치를 두고 대역폭이라 지칭한다.

트래픽이 대역폭을 초과하면 서버에 과부하가 걸려 정보 전송 속도가 느려지거나 지연 현상이 생기는 등 전체적인 성능이 저하된다. 게임에서 새로운 서비스가 오픈되거나 대규모 업데이트, 이벤트, 프로모션이 진행될 때 트래픽이 폭증하는 경향이 있다.

트래픽이 과도하게 초과될 경우에는 서버가 다운되기도 한다. 〈디아블로 3〉의

경우 2012년 한국에 정식 출시된 이후 아시아 서버의 트래픽이 급격하게 증가하면서 서버 마비 및 접속 장애가 빈번하게 발생했다. 이에 개발사 블리자드 엔터테인먼트(Blizzard Entertainment)에서는 아시아 서버를 증설하고 수용 인원을 확충하는 등의 대응을 취했다.

게임 서버 관리자는 이와 같은 사태를 방지하기 위해 트래픽을 수시로 감시하고 적절한 조치를 취한다. 트래픽이 특정 서버에 편중되었을 경우 관리자는 서버 간 트래픽 불균형을 해소하기 위해 트래픽이 적은 서버에서 이벤트를 열거나, 아이템 등을 제공하여 플레이어의 이동을 유도한다. 모든 서버가 포화 상태일 경우 대역폭을 확장하거나 새로운 서버를 증설하기도 한다.

- **유의어** 부하
- **관련 용어** 대역폭, 동시 접속자, 업데이트, 이벤트, 프로모션
- **참고 자료** 배진한, 『망 중립성』, 커뮤니케이션북스, 2014. | 장수민, 유재수, 「효율적인 MMORPG 분산 게임 서버」, 『한국콘텐츠학회논문지』 no.7, vol.1, 한국콘텐츠학회, 2007. | 게임동아, 〈애도 재밌는데… 매일 밤 속 터지는 디아블로3〉, http://game.donga.com/62199/ | 게임메카, 〈블리자드, '디아3' 아시아서버 수용인원 2배 늘렸다〉, www.gamemeca.com/news/view.php?gid=100897

트랜스미디어 transmedia

| 복수의 미디어 플랫폼을 활용해 통합 콘텐츠를 구축하는 기법.

미디어 플랫폼별 특성을 살려 복수의 콘텐츠를 통합해 총체적 서사 경험을 형성하는 방식. 1991년 문화연구가 마샤 킨더(Marsha Kinder)가 '트랜스미디어 상호 텍스트성(transmedia intertextuality)'이라는 개념을 도입하며 최초로 사용된 개념이다. 헨리 젠킨스는 트랜스미디어를 '여러 미디어 형식에 걸쳐 통합적으로 이해될 수 있는 서사체를 전달하고 경험하는 것'이라 정의했다.

안드레아 필립스에 따르면 트랜스미디어에 적합한 스토리텔링의 요건은 다음과 같다. 첫째, 다수의 미디어를 대상으로 한다. 둘째, 전체 스토리와 이로 인한 사용자 경험은 통일성을 지닌다. 셋째, 동일한 콘텐츠를 복수의 미디어에서 불필요하게 반복 생산하지 않는다.

일례로 영화 〈매트릭스 2 : 리로디드(The Matrix Reloaded)〉 후반부의 작전은 게임

〈엔터 더 매트릭스(Enter the Matrix)〉에서 구체화되며, 〈엔터 더 매트릭스〉의 결말은 영화 〈매트릭스 3 : 레볼루션(The Matrix Revolutions)〉의 초석이 됐다. 〈어벤져스(Avengers)〉 시리즈 또한 그래픽 노블에서 시작해 게임과 영화, 드라마 등으로 제작되며 각기 다른 집단과 영웅에 초점을 맞춤으로써 최초의 콘텐츠를 보완, 확장했다. 대표적인 트랜스미디어 작품으로 〈마리카에 관한 진실(The Truth about Marika)〉, 〈알파 0.7(Alpha 0.7)〉, 〈디텍티브 애비뉴(Detective Avenue)〉 등이 있다.

- **관련 용어** 원 소스 멀티 유즈, 크로스미디어, 미디어믹스
- **참고 자료** 류철균, 한혜원 외, 『트랜스미디어 스토리텔링의 이해』, 이화여자대학교출판부, 2015. | Andrea Phillips, *A Creator's Guide to Transmedia Storytelling*, McGraw-Hill education, 2012. | Henry Jenkins, *Convergence Culture : Where Old and New Media Collide*, NYU Press, 2006.

트롤 troll

| 고의적으로 타인의 게임 진행을 방해하는 플레이어.

대형 그물을 사용하는 트롤 어업에서 유래한 용어로, 분란을 일으켜 즐거움을 얻는 사용자를 가리키는 북미 인터넷 은어에서 시작됐다. 트롤이 하는 행위를 트롤링(trolling)이라 하며, 게임에서 타 플레이어를 방해하거나 괴롭히는 트롤링 행위를 그리프 플레이(grief play)라고도 한다. 팀 플레이가 필요한 모바(MOBA) 게임 및 다중접속온라인 역할수행 게임에서 주로 언급된다.

트롤링은 직접적인 정도에 따라 공격형, 방해형, 불성실 참여형로 구분되며, 게임에 따라 형태나 용어가 상이하다. 공격형은 타 플레이어의 체력치를 감소시키는 행위로, 플레이어 간 전투(PvP)가 불가능한 경우에 몹(Mob)이나 지형을 활용해 상대에게 피해를 입히는 방식이다. 방해형은 간접적으로 타 플레이어의 게임 진행에 해를 끼치는 유형으로, 해당 플레이어가 소속된 팀을 전략적으로 불리하게 하는 행위 등이다. 불성실 참여형은 팀 플레이에 전혀 참여하지 않거나 도움을 주지 않아 본인이 소속된 팀원들에게 피해를 입히는 유형이다.

일반적으로 트롤링은 타 플레이어에게 불쾌감을 주는 행위로 규정된다. 플레

트롤링의 유형 및 사례		
분류		설명
공격형	양학(양민 학살)	상대적으로 낮은 레벨의 플레이어를 죽이는 행위.
	시체 지키기	죽은 플레이어의 부활을 막는 행위.
	고의 팀킬	동일 팀에 속한 플레이어를 죽이는 행위.
	트레이닝	적대적 엔피시(NPC), 몹을 마을 내로 유도하는 행위.
방해형	닥돌(닥치고 돌격)	전략을 무시하고 이동하는 행위.
	고의 사망	고의적으로 적에게 노출되거나 사망하는 행위.
	길막(길 막기)	타 플레이어의 이동을 방해하는 행위.
	보이스 테러	음성 채팅 중, 부적절하거나 큰 음량의 사운드를 지속적으로 재생하는 행위.
	스틸	타 플레이어가 사냥 중인 몹을 처치하는 행위.
	먹튀	타 플레이어의 보상을 부당하게 획득하는 행위.
불성실 참여형	전투 중 잠수	팀 플레이에 참여하지 않는 행위.
	전투 중 방 나가기	팀 플레이 중 접속을 종료하는 행위.

이어들은 각 게임에서의 트롤링을 정의하고 블랙리스트를 공유하여 트롤을 자체적으로 제재한다. 한편, 트롤링이 게임 플레이의 한 방식으로 인정되는 경우도 있다. 일부 플레이어는 트롤링을 게임의 목적으로 두고 이를 게임 방송으로 제작하기도 한다.

팀 간 경기가 중심인 모바 게임은 트롤링을 규제하는 반면, 사용자 스토리텔링을 중시하는 다중접속온라인 역할수행 게임은 트롤링을 게임 플레이 방식으로 인정한다.

〈리그 오브 레전드〉의 운영 정책은 불건전 행위 중 게임 진행 방해 행위를 '고의적이거나 지속적으로 다른 플레이어의 게임 진행에 피해를 끼치는 모든 행위'로

〈리그 오브 레전드〉 운영 정책의 게임 진행 방해 행위 규정

제4.1조 불건전 행위의 종류-게임 진행 방해
① 자리 비움 : 게임에서 아무런 행동을 하지 않거나 장시간 전투에 참여하지 않아 팀원들에게 불쾌감과 피해를 주는 행위
② 탈주 : 클라이언트 강제 종료(접속 종료) 또는 게임 시작 후 오랜 시간 자리 비움으로 인해 접속이 강제 종료된 것으로써 소속된 팀이 불리한 상황이 되도록 하여 팀원들에게 불쾌감과 피해를 주는 행위
③ 고의적으로 상대방에 도움을 주는 행위 : 자신의 챔피언을 고의적으로 죽도록 하여 상대팀에게 골드와 경험치 등의 이득을 주거나, 채팅 등을 통하여 소속 팀의 위치 등을 상대팀에게 알려주는 등 정상적인 게임 이용에 반하여 아군에게 불리한 상황을 만들거나 상대팀에게 이익을 제공하는 모든 행위

규정한다. 〈월드 오브 워크래프트〉의 운영 정책은 플레이어 간 분쟁 및 방해 행위에 개발사가 관여하지 않는 것을 원칙으로 한다.

■ 관련 용어 트롤링, 먹튀, 잠수, 닥돌
■ 참고 자료 Jonas Heide Smith, "Tragedies of the Ludic Commons-Understanding Cooperation in Multiplayer Games", *Games Studies*, vol.7, no.1, 2007. | 〈리그 오브 레전드〉 운영 정책, www.leagueoflegends. co.kr/?m=rules&cid=4 | 〈월드 오브 워크래프트〉 전쟁 서버 정책, http://kr.battle.net/support/ko/article/ rp-and-pvp-realm-policies

트리거 이벤트 trigger event

| 게임 내 특정한 조건을 만족했을 때 발생하는 이벤트.

일정한 조건이 충족됐을 때 발생하는 게임 내 이벤트. 특정 이벤트를 발생시키기 위한 조건이 만족되면 결과가 발생하는데 이벤트 발생을 위해서 수치화될 수 있는 모든 상태, 즉 캐릭터의 위치나 체력치, 시간, 오브젝트 간의 거리 및 충돌 여부 등이 이벤트를 일으키는 조건에 해당한다. 또한 조건은 주기적인 간격으로 혹은 특정 이벤트가 발생한 순간 평가되어 결과를 만든다. 평가 결과, 조건이 충족될 경우 그 결과로 상태 변화가 일어나거나 특정 액션이 수행된다. 몹(Mob) 등장이나 컷신 재생, 사운드 재생, 체력치의 변화 등이 해당한다. 트리거 이벤트의 대표적인 사례로는 플레이어의 던전 입장에 따른 몹 등장, 몹과의 접촉에 따른 체력치 감소 등이다.

게임 개발자는 트리거 이벤트를 구성하고 배치해 해당 스테이지의 공간과 이야기를 설정한다. 이때 빠르고 편리한 레벨 제작을 지원하는 레벨 에디터를 통해 트리거 이벤트를 구성하기도 한다. 〈워크래프트 Ⅲ〉의 '월드 에디터'는 게임 플레이어가 사용 가능한 레벨 에디터로 트리거 에디터 기능을 지원한다.

■ 관련 용어 레벨 디자인, 유즈맵, 레벨 에디터
■ 참고 자료 Jeff Orkin, "A General-Purpose Trigger System", *AI Game Programming Wisdom*, Cengage Learning, 2002. | Steve Rabin, "An Extensible Trigger System for AI Agents, Objects, and Quests", *Game Programming Gems 3*, Charles River Media, 2002.

티시 Test Case, TC

| 게임 소프트웨어의 작동 결과를 검증하기 위한 문서.

예측된 시나리오와 실제 발생한 이벤트를 비교, 대조하기 위해 작성되는 파일. 개발단의 결함과 오류를 사전에 발견해 바로잡을 목적으로 쓰인다. 게임 실행에서부터 종료에 이르기까지 발생 가능한 이벤트를 항목별로 기술한다. 주로 실행 단계와 입력 값, 예측 결과가 질문 형태로 제시되고 이로 인해 발생된 결과가 공란에 기입된다. 질문은 주로 양자택일 유형으로 이루어지며 이상 요인에 의해 검증을 수행하지 못한 경우 별도로 표기한다. 큐에이(Quality Assurance, QA)는 티시를 기반으로 검증을 수행하고 결과 및 특이점, 의견을 수렴해 보고서를 제출한다.

- **관련 용어** 버그, 이벤트, 큐에이
- **참고 자료** 정원철 외, 『GAME QA : 성공적인 게임의 숨은 조력자』, 한빛미디어, 2011. | Kshirasagar Naik, Priyadarshi Tripathy, *Software Testing and Quality Assurance : Theory and Practice*, John Wiley & Sons, 2008.

티어 tier

| 아이템 또는 플레이어의 등급.

시스템이나 조직에서의 단계나 층. 게임에서는 아이템 또는 플레이어의 등급을 표현한다. 〈월드 오브 워크래프트〉의 경우, 티어는 플레이어가 레이드 던전에서 획득할 수 있는 직업별 방어구 아이템 세트의 등급을 말한다. 'n단계 방어구'라고 부르기도 한다. 한 세트는 가슴과 어깨, 머리, 손, 다리 등 5개 부위에 장착할 수 있는 3~8개의 아이템으로 구성된다. 티어는 레이드 던전의 난이도와 비례하며 티어가 동일한 방어구 세트일지라도 레이드 던전의 종류에 따라 구성 아이템의 레벨이나 외양이 상이하다. 〈리그 오브 레전드〉에서 티어는 플레이어의 등급을 가리키는 용어이다. 만렙 플레이어만 참여할 수 있는 랭크 게임에서는 플레이어의 전적을 바탕으로 티어를 판정한다. 티어는 가장 낮은 단

계인 브론즈를 비롯해 실버, 골드, 플래티넘, 다이아, 마스터, 챌린저까지 총 7단
계로 이뤄진다.

- **관련 용어** 아이템, 레이드, 매칭 시스템
- **참고 자료** 〈월드 오브 워크래프트〉 사이트, http://kr.battle.net/wow/ko/

틱택토 tic-tac-toe

| 격자로 구획된 정방형에 ○와 ×를 번갈아 기입해 같은 기호가 일렬로 배열되게 하는 놀이.

2인의 플레이어가 3×3칸에 ○와 ×를 번갈아 기입해 가로, 세로, 대각선 중
한 줄을 선점하는 쪽이 승리하는 놀이. 기원전 1세기 로마 제국의 테르니 라필리
(Terni Lapilli)나 고대 이집트의 보드 게임에서 그 원형을 찾을 수 있다. 간단한 영
토 쟁탈 게임으로 규칙이 쉬워 어린 아이들이 주로 플레이한다. 선택지가 한정적
이고 단계가 명확해 게임 재형도(game tree)를 디자인하기 적합하며, 138개 판세
를 회전하거나 반전시켜 가능한 모든 경우의 수를 만들 수 있다. 1952년 알렉산
더 더글러스(Alexander Douglas)는 에드삭(EDSAC)을 이용한 비디오 게임 〈○×
○〉를 개발했다.

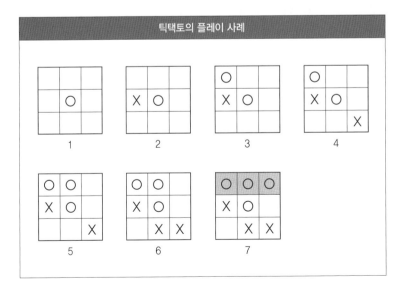

틱택토의 플레이 사례

■ **관련 용어** 보드 게임, 사목, 오목

■ **참고 자료** 라프 코스터 저, 안소현 역, 『라프 코스터의 재미이론』, 디지털미디어리서치, 2005. | 샘 로이드
저, 김옥진 역, 『샘 로이드 수학 퍼즐』, 보누스, 2015. | 제스퍼 주울 저, 장성진 역, 『하프 리얼 : 가상 세계와
실제 규칙 사이에 존재하는 비디오게임』, 비즈앤비즈, 2014. | Katie Salen, Eric Zimmerman, *Rules of Play :
Game Design Fundamentals*, The MIT Press, 2003.

팅방 deliberate waiting

| '팅김 방지'의 줄임말.

게임 서버와의 접속이 자동으로 중단되는 것을 예방하기 위한 행위 또는 그
상태. 온라인 게임에서는 동시 접속자 수가 많을 때 서버 안정화를 위해 일정 시
간 플레이 기록이 부재한 사용자의 접속을 중단시키는 현상을 '팅김'이라 부른다.
플레이어들은 다음과 같은 상황에서 팅김 방지 행위를 시행한다. 첫째, 접속 시간
을 축적해 보상을 받을 수 있는 프로모션이나 이벤트 기간에 개인 사정으로 게
임 플레이를 지속할 수 없을 때 이용한다. 둘째, 접속을 위한 대기행렬이 오래 지
속되는 경우 재접속을 위한 대기시간을 줄이기 위해 이용한다.

팅김 방지는 주로 캐릭터를 특정한 상태로 유지시키는 형태로 이뤄진다. 파티
모집 글을 작성해 캐릭터의 상태를 '파티 구성 중'으로 설정하는 것이 대표적이다.
이때 파티 모집 글의 제목은 '팅방', '팅방용', 'ㅌㅂ' 등으로 표기한다.

■ **관련 용어** 동시 접속자, 대기행렬

■ **참고 자료** 〈아이온〉 사이트, http://aion.plaync.com

ㅍ

파밍 farming

| 캐릭터의 능력치를 높이기 위해 가상 통화, 아이템, 경험치를 모으는 행위.

캐릭터를 성장시키거나 가상 통화를 획득하기 위한 플레이어의 반복적 행위. 경작을 의미하는 농업 용어에서 파생됐다. 플레이어는 특정 아이템을 드롭하는 몹(Mob)만을 집중적으로 사냥하거나 같은 장소에서 자원을 지속적으로 채취하는 등 게임 메커닉스의 반복적 요소를 활용해 캐릭터 성장을 최대화하고자 한다. 목적에 따라 골드 파밍, 아이템 파밍, 경험치 파밍 등의 명칭으로 구분되며, 같은 행위를 되풀이한다는 점에서 '노가다' 또는 '앵벌이'라 부르기도 한다.

다중접속온라인 역할수행 게임, 모바(MOBA)와 같은 온라인 멀티 플레이 게임에서는 캐릭터의 능력치가 레벨이나 아이템으로 표현되기 때문에 파밍이 중요하며, 파밍 전략이나 파밍에 유리한 지역 및 던전이 강조된다. 따라서 파밍 장소 및 대상을 두고 플레이어 간 갈등이 발생하거나 자동으로 파밍을 하는 매크로 프로그램이 성행하는 문제가 생긴다.

〈리그 오브 레전드〉와 같은 팀 플레이 게임에서는 팀 전체의 성장을 위해 파밍 환경을 확보하는 것이 특히 중요하다. 비교적 초기 능력치가 낮고 파밍을 주력으로 성장하는 캐릭터는 '농사꾼', '농부'라 불리며 적군의 주요 공격 대상이 되므로 아군은 안정적인 파밍 환경을 만들어 성장을 도와야 한다. 아군이 파밍해야 할 몹을 대신 잡거나 방해하는 등 아군의 파밍 환경을 해쳐 자신의 캐릭터를 성장시키는 행위인 더티 파밍(dirty farming)의 경우 비매너 행위로 간주되기도 한다.

- 유의어 노가다, 앵벌이
- 관련 용어 가상 통화, 몹, 아이템, 작업장
- 참고 자료 Grant Tavinor, *The Art of Videogames*, Wiley-Blackwell, 2009.

파사드 façade

| 마이클 마티아스와 앤드류 스턴이 개발한 인터랙티브 드라마.

2005년 개발된 인터랙티브 드라마. 플레이어가 트립(Trip)과 그레이스(Grace) 부부의 아파트에 초대받으면서 이야기가 시작된다. 플레이어는 1인칭 시점에서 두 가상의 캐릭터와 자연 언어 입력을 통해 실시간으로 대화하며 이야기를 진행한다. 부부는 플레이어가 입력한 대화나 행위에 따라 화해하기도 하고 헤어지기도 한다. 마티아스는 플레이어의 행동이 즉각적이며 의미 있는 반응을 일으키는 것을 로컬 에이전시(local agency), 이야기의 결말과 같은 경험의 전반적인 형태를 결정하는 것을 글로벌 에이전시(global agency)로 정의했다.

이야기의 변화는 프로그램 내 이야기를 가진 가장 작은 단위인 드라마틱 비트(dramatic beat)를 통해 이뤄진다. 드라마틱 비트는 플레이어의 반응에 따라 배열된다. 이 외에도 이야기 전개에 따른 엔피시(NPC)의 표정과 몸짓 언어를 통제하기 위해 에이비엘(ABL)을 제작하여 적용했다.

〈파사드〉는 예술적 완결성, 생동감 넘치는 캐릭터, 1인칭 3차원 인터페이스, 실시간의 자연스러운 대화, 플레이어의 행동에 따른 다양한 플롯, 배포 가능성을 목표로 제작됐다.

- 관련 용어 인터랙티브 드라마, 사이버 드라마, 멀티 엔딩
- 참고 자료 Chris Crawford, *Chris Crawford on Interactive Storytelling*, New Riders, 2005. | Janet H. Murray, *Inventing the Medium : Principles of Interaction Design as a Cultural Practice*, The MIT Press, 2011. | Michael Mateas, Andrew Stern, "Writing Façade : A Case Study in Procedural Authorship",

Second Person : Role Playing and Story in Games and Playable Media, The MIT Press, 2010. | Michael Mateas, "Interactive Drama, Art and Artificial Intelligence", School of Computer Science, Carnegie Mellon University, 2002.

파워북 powerbook

| 온라인 게임 플레이에 필요한 규칙과 정보를 수록한 개발사의 웹 서비스.

개발사가 게임 시스템과 구성 요소에 대한 정보를 전달하기 위해 제작한 웹 서비스. 게임 중 실시간으로 확인이 가능하며 시스템, 아이템, 세계관, 직업, 종족, 기술 등의 구체적인 정보가 수록되어 있다. 초보자 가이드처럼 플레이어의 레벨이나 게임에 대한 숙련도에 따라 별도의 가이드와 공략을 제공하기도 한다. 장기간 서비스된 게임의 경우 업데이트나 패치 이후 변경된 사항만을 정리한 지침을 통해 게임을 다시 시작한 플레이어들이 적응할 수 있도록 한다.

본래 이러한 정보의 제작과 유통은 게임 커뮤니티 내부 플레이어의 영역이었으나, 2009년 엔씨소프트(NCSOFT)가 개발한 〈아이온 : 영원의 탑〉의 파워북을 통해 최초로 개발자의 영역으로 넘어왔다. 이 서비스를 통해 플레이어는 실시간으로 게임 진행에 필요한 정보를 확인할 수 있게 되었고, 하드코어 게임으로 인식되었던 다중접속온라인 역할수행 게임의 진입 장벽을 낮출 수 있었다. 파워북 서비스 이후 〈아이온 : 영원의 탑〉의 '게임에 접속한 회원 수(Unique Visitor, UV)'가 급증하면서 파워북은 다른 게임 서비스로 확대됐다.

게임에 따라 플레이어가 직접 정보를 게재할 수 있는 위키형 파워북도 존재한다. 위키형 파워북에는 게임의 기본적인 정보 외에 게임을 직접 플레이한 사용자만이 알 수 있는 노하우나 공략, 게임 내 용어와 같은 사용자 문화 등이 수록된다. 개발사는 파워북에 정보를 공유한 플레이어에게 일정한 보상을 제공하여 참여를 유도한다.

- **관련 용어** 게임 가이드, 규칙서
- **참고 자료** 게임동아, 〈아이온, '함께 만드는 파워북' 화제〉, http://game.donga.com/60321/ | 게임동아, 〈진입장벽 낮아진 신작 MMORPG〉, http://game.donga.com/43152/ | 〈리니지〉 파워북, http://lineage.power.plaync.com | 〈아이온〉 파워북, http://aion.power.plaync.com

파이디아 paidia

| 자유로움이 강조되는 놀이.

그리스어로 아이와 여가라는 뜻으로 자유로운 형태의 즉흥적인 놀이를 뜻한다. 인류학자인 로제 카이와는 파이디아를 어원에 근거하여 '즉흥과 희열 같은 원초적인 힘'으로 설명한다. 파이디아에 가까울수록 놀이는 불규칙적이고 즉흥적인 플레이가 중심이 된다. 곤살로 프라스카는 카이와가 정의한 파이디아를 비디오 게임에 적용해 '플레이 목표가 명확하게 규정되어 있지 않고, 플레이어의 판단이 중시되는 것'으로 설명하며 〈심시티(SimCity)〉, 머드(MUD), 무(MOO)를 예로 든다.

- **유의어** 놀이
- **반의어** 루두스
- **관련 용어** 자유
- **참고 자료** 곤살로 프라스카 저, 김겸섭 역, 『억압받는 사람들을 위한 비디오게임』, 커뮤니케이션북스, 2008. | 로제 카이와 저, 이상률 역, 『놀이와 인간』, 문예출판사, 1994. | 요한 하위징아 저, 이종인 역, 『호모 루덴스 : 놀이하는 인간』, 연암서가, 2010. | 케이티 살렌, 에릭 짐머만 저, 윤형섭, 김신택 역, 『게임디자인 원론 3』, 지코사이언스, 2013.

파티 party

| 온라인 게임에서 2명 이상의 플레이어가 공통의 목표를 달성하기 위해 협력하는 일시적인 집단.

다중접속온라인 역할수행 게임에서 던전 공략이나 퀘스트 수행, 네임드 몬스터 사냥 등을 위해 일시적으로 구성된 집단. 다중접속온라인 역할수행 게임에서 플레이어들은 다양한 직업군 중 하나를 선택하며, 선택한 직업에 따라 제공되는 능력치가 상이하다. 일반적으로 협력적 플레이에서는 다양한 직업이 골고루 포함된 파티를 구성하며, 플레이어는 자신의 직업 특성에 따라 파티 내에서 적합한 역할을 담당한다. 게임에 따라 상세한 직업군이 상이하더라도 파티 플레이에서의 역할군은 공통적으로 적용된다. 플레이어들은 파티의 목적에 따라 일반적인 역할 분배를 거부하고 특정한 직업군만으로 파티를 구성하기도 한다. 편파적인 파티 구성이 일반화되면 특정 직업군의 소외 현상이 발생하며, 이는 곧 직업 간 균

파티원의 역할 분류		
역할	특성	설명
탱커 (tanker)	높은 체력과 방어력	전방에서 파티를 주도하며, 상대적으로 체력이 낮은 직업군이 공격을 받지 않도록 막음. 몬스터의 어그로를 끌기 위해 도발 스킬을 사용하며 파티원을 지킴.
딜러 (dealer)	높은 공격력	탱커의 뒤에서 적의 체력이 닳도록 공격함. 누적된 딜량이 높을 경우 몬스터의 공격을 받게 되므로 이를 피하기 위해 전략적으로 스킬을 사용함.
힐러 (healer)	각종 회복 스킬	몬스터와 멀리 떨어져 파티원의 체력 회복을 도움. 적의 공격에 의한 각종 디버프 스킬을 삭제하고 1인 대상, 파티원 대상, 시간차 회복 등 다양한 회복 스킬을 사용함.
버퍼 (buffer)	각종 상태 강화 스킬	힐러와 함께 후방에서 파티를 지원함. 체력이나 방어력 등을 높이는 지속적인 버프를 제공하며, 일시적으로 파티의 능력치를 몇 배로 향상시키는 버프를 전략적으로 구사함.
디버퍼 (debuffer)	각종 상태 이상 스킬	딜러와 함께 적을 공격함. 상대의 능력치를 저하시키는 디버프로부터 아예 움직일 수 없도록 하는 매즈까지 다양한 상태 이상 스킬을 이용함.

형의 문제를 초래할 수 있다.

파티가 공통의 목표를 달성하면 플레이어들은 그 보상을 나누어 가진다. 보상은 게임마다 정해진 시스템에 따라 분배된다. 분배 시스템은, 먼저 루팅(looting)하는 플레이어가 해당 아이템을 소유하는 방식, 주사위 굴리기를 통해 높은 숫자를 얻은 플레이어가 아이템을 소유하는 방식, 아이템에 대한 소유권을 놓고 경매를 치르는 방식 등으로 다양하다. 분배 방식은 참여자들의 합의를 통해 결정되지만 경우에 따라 게임이 제공하는 시스템을 선택하지 않고 플레이어들의 자체적인 규칙에 따라 결정하기도 한다.

파티는 참여하는 플레이어의 숙련도에 따라 분류된다. '초보 파티'는 초보 플레이어들로 구성된 파티로, '초보팟' 또는 '헤딩팟'이라고 불린다. '숙련 파티'는 숙련된 플레이어들이 참여하는 파티로 파티의 목표 달성 확률이 높으며 '숙련팟'으로 불린다. '버스 파티'는 초보 플레이어와 숙련된 플레이어가 섞여 있는 파티이다. 버스 파티에서 숙련된 플레이어는 초보 플레이어를 돕기 위해 파티에 참여하며, 초보 플레이어는 버스 파티에 참여해 경험치를 빠르게 축적할 수 있다.

- 유의어 레이드(raid)
- 관련 용어 인스턴스 던전, 진영 간 전투(RvR), 플레이어 커뮤니티, 스겜, 스팟
- 참고 자료 이인화, 『한국형 디지털 스토리텔링 : 「리니지 2」 바츠 해방 전쟁 이야기』, 살림, 2005. | 전경란, 『디지털 게임의 미학 : 온라인 게임 스토리텔링』, 살림, 2005. | 한혜원, 『디지털 게임 스토리텔링 : 게임 은하계의 뉴 패러다임』, 살림, 2005. | Edward Castrova, *Synthetic Worlds : The Business and Culture of Online Games*, University of Chicago Press, 2005. | Gray Alan Fine, *Shared Fantasy : Role-Playing Game as Social World*, University of Chicago Press, 2003.

파티클 시스템 particle system

| 작은 입자(particle)들의 집단을 이용해 시각적 효과를 표현하는 게임 그래픽 기법.

게임의 시각적 효과를 위해 작은 입자들을 특정 알고리즘에 따라 조작하는 기법. 각 입자의 속성은 모양, 위치, 속도, 색, 온도, 질량 등의 값으로 결정되며 입자의 생성과 변화, 소멸을 결정하는 생명 주기(life cycle)에 따라 화면에 출력되는 시각 효과가 달라진다. 시네마 4D(Cinema 4D), 마야(Maya)와 같은 3차원 모델링 프로그램이나 게임 엔진을 통해 사용할 수 있다. 파티클 시스템은 생성된 효과에 따라 동적인 것과 정적인 것으로 구분된다. 전자는 분산된 입자들이 분리된 동선으로 나타나는 눈송이, 불꽃 등의 특수 효과에 쓰이며, 후자는 가닥으로 이루어진 머리카락, 풀 등의 물체를 구현할 때 쓰인다.

게임에서 사용되는 파티클 시스템		
분류	설명	사례
동적 파티클 시스템	배경, 화학 반응, 추상적 효과 등을 구현하는 시각 효과.	불꽃, 구름, 안개, 연기, 떨어지는 나뭇잎, 마법 주문, 반짝임, 폭발
정적 파티클 시스템	가닥으로 이루어진 물체를 구현하는 시각 효과.	머리카락, 털, 풀

- **관련 용어** 그래픽, 그래픽 디자이너, 시각 효과
- **참고 자료** 강권학, 박창민, 『만들면서 배우는 아이폰 게임 프로그래밍』, 한빛미디어, 2012. | 서지스원 북, 『3D 게임 엔진, 어떻게 발전해 왔을까? : 게임보다 더 재미있는 게임 이야기』, 유페이퍼, 2013. | Jeff Lander, "The Ocean Spray in Your Face", *Game Developer*, vol.5, no.7, 1998. | 언리얼 엔진, www.unrealengine.com

팔러 게임 parlor game

| 한정된 공간에서 여러 명이 함께 플레이하는 게임.

제한된 공간에서 특별한 도구 없이 플레이하는 게임 장르. 거실을 가리키는 팔러(parlor)라는 단어에서 비롯된 용어로 실내나 야외의 한정된 공간에서 플레이하는 간단한 게임이다. 플레이어는 말장난이나 기억력, 논리, 연기력, 간단한 몸짓 등을 이용해 게임을 진행한다. 빅토리아 시대의 팔러 게임은 영국과 미국에서 상

류층의 사람들이 집안의 도구를 이용해 간단히 즐기는 놀이 문화였으나, 산업화를 거치며 가족과 여가를 즐기려는 중산층에게 보편화되었다. 에릭 짐머만과 케이티 살렌은 게임의 기본적인 규칙을 팔러 게임에서부터 찾은 바 있다. 기술이 발전하고 컴퓨터 게임이 등장하면서 대중성은 감소했으나 아이들의 생일 파티 혹은 가족 모임 등에서 계속 플레이된다.

대표적인 팔러 게임으로는 〈맹인놀이(Blind man's buff)〉, 〈몸으로 말해요(Charades)〉, 〈마피아(Mafia)〉, 〈윙크 게임(Wink Murder)〉, 〈수건 돌리기(Drop the handkerchief)〉, 〈스무 고개(Twenty questions)〉 등이 있다.

- **유의어** 실내 게임
- **관련 용어** 보드 게임
- **참고 자료** Katie Salen, Eric Zimmerman, *Rules of Play : Game Design Fundamentals*, The MIT Press, 2003. | Marvin Zelkowitz, *Advances in Computers : Architectural Advances*, Academic Press, 2011. | Myfanwy Jones, Spiri Tsintziras, *Parlour Games for Modern Families*, Penguin UK, 2010.

패러디 게임 parody game

| 원작의 내용이나 형식을 차용해 만든 게임.

풍자나 해학의 효과를 얻기 위해 기존 게임의 내용이나 형식을 변형, 과장해 재구성한 게임. 린다 허천은 '패러디'를 포스트모더니즘의 핵심 시학으로 보면서, '비평적 거리를 둔 반복'이라 정의했다. 비평적 거리란 원작과 패러디 작품 간의 차이점을, 반복은 공통점을 의미한다.

게임에서 패러디는 특정 게임을 패러디하는 경우와 현실을 풍자하는 경우로 나뉜다. 전자의 대표적인 사례로 타이토(Taito)에서 〈스페이스 인베이더(Space Invaders)〉를 패러디해 개발한 〈아칸베다(Space Invaders '95 : Attack of the Lunar Loonies)〉가 있다. 〈아칸베다〉는 〈스페이스 인베이더〉의 슈팅 방식을 모방했으나 타이토의 〈다라이어스(Darius)〉나 〈기기괴계(KiKi KaiKai)〉의 캐릭터를 등장시켜 원작의 어두운 분위기를 밝고 명랑한 분위기로 재구성했다. 이 경우 개발사가 자사의 게임을 대상으로 개발한 경우에 속한다.

특정 게임의 플레이어가 모여 패러디 게임을 개발한 경우도 있다. 2007년 〈프린세스 메이커(Princess Maker)〉의 플레이어들은 '대인배들'이라는 국내 아마추어 게임 동호회를 만들어 〈어이쿠 왕자님 ~호감가는 모양새~〉를 개발했다. 원작의 캐릭터 육성 방식을 모방하되, 딸이 아닌 아들을 키우는 게임으로 재구성했다.

- **관련 용어** 풍자, 오마주
- **참고 자료** 린다 허천 저, 김상구, 윤여복 역,『패러디 이론』, 문예출판사, 1992. | 정끝별,『패러디 시학』, 문학세계사, 1997. | Robert Chambers, *Parody : The Art That Plays with Art*, Peter Lang Publishing, 2010.

패치 patch

| 일부 파일이나 코드를 변경해 게임 프로그램을 수정하는 행위.

소프트웨어에서 발생한 문제 해결을 위해 프로그램을 일부 수정하는 것. 게임 프로그램은 실행 파일과 리소스 파일로 나뉘는데, 패치는 실행 파일 혹은 파일의 일부 코드를 변경하여 수정하며, 리소스 파일 전체를 변경하는 것보다 용량이 적어 배포에 용이하다. 패치의 종류는 수정된 콘텐츠의 종류와 정도에 따라 메이저 패치와 마이너 패치로 나뉜다. 게임의 버전 코드는 적용된 패치 종류에 따라 각각의 자릿수가 올라간다. 기존에는 디스켓, 시디(CD) 등을 통해 배포됐으나 인터넷의 보급 이후 개발사 사이트나 공식 사이트 등을 통해 다운로드할 수 있는 방식으로 바뀌었다.

게임물관리위원회는 게임산업진흥에 관한 법률, 사행행위 등 규제 및 처벌특례법에 따라 패치가 적용된 게임의 등급을 재분류한다. 게임의 주요 내용(시나리오, 캐릭터, 아이템 등)·영상·음향 등이 등급 판정에 영향을 줄 수 있을 정도로 수정되거나 추가된 경우, 게임머니의 충전·이체·사용 등 이용방식이 수정된 경우, 기타 사행성을 유발하거나 과몰입을 유발할 수 있는 게임의 진행 방식이 수정된 경우 등 패치로 인해 등급의 변경을 요할 정도로 수정된 경우에는 등급 분류 재심사를 진행한다. 패치 전과 등급이 달라질 경우 대상 플레이어가 달라지므로 개발자는 패치의 수정 정도를 조절해야 한다.

- **유의어** 판올림, 포인트 릴리즈(point release)
- **관련 용어** 잠수 패치, 업데이트, 업그레이드, 확장팩

패치 적용을 위한 과정 분류	
구분	설명
패치 기획	발견한 오류 사항, 수정이 필요한 버그 등의 목록을 작성함.
	밸런스가 맞지 않는 아이템, 클래스, 지역의 밸런스를 조정함.
	신규 메커니즘, 던전, 스킬 등 콘텐츠를 삽입함.
	게임 라이브 팀이 사용하는 신규 툴을 제작함.
	신규 인터페이스 및 추가 항목 사항을 제작함.
패치 제작	프로그램의 코드를 변경, 추가하고 변경된 코드 버전을 관리함.
	변경 관리 프로세스(Change Control Process, CCP) 문서를 변경함.
	추가 코드에 대한 설명, 주석을 삽입함.
패치 테스트	변경 관리 프로세스를 사용해 새로운 콘텐츠와 기능을 점검함.
	내부 테스트 서버에 적용함.
	라이브 테스트 서버에 적용함.
	테스트와 수정 과정을 반복함.
패치 배포	큐에이(Quality Assurance, QA)의 인증을 받음.
	제작자의 인증을 받음.
	배포에 대한 인증을 받음.
	긴급 패치 절차를 거쳐 패치를 배포함.

■ **참고 자료** 제시카 멀리건, 브리짓 패트로브스키 저, 송기범 역, 『온라인 게임기획, 이렇게 한다』, 제우미디어, 2003. | Erik Bethke, *Game Development and Production*, Wordware Publishing, 2003. | Thomas M. Thomas, Donald Stoddard, *Network Security First-Step*, Cisco Press, 2012.

팬덤 fandom

| 특정 게임을 열성적으로 좋아하는 사람들의 집단, 혹은 그들이 만들어내는 문화 현상.

특정 인물이나 분야를 열성적으로 좋아하며 적극적으로 소비하는 팬(fan)의 집단이나 그들이 만들어내는 문화현상. 게임 팬덤은 게임을 집중적으로 소비하는 경우를 가리킨다. 이들은 단순히 게임을 소비하는 데에 그치지 않고 이와 관련된 텍스트를 재해석하고 재생산하는 등의 참여적 생산 활동을 벌이는 능동적 소비자이다. 헨리 젠킨스는 팬덤이 갖는 사회문화적 의의를 5가지로 정리했다.

첫째, 팬덤은 고유의 텍스트 수용 방식을 가지고 있다. 게임 팬덤은 게임을 집중적이고 반복적으로 플레이하며, 이를 통해 게임 텍스트의 의미를 해석하고, 다른 팬들과 자신의 해석에 대해 적극적으로 토론하며 공유한다. 가령, 온라인 게임 커뮤니티 사이트인 '인벤(Inven)'은 게임마다 별도의 토론 게시판을 운영하고 있다.

둘째, 팬덤은 고유의 비판적 해석 공동체를 이루고 있다. 게임 팬덤은 그들만의 팬 공동체를 구축하고, 공동체만의 은어를 사용하는 등 독자적 문화를 형성한다. 따라서 이들의 구성원이 되기 위해서는 그 공동체의 특수한 텍스트 해석 방식, 문화를 학습해야 한다.

셋째, 팬덤은 소비자 행동주의를 위한 토대를 구성한다. 게임 팬덤은 게임의 밸런스, 업데이트 방향에 대해 적극적으로 의견을 표명하고, 게임 제작자 역시 업데이트에 팬덤의 의견을 반영한다. 게임의 지속적인 업데이트와 밸런스가 중요한 온라인 게임의 경우 게임의 향후 업데이트 방향을 정하기 위해 게임 플레이어를 대상으로 간담회를 개최해 플레이어의 의견을 반영하기도 한다.

넷째, 팬덤은 고유의 문화적 생산 활동을 하며, 고유의 문화를 가지고 있다. 게임 팬덤은 게임을 소비하는 데 그치지 않고 원작 게임을 재료로 하여 그들만의 새로운 문화적 창작물을 생산한다. 게임 팬픽션(game fanfiction), 게임 팬아트(game fan-art), 게임 동인지, 매드 무비(MAD movie), 머시니마(machinima) 등이 이에 속한다.

다섯째, 팬덤은 대안적 사회 공동체 기능을 수행한다. 게임 팬덤은 특정 게임을 좋아하는 게임 플레이어를 중심으로 이루어진 공동체이다. 다양한 정체성을 가진 개인이 모여 팬덤을 이루기 때문에 팬 개개인의 차이를 인정함과 동시에 팬 공동체 문화를 발전시키기 위해 노력한다.

한나 위먼이 제시한 게임 팬과 하드코어 플레이어 구분		
구분	게임 팬 (game fan)	하드코어 플레이어 (hard-core player)
게임 소비 행태 (concentration)	게임 서사, 캐릭터 중심 소비.	게임 메커닉스, 게임 플레이 중심 소비.
창작물의 양상 (Forms of textual productivity)	팬픽, 머시니마, 팬아트 등 게임 서사, 캐릭터 중심의 창작물.	치트 코드(cheat code), 모드, 패치, 게임 공략 등 게임 플레이 중심의 창작물.

게임 팬덤은 하드코어 플레이어와 구분되어 사용되기도 한다. 하드코어 플레이어는 게임에 많은 시간과 비용을 투자하며 게임을 적극적으로 소비하고, 자신의 의견을 적극적으로 표현하며 게임 정보, 모드(modification, MOD) 등 다양한 사용자 생성 콘텐츠를 생산한다는 점에서 게임 팬덤과 유사하다. 그러나 문화적 창작물의 양상, 게임을 소비하는 행태에서 게임 팬덤, 하드코어 플레이어 두 집단 간의 차이가 드러난다.

- **유의어** 하드코어 플레이어
- **관련 용어** 팬, 공동체, 문화적 생산 활동, 팬픽션, 팬아트, 매드 무비, 머시니마
- **참고 자료** 헨리 젠킨스 저, 정현진 역, 『팬, 블로거, 게이머 : 참여문화에 대한 탐색』, 비즈앤비즈, 2008. | 홍종윤, 『팬덤 문화』, 커뮤니케이션북스, 2014. | Henry Jenkins, *Textual Poachers : Television Fans & Participatory Culture*, Routledge, 2012. | Matthew Hills, *Fan Cultures*, Routledge, 2002. | Hanna Wirman, "I am not a fan, I just play a lot-If Power Gamers Aren't Fans Who Are?", Proceedings of DiGRA 2007 Conference : Situated Play, University of Tokyo, 2007.

팬픽션 fanfiction

| 게임 서사 요소를 바탕으로 팬들이 창조한 소설 형식의 2차 창작물. 줄여서 팬픽이라고도 함.

팬들이 창작한 소설. 게임에서 팬픽션이란 게임 팬들이 게임의 세계관, 캐릭터 등 원본 텍스트를 기반으로 창작한 소설을 의미한다. 팬들은 게임 콘텐츠를 새로운 방향으로 해석하거나, 인물 간 관계를 재구성함으로써 자신만의 이야기를 생성한다. 이러한 게임 팬픽션은 〈테트리스(Tetris)〉와 같은 캐주얼 게임, 〈스타크래프트〉와 같은 전략 시뮬레이션 게임, 〈마비노기〉와 같은 다중접속온라인 역할수행 게임 등 다양한 게임 장르 전반에 걸쳐서 나타난다. 게임 팬픽션은 팬픽션 사이트나 게임 커뮤니티를 중심으로 창작된다.

한국의 경우, 게임 공식 홈페이지에서 팬픽션 게시판을 따로 운영하기도 한다. 〈마비노기〉, 〈클로저스(Closers)〉 등이 대표적이다. 〈마비노기〉는 팬픽션 중 일부를 선정하여, 게임 내 아이템으로 등장하는 서적에 반영한다. 대표적인 해외 팬픽션 사이트는 '팬픽션닷넷(fanfiction.net)'이다. 이곳에 올라온 게임 팬픽션 항목의 팬픽션 순위와 작품 개수는 표와 같다.

게임 팬픽션 작품별 순위(2015년 8월 13일 기준)		
순위	게임명	작품수
1	〈포켓몬스터(Pokémon)〉	81,900
2	〈킹덤 하츠(Kingdom Hearts)〉	72,600
3	〈파이널 판타지 7〉	39,300
4	〈소닉 더 헤지혹(Sonic the Hedgehog)〉	35,500
5	〈젤다의 전설(The Legend of Zelda)〉	27,900
6	〈매스 이펙트(Mass Effect)〉	17,300
7	〈드래곤 에이지(Dragon Age)〉	16,800
8	〈파이널 판타지 8〉	12,500
9	〈레지던트 이블(Resident Evil)〉	11,400
10	〈파이어 엠블렘(Fire Emblem)〉	11,200

- **유의어** 게임 소설
- **관련 용어** 게임 팬덤, 게임 문학, 게임 커뮤니티, 팬픽션닷넷
- **참고 자료** 제임스 뉴먼 저, 박근서 외 역, 『비디오게임』, 커뮤니케이션북스, 2008. | 헨리 젠킨스 저, 정현진 역, 『팬, 블로거, 게이머 : 참여문화에 대한 탐색』, 비즈앤비즈, 2008. | Jana Rambusch, Tarja Susi, Stefan Ekman, Ulf Wilhelmsson, "A Literary Excursion Into the Hidden (Fan) Fictional Worlds of Tetris, Starcraft, and Dreamfall", Proceeding of the 2009 DiGRA International Conference : Breaking New Ground : Innovation in Games, Play, Practice and Theory, Brunel University, 2009. | 팬픽션닷넷 '게임 항목', www.fanfiction.net/game/

퍼베이시브 게임 pervasive game

| 게임 플레이의 시공간을 가상 세계로부터 현실 세계로 확장한 게임.

게임의 세계관, 캐릭터, 경쟁관계 등을 현실 세계로 확장시켜 플레이하는 게임 장르. '확장하는, 만연하는'의 뜻을 지닌 '퍼베이시브(pervasive)'와 '게임'의 합성 어이다. 플레이어들은 아이티(IT) 기술을 활용하여 직접 게임 캐릭터가 되어 움직 이며 플레이를 진행한다. 대표적인 퍼베이시브 게임은 2004년 시도된 〈팩맨하탄 (Pac-Manhattan)〉이 있다. 고전 아케이드 게임 〈팩맨(Pac-Man)〉을 뉴욕 도심으 로 옮겨온 것으로, 플레이어들은 모바일 장소 인식기기를 활용하여 직접 팩맨 또 는 유령이 되어 서로 추격전을 벌인다. 이 외에도 〈봇 파이터스(Bot Fighters)〉, 〈엉

퍼베이시브 게임의 종류		
유형	종류	설명
정착된 장르	보물찾기	플레이어들이 보물로 지정된 특정한 물체를 찾아다니는 게임.
	암살 게임	플레이어가 암살자 또는 희생자가 되어 진행하는 게임. 암살자는 지정된 타깃을 공격하며, 희생자는 알지 못하는 암살자로부터 스스로를 방어함.
	퍼베이시브 역할수행 게임	플레이어들이 실제 세계에서 직접 게임의 캐릭터가 되어 진행하는 역할수행 게임.
	대체 현실 게임	문제 해결 구조의 퍼베이시브 게임으로, 사건 해결을 위한 플레이어들의 자발적인 협력이 특징인 게임.
새로운 장르	스마트 거리 스포츠	실제 세계에서 장소 인식 기술을 지닌 플레이어들이 신체적 활동을 통해 진행하는 게임.
	유희적 공공 퍼포먼스	신체적 퍼포먼스를 통해 거리의 관객들에게 유희적 볼거리를 제공하는 것이 목표인 게임.
	도심 어드벤처 게임	인터랙티브 픽션으로부터 유래한 것으로, 도시 공간에서 스토리를 따라 퍼즐을 맞춰가는 게임.
	현실 게임	플레이어들이 일상의 공간을 새로운 시선으로 보고 경험하는 것을 목표로 하는 게임.

클 로이 올 어라운드 유(Uncle Roy All Around You)〉 등의 사례가 있다. 마커스 몬톨라, 재코 스탠로스, 아니카 웨언은 대중성을 기준으로 퍼베이시브 게임의 유형을 위 표에서와 같이 정착된 장르와 새로운 장르로 구분하여 제시했다.

- **유의어** 빅게임, 도시 기반 게임, 혼합 현실 게임
- **관련 용어** 퍼베이시브 컴퓨팅
- **참고 자료** 권보연, 『SNS의 게임화 연구』, 이화여자대학교 대학원 디지털미디어학부 박사논문, 2015. | 제인 맥고니걸 저, 김고명 역, 『누구나 게임을 한다 : 그동안 우리가 몰랐던 게임에 대한 심층적인 고찰』, 랜덤하우스코리아, 2012. | Markus Montola, Jaakko Stenros, Annika Waern, *Pervasive Games Theory and Design*, Morgan Kaufmann, 2009. | Carsten Magerkurth, Adrian David Cheok, Regan L. Mandryk, Trond Nilsen, "Pervasive Games : Bringing Computer Entertainment Back to the Real World", *Computers in Entertainment*, vol.3 no.3, 2005.

퍼블리싱 publishing

| 게임 콘텐츠를 유통하고 서비스하는 것.

개발된 게임 콘텐츠를 홍보, 판매, 운영하는 게임 배급 과정. 게임 산업 초기에는 개발사가 게임 개발부터 퍼블리싱까지 게임 콘텐츠 전반적인 서비스를 도맡

왔으나, 온라인 게임 산업이 성장하면서 게임 개발과 퍼블리싱이 분화됐다. 게임 퍼블리싱을 전문으로 담당하는 업체를 게임 퍼블리셔(game publisher)라고 부른다. 게임 퍼블리셔의 등장으로 게임 개발사는 게임 개발에 집중할 수 있게 됐고, 게임의 성공 여부에 따른 위험부담을 경감할 수 있게 됐다.

게임 퍼블리셔는 게임 콘텐츠의 판매 권한을 개발사로부터 위임받아 마케팅, 홍보 등을 통해 수익을 창출한다. 직접 게임 개발사를 발굴하고 계약을 맺어 게임 개발을 진행하는 경우도 있다. 게임 개발이 완료되면 퍼블리셔는 게임 판권을 가지고 마케팅을 시작하며, 국내외 게임 유통 전반을 관리한다. 실제 게임 서비스 중에 발생하는 고객 대응, 운영 정책 및 법적 대응, 과금과 결제 시스템, 마케팅 프로모션 등의 업무를 전담한다. 한국콘텐츠진흥원이 2004년 제시한 게임 퍼블리싱 단계는 다음과 같다.

한국콘텐츠진흥원이 제시한 게임 퍼블리싱의 6단계	
단계	설명
1단계 : 팀 구성	총괄 매니저, 마케팅 담당자, PR 담당자, 기술 지원팀, 게임 운영팀, 외부 사이트 개발 등의 퍼블리싱 업무를 분담할 팀 구성.
2단계 : 사업 계획서 작성	전반적인 사업 계획을 수립하고, 개발사와의 조율을 통해 사업 시기와 방식을 확정.
3단계 : 세부 사업 계획 정리	부분 유료화 구조 및 게임성 피드백을 진행하고, 내부 사내 테스트 팀을 운영.
4단계 : 게임 시범 서비스	초기 플레이어 확보와 마케팅을 담당.
5단계 : 론칭 및 마케팅	사업 계획에 따라 게임을 오픈하고 다양한 마케팅을 진행.
6단계 : 상용화 이후	각종 프로모션과 이벤트 강화. 기존 플레이어 유지와 신규 플레이어 유입을 위해 노력. 업데이트 기획과 운영.

게임 개발사와 게임 퍼블리셔는 퍼블리싱 계약 기간이 종료하는 시점에 지적재산권 분쟁이 발생한다. 대표적으로는 〈서든어택〉 개발사인 넥슨(Nexon)과 퍼블리셔 넷마블(Netmarble)의 이용자 데이터베이스 분쟁과 〈크로스파이어(CrossFire)〉 개발사인 스마일게이트(SmileGate)와 퍼블리셔 네오위즈 게임즈(Neowiz Games)의 상표 분쟁이 있다. 이 분쟁들은 계약서에 이용자 및 게임 데이터베이스 권한을 명확히 구분하지 않아 발생했다. 이후 모바일 게임 시장에서 퍼블리싱 계약이 증가하면서, 게임 퍼블리싱 계약 논의가 점차 구체화됐다. 게임 퍼블리싱 계약에서 분쟁이 발생하는 주요 항목은 다음과 같다.

이병찬이 제시한 게임 퍼블리싱 계약의 주요 쟁점	
주요 쟁점	설명
권한 범위 명시의 문제	게임 퍼블리셔의 권한이 독점적인가 비독점적인가, 지역적 범위는 어디까지인 가, 플랫폼 범위는 어디까지인가를 제한해야 한다.
수수료 지급 기준의 문제	퍼블리셔에게 지불하는 수수료는 전체 매출에서 비용을 공제한 금액에 일정 비율을 곱해서 산정. 전체 매출을 어디로 한정할지, 심사비, 플랫폼 수수료 등을 비용에 포함할지에 대한 확정이 필요하다.
업데이트의 문제	업데이트에 비용, 회수, 주기 등을 규정하지 않을 경우, 개발사와 퍼블리셔 간의 의견 차이가 발생한다. 이에 대한 조건을 사전에 명시해야 한다.
저작권의 문제	게임 저작권은 개발사에게 있으나 게임 업데이트를 퍼블리싱 업체가 할 경우 업데이트된 콘텐츠 저작권은 퍼블리싱 업체에게 있다. 이 경우 문제가 발생할 수 있어, 콘텐츠를 추가는 개발사가 하는 편이 좋다.
게임 데이터베이스 이전 문제	게임 서비스 중에 퍼블리싱 계약이 만료되는 경우. 게임 데이터베이스 이전에 대한 계약서 작성과 개인 정보 관리에 대한 플레이어들의 동의가 필요하다.

- **유의어** 게임 배급
- **관련 용어** 게임 개발사, 게임 퍼블리셔, 서비스, 마케팅, 퍼블리싱 계약 분쟁
- **참고 자료** 한국콘텐츠진흥원, 『스마트폰 게임 글로벌 서비스 가이드』, 한국콘텐츠진흥원, 2012. 6. | 김정수, 범원택, 「온라인 게임 퍼블리싱 모델의 현황과 전망」, 『SW Insight 정책리포트』, vol.2005, no.6, 정보통신산업진흥원, 2005.07. | 박호준, 「온라인 게임 퍼블리싱 일반」, GMF 퍼블리싱 사례 연구 발표회, 한국콘텐츠진흥원, 2004. | 이병찬, 「모바일 게임 퍼블리싱 계약의 법률적 쟁점」, 한국 게임법과 정책학회 세미나 자료, 2014.

퍼스트 블러드 first blood

| 게임에서 가장 먼저 상대방을 제거하는 행위.

상대방을 제거해 선취점을 달성하는 행위. 축약해 '퍼블'이라고도 부른다. 모바(MOBA)나 1인칭 슈팅 게임 등 전장에서 다수의 플레이어가 팀 대 팀으로 게임을 진행하는 경우 나타난다. 퍼스트 블러드를 달성한 플레이어는 출력되는 메시지를 통해 전투에 대한 피드백을 받을 수 있고 골드와 경험치 등의 추가 보상을 획득한다. 해당 플레이어가 소속된 팀은 상대팀의 기선을 제압하고 플레이의 흐름을 가져올 수 있다. 퍼스트 블러드가 발생하기 전 플레이어는 견제 중심의 신중한 플레이를 펼치지만, 퍼스트 블러드가 발생한 후에는 적극적으로 공격에 나서 본격적인 전투를 시작한다.

〈리그 오브 레전드〉의 플레이어는 퍼스트 블러드를 성공시키기 위해 게임 초

반 상대방의 진형을 기습하는 인베이드(invade) 전략을 사용하기도 한다. 〈카운터-스트라이크 온라인 2〉에서는 퍼스트 블러드 성공 시 돈, 경험치 등의 추가 보상을 얻으며 100회 달성 시 '어서와, 사살은 처음이지' 업적을 달성할 수 있다.

- **유의어** 첫킬
- **관련 용어** 선취점
- **참고 자료** 〈도타 2〉 위키, http://dota2.gamepedia.com/Gold ┃ 〈리그 오브 레전드〉 위키, http://leagueoflegends.wikia.com/wiki/Kill

퍼즐 게임 puzzle game

| 스테이지 구조에서 제시된 문제를 풀어나가는 게임.

제한된 규칙 내에서 단순한 시뮬레이션을 통해 제시된 문제를 풀어나가는 게임. 블록 맞추기 게임, 타일 맞추기 게임, 물리 효과를 이용한 게임 등이 모두 퍼즐 게임에 속한다. 예스퍼 율은 퍼즐 게임을 비교적 조작법이 간단한 문제 해결 게임으로 정의했다. 1985년 알렉세이 파지노프(Alexey Leonidovich Pajitnov)가 개발한 〈테트리스(Tetris)〉가 전 세계적으로 흥행을 기록하며 대중화됐다. 〈테트리스〉는 〈퍼즈닉(Puzznic)〉과 같은 블록 맞추기 게임에 직접적인 영향을 주었고, 〈비주얼드(Bejeweled)〉와 같은 타일 맞추기 게임, 〈앵그리 버드(Angry Birds)〉처럼 물리 효과를 이용한 게임 등 다양한 하위 장르로 개발됐다.

이 밖에도 다양한 모양과 색, 상징을 가진 오브젝트를 조정하거나 변경하고, 수수께끼를 풀고, 특정 지역을 탐색하고, 도구를 사용하는 등의 논리적 문제가 모두 퍼즐 게임에 해당한다.

제시되는 문제는 한정적인 규칙과 변수로 구성되어 있기 때문에 플레이어는 문제의 규칙을 논리적으로 파악하여 해결책을 탐색해야 한다. 독립적인 퍼즐 게임의 경우 상대적으로 조작이 간편한 모바일 게임으로 구현된다. 대표적인 모바일 플랫폼 퍼즐 게임으로 〈애니팡(Anipang)〉, 〈캔디 크러쉬 사가(Candy Crush Saga)〉 등이 있다.

- **유의어** 캐주얼 게임
- **관련 용어** 규칙, 시뮬레이션

■ **참고 자료** 에스퍼 율 저, 이정엽 역, 『캐주얼 게임 : 비디오게임과 플레이어의 재창조』, 커뮤니케이션북스, 2012. | Mark J. P. Wolf, "Genre and the Video Game", *The Medium of the Video Game*, University of Texas Press, 2002. | Richard Rouse III, *Game Design : Theory and Practice*, Jones & Bartlett Learning, 2004.

페르소나 persona

| 인간이 사회에 적응하기 위해 갖게 되는 외적 인격.

인간이 외부세계와 상호작용하기 위해 갖는 행동 양식 또는 정체성. 연극 소품으로서의 가면을 뜻하는 라틴어 페르소나에서 유래했으며, 분석심리학자인 칼 구스타프 융(Carl Gustar Jung)에 의해 심리학 용어로 사용되기 시작했다. 게임에서 페르소나는 플레이어가 캐릭터를 매개로 갖는 게임 내 역할 또는 가상의 정체성을 뜻한다. 현실에서 사람들은 사회적 관계를 형성하기 위해 스스로의 지위에 맞는 페르소나를 갖는다. 게임 세계에서 플레이어는 캐릭터의 종족이나 직업, 역할 등에 따른 페르소나를 가지고 다른 플레이어들과 관계맺는다.

데니스 와스컬은 역할수행 게임에서 플레이어가 퍼슨(person)-플레이어(player)-페르소나(persona)의 3중으로 이루어진 정체성을 갖는다고 보았다. 페르소나란 게임 내 캐릭터에 의해 형성되는 정체성으로, 게임 세계에 기초한다. 플레이어는 페르소나를 조작하여 게임을 플레이하는 정체성을 말한다. 그리고 퍼슨은 게임의 외적 영역에서 일상을 영위하는 정체성이며, 실제를 바탕으로 하는 정체성이다.

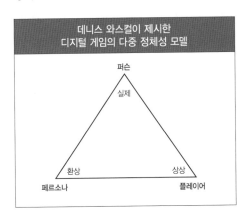

데니스 와스컬이 제시한
디지털 게임의 다중 정체성 모델

퍼슨

실제

환상   상상

페르소나   플레이어

■ **관련 용어** 정체성, 플레이어, 데니스 와스컬
■ **참고 자료** 카를 G. 융 저, 이윤기 역, 『인간과 상징』, 열린책들, 2009. | C. G. 융 저, 설영환 역, 『C. G. 융 무의식 분석』, 선영사, 2014. | Dennis D. Waskul, Matt Lust, "Role-Playing and Playing Roles : The Person, Player, Persona in Fantasy Role-Playing", *Symbolic Interaction*, vol.27, no.3, 2004.

펜제로소 penseroso

| 로망스의 마지막 단계이자 군중과 떨어져 인생을 관망하는 현자.

특정 분야의 목표에 도달한 후 속세에서 물러난 영웅이나 그러한 삶의 단계. 1645년 존 밀튼(John Milton)이 목가시 「일 펜제로소(Il Penjeroso)」를 통해 모험을 마치고 군중으로부터 한발 물러난 채 사색을 즐기거나 인생에 관한 메시지를 전달하는 사람을 지칭한 것에서 유래한다. 노스럽 프라이는 영웅의 모험담을 그린 로망스 문학을 탄생과 청춘 등 6단계로 나눠 설명하는데, 영웅이 모든 모험을 마치고 회귀한 마지막 단계를 펜제로소라 명명한다.

다중접속온라인 역할수행 게임에서 펜제로소의 개념은 2가지 유형으로 적용된다. 첫째 유형의 펜제로소는 게임 세계 내부에 존재하는 대체 불가능한 영웅 혹은 전설적인 엔피시(NPC)에 해당한다. 이들은 게임의 세계관을 구성하는 핵심적 인물로 직접 전투에 참여하지는 않는다. 대신 플레이어에게 퀘스트를 부여하는 동시에 종족에 대한 역사, 세계관에 얽힌 이야기와 같이 플레이어가 반드시 알아야 할 정보를 전달한다. 게임 내부의 펜제로소는 플레이어에게 지식과 지혜를 전수해주는 정신적 스승에 가깝다.

둘째, 펜제로소는 게임 세계 외부에서 게임 속 모험담을 전달하는 플레이어를 가리킨다. 이때 게임 세계 내부의 캐릭터는 모험에 뛰어든 영웅에 해당하며 게임 후기를 웹페이지에 올리는 플레이어는 모든 모험을 마친 후 경험담을 전달하는 펜제로소에 해당한다. 플레이어는 게임 퀘스트를 완수할 때마다 웹 페이지에 퀘스트 성공담을 게시하는 행위를 반복하면서 영웅의 단계와 펜제로소의 단계를 주기적으로 경험한다.

- **관련 용어** 테이블탑 역할수행 게임, 게임 스토리텔링
- **참고 자료** 노스럽 프라이 저, 임철규 역, 『비평의 해부』, 한길사, 2000. | 임수미, 『온라인 게임 웹 페이지의 담화 생성 연구 : 〈아이온〉 웹 페이지를 중심으로』, 이화여자대학교 대학원 디지털미디어학부 석사논문, 2011. | 류철균, 박은경, 「MMORPG에서 나타난 펜제로소 모티브 활용양상 연구」, 『한국컴퓨터게임학회 논문지』, vol.20, 한국컴퓨터게임학회, 2010.

평판 reputation

| 게임 내 세력과 플레이어 간 친밀도를 보여주는 지표.

가상 세계의 세력과 플레이어 캐릭터의 관계를 규정하는 단계. 특정 이념과 지역을 대변하는 세력이 다수 존재하고 플레이어 캐릭터의 행위에 따라 세력별 평판이 정립되는 형태가 보편적이다. 플레이어의 선택이 세력의 목적과 성향에 부합하면 높은 평판이, 반대의 경우 낮은 평판이 형성된다. 높은 평판을 확보한 플레이어는 지정 구역의 출입이 자유롭고 희귀 아이템 구매가 가능하다. 낮은 평판을 획득한 플레이어는 퀘스트 수행과 아이템 거래가 불가하고, 해당 세력에 속한 엔피시(NPC)의 공격 대상이 될 수 있다. 〈월드 오브 워크래프트〉는 평판을 8단계로 분류하고 단계별로 차등적 편익을 제공한다.

단일 세력의 평판을 둘 이상의 척도가 결정하기도 한다. 〈폴아웃(Fallout)〉 시리즈는 '명예'와 '불명예'라는 척도를 각각 4단계로 구획해 16가지 평판을 나눈다. 낮은 단계의 평판을 높은 단계로 올리기 위해서는 일정량의 평판 수치를 획득해야 한다. 획득 방법으로는 가상 재화 조달, 아이템 장착, 인스턴스 던전 공략, 퀘스트 수행이 있다. 세력 내 엔피시를 공격하거나 적대 세력의 퀘스트를 수락하면 평

〈월드 오브 워크래프트〉의 평판 단계와 단계별 특징	
확고한 동맹 (Exalted)	엔피시 이름 표기 : 녹색 엔피시와의 대화 및 거래가 자유로움 아이템 구매 시 할인율 적용(5%, 10%, 15%, 20%)
매우 우호적 (Revered)	
우호적 (Honored)	
약간 우호적 (Friendly)	
중립적 (Neutral)	엔피시 이름 표기 : 노란색 엔피시와 대화하거나 거래할 수 있음
약간 적대적 (Unfriendly)	엔피시 이름 표기 : 주황색 엔피시와 대화할 수 없음
적대적 (Hostile)	엔피시 이름 표기 : 붉은색 엔피시는 플레이어를 적으로 인식함
매우 적대적 (Hated)	

판이 떨어지고 관계가 악화된다. 플레이어는 평판을 통해 게임 캐릭터의 사회적 위치를 규정하고 자신의 역할에 몰입할 수 있다. 한편 플레이어의 선택에 따라 변화하는 게임 세계를 구현해 플레이의 지루함을 상쇄하고, 캐릭터의 성장을 측정하는 기준을 제공해 장기적 플레이를 유도하는 기능이 있다.

■ **관련 용어** 세력, 업적, 엔피시, 역할수행 게임, 호감도
■ **참고 자료** 오규환, 「MMORPG의 다이나믹 게임 월드(Dynamic Game World in MMORPG)」, 『디지털스토리텔링연구』, vol.1, 한국디지털스토리텔링학회, 2006. | Edward Castronova, *Synthetic Worlds : The Business and Culture of Online Games*, University of Chicago Press, 2008. | Hilde Corneliussen, Jill Walker Rettberg, *Digital Culture, Play, and Identity : A World of Warcraft Reader*, The MIT Press, 2008.

평행우주 parallel universes

| 여러 개의 우주나 세계가 차원을 달리하여 존재한다는 세계관.

현재 살고 있는 세계 외에 평행선상에 위치한 또 다른 우주나 세계가 존재한다는 가상의 이론. 메가버스(megaverse), 다중우주(multiverse)라고도 불린다. 매 순간마다 사람들이 선택한 결과에 따라 세계는 여러 갈래로 분열되고, 각 세계는 서로 다른 역사로 진행된다. 사람들은 그중 하나를 실재하는 세계로 인식하며 살아간다.

문학, 영화 등에서 평행세계를 오가는 수단으로는 주로 타임머신이 사용되며, 각 평행세계마다 마법이나 초능력을 쓰는 세계, 과학기술이 발전한 세계 등의 고유한 특징이 부여된다. 게임에서 평행우주는 주로 세계관으로 등장한다. 이때, 타차원의 우주는 하나의 세계로 설정되어 '평행세계'라 불리는 경우가 많다.

〈겁스 : 무한세계(GURPS : Infinite Worlds)〉에는 '역사계'라고 불리는 지구의 평행세계가 등장한다. 홈라인과 센트럼이라는 두 세계는 차원 이동 기술을 개발해 평행세계를 넘나들며 비밀 전쟁을 벌인다. 평행세계 설정에 따라 동일한 엔피시(NPC)나 퀘스트가 시공간을 달리해 반복 등장하는 경우도 있다. 〈월드 오브 워크래프트〉의 아웃랜드와 드레노어 지역은 차원을 달리한 평행세계로, 세부 지역의 콘셉트 디자인을 일부 공유한다. '그룰' 등의 엔피시나 '투기장' 퀘스트 등이 두 세계에 동일하게 등장한다.

이 외에도 평행우주를 차용한 대표적인 게임으로 〈바이오쇼크 : 인피니트 (BioShock : Infinite)〉, 〈창세기전(The War of Genesis)〉 시리즈 등이 있다.

- **유의어** 메가버스, 다중우주
- **관련 용어** 공상 과학
- **참고 자료** 크로노스케이프 저, 김훈 역, 『SF 사전』, 비즈앤비즈, 2012. | Brian Greene, *The Hidden Reality : Parallel Universes and the Deep Laws of the Cosmos*, Vintage, 2011. | Michio Kaku, *Parallel Worlds : A Journey Through Creation, Higher Dimensions, and the Future of the Cosmos*, Anchor, 2006.

포엑스 게임 4X : explore, expand, exploit, exterminate

| 탐험, 확장, 개발, 몰살이 중시되는 턴제 전략 게임의 하위 장르.

턴제 전략 게임(Turn Based Strategy Game)의 하위 장르. 포엑스(4X)는 탐험 (explore), 확장(expand), 개발(exploit), 몰살(exterminate)의 첫 음절을 따서 만든 용어이다. 1993년 앨런 엠리치(Alan Emrich)가 〈마스터 오브 오리온(Master of Orion)〉의 리뷰를 통해 최초로 언급했다. 플레이어가 맵을 탐험하면서 자신의 영토를 확장시키고, 건물 건설 등을 통해 영토를 개발하며, 전투를 통해 적을 몰살하는 게임이다. 일반적으로 턴제 전투 방식을 채택하므로 실시간 전투 게임보다 플레이 시간이 길다.

전략 게임에서 전투가 가장 주된 플레이 요소인 것과 달리, 포엑스 게임에서는 전투 외에도 경제, 외교, 상대 진영에 대한 조사 등이 목표를 달성하는 데 중요하게 작용한다. 〈시드 마이어의 문명(Sid Meier's Civilization)〉 시리즈, 〈마스터 오브 오리온〉, 〈히어로즈 오브 마이트 앤 매직(Heroes of Might and Magic)〉 시리즈 등이 대표적이다.

- **유의어** 턴제 전략 게임
- **관련 용어** 탐험, 확장, 개발, 몰살
- **참고 자료** Neal Roger Tringham, *Science Fiction Video Games*, CRC Press, 2014.

포인트 point

| 게임의 플레이 결과를 평가하여 성공적인 정도를 숫자로 나타낸 값.

플레이 결과의 성공적인 정도를 표현하기 위한 수치. 스코어(score)라고도 한다. 게임에 따라 포인트의 값이 직접적인 숫자로 드러나기도 하며 이미지와 사운드 등을 통해 간접적으로 표현되기도 한다. 포인트는 다음과 같은 2가지 기능을 한다.

첫째, 포인트는 게임의 승패를 가린다. 포인트에 상한선이 없을 경우, 제한 시간 등 게임 종료 시점을 결정할 수 있는 조건을 둔다. 게임 종료 시 주로 더 높은 포인트를 얻은 플레이어가 승리한다. 포인트에 상한선이 있을 경우, 먼저 해당 포인트에 도달한 플레이어가 승리하거나 패배한다.

둘째, 포인트는 플레이에 차등적인 보상을 제공한다. 게임 개발자는 포인트의 획득 경로 및 양을 정의함으로써 플레이어의 행동 방향을 유도할 수 있다. 플레이어가 게임에 숙달되고 많은 시간을 플레이할수록 더 높은 포인트를 보상으로 제공한다.

플레이어는 본인의 포인트를 갱신하거나 타 플레이어와의 순위 경쟁에서 앞서기 위해 게임을 반복적으로 플레이한다. 플레이를 통해 획득한 포인트는 새로운 게임 콘텐츠를 획득하기 위한 조건이나 자원으로 사용된다. 특정 값 이상의 포인트를 소지하거나 소비할 경우, 플레이어는 새로운 스테이지 또는 아이템, 스킬 등을 획득할 수 있다.

- **관련 용어** 반복 플레이, 보상, 처벌, 리더보드
- **참고 자료** 앤드류 글래스너 저, 김치훈 역, 『인터랙티브 스토리텔링 : 21세기 픽션을 위한 테크닉』, 커뮤니케이션북스, 2006. | Anna Anthropy, Naomi Clark, *A Game Design Vocabulary : Exploring the Foundational Principles Behind Good Game Design*, Addison-Wesley Professional, 2014. | Ernest Adams, *Fundamentals of Game Design*, New Riders, 2013. | Staffan Björk, Jussi Holopainen, *Patterns in Game Design*, Charles River Media, 2004.

포크 게임 folk game

| 동일한 문화적 환경에 속한 플레이어들이 공간과 장비의 제한 없이 함께 플레이하는 게임.

문화적 맥락에서 형성되어 구성원들의 즐거움을 위해 진행되는 육체적, 정신적 놀이. 세대를 거쳐 전승되며, 주로 아이들의 놀이 활동이나 성인들의 축제 문화를 통해 살펴볼 수 있다. 포크 게임은 문화권마다 다양하며, 미국의 '포스퀘어(Foursquare)', 중국의 '마작', 우리나라의 '윷놀이' 등이 포함된다.

미국의 민속학자 젠 해럴드 브룬밴드는 포크 게임을 정의하기 위해 포크 게임과 사회공식적인 게임으로 발전된 제도적 게임(institutional game)을 비교했다. 포크 게임과 제도적 게임은 모두 목표와 규칙을 지닌 구조화된 놀이다. 구별되는 지점은 목표 및 규칙의 가변 가능성과 공간과 장비의 특수성이다. 포크 게임의 플레이어들은 합의에 의해 목표와 규칙을 변경할 수 있으며, 사용할 수 있는 공간과 장비의 제약이 약하다. 반면 제도적 게임의 플레이어들은 명시적으로 기록된 목표와 규칙을 따라야 하며, 제한된 공간과 특수한 장비들을 필요로 한다.

- **유의어** 민속놀이
- **관련 용어** 놀이, 규칙
- **참고 자료** Brian Sutton-Smith, Jay Mechling, Thomas W. Johnson, Felicia McMahon, *Children's Folklore : A SourceBook*, Taylor & Francis, 1999. | Jan Harold Brunvand, *The Study of American Folklore : An Introduction*, W. W. Norton & Company, 1998. | Mia Consalvo, Konstantin Mitgutsch, Abe Stein, *Sports Videogames*, Routledge, 2013.

포털 portal

| 게임 내에서 본인 혹은 주변 캐릭터를 즉각적으로 이동시키는 오브젝트 또는 스킬.

서로 다른 두 공간, 차원, 시간을 연결하는 출입구. '문'이라는 사전적 의미를 바탕으로 한다. 게임에서의 포털은 플레이어의 이동 수단 중 하나로 필드의 특정 장소, 인스턴스 던전, 다음 스테이지로 이동하기 위해 사용된다. 플레이어들은 빠른 이동 외에도 위기 탈출 혹은 전투를 위해 전략적으로 포털을 이용한다. 포털 사용에는 캐릭터 직업과 레벨의 제한이 있기도 하며 아이템 및 가상 통화가 소모되

기도 한다. 포털은 특정 장소에 오브젝트로 위치한 형태와 캐릭터에 의해 사용되는 스킬로 구분할 수 있다.

또한 포털은 존(zone) 이동을 위한 가시적인 출입구로 사용되어 로딩에 대한 플레이어의 거부감을 줄인다. 〈포탈(Portal)〉 시리즈는 포털의 속성을 게임의 핵심 요소로 활용한 사례이다.

게임 내 포털의 사례		
종류		**사례**
특정 장소에 고정된오브젝트		• 〈젤다의 전설〉 시리즈의 포털 • 〈월드 오브 워크래프트〉의 대도시 포털, 인스턴스 던전 포털 • 〈마비노기〉의 문게이트, 마나터널
스킬	본인 캐릭터만 이동	• 〈디아블로〉 시리즈의 타운 포털
	주변 캐릭터와 함께 이동하거나 일시적 포털 오브젝트 생성	• 〈이브 온라인〉 타이탄의 점프 포털 • 〈월드 오브 워크래프트〉 마법사의 차원문 • 〈아키에이지〉의 공간의 문

- **관련 용어** 텔레포팅, 공간
- **참고 자료** Alison Gazzard, *Mazes in Videogames : Meaning, Metaphor, and Design*, McFarland, 2013. | James Newman, *Videogames*, Routledge, 2013. | Alison Gazzard, "Teleporters, Tunnels & Time : Understanding Warp Devices in Videogames", Proceedings of the 2009 DiGRA International Conference : Breaking New Ground : Innovation in Games, Play, Practice and Theory, Brunel University, 2009.

풀링 pulling

| 몬스터를 공격해 특정 위치로 끌고 오는 행위.

플레이어가 원거리에 있는 특정 몬스터를 공격해 자신의 위치로 끌어 오는 행위 또는 스킬. 플레이어 대 환경 간 전투(PvE)에 활용되는 전략으로, 다수의 몬스터가 밀집해 있을 때 하나 또는 일부의 몬스터를 안전지대에서 처치하기 위해 사용한다. 한번에 여러 몬스터가 공격하는 것을 방지함으로써 전투의 효율성 및 집중도를 높일 수 있다. 주로 원거리 공격이나 스킬로 이루어지며, 근거리에서 몬스터를 공격해 특정 위치로 끌어 오는 행위도 풀링에 해당한다. 파티 플레이에서 풀링을 담당하는 플레이어를 풀러(puller)라 부른다. 풀러는 풀링 전에 주변의 지형

을 파악하고, 대상이 되는 몬스터를 공격할 때 주변 몬스터가 함께 끌려오지 않도록 주의해야 한다.

- **관련 용어** 몬스터, 파티
- **참고 자료** 신호철, 『Visual C⁺⁺를 이용한 게임봇 만들기』, 정보문화사, 2007.

풋 패드 foot pad

| 플레이어가 발을 이용해 행동을 입력하는 게임 컨트롤러.

발을 이용해 게임을 플레이할 수 있도록 바닥에 설치하는 컨트롤러. 댄스 패드(dance pad)라고도 불린다. 플레이어는 풋 패드의 압력 센서를 밟아 게임 내에서 원하는 행동을 입력할 수 있다. 풋 패드는 하드 패드와 소프트 패드로 나뉜다. 하드 패드는 오락실 등에 고정적으로 설치해 사용하는 것이며, 소프트 패드는 플레이어가 집 등의 실내 공간에 설치해 사용할 수 있는 것을 가리킨다. 손으로 조작하는 컨트롤러와 달리 발을 이용해 조작하기 때문에 플레이어의 전신 움직임을 요구하는 동작기반 게임에 주로 사용된다.

닌텐도는 스포츠 게임인 〈월드 클래스 트랙 미트(World Class Track Meet)〉와 함께 소프트 풋 패드인 '파워 패드(power pad)'를 발매했다. 파워 패드는 양면을 다 사용할 수 있으며 플레이어가 패드에 그려진 공 모양의 센서와 숫자를 밟아 행동을 입력한다.

풋 패드는 리듬 게임인 〈댄스 댄스 레볼루션〉과 〈펌프 잇 업(Pump It Up)〉을 통해 대중화됐다. 피트니스 게임인 〈위 핏(Wii fit)〉은 풋 패드인 위 보드(Wii board)를 사용해 조깅, 요가, 복싱 등의 플레이를 할 수 있으며 체중, 비만도 측정과 함께 양발의 무게 중심을 파악해 신체 밸런스를 측정한다.

- **유의어** 댄스 패드
- **관련 용어** 동작기반 게임, 댄스 댄스 레볼루션, 위 핏
- **참고 자료** John St. Clair, *Project Arcade : Build Your Own Arcade Machine*, Wiley, 2011.

프랙탈 fractal

| 부분이 전체와 유사한 형태로 반복되는 구조를 설명하는 개념.

부분을 반복해서 확대해도 그 형태가 본질적으로 변하지 않는 자기 유사성이 나타나는 구조. 수학자 브누아 망델브로(Benoît Mandelbrot)가 제창한 개념이다. 자기 유사성을 기준으로 프랙탈은 규칙적 프랙탈과 통계학적 프랙탈로 구분된다. 정삼각형 안에 4개의 정삼각형이 배열되는 구조가 무한히 반복되는 '시에르핀스키 삼각형'에서와 같이 규칙적 프랙탈은 부분과 전체의 형태가 정확히 일치한다. 규칙적 프랙탈만큼 완벽히 일치하지 않으나, 통계학적 프랙탈에서도 부분과 전체 간의 형태가 유사한 경향이 반복적으로 나타난다. 눈 결정, 뇌의 주름 등 자연에서 나타나는 프랙탈 구조는 상당수 통계학적 프랙탈 구조에 속한다.

시에르핀스키 삼각형

미디어학자 레프 마노비치는 뉴미디어의 구조를 프랙탈에 비유했다. 전체의 형태를 담고 있는 완결된 부분들의 집합인 프랙탈과 같이 뉴미디어의 구조 또한 독립적이며 개별적인 모듈로 구성되어 있다. 월드 와이드 웹은 뉴미디어의 대표적 사례로 음향, 이미지, 형태 또는 움직임 등 다양한 미디어 요소로 구성된 웹페이지의 집합이다. 나아가 미디어 요소는 화소, 폴리곤, 복셀 등과 같은 기초 단위로 이루어져 있다. 프랙탈의 특성을 지닌 뉴미디어는 부분의 수정·갱신·대체·삭제 등이 용이하다.

- **관련 용어** 뉴미디어, 모듈성, 가변성, 시에르핀스키 삼각형
- **참고 자료** 나이절 레스므와 고든, 윌 루드 저, 이충호 역, 『프랙탈 기하학』, 김영사, 2009. | 레프 마노비치 저, 서정신 역, 『뉴미디어의 언어』, 커뮤니케이션북스, 2014. | 배수경, 『만델브로트가 들려주는 프랙탈 이야기』, 자음과모음, 2008.

프로게이머 progamer

| 피시(PC) 게임 또는 온라인 게임을 전문적으로 플레이하는 직업.

선수 활동을 직업으로 삼아 전문적으로 게임 대회에 출전하는 사람. 1996년 토털 엔터테인먼트 네트워크(Total Entertainment Network, TEN)의 프로게임 리그(Pro Gaming League, PGL)에서 유래했다. 한국에서는 1998년 신준영이 한국인 최초로 블리자드 엔터테인먼트의 〈스타크래프트〉 래더 토너먼트에서 우승하면서 용어가 확산됐다. 이후 2000년에 한국이스포츠협회가 문화관광부로부터 프로게이머 등록 제도를 승인받으면서 프로게이머에 대한 기준이 확립됐다.

한국이스포츠협회의 프로게이머 구분기준	
종류	설명
프로게이머	공인 게임 대회에서 연 2회 이상 입상하고 프로게이머 소양교육을 이수하여 정식 프로게이머로 등록된 선수.
등록대상자	공인 게임 대회에서 연 2회 이상 입상했으나 소양교육을 아직 이수하지 않아 정식등록이 되지 않은 선수.
준프로게이머	공인 게임 대회에서 1회 입상하여 아직 등록대상이 되지 않은 선수.

피시방을 중심으로 개최되었던 게임 대회는 한국 프로게이머 리그(Korea Proffessional Gamer's League, KPGL)나 넷클럽과 같은 전국 규모의 대회로 확대되었다. 최초의 전국 프로게임 리그는 한국 프로게이머 리그에서 주최한 〈스타크래프트〉 리그이며, 이에 따라 프로게임단 역시 창립됐다. 프로게임단은 초창기 단순한 게이머들의 모임에서부터 시작하여 여러 기업들을 스폰서로 삼아 게임 대회에 전문적으로 참가하는 공식적인 프로게임단으로 발전했다. 공식적인 프로게임단은 소속사 홍보 및 상금 획득을 목적으로 전용 연습장을 갖추고, 감독체제를 도입하여 체계적으로 프로게이머를 선발하고 육성했다.

프로게임 리그 체제가 정착되고 2000년에 이르러서는 게임 방송사가 프로게임 리그를 텔레비전으로 중계하기 시작하면서 임요환, 홍진호와 같은 스타 프로게이머가 등장하기 시작했다. 텔레비전 중계로 인한 프로게이머의 인지도 상승은 프로게임 리그에 대한 관심을 불러일으키고 다양한 프로게임 리그가 구축될 수 있는 계기가 되었다. 프로게임 리그가 진행되는 대표적인 게임으로는 〈스타크래프트〉, 〈리그 오브 레전드〉, 〈카운터-스트라이크〉 등이 있다.

■ **관련 용어** 이-스포츠, 게임 방송
■ **참고 자료** 윤형섭 외, 『한국 게임의 역사』, 북코리아, 2012. | 임요환, 『나만큼 미쳐봐』, 북로드, 2004. | 한국게임산업개발원, 『2005 대한민국 게임백서』, 문화관광부 한국게임산업개발원, 2005. | 한국콘텐츠진흥원, 『2013 대한민국 게임백서』, 문화체육관광부 한국콘텐츠진흥원, 2013.

프로그래머 programmer

| 프로그래밍을 통해 게임 기획자의 아이디어를 게임 내의 실체로 구현하는 직업.

게임을 실제적으로 구현하기 위해 필요한 프로그램을 제작하는 게임 개발자의 한 직군. 소프트웨어 엔지니어라고도 불린다. 게임 프로그래머의 직무를 수행하기 위해서는 C언어와 C++, 자바(Java)와 같은 컴파일러 언어, 루아(Lua), 파이선(Python)과 같은 스크립트 언어 등 프로그래밍 언어를 다룰 수 있어야 한다. 지속적으로 발전, 변화하는 소프트웨어 개발 방법론에 대한 지식도 필요하다.

1980년대 가정용 컴퓨터가 상용화됐을 당시 게임은 프로그래머가 단독 제작하는 것이 가능했다. 이후, 온라인 게임이 등장하면서 개발 환경이 변하고 게임의 구조도 정교해지면서 게임 프로그래머에게 요구되는 기술도 세분화됐다.

게임 프로그래머는 클라이언트 프로그래머(client programmer)와 네트워크/서버 프로그래머(network/server programmer)로 나뉜다. 클라이언트 프로그래머는 사용자들에게 노출되는 게임의 화면을 구성하는 데 필요한 도구를 개발한다. 네트워크/서버 프로그래머는 온라인 게임의 서버를 구축하고, 사용자의 데이터를 관리한다.

이 외에도 프로그래밍 작업을 총괄하고 개발 일정을 조율하는 수석 프로그래머(lead programmer)가 있다. 이드 소프트웨어(id Software)의 설립자 존 카맥(John Carmack)과 에픽 게임즈(Epic Games)의 설립자 팀 스위니(Tim Sweeney)가 대표적이다. 존 카맥은 최초로 멀티 플레이를 지원한 1인칭 슈팅 게임인 〈둠〉, 3D 게임 엔진 시장 형성을 유도한 〈퀘이크〉를 개발했다. 팀 스위니

게임 프로그래머의 역할에 따른 분류		
종류		설명
클라이언트 프로그래머	엔진 프로그래머 (engine programmer)	그래픽 렌더링 및 게임 내 오브젝트 간 상호작용을 효과적으로 구현하기 위해 필요한 게임 엔진을 제작함.
	3D 그래픽 프로그래머 (3D graphic programmer)	애니메이션 프로그래머를 포함하기도 하며, 게임 화면 속 그래픽 기능을 엔진으로 구현하고 최적화함.
	물리 프로그래머 (physics programmer)	실제 물리 현상을 게임 플레이에 접목하기 시작하면서 등장했으며, 게임 내 신체 역학, 중력 등을 구현함.
	오디오 프로그래머 (audio programmer)	3D 사운드 효과와 음성녹음 태그(voice-over tag) 시스템, 음악 재생 시스템을 코딩함.
	인공지능 프로그래머 (AI programmer)	게임 내 엔피시(NPC)의 행동 방식을 규정할 때 사용되는 인공지능 모듈을 개발함.
	툴 프로그래머 (tool programmer)	그래픽 또는 기획 팀이 맵, 캐릭터 등의 콘텐츠를 용이하게 코드로 구현할 수 있도록 보조 도구를 개발함.
네트워크/서버 프로그래머		네트워크 기능이 필요한 게임에서 사용자들의 데이터를 관리하고, 사용자들 간의 상호작용을 관리함. 대규모 사용자 온라인 게임이 개발되면서 등장함.

는 〈리니지 II〉, 〈바이오쇼크(BioShock)〉 등의 게임 개발에 사용된 '언리얼 엔진 (Unreal Engine)'을 개발했다.

2000년대 중·후반 게임 개발은 게임 프로그래머와 같은 전문가들이 팀을 이루어 성능을 최우선으로 하여 개발하는 전략이 중심을 이뤘다. 이후 컴퓨터 사양의 향상, 수정과 실행이 용이한 스크립트 언어의 개발로 인해 비전문 프로그래머에 의한 게임 개발 사례도 증가했다.

사용자의 편이성을 고려한 게임 엔진의 개발 및 일부 게임 엔진의 무료 제공도 게임 개발의 용이성을 높였다. 일례로 2015년 게임 개발자 컨퍼런스(Game Developers Conference, GDC)를 통해 에픽 게임즈는 '언리얼 엔진 4(Unreal Engine 4)'의 무료 제공을, 유니티 테크놀로지스(Unity Technologies)는 3월 3일 '유니티 5(Unity 5)' 개인용 버전의 무료 제공을 공식적으로 발표했다.

- **유의어** 소프트웨어 엔지니어
- **관련 용어** 게임 기획자, 게임 엔진, 스크립트 언어
- **참고 자료** 김정남, 김정현, 『세계 최고의 게임 크리에이터 9인의 이야기』, 대림, 2006. | 지니 노박 저, 김재하 역, 『게임학이론』, 청문각, 2006. | Erik Bethke, *Game Development and Production*, Wordware Publishing, 2003.

프로모션 promotion

| 상품을 홍보하기 위해 진행하는 광고 및 홍보 전략.

플레이어를 유입하고 게임 판매를 촉진하기 위한 홍보 방법 또는 그 행위. 개발사는 온라인과 오프라인의 다양한 프로모션 전략을 통해 게임을 통한 수익 창출을 극대화하고자 한다. 특히 온라인 게임이 보편화됨에 따라 각 게임이 지닌 특성에 기초한 프로모션이 활성화되기 시작했다. 프로모션은 주로 베타 서비스와 라이브 서비스 단계에서 진행된다. 베타 서비스는 게임이 정식으로 출시되기 전에 시행되는 시범적 게임 서비스를 말한다. 개발사는 베타 서비스를 통해 새로운 게임에 대한 대중의 관심을 촉진하고 인지도를 높일 수 있다. 라이브 서비스는 게임이 출시된 이후에 진행되는 본격적인 게임 서비스이다. 라이브 서비스 기간 중에는 다른 기업과의 제휴, 이벤트 진행 등 다양한 형태의 프로모션이 진행된다.

게임 프로모션은 그것이 진행되는 공간을 기준으로 온라인 유형과 오프라인 유형으로 나눌 수 있다.

게임 서비스에 따른 프로모션 유형		
단계	유형	설명
베타 서비스	구전 마케팅	개발 진행 중인 게임에 대한 게임 커뮤니티의 호기심을 촉발하는 것.
	게임 체험 서비스	클로즈 베타 테스트, 오픈 베타 테스트 등 게임의 정식 출시 이전에 사용자들이 일정 기간 게임을 체험할 수 있도록 하는 것.
	프로슈머 마케팅	베타 서비스에 참여한 사용자들이 게임에 대한 평가를 내리고, 사용성에 기반해 수정을 요청하는 것.
	온라인·오프라인 광고	게임 콘셉트 삽화, 프로모션 영상 등을 통해 게임에 대한 대중의 관심을 유도하는 것.
라이브 서비스	스토리텔링 프로모션	게임의 세계관 및 기반 서사에 대해 홍보하는 것.
	스타 프로모션	유명인이 게임 내 캐릭터 또는 게임 플레이를 즐기는 모습을 연기하여 대중적 인지도 상승을 추구하는 것.
	이-스포츠 프로모션	온라인을 통해 관전할 수 있는 프로 및 아마추어 게임 대회를 개최하여 대중의 호기심을 증진하는 것.
	사용자 콘텐츠 창작형 프로모션	플레이어들이 직접 스크린샷, 머시니마 등 사용자 생성 콘텐츠를 업로드 하도록 유도하는 것.
	이벤트 프로모션	크리스마스, 발렌타인데이 등 연중 특별한 시즌에 진행되는 프로모션으로, 한정판 아이템 등을 판매하여 매출 상승을 추구하는 것.
	사용자 데이터 기반 프로모션	일정 기간 접속하지 않은 플레이어에게 무료 이용권을 제공하는 등 사용자 로그 데이터 분석을 통해 개인에게 적합한 서비스를 제공하는 것.

공간에 따른 프로모션 유형	
공간	유형
온라인	종합 포털 사이트의 배너형 광고
	공식 홈페이지의 이벤트 홍보
	게임 커뮤니티·웹진의 홍보글
	개인 게임 방송
오프라인	지스타(G-star) 등의 게임쇼를 통한 홍보
	게임 쇼케이스 개최
	정기적 게임 페스티벌·단기 이벤트 행사 개최
	기자·사용자 대상의 간담회 진행
	각종 옥외 광고

게임 프로모션의 목표는 매출을 최대화하는 것이다. 이를 달성하기 위한 세부 목표는 크게 3종류가 있다. 첫째, 게임 서버의 트래픽 증가가 있다. 온라인 게임에서 트래픽은 사용자 접속량에 따른 통신의 흐름에 대한 수치로, 게임의 대중적 인기를 입증하는 지표이다. 이에 게임사는 트래픽을 높이기 위해 각종 프로모션 전략을 구사한다. 대표적으로 게임 접속 시 보상을 제공하는 방법이 있다. 둘째, 단기간 매출 상승이 추구된다. 이벤트 프로모션은 이벤트가 진행되는 특정 기간에만 구매할 수 있는 아이템을 판매하거나, 일부 아이템을 할인하여 판매한다. 이로써 이벤트 기간에 유료 아이템 판매가 활성화된다. 셋째, 게임에 대한 사회적 인식의 긍정적 변화가 추구된다. 온라인과 오프라인에서 제공되는 광고 이미지 및 프로모션 영상은 아직 게임에 유입되지 않은 대중에게 해당 게임을 친숙하게 느끼도록 한다. 이는 잠재적 고객의 유입으로 이어진다.

모바일 게임이 보편화되면서 새로운 형태의 게임 프로모션 방법인 크로스 프로모션이 등장했다. 크로스 프로모션은 두 회사가 제휴를 맺고 서로 상대 회사의 상품을 홍보하는 것이다. 게임에서의 크로스 프로모션은 배너를 통한 광고부터 게임 내 아이콘 및 스토리를 변경하는 형태까지 다양한 방식으로 진행된다.

대표 사례로 〈애니팡 사천성〉과 〈퍼즐 맞고〉의 크로스 프로모션이 있다. 퍼즐 게임 〈애니팡 사천성〉은 플레이어들이 조작하여 맞추는 퍼즐 디자인을 〈퍼즐 맞고〉의 카드패로 변경했으며, 카드 게임 〈퍼즐 맞고〉에서는 플레이어들에게 〈애니팡 사천성〉에 이용되는 게임 아이템을 보상으로 제공했다. 크로스 프로모션은 두 게임이 각각 확보하고 있는 플레이어들을 상대 게임으로 유입시켜 플레이어 수를 늘리는 유용한 전략으로 평가된다. 그러나 크로스 프로모션을 부정적으로 평가하는 플레이어들에게는 이것이 이탈의 근거가 되기도 한다.

■ 유의어 게임 마케팅

■ **관련 용어** 게임 기획자, 게임 운영자, 크로스 프로모션

■ **참고 자료** 백순흠, 『게임 마케팅』, 기한재, 2008. | 웹스미디어컴퍼니 편집부, 『월간 아이엠애드 2월호』, 웹스미디어컴퍼니, 2010. | 제시카 멀리건, 브릿지 패트로브스키 저, 송기범 역, 『온라인 게임기획, 이렇게 한다』, 제우미디어, 2003. | 한국콘텐츠진흥원, "게임회사의 프로모션 전략", www.kocca.kr/knowledge/internal/insu/__icsFiles/afieldfile/2010/05/02/70266.pdf | 한국콘텐츠진흥원, "온라인 게임 마케팅 전략", www.kocca.kr/knowledge/internal/insu/__icsFiles/afieldfile/2010/05/02/70277.pdf

프로토타입 prototype

| 게임의 재미 요소와 실현 가능성을 점검하기 위해 제작하는 초기 모델.

본격적인 게임 제작에 앞서 게임의 핵심 요소를 구현해보는 시제품. 개발자는 프로토타입을 통해 게임의 재미 여부와 리소스 사용 여부를 테스트하고 게임 제작 과정의 기간과 비용을 예상한다. 프로토타입을 제작하는 과정을 프로토타이핑(prototyping)이라고 한다. 게임 프로토타이핑은 크게 페이퍼 프로토타입(paper prototype) 제작과 인터랙티브 프로토타입(interactive prototype) 제작의 2가지 제작 단계로 나눌 수 있다.

페이퍼 프로토타입은 종이 위에 그림을 그리거나 모형을 옮기는 방식으로 구현된다. 한 플레이어가 게임 플레이를 지시하면 상대 플레이어는 그림이나 모형 이동을 통해 게임 내 상호작용 여부를 판단한다. 게임 요소와 방식을 실시간으로 반복, 개선, 수정할 수 있다. 최종 게임을 디지털 플랫폼으로 발매하는 경우 개발자는 인터랙티브 프로토타입을 사용해 대상 디지털 플랫폼으로 게임을 시연할 수

프로토타입의 특성 분류	
종류	설명
핵심성	게임 전반의 모든 요소를 구현하는 것이 아니라 캐릭터와 환경의 조화, 레벨의 크기 등 명확한 요소만을 구현함.
품질성	세부적인 아트 스케치나 코드 제작이 아닌 대략적인 요소만을 배치하므로 초기 프로토타입의 품질은 높지 않을 수 있음.
임시성	프로토타입은 계속해서 수정, 폐기되는 임시적 파일의 속성을 가짐.
위계성	프로토타입 하나의 결과가 다른 프로토타입과 충돌할 수 있으므로 프로토타입의 위계를 정하고 우선순위를 매김.
병렬성	시스템 담당자는 기술적 프로토타입, 아트 담당자는 미적 프로토타입을 동시에 만들어 독립적으로 테스트 플레이를 진행할 수 있음.

	구분	내용	기간																
			1차				2차				3차				4차					
1	목표 결정, 대안, 제약	목표 결정, 대안, 제약	■																	
2	대안 평가, 감정, 위험 해소	위험 분석		■				■				■				■				
		프로토타입 제작		■				■				■				■				
3	다음 단계 제품 개발, 검증	시뮬레이션, 모형, 벤치마크			■				■				■				■			
		동작 개념			■															
		소프트웨어 요구사항					■													
		요구사항 검증						■												
		소프트웨어 제품 디자인									■									
		디자인 비준 및 검증									■									
		상세 디자인													■					
		코드													■					
		단위 테스트													■					
		통합 및 시험													■					
		합격 판정 시험													■					
		구현													■					
4	다음 단계 계획	요구사항 계획					■													
		생명 주기 계획							■											
		개발 계획									■									
		통합 및 테스트 계획											■							

있다. 인터랙티브 프로토타입은 프로그래밍 언어, 게임 엔진, 레벨 편집기 등 프로토타입 도구(prototype tool)를 사용해 제작한다. 게임 캐릭터, 기술, 배경 등을 디지털로 가시화할 수 있으며 개발자와 테스트 플레이어가 같은 공간에 있지 않아도 실시간 피드백이 가능하다.

프로토타입은 최초 플레이 테스트, 알파 테스트, 베타 테스트를 통해 구상·제작·테스트·평가·개선 과정을 반복한다. 초기의 프로토타입을 통해 게임 시스템 전반을 수정하며 최종 발매본에 가까워질수록 디버깅 등 세부적 수정이 이뤄진다.

- **유의어** 시제품
- **관련 용어** 프로토타이핑, 플레이 테스트
- **참고 자료** 마커스 프라이들 저, 염태선 역, 『온라인 게임 기획 & 인터랙티비티』, 정보문화사, 2003. | 제시 셸 저, 전유택, 이형민 역, 『The Art of Game Design』, 에이콘, 2010. | 트레이시 풀러턴 저, 최민석 역, 『게임 디자인 워크숍』, 위키북스, 2012. | David Lightbown, *Designing the User Experience of Game Development Tools*, CRC Press, 2015. | Ernest Adams, *Fundamentals of Game Design*, New Riders, 2013.

프리 서버 private server

| 복제한 클라이언트를 통해 게임 서비스를 제공하는 서버 환경.

게임 회사 외의 주체가 게임 클라이언트를 복제해 서비스를 제공하는 서버 환경. 일반적으로 본 서버보다 아이템 드롭율이나 경험치 획득량이 높고, 아이템 획득이 용이하므로 플레이어가 단기간에 여러 콘텐츠를 플레이할 수 있다. 서비스가 종료된 게임의 경우, 플레이를 계속하기 위해 플레이어들이 임의로 프리 서버를 구축하기도 한다. 게임 개발사 올엠(allm)은 2012년 서비스를 종료한 자사의 게임 〈루니아 Z(Lunia Z)〉를 글로벌 프리 서버로 운영한 바 있다.

프리 서버는 유출된 게임 서버를 기반으로 제작한 경우와 프로그래머가 정식 서버를 모방해 제작한 경우로 구분된다. 후자의 경우 서버 에뮬레이터(server emulator)라 하며, 프로그래머는 파악한 게임 로직을 토대로 아이템 획득과 이벤트 내용 등을 자유롭게 구상할 수 있다.

프리 서버는 게임 클라이언트를 조작해 서비스를 제공하는 행위이므로 저작권법에 위반되며, 유출 서버를 토대로 프리 서버를 구축한 경우 절도죄에 해당한다. 2010년 블리자드 엔터테인먼트는 〈월드 오브 워크래프트〉의 프리 서버를 운영한 스케이프게이밍(Scapegaming)을 상대로 손해배상을 청구해 승소한 바 있다.

- **관련 용어** 게임 에뮬레이터, 리버스 엔지니어링, 저작권법
- **참고 자료** 배정일, 『온라인 게임의 불법 서버 피해를 방지하기 위한 기술적 선행연구』, 고려대학교 대학원 컴퓨터정보통신학부 석사논문, 2014. | 인벤, 〈시즌 매출 20억? 운영자가 폭로한 리니지 "프리서버"의 실체〉, www.inven.co.kr/webzine/news/?news=132716

프리웨어 freeware

| 개발자가 비상업적 목적을 지니고 무상으로 배포하는 컴퓨터 프로그램.

프리 소프트웨어(free software)의 줄임말로 상업적 목적 없이 무료로 사용할 수 있도록 제작한 컴퓨터 프로그램. 1982년에 앤드류 플뤼겔만(Andrew Fluegelman)이 무료로 배포한 통신 프로그램인 피시 톡(PC Talk)에서 유래했다. 프리웨어는 특정 기능에 제한을 두어 배포하거나 체험 기간 이후 대가를 지불해야하는 셰어웨어(shareware)와 구별된다. 프리웨어 게임은 비상업적 목적을 가지고 무료로 배포되는 게임을 뜻한다. 플레이어는 과금 없이 게임을 다운로드하거나 시간제한 없이 게임 전체를 플레이할 수 있다. 프리웨어 게임은 개인이나 소규모 집단이 제작하는 인디 게임에서 주로 나타나는 배급 형태이다. 수익을 얻기보다는 게임이나 개발사의 이름을 알리고, 잠재적 플레이어들에게 게임성을 확인받는 수단으로 활용된다. 대표적인 게임으로 〈아이 워너 비 더 가이(I Wanna Be the Guy, IWBTG)〉, 〈아오오니(青鬼)〉 등이 있다.

- **관련 용어** 셰어웨어, 프리웨어 게임, 인디 게임
- **참고 자료** 에스펜 올셋 저, 류현주 역, 『사이버텍스트』, 글누림, 2007. | Drew Sikora, John Hattan, *Business and Production : A GameDev.net Collection*, Cengage Learning, 2009. | Edwin D. Reilly, *Milestones in Computer Science and Information Technology*, Greenwood Publishing Group, 2003. | Mark J. P. Wolf, *The Video Game Explosion : A History from PONG to Playstation and Beyond*, Greenwood, 2007.

플래시 게임 flash game

| 동영상 제작 소프트웨어인 어도비 플래시(Adobe Flash)로 제작한 웹 게임

프로그램을 활성화시키는 플러그 인(plug-in)을 설치하는 방식으로 다운로드 과정이 필요 없는 형식의 게임. 웹상에서 운영체제나 브라우저의 제약 없이 구동이 가능해 접근성이 높은 게임이기도 하다. 플래시 게임은 플래시 내 시각적, 청각적 요소들을 제어하는 명령어인 액션스크립트(ActionScript)와 객체에 움직임을 부여하는 모션 그래픽(motion graphic)을 응용해 만든다. 언리얼 엔진(Unreal Engine)이 지원되는 기능이 프로그램에 추가되면서 3차원 게임 제작 등 전문적

인 게임이 출시되고 있다. 게임의 한 장르로 발전함에 따라 1인 개발 혹은 '플래시 게임요' 등의 플래시 게임을 전문적으로 개발하는 회사가 등장하고 있다. 2009년 개발된 〈머쉬나리움(Machinarium)〉은 플래시 게임에서 시작해 게임성과 작품성을 인정받아 피시(PC), 스마트폰으로 진출한 바 있다. 아이오에스(iOS)와 같은 모바일 환경에서 어도비 플래시 제품이 베터리 소모와 호환성 문제를 야기한 후로 이를 보완한 에이치티엠엘5(HTML5)가 게임 제작에 활용됐다.

- **관련 용어** 웹 게임, 캐주얼 게임
- **참고 자료** Anna Anthropy, Naomi Clark, *A Game Design Vocabulary : Exploring the Foundational Principles Behind Good Game Design*, Addison-Wesley Professional, 2014.

플래시백 flashback

| 게임·영화·드라마 등 영상 미디어에서 과거를 회상하는 장면을 나타내는 기법.

현재보다 앞선 시점에 일어난 일을 설명하는 서사 기법. 장면들을 비선형적으로 배열하는 몽타주 기법의 일종이다. 범죄 추리, 필름 누아르 등의 영화 장르에서 주로 사용된다.

게임의 경우 플래시백은 캐릭터의 기반 서사가 중시되는 콘솔게임에서 주로 나타난다. 컷신 형태로 삽입되는 플래시백은 과거의 사건이나 특정 캐릭터의 역사를 제시함으로써 사건의 인과 관계를 설명하며 캐릭터의 행동 양식 및 성격에 개연성을 부여한다. 〈지티에이 5(Grand Theft Auto 5, GTA 5)〉는 컷신 형식의 플래시백으로 범죄자였던 주인공의 과거를 보여준다.

컷신 외의 형식으로 플래시백이 게임에 적용되는 경우도 있다. 〈맥스 페인(Max Payne)〉에서는 도입부에서 과거 주인공의 가족들이 마약 중독자들에게 살해당하는 장면을 카툰 형식으로 제시한다. 일부 게임에서는 플래시백을 퀘스트 수행과 결합하기도 한다. 〈앨리스 : 매드니스 리턴즈(Alice : Madness Returns)〉의 주요 퀘스트는 잃어버린 기억의 파편들을 수집하는 것이다. 모든 퀘스트를 완수하면 앨리스는 과거의 진실을 담고 있는 기억을 되찾게 되는데, 이때 플래시백 기법이 도입된다.

- **유의어** 회상

■ **관련 용어** 컷신, 몽타주 기법
■ **참고 자료** 김진희, 『영화 편집』, 커뮤니케이션북스, 2014. | 앤드류 글래스너 저, 김치훈 역 『인터랙티브 스토리텔링 : 21세기 픽션을 위한 테크닉』, 커뮤니케이션북스, 2006.

플랫폼 게임 platformer game

| 게임의 공간이 다수의 발판(플랫폼)으로 구성된 게임.

점프를 통해 캐릭터의 발판에 해당하는 플랫폼을 옮겨 다니는 게임 장르. 플랫포머 게임이라고도 한다. 플랫폼은 땅, 층, 계단, 언덕 등으로 게임에 따라 다양하게 구성된다. 플레이어는 캐릭터가 플랫폼 사이의 빈 공간에 추락하지 않도록 하며, 적이나 장애물을 피하여 목적지에 도달하고자 한다. 조작에 따른 캐릭터의 반응과 장애물의 일정한 움직임을 파악해야 한다는 점에서 패턴 인식 능력을 요구하는 게임 장르이다.

플레이어의 시점은 캐릭터의 이동에 따라 움직이며, 캐릭터가 플랫폼을 이동함에 따라 다음 공간이 점차적으로 공개된다. 장르로서 플랫폼 게임은 횡스크롤 게임과 혼용되기도 한다. 그러나 캐릭터가 좌우로 움직이는 횡스크롤 게임과 달리, 층의 이동을 통해 수직적 이동이 가능하다는 점에서 플랫폼 게임은 횡스크롤 게임을 포함하는 더 넓은 개념이다. 각종 장애물을 피하기 위해 플레이어의 즉각적인 반응을 요구하기에 액션 게임의 하위 장르로 분류되기도 한다.

최초의 플랫폼 게임은 1980년에 출시된 〈스페이스 패닉(Space Panic)〉이다. 〈스페이스 패닉〉은 사다리를 통해 플랫폼을 이동하며 적을 피한다는 점에서 해당 장르의 기초적 개념을 제시했다. 1981년의 〈동키콩(DonkeyKong)〉은 최초로 점프라는 조작 방식을 도입한 플랫폼 게임이다. 대표적인 플랫폼 게임으로는 1985년의 〈슈퍼 마리오 브라더스〉 시리즈 등이 있다. 1980년대 초반에 아케이드를 중심으로 성장한 플랫폼 게임은 1990년대에 콘솔 게임, 피시(PC) 게임을 중심으로 대중화되었다. 그래픽 기술이 발전함에 따라 2차원, 2.5차원을 거쳐 3차원 플랫폼 게임도 개발됐다.

■ **관련 용어** 횡스크롤 게임, 장애물 게임, 클라이밍 게임

■ **참고 자료** 앤드류 롤링스, 어니스트 아담스 저, 송기범 역,『게임 기획 개론』, 제우미디어, 2004. | 이재홍, 『게임 스토리텔링』, 생각의나무, 2011. | 제임스 뉴먼 저, 박근서 외 역,『비디오게임』, 커뮤니케이션북스, 2008. | Katie Salen, Eric Zimmerman, *Rules of Play : Game Design Fundamentals*, The MIT Press, 2003.

플레이 play

| 게임 내에서 게임 규칙에 따라 상호작용하는 일련의 모든 행위와 경험.

게임 시스템 안에서 게임 경험의 규칙을 따르고 시스템과 상호작용하는 신체적·정신적 행위. 플레이는 좁은 의미로는 행위자가 게임에서 제시한 목표를 달성해 나가는 과정을 지칭하며, 넓은 의미로는 행위자가 게임 내에서 수행하는 경쟁, 협력 등 일련의 모든 상호작용을 지칭한다.

게임 요소들은 게임의 행위자인 플레이어가 게임 공간을 탐험하고 오브젝트들과 상호작용하면서 비로소 유기적으로 연결되어 작동한다. 행위자는 게임의 규칙을 파악하고 이를 따르면서 다른 행위자, 게임 세계관, 게임 내의 인물 등의 게임 구성 요소와 상호작용하게 된다. 행위자는 게임의 목표에 도전하고 그것에 몰입하며, 성과를 얻기를 원한다. 이를 위해 행위자는 자신이 직접 게임 내에서 행위하고 실행하길 원하며, 이것이 플레이로 나타난다. 즉 플레이는 행위자가 게임에 참여하고 상호작용하기 위한 모든 경험적·사회적·표현적 행위 및 경험을 의미한다.

행위자는 게임 속에서 실패와 도전의 반복을 통해 게임의 규칙과 시스템을 이해한다. 이 과정에서 게임 규칙에 따르기도 하고, 게임 규칙을 어기고 규칙을 재창조하면서 새로운 서사를 만들어낸다. 마르크 에스켈리넌(Markku Eskelinen)은 게임 플레이가 게임의 텍스트를 배열하여 서사를 구조화하는 행위라고 지칭했다. 따라서 게임 플레이는 행위자가 게임을 구조화하고 규칙을 재배열하면서 새로운 서사를 만들어나가기 위한 행동 및 경험이라고 할 수 있다.

플레이는 마우스 클릭하기, 키보드 입력하기 등의 육체적 행위뿐만 아니라 판단하기, 추리하기 등 정신적 행위까지 모두 포괄한다. 행위자는 플레이를 통해 게임 속 캐릭터가 자신의 의도에 따라 움직일 수 있도록 통제한다. 따라서 게임 기획자 역시 기획 의도에 맞게 행위자가 게임을 할 수 있도록 게임 공간을 디자인하고 시스템을 기획해야 한다.

- **유의어** 플레이어
- **관련 용어** 규칙, 경험, 상호작용
- **참고 자료** 이동은, 『디지털 게임 플레이의 신화성 연구 : MMOG를 중심으로』, 이화여자대학교 대학원 디지털미디어학부 박사논문, 2013. | 전경란, 『디지털 게임, 게이머, 게임문화』, 커뮤니케이션북스, 2009. | 제임스 뉴먼 저, 박근서 외 역, 『비디오게임』, 커뮤니케이션북스, 2008. | 케이티 살렌, 에릭 짐머만 저, 윤형섭, 김신택 역, 『게임디자인 원론 3』, 지코사이언스, 2013.

플레이 모드 1 play mode 1

| 게임을 플레이하는 인원수에 따른 게임 진행 방식.

게임에 참여하는 플레이어의 수를 기준으로 구분한 플레이 방식. 싱글 플레이어 모드, 2인 플레이어 모드, 멀티 플레이어 모드로 나뉜다. 초기 게임은 인간과 컴퓨터의 대결로 이루어지던 싱글 플레이어 모드를 채택했다. 이후 네트워크의 발달, 상대방과 실력을 겨루려는 인간의 욕구로 인해 멀티 플레이어 모드로 발전했다. 멀티 플레이어 모드의 경우, 플레이어들 간 상호 연결 방식에 따라 3가지로

플레이어 수에 따른 플레이 모드의 분류			
종류		설명	사례
싱글 플레이어 모드		1명의 플레이어만으로 게임을 진행하는 방식. 플레이어를 제외한 나머지는 인공지능 캐릭터가 됨.	〈테트리스〉, 닌텐도 게임보이의 게임 등
2인 플레이어 모드		1명의 플레이어가 하나의 게임을 동시에 플레이하는 방식. 주로 아케이드 게임에서 발달함.	〈더블 드래곤(Double Dragon)〉, 〈스트리트 오브 레이지(Street of Rage)〉 등
멀티 플레이어 모드	로컬 멀티 플레이어 모드	하나의 스크린에 여러 대의 컨트롤러를 연결해 플레이하는 방식. 초기 콘솔 게임에서 주로 사용됨.	〈디디알맥스 2 댄스 댄스 레볼루션〉 등
	랜 기반 멀티 플레이어 모드	다수의 플레이어가 한 장소에 모여 근거리 통신망(local area network)에 접속해 한 집단이 되어 플레이하는 방식. 랜 파티(LAN party)라는 게임 문화를 발생시킴.	〈둠 2〉, 〈카운터-스트라이크〉 등
	온라인 기반 멀티 플레이어 모드	다수의 플레이어가 인터넷에 접속하여 게임을 진행하는 방식. 플레이어들 간의 즉각적인 상호작용을 위한 조건을 마련하는 것이 중요함.	〈워크래프트〉, 〈스타크래프트〉 등

구분할 수 있다. 여러 대의 조작기기를 기반으로 한 로컬 멀티 플레이어 모드, 근거리 통신망을 기반으로 한 랜(LAN) 기반 멀티 플레이어 모드, 인터넷을 기반으로 한 온라인 기반 멀티 플레이어 모드가 있다. 국내의 경우, 온라인을 기반으로 한 멀티 플레이어 게임은 1990년대 후반 초고속 인터넷이 전국적으로 보급되면서 본격적으로 제작됐다.

- **관련 용어** 랜 파티
- **참고 자료** Jeannie Novak, *Game Development Essentials : An Introduction*, Delmar Cengage Learning, 2011. | Jim Thompson, Barnaby Berbank-Green, Nic Cusworth, *Game Design : Principles, Practice, and Techniques-The Ultimate Guide for the Aspiring Game Designer*, Wiley, 2007.

플레이 모드 2 play mode 2

| 플레이어의 반응 시간과 형태에 따라 구분되는 대전 진행 방식.

게임 대전 시스템에서 플레이어의 반응 시간과 형태를 조절하는 방식. 실시간 모드(real-time mode), 턴 기반 모드(turn-based mode), 시간제한 모드(time-limited mode)로 나뉜다. 전략 게임에서 플레이어의 반응 시간은 게임의 전체적 진행 속도에 영향을 미친다. 턴 기반 모드에서 플레이어는 이동할 위치나 공격, 강습 등을 신중하게 결정한다. 시간에 구애받지 않는다는 장점을 지니고 있으나 차례가 넘어오길 기다려야 하기 때문에 게임의 전반적인 진행 속도는 느려진다. 실시간 모드에서 참여하는 모든 플레이어는 순발력을 바탕으로 즉각적으로 행동해야 한다. 턴 기반 모드에 비해 전체 게임의 속도가 빨라 게임의 몰입도가 높

플레이어 반응 형태에 따른 플레이 모드 분류		
종류	설명	사례
턴 기반 모드	플레이어가 서로 교대하면서 명령을 수행하는 방식. 차례가 돌아오기 전까지 다음에 수행할 명령을 결정할 수 있음.	〈문명(Civilization)〉 등
실시간 모드	플레이어가 동시에 전략을 세워 즉각적으로 반응하도록 하는 방식. 온라인으로 진행될 경우, 네트워크나 서버의 과부하 현상을 관리해야 함.	〈워크래프트〉 등
시간제한 모드	실시간 모드와 턴 기반 모드를 절충한 방식. 제한된 시간 내에 상대방과의 거리, 상대가 쓰는 스킬 등을 고려해 공격과 방어를 해야 하며, '반 턴제'라고도 불림.	〈마비노기〉 등

다. 시간제한 모드는 2가지 방식을 절충한 것으로, 플레이어는 제한된 시간 내에 상대의 전투 방식에 따라 전략을 세워 반응해야 한다.

- **관련 용어** 실시간 전략 게임, 턴제 전략 게임
- **참고 자료** Ernest Adams, *Fundamentals of Game Design*, New Riders, 2013. | Jeannie Novak, *Game Development Essentials : An Introduction*, Delmar Cengage Learning, 2011. | Rachel Kowert, *Video Games and Social Competence*, Routledge, 2014.

플레이 테스트 play test

| 플레이어를 대상으로 개발 중인 게임의 개선사항을 확인하는 과정.

개발 중인 게임이 개발 목표에 따라 작동되는지 여부를 실제 플레이를 통해 확인하는 것. 개발자의 의도에 따라 메커닉이 운영되고, 밸런스가 적절하며, 플레이어가 재미를 느끼는지를 점검한다. 플레이 테스트는 게임 개발 프로세스 전반에 걸쳐 반복적으로 진행된다. 프로토타입 제작 단계에서는 핵심 메커닉을 확정하는 것을 목표로 하며, 론칭에 가까워질수록 인터페이스나 조작과 같은 세부적인 사항에서 최적의 사용자 경험을 확인한다. 인터페이스를 점검하는 사용성 테스트, 시스템의 버그나 호환성 오류를 확인하는 품질 관리 테스트와는 차별적이다.

테스트는 '테스터 선정 → 게임 플레이 → 인터뷰 → 개선점 도출 → 수정'의 순

풀러턴의 플레이 테스트 질문 내용		
구분	내용	질문 예시
게임 중	플레이어의 규칙 이해도, 게임 내 선택의 이유와 예상 결과 등을 확인.	규칙이 복잡하게 느껴지십니까? 그렇게 선택한 이유는 무엇입니까?
게임 후	게임에 대한 전반적인 인상과 플레이 경험을 확인.	게임의 첫 인상은 어떻습니까? 특별히 흥미로웠던 부분이 있었습니까?
	형식적인 요소에 대해 플레이어의 이해도와 반응을 확인.	승리를 위한 전략은 무엇이었습니까? 체계에서 발견한 허점이 있습니까?
	게임의 스토리와 이에 대한 사용자의 몰입 정도를 확인.	스토리가 게임의 가치를 높였습니까? 게임 중 극적 절정을 느낄 수 있었습니까?
	게임의 절차, 규칙, 인터페이스, 컨트롤이 적합했는지를 확인.	컨트롤의 느낌은 어땠습니까? 추가하면 좋을 것 같은 기능이 있습니까?
	게임의 매력도와 실제 발매 시 구입 여부를 확인.	이 게임을 구매할 의향이 있습니까? 게임에서 빠진 요소는 무엇이었습니까?

으로 진행된다. 개발자가 확인해야 하는 사항은 게임에 대한 전반적인 인상, 형식적인 요소, 스토리 전개, 게임의 절차와 규칙의 적절성, 인터페이스와 컨트롤의 적합성 등이 있다. 플레이 테스트를 진행하는 방식에는 플레이어의 플레이 모습을 관찰하고 인터뷰, 토론을 통해 직접적으로 개선사항을 도출하는 방식과, 플레이 로그 데이터를 수집하여 플레이가 매끄럽지 않은 부분을 확인하는 방법이 있다.

- **관련 용어** 프로토타입, 오픈 베타 테스트, 클로즈 베타 테스트, 밸런스
- **참고 자료** 트레이시 풀러턴 저, 최민석 역, 『게임 디자인 워크숍』, 위키북스, 2012.

플레이스테이션 Playstation

| 일본 소니(sony) 사에서 개발한 가정용 게임기.

소니에서 개발한 가정용 게임기로, 최초의 플레이스테이션은 1994년 12월 발매됐다. 기존 게임기와 달리 시디롬(CD-ROM)을 저장 매체로 채택했으며, 전용 게임 시디의 기록면을 검게 처리해 일반 시디와 구별했다. 당시 전문가용 컴퓨터인 워크스테이션(work station)에 사용됐던 고성능 32비트 프로세서를 장착해 고품질의 실시간 3차원 그래픽과 영상, 음향을 지원했다. 함께 출시된 컨트롤러는 십자키와 4개의 트리거(trigger), 선택 버튼과 시작 버튼, △, ○, ×, □로 구성된 아날로그 액션 버튼으로 이루어져 있으며, 1997년에는 2개의 아날로그 스틱과 아날로그 버튼, 진동 모터를 추가한 컨트롤러 듀얼쇼크(DualShock)가 출시됐다.

플레이스테이션은 닌텐도 64, 세가 세턴과 경쟁하며 2004년 5월 전 세계 누적 출하량 1억 대를 기록하면서 당대 게임기 시장을 주도했다. 대표 타이틀로는 〈릿지 레이서(Ridge Racer / リッジレーサー)〉, 〈파이널 판타지 7〉 등이 있다.

플레이스테이션 2는 2000년 3월 일본에서 발매된 플레이스테이션의 후속 게임기로, 디브이디롬(DVD-ROM)을 탑재하고 3차원 그래픽 처리 능력을 강화했다. 네트워크 어댑터를 탑재해 특정 게임의 온라인 네트워크를 지원했다. 플레이스테이션 2 컨트롤러인 듀얼쇼크 2에는 입력 단계를 조절할 수 있는 기능이 추가됐으며, 유에스비(USB)를 통해 디브이디 리모컨, 모션 카메라, 마우스 등 부가 장치의

연결이 가능했다. 대표 타이틀은 〈킹 오브 파이터즈 94(The King of Fighters '94 / ザ·キング·オブ·ファイターズ '94)〉, 〈툼 레이더 : 엔젤 오브 다크니스(Lara Croft Tomb Raider : The Angel of Darkness)〉 등이다.

2006년 소니는 후속 게임기로, 종합 멀티미디어 비디오 게임기를 콘셉트로 플레이스테이션 3를 발매했다. 블루레이 디스크를 탑재하고 셀(cell) 프로세서를 차용해 에이치디(HD)급의 게임 및 영상 플레이를 지원했으며, 영상, 사진, 음악 등의 애플리케이션을 내장했다. 플레이스테이션 스토어를 이용해 온라인 콘텐츠 다운로드가 가능하고, 스트리밍 서비스를 통해 다운 중 플레이가 가능하다.

플레이스테이션 3 컨트롤러인 듀얼쇼크 3은 듀얼쇼크 2를 기반으로 아날로그 버튼을 없애고 하단의 트리거를 변형한 형태로, 패드의 기울기를 감지하는 6축 센서 기능이 추가됐다. 대표 타이틀로는 〈비욘드 : 투 소울즈(BEYOND : Two Souls)〉, 〈언차티드 : 엘도라도의 보물(Uncharted : Drake's Fortune)〉, 〈바이오쇼크(BioShock)〉 등이 있다.

이후 2013년 발매된 플레이스테이션 4는 클라우드 게임 서비스와 스트리밍 기능, 스마트폰 또는 태블릿 피시와 연동 기능을 지원한다. 공유 기능이 추가돼 게임 플레이 녹화 및 중계를 비롯한 소셜 네트워크 서비스를 이용할 수 있다. 뿐만 아니라 플레이스테이션 4 컨트롤러인 듀얼쇼크 4는 중앙에 터치 패드와 내장 스피커를 탑재했다. 터치 패드 왼쪽에는 공유 버튼, 오른쪽에는 선택 및 시작 버튼을 통합한 옵션 버튼이 추가됐다. 무선 조작이 가능하고, 상단 뒷부분에 라이트 바(Light bar)가 추가돼 게임 플레이 상황에 따라 엘이디(LED) 색상이 달라진다. 가상현실 헤드셋 연결이 추가로 지원되며, 동작 인식 컨트롤러인 플레이스테이션 무브(Playstation Move)와 동작 감지 카메라를 이용해 게임 화면에 영상을 입력하는 리모트 플레이는 게임 업계의 주목을 받았다.

플레이스테이션 계보		
기종	출시연도	비고
플레이스테이션	1994	시디롬 탑재, 진동형 컨트롤러, 세계 최초 1억 대 이상 판매된 비디오 게임기.
플레이스테이션 2	2000	플레이스테이션 후속 모델, 디브이디롬 탑재.
플레이스테이션 3	2006	플레이스테이션 2 후속 모델, 블루레이 디스크 탑재, 종합 멀티미디어 비디오 게임기.
플레이스테이션 4	2013	플레이스테이션 3 후속 모델.

플레이스테이션은 출시 이래로 게임기 시장을 선도하며 고품질의 멀티미디어 게임 환경을 구현했다는 평가를 받았다. 대표적인 독점 타이틀로 〈페르소나(Persona / ペルソナ)〉 시리즈, 〈갓 오브 워 3(God of War 3)〉, 〈갓 오브 워 4〉가 있다.

- **관련 용어** 콘솔 게임, 컨트롤러
- **참고 자료** Katie Morris, *The Unofficial PlayStation Handbook : A Guide to Using PlayStation 4, PlayStation TV, and PlayStation 3*, CreateSpace Independent Publishing Platform, 2014. | Mark J. P. Wolf, *The Video Game Explosion : A History from PONG to PlayStation and Beyond*, Greenwood, 2007.

플레이스테이션 포터블 Playstation Portable, PSP

| 일본 소니 사에서 발매한 휴대용 게임기.

소니에서 발매한 휴대용 게임기. 최초의 플레이스테이션 포터블은 2004년 12월에 일본에서 발매됐다. 고성능 그래픽이 장착됐으며 게임 플레이 외에도 동영상 및 음악 재생이 가능하다. 조작 버튼으로는 기기 왼쪽에 4가지 방향키와 오른쪽에 ○, △, □, × 모양의 아이콘 키가 있다. 인터넷 웹 브라우저를 내장하고 있어 텍스트 기반 웹페이지를 열람할 수 있다. 대표 타이틀은 〈몬스터 헌터 포터블(Monster Hunter Portable)〉 시리즈다.

후속 기종인 플레이스테이션 비타(Playstation Vita)는 2011년 12월에 일본에서 발매됐으며 2012년 2월에는 한국과 북미, 유럽에도 발매됐다. 멀티터치가 가능한 정전식 터치 스크린을 사용했으며 블루투스 및 와이파이 연결이 가능하다. 페이스북, 트위터 등의 소셜 네트워크 서비스를 지원해 플레이어 간 원활한 의사소통이 가능하다. 가정용 게임기 플레이스테이션 3와 연동할 수 있어 동일한 게임을 온라인 멀티 플레이로 즐길 수도 있다.

플레이스테이션 비타에서 온라인 멀티 플레이를 지원하는 대표 타이틀로는

플레이스테이션 포터블 계보		
기종	출시연도	비고
플레이스테이션 포터블	2004	소니 최초의 휴대용 게임기.
플레이스테이션 비타	2011	플레이스테이션 포터블 후속 모델. 플레이스테이션 3 연동.

〈데드 오어 얼라이브 5(Dead or Alive 5)〉, 〈드래곤즈 크라운(Dragon's Crown)〉, 〈스트리트 파이터×철권(StreetFighter×Tekken)〉 등이 있다.

- **관련 용어** 소니, 플레이스테이션
- **참고 자료** Mark J. P. Wolf, *Video Games Around the World*, The MIT Press, 2015.

플레이어 player

| 자발적 의지에 따라 게임의 내적 요소를 경험하거나 통제할 수 있는 게임 참가자.

게임과 직접적 또는 간접적으로 상호작용하는 참가자. 디지털 게임에서 플레이어는 캐릭터를 만들어 그것을 움직이고 통제하면서 가상 공간을 대리 경험한다. 특정 캐릭터를 선택해 게임 안에 존재할 수 있으며 게임의 상부인 신의 위치에서

리처드 바틀이 제시한 플레이어의 4가지 유형	
유형	설명
성취형(achiever)	업적, 레벨 등과 같은 게임 환경 내에서의 성취에 가치를 둠.
모험형(explorer)	게임 세계를 탐구하고 세계와 직접적으로 상호작용하는 것에 가치를 둠.
사교형(socializer)	다른 플레이어와 소통하는 것, 즉 타인과의 사회화에 가치를 둠.
킬러형(killer)	다른 플레이어와의 전투 등 타인 위에 군림하는 것에 가치를 둠.

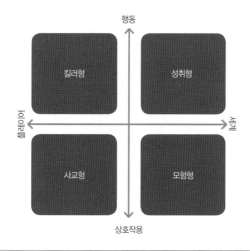

게임 전반을 조정할 수도 있다. 리처드 바틀은 게임 내에서 플레이어가 추구하는 바에 따라 플레이어를 성취형, 모험형, 사교형, 킬러형으로 분류한다.

미셸 네퓨 또한 플레이어를 게임 밖에서 캐릭터를 통제하는 외적 자아로 설명하면서 내적 자아인 캐릭터를 통제하는 상위의 존재로서 플레이어를 설명한다.

- **유의어** 게이머
- **관련 용어** 캐릭터, 아바타, 플레이
- **참고 자료** Dennis D. Waskul, "The Role-Playing Game and the Game of Role-Playing : The Ludic Self and Everyday Life", *Gaming as Culture*, McFarland, 2006. | Michelle Nephew, "Playing with Identity : Unconscious Desire and Role-Playing Game", *Gaming as Culture*, McFarland, 2006. | Richard A. Bartle, "Hearts, clubs, diamonds, spades : Players who suit MUDs", *Journal of MUD Research*, vol.1, no.1, 1996.

플레이어 간 전투 Player vs. Player, PvP

| 게임 내 플레이어 캐릭터 사이에서 발생하는 전투.

결투와 급습, 암살 등의 플레이어 간 대립의 총칭. 1991년 〈네버윈터 나이츠(Neverwinter Nights)〉가 조직적 플레이어 간 전투를 최초로 도입한 후 〈리니지〉, 〈월드 오브 워크래프트〉를 비롯한 여러 역할수행 게임이 플레이어 간 전투를 주요 콘텐츠로 채택했다. 게임 컨트롤 실력이 가시적으로 드러나는 콘텐츠로, 플레이어의 레벨과 성향에 따라 선호도가 극명히 나뉜다.

일부 게임은 플레이어 간 전투가 가능한 서버를 분리 운영하거나 서버 내 공간을 구획한다. 〈이브 온라인(EVE Online)〉의 하이시큐리티 지역에서는 플레이어 간 전투가 엄격히 금지되고 이를 위반한 플레이어의 배는 폭파된다. 반면 〈월드 오브 워크래프트〉의 전장과 투기장은 플레이어 간 전투 전용 지역으로 승률과 횟수에 따라 경험치와 아이템을 지급한다. 플레이어 간 전투 허용 여부를 플레이어가 직접 선택하게 할 수도 있는데, 〈에버퀘스트〉의 '깃발 꽂기'는 플레이어 간 전투를 허용한다는 가시적인 신호로 깃발을 꽂은 플레이어는 다른 플레이어를 공격하거나 다른 플레이어로부터 공격받을 수 있다.

플레이어 간 전투로 인한 캐릭터의 죽음은 피케이(Player Kill, PK)라 칭하며 게임 내 다른 죽음과 구별된다. 한 명의 플레이어가 여러 플레이어를 피케이하는 것을 '양학(양민 학살)'이라 하며, 전투 결과에 따라 캐릭터 또는 게임 계정을 삭제할 조건으로 이뤄지는 플레이어 간 전투는 '삭전' 또는 '캐삭빵'이라 한다. 플레이어 간 전투는 진영 간 대립을 강화하고, 필드 전쟁이 주는 긴장감을 형성해 플레이의 단순화를 방지하는 기능을 한다.

- **관련 용어** 계정 정지, 삭전, 양민 학살, 진영 간 전투, 캐삭빵, 피케이
- **참고 자료** Ernest Adams, *Fundamentals of Game Design*, New Riders, 2013. | Johanns Fromme, Alexander Unger, *Computer Games and New Media Cultures : A Handbook of Digital Game Studies*, Springer Science & Business Media, 2012. | Mark J. P. Wolf, *The Video Game Explosion : A History from PONG to Playstation and Beyond*, Greenwood, 2007. | Rick Hall, Jeannie Novak, *Game Development Essentials : Online Game Development*, Cengage Learning, 2008.

플레이어 대 환경 간 전투 Player vs. Environment, PvE

| 플레이어와 엔피시(NPC), 또는 플레이어와 게임 환경 간의 대립.

플레이어가 몹(Mob) 등의 엔피시나 게임 환경적 요소와 대결하는 것. 주된 콘텐츠가 몹과의 전투라는 점에서 플레이어 대 몬스터 간 전투(Player vs. Monster, PvM)라 부르기도 한다. 다중접속온라인 역할수행 게임이나 머드(MUD), 역할수행 게임 등에서 나타난다. 다중접속온라인 역할수행 게임에서는 퀘스트와 같은 개별 플레이나 레이드, 인스턴트 던전 등의 협력 플레이를 통해 플레이어 대 환경 간 전투를 유도한다. 이때 야외 피케이(PK), 전장, 투기장, 공성전 등과 같은 플레이어 간 전투(PvP)를 함께 제공하는 것이 일반적이다.

〈월드 오브 워크래프트〉는 플레이어 간 전투에 특화된 '전쟁 서버'와 플레이어 대 환경 간 전투가 주된 플레이 요소인 '일반 서버'를 모두 제공하며, 사용자는 자신의 선택에 따라 다양한 방식으로 게임을 즐길 수 있다.

- **반의어** 플레이어 간 전투
- **유의어** 플레이어 대 몬스터 간 전투
- **관련 용어** 엔피시, 몹, 파티, 레이드, 인스턴트 던전, 퀘스트, 전투 서버
- **참고 자료** Ragnhild Tronstad, "Character Identification in World of Warcraft", *Digital Culture, Play, and Identify : A World of Warcraft Reader*, The MIT Press, 2008. | Richard A. Bartle, *Designing Virtual Worlds*, New Riders, 2003.

플레이어 커뮤니티 player community

| 다수의 플레이어가 게임의 정보를 공유하기 위해 만든 온·오프라인 공동체.

특정 게임의 플레이어들이 구성한 모임. 게임에 관한 의견 공유와 친목 도모를 목적으로 한다. 플레이어는 게임 내 특정 서버와 제한된 시간 안에서 상호 교류가 이뤄지므로 정보 교류의 한계를 지닌다. 플레이어 커뮤니티는 이러한 한계를 극복하기 위한 장소로, 플레이어들은 온라인 모임을 만들어 정보를 공유하며 오프라인까지 모임을 확장한다. 대표적으로 '인벤(Inven)', '게임샷(Gameshot)', '게임메카(Game Meca)', '도탁스(Dotax)' 등이 있다. 플레이어 커뮤니티는 표와 같이 인게임, 온라인, 오프라인의 3가지 유형으로 나뉜다.

플레이어 커뮤니티의 유형 분류	
종류	설명
인게임(in-game) 커뮤니티	길드, 혈맹 등 게임 내부의 플레이어 커뮤니티로 플레이를 함께 진행.
온라인(on-line) 커뮤니티	게임 공략법, 게임 스토리 설명, 플레이 동영상, 게임 평가 등을 공유.
오프라인(off-line) 커뮤니티	게임 내 길드, 혈맹 등의 커뮤니티가 오프라인의 친목 모임으로 이어짐.

개발자 층위에서의 플레이어 커뮤니티는 게임 발매 초기의 홍보용으로 활용된다. 게임 초기의 플레이어가 정보와 플레이를 공유하면, 신규 플레이어가 관심을 가지고 게임에 참여하게 된다. 또한 커뮤니티에서는 게임의 개선 방향에 대한 의견 토론이 이루어지고, 개발자는 이를 게임의 수정, 업데이트에 반영한다.

- **관련 용어** 인벤, 게임샷, 게임 메카, 도탁스, 게임 공식 홈페이지
- **참고 자료** 마커스 프라이들 저, 염태선 역, 『온라인 게임 기획 & 인터랙티비티』, 정보문화사, 2003. | 제인 맥고니걸 저, 김고명 역, 『누구나 게임을 한다 : 그동안 우리가 몰랐던 게임에 대한 심층적인 고찰』, 알에이치 코리아, 2012. | Demosthenes Akoumianakis, *Virtual Community Practices and Social Interactive Media : Technology Lifecycle and Workflow Analysis*, Information Science Reference, 2009.

플롯 plot

| 게임 서사를 구성하는 사건의 조직 또는 게임 서사의 구조.

일련의 사건을 배열하거나 결합한 형태 또는 이야기의 전체적인 구조. 아리스토

텔레스는 비극에서 가장 중요한 요소를 플롯이라고 보고, 플롯은 반드시 3막 구조를 가져야 한다고 말했다. 시간순으로 진행되는 이야기와 달리 플롯은 인과 관계를 중심으로 사건을 조직한다. 게임 플롯은 게임을 통해 플레이어가 경험하게 되는 이야기 구조를 말한다. 이는 게임을 서사의 일환으로 보는 관점에서 출발했다.

브렌다 로럴은 디지털 게임 서사의 형식은 극(drama)으로부터 기원한다고 주장했으며, 자넷 머레이는 같은 맥락에서 디지털 게임을 사이버 드라마라 칭했다. 마리 로르 라이언은 서사의 개념을 보다 확장하여 디지털 게임에 적용한다. 게임에서 발생하는 서사는 소설, 영화와 같은 선형적 매체와는 달리 다양한 상호작용이 존재한다. 라이언은 상호작용의 유형에 따라 플롯의 구조가 변한다고 주장하며 디지털 게임에서의 플롯의 구조를 도식으로 표현했다.

마리 로르 라이언이 제시한 상호작용 유형에 따른 플롯 구조			
분류	이름	구조도	설명
플롯 구조	기본 플롯		선형적인 시간의 흐름 속에서 세계에 변화를 초래하는 큰 사건들이 이어짐.
	실제-가상의 상호작용		등장인물이 이야기 세계 속에 갈 수 없거나, 가지 않은 경로(공간)가 존재함.
	다중 이야기 라인		여러 등장인물이 가진 여러 이야기가 서로 짜여 있음.
	여행의 플롯		지리적 여정의 플롯으로, 등장인물이 다양한 지역이나 장소를 방문함.
상호작용을 통한 스토리의 변화	나뭇가지 구조		분기점에서 사용자의 선택을 요구하며 선택 후에는 돌이킬 수 없음.

상호작용을 통한 스토리의 변화	플로 차트 구조		선형적 흐름 속에서 특정한 상황에 이르기 위한 다양한 경로가 존재함.
	미로 구조		가상 세계에서만 나타날 수 있는 플롯으로, 수많은 결말이 발생할 수 있음.

- **관련 용어** 사이버 드라마, 상호작용적 서사, 게임 스토리텔링, 게임 시퀀스
- **참고 자료** 아리스토텔레스 저, 이상섭 역, 『시학』, 문학과지성사, 2005. | 앤드류 글래스너 저, 김치훈 역, 『인터랙티브 스토리텔링 : 21세기 픽션을 위한 테크닉』, 커뮤니케이션북스, 2006. | 이인화, 『스토리텔링 진화론』, 해냄, 2014. | 한혜원, 『디지털 게임의 다변수적 서사 연구』, 이화여자대학교 대학원 국어국문학과 박사논문, 2009. | Marie-Laure Ryan, *Avatars of Story*, University of Minnesota Press, 2006.

플스방 Playstation café

| 플레이스테이션 게임을 플레이할 수 있는 환경을 구축해 놓은 상업적 공간.

플레이스테이션 기반의 콘솔 게임을 즐길 수 있는 상업적 공간. 2002년 소니의 플레이스테이션 2가 한국에서 정식으로 발매되면서 등장했다. 플스방의 이용 요인으로는 콘솔의 가격 대비 저렴한 이용 요금, 다인 플레이가 가능한 환경을 들 수 있다. 일부 플스방에서는 플레이스테이션과 함께 듀얼쇼크, 건콘 등 플레이스테이션 전용 컨트롤러를 구비해 놓는다.

1990년대 이후 성행하던 피시방이 멀티미디어 콘텐츠 제공업으로 분류되었던 것과 달리, 게임 제공업으로 간주되는 플스방을 개업하기 위해서는 관련 기관에서 별도의 신고 과정을 거쳐야 하며 상업용 콘솔을 설치해야 한다. 코나미(Konami)에서 제작한 스포츠 게임 〈위닝 일레븐(Winning Eleven)〉은 플스방의 대중적인 인기를 이끈 대표적인 게임이다. 〈위닝 일레븐〉이 주로 소비되는 공간이라는 의미에서 플스방은 '위닝방'이라는 별칭으로 불리기도 한다. 〈위닝 일레븐〉

에서는 실제로 활동하는 축구 선수들이 캐릭터로 등장한다. 따라서 선수의 소속 팀이나 승률 등 관련 정보에 변동이 생길 경우 플스방에서는 이를 게임 데이터에 즉시 반영하였다.

이 외에 플스방에서 소비됐던 게임의 대표적 사례로는 〈소콤(Socom)〉, 〈전국무 쌍(Samurai Warriors / 戦国無双)〉, 〈귀무자 3(Onimusha 3 / 鬼武者 3)〉을 들 수 있 다. 플스방의 대중적인 성공은 추후 닌텐도의 게임 콘솔 위(Wii)를 구비한 위방과 멀티방의 등장에 영향을 미쳤다.

- 유의어 위닝방
- 관련 용어 피시방, 위방
- 참고 자료 신승철, 「PC방 '지고' 플스방 '뜨고'」, 『디지털콘텐츠』, vol.8, no.0, 한국데이터베이스진흥원, 2004. | 디스이즈게임, 〈플스방 시절 위닝 느낌으로, 재미부터 살리겠다〉, www.thisisgame.com/webzine/news/nboard/5/?n=52155

피규어 figure

| 특정 소재를 이용해 게임 내 대상을 실물화한 모형.

게임 내 캐릭터나 공간, 소재 등 주요 구성물을 축소 재현한 조형물. 게임 수익 구조에 영향을 미치는 원 소스 멀티 유즈(One Source Multi Use, OSMU) 산업의 한 분야이다. 배경 설정이나 외형적 특성 등 개성이 강한 캐릭터가 주로 피규어로 제작되며, 캐릭터의 정체성을 상징하는 아이템만 따로 제작되기도 한다. 게임 개 발사가 프리미엄 상품으로 기획하거나, 피규어 전문 제작사가 개발사와의 제휴를 통해 제작 및 판매하는 것이 일반적이며, 개인이 직접 제작하는 경우도 있다.

게임 피규어의 종류 게임 피규어는 형태에 따라 플라스틱, 레진, PVC, 초합금 등 다양한 소재로 표현된다. 크기 또한 다양하나 3.75인치에서부터 12인치가 일반적 인 소장용 크기로 판매된다. 움직임 여부와 재현 비율에 따라 종류가 나뉘며, 게 임 장르 및 제작사마다 선호하는 형태가 다르다.

일본에서 제작한 게임 피규어의 경우 주로 6인치의 액션 피규어를 중심으로 한다. 반면 북미에서 제작한 게임 피규어는 스태추 형태가 주류를 이루며, 크기 또한 6인치부터 실제 크기에 이르기까지 선택의 폭이 넓다. 캐릭터의 사실감 및

형태에 따른 게임 피규어의 종류		
구분	종류	설명
움직임 여부	액션 피규어 (action figure)	팔, 다리 등이 관절로 이루어져 있어 다양한 자세와 연출이 가능하다. 조립식으로 제작되기도 함.
	스태추 피규어 (statue figure)	관절이 움직이지 않는 관상용 게임 피규어로, 근육이나 옷 등 디테일을 세밀하게 구현함.
재현 비율	스케일 피규어 (scale figure)	캐릭터 설정 값을 일정 비율로 줄여 제작한다. 축소 비율에 따라 '1/숫자' 등의 형식으로 표시함.
	논스케일 피규어 (nonscale figure)	에스디(Super Deformation, SD) 기법 등을 사용하여 비율에 관계없이 신체 일부를 확대 및 축소함.

현장감이 중요한 경우에는 스케일 형태로, 개성이 중요한 경우에는 논스케일 형태로 제작된다.

사용자 문화에서의 게임 피규어 게임 피규어는 게임 세계에 존재하는 대상을 현실로 재현함으로써 플레이어가 게임 플레이에서 느끼는 재미를 현실로 확장한다. 플레이어는 피규어를 통해 가상의 대상을 촉각적으로 경험할 수 있으며, 소유에 대한 욕망을 충족할 수 있다. 또한 서로 다른 세계관에 존재하는 대상을 직접 변형하고 조합하여 새로운 서사를 창출하기도 한다. 한정판 피규어는 사용자 문화에서 과시의 대상으로, 희귀 정도에 따라 적게는 두 배에서 크게는 몇 십 배에 이르는 가격에 거래된다.

마케팅으로서의 게임 피규어 게임 개발사는 충성도가 높은 마니아층을 대상으로 게임 타이틀에 피규어를 포함시킨 프리미엄 상품을 기획하거나 행사용 상품으로 피규어를 제작한다. 발매 이전에 제작 정보 및 제작 과정을 공개하여 해당 제품과 타이틀 구매를 유도하기도 한다. 마케팅 일환으로 피규어를 기획할 때 중요한 점은 게임의 흥행 시기 및 제작 대상의 인지도를 고려해야 한다는 점이다. 성공적인 게임 피규어 마케팅은 게임의 인지도와 수익에 막대한 영향을 미치는데, 2014년 〈리그 오브 레전드〉 시즌 월드 챔피언십 기념 한정 피규어가 대표적인 사례이다. 개발사 라이엇 게임즈(Riot Games)는 피규어 제작 전문 회사로 유명한 굿스마일 컴퍼니(Good Smile Company)와 제휴해 한국 캐릭터 아리를 제작해 판매했다.

게임 플레이와 피규어 연동 게임 피규어는 단순한 수집 대상에서 근거리 무선 통신(Near Field Communication, NFC)이나 증강 현실(Augmented Reality, AR) 기술을 이용해 게임 플레이에 사용되는 방향으로 발전하고 있다. 닌텐도의 위 유 (Wii U)와 스리디에스(3DS)에서 구동되는 아미보(Amiibo) 시스템이 대표적이다. 플레이어는 아미보 피규어를 게임 패드에 인식시켜 게임 내에서 플레이할 수 있다. 아미보 피규어는 기존 닌텐도 게임에 등장했던 캐릭터를 대상으로 제작되며, 해당 캐릭터는 게임 내에서 사용될수록 경험치가 쌓이고 레벨이 오른다. 다양한 전략에 따라 성장한 게임 캐릭터의 데이터는 실제 피규어 안에 저장된다. 근거리 무선 통신 기술을 적용한 게임 피규어는 게임 플레이와 수집에 대한 욕구를 동시에 충족시키며 토이 게임이라는 새로운 장르를 탄생시켰다.

- **관련 용어** 게임 마케팅, 게임 팬덤
- **참고 자료** 김준수, 「캐릭터 피규어와 제작 프로세스에 대한 고찰」, 『디지털디자인학연구』, vol.13, no.3, 한국디지털디자인협의회, 2013. | 손종남, 이종한, 「영상미디어(게임, 애니메이션, 영화 분야)의 확장에 따른 피규어 산업에 대한 고찰」, 『한국콘텐츠학회논문지』, vol.8, no.3, 한국콘텐츠학회, 2008. | 손종남, 정진헌, 「영상 콘텐츠 기반 피규어의 유희성과 로제카이와의 놀이이론 비교」, 『한국콘텐츠학회논문지』, vol.10, no.4, 한국콘텐츠학회, 2010. | 한혜원, 변성연, 「일본 애니메이션 피규어의 기호학적 의미 연구」, 『인문콘텐츠』, vol.0, no.17, 인문콘텐츠학회, 2010.

피드백 feedback

| 게임 내에서 플레이어의 행동 또는 게임 요소에 반응하는 시스템.

게임 플레이 요소들의 상태를 측정하여 게임에 극적인 변화나 전환을 조절하는 시스템. 시스템에서 변화의 결과가 입력된 데이터의 형태로 돌려보내지는 과정을 의미한다. 1999년 마크 르블랑이 시스템 이론과 정보 이론으로부터 게임을 피드백 시스템으로 보는 방식을 제안하면서 게임 용어로 통용됐다. 마크 르블랑에 따르면 게임 전체는 단일한 피드백 시스템으로 다음과 같은 순환 구조를 가진다.

게임의 상태는 점수 기능

피드백 시스템으로서의 게임

게임 상태 (game state) → 점수 기능 (scoring function)

게임 역학 성향 (game mechanical bias) ← 컨트롤러 (controller)

피드백 시스템의 유형		
종류	설명	사례
부정적 피드백	게임을 안정화시키는 피드백으로, 플레이어들이 목표를 늦게 달성하도록 유도하고 게임을 연장시킴.	레이싱 게임에서 1등 플레이어가 가속 아이템을 사용하지 못하도록 조종함.
긍정적 피드백	게임을 불안정하게 하는 피드백으로, 목표를 일찍 달성하여 게임이 빨리 끝나도록 유도함.	실시간 전략 게임에서 유닛에 비례하여 자원 채취 속도를 증가시킴.

이라는 시스템 측정 센서로부터 측정되고, 측정된 값으로부터 컨트롤러는 시스템을 작동할지 여부를 결정한다. 컨트롤러가 시스템을 작동하기로 결정하면 게임 역학 성향은 일련의 게임 이벤트를 작동시킨다.

피드백 시스템은 부정적 피드백과 긍정적 피드백으로 분류되며, 플레이어들이 가진 다양한 수준의 차이를 예상하여 조정하기 때문에 게임 난이도 조정에 활용된다. 이는 초보 플레이어와 하드코어 플레이어 모두가 게임을 즐길 수 있게 하여 게임 플레이어의 폭을 확대한다.

- **관련 용어** 플레이
- **참고 자료** Katie Salen, Eric Zimmerman, *Rules of Play : Game Design Fundamentals*, The MIT Press, 2003. | Marc LeBlanc, "Tools for Creating Dramatic Game Dynamics", *The Game Design Reader*, The MIT Press, 2006.

피로도 시스템 fatigue degree system

| 게임의 내적 규칙을 통해 게임 이용 시간을 제한하는 제도.

각종 제한을 통해 플레이어가 스스로 게임 플레이를 중지하도록 유도하는 제도. 피로도란 아바타가 지니는 피로의 정도이다. 게임에서는 피로도를 플레이 시간이나 횟수에 따라 차감되는 피로도 바, 돈, 토큰, 부적 등의 형태로 제시한다. 플레이가 축적되면 피로도는 점차 소모되고 그 수치가 0에 달하면 플레이 시간, 공간, 보상 등에 제약이 가해진다. 피로도 시스템의 목적은 게임 이용 시간 조절을 통해 플레이어의 게임 과몰입을 방지하는 것이다. 이 외에도 플레이어의 콘텐츠 소비 속도를 늦춰, 개발사가 추가 콘텐츠 개발 시간을 확보할 수도 있다.

개발사는 피로도를 모두 소모하고도 플레이를 지속하려는 플레이어에게 피

피로도 시스템의 유형			
기준	유형	설명	사례
기능	실제적 제한형	피로도에 따라 실질적으로 플레이에 제한이 발생하는 경우.	〈던전 앤 파이터〉
	상징적 제한형	형식적으로 피로도를 부여하지만, 피로도가 플레이 제한에 기여하지 않는 경우.	〈드래곤 네스트(Dragon Nest)〉
시간	절대 시간 제한형	접속 이후 일정 시간이 지나면 자동으로 제한이 활성화되는 경우.	〈썬(Soul of the Ultimate Nation, SUN)〉
	상대 시간 제한형	제한이 활성화되기 전까지의 시간을 플레이어가 조절할 수 있는 경우.	〈크리티카(Kritika)〉, 〈시나인(C9)〉
대상	보상 제한형	기준에 따라 경험치, 아이템, 타이틀, 업적 등 보상을 제한하는 경우.	〈마비노기 영웅전〉, 〈썬〉
	공간 제한형	피로도 수치가 0이 되면 던전의 입장이 불가능한 경우.	〈던전 앤 파이터〉
방법	보상형	플레이를 하지 않을수록 보상이 축적되는 경우.	〈월드 오브 워크래프트〉, 〈아이온 : 영원의 탑〉
	처벌형	플레이를 할수록 처벌에 해당하는 플레이의 제약이 발생하는 경우.	〈던전 앤 파이터〉

로도를 유료로 판매하여 수익을 창출하기도 한다. 본래 아바타는 게임 내에 구현된 가상의 신체이기 때문에 '피로'라는 생물학적 몸 상태를 체험할 수 없다. 그러나 피로도 시스템은 가상의 신체에 실제 세계의 법칙을 적용하여 인위적으로 피로도를 부여한다. 피로도 시스템은 적용 방법 및 기능에 따라 위 표에서와 같이 분류할 수 있다.

- **관련 용어** 게임 과몰입, 쿨링오프제, 셧다운제
- **참고 자료** 이승제, 조현주, 「어포던스 개념을 적용한 온라인 게임의 피로도 시스템 연구」, 『한국디자인문화학회지』, vol.16, no.2, 한국디자인문화학회, 2010. | 최용석, 이지애, 권혁인, 「온라인 게임 피로도 시스템의 효과적인 도입방안에 관한 연구」, 『한국컴퓨터게임학회 논문지』, vol.22, no.0, 한국컴퓨터게임학회, 2010. | 한혜원, 박경은, 「MMORPG 서사구조와 피로도 시스템의 상관관계 분석」, 『한국컴퓨터게임학회 논문지』, vol.22, no.0, 한국컴퓨터게임학회, 2010. | Bo Hang, "The Research and Implement of Fatigue System for Online Games", 2010 Asia-Pacific Conference on Power Electronics and Design, Wuhan, China, 2010.

피시 게임 Personal Computer game, PC game

| 개인용 컴퓨터를 통해 플레이하는 게임.

피시 온라인 게임(PC online game)과 스탠드얼론 피시 게임(standalone PC

game)을 포함한 게임. 아케이드, 콘솔 등의 게임 전용 기기로 플레이하는 게임과 구별된다. 피시 게임은 1970년대부터 개인용 컴퓨터가 대량 생산되면서 확산됐다. 최초로 피시라는 상표를 사용한 것은 1981년 출시된 아이비엠 피시(IBM PC)이며, 최초의 아이비엠 플랫폼의 게임은 1981년 빌 게이츠가 개발한 〈동키(Donkey)〉이다. 초기의 피시 게임은 그래픽 성능이 아케이드 게임기나 콘솔 게임기에 비해 뛰어나지 못해 키보드 입력 장치를 활용한 텍스트 어드벤처 장르가 주를 이뤘다.

1970~1980년대 피시 게임은 주로 1977년에 잇달아 출시된 8비트 개인용 컴퓨터인 피이티(PET), 애플 Ⅱ(Apple Ⅱ), 티알에스-80(TRS-80)을 사용했다. 대표적인 게임은 〈캐슬 울펜슈타인(Castle Wolfenstein)〉, 〈로보트론(Robotron)〉 등이 있다. 1990년대 이후 컴퓨터 성능의 발달로 피시 게임은 콘솔 게임과 유사한 수준의 그래픽을 구현할 수 있게 되었고 다수의 콘솔 게임 타이틀이 개인용 컴퓨터에서도 발매되고 있다.

피시 게임은 높은 확장성을 지닌다. 피시 게임의 플레이어는 기존의 게임에 새로운 그래픽, 캐릭터, 이야기, 시스템을 덧붙이는 모드(MOD)를 창작하고 공유한다. 모드 창작은 1983년 〈로드 러너(Lode Runner)〉의 플레이어가 새로운 레벨을 만든 것을 시작으로 확산됐으며, 콘솔 게임과 구별되는 피시 게임만의 특징이다.

피시 게임의 판매 및 배포 방식은 저장 장치의 발전에 따라 플로피 디스크, 시디롬(CD-ROM)을 거친 후, 인터넷을 통해 다운로드받는 디지털 배포로 옮겨왔다. 디지털 배포는 저장 장치를 통한 배포에 비해 콘텐츠 업데이트가 용이하고 저렴하여 인디 게임의 유통 경로도 활용되고 있다.

- **관련 용어** 모드, 온라인 게임, 스탠드얼론 게임

- **참고 자료** 김원보, 최유찬, 『컴퓨터 게임과 문화』, 이룸, 2005. | 전경란, 『디지털 게임이란 무엇인가』, 커뮤니케이션북스, 2014. | 최유찬, 『컴퓨터 게임의 이해』, 문화과학사, 2002. | Mark J. P. Wolf, *The Video Game Explosion : A History from PONG to Playstation and Beyond*, Greenwood, 2007. | Winnie Foster, *Game Machines 1972-2012 : The Encyclopedia of Consoles, Handhelds and Home Computers*, Enati Media, 2011.

피시 환경 PC environment

| 하드웨어 및 소프트웨어에 따라 프로그램이 실행되는 컴퓨터의 사양.

내장된 하드웨어와 소프트웨어의 특성에 따라 프로그램이 구동되는 컴퓨터의 사양. 피시 환경은 게임을 다운로드하고 실행하기 위해 요구되는 기술 사양과 관련이 있다. 피시 환경에 영향을 미치는 요소는 표와 같다.

피시 환경은 게임의 그래픽 구현이나 실행 속도 등에 영향을 준다. 높은 사양의 피시 환경을 바탕으로 게임의 그래픽 옵션을 최상으로 설정하는 것을 '풀옵(full option)'이라고 한다. 정확한 컨트롤과 동시입력이 필요한 다중접속온라인 역할수행 게임이나 1인칭 슈팅 게임의 경우 피시 환경에 따라 게임의 승패가 달라질 수 있다.

게임 피시 환경에 영향을 미치는 기계적 요소	
종류	설명
운영체제	컴퓨터의 하드웨어 및 소프트웨어를 제어하는 컴퓨터 시스템으로 게임과 같은 응용 프로그램을 수행.
프로세서	컴퓨터의 데이터를 처리하는 장치로 연산뿐만 아니라 문서, 그림, 음악, 동영상 등의 다양한 데이터를 관리.
메모리	정보를 보존하거나 판독하는 메모리로 프로그램 로딩, 데이터 저장 등의 기능을 수행.
하드 디스크	자료를 저장할 수 있도록 만든 보조기억장치로 메모리와 많은 데이터를 교환.
그래픽 카드	산출된 데이터의 결과를 모니터로 출력되도록 전달하는 장치로 색상과 해상도에 영향.
사운드 카드	스피커 혹은 마이크를 통해 소리를 저장하거나 출력하는 장치로 사양에 따라 음질에 영향.

피시 환경이 게임에 적합하지 않을 경우 플레이 도중 게임이 멈추는 랙(lag) 현상이 발생한다. 따라서 일부 플레이어는 게임을 원활히 플레이하기 위해 피시의 성능을 향상시킬 수 있는 하드웨어나 소프트웨어를 설치하는 등의 최적화 작업을 하기도 한다. 개발사 또한 게임을 출시하기 이전에 각 나라의 피시 환경을 고려하여 게임 사양을 결정한다. 중국에서 약 420만 명의 동시 접속자를 확보한 1인칭 슈팅 게임 〈크로스파이어(CrossFire)〉의 경우 중국의 피시 환경에 맞춰 한국에 비해 낮은 그래픽 환경에서도 게임이 구동되도록 했다.

■ **관련 용어** 최적화, 풀옵
■ **참고 자료** 디지털 게임 교과서 제작위원회 저, 최재원, 김상현 역, 『디지털 게임 교과서』, 에이콘, 2012. | 이순원, 『PC 조립 하드웨어 무작정 따라하기』, 길벗, 2011. | 지니 노박 저, 김재하 역, 『게임학이론』, 청문각, 2006.

피시방 PC café

| 플레이어가 돈을 지불하고 온라인 게임을 즐길 수 있는 장소.

돈을 지불하고 인터넷이 연결된 컴퓨터를 사용할 수 있는 장소. 피시방의 시초는 인터넷 카페이다. 한국 최초의 인터넷 카페는 1994년에 정민호가 서초동에 개장한 비엔시(BNC)이다. 한국에서 인터넷 카페는 피시방이라 불리는 게임장의 형태로 발전했고, 문서 작업과 인터넷 서비스 제공에 초점을 맞춘 외국의 인터넷 카페와는 구분되는 고유명사로 사용되고 있다. 피시방은 1998년 출시된 〈스타크래프트〉가 인기를 얻으며 전국으로 확산됐다. 1990년대 말 피시방 점주들은 〈스타크래프트〉의 인기를 이용해 사업장을 홍보할 목적으로 게임 대회를 개최했다. 피시방 리그는 〈스타크래프트〉 플레이어의 호응을 얻으면서 하나의 게임 문화로 자리 잡았다.

플레이어는 다음과 같은 이유로 피시방을 찾는다. 첫째, 피시방은 고속 인터넷과 고사양 컴퓨터를 제공한다. 중앙 처리 장치의 경우 업그레이드의 필요성이 줄어들고 있지만 그래픽 카드는 게임 성능과 밀접한 관련이 있어 정기적인 업그레이드가 필요하다. 피시방은 플레이어들에게 최적의 플레이 환경을 제공하기 위해 정기적으로 컴퓨터를 업그레이드한다. 둘째, 피시방은 같은 게임을 하는 플레이어가 모여 상호작용할 수 있는 공간을 제공한다. 플레이어들은 한곳에 모여 게임 공략에 필요한 전략을 짜고 온·오프라인을 넘나들며 관계를 쌓는다. 성별, 연령에 관계없이 누구나 쉽게 접근할 수 있다는 점에서 피시방은 오락실, 만화방, 노래방의 뒤를 잇는 문화 공간으로 정착했다.

국내 온라인 게임 회사들은 피시방과 연계하여 기업 간 거래 모델을 정착시켰다. 1998년 이전에 게임 회사의 유일한 수익 모델은 피시 통신으로 서비스하고 부가사용료를 받는 것이었다. 엔씨소프트(NCSOFT)는 1998년 〈리니지〉를 출시하면서 피시방이 가맹점 형태로 게임을 서비스할 수 있도록 했다. 이는 게임 회사에게 안정적인 수익모델을 제공했다. 피시방 트래픽은 온라인 게임의 시장 점유율을 결정하는 중요한 지표로 〈스타크래프트〉와 〈리그 오브 레전드〉는 피시방에서 흥행한 대표적 게임이다.

게임 회사들은 피시방 점유율을 높이기 위해 피시방을 이용하는 플레이어들에게 다양한 혜택을 제공한다. 피시방에서 접속 시 제공하는 추가 경험치 이벤트, 접속 시간 이벤트, 피시방 아이템 제공이 그 예이다. 또한 특정 피시방 체인과 제휴를 통해 게임을 제공하기도 한다.

- **관련 용어** 이-스포츠, 프로게이머, 게임 리그, 피시방 점유율
- **참고 자료** 김기란, 최기호, 『대중 문화 사전』, 현실문화연구, 2009. | 김정남, 『김택진 스토리 : 리니지와 아이온의 신화』, e비즈북스, 2011. | 박건하, 『게이머들의 PC방 문화와 프로 게임 리그의 형성에 관한 연구』, 연세대학교 대학원 문화학협동과정 석사논문, 2004. | Huhh Jun Sok, "Culture and Business of PC Bangs in Korea", *Games and Culture*, vol.3, no.1, 2008. | 게임 트릭스 : 피시방 게임 전문 리서치 서비스, www.gametrics.com

피케이 Player Killing, PK

| 게임에서 다른 플레이어 캐릭터를 공격하여 죽이는 행위.

온라인 게임에서 다른 플레이어 캐릭터를 공격하여 죽음에 이르게 하는 행위. 플레이어 간 전투(PvP)가 가능한 환경에서 발생한다. 〈울티마 온라인〉에서 진영 간, 길드 간, 플레이어 간 피케이가 활발하게 발생하면서 다중접속온라인 역할수행 게임에서의 피케이 시스템이 정착됐다.

〈월드 오브 워크래프트〉, 〈아이온 : 영원의 탑〉 등 진영 간 대립이 설정된 경우 피케이는 게임 플레이의 주된 콘텐츠가 된다. 이때 상대 진영의 플레이어 캐릭터를 죽이면 명예 점수를 얻거나 진영 내 계급이 상향되는 등 보상이 주어진다. 또 〈울티마 온라인〉, 〈다크폴(Darkfall)〉 등의 게임에서는 피케이에 성공할 때 상대가 착용 및 소지하고 있던 아이템을 획득할 수 있도록 하여 피케이를 의도적으로 유도한다. 그러나 일부 게임은 피케이의 정당성을 평가하는 기준을 설정하여 무분별한 피케이를 규제한다. 예를 들어 〈리니지〉에서는 전투 지역이 아닌 일반 지역에서 피케이 횟수를 적립하면 캐릭터가 카오틱 성향으로 변한다. 카오틱 성향의 캐릭터는 엔피시(NPC)와의 교류에 제한을 받으며, 사망 시 아이템이 사라질 확률이 높다.

- **관련 용어** 플레이어 간 전투, 진영 간 전투(RvR), 자유도, 페널티
- **참고 자료** Frans Mäyrä, *An Introduction to Game Studies : Games in Culture*, SAGE Publications Ltd., 2008. | Miguel Sicart, "Digital Games as Ethical Technologies", *The Philosophy of Computer Games*, Springer, 2012.

핑 ping

| 네트워크를 통해 컴퓨터 간 데이터를 주고받는 속도.

패킷으로 구성된 데이터가 네트워크를 통해 타 기기로 전달될 때 걸리는 네트워크 속도. 밀리세컨드(millisecond, ms) 단위로 측정된다. 컴퓨터 성능, 네트워크 환경, 실행 프로그램 등에 영향을 받는다. 핑 테스트(ping test)를 통해 확인할 수 있다. 주로 컴퓨터 내 명령어 프로그램인 CMD에서 핑 아이피 주소를 입력하거나 핑 테스트 프로그램을 사용한다.

핑이 높다는 것은 데이터의 송수신 속도가 느리다는 것을 의미하며, 랙(lag)을 발생시키는 주요 원인이 되기도 한다. 평균적으로 핑이 350밀리세컨드 이하일 경우 데이터 손실의 가능성이 적지만, 350밀리세컨드 이상일 경우에는 데이터 손실 가능성이 증가한다.

게임에서 핑은 클라이언트와 서버 혹은 클라이언트와 클라이언트 간 데이터를 주고받는 속도를 의미한다. 다중접속온라인 역할수행 게임, 1인칭 슈팅 게임, 모바(MOBA) 등 플레이어 간 실시간 상호작용이 중요한 게임에서 핑 최적화가 중시된다. 온라인 게임 회사들은 플레이어 간 핑 격차 감소와 원활한 서비스 제공을 위해서 네트워크 용량을 늘리며 핑 개선에 투자하고 있다. 플레이어들은 게임 속도를 향상시키기 위해 '게임핑'이라 불리는 게임 최적화 프로그램을 활용한다. 게임 최적화 프로그램에는 프로세스핑(ProcessPing), 라이브핑(LivePing), 패스트핑(FastPing) 등이 있다. 이러한 프로그램들은 한번에 보낼 수 있는 데이터 패킷을 작게 쪼개 여러 번 나누어 보냄으로써 네트워크 응답 속도를 빠르게 만든다.

- **유의어** 인터넷 속도
- **관련 용어** 핑 테스트, 게임핑, 게임 최적화 프로그램, 랙
- **참고 자료** Greger Wikstrand, Lennart Schedin, Fredrik Elg, "High and Low Ping and the Game of Pong : Effects of Delay and Feedback", *Technical Report*, Umeå University, 2006. | N. Degrande, D. De Vleeschauwer, R. E. Kooij, M. R. H. Mandjes, "Modeling Ping Times in First Person Shooter Games", *Proceedings of the 2006 ACM CoNEXT Conference*, Lisboa, Portugal, 2006. | The Wall Street Journal, "Videogame Firms Power Up Networks for Online Players", www.wsj.com/articles/videogame-firms-power-up-networks-for-online-players-1422927189

핑크 게임 pink game

| 여아용 게임(girl game)의 한 종류로 패션·쇼핑·화장 등을 소재로 전통적인 여성성을 극단화한 장르.

여아용 게임을 개발하는 과정에서 발생한 장르로 6~10세 여자아이를 대상으로 한다. 게임 시장이 소비자 층을 남성으로 한정하던 1990년대에 개발사 마텔(Mattel)은 〈바비 패션 디자이너(Barbie Fashion Designer)〉란 여성용 컴퓨터 게임을 출시한다. 이 게임은 북미에서 60만 장 이상 판매고를 올리면서 여성, 특히 여자아이가 게임의 소비자가 될 수 있음을 증명했다. 이를 통해 여아용 게임의 경제적 사회적 가치와 필요성이 업계의 주목을 받았다. 이후 〈바비 패션 디자이너〉를 모방한 게임들이 출시되면서 핑크색 포장지에 쇼핑이나 패션과 같은 소재가 반복적으로 나타났다. 이로 인해 여아용 게임의 범위가 특정한 색깔과 규격으로 한정됐다.

핑크 게임은 남자아이와 여자아이가 원하는 게임이 서로 다르며 문화적 취향, 흥미에 근본적인 차이가 존재한다는 관점에서 출발한다. 폭력성과 여성의 성을 상품화하는 기존의 게임과 달리 핑크 게임에는 여자아이들이 선호하는 관계지향적인 요소를 포함되어 있다. 그러나 가부장적인 전통사회 속 여성의 역할과 고정관념에서 벗어나지 못한다는 한계를 지닌다.

- **반의어** 블루 게임(blue game), 그린-브라운 게임(green-brown game)
- **유의어** 여아용 게임(girl game), 퍼플 게임(purple game)
- **관련 용어** 젠더
- **참고 자료** 트레이시 풀러턴 저, 최민식 역, 『게임 디자인 워크숍』, 위키북스, 2012. | ElizaBeth Rice Allgeier, Naomi B. McCormick, *Changing Boundaries : Gender Roles and Sexual Behavior*, Mayfield, 1983. | Justine Cassell, Henry Jenkins, *From Barbie to Mortal Kombat : Gender and Computer Games*, The MIT Press, 2000. | Sheri Graner Ray, *Gender Inclusive Game Design : Expanding the Market*, Charles River Media, 2004.

ㅎ

하드코어 플레이어 hard-core player

| 게임에 많은 시간과 비용을 투자하며 몰입하는 플레이어.

게임의 장르를 가리지 않고 높은 몰입도와 참여도를 보이는 플레이어. 하드코어 플레이어는 게임에 대한 배경지식이 풍부하고, 게임에 시간과 돈 등의 자원을 적극적으로 투자하며, 게임의 복잡함과 어려움에 도전하는 것을 플레이 목표로 삼는다. 주로 공상 과학, 판타지 등의 서사적 장르나 흡혈귀, 좀비 등의 금기 소재를 선호한다. 또한 게임을 수동적으로 소비하는 데에 그치지 않고, 게임 정보, 모드(modification, MOD), 게임 방송 등 다양한 사용자 생성 콘텐츠를 생산하는 등 적극적인 방식으로 게임을 즐긴다. 경쟁적 상호작용을 추구하며, 이를 통해 게임 캐릭터뿐만 아니라 플레이어 자신의 성장을 도모한다. 캐주얼 게임을 플레이한다 하더라도 게임에 대한 높은 몰입과 투자를 보인다면 하드코어 플레이어로 분류된다.

플레이어는 게임에 투자한 시간과 몰입도에 따라 캐주얼 플레이어(casual player), 미드코어 플레이어(mid-core player), 하드코어 플레이어로 나뉜다. 캐주얼 플레이어는 게임에 투자하는 시간이 적고, 몰입하는 시간이 짧다. 또한 게임에 대한 배경지식이 거의 없기 때문에 게임 방식이 쉽고 단순한 캐주얼 게임을 즐기는 경향을 보인다. 라이트 유저(light user)라고도 불린다.

하드코어 플레이어와 캐주얼 플레이어의 중간에 위치한 플레이어가 미드코어 플레이어이다. 코어 플레이어(core player)라고도 불린다. 다양한 게임을 즐기지만 하드코어 플레이어보다 게임에 투자하는 시간이 짧고, 캐주얼 플레이어보다 게임에 대한 몰입도는 높다.

하드코어 플레이어는 전체 게임 플레이어의 수에서 차지하는 비중은 낮지만, 게임에 대한 충성도와 구매력이 가장 높다. 하드코어 플레이어를 대상으로 한 게임이 출시되거나 캐주얼 게임에 플레이어 간 전투(PvP) 등의 경쟁적 요소를 추가해 하드코어 플레이어를 끌어들이는 게임도 등장하고 있다. 하드코어 플레이어만을 대상으로 한 게임을 '하드코어 게임(hard-core game)'이라고 지칭하기도 한다. 대표적인 하드코어 게임으로는 〈다크 소울(Dark Souls)〉 시리즈, 〈블러드본(Bloodborne)〉 등이 있다.

- **반의어** 캐주얼 플레이어
- **관련 용어** 하드코어 게임
- **참고 자료** 예스퍼 율 저, 이정엽 역, 『캐주얼 게임 : 비디오게임과 플레이어의 재창조』, 커뮤니케이션북스, 2012. | Edward Castronova, *Exodus to the Virtual World : How Online Fun Is Changing Reality*, St. Martin's Press, 2008. | Gabe Zichermann, Joselin Linder, *Game-Based Marketing : Inspire Customer Loyalty Through Rewards, Challenges, and Contests*, Wiley, 2010. | Ian Bogost, *Unit Operations : An Approach to Videogame Criticism*, The MIT Press, 2008. | Larissa Hjorth, *Games and Gaming : An Introduction to New Media*, Bloomsbury Academic, 2011.

하복 엔진 Havok engine

| 아일랜드 기업 하복(Havok)에서 개발한 게임 엔진.

게임 개발 기술 공급업체인 하복에서 제작한 소프트웨어 개발 키트. 지원하는 엔진의 기능에는 물리 효과를 구현하는 하복 물리 엔진(Havok Physics), 구조역학을 활용해 파괴되는 구조물의 파열점을 구현하는 하복 디스트럭션(Havok Destruction), 캐릭터 애니메이션을 구성하는 하복 애니메이션 스튜디오(Havok Animation Studio), 단일 혹은 다중 목표를 향한 경로 이동을 지원하는 하복 인공

지능(Havok AI) 등이 있다.

그중 하복 물리 엔진은 캐릭터, 환경, 사물 등이 설정된 대로 반응하는 기존의 엔진과 달리 실시간으로 물리 효과를 구현해 플레이어의 행동에 반응하도록 한다는 점에서 주목을 받았다. 강체 시뮬레이션(rigid bodies simulation), 동역학 시뮬레이션(dynamical simulation), 랙돌 물리 효과(ragdoll physics), 충돌 감지(collision detection), 디버깅 등의 기능을 활용해 물리 효과를 보다 사실적이고 안정적으로 표현한다.

2000년 게임 개발자 컨퍼런스(Game Developers Conference, GDC)에서 처음 공개된 이후 2015년까지 〈하프라이프 2(Half-Life 2)〉, 〈엘더스크롤 5 : 스카이림〉, 〈어쌔신 크리드(Assassin's Creed)〉 시리즈 등을 포함한 650개 이상의 게임에 사용됐다. 게임 잡지 《게임 디벨로퍼(Game Developer)》에서 주최하는 프런트라인 어워드(Frontline award)에서 '최고의 미들웨어 상'을 2012년까지 4년 연속 받았다.

■ **관련 용어** 물리 엔진
■ **참고 자료** David H. Eberly, *Game Physics*, Morgan Kaufmann, 2010. | Gino van den Bergen, Dirk Gregorius, *Game Physics Pearls*, CRC Press, 2010. | Jason Gregory, *Game Engine Architecture*, CRC Press, 2014.

하우징 housing

| 게임 내에서 플레이어가 부지 위에 집을 짓거나 집의 내부를 꾸밀 수 있는 시스템.

플레이어가 직접 집을 짓거나 경매를 통해 건물을 분양받아 개인만의 공간으로 꾸밀 수 있는 게임 내 시스템. 플레이어는 하우징을 통해 게임 세계에서 소유할 수 있는 공간을 얻게 된다. 집의 소유권을 가지고 있는 플레이어는 집의 외형을 바꾸거나 집 내부에 가구를 배치하는 등 집을 커스터마이징할 수 있다. 플레이어 개인이 아니라 길드에 속한 플레이어가 길드 소유의 영지에 시설을 건설하는 등 영지를 관리하는 것을 '길드 하우징'으로 구분하여 지칭하기도 한다.

발전사 〈심즈(The Sims)〉 시리즈는 게임의 대표 시스템으로 하우징을 내세운 사례이다. 〈심즈〉에서 플레이어는 직접 부지 내에 집을 짓고 가구를 배치하여 집의 내·외부를 자유롭게 꾸밀 수 있다. 샌드박스 게임인 〈마인크래프트〉 역시 하우징을 게임의 기본 시스템으로 내세웠다. 〈마인크래프트〉에서는 몬스터의 공격으로부터 캐릭터의 몸을 보호하거나 수집한 재료들을 모아놓는 거점을 건설하는 것이 중요하다. 이러한 거점을 마련하는 것 또한 하우징의 한 유형이다.

다중접속온라인 역할수행 게임 중에서는 〈울티마 온라인〉이 최초로 하우징 시스템을 도입했다. 그 밖에도 〈에버퀘스트 2〉, 〈룬즈 오브 매직(Runes of Magic)〉, 〈다크 에이지 오브 카멜롯(Dark Age of Camelot)〉 등 북미의 다중접속온라인 역할수행 게임들이 하우징 시스템을 적극적으로 도입했다.

국내에서는 2005년 9월 1일 〈바람의 나라〉 Ver6.60패치, 2005년 11월 23일 〈마비노기〉 'G3 시즌4' 업데이트, 2011년 11월 9일 〈아이온 : 영원의 탑〉 '약속의 땅' 업데이트 등을 통해 잇따라 하우징 콘텐츠가 도입됐다. 이후 2013년 출시된 〈아키에이지〉와 2014년 12월 오픈베타 서비스를 시작한 〈검은사막(Black Desert)〉 등은 서비스 초기부터 하우징을 게임 내 대표 콘텐츠로 내세웠다.

한편 〈리니지〉의 경우 2001년 5월 23일 '에피소드8-기란 영주국' 업데이트에서 유사 시스템인 '아지트 시스템'을 도입한 바 있다. 아지트는 성을 차지하지 못한 혈맹을 위한 공간으로, 경매를 통해 분양받을 수 있으며 가구를 배치하여 내부를 꾸밀 수 있다는 점에서 하우징과 유사하다. 그러나 플레이어 개인이 소유할 수 있는 하우징과 달리, 아지트는 반드시 혈맹에 속해있는 15레벨 이상의 군주 플레이어만 경매에 참여할 수 있고 혈맹원 모두가 사용하는 공용 공간이다. 아지트를 소유하기 위해서는 일정 조건을 만족해야 하기 때문에 소유 가능한 플레이어가 제한적이며, 개인이 아닌 혈맹 공동의 소유라는 점에서 길드 하우징으로 구분될 수 있다.

이 외에도 〈세븐나이츠 포 카카오(Seven Knights for Kakao)〉는 2015년 1월 27일 업데이트를 통해 길드 하우징 시스템을 도입했다.

유형 〈울티마 온라인〉의 경우, 필드의 빈 공간에서 자유롭게 집을 지을 수 있는 형태로 하우징 시스템을 적용하였다. 이때 플레이어가 자유롭게 집을 지을 위치나 집의 외관 등을 선택할 수 있다는 이점이 있었다. 그러나 이로 인해 하우징을 위한 공간이 모자라거나 서버에 과부하가 걸리는 등의 이른바 '부동산 현상'이

하우징 시스템의 유형		
분류	설명	사례
입주형	경매를 통해 이미 지어진 건물, 혹은 건설 부지에 입주함. 맵을 훼손하지 않고도 하우징이 가능하지만 건물 수가 제한적이며 사용자가 건물의 위치나 외관을 쉽게 변경할 수 없음.	〈아이온 : 영원의 탑〉, 〈메이플스토리 2〉, 〈마비노기〉
인스턴스 필드형	하우징 전용 필드를 별도로 구축하여 그 안에서만 하우징이 가능함. 건물 수가 제한적이지 않기 때문에 누구나 하우징이 가능하지만, 플레이어가 서로의 집에 방문하기 어렵고 접근성이 떨어짐.	〈대항해시대〉, 〈마비노기〉

발생했다.

〈울티마 온라인〉 이후에 하우징 시스템을 도입한 게임들은 부동산 현상을 예방하기 위하여 하우징 시스템을 입주형과 인스턴스 필드형으로 제한했다. 이를 통해 부동산 현상은 극복할 수 있었으나 자유로운 플레이를 제한하고 하우징의 형태를 한정했다는 것이 문제점으로 지적되고 있다. 〈마비노기〉의 경우 입주형뿐만 아니라 전용 필드에 하우징할 수 있는 인스턴스 필드도 제공하고 있다.

하우징 건물 및 필드의 수용 회전률을 높이기 위하여 대부분의 게임에서 '세금 시스템'을 도입하고 있다. 플레이어는 일정 금액의 보증금과 세금을 지불하고 집 또는 건설 부지를 얻는다. 세금을 제때 납부하지 못할 경우 건물이 철거되고 부지를 회수당하기 때문에 플레이어는 주기적으로 게임에 접속하여 세금을 납부하고 집을 관리해야 한다. 세금은 건물의 규모, 부지의 크기에 따라 다르게 책정되며 납부한 세금은 돌려받을 수 없다.

기능 플레이어가 하우징 시스템을 활용하는 방식은 제공되는 기능에 따라 달라지며, 이로 인해 파생되는 사용자 문화도 다르게 나타난다. 〈아이온 : 영원의 탑〉은 건물의 등급에 따라 버프 효과가 달라지며, 배치할 수 있는 가구 및 아이템의 종류도 달라진다. 이에 따라 건물의 등급이 높을수록 건물을 입찰받기 위한 경쟁률이 높아지며, 경매가도 상승한다.

〈마비노기〉는 하우징의 거래가 특화된 대표적인 게임이다. 가령, 대부분의 플레이어가 집 내부에 배치된 가구를 최소화하고 판매 물건을 진열하는 용도로 공간을 활용한다. 거래를 통한 이윤 창출이 하우징의 목표이기 때문에 집을 고를 때에도 세금과 수수료에 따라 선호도가 다르다.

이에 따라 세율이 높은 고급 건물은 낮은 가격으로 낙찰되고, 세율이 낮은 저급 건물이 높은 가격으로 낙찰되는 현상이 나타난다. 플레이어의 거래가 활발하

하우징 시스템의 주요 기능		
분류	설명	사례
창고	하우징을 통해 만든 공간 또는 배치된 가구를 이용하여 캐릭터의 장비 및 아이템, 돈 등을 보관.	〈검은사막〉 창고, 〈아이온 : 영원의 탑〉 서랍장
거래	팔려는 물건을 건물 내부에 진열하고 값을 매겨 거래가 이루어짐.	〈마비노기〉
생산	제작, 채집 등 생산 기능이 있는 가구나 엔피시(NPC)를 배치하여 건물 공간 내에서 아이템을 생산함.	〈검은사막〉 공방, 〈메이플스토리 2〉 집사
버프	건물을 소유하고 있는 플레이어에게 버프 효과를 줌. 건물의 등급에 따라 버프 효과가 다르게 나타남.	〈아이온 : 영원의 탑〉

〈아이온 : 영원의 탑〉의 연립주택과 호화주택

게 나타나는 방학 기간에 경매 경쟁률이 높아 낙찰가가 상승하는 등 시기에 따라 집값의 변동도 크다.

반면 〈아키에이지〉는 하우징의 커스터마이징 기능이 특화된 사례이다. 하우징 전용 필드 내에서 플레이어는 하우징을 할 위치를 직접 고를 수 있으며, 건물 도면을 이용하여 건물의 내·외관을 자유롭게 설정할 수 있다. 따라서 건물 커스터마이징을 위한 아이템이 활발하게 업데이트되고 있으며, 플레이어 역시 집의 기능보다 커스터마이징 자체에 집중하는 경향을 보인다. 플레이어는 카페, 궁전, 성당, 다락방 등 자신의 개성을 드러낸 건물을 만들고 스크린샷을 통해 건물 커스터마이징을 공유한다.

- **유의어** 아지트
- **관련 용어** 울티마 온라인, 경매, 샌드박스 게임, 테마파크 게임, 커스터마이징
- **참고 자료** 김원용, 『MMORPG에서 게임 사용자에 의한 실시간 지형 변경을 효율적으로 처리하기 위한 방안 연구』, 성균관대학교 정보통신대학원 컴퓨터공학전공 석사논문, 2009. | 홍선관, 차명희, 「게임 환경의 미래형 하우징 디자인 연구」, 『한국컴퓨터게임학회 논문지』, vol.26 no.2, 한국컴퓨터게임학회, 2013.

하이퍼텍스트 hypertext

| 텍스트 집합과 텍스트 사이를 연결하는 전자적 링크(link)로 구성된 텍스트.

복수의 링크를 통해 상호 연결되어 있는 일련의 텍스트 덩어리. 하이퍼텍스트의 기초 정보 단위는 '노드(node)'로, 노드들이 서로 연결되어 네트워크를 구성한 것을 하이퍼텍스트라 부른다. 사용자는 여러 가지 경로를 제공하는 링크를 통해 하나의 텍스트에서 다른 텍스트로 이동할 수 있으며, 비순차적으로 원하는 정보를 얻을 수 있다. 순차적이고 선형적이었던 전통적인 텍스트와 달리 비선형적이며 쌍방향적인 전개 방식을 택한다. 월드 와이드 웹(World Wide Web, WWW)의 문서 형식이 대표적인 사례이다.

어원과 계보 테오도르 넬슨(Theodore Nelson)이 '하이퍼(hyper)'와 '텍스트(text)'를 결합해 만든 합성어이다. 텍스트와 텍스트 사이를 연결점인 링크를 통해 자유롭게 건너뛸 수 있다는 의미를 지닌다. 전통적 의미의 텍스트를 포괄하면서 이를 넘어서는 텍스트라는 의미도 지닌다. 바네바 부시(Vannevar Bush)는 1945년 발표한 논문 「어쩌면 우리가 생각하는 것처럼(As we may think)」에서 초기의 하이퍼텍스트 개념을 제시했다. 부시는 도서관의 도서 분류법과 검색체계로는 쏟아지는 정보를 감당할 수 없다고 설명하면서 인간의 연상능력을 차용한 기계장치를 고안했다. 이를 기억 확장기(Memory extender), 또는 메멕스(Memex)라 부른다. 더글러스 엥겔바트(Douglas C. Engelbart)는 부시가 제안한 메멕스를 실제로 구현하려 시도했다. 그 결과, 1968년 엥겔바트는 엔엘에스(oN-Line System, NLS)를 개발했다. 이는 하이퍼텍스트 시스템의 원형으로 지금의 하이퍼텍스트가 지닌 특성을 가지고 있었다.

1965년 넬슨은 제너두(Xanadu) 프로젝트를 통해 최초로 '하이퍼텍스트'라는 용어를 사용했다. 그에 따르면 하이퍼텍스트는 비순차적인 글쓰기로 링크에 의해 연결된 일련의 텍스트 집합이다. 또한 링크는 독자들에게 서로 다른 경로를 제공한다고 설명했다. 넬슨은 전 세계 모든 문서들이 하나의 하이퍼텍스트 시스템에 통합되어 누구든 접속해서 정보를 얻을 수 있는 문서들의 우주를 꿈꿨다. 이후로 컴퓨터를 활용하여 하이퍼텍스트 문서를 작성하고, 저장하고, 편집하며, 응용할 수 있는 시스템들이 개발됐다.

하이퍼텍스트 시스템들은 1990년대 접어들어 인터넷의 등장으로 사라졌다.

배식한이 제시한 하이퍼텍스트 시스템의 연표		
명칭	년도	설명
히스(Hypertext Editing System, HES)	1967	브라운 대학 앤드리스 반 담(Andries van Dam) 팀이 개발. 실제 작동하는 세계 최초의 하이퍼텍스트 시스템. 다른 문서와 연결 및 도약 가능. 텍스트만 가능.
프레스(File Retrieval and Editing System, FRESS)	1967	브라운 대학 앤드리스 반 담 팀이 개발. 되돌리기 기능을 사용한 최초의 시스템. 후에 인터미디어 시스템 개발의 초석이 됨.
조그(ZOG)	1972	카네기-멜론 대학에서 개발한 1세대 하이퍼텍스트 시스템. 메인 프레임 컴퓨터에서 실행. 텍스트만 가능.
케이엠에스(Knowledge Management System, KMS)	1983	카네기-멜론 대학에서 개발한 2세대 하이퍼텍스트 시스템. 유닉스 워크스테이션에서 작동. 지역 네트워크(Local Area Network, LAN) 환경. 그래픽 가능.
인터미디어(Intermedia)	1985	브라운 대학 앤드리스 반 담 팀이 개발. 사용자마다 별도의 파일을 만들어 각 사용자가 이어놓은 끈을 저장함. 이것을 웹이라 부름.
가이드(Guide)	1986	피터 브라운(Peter Brown)이 개발하고 OWL 회사가 판매. 개인용 컴퓨터를 위한 최초의 대중적인 하이퍼텍스트 저작 도구.
노트카드(NoteCard)	1986	제록스 팍(Xerox PARC)에서 출시. 모니터에서 하나의 카드로 표현함. 카드의 유형은 그림, 문자, 동영상 등의 내용으로 분류되거나 사용자가 임의로 분류 가능.
하이퍼카드(HyperCard)	1987	매킨토시에 무료로 끼워 팔린 시스템. 1980년대 가장 유명한 하이퍼텍스트 제품. 카드처럼 다룸. 카드는 '단추'라 부른 링크로 다른 카드와 연결됨.

인터넷과 하이퍼텍스트의 조합은 스위스 제네바의 유럽 소립자 물리학 연구소 (The European Laboratory for Particle Physics, CERN)에서 재직하던 팀 버너스 리 (Tim Berners Lee)가 처음 고안했다. 그는 월드 와이드 웹 시스템을 개발하고, 월드 와이드 웹의 문서를 작성하는 에이치티엠엘(HyperText Markup Language, HTML), 문서를 연결하는 에이치티티피(HyperText Transfer Protocol, HTTP), 문서의 주소와 위치를 알려주는 유알엘(Universal Resource Locator, URL)을 제안했다.

개념 설명 하이퍼텍스트는 하이퍼링크를 통해 다양한 텍스트 정보들을 상호 연결하는 정보 조직 구조이다. 이때 텍스트는 언어 정보, 그림, 소리, 비디오 화면, 동영상 화면 등 다매체적 자료를 포괄한다. 1960년대 미디어 학자인 마샬 맥루한 (Marshall McLuhan)은 문자 미디어의 시대를 지나고 새로운 시대가 도래했음을 선언한 바 있다. 맥루한은 하이퍼텍스트를 통해 작가와 독자의 관계가 바뀌었으며, 선형성이나 총체성 등 전통적인 서사의 특성이 위협받고 있다고 말했다.

맥루한 이전에도 다양한 학자들이 하이퍼텍스트와 유사한 개념을 제시했다. 롤랑 바르트는 『S/Z』에서 컴퓨터 하이퍼텍스트와 일치하는 이상적 텍스트를 '쓰기 텍스트(writerly text)'라는 개념으로 설명했다. 바르트는 링크, 노드, 네트워크, 웹, 경로라는 용어를 통해 자유롭게 연결되는 텍스트의 블록들을 '렉시아(lexia)'라고 부르고, 렉시아들이 전자적으로 연결되는 텍스트 구조에 대해 논의했다. 미셸 푸코 역시 『지식의 고고학(Archeology of Knowledge)』에서 네트워크와 끈의 개념을 통해 텍스트를 생각했다. 푸코는 책이 다른 책들, 다른 텍스트들, 다른 문장들과의 어떤 참조 시스템 속에 매여 있는 것으로 보았다. 그 결과 책은 하나의 네트워크 속에 있는 하나의 마디라고 설명했다.

자크 데리다는 연결(liaison), 거미줄(toile), 네트워크(reseau)와 같은 용어를 사용하며, 텍스트 개방성, 상호텍스트성 등을 논했다. 데리다는 『그라마톨로지(Grammatologie)』에서 텍스트의 안팎을 구분하는 것이 부당함을 강조하며 비선형적인 글쓰기의 필요성을 주장했다. 질 들뢰즈와 펠릭스 가타리는 새로운 텍스트 구조를 표현하기 위해 '리좀(rhizome)'이라는 은유적 개념을 제시했다. 리좀은 사방으로 펼쳐지는 중심 없는 뿌리를 뜻하며, 리좀 구조란 마디마디가 끈으로 연결되어 있는 구조를 이른다. 이는 하이퍼텍스트로 이루어진 월드 와이드 웹의 구조와 흡사하다. 이러한 점에서 리좀 구조는 하이퍼텍스트를 이해하는 하나의 관점으로 작용한다.

하이퍼텍스트 시스템의 층위와 하이퍼링크 유형 하이퍼텍스트 시스템은 시스템 표현 층위(representation level), HAM 층위(Hypertext Abstract Machine level), 데이터베이스 층위(database level)로 구성된다. 하이퍼텍스트 시스템을 구성하는 요소에서 중요한 것은 노드와 링크이다. 조지 P. 랜도우는 링크를 그 형식과 정보 단위의 형식에 따라 7가지 유형으로 구분한다.

하이퍼텍스트의 3가지 특성 세르지오 치코니는 하이퍼텍스트의 3가지 특성을 다음과 같이 설명했다.

하이퍼텍스트의 3가지 특성	
특성	설명
비선형성 (nonlinearity)	링크를 기반으로 텍스트가 가지를 쳐 나갈 경우, 텍스트가 전개되는 방식의 특성. 독자는 자신의 선택에 따라 각기 다른 경로로 이야기 소비가 가능함.
다매체성 (multimediality)	문자, 그래픽, 이미지, 사진, 동영상, 소리 등을 포함하는 매체 통합적 특성. 하이퍼미디어, 상호매체성으로 설명되기도 함.
상호작용성 (interactivity)	독자가 텍스트의 전개에 개입함으로써 발생하는 특성. 일방향적인 정보 전달에서 탈피해 새로운 정보가 창출됨. 커뮤니케이션 매체로서 작동함.

조지 P. 랜도우가 구분한 하이퍼링크 유형		
유형	구조	설명
일방향 렉시아-렉시아 링크		간단하고 계획이 필요 없음. 링크가 어디로 향하는지 몰라 긴 문서는 부적합. 짧은 렉시아나 카드 은유 시스템에 적용 가능.
양방향 렉시아-렉시아 링크		독자가 자신의 발자취로 되돌아갈 수 있음. 간단하고 효과적인 길찾기 수단. 외부 연결 링크가 1~2개일 경우 유용.
문자열-렉시아 링크		간단한 길찾기 수단을 제공. 긴 렉시아에 적용 가능. 다른 종류의 주석과 링크 사용 가능. 긴 문서는 부적합. 짧은 렉시아나 카드 은유 시스템에 유용.
문자열-문자열 링크		링크를 명확하게 끝낼 수 있게 함. 전체 렉시아에 링크할 때보다 훨씬 많은 계획이 필요함.
일 대 다 링크		가지치기와 연속적인 독자 선택을 장려. 작가가 개요와 디렉터리 문서를 창조. 링크 메뉴와 다른 개요 기능을 제공하는 시스템으로 길찾기를 쉽게 함.
다 대 일 링크		단일 텍스트, 테이블, 이미지에 여러 참고자료를 첨부할 때 편리. 중요 정보 효과적으로 재활용. 다른 수준의 지식을 가진 독자를 위한 문서 만들기 가능.
유형화된 링크		명확하게 분류하면 링크 미리보기 기능을 함. 팝업 창을 비롯해 다른 종류의 링크 행동을 생성. 독서 지역을 어수선하게 하거나 혼란스럽게 만듦.

하이퍼픽션(hyperfiction) 하이퍼텍스트 구조를 차용한 디지털 문학으로, 선형적인 전통 서사와 달리 독자는 다양한 경로를 통해 줄거리에 접근하며 독자의 선택에 따라 서사가 진행된다. 독자는 하이퍼링크를 클릭해 비선형적으로 서사를 경험한다. 독자가 서사 진행에 참여한다는 점에서 새로운 독서 방식을 창출했다. 그러나 무작위적인 방식으로 서사가 진행되기 때문에 같은 텍스트가 반복적으로 등장하거나 이야기가 산만하게 전개될 수 있어 대중적으로 성공하지 못했다.

초기 하이퍼픽션은 소수 작가 그룹이 '스토리스페이스(Storyspace)', '하이퍼카드(HyperCard)', '인터미디어(Intermedia)'와 같은 하이퍼텍스트 에디팅 시스템을 통해 작성했다. 최초의 하이퍼텍스트 소설은 1987년 마이클 조이스(Michael Joyce)의 『오후, 이야기(Afternoon, a Story)』이다. 이 밖에도 마크 아메리카(Mark Amerika)의 『그라마트론(Grammatron)』과 셜리 잭슨(Shelley Jackson)의 『패치워크 걸(Patchwork Girl)』 등이 있다.

하이퍼텍스트와 게임 랜도우는 컴퓨터 게임이 하이퍼텍스트와 유사한 5가지 특징을 가지고 있다고 설명했다. 첫째, 마우스를 클릭하거나 조이스틱 같은 유사 장치를 조작하는 플레이어 행동이 다음에 발생할 사건을 결정한다. 둘째, 구조 나누기와 결정 지점(decision-points)을 가지고 있다. 셋째, 플레이어의 수행이 필요하다. 넷째, 수행이 여러 차례 발생한다. 다섯째, 게임 플레이어의 행동 기록은 선형적으로 남는다.

어드벤처 게임 〈미스트〉의 경우 하이퍼텍스트의 특성을 성공적으로 활용한 게임으로 평가된다. 어드벤처 게임에서 플레이어는 스토리의 방향을 선택하게 함으로써 게임의 진행 방향을 결정한다. 이때 플레이어가 어떤 선택을 하는가에 따라 다양한 게임 결말을 경험할 수 있다.

- **유의어** 하이퍼미디어, 하이퍼픽션
- **관련 용어** 링크, 렉시아, 리좀, 비선형성, 다매체성, 상호작용성
- **참고 자료** 롤랑 바르트 저, 김웅권 역, 『S/Z』, 연암서가, 2015. | 마샬 맥루한 저, 박정규 역, 『미디어의 이해 : 인간의 확장』, 커뮤니케이션북스, 1997. | 미셸 푸코 저, 이정우 역, 『지식의 고고학』, 민음사, 2000. | 배식한, 『인터넷, 하이퍼텍스트 그리고 책의 종말』, 책세상, 2000. | 유현주, 『하이퍼텍스트 : 디지털미학의 키워드』, 연세대학교 출판부, 2003. | 자크 데리다 저, 김성도 역, 『그라마톨로지』, 민음사, 2010. | 조지 P. 랜도우 저, 김익현 역, 『하이퍼텍스트 3.0』, 커뮤니케이션북스, 2009. | 질 들뢰즈, 펠릭스 가타리 저, 김재인 역, 『천개의 고원』, 새물결, 2001. | Sergio Cicconi, "Hypertextuality", *Mediapolis : Aspects of Texts, Hypertexts, and Multimedial Communication*, Walter de Gruyter, 1999.

하프 리얼 half-real

| 허구인 가상 세계와 실재인 규칙이 상호작용하는 비디오 게임의 특성.

예스퍼 율(Jesper Juul)이 비디오 게임의 특성을 설명하기 위해 주창한 개념. 율은 저서 『하프 리얼 : 가상 세계와 실제 규칙 사이에 존재하는 비디오게임(Half-Real : Video Games between Real Rules and FIctional Worlds)』에서 비디오 게임이 겉보기에는 양립할 수 없는 실재와 허구를 동시에 포함한다고 주장한다.

여기서 실재는 규칙이며 허구는 가상 세계이다. 규칙은 플레이어가 게임에서 할 수 있는 것과 없는 것을 명시하는 설명이다. 반면, 가상 세계는 플레이어가 자신만의 방식으로 게임을 이해하고 상상할 수 있도록 한다. 이 둘은 상호 보완적인 관계에 있으며 플레이를 통해 상호작용한다. 즉, 규칙은 플레이어가 가상 세계를 상상하는 것을 도와주고, 가상 세계는 플레이어가 게임 규칙을 이해하도록 도와준다. 이러한 상호작용은 플레이어에게 기대감을 주고 게임 속의 행동을 마치 실재인 것으로 느끼게 하는 등 긍정적인 효과를 제공한다.

이처럼 비디오 게임은 실재 규칙과 가상 세계가 공존하는 반 허구적 공간이며, 절반은 허구이고 나머지 절반은 실재인 '하프 리얼'이다.

- **유의어** 반허구적
- **관련 용어** 가상 세계, 규칙, 시뮬레이션
- **참고 자료** 제스퍼 주울 저, 장성진 역, 『하프 리얼 : 가상 세계와 실제 규칙 사이에 존재하는 비디오게임』, 비즈앤비즈, 2014. | Byron Reeves, J. Leighton Read, *TOTAL ENGAGEMENT : Using Games and Virtual Worlds to Change the Way People Work and Businesses Compete*, Harvard Business Review Press, 2009. | Edward Castronova, *Exodus to the Virtual World : How Online Fun Is Changing Reality*, St. Martin's Press, 2008. | Katie Salen, Eric Zimmerman, *Rules of Play : Game Design Fundamentals*, The MIT Press, 2003.

한타 team fight

| 양팀의 플레이어가 한곳에 모여 전투를 벌이는 행위.

주로 모바(MOBA) 게임에서 발생하는 대규모 교전을 일컫는 말. 한 번에 친다는 뜻으로 관형사 '한'과 한자 칠 '타(打)'의 합성어이다. 2000년대 초반 〈스타크

래프트〉의 일부 플레이어에 의해 사용되기 시작했으며 〈카오스 온라인(Chaos Online)〉을 통해 대중화됐다. 일정 수준으로 캐릭터가 성장한 게임의 중, 후반에 발생하는 것이 일반적이다. 특히 모바 장르의 경우, 게임 시간이 축적될수록 캐릭터의 부활 대기시간이 길어진다는 점에서 게임 후반부의 한타가 승패를 좌우하기도 한다. 한타에서 패배하면 상대를 견제할 아군이 오랜 시간 전장에서 부재하게 되기 때문이다.

한타는 아군에게 버프를 제공하는 주요 몬스터 주위에서 발생한다. 예로 〈리그 오브 레전드〉에서는 드래곤, 내셔 남작 등의 주변에서 한타가 이루어질 가능성이 크다. 한타를 이용하여 이길 수 있는 스킬이나 특성을 지닌 캐릭터를 '한타 기여도가 높다'고 말하며, 한타에 참여하지 않는 행위를 트롤링으로 간주하기도 한다.

- **관련 용어** 모바 게임, 케이디에이(KDA)
- **참고 자료** Pu Yang, Brent Harrison, David L. Roberts, "Identifying Patterns in Combat That are Predictive of Success in Moba Games", Proceedings of Foundations of Digital Games, 2014. | Simon Ferrari, "From Generative to Conventional Play : Moba and League of Legends", Proceedings of DiGRA 2013 : DeFragging Game Studies, Atlanta, USA, 2013.

합 앤드 밥 hop and bop

| 점프를 통해 적을 제거하는 게임 장르.

플랫폼 게임의 하위 장르. 적의 머리 위로 점프해 적을 제거하는 형식이다. 게임의 핵심은 캐릭터의 점프 기능과 캐릭터의 몸 활용 기능이다. 플레이어는 점프를 통해 장애물을 뛰어넘거나 발판 사이를 자유롭게 이동하며, 캐릭터의 몸을 무기로 이용해 박치기, 밟기 등의 공격을 구현하고 적을 무찌른다. 대표적으로 합 앤드 밥 장르의 초기 작품인 〈슈퍼 마리오 브라더스〉와 〈동키콩 컨트리(DonkeyKong Country)〉 등이 있다.

- **관련 용어** 플랫폼 게임
- **참고 자료** Gamasutra, Hop 'n' bop party game, Boru mo, on Steam Greenlight, www.gamasutra.com/view/pressreleases/237616/Hop_rsquonrsquo_bop_party_game_Boru_mo_on_SteamGreenlight.php

해리 포터 Harry Potter

| 소년 해리 포터가 마법 학교를 다니며 마법사로 성장하는 이야기를 다룬 판타지 소설.

조앤 K. 롤링이 집필한 판타지 소설. 총 7부작이며, 첫 작품인 『해리 포터와 마법사의 돌(Harry Potter and the Philosopher's Stone)』은 1997년 6월 출간됐다. 『해리 포터』는 친척 집에서 천덕꾸러기 취급을 받던 소년 해리가 마법 학교 호그와트에 입학하게 되면서 일어나게 되는 일들을 다룬다. 악으로 대변되는 마법사 볼드모트와의 갈등, 친구들과의 우정, 마법 수업과 기숙사 생활, 마법 세계의 탐험이 소설의 주된 내용이다. 2013년 기준 67개 언어로 번역됐으며 전 세계적으로 4억 부 이상의 판매고를 올렸다. 원작 소설의 인기를 바탕으로 영화, 게임으로 제작됐다.

게임의 경우 2001년 출시된 액션 게임 〈해리 포터〉 시리즈가 대표적이다. 2001년부터 2011년까지 총 8개 타이틀이 발매됐다. 퀴디치를 소재로 스포츠 게임 〈해리 포터 : 퀴디치 월드컵(Harry Potter : Quidditch World Cup)〉이 2003년 발매됐다. 이 외에도 샌드박스 게임인 〈레고 크리에이터 : 해리 포터(LEGO Creator : Harry Potter)〉, 트레이딩 카드 게임인 〈해리 포터 : 트레이딩 카드 게임(Harry Potter : Trading Card Game)〉이 있다.

- **관련 용어** 호그와트, 마법사, 퀴디치
- **참고 자료** 조앤 K. 롤링 저, 김혜원 역, 『해리 포터와 마법사의 돌 1, 2』, 문학수첩, 1999. | 조해진, 『판타지 영화와 문화콘텐츠 산업』, 새미, 2012. | 박기수, 「해리포터, 스토리텔링 성공 전략 분석」, 『KOCCA포커스』, vol.3, no.0, 한국콘텐츠진흥원, 2010.

해상도 resolution

| 컴퓨터 그래픽의 정밀도.

컴퓨터 그래픽을 구성하는 최소 단위인 화소(pixel)의 수치. 화소의 개수가 많을수록 해상도가 높아지며, 각 화소 사이의 간격이 조밀해지고 선명도가 상승한다. 화소로 구성된 세로줄 개수와 가로줄 개수를 곱한 형태로 표기하는데 게임

그래픽과 같은 영상 이미지의 경우에는 세로줄의 개수만 표기한다. 해상도 단위는 '인치당 화소(Dot Per Inch, DPI)'로 표기한다.

영상의 경우 화면을 구성하는 방식에 따라 인터레이스(interace) 방식과 프로그레시브(progressive) 방식으로 나누고, 각각 아이(i)와 피(p)로 표기한다. 화소의 집합들이 2번 교차하는 인터레이스 방식은 프로그레시브 방식에 비해 큰 용량을 차지한다. 해상도에 따른 그래픽의 용량은 플레이어의 게임 접속 시간과 게임 세계의 구현 속도 및 게임기 개발 과정 등에 영향을 미치기 때문에 게임 개발자는 이를 고려해 해상도를 설정해야 한다.

플레이어는 플레이 속도를 개선하기 위해 임의로 해상도 설정을 변경하기도 한다. 해상도 설정이 부각되는 대표적 게임 장르로는 실시간으로 그래픽을 구현하는 다중접속온라인 역할수행 게임과 사실적인 게임 세계를 재현하는 1인칭 슈팅게임 등이 있다. 〈둠〉은 적은 용량을 사용해 고해상도의 그래픽을 구현한 대표적인 게임이다.

- **관련 용어** 그래픽, 게임기
- **참고 자료** 민용식, 신현철, 서종한, 『게임 매니아를 위한 게임 제작하기』, 정일, 1999.

해적 pirate

| 해상에서 다른 배나 해안 마을을 습격하여 재물을 약탈하는 강도.

배를 타고 다니면서 재물을 약탈하거나 보물을 사냥하는 강도. 해적의 전형은 로버트 루이스 스티븐슨(Robert Louis Stevenson)의 『보물섬(Treasure Island)』에 등장하는 해적 존 실버에 의해 정립됐다. 배에는 해골 문양이 새겨진 검은색 깃발을 달고 다니며, 일반적으로 건장한 체격에 두건을 쓰고 총 등의 무기류를 소지하고 있다. 해상 전투로 인해 팔과 다리 등의 일부가 훼손된 모습으로 묘사되거나 앵무새, 원숭이 같은 애완동물과 함께 나타나기도 한다. 예를 들어 〈메이플스토리〉에서 해적군을 선택한 플레이어는 삼각형 모자, 총기류 무기, 해골 문양 가방 등의 아이템을 통해 캐릭터의 특성을 표현하게 된다.

이 외에도 게임에서 해적은 플레이 과정에서 발생하는 이벤트로 활용된

다. 해상에서 이루어지는 탐험이나 교역이 게임의 중심을 이루는 〈대항해시대
(Uncharted Waters)〉는 해상 전투, 해적 소탕 등을 게임의 핵심 이벤트로 사용했
다. 다중접속온라인 역할수행 게임인 〈아키에이지〉는 플레이어에게 직접 해적이
되어 바다에서 다른 플레이어를 약탈하거나 전투를 벌일 수 있는 기회를 제공함
으로써 게임의 이벤트를 다양화했다.

■ **관련 용어** 직업
■ **참고 자료** Jamaica Rose, Captain Michael MacLeod, *The Book of Pirates*, Gibbs Smith, 2010. | Travis Stout, *Salt and Sea Dogs : The Pirates of Tellene*, Kenzer & Company, 2003.

핵 hack

| 게임 프로그램 해킹을 통해 데이터를 조작하는 행위.

개발자가 설정한 보안 프로그램을 무력화시켜 게임 메모리를 변조하는 것. 플
레이어에게 유리한 방향으로 데이터를 조작하는 것을 의미한다. 주로 실시간 전
략 게임이나 1인칭 슈팅 게임에서 사용된다. 핵은 피투피(Peer to Peer, P2P) 방식
을 차용하는 게임에서 플레이어 간 데이터가 상호 공유되는 점을 악용한다. 게임
내에서 플레이어의 행동은 데이터화를 통해 가상 메모리에 저장된 후 게임 서버

핵의 대표적인 종류	
핵 종류	설명
월 핵(wall hack)	슈팅 게임에서 벽 너머에 있는 적의 정보 투사.
맵 핵(map hack)	'안개'를 제거하여 모든 맵을 가시화.
ESP(Extra Sensory Perception)	상대 플레이어의 에이치피(HP), 닉네임, 거리 등 종합 정보 제공.
조준 봇(aim bot)	슈팅 게임에서 적을 조준하는 데 필요한 정보 제공.
레인지 뷰어(range view)	캐릭터의 공격 범위와 경험치 획득 범위 정보 제공.
순간이동 핵(char pos hack)	좌표 정보를 수정하여 원하는 지역으로 자동 이동.
스피드 핵(speed hack)	게임의 진행 속도를 빠르게 조작.
드롭 핵(drop hack)	강제로 서버 과부하를 일으켜 접속 장애 유발.
골드 핵(gold hack)	비정상적인 방법으로 가상 통화를 창출.
진공 핵(vacuum hack)	사냥을 용이하게 하기 위해 특정 지점에 몬스터 집중.

로 전송된다. 이때 핵은 가상 메모리에 저장된 데이터 값을 조작하여 잘못된 데이터가 게임 서버로 유입되도록 하는 것이다.

핵을 사용할 경우, 상대 플레이어에게 압도적으로 승리하거나 비정상적인 방식으로 많은 가상 통화를 창출할 수 있다. 〈뉴 포트리스(New Fortress)〉에서는 핵을 과하게 사용하는 플레이어 2,500여 명이 영구 계정 정지 처리를 당했으며 소유했던 가상 통화도 초기화시켰다. 반대로 핵을 사용하지 않은 플레이어에게는 가상 통화를 통해 이 사건에 대해 보상했다.

개발사는 핵을 사용하는 플레이어에게 영구 계정 정지와 같은 강력한 처분을 내리며 핵 적용을 막기 위한 보안 프로그램을 지속적으로 업데이트한다. 대표적인 보안 프로그램으로 핵 쉴드(Hack Shield), 마이가드(MyGuard) 등이 있다.

- **유의어** 버그, 치트키
- **관련 용어** 서버, 클라이언트, 게임 보안, 해킹
- **참고 자료** 그레이 호그룬드, 개리 맥그로우 저, 전상우, 오한별 역, 『온라인 게임 해킹 : 해커들이 사용하는 실전 해킹 공격법과 기술』, 정보문화사, 2008. | 이주석, 이진경, 「온라인 게임해, 그리고 그들의 생존 전략」, 『정보과학회지』 vol.31, no.7, 한국정보과학회, 2013. | 게임조선, 〈뉴포트리스, "불법 프로그램 꼼짝마"〉, www.gamechosun.co.kr/article/view.php?no=34689

핵 앤드 슬래시 hack and slash

| 플레이어 캐릭터의 전투를 중심으로 진행되는 게임.

몬스터를 찌르거나 베는 행위가 주를 이루는 게임. 보통 핵 앤드 슬레이(hack and slay)라고도 한다. 초기 테이블탑 역할수행 게임에서 캠페인의 진행과 무관하게 던전에서 몬스터를 사냥하는 플레이를 지칭하는 용어에서 비롯됐다. 이후 의미가 확장돼 무장한 밀리(melee)의 전투 방식 또는 직접 공격 위주의 게임을 통칭하는 개념이 됐다. 주로 한정된 공간에서 다수의 몬스터를 한꺼번에 상대하며, 직업이나 무기와 같은 역할수행 게임의 요소를 포함하되 성장보다 승전을 목표로 한다. 대표적인 핵 앤드 슬래시 게임으로는 온라인 역할수행 게임 〈디아블로〉, 콘솔 액션 게임 〈갓 오브 워(God of War)〉, 〈데빌 메이 크라이(Devil May Cry)〉 등이 있다.

- **유의어** 핵 앤드 슬레이
- **관련 용어** 역할수행 게임, 액션 게임
- **참고 자료** Scott Tarr, "Blade of Darkness : The Hack n Slash Genre Strikes Back", *Maximum PC*, vol.6, no.5, Future US, Inc., 2001.

핵전쟁 nuclear war

| 인류의 멸망을 초래하는 핵무기를 사용한 전쟁.

핵무기를 사용해 적의 군대를 공격하거나 민간인 사살을 포함해 일정 지역을 전면적으로 파괴하려는 전쟁. 핵전쟁 이후 폐허가 된 미래 세계를 모티프로 구현한 문학, 영화, 게임들은 '뉴클리어 홀로코스트(nuclear holocaust)', 또는 '뉴클리어 아포칼립스(nuclear apocalypse)'로 지칭되며, 이는 종말 이후의 세계를 다루는 포스트 아포칼립스 픽션(post-apocalyptic fiction) 장르의 하위 장르에 해당한다.

핵전쟁 이후의 모습은 다음과 같이 묘사된다. 폭발로 인해 재와 연기가 대기층으로 퍼지고 태양광을 가려 지구 전체의 기온이 하락한다. 방사능으로 인해 생태계가 오염되고, 기반 시설이 모두 파괴되어 인간들은 무정부 상태에 놓이게 된다. 남겨진 기술이나 지식의 일부를 독점한 야만적인 무법자들이 등장하고, 방사능 노출로 인해 괴이 생물체가 등장해 인류를 위협하기도 한다.

게임에서 핵전쟁이 차용되는 방식은 다음과 같다. 첫째, 상대 혹은 적군을 공격하는 기법 중 하나로 핵무기가 등장하며, 핵무기는 다른 무기에 비해 한 번의 사용으로도 높은 피해를 입힐 수 있는 무기로 묘사된다. 〈문명(Civilization)〉 시리즈에서 맨해튼 프로젝트로 개발할 수 있는 핵폭탄을 예로 들 수 있다. 둘째, 플레이의 주 목적이 핵전쟁을 일으켜 인구 밀집 지역을 파괴해 세계를 정복하는 것으로 설정되는 경우가 있다. 핵무기를 발사해 사살한 민간인 수로 게임의 승리가 좌우되는 〈데프콘(Defcon : Everybody Dies)〉이 대표적이다. 셋째, 핵전쟁 이후의 파괴된 세상에서 생존해나가는 스토리를 채택하는 경우이다. 핵폭발로 파괴된 모스크바에서 괴생물체와 사투를 벌이는 〈메트로 2033(Metro 2033)〉, 체르노빌 원전의 2차 방사능 유출로 인해 황폐화된 세계에서 퀘스트를 수행해야 하는 〈스토

커 : 쉐도우 오브 체르노빌(S.T.A.L.K.E.R. : Shadow of Chernobyl)〉, 핵전쟁 이후 멸
망한 세계에서 다른 정치적·군사적 목표를 지닌 세력들이 다툼을 벌이게 되는
〈폴아웃(Fallout)〉 시리즈 등이 있다.

■ **관련 용어** 포스트 아포칼립스
■ **참고 자료** Gerald A. Voorhees, Joshua Call, Katie Whitlock, *Dungeons, Dragons and Digital Denizens : The Digital Role-Playing Game*, Bloomsbury Academic, 2012. | Martin R. Mason, *Doomsday Scenarios*, Lulu. com, 2015.

행동유도성 affordance

| 사물의 형태나 이미지가 사용자의 특정 행동을 유발하는 것.

사용자가 사물과 상호작용하는 방법을 추론할 수 있도록 유도하는 사물의 속
성. 사물의 외관은 사용자에게 기능, 용도, 속성에 대한 가시적인 단서를 제공한
다. 행동유도성이 뚜렷한 사물의 경우 사용자가 매뉴얼 없이도 사물의 외관을 통
해 그 구조와 사용 방식을 짐작할 수 있다. 행동유도성의 개념은 1998년 심리학
자인 제임스 깁슨이 처음 언급했다. 그는 '제공하다'는 의미의 'afford'를 명사화하
면서 '사물의 외관이 사람을 특정 행동으로 유도하는 것'을 행동유도성이라고 명
명했다.

행동유도성은 사물과 사람 사이의 관계에 관한 것으로 자연적으로 존재하며
반드시 가시적일 필요는 없다. 도널드 노먼은 깁슨의 이론에서 나아가 '지각된 행
동유도성(perceived affordance)'이라는 개념을 제안했다. 그는 사물이 가지고 있
는 속성 자체보다 사용자가 사물에 대해 지각하는 과정이 더 중요하다고 강조했
다. 하나의 사물은 사용자에 따라 다양한 행동유도성을 발현할 수 있으며, 지각
된 행동유도성이 실제 사물의 속성과 항상 일치하지는 않는다. 따라서 디자이너
는 사용자의 인지과정을 고려하여 사물의 속성이 사용자에게 정확하게 받아들여
질 수 있도록 사물을 디자인해야 한다.

행동유도성은 인간-컴퓨터 상호작용(Human-Computer Interaction, HCI) 분야
에서 인체공학적 디자인, 기계와 사람 사이의 관계 및 사용성을 설명하기 위한

개념으로 사용된다. 행동유도성은 맥락적이며 문화적이다. 따라서 사물의 행동유도성은 사용자의 경험이나 배경지식에 따라 달라질 수 있다.

게임에서의 행동유도성은 게임 시스템과 플레이어 간의 상호작용 관계를 설명하기 위한 개념으로 사용된다. 게임 플레이는 게임 환경에서 플레이어가 행동유도성을 선택하는 행위이며, 또한 플레이어들이 게임 시스템과의 상호작용 방법을 이해해나가는 과정이다.

일관성 유지를 통해 사용성을 높여야 하는 일반 사물과는 달리, 게임은 다양성을 통해 재미를 추구해야 하는 콘텐츠이다. 따라서 게임에서는 게임의 목표 난이도에 맞게 행동유도성과 사용성을 조정해야 한다.

- **유의어** 인간-컴퓨터 상호작용, 인터페이스, 사용성
- **관련 용어** 배경지식, 상호작용, 지각
- **참고 자료** 댄 새퍼 저, 이수인 역, 『더 나은 사용자 경험(UX)을 위한 인터랙션 디자인』, 에이콘, 2008. | 제프 래스킨 저, 이건표 역, 『인간 중심 인터페이스』, 안그라픽스, 2003. | Donald A. Norman, "Affordance, Conventions, and Design", *Interactions*, vol.6, no.3, 1999. | Donald A. Norman, *The Psychology of Everyday Things*, Basic Books, 1988. | James J. Gibson, *The Ecological Approach to Visual Perception*, Psychology Press, 1986. | Shaleph O'Neill, *Interactive Media : The Semiotics of Embodied Interaction*, Springer, 2008.

행동패턴 Finite State Machine, FSM

| 인공지능을 기반으로 설계된 엔피시(NPC)의 일정한 움직임.

엔피시의 움직임을 미리 설계해 일정한 방식으로 유형화한 것. 다중접속온라인 역할수행 게임의 몹(Mob)이나 대전 격투 게임의 컴퓨터 캐릭터 등 인공지능 기반의 캐릭터에 적용된다. 엔피시의 이동 방향 및 반응 방식 등은 미리 설정된 알고리즘의 정보를 바탕으로 결정된다. 행동 양식이 적용된 엔피시는 플레이어 캐릭터의 움직임에 실시간으로 반응하며 게임의 상호작용성과 몰입을 강화한다.

게임 장르에 따라 다양한 종류의 인공지능 기법이 사용된다. 대표적으로 유한 상태 기계 기법은 일정 변수를 지정하여 캐릭터에 입력시키는 방법으로, 해당 캐릭터의 현재 상태와 입력 정보를 바탕으로 출력 상태를 결정한다. 축구 게임에서는 공이나 주변 캐릭터의 위치 정보 및 캐릭터 간의 상호 관계, 상태 정보 등을 수

치화하여 엔피시의 행동 유형을 설정한다.

- **유의어** 행동 제어(behavior control)
- **관련 용어** 인공지능, 알고리즘
- **참고 자료** 이창숙, 엄기현, 조경은, 「MMORPG에서 게이머의 성향에 반응하는 감성 지능형 NPC 생성」, 『한국게임학회 논문지』, vol.6, no.3, 한국게임학회, 2006. | 조달호, 이용호, 김진형, 박소영, 이대웅, 「결정트리 학습 알고리즘을 활용한 축구 게임 수비 NPC 제어 방법」, 『한국게임학회 논문지』, vol.11, no.6, 한국게임학회, 2011.

행위자 agent

| 사용자 혹은 다른 프로그램을 위해 독자적으로 기능을 수행하는 컴퓨터 코드.

컴퓨터 환경 내에서 특정한 기능을 수행하는 코드. 전체 코드 안에 종속되기보다는 독자적으로 판단을 내리고 행동한다는 점이 특징이다. 각 행위자는 맡은 기능에 따라 다른 종류의 행동이 가능하다. 인간 컴퓨터 상호작용을 연구한 브렌다 로럴은 인간과 컴퓨터를 각각 행위자로 설정하여 인터페이스의 정의에 활용했다. 로럴은 두 행위자가 함께 어떠한 행동을 수행할 수 있는 공간을 인터페이스로 설명했다. 또한 사람들이 행위자로서 어떤 활동에 참여할 수 있을 때 이를 상호작용이라고 정의했다.

게임 세계의 시스템에는 컴퓨터 코드로서의 행위자와 인간 행위자가 모두 포함되어 있다. 이때 인간 행위자는 게임의 플레이어를 의미한다. 플레이어는 게임 세계라는 컴퓨터 환경 내에서 독자적으로 행동하기 때문이다.

자넷 머레이에 따르면 행위자는 각자의 목표와 선호도를 가지며 기능 수행을 위한 행동 방식이 인간 행위자와 유사하다. 머레이는 인간 행위자가 의미 있는 행동을 취하고 그 결과를 직접 확인할 수 있는 능력을 에이전시(agency)라 정의했다. 그리고 이를 디지털 환경, 특히 게임에서 느낄 수 있는 즐거움으로 제시했다.

- **유의어** 에이전시
- **관련 용어** 플레이어, 상호작용, 인터페이스
- **참고 자료** 브렌다 로럴 저, 유민호, 차경애 역, 『컴퓨터는 극장이다』, 커뮤니케이션북스, 2008. | 자넷 머레이 저, 한용환, 변지연 역, 『인터랙티브 스토리텔링 : 사이버 서사의 미래』, 안그라픽스, 2001. | Janet H. Murray, *Inventing the Medium : Principles of Interaction Design as a Cultural Practice*, The MIT Press, 2011. | Katie Salen, Eric Zimmerman, *Rules of Play : Game Design Fundamentals*, The MIT Press, 2003.

현거래 Real Money Trading, RMT

| 게임의 가상 재화와 실질 화폐를 교환하는 행위.

둘 이상의 플레이어가 게임 내 아이템이나 가상 통화와 현금을 교환하는 것. 기록으로 남은 최초의 현거래는 1997년 〈울티마 온라인〉의 아이템 '집'이 이베이 (eBay)에 등록·판매된 사례이다. 이후 온라인 경매 사이트를 이용한 아이템 거래량이 증가하고 관련 논의가 활발해지며 현거래에 대한 인식이 확산됐다. 플레이어는 온라인이나 오프라인을 통해 직접 거래하거나 전문 중개상에게 수수료를 지불하고 거래 과정을 위탁한다. 시세에 따라 매매가가 달라지고 일정 편차가 발생할 수 있다. 현금 거래 대상으로서 게임 아이템이 갖는 법적 성질에 대한 관점을 정리하면 표와 같다.

현금 거래 대상으로서 아이템이 갖는 법적 성질(한국)		
종류	설명	사례
물권	플레이어는 스스로 노력해 가상 재화(아이템)를 획득하여 자유롭게 이용하거나 처분할 수 있음.	매매 계약설
무형 가치	플레이어는 시간과 노력을 투입해 무형의 가치를 축적하고 약관에 따라 거래할 수 있음.	권리금 계약설
이용권	플레이어는 약관에 동의해 조건부 이용권을 제공받을 뿐 이를 제3자와 거래할 수 없음.	이용권양도 계약설

이들 관점은 현거래와 관련 분쟁의 판결에 영향을 미친다. 아이템을 물권의 대상으로 보는 경우 현거래는 합법이며 현거래 금지 약관은 무효다. 아이템을 이용권의 대상으로 보는 경우 현거래는 양도 불가능한 대상을 거래하는 행위로 불법이다. 2009년 대한민국 대법원은 일반 온라인 게임의 가상 통화를 적법하게 취득하여 거래하는 행위는 법에 저촉되지 않는다고 판결했다.

한편 현거래를 목적으로 대량의 계정을 등록해 게임을 플레이하는 '작업(gold farming)'은 게임의 유통 질서를 저해하는 행위로 규제 대상이 된다. 그러나 작업 계정과 하드코어 플레이어를 분별하기 쉽지 않고, 아이템 획득 경로를 중개상이 확인할 수 없다는 기술적 한계가 존재한다. 적극적 제재 입장을 표명한 정부와 게임 개발사, 중립적 입장을 고수하는 전문 중개상 간의 의견 조정과 협력이 요구된다.

■ **관련 용어** 가상 통화, 부분 유료화, 아이템, 캐릭터

■ **참고 자료** 임하나, 『MMORPG 개발자 경제행위 연구 : Real Money Trade를 중심으로』, 이화여자대학교 대학원 디지털미디어학부 석사논문, 2010. | 윤웅기, 「MMORPG 게임 아이템 현금 거래에 대한 법정책적 고찰」, 게임문화연구회 온라인출판, 게임문화연구회, 2005. | 이원상, 「아이템 거래 판결에 관한 고찰」, 『형사판례연구』, vol.19, 한국형사판례연구회, 2011. | Clare Chambers-Jones, *Virtual Economies and Financial Crime : Money Laundering in Cyberspace*, Edward Elgar Publishing, 2012. | Tom Apperley, *Gaming Rhythms : Play and Counterplay from the Situated to the Global*, Institute of Network Cultures, 2010.

현모 meet-up

| 현실 모임의 줄임말로 오프라인상으로 갖는 모임.

온라인에서 친분을 쌓은 사람들이 오프라인에서 가지는 모임. 현모는 현실의 나이, 성별, 계급, 국경과 상관없이 대인관계를 형성하고 소통할 수 있는 계기가 된다. 게임에서 현모란 인게임(in-game) 커뮤니티인 길드, 혈맹 등의 커뮤니티가 오프라인 커뮤니티로 이어진 것이다. 현모에서 플레이어는 실명이 아닌 게임에서 사용하는 닉네임으로 서로를 호칭하는 등 게임 내 정체성을 현실에까지 반영한다. 개발사는 친목 외에도 게임에 대한 정보 교류가 일어나는 현모를 게임 홍보나 발전의 수단으로 사용한다. 게임 출시 초기 혹은 침체기에 인게임 커뮤니티의 현모를 지원하고 권장함으로써 신규 플레이어의 관심과 참여를 유도한다. 혹은 플레이어와 개발사 간의 현모를 주최하여 게임의 개선 방향에 대한 의견을 나누고 게임의 수정, 업데이트에 반영한다.

■ **참고 자료** 신새미, 『MMORPG의 소셜 네트워크 형성 양상에 관한 연구 : 커뮤니케이션 특성을 중심으로』, 이화여자대학교 대학원 디지털미디어학부 석사논문, 2008. | 지디넷코리아, 〈[게임 바로보기④] 게임 동호회⋯사회 계층간 소통 일등공신〉, www.zdnet.co.kr/news/news_view.asp?artice_id=20120207103603&type=det&re=

현존감 presence

| 사용자가 가상의 공간에 실제 존재한다고 느끼는 감각적 피드백.

미디어 기술에 의해 가능하게 된 가상적 경험을 실제인 것처럼 느껴, 미디어

현존감의 결정요인에 대한 학자들의 정의	
학자	결정요인
조나단 스테우어	해상도, 입체음향 등을 만들어낼 수 있는 메시지의 선명도.
	매개된 환경의 변화를 통제하는 인터페이스의 상호작용성.
토마스 쉐리단	사용자의 감각 정보 양과 충실도.
	디스플레이를 통한 공간적·시각적 영향 사이의 일치.
	콘텐츠 내용의 범주.
	지각적, 인지적, 매개된 경험 등의 사용자 특성.
메튜 롬바드 외	이미지의 화질, 크기 등 미디어의 형태.
	등장인물, 사물, 이야기 등 미디어의 내용.
	연령, 성별 등 미디어 사용자의 특성.

의 존재 자체를 잊게 되는 이용자의 심리적 상태. 현존감에 대한 논의는 원격현존 (telepresence)에 기초한다. 원격현존은 1980년 인공지능학자 마빈 민스키(Marvin Minsky)가 최초로 언급한 개념이다. 조작자가 원격제어 기술을 이용하면서 기계로부터 받는 피드백을 통해 물리적으로 다른 곳에 존재하는 것처럼 느끼는 현상을 말한다. 레프 마노비치는 원격현존을 2가지로 구분했다. 첫째는 컴퓨터 안에서의 현존으로 사용자는 가상 환경에 자신이 소속되어 느끼는 것이다. 둘째, 컴퓨터 밖의 실제 환경에서 바라봤을 때 가상의 객체가 실존한다고 지각하는 심리적 상태이다.

현존감은 오큘러스, 구글글래스 등과 같은 머리장착 장치(HMD)를 통해 더욱 강화되기도 한다. 머리장착 장치는 디스플레이가 바로 눈앞에 존재하는 것 같은 감각을 유도하기 위해 고정 시점을 제공하며, 플레이어는 1인칭 시점으로 가상 세계를 탐험한다. 머리장착 장치를 이용한 대표작으로 공포 게임 〈슬랜더맨(The Slender Man)〉 시리즈가 있다.

- **유의어** 현전감
- **관련 용어** 원격현존, 가상현실, 몰입, 사용자 경험
- **참고 자료** 레프 마노비치 저, 서정신 역, 『뉴미디어의 언어』, 커뮤니케이션북스, 2014. | 김옥태, 「비디오게임 입력기의 사실성이 이용자의 맵핑, 공간 현존감, 각성과 정서에 미치는 영향」, 『한국 언론학보』, vol.54, no.5, 한국언론학회, 2010. | Thomas B. Sheridan, *Telerobotics, Automation, and Human Supervisory Control*, The MIT Press, 1992. | Jonathan Steuer, "Defining Virtual Reality : Dimensions Determining Telepresence", *Journal of Communication*, vol.42, no.4, Oxford University Press, 1992. | Matthew Lombard, Theresa Ditton, "At the Heart of It All : The Concept of Presence", *Journal of Computer-Mediated Communication*, vol.3, no.2, Peter Lang, 1997.

현지화 localization

| 수출을 목적으로 특정 나라나 지역의 상황에 맞춰 게임을 수정하는 것.

게임을 수출하기 위해 특정 나라 또는 지역의 상황에 맞춰 게임의 언어적·문화적·기술적 측면을 바꾸는 것. 현지화의 목적은 게임을 현지 환경에 맞게 변형해 출시함으로써 안정적으로 플레이어를 확보하고 경제적 수익을 얻는 것이다. 초기에는 플레이어가 게임을 플레이할 수 있도록 텍스트를 번역하는 것만을 가리켰으나, 최근에는 번역과 더불어 수출을 위해 게임을 수정하는 모든 과정을 포함하여 현지화라고 지칭한다. 과정은 크게 3가지 차원으로 나뉜다.

일차적인 현지화는 게임 내 텍스트를 해당 언어권에 맞게 번역하는 것이다. 그다음으로 해당 지역의 문화나 환경에 따라 현지화 작업이 진행된다. 주요 목표는 문화 차이에서 오는 혼란이나 위화감을 최소화하는 것이다. 해당 문화권의 관습이나 법 등에 위배되지 않도록 게임 콘텐츠를 조정한다. 또는 각 지역마다 선호하는 게임 플랫폼, 게임 장르, 플레이 방식 등에 맞추어 추가 콘텐츠를 도입하거나 기존 콘텐츠를 변형하기도 한다. 예를 들어, 이슬람 문화권에 속하는 싱가포르, 말레이시아에 현지화를 할 때는 몬스터나 엔피시(NPC)가 해당 종교에서 금기하는 동물을 연상시킬 경우 삭제하거나 다른 것으로 대체한다. 한국에 비해 인프라 수준이 낮은 동남아시아에서는 한국 현지의 기술 환경에 맞춰 게임의 사양을 조정하기도 한다.

현지화의 3가지 차원	
종류	설명
언어적 차원	게임 매뉴얼, 게임 내 텍스트 등을 현지의 언어로 번역한 것.
문화적 차원	현지의 문화적 맥락에 따라 게임의 내부 요소를 수정하거나 보완하는 것.
기술적 차원	현지의 기술 수준 및 환경에 맞춰 게임의 소프트웨어나 하드웨어를 변경하는 것.

1인칭 슈팅 게임 〈크로스파이어〉는 중국 현지화에 성공한 대표적인 사례이다. 〈크로스파이어〉는 일차적으로 홈페이지와 게임 정보 및 튜토리얼을 현지의 언어로 제공하여 플레이어가 게임을 쉽게 이해할 수 있도록 했다. 또한 중국의 인터넷 인프라 수준에 맞게 느린 인터넷 속도로도 게임을 즐길 수 있도록 기술적으로 클라이언트-서버 방식 도입했다. 문화적 측면을 고려하여 중국을 모티프로 한 배경 맵을 적용하거나 현지인들의 선호사항을 반영하여 그래픽 유저 인터페이스

및 게임 그래픽에 다양한 색을 활용했으며, 중국 플레이어의 수준에 맞게 게임의 슈팅 난이도를 하향 조절했다.

이처럼 한국 게임인 〈크로스파이어〉는 중국 시장을 목표로 언어적·문화적·기술적 측면을 분석하고, 적합한 전략을 사용해 현지의 상황에 맞게 모든 요소를 변경함으로써 게임 현지화에 성공했다.

경향게임스에서 제시한 문화권별 게임 시장의 특징		
문화권	지역	특징
아시아 문화권	한국	온라인 게임 중심. 게임 과정보다는 결과 중시. 싱글 플레이 선호. 게임 비용에 대해 민감.
	중국	시장 규모와 사용자 규모의 성장 속도가 빠름. 온라인 게임 선호. 중국 고전 소설을 기반으로 한 무협 게임 선호.
	일본	콘솔 플랫폼 중심. 3차원보다 2차원 게임을 선호. 유저 인터페이스 편리함 중시. 한정 아이템에 큰 가치 부여.
북미 문화권		다중접속온라인 역할수행 게임 장르 및 유저인터페이스에 친숙함을 느낌. 특정 문화색이 드러나는 콘텐츠는 지양함. 플레이어 대 환경 간 전투(PvE) 선호.
유럽 문화권		폭력적인 콘텐츠는 지양하나 상대적으로 선정적인 콘텐츠에는 관대함. 서사적 스토리 선호. 퀘스트에 따라 플레이되는 플레이어 대 환경 간 전투(PvE) 선호.

- **유의어** 컬처라이즈(culturize)
- **관련 용어** 번역, 피시 환경
- **참고 자료** 디지털 게임 교과서 제작위원회 저, 최재원, 김상현 역, 『디지털 게임 교과서』, 에이콘, 2012. | Heather Maxwell Chandler, Stephanie O'Malley Deming, *The Game Localization Handbook*, Jones & Bartlett Learning, 2011. | Minako O'Hagan, Carmen Mangiron, *Game Localization : Translating for the Global Digital Entertainment Industry*, John Benjamins Publishing, 2013. | 경향게임스, 〈글로벌 유저, "우린 이런 콘텐츠에 열광"〉, www.khgames.co.kr/news/articleView.html?idxno=1327

현피 meet-up fight

| 온라인에서의 분쟁이 현실로 이어지는 것.

현실과 피케이(PK)의 합성어. 메신저, 웹 게시판, 게임 등 온라인에서 발생한 분쟁이 해결되지 않아 분쟁의 당사자들이 현실에서 직접 만나 충돌하는 것을 지칭한다. 채팅이나 댓글을 통해 유저 간 갈등이 발생하고 순간의 감정이 격해져 '현피 뜨자' 등의 표현으로 시작된다. 게임에서는 플레이어 간 갈등이 심화되면 캐릭터 삭제를 조건으로 플레이어 간 전투(PvP)를 하는 '캐삭빵(캐릭터 삭제 빵)' 상황

이 발생하기도 한다. 홧김에 일어나는 경우가 많아 시간이 지나면 누그러져 단순한 위협으로 끝나거나 어느 한쪽이 참가하지 않아 실제 폭력으로 이어지지 않는 것이 대부분이다.

그러나 간혹 온라인에서 분이 풀리지 않은 사람들이 실제로 만나 물리적인 충돌이 발생하기도 한다. 캐릭터와의 동일시가 강하게 일어나는 〈리니지〉와 같은 다중접속온라인 역할수행 게임의 경우 게임상에서 일어난 시비가 실제 현실의 범죄로까지 이어지는 경우도 있다.

- **유의어** 캐삭빵
- **관련 용어** 피케이, 린저씨
- **참고 자료** 이재철, 『게임아이템의 법적 고찰』, 한국학술정보, 2007. | 주간동아, 〈피 튀기는 '현피'의 맨얼굴〉, http://weekly.donga.com/docs/magazine/weekly/2015/03/20/201503200500021/201503200500021_1.html

협동 cooperation

| 유대 관계를 통해 게임 내 목표를 달성하려는 플레이어의 의식적 노력.

게임 내 목표를 달성하기 위해 시스템 혹은 타 플레이어와 유대적 관계를 맺는 플레이어의 의식적인 노력. 크리스 크로포드는 충돌을 게임 내 공간에서 플레이어들이 제한된 수단을 사용해 특정 목표를 달성하고자 할 때 필연적으로 발생하는 것으로 정의했다. 케이티 살렌과 에릭 짐머만은 충돌을 '경쟁'과 '협동'으로 구분했으며, 협동을 발생하는 층위에 따라 '시스템적 협동(systemic cooperation)'과 '플레이어 간 협동(player cooperation)'으로 세분화했다.

팀을 이루어 진행되는 게임에서 승리를 위해 플레이어는 필수적으로 협력해야 한다. 게임에서는 직접적 대면을 통한 의사소통이 불가능하다. 따라서 플레이어

게임에서 발생하는 협동의 2가지 형태	
종류	설명
시스템적 협동	게임에서 정해진 시간과 공간에 순응하여, 정해진 규칙을 준수하면서 플레이하는 것. 게임이 진행될 때 발생하는 본질적 현상.
플레이어 간 협동	게임에서 승리를 위해 플레이어들 간 유대 관계를 형성, 유지하는 것. 플레이어의 목표 추구를 위해 생성되는 일시적 현상.

게임에서 발생하는 12가지 협력 및 협동 행위	
종류	〈배틀필드 1942〉에 구현된 플레이어의 협력 및 협동 행위
아바타의 외양 (avatar appearance)	플레이어는 캐릭터의 의상과 무기 등을 통해 아군과 적군을 식별하게 됨. 역할 또한 외양을 통해 구별함.
얼굴 표정 (facial expressions)	상해를 입었거나 죽었을 때 등장하는 표정을 통해 아군과 적군 캐릭터의 상황을 파악하게 됨.
응시 행위 (oculesics)	눈동자의 움직임과 방향은 세부적으로 구현되고 있지 않으나, 캐릭터의 빈번한 눈 깜빡임은 실제 사람처럼 보이게 함.
언어적 의사소통 (language-based communication)	음성 언어나 텍스트 기반의 채팅을 통해 위생병 또는 지원군 요청, 적군 발견 등의 메시지들을 전달받아 상황을 파악함.
동작언어 (kinesics)	플레이어들은 특정 동작의 의미를 사전에 논의해 언어적 의사소통 없이도 긴급한 상황에서 동작으로 소통할 수 있음.
인공지능의 자발적 행위 (autonomous AI)	일정 수치 이상의 상해를 입었을 때 캐릭터는 쓰러지는데, 이때 플레이어는 캐릭터에 대한 통제권을 잃게 됨.
비언어적 소리 (non-verbal audio)	음성의 크기, 억양, 음향 효과 등을 통해 플레이어는 게임의 진행 상황을 파악하게 됨.
시간적 개념 (chronemics)	무기 장전을 위한 시간, 다음 플레이가 진행되기까지 죽은 플레이어가 기다려야 하는 시간 등 시간적 제한이 존재함.
공간적 행위 (spatial behavior)	팀 내부에서 논의를 통해 각 플레이어마다 보는 방향을 정해 시야를 확보하여 유리한 전투를 유도할 수 있음.
신체적 접촉 (physical contact)	주로 쏘기, 찌르기, 폭파하기 등의 공격 행위가 주로 이루어지며, 방어를 위한 신체적 행위는 할 수 없음.
환경의 세부 요소 (environment details)	탱크에서 뿜어져 나오는 연기, 차량에 탈 수 있는 플레이어의 수 제한 등 세부 설정들이 플레이에 영향을 미침.
후각적 요소 (olfactics)	향기나 악취 등의 요소를 일컫지만 기술적 제약으로 인해 〈배틀필드 1942〉에서는 구현되지 못함.

는 비언어적인 행위들을 활용해 게임 내 의사소통의 한계를 극복하려 한다. 토니 매니넌과 토미 쿠잔파는 〈배틀필드 1942(Battlefield 1942)〉에 등장하는 플레이어 간 협력 및 협동에 주목하여 이를 12가지 항목으로 세분화했다. 그리고 각 요소들은 게임 디자인 단계에서 플레이어 간 원활한 상호작용을 위해 반드시 고려되어야 한다고 주장했다.

- **관련 용어** 충돌
- **참고 자료** Chris Crawford, *The Art Of Computer Game Design : Reflection of A Master Game Designer*, Osborne/McGraw-Hill, 1984. | Katie Salen, Eric Zimmerman, *Rules of Play : Game Design Fundamentals*, The MIT Press, 2003. | Tony Manninen, Tomi Kujanpää, "The Hunt for Collaborative War Gaming-CASE : Battlefield 1942", *Game Studies*, vol.5, no.1, 2005.

호감도 likeability

| 엔피시(NPC)가 플레이어 캐릭터에게 가지는 호감의 척도.

플레이어 캐릭터가 엔피시의 상태와 요구사항을 충족시킨 정도. 플레이어가 선물 주기, 대화 나누기 등의 우호적 행위를 선택하면, 엔피시는 플레이어 캐릭터에게 긍정적 반응을 보인다. 반대로 호감도가 저하될 경우 엔피시는 부정적인 태도로 대화에 참여하거나 적대적인 태도를 취한다. 호감도를 결정하는 핵심 요소로 이벤트 참여와 퀘스트 완수 여부가 있다.

호감도의 적용 양상에 따라 게임은 2개 유형으로 나뉜다. 첫째, 필수적 조건 유형에서는 게임의 최종 목표에 도달하는 데 호감도 성취 여부가 직접적이고 결정적인 영향을 끼친다. 둘째, 선택적 조건 유형에서는 부차적 보상을 얻는 수단으로 호감도를 활용한다.

연애 시뮬레이션 게임의 플레이어는 각 캐릭터들의 반응 패턴을 분석하여 선택지에 대한 전략을 짠다. 〈두근두근 메모리얼(ときめきメモリアル)〉에서 플레이어는 공략하려는 캐릭터의 호감도를 상승시키기 위해 다른 캐릭터의 데이트 신청을 거부한다. 이 과정에서 플레이어 캐릭터와 엔피시 간 갈등이 발생하기도 한다.

호감도의 게임 속 적용 양상		
종류	설명	사례
필수적 조건	연애 시뮬레이션 게임이 대표적 유형에 해당함. 이벤트 참여와 일상적 대화를 통해 호감도를 높여 원하는 관계에 도달하거나 캐릭터를 의도한 형태로 성장시킨다.	〈두근두근 메모리얼〉의 평가 시스템
선택적 조건	역할수행 게임이 대표적 유형에 해당함. 퀘스트 수행 등을 통해 호감도를 높이면 아이템 가격의 하락, 유용한 정보의 제공 등 게임 플레이를 돕는다.	〈마비노기〉의 호감도에 따라 획득 가능한 아이템

- **관련 용어** 캐릭터, 연애 시뮬레이션 게임, 다중접속온라인 역할수행 게임, 평판
- **참고 자료** 김원보, 최유찬, 『컴퓨터 게임과 문화』, 이룸, 2005. | 김정남, 김웅남, 김정현, 『게임의 운명을 결정하는 기획과 시나리오』, e비즈북스, 2013. | 최삼하, 「Player와 NPC 사이의 실시간 커뮤니케이션 방법에 대한 고찰」, 『한국콘텐츠학회지』, vol.3 no.1, 한국콘텐츠학회, 2005. | 한혜원, 손형전, 「MMORPG의 NPC유형에 따른 서사적 기능 연구」, 『한국게임학회 논문지』, vol.9 no.3, 한국게임학회, 2009.

호모 루덴스 Homo Ludens

| 요한 하위징아가 제시한 인간관으로 인간의 본질을 놀이로 보는 관점.

인간의 본질이 놀이이며 놀이가 모든 인류 문화의 근간이라고 보는 개념. 호모 루덴스의 언어적 의미는 '놀이하는 인간'이다. 네덜란드 역사학자 요한 하위징아(Johan Huizinga)가 제창한 개념으로 놀이를 문화의 하위 요소가 아닌 문화의 본질적 요소로 보는 관점이다. 하위징아는 저서인 『호모 루덴스 : 놀이하는 인간(Homo Ludens : A Study of the Play Element in Culture)』에서 인류에게 빼놓을 수 없는 요소로 놀이를 강조했으며, 놀이 개념을 문화 개념과 통합하기를 시도했다. 놀이는 문화적인 현상이며, 인류 문명 전반에 걸쳐 찾아볼 수 있는 요소이다. 하위징아는 놀이가 있어야 창의적이고 인간적인 삶이 가능하다고 평가했다. 하위징아는 놀이의 특성을 '자발적 행위', '~인 척하기', '비일상성', '긴장'의 4가지로 정리했다. 이와 함께 언어·경기·법률·전쟁·철학 등 인류 문화의 범위에서 놀이의 요소를 찾고자 했다. 하위징아의 놀이에 대한 관점을 바탕으로 로제 카이와는 놀이를 '아곤(agon, 경쟁)', '알레아(alea, 운)', '미미크리(mimicry, 모의)', '일링크스(illinx, 현기증)'의 4가지 범주로 분류하고 이에 기초해 문화의 발달을 고찰했다.

- 유의어 놀이
- 관련 용어 놀이 문화, 마법원
- 참고 자료 로제 카이와 저, 이상률 역, 『놀이와 인간』, 문예출판사, 1994. | 요한 하위징아 저, 이종인 역, 『호모 루덴스 : 놀이하는 인간』, 연암서가, 2010. | 케이티 살렌, 에릭 짐머만 저, 윤형섭, 권용만 역, 『게임디자인 원론 1』, 지코사이언스, 2010.

홀로덱 holodeck

| 미국 텔레비전 시리즈 〈스타트렉(Star Trek)〉의 등장인물들이 허구의 대상을 체험하는 3차원 가상 공간.

자기장과 홀로그래피(holography)로 구성된 육면체 형태의 가상 공간. 〈스타트렉 : 더 넥스트 제네레이션(Star Trek : The Next Generation)〉에 처음 등장한다. 홀로덱은 개별적인 프로그래밍이 가능한 판타지 실현 장치로 사용자는 재현된 벽난로의 불을 쬐거나 음료를 마시는 것과 같은 실제 행위를 할 수 있다. 외양,

게임과 홀로덱의 특징 비교		
종류	게임	홀로덱
가상 공간의 재현	플레이어는 컴퓨터상의 가상 세계에서 캐릭터를 통해 게임 공간을 경험함.	직육면체 형태의 가상공간을 가짐. 사용자는 공간에 직접 들어가 실제 행위를 취함.
플레이어의 참여 형태	게임 속 캐릭터를 통해 역할 수행의 주체가 되며 자발적 의지로 게임을 시작하고 중단함.	홀로덱에 직접 입장해 캐릭터와 사회적 관계를 맺고 임의로 홀로덱을 시작·정지하거나 스토리를 끝냄.
스토리 생성 양상	플레이어는 게임 속 역할을 수행하고 다른 플레이어와 사건을 창출하는 경험을 통해 스토리를 재생산함.	사용자는 홀로덱의 스토리에 몰입하며 자의식을 표출하거나 허구적 인물과의 관계에 대해 고민함.

목소리나 개인적인 정보를 입력하여 캐릭터를 시뮬레이션하는 것이 가능하며, 이에 따라 사용자는 가상의 캐릭터와 대화, 신체접촉 등의 상호작용을 할 수 있다. 또한 홀로덱은 임의로 시작, 정지가 가능하다는 점에서 사용자의 자발적 의지를 따른다. 〈스타트렉〉의 등장인물인 제인웨이는 홀로덱에서 경험하는 스토리에 몰입하여 허구적 인물인 벌레이 경과의 관계에 대해 고민한다. 자넷 머레이는 『인터랙티브 스토리텔링 : 사이버 서사의 미래(Hamlet on the Holodeck : The Future of Narrative in Cyberspace)』에서 게임을 디지털 시대의 스토리텔링 매체로 보고 그 특징을 홀로덱에 빗대어 설명한다.

■ **관련 용어** 가상 세계, 시뮬레이션, 게임 스토리
■ **참고 자료** 곤살로 프라스카 저, 김겸섭 역, 『억압받는 사람들을 위한 비디오게임』, 커뮤니케이션북스, 2008. | 자넷 머레이 저, 한용환, 변지연 역, 『인터랙티브 스토리텔링 : 사이버 서사의 미래』, 안그라픽스, 2001. | Arthur Asa Berger, *Video Games : A Popular Culture Phenomenon*, Transaction Publishers, 2002. | Micheal Okuda, Denise Okuka, Debbie Mirek, *The Star Trek Encyclopedia*, Pocket Books, 1994. | Noah Wardrip-Fruin, Pat Harrigan, *First Person : New Media as Story, Performance, and Game*, The MIT Press, 2006.

화투 hwatu

| 열두 달을 상징하는 그림이 그려진 48장의 카드.

12묶음의 패로 구성된 48장의 카드. 48장의 카드는 1년 12달을 상징하는 12묶음의 패로 구성되며, 각 묶음에는 해당 달을 상징하는 꽃과 식물, 동물 그림이 그려진 4장의 카드가 있다. 그림에 따라 광(光)이 그려진 20끗, 동물 등이 그려진 10끗, 5끗을 가진 띠, 끗수가 없는 홑껍데기 등 4가지로 구분된다. 최초의 화투는

16세기 후반 포르투갈의 카드놀이인 카르타(Carta)에서 유래된 카루타(かるた)이다. 이후 하나후다(はなふだ)로 발전하여 19세기 무렵 한국에 전해졌다. 한국에서는 꽃이 그려진 카드를 던지는 놀이라는 의미에서 화투(花鬪)라 불렀다.

화투를 활용한 놀이로는 월별로 그림을 맞추는 놀이인 민화투, 600점을 따면 승리하는 육백, 족보에 따라 서로 짝이 되는 그림을 맞춰 획득한 끗수를 경쟁하는 고스톱, 맞고, 코이코이, 섯다 등이 있다. 놀이 방법에 따라 2명에서 10명까지 함께 즐길 수 있다. 한국에서 가장 대중화된 놀이 방법은 고스톱과 이를 2인용 게임으로 변형시킨 맞고이다. 대표적인 온라인 화투 게임으로는 〈한게임 맞고〉, 〈한게임 고스톱〉, 〈한게임 섯다〉 등이 있다.

- **유의어** 카르타
- **관련 용어** 고스톱, 끗수, 맞고
- **참고 자료** 한국정신문화연구원, 『한국민족문화대백과사전 25』, 한국정신문화연구원, 1991. | 한게임, www.hangame.com

확률형 아이템 random item

| 일정한 범위 내의 아이템 중 일부를 무작위로 획득하여 사용하는 아이템.

사용 시 특정 확률로 일정한 범위 내의 아이템 중 일부를 무작위로 획득하는 아이템. 랜덤 박스, 키트, 뽑기, 가챠, 가챠폰이라고도 한다. 확률형 아이템은 우연성을 통해 게임에 재미를 부여한다. 일본의 캡슐형 뽑기 기계에서 유래했으며, 2001년 출시된 〈젤다의 전설 : 이상한 나무열매〉의 가챠 나무 등을 시작으로 디지털 게임에 적용됐다. 국내 온라인 게임의 초기 확률형 아이템은 〈메이플스토리〉의 부화기가 대표적이다. 이후 국내에서 유료화 게임의 주요한 수익 모델로 자리 잡았다. 모바일 게임의 확산에 따라 모바일 플랫폼의 소셜 게임, 역할수행 게임, 트레이딩 카드 게임 등의 확률형 아이템 및 뽑기 시스템으로 이어졌다.

확률형 아이템은 플레이 보상 혹은 구매를 통해 획득한다. 확률형 아이템의 구매는 게임 내에서 획득 가능한 가상 통화, 현금을 환전한 형태의 가상 통화, 혹은 현금 결제로 이루어진다. 확률형 아이템의 유형은 상자형, 열쇠형, 보상 선택형,

확률형 아이템의 유형과 사례		
종류	설명	사례
상자형 · 단일 상자형	상자 형태의 단일 아이템을 소모하여 보상 획득.	〈메이플스토리〉의 부화기, 〈마비노기〉의 의 상 쇼핑백, 〈그라나도 에스파다(Granado Espada)〉의 린든 상자
상자형 · 다중 상자형	확률형 아이템을 소모하여 더욱 희귀 한 확률형 아이템을 무작위로 획득.	〈블레이드 & 소울〉의 청양 상자, 홍양 상자, 봄바람 보물함
상자형 · 시간 소요형	확률형 아이템의 사용 결과를 확인하 기 위해 일정한 시간 소요.	〈모두의마블(Modoo Marble)〉의 큐브
열쇠형	상자 형태의 아이템과 상자를 열기 위 한 아이템의 조합으로 보상 획득.	〈엘소드(Elsword)〉의 얼음 조각상 가열기, 〈카운터-스트라이크 온라인〉의 암호 해독기
보상 선택형	플레이 보상을 무작위하게 제공하기 위한 장치.	〈쿠키런(Cookie Run)〉의 우정 포인트 상자, 〈몬스터 길들이기(Taming Monster)〉의 보 상 상자
수집형 혹은 콤프가챠	확률형 아이템의 보상을 수집하여 희 귀한 최종 보상 획득.	〈데빌메이커(Devil Maker)〉의 포미닛 카드
강화형	일정한 범위 내에서 무작위하게 아이 템 및 캐릭터의 능력치 상승.	〈던전 앤 파이터 온라인〉의 바인드 큐브
카드 뽑기형	가상 통화 및 캐쉬를 소모하여 희귀한 카드 획득.	〈모두의마블〉의 카드팩

수집형, 강화형, 뽑기형으로 구분된다. 확률형 아이템의 보상은 레어 아이템, 캐쉬 아이템, 가상 통화, 그 외의 일반 아이템으로 구성된다.

유료 확률형 아이템이 사행성을 조장한다는 비판에 따라 2008년 한국게임산업협회는 '캡슐형(확률) 유료 아이템 서비스 제공에 대한 자율준수 규약'을 발표했다. 2015년 확률형 아이템의 확률 조작 논란이 더해지면서 '확률형 아이템 규제 법안'이 발의됐다. 한국인터넷디지털엔터테인먼트협회에서는 자율 규제를 지지하며 2015년 4월 30일 '자율규제확대안'을 발표했다. 법안과 자율 규제안은 확률형 아이템을 통해 얻을 수 있는 아이템과 그 확률을 공개하도록 하는 것을 주요한 내용으로 한다.

- **유의어** 뽑기, 가챠, 랜덤 박스
- **관련 용어** 유료화 모델, 레어 아이템, 아이템, 알레아
- **참고 자료** 김윤명, 「확률형 게임아이템의 법률 문제」, 『법학논총』, vol.38, no.1, 단국대학교 법학연구소, 2014. | 황승흠, 신영수 저, 「확률형 게임아이템 규제의 접근방식」, 『스포츠와 법』, vol.17, no.2, 한국스포츠엔터테인먼트법학회, 2014. | 디스이즈게임, 〈태초에 '부화기'가 있었다! 확률형 아이템, 그 시초와 역사〉, www.thisisgame.com/webzine/news/nboard/4/?n=58406 | 디스이즈게임, 〈확률형 아이템, 해외는 어떻게 규제하고 있을까?〉, www.thisisgame.com/webzine/news/nboard/11/?n=58449 | 지디넷코리아, 〈K-IDEA, 확률형 아이템 자율규제 확대안 발표〉, www.zdnet.co.kr/news/news_view.asp?artice_id=20150430110302

확장팩 expansion pack

| 게임 개발사에서 기존에 출시된 게임의 일부분을 추가·변경·확장시켜 발매하는 제품.

게임 개발사에서 기존에 출시된 게임의 플레이어 층을 유지 또는 확산하기 위해 발매하는 상품. 제시카 멀리건과 브리짓 패트로브스키는 플레이어의 게임 이용 양상의 변화 과정을 '혼동(confusion)', '즐거움(excitement)', '적극적 참여(involvement)', '지루함(boredom)'의 4단계로 구분했다. 플레이어가 지루함을 느껴 게임 플레이의 동기나 재미를 찾지 못하면 2~4개월 내에 게임을 그만 두게 된다. 이에 따라 게임 개발사는 신규 지형 및 캐릭터 생성 외에도 게임을 지탱하는 세계관 자체를 확장시킬 필요가 있다. 게임의 그래픽 향상과 같은 외부적 환경 변화 또한 확장팩 개발의 요인이 된다. 확장팩의 판매 형태는 통합형 확장팩과 분리형 확장팩으로 나눌 수 있다.

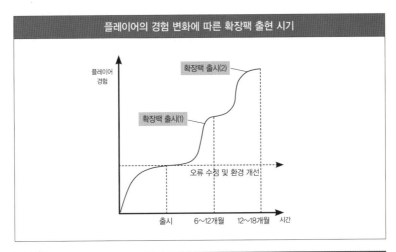

플레이어의 경험 변화에 따른 확장팩 출현 시기

게임 확장팩의 유형	
종류	설명
통합형 확장팩	본편의 데이터를 수록하고 있어, 본편의 게임을 설치하지 않아도 단독으로 플레이 가능한 확장팩. 대표적으로 '스탠드 얼론(stand-alone)' 확장팩이 있음.
분리형 확장팩	'키 디스크(key disk)'와 같이 본편을 보유하고 있어야 실행이 가능한 확장팩. 대표적으로 어펜드 디스크(append disc)가 있음. 플레이어는 키 디스크를 삽입한 후 어펜드 디스크로 교체해야 플레이할 수 있음.

- ■ **관련 용어** 모드, 디엘시(DLC)
- ■ **참고 자료** 이진, 『온라인 게임 스토리의 업데이트 양상 연구 : 〈리니지 2〉를 중심으로』, 이화여자대학교 대

학원 디지털미디어학부 석사논문, 2009. | Jessica Mulligan, Bridgette Patrovsky, *Developing Online Games : An Insider's Guide*, New Riders, 2003. | Zhaohao Sun, John Yearwood, *Handbook of Research on Demand-Driven Web Service : Theory, Technologies, and Applications*, IGI Global, 2014.

환경적 스토리텔링 environmental storytelling

| 공간 구성을 통해 이야기를 전달하는 방식.

헨리 젠킨스가 제시한 게임 플레이어의 몰입적 서사 경험을 위한 전제 조건. 게임은 맵, 오브젝트, 사운드 등으로 구성된 공간을 통해 이야기를 전달한다. 플레이어는 제시된 게임 공간과의 상호작용을 통해 이야기를 습득하거나 생성한다. 젠킨스는 환경적 스토리텔링을 환기적 서사(evoked narrative), 규정적 서사(enacted narrative), 내장적 서사(embedded narrative), 창발적 서사(emergent narrative)의 4가지 유형으로 나눈다.

헨리 젠킨스가 분류한 환경적 스토리텔링의 유형		
종류	설명	사례
환기적 서사	플레이어에게 익숙한 이야기를 기반으로 한 공간 구현.	〈아메리칸 맥기의 앨리스(American McGee's Alice)〉
규정적 서사	주요 플롯을 벗어나지 않는 범위에서의 미시 서사.	〈월드 오브 워크래프트〉
내장적 서사	공간 탐험을 통한 단서 발견으로 구축된 서사.	〈미스트〉
창발적 서사	플레이어들이 새롭게 생성하는 서사.	〈심즈〉

환기적 서사는 공간을 통해 플레이어가 기존에 익숙했던 이야기를 떠올리도록 하는 유형이다. 이야기에 대한 플레이어의 기억 및 상상력을 구체적인 공간으로 구현하는 것에 초점을 둔다. 규정적 서사는 퀘스트 등의 형식으로 전달되는 미시 서사이다. 주요 플롯을 벗어나지 않는 범위에서 제시된다. 캐릭터와 공간 간의 상호작용적 행위에 의해서 이야기가 진행되며, 각각의 분절된 이야기는 게임의 목표와 갈등에 의해 통합된다.

내장적 서사는 공간을 단서로 플레이어가 이야기를 재구성해나가는 유형이다. 주로 공간에 배치된 사물 등을 통해 이야기가 잠재적으로 드러난다. 게임 개발자는 게임 공간에 전체 이야기에 대한 단초를 제공하고, 플레이어는 게임 세계가 제시한 과제를 해결함으로써 단서들을 조합한다. 창발적 서사는 플레이어의 참여를 통해 생성되는 서사이다. 이때 게임 공간은 직접적으로 서사를 담고 있지 않지만 플레이어가 서사를 구축할 가능성이 있는 환경을 제공해야 한다. 예를 들어 〈심즈〉의 아이템 중 컴퓨터는 특정한 배경 서사를 담고 있지 않지만, 글쓰기, 웹서핑, 해킹, 입양 등의 기능을 제공하여 다양한 서사 생성 가능성을 제시한다.

- **관련 용어** 게임 스토리텔링, 레벨 디자인, 공간
- **참고 자료** Henry Jenkins, "Game Design as Narrative Architecture", *First Person : New Media as Story, Performance, and Game*, The MIT Press, 2004. | Henry Jenkins, "Narrative Spaces", *Space Time Play : Synergies Between Computer Games, Architecture and Urbanism : The Next Level*, Springer Science & Business Media, 2007.

환상동물 fantasy creature

| 인간의 상상 속에 존재하거나 이야기에 등장하는 허구의 동물.

인간의 상상이나 허구적 이야기 속에 존재하는 가상의 동물. 동물의 형상을 차용한 신이나 정령 등을 포함하기도 한다. 숭고한 존재, 친근한 존재, 위협적인 존재 등 다양한 방식으로 그려지며 각 문화권마다 환상동물이 등장하는 신화, 전설 등이 전승된다. 일례로 중국의 『산해경』에는 전설의 새인 봉황, 9개의 꼬리를 가진 여우 구미호 등이 등장하고, 북유럽 신화에는 사악한 늑대인 와르그, 저승 입구를 지키는 개 가룸 등이 등장한다. H. P. 러브크래프트(Howard Philips Lovecraft), 어거스트 덜레스(August Derleth) 등의 작가는 인어의 형상을 가진 그노리, 6개의 다리를 가진 북극곰 그노프케 등 괴물들을 창조했다.

게임의 경우 환상동물의 모습을 차용해 플레이어 캐릭터의 종족이나 몬스터, 소환수 등을 구현한다. 대표적인 예로 〈포켓몬스터〉 시리즈는 『산해경』에 등장하는 구미호, 용, 봉황, 머리가 셋 달린 새인 창부 등 다양한 환상동물을 몬스터 캐릭터로 재탄생시켰다. 〈파이널 판타지〉에는 문어 모습을 한 전설의 바다 괴물 크라켄이 적대 캐릭터로 등장한다.

- **관련 용어** 판타지, 산해경, 북유럽 신화, 몬스터
- **참고 자료** 구사노 다쿠미 저, 송현아 역, 『환상동물사전』, 들녘, 2001. | 김윤아, 『포켓몬 마스터 되기』, 살림, 2003. | 정재서, 『이야기 동양신화 : 중국편』, 김영사, 2010.

환상성 fantasy

| 비현실적, 초현실적 이야기 요소를 통해 발현되는 서사적 속성.

인간의 상상을 기반으로 현실에서 불가능한 요소를 이야기에 구현할 때 발생하는 서사적 속성. 주로 마법과 요정, 신 등의 요소들이 활용된다. 이러한 환상적 요소들은 현실에서 불가능한 소망을 서사적으로 구현해 현실의 욕망을 해소시킨다. 문학에서부터 컴퓨터 게임까지 다양한 콘텐츠 분야에서 환상성을 주된 속성으로 활용한다.

환상에 관한 논의 환상성은 비일상적 요소를 기반으로 하되 자연 과학이나 기술의 논리성에 얽매이지 않는 상상력을 기반으로 구현된다. 환상 작품들은 2가지 서사적 특징이 있다. 첫째, 작품 내에서 일관성을 가지고 있다. 둘째, 현실 세계에서 발생할 수 없는 이야기를 다룬다. 이러한 환상성을 구현한 대표 작품은 J. R. R. 톨킨의 『반지의 제왕(The Load of The Rings)』이다. 톨킨의 이야기가 구현한 환상 세계의 구성과 문법은 역할수행 게임의 세계관 및 캐릭터 설정에 영향을 미쳤다. 서양에서 환상은 무가치한 것으로 평가됐으나 19세기 낭만주의 시대부터 환상문학이 전면에 드러나면서 논의가 발전됐다.

현실을 객관적으로 반영하는 사실주의 문학과 달리 환상문학은 인간의 내면과 상상력을 중시한다. 독일의 E. T. A. 호프만(Ernst Theodor Wilhelm Hoffmann) 이후 20세기부터 모더니즘 사조가 새롭게 등장하면서 환상문학이 중시하는 내면적 실재와 무의식의 세계가 조명을 받기 시작했다.

【츠베탕 토도로프】 환상에 대한 논의를 처음 전개한 학자이다. 그는 환상을 자연법칙 세계에서 초자연적인 요소가 개입할 때 발생하는 '망설임(hésitation)'이라고 정의했다. 토도로프가 제시한 환상이 성립하기 위한 조건은 다음과 같다. 첫째, 독자가 텍스트 세계를 살아있는 사람들의 세계로 간주하고, 발생한 사건이 자연적인 것인지 초자연적인 것인지 망설이게 만들어야 한다. 둘째, 작중 인물에 의해 망설임이 경험될 수 있다. 셋째, 독자가 텍스트를 해석할 때 시적 해석이나 알레고리적 해석을 거부해야 한다.

【J. R. R. 톨킨】 대표적인 판타지 소설가이다. 그는 환상을 이루기 위해 가져야 할 요소로 2차적 세계를 꼽았다. 작가는 리얼리티와 독자의 욕망에 관한 지식을

환상에 대한 학자들의 정의	
학자	정의
츠베탕 토도로프	망설임
J. R. R. 톨킨	즐거움
W. R. 어윈	게임성
로즈마리 잭슨	전복성
캐서린 흄	합의된 리얼리티에서의 일탈

기반으로 2차적 세계를 창조한다. 이때 2차적 세계는 그 자체로 논리적 법칙과 규칙을 가진 개연성이 높은 세계이다. 현실의 규칙을 적용하고 활용하지만 배경 세계는 현실과 관계없는 공간이어야 한다. 독자는 이야기 세계에서 낯설게 하기를 통해 회복을 경험하고 행복한 결말을 통해 위안을 얻는다.

【W. R. 어윈(William Robert Irwin)】 어윈은 환상을 구현하기 위해 필요한 2가지 단계를 제시한다. 첫째, 논리적인 텍스트이다. 그는 불가능한 것을 설득력 있게 구상하고 발전시켜야 환상이 발생한다고 설명했다. 둘째, 작가와 독자의 관계이다. 환상은 작가와 작품, 등장인물과 스토리, 작품과 독자, 작가와 독자 사이에서 밀고 당기기에 의해 발생한다.

【로즈마리 잭슨(Rosemary Jackson)】 잭슨은 환상을 현실을 전복하는 것이라고 정의했다. 기이함과 초자연성, 비현실성을 매개로 일상적이고 낯익은 것들과 대립할 때 환상이 발생한다. 이러한 대립을 통해 환상은 억압된 욕망을 이야기로 풀어내며 현실 세계가 가진 문제적 구조와 규범을 폭로하는 기제로 작동한다.

【캐서린 흄(Kathryn Hume)】 흄은 환상을 합의된 리얼리티에서 벗어나려는 충동이라고 정의한다. 흄은 환상을 문학의 기본적 속성으로 설명한다. 환상은 현실의 일탈을 텍스트 안에 형상화함으로써 발생한다. 행동의 환상과 인물의 환상, 아이디어의 환상이 플롯에 개입한다.

디지털 게임에서의 환상성 디지털 게임에서의 환상성은 2가지 층위로 나타난다. 첫 번째 층위는 게임 내 세계관에서 나타나는 환상성이다. 이것은 게임 속 가상 공간에서 발생한다. 이때 환상성이 발현되는 가상 공간은 비현실적인 세계이다. 톨킨이 말한 2차적 세계란 현실 세계인 1차적 세계와는 별개로 독자적인 질서를 갖는다. 이곳은 실재하지 않지만 실재하는 세계를 닮은 완결된 세계이다. 디지털 게임에서는 시간적·공간적 배경을 통해 환상성이 강화된 가상 세계를 구현한다. 시간의 경우, 현실은 아니지만 과거나 미래에 있었을 법한 혹은 있을 법한 일들로 구성한다. 공간의 경우, 우주, 해저 등 인간이 욕망하는 공간으로 설

디지털 게임의 층위에 따라 나타나는 환상성	
디지털 게임의 층위	환상성
세계관 층위	현실 세계와 닮은 창조된 별개의 세계를 가지고 있으며, 규칙을 통해 마법원을 설정함.
플레이어 층위	플레이어는 디지털 게임에서 제시하는 마법원에서 현실의 자아가 아닌 환상적 페르소나를 경험함.

정한다. 플레이어는 게임 세계를 탐험하며 비현실적 요소들과 직면하고 환상을 경험한다.

두 번째 층위의 환상성은 플레이어의 게임 플레이를 통해 나타난다. 플레이어는 디지털 게임에서 제시하는 마법원(magic circle)에 진입한다. 플레이어는 아바타를 통해 현실 자아와는 다른 페르소나를 가지게 되면서 현실에서 결핍되고 억압되었던 욕망을 자유롭게 표출할 수 있다. 플레이어는 현실에서 결핍되고 억압되었던 욕망을 게임 세계의 마법의 원 안에서 자유롭게 표출한다.

- **유의어** 비현실성, 초현실성
- **관련 용어** 게임세계, 2차적 세계, 마법의 원, 페르소나, 중세 판타지
- **참고 자료** 로즈메리 잭슨 저, 서강여성문학연구회 역, 『환상성 : 전복의 문학』, 문학동네, 2001. | 송태현, 『판타지 : 톨킨, 루이스, 롤링의 환상 세계와 기독교』, 살림, 2003. | 츠베탕 토도로프 저, 최애영 역, 『환상문학 서설』, 일월서각, 2013. | 캐스린 흄 저, 한창엽 역, 『환상과 미메시스』, 푸른나무, 2000. | J. R. R. Tolkien, Verlyn Flieger, Douglas A. Anderson, *Tolkien On Fairy-Stories*, Harpercollins, 2008.

횡스크롤 게임 side-scrolling game

| 플레이 진행 방향이 왼쪽에서 오른쪽으로 진행되는 사이드뷰 시점 게임.

캐릭터의 이동이 사이드뷰 시점으로 진행되는 디지털 게임. 일반적으로 2차원 환경에서 구현되며, 플레이어는 캐릭터를 조종하여 장애물을 피하거나 적을 물리치면서 왼쪽에서 오른쪽으로 이동한다. 넓은 의미에서 플레이어가 캐릭터를 좌우로 조종하는 방식으로 진행되면서 위아래로는 점프와 같은 제한된 움직임을 취하는 게임을 모두 횡스크롤 게임이라 한다. 그러나 엄격한 의미에서 횡스크롤 게임은 플레이어가 캐릭터를 왼쪽에서 오른쪽으로만 움직일 수 있으며, 시점이 캐릭터의 이동에 맞춰져 있어 캐릭터의 이동에 따라 자동으로 화면이 스크롤되

는 게임만을 의미한다.

캐릭터가 오른쪽으로 이동함에 따라 게임의 공간적 배경이 점진적으로 플레이어에게 공개되고, 플레이어는 장애물을 피하고 아이템을 얻으면서 이동한다. 한번 지나간 공간은 다시 지나가거나 돌아가지 못한다는 특징이 있다. 횡스크롤 게임 이전의 디지털 게임은 고정된 한 화면 안에서 플레이어가 캐릭터를 이동해서 장애물을 피하고 적을 물리치면 다음 단계로 넘어가면서 화면 전체가 바뀌는 형식이었다.

최초의 횡스크롤 게임은 1980년 윌리엄 일렉트로닉스(Williams Electronics)가 개발한 〈디펜더(Defender)〉이다. 플레이어가 비행기를 조종하면서 화면을 좌우로 이동할 수 있었기 때문에 최초로 게임 세계를 고정된 화면에서 확장시켰다는 의의가 있다.

- **관련 용어** 아케이드 게임, 콘솔 게임
- **참고 자료** Andrew Davison, *Killer Game Programming in Java*, O'Reilly Media, 2005. | Darryl Carter, *Scribblenauts Context Immersion Guide*, Emereo Publishing, 2010.

흥미 곡선 interest curve

| 시간에 따른 플레이어의 흥미 정도를 정량적으로 표현한 그래프.

시간 경과에 따라 플레이어의 흥미 정도가 어떻게 변화하는지를 나타낸 도표. 개발 단계에서 플레이어 경험을 측정할 때 사용한다. 흥미 곡선은 기획 단계에서 콘텐츠를 배치할 때 유용하다. 게임 디자이너 제시 셸은 같은 콘텐츠라도 배열 순서에 따라 흥미 곡선이 다르게 나타날 수 있으며, 잘 만들어진 게임은 서서히 상승하는 형태의 흥미 곡선을 보인다고 말한다.

플레이어는 게임 초반부에 제공되는 컷신 등의 콘텐츠를 통해 게임에 흥미를 느낀다. 이후 게임에 대해 서서히 이해하면서 흥미가 높아지며, 흥미가 절정에 달하며 게임이 종료된다. 게임 수정 단계에서 기획자는 흥미 곡선을 사용해 기획 의도와 플레이어 관찰 결과의 차이를 시각화하고, 차이가 있는 부분을 수정하는 방식으로 콘텐츠를 업데이트한다.

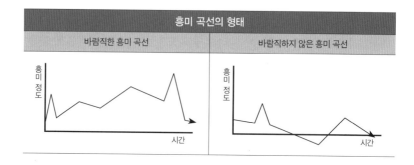

- **관련 용어** 게임 기획자, 몰입
- **참고 자료** Jesse Schell, *The Art of Game Design : A Book of Lenses*, CRC Press, 2014.

힐러 healer

| 게임 내에서 치유 및 방어를 담당하는 캐릭터의 역할군.

게임 내에서 아군을 방어 및 치유하는 캐릭터. 종교적 수양을 통해 악과 대립하는 중세 시대의 성직자와 수도사를 모티프로 한다. 〈던전 앤 드래곤〉의 클레릭은 뱀파이어와 대적하는 성직자의 모습을 차용한 캐릭터로, 종교적 믿음을 기반으로 한 치유 계열 주문에 집중한다는 점에서 힐러의 전형을 마련했다. 게임별 세계관에 따라 힐러 계열의 직업군이 세분화되는데 대표적인 예로 〈아이온 : 영원의 탑〉의 치유성, 〈리니지 II〉의 클레릭, 비숍 등이 있다.

힐러의 주요 기술은 아군을 회복시키는 '치유형', 적군의 공격을 상쇄키는 '방어형', 아군이 받은 피해 효과를 제거하는 '해제형', 아군의 능력치를 강화하는 '버프형'으로 구분한다. 치유형은 영향을 미치는 대상에 따라 '단일 대상 치유'와 '광역 치유'로 나뉘고, 기술이 발현되는 시점 및 간격에 따라 '즉시 시전 치유'와 '초당 치유(Heal Over Time, HOT)'로 나뉜다. 한정된 양의 마법력을 이용해 기술을 구사하기 때문에 마법력의 수급량과 회복 시간 등을 염두에 두고 전술을 구성해야 한다.

힐러는 공격력보다 치유력 및 방어력 개발에 주력하기 때문에 몬스터 사냥과 같은 단독 활동 시 공격적인 면에서 상대적으로 불리하다. 〈월드 오브 워크래프

힐러의 유형 분류		
종류	설명	사례
치유형	아군을 회복시키거나 되살림. 기도, 주문 등을 행하거나 약초를 다룸.	〈아이온 : 영원의 탑〉의 치유성
방어형	적의 공격을 흡수하거나 피해치를 상쇄. 보호막, 은신 기술, 정령 소환술 등을 사용.	〈월드 오브 워크래프트〉의 신성사제

트)의 경우 동일한 직업 내에서도 선택하는 특성에 따라 역할이 달라진다. 힐러는 이러한 기능을 활용해 공격을 담당하는 역할군으로 변할 수 있다. 예를 들어 성기사 직업의 플레이어는 팀별 전투에서 힐러에 해당하는 '신성' 특성을 선택하고, 개별 활동에서 딜러(dealer)에 해당하는 '징벌' 특성으로 전환하기도 한다. 일반적으로 힐러는 팀 내에서의 주요 역할에 따라 '치유형 힐러'와 '방어형 힐러'로 나뉜다.

■ **관련 용어** 직업, 딜러, 탱커
■ **참고 자료** 권오광, 박종구, 「유전 알고리즘과 신경망을 이용한 RPG 게임 캐릭터의 제어」, 『한국게임학회 논문지』, 한국게임학회, vol.6, no.2, 한국게임학회, 2006. | 탕군, 조동민, 「게임 캐릭터 인지성과 선호도에 관한 연구」, 『기초조형학연구』, vol.13, no.3, 한국기초조형학회, 2012.

기타

1인칭 슈팅 게임 First Person Shooter, FPS

| 1인칭 시점에서 총기류로 전투를 벌이는 사격, 잠입, 투척 등의 액션 게임.

캐릭터의 시점에서 총기와 같은 발사 무기를 이용해 적을 조준 및 사살하는 슈팅 게임의 하위 장르. 일반적으로 1970년대 초에 출시된 〈메이즈 워(Maze War)〉와 〈스페이심(Spasim)〉을 최초의 1인칭 슈팅 게임으로 평가한다. 1993년 〈둠〉의 흥행 이후 그래픽의 발전과 함께 유행하기 시작했다.

실제 전투의 메커니즘, 전술 등이 게임에 재현되며, 탄도학, 유체 역학 등을 기초로 하여 총격 소리나 발사 감각 등을 구현함으로써 플레이어에게 물리적 감각을 제공한다. 플레이어와 게임 캐릭터의 시점이 동일하기 때문에 플레이어는 극적 긴장감을 경험할 수 있다. 주변 공간에 대한 시야의 제약이 있어 지형지물과 은폐물을 얼마나 전략적으로 활용하는지가 주요한 승패 요인으로 작용한다.

플레이어 캐릭터는 주로 인간형으로, 총기 외에도 칼, 수류탄과 같은 보조 무기를 사용할 수 있다. 다양한 플랫폼에서 구현되며, 대표적인 1인칭 슈팅 게임으로 〈헤일로(Halo)〉 시리즈, 〈바이오쇼크(BioShock)〉 시리즈와 같은 콘솔 게임과 〈카운터-스트라이크〉, 〈서든어택〉과 같은 온라인 멀티 플레이 게임이 있다.

- **관련 용어** 게임 시점, 슈팅 게임, 3인칭 슈팅 게임
- **참고 자료** 이동은, 「디지털 게임의 장르 문법 연구-FPS 장르를 중심으로」, 『한국게임학회 논문지』, vol.15, no.2, 한국게임학회, 2015.

2.5차원 게임 2.5 dimensional game

| 2차원 그래픽을 기반으로 3차원의 감각이 구현된 게임.

'의사(擬似) 3차원 게임(pseudo 3 dimensional game)'이라고도 한다. 3차원 그래픽 기술이 사용되기 전, 플레이어가 2차원 그래픽으로도 풍부한 공간감을 느낄 수 있도록 하기 위해 개발됐다. 3차원 그래픽 기술이 발달된 이후에는 2차원의 배경에 3차원의 캐릭터를 사용하기도 했다. 2.5차원 게임은 등각 투상(isometric projection) 기법, 시차 스크롤(parallax-scrolling) 기법, 원근법 기반의 의사 3차원 기법 등을 통해 구현된다.

대표적으로 사용되는 것은 등각 투상 기법으로, 게임 내 x축, y축, z축 사이의 각도를 모두 120도로 가정하고 오브젝트를 생성하는 방식이다. 비스듬한 상태에서 내려다보는 쿼터뷰(quarter-view)와 함께 사용되어 플레이어에게 원거리에서 3차원 세계를 들여다보는 듯한 느낌을 준다.

2.5차원 게임은 저사양의 컴퓨터에서도 게임 실행이 용이하다는 이점이 있다. 보그단 아이온 펄카루는 2.5차원 게임의 구현 방식을 다음과 같이 제시했다.

2.5차원 게임 구현 방식		
종류	설명	사례
등각 투상 기법	게임이 진행되는 환경과 캐릭터에 대한 원거리 시점을 제공. 대각선으로 내려다보는 쿼터뷰 시점이 함께 사용됨.	〈큐*버트(Q*bert)〉
시차 스크롤 기법	스크롤될 때 시차를 활용하여 이미지들의 움직임을 변화시킴. 전경의 오브젝트가 배경의 오브젝트보다 더욱 빠르게 움직이게 됨.	〈문 패트롤(Moon Patrol)〉
원근법 기반의 의사 3차원 기법	2차원으로 여러 장면을 출력한 뒤, 원근법을 써서 3차원 공간을 탐험하는 것 같은 게임 방식을 제공함.	〈킹스 퀘스트(King's Quest)〉 〈울티마(Ultima)〉 시리즈

- **관련 용어** 2차원 게임, 3차원 게임

■ **참고 자료** Kimberly Unger, Jeannie Novak, *Game Development Essentials : Mobile Game Development*, Cengage Learning, 2011. | Makzan, *Flash Multiplayer Virtual Worlds*, Packt Publishing, 2010. | Purcaru Ion Bogdan, *Games vs. Hardware, The History of PC Video Games : The 80's*, Amazon Digital Services, 2014. | Wayne Graham, *Beginning Facebook Game Apps Development*, Apress, 2012.

2차 창작 fan labor, fan created product

| 원작의 설정 및 인물을 변형하거나 각색해 제작한 창작물 혹은 제작 행위.

팬들은 2차 창작을 통해 원작을 새롭게 해석하거나 자신만의 방식으로 재구성한다. 컴퓨터 기술이 발전하고 인터넷 환경이 대중화되면서 창작물의 제작 및 배포가 용이해져 2차 창작이 활발해졌다. 게임에서의 2차 창작은 게임의 세계관이나 캐릭터 등을 활용해 파생 콘텐츠를 제작한 사례가 주를 이루며, 팬아트, 팬픽, 팬무비, 머시니마(machinima) 등 다양한 분야로 나타난다. 대표적인 사례로는 1인칭 슈팅 게임 〈퀘이크〉를 대상으로 제작한 머시니마인 '퀘이크 무비'가 있다.

■ **유의어** 2차 저작물
■ **관련 용어** 팬픽션, 팬아트, 머시니마
■ **참고 자료** 기시카와 젠코 저, 백승혁, 김광재 역, 『콘텐츠 비즈니스론』, 커뮤니케이션북스, 2012. | 이진천, 『21세기 신문화의 리더, 오타쿠』, 디씨에스, 2010. | Archive of Our Own, www.archiveofourown.org | FanFiction, www.fanfiction.net

3인칭 슈팅 게임 Third Person Shooter, TPS

| 3인칭 시점에서 총기류로 전투를 벌이는 사격, 잠입, 투척 등의 액션 게임.

후방에서 캐릭터를 바라보는 시점에서 총기 등의 무기를 사용해 적을 공격하는 슈팅 게임. 3인칭 시점은 외적 초점 화자의 시선으로 캐릭터를 바라보는 것으로, 어깨 너머로 게임 세계를 바라보는 숄더뷰(shoulder-view)와 뒷모습을 바라보는 백뷰(back-view)가 있다. 게임 내 캐릭터의 시점과 외부의 플레이어 시점이 일치하는 1인칭 슈팅 게임에 비해 더 넓은 시야각을 확보한다. 1인칭 슈팅 게임과

같이 총격전 요소를 포함하고 있으며, 3인칭 시점의 단점을 극복하기 위해 자동 조준 기능이 포함되는 경우가 많다. 플레이어가 자신의 캐릭터를 볼 수 있기 때문에 발차기, 근접 공격 등 역동적인 액션이 가능하며, 실제 전투 상황을 지휘하며 몰입감을 경험할 수 있다. 대표적인 게임으로 〈맥스 페인(Max Payne)〉, 〈기어즈 오브 워(Gears Of War)〉, 〈바이오하자드(Biohazard)〉 등이 있다.

- **관련 용어** 게임 시점, 1인칭 슈팅 게임, 초점화
- **참고 자료** 조성희, 『디지털 게임의 초점화 양상 연구』, 이화여자대학교 대학원 디지털미디어학부 석사논문, 2010. | Ernest Adams, *Fundamentals of Game Design*, Pearson Education, 2014. | Mark J. P. Wolf, *The Medium of the Video Game*, University of Texas Press, 2002.

GAME DICTIONARY

대표 게임선

1950~1970년대

테니스 포 투 Tennis for Two

출시연도 1958년
개발자 윌리엄 히긴보덤(William Higinbotham)
장르 스포츠 게임
플랫폼 오실로스코프

플레이 테니스 경기를 참고하여 만든 게임. 공은 점으로, 네트는 선으로 표시된다. 플레이어는 컨트롤러(다이얼과 버튼으로 이루어짐)를 조작하여 공을 네트 위로 넘겨야 한다. 공이 바닥에서 튀어 오르는 높이가 중력으로 인해 점차 줄어들도록 고안되었기 때문에 플레이어는 힘과 각도를 계산하여 컨트롤러를 조작해야 한다.

평가 〈테니스 포 투〉는 미국 브룩헤븐 국립연구소에서 연구소를 찾아온 방문객들을 위한 접대용 놀이로 개발됐다. 이 게임은 전류의 흐름과 강약을 표시해 주는 아날로그 컴퓨터인 오실로스코프(oscilloscope)를 사용했다. 그래픽 표시 장치를 이용한 세계 최초의 컴퓨터 게임이다.

- **핵심어** 최초의 아날로그 컴퓨터 게임, 오실로스코프
- **참고 자료** Mary Firestone, *Computer Game Developer*, Chelsea House Publications, 2006. | Raiford Guins, *Game After : A Cultural Study of Video Game Afterlife*, The MIT Press, 2014. | Steve Rabin, *Introduction to Game Development*, Charles River Media, 2009.

스페이스워! Spacewar!

출시연도 1962년
개발자 스티브 러셀(Steve Russell)
장르 슈팅 게임
플랫폼 PDP-1

플레이 우주 함선에서 폭탄을 발사하여 상대편 함선을 파괴해야 하는 게임이다. 화면 중앙에 있는 십자가 형태의 별이 폭탄과 함선을 끌어당기기 때문에 플레이어는 함선이 별의 중력에 끌려 들어가지 않도록 조종해야 한다. 이때 중력의 영향까지 계산하여 동시에 폭탄을 발사해야 한다.

평가 허구의 스토리를 재현한 세계 최초의 컴퓨터 게임. 〈테니스 포 투〉가 현실의 스포츠를 모사(simulation)한 것에 반해, 〈스페이스워!〉는 우주 공간에서 벌어지는 전쟁이라는 허구를 재현(representation)했다. 이후 〈아스테로이드(Asteroids)〉, 〈스페이스 인베이더(Space Invaders)〉 등 우주 전쟁 소재의 게임에도 영향을 주었다.

인터넷의 기원으로 일컬어지는 아르파넷(ARPAnet, Advanced Research Projects Agency Network)을 통해 배포됐다. 이전의 다른 게임들이 한정된 공간에서만 경기가 치뤄졌다면, 이 게임은 많은 사람들이 즐길 수 있었던 최초의 대중 게임이라고 할 수 있다. 자신만의 소스로 업그레이드를 하는 것도 가능했다.

1972년에는 스탠퍼드 대학교에서 '인터갤럭틱 스페이스워 올림픽(Intergalactic Spacewar Olympics)'이라는 이름으로 다수의 플레이어들이 모여 승패를 겨루기도 하였는데 이는 이-스포츠(e-sports)의 기원으로 평가된다.

- **핵심어** 최초의 디지털 컴퓨터 게임, 우주 전쟁

- **참고 자료** Corey Mead, *War Play : Video Games and the Future of Armed Conflict*, Eamon Dolan/Houghton Mifflin Harcourt, 2013. | Margaret A. Boden, *Mind as Machine : A History of Cognitive Science*, Oxford University Press, 2006. | Mark J. P. Wolf, *Before the Crash : Early Video Game History*, Wayne State University Press, 2012. | T. L. Taylor, *Raising the Stakes : E-Sports and the Professionalization of Computer Gaming*, The MIT Press, 2015.

퐁 Pong

출시연도	1972년
개발사	아타리(Atari)
장르	스포츠 게임
플랫폼	아케이드

플레이 두 사람이 서로 공을 주고받다가 놓치면 지는 게임으로, 탁구 경기 규칙에 기반을 두었다. 플레이어는 자신의 라켓을 수직으로 움직여 상대방의 공을 받아쳐야 하며, 받아치지 못할 경우 게임에서 진다. 라켓은 서로 다른 각도에서 공을 받아칠 수 있도록 여덟 부분으로 나뉘어 있다. 시간이 경과할수록 공의 이동 속도가 빨라져 게임 난이도가 높아진다.

평가 아케이드 상가에 게임기를 설치하고 플레이하도록 하여 '아케이드 게임(arcade game)'이라는 말을 만들어낸 최초의 상용화 게임으로, 컴퓨터 게임이 산업으로 발전할 수 있는 계기를 마련했다. 1975년에 출시된 〈홈 퐁(Home Pong)〉은 익숙한 탁구의 규칙, 단순한 조작법, 멀티 플레이 지원을 통해서 가정용 비디오 게임 시장을 개척했다.

- 핵심어 최초의 아케이드 게임, 멀티 플레이
- 참고 자료 Frans Mäyrä, *An Introduction to Game Studies : Games in Culture*, SAGE Publications Ltd., 2008. | Michael Ray, *Gaming : From Atari to Xbox*, Britannica Educational Publishing, 2011. | Roberto Dillon, *The Golden Age of Video Games : The Birth of a Multibillion Dollar Industry*, CRC Press, 2011. | Steve L. Kent, *The Ultimate History of Video Games : From Pong to Pokémon and Beyond-The Story Behind the Craze That Touched Our Lives and Changed the World*, Three Rivers Press, 2001.

메이즈 워 Maze War

출시연도	1973년
개발자	스티브 콜리(Steve Colley)
장르	1인칭 슈팅 게임
플랫폼	임락 피디에스

플레이 눈동자 형태의 아바타를 조종하여 미로 안에서 상대 플레이어를 먼저 찾아내어 공격하면 승리하는 게임이다. 필요에 따라 화면을 필드 모드, 지도 모드로 전환하여 볼 수 있다. 업데이트 버전에서는 싱글 플레이 모드와 2인 이상 참

여할 수 있는 멀티 플레이 모드를 지원한다.

평가 〈메이즈 워〉에 구현된 멀티 플레이 모드, 1인칭 시점, 아바타의 사용, 화면 전환 등의 기법은 이후에 개발된 게임에 영향을 미쳤다. 1970년대의 그래픽 디스플레이 시스템인 임락 피디에스(Imlac PDS)를 기반으로 한 3차원 게임으로 사용자들은 1974년부터 엠아이티(MIT)의 서버에 접속해 게임을 플레이했다. 개발자인 콜리가 정확한 개발년도를 기억하지 못하기 때문에, 1974년에 정식 출시된 〈스페이스 시뮬레이터(Space Simulator)〉와 비교해서 어느 것이 최초의 1인칭 슈팅 게임인지에 대해서는 논란의 여지가 있다.

- **핵심어** 멀티 플레이, 아바타, 1인칭 시점
- **참고 자료** Gerald A. Voorhees, Joshua Call, Katie Whitlock, *Guns, Grenades, and Grunts : First-Person Shooter Games*, Bloomsbury Academic, 2012. | Jon Peddie, *The History of Visual Magic in Computers : How Beautiful Images are Made in CAD, 3D, VR and AR*, Springer, 2013. | 컴퓨터 박물관 디지반, www.digibarn.com

던전 앤 드래곤 Dungeons & Dragons

| 출시연도 1974년
| 개발사 티에스알(Tactical Studies Rules, TSR)
| 장르 테이블탑 역할수행 게임
| 플랫폼 보드

스토리 인간과 드워프, 엘프 등의 다양한 종족과 몬스터가 공존하는 판타지 세계에서 바바리안, 바드, 클레릭 등으로 구성된 원정대가 모험을 떠난다. 원정대는 폐허가 된 도시, 잃어버린 사원 등을 탐험하면서 몬스터를 처치하고, 보물을 찾아 돌아온다.

세계관 하나의 시스템을 바탕으로 세계관을 달리하여 플레이할 수 있는 캠페인 설정을 지원한다. 각각의 세계관은 별도의 캠페인 북(홍보용 책자) 및 시나리오로 출판됐다. 대표적인 세계관으로 포가튼렐름, 그레이호크, 에버론 등이 있다. 이 중 그레이호크는 플라네스 대륙의 암흑기를 다루고 있으며 〈던전 앤 드래곤〉 공식 세계관으로 평가된다.

플레이 1974년 패키지의 경우 총 2권의 책과 다양한 종류의 주사위가 들어 있다. 규칙서에 적힌 게임 시스템에 대한 규칙에 따라 게임을 진행한다. 플레이어는 자신이 맡은 역할을 수행하면서 특정 목표를 달성해야 한다. 게임 진행자인 던전 마스터는 규칙서를 참고해 게임에서 일어나는 사건을 구두로 해설한다. 2~6인으로 구성된 플레이어는 던전 마스터의 지시에 따라 주사위를 굴려 캐릭터를 만들고, 역할극과 전투를 수행한다. 플레이어 핸드북이나 몬스터 매뉴얼 북, 스킬 북을 통해 게임의 규칙이나 요소를 수정 및 추가할 수 있다.

【역할수행 및 성장】 〈던전 앤 드래곤〉은 보드 게임의 유닛을 캐릭터화하고 캐릭터에 성장 시스템과 종족 및 직업 설정을 도입한 게임이다. 캐릭터에 힘, 민첩성, 체력, 지능, 지혜, 카리스마와 같은 능력치를 부여했다. 종족과 직업에 따라 세부적인 능력치를 다르게 설정하고 각 종족과 직업에 맞게 능력치, 스킬을 특화했다. 〈던전 앤 드래곤 3.5〉에 나타난 종족과 직업 설정 및 이에 따른 특징은 다음과 같다.

〈던전 앤 드래곤 3.5〉의 종족 설정 및 특징			
종류	설명	능력치 변화	선호 직업
인간(Human)	모든 종족의 표준이 되는 종족	-	-
드워프(Dwarf)	기술력과 광물을 대표하는 종족	체력+2, 카리스마-2	파이터
노움(Gnome)	드워프와 유사하나 크기가 작은 종족	민첩성+2, 체력-2	바드
엘프(Elf)	강력한 마법을 가진 요정 종족	체력+2, 힘-2	위저드
하프 엘프(Half elf)	인간과 엘프의 혼혈 종족	-	-
하프 오크(Half orc)	인간과 오크의 혼혈 종족	힘+2, 지능-2, 카리스마-2	바바리안
하프 링(Half ling)	인간과 유사하나 크기가 작은 종족	민첩성+2, 힘-2	로그

〈던전 앤 드래곤 3.5〉의 직업 설정 및 특징	
종류	설명
바바리안	분노 특성을 이용해 적을 공격하는 전사
바드	음악 연주를 통해 마법을 사용하는 음유시인
클레릭	치유와 버프, 주문 공격을 담당하는 마법사
드루이드	신성 마법을 사용하며 동물 형태로 변신하는 마법사
파이터	전투와 무기 공격에 특화된 전사
몽크	맨손으로 빠르고 강한 공격을 하는 격투가
팔라딘	공격, 방어, 치유 등 다양한 스킬을 사용하는 성기사
레인저	물리 공격과 마법 공격이 가능한 전사

로그	높은 민첩성으로 빠른 공격을 전담하는 도적
소서러	카리스마를 이용해 마법을 사용하는 마법사
위저드	버프와 디버프, 공격을 전담하는 마법사

【전투】 플레이어는 몬스터를 죽여 경험치와 아이템을 보상으로 얻을 수 있다. 위 게임과 유사한 말과 전투 판을 사용했다. 전투는 라운드 단위로 진행되며, 주 사위를 던져 우선순위를 정한 후 순서대로 전투나 이동을 선택하고, 이를 반복하는 방식이다. 체력치에 따라 플레이어와 몬스터의 상태가 결정된다. 플레이어의 체력치가 소진되기 전에 몬스터의 체력치를 소진시키면 전투에서 승리한다.

〈던전 앤 드래곤 3.5〉의 기본 전투 행위		
유형	종류	계산
공격	근접	주사위 값, 기본 공격 보너스, 힘 결과 값의 총합
	원거리	주사위 값, 기본 공격 보너스, 민첩성 결과 값, 거리 페널티의 총합
내성	체력	주사위 값, 기본 내성 보너스, 체력 결과 값의 총합
	회피	주사위 값, 기본 내성 보너스, 민첩성 결과 값의 총합
	의지	주사위 값, 기본 내성 보너스, 지혜 결과 값의 총합
이동	움직임	짐, 방해물, 지형과 캐릭터 이동 속도 값을 계산

【〈던전 앤 드래곤〉의 영향력】 〈던전 앤 드래곤〉의 세계관 및 규칙은 다양한 게임에 차용되며 역할수행 게임의 장르적 표본을 마련했다. 〈발더스 게이트(Baldur's Gate)〉는 〈던전 앤 드래곤〉 캠페인 설정 중 하나인 포가튼렐름을 세계관으로 차용해 주목받았고, 〈네버윈터 나이츠(Neverwinter Nights)〉 시리즈, 〈던전 앤 드래곤 온라인(Dungeons & Dragons Online)〉은 각각 라이선스 계약을 통해 〈던전 앤 드래곤 3〉, 〈던전 앤 드래곤 3.5〉의 규칙을 디지털 게임으로 시스템화했다.

이 외에 〈던전 앤 드래곤〉의 세계관과 규칙을 차용한 게임의 사례는 오른쪽 표와 같다.

평가 〈던전 앤 드래곤〉은 세계 최초의 테이블탑 역할수행 게임이자 머드(MUD), 머그(MUG), 다중접속온라인 역할수행 게임으로 이어지는 역할수행 게임 계보의 선두이자 시초로 평가된다. 신화와 로망스(Romance) 등 장르 문법에 기반을 두고 판타지 세계관을 최초로 정립했으며, 레벨에 따라서 캐릭터가 성장

〈던전 앤 드래곤〉의 세계관 및 규칙을 차용한 게임 사례		
유형	제목	출시연도
세계관 차용	캡콤(Campcom)의 아케이드판 〈던전 앤 드래곤〉	1996
	〈발더스 게이트〉 시리즈	1998
	〈플레인스케이프 : 토먼트(Planescape : Torment)〉	1999
	〈던전 앤 드래곤 히어로즈(Dungeons & Dragons Heros)〉	2003
규칙 차용	〈풀 오브 래디언스(Pool of Radiance)〉	1988
	〈주시자의 눈(Eye of the Beholder)〉 시리즈	1991
	〈아이스윈드 데일(Icewind Dale)〉 시리즈	2000
	〈네버윈터 나이츠〉 시리즈	2002
	〈템플 오브 엘리멘탈 이블(Temple of Elemental Evil)〉	2003
	〈던전 앤 드래곤 온라인〉	2006
	〈던전 앤 드래곤 택틱스(Dungeons & Dragons Tactics)〉	2007

하도록 하는 시스템과 레벨에 따라 종족 및 직업 설정을 다르게 할 수 있는 시스템을 최초로 도입했다. 〈던전 앤 드래곤〉의 세계관은 게임과 영화, 애니메이션, 소설 등의 판타지 배경 설정에 영향을 미쳤으며, 캐릭터 경험치 및 능력치 구성 방법, 스킬 사용 방법, 대미지 산출 방법 등의 게임 규칙은 이후 출시된 대부분의 역할수행 게임의 기본 시스템이 됐다.

다양한 게임 개발사들이 〈던전 앤 드래곤〉을 표본으로 판타지 세계관의 테이블 역할수행 게임을 개발하였으며, 이에 따라 〈던전 앤 드래곤〉을 중심으로 역할수행 게임의 장르적 관습이 형성됐다. 게임이 디지털화되면서 〈로그(Rogue)〉, 〈울티마(Ultima)〉, 〈위저드리(Wizardry)〉 등의 컴퓨터 역할수행 게임이 개발되었고, 이는 로그류 게임과 같은 역할수행 게임 일군을 형성하면서 점차 멀티 플레이를 통해 다중접속온라인 역할수행 게임으로 발전했다.

〈던전 앤 드래곤〉과 이를 기반으로 한 다양한 판본은 오리진스 게임 페어(Origins Game Fair)에서 1977년, 1989년, 2015년 '오리진스 어워드(Origins Awards)', '최고의 역할수행 게임 상(Best Role-Playing Game Awards)'을 받았다. 2014년에는 보드 게임 커뮤니티인 보드게임긱(BoardGameGeek)에서 '올해의 게임 상(Game of the Year)'을 수상했다.

■ **핵심어** 최초의 역할수행 게임, 규칙서, 던전 마스터

■ 시리즈

1974 〈던전 앤 드래곤(Dungeons & Dragons)〉

1977 〈어드밴스드 던전 앤 드래곤(Advanced Dungeons & Dragons)〉

1989 〈어드밴스드 던전 앤 드래곤 2(Advanced Dungeons & Dragons 2)〉

1991 〈던전 앤 드래곤 백과사전(Dungeons & Dragons Rule Cyclopedia)〉

2000 〈던전 앤 드래곤 3(Dungeons & Dragons 3)〉

2003 〈던전 앤 드래곤 3.5(Dungeons & Dragons 3.5)〉

2008 〈던전 앤 드래곤 4(Dungeons & Dragons 4)〉

2014 〈던전 앤 드래곤 5(Dungeons & Dragons 5)〉

■ **참고 자료** 김원보, 최유찬,『컴퓨터 게임과 문화』, 이룸, 2005. | Jon Cogburn, Mark Silcox, *Dungeons and Dragons and Philosophy : Raiding the Temple of Wisdom*, Open Court, 2012. | Wizards Team, *Dungeon Master's Guide : Core Rulebook II v. 3.5(Dungeons & Dragons d20 System)*, Wizards of the Coast, 2003. | 〈던전 앤 드래곤〉 사이트, http://dnd.wizards.com

스페이스 인베이더 Space Invaders

출시연도 1978년

개발사 타이토(Taito)

장르 슈팅 게임

플랫폼 아케이드

스토리 우주 공간과 지구 방어선을 배경으로 한 전쟁 게임. 주인공은 우주선을 타고 지구를 침공한 외계인 군대와 전쟁을 치른다. 2002년 출시된 속편 〈스페이스 레이더〉는 3인의 주인공 저스틴, 패션 사진사 애슐리, 경찰관 나지가 각각의 소명을 지닌 채 외계인과의 전투를 벌인다.

플레이 플레이어는 외계인들을 최대한 많이 격추시킬수록 높은 점수를 얻는다. 플레이어는 화면의 하단에서 좌우로만 움직일 수 있으며, 외계인 군대는 화면의 상단에서 하단으로 이동한다. 외계인의 유형에 따라 점수가 다르며 수가 줄어들수록 외계인들의 움직이는 속도가 빨라진다. 플레이어의 에너지가 전부 소진되거나 외계인들이 플레이어가 있는 화면의 하단까지 내려오면 게임이 종료된다.

평가 〈스페이스 인베이더〉는 작은 규모에 불과했던 1970년대 아케이드 시장을 확장시킨 게임으로 평가받는다. 전쟁 상황의 긴장감을 치밀하게 조성하여 일본에서 '100엔 동전 품귀 현상'을 야기할 정도로 폭발적인 인기를 끌었다. 이 게임에서 최초로 선보인 플레이어 캐릭터와 적이 함께 움직이는 '양방향 공격 방식'은 슈팅 게임의 기본 형식이 됐다. 아케이드 게임 최초로 효과음과 배경음을 구분한 게임이기도 하다. 또한 일본 최초로 프로그램 저작권을 인정받아 일본 소프트웨어 사업이 발전할 수 있는 계기를 마련했다는 평가를 받는다.

- **핵심어** 아케이드 게임, 양방향 공격 방식
- **시리즈**
  1978 〈스페이스 인베이더(Space Invaders)〉
  1979 〈스페이스 인베이더 파트 2(Space Invaders Part 2)〉
  1985 〈리턴 오브 더 인베이더(Return of the Invaders)〉
  1990 〈마제스틱 투엘브(Majestic Twelve-The Space Invaders Part IV)〉
  1994 〈스페이스 인베이더 DX(Space Invaders DX)〉
  1995 〈아칸베다(Space Invaders'95 : The Attack of the Lunar Loonies)〉
  2002 〈스페이스 레이더(Space Raiders)〉
  2005 〈스페이스 인베이더 포켓(Space Invaders Pocket)〉
  2008 〈스페이스 인베이더 : 익스트림(Space Invaders : Extreme)〉
  2009 〈스페이스 인베이더 인피니티 진(Space Invaders Infinity Gene)〉
  〈스페이스 인베이더 : 익스트림 2(Space Invaders : Extreme 2)〉
- **참고 자료** 러셀 드마리아, 조니 L. 윌슨 저, 송기범 역, 『게임의 역사』, 제우미디어, 2002. | Steve L. Kent, *The Ultimate History of Video Games : From Pong to Pokémon and Beyond-The Story Behind the Craze That Touched Our Lives and Changed the World*, Three Rivers Press, 2001.

1980년대

랠리 엑스 Rally-X

출시연도 1980년
개발사 남코(Namco)
장르 액션 게임
플랫폼 아케이드

플레이 파란색 차를 조종하여 10개의 깃발을 획득하면 이기는 게임이다. 쫓아오는 빨간색 차와 충돌할 경우 게임에서 진다. 플레이어는 연료를 사용해 연기를 내뿜어 빨간 차를 일시적으로 공격할 수 있다. 하지만 깃발을 모두 모으기 전에 연료를 소진하지 않도록 주의해야 한다. 세 번째, 네 번째, 일곱 번째 스테이지를 끝내고 나면, 빨간 차가 없이 무제한으로 깃발을 획득할 수 있는 도전 스테이지를 플레이할 수 있다.

평가 플레이어가 추격자를 피해 아이템을 획득한다는 레이싱 액션 게임의 기본적인 형식을 최초로 취한 게임이다. 고양이에게 쫓기는 쥐를 조종하는 〈레이더 랫 락(Radar Rat Rac)〉과 〈드라이버(Driver)〉, 〈조비알(Jovial)〉 등의 레이싱 게임에 영향을 미쳤다. 〈랠리 엑스〉는 아케이드, 플레이스테이션 포터블(PSP), 닌텐도 위(Nintendo Wii), 모바일, 페이스북 등의 플랫폼에서도 서비스됐다.

■ **핵심어** 레이싱 액션 게임

■ **시리즈**

1980 〈랠리 엑스(Rally-X)〉

1981 〈뉴 랠리 엑스(New Rally-X)〉

1996 〈랠리 엑스 어레인지먼트(Rally-X Arrangement)〉

2007 〈랠리 엑스 리믹스(Rally-X Remix)〉

2011 〈랠리 엑스 럼블(Rally-X Rumble)〉

■ **참고 자료** Marlene Targ Brill, *America in the 1980s*, Twenty-First Century Books, 2009. | Steve L. Kent, *The Ultimate History of Video Games : From Pong to Pokémon and Beyond-The Story Behind the Craze That Touched Our Lives and Changed the World*, Three Rivers Press, 2001.

로그 Rogue

출시연도 1980년

개발자 미카엘 토이(Michael Toy), 글렌 위치맨(Glenn Wichman), 켄 아놀드(Ken Arnold)

장르 역할수행 게임

플랫폼 PC

스토리 주인공은 몬스터의 위협을 피해 부적을 찾아 던전에서 탈출해야 한다.

플레이 플레이어는 미로처럼 이어진 던전을 이동하며 몬스터를 공격하고 아이템을 획득하여 던전을 탈출해야 한다. 턴 방식(turn style)으로 진행되며 다음 레벨로 게임이 넘어갈 때마다 던전의 위치나 아이템의 기능 등이 무작위로 달라지기 때문에 플레이어는 새로운 플레이 환경에 적응해야 한다. 레벨이 올라갈수록 몬스터의 공격력도 올라가며, 캐릭터가 사망하면 부활하지 못하고 처음부터 게임을 다시 시작해야 한다.

평가 〈로그〉는 그래픽이 도입된 최초의 역할수행 게임이다. 초기 〈로그〉는 던전과 통로 등 모든 그래픽 요소들이 아스키 부호로 표현되었다. 예를 들어 화면 속에서 플레이어는 '@'로, 몬스터는 알파벳으로 표현되었다. 단순한 그래픽에도 불구하고, 무작위로 선택되는 던전 및 아이템과 부활 불능이라는 규칙 때문에 난이도가 높은 게임으로 평가된다.

'로그류(Roguelike) 게임'이라는 하위 장르가 있을 정도로 로그의 요소들을 차용한 게임이 많은데, 〈아돔(Ancient Domains of Mystery, ADOM)〉, 〈던전 크롤(Dungeon Crawl)〉 등이 대표적이다.

■ **핵심어** 최초의 그래픽 역할수행 게임, 로그류 게임

■ **참고 자료** 에스펜 올셋 저, 류현주 역, 『사이버텍스트』, 글누림, 2007. | Greg Costikyan, *Uncertainty in Games*, The MIT Press, 2013.

미스터리 하우스 Mystery House

출시연도 1980년
개발사 온라인 시스템즈(On-Line Systems)
장르 그래픽 어드벤처 게임
플랫폼 애플 II

스토리 주인공은 빅토리안 양식의 낡은 대저택에 톰, 샘, 샐리, 그린 박사, 조, 빌, 데이지와 함께 머무른다. 주인공은 저택에 값진 보물이 숨겨져 있다는 메모를 발견한다. 이후 저택에서 한 명씩 차례로 죽는 살인사건이 발생하기 시작한다. 주인공은 저택을 탐험하며 7명의 사람들 중에서 범인을 찾아내야 한다.

플레이 플레이어는 저택을 탐험하면서 살인사건의 범인을 찾고, 동시에 숨겨진 보물을 찾아야 한다. 저택을 탐험하는 동안 플레이어는 범인을 유추할 수 있는 단서를 얻는다. 범인을 찾아 제거하면 보물이 있는 장소가 적힌 메모도 발견할 수 있다.

게임 화면은 그래픽과 텍스트의 두 부분으로 분할된다. 탐험을 위해 플레이어는 '물을 트시오', '문을 여시오', '계단을 오르시오'와 같이 두 단어로 이루어진 명령어를 입력해야 한다. 플레이어의 입력에 따라 게임의 그래픽도 바뀐다.

평가 최초로 그래픽이 사용된 어드벤처 게임이다. 〈조크(Zork)〉로 대표되는 텍스트 어드벤처 게임에서 〈킹스 퀘스트(King's Quest)〉로 시작되는 그래픽 어드벤처 게임 사이에 나온 과도기적 형태로, 그래픽이 텍스트로 진행되는 게임을 보조해주는 삽화로 기능했다.

■ **핵심어** 최초의 그래픽 어드벤처 게임

■ **참고 자료** Anastasia Salter, *What Is Your Quest? : From Adventure Games to Interactive Books*, University of Iowa Press, 2014. | Dylan Holmes, *A Mind Forever Voyaging : A History of Storytelling in Video Games*, CreateSpace Independent Publishing Platform, 2012.

조크 Zork

출시연도 1980년
개발사 인포컴(Infocom)
장르 텍스트 어드벤처 게임
플랫폼 DEC PDP-10

스토리 조크력 948년, 주인공은 텅 빈 저택에서 각종 도구들과 대지하제국으로 향하는 지도를 발견한다. 지하실을 따라 대지하제국으로 들어간 주인공은 어두운 미로를 탐험하며 숨겨진 보물을 찾는다. 주인공은 몬스터와 늙은 마법사를 피해 보물을 가지고 안전하게 미로를 탈출해야 한다.

플레이 플레이어는 화면에 제시된 스토리를 읽고, 캐릭터의 행동을 '동사+목적어'의 문장 단위로 입력한다. 예를 들어 "당신 앞에 칼이 놓여 있다"라는 문장이 주어지면, 플레이어는 "칼을 들어라"라는 문장을 입력하여 캐릭터의 행동을 지시한다.

평가 〈조크〉는 플레이어가 제시된 글을 읽고 캐릭터의 행동을 결정한다는 점에서 쌍방향 소설(interactive fiction)로 분류되기도 한다. '질(Zork Interpretive Language, ZIL)'이라는 언어 해석 엔진을 내장하여 마치 진짜 사람과 대화를 나누는 듯한 느낌을 준다. 미로와 같은 던전을 탐험하는 스토리는 이후에 던전이 등장하는 여러 게임에 영향을 미쳤다. 온라인 게임의 시초인 머드(MUD) 역시 〈조크〉의 영향을 받아 개발됐다.

- **핵심어** 쌍방향 소설, 던전
- **시리즈**
  1980 〈조크(Zork)〉
  1987 〈조크를 넘어(Beyond Zork)〉
  1988 〈조크 0(Zork Zero)〉
     〈조크 퀘스트(Zork Quest)〉
  1993 〈조크의 귀환(Return to Zork)〉
  1996 〈조크 네메시스(Zork Nemesis)〉
  1997 〈조크 : 발견되지 않은 지하(Zork : The Undiscovered Underground)〉
     〈대법관 조크(Zork Grand Inquisitor)〉

- **참고 자료** 류현주, 『컴퓨터 게임과 내러티브』, 현암사, 2003. | 유원준, 『뉴미디어 아트와 게임 예술』, 커뮤니케이션북스, 2013. | 자넷 머레이 저, 한용환, 변지연 역, 『인터랙티브 스토리텔링 : 사이버 서사의 미래』, 안그라픽스, 2001. | Bill Loguidice, Matt Barton, *Vintage Games : An Insider Look at the History of Grand Theft Auto, Super Mario, and the Most Influential Games of All Time*, Focal Press, 2009.

팩맨 Pac-Man / パックマン

출시연도 1980년
개발사 남코(Namco)
장르 액션 게임
플랫폼 아케이드

스토리 팩맨은 유령을 피해 미로에 놓인 쿠키를 먹어야 한다.

플레이 플레이어는 유령을 피해 미로를 이동하며 쿠키를 모두 먹어야 다음 레벨로 이동할 수 있다. 유령과 닿으면 팩맨은 죽고, 에너지가 모두 떨어지면 게임이 끝난다. 유령은 총 4종류가 있으며 각각 서로 다른 색상과 이름, 그리고 움직임을 지니고 있다. 빨간색 아카베이는 플레이어의 뒤를 쫓아가며, 분홍색 핑키는 플레이어가 가는 길을 앞질러 가서 플레이어를 덮친다. 파란색 아오스케는 플레이어를 점대칭 위치에서 쫓아오며, 갈색 구즈타는 자유롭게 미로를 돌아다닌다.

평가 〈팩맨〉은 귀여운 캐릭터와 '쿠키를 먹는다'는 비폭력적인 세계관으로 인해 게임의 대중화에 기여했다. 레벨과 레벨 사이에 짧을 애니메이션을 삽입함으로써 컷신(cutscene)을 도입한 최초의 게임이기도 하다. 1982년에는 미국 에이비시(ABC)가 〈팩맨〉 애니메이션을 제작해 56%의 시청률을 기록했다. 2005년 기네스북에 '가장 성공한 아케이드 게임'으로 등재됐다.

- **핵심어** 캐릭터, 아케이드 게임, 컷신
- **시리즈**
  1980 〈팩맨(Pac-Man)〉
  1982 〈미스 팩맨(Ms. Pac-Man)〉
  　　　〈슈퍼 팩맨(Super Pac-Man)〉
  　　　〈팩맨 플러스(Pac-Man Plus)〉
  　　　〈베이비 팩맨(Baby Pac-Man)〉
  1983 〈프로페서 팩맨(Professor Pac-Man)〉
  　　　〈팩앤팔(Pac & Pal)〉
  　　　〈주니어 팩맨(Jr. Pac-Man)〉
  1984 〈팩 랜드(Pac-Land)〉
  1987 〈팩 마니아(Pac-Mania)〉
  1996 〈팩맨 어레인지먼트(Pac-Man Arrangement)〉
  　　　〈팩맨 브이알(Pac-Man VR)〉
  2011 〈팩맨 배틀 로얄(Pac-Man Battle Royale)〉
- **참고 자료** 이와타니 토루 저, 김훈 역, 『팩맨의 게임학』, 비즈앤비즈, 2012. | Wayne Graham, *Beginning Facebook Game Apps Development*, Apress, 2012.

갤러가 Galaga / ギャラガ

출시연도 1981년
개발사 남코(Namco)
장르 슈팅 게임
플랫폼 아케이드

스토리 우주 전투기의 조종사가 되어 말벌, 나비, 딱정벌레 등 곤충 형태의 외계 세력이 대열을 갖추고 공격해 올 때, 미사일을 발사해 격추시켜야 한다.

플레이 게임의 목표는 외계 세력을 제거하는 것이다. 플레이어에게는 3대의 전투기가 주어지며, 이를 좌우로 조작해 모든 적을 제거해야 다음 스테이지로 넘어갈 수 있다. 적의 수장은 '트랙터 빔(tractor beam)'으로 플레이어의 전투기를 나포할 수 있다. 적을 파괴하면 나포된 전투기는 풀려나고, 플레이어가 사용 중이던 전투기와 합체된다. 합체된 전투기는 미사일을 2배로 쏠 수 있지만 그만큼 공격당할 수 있는 범위 또한 넓어지므로 전략적 운용이 필요하다.

3개의 스테이지가 1세트로 구성되어 있으며, 한 스테이지가 끝나면 챌린지 스테이지가 등장한다. 챌린지 스테이지에서 플레이어는 파괴한 적의 수만큼 점수를 추가 획득할 수 있다.

평가 게임의 구성은 1978년 제작된 〈스페이스 인베이더〉와 유사하나, 컬러 그래픽을 사용했다는 점에서 차별적이다. 적의 편대별 비행 움직임과 등급별 차별성이라는 아이디어는 전작 〈갤럭시안〉에 처음 등장했으며, 합체 가능한 전투기의 아이디어는 〈갤러가〉에서 처음 등장했다.

- **핵심어** 비행 슈팅 게임
- **시리즈**
  1979 〈갤럭시안(Galaxian)〉
  1981 〈갤러가(Galaga)〉
  1984 〈가플러스(Gaplus)〉
  1987 〈갤러가 '88(Galaga '88)〉
      〈갤러가 '90(Galaga '90)〉
  1990 〈갤럭시안 3(Galaxian 3)〉
  1994 〈조기어의 공격(Attack of the Zolgear)〉
  1995 〈갤러가 어레인지먼트(Galaga Arrangement)〉
  2000 〈갤러가 : 데스티네이션 어스(Galaga : Destination Earth)〉
  2008 〈갤러가 레기온스(Galaga Legions)〉
  2011 〈갤러가 레기온스 디럭스(Galaga Legions DX)〉
      〈갤러가 3D 임팩트(Galaga 3D Impact)〉

■ 참고 자료 이상우, 『게임, 게이머, 플레이 : 인문학으로 읽는 게임』, 자음과모음, 2012. | 제스퍼 주울 저, 장성진 역, 『하프 리얼 : 가상 세계와 실제 규칙 사이에 존재하는 비디오게임』, 비즈앤비즈, 2014. | Tony Mott, *1001 Video Games : You Must Play Before You Die*, Universe, 2010.

동키콩 Donkey Kong / ドンキーコング

출시연도 1981년
개발사 닌텐도(Nintendo)
장르 액션 플랫폼 게임
플랫폼 아케이드

스토리 마리오는 동키콩이라는 고릴라에게 납치당한 연인 펄린을 구하기 위해 모험에 나선다.

플레이 이 게임은 4가지 스테이지로 구성된다. 플레이어는 점프를 하거나 아이템을 사용하여 장애물을 피하거나 파괴할 수 있다. 각각의 스테이지는 25미터짜리 구조물로 이루어져 있으며 하나의 스테이지는 이전 스테이지보다 25미터가 더 높은 형태이다. 최종 스테이지는 100미터에 달한다. 4개의 스테이지를 모두 마치면 레벨이 높아지고 난이도가 상승된 스테이지가 반복된다.

평가 스토리가 갖춰진 최초의 비디오 게임이다. 게임 스토리는 「미녀와 야수」에서 차용했다. 고릴라에게 납치당한 공주를 구하기 위해 주인공이 나서는 이야기는 왜 주인공이 탐험을 하는지에 대한 동기 부여를 명확하게 하는 역할을 한다. 빨간 모자를 눌러쓰고 콧수염을 기른 이탈리아인 배관공 아저씨로 설정된 마리오는 이후 닌텐도의 인기 캐릭터가 되었다.

캐릭터가 점프를 하여 플랫폼을 넘나들며 장애물을 피하는, 일명 플랫폼 게임 장르의 기반을 마련하였으며, 비디오 아케이드 게임의 대표 작품 중 하나로 평가받고 있다.

■ **핵심어** 아케이드 게임
■ **시리즈**
 1981 〈동키콩(Donkey Kong)〉
 1982 〈동키콩JR.(Donkey Kong JR.)〉
 1983 〈동키콩 3(Donkey Kong 3)〉
  〈동키콩JR.의 산수 놀이(ドンキーコングJR.の算数遊び)〉

1984 〈동키콩 하키(Donkey Kong Hockey)〉

1994 〈동키콩GB(Donkey Kong)〉

　　　〈슈퍼 동키콩(Donkey Kong Country)〉

1995 〈슈퍼 동키콩GB(Donkey Kong Land)〉

　　　〈슈퍼 동키콩 2 딕시 & 디디(Donkey Kong Country 2 : Diddy's Kong Quest)〉

1996 〈슈퍼 동키콩 3 수수께끼의 크레미스 섬(Donkey Kong Country 3 : Dixie Kong's Double Trouble!)〉

　　　〈동키콩 랜드 2(Donkey Kong Land 2)〉

1997 〈디디콩 레이싱(Diddy Kong Racing)〉

1999 〈동키콩 64(Donkey Kong 64)〉

2000 〈동키콩GBC 딩키콩 & 딕시콩(Donkey Kong Land 3)〉

2001 〈동키콩 2001(Donkey Kong 2001)〉

2003 〈슈퍼 동키콩(Donkey Kong Country)〉

　　　〈동키콩가(Donkey Konga)〉

2004 〈패미콤미니 동키콩(Famicom Mini Donkey Kong)〉

　　　〈슈퍼 동키콩 2(DONKEY KONG COUNTRY 2)〉

　　　〈동키콩가 2 히트송 퍼레이드(Donkey Konga 2 : Hit Song Parade!)〉

　　　〈마리오 vs. 동키콩(Mario vs. Donkey Kong)〉

　　　〈동키콩 정글 비트(Donkey Kong Jungle Beat)〉

2005 〈동키콩가 3 먹어라! 봄도 와서 50곡(Donkey Konga 3)〉

　　　〈흔들흔들 동키(DK : King of Swing)〉

　　　〈동키콩 정글 피버(Donkey Kong Jungle Beat)〉

　　　〈슈퍼 동키콩 3(Donkey Kong Country 3 : Dixie Kong's Double Trouble!)〉

2006 〈동키콩 바나나 킹덤(Donkey Kong Jungle Beat)〉

2007 〈마리오 vs. 동키콩 2 미니미니 대행진!(Mario vs. Donkey Kong 2 : March of the Minis)〉

　　　〈동키콩 통 제트 레이스(Donkey Kong Barrel Blast)〉

　　　〈동키콩 정글 클라이머(DK Jungle Climber)〉

2008 〈Wii로 놀자 동키콩 정글 비트(Donkey Kong Jungle Beat)〉

2009 〈마리오 vs. 동키콩 미니미니 재행진!(Mario vs. Donkey Kong : Minis March Again!)〉

2010 〈마리오 vs. 동키콩 돌격! 미니랜드(Mario vs. Donkey Kong : Mini-Land Mayhem!)〉

　　　〈동키콩 리턴즈(Donkey Kong Country Returns)〉

2013 〈동키콩 리턴즈 3D(Donkey Kong Country Returns)〉

　　　〈마리오 & 동키콩 미니미니 카니발(Mario and Donkey Kong : Minis on the Move)〉

2014 〈동키콩 트로피컬 프리즈(Donkey Kong Country : Tropical Freeze)〉

2015 〈마리오 vs. 동키콩 모두 미니랜드(マリオvs.ドンキーコング みんなでミニランド)〉

■ **참고 자료** 김정남, 김정현, 『세계 최고의 게임 크리에이터 9인의 이야기』, 대림, 2006. | 김정남, 『미야모토 시게루』, e비즈북스, 2011. | Steve L. Kent, *The Ultimate History of Video Games : From Pong to Pokémon and Beyond-The Story Behind the Craze That Touched Our Lives and Changed the World*, Three Rivers Press, 2001.

울티마 Ⅰ : 더 퍼스트 에이지 오브 다크니스

Ultima Ⅰ : The First Age of Darkness

출시연도 1981년
개발사 오리진 시스템즈(Origin Systems)
장르 역할수행 게임
플랫폼 애플 Ⅱ

스토리 1,000년 전, 사악한 마법사 먼데인은 영생을 약속해주는 사악한 보석을 창조한다. 먼데인은 소사리아 땅을 지배하기 위해 몬스터와 짐승을 풀어 마을과 도시를 약탈하고 귀족들을 분열시킨다. 이에 로드 브리티시는 다른 세계의 존재인 이방인을 소환한다. 이방인은 소사리아의 평화를 지키기 위해 모험을 떠나게 된다.

플레이 게임을 시작하면서 플레이어는 캐릭터의 종족, 직업을 선택하고 능력치를 설정해야 한다. 종족에는 인간, 엘프, 드워프, 보빗이 존재하며 직업으로는 파이터, 클레릭, 위저드, 씨프가 존재한다. 종족이나 직업에 따라 능력치가 상이하다. 플레이어는 던전에 등장하는 생명체를 잡거나 상점에 들르거나 몬스터와 결투를 하는 등 다양한 활동을 통해 경험치와 돈 등을 얻을 수 있다. 1,000포인트의 경험치를 쌓으면 레벨이 1단계 상승하며, 레벨에 따라 구입할 수 있는 아이템이 달라진다. 이 외에도 플레이어는 플레이에 필요한 음식, 무기, 마법 등을 구입할 수 있다.

평가 최초의 컴퓨터 역할수행 게임으로, 타일 형식의 그래픽, 파티 기반의 전투, 판타지적 세계관 등 이후 역할수행 게임의 기틀을 마련했다. 1997년 출시된 〈울티마 온라인〉의 경우, 다중접속온라인 역할수행 게임의 개념을 최초로 정립한 게임이다.

- **핵심어** 최초의 컴퓨터 역할수행 게임
- **시리즈**
  1981 〈울티마 Ⅰ(Ultima Ⅰ : The First Age of Darkness)〉
  1982 〈울티마 Ⅱ(Ultima Ⅱ : The Revenge of the Enchantress)〉
  1983 〈울티마 Ⅲ(Ultima Ⅲ : Exodus)〉
  1985 〈울티마 Ⅳ(Ultima Ⅳ : Quest of the Avatar)〉
  1988 〈울티마 Ⅴ(Ultima Ⅴ : Warriors of Destiny)〉
  1990 〈울티마 Ⅵ(Ultima Ⅵ : The False Prophet)〉
  1992 〈울티마 Ⅶ(Ultima Ⅶ : The Black Gate)〉
  1993 〈울티마 Ⅶ 파트 2(Ultima Ⅶ Part Two : Serpent Isle)〉
  1994 〈울티마 Ⅷ(Ultima Ⅷ : Pagan)〉
  1997 〈울티마 온라인(Ultima Online)〉

1999 〈울티마 IX(Ultima IX : Ascension)〉

■ **참고 자료** 김정남, 김정현, 『세계 최고의 게임 크리에이터 9인의 이야기』, 대림, 2006. | Brad J. King, John M. Borland, *Dungeons and Dreamers : The Rise of Computer Game Culture : Fron Geek to Chic*, McGraw-Hill/Osborne, 2003. | Matt Barton, *Dungeons and Desktops : The History of Computer Role-Playing Games*, CRC Press, 2008. | Wendy Despain, *Writing for Video Game Genres : From FPS to RPG*, CRC Press, 2009.

울펜슈타인 Wolfenstein

출시연도 1981년
개발사 뮤즈 소프트웨어(Muse Software)
장르 잠입 액션 게임, 1인칭 슈팅 게임
플랫폼 애플 II

스토리 제2차 세계대전 중, 주인공은 나치의 기밀 프로젝트에 대한 정보를 입수하기 위해 독일군의 비밀 벙커에 잠입했으나 나치군에게 발각돼 울펜슈타인 성으로 끌려간다. 전쟁 포로로 성에 감금된 주인공은 탈출을 시도하다 나치의 전쟁 계획이 적힌 극비 문서에 대해 알게 된다. 주인공은 히틀러의 전쟁 계획을 저지하기 위해 나치 병사들과 싸우면서 성에서의 탈출을 시도한다. 〈울펜슈타인 3D〉부터는 미군 연합군의 특수요원 윌리엄 조셉 블라즈코윅즈가 주인공으로 등장한다.

플레이 플레이어는 울펜슈타인 성에 감금된 특공대원이 되어, 장교와 군 간부를 암살하고 성에서 탈출한다. 게임의 배경이 되는 울펜슈타인 성은 여러 개의 방으로 나뉘어 있으며, 각 방에는 다른 방과 연결된 문이나 다른 층으로 이동할 수 있는 계단이 존재한다. 플레이어는 성을 돌아다니며 획득한 총, 수류탄 등의 아이템을 이용해 적을 따돌리거나 죽일 수 있다. 2차원 그래픽과 탑다운 뷰(top-down view) 방식을 사용했던 〈캐슬 울펜슈타인〉과 달리 후속작 〈울펜슈타인 3D〉에서는 게임이 1인칭 시점으로 진행된다. 게임은 총 6개의 에피소드로 구성돼 있으며, 각 에피소드마다 다른 맵을 제공한다. 하나의 에피소드에서 제공하는 스테이지는 총 10레벨로 구성되며, 각 레벨은 층 개념으로 나타난다. 보스몹을 처치한 다음 엘리베이터 스위치를 올리면 해당 스테이지가 완료된다.

【장르적 특성】 잠입 액션 게임의 경우, 기본 공격으로 적의 배후를 노리는 기습

전술을 사용한다. 따라서 칼, 파이프 등과 같은 근접 무기를 사용하는 것이 일반적이다. 플레이어는 미로 구조의 맵에서 적의 시야를 피해 무기와 장비를 획득하고, 경우에 따라 적군의 옷을 뺏어 입은 후 적으로 위장하는 등의 방식으로 적을 속여야 한다. 〈비욘드 캐슬 울펜슈타인〉에서는 근거리용 단검이 등장하고 변장 요소가 강조되는 등 잠입 요소가 강화됐다. 〈울펜슈타인 3D〉부터는 1인칭 슈팅 방식이 본격적으로 도입됐다.

【플레이 모드와 직업】 〈리턴 투 캐슬 울펜슈타인〉은 싱글 플레이 모드와 멀티 플레이 모드를 모두 제공한다. 2003년 후속작으로 출시된 〈울펜슈타인 : 에너미 테리토리〉에서는 멀티 플레이 모드만을 지원한다. 싱글 플레이 모드의 경우, 게임에서 제공하는 배경 서사를 바탕으로 게임이 진행되며, 플레이어는 나치군 외에 좀비, 사이보그 등 다양한 몬스터를 상대하게 된다. 멀티 플레이 모드에서는 직업에 기반을 둔 플레이어 간 전투(PvP)를 중심으로 게임이 진행된다. 선택 가능한 직업은 의무병(medic), 엔지니어(engineer), 솔저(soldier), 위관(lieutenant) 등 4가지며, 직업에 따라 장비가 다르다.

〈리턴 투 캐슬 울펜슈타인〉의 직업 구분	
분류	설명
의무병	팀의 체력을 보조하는 힐러 담당 직업으로, 전투보다는 아군 부활과 치료에 특화.
엔지니어	폭탄 설치 및 해제와 총 등의 무기류를 고칠 수 있는 직업으로, 작업 도구인 니퍼를 고유 장비로 소유.
솔저	전투에 특화된 공격 담당 직업으로, 기관총, 권총, 화염방사기 등의 총기류를 주무기로 사용.
위관	탄약을 나눠주거나 공습이 가능한 직업으로 연막탄, 수류탄, 다이너마이트 등의 폭격 기술 소유.

【무기】 〈캐슬 울펜슈타인〉에서는 기본 무기로 총과 폭탄을 제공하며, 〈비욘드 캐슬 울펜슈타인〉에서는 암살에 용이한 칼이 추가됐다. 〈울펜슈타인 3D〉에서는 나이프, 권총, 기관단총, 미니건, 화염방사기, 로켓 발사기를 무기로 사용할 수 있다.

평가 1992년에 이드 소프트웨어(id Software)가 원작자의 허락을 받아 〈울펜슈타인 3D〉를 제작했으며, 출시 1년 만에 전 세계에 10만 장이 판매됐다. 〈리턴 투 캐슬 울펜슈타인〉은 2003년 게임 비평 사이트 아이지엔(IGN)이 선정한 '올해 주목할 만한 빅게임(big games)' 50위 안에 랭크됐으며 출시 1년 만에 북미 판매량 4위를 차지했다.

〈울펜슈타인〉 시리즈에 등장하는 무기의 종류		
유형	구분	설명
근접	대검	찌르기 공격이 가능하며 암살용도로 쓰임.
	의자	의자를 들어 던지는 기술이며 다른 무기와 같이 들 수 있음.
	부츠	발차기로 문을 열 때 쓰이며 대미지가 낮음.
	파이프	대검과 유사하며 변형이 가능함.
원거리	권총	원거리 무기의 기본으로, 한 번에 한 발씩 나감.
	기관총	탄약 소모율이 적어 소수의 적을 상대할 때 쓰임.
	체인건	탄약 소모율이 많아 다수의 적을 상대할 때 쓰임.
	화염방사기	강한 화력으로 다수의 적을 상대할 수 있음.
	산탄총	탄환이 흩어지도록 발사하며 화력이 높음.
	판처파우스트	단독 대미지가 강하며 연사력이 높음.
	소총	저격에 주로 쓰이며 자동과 단발로 나뉨.
폭발물	수류탄	기본적으로 주어지는 폭발물로 막대형도 존재함.
	다이너마이트	특정 구역에만 주어지며 공격 범위가 넓음.
	지뢰	멀티 플레이 전용으로 공격 폭이 좁음.
	연막탄	멀티 플레이 전용으로 폭격을 유도함.
방어구	헬멧	머리에 착용 가능한 기본 방어구.
	방탄복	몸에 착용 가능한 기본 방어구.
	철	철 조각으로, 몹 제거 시에 나옴.

- **핵심어** 무기, 멀티 플레이
- **시리즈**

  1981 〈캐슬 울펜슈타인(Castle Wolfenstein)〉

  1984 〈비욘드 캐슬 울펜슈타인(Beyond Castle Wolfenstein)〉

  1992 〈울펜슈타인 3D(Wolfenstein 3D)〉

  　　　〈스피어 오브 데스티니(Spear of Destiny)〉

  2001 〈리턴 투 캐슬 울펜슈타인(Return to Castle Wolfenstein)〉

  2003 〈울펜슈타인 : 에너미 테리토리(Wolfenstein : Enemy Territory)〉

  2008 〈울펜슈타인 RPG(Wolfenstein RPG)〉

  2009 〈울펜슈타인(Wolfenstein)〉

  2014 〈울펜슈타인 : 더 뉴 오더(Wolfenstein : The New Order)〉

  2015 〈울펜슈타인 : 디 올드 블러드(Wolfenstein : The Old Blood)〉

- **참고 자료** Bill Loguidice, Matt Barton, *Vintage Games : An Insider Look at the History of Grand Theft Auto, Super Mario, and the Most Influential Games of All Time*, Focal Press, 2009.

위저드리 Wizardry

出시연도 1981년
개발사 서테크(Sir-Tech)
장르 역할수행 게임
플랫폼 애플 II

스토리 릴가민 왕국의 왕 트레버는 전설의 부적을 발견하고 이를 이용하여 귀족 계층이 장악하고 있는 권력을 탈환하려 한다. 하지만 왕국을 장악하려는 사악한 마법사 워드나에게 부적을 빼앗기고 만다. 트레버는 워드나가 미궁 속에 숨긴 부적을 되찾기 위해 용사를 모집해 모험에 나선다.

플레이 인간, 엘프, 드워프, 놈, 호빗으로 나눠진 종족과 전사, 마법사, 성직자, 도적 4개의 직업을 조합한 캐릭터들로 파티를 구성할 수 있다. 던전에 진입해 퀘스트를 수행할 때, 플레이어는 이동·공격·잠복 등의 단어로 구성된 선택지 중에서 캐릭터가 취할 행동을 결정한다. 이때 게임의 상황을 알려주는 스틸 이미지가 함께 제시된다. 기존 직업에서 주교, 사무라이, 군주, 닌자 등 상위 직업으로 전직이 가능하며, 지력, 체력, 활력 등 능력치의 조합에 따라 전직할 수 있는 직업이 달라진다.

평가 〈위저드리〉는 컴퓨터 역할 수행 게임 최초로 전직 시스템과 파티 시스템을 도입한 게임이다. 〈위저드리〉의 스틸 이미지를 더한 명령 구동 전투 시스템(command driven battle system)은 〈파이널 판타지(Final Fantasy)〉, 〈드래곤 퀘스트(Dragon Quest)〉 등 후대의 역할수행 게임에서 활용됐다.

- **핵심어** 역할수행 게임, 던전, 전직 시스템, 1인칭 시점
- **시리즈**
  1981 〈위저드리(Wizardry : Proving Grounds of the Mad Overlord)〉
  1982 〈위저드리 II : 다이아몬드의 기사(Wizardry II : The Knight of Diamonds)〉
  1983 〈위저드리 III : 릴가민의 유산(Wizardry III : Legacy of Llylgamyn)〉
  1986 〈위저드리 IV : 워드나의 귀환(Wizardry IV : The Return of Werdna)〉
  1988 〈위저드리 V : 거대 소용돌이의 심장(Wizardry V : Heart of the Maelstrom)〉
  1990 〈위저드리 VI : 우주 창조펜의 덫(Wizardry VI : Bane of the Cosmic Forge)〉
  1992 〈위저드리 VII : 다크 서번트의 군단(Wizardry VII : Crusaders of the Dark Savant)〉
  1996 〈네메시스 : 위저드리 어드벤처(Nemesis : The Wizardry Adventure)〉
  2001 〈위저드리 8(Wizardry 8)〉
  2011 〈위저드리 온라인(Wizardry Online)〉

- **참고 자료** Matt Barton, *Dungeons and Desktops : The History of Computer Role-Playing Games*, CRC Press, 2008. | Rusel DeMaria, Johnny L. Wilson, *High Score! : The Illustrated History of Electronic Games*, McGraw-Hill/Osborne, 2003.

너구리 Ponpoko / ポンポコ

출시연도 1982년
개발사 시그마 엔터프라이즈(Sigma Enterprises)
장르 액션 플랫폼 게임
플랫폼 아케이드

플레이 플레이어는 제한 시간 내에 스테이지에 흩어져 있는 당근, 앵두, 버섯, 귤 등의 아이템을 획득해야 한다. 너구리 캐릭터는 상하좌우로 움직이며 점프할 수 있다. 장애물로는 압정과 뱀이 있으며 이를 접촉할 경우 생명력이 닳기 때문에 플레이어는 사다리에 매달리는 등의 행동으로 너구리를 전략적으로 이동시켜야 한다. 총 20개의 스테이지로 구성되어 있으며, 각 스테이지마다 너구리가 먹어야 할 과일, 채소의 종류가 달라진다.

평가 〈동키콩(Donkey Kong)〉, 〈갤러가(Galaga)〉와 함께 1980년대 초의 대표적 스테이지형 액션 게임으로 꼽힌다.

- **핵심어** 스테이지형 액션 게임
- **참고 자료** Sarah Logan, *Pac-Man 221 Success Secrets-221 Most Asked Questions On Pac-Man-What You Need To Know*, Emereo Publishing, 2014.

뽀빠이 Popeye

출시연도 1982년
개발사 닌텐도(Nintendo)
장르 액션 플랫폼 게임
플랫폼 아케이드

스토리 뽀빠이는 블루토에게 납치된 연인 올리브를 구해야 한다.

플레이 플레이어는 뽀빠이 캐릭터를 조작해 올리브가 떨어뜨리는 하트, 음표, 알파벳 아이템을 수집해야 한다. 레벨에 따라 모아야 하는 아이템의 종류와 목표 수치가 달라진다. 스테이지 곳곳에 위치한 움직이는 장애물과 악당 블루토의 공격을 피하며 플레이하는 것이 핵심이다. 뽀빠이는 공격 능력이 없으나, 시금치 아이템을 획득할 경우 일정 시간 동안 블루토를 기절시킬 수 있는 능력이 생긴다.

평가 1929년 출판된 동명의 만화 캐릭터들을 게임 캐릭터로 등장시켜 인기를 끌었다.

- 핵심어 플랫폼
- 참고 자료 David Sheff, *Game Over : How Nintendo Conquered The World*, Knopf Doubleday Publishing Group, 2011. | Scott Rogers, *Level Up! The Guide to Great Video Game Design : From Blue Sky to Green Light*, Wiley, 2014.

트론 Tron

출시연도 1982년
개발자 발리 미드웨이(Bally Midway)
장르 액션 게임
플랫폼 아케이드

스토리 주인공 플린은 엔콤에서 일하는 소프트웨어 엔지니어이다. 동료 엔지니어인 에드 딜리건이 자신의 아이디어를 훔쳐 승승장구하자 증거를 찾기 위해 엔콤의 메인 컴퓨터 해킹을 시도한다. 이 과정에서 게임 세계로 빨려 들어가게 된 플린은 자신을 처치하려는 딜리건의 중앙 통제 프로그램과 싸우게 된다.

플레이 게임은 4가지의 미니 게임으로 구성된다. 첫 번째 미니 게임에서 플레이어는 맵에 등장하는 적군의 탱크를 파괴해야 한다. 두 번째 미니 게임에서는 적을 유인해 누군가 지나간 자리를 다시 지나가게 하거나 벽에 부딪히도록 만들어야 한다. 세 번째 미니 게임에서는 정해진 시간 안에 적의 공격을 피해 목표 지점에 도달해야 한다. 마지막 미니 게임의 목표는 중앙 통제 프로그램을 감싸고 있는 벽을 부수고 그 안으로 들어가는 것이다. 4가지의 미니 게임을 모두 끝내야 다음 레벨로 넘어간다. 레벨이 올라갈수록 게임의 난이도가 높아지며 총 12레벨로 구성되어 있다.

평가 1982년 디즈니에서 만든 동명의 영화를 기반으로 제작됐다. 원작의 플롯과 주요 장면을 게임으로 재구성했다. 1982년 미국 게임 잡지 《일렉트로닉 게임즈(Electronic Games)》가 뽑은 동전 투입 방식 아케이드 부문 '올해의 게임 상(Game of the Year)'을 수상했다.

- 핵심어 가상 세계

- **시리즈**
  1982 〈트론(Tron)〉
  1983 〈디스크 오브 트론(Discs of Tron)〉
  2003 〈트론 2.0(Tron 2.0)〉
  2004 〈트론 2.0 킬러 앱(Tron 2.0 Killer App)〉
  2010 〈트론 : 에볼루션(Tron : Evolution)〉
       〈트론 : 에볼루션-배틀 그리드(Tron : Evolution-Battle Grids)〉
- **참고 자료** Mark J. P. Wolf, *Before the Crash : Early Video Game History*, Wayne State University Press, 2012. | Michael Morrison, *Sams Teach Yourself Game Programming in 24 Hours*, Sams Publishing, 2003.

드래곤 슬레이어 Dragon Slayer

출시연도 1984년
개발사 팔콤(Falcom)
장르 역할수행 게임
플랫폼 PC

스토리 지하 동굴 깊숙한 곳에 머리가 셋 달린 용이 살고 있다. 용은 4개의 왕관을 지키고 있다. 용사는 용을 처치해 왕관을 가지고 귀환하라는 임무를 받는다. 이를 위해 용사는 동굴을 탐험하며 칼을 찾고, 괴물들을 물리치며 실력을 쌓아 나가야 한다.

플레이 게임의 목표는 용을 처치하고 왕관을 획득하여 돌아오는 것이다. 처음에 플레이어는 집과 방패만을 가진 무력한 용사로 게임을 시작한다. 초기에는 기술과 무기가 주어지지 않기 때문에 동굴을 탐험하며 마법 기술과 아이템을 획득하고 캐릭터를 성장시켜야 한다. 탐험을 마친 뒤에는 반드시 집으로 돌아와야 하는데 귀가 후 능력치를 올리고 체력을 회복할 수 있는 것이 특징이다. 플레이어는 한 번에 1개의 아이템만 가지고 이동할 수 있기에 전략적으로 아이템을 선택해야 한다.

평가 〈드래곤 슬레이어〉는 액션 중심 역할수행 게임으로, 이후 〈하이드라이드(Hydlide)〉, 〈이스(Ys)〉 시리즈가 등장할 수 있는 기반을 마련했다. 왕관, 검, 용은 시리즈의 기본 모티프이지만 각 시리즈들의 서사는 연관성 없이 개별적으로 진행된다. 한편, 시리즈 중 6번째 작품인 〈드래곤 슬레이어 : 영웅전설〉은 소년, 모험, 성장이라는 모티프를 중심으로 하면서 후속편들이 제작되어 독립된 시리즈로 분화됐다.

- **핵심어** 액션 중심 역할수행 게임
- **시리즈**
  1984 〈드래곤 슬레이어(Dragon Slayer)〉
  1985 〈드래곤 슬레이어 Ⅱ : 제나두(Dragon Slayer Ⅱ : Xanadu)〉
  1986 〈드래곤 슬레이어 Jr : 로맨시아(Dragon Slayer Jr : Romancia)〉
  1987 〈드래곤 슬레이어 Ⅳ : 드래슬레 패밀리(Dragon Slayer Ⅳ : Drasle Family)〉
    〈소서리안(Sorcerian)〉
  1989 〈드래곤 슬레이어 : 영웅전설(Dragon Slayer : The Legend of Heroes)〉
  1991 〈로드 모나크(Lord Monarch)〉
  1994 〈바람의 전설 제나두(The Legend of Xanadu)〉
- **참고 자료** Brett Weiss, *Classic Home Video Games, 1985-1988 : A Complete Reference Guide*, McFarland, 2012. | Jonathan Clements, Helen McCarthy, *The Anime Encyclopedia : A Guide to Japanese Animation Since 1917, Revised and Expanded Edition*, Stone Bridge Press, 2006.

테트리스 Tetris

출시연도 1984년
개발자 알렉세이 파지노프(Alexey Pajitnov)
장르 퍼즐 게임
플랫폼 일렉트로니카 60

플레이 테트리스는 정사각형 4개를 조합한 조각인 '테트리미노(tetrimino)'로 가로줄을 맞추는 방식으로 진행된다. 테트리미노는 더 테트리스 컴퍼니(TTC)에서 규정한 표준에 따라 알파벳 아이(I), 제이(J), 엘(L), 오(O), 에스(S), 티(T), 제트(Z)의 모양을 차용한 7가지 형태의 조각들이 있다. 알파벳 순서대로 청록, 파랑, 주황, 노랑, 연두, 보라, 빨강의 각기 다른 색을 띤다. 플레이 화면은 테트리미노를 구성하는 정사각형을 기준으로 가로 10칸, 세로 22칸으로 구성된다.

최대한 많은 테트리미노를 결합시켜 테트리미노 줄을 없애고 높은 점수를 얻는 것이 목표이다. 플레이어는 화면 상단에서 하단으로 무작위로 내려오는 테트리미노를 조작해 가로줄을 맞춘다. 가로줄이 전부 채워지면 해당 줄이 제거되면서 점수로 치환된다. 아이(I) 테트리미노를 이용해 최대 4줄을 한 번에 없앨 수 있으며 이 경우 높은 점수를 획득한다.

초기 플랫폼인 일렉트로니카 60에서는 키보드로 조작하며 플레이했다. 플레이어는 테트리미노의 좌우 위치와 하강 속도를 조절하거나 90도 기준으로 테트리미노를 회전시켜 서로 결합시켜야 한다. 이때 다른 테트리미노와 결합한 테트리미노는 더 이상 조작할 수 없다. 일정 점수를 얻으면 게임의 단계가 바뀌고 테트리미노의 하강 속도가 빨라지거나 하단에 쌓인 테트리미노의 높이가 높아지는 등 난이도가 높아진다. 만약 플레이어가 가로줄을 없애지 못하여 테트리미노가 쌓여 상단 한계선에 이르면 게임이 끝난다.

1998년 아리카에서 개발한 〈테트리스 더 그랜드 마스터〉의 경우, 제한된 기회 내에 가장 높은 등급을 받는 것이 목표이다. 등급은 기본 점수와 콤보 점수, 레벨 점수를 모두 곱한 값으로 최대 등급을 달성할 경우, '그랜드 마스터'라는 칭호를 얻는다. 점수 누적에 따라 레벨이 오르며 최대 달성 가능한 레벨은 999이다. 한 번에 없애는 줄 수에 따라 한 줄부터 싱글, 더블, 트리플, 테트리스라고 한다. 싱글 이상을 연속으로 달성하는 '콤보'의 경우 가중 점수를 얻는다.

멀티 플레이를 지원해 다른 플레이어와 등급을 비교하거나 대전하는 것이 가능하다. 대전은 아이템전으로 진행된다. 대전 진행 방식은 아이템 테트리미노를 사용하는 방법과 콤보를 사용하는 방법, 총 2가지이다. 플레이어는 테트리미노를 쌓거나 줄을 없애면 점수를 획득한다. 점수가 일정량 이상 누적된 경우, 아이템 테트리미노가 나타나며 이 테트리미노를 없애면 효과가 발동된다. 콤보의 경우, 플레이어가 지운 줄만큼 상대방의 테트리미노 줄 수를 늘린다.

평가 타일 맞추기의 시초가 된 퍼즐 게임으로, 시간제한과 조작 방법, 맞춤의 기준, 의무적인 맞춤 등 4가지 변수에 따라 다양한 변형이 가능하다. 떨어지는 타일을 조작하는 〈닥터 마리오(Dr. Mario)〉나 플레이어가 타일을 쏘는 방식의 〈플로팅(Plotting)〉, 타일을 쏘아 4개 이상을 맞추는 〈뿌요뿌요(Puyopuyo)〉, 아래에서 타일을 쏘는 진행 방식의 〈룩소(Luxor)〉 등이 이 게임의 영향을 받았다.

〈테트리스〉는 1991년 캘리포니아 대학 정신의학과 리처드 하이얼(Richard Haier) 박사가 매일 4~8시간 동안 테트리스를 한 사람들의 경우 뇌 작동이나 효율성이 매우 향상됐다는 사실을 밝히며, 기네스북 '두뇌 능력을 향상시키는 비디오 게임(First Video Game to Improve Brain Functioning and Efficiency)' 분야에 등재됐다. 2007년 게임 비평 사이트 아이지앤(IGN)이 선정한 '역사상 최고의 게임 100편(IGN Top 100 Games Of All Time)' 중 2위를, 《엔터테인먼트 위클리(Entertainment Weekly, EW)》가 선정한 '최고의 비디오 게임 50선(The 50 Best

Video Games from 1983 to 2008)' 중 1위를 차지했다.

출시 이후 아이비엠 피시(IBM PC)와 비디오 게임 콘솔, 닌텐도 게임보이, 모바일 등 다양한 플랫폼으로 확산됐으며 2010년 기네스북에 '가장 많은 플랫폼으로 확장된 게임(Most Ported Video Game)' 분야에 등재됐다. 2014년 개발사 일렉트로닉 아츠(Electronic Arts, EA)에서 집계한 결과 역대 가장 많이 판매된 게임으로 총 1억 4,300만 장을 판매했다.

- **핵심어** 최초의 타일 맞추기 게임
- **시리즈**
  1984 〈테트리스(Tetris)〉
  1996 〈테트리스 에스(Tetris S)〉
  1997 〈테트리스 플러스 2(Tetris Plus 2)〉
  1998 〈매지컬 테트리스 챌린지(Magical Tetris Challenge)〉
  　　　〈테트리스 4D(Tetris 4D)〉
  　　　〈테트리스 64(Tetris 64)〉
  　　　〈테트리스 디엑스(Tetris DX)〉
  　　　〈테트리스 더 그랜드 마스터(Tetris The Grand Master)〉
  1999 〈키즈 테트리스(Kids Tetris)〉
  　　　〈세가 테트리스(Sega Tetris)〉
  　　　〈슈퍼 봄블리스 디럭스(Super Bombliss Deluxe)〉
  　　　〈더 뉴 테트리스(The New Tetris)〉
  　　　〈더 넥스트 테트리스(The Next Tetris)〉
  　　　〈더 넥스트 테트리스 디엘엑스(The Next Tetris DLX)〉
  2000 〈인 플라이트 테트리스(In-Flight Tetris)〉
  　　　〈포켓 테트리스(Pocket Tetris)〉
  　　　〈닌텐도 미니 클래식 테트리스(Nintendo Mini Classics Tetris)〉
  　　　〈쇼크웨이브 테트리스(Shockwave Tetris)〉
  　　　〈슈퍼라이트 1500 시리즈 : 더 테트리스(SuperLite 1500 Series : The Tetris)〉
  　　　〈더 넥스트 테트리스 : 온라인 에디션(The Next Tetris-Online Edition)〉
  　　　〈테트리스 : 카시오페이아 E-10(Tetris : Cassiopeia E-10)〉
  　　　〈테트리스 챌린지(Tetris Challenge)〉
  　　　〈테트리스 더 앱솔루트 더 그랜드 마스터 2(Tetris The Absolute The Grand Master 2)〉
  　　　〈테트리스 위드 카드 캡터 사쿠라 이터널 하트(Tetris with Cardcaptor Sakura Eternal Heart)〉
  　　　〈테트리스 라디카(Tetris Radica)〉
  2001 〈그루븐 테트리스(Groovin' Tetris)〉
  　　　〈미니 테트리스(Mini Tetris)〉
  　　　〈미니 테트리스 2(Mini Tetris 2)〉
  　　　〈테트리스 월드(Tetris Worlds)〉
  　　　〈테트리스 아웃도어(Tetris Outdoor)〉
  2002 〈봄블리스(Bombliss)〉
  　　　〈테트리스 유미디어(Tetris Yoomedia)〉

〈테트리스 포켓몬 미니(Tetris Pokémon Mini)〉

〈테트리스 배틀(Tetris Battle)〉

〈테트리스 블루(Tetris Blue)〉

〈테트리스 원더스완 컬러(Tetris Wonderswan Color)〉

〈테트리스 레드(Tetris Red)〉

〈테트리스 브이에스(Tetris VS)〉

〈테트리스 브이에스 드래곤 (Tetris VS Dragon)〉

〈테트리스 브이에스 사루 바나나(Tetris VS Saru Banana)〉

2003 〈민나 노 소프트 시리즈 : 테트리스 어드밴스(Minna no Soft Series : Tetris Advance)〉

〈테트리스 블루 라바 무선(Tetris Blue Lava Wireless)〉

〈테트리스 프리투플레이(Tetris Free2Play)〉

〈테트리스 고플레이티브이(Tetris GoPlayTV)〉

〈테트리스 마줌마(Tetris Mazooma)〉

〈테트리스 캐스케이드(Tetris Cascade)〉

〈테트리스 디럭스(Tetris Deluxe)〉

〈테트리스 기와메미치(Tetris Kiwamemichi)〉

2004 〈라이티드 테트리스(Lighted Tetris)〉

〈플레이티브이 아케이드 레전드 테트리스(PlayTV Arcade Legends Tetris)〉

〈테트리스 엘레먼트(Tetris Elements)〉

〈테트리스 토너먼트 포 프라이즈(Tetris Tournament for Prizes)〉

〈테트리스 타워 3D(Tetris Tower 3D)〉

〈테트리스 클래식(Tetris Classic)〉

2005 〈빅 스크린 테트리스(Big Screen Tetris)〉

〈테트리스 더 그랜드 마스터 3(Tetris The Grand Master 3 Terror-Instinct)〉

〈테트리스 더 그랜드 마스터 에이스(Tetris The Grand Master Ace)〉

2006 〈아이팟 테트리스(iPod Tetris)〉

〈미션 봄블리스(Mission Bombliss)〉

〈플레이티브이 레전드 패밀리 테트리스(PlayTV Legends Family Tetris)〉

〈세가 에이지 2500 시리즈 테트리스 컬렉션(Sega Ages 2500 Series vol.28 Tetris Collection)〉

〈테트리스 블랙(Tetris Black)〉

〈테트리스 블랙베리(Tetris Blackberry)〉

〈테트리스 디에스(Tetris DS)〉

〈테트리스 골드(Tetris Gold)〉

〈테트리스 마니아(Tetris Mania)〉

2007 〈테트리스 크리스탈(Tetris Crystal)〉

〈테트리스 에볼루션(Tetris Evolution)〉

〈테트리스 그린(Tetris Green)〉

〈테트리스 미션 2008(Tetris Missions 2008)〉

〈테트리스 멀티 플레이어(Tetris Multiplayer)〉

〈테트리스 온라인 재팬(Tetris Online Japan)〉

〈테트리스 스플래시(Tetris Splash)〉

〈테트리스 티브이(Tetris TV)〉

〈테트리스 존(Tetris Zone)〉

2008 〈게임 센터 뱅크 3분 테트리스(Game Center Bank 3 Minute Tetris)〉

　　　〈테트리스 프렌즈(Tetris Friends)〉

　　　〈테트리스 파티(Tetris Party)〉

　　　〈테트리스 팝(Tetris Pop)〉

2014 〈뿌요뿌요 테트리스(PuyoPuyo Tetris)〉

■ **참고 자료** 예스퍼 율 저, 이정엽 역, 『캐주얼 게임 : 비디오게임과 플레이어의 재창조』, 커뮤니케이션북스, 2012. | James Paul Gee, *Why Video Games are Good for Your Soul*, Common Ground Publishing, 2005. | Leon Deaton, *How to Start a Hobby in Tetris*, SamEnrico, 2015.

1942

출시연도 1984년

개발사 캡콤(Capcom)

장르 슈팅 게임

플랫폼 아케이드

스토리 미국과 일본의 태평양 전쟁이 발발한 1942년, 미군의 P-38 라이트닝 전투기가 일본군의 전함을 파괴하고 항복을 받아내고자 출격한다.

플레이 게임은 상하 방향(횡스크롤 방식의 전신)으로 진행되며, 상하좌우 조작이 가능하다. 파워업 아이템을 획득하여 탄을 강화하거나, 보조기체 아이템을 획득해 전투기의 성능을 높일 수 있다. 한 스테이지당 3번의 특수기를 사용할 수 있으며 이를 사용하면 공중제비 동작을 통해 적의 공격을 피할 수 있다. 적에게 피격당하거나 적의 기체에 닿을 시 게임이 종료된다.

평가 〈1942〉가 도입한 파워업 아이템과 위기 회피 스킬은 이후 〈스트라이커 1945(Striker 1945)〉 등 비행 슈팅 게임에 적용됐다.

■ **핵심어** 슈팅 게임, 제2차 세계대전

■ **시리즈**

1984 〈1942〉

1987 〈1943 : 미드웨이 해전(1942 : The Battle Of Midway)〉

1990 〈1941 : 카운터 어택(1941 : Counter Attack)〉

1996 〈19XX : 운명과의 전쟁(19XX : The War Against Destiny)〉

2000 〈1944 : 루프 마스터(1944 : The Loop Master)〉

2008 〈1942 : 조인트 스트라이크(1942 : Joint Strike)〉

2010 〈1942 : 퍼스트 스트라이크(1942 : First Strike)〉

■ **참고 자료** Brett Weiss, *Classic Home Video Games, 1985-1988 : A Complete Reference Guide*, McFarland, 2009. | James Newman, Iain Simons, *100 Video Games*, British Film Institute, 2007.

건틀렛 Gauntlet / ガントレット

출시연도 1985년
개발사 아타리(Atari)
장르 다중접속온라인 역할수행 게임
플랫폼 아케이드

스토리 워리어인 토르와 오딘을 섬기는 발키리 티라, 엘프인 퀘스터, 영국 아서 왕을 보좌한 위저드 멀린은 여러 개의 방이 미로 형태로 연결된 던전에 갇힌다. 주인공은 서로 협력해 적을 물리치고 던전을 탈출해야 한다.

플레이 핵 앤드 슬래시(hack and slash) 방식의 게임으로, 4인의 캐릭터가 협력을 통해 던전을 탈출하는 것이 목표이다. 플레이어는 워리어와 발키리, 엘프 그리고 위저드 등 4인의 캐릭터 중 하나를 선택한다. 2인 이상의 플레이어가 협업 플레이를 할 경우 각기 다른 캐릭터를 선택해야 한다. 각 캐릭터는 공격 유형 및 능력이 다르다. 게임은 화면 상단에서 하단으로 이동하거나 왼쪽에서 오른쪽으로 이동하며 진행된다. 플레이어는 3인칭 시점에서 캐릭터 위치를 확인하며 악마, 유령, 도둑 등 여러 유형의 적이 있는 다양한 방을 탐험한다. 아이템은 각 방에 물약이나 음식, 열쇠 등의 형태로 배치되며 캐릭터의 마력 및 체력을 강화하거나 다음 방으로 이동할 수 있는 수단으로 사용한다.

평가 이후 개발된 아케이드 게임 디자인의 원형으로 평가받는다. 캐릭터의 상황을 알리는 기계 목소리나 배경음 등 200여 개의 다양한 음향 효과로 플레이어의 몰입도를 강화한 것이 특징이다. 1986년 런던에서 개최된 골든 조이스틱 어워드(Golden Joystick Awards)에서 '올해의 게임 상(Game of the Year)'을 수상했고 '올해의 아케이드 게임 상'에 입상했다. 영국 컴퓨터 잡지 《유어 싱클레어(Your Sinclair, YS)》에서 투표로 선정한 역대 최고의 게임 100위 안에 포함됐다.

- **핵심어** 아케이드 게임, 아타리 게임, 도스(DOS) 게임, 롤플레잉 비디오 게임, 다중접속온라인 역할수행 게임
- **시리즈**
  1985 〈건틀렛(Gauntlet)〉
  1986 〈건틀렛 II(Gauntlet II)〉
  1987 〈건틀렛 : 더 디퍼 던전(Gauntlet : The Deeper Dungeons)〉
  1990 〈건틀렛 : 더 서드 엔카운터(Gauntlet : The Third Encounter)〉
  1991 〈건틀렛 III : 더 파이널 퀘스트(Gauntle III : The Final Quest)〉
  1993 〈건틀렛 IV(Gauntlet IV)〉

1998 〈건틀렛 레전드(Gauntlet Legends)〉
2000 〈건틀렛 다크 레거시(Gauntlet Dark Legacy)〉
2005 〈건틀렛 : 세븐 소로우(Gauntlet : Seven Sorrows)〉
2014 〈건틀렛 TM(Gauntlet TM)〉

▪ **참고 자료** Brett Weiss, *Classic Home Video Games, 1985-1988 : A Complete Reference Guide*, McFarland, 2009. | Matt Fox, *The Video Games Guide : 1,000+ Arcade, Console and Computer Games, 1962-2012*, McFarland, 2013. | Simon Egenfeldt-Nielsen, Jonas Heide Smith, Susana Pajares Tosca, *Understanding Video Games : The Essential Introduction*, Routledge, 2012.

봄버맨 Bomberman

| 출시연도 1985년
| 개발사 허드슨 소프트(Hudson Soft)
| 장르 액션 어드벤처 게임
| 플랫폼 패미콤

스토리 화이트 봄버맨은 봄버 성운의 봄버 행성 지하에 있는 폭탄 공장에서 폭탄을 만드는 로봇이다. 폭탄 제조에 지친 어느 날, 화이트 봄버맨은 지상에 올라가면 인간이 될 수 있다는 소문을 듣고 탈출을 감행한다. 적들을 피해 탈출에 성공한 그는 결국 인간이 되는 데 성공한다.

플레이 바둑판 모양의 미로에서 출구를 찾아 탈출하는 것이 목표이다. 플레이어는 숨겨진 출구를 찾기 위해 적을 피해 폭탄을 설치해야 한다. 캐릭터를 상하좌우로 조작해 폭탄을 설치할 위치를 결정하며 이때 폭탄은 여러 개를 동시에 설치할 수 있다. 폭탄은 십자 모양으로 터지면서 몬스터와 장애물을 제거하거나 인접한 다른 폭탄을 폭파시킨다. 플레이어 캐릭터 역시 폭탄에 닿으면 피해를 입기 때문에 적과 폭탄의 사정거리를 계산해 움직이는 것이 중요하다. 최대 5인이 동시에 참여하는 대전 모드로 플레이할 수 있다.

평가 캐주얼한 캐릭터와 단순한 조작법으로 대중적 인기를 끌었으며, 패미콤, 닌텐도, 플레이스테이션, 플레이스테이션 포터블(PSP), 닌텐도 모바일 등의 플랫폼으로 후속작이 출시됐다. 봄버맨 캐릭터를 주인공으로 한 만화와 애니메이션도 제작됐다.

▪ **핵심어** 아케이드 게임, 미로, 로드 러너(Lode Runner)

■ 시리즈
1985 〈봄버맨(Bomberman)〉
1993 〈슈퍼 봄버맨(Super Bomberman)〉
1997 〈봄버맨 월드(Boberman World)〉
〈네오 봄버맨(Neo Bomberman)〉
■ 참고 자료 Brett Weiss, *Classic Home Video Games, 1985-1988 : A Complete Reference Guide*, McFarland, 2012. | Matt Fox, *The Video Games Guide : 1,000+ Arcade, Console and Computer Games, 1962-2012*, McFarland, 2013. | Tony Mott, *1001 Video Games : You Must Play Before You Die*, Universe, 2010.

삼국지 Romance of the Three Kingdoms / 三國志

출시연도 1985년
개발사 코에이(Koei)
장르 턴제 전략 시뮬레이션 게임
플랫폼 PC

스토리 후한(後漢) 말, 조정과 관료들은 부패하고 황건적의 반란으로 나라가 혼란스럽다. 황건적의 난을 진압하고 나라를 평정하기 위해 군사 세력들이 난립하고, 백성을 위한 새로운 나라를 세우겠다는 포부를 가진 여러 군웅들이 나타난다. 유비, 관우, 장비는 도원결의로 뜻을 모아 의병을 일으켜 세력 전쟁에 합류한다. 군웅들의 활약으로 황건적의 난은 평정됐지만 정권을 잡은 동탁은 악정을 일삼는다. 조조는 동탁에게 반기를 들고 여러 제후들을 모아 대적한다. 이후 중국 대륙의 북부를 장악한 조조, 강동 일대를 평정한 손권, 형주 일대를 장악한 유비 등 3명의 세력이 커지고, 위(魏), 촉(蜀), 오(吳) 삼국의 중국 대륙 통일 전쟁이 시작된다.

플레이 플레이어는 삼국지의 등장인물 중 한 명이 돼 세력을 키우고 중국 대륙을 통일해야 한다. 기본 플레이는 '내정(內政)'과 '전투(戰鬪)'의 2가지로 구분된다. 내정은 플레이어가 자신의 영역에서 농지 개발, 상업 투자 등을 통해 수입을 증대시켜 국력을 강화하고 우수한 인재를 등용하는 것이다. 전투는 적의 군주가 지배하는 영역을 빼앗고 계략과 외교 전술을 통해 적의 세력을 약화시키는 것이다.

게임 진행 방식에 따라 군주제와 장수제로 나뉜다. 이는 플레이어가 선택할 수 있는 캐릭터가 군주인가 장수인가에 따라 구분된다. 〈삼국지 Ⅶ〉, 〈삼국지 Ⅷ〉,

〈삼국지〉 숫자 시리즈별 도입 시스템	
시리즈	도입 시스템
〈삼국지 II〉	신군주 캐릭터 추가, 일기토(一騎打ち) 시스템, 이벤트.
〈삼국지 III〉	전장 시스템, 장수 소지 아이템.
〈삼국지 IV〉	마우스만으로 명령, 장수별 특기 시스템, 확장팩 개념의 '파워업 키트(Power-Up Kit)'.
〈삼국지 V〉	진형 개념, 명성 파라미터 시스템, 게임 내 아이템 작성 시스템, 일기토 모드.
〈삼국지 VI〉	플레이어가 명령을 입력하는 일기토 시스템, 실시간 턴제 전투 시스템.
〈삼국지 VII〉	장수제, 명승지 개념, 턴제 역할수행 방식의 전술모드.
〈삼국지 VIII〉	결혼 이벤트 시스템, 친밀도 및 인간관계 측정 시스템.
〈삼국지 IX〉	10일 단위의 반 실시간 전략 시스템, 멀티 엔딩, 장수발탁 시스템.
〈삼국지 X〉	설전 시스템, 역사 이벤트 콤보 시스템.
〈삼국지 11〉	3차원 지도.
〈삼국지 12〉	실시간 전투 시스템, 터치 스크린 조작.

〈삼국지 X〉의 세 시리즈는 장수제를 채택하고 있으며 나머지 시리즈는 군주제를 채택한다. 군주제는 세력의 군주가 되어 중국 전토를 통일하는 것이 목표이다. 장수제는 선택한 장수의 일생을 플레이하는 것으로, 중국 통일뿐 아니라 육성 시뮬레이션 게임처럼 플레이하는 것도 가능하다.

【장수 능력치와 상성】 게임의 진행에서 휘하 장수들이 가진 능력치를 통해 승패가 결정되기 때문에 뛰어난 장수를 얼마나 가지고 있는지가 중요하다. 〈삼국지〉에서는 신체, 지력, 무력, 카리스마, 운세라는 5가지 수치로 나타났다. 여기서 카리스마 항목은 후속 시리즈에서 매력으로 변경됐으며, 신체와 운세 능력치는 제외됐다. 〈삼국지 III〉에서 육상지휘, 수상지휘, 정치력이 추가됐고, 〈삼국지 IV〉에서 육상지휘와 수상지휘가 통솔력으로 통합됐다. 일반적으로 통솔력, 무력, 지력, 정치력, 매력의 5가지 수치로 나타난다. 무력, 지력, 매력은 〈삼국지〉부터 있었고, 통솔력, 정치력은 〈삼국지 III〉부터 도입됐다. 이후 통솔력은 〈삼국지 V〉, 〈삼국지 VII〉, 〈삼국지 VIII〉에서, 매력은 〈삼국지 11〉, 〈삼국지 12〉에서 빠지기도 했다. 이 경우, 다른 능력치가 없는 능력치 역할을 겸한다. 5가지 능력치를 총합해서 장수들의 능력치 순위가 매겨지기도 한다. 〈삼국지 12〉에서는 능력치 총합이 450이 넘지 않도록 조정했으며, 가장 높은 능력치를 가진 캐릭터는 449의 수치를 가진 조조이다.

5가지 능력치 외에 장수 간 상성은 장수의 등용 여부, 세력 간 외교 등에 영향을 미치는 주요한 요소이다. 상성은 〈삼국지 II〉에서 처음 도입됐으며, 장수 캐릭터 간 상성에 따라 명령 효율성과 장수 등용 성공률 등이 달라진다. 장수 캐릭터의 상성 수치는 게임 인터페이스에서 제시되지 않아 확인이 불가능하기 때

〈삼국지〉 시리즈에서 장수 캐릭터의 5가지 주요 능력치	
장수 능력치	설명
통솔력	군사를 통솔하는 능력. 전투에서는 통솔하는 부대의 전투력, 내정에서는 징병이나 치안과 관계됨. 주로 무관형 장수들이 높은 수치를 가짐. 통솔력이 빠지는 경우, 무력이 통솔력의 역할을 겸함.
무력	장수의 무예와 관계된 능력. 전투에서는 장수의 일대일 전투 능력과 부대 공격력, 내정에서는 훈련, 치안, 보수와 관계됨. '여포' 캐릭터의 능력치는 〈삼국지 Ⅶ〉을 제외한 전 시리즈에서 100임.
지력	장수의 지혜와 관계된 능력. 전투에서는 계략 성공 및 효과, 상대 계략 방어, 설전, 내정에서는 외교 교섭, 기술, 병기 개발 및 생산, 보수와 관계됨. '제갈량' 능력치는 〈삼국지 Ⅶ〉을 제외한 전 시리즈에서 100임.
정치력	나라 관리와 관계된 능력. 내정에서 농업, 상업, 병기 생산, 인재 발견 및 등용과 관계됨. 후방 지원, 체제 정비를 맡는 장수들이 높은 수치. 문관형 장수들이 높은 수치를 가짐.
매력	인물 호감도와 관계된 능력. 징병, 인재 등용, 외교 교섭 등과 관계된 능력치. 덕망이 높거나, 세력이 큰 장수들이 높은 수치를 가짐. 매력이 빠지는 경우, 정치력이 매력의 역할을 겸함.

문에 플레이어들은 상성 수치를 확인하기 위해 특정 프로그램을 사용하기도 한다.

【주요 플레이 명령어】 게임 내에서 플레이어가 조작할 수 있는 주요 명령어는 다음과 같다. 플레이어는 아래의 명령어를 조작해 내정과 전쟁 전략을 구상한다.

〈삼국지〉 명령어 분류	
분류	예시
내정	개발, 치수, 군량미 사고팔기, 징병, 무기 사기, 인재 등용 등
계략	혼란, 화공
외교	혼인, 영토 요구, 정전 협정, 선물 주기 등
전쟁	공격, 돌격, 협공 등

【일기토 시스템과 설전 시스템】 일기토 시스템은 장수 캐릭터의 일대일 결투 시스템이다. 기술을 세팅해서 공격을 서로 주고받는다. 〈삼국지 Ⅱ〉부터 도입됐으며, 이후 〈삼국지〉 시리즈에서 주요 전투 시스템이 됐다. 〈삼국지 Ⅵ〉에서는 플레이어가 명령을 직접 입력하는 것이 가능하게 되면서 일기토의 승패를 가르는 데 플레이어 조작이 중요해졌다. 일기토에서 승리할 경우, 상대편 장수를 사로잡을 수 있다. 단, 상대 장수의 무력이 극히 낮거나 체력치가 안 좋을 경우 죽기도 한다. 〈삼국지 Ⅵ〉의 일기토 시스템 구성은 작전 방침에 따라 사용 가능 작전 수와 규칙이 결정된다. 각 작전 방침마다 사용이 불가능한 작전 종류가 있다.

〈삼국지 Ⅵ〉 일기토 작전 방침	
작전 방침	설명
결사돌진	사용 가능 작전 5개. 체력이 다 떨어질 때까지 전투.
강력공격	사용 가능 작전 4개. 공격 중심 방침. 체력 20 이하면 퇴각.
절대생포	사용 가능 작전 3개. 적을 사로잡는 것이 목적. 체력 30 이하면 퇴각.
호신중시	사용 가능 작전 2개. 체력 50 이하면 퇴각. 퇴각 성공률이 가장 높음.

〈삼국지 Ⅵ〉 일기토 작전 종류	
작전 종류	설명
호통	적에게 소리를 쳐 사기를 감소시키는 공격. 상대 캐릭터의 성별에 따라 다른 대사를 외침.
생포	적을 포획하는 공격. 적과 체력이 40 이상 차이가 나야 성공. 무력이 높은 상대에게는 실패.
비밀무기	암살 무기를 던지는 장거리 공격. 비밀무기인 보물이 필요. 시나리오 시작 직후 보물을 가진 캐릭터는 '손책', '태사자', '왕쌍', '축융부인', '제갈량'뿐임.
일격필살	시작과 동시에 바로 상대를 쓰러뜨리는 공격. 첫 공격에만 가능. 비밀무기와 측면공격에는 무력화됨.
측면공격	옆으로 피하면서 공격. 필살기, '일격필살'에 효과적으로 대처할 수 있는 공격.
필살기	가장 큰 대미지를 입힐 수 있는 공격. 체력이 30 이하일 때, 위력이 2배로 상승. 무력이 90 이상인 장수 캐릭터는 대부분 사용 가능.
선제공격	첫 공격에만 사용 가능. 맞붙기 전 화살을 쏴 먼저 공격. 상대 작전과 관계없이 사용 가능.
거짓퇴각	일기토 중간에 뒤로 물러나 적이 추격할 때 말을 돌려 활을 쏨. 첫 공격에서는 사용 불가. '결사돌진' 방침에서는 사용 불가.
유인	퇴각해 추격한 적을 매복시킨 군사들로 생포. 적장 체력이 낮을수록 성공률이 큼.
교체	근처 장수와 교체. '결사돌진' 방침에서는 사용 불가. 도덕 명령어가 활성화된 장수만 사용 가능.

설전 시스템은 문관끼리의 일대일 대결 시스템이다. 기존 전투 시스템은 무관 중심의 플레이였으나, 설전 시스템을 통해 문관 캐릭터의 활용도를 높였다. 〈삼국지 X〉에서 최초로 등장했으며, 빙고 게임의 방식을 채용했다. 공격력은 장수가 가진 지력과 매력 능력치의 영향이 크다. 〈삼국지 11〉에서는 이전에 자유로운 상황에서 발동 가능했던 것과 달리, 특정 조건에서만 발동하도록 변경됐다. 이를테면 부하 장수가 문관을 천거하거나 동맹, 정전, 포로교환 등의 외교 관련 상황에서 발생한다. 또한 특정 화제에 관계된 패를 내거나 화술을 사용해 상대의 심리 게이지를 소진하게 하는 방식으로 변경됐다. 설전의 화제는 도리, 고사, 시절이라는 세 가지 종류가 있다. 장수가 사용 가능한 화술은 무시, 대갈, 궤변, 진정, 흥분의 5가지이다.

【역사 이벤트】 〈삼국지 Ⅱ〉부터 플레이어가 일정 조건을 만족시키면 역사적 사

건이 게임 안에서 재현되는 이벤트가 발생한다. '초선'과 '삼고초려' 이벤트가 대표적이다. '삼고초려' 이벤트는 제갈량 캐릭터가 유비의 영지 안에서 재야 장수 상태로 있을 때 발생한다. 주로 장수의 등용, 아이템 획득 등을 위해 진행된다. 〈삼국지 X〉의 경우, 역사 이벤트에 의해 세력의 멸망, 장수의 죽음 등 강제적인 상황이 진행된다. 이전 시리즈와 달리, 세력의 판도를 변경시켜 『삼국지』의 내용을 따라 가도록 만든다. 이때, 발생하는 이벤트들은 『삼국지연의(三國志演義)』에 기초한 사건들이다. 실제 정사 『삼국지』에 근거한 사건들도 있다. '공손찬의 유우 처단'이나 '오하의 아몽' 등이 대표적이다.

평가 코에이가 개발한 대표적인 역사 시뮬레이션 게임 시리즈이다. 턴제 전략 시뮬레이션 게임에서 드문 일대일 전투 시스템 '일기토'로 주목받았다. 중국의 위, 촉, 오 세 나라에 대한 역사 소설 『삼국지연의』를 바탕으로, 동양적인 소재를 활용한 전략 시뮬레이션 게임으로 주목받았다. 국내에서는 〈삼국지 Ⅱ〉부터 정식으로 발매됐다. 게임 잡지 《컴퓨터 게이밍 월드(Computer Gaming World)》에서 1989년 '올해의 전략 게임 상(Strategy Game of the Year)'을 수상했다.

〈삼국지〉부터 〈삼국지 Ⅴ〉까지는 도스용으로 발매됐고, 〈삼국지 Ⅵ〉부터는 윈도우용으로 발매됐다. 〈삼국지 Ⅳ〉부터 '파워업 키트'라 불리는 확장팩 패키지가 별도로 발매됐다. 기본 피시 플랫폼 외에도 플레이스테이션, 닌텐도, 모바일 등의 다양한 플랫폼으로 발매됐다. 1985년부터 2012년까지 숫자로 표기되는 12개의 〈삼국지〉 시리즈 게임이 제작됐으며, 2016년 1월 〈삼국지 13〉이 발매되었다. 이 외에 실시간 시뮬레이션 방식을 채택하는 〈삼국지 배틀필드〉, 다중접속온라인 역할수행 게임인 〈삼국지 온라인〉 등 다양한 게임 장르로 확장됐다.

- **핵심어** 코에이, 삼국지연의, 역사 시뮬레이션, 일기토, 설전
- **시리즈**
  1985 〈삼국지(三國志)〉
  1989 〈삼국지 Ⅱ(Romance of the Three Kingdoms Ⅱ)〉
  1992 〈삼국지 Ⅲ(Romance of the Three Kingdoms Ⅲ : Dragon of Destiny)〉
  1994 〈삼국지 Ⅳ(Romance of the Three Kingdoms Ⅳ : Wall of Fire)〉
  1995 〈삼국지 영걸전(Romance of the Three Kingdoms Heroic Legend)〉
  　　　〈삼국지 Ⅴ(Romance of the Three Kingdoms Ⅴ)〉
  1996 〈삼국지 공명전(Romance of the Three Kingdoms : Legend of Kongming)〉
  1998 〈삼국지 Ⅵ(Romance of the Three Kingdoms Ⅵ : Awakening of the Dragon)〉
  　　　〈삼국지 조조전(Romance of the Three Kingdoms : Legend of Cao Cao)〉
  1999 〈삼국지 인터넷(三國志 Internet)〉

2000 〈삼국지 Ⅶ(Romance of the Three Kingdoms Ⅶ)〉
2001 〈삼국지 Ⅷ(Romance of the Three Kingdoms Ⅷ)〉
2002 〈삼국지 배틀필드(三國志 Battlefield)〉
2003 〈삼국지 Ⅸ(Romance of the Three Kingdoms Ⅸ)〉
2004 〈삼국지 Ⅹ(Romance of the Three Kingdoms Ⅹ)〉
2006 〈삼국지 11(Romance of the Three Kingdoms Ⅺ)〉
2008 〈삼국지 온라인(三國志 Online)〉
2012 〈삼국지 12(Romance of the Three Kingdoms Ⅻ)〉
2016 〈삼국지 13(Romance of the Three Kingdoms 13)〉

■ **참고 자료** 이정엽, 『디지털 게임, 상상력의 새로운 영토』, 살림, 2005. | KOEI Corporation, *Romance of The Three Kingdoms III : Dragon of Destiny Manual*, KOEI Corporation, 1992. | 게임메카, 〈[인물열전] 삼국지와 대항해시대, 코에이 창립자 에리카와 요이치〉, www.gamemeca.com/feature/view.php?gid=533501 | 머니투데이방송, 〈코에이, 삼국지 13 발매 확정! '12월 10일 출시!' …국내 출시는 언제?〉, http://news.mtn. co.kr/newscenter/news_viewer.mtn?gidx=2015051917403578128

슈퍼 마리오 브라더스 Super Mario Bros. / スーパーマリオブラザーズ

| 출시연도 1985년
| 개발사 닌텐도(Nintendo)
| 장르 플랫폼 게임
| 플랫폼 패미콤

스토리 평화로운 버섯왕국은 어느 날 어둠의 마법을 사용하는 쿠파족에게 침략을 당한다. 쿠파 대왕이 이끄는 쿠파족은 마법을 사용해 버섯왕국 백성들을 돌, 벽돌, 식물 등으로 변신시킨다. 위기에 처한 버섯왕국을 구할 수 있는 단 한 가지 방법은 버섯왕의 외동딸 피치 공주가 마법을 해제하는 것이다. 그러나 피치 공주는 쿠파 대왕에게 납치당한 상태이다. 배관공 마리오는 공주를 구하러 모험에 나선다.

〈슈퍼 마리오 브라더스〉 시리즈의 등장인물	
구분	설명
마리오	동생 루이지를 아끼는 정의롭고 순박한 배관공. 주먹코와 통통한 체형을 가지고 있으며, 항상 알파벳 엠(M)자가 새겨진 빨간 모자를 쓰고 다님. 배관을 통해 지하와 지상을 자유자재로 이동함.
루이지	알파벳 엘(L)자가 새겨진 초록 모자를 쓰고 다니며, 형 마리오와 같은 파란 멜빵바지에 초록 셔츠를 착용함. 형과 비슷한 얼굴 생김새를 지니지만, 키가 크고 날씬한 체형이 특징.
피치 공주	버섯왕국 토드 대왕의 외동딸. 마법에 걸린 백성들을 치유할 수 있는 힘을 지닌 유일한 인물로, 쿠파 대왕에게 납치당함. 금발과 푸른 눈, 분홍색 드레스가 특징.

키노피오	본명은 토드로 피치 공주의 신하. 그녀를 지키고자 하나 항상 쿠파 대왕에게 패하는 인물. 버섯 형태의 머리가 특징이며 점프력은 부족하지만 체구에 비해 강한 힘을 지님.
와리오	노란 모자와 노란 셔츠, 보라색 멜빵바지를 입은 마리오의 라이벌. 근육질의 몸과 갈라진 턱, 뾰족한 귀, 붉은 매부리코 등이 특징. 마리오를 시기질투하며 돈과 마늘을 좋아하지만 슈퍼 버섯을 싫어함.
와루이지	보라색 모자와 보라색 셔츠, 검은 멜빵바지를 입은 루이지의 라이벌. 루이지와 같이 키가 크고 날씬한 체형을 지닌 와리오의 동료로, 성장 배경에 대한 이야기는 알려진 바가 없음.
요시	어린 마리오와 루이지 형제가 마법사 매직 쿠파에 의해 납치당했을 때 그들을 구해낸 초록색 공룡. 마법에 걸려 오랜 시간 알 속에 잠들어 있다가 형제에 의해 깨어나 모험에 동참함.
쿠파 대왕	본명은 바우저 쿠파로, 버섯왕국을 침략하는 쿠파족의 대왕. 가시가 돋친 등껍질과 다른 캐릭터에 비해 비대한 크기가 특징.

〈슈퍼 마리오 브라더스〉에 등장하는 몬스터의 종류

구분	설명
굼바	앞뒤로 움직이는 버섯 형태의 몬스터. 게임에서 가장 자주 등장하며 플레이어 캐릭터가 점프하여 밟거나, 불꽃을 쏘거나, 무적 상태로 마주치면 없앨 수 있음.
쿠파 트루파	쿠파족의 군사 중 굼바와 함께 가장 자주 등장하는 몬스터. 한 번 밟고 껍질 속에 들어간 쿠파 트루파를 발로 차면 다른 적을 없애는 용도로 사용할 수 있음.
쿠파 파파 트루파	쿠파족 군사 중 날개가 달린 몬스터. 초록색 쿠파 파파트루파는 상하로 움직이면서 플레이어 캐릭터를 향해 다가옴. 빨간색 쿠파 파파트루파는 상하좌우로 자유롭게 움직임.
해머 브라더	쿠파족 군사 중 헬멧을 쓰고 망치를 든 몬스터. 플레이어 캐릭터를 향해 지속적으로 망치를 던지며 점프하여 움직이기도 함 .
라키투	쿠파족 군사 중 작은 구름을 타고 움직이는 몬스터. 지상 플레이에 등장하며, 플레이어를 위협하는 빨간 달걀을 던짐.
버지 비틀	쿠파족 군사를 발로 밟을 때 변하는 형태로, 거북이 껍질 속에 숨어있는 형상을 지님. 불꽃에 저항하며 빠르게 움직임.
피라냐 식물	배관에서 위로 솟아나는 식인 식물 형태의 몬스터. 마리오가 배관 가까이 있으면 등장하지 않지만, 점프하여 다가올 때 해당 배관 위를 지나가지 못하도록 막음.
블루퍼	수중 스테이지에 등장하는 오징어 형태의 몬스터. 플레이어 캐릭터를 향해 다가와 위협을 가함.
칩칩	지상 스테이지와 수중 스테이지 모두에서 등장하는 물고기 형태의 몬스터. 플레이어 캐릭터가 지형지물 사이의 물을 뛰어넘을 때 위험요소가 됨.
쿠파 대왕	〈슈퍼 마리오 브라더스〉 시리즈의 최종 보스 몬스터. 한 번에 여러 개의 망치를 끊임없이 던지며, 입으로 불꽃을 쏘아 상대를 위협함.

플레이 횡스크롤 게임으로, 플레이어 캐릭터는 마리오이다. 마리오는 왼쪽에서 오른쪽으로 이동하며, 점프를 통해 발판을 옮겨 다닌다. 마리오가 맵 끝의 깃발에 도달하면 스테이지가 완료된다.

【지형지물 및 장애물】 맵은 지형지물 중심으로 구성돼 있다. 지형지물은 장애물이 되기도 하지만, 밟고 이동할 수 있는 수단으로도 활용된다. 장애물은 고정형과 이동형으로 나뉜다. 고정형의 경우, 마리오가 지형지물 사이의 빈 공간에 빠

지지 않도록 주의해야 한다. 이동형의 경우, 지형지물 자체가 수직 또는 수평으로 움직이며, 마리오가 먼 거리에 위치한 다음 지형에 도달할 수 있는 수단이 된다. 이동형 지형지물에 탑승하지 못할 경우 마리오가 낙사한다. 몬스터들은 마리오의 이동 반경에서 순조로운 이동을 방해한다.

【아이템】 〈슈퍼 마리오 브라더스〉에서는 마리오가 특정 아이템을 획득할 경우 능력치가 상승한다.

〈슈퍼 마리오 브라더스〉에 등장하는 아이템의 종류	
구분	설명
동전	게임에 가장 많이 등장하는 아이템으로, 공중에 떠 있거나 머리로 벽돌을 치면 획득할 수 있음. 동전을 100개 모으면 목숨이 하나 추가됨.
스타 코인	한 스테이지에 3개씩 주어지는 동전으로, 일반 동전보다 크기가 크며 안에 별이 새겨져 있음. 스타 코인을 획득하면 1,000점을 획득함.
파이어 플라워	마리오를 파이어 마리오로 강화시키는 꽃 형태의 아이템. 파이어 마리오는 적에게 불꽃을 던질 수 있으며, 몬스터의 공격을 받으면 원상 복귀됨.
슈퍼 버섯	마리오를 슈퍼 마리오로 강화시키는 버섯 형태의 아이템. 슈퍼 마리오는 기본 마리오보다 크기가 크며, 몬스터의 공격을 받으면 원상 복귀됨.
1업 버섯	한 번의 추가 목숨을 제공하는 버섯 형태의 아이템.
요시	〈슈퍼 마리오 브라더스〉 시리즈에 등장하는 탈것으로, 공룡 형상의 캐릭터. 요시의 알을 건드리면 잠에서 깨어남. 몬스터를 만나면 먹어서 없애며 요시의 날개를 습득할 경우 비행이 가능함.

【월드와 스테이지】 〈슈퍼 마리오 브라더스〉는 총 8개의 월드로 이뤄져 있으며, 각각의 월드는 4개의 스테이지로 구성된다. 스테이지 1부터 스테이지 3까지의 배경은 지상 또는 지하다. 지하는 용암이 있는 공간 또는 수중으로 나타난다. 월드 1에서부터 월드 7까지는 마리오가 성의 가장 깊숙한 곳에 있는 쿠파 대왕을 이기더라도 '여기에는 피치 공주가 없다'라는 표시만 등장한다.

마지막 월드 8에서 마리오가 쿠파 대왕를 물리치면 피치 공주를 구할 수 있다. 각각의 스테이지에는 히든 스테이지가 있는데 그곳에서 추가로 보상을 얻을 수 있다.

평가 검은색 바탕이 아닌 하늘, 땅, 구름 등 다양한 배경을 적용했으며, 횡스크롤 방식을 대중화시켰다. 시리즈 첫 번째 타이틀 〈슈퍼 마리오 브라더스〉는 전 세계적으로 4,023만여 장이 판매되어, 2006년까지 가장 많이 판매된 게임으로 기네스북에 등재됐다. 2014년 게임 비평 사이트 아이지앤(IGN)의 '역대 최고의 닌텐도 게임 125선(Top 125 Nintendo Games of All Time)'에서 1위로 선정됐다.

■ **핵심어** 횡스크롤 게임, 마리오, 동키콩

■ **시리즈**

1985 〈슈퍼 마리오 브라더스(Super Mario Bros.)〉

1986 〈슈퍼 마리오 브라더스 2(Super Mario Bros. 2)〉

1988 〈슈퍼 마리오 브라더스 3(Super Mario Bros. 3)〉

1992 〈슈퍼 마리오 USA(Super Mario USA)〉

1996 〈슈퍼 마리오 64(Super Mario 64)〉

2001 〈슈퍼 마리오 브라더스 디럭스(Super Mario Bros. Deluxe)〉

　　　〈슈퍼 마리오 어드밴스(Super Mario Advance)〉

　　　〈슈퍼 마리오 월드 : 슈퍼 마리오 어드밴스 2(Super Mario World : Super Mario Advance 2)〉

　　　〈대난투 스매시 브라더스 DX(Super Smash Bros. Melee)〉

2002 〈요시 아일랜드 : 슈퍼 마리오 어드밴스 3(Yoshi's Island : Super Mario Advance 3)〉

2003 〈동키콩 컨트리 : 슈퍼 마리오 어드밴스 4(Donkey Kong Country : Super Mario Advance 4)〉

2004 〈슈퍼 마리오 64 디에스(Super Mario 64 DS)〉

2006 〈뉴 슈퍼 마리오 브라더스(New Super Mario Bros.)〉

2007 〈슈퍼 마리오 갤럭시(Super Mario Galaxy)〉

2010 〈뉴 슈퍼 마리오 브라더스 위(New Super Mario Bros. Wii)〉

　　　〈슈퍼 마리오 갤럭시 2(Super Mario Galaxy 2)〉

2011 〈슈퍼 마리오 3D 랜드(Super Mario 3D Land)〉

2012 〈뉴 슈퍼 마리오 브라더스 2(New Super Mario Bros. 2)〉

　　　〈뉴 슈퍼 마리오 브라더스 유(New Super Mario Bros. U)〉

2013 〈슈퍼 마리오 3D 월드(Super Mario 3D World)〉

2014 〈슈퍼 스매시 브라더스 닌텐도 3DS(Super Smash Bros. Nintendo 3DS)〉

　　　〈슈퍼 스매시 브라더스 위 유(Super Smash Bros. Wii U)〉

■ **참고 자료** 김정남, 『닌텐도처럼 창조한다는 것』, 북섬, 2010. | 김정남, 김정현, 『세계 최고의 게임 크리에이터 9인의 이야기』, 대림, 2006. | 〈뉴 슈퍼 마리오 브라더스〉 사이트, http://mario.nintendo.com

드래곤 퀘스트 Dragon Quest / ドラゴンクエスト

| 출시연도 1986년

| 개발사 스퀘어 에닉스(SQUARE ENIX)

| 장르 역할수행 게임

| 플랫폼 패미콤

스토리 아레프갈드 대륙에는 용사 로토에 대한 전설이 전해진다. 전설의 용사 로토는 신으로부터 '빛의 구슬'을 받아 세계를 위협하던 마물들을 봉인했다. 어느 날 어둠의 용 '용왕'이 아레프갈드 대륙의 중심 국가인 라다톰에 침입한다. 용왕은 빛의 구슬을 빼앗아 어둠에 가둬 버리고, 로라 공주는 마물들에게 납치당

한다. 빛의 구슬이 어둠에 갇히자 대륙에 마물이 들끓게 되었고, 세계는 멸망 위기에 처한다. 그로부터 반년 후, '어둠의 용이 날개를 펼 때 로토의 피를 이어받은 자가 나타나 어둠을 비추는 빛이 되리라'는 예언에 따라, 국왕은 주인공을 불러 용왕을 쓰러뜨린 후 빛의 구슬을 되찾아 올 것을 명한다. 주인공은 빛의 구슬을 되찾고 공주를 구출하기 위해 모험을 떠난다.

세계관 성, 공주, 국왕, 마왕, 용 등이 존재하는 중세 유럽 배경의 판타지 세계관을 차용한다. '로토' 시리즈와 '천공' 시리즈는 각각 3부작으로 이어진다. 그 외 작품들의 경우, 전작의 몬스터나 캐릭터가 카메오로 출연하는 등 세계관을 부분적으로 공유한다.

〈드래곤 퀘스트〉 3부작 시리즈		
분류	설명	작품
로토 시리즈	전설의 용사 로토와 그의 피를 이어받은 용사의 이야기를 다룸.	〈드래곤 퀘스트〉
		〈드래곤 퀘스트 II ~악령의 신들~〉
		〈드래곤 퀘스트 III ~그리고 전설로~〉
천공 시리즈	하늘 위의 성 천공을 둘러싼 이야기를 다룸. 시간 순서는 VI, IV, V 순으로 진행.	〈드래곤 퀘스트 IV ~인도하는 자들~〉
		〈드래곤 퀘스트 V ~천공의 신부~〉
		〈드래곤 퀘스트 VI ~환상의 대지~〉

플레이 캐릭터를 성장시켜 최종 보스인 용왕을 물리치는 것이 게임의 목표다. 게임이 시작되면 플레이어가 캐릭터의 이름을 설정하는데, 시리즈의 초대작인 〈드래곤 퀘스트〉에서는 주인공의 이름에 따라 체력, 마법력, 힘 등의 초기 능력치가 달라진다. 몬스터와 조우할 시 전투 화면으로 전환되고 턴 방식의 전투가 이루어진다.

【대화 시스템】 게임 진행에 필요한 단서, 아이템의 활용법, 기반 서사 등은 마을 곳곳에 있는 엔피시(NPC)와의 대화를 통해 안내받을 수 있다. 대개 어떤 장소에 가서 몬스터를 물리치고 뭔가를 가져와 달라는 '부탁'의 형식을 띄는 엔피시의 대사는 낮·밤의 시간대, 특정 사건의 해결 여부 등 상황에 따라 변한다. 〈드래곤 퀘스트 VII〉에서는 동료와의 대화가 가능해졌고, 전투 중에 대화를 시도할 경우 전투 상황에 따라 대사가 다르게 나타난다. 동료 캐릭터뿐만 아니라 마을에 있는 모든 엔피시의 성격과 인생관이 달라 대화의 패턴이 풍부한 것이 특징이다.

【파티 플레이】 〈드래곤 퀘스트 Ⅲ〉 이후부터 파티 플레이(party play) 시스템을 도입했다. 플레이어는 무투가, 마법사, 승려, 상인, 도적, 놀이꾼 등에서 3명을 골라 파티를 구성할 수 있으며, 전직을 통해 동료를 육성할 수도 있다. 전투에 참가할 수 있는 파티 인원이 한정되기 때문에 직업 간의 상성을 고려하여 파티를 구성해야 한다. 〈드래곤 퀘스트 Ⅳ〉부터 인공지능 전투 시스템을 도입해 파티 구성원의 자동 전투가 가능해졌다.

【몬스터 동료 시스템】 〈드래곤 퀘스트 Ⅴ〉에서는 일정 확률로 몬스터를 동료로 끌어들일 수 있는 시스템이 추가됐다. 다양한 종류의 몬스터는 플레이어의 수집 욕구를 자극하는 요소가 됐다. 한편 2010년 발매된 〈드래곤 퀘스트 Ⅵ〉 닌텐도 디에스(Nintendo DS) 버전 리메이크 판에서는 포섭 가능한 몬스터를 슬라임 계열 몬스터로 한정지었다. 이 시스템은 1996년 발매된 〈포켓몬스터〉 시리즈에 영향을 주었으며, 〈드래곤 퀘스트〉의 후속 시리즈인 〈드래곤 퀘스트 몬스터즈〉 시리즈가 발매되는 계기가 됐다.

원 소스 멀티 유즈(One Source Multi Use, OSMU) 〈드래곤 퀘스트〉 시리즈는 소설, 만화, 애니메이션, 드라마 등 다양한 분야에서 출시되었다. 대부분은 게임이 갖고 있는 세계관을 계승하며, 특정 캐릭터나 몬스터를 재조명한 경우도 있다. 만화책『드래곤 퀘스트 프린세스 에리나』는 〈드래곤 퀘스트 Ⅳ〉의 등장인물 에리나가 주인공이며,『드래곤 퀘스트 몬스터즈 플러스』는 몬스터인 슬라임이 중심이다.

국내 정식 발매된 〈드래곤 퀘스트〉 시리즈의 원 소스 멀티 유즈 작품 사례		
분류	제목	일본 발매연도
애니메이션	〈아벨탐험대(ドラゴンクエスト ～勇者アベル伝説～)〉	1989
만화	『드래곤 퀘스트 타이의 대모험(DRAGON QUEST-ダイの大冒険-)』	1989
만화	『드래곤 퀘스트 로토의 문장(ドラゴンクエスト列伝 ロトの紋章)』	1991
만화	『드래곤 퀘스트 천공전설(ドラゴンクエスト 天空物語)』	1997
만화	『드래곤 퀘스트 ~프린세스 에리나~(ドラゴンクエスト ～プリンセスアリーナ～)』	1998
만화	『드래곤 퀘스트 몬스터즈 플러스(ドラゴンクエストモンスターズ+)』	2000
만화	『드래곤 퀘스트 에덴의 전사들(ドラゴンクエスト エデンの戦士たち)』	2001
만화	『로토의 문장 ~문장을 계승하는 자들에게~ (ドラゴンクエスト列伝 ロトの紋章 ～紋章を継ぐ者達へ～)』	2004

평가 『드래곤 볼』의 저자 토리야마 아키라(鳥山明)가 캐릭터 및 몬스터 디자인을 맡았다. '일본의 국민 역할수행 게임'이라 불리는 등 대중적 성공을 거두었다. 자유로운 플레이보다 기반 서사를 중심으로 게임을 진행하는 점 등은 이후 일본 역할수행 게임에 영향을 끼쳤다. 〈드래곤 퀘스트 IV〉는 2008년 '일본 게임 대상(日本ゲーム大賞)'에서 우수상을 받았다. 〈드래곤 퀘스트 VII〉은 2002년 일본 누적 판매량 약 417만 장을 달성하며 플레이스테이션 게임 중 최다 판매량의 기록을 세웠다. 이후 출시된 〈드래곤 퀘스트 VIII〉 역시 2006년 일본 누적 판매량 약 370만 장을 기록하며 플레이스테이션 2의 최다 판매량을 달성했으며, 2005년 게임 전문 사이트 게임스팟(GameSpot)에서 '최우수 역할수행 게임 상(The Best RPG)'을 받았다.

- **핵심어** 슬라임, 토리야마 아키라
- **시리즈**

1986 〈드래곤 퀘스트(Dragon Quest)〉
1987 〈드래곤 퀘스트 II ~악령의 신들~(Dragon Quest II : Luminaries of the Legendary Line)〉
1988 〈드래곤 퀘스트 III ~그리고 전설로~(Dragon Quest III : The Seeds of Salvation)〉
1990 〈드래곤 퀘스트 IV ~인도하는 자들~(Dragon Quest IV : Chapters of the Chosen)〉
1992 〈드래곤 퀘스트 V ~천공의 신부~(Dragon Quest V : Hand of the Heavenly Bride)〉
1995 〈드래곤 퀘스트 VI ~환상의 대지~(Dragon Quest VI : Realms of Revelation)〉
1998 〈드래곤 퀘스트 몬스터즈 ~테리의 원더랜드~(Dragon Warrior Monsters)〉
2000 〈드래곤 퀘스트 VII ~에덴의 전사들~(Dragon Warrior VII : Fragments of the Forgotten Past)〉
2001 〈드래곤 퀘스트 몬스터즈 2 ~마르타의 이상한 열쇠, 이루의 모험~(Dragon Warrior Monsters 2 : Tara's Adventure)〉
　　　〈드래곤 퀘스트 몬스터즈 2 ~마르타의 이상한 열쇠, 루카의 여행~(Dragon Warrior Monsters 2 : Cobi's Journey)〉
2002 〈드래곤 퀘스트 몬스터즈 1&2 ~별내림의 용자와 목장의 친구들~(Dragon Quest Monsters 1+2)〉
2003 〈검신 드래곤 퀘스트 ~되살아난 전설의 검~(劍神ドラゴンクエスト 甦りし伝説の劍)〉
　　　〈슬라임 와작와작 드래곤 퀘스트 ~충격의 꼬리단~(スライムもりもりドラゴンクエスト 衝撃のしっぽ団)〉
　　　〈드래곤 퀘스트 몬스터즈 캐러번 하트(Dragon Quest Monsters : Caravan Heart)〉
2004 〈드래곤 퀘스트 VIII ~하늘과 바다와 땅과 저주받은 공주~(Dragon Quest VIII : Journey of the Cursed King)〉
2005 〈슬라임 와작와작 드래곤 퀘스트 2 ~대전차와 꼬리단~(Dragon Quest Heroes : Rocket Slime)〉
2006 〈드래곤 퀘스트 몬스터즈 조커(Dragon Quest Monsters : Joker)〉
　　　〈드래곤 퀘스트 소년 양가스와 이상한 던전(ドラゴンクエスト 少年ヤンガスと不思議のダンジョン)〉
2007 〈드래곤 퀘스트 소드 가면의 여왕과 거울의 탑(Dragon Quest Swords : The Masked Queen and the Tower of Mirrors)〉
2009 〈드래곤 퀘스트 IX ~밤하늘의 수호자~(Dragon Quest IX : Sentinels of the Starry Skies)〉
2010 〈드래곤 퀘스트 몬스터즈 조커 2(Dragon Quest Monsters : Joker 2)〉
　　　〈드래곤 퀘스트 몬스터 배틀 로드 빅토리(Dragon Quest : Monster Battle Road Victory)〉

2011 〈드래곤 퀘스트 몬스터즈 조커 2 프로페셔널(Dragon Quest Monsters : Joker 2)〉
〈슬라임 와작와작 드래곤 퀘스트 ~대 해적과 꼬리단~(スライムもりもりドラゴンクエスト3 大海賊と
しっぽ団)〉
2012 〈드래곤 퀘스트 X ~눈을 뜨는 다섯 종족~(Dragon Quest X)〉
2015 〈드래곤 퀘스트 히어로즈 ~암룡과 세계수의 성~(Dragon Quest Heroes : The World Tree's Woe
and the Blight Below)〉

- **참고 자료** Scruffy Productions, *Dragon Warrior I & II (Prima's Official Strategy Guide)*, Prima Games, 2000. | 〈드래곤 퀘스트〉 사이트, www.dragonquest.jp

메트로이드 Metroid / メトロイド

출시연도 1986년
개발사 닌텐도(Nintendo)
장르 액션 어드벤처 게임
플랫폼 패미콤

스토리 사무스 아란은 우주 해적 때문에 부모를 잃고 조인족과 제베스 행성에서 살고 있다. 조인족은 그녀의 몸에 자신들의 유전자를 이식한다. 시간이 흐른 후 사무스는 제베스 행성을 떠나 현상금 사냥꾼이 된다. 한편 우주 해적은 다른 생명의 에너지를 빨아들이는 인공 생명체 '메트로이드'를 개발 자원으로서 착취하고, 이를 통해 제베스 행성을 점령한다. 은하계 연방은 제베스의 지리를 잘 알고 있는 사무스에게 우주 해적들을 막아달라는 의뢰를 하고, 사무스는 제베스로 돌아간다. 그곳에서 부모를 죽인 우주 해적과 그 우두머리인 마더 브레인에 맞서 싸운다.

플레이 2차원 횡스크롤 게임으로, 플레이어 캐릭터는 주인공 사우스 아란이다. 게임은 초토화된 제베스 행성에서 시작된다. 행성은 여러 구역으로 나뉘어 있으며 플레이어는 문과 엘리베이터를 통해 각 구역을 지나갈 수 있다. 플레이어는 천장에서 떨어지거나 바닥에 기어 다니는 적들을 제거하면서 이동해야 한다. 기본 공격으로는 오른팔에 장착된 암캐논에서 발사되는 빔이나 미사일을 쏘는 방법이 있으며, 빠른 속도로 몸을 굴려 적을 죽이는 '모프 볼(morph ball)' 기술을 구사할 수 있다. 마지막 관문에서는 보스몹인 마더 브레인과 대결을 벌여야 한다. 엔딩에서 플레이어 캐릭터가 여성이라는 사실이 밝혀진다.

평가 리들리 스콧(Ridley Scott) 감독의 영화 〈에일리언(Alien)〉의 영향을 받아 만들어진 게임이다. 시리즈의 초대 작품 〈메트로이드〉의 성공을 통해 후속 작품들이 만들어졌으며, 1994년 개발된 〈슈퍼 메트로이드〉에 이르러 시스템이 완성됐다. 북미에서 성공한 후, 두 번째 시리즈부터는 북미에서 먼저 발매됐다. 2012년 '꾸준히 인기 있는(Enduringly Popular) 게임'으로 기네스북에 올랐다.

- **핵심어** 액션 어드벤처 게임, 닌텐도
- **시리즈**
  1986 〈메트로이드(Metroid)〉
  1991 〈메트로이드 2 : 사무스의 귀환(Metroid 2 : Return of Samus)〉
  1994 〈슈퍼 메트로이드(Super Metroid)〉
  2002 〈메트로이드 퓨전(Metroid Fusion)〉
  　　　〈메트로이드 프라임(Metroid Prime)〉
  2004 〈메트로이드 : 제로 미션(Metroid : Zero Mission)〉
  　　　〈메트로이드 프라임 2 : 에코즈(Metroid Prime 2 : Echoes)〉
  2005 〈메트로이드 프라임 핀볼(Metroid Prime Pinball)〉
  2006 〈메트로이드 프라임 헌터즈(Metroid Prime Hunters)〉
  2007 〈메트로이드 프라임 3 : 커럽션(Metroid Prime 3 : Corruption)〉
  2009 〈메트로이드 프라임 : 트릴로지(Metroid Prime : Trilogy)〉
  2010 〈메트로이드 : 아더 엠(Metroid : Other M)〉
- **참고 자료** Shawn Alvarado, *Sound Design 205 Success Secrets : 205 Most Asked Questions On Sound Design-What You Need To Know*, Emereo Publishing, 2014.

버블 보블 Bubble Bobble / バブルボブル

출시연도 1986년
개발사 타이토(Taito)
장르 액션 게임
플랫폼 아케이드

스토리 악당 블루바 남작은 쌍둥이 형제인 버블론과 보블론을 버블 드래곤으로 변신시키고, 그들의 여자 친구들을 납치한다. 형제는 여자 친구를 구하기 위해 동굴 안을 탐험하며 사방의 적을 물리치고 가장 큰 적인 슈퍼 드렁큰을 무찌른다. 그런데 슈퍼 드렁큰은 마법에 걸린 형제의 부모님이었다. 형제는 모든 마법을 풀고 부모님과 여자 친구들을 구해 돌아온다.

플레이 게임의 목표는 제한된 시간 내에 스테이지에 있는 적을 무찌르는 것이다. 플레이어는 고정된 화면에서 방향키와 점프키로 버블 드래곤을 조종한다. 공격키로 비눗방울을 쏘아 적을 그 안에 가둘 수 있으며, 비눗방울이 터지면 적이 처치된다. 스테이지가 올라갈수록 비눗방울이 터지는 속도가 빨라진다. 게임은 총 100개의 스테이지로 구성되어 있으며 비밀의 문을 통하면 중간 단계를 건너 뛸 수도 있다. 모든 스테이지를 클리어하면 난이도가 높은 '슈퍼 모드'로 플레이 할 수 있다. 슈퍼 모드에서는 게임의 엔딩을 볼 수 있다. 플레이 모드는 1인용과 2인용 중에 선택할 수 있으며, 모드에 따라서 볼 수 있는 엔딩이 달라진다. 달성 할 수 있는 최고 점수는 9,999,990점이다.

평가 개발자 엠티제이[MTJ, 미츠지 후키오(三辻富貴朗)]가 만든 고정화면 형 아케이드 게임이다. 귀여운 괴수 캐릭터, 인상적인 배경음악, 간단한 규칙의 세 가지 특징을 통해 대중의 인기를 얻었다. 한국의 경우, 원작의 꾸준한 인기 에 힘입어 2014년 모바일 버전으로 〈버블 보블 포 카카오(Bubble Bobble for Kakao)〉가 출시됐다.

- **핵심어** 아케이드, 슈퍼 모드
- **시리즈**

1986 〈버블 보블(Bubble Bobble)〉
1987 〈레인보우 아일랜드 : 버블 보블 두 번째 이야기(Rainbow Islands : The Story of Bubble Bobble 2)〉
1988 〈레인보우 아일랜드 엑스트라 버전(Rainbow Islands Extra Version)〉
1991 〈파라솔 스타(Parasol Stars)〉
1993 〈버블 보블 파트 2(Bubble Bobble Part 2)〉
1994 〈버블 보블 2(Bubble Bobble Ⅱ)〉
1995 〈버블 메모리즈 : 버블 보블 세 번째 이야기(Bubble Memories : The Story of Bubble Bobble 3)〉
1997 〈패키의 보물 슬롯(Packy's Treasure Slot)〉
1998 〈버블렌과 룰렛(Bubble'n Roulette)〉
1999 〈버블렌의 쿠루쿠루 점프!(Bubblen No KuruKuru Jump!)〉
2000 〈레인보우 아일랜드 : 푸티의 파티(Rainbow Islands : Putty's Party)〉
2002 〈버블 보블 올드 & 뉴(Bubble Bobble Old & New)〉
2005 〈버블 보블 레볼루션(Bubble Bobble Revolution)〉
     〈레인보우 아일랜드 레볼루션(Rainbow Islands Revolution)〉
2006 〈버블 보블 에볼루션(Bubble Bobble Evolution)〉
2007 〈레인보우 아일랜드 에볼루션(Rainbow Islands Evolution)〉
2009 〈버블 보블 플러스!(Bubble Bobble Plus!)〉
     〈무지개섬 : 타워링 모험(Rainbow Islands : Towering Adventure)〉
2010 〈버블 보블 더블(Bubble Bobble Double)〉

- **참고 자료** Brett Weiss, *Classic Home Video Games, 1985-1988 : A Complete Reference Guide*, McFarland, 2012. | Matt Fox, *The Video Games Guide : 1,000+ Arcade, Console and Computer Games, 1962-2012*, McFarland, 2013. | Tony Mott, *1001 Video Games : You Must Play Before You Die*, Universe, 2010.

악마성 드라큘라 Castlevania / 悪魔城ドラキュラ

출시연도 1986년
개발사 코나미(Konami)
장르 액션 어드벤처 게임, 공포 게임
플랫폼 패미콤

스토리 뱀파이어 헌터 집안인 벨몬트 가는 대대로 뱀파이어와 초자연적인 존재들을 제거해왔다. 시몬 벨몬트는 100년 만에 어둠의 마왕 드라큘라 백작이 부활했다는 소식을 듣고, 악마의 성으로 들어간다. 그는 흡혈박쥐, 곱추남, 프랑켄슈타인, 사신 등을 무찌르고 마침내 드라큘라를 쓰러뜨린다. 드라큘라는 소멸되고 악마성은 무너져 내린다. 이후의 시리즈는 벨몬트 가문의 시작과 그 후손들에 대한 이야기이다.

플레이 악마성에서 각종 몬스터를 제거한 후 꼭대기 층에 사는 드라큘라를 무찌르는 것이 목표이다. 스테이지의 개념으로 '블록'이라는 명칭을 사용하며, 게임은 총 5개의 블록으로 구성되어 있다. 각 블록의 보스몹을 이기면 다음 블록으로 넘어간다.

플레이어는 방향키를 횡스크롤 방식으로 움직여 캐릭터를 이동시키고 채찍과 보조 무기를 활용해서 몬스터를 공격한다. 몬스터를 없애거나 램프와 벽을 파괴하면 단검, 십자가 부메랑, 시간을 멈추는 시계, 성수, 도끼 등의 보조 무기를 얻을 수 있다. 캐릭터의 체력이 고갈되거나 함정에 빠지면 목숨을 잃지만 아이템을 활용하여 다시 회복할 수 있다.

평가 고딕적인 배경, 괴기스러운 아이템, 음울한 사운드를 사용했다는 점에서 특이하다. 게임 비평 사이트 아이지앤(IGN), 게임 전문 사이트 게임스팟(GameSpot) 등 유명 게임 사이트에서는 1986년에 발매된 패미콤 게임 약 120개 중 〈젤다의 전설(Legend of Zelda)〉, 〈드래곤 퀘스트(Dragon Quest)〉와 함께 〈악마성 드라큘라〉를 최고의 게임으로 선정했다. 대중적인 인지도를 기반으로 패미콤, 플레이스테이션 포터블(PSP), 엑스박스(Xbox), 닌텐도 위(Nintendo Wii)에서 후속작이 출시됐다.

- **핵심어** 뱀파이어 헌터, 악마성
- **시리즈**
  1986 〈악마성 드라큘라(Castlevania)〉

〈악마성 드라큘라(VAMPIRE KILLER)〉

1987 〈캐슬바니아 II : 시몬스 퀘스트(Castlevania II : Simon's Quest)〉

1988 〈악마성 드라큘라(Haunted Castle)〉

1989 〈캐슬바니아 : 디 어드벤처(Castlevania : The Adventure)〉

〈캐슬바니아 III : 드라큘라스 커스(Castlevania III : Dracula's Curse)〉

1990 〈악마성 스페셜 나는 드라큘라 군(悪魔城すぺしゃるぼくドラキュラくん)〉

1991 〈캐슬바니아 II : 벨몬트스 리벤지(Castlevania II : Belmont's Revenge)〉

〈슈퍼 캐슬바니아 IV(Super Castlevania IV)〉

1993 〈악마성 스페셜 나는 드라큘라 군(Kid Dracula)〉

〈악마성 드라큘라(悪魔城ドラキュラ)〉

〈캐슬바니아 : 론도 오브 블러드(Castlevania : Rondo of Blood)〉

1994 〈뱀파이어 킬러(Castlevania : Bloodlines)〉

1995 〈캐슬바니아 : 드라큘라 X(Castlevania : Dracula X)〉

1997 〈악마성 드라큘라 X 월하의 야상곡(Castlevania : Symphony of the Night)〉

〈악마성 드라큘라 칠흑의 전주곡(Castlevania : Legends)〉

1999 〈악마성 드라큘라 묵시록(Castlevania 64)〉

〈악마성 드라큘라 묵시록 외전 코넬의 전설(Castlevania : Legacy of Darkness)〉

2001 〈캐슬바니아 : 서클 오브 더 문(Castlevania : Circle of the Moon)〉

〈악마성연대기 악마성 드라큘라(Castlevania Chronicles)〉

2002 〈캐슬바니아 : 백야의 협주곡(Castlevania : Harmony of Dissonance)〉

2003 〈캐슬바니아 : 효월의 원무곡(Castlevania : Aria of Sorrow)〉

〈캐슬바니아 : 순수의 비가(Castlevania : Lament of Innocence)〉

2004 〈악마성 드라큘라 완전판(悪魔城ドラキュラ完全版)〉

2005 〈캐슬바니아 : 창월의 십자가(Castlevania : Dawn of Sorrow)〉

〈캐슬바니아 : 어둠의 저주(Castlevania : Curse of Darkness)〉

2006 〈캐슬바니아 : 포트레이트 오브 루인(Castlevania : Portrait of Ruin)〉

2007 〈캐슬바니아 : 오더 오브 섀도우스(Castlevania : Order of Shadows)〉

〈캐슬바니아 : 더 드라큘라 X 크로니클(Castlevania : The Dracula X Chronicles)〉

2008 〈캐슬바니아 : 오더 오브 에클레시아(Castlevania: Order of Ecclesia)〉

2009 〈캐슬바니아 : 저지먼트(Castlevania Judgment)〉

〈악마성 드라큘라 더 아케이드(悪魔城ドラキュラTHEARCADE)〉

〈캐슬바니아 : 더 어드벤처 리버스(Castlevania : The Adventure ReBirth)〉

2010 〈캐슬바니아 : 하모니 오브 디스페어(Castlevania : Harmony of Despair)〉

〈캐슬바니아 : 로드 오브 섀도우(Castlevania : Lords of Shadow)〉

2013 〈캐슬바니아 : 로드 오브 섀도우-미러 오브 페이트(Castlevania : Lords of Shadow-Mirror of Fate)〉

2014 〈캐슬바니아 : 로드 오브 섀도우 2(Castlevania : Lords of Shadow 2)〉

■ **참고 자료** 한혜원, 『뱀파이어 연대기』, 살림, 2004. | James Paul Gee, *Why Video Games are Good for Your Soul : Pleasure and Learning*, Common Ground, 2006. | Matt Fox, *The Video Games Guide : 1,000+ Arcade, Console and Computer Games, 1962-2012*, McFarland, 2013. | Tony Mott, *1001 Video Games : You Must Play Before You Die*, Universe, 2010.

알카노이드 Arkanoid / アルカノイド

출시연도 1986년
개발사 타이토(Taito)
장르 슈팅 게임
플랫폼 아케이드

스토리 우주선 알카노이드가 알 수 없는 힘에 의해 파괴되자 여기서 분리되어 나온 소형 우주선 바우스는 우주 공간에 갇히게 된다. 바우스는 벽돌로 막혀 있는 우주 공간에서 빠져나가야 한다.

플레이 우주 공간으로 상정된 스크린 위쪽에는 다양한 형태로 벽돌이 쌓여 있으며, 벽돌을 제거하는 것이 게임의 목표이다. 플레이어에게는 좌우로만 움직일 수 있는 막대 형태의 바우스와 이동에 제약이 없는 공이 하나 주어진다. 공은 고정된 스크린 안을 돌아다니며 스크린의 모서리에 부딪힐 때마다 반사각의 원리에 입각해 이동 방향을 바꾼다.

플레이어는 공이 스크린 아래쪽으로 떨어질 때 바우스를 좌우로 움직여 공을 받아내야 한다. 공이 바우스의 몸체에 닿으면 반사각 방향으로 튕겨나가며, 벽돌에 닿으면 벽돌이 깨진다. 총 33개의 스테이지로 이루어져 있고, 마지막 스테이지에서는 보스인 '도'와 겨루게 된다. 벽돌은 깨지는 것과 깨지지 않는 것으로 구분되며 깨지는 벽돌을 제거할 경우 캡슐이 나오기도 한다. 이 캡슐을 받으면 바우스의 크기가 확대되거나 공의 개수가 늘어나거나 레이저가 생기는 등 바우스의 기능이 향상된다.

평가 '벽돌 깨기 게임' 장르의 시초인 〈브레이크아웃(Breakout)〉의 형식을 차용한 게임이다. 간단한 조작법으로 대중적 인기를 얻었으며, 다양한 플랫폼으로 확장됐다.

- **핵심어** 벽돌 깨기, 아케이드, 오락실
- **시리즈**
  1986 〈알카노이드(Arkanoid)〉
  1987 〈알카노이드 2 : 도의 복수(Arkanoid 2 : Revenge of Doh)〉
  1997 〈알카노이드 : 도 잇 어게인(Arkanoid : Doh It Again)〉
  2009 〈알카노이드 라이브!(Arkanoid Live!)〉
  〈알카노이드 플러스!(Arkanoid Plus!)〉

- **참고 자료** Laura Hubner, Marcus Leaning, Paul Manning, *The Zombie Renaissance in Popular Culture*, Palgrave Macmillan, 2014. | Matt Fox, *The Video Games Guide : 1,000+ Arcade, Console and Computer Games, 1962-2012*, McFarland, 2013. | Tony Mott, *1001 Video Games : You Must Play Before You Die*, Universe, 2010.

젤다의 전설 The Legend of Zelda / ゼルダの伝説

출시연도 1986년
개발사 닌텐도(Nintendo)
장르 액션 어드벤처 게임
플랫폼 패미콤

스토리 하이랄 왕국에는 신이 내려준 성스러운 삼각형 '트라이포스'에 대한 전설이 전해 내려온다. 세 명의 여신이 만든 트라이포스는 힘의 트라이포스, 지혜의 트라이포스, 용기의 트라이포스로 불리며, 만진 자의 소원을 이루어준다고 전해진다.

어느 날 마왕 가논돌프가 힘의 트라이포스를 강탈하여 세계를 지배하려 한다. 하이랄 왕국의 공주 젤다는 남아있는 지혜의 트라이포스마저 빼앗기지 않도록 이를 8조각으로 나누고 세계 각지의 던전에 숨긴다. 젤다는 유모 임파에게 세계를 구할 수 있는 용감한 사람을 찾으라는 당부를 한 뒤 몰래 임파를 성에서 탈출시킨다. 이 소식을 접한 가논돌프는 분노하여 젤다를 납치한 뒤 부하를 시켜 임파를 뒤쫓는다.

임파가 가논돌프의 부하에게 잡히기 직전, 링크라고 불리는 한 소년이 나타나 임파를 구한다. 임파는 링크에게 젤다를 구하고 가논돌프를 물리쳐줄 것을 부탁하고, 링크는 8개로 나뉜 지혜의 트라이포스를 모아 젤다를 구하기 위한 여행을 시작한다.

세계관 〈젤다의 전설〉 시리즈는 개발 초기에는 시리즈들끼리 서로 이야기가 연결되지 않았다. 그러나 1998년 발매된 다섯 번째 시리즈 〈젤다의 전설 : 시간의 오카리나〉부터 시리즈 간의 연계가 고려됐다. 〈젤다의 전설〉 25주년 기념 가이드북인 『하이랄·히스토리아 젤다의 전설 대전(ハイラル·ヒストリア ゼルダの說大全)』에 따르면 이 시리즈의 세계관은 〈젤다의 전설 : 시간의 오카리나〉 이후 3개의 시간대로 나뉘며, 각각의 시간대는 과거와 미래를 오가는 시간여행 설정을 통해 연결된다.

〈젤다의 전설 : 시간의 오카리나〉의 결말에서 주인공 링크와 가논돌프의 전투 결과에 따라 시리즈 전체의 세계관이 3개의 평행세계로 나뉜다. '링크가 승리한 과거 세계', '링크가 승리한 미래 세계', '링크가 가논돌프에게 패배한 후의 세계'이다.

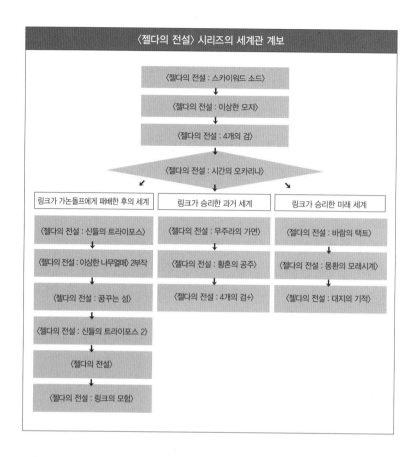

〈젤다의 전설〉 시리즈를 각 세계관에 따라 정리하면 위의 그림과 같다.

플레이 던전의 퍼즐을 풀고 몹을 사냥하면서 최종 던전의 보스몹인 가논돌프를 물리치는 것이 목표이다. 레벨 시스템이 없기 때문에 장비와 아이템을 적재적소에 사용하여 몹을 사냥하고, 화면 상단에 하트로 표시되는 링크의 체력을 조절하는 것이 중요하다. 두 번째 시리즈인 〈젤다의 전설 : 링크의 모험〉 이후로는 퀘스트 시스템이 도입됐다. 3차원 그래픽으로 구현되는 모든 〈젤다의 전설〉 시리즈에 자동 타깃팅이 사용됐다. 액션 게임에서 주로 사용되는 록온(Lock-on) 시스템의 시초이기도 하다.

평가 일본의 게임 주간 잡지인 《파미츠(ファミ通)》 크로스 리뷰에서 1998년 〈젤다의 전설 : 시간의 오카리나〉, 2003년 〈젤다의 전설 : 바람의 택트〉, 2011년 〈젤다의 전설 : 스카이워드 소드〉는 각각 만점을 받았다. 〈젤다의 전설〉은 2007년 게임 비평 사이트 아이지앤(IGN)에서 평점 10점 만점에 9점을 기록했다. 〈젤다의 전설 : 시간의 오카리나〉는 2004년 《닌텐도 파워》가 선정한 게임 200선(Nintendo Power's Top 200 Games)' 1위를 기록했다. 시리즈의 인기에 힘입어 히메카와 아키라(姬川明), 이시노모리 쇼타로(石ノ森章太郎)가 만화로 출간했다.

- **핵심어** 미야모토 시게루, 닌텐도
- **시리즈**

1986 〈젤다의 전설(The Legend of Zelda)〉
1987 〈젤다의 전설 : 링크의 모험(Zelda II : The Adventure of Link)〉
1991 〈젤다의 전설 : 신들의 트라이포스(The Legend of Zelda : A Link to the Past)〉
1993 〈젤다의 전설 : 꿈꾸는 섬(The Legend of Zelda : Link's Awakening)〉
1998 〈젤다의 전설 : 꿈꾸는 섬 DX(The Legend of Zelda : Link's Awakening DX)〉
　　 〈젤다의 전설 : 시간의 오카리나(The Legend of Zelda : Ocarina of Time)〉
2000 〈젤다의 전설 : 무주라의 가면(The Legend of Zelda : Majora's Mask)〉
2001 〈젤다의 전설 : 이상한 나무열매(The Legend of Zelda Oracle of Ages/Oracle of Seasons)〉 2부작
2002 〈젤다의 전설 : 바람의 택트(The Legend of Zelda : Wind Waker)〉
　　 〈젤다의 전설 : 시간의 오카리나 GC(The Legend of Zelda : Ocarina of Time GC)〉
2003 〈젤다의 전설 : 4개의 검(The Legend of Zelda : Four Swords)〉
2004 〈젤다의 전설 : 4개의 검+(The Legend of Zelda : Four Swords+)〉
　　 〈젤다의 전설 : 이상한 모자(The Legend of Zelda : The Minish Cap)〉
2006 〈젤다의 전설 : 황혼의 공주(The Legend of Zelda : Twilight Princess)〉
　　 〈팅클의 장밋빛 루피 랜드(Freshly-Picked Tingle's Rosy Rupeeland)〉
2007 〈팅클의 벌룬 파이트 DS(Tingle's Balloon Fight DS)〉
　　 〈링크의 사격 트레이닝(Link's Crossbow Training)〉
2008 〈젤다의 전설 : 몽환의 모래시계(The Legend of Zelda : Phantom Hourglass)〉
2009 〈젤다의 전설 : 대지의 기적(The Legend of Zelda : Spirit Tracks)〉
　　 〈사랑에 눈뜬 팅클의 사랑의 벌룬 트립(Color Changing Tingle's Love Balloon Trip)〉
　　 〈투 머치 팅클(Too Much Tingle Pack)〉
2011 〈젤다의 전설 : 스카이워드 소드(The Legend of Zelda : Skyward Sword)〉
　　 〈젤다의 전설 : 시간의 오카리나 3D(The Legend of Zelda : Ocarina of Time 3D)〉
2013 〈젤다의 전설 : 바람의 택트 HD(The Legend of Zelda : Wind Waker HD)〉
　　 〈젤다의 전설 : 신들의 트라이포스 2(The Legend of Zelda : A Link Between Worlds)〉
2014 〈젤다무쌍(Hyrule Warriors)〉
2015 〈젤다의 전설 : 무주라의 가면 3D(The Legend of Zelda : Majora's Mask 3D)〉

- **참고 자료** Hephaestus Books, *The Legend of Zelda Series : Including : The Legend of Zelda : Ocarina of Time, The Legend of Zelda(Video Game), The Legend of Zelda : A Link to the Past, The Legend of Zelda : Majora's Mask, The Legend of Zelda : The Wind Waker, Link's Crossbow Training*, Hephaestus Books, 2011. | 青沼英二, 姬川明, ハイラル・ヒストリア ゼルダの説大全(任天堂公式ガイドブック), 小学館, 2011. | 〈젤다의 전설〉 사이트, www.zelda.com/universe

해비타트 Habitat

출시연도 1986년
개발사 루카스필름 게임즈(Lucasfilm Games)
장르 사회형 가상현실 게임
플랫폼 코모도 64

플레이 '해비타트'라는 가상 세계에서 플레이어는 순간이동을 하거나 마법 지팡이를 사용하는 등 현실에서 실현 불가능한 행동을 할 수 있다. 게임의 목적은 플레이어가 해비타트의 구성원이 되어 다른 사람들과 상호작용하며 살아가는 것이다.

해비타트는 숲, 사막, 동굴, 트로피컬 파라다이스 등 약 2만 개의 인접해 있는 '지역'들로 구성되어 있다. 플레이어는 화면의 네 가장자리를 클릭하여 동·서·남·북으로 자유롭게 지역을 이동할 수 있다. 각 지역에서 다른 플레이어와 텍스트로 대화를 나눌 수 있으며, 특정한 기능을 지닌 객체도 발견할 수 있다. 오브젝트에는 책, 손전등, 열쇠와 같은 생활용품이 있고, 마술 지팡이, 텔레포트 부스와 같은 특수용품도 있다.

평가 최초로 상업적 목적으로 제작된 사회적 가상현실 게임이다. 또한 그래픽 기반의 사용자 간 교류를 구현함으로써 다중접속온라인 역할수행 게임이 등장할 수 있는 계기를 마련했다.

- **핵심어** 가상현실, 머드(MUD), 무(MOO)
- **시리즈**
  1986 〈해비타트(Habitat)〉
  1988 〈클럽 카리브(Club Caribe)〉
  1990 〈후지츠 해비타트(Fujitsu Habitat)〉
  1995 〈월즈 어웨이(WorldsAway)〉

- **참고 자료** Celia Pearce, *Communities of Play : Emergent Cultures in Multiplayer Games and Virtual Worlds*, The MIT Press, 2011. | Chip Morningstar, F. Randall Farmer, "The Lessons of Lucasfilm's Habitat", Benedikt Michael(ed.), *Cyberspace : First Steps*, The MIT Press, 1991. | Howard Rheingold, *The Virtual Community : Homesteading on the Electronic Frontier*, Addison-Wesley MIT Press, 1993. | Munindar P. Singh, *The Practical Handbook of Internet Computing*, Chapman and Hall/CRC, 2004.

더블 드래곤 Double Dragon / 双截龍

출시연도 1987년
개발사 테크노스 재팬(Technōs Japan)
장르 격투 게임
플랫폼 아케이드

스토리 쌍절권 도장의 여자 사범인 마리안은 블랙 워리어즈에게 납치당한다. 마리안의 연인인 빌리 리는 쌍둥이 동생인 지미 리와 함께 그녀를 구하기로 결심한다. 블랙 워리어즈의 거점 지역인 슬럼, 공장, 갱단의 은신처 등에는 보로, 미보 보, 제프 등 총 3명의 지역 보스가 기다리고 있다. 빌리와 지미는 그들을 물리친 후, 최종 보스인 윌리와의 결투에서 승리하고 마리안을 되찾기 위해 길을 떠난다.

플레이 블랙 워리어즈에게 납치당한 마리안을 구하는 것이 목표이다. 플레이가 가능한 캐릭터는 빌리 리와 지미 리이며, 2인용으로 플레이할 경우에만 지미 캐릭터를 선택할 수 있다. 횡스크롤 방식으로 진행되며, 스테이지형으로 구성돼 있다. 플레이어는 발차기, 점프, 펀치가 가능한 총 3개의 버튼과 조이스틱을 조합해 날라차기, 잡기 후 던지기, 팔꿈치 치기 등의 방법으로 적을 공격할 수 있다. 목숨의 개수는 총 5개로 한정돼 있으며 일정 횟수 이상의 공격을 받으면 목숨이 줄어든다. 2인용으로 플레이할 경우, 최종 보스인 윌리를 물리친 후 마리안을 차지하기 위해 두 플레이어가 승부를 내야 한다.

평가 이소룡의 이미지를 차용했으며 쿵푸 스타일의 공격 방식을 구성했다. 음향 효과를 통해 타격감을 강화하고 플레이어의 몰입을 높였다. 게임 전문 사이트 게임스팟(GameSpot)에서 '최고의 비디오 게임(The Greatest Games of All Time)'에, 2006년 잡지 《일렉트로닉 게이밍 먼슬리(Electronic Gaming Monthly's)》에서 '최고의 비디오 게임 200선(The Greatest 200 Video games of Their Time)'에 선정됐다.

- **핵심어** 횡스크롤, 빗뎀업(beat'em up)
- **시리즈**
  1987 〈더블 드래곤(Double Dragon)〉
  1988 〈더블 드래곤 Ⅱ : 리벤지(Double Dragon Ⅱ : The Revenge)〉
  1990 〈더블 드래곤 Ⅲ : 로제타 스톤(Double Dragon Ⅲ : The Rosetta Stone)〉
  1992 〈리턴 오브 더블 드래곤(Return of Double Dragon)〉
  1994 〈더블 드래곤 Ⅴ : 섀도 폴스(Double Dragon Ⅴ : The Shadow Falls)〉
  1995 〈더블 드래곤 네오지오(Double Dragon Neo-Geo)〉
  2003 〈더블 드래곤 어드밴스(Double Dragon Advance)〉

2012 〈더블 드래곤 네온(Double Dragon Neon)〉

2013 〈더블 드래곤 Ⅱ : 원더 오브 더 드래곤(Double Dragon Ⅱ : Wander of the Dragon)〉

■ **참고 자료** Bill Loguidice, Matt Barton, *Vintage Games : An Insider Look at the History of Grand Theft Auto, Super Mario, and the Most Influential Games of All Time*, Focal Press, 2009. | Brett Weiss, *Classic Home Video Games, 1985-1988 : A Complete Reference Guide*, McFarland, 2012. | Matt Fox, *The Video Games Guide : 1,000+ Arcade, Console and Computer Games, 1962-2012*, McFarland, 2013. | Tony Mott, *1001 Video Games : You Must Play Before You Die*, Universe, 2010.

록맨 Megaman / ロックマン

| 출시연도 1987년
| 개발사 캡콤(Capcom)
| 장르 액션 게임
| 플랫폼 패미콤

스토리 인간과 로봇이 공존하는 200X년, 로봇 공학의 권위자 라이트 박사는 6대의 로봇을 개발하고, 가정용 로봇 '록'과 '롤'을 만들어 자신의 자식으로 삼는다. 한편 그의 라이벌인 와일리 박사는 지구 정복을 위해 라이트 박사가 개발한 6대의 로봇을 조종하여 세상을 파괴한다. 세상의 평화를 지키고자 했던 라이트 박사는 록의 요청 끝에 그를 전투형 로봇인 록맨으로 개조시켜 와일리 박사의 정복을 저지하고자 한다. 록맨은 그 뜻에 따라 전장으로 향한다.

플레이 총 10개의 스테이지로 이루어진 횡스크롤 액션 게임이다. 플레이어는 록맨을 조작하여 게임을 진행하며, 각 스테이지마다 마지막에 등장하는 보스몹을 물리쳐야 한다. 보스몹은 와일리 박사가 훔쳐간 6대의 로봇들로, 각기 다른 공격 속성을 지녔으며 상성이 맞지 않는 특정 무기에 약하다. 플레이어가 보스몹과 싸워서 승리할 경우, 해당 보스의 특성을 반영한 무기를 얻을 수 있으며 이를 통해 다른 보스의 약점을 공격할 수 있다.

평가 이나후네 케이지(稲船敬二)가 개발한 액션 게임이다. 북미에서는 〈메가맨(Megaman)〉이라는 타이틀로 출시됐다. 〈록맨〉은 20여 년 이상 지속적으로 개발되고 있으며, 만화나 애니메이션 시리즈 등으로도 제작된 바 있다. 〈록맨〉에서 최초로 선보인 보스별 '상성 시스템'은 액션 게임뿐만 아니라 〈포켓몬(Pokémon)〉 등 이후 개발된 다른 장르의 게임에도 영향을 미쳤다.

- **핵심어** 상성 시스템, 횡스크롤 액션 게임
- **시리즈**

  1987 〈록맨(ロックマン)〉

  1988 〈록맨 2 : Dr. 와이리의 수수께끼(ロックマン 2 : Dr.ワイリーの謎)〉

  1990 〈록맨 3 : Dr. 와이리의 최후!?(ロックマン 3 : Dr.ワイリーの最期!?)〉

  1991 〈록맨 4 : 새로운 야망!!(ロックマン 4 : 新たなる野望!!)〉

  1992 〈록맨 5 : 브루스의 함정!?(ロックマン 5 : ブルースの罠!?)〉

  1993 〈록맨 6 : 사상 최대의 전투!!(ロックマン 6 史上最大の戦い!!)〉

  1995 〈록맨 7 : 숙명의 대결!!(ロックマン 7 宿命の対決!!)〉

  1996 〈록맨 8 : 메탈 히어로즈(ロックマン 8 メタルヒーローズ)〉

  1998 〈록맨 & 포르테(バトル & チェイス)〉

  2009 〈록맨 9 : 야망의 부활!!(ロックマン 9 : 野望の復活!!)〉

  2010 〈록맨 10 : 우주로부터의 위협!!(ロックマン 10 : 宇宙からの脅威!!)〉
- **참고 자료** 크라이프, 박대은, 『짬짬이 즐기는 게임의 역사 : 콘솔·아케이드 게임의 모든 것』, 화약고, 2008.

메탈 기어 Metal Gear / メタルギア

- **출시연도** 1987년
- **개발사** 코나미(Konami)
- **장르** 잠입 액션 게임
- **플랫폼** 엠에스엑스(MSX)

스토리 1995년 남아프리카의 요새 아우터 헤븐이 정체를 알 수 없는 용병들에게 장악된다. 정부는 이곳에서 대량 학살 무기가 개발되고 있다는 소식을 듣고, 특수부대 폭스 하운드에게 아우터 헤븐에 잠입하여 무기에 대한 정보를 파악하고 파괴할 것을 명한다. 폭스 하운드의 대원 그레이 폭스는 요새에 잠입하지만, 얼마 후 "메탈 기어……"라는 메시지만 남긴 채 실종된다. 폭스 하운드의 빅 보스는 신병 솔리드 스네이크에게 실종된 그레이 폭스를 찾고, 임무 수행을 지시한다. 솔리드 스네이크는 요새에 잠입해 메탈 기어의 비밀을 파헤치기 시작한다.

플레이 플레이어는 적병과 감시카메라의 눈을 피해 요새 중심부까지 잠입해야 한다. 잠입 도중 순찰을 돌고 있는 병사들에게 들킬 경우, '경보 모드'가 적용되고 경고가 뜬다. 플레이어가 적의 시야에서 사라지면 '회피 모드'로 들어가게 된다. 일정 시간이 지나면 '경계 모드'가 적용되고 적들이 플레이어를 찾으러 다닌다. 이때 발각되면 다시 경보 모드가 적용되고 발견되지 않으면 일반 모드로 돌아간다. 경보 모드에 돌입했을 때 적이 지원군을 부르기 전에 죽이거나 지원군을 무찔러

버리면 모드가 해제된다. 포로를 구출할 때마다 계급이 올라가며, 높은 계급일수록 체력과 소지할 수 있는 아이템의 양이 늘어난다. 아이템, 무기, 작전에 대한 정보는 무전을 통해 얻을 수 있다.

평가 이 작품을 계기로 잠입 액션 방식을 채택하는 게임 장르인 '스텔스(Stealth)'가 대중화됐다. 감독인 코지마 히데오(小島秀夫)의 뛰어난 영상 연출, 방대한 스토리로 호평을 받으며 '잠입 액션'이라는 장르를 대중화시켰다. 시사 주간지 《뉴스위크(Newsweek)》는 메탈 기어의 개발자 코지마를 '2003년, 지켜봐야 할 미래를 이끌어갈 인재 10인(Top 10 People to Watch in 2003)'에 선정했으며, 종합 경제지 《포천(Fortune)》은 〈메탈 기어 솔리드〉의 시나리오를 '20세기 최고의 시나리오' 중 하나라 평가했다.

- **핵심어** 코지마 히데오, 잠입, 스텔스
- **시리즈**
  1987 〈메탈 기어(Metal Gear)〉
  1990 〈메탈 기어 2 : 솔리드 스네이크(Metal Gear 2 : Solid Snake)〉
  1998 〈메탈 기어 솔리드(Metal Gear Solid)〉
  2001 〈메탈 기어 솔리드 2 : 선즈 오브 리버티(Metal Gear Solid 2 : Sons of Liberty)〉
  2004 〈메탈 기어 솔리드 3 : 스네이크 이터(Metal Gear Solid 3 : Snake Eater)〉
  2008 〈메탈 기어 솔리드 4 : 건즈 오브 더 패트리어트(Metal Gear Solid 4 : Guns of the Patriots)〉
  2010 〈메탈 기어 솔리드 : 피스 워커(Metal Gear Solid : Peace Walker)〉
  2014 〈메탈 기어 솔리드 5 : 그라운드 제로즈(Metal Gear Solid V : Ground Zeroes)〉
- **참고 자료** Josiah Lebowitz, Chris Klug, *Interactive Storytelling for Video Games : A Player-Centered Approach to Creating Memorable Characters and Stories*, Focal Press, 2011.

스트리트 파이터 Street Fighter / ストリートファイター

| 출시연도 1987년
| 개발사 캡콤(Capcom)
| 장르 대전 액션 게임
| 플랫폼 패미콤

스토리 주인공 류는 강해지기 위해 최고의 무술 고수를 찾아 전 세계를 누빈다. 각국에서 만난 강자들과 대결을 벌인 그는 마침내 태국에 있는 최강의 고수를 만나 승부를 겨룬다.

플레이 게임의 목표는 대전의 최종 승리자가 되는 것이다. 〈스트리트 파이터 1〉은 플레이어 캐릭터가 2인뿐이었으며, 플레이어 1은 '류', 플레이어 2는 '캔'으로 정해져 있었다. 이때 류와 캔의 능력이 완전히 동일했기 때문에 플레이어 1, 2 간의 대전이 무의미했으며, 일반적으로 상대 캐릭터로 등장하는 엔피시(NPC)와 대전을 벌였다. 플레이어가 8인의 엔피시를 모두 이기면 마지막 스테이지에서 중간 보스인 아돈과 최종 보스인 사가트와 대결하는 방식이었다.

플레이어 간 일대일 대결 시스템은 〈스트리트 파이터 2〉에서부터 적용됐다. 이때부터 플레이어는 서로 다른 캐릭터를 선택해 대결할 수 있게 됐다. 주어진 시간 내에 상대의 체력을 먼저 소진시키는 쪽이 승리한다. 플레이어는 정해진 순서와 방향대로 레버와 버튼을 입력할 경우 특수 기술 혹은 필살기를 구사할 수 있다.

평가 필살기 시스템, 일대일 대전 형식 등을 통해 이후의 대전 액션 게임의 표본이 됐다. 특히 〈스트리트 파이터 2〉는 1980년대 슈팅 게임 일색이었던 시장에 대전 액션 게임을 대중화시키면서 아케이드 게임의 패러다임을 바꿨다는 호평을 받았다. 해당 작품은 2009년 기네스에서 선정한 '최고의 가정용 게임 50선(Top 50 Console Games of All Time)' 중 9위에 이름을 올렸으며, 〈스트리트 파이터〉 시리즈가 지속적으로 성공하는 계기가 됐다. 이후 〈스트리트 파이터〉 시리즈는 영화로 제작되거나 아동용 완구 상품으로 발매되기도 했다.

- **핵심어** 아케이드, 대전 액션 게임, 격투 게임
- **시리즈**

1986 〈스트리트 파이터(Street Fighter)〉
1991 〈스트리트 파이터 2 : 더 월드 워리어(Street Fighter 2 : The World Warrior)〉
1992 〈스트리트 파이터 2 대쉬(Street Fighter 2 Dash)〉
　　 〈스트리트 파이터 2 대쉬 터보(Street Fighter 2 Dash Turbo)〉
1993 〈슈퍼 스트리트 파이터 2(Super Street Fighter 2)〉
1994 〈슈퍼 스트리트 파이터 2X(Super Street Fighter 2X)〉
1995 〈스트리트 파이터 제로(Street Fighter Zero)〉
　　 〈스트리트 파이터 알파(Street Fighter Alpha)〉
1996 〈스트리트 파이터 제로 2(Street Fighter Zero 2)〉
　　 〈엑스맨 vs. 스트리트 파이터(X-Men vs. Street Fighter)〉
　　 〈스트리트 파이터 이엑스(Street Fighter EX)〉
1997 〈스트리트 파이터 3(Street Fighter 3)〉
　　 〈스트리트 파이터 3 세컨드 임팩 : 자이언트 어택(Street Fighter 3 2nd Impact : Giant Attack)〉
　　 〈마블 슈퍼 히어로즈 vs. 스트리트 파이터(Marvel Super Heroes vs. Street Fighter)〉
1998 〈스트리트 파이터 제로 3(Street Fighter Zero 3)〉
1999 〈스트리트 파이터 3 : 서드 스트라이크(Street Fighter 3 : 3rd Strike)〉

2008 〈스트리트 파이터 4(Street Fighter 4)〉
■ **참고 자료** 이상우, 『게임, 게이머, 플레이 : 인문학으로 읽는 게임』, 자음과모음, 2012. | 크라이프, 박대은, 『짬짬이 즐기는 게임의 역사 : 콘솔·아케이드 게임의 모든 것』, 화약고, 2008. | Steve L. Kent, *The Ultimate History of Video Games : From Pong to Pokémon and Beyond-The Story Behind the Craze That Touched Our Lives and Changed the World*, Three Rivers Press, 2001.

시드 마이어의 해적! Sid Meier's Pirates!

출시연도 1987년
개발사 마이크로프로즈(MicroProse)
장르 시뮬레이션 게임
플랫폼 PC

스토리 17세기, 한 소년의 가족은 몬탈반 후작에게 큰 빚을 지고 있었다. 빚 독촉을 하던 후작은 가족들을 노예로 팔아버린다. 노예가 되기 직전, 소년은 간신히 도망쳐 한 배의 선원이 된다. 이후 소년은 반란을 일으켜 해적이 되고 잃어버린 가족을 찾기 위한 길을 떠난다.

플레이 게임을 시작하기 전에 난이도, 기술, 시대, 국가 등을 선택할 수 있다. 시대와 국가를 선택한 방식에 따라 초기에 주어지는 배가 다르며, 게임에 등장하는 배의 종류는 총 27가지이다. 대부분의 플레이는 전투로 진행되며 전투는 해상전과 백병전으로 나뉜다. 전투는 포격전으로 시작하나 아군과 적군의 배가 맞닿는 경우 백병전으로 바뀐다. 백병전은 2인이 마주하고 펜싱으로 싸우는 것으로, 계속 물러서는 쪽이 패배한다. 도시를 점령할 수도 있으며 해적을 많이 쓰러트릴 경우 각 나라에서 직위를 받을 수도 있다. 이밖에도 게임 안에는 무도회장에서의 댄스, 보물찾기, 식민지 건설 등 여러 미니 게임이 구현되어 있다. 게임의 결말은 플레이어가 수행한 게임들에 맞춰 달라진다.

평가 〈시드 마이어의 해적!〉은 게임을 만들 때 한 가지 장르에 얽매여야 한다는 기존의 통념을 깨트렸다고 평가된다. 플레이어가 자유롭게 플레이 패턴을 만들어 즐길 수 있는 샌드박스(Sand Box) 게임의 기원이기도 하다. 군사 시뮬레이션 게임으로 그 안에 다양한 장르의 게임들이 미니 게임 형태로 구현되어 있다. 1996년 미국의 게임 잡지 《컴퓨터 게이밍 월드(Computer Gaming World)》에서

'역사상 최고 게임 150선(150 Best Games of All Time)'에 18위로 선정됐다.

- **핵심어** 시뮬레이션 게임, 전략 게임, 시드 마이어, 샌드박스 게임
- **참고 자료** K. D. Squire, "Games, Learning, and Society : Building a Field", *Games, Learning, and Society : Learning and Meaning in the Digital Age*, Cambridge University Press, 2012. | 〈시드 마이어의 해적!〉 사이트, www.sidmeierspirates.com

이스 사라진 고대 왕국
Ys Ancient Ys Vanished Omen / イース Ancient

출시연도 1987년
개발사 팔콤(Falcom)
장르 액션 역할수행 게임
플랫폼 PC-8801

스토리 에스테리아는 고대 이스 왕국의 흔적이 남아있는 평화로운 섬이었다. 어느 날 섬의 지하 광산에 봉인된 마법의 은(銀)이 발견되고, 소문을 듣고 찾아온 외부인들이 이를 고가에 사들여 에스테리아는 부를 누리게 된다. 이스의 여섯 신관 중 마음을 다스리는 팩트 가문의 후손은 부로 인해 사람들이 변해가자 채굴을 반대하다가 결국 살해당한다. 은 채광이 멈추지 않자 결국 팩트가 경고했던 마(魔)가 깨어난다.

에스테리아는 마물로 뒤덮이고 폭풍의 결계마저 생겨 외딴 섬이 되어버린다. 한편 방랑하던 모험가 소년 아돌 크리스틴은 프로마록 항구에 도착해 에스테리아에 관한 흉흉한 소문을 듣게 된다. 그는 폭풍의 결계를 넘어 에스테리아로 들어가고자 결심한다. 외딴 섬의 과거와 비밀을 파헤치려는 아돌의 모험이 시작된다.

플레이 아돌의 목표는 악의 힘을 무찌를 수 있는 지식이 적힌 '이스의 책' 6권을 찾는 것이다. 탑다운(top-down) 시점으로 진행되며, 플레이어 캐릭터는 아돌이다. 플레이어는 메인 필드를 돌아다니거나 던전을 탐험하면서 마주치는 적들을 제거해야 한다. 〈이스〉 시리즈에는 '몸통 박치기(bump attack, 体当たり)'라는 독특한 전투 시스템이 존재한다. 이는 플레이어가 이동하다가 적과 부딪칠 경우 자동으로 전투가 시작되는 것을 가리킨다. 이때 정면으로 적을 공격하면 플레이어 캐릭터 자신이 큰 대미지를 입으며, 적의 모서리 쪽을 공격해야 적에게 가장 큰

대미지를 입힐 수 있다.

평가 초창기 액션 역할수행 게임의 대표작 중 하나로 평가된다. 차별적인 전투 시스템, 스토리가 강조된 세계관 등은 이후에 등장하는 액션 역할수행 게임의 기반이 됐다. 1989년 영국의 게임 잡지 《컴퓨터와 비디오 게임(Computer and Video Games)》은 100점 만점에 92점을 줬으며, "최고의 그래픽과 심도 있는 플레이를 제공하는 게임"이라 호평했다. 같은 해 미국의 게임 잡지 《게임 머신(The Games Machine)》 역시 〈이스〉 시리즈를 "최고의 역할수행 게임 중 하나"로 평했다.

- **핵심어** 액션 역할수행 게임, 몸통 박치기
- **시리즈**
  1987 〈이스 사라진 고대 왕국(Ys Ancient Ys Vanished Omen)〉
  1988 〈이스 2 : 사라진 고대 왕국 최종장(Ys II : Ancient Ys Vanished-The Final Chapter)〉
  1989 〈이스 3 : 이스로부터 온 방랑자(Ys III : Wanderers from Ys)〉
  1993 〈이스 4 : 태양의 가면(Ys IV : Mask of the Sun)〉
      〈이스 4 : 이스의 여명(Ys IV : The Dawn of Ys)〉
  1995 〈이스 5(Ys V : Lost Kefin, Kingdom of Sand)〉
  1998 〈이스 이터널(Ys Eternal)〉
  2000 〈이스 2 이터널(Ys II Eternal)〉
  2003 〈이스 6 : 나피쉬팀의 방주(Ys VI : The Ark of Napishtim)〉
  2005 〈이스 : 페르가나의 맹세(Ys : The Oath in Felghana)〉
  2006 〈이스 오리진(Ys Origin)〉
  2009 〈이스 세븐(Ys Seven)〉
  2010 〈이스 vs. 천공의 궤적 : 얼터너티브 사가(イース vs. 空の軌跡オルタナティブ・サーガ)〉
  2012 〈이스 : 셀세타의 수해(Ys : Memories of Celceta)〉
- **참고 자료** Manuel Flynn, *88 Facts Concerning Borderlands 2 That'll Make You Think*, Emereo Publishing, 2015. | Carl Williams, "Cross Platform Gaming and Post Mortem Gaming", *Retro Gaming Magazine #1*, Hyper Focused Media Group, 2014.

파이널 판타지 Final Fantasy / ファイナルファンタジー

출시연도 1987년
개발사 스퀘어 에닉스(SQUARE ENIX)
장르 역할수행 게임
플랫폼 패미콤

스토리 〈파이널 판타지〉 시리즈는 개별 타이틀이 서로 연결된 것이 아니라, 각각 한 편의 완결된 시나리오로 구성된다. 타이틀에 따라 크게 두 유형의 세계관이 있다. 첫째, 중세 판타지 세계관이다. 중세 판타지는 봉건적 사회 질서와 상상적 동물, 마법 등이 공존하는 이야기이다. 〈파이널 판타지〉에서는 마법의 힘이 깃든 아이템과 전사, 마법사 등 캐릭터를 토대로 중세 판타지적 세계관이 구현된다. 최초의 타이틀인 〈파이널 판타지〉와 〈파이널 판타지 3〉, 〈파이널 판타지 11〉이 중세 판타지 세계관의 대표 타이틀이다.

둘째, 스팀펑크 세계관이다. 스팀펑크란 증기기관 시대를 배경으로 하는 공상 과학물로 증기기관식 기계, 증기 비행선 등을 소재로 갖는 이야기이다. 〈파이널 판타지〉 시리즈에서는 생체 실험이 진행되는 연구 시설, 캐릭터가 사용하는 총기류, 비행선의 형태인 비공정 등을 통해 구현된다. 스팀펑크 세계관의 타이틀은 〈파이널 판타지 6〉, 〈파이널 판타지 7〉, 〈파이널 판타지 10〉 등이 있다. 〈파이널 판타지 7〉은 스팀펑크 세계관의 대표 타이틀로 주인공이 전형적 영웅이 아닌 분열된 자아를 지닌 인물로 나타난 것이 특징이다.

〈파이널 판타지〉 시리즈의 세계관														
타이틀 세계관	1	2	3	4	5	6	7	8	9	10	11	12	13	14
중세 판타지	○	○	○	○	○						○			
스팀펑크						○	○	○	○	○		○	○	○

【중세 판타지 세계관 대표 사례 : 〈파이널 판타지〉】 세계가 위험에 처한 어느 날, 오랜 예언에 따라 4인의 '빛의 전사'가 나타난다. 빛의 전사는 각각 바람·불·물·대지의 크리스털을 지니고 코넬리아 왕국에 도착한다. 코넬리아 왕은 빛의 전사에게 가란드에 의해 납치된 왕녀를 구출해달라고 의뢰한다. 빛의 전사는 의뢰를 수락하고 왕녀를 구출하기 위한 모험을 시작한다. 가란드가 머무는 카오스 신전에 도착하면 시공간은 2,000년 전으로 옮겨간다. 가란드가 빛의 전사에 의해 사망하면 과거와 미래를 엮었던 시간의 고리가 끊기고 세계는 평화를 되찾는다. 임무를 다한 빛의 전사는 다시 자신들의 세계로 돌아간다.

【스팀펑크 세계관 대표 사례 : 〈파이널 판타지 7〉】 주인공 클라우드는 행성 가이아에 사는 용병이다. 신라 컴퍼니는 가이아의 거대 권력으로 행성의 마황 에너지를 무분별하게 추출하여 판매하며, 이로 인해 가이아에는 더 이상 생명이 자라지 못한다. 이러한 사실을 몰랐던 과거의 클라우드는 신라 컴퍼니의 위대한 솔저를 꿈꾸

었고, 솔저가 된 후 미치광이 호조 박사의 실험에 강제적으로 이용된다. 실험으로 부터 도망치던 클라우드는 충격에 의해 부분적으로 기억을 잃고, 이후 동료들과 함께 가이아를 지키기 위해 모험을 떠난다. 모험을 통해 그는 동료 잭스가 자신을 구하다가 죽은 사실을 깨닫고, 잭스와 연동되었던 기억을 분리하며 온전한 자아를 되찾는다. 마지막에 그는 살아남은 동료들과 함께 한때 동경했던 최고의 솔저, 세피로스를 물리치고 행성의 생명을 되찾는다.

플레이 〈파이널 판타지〉 시리즈는 싱글 플레이 모드를 기본으로 하지만, 〈파이널 판타지 11〉과 〈파이널 판타지 14〉는 다중접속온라인 역할수행 게임으로 제작되어 멀티 플레이 모드를 지원한다. 그래픽은 〈파이널 판타지〉부터 〈파이널 판타지 6〉까지는 2차원 그래픽을 기반으로 했으나, 〈파이널 판타지 7〉부터는 3차원 그래픽으로 구현됐다.

【**직업**】 게임을 시작할 때 플레이어는 주인공과 동행할 캐릭터를 선택하여 파티를 구성할 수 있다. 〈파이널 판타지〉에서는 전사, 도둑, 몽크, 적마술사, 흑마술사, 백마술사의 6개 직업 중 4가지를 선택한다. 각 직업은 고유의 능력치를 지니기 때문에 전투를 효율적으로 진행하기 위해서는 전략적인 선택이 요구된다. 전사는 힘이 세고 방어력이 높으며, 도둑은 민첩성이 높아 다른 직업에 비해 공격의 기회가 여러 차례 주어진다. 흑마술사는 적에게 광역 대미지를 입힐 수 있으며 백마술사는 아군을 치료할 수 있다. 전직을 이용하면 보다 강한 능력치를 갖는 기사, 닌자, 슈퍼몽크, 적마도사, 흑마도사, 백마도사를 플레이할 수 있다.

〈파이널 판타지 3〉의 속성별 직업 분류	
유형	직업
바람의 크리스털	전사, 몽크, 백마도사, 흑마도사, 적마도사
불의 크리스털	사냥꾼, 나이트, 시프, 학자
물의 크리스털	풍수사, 용기사, 바이킹, 공수가, 음유시인, 마검사, 환술사
땅의 크리스털	마인, 도인, 마계환사

〈파이널 판타지 2〉부터는 캐릭터가 고유의 이름을 갖기 시작하며, 서로 다른 배경 이야기와 직업이 부여된다. 〈파이널 판타지 2〉의 경우 주인공 프리오닐은 전사로, 동료 민우는 백마도사로 설정되어 있다. 〈파이널 판타지 3〉에서는 직업의 종류가 기존 타이틀에 비해 다양해졌으며, 크리스털의 속성에 따라 직업을 분류한다. 캐릭터의 직업을 자유롭게 변경할 수 있으며, 캐릭터 레벨뿐 아니라 직업 레

벨을 높일 수 있다. 직업 변경 시스템은 〈파이널 판타지 5〉, 〈파이널 판타지 6〉 등에도 적용된다.

【전투 시스템】 플레이어 캐릭터와 몬스터가 한 차례씩 공격을 주고받는 턴제가 기본이다. 〈파이널 판타지 4〉부터는 액티브 타임 배틀(Active Time Battle, ATB)이 도입됐다. 액티브 타임 배틀이란 전투 모션이 이루어지는 동안에도 시간이 계속 흘러가는 시스템이다.

플레이어는 자신의 차례에 공격 스킬 또는 아이템을 선택할 수 있는데, 일정 시간 선택하지 않으면 시간이 제한되어 공격 기회가 다시 적게 주어진다.

〈파이널 판타지 10〉은 전투 시스템을 조건부 턴 베이스 배틀 시스템(Conditional Turn Based System, CTB)으로 변경했다. 조건부 턴 베이스 배틀은 기본적인 턴제도와 같이 한 차례씩 공격을 주고받는데, 공격 방법을 선택하기 전까지는 시간이 흐르지 않지만 스킬 발동과 동시에 시간이 흐르는 시스템이다. 조건부 턴 베이스 배틀은 플레이어가 전투 시간을 자유롭게 활용하면서도 즉각적인 피드백을 받을 수 있는 시스템이다.

【육성 시스템】 〈파이널 판타지〉 시리즈에는 플레이어가 육성할 수 있는 초코보가 있다. 초코보는 날지 못하는 새로 〈파이널 판타지 2〉에서 처음 등장한다. 초코보는 플레이어 캐릭터의 탈것, 소환수 등으로 다양한 역할을 담당한다. 필드에서 포획하며, 사육장에서 육성할 수 있다.

〈파이널 판타지 7〉에서 초코보는 능력치 강화 아이템인 마테리아를 일부 제공하기 때문에 반드시 육성해야 하는 대상이다. 높은 등급의 초코보를 얻어 서로 교배시키면 새로운 초코보를 얻을 수 있다. 따라서 플레이어는 높은 등급의 초코보를 포획하여 다양한 방법으로 초코보를 교배시켜야 한다. 초코보의 레벨을 높이기 위한 초코보 레이스 등의 미니 게임은 〈파이널 판타지〉 시리즈의 특징 중 하나이다.

평가 〈파이널 판타지〉 시리즈는 패미콤부터 피시(PC) 온라인에 이르기까지 다양한 플랫폼을 기반으로 출시됐다. 일본의 대표적인 역할수행 게임으로 평가된다. 모든 타이틀에는 서로 다른 세계관을 기반으로 하나의 완성된 이야기와 서로 다른 동기를 가진 캐릭터가 등장한다. 플레이가 진행되면서 사연의 실마리가 점차 풀린다. 〈파이널 판타지〉 시리즈는 타이틀 출시일자를 기준으로 최고 사양의 그래픽 기술을 사용하여 컷신을 삽입하고 트레일러 영상을 제작한다. 컷신은 〈파이널 판타지〉 시리즈가 대중의 관심을 유발하는 대표적인 구성 요소가 됐다. 애니메이션, 영화, 라디오 드라마, 게임 등의 다양한 스핀오프 작품을 통해 게임 시나리오의 우수성이 증명되기도 하였다.

1994년에 제작된 〈파이널 판타지 : 레전드 오브 더 크리스털(Final Fantasy : Legend of the Crystals)〉은 텔레비전 애니메이션으로 방영되었으며, 2001년에는 총 25편으로 구성된 〈파이널 판타지 : 언리미티드(Final Fantasy : Unlimited)〉가 방영된 바 있다. 2005년에 방영된 〈파이널 판타지 : 어드벤트 칠드런(Final Fantasy : Advent Children)〉은 〈파이널 판타지 7〉의 시나리오를 기반으로 제작된 3차원 애니메이션으로 전 세계적으로 400만 장 이상의 디브이디(DVD)가 판매됐다. 〈파이널 판타지〉 시리즈는 2003년 일본에서 라디오 드라마로 제작되기도 했다. 라디오 드라마 시리즈는 〈파이널 판타지 : 택틱스 어드밴스(Final Fantasy : Tactics Advance)〉를 포함해 3개의 작품이 있다.

〈파이널 판타지〉 시리즈에서 일부 요소를 차용한 게임이 다양한 장르로 개발되기도 한다. 초코보를 주인공으로 내세운 1997년의 〈초코보의 이상한 던전(Final Fantasy Fables : Chocobo's Dungeon)〉, 1999년의 〈초코보 레이싱(Chocobo Racing)〉, 2006년의 〈초코보와 마법의 그림책(Final Fantasy Fables : Chocobo Tales)〉 등이 대표적이다.

크리스털을 주요 요소로 사용하는 게임으로는 2003년의 〈파이널 판타지 크리스털 크로니클(Final Fantasy Crystal Chronicles)〉 시리즈가 있다. 2008년의 〈크리스털 디펜더즈(Crystal Defenders)〉는 〈파이널 판타지〉의 스토리 요소를 차용한 타워 디펜스 게임(tower defense game)으로 출시됐다.

이 외에도 1991년에 출시된 〈성검전설 : 파이널 판타지 외전(Final Fantasy Adventure)〉, 2005년의 〈파이널 판타지 7 : 스노우보딩(Final Fantasy 7 : Snowboarding)〉, 2009년의 〈빛의 4전사-파이널 판타지 외전-(光の4戦士-ファイナルファンタジー外伝-)〉 등의 외전이 있다.

- **핵심어** 콘솔, 컷신, 스팀펑크
- **시리즈**
  1987 〈파이널 판타지(Final Fantasy)〉
  1988 〈파이널 판타지 2(Final Fantasy II)〉

1990 〈파이널 판타지 3(Final Fantasy III)〉
1991 〈파이널 판타지 4(Final Fantasy IV)〉
1992 〈파이널 판타지 5(Final Fantasy V)〉
1994 〈파이널 판타지 6(Final Fantasy VI)〉
1997 〈파이널 판타지 7(Final Fantasy VII)〉
1999 〈파이널 판타지 8(Final Fantasy VIII)〉
2000 〈파이널 판타지 9(Final Fantasy IX)〉
2001 〈파이널 판타지 10(Final Fantasy X)〉
2002 〈파이널 판타지 11(Final Fantasy XI)〉
2006 〈파이널 판타지 12(Final Fantasy XII)〉
2009 〈파이널 판타지 13(Final Fantasy XIII)〉
2010 〈파이널 판타지 14(Final Fantasy XIV)〉

■ **참고 자료** 김원보, 최유찬, 『컴퓨터 게임과 문화』, 이룸, 2005. | 박근서, 「컴퓨터 게임 텍스트의 문화적 특성에 관한 연구 : RPG의 내러티브 구성을 중심으로」, 『한국언론학보』, vol.47, no.3, 한국언론학회, 2003. | 박동숙, 전경란, 「상호작용 내러티브로서의 컴퓨터 게임 텍스트에 대한 연구」, 『한국언론학보』, vol.45, no.3, 한국언론학회, 2001.

닌자 가이덴 Ninja Gaiden / 忍者龍剣伝

출시연도 1988년
개발사 테크모(Tecmo)
장르 액션 게임
플랫폼 아케이드

스토리 류 하야부사는 아버지의 죽음에 대해 조사하던 중 미국으로 가 고고학자 월터 스미스 박사를 만나라는 아버지의 편지를 발견한다. 박사와 류의 아버지는 악마를 봉인한 조각상의 수호자였다. 자신의 아버지가 조각상을 모아 악마를 부활시키려는 사악한 교주 자퀴오에게 살해되었다는 사실을 알게 된 류는 자퀴오를 물리치기 위해 길을 나선다.

플레이 플레이어는 제한 시간 안에 적을 해치우고, 최종 보스인 자퀴오를 쓰러뜨려야 한다. 한 스테이지를 완료할 때마다 플레이어에게 게임 전개와 연관된 정보와 임무를 알려주는 컷신이 재생된다. 게임은 횡스크롤 방식으로 진행되며 플레이어는 점프키와 방향키를 조작하여 맵의 곳곳에 위치한 낭떠러지와 몬스터를 피할 수 있다. 무기는 칼과 수리검이며, 기술을 사용하기 위해서는 인술이라는 능력치가 필요하다. 인술은 맵에 위치한 특정한 구조물을 부수고 획득할 수 있다.

평가 〈닌자 가이덴〉은 1989년 닌텐도 파워 어워드(Nintendo Power Awards)에서 수상식 전해에 발매된 타이틀 중 선정하는 '최고의 도전(Best Challenge)'과 '최고의 엔딩(Best Ending)' 부문에서 수상했다.

- **핵심어** 액션 게임
- **시리즈**

  1988 〈닌자 가이덴(Ninja Gaiden)〉

  〈닌자 가이덴 엔이에스(Ninja Gaiden NES)〉

  1990 〈닌가 가이덴 II : 더 다크 소드 오브 카오스(Ninja Gaiden II : The Dark Sword of Chaos)〉

  1991 〈닌자 가이덴 III : 더 에인션트 쉽 오브 둠(Ninja Gaiden III : The Ancient Ship of Doom)〉

  2004 〈닌자 가이덴(Ninja Gaiden)〉

  2005 〈닌자 가이덴 블랙(Ninja Gaiden Black)〉

  2007 〈닌자 가이덴 시그마(Ninja Gaiden Sigma)〉

  2008 〈닌자 가이덴 드래곤 소드(Ninja Gaiden : Dragon Sword)〉

  〈닌가 가이덴 II(Ninja Gaiden II)〉

  2009 〈닌자 가이덴 시그마 2(Ninja Gaiden Sigma 2)〉

  2012 〈닌자 가이덴 3(Ninja Gaiden Sigma 3)〉

  〈닌자 가이덴 3 : 레이저스 엣지(Ninja Gaiden Sigma 3 : Razor's Edge)〉

  2014 〈야이바 : 닌자 가이덴 Z(Yaiba : Ninja Gaiden Z)〉

- **참고 자료** Chris Kohler, *Power-Up : How Japanese Video Games Gave the World an Extra Life*, Brady Games, 2004. | Tony Mott, *1001 Video Games : You Must Play Before You Die*, Universe, 2010.

존 매든 풋볼 John Madden Football

| 출시연도 1988년
| 개발사 일렉트로닉 아츠(Electronic Arts, EA)
| 장르 스포츠 게임
| 플랫폼 PC

플레이 대표작인 〈매든 엔에프엘 '94〉의 경우, 플레이어가 자신의 팀을 구성하여 경기에서 이기는 것이 목표이다. 게임 방식은 기존 설정을 따른 퀵 모드와 플레이어가 경기 조건을 설정하는 표준 모드로 나뉜다. 표준 모드에서 플레이어는 경기장의 날씨와 경기 시간, 선수의 상태나 컨디션을 설정 및 변경할 수 있다. 경기를 시작하기 전 플레이어는 동전을 던져 공격과 수비 순서를 정한 뒤 선수를 전략적으로 배치하고 조종한다. 경기 결과 플레이어가 이기면 환호성이, 지면 야유가 흘러나온다. 이후 시리즈에서는 실제 스포츠 경기 중계를 보는 것

같은 효과를 주기 위해 현직 미식축구 해설자의 중계와 인트로 영상이 플레이 과정에 삽입됐다.

평가 미국의 프로 미식축구 리그(National Football League, NFL)에서 사용하는 실제 규칙과 전술을 구현했다. 최초로 실황중계가 도입된 스포츠 게임으로, 실제 미국 프로 미식축구 리그 해설자인 존 매든이 육성 중계를 맡았다. 이 게임은 미식축구 경기 환경을 사실적으로 구현할 수 있어, 현업의 미식축구 코치와 선수들이 경기에 대한 모의실험을 진행할 때 사용됐다.

- **핵심어** 스포츠 게임
- **시리즈**

  1988 〈존 매든 풋볼(John Madden Football)〉
  1991 〈존 매든 풋볼 II(John Madden Football II)〉
  　　　〈존 매든 풋볼 '92(John Madden Football '92)〉
  1992 〈존 매든 풋볼 '93(John Madden Football '93)〉
  1993 〈매든 엔에프엘 '94(Madden NFL '94)〉
  1994 〈매든 엔에프엘 '95(Madden NFL '95)〉
  1995 〈매든 엔에프엘 '96(Madden NFL '96)〉
  1996 〈매든 엔에프엘 '97(Madden NFL '97)〉
  1997 〈매든 엔에프엘 '98(Madden NFL '98)〉
  1998 〈매든 엔에프엘 '99(Madden NFL '99)〉
  1999 〈매든 엔에프엘 2000(Madden NFL 2000)〉
  2000 〈매든 엔에프엘 2001(Madden NFL 2001)〉
  2001 〈매든 엔에프엘 2002(Madden NFL 2002)〉
  2002 〈매든 엔에프엘 2003(Madden NFL 2003)〉
  2003 〈매든 엔에프엘 2004(Madden NFL 2004)〉
  2004 〈매든 엔에프엘 2005(Madden NFL 2005)〉
  2005 〈매든 엔에프엘 06(Madden NFL 06)〉
  2006 〈매든 엔에프엘 07(Madden NFL 07)〉
  2007 〈매든 엔에프엘 08(Madden NFL 08)〉
  2008 〈매든 엔에프엘 09(Madden NFL 09)〉
  2009 〈매든 엔에프엘 10(Madden NFL 10)〉
  2010 〈매든 엔에프엘 11(Madden NFL 11)〉
  2011 〈매든 엔에프엘 12(Madden NFL 12)〉
  2012 〈매든 엔에프엘 13(Madden NFL 13)〉
  2013 〈매든 엔에프엘 25(Madden NFL 25)〉
  2014 〈매든 엔에프엘 15(Madden NFL 15)〉
  2015 〈매든 엔에프엘 16(Madden NFL 16)〉

- **참고 자료** Eric Eberly, Richard Porto, Don Tica, *Madden NFL 2000 : Prima's Official Strategy Guide*, Prima Games, 1999. | Matt Barton, Bill Loguidice, *Vintage Games : An Insider Look at the History of Grand Theft Auto, Super Mario, and the Most Influential Games of All Time*, Focal Press, 2009.

드래곤 슬레이어 : 영웅전설

Dragon Slayer : The Legend of Heroes / ドラゴンスレイヤー英雄伝説

출시연도 1989년
개발사 팔콤(Falcom)
장르 역할수행 게임
플랫폼 PC

스토리 지상의 이셀하사 대륙은 5개의 나라로 구성되어 있는데, 파렌 왕국도 그중 하나이다. 어느 날 괴물들이 파렌 왕국을 습격하고, 그 과정에서 국왕이 살해된다. 왕의 측근이었던 아크담은 왕자가 16세가 될 때까지 국정을 대행하겠다며 세리오스 왕자를 엘아스타 마을로 보낸다. 왕위 계승을 2개월 앞둔 시점에 갑자기 엘아스타 마을에 괴물들이 들이닥친다. 도망친 세리오스는 괴물을 뒤에서 조종하는 자가 아크담이라는 것을 알게 되고, 여행에서 만난 동료들과 아크담의 야망을 막을 것을 결심한다.

플레이 이 게임의 목표는 플레이어가 세리오스 왕자가 되어 악의 세력에 맞서기 위한 힘을 기르고 마법을 배워나가는 것이다. 게임은 이동하는 상황과 전투하는 상황으로 나뉜다. 플레이어는 이동하면서 동료들을 만나고, 사건을 해결할 수 있는 실마리를 얻는다. 이 과정에서 플레이어는 현자들에게 직접 마법도 전수받는다. 플레이어는 주문, 수비, 무기를 사용해 괴물들을 물리칠 수 있다. 한편, 플레이어의 수행 없이도 전투가 가능한 자동 전투 모드가 있어, 플레이어는 다른 일을 수행하면서도 전투로 인한 경험치를 획득할 수 있다.

평가 〈드래곤 슬레이어(Dragon Slayer)〉 시리즈의 6번째 작품이었으나 후속편이 제작되면서 시리즈가 됐다. 〈영웅전설〉 시리즈는 대륙 및 세계관에 따라서 구분된다. 1989년부터 1992년까지 등장한 작품은 '이셀하사', 1994년부터 1999년까지 등장한 작품은 '가가브 트릴로지', 2004년부터 2014년까지 등장한 작품은 '궤적 시리즈'로 통칭된다. 플레이스테이션 어워드(PlayStation Award)에서 〈영웅전설 : 제로의 궤적〉, 〈영웅전설 : 섬의 궤적〉, 〈영웅전설 : 섬의 궤적 Ⅱ〉는 각각 2010년, 2013년, 2014년 '유저 초이스 어워드(User's Choice Award)'를 수상했다.

- **핵심어** 역할수행 게임
- **시리즈**
  1989 〈드래곤 슬레이어 : 영웅전설(Dragon Slayer : The Legend of Heroes)〉
  1992 〈드래곤 슬레이어 : 영웅전설 Ⅱ(Dragon Slayer : The Legend of Heroes Ⅱ)〉
  1994 〈영웅전설 Ⅲ : 하얀 마녀(The Legend of Heroes Ⅲ : Prophecy of the Moonlight Witch)〉

1996 〈영웅전설 IV : 주홍물방울(The Legend of Heroes IV : A Tear of Vermillion)〉
1999 〈영웅전설 V : 바다의 함가(The Legend of Heroes V : A Song of the Ocean)〉
2004 〈영웅전설 VI : 천공의 궤적 FC(The Legend of Heroes : Trails in the Sky)〉
2006 〈영웅전설 VI : 천공의 궤적 SC(The Legend of Heroes : Trails in the Sky Second Chapter)〉
2007 〈영웅전설 VI : 천공의 궤적 TC(The Legend of Heroes : Trails in the Sky the 3rd.)〉
2010 〈영웅전설 : 제로의 궤적(The Legend of Heroes : Zero no Kiseki)〉
2011 〈영웅전설 : 벽의 궤적(The Legend of Heroes : Ao no Kiseki)〉
2013 〈영웅전설 : 섬의 궤적(The Legend of Heroes : Trails of Cold Steel)〉
2014 〈영웅전설 : 섬의 궤적 II(The Legend of Heroes : Trails of Cold Steel II)〉

■ **참고 자료** Andy Slaven, *Video Game Bible 1985-2002*, Trafford Publishing, 2002. | Sam Pettus, *Service Games : The Rise and Fall of SEGA : Enhanced Edition*, CreateSpace Independent Publishing Platform, 2013.

심시티 SimCity

출시연도 1989년
개발사 맥시스(Maxis)
장르 시뮬레이션 게임
플랫폼 PC

스토리 황무지에 거주민 심들이 살 수 있는 도시를 만들려고 한다. 시장은 건물을 짓고 도로를 건설하고 수도와 전력을 공급해 도시를 세운다. 도시가 성장하면 심들이 점점 모이게 되고 그에 따라 해결 과제가 발생한다. 도시 행정이나 공공 서비스에 대한 심들의 요구나 홍수, 지진과 같은 재난 상황에 직면하게 되면서 도시 운영은 점점 복잡해지기 때문이다. 시장은 이 모든 상황을 고려하면서 도시를 더욱 발전시켜나가야 한다.

플레이 플레이어는 시장이 되어 정해진 예산 안에서 도시를 개척해나가야 한다. 상태 바를 통해 게임을 플레이하는 데 필요한 정보를 얻고 도시를 경영해나간다. 플레이어는 도시 내에 주거 지역, 상업 지역, 산업 지역이라는 3가지 지역을 적절히 배치하여 도시를 성장시켜야 한다. 각 지역은 전력 공급이나 합리적인 세금 제도 제정 등과 같은 특정 조건을 만족시키면 자동적으로 개발된다. 도시를 발전시키기 위해 플레이어는 도시를 건설하는 것뿐만 아니라 시민들의 생활 수준 또한 고려해야 한다.

평가 건설-경영 시뮬레이션 게임의 대명사로 경쟁과 승패가 없는 개방형 게임이다. 도시 건설을 위한 개별 행위들은 정해진 순서가 없다. 도로를 깔고 건물을 짓든, 건물을 짓고 도로를 깔든 자유이며, 상업 지역을 먼저 만들든 주거 지역을 먼저 만들든 관계가 없다. 이 게임은 정해진 목적 없이 플레이어가 자유롭게 즐기도록 만든 일종의 놀이 소프트웨어(software toys)가 생기는 데 영향을 주었다.

- **핵심어** 시뮬레이션 게임
- **시리즈**
  1989 〈심시티(SimCity)〉
  1991 〈심시티 SNES(SimCity SNES)〉
  1993 〈심팜(SimFarm)〉
  1994 〈심시티 2000(SimCity 2000)〉
  1995 〈심 시티 : 더 카드 게임(Sim City : The Card Game)〉
  1996 〈심콥터(SimCopter)〉
  1997 〈스트리트 오브 심시티(Streets of SimCity)〉
  1999 〈심시티 3000(SimCity 3000)〉
  2000 〈심시티 64(SimCity 64)〉
  2003 〈심시티 4(SimCity 4)〉
  2007 〈심시티 디에스(SimCity DS)〉
       〈심시티 소사이어티스(SimCity Societies)〉
  2008 〈심시티 크리에이터(SimCity Creator)〉
       〈심시티 디에스 2(SimCity DS 2)〉
       〈심시티 아이폰(SimCity iPhone)〉
       〈심시티 클래식(SimCity Classic)〉
  2010 〈심시티 디럭스 앤드 심시티 디럭스 HD(SimCity Deluxe and SimCity Deluxe HD)〉
  2011 〈심시티 디럭스 포 더 블랙베리 플레이북(SimCity Deluxe for the Blackberry Playbook)〉
  2013 〈심시티(SimCity)〉
  2014 〈심시티 빌드잇(SimCity BuildIt)〉
- **참고 자료** 김정남, 김정현, 『세계 최고의 게임 크리에이터 9인의 이야기』, 대림, 2006. | William Muehl, Jeannie Novak, *Game Development Essentials : Game Simulation Development*, Cengage Learning, 2007. | Gamasutra, "The History of Civilization", www.gamasutra.com/view/feature/1523/the_history_of_civilization.php?page=2

지뢰찾기 Minesweeper

| **출시연도** 1989년
| **개발사** 마이크로소프트(Microsoft)
| **장르** 퍼즐 게임
| **플랫폼** PC

플레이 게임 맵은 직사각형 모양으로, 플레이어가 클릭해 열 수 있는 다수의

칸으로 구성되어 있다. 플레이어의 목표는 지뢰가 숨겨진 칸을 제외한 나머지 칸을 모두 클릭해 맵을 정복하는 것이다. 빠른 시간 내에 지뢰가 없는 모든 칸을 클릭할수록 높은 점수를 획득한다. 마우스 왼쪽을 클릭하면 해당 칸이 열리면서 임의의 숫자가 등장하며, 숫자는 해당 칸과 사방으로 인접한 8개 칸에 숨겨진 지뢰의 개수를 알려준다. 지뢰가 숨겨진 칸을 클릭할 경우 맵에 존재하는 모든 지뢰가 폭발하면서 게임이 종료된다.

마우스 오른쪽을 한 번 클릭할 경우 지뢰가 있는 것으로 추정되는 칸에 깃발을 꽂을 수 있으며, 두 번 클릭할 경우 임시로 물음표 표시를 해둘 수 있다. 초급, 중급, 고급 중에서 난이도를 선택할 수 있으며, 임의대로 맵의 크기를 변경하거나 지뢰의 개수를 설정할 수도 있다. 윈도우 8부터는 모험 모드가 추가됐으며, 플레이어가 플레이어 캐릭터를 움직여 지뢰를 찾고 몬스터를 처치하면서 아이템을 획득해야 한다. '세상의 구원자', '좋은 기억력' 등의 도전 과제가 매일 주어지며, 게임의 기본 규칙을 익힐 수 있는 튜토리얼 모드도 지원된다.

평가 윈도우 3.1부터 윈도우 7까지는 소프트웨어에 기본 내장된 게임이었으나, 윈도우 8부터는 스토어를 통해 따로 구매해야 플레이할 수 있다. 1983년 발매된 〈마인드 아웃(Mined-Out)〉, 1985년 발매된 〈릴렌트리스 로직(Relentless Logic)〉의 게임 형식을 차용해 제작됐다. 윈도우 8 이후로는 엑스박스(XBox)와 연동해 플레이하는 것도 가능하다.

- **핵심어** 윈도우 내장 게임
- **참고 자료** Ian Stewart, *Math Hysteria : Fun and Games with Mathematics*, Oxford University, 2004.

페르시아의 왕자 Prince of Persia

| 출시연도 1989년
| 개발사 브로더번드(Broderbund)
| 장르 액션 어드벤처 게임
| 플랫폼 PC

스토리 머나먼 고대 페르시아 왕국, 왕국의 수상이자 사악한 마법사 자파는 자신의 청혼을 거절한 공주를 탑에 가둔다. 또한 공주의 연인인 청년은 궁전의

지하 던전에 가둔다. 청년은 사랑하는 공주를 구하기 위해 지하 던전에서 빠져나와 자파를 물리치고 공주가 있는 탑까지 찾아가야 한다.

플레이 이 게임은 반드시 1시간 안에 모든 플레이를 마쳐야 한다. 플레이어는 달리거나 뛰어넘거나 등의 움직임을 통해 여러 가지 덫을 무사히 지나가면서, 맵 곳곳에 배치된 적과 칼싸움에서 이기며 지하 던전에서 탑까지 이동해야 한다. 만약 장애물 통과에 실패하면, 톱니에 의해 신체가 절단되거나 추락하는 방식으로 사망한다. 게임은 총 12단계이며, 게임을 완료하기 위해서는 모든 단계를 한 번에 통과해야 한다.

평가 이 게임은 '공주 구출'이라는 허구의 시간 60분과 플레이의 시간 60분이 일치하는 독특한 구조로, 애니메이션 기법을 활용한 게임 화면 구성을 통해 자연스러운 움직임을 강조하는 시네마틱 플랫포머(cinematic platformer) 게임 장르에 영향을 끼쳤다.

■ **핵심어** 시네마틱 플랫포머
■ **시리즈**
1989 〈페르시아의 왕자(Prince of Persia)〉
1993 〈페르시아의 왕자 2 : 쉐도우 앤 더 플레임(Prince of Persia 2 : The Shadow and the Flame)〉
1999 〈페르시아의 왕자 3D(Prince of Persia 3D)〉
2003 〈페르시아의 왕자 : 시간의 모래(Prince of Persia : The Sands of Time)〉
　　　〈페르시아의 왕자 : 하렘의 모험(Prince of Persia : Harem Adventures)〉
2004 〈페르시아의 왕자 : 전사의 길(Prince of Persia : Warrior Within)〉
2005 〈페르시아의 왕자 : 두 개의 왕좌(Prince of Persia : The Two Thrones)〉
　　　〈페르시아 왕자의 전쟁(Battles of Prince of Persia)〉
2007 〈페르시아의 왕자 : 클래식(Prince of Persia : Classic)〉
2008 〈페르시아의 왕자 2008(Prince of Persia 2008)〉
　　　〈페르시아의 왕자 : 폴른 킹(Prince of Persia : The Fallen King)〉
2010 〈페르시아의 왕자 : 망각의 모래(Prince of Persia : The Forgotten Sands)〉
2013 〈페르시아의 왕자 : 쉐도우 앤 더 플레임 HD(Prince of Persia : Shadow and Flame HD)〉

■ **참고 자료** Larry Bates, *Uncharted 2 : Among Thieves Context Immersion Guide*, Tebbo, 2010. | Richard Rouse III, *Game Design : Theory and Practice*, Wordware Publishing Inc., 2004.

1990년대

대항해시대 Uncharted Waters / 大航海時代

출시연도 1990년
개발사 코에이(Koei)
장르 시뮬레이션 게임
플랫폼 PC

스토리 포르투갈의 몰락한 귀족 자제인 레온 페레로는 야망 있는 젊은이다. 그는 가문의 명예를 다시 회복하고 자신의 오랜 꿈인 항해사가 되기 위해, 부친의 부하였던 로코 알렘켈과 함께 전 세계 바다를 누비는 항해를 떠난다.

플레이 게임을 시작할 때 플레이어의 능력치가 무작위로 설정된다. 게임의 배경인 항구에는 조선소, 주점, 교역소와 같은 시설들이 있어서, 정보 수집, 무역, 선박 건조 등 다양한 용무를 처리할 수 있다. 의뢰받은 일을 달성하거나 해전에서 승리하면 명성을 얻을 수 있으며, 명성이 쌓일수록 더 높은 난이도의 퀘스트에 도전할 수 있다. 게임의 최종 미션은 성공한 항해사가 되어 공작 작위를 받고, 해적에게 납치된 공주를 구출하여 공주와 결혼하는 것이다.

평가 〈대항해시대〉의 주요 시스템은 시드 마이어(Sid Meier)가 1987년 개발한 〈시드 마이어의 해적!(Sid Meier's Pirates!)〉에서 영향을 받았다. 하지만 게임의 배경을 전 세계로 확장했다는 점과 이야기를 부여했다는 점에서 차별화된다.

■ **핵심어** 시드 마이어의 해적!
■ **시리즈**
1990 〈대항해시대(Uncharted Waters)〉
1993 〈대항해시대 Ⅱ(Uncharted Waters Ⅱ)〉
1996 〈대항해시대 Ⅲ(Uncharted Waters Ⅲ : Costa Del Sol)〉
1997 〈대항해시대 외전(大航海時代 外伝)〉
1999 〈대항해시대 Ⅳ(Uncharted Waters Ⅳ : Porto Estado)〉
2005 〈대항해시대 온라인(Uncharted Waters Online)〉
2014 〈대항해시대 Ⅴ(Uncharted Waters Ⅴ)〉
■ **참고 자료** 러셀 드마리아, 조니 L. 윌슨 저, 송기범 역, 『게임의 역사』, 제우미디어, 2002. | Heidi Roupp, *Teaching World History in the Twenty-first Century : A Resource Book*, Routledge, 2009.

라이덴 RAIDEN / 雷電

출시연도 1990년
개발사 세이부 카이하츠(Seibu Kaihatsu)
장르 슈팅 게임
플랫폼 아케이드

스토리 서기 2090년, 외계 종족 크라나시안이 지구를 침공한다. 지구 연합군은 크라나시안에 대항하기 위해 최고의 전투기 라이덴을 개발한다. 라이덴을 조종할 수 있는 2인의 파일럿이 지구의 운명을 짊어지고 적진으로 출격한다.

플레이 종스크롤 방식을 채택하고 있으며, 1인 혹은 2인이 플레이할 수 있다. 플레이어는 무작위로 나타나는 공중의 전투기와 지상의 탱크를 격추시켜야 한다. 주무기로 붉은 발칸포, 푸른 레이저, 폭탄을 사용하며, 보조 무기로 유도탄과 핵미사일을 이용할 수 있다. 나무에 일정 이상 대미지를 가하면 숨어있는 요정을 획득할 수 있으며, 이를 통해 무기 아이템 등 추가적인 보상을 얻는다.

평가 게임 공학자이자 프로그래머인 조셉 홀은 비행 슈팅 게임의 대표작으로 〈라이덴〉을 선정했다.

■ **핵심어** 레이저, 발칸포, 비행 슈팅 게임
■ **시리즈**
1990 〈라이덴(RAIDEN)〉
1993 〈라이덴 Ⅱ(RAIDEN Ⅱ)〉

1994 〈라이덴 DX(RAIDEN DX)〉

1996 〈라이덴 파이터즈(RAIDEN Fighters)〉

1997 〈라이덴 파이터즈 II(RAIDEN Fighters II)〉

1998 〈라이덴 파이터즈 제트(RAIDEN Fighters Jet)〉

2005 〈라이덴 III(RAIDEN III)〉

2007 〈라이덴 IV(RAIDEN IV)〉

2015 〈라이덴 V(RAIDEN V)〉

■ **참고 자료** Joseph B. Hall, *XNA Game Studio Express : Developing Games for Windows and the Xbox 360*, Cengage Learning, 2007. | Matt Fox, *The Video Games Guide : 1,000+ Arcade, Console and Computer Games, 1962-2012*, McFarland, 2013.

에프-제로 F-Zero / エフゼロ

출시연도 1990년

개발사 닌텐도(Nintendo)

장르 레이싱 게임

플랫폼 슈퍼 패미콤

스토리 2560년 외계 문명과 조우하게 된 인류는 상업적, 기술적, 문화적 변화를 맞이한다. 행성 간 무역으로 막대한 부를 얻게 된 수억만장자들은 무기력한 삶을 즐겁게 만들어줄 오락거리를 찾기 시작한다. 그 결과 포뮬러 원(formula one) 레이스에 기반을 두고, 트랙을 떠다니는 방식을 도입한 자동차 경주를 탄생시킨다. 이 경주는 에프-제로라는 이름이 붙여진다.

플레이 이 게임은 토너먼트 형식으로 진행되는 경주 게임이다. 플레이어는 능력치가 상이한 4개의 호버카 중 하나를 선택해야 한다. 게임의 목표는 지뢰나 미끄럼 구간과 같은 장애 요소를 피하며 가능한 빠른 속도로 가장 먼저 결승선에 도착하는 것이다.

평가 기술적인 측면에서 '모드 7(Mode 7)'이라고 불리는 그래픽 모드를 레이싱 게임에 도입하여 사실적인 시뮬레이션 환경을 구현했다.

■ **핵심어** 토너먼트

■ **시리즈**

1990 〈에프-제로(F-Zero)〉

1996 〈비에스 에프-제로 그랜드 프릭스(BS F-Zero Grand Prix)〉

1997 〈비에스 에프-제로 그랜드 프릭스 2(BS F-Zero Grand Prix 2)〉

1998 〈에프-제로 엑스(F-Zero X)〉

2000 〈에프-제로 엑스 익스팬션 키트(F-Zero X Expansion Kit)〉

2001 〈에프-제로 : 멕시멈 벨로시티(F-Zero : Maximum Velocity)〉

2003 〈에프-제로 지엑스(F-Zero GX)〉

〈에프-제로 에이엑스(F-Zero AX)〉

〈에프-제로 : 지피 레전드(F-Zero : GP Legend)〉

2004 〈에프-제로 클라이맥스(F-Zero Climax)〉

■ **참고 자료** Matt Fox, *The Video Games Guide : 1,000+ Arcade, Console and Computer Games, 1962-2012*, McFarland, 2013. | GameSpot, "F-Zero review(Virtual Console)", www.web.archive.org/web/20070702232107/www.gamespot.com/users/GregK/ | IGN, "F-Zero X", www.ign.com/articles/1998/07/14/f-zero-x-2 | IGN, "IGN's Top 100 Games", www.web.archive.org/web/20071211041214/www.top100.ign.com/2003/91-100.html

원숭이 섬의 비밀 The Secret of Monkey Island

| **출시연도** 1990년
| **개발사** 루카스아츠(LucasArts)
| **장르** 어드벤처 게임
| **플랫폼** PC

스토리 가이브러쉬는 해적이 되기 위해 말리 섬으로 온다. 그는 말리 섬의 통치자 일레인 말리와 사랑에 빠지는데, 일레인 말리를 짝사랑하던 악명 높은 유령 해적 리척이 그녀를 납치해 원숭이 섬으로 데리고 간다. 가이브러쉬는 리척을 물리치고 일레인을 구하기 위해 원숭이 섬을 향해 떠나는 모험을 시작한다.

플레이 마우스로 캐릭터의 행동을 작동하는 포인트 앤드 클릭(point and click) 방식으로 진행된다. 플레이어가 곳곳에 배치된 특수 아이템을 얻어 추리를 하거나 퍼즐을 풀어야 다음 퀘스트로 넘어갈 수 있다. 플레이 중 만나는 게임 캐릭터와 대화를 하면서 퀘스트에 관한 정보나 아이템 등을 얻는다. 다른 해적과 승부를 겨룰 경우, 칼 등의 무기로 공격하는 것 외에 말싸움을 하여 상대방의 말을 받아치는 것으로 승패를 가르기도 한다. 주인공인 가이브러쉬는 바다에 빠지거나 높은 곳에서 떨어지는 등 어떤 동작을 해도 죽지 않기 때문에 플레이어는 캐릭터 조작에 제약이 없다.

평가 해적이 되려는 주인공의 여정을 낭만적 판타지로 재현한 명작이다. 게임 비평 사이트 아이지앤(IGN)은 2009년에 〈원숭이 섬의 비밀〉을 '비디오 게임 부문 명예의 전당(Video Game Hall of Fame)' 목록에 올렸다.

- **핵심어** 포인트 앤드 클릭
- **시리즈**
  1990 〈원숭의 섬의 비밀(The Secret of Monkey Island)〉
  1991 〈원숭이 섬의 비밀 2 : 리척의 복수(The Secret of Monkey Island : LeChuck's Revenge)〉
  1997 〈원숭이 섬의 저주(The Curse of Monkey Island)〉
  2000 〈원숭이 섬으로부터의 탈출(Escape from Monkey Island)〉
  2009 〈원숭이 섬의 전설(Tales of Monkey Island)〉
      〈원숭이 섬의 비밀 특별판(The Secret of Monkey Island Special Edition)〉
  2010 〈원숭이 섬의 비밀 2 특별판 : 리척의 복수(The Secret of Monkey Island 2 Special Edition : LeChuck's Revenge)〉
- **참고 자료** Dylan Holmes, *A Mind Forever Voyaging : A History of Storytelling in Video Games*, CreateSpace Independent Publishing Platform, 2012. | Emily Smith, *The George Lucas Handbook-Everything You Need to Know about George Lucas*, Tebbo, 2013. | Matt Fox, *The Video Games Guide : 1,000+ Arcade, Console and Computer Games, 1962-2012*, McFarland, 2013. | Richard Rouse III, *Game Design : Theory and Practice*, Wordware Publishing Inc., 2004.

고인돌 PREHiSTORiK

| 출시연도 1991년
| 개발사 타이터스 인터랙티브(Titus Interactive)
| 장르 플랫폼 게임
| 플랫폼 PC

스토리 선사시대, 한 원시인이 가족의 품으로 돌아가기 위해 모험을 떠난다. 그는 깊은 산 속이나 빙하, 용암 등 수많은 위험이 도사리는 여러 지역을 지나야 하며 때로는 티라노사우루스와 같은 거대한 적을 맞닥뜨리기도 한다.

플레이 횡스크롤 방식의 액션 게임이다. 플레이어는 스페이스 바를 사용해 적을 공격하거나 음식을 먹는다. 기본 공격 무기는 방망이로 돌도끼를 얻으면 공격력이 높아진다. 각 단계별로 체력과 목숨, 시간에 제한이 있으며 총 7단계를 거쳐야 한다. 기본 목숨은 3개이며 폭포나 낭떠러지에서 떨어지면 목숨이 깎인다. 플레이어는 아이템 획득을 통해 무기 및 점프력을 강화하거나 체력이나 목숨, 보너스 시간 등을 얻을 수 있다. 짝수 단계에서는 특정 보스를 물리쳐야 한다.

평가 1990년대 초창기 16비트 컴퓨터에서 구현된 대표적인 도스(DOS) 게임이다. 가족을 구한다는 스토리와 재치 있는 음향 효과, 직관적인 조작법, 다양한 재미 요소 등이 특징이다. 잡지 《일렉트로닉 게이밍 먼슬리(Electronic Gaming Monthly's)》에서 '이달의 게임(Game of the Month)'에 선정됐다.

- **핵심어** 횡스크롤, 도스 게임, 시간제한
- **시리즈**
  1991 〈고인돌(PREHiSTORiK)〉
  1993 〈고인돌 2(PREHiSTORiK 2)〉
- **참고 자료** Andy Slaven, *Video Game Bible, 1985-2002*, Trafford Publishing, 2002.

듀크 뉴켐 Duke Nukem

출시연도 1991년
개발사 아포지 소프트웨어(Apogee Software)
장르 액션 게임
플랫폼 PC

스토리 1997년, 과학자 프로톤 박사는 자신의 기계 군단으로 세상을 장악하겠다는 야욕을 드러낸다. 해병대 출신의 유도 유단자인 듀크 뉴켐은 권총 '콜트 M1911'을 들고 프로톤 박사를 저지하기 위해 나선다. 프로톤 박사의 군단과 듀크가 대립하는 혼란을 틈타 외계인 또한 지구를 장악하기 위해 침공한다. 듀크는 인류를 위협하는 적을 물리치기 위해 그들의 기지로 향한다.

플레이 〈듀크 뉴켐〉은 횡스크롤 방식으로 진행되는 플랫폼 게임이다. 플레이어는 권총이나 부츠로 적을 공격하고, 상자나 벽돌을 깨서 새로운 무기나 아이템을 획득한다. 플레이어는 적의 유형에 따라 공격 무기를 바꾸거나 음료를 섭취해 체력을 보충한다. 아이템에 따라 공격력이 강화되거나 공격 사정권의 거리가 늘어난다. 〈듀크 뉴켐 3D〉의 경우, 1인칭 시점에서 마우스와 키보드를 모두 사용해 플레이한다.

평가 복합적 게임 플레이, 레벨 디자인, 마초 캐릭터가 특징이다. 〈듀크 뉴켐 3D〉의 경우, 빌드 엔진을 이용해 3차원 1인칭 슈팅 게임(FPS)으로 발매됐다. 2011년 《포브스(Forbes)》에서 집계한 결과에 따르면 전 세계에서 총 350만 장을 판매했다. 미국 비디오 게임 잡지인 《넥스트 제너레이션(Next Generation)》에서 '역대 게임 100선(Top 100 Games of All Time)' 중 35위에 선정됐으며, 게임 비평 사이트 아이지앤(IGN)에서 '엑스박스(Xbox) 전용 게임 10선(Top 10 Xbox Live Arcade Game)' 중 9위에 선정됐다.

- **핵심어** 3D 게임, 마초 캐릭터,
- **시리즈**
  1991 〈듀크 뉴켐(Duke Nukem)〉
  1993 〈듀크 뉴켐 Ⅱ(Duke Nukem Ⅱ)〉
  1996 〈듀크 뉴켐 3D(Duke Nukem 3D)〉
  2011 〈듀크 뉴켐 포에버(Duke Nukem Forever)〉
- **참고 자료** Robert Jewett, John Shelton Lawrence, *The Myth of the American Superhero*, Wm. B. Eerdmans, 2002. | Tony Mott, *1001 Video Games : You Must Play Before You Die*, Universe, 2010.

레밍즈 Lemmings

출시연도 1991년
개발사 디엠에이 디자인(DMA Design)
장르 퍼즐 플랫폼 게임
플랫폼 PC

플레이 앞으로 걷기만 하는 캐릭터인 레밍들을 출구까지 무사히 이동시켜야 한다. 플레이어는 주어진 시간 내에 최대한 많은 레밍이 출구로 빠져나갈 수 있도록 지시를 내려야 한다. 레밍은 일정한 간격을 두고 천정에서 떨어진다. 플레이어는 아이템을 이용해 레밍의 진행 방향을 바꿀 수 있다. 아이템은 땅파기, 낙하산 펴기, 스스로 폭파하기 등의 8가지 기술을 가지고 있다. 각 스테이지별로 시간제한이 다르고, 구출해야 하는 레밍의 비율이 다르다.

평가 유닛이 유닛을 통제하는 간접 조종 방식이 도입된 첫 게임으로, 이러한 방식은 실시간 전략 게임(Real-Time Strategy, RTS)의 핵심 요소로 차용됐다. 실시간 전략 게임의 원형이라는 평가를 받는다.

- **핵심어** 유닛 간접 조종, 시간제한, 구출, 실시간 전략 요소
- **시리즈**
  1991 〈레밍즈(Lemmings)〉
      〈레밍즈 2(Oh No! More Lemmings)〉

1993 〈레밍즈 2 : 더 트라이브스(Lemmings 2 : The Tribes)〉
1994 〈레밍즈 3(All New World of Lemmings)〉
1995 〈3D 레밍즈(3D Lemmings)〉
2000 〈레밍즈 레볼루션(Lemmings Revolution)〉

■ **참고 자료** Clive Fencott, Jo Clay, Paul Massey, Mike Lockyer, *Game Invaders : The Theory and Understanding of Computer Games*, Wiley-IEEE Computer Society, 2012. | Matt Fox, *The Video Games Guide : 1,000+ Arcade, Console and Computer Games, 1962-2012*, McFarland, 2013.

뿌요뿌요 Puyo Pop / ぷよぷよ

| **출시연도** 1991년
| **개발사** 컴파일(Compile)
| **장르** 퍼즐 게임
| **플랫폼** MSX2, 패미콤 디스크 시스템

스토리 뿌요는 게임 〈마도전기(魔導物語)〉 세계의 최하위 몬스터이다. 젤리와 같은 몸을 이용해 같은 종의 동료와 몸을 합칠 수 있지만 4개 이상의 동료들이 동시에 접촉하는 순간 모두 소멸한다.

플레이 플레이어는 낙하하는 뿌요를 좌우로 조종해 뿌요를 모두 소멸시켜야 한다. 같은 색을 가진 4개 이상의 뿌요를 연결하면 뿌요들이 자동으로 제거된다. 하나의 뿌요가 사라지면 바로 위에 있던 뿌요가 빈자리로 내려온다. 이 원리를 이용해 각각 다른 색의 뿌요를 연달아 제거하는 기술인 '연쇄'를 구사한다. 이 게임은 화면 좌우에 위치한 2개의 진영에서 동시에 플레이를 진행하고 먼저 모든 뿌요를 제거하는 쪽이 승리하는 일대일 대전 모드를 제공한다. 일대일 대전 모드의 플레이어가 뿌요들을 제거하면 연쇄를 방해하는 뿌요인 '방해뿌요'가 상대방의 진영에 떨어진다.

평가 〈뿌요뿌요〉는 개발사 컴파일의 다른 게임 〈마도전기〉의 캐릭터 '뿌요'를 차용했다. 캐릭터의 차용, 연쇄 기술 및 방해뿌요 등 시스템을 도입한 점에서 〈테트리스〉 등의 기존 퍼즐 게임과 구별된다.

■ **핵심어** 블록 맞추기, 마도전기
■ **시리즈**
1991 〈뿌요뿌요(ぷよぷよ)〉
1994 〈뿌요뿌요 2(ぷよぷよ 2)〉

1996 〈뿌요뿌요 SUN(ぷよぷよ SUN)〉
1999 〈뿌요뿌욘(ぷよぷよ~ん)〉
2003 〈뿌요뿌요 피버(ぷよぷよ フィーバー)〉
2005 〈뿌요뿌요 6 피버 2(ぷよぷよ 6 フィーバー 2)〉
2006 〈뿌요뿌요 15주년 기념판(ぷよぷよ! 15th Anniversary)〉
2009 〈뿌요뿌요 7(ぷよぷよ 7)〉
2011 〈뿌요뿌요 20주년 기념판(ぷよぷよ! 20th Anniversary)〉
2013 〈뿌요뿌요 퀘스트(ぷよぷよ クエスト)〉
2014 〈뿌요뿌요 테트리스(ぷよぷよ テトリス)〉

■ **참고 자료** 와타나베 슈우지, 나카무라 아키노리 저, 김성재 역, 『왜 게임에 빠질까 : 사람을 유혹하는 게임의 심리학』, 길벗, 2014. | 정기훈, 『원리로 이해하는 네트워크 입문』, 정보문화사, 2003.

성검전설 : 파이널 판타지 외전

Final Fantasy Adventure / 聖剣伝説 : ファイナルファンタジー外伝

출시연도 1991년
개발사 스퀘어(Square)
장르 역할수행 게임
플랫폼 게임보이

스토리 이루지아 산 정상에 있는 마나의 나무는 세계 에너지의 근원이다. 대륙에 남은 마나의 양이 점차 줄어들면서 클랜스 공국의 섀도 나이트는 마나의 나무가 가진 힘을 노리기 시작한다. 성검에게 선택받은 주인공은 우연히 마나의 비밀을 알게 되고 섀도 나이트로부터 마나의 나무를 지키려 한다.

플레이 이 게임은 실시간 전투 위주의 역할수행 게임이다. 플레이어는 캐릭터를 성장시켜 최종 보스를 물리쳐야 한다. 사냥과 퀘스트를 통해 레벨을 올리고 획득한 포인트로 능력치를 높일 수 있다. 일부 던전은 특수 아이템을 이용하거나 정해진 단계를 밟아야만 출입 가능하다. 〈성검전설 2〉부터 부분적으로 멀티 플레이를 지원하고, 선택 캐릭터에 따라 이야기가 전개되는 방식과 등장하는 적의 종류가 달라진다.

평가 〈파이널 판타지(Final Fantasy)〉의 외전으로 출발했으나 이후 독자적인 시리즈로 자리 잡았다. 〈성검전설 2〉의 원형 메뉴(ring command)는 이후 출시된 〈던전 앤 드래곤 2 : 섀도 오버 미스타라(Dungeons & Dragons : Shadow Over

Mystara》를 비롯한 콘솔 게임에 영향을 미쳤다.

- **핵심어** 파이널 판타지 외전, 원형 메뉴, 실시간 전투
- **시리즈**
  1991 〈성검전설 : 파이널 판타지 외전(Final Fantasy Adventure)〉
  1993 〈성검전설 2(Secret of Mana)〉
  1995 〈성검전설 3(Seiken Densetsu 3)〉
  1999 〈성검전설 : 레전드 오브 마나(Legend of Mana)〉
  2003 〈신약 성검전설(Sword of Mana)〉
  2006 〈성검전설 DS : 칠드런 오브 마나(Children of Mana)〉
  　　 〈성검전설 : 프렌즈 오브 마나(Friends of Mana)〉
  　　 〈성검전설 4(Dawn of Mana)〉
  2007 〈성검전설 : 히어로즈 오브 마나(Heroes of Mana)〉
  2013 〈성검전설 : 서클 오브 마나(Circle of Mana)〉
  2014 〈성검전설 : 라이즈 오브 마나(Rise of Mana)〉
- **참고 자료** Steven L. Kent, *The Ultimate History of Video Games : From Pong to Pokemon and Beyond-The Story Behind the Craze That Touched Our Lives and Changed the World*, Three Rivers Press, 2001.

소닉 더 헤지혹 Sonic The Hedgehog / ソニック・ザ・ヘッジホッグ

출시연도 1991년
개발사 세가(SEGA)
장르 액션 플랫폼 게임
플랫폼 메가 드라이브

스토리 불의를 싫어하는 고슴도치 소닉은 세계 정복을 꿈꾸는 닥터 에그맨과 사사건건 부딪친다. 강력한 에너지원인 카오스 에메랄드를 노린 닥터 에그맨은 소닉의 고향인 사우스 아일랜드를 점거한다. 그로 인해 소닉이 알던 동물 친구들마저 로봇으로 변해 닥터 에그맨의 조종을 받으며 소닉을 공격해온다. 소닉은 닥터 에그맨의 음모를 저지하고 친구들을 구해야 한다.

플레이 이 게임은 스테이지 형식으로 구성된 플랫폼 게임이다. 플레이어는 각각 3단계로 구성된 6개 지역을 지나 최종 보스를 물리쳐야 한다. 맵에 배치된 링을 1개 이상 획득, 보유하면 게임이 계속된다. 구르기를 이용해 장애물을 부수거나 적을 공격할 수 있다. 대미지를 입으면 보유하고 있던 링이 맵에 흩어지므로 사라지기 전 회수해야 한다. 50개 이상의 링을 모으면 거대한 링을 통과해 보너

스 스테이지로 이동하게 된다. 시리즈에 따라 소닉 외의 캐릭터로 플레이하거나, 링과 카오스 에메랄드를 이용한 시간제 버프를 발동할 수 있다.

평가 급경사와 원형을 활용한 맵 설계, 메가 드라이브의 고속 연산 등을 통해서 속도감을 극대화시켰다. 비디오 게임 사상 최초로 영국 국립 기록 보존소(The National Archives, TNA)에 등재됐다. 〈소닉 앤 너클즈〉의 경우 카트리지 팩의 용량 제한을 극복하기 위해 2개의 카트리지 팩을 결합하는 록온 테크놀로지(lock-on technology)를 개발 및 활용했다.

- **핵심어** 록온 테크놀로지, 메가 드라이브, 보너스 스테이지
- **시리즈**
  1991 〈소닉 더 헤지혹(Sonic The Hedgehog)〉
  1992 〈소닉 더 헤지혹 2(Sonic The Hedgehog 2)〉
  1993 〈소닉 더 헤지혹 CD(Sonic The Hedgehog CD)〉
       〈소닉 앤 테일즈(Sonic & Tails)〉
  1994 〈소닉 더 헤지혹 3(Sonic The Hedgehog 3)〉
       〈소닉 앤 테일즈 2(Sonic & Tails 2)〉
       〈소닉 앤 너클즈(Sonic & Knuckles)〉
  1996 〈소닉 3D 블라스트(Sonic 3D Blast)〉
  1998 〈소닉 어드벤처(Sonic Adventure)〉
  1999 〈소닉 더 헤지혹 포켓 어드벤처(Sonic The Hedgehog Pocket Adventure)〉
  2001 〈소닉 어드벤처 2(Sonic Adventure 2)〉
       〈소닉 어드밴스(Sonic Advance)〉
  2002 〈소닉 어드밴스 2(Sonic Advance 2)〉
  2003 〈소닉 히어로즈(Sonic Heroes)〉
  2004 〈소닉 어드밴스 3(Sonic Advance 3)〉
  2005 〈소닉 러시(Sonic Rush)〉
       〈쉐도우 더 헤지혹(Shadow The Hedgehog)〉
  2006 〈소닉 라이벌즈(Sonic Rivals)〉
       〈소닉 더 헤지혹 : 넥스트 제너레이션(Sonic The Hedgehog : Next Generation)〉
  2007 〈소닉 라이벌즈 2(Sonic Rivals 2)〉
       〈소닉 러시 어드벤처(Sonic Rush Adventure)〉
  2008 〈소닉 언리쉬드(Sonic Unleashed)〉
  2010 〈소닉 더 헤지혹 4 : 에피소드 1(Sonic The Hedgehog 4 : Episode 1)〉
       〈소닉 컬러스(Sonic Colors)〉
  2011 〈소닉 제너레이션즈(Sonic Generations)〉
  2012 〈소닉 더 헤지혹 4 : 에피소드 2(Sonic The Hedgehog 4 : Episode 2)〉
  2013 〈소닉 : 로스트 월드(Sonic : Lost World)〉

- **참고 자료** Blake Harris, *Console Wars : Sega vs. Nintendo-and The Battle that Defined a Generation*, Atlantic Books, 2014. | Julian Hazeldine, *Speedrun : The Unauthorised History of Sonic The Hedgehog*, Lulu.com, 2014. | Steven L. Kent, *The Ultimate History of Video Games : From Pong to Pokemon and Beyond-The Story Behind the Craze That Touched Our Lives and Changed the World*, Three Rivers Press, 2001.

슈퍼로봇대전 Super Robot Wars / スーパーロボット大戦

출시연도 1991년
개발사 윙키소프트(Winkysoft)
장르 전략 시뮬레이션 게임
플랫폼 게임보이

스토리 우주괴수 길길간은 영웅이 사는 푸른 별을 파괴하려 한다. 길길간은 푸른 별에 괴전파를 발사해 영웅들을 세뇌시키고 부하로 만들어버린다. 가까스로 세뇌를 면한 일부 영웅들은 동료들을 구하고 길길간에 맞서기 위해 힘을 합쳐 나선다.

플레이 게임의 목표는 3턴 이내에 세뇌당한 영웅들을 설득하고 최종 보스인 길길간을 제거하는 것이다. 플레이어는 게임 시작 전 건담 팀, 마징가 팀, 겟타 팀 중에서 하나의 팀을 선택하고 팀 내에서 주인공 유닛을 선정한다. 주인공 유닛은 이동, 공격과 같은 기본 행동 외에도 특수 능력인 정신 명령을 사용할 수 있으며, 게임 시작 전 능력치를 올릴 수 있는 보너스 포인트가 주어진다.

플레이어는 자신의 차례가 왔을 때 전투 맵에서 이동, 공격, 설득 등의 행동을 수행할 수 있다. 플레이어는 정신 명령을 사용해 능력치를 올리고, 맵에 존재하는 강화 파츠 아이템 획득을 통해 유닛을 강화한다. 설득을 수행할 경우 길길간에게 세뇌당한 상대편 영웅들을 대상으로 사용할 수 있다. 플레이어 유닛의 카리스마가 높고 상대편 유닛의 충성도가 낮을수록 그만큼 설득 성공 확률은 높아진다. 설득이 성공할 경우 영웅들은 즉시 아군의 유닛이 된다.

평가 〈기동전사 건담(Mobile Suits GUNDAM)〉 시리즈, 〈마징가(Mazinger)〉 시리즈 등의 로봇 애니메이션을 소재로 한 게임으로, 스토리에 각 애니메이션 시리즈의 세계관 및 설정을 반영해 통합된 하나의 크로스오버 세계관을 만들었다.

- **핵심어** 로봇, 건담, 마징가
- **시리즈**

  1991 〈슈퍼로봇대전(スーパーロボット大戦)〉
  　　　〈제2차 슈퍼로봇대전(第2次 スーパーロボット大戦)〉
  1993 〈제3차 슈퍼로봇대전(第3次 スーパーロボット大戦)〉
  1994 〈슈퍼로봇대전 EX(スーパーロボット大戦 EX)〉
  1995 〈제4차 슈퍼로봇대전(第4次 スーパーロボット大戦)〉
  　　　〈제2차 슈퍼로봇대전 G(第2次 スーパーロボット大戦 G)〉
  1996 〈제4차 슈퍼로봇대전 S(第4次 スーパーロボット大戦 S)〉
  　　　〈슈퍼로봇대전 외전 마장기신 더 로드 오브 엘리멘탈(スーパーロボット大戦外伝 魔装機神 The Lord of Elemental)〉

〈신 슈퍼로봇대전(新スーパーロボット大戦)〉
1997 〈슈퍼로봇대전 F(スーパーロボット大戦 F)〉
1998 〈슈퍼로봇대전 F 완결편(スーパーロボット大戦 F 完結編)〉
〈전슈퍼로봇대전 전시대백과(全スーパーロボット大戦 電視大百科)〉
〈슈퍼로봇대전 F(スーパーロボット大戦 F)〉
1999 〈슈퍼로봇대전 F 완결편(スーパーロボット大戦 F 完結編)〉
〈슈퍼로봇대전 콤팩트(スーパーロボット大戦 COMPACT)〉
〈슈퍼로봇대전 링크배틀러(スーパーロボット大戦リンクバトラー)〉
〈슈퍼로봇대전 64(スーパーロボット大戦 64)〉
〈제2차 슈퍼로봇대전(第2次 スーパーロボット大戦)〉
〈제3차 슈퍼로봇대전(第3次 スーパーロボット大戦)〉
2000 〈슈퍼로봇대전 EX(スーパーロボット大戦 EX)〉
〈슈퍼로봇대전 콤팩트 2 제1부 : 지상격동편(スーパーロボット大戦 COMPACT 2 第1部 : 地上激動篇)〉
〈슈퍼로봇대전 α(スーパーロボット大戦 α)〉
〈슈퍼로봇대전 콤팩트 2 제2부 : 우주격동편(スーパーロボット大戦 COMPACT 2 第2部 : 宇宙激震篇)〉
2001 〈슈퍼로봇대전 콤팩트 2 제3부 : 은하결전편(スーパーロボット大戦 COMPACT 2 第3部 : 銀河決戦篇)〉
〈슈퍼로봇대전 α 외전(スーパーロボット大戦 α 外伝)〉
〈슈퍼로봇대전 α 포 드림캐스트(スーパーロボット大戦 α for Dreamcast)〉
〈슈퍼로봇대전 A(スーパーロボット大戦 A)〉
〈슈퍼로봇대전 콤팩트 포 원더스완칼라(スーパーロボット大戦 COMPACT for WonderSwanColor)〉
2002 〈슈퍼로봇대전 임팩트(スーパーロボット大戦 IMPACT)〉
〈슈퍼로봇대전 R(スーパーロボット大戦 R)〉
〈슈퍼로봇대전 오리지널 제너레이션(スーパーロボット大戦 ORIGINAL GENERATION)〉
2003 〈제2차 슈퍼로봇대전 α(第2次 スーパーロボット大戦 α)〉
〈슈퍼로봇대전 콤팩트 3(スーパーロボット大戦 COMPACT 3)〉
〈슈퍼로봇대전 D(スーパーロボット大戦 D)〉
〈슈퍼로봇대전 스크램블 커맨더(スーパーロボット大戦 Scramble Commander)〉
2004 〈슈퍼로봇대전 MX(スーパーロボット大戦 MX)〉
〈슈퍼로봇대전 GC(スーパーロボット大戦 GC)〉
2005 〈슈퍼로봇대전 오리지널 제너레이션 2(スーパーロボット大戦 ORIGINAL GENERATION 2)〉
〈제3차 슈퍼로봇대전 α-종언의 은하로-(第3次 スーパーロボット大戦 α-終焉の銀河へ-)〉
〈슈퍼로봇대전 J(スーパーロボット大戦 J)〉
〈슈퍼로봇대전 MX 포터블(スーパーロボット大戦 MX ポータブル)〉
2006 〈슈퍼로봇대전 XO(スーパーロボット大戦 XO)〉
2007 〈슈퍼로봇대전 W(スーパーロボット大戦 W)〉
〈슈퍼로봇대전 OG 오리지널 제너레이션즈(スーパーロボット大戦 OG ORIGINAL GENERATIONS)〉
〈슈퍼로봇대전 스크램블 커맨더 더 세컨드(スーパーロボット大戦 Scramble Commander the 2nd)〉
〈슈퍼로봇대전 OG 외전(スーパーロボット大戦 OG 外伝)〉
2008 〈무한의 프론티어 슈퍼로봇대전 OG 사가(無限のフロンティア スーパーロボット大戦 OG サーガ)〉
〈슈퍼로봇대전 A 포터블(スーパーロボット大戦A PORTABLE)〉
〈슈퍼로봇대전 Z(スーパーロボット大戦 Z)〉
2009 〈슈퍼로봇대전 Z 스페셜디스크(スーパーロボット大戦 Z スペシャルディスク)〉
〈슈퍼로봇대전 K(スーパーロボット大戦 K)〉

〈슈퍼로봇학원(スパロボ学園)〉

〈슈퍼로봇대전 네오(スーパーロボット大戦 NEO)〉

2010 〈무한의 프론티어 익시드 슈퍼로봇대전 OG 사가(無限のフロンティアEXCEED スーパーロボット大戦 OG
サーガ)〉

〈슈퍼로봇대전 OG사가 마장기신 더 로드 오브 엘리멘탈(スーパーロボット大戦OGサーガ 魔装機神
The Lord Of Elemental)〉

〈슈퍼로봇대전 L(スーパーロボット大戦 L)〉

2011 〈제2차 슈퍼로봇대전 Z 파계편(第2次 スーパーロボット大戦 Z 破界篇)〉

2012 〈슈퍼로봇대전 OG사가 마장기신 II(スーパーロボット大戦OGサーガ 魔装機神 II REVELATION OF
EVIL GOD)〉

〈제2차 슈퍼로봇대전 Z 재세편(第2次 スーパーロボット大戦 Z 再世篇)〉

〈제2차 슈퍼로봇대전 OG(第2次 スーパーロボット大戦 OG)〉

2013 〈슈퍼로봇대전 OG 인피니트 배틀(スーパーロボット大戦 OG INFINITE BATTLE)〉

〈슈퍼로봇대전 UX(スーパーロボット大戦UX)〉

〈슈퍼로봇대전 오퍼레이션 익스텐드(スーパーロボット大戦 Operation Extend)〉

〈슈퍼로봇대전 OG사가 마장기신 III(スーパーロボット大戦 OGサーガ 魔装機神 III PRIDE OF
JUSTICE)〉

2014 〈제3차 슈퍼로봇대전 Z 시옥편(第3次 スーパーロボット大戦 Z 時獄篇)〉

〈슈퍼로봇대전 OG사가 마장기신 F 코핀 오브 디 엔드(スーパーロボット大戦 OGサーガ 魔装機神 F
COFFIN OF THE END)〉

〈슈퍼로봇대전 OG 다크 프리즌(スーパーロボット大戦 OG ダークプリズン)〉

2015 〈제3차 슈퍼로봇대전 Z 천옥편(第3次 スーパーロボット大戦 Z 天獄篇)〉

〈제3차 슈퍼로봇대전 Z 연옥편(第3次 スーパーロボット大戦 Z 連獄篇)〉

■ **참고 자료** 이상우, 『게임, 게이머, 플레이 : 인문학으로 읽는 게임』, 자음과모음, 2012. | Roger Pedersen, *Game
Design Foundations, 2nd Edition*, Jones & Bartlett Learning, 2009.

시드 마이어의 문명 Sid Meier's Civilization

출시연도 1991년

개발사 마이크로프로즈(MicroProse)

장르 턴제 전략 시뮬레이션 게임

플랫폼 PC

스토리 기원전 4000년부터 미래의 우주 세계까지 각 대륙에 문명이 발생한다.
플레이어가 어떤 문명을 선택하느냐에 따라 스토리가 달라지며, 문명의 지도자,
수도, 특정 이벤트는 실제 역사에 근거한다. 각 문명의 통치자는 다른 문명보다
정치, 외교, 교역적으로 뛰어난 제국을 만들어 세계 통일, 유토피아 완성, 우주시
대 개막 등을 볼 수 있다.

플레이 플레이어는 통치자가 되어 문명을 발전시켜야 한다. 플레이어는 유닛, 전문가, 위인, 불가사의 건설 등을 통해 정치, 기술, 문화, 종교 등의 측면을 고려하여 문명을 발전, 확장시켜야 한다. 문명의 승리 조건 점수가 누적되면서 정복 승리, 지배 승리, 외교 승리 등의 승리 조건 중 하나를 만족한 문명이 승리하게 된다. 만약 승리 조건을 달성하지 못하면 2050년에 가장 점수가 높은 문명이 승리한다.

평가 〈시드 마이어의 문명〉은 개발사 마이크로프로즈, 개발자 시드 마이어(Sid Meier)가 제작한 턴제 전략 게임이다. 시리즈를 거듭하면서 역사적 선택지들이 계속해서 추가됐다. 〈시드 마이어의 문명 3〉 확장판에서는 고려의 태조 왕건이, 〈시드 마이어의 문명 5〉 한국 출시판에서는 조선의 세종대왕이 통치자 목록에 추가됐다. 이 게임은 각 문명을 충실하게 묘사했다는 평가를 받는다.

- **핵심어** 제국 건설, 시드 마이어, 승리 조건
- **시리즈**
  1991 〈시드 마이어의 문명(Sid Meier's Civilization)〉
  1996 〈시드 마이어의 문명 2(Sid Meier's Civilization Ⅱ)〉
  2001 〈시드 마이어의 문명 3(Sid Meier's Civilization Ⅲ)〉
  2005 〈시드 마이어의 문명 4(Sid Meier's Civilization Ⅳ)〉
  2008 〈시드 마이어의 문명 레볼루션(Sid Meier's Civilization Revolution, Civ Rev)〉
  2010 〈시드 마이어의 문명 5(Sid Meier's Civilization V)〉
- **참고 자료** Tony Mott, *1001 Video Games : You Must Play Before You Die*, Universe, 2010.

틴에이지 뮤턴트 닌자 터틀즈 : 터틀즈 인 타임
Teenage Mutant Ninja Turtles : Turtles In Time

출시연도 1991년
개발사 코나미(Konami)
장르 액션 게임
플랫폼 아케이드

스토리 일요일 저녁, 닌자 거북이들이 한 자리에 모여 함께 뉴스를 본다. 리버티 섬에서 에이프릴 오닐이 뉴스를 보도하던 중, 갑자기 현장에 난입한 크랭이 자유의 여신상을 탈취하는 소동이 벌어진다. 뒤이어 항공기를 불법 납치한 슈레더의 선전포고가 이어진다. 닌자 거북이들은 적을 물리치고 자유의 여신상을 되찾

기 위해 시간여행을 떠난다.

플레이 이 게임은 최대 4인의 플레이어가 동시에 참여할 수 있는 액션 게임이다. 플레이어는 레오나르도, 라파엘, 미켈란젤로, 도나텔로 중 하나를 선택해 8개 스테이지를 통과하고 최종 보스를 물리쳐야 한다. 선택한 캐릭터에 따라 다른 무기와 기술을 사용한다. 캐릭터는 전후좌우로 움직이거나 점프할 수 있으며 자동 스크롤 방식을 채택한 2개 스테이지에서는 따로 조작하지 않아도 전진한다.

평가 1989년부터 출시된 〈닌자 거북이(Teenage Mutant Ninja Turtles)〉의 세 번째 타이틀이다. 1987년 제작된 동명의 텔레비전 애니메이션 시리즈가 원작이다.

- **핵심어** 횡스크롤, 닌자 거북이, 자동 스크롤
- **참고 자료** 크라이프, 박대은, 『짬짬이 즐기는 게임의 역사 : 콘솔·아케이드 게임의 모든 것』, 화약고, 2008. | John Sellers, *Arcade Fever : The Fan's Guide to the Golden Age of Video Games*, Running Press, 2001.

프린세스 메이커 Princess Maker / プリンセスメーカー

출시연도 1991년
개발사 가이낙스(Gainax)
장르 육성 시뮬레이션 게임
플랫폼 PC

스토리 악마족과 인간들의 전쟁으로 왕국이 무너져갈 무렵, 한 명의 용사가 나타난다. 순식간에 악마들을 물리친 용사 덕분에 인간 왕국은 다시 평화를 찾는다. 왕국을 구한 용사는 모든 부귀영화를 거절하고 여생을 조용히 보내기로 결심한다. 그는 왕에게 청을 넣어 마리아라는 고아 여자 아이를 입양하게 된다. 영웅은 평범한 아빠로서 딸이 크는 것을 지켜보며 제2의 삶을 살게 된다.

【캐릭터】 시리즈별로 플레이어 캐릭터의 설정과 입양된 딸의 설정이 달라진다. 1편의 주인공인 마리아는 유일한 인간계 출신이며, 2편 이후부터는 딸의 출신이 천계, 요정계, 마계, 이계 등의 판타지 세계로 설정된다.

플레이 플레이어는 게임 시간으로 8년 동안 10살부터 18살까지 딸의 교육, 아르바이트, 휴식 일정을 관리하며 딸의 성장 과정을 지켜본다. 딸의 행동은 그래픽으로 표시되며 플레이어는 각 시기마다 가장 적절한 딸의 스케줄을 설정해야 한다.

<table>
<tr><th colspan="2">〈프린세스 메이커〉 시리즈별 딸 설정</th></tr>
</table>

시리즈	이름	설명
1	마리아 린드버그	고아 여자 아이로 악마족과의 전쟁이 끝난 후 용사에게 입양됨.
2	올리브 오일	악마족과의 전쟁으로 영웅이 된 용사에게 수호신들이 맡긴 천계의 소녀.
3	리사 앤더슨	인간계의 프린세스를 동경해 요정 여왕의 도움으로 인간으로 다시 태어난 요정.
4	패트리샤 하이웰	용사 이자벨과 마왕 다이쿤의 친딸로 이자벨의 동료였던 플레이어에게 입양됨.
5	기본 이름 없음	이계의 프린세스 후보였으나 가족들을 모두 잃고 현대의 일본에 사는 플레이어에게 입양됨.

1편, 2편, 5편에서는 몬스터들과 싸우고 '드래곤 유스와의 조우' 같은 이벤트를 경험할 수 있으며, 무사 수행 시스템이 존재해 보물을 찾아 돌아다닐 수도 있다. 딸의 최종 능력치, 명성, 특수 이벤트, 부모와의 신뢰도 등은 게임의 엔딩인 딸의 미래를 결정한다.

【능력치】 플레이어는 교육, 아르바이트, 무사 수행, 이벤트, 축제, 아이템, 대화 등의 시스템을 통해 딸의 능력치를 관리한다. 관리해야 하는 능력치는 시리즈별로 차이가 있다. 〈프린세스 메이커 4〉에는 딸이 가진 악마족의 성향이 마성이라는 숨겨진 능력치로 존재하며 이로 인해 엔딩이 달라질 수 있다. 〈프린세스 메이커 5〉에는 능력치 외에도 검술, 마법, 음악을 포함한 14개의 스킬 레벨이 별도로 존재한다.

<table>
<tr><th colspan="26">〈프린세스 메이커〉 시리즈별 딸의 능력치</th></tr>
<tr><th>시리즈</th><th>감수성</th><th>근력</th><th>근성</th><th>기력</th><th>기질</th><th>기품</th><th>도덕성</th><th>마법능력</th><th>매력</th><th>무술능력</th><th>섬세함</th><th>성품</th><th>센스</th><th>스트레스</th><th>신뢰도</th><th>신앙</th><th>애정</th><th>양심</th><th>업보</th><th>운동능력</th><th>정신력</th><th>지력</th><th>지명도</th><th>체력</th><th>카리스마</th><th>평가</th><th>프라이드</th><th>피로도</th></tr>
<tr><td>1</td><td></td><td>■</td><td></td><td>■</td><td></td><td>■</td><td></td><td>■</td><td></td><td>■</td><td></td><td></td><td></td><td></td><td>■</td><td></td><td></td><td></td><td></td><td></td><td></td><td>■</td><td></td><td></td><td></td><td></td><td></td><td>■</td></tr>
<tr><td>2</td><td>■</td><td>■</td><td></td><td></td><td></td><td>■</td><td></td><td>■</td><td></td><td>■</td><td></td><td></td><td></td><td>■</td><td></td><td></td><td></td><td></td><td></td><td></td><td></td><td>■</td><td></td><td></td><td></td><td></td><td></td><td></td></tr>
<tr><td>3</td><td></td><td>■</td><td></td><td></td><td></td><td>■</td><td></td><td>■</td><td></td><td>■</td><td></td><td></td><td></td><td></td><td>■</td><td></td><td></td><td></td><td></td><td></td><td></td><td>■</td><td></td><td></td><td></td><td></td><td></td><td></td></tr>
<tr><td>4</td><td></td><td>■</td><td></td><td></td><td></td><td>■</td><td></td><td>■</td><td></td><td>■</td><td></td><td></td><td></td><td></td><td></td><td></td><td>■</td><td></td><td></td><td></td><td></td><td>■</td><td></td><td></td><td></td><td></td><td></td><td></td></tr>
<tr><td>5</td><td></td><td>■</td><td></td><td></td><td></td><td></td><td></td><td></td><td></td><td></td><td></td><td></td><td></td><td></td><td></td><td>■</td><td></td><td></td><td></td><td>■</td><td></td><td>■</td><td></td><td>■</td><td></td><td></td><td></td><td></td></tr>
</table>

【엔딩】 특정 엔딩을 보기 위한 조건을 모두 충족시키면 딸의 미래가 결정된다. 충족시켜야 하는 조건에는 딸의 최종 능력치와 평판, 부모와의 관계, 특수 이벤트 수행 여부, 상대 캐릭터와의 애정도 등이 있다. 게임의 주요 결말은 왕자와 결혼하는 프린세스 엔딩과 여왕 엔딩이며 이외에도 다양한 직업 엔딩, 우정 엔딩, 배드 엔딩(bad ending)이 존재한다.

〈프린세스 메이커 3〉의 엔딩 종류		
종류	설명	사례
특수 엔딩	특정 이벤트 발생을 조건으로 하는 엔딩.	5월의 신부, 왕국의 프린세스, 고양이 프린세스, 마계 프린세스, 임프, 토끼 프린세스, 남국의 프린세스, 두더지 프린세스, 천사, 요정의 여왕, 요정.
노멀 엔딩	학교 계열, 아르바이트 계열 엔딩과 결혼 엔딩.	여왕, 왕비, 왕의 측실, 대부호의 부인, 대부호의 측실, 장군, 영웅, 재상, 집정관, 재판관, 영주, 왕궁 박사, 대주교, 사이비 교주, 수녀, 중앙관청 직원, 기사, 병사, 연금술사, 교사, 철학자, 가정교사, 건축가, 대장장이, 광산 사업가, 농장 사업가, 금융가, 사채업자, 가수, 무용가, 왕궁 여배우, 화가, 작곡가, 요리사, 작가, 농부, 광부, 목수, 시장 점원, 메이드, 보모, 술집 종업원, 왕궁 시녀.
배드 엔딩	그 외 기타 목적을 달성하지 못한 엔딩.	암흑가의 보스, 도적, 음유시인, 서커스 단원, 경비원, 호스티스.

시리즈의 1편과 3편을 제외한 나머지 시리즈에서는 직업 엔딩과 결혼 엔딩이 분리된다. 4편에서는 마족과 관련 있는 마계 프린세스, 마왕 엔딩 등을 통해 게임 세계의 정세 변화를 알려주는 후일담을 추가로 볼 수 있다.

평가 〈프린세스 메이커〉 시리즈의 최초 타깃 플레이어는 남성이었지만 육성 시뮬레이션의 요소로 여성 플레이어까지 끌어들였다. 2편부터는 '무사 수행'이라는 전투 시스템으로 역할수행 게임의 특성까지 결합한 것이 특징이다.

- **핵심어** 공주, 육성, 멀티 엔딩, 무사 수행, 집사
- **시리즈**
  1991 〈프린세스 메이커(プリンセスメーカー)〉
  1993 〈프린세스 메이커 2(プリンセスメーカー 2)〉
  1997 〈프린세스 메이커 3 : 꿈꾸는 요정(プリンセスメーカー ゆめみる妖精)〉
  2005 〈프린세스 메이커 4(プリンセスメーカー 4)〉
  2007 〈프린세스 메이커 5(プリンセスメーカー 5)〉
- **참고 자료** Shirley R. Steinberg, Priya Parmar, Birgit Richard, *Contemporary Youth Culture : An International Encyclopedia 2*, Greenwood Publishing Group, 2005.

길 잃은 바이킹 The Lost Vikings

출시연도 1992년
개발사 실리콘 앤 시냅스(Silicon & Synapse)
장르 퍼즐 플랫폼 게임
플랫폼 PC

스토리 에릭, 발리오그, 올라프는 북유럽에 사는 바이킹 전사들이다. 어느 날

외계 종족 토마토르가 그들을 우주 전함으로 납치한 후 차원 이동을 한다. 세 바이킹 전사들은 우주 전함의 컴퓨터 시스템을 파괴한다. 우주 전함을 탈출한 그들은 가족이 있는 고향으로 돌아가기 위해 시간 탐험을 시작한다.

플레이 게임의 목표는 각종 방해물을 제거하고 총 35개 스테이지를 모두 통과하는 것이다. 플레이어는 총 3인의 바이킹 캐릭터를 차례로 플레이한다. 3인의 바이킹 캐릭터는 서로 다른 능력을 갖고 있다. 가령 에릭은 세 캐릭터 중 유일하게 점프를 하며, 질주를 하거나 박치기 기술을 사용할 수 있다. 발리오그는 화살을 쏘며, 올라프는 방패를 이용해 적의 공격을 막거나 공중에 띄울 수 있다.

플레이어는 캐릭터들의 능력을 활용해 비밀통로를 찾아내거나 캐릭터에 따라 특수화된 아이템을 획득한다. 1997년에 제작된 〈길 잃은 바이킹 2〉에서는 2인의 캐릭터가 추가되지만 플레이 가능한 캐릭터 수는 3인으로 제한된다.

평가 〈길 잃은 바이킹〉은 퍼즐 게임의 요소가 도입된 플랫폼 장르라는 점에서 주목받았다. 1994년 세가(SEGA)에서 출시한 잡지 《메가(Mega)》에서 '메가 드라이브용 게임' 22위를 기록했다.

- **핵심어** 바이킹, 우주 전함
- **시리즈**
  1992 〈길 잃은 바이킹(The Lost Vikings)〉
  1997 〈길 잃은 바이킹 2(The Lost Vikings 2)〉
- **참고 자료** Matt Fox, *The Video Games Guide : 1,000+ Arcade, Console and Computer Games, 1962-2012*, McFarland, 2013. | Tony Mott, *1001 Video Games : You Must Play Before You Die*, Universe, 2010.

듄 2 Dune II : The Building of a Dynasty

출시연도 1992년
개발사 웨스트우드 스튜디오(Westwood Studios)
장르 실시간 전략 게임
플랫폼 PC

스토리 프랭크 허버트(Frank Herbert)의 동명 소설이 원작이다. 코리노 가문의 황제 프레드릭 4세는 아트레이드, 하코넨, 오르도스 세 가문에게 아라키스 행성의 우주 자원인 스파이스를 많이 채취해오면 아라키스의 정권을 주겠다고 약속한다. 세 가문이 아라키스에 도착하면서 가문 간의 전쟁이 시작된다. 각 가문은 더 많은 스파이스를 채취하고 자신의 기지를 안전하게 지키며 다른 가문을 무너뜨려야만 한다.

플레이 플레이어는 세 가문 중 한 가문의 사령관 역할을 한다. 스파이스를 채취해 군자금을 얻고 기지를 구축, 방어하며 적의 기지를 파괴해야 한다. 이 게임은 실시간 방식으로 진행된다. 플레이어는 턴제 방식 게임처럼 시간을 임의로 멈추거나 조정할 수 없기 때문에 실시간으로 적의 공격을 대비하고 역공격해야 한다.

평가 〈듄 2〉는 최초의 실시간 전략 게임이다. 〈듄〉 시리즈 첫 게임의 정식 명칭은 〈듄 2〉이다. 동명의 〈듄〉이라는 게임이 있었으나 〈듄 2〉와는 개발사 및 장르도 다르다.

〈듄 2〉는 플레이어가 군대를 양성해 기지를 지키고, 적의 기지를 침략해 땅을 확장시키는 게임이다. 실시간 전략 게임의 대표작인 〈커맨드 앤 컨커(Command & Conquer)〉와 〈스타크래프트(StarCraft)〉의 경우, 〈듄 2〉의 게임 진행 방식과 자원을 채취해 기지를 확장하는 디자인을 차용했다.

- **핵심어** 프랭크 허버트, 기지, 턴제
- **시리즈**
  1992 〈듄 2(Dune Ⅱ : The Building of A Dynasty)〉
  1998 〈듄 2000(Dune 2000)〉
  2001 〈엠퍼러 : 배틀 포 듄(Emperor : Battle for Dune)〉
- **참고 자료** Bob Bates, *Game Developer's Market Guide*, Course Technology, 2003. | Matt Fox, *The Video Games Guide : 1,000+ Arcade, Console and Computer Games, 1962-2012*, McFarland, 2013.

모탈 컴뱃 Mortal Kombat

출시연도 1992년
개발사 미드웨이 게임즈(Midway Games)
장르 대전 격투 게임
플랫폼 아케이드

스토리 신은 18개의 영토로 이루어진 세계를 만든다. 그곳에는 전설의 영웅들이 사는 얼스렘, 악마와 어둠의 전사들이 사는 네딜렘, 끝없는 영토 분쟁으로 혼란스러운 아웃월드, 질서의 땅 세이도, 예술과 장수의 땅 에데니아가 있다. 신이 영토별로 가장 강한 전사들끼리 결투하여 10번 연속 승리하라 명령하자, 전사들은 목숨을 건 결투를 시작한다.

플레이 일대일 대전 격투, 2명의 상대를 차례로 상대하는 2대 1 격투 등에서 이긴 뒤 최종 관문에서 보스와 대결한다. 게임을 시작하면 7명의 캐릭터 중에서 자신의 캐릭터를 선택할 수 있고 선택한 캐릭터에 따라 경기 대진표가 정해진다. 경기는 토너먼트로 진행된다. 한 경기는 3판 2선승제로 진행되며 대진표에 오른 모든 상대를 이겨야 게임이 종료된다. 플레이어는 공중에 떠 있는 상대방을 연속으로 공격하는 기술인 저글링(juggling), 패자를 죽음에 이르게 하는 기술인 페이탈리티(fatality) 등을 구사할 수 있다.

평가 〈모탈 컴뱃〉의 페이탈리티 기술은 미국 엔터테인먼트 소프트웨어 등급위원회(Entertainment Software Rating Board, ESRB)가 설립되는 계기가 되었다. 연출의 잔혹성 때문에 17세 이상가 등급인 M등급을 게임 최초로 받았다.

- ■ **핵심어** 페이탈리티 기술, 대진표, ESRB, M등급
- ■ **시리즈**
  1992 〈모탈 컴뱃(Mortal Kombat)〉
  1993 〈모탈 컴뱃 2(Mortal Kombat 2)〉
  1995 〈모탈 컴뱃 3(Mortal Kombat 3)〉
  　　　〈얼티메이트 모탈 컴뱃 3(Ultimate Mortal Kombat 3)〉
  1996 〈모탈 컴뱃 트릴로지(Mortal Kombat Trilogy)〉
  1997 〈모탈 컴뱃 4(Mortal Kombat 4)〉
  　　　〈모탈 컴뱃 미솔로지 : 서브-제로(Mortal Kombat Mythologies : Sub-Zero)〉
  1999 〈모탈 컴뱃 골드(Mortal Kombat Gold)〉
  2000 〈모탈 컴뱃 : 스페셜 포스(Mortal Kombat : Special Forces)〉
  2002 〈모탈 컴뱃 : 데들리 얼라이언스(Mortal Kombat : Deadly Alliance)〉
  2003 〈모탈 컴뱃 : 토너먼트 에디션(Mortal Kombat : Tournament Edition)〉
  2004 〈모탈 컴뱃 : 디셉션(Mortal Kombat : Deception)〉
  2005 〈모탈 컴뱃 : 샤오린 몽크스(Mortal Kombat Shaolin Monks)〉
  2006 〈모탈 컴뱃 : 언체인드(Mortal Kombat : Unchained)〉
  　　　〈모탈 컴뱃 : 아마겟돈(Mortal Kombat : Armageddon〉
  2007 〈얼티메이트 모탈 컴뱃(Ultimate Mortal Kombat〉
  2008 〈모탈 컴뱃 vs. 디시 유니버스(Mortal Kombat vs. DC Universe)〉
  2011 〈모탈 컴뱃 : 아케이드 컬렉션(Mortal Kombat Arcade Kollection)〉
  　　　〈모탈 컴뱃(Mortal Kombat)〉
  2012 〈모탈 컴뱃 : 콤플리트 에디션(Mortal Kombat : Komplete Edition)〉
  2015 〈모탈 컴뱃 엑스(Mortal Kombat X)〉

- ■ **참고 자료** 김겸섭, 『(모두를 위한 놀이) 디지털게임의 재발견』, 들녘, 2012. | 크라이프, 박대은, 『잠잠이 즐기는 게임의 역사 : 콘솔·아케이드 게임의 모든 것』, 화약고, 2008. | Larry Schweikart, Lynne Pierson Doti, *American Entrepreneur : The Fascinating Stories of the People Who Defined Business in the United States*, AMACOM(American Management Association), 2009.

범피 Bumpy's Arcade Fantasy

출시연도 1992년
개발사 로리시엘(Loriciels)
장르 플랫폼 게임
플랫폼 PC

플레이 게임의 목표는 받침대를 이용해 모든 아이템을 먹고 스테이지를 탈출하는 것이다. 총 9개의 세계 중 사탕, 놀이동산, 미래도시, 사격게임, 동굴의 경우 각각 15개의 스테이지, 나머지 세계는 각각 12개의 스테이지로 구성되어 있다. 붉은 색 받침대는 캐릭터를 튕겨내는 성질을 가지며, 녹색 받침대는 접촉할 때마다 길이가 짧아진다. 아이템을 모두 발견하거나 주어진 장애물을 통과하면 빨간색 화살표가 표시된 출구가 나타난다. 플레이어는 하나의 세계를 통과할 때마다 다음 세계로 갈 수 있는 암호를 획득한다.

평가 〈범피〉의 동그란 캐릭터, 자동으로 튕기는 캐릭터를 방향키만으로 조종하는 조작법은 성인뿐만 아니라 아동들의 흥미를 끄는 요소로 꼽힌다.

- **핵심어** 플랫폼 게임
- **참고 자료** Tony Jones, "Bumpy's Arcade Fantasy", *Amiga Mania*, vol.7, 1992. | Yavuz Inal, Kursat Cagiltay, "Flow experiences of children in an interactive social game environment", *British Journal of Educational Technology*, vol.38, no.3, 2007.

별의 커비 Kirby's Dream Land / 星のカービィ

출시연도 1992년
개발사 할 연구소(Hal Laboratory)
장르 액션 플랫폼 게임
플랫폼 게임보이

스토리 커비는 평화로운 푸푸푸 랜드의 주민이다. 그러나 푸푸푸 랜드에는 평화를 위협하는 대식가 디디디 대왕, 도팡 일당 등이 존재한다. 커비는 주민들의 음식, 꿈, 보물 등을 노리는 악당들의 위협에 맞서 푸푸푸 랜드를 지키기 위해 모험을 떠난다.

플레이 플레이어는 커비를 조종해 아이템을 수집하고, 비밀 통로를 찾고, 보스몹과 싸워서 승리하는 것을 목표로 게임을 진행한다. 커비는 적과 아이템을 흡수한 다음 다시 뱉어낼 수 있는 능력이 있다. 뱉어낸 적과 아이템은 장애물을 부수거나 다른 적을 공격하는 데 사용된다. 〈별의 커비 꿈의 샘 이야기〉의 경우, 흡수한 적의 스킬을 복사해서 사용하는 능력이 추가됐다.

평가 2015년 6월 기준, 시리즈의 3번째 작품인 〈별의 커비 슈퍼 디럭스〉는 게임 전문 사이트 게임스팟(GameSpot)의 플레이어 평가에서 10점 만점에 평균 9점을 받았다.

- **핵심어** 아이템 흡수, 스킬 복사, 비밀 통로
- **시리즈**
  1992 〈별의 커비(Kirby's Dream Land)〉
  1993 〈별의 커비 꿈의 샘 이야기(Kirby's Adventure)〉
  1995 〈별의 커비 2(Kirby's Dream Land 2)〉
  1996 〈별의 커비 슈퍼 디럭스(Kirby Super Star)〉
  1997 〈별의 커비 3(Kirby's Dream Land 3)〉
  2000 〈별의 커비 64(Kirby 64 : The Crystal Shards)〉
  2002 〈별의 커비 꿈의 샘 디럭스(Kirby : Nightmare in Dream Land)〉
  2004 〈별의 커비 거울의 대미궁(Kirby & the Amazing Mirror)〉
  2006 〈별의 커비 도팡 일당의 습격(Kirby : Squeak Squad)〉
  2008 〈별의 커비 울트라 슈퍼 디럭스(Kirby Super Star Ultra)〉
  2011 〈별의 커비 Wii(Kirby's Return to Dreamland)〉
  2012 〈별의 커비 20주년 스페셜 콜렉션(Kirby's Dream Collection)〉
  2014 〈별의 커비 트리플 디럭스(Kirby Triple Deluxe)〉

- **참고 자료** Alex Langley, *Geek Lust : Pop Culture, Gadgets, and Other Desires of the Likeable Modern Geek*, Krause Publications, 2013. | Brett Weiss, *Classic Home Video Games, 1985-1988 : A Complete Reference Guide*, McFarland, 2012. | GameSpot, "Kirby Super Star Review", www.gamespot.com/kirby-super-star/reviews/

세이부 축구 Seibu Cup Soccer / セイブカップサッカー

출시연도 1992년
개발사 세이부 카이하츠(Seibu Kaihatsu)
장르 스포츠 게임
플랫폼 아케이드

스토리 독일, 미국, 브라질, 아르헨티나, 영국, 이탈리아, 일본, 한국 총 8개국이 모여 세이부 컵을 개최한다. 참가국들은 세이부 컵에서 승리하기 위해 치열한 경

쟁을 시작한다.

플레이 한 판당 90초의 시간제한이 있으며 정해진 시간 안에 더 많은 골을 넣은 팀이 승리한다. 결승전까지 총 7번의 경기를 치르게 되는데, 결승전에서 세계 올스타팀을 상대로 싸워 이기면 세이부 컵을 차지하게 된다. 게임에서 필살기는 다이너마이트 킥 스킬이다. 이 기술은 게이지를 모두 채워야 사용할 수 있다. 게이지는 플레이 도중 한 번 득점을 시작한 선수가 계속 공을 잡고 있으면 올라간다.

평가 현실 스포츠에서 반칙으로 규정되어 있는 플레이를 허용한다. 킥오프 골, 스로인, 백태클, 이단옆차기 등 다양한 기술을 구사할 수 있다. 각 팀의 주장들은 실제 각국의 스타 선수들을 모델로 제작됐다.

- **핵심어** 벨트 스크롤, 반칙, 세이부 컵
- **참고 자료** 크라이프, 박대은, 『짬짬이 즐기는 게임의 역사 : 콘솔·아케이드 게임의 모든 것』, 화약고, 2008.
  | 아케이드 박물관, www.arcade-museum.com/game_detail.php?game_id=9480

슈퍼 마리오 카트 Super Mario Kart / スーパーマリオカート

출시연도 1992년
개발사 닌텐도(Nintendo)
장르 레이싱 게임
플랫폼 슈퍼 패미콤

스토리 버섯왕국에서 레이싱 대회가 개최된다. 마리오, 루이지, 피치 공주, 키노피오, 요시, 쿠파, 엉금엉금, 동키콩 주니어는 버섯왕국 최고의 레이서 자리를 두고 경쟁한다. 아름다운 버섯왕국을 배경으로 코스를 완주하고 제일 먼저 결승 지점에 들어오는 자가 버섯왕국 최고의 레이서 자리에 오르게 된다.

플레이 플레이어는 〈슈퍼 마리오 브라더스〉 시리즈에 등장하는 8인의 캐릭터 중 1인을 선택해 플레이한다. 후속작에서는 선택할 수 있는 캐릭터가 최대 36명이다. 플레이어는 제일 먼저 레이싱 코스를 완주하고 결승 지점을 통과해야 한다. 코스에는 버프 아이템, 공격용 아이템, 방어용 아이템 등을 획득할 수 있는 아이템 박스가 놓여있다. 그랑프리 모드, 타임 어택 모드, 대전 모드, 배틀 모드 4가지를 지원한다.

평가 〈슈퍼 마리오 카트〉는 카트 레이싱이라는 레이싱 게임의 하위 장르를 개척했다. 화면을 분할해 플레이 화면과 게임 전체 진행 화면을 함께 보여준 디스플레이 방식으로 주목을 받았다. 기네스북은 2009년 발간한『기네스 월드 레코드 2009 : 게이머스 에디션(Guinness World Records 2009 : Gamer's Edition)』에서 이 시리즈를 역사상 최고의 게임으로 선정했다.

- **핵심어** 카트, 슈퍼 마리오 브라더스, 화면 분할
- **시리즈**
  1992 〈슈퍼 마리오 카트(Super Mario Kart)〉
  1996 〈마리오 카트 64(Mario Kart 64)〉
  2001 〈마리오 카트 어드밴스(Mario Kart Circuit)〉
  2003 〈마리오 카트 더블 대시(Mario Kart Double Dash)〉
  2005 〈마리오 카트 DS(Mario Kart DS)〉
  2008 〈마리오 카트 위(Mario Kart Wii)〉
  2011 〈마리오 카트 7(Mario Kart 7)〉
  2014 〈마리오 카트 8(Mario Kart 8)〉
- **참고 자료** Bill Loguidice, Matt Barton, *Vintage Game Consoles : An Inside Look at Apple, Atari, Commodore, Nintendo, and the Greatest Gaming Platforms of All Time*, Focal Press, 2014. | Eli Neiburger, *Gamers...in the Library?! : The Why, What, and How of Videogame Tournaments for All Age*, American Library Association, 2009. | Guinness World Records, *Guinness World Records Gamer's Edition 2015 Ebook*, Guinness World Records, 2014. | Tony Mott, *1001 Video Games : You Must Play Before You Die*, Universe, 2010.

스페이스 크루세이드 Space Crusade

출시연도 1992년
개발사 그렘린 인터랙티브(Gremlin Interactive)
장르 턴제 전략 게임
플랫폼 PC

스토리 미니어처 워 게임인 〈워해머 40,000(Warhammer 40,000)〉의 세계관이 바탕이 됐다. 인류 제국의 인간은 거대한 우주에서 빠르게 이동하기 위해 우주선을 타고 워프(warp)를 통해 시공간을 넘나든다. 워프를 통과하는 도중 사고로 길을 잃은 우주 난파선 스페이스 헐크는 워프 내부를 떠돌다가 물질 세계로 다시 나온다. 인류 제국은 스페이스 헐크의 내부 수색을 위해 블러드 엔젤, 임페리얼 피스트, 울트라마린 군단을 파견한다.

플레이 플레이어는 우주 난파선인 스페이스 헐크에 침투해 인류 제국의 반란 세력과 외계인을 처단하는 것을 목적으로 한다. 최대 3인까지 플레이가 가능하다. 플레이어는 블러드 엔젤, 임페리얼 피스트, 울트라마린 중 1개의 군단을 선택하고 해당 군단 소대의 지휘관이 된다. 외계인 종족은 컴퓨터 인공지능이 플레이하며 3개의 군단과 외계인이 번갈아가며 턴제로 게임을 진행한다. 한 팀은 4명의 소대원이 구성되며, 지휘관은 각 미션의 목적에 따라 볼트 피스톨, 파워 액스, 파워 글러브 등의 무기를 선택한다. 미션의 내용은 외계인 처치, 적군 저지 등으로 상이하다. 미션을 수행하면 명예 배지가 주어지고 4개의 배지를 모으면 지휘관의 랭크가 오른다. 랭크는 총 6단계로 이뤄진다.

평가 1990년 출시된 동명의 보드 게임을 바탕으로 한다. 〈워해머 40,000〉의 세계관을 차용한 최초의 피시 게임이다.

- **핵심어** 워해머 40,000, 미니어처 워 게임, 우주 난파선
- **시리즈**

1992 〈스페이스 크루세이드(Space Crusade)〉
1993 〈스페이스 헐크(Space Hulk)〉
1995 〈스페이스 헐크 : 블러드 엔젤의 복수(Space Hulk : Vengeance of the Blood Angels)〉
1997 〈파이널 리버레이션 : 워해머 40,000(Final Liberation : Warhammer Epic 40,000)〉
1998 〈워해머 40,000 : 카오스 게이트(Warhammer 40,000 : Chaos Gate)〉
1999 〈워해머 40,000 : 라이츠 오브 워(Warhammer 40,000 : Rites of War)〉
2003 〈워해머 40,000 : 파이어 워리어(Warhammer 40,000 : Fire Warrior)〉
2004 〈워해머 40,000 : 던 오브 워(Warhammer 40,000 : Dawn of War)〉
2005 〈워해머 40,000 : 던 오브 워-윈터 어설트(Warhammer 40,000 : Dawn of War-Winter Assault)〉
2006 〈워해머 40,000 : 글로리 인 데스(Warhammer 40,000 : Glory in Death)〉
     〈워해머 40,000 : 던 오브 워-다크 크루세이드(Warhammer 40,000 : Dawn of War-Dark Crusade)〉
2007 〈워해머 40,000 : 스쿼드 커맨드(Warhammer 40,000 : Squad Command)〉
2008 〈워해머 40,000 : 던 오브 워-소울스톰(Warhammer 40,000 : Dawn of War-Soulstorm)〉
2009 〈워해머 40,000 : 던 오브 워 2(Warhammer 40,000 : Dawn of War Ⅱ)〉
2010 〈워해머 40,000 : 던 오브 워 2-카오스 라이징(Warhammer 40,000 : Dawn of War Ⅱ-Chaos Rising)〉
2011 〈워해머 40,000 : 스페이스 마린(Warhammer 40,000 : Space Marine)〉
     〈워해머 40,000 : 킬 팀(Warhammer 40,000 : Kill Team)〉
     〈워해머 40,000 : 던 오브 워 2-레트리뷰션(Warhammer 40,000 : Dawn of War Ⅱ-Retribution)〉
2013 〈스페이스 헐크(Space Hulk)〉
2014 〈워해머 40,000 : 스톰 오브 벤전스(Warhammer 40,000 : Storm of Vengeance)〉
     〈워해머 40,000 : 스페이스 울프(Warhammer 40,000 : Space Wolf)〉
     〈워해머 40,000 : 카니지(Warhammer 40,000 : Carnage)〉
     〈워해머 40,000 : 아마겟돈(Warhammer 40,000 : Armageddon)〉
2015 〈워해머 40,000 : 레지사이드(Warhammer 40,000 : Regicide)〉

■ **참고 자료** Brian Tinsman, *The Game Inventor's Guidebook : How to Invent and Sell Board Games, Card Games, Role-player Games & Everything in Between!*, Morgan James Publishing, 2008. | Marc Gascoigne, Nick Kyme, *The Art of Warhammer*, Games Workshop, 2007.

어둠속에 나홀로 Alone in the Dark

| 출시연도 1992년
| 개발사 인포그램즈(Infogrames)
| 장르 생존 공포 게임
| 플랫폼 PC

스토리 에드워드 칸비는 귀신이나 언데드에 얽힌 사건을 전문적으로 파헤치는 사립탐정이다. 어느 날 에드워드는 골동품 상인으로부터 루이지애나에 있는 저택에 숨겨진 피아노를 찾아달라는 의뢰를 받는다. 루이지애나로 향한 에드워드는 에밀리 하트우드를 만나 동료가 된다. 저택을 조사하던 중 한 심령술사가 흑마법을 행하던 동굴이 그 아래에 존재한다는 사실을 알게 된 두 사람은 저택을 탈출하려 한다.

플레이 괴물들을 피해 퍼즐과 수수께끼를 풀고 저택을 탈출하는 것이 목표이다. 플레이어는 에드워드 칸비나 에밀리 하트우드 중 하나를 캐릭터로 선택할 수 있다. 제레미 하트우드가 자살한 다락 및 3층에서 게임을 시작해 그곳에서 주어진 모든 임무를 완수한 후에야 2층과 1층으로 갈 수 있다. 플레이어는 칼, 랜턴 등의 무기를 사용하거나 퍼즐 문제를 해결해 괴물을 제거한다. 이 과정에서 아이템이나 문제 해결의 단서를 획득한다.

평가 영화 제작 방식을 적용해 손으로 직접 그린 배경에 3차원 그래픽의 캐릭터를 합성하였는데, 이는 다른 공포 게임의 그래픽 작업 방식에 영향을 주었다. 〈바이오하자드(Biohazard)〉가 대표적이다. 2008년 기네스북 '최초의 3차원 그래픽 생존 공포 게임(First Ever 3D Survival Horror Game)' 부문에 이름을 올렸다.

■ **핵심어** 괴물, 퍼즐, 단서, 3차원 그래픽
■ **시리즈**
   1992 〈어둠속에 나홀로(Alone in the Dark)〉
   1993 〈잭 인 더 다크(Jack in the Dark)〉
        〈어둠속에 나홀로 2(Alone in the Dark 2)〉

1994 〈어둠속에 나홀로 3(Alone in the Dark 3)〉
2001 〈어둠속에 나홀로 4 : 더 뉴 나이트메어(Alone in the Dark : The New Nightmare)〉
2015 〈어둠속에 나홀로 : 일루미네이션(Alone in the Dark : Illumination)〉
- **참고 자료** 김정남, 김웅남, 김정현, 『게임의 운명을 결정하는 기획과 시나리오』, e비즈북스, 2013. |
Bernard Perron, *Horror Video Games : Essays on the Fusion of Fear and Play*, McFarland, 2009.

에어 컴뱃 Air Combat / エアーコンバット

| **출시연도** 1992년
| **개발사** 반다이 남코 게임즈(Bandai Namco Games)
| **장르** 비행 슈팅 게임
| **플랫폼** 아케이드, 플레이스테이션

스토리 유지아 대륙에 테러리스트의 폭동이 일어난다. 정부는 테러리스트 집단과 평화 협정을 맺으려 시도하지만 실패하고 만다. 이에 테러리스트로부터 나라를 구하기 위해 용병 집단이 집결한다.

플레이 비행 시뮬레이션과 슈팅을 혼합한 플레이 형식이다. 게임의 목적은 적군의 전투기를 모두 파괴해 공중전에서 승리하는 것이다. 플레이어는 승리를 위해 미션을 수행하고 더 좋은 성능의 전투기를 구입해야 한다. F-4 팬텀즈와 스텔스기를 포함한 다양한 전투기를 살 수 있다. 게임의 레벨은 총 3개로 간부 후보생, 기장, 에이스이다.

평가 〈에어 컴뱃〉은 반다이 남코 게임즈 산하의 개발팀인 프로젝트 에이시즈(Project Aces)가 제작한 3차원 비행 슈팅 게임이다. 실존하는 항공기들을 등장시키고, 복잡한 전투기의 운용을 최대한 단순화시켜 주목을 받았다. 1995년 잡지 《일렉트로닉 게이밍 먼슬리(Electronic Gaming Monthly's)》에서 '1995년 최고의 비행 시뮬레이션 게임 상(Best Flight Sim of 1995 Award)'을 수상했다.

- **핵심어** 전투기, 공중전, 프로젝트 에이시즈
- **시리즈**
1992 〈에어 컴뱃(Air Combat)〉
1995 〈에어 컴뱃 22(Air Combat 22)〉
1997 〈에이스 컴뱃 2(Ace Combat 2)〉
1999 〈에이스 컴뱃 3(Ace Combat 3 : Electrosphere)〉
2001 〈에이스 컴뱃 04(Ace Combat 04 : Shattered Skies)〉

2004 〈에이스 컴뱃 5 : 언성 워(Ace Combat 5 : The Unsung War)〉

2005 〈에이스 컴뱃 어드밴스(Ace Combat Advance)〉

2006 〈에이스 컴뱃 제로 : 더 벨칸 워(Ace Combat Zero : The Balkan War)〉

〈에이스 컴뱃 X : 스카이즈 오브 디셉션(Ace Combat X : Skies of Deception)〉

2007 〈에이스 컴뱃 6 : 해방으로의 전화(Ace Combat 6 : Fires of Liberation)〉

2009 〈에이스 컴뱃 Xi(Ace Combat Xi : Skies of Incursion)〉

2010 〈에이스 컴뱃 X2(Ace Combat X2)〉

2011 〈에이스 컴뱃 : 어설트 호라이즌(Ace Combat : Assault Horizon)〉

2012 〈에이스 컴뱃 3차원(Ace Combat 3D)〉

2014 〈에이스 컴뱃 인피니티(Ace Combat Infinity)〉

■ **참고 자료** Rich Newman, *Cinematic Game Secrets for Creative Directors and Producers : Inspired Techniques From Industry Legends*, Focal Press, 2008. | Tony Mott, *1001 Video Games : You Must Play Before You Die*, Universe, 2010.

개구장이 까치 Gaegujangi Kkachi

출시연도 1993년

개발사 하이컴(HiCom)

장르 액션 어드벤처 게임

플랫폼 세가 마스터 시스템

스토리 주인공 까치와 여자 친구 엄지는 평화로운 마을에 살고 있었다. 어느 날 악당 카멜은 마법을 완성하는 데 필요한 영혼을 가진 엄지를 납치한다. 까치 는 산신령의 도움을 받아 그녀를 구하기 위한 모험을 떠난다.

플레이 플레이어는 엄지를 구하기 위해 6개의 스테이지를 완수해야 한다. 방향 키로 캐릭터를 조작하며 점프나 주먹으로 적을 공격하거나 상자를 부술 수 있다. 상자를 부수면 장풍, 요술장화와 같은 공격 아이템을 획득할 수도 있지만, 일정 확률로 플레이어가 몬스터를 공격할 수 없도록 새나 아기로 변신하기도 한다. 과 일을 먹으면 상점에서 아이템과 교환할 수 있는 돈을 얻을 수 있다. 몬스터에 닿 거나 함정에 빠지면 게임이 종료된다.

평가 이현세의 만화 『까치』를 재구성한 게임이다. 세가 마스터 시스템(SEGA Master System, SMS)의 국내판인 '겜보이' 용으로, 국내에서 자체적으로 개발했다.

■ **핵심어** 이현세, 세가 마스터 시스템, 겜보이

둠 Doom

출시연도 1993년
개발사 이드 소프트웨어(id Software)
장르 1인칭 슈팅 게임
플랫폼 PC

스토리 둠가이는 우주 해병으로, 시민들을 향해 발포하라는 상관을 명령을 어긴 죄로 화성으로 쫓겨난다. 화성에서 둠가이는 항공우주 산업체인 UAC에서 일하게 되는데, UAC는 행성 간의 순간이동 장치를 개발하던 중 화성의 위성인 포보스와 지옥을 연결해 버린다. 둠가이는 동료들과 함께 지옥에서 온 악마들을 처치하기 위해 애쓰지만, 전투 과정에서 부대원들은 모두 전멸하고 둠가이만 홀로 남는다. 둠가이는 포보스, 데이모스, 지옥으로 이동하며 악마들과 싸워 살아남고 화성으로 돌아가야 한다.

플레이 플레이어는 악마들을 죽이고 방사능 폐기물이나 무너지는 천장 등을 피해 출구를 찾아야 한다. 플레이어에게는 권총 한 자루가 주어지며 총알이 소진되면 맨주먹으로 전투를 벌일 수 있다. 플레이어는 맵을 탐험하며 전기톱, 엽총, 플라즈마 총, 수류탄 같은 무기와 캐릭터 강화 장비, 물약 등의 아이템을 얻을 수 있다. 적의 공격을 받아 체력이 0이 되면 스테이지가 종료된다. 2~4인의 플레이어가 서로 대전을 벌이는 협동 모드(co-operative mode)로 플레이할 수도 있다.

평가 〈둠〉은 공상 과학 세계관에 기반을 둔 게임으로, 1인칭 슈팅 게임 중 최초로 멀티 플레이를 지원했다. 〈둠〉의 셰어웨어 버전은 출시 2년 만에 1,000만 회 이상 다운로드됐다. 이후 플레이스테이션, 닌텐도, 엑스박스, 모바일 등 다양한 플랫폼으로도 출시됐다.

- **핵심어** 지옥, 우주, 공상 과학, 협동 모드
- **시리즈**
  1993 〈둠(Doom)〉
  1994 〈둠 2 : 헬 온 어스(Doom 2 : Hell on Earth)〉
  2004 〈둠 3(Doom 3)〉
  2005 〈둠 3 : 악마의 부활(Doom 3 : Resurrection of Evil)〉
- **참고 자료** David Kushner, *Masters of Doom*, Random house, 2004. | Mark J.P. Wolf, Bernard Perron, *The Routledge Companion to Video Game Studies*, Routledge, 2014

매직 : 더 개더링 Magic : The Gathering

출시연도 1993년
개발사 위저드 오브 더 코스트(Wizards Of The Coast)
장르 트레이딩 카드 게임
플랫폼 보드 게임

스토리 아버지의 친구 토카시아에게 맡겨진 쌍둥이 형제 우르자와 미쉬라는 고대 트랜 왕국 유적지의 발굴단장이었던 토카시아의 슬하에서 고대 마법에 관한 지식을 습득하며 성장한다. 어느 날 형제는 고대 도시에서 기계에 동력을 제공할 수 있는 신비한 돌을 발견한다. 형제가 돌을 연구하는 과정에서 돌은 2개로 갈라지고, 그 능력 또한 두 종류로 나뉜다. 형제는 깨진 돌을 한 조각씩 나눠 갖지만, 이후 서로의 돌을 탐내면서 둘의 사이가 틀어지기 시작한다.

플레이 2명의 플레이어가 각각 카드를 모아 생물을 소환하고 상대를 공격해 승패를 가르는 게임이다. 플레이어는 각기 소유한 60장의 덱에서 7장의 카드를 뽑아 게임을 시작한다. 카드는 크게 대지 카드, 생물 카드, 마법 카드, 마법 물체 카드, 플레인즈 워커 카드, 종족 카드로 나뉘며 다시 백색·청색·흑색·적색·녹색으로 세분화된다. 대지 카드는 생물을 소환하는 데 필요한 자원인 마나를 생산하며, 생물 카드는 플레이어가 공격 또는 방어하기 위해 소환하는 생물을 결정한다. 종족 카드는 특정 종족의 생물 카드와 결합해 사용되며 카드의 능력을 강화하거나 해당 종족에게 새로운 능력을 부여한다. 플레인즈 워커 카드에는 생물 카드처럼 공격과 방어 기능이 있으며, 이 능력은 턴이 끝나도 지속적으로 사용할 수 있다. 플레이어 마법 카드는 생물을 통해 발휘할 수 있는 마법의 종류를 결정한다. 마법 물체 카드는 생물 카드에 장착해 생물의 능력을 강화한다.

플레이어는 자신의 턴이 돌아올 때마다 1장의 대지 카드를 내려놓을 수 있으며, 생물 카드와 마법 카드의 경우 대지 카드가 지원하는 마나의 양에 따라 원하는 만큼 내려놓을 수 있다. 공격 차례의 플레이어가 카드를 내려놓아 상대를 공격하면, 방어 차례의 플레이어는 이전에 내려놓은 카드 중 일부를 선택해 공격을 막는다. 한 턴이 끝나면 모든 생물의 방어력은 원상복귀되며, 플레이어는 각자 들고 있는 카드 중 7장만을 선택한 후 나머지 카드를 모두 파괴한 후 새로운 턴을 시작한다.

평가 〈매직 : 더 개더링〉은 트레이딩 카드 게임 장르의 원형으로 여겨진다. 수

집형 카드로 덱을 구성하고 몬스터의 공격력과 방어력으로 승패를 결정한다는 규칙은 이후 〈포켓몬 카드 게임((Pokémon Card Game / ポケモンカードゲーム)〉, 〈유희왕 오피셜 카드 게임(Yu-Gi-Oh! Trading Card game / 遊☆戯☆王オフィシャルカードゲーム)〉, 〈하스스톤(Hearthstone)〉 등의 게임에도 적용됐다.

- **핵심어** 덱, 수집형 카드
- **시리즈**
  1993 〈매직 : 더 개더링 한정판 알파(Magic : The Gathering Limited Edition Alpha)〉
  〈매직 : 더 개더링 한정판 베타(Magic : The Gathering Limited Edition Beta)〉
  〈매직 : 더 개더링 언리미티드 에디션(Magic : The Gathering Unlimited Edition)〉
  1994 〈매직 : 더 개더링 개정판(Magic : The Gathering Revised Edition)〉
  1995 〈매직 : 더 개더링 4판(Magic : The Gathering Fourth Edition)〉
  1997 〈매직 : 더 개더링 5판(Magic : The Gathering Fifth Edition)〉
  1999 〈매직 : 더 개더링 6판(Magic : The Gathering Classic Sixth Edition)〉
  2001 〈매직 : 더 개더링 7판(Magic : The Gathering Seventh Edition)〉
  2003 〈매직 : 더 개더링 8판(Magic : The Gathering Eighth Edition)〉
  2005 〈매직 : 더 개더링 9판(Magic : The Gathering Ninth Edition)〉
  2007 〈매직 : 더 개더링 10판(Magic : The Gathering Tenth Edition)〉
  2009 〈매직 2010 코어세트(Magic 2010 Core Set)〉
  2010 〈매직 2011 코어세트(Magic 2011 Core Set)〉
  2011 〈매직 2012 코어세트(Magic 2012 Core Set)〉
  2012 〈매직 2013 코어세트(Magic 2013 Core Set)〉
  2013 〈매직 2014 코어세트(Magic 2014 Core Set)〉
  2014 〈매직 2015 코어세트(Magic 2015 Core Set)〉
  2015 〈매직의 기원(Magic Origins)〉

- **참고 자료** Brian Tinsman, Beth Moursund, *The Complete Encyclopedia of Magic : The Gathering*, Running Press, 2002.

미스트 Myst

출시연도 1993년
개발사 사이언(Cyan)
장르 그래픽 어드벤처 게임
플랫폼 PC

스토리 이방인이 미스트라는 책을 펼친다. 그 책은 이방인을 알 수 없는 섬으로 인도한다. 불가사의한 일들이 가득한 섬에서 이방인은 숨겨진 수수께끼들을 풀어 책 제작자 아트러스와 그의 가족들이 얽힌 섬의 뒷이야기를 알아내야 한다.

플레이 게임은 1인칭 시점으로 진행되며, 화면 클릭을 통해 이동이 이루어진다. 플레이어는 섬의 여러 장소들을 탐험하고 주변의 물체들을 조작해 퍼즐들을 풀어야 한다. 탐험 중 마주한 퍼즐을 풀면 섬에 숨겨진 비밀과 관련된 단서를 얻을 수 있다.

평가 개발자 로빈 밀러(Robyn Miller)와 랜드 밀러(Rand Miller)가 만든 그래픽 어드벤처 게임이다. 1990년대 중반 디지털 스토리텔링에 관한 다양한 논쟁들을 촉발시켰다. 《뉴욕타임스(The New York Times)》는 〈미스트〉를 두고 비디오 게임도 예술 매체로 진화할 수 있다는 증거라고 평가했다. 2015년 6월을 기준으로 게임 사이트 게임랭킹스(GameRankings)에서 평점 82.57점을 받았다.

- **핵심어** 퍼즐, 섬, 단서
- **시리즈**
  1993 〈미스트(Myst)〉
  1997 〈리븐(Riven : The Sequel to Myst)〉
  2001 〈미스트 3 : 에그자일 (Myst III : Exile)〉
  2004 〈미스트 4 : 레벌레이션 (Myst IV : Revelation)〉
  2005 〈미스트 5 : 엔드 오브 에이지(Myst V : End of Ages)〉
- **참고 자료** 자넷 머레이 저, 한용환, 변지연 역, 『인터랙티브 스토리텔링 : 사이버 서사의 미래』, 안그라픽스, 2001. | Josiah Lebowitz, Chris Klug, *Interactive Storytelling for Video Games : A Player-centered Approach to Creating Memorable Characters and Stories*, Focal Press, 2011. | Mark Wolf, *The Video Game Explosion : A History from PONG to Playstation and Beyond*, ABC-CLIO, 2008.

버추어 파이터 Virtua Fighter / バーチャファイター

| 출시연도 1993년
| 개발사 세가 에이엠2(SEGA AM2)
| 장르 대전 격투 게임
| 플랫폼 아케이드

스토리 주요 캐릭터는 아키라 유키, 카게 마루, 파이 챈, 라우 챈, 잭키 브라이언트, 사라 브라이언트, 울프 호크필드, 제프리 맥와일드이며, 최종 보스로 듀랄이 등장한다. 주인공은 한 명씩 대전해 승리해야 한다.

플레이 게임을 시작하면 플레이어는 듀랄을 제외한 8인의 캐릭터 중 1인을 선택한다. 조작은 레버와 가드, 펀치, 킥에 해당되는 버튼만으로 이루어진다. 같은 버튼을 누르더라도 상대방과의 거리와 상황에 따라 캐릭터의 액션이 달라진다.

대전은 3판 2선승제로 진행되며 플레이 시간은 한 게임당 3분 이내로 끝난다.

평가 〈버추어 파이터〉는 개발자 스즈키 유(鈴木裕)가 제작한 3차원 그래픽 대전 격투 게임이다. 대전 격투 게임 중 최초로 3차원 그래픽 및 모션 캡처 기능을 도입해 이후 3차원 그래픽 대전 격투 게임 시스템에 영향을 끼쳤다. 격투 기술에 우연적 요소를 가미하여 대전 중 특수한 상황이 발생하게 한다는 점에서 경쟁작 〈스트리트 파이터(Street Fighter)〉와 차별적이다.

■ **핵심어** 3차원 그래픽, 스즈키 유, 모션 캡처
■ **시리즈**
  1993 〈버추어 파이터 (Virtua Fighter)〉
  1994 〈버추어 파이터 2(Virtua Fighter 2)〉
  1996 〈버추어 파이터 3(Virtua Fighter 3)〉
  2001 〈버추어 파이터 4(Virtua Fighter 4)〉
  2006 〈버추어 파이터 5(Virtua Fighter 5)〉
■ **참고 자료** 김정남, 김정현, 『세계 최고의 게임 크리에이터 9인의 이야기』, 대림, 2006. | 유형오, 이준혁, 『게임기 전쟁』, 진한도서, 2002. | Steven L. Kent, *The Ultimate History of Video Games : From Pong to Pokemon and Beyond-The Story Behind the Craze That Touched Our Lives and Changed the World*, Three Rivers Press, 2001.

전설의 오우거 배틀 : 검은 여왕의 행진

Ogre Battle : March of the Black Queen / 伝説のオウガバトル

출시연도 1993년
개발사 퀘스트(Quest)
장르 시뮬레이션 역할수행 게임
플랫폼 슈퍼 패미콤

스토리 수천 년 전 오우거 배틀이라 불리는 큰 전쟁이 있었다. 이 전쟁은 인간과 마물 사이에 벌어진 전쟁으로 지상 세계를 차지하기 위한 싸움이었다. 치열한 전쟁 끝에 인류는 승리를 쟁취했고 마물들은 지하 세계에 가둬졌다. 그 후 제테기네아 제국이 탄생했다. 플레이어는 여제 엔도라가 통치하는 제테기네아 제국에 반대하는 혁명 세력의 주동 인물이 되어 적을 물리쳐야 한다.

플레이 게임의 목표는 일련의 전투를 통해 성과 도시를 탈환하는 것이다. 최초 플레이를 시작하면 예언자 워렌에 의해 타로카드 점을 보는데, 그 결과에 맞춰 플레이어의 클래스와 다룰 수 있는 유닛이 정해진다. 플레이어는 배정받은 클래스와

유닛을 활용하여 전술을 구성하고, 전투에서 승리해야 한다. 전투의 승패와 더불어 민중의 지지도, 캐릭터 능력 등을 포함한 여러 수치들을 관리하여 원하는 엔딩 조건에 맞춰야 한다. 엔딩은 총 13개이며, 플레이어의 진행 방식에 따라 결정된다.

평가 2006년 게임 잡지 《닌텐도 파워(Nintendo Power)》에서 역대 발매된 게임 타이틀 가운데 '역대 최고의 닌텐도 게임 200선(200 Best Nintendo Games)' 중 하나로 선정됐다.

- **핵심어** 유닛, 멀티 엔딩, 전술
- **시리즈**
  1993 〈전설의 오우거 배틀 : 검은 여왕의 행진(Ogre Battle : March of the Black Queen)〉
  1995 〈택틱스 오우거(Tactics Ogre : Let Us Cling Together)〉
  1999 〈오우거 배틀 64(Ogre Battle 64 : Person of Lordly Caliber)〉
- **참고 자료** Josiah Lebowitz, Chris Klug, *Interactive Storytelling for Video Games : A Player-centered Approach to Creating Memorable Characters and Stories*, Focal Press, 2011.

피파 인터내셔널 사커 FIFA International Soccer

| 출시연도 1993년
| 개발사 일렉트로닉 아츠(Electronic Arts, EA)
| 장르 스포츠 게임
| 플랫폼 메가 드라이브

플레이 플레이어의 목표는 축구팀을 운영하여 경기에서 우승하는 것이다. 플레이어는 실존하는 리그와 클럽, 선수에 대한 정보를 조합해 팀을 구성한다. 〈피파〉 시리즈는 리그, 클럽, 선수에 대한 실제 자료를 사용할 수 있는 라이선스를 획득하여 자료를 정기적으로 업데이트하고 있다.

〈피파〉 시리즈별 주요 도입 시스템 및 특징	
시리즈	도입 시스템
〈피파 인터내셔널 사커〉	국가 대표 팀으로만 플레이 가능, 쿼터뷰(quarter-view) 방식 채택.
〈피파 95〉	메가 드라이브로만 출시.
〈피파 96〉	버추얼 스타디움 기술 도입, 카메라 시점 변경 가능.
〈피파 97〉	3D 그래픽, 선수 트레이드 가능.
〈피파 : 로드 투 월드컵 98〉	오프사이드(offside) 제도 도입.
〈피파 99〉	눈이 내리는 경기장 시리즈 최초 구현.

〈피파 2000〉	아케이드의 특징 강화.
〈피파 2001〉	K리그 최초 포함, 게이지 이용한 슛의 강약 조절 가능.
〈피파 2002〉	선수들의 이동 경로 표시 가능, 스루 패스(through pass) 도입.
〈피파 2003〉	인공지능 엔진 사용.
〈피파 2004〉	훈련 모드 추가.
〈피파 07〉	온라인 매치인 인터랙티브 리그(interactive leagues) 도입.
〈피파 08〉	선수가 되어 플레이를 하는 '비 어 프로(Be A Pro)' 모드 도입.
〈피파 10〉	360도 전방위 드리블 가능.
〈피파 11〉	패스, 슈팅 동시 가능한 원버튼 시스템 채택, 골키퍼 플레이 가능.
〈피파 12〉	임팩트 엔진(player impact engine) 적용.
〈피파 13〉	현실적 공 패스를 구현하기 위해 퍼스트 터치(first touch) 도입.
〈피파 15〉	선수 감정 표현을 위한 감성 지능(emotional intelligence) 도입.

【경기 모드】〈피파〉 시리즈는 다양한 경기 모드를 제공한다. 첫 번째 시리즈 〈피파 인터내셔널 사커〉의 경기 방식은 국가 대항전으로, 플레이어는 국가대표 팀을 선택해 친선, 토너먼트, 리그, 플레이오프 경기 등을 진행할 수 있다. 〈피파 95〉부터는 클럽의 선택이 가능해졌다. 〈피파 99〉 이후의 시리즈의 경우, 〈피파 : 로드 투 월드컵 98〉과 같이 월드컵을 소재로 개발된 경우를 제외하고는 클럽 대항전을 중심으로 진행된다.

〈피파〉 시리즈의 클럽 간 경기 모드	
종류	설명
토너먼트	컴퓨터와 대전하는 것으로 단판으로 승리가 결정됨. 각 판에서 승리하면 코인(coins)을 얻게 되고, 토너먼트에서 우승하면 트로피, 코인이 지급됨.
시즌	10경기로 구성되어 있음. 토너먼트와 달리 단판으로 승리가 결정되지 않으며, 승급, 현상유지, 강등의 요소가 축적되어 승리가 결정됨.

2006년부터는 〈피파〉 시리즈를 온라인화한 〈피파 온라인〉 시리즈가 출시돼 플레이어 간 대결이 가능해졌다. 플레이어는 다른 플레이어를 초대해 팀을 꾸리거나 협력해 컴퓨터와 대결하는 등 협동 모드를 즐길 수 있다.

〈피파 온라인 3〉의 경기 모드	
종류	설명
리그 경기	컴퓨터와 대전하며 소속 리그 내에서 한 팀과 2번의 경기를 진행함. 결과에 따라 리그 내 순위가 결정됨. 인터뷰와 트레이닝 미션을 수행하는 리그 미션이 포함됨.

친선 경기	다른 플레이어와 대전을 진행함. 동료와의 대결, 일대일 대결, 랜덤 대결, 컴퓨터와의 대결 등으로 세분화됨. 동료와의 대결과 일대일 대결은 초대한 동료 혹은 자동으로 연결된 비슷한 실력의 상대와 대전하는 것으로, 플레이어 간 대결을 지원함. 랜덤 대결과 컴퓨터와의 대결은 동료와 함께 팀을 구성하여 비슷한 실력의 타 팀, 혹은 컴퓨터와 대전하는 것으로, 플레이어 간 협력을 지원함.
순위 경기	시즌별로 최대 5명이 한 팀이 되어 무작위로 다른 플레이어와 대결함. 한 시즌이 한 달 단위로 진행되며, 경기 결과를 바탕으로 시간 순위가 매겨짐. 순위별로 아마추어, 세미프로, 프로, 월드 클래스, 전설의 5등급으로 나뉨.

【커리어 모드와 얼티메이트 모드】 커리어 모드(career mode)는 감독이 돼서 축구 구단을 경영하는 시뮬레이션 모드로, 플레이어의 목표는 자신의 팀을 최고로 키우는 것이다. 플레이어는 경기에 관여할 뿐만 아니라 소속 선수의 이적, 협상, 계약 등을 포함해 팀의 재정을 관리해야 한다. 플레이어가 관리한 팀이 리그에서 승리를 거두면 감독으로서 명성을 쌓을 수 있으며, 국가 대표 팀 감독에 대한 제의가 들어오기도 한다. 얼티메이트 모드(ultimate mode)는 축구 경기의 요소를 카드로 구성한 것이다. 플레이어의 목표는 카드를 수집하거나 거래해서 스쿼드(squad)를 만드는 것으로, 스쿼드는 경기에 출전하게 되는 선수의 구성을 일컫는다. 플레이어는 선수들의 역할과 위치 등을 고려해 전략적으로 스쿼드를 구성해야 한다. 각 카드를 경기장 위에 위치시킬 때, 같은 리그, 나라, 팀에 속한 카드들이 인접하게 배치될수록 카드 사이의 연결선이 붉은색에서 푸른색으로 변한다. 선발 선수 카드의 구성을 완료한 후에는 경기 중 교체가 가능한 서브 선수와 교체가 불가능한 리저브 선수의 카드를 선별해야 한다.

【개별 선수의 조작 및 운용】 플레이어는 각개 선수의 이동, 볼 패스, 슛, 드리블 등을 조작해 경기를 진행할 수 있다. 〈피파 온라인 3〉의 경우 플레이어는 방향키 외에도 숫자 키와 큐(Q), 더블유(W), 이(E), 시프트(shift) 키 등을 조합해 선수를 조작할 수 있다. 드리블이나 슈팅과 같은 기본 기술부터 선수 레벨에 따라 특수 기술까지 사용 가능하다.

평가 〈피파〉 시리즈는 최초로 피파(FIFA)로부터 공식 라이선스를 받은 게임으로, 1993년부터 2015년까지 총 22개의 정규 시리즈로 출시됐다. 2013년 출시한 〈피파 14〉는 2014년 7월 기준으로 1,451만 장의 판매 기록을 세워 기네스에 '가장 많이 팔린 축구 게임(Best-selling Soccer Video Game)'으로 기록됐다. 2012년 출시된 〈피파 온라인 3〉은 2013년 대한민국 게임대상에서 '올해의 인기 게임 상'을 수상했다.

■ **핵심어** 축구, 라이선스, 토너먼트, 리그, 선수

■ 시리즈

1993 〈피파 인터내셔널 사커(FIFA International Soccer)〉

1994 〈피파 95(FIFA 95)〉

1995 〈피파 96(FIFA 96)〉

1996 〈피파 97(FIFA 97)〉

1997 〈피파 : 로드 투 월드컵 98(FIFA : Road to World Cup 98)〉

1998 〈피파 99(FIFA 99)〉

1999 〈피파 2000(FIFA 2000)〉

2000 〈피파 2001(FIFA 2001)〉

2001 〈피파 2002(FIFA Football 2002)〉

2002 〈피파 2003(FIFA 2003)〉

2003 〈피파 2004(FIFA Football 2004)〉

2004 〈피파 2005(FIFA Football 2005)〉

2005 〈피파 06(FIFA 06)〉

2006 〈피파 07(FIFA 07)〉

　　　〈피파 온라인(FIFA Online)〉

2007 〈피파 08(FIFA 08)〉

　　　〈피파 온라인 2(FIFA Online 2)〉

2008 〈피파 09(FIFA 09)〉

2009 〈피파 10(FIFA 10)〉

2010 〈피파 11(FIFA 11)〉

2011 〈피파 12(FIFA 12)〉

2012 〈피파 13(FIFA 13)〉

　　　〈피파 온라인 3(FIFA Online 3)〉

2013 〈피파 14(FIFA 14)〉

2014 〈피파 15(FIFA 15)〉

■ **참고 자료** Guinness World Records, *Guinness World Records Gamer's Edition 2015 Ebook*, Guinness World Records, 2014. | Mark J. P. Wolf, Toru Iwatani, *Video Games Around the World*, The MIT Press, 2015. | Philip Decker, *FIFA 14 60 Success Secrets*, Emereo Publishing, 2014.

7번째 손님 The 7th Guest

출시연도 1993년

개발사 트릴로바이트(Trilobyte)

장르 퍼즐 어드벤처 게임

플랫폼 PC

스토리 살인자 헨리 스타우프는 장난감 가게를 열고 마을 아이들에게 장난감을 나눠준다. 장난감을 받은 아이들이 정체 모를 병에 걸리기 시작하고 스타우프는 자취를 감춘다. 그는 마을 외곽에 퍼즐로 가득 찬 저택을 짓은 뒤 6명의 손님을 집으로 초대해 퍼즐 문제를 낸다. 6명의 손님은 스타우프의 집에 몰래 들어왔던 소년 태드를 7번째 손님으로 데려와야 한다.

플레이 플레이어는 '이고'라는 캐릭터의 시점으로 저택을 탐험하며 퍼즐을 풀어야 한다. 퍼즐에 대한 힌트는 서재에서 얻을 수 있는데, 처음 2번은 힌트를 주고, 3번째에는 답을 가르쳐 주는 형식이다. 퍼즐을 풀 때마다 플레이어는 저택의 비밀이 담긴 비디오 클립을 볼 수 있다. 21개의 퍼즐을 모두 풀면 게임이 종료된다.

평가 〈7번째 손님〉은 3차원 그래픽 영상과 괴기스러운 음악으로 공포감을 조성해 호평을 받았다. 마이크로소프트의 빌 게이츠는 이 게임을 인터랙티브 엔터테인먼트의 새로운 형태라고 극찬했다. 실사 촬영된 8분 분량의 인트로 영상은 게임의 풀 모션 비디오 붐을 일으켰다.

- **핵심어** 인터랙티브 영화, 인트로 영상, 실사 촬영
- **시리즈**
  1993 〈7번째 손님(The 7th Guest)〉
  1995 〈11번째 시간(The 11th Hour)〉
- **참고 자료** Mark. J. P. Wolf, *The Video Game Explosion : A History from PONG to Playstation and Beyond*, Greenwood Press, 2007. | Rusel DeMaria, *The 7th Guest : The Official Strategy Guide*, Prima Games, 1993.

니드 포 스피드 The Need for Speed

출시연도 1994년
개발사 일렉트로닉 아츠(Electronic Arts, EA)
장르 레이싱 게임
플랫폼 PC

플레이 플레이어의 목표는 최단 시간에 결승점에 도착하는 것이다. 플레이어는 게임 시작 전 사용할 차량, 경주로 등을 결정한다. 선택할 수 있는 차량이 포르쉐, 람보르기니 등 현실 속 최고급차라는 점이 특징이다. 또한 대전 모드 선택에 따라 컴퓨터 외에도 다른 플레이어와도 경쟁할 수 있다. 경주에서 이길 때마다 보상으로 새로운 차량과 경주로를 선택할 수 있다. 정식 경주 외에도 경찰차와의 추

격전이 존재하며, 뒤쫓아 오는 경찰차를 따돌리는 것이 목표이다.

평가 2010년 일렉트로닉 엔터테인먼트 엑스포(Electronic Entertainment Expo, E3)의 게임 크리틱스 어워드(Game Critics Awards)에서 그 해 '최고의 레이싱 게임 (Best Racing Game)'으로 선정됐다.

- **핵심어** 차량, 대전 모드, 경주로
- **시리즈**

　1994 〈니드 포 스피드(The Need for Speed)〉
　1997 〈니드 포 스피드 II(The Need for Speed II)〉
　1998 〈니드 포 스피드 III : 핫 퍼슈트(Need for Speed III : Hot Pursuit)〉
　1999 〈니드 포 스피드 : 하이 스테이크(NFS : High Stakes)〉
　2000 〈니드 포 스피드 : 포르쉐 언리시드(Need for Speed : Porsche Unleashed)〉
　2002 〈니드 포 스피드 : 핫 퍼슈트 2(Need for Speed : Hot Pursuit 2)〉
　2003 〈니드 포 스피드 : 언더그라운드(Need for Speed : Underground)〉
　2004 〈니드 포 스피드 : 언더그라운드 2(Need for Speed : Underground 2)〉
　2005 〈니드 포 스피드 : 모스트 원티드(Need for Speed : Most Wanted)〉
　2006 〈니드 포 스피드 : 카본(Need for Speed : Carbon)〉
　2007 〈니드 포 스피드 : 프로스트리트(Need for Speed : ProStreet)〉
　2008 〈니드 포 스피드 : 언더커버(Need for Speed : Undercover)〉
　2009 〈니드 포 스피드 : 시프트(Need for Speed : Shift)〉
　2010 〈니드 포 스피드 : 월드(Need for Speed : World)〉
　　　　〈니드 포 스피드 : 핫 퍼슈트(Need for Speed : Hot Pursuit)〉
　2011 〈시프트 2 : 언리시드(Shift 2 : Unleashed)〉
　　　　〈니드 포 스피드 : 더 런(Need for Speed : The Run)〉
　2012 〈니드 포 스피드 : 모스트 원티드(Need for Speed : Most Wanted)〉
　2013 〈니드 포 스피드 : 라이벌스(Need for Speed : Rivals)〉
　2015 〈니드 포 스피드 : 노 리미트(Need for Speed : No Limits)〉
- **참고 자료** Vook, *Need for Speed : Hot Pursuit : Video Game Guide*, Vook, 2011.

단군의 땅 Dangoon Earth

　출시연도 1994년
　개발사 마리 텔레콤(Mari Telecom)
　장르 머드 게임
　플랫폼 PC

스토리 배달족의 마지막 단군인 거불단은 이민족의 침략과 내분으로 폐허가 된 신시를 다른 차원에 봉인한다. 이후 거불단이 전사하고 초대 단군이었던 왕검

	〈단군의 땅 : 아사달 시대〉의 명령어	
※ 스토리와 플레이는 1997년 발매된 〈단군의 땅 : 아사달 시대〉를 기준으로 작성함.		
종류	설명	
이동	'출구'를 입력하여 다른 공간과 이어진 방향을 찾고, 이동하고자 하는 방향에 따라 '동', '서', '남', '북', '밑', '위'를 입력.	
대화	방에 있는 모든 대상에게 말을 하고 싶은 경우, 하고 싶은 말과 함께 '말한다'를 입력.	
상태 확인	현재 있는 방의 명칭, 방에 있는 대상들, 소지한 아이템 등을 확인하기 위해 '본다'를 입력함.	
능력 확인	체력, 정신력, 이동력 등 플레이어의 능력치를 확인하기 위해 '상태' 혹은 '능력'을 입력.	
전투	공격하려는 대상의 명칭과 함께 '쳐'를 입력함. 회피가 필요할 경우, '도망'을 입력.	
아이템 탈장착	소지품이나 장비 등 아이템을 장착할 경우, 아이템명과 함께 '쥔다', '잡는다', '입는다'를 입력함. 탈착할 경우에는 '벗는다'를 사용함.	
수련	힘, 민첩성, 맷집, 지식, 지혜, 위엄 중 수련이 필요한 항목과 함께 '수련'을 입력.	
상점 이용	물건의 목록을 보기 위해서는 '품목'을, 물건을 사고 팔 때는 각각 '산다', '판다'를 입력.	

이 거불단의 뒤를 이어 배달족을 이끈다. 신시를 대신할 곳을 찾는 긴 방랑 끝에 왕검과 배달족은 본래 신시가 있던 곳 동쪽에 아사달을 세우고 정착한다.

플레이 게임의 목표는 캐릭터의 레벨과 직업 능력을 향상시키는 것이다. 게임을 시작하기에 앞서 플레이어는 캐릭터의 이름, 성별, 띠를 설정한다. 직업에는 도적, 도인, 무당, 무사, 의원, 자객, 검사, 권사가 있다. 사냥 및 퀘스트 수행을 통해 일정 수준 이상 경험치를 획득하면, 캐릭터의 띠에 해당하는 신장상을 찾아가 레벨을 올릴 수 있다. 직업별로 지정된 수련 장소를 찾아가 기술을 습득한다. 채팅창에 특정 명령어를 입력해 캐릭터를 조정하며 행동에 대한 결과나 캐릭터가 처한 상황 전반이 모두 텍스트로 제시된다.

평가 1994년 8월 나우누리를 통해 서비스된 한국 초기 머드(MUD) 게임이다. 각 직업의 플레이어가 모여 파티 플레이를 시도했다는 점에서 특이할 만하다.

- **핵심어** 단군, 환웅, 고조선
- **시리즈**
  1994 〈단군의 땅 : 신시 시대〉
  1997 〈단군의 땅 : 아사달 시대〉
- **참고 자료** 박정규, 『넥슨만의 상상력을 훔쳐라』, 비전코리아, 2007. | 윤형섭 외, 『한국 게임의 역사』, 북코리아, 2012. | 전자신문, 〈온라인 게임, 문자에서 문화까지〉, www.ebuzz.co.kr/news/article.html?id= 20090814800003

더 킹 오브 파이터즈 '94

The King Of Fighters '94 / ザキングオブファイターズ '94

출시연도 1994년
개발사 에스엔케이(SNK)
장르 대전 격투 게임
플랫폼 아케이드

스토리 악명 높은 무기·마약 밀매상이자 무자비한 파이터로 알려진 루갈 번 슈타인은 단조로운 생활에 지루함을 느낀다. 결국 루갈은 새로운 킹 오브 파이터 즈 토너먼트를 주최하기로 결심한다. 루갈은 그의 부하에게 전 세계를 돌며 토너 먼트에 참가할 파이터들을 찾아오라고 한다.

플레이 이 게임의 목표는 공격과 방어를 통해 상대방 캐릭터를 쓰러뜨리고 격 투에서 이기는 것이다. 플레이어는 3인 1조로 이루어진 8개의 팀 중 하나의 팀을 선택해야 한다. 플레이어는 조이스틱과 4개의 공격 버튼을 사용하여 캐릭터를 조 종한다. 각각의 캐릭터는 기본기, 특기, 필살기를 지닌다.

평가 에스엔케이의 전작 〈용호의 권(Art of Fighting)〉과 〈아랑전설(Fatal Fury)〉에 등장한 캐릭터를 다시 활용했다. 3대 3 팀 배틀 모드를 지원한다.

- **핵심어** 파이터, 조이스틱, 용호의 권, 아랑전설
- **시리즈**
  1994 〈더 킹 오브 파이터즈 '94(The King of Fighters '94)〉
  1995 〈더 킹 오브 파이터즈 '95(The King of Fighters '95)〉
  1996 〈더 킹 오브 파이터즈 '96(The King of Fighters '96)〉
  　　　〈열투 더 킹 오브 파이터즈 '95(熱鬪The King of Fighters '95)〉
  1997 〈더 킹 오브 파이터즈 '97(The King of Fighters '97)〉
  　　　〈열투 더 킹 오브 파이터즈 '96(熱鬪The King of Fighters '96)〉
  1998 〈더 킹 오브 파이터즈 '98(The King of Fighters '98)〉
  　　　〈킹 오브 파이터즈 R-1(King of Fighters R-1)〉
  　　　〈더 킹 오브 파이터즈 쿄(The King of Fighters Kyo)〉
  1999 〈더 킹 오브 파이터즈 '99(The King of Fighters '99)〉
  　　　〈킹 오브 파이터즈 R-2(King of Fighters R-2)〉
  2000 〈더 킹 오브 파이터즈 2000(The King of Fighters 2000)〉
  2001 〈더 킹 오브 파이터즈 2001(The King of Fighters 2001)〉
  2002 〈더 킹 오브 파이터즈 2002(The King of Fighters 2002)〉
  　　　〈더 킹 오브 파이터즈 EX ~네오 블러드~(The King of Fighters ~Neo Blood~)〉
  2003 〈더 킹 오브 파이터즈 2003(The King of Fighters 2003)〉
  　　　〈더 킹 오브 파이터즈 EX2 ~하울링 블러드~(The King of Fighters EX2 ~Howling Blood~)〉

2004 〈더 킹 오브 파이터즈 네오웨이브(The King of Neowave)〉
　　　〈케이오에프 맥시멈 임팩트(KOF Maximum Impact)〉
　　　〈더 킹 오브 파이터즈 '94 리-바웃(The King of Fighters '94 RE-BOUT)〉
2005 〈더 킹 오브 파이터즈 익스트림(The King of Fighters Extreme)〉
　　　〈케이오에프 맥시멈 임팩트 매니악스(KOF Maximum Impact Maniax)〉
　　　〈더 킹 오브 파이터즈 XI(The King of Fighters XI)〉
2006 〈케이오에프 맥시멈 임팩트 2(KOF Maximum Impact 2)〉
2007 〈케이오에프 맥시멈 임팩트 레귤레이션 "에이"(KOF Maximum Impact Regulation "A")〉
2008 〈더 킹 오브 파이터즈 '98 얼티메이트 매치(The King of Fighters '98 Ultimate Match)〉
　　　〈더 킹 오브 파이터즈 콜렉션-오로치 사가-(The King of Fighters Collection-The Orochi Saga-)〉
2009 〈더 킹 오브 파이터즈 XII(The King of Fighters XII)〉
　　　〈더 킹 오브 파이터즈 2002 얼티메이트 매치(The King of Fighters 2002 Ultimate Match)〉
2010 〈더 킹 오브 파이터즈 XIII(The King of Fighters XIII)〉
　　　〈케이오에프 스카이 스테이지(KOF Sky Stage)〉
　　　〈더 킹 오브 파이터즈 포터블 '94~'98 챕터 오브 오로치(The King of Fighters Potable '94~'98 Chapter of Orochi)〉

■ **참고 자료** Matt Fox, *The Video Games Guide : 1,000+ Arcade, Console and Computer Games, 1962-2012*, McFarland, 2013.

두근두근 메모리얼 Tokimeki Memorial / ときめきメモリアル

출시연도 1994년
개발사 코나미(Konami)
장르 연애 시뮬레이션 게임
플랫폼 PC

스토리 주인공은 사립 키라메키 고등학교에 입학하고, 친구로부터 '졸업식 날 교정 외곽에 있는 나무 아래에서 여자에게 고백을 받아 맺어진 커플은 영원히 행복해진다'라는 키라메키 고등학교의 전설을 듣게 된다.

플레이 플레이어는 게임을 시작할 때 캐릭터의 이름과 혈액형, 생년월일을 설정할 수 있다. 플레이어는 일주일 단위로 계획을 세울 수 있는데, 계획을 실행하면 용모, 운동 등 캐릭터의 능력치가 상승한다. 평일에는 학업이나 부활동을 하고, 일요일과 공휴일에는 여학생과 데이트를 한다. 데이트를 성공적으로 완수할 경우 주인공에 대한 여학생의 호감도가 상승한다. 학생들 사이에서 긍정적인 평판을 얻기 위해서는 공략하려는 여학생 외에 다른 여학생과도 데이트를 해야 한다. 오랜 기간 특정 여학생과 데이트를 하지 않을 경우 주인공에 대한 부정적 인식을 의미하는 폭탄이 생성된다. 폭탄이 생긴 여학생과 우선적으로 데이트를 해야 폭탄을 제거할 수 있으며, 폭탄이 터질 경우 그 여학생은 주인공에 대한 나쁜 소문을 퍼트린다.

평가 1997년 동명의 실사 영화가 제작되고 캐릭터 상품이 출시되는 등 해당 게임과 관련된 다양한 상품이 등장했다.

- **핵심어** 계획, 데이트, 호감도
- **시리즈**
  1994 〈두근두근 메모리얼(ときめきメモリアル)〉
  1999 〈두근두근 메모리얼 2(ときめきメモリアル 2)〉
  2001 〈두근두근 메모리얼 3(ときめきメモリアル 3)〉
  2002 〈두근두근 메모리얼 걸스 사이드(ときめきメモリアル Girl's Side)〉
  2006 〈두근두근 메모리얼 걸스 사이드 2(ときめきメモリアル Girl's Side 2nd Kiss)〉
      〈두근두근 메모리얼 온라인(ときめきメモリアル Online)〉
  2009 〈두근두근 메모리얼 4(ときめきメモリアル 4)〉
  2010 〈두근두근 메모리얼 걸스 사이드 3(ときめきメモリアル Girl's Side 3rd Story)〉
- **참고 자료** 김정남, 김웅남, 김정현, 『게임의 운명을 결정하는 기획과 시나리오』, e비즈북스, 2013 | 이상우, 『게임, 게이머, 플레이 : 인문학으로 읽는 게임』, 자음과모음, 2012.

어스토니시아 스토리 Astonishia Story

| 출시연도 1994년
| 개발사 손노리(Sonnori)
| 장르 역할수행 게임
| 플랫폼 PC

스토리 주인공 로이드는 왕실 기사이다. 로이드는 '카이난의 지팡이'를 운반하는 임무를 수행하던 중, 악당 프란시스가 이끄는 세력의 공격을 받아 지팡이를 빼앗기고 만다. 지팡이를 되찾기 위해 떠난 여정에서 곤경에 처한 마을을 구해주고 적에 대한 단서를 얻는다. 적의 수하들에게 고통 받던 이들과 동료가 되어 함께 지팡이를 되찾기 위한 모험에 나선다.

플레이 게임의 목표는 뺏겼던 지팡이를 되찾기 위해 일련의 임무를 수행하는 것이다. 플레이어는 주어진 임무를 수행하며 게임을 함께할 동료 캐릭터를 얻어 파티를 만든다. 전투는 적과 필드에서 마주칠 때 시작되며 적과 교대로 공격권을 주고받는다. 플레이어의 차례가 되면 원하는 캐릭터를 선택하여 나타난 메뉴에서 무기와 기술을 선택해 공격해야 한다. 또한 플레이어는 마을에 들러 엔피시(NPC)에게 게임 진행을 위한 정보와 아이템을 얻어야 한다.

평가 국내 개발사 손노리가 제작한 역할수행 게임이다. 국내에서 최초로 흥행한 역할수행 게임으로 꼽힌다. 1994년 '제1회 대한민국 게임대상'을 수상했다.

- **핵심어** 대한민국 게임대상(한국게임대상), 손노리, 턴제
- **시리즈**
  1994 〈어스토니시아 스토리(Astonishia Story)〉
  2002 〈어스토니시아 스토리 R(Astonishia Story R)〉
  2004 〈어스토니시아 스토리 EP1(Astonishia Story EP1)〉
  2005 〈어스토니시아 스토리 EP2(Astonishia Story EP2)〉
  　　　〈어스토니시아 스토리 EP3(Astonishia Story EP3)〉
  2006 〈어스토니시아 스토리 2(Astonishia Story 2)〉
- **참고 자료** 이정엽, 『디지털 게임의 절차적 서사와 게임하기 과정 연구』, 서울대학교 대학원 국어국문학과 박사논문, 2014.

엘더스크롤 : 아레나 The Elder Scrolls : Arena

출시연도 1994년
개발사 베데스다 소프트웍스(Bethesda Softworks)
장르 역할수행 게임
플랫폼 PC

스토리 제국의 배틀메이지 제이거탄은 반역을 일으켜 황제 유리엘 셉팀 7세를 다른 차원에 가두어버린다. 이를 목격한 제이거탄의 제자 리아 실마네는 의회에 진실을 전하려다 살해당한다. 제이거탄이 황제의 모습을 하고 제국을 통치하려 하자 이를 막기 위해 리아 실마네의 유령은 감옥에 갇혀 있던 주인공을 찾아온다. 리아 실마네의 유령은 제이거탄을 물리치려면 '혼돈의 지팡이'가 필요하다고 알려준다. 가까스로 감옥을 탈출한 주인공은 8개로 조각난 무기의 파편을 찾아 모험을 떠난다.

플레이 플레이어의 목표는 마법사 제이거탄, 이교도 교주 맨카 캐머런, 용 알두인 등의 적을 처치하고 세계의 평화를 지키는 것이다. 플레이어 캐릭터는 대부분

죄수나 사형수의 신분으로, 점차 탐리엘 대륙을 구해내면서 영웅의 칭호를 획득할 수 있다. 퀘스트는 스토리를 진행하는 메인 퀘스트, 길드의 일원으로 의뢰를 받아 수행하는 길드 퀘스트, 퀘스트 아이템 획득이나 엔피시(NPC)와의 조우를 통해 시작되는 서브 퀘스트로 구분된다. 물약, 음식, 무기 등은 필드와 던전에서 획득한 아이템으로 제작할 수 있다.

〈엘더스크롤 5 : 스카이림〉부터는 플레이어 캐릭터가 고정된 직업을 갖는 대신, 사용하는 무기와 스킬에 따라 전사, 마법사, 궁수, 암살자 계열로 성장할 수 있게 됐다. 각 마을에 돈을 주고 고용할 수 있는 동료가 배치됐고, 엔피시 캐릭터와 결혼할 수 있는 시스템도 추가됐다. 플레이어가 제작한 모드(MOD)를 이용해 게임 내 인터페이스를 수정하는 것도 가능해졌다.

【종족】 플레이어가 선택할 수 있는 종족은 총 10가지이며, 각 종족은 고유한 능력을 지닌다. 퀘스트를 수행하거나 모드를 설치하면 이외의 종족으로 플레이하는 것이 가능하다.

〈엘더스크롤〉 시리즈의 종족별 특성		
구분	종족	능력
인간	노르드	대상을 30초 동안 도망가게 만드는 배틀 크라이(Battle Cry). 냉기에 대해 50% 저항력을 지님.
	레드가드	60초 동안 스테미나 회복 속도가 10배 증가하는 아드레날린 러시(Adrenaline Rush). 독에 대한 50%의 저항력을 지님.
	임페리얼	60초 동안 주위의 사람들을 진정시켜 공격을 멈추게 하는 황제의 목소리(Voice of the Emperor). 골드를 더 많이 획득할 수 있는 제국인의 행운(Imperial Luck) 사용 가능.
	브리튼	60초 동안 적대적 주문으로부터 50% 매지카를 흡수하는 드래곤 스킨(Dragonskin)을 하루에 1번 사용 가능. 마법에 대한 25% 저항력을 지님.
엘프	알트머	60초 동안 매지카 회복 속도가 증가하는 고귀한 혈통(High Born)을 하루에 1번 사용 가능. 매지카가 영구적으로 50포인트 증가.
	보스머	60초 동안 동물과 같은 편이 되는 커맨드 애니멀(Command Animal). 독과 질병에 대한 50%의 저항력을 지님.
	던머	60초 동안 플레이어와 근접한 적에게 화염 피해를 주는 선조의 분노(Ancestor's Wrath). 하루에 1번 사용 가능. 화염에 대한 50%의 저항력을 지님.
	오시머	60초 동안 적에게 2배의 피해를 주고, 받는 피해는 절반으로 줄이는 버서커 레이지(Berserker Rage) 사용 가능.
수인	아르고니안	60초 동안 체력 회복속도가 10배 증가하는 히스트스킨(Histskin). 질병에 대한 50%의 저항력을 지님. 수중 호흡 가능.
	카짓	맨손 공격 시 공격 보너스를 받는 발톱 공격 가능. 야간 시야 지님.

【성장 시스템】〈엘더스크롤 : 아레나〉의 경우, 플레이어 캐릭터는 몬스터를 쓰러뜨린 후 경험치를 획득해 성장한다. 〈엘더스크롤 2 : 대거폴〉부터는 스킬을 사용해 캐릭터를 성장시키는 시스템이 도입됐다. 〈엘더스크롤 4 : 오블리비언〉의 경우, 캐릭터의 레벨을 올리기 위해서는 직업에 따라 지정된 7개의 주력 스킬을 총합 10포인트만큼 상승시켜야 한다. 〈엘더스크롤 5 : 스카이림〉에서는 스킬의 레벨이 증가하면 캐릭터의 레벨이 상승한다.

〈엘더스크롤 5 : 스카이림〉에서는 플레이어 캐릭터가 성장할 때 포인트를 획득해 스킬 효과를 증가시키는 '퍽 시스템(perk system)'이 도입됐다. 퍽은 사용되는 무기, 방어구, 스킬에 따라 전사, 도적, 마법사 계열로 구분된다. 디엘시(Downloadable

〈엘더스크롤 5 : 스카이림〉의 퍽 구분	
구분	사례
전사	궁술, 방어, 중갑, 한손무기, 양손무기, 단조기술
도적	연금술, 경갑, 자물쇠 따기, 소매치기, 은신술, 화술
마법사	변이 마법, 소환 마법, 파괴 마법, 환영 마법, 회복 마법, 마법 부여

Content, DLC)인 〈던가드(Dawnguard)〉에서는 늑대 인간, 뱀파이어 종족과 관련된 퍽이 추가됐다.

【길드】플레이어는 다양한 길드에 가입할 수 있으며, 시리즈별로 각 길드의 사회적인 위상이 다르게 그려진다. 〈엘더스크롤 5 : 스카이림〉에서 플레이어는 암살자 길드인 다크 브라더후드, 파이터 길드인 컴패니언즈, 도둑 길드인 씨브즈 길드, 상인 길드인 동제국 회사, 메이지 길드인 윈터홀드 대학 등 5개의 길드에 가입할 수 있다. 길드에 가입하면 길드의 시설물을 이용할 수 있고, 관련 엔피시와의 호감도도 높일 수 있다. 게임 내에는 길드 퀘스트를 수행해야만 획득할 수 있는 능력 및 아이템이 존재하며, 경우에 따라 길드 퀘스트를 모두 수행하면 길드장의 위치에 오를 수도 있다.

평가 〈엘더스크롤〉 시리즈는 2012년 미국의 문화 잡지 《컴플렉스(Complex)》가 선정한 '최고의 비디오 게임 프랜차이즈 50선'에 포함됐다. 2013년에는 게임 전문 사이트 게임스팟(GameSpot)에서 '지난 10년간 가장 훌륭한 게임 시리즈(Greatest Game Series of the Decade)'로 선정됐다. 시리즈의 5번째 작품인 〈엘더스크롤 5 : 스카이림〉은 다양한 지역 및 던전 디자인으로 게임에 생동감을 부여하고, 우발적인 서사를 통해 플레이어의 몰입을 증가시켰다. 〈엘더스크롤 5 : 스카이림)은 2011년 게임 비평 사이트 아이지앤(IGN), 게임 전문 사이트 게임스팟 등에서 총 226개의 '올해의 게임 상(Game of the Year)'을 받았다. 2012년에는 골든 조이스틱 어워드(Golden Joystick Awards)에서 '올해의 역할수행 게임 상(RPG of the Year)', '올해 최고의 게임 상(Ultimate Game of the Year)'을 받았다.

- **핵심어** 모드, 오픈월드, 길드
- **시리즈**
  1994 〈엘더스크롤 : 아레나(The Elder Scrolls : Arena)〉
  1996 〈엘더스크롤 2 : 대거폴(The Elder Scrolls II : Daggerfall)〉
  2002 〈엘더스크롤 3 : 모로윈드(The Elder Scrolls III : Morrowind)〉
  2006 〈엘더스크롤 4 : 오블리비언(The Elder Scrolls IV : Oblivion)〉
  2011 〈엘더스크롤 5 : 스카이림(The Elder Scrolls V : Skyrim)〉
  2014 〈엘더스크롤 온라인(The Elder Scrolls Online)〉

- **참고 자료** Matt Fox, *The Video Games Guide : 1,000+ Arcade, Console and Computer Games, 1962-2012*, McFarland, 2013. | William Abner, *2006 Gamer's Tome of Ultimate Wisdom : An Almanac of Pimps, Orcs, and Lightsabers*, Que, 2005.

워크래프트 : 오크와 인간 Warcraft : Orcs & Humans

출시연도 1994년
개발사 블리자드 엔터테인먼트(Blizzard Entertainment)
장르 실시간 전략 게임
플랫폼 PC

스토리 드레노어의 오크들은 마법으로 인간이 살고 있는 아제로스로 통하는 포털을 연다. 포털을 통해 아제로스의 풍부한 자원과 그곳에 사는 인간들의 무력함을 목격하게 된 오크들은 침략 전쟁을 준비한다. 한편 오크로부터 예상치 못한 기습 공격을 받은 인간들은 그들의 영토를 지키기 위해 군대를 조직한다. 얼마 지나지 않아 역사에 길이 남을 오크와 인간의 첫 번째 전쟁이 시작된다.

플레이 플레이어는 오크로 대표되는 호드와 인간으로 대표되는 얼라이언스 중 한쪽 진영을 선택해야 한다. 플레이어는 선택한 진영을 전략적으로 육성하여 반대편 진영인 컴퓨터 혹은 다른 플레이어와의 경쟁에서 이겨야 한다. 각각의 진영은 상대편의 진영을 파괴하기 위해 다양한 유닛들을 사용하여 자원을 모으고, 건물을 지으며, 군대를 양성한다.

【진영과 종족】 〈워크래프트〉 시리즈에는 호드와 얼라이언스라는 두 진영과 이들에 우호적이거나 적대적인 중립 진영이 존재한다. 플레이어는 선택한 종족에 따라 호드 혹은 얼라이언스 진영에 속하게 된다. 얼라이언스 진영에는 인간, 드레나이, 드라이어드, 드워프, 노움, 숲의 수호자, 하이 엘프, 나이트 엘프, 투슈이 판다렌, 늑대 인간이 존재한다. 호드 진영에는 오크, 블러드 엘프, 포세이큰, 고블린, 후오진 판다렌, 오거, 타우렌, 트롤이 존재한다. 판다렌의 경우 예외적으로 호드와 얼라이언스 진영 모두 선택 가능하다.

【자원 및 건물 운용】 플레이어는 전투에서 이기기 위해 자원을 모으고 건물과 유닛을 생성해야 한다. 비전투형 유닛은 광산에서 금을 채취하거나 산에서 나무를 획득하여 타운 센터로 가져온다. 이러한 자원은 제한된 자원이기에 게임을 플레이하는 동안 플레이어는 효율적으로 자원을 사용하거나 유지해야 한다.

낮은 레벨 건축물의 경우 진영에 따라 다른 외관을 지니고 있으나, 기능은 유사하다. 타운 홀은 자원을 저장하고, 자원을 모으거나 건물을 건설하는 유닛을 생산해낸다. 팜은 유닛을 위한 식량을 제공하고 배럭은 군대를 생산한다.

각각의 진영은 2가지 유형의 마법 건축물을 지어 마법사를 생산할 수 있다. 인간은 클레릭과 컨저러를 생산할 수 있으며, 오크는 네크로라이트와 워록을 생산할 수 있다. 종족마다 유닛의 특성이나 활용 가능한 스킬이 상이하기 때문에 플레이어는 각 종족에 부합하는 전술을 사용해야 한다.

평가 〈워크래프트〉 게임에서 선보인 게임 방법 및 시스템은 실시간 전략 게임 장르의 전형이 됐다. 대표적인 예로는 미니 전투 모드인 스커미시, 랜덤 맵 제너레이터 등이 있다. 특히 2명의 플레이어가 모뎀이나 로컬 네트워크를 이용하여 서로 경쟁하게 만든 멀티 플레이어 시스템은 이후 실시간 전략 게임의 필수적인 요건이 됐다. 〈워크래프트〉의 세계관과 캐릭터는 후에 〈월드 오브 워크래프트(World of Warcraft)〉의 기반 서사로 활용됐다.

- **핵심어** 전략, 유닛, 기반 서사
- **시리즈**

  1994 〈워크래프트 : 오크와 인간(Warcraft : Orcs & Humans)〉
  1995 〈워크래프트 II : 어둠의 물결(Warcraft II : Tides of Darkness)〉
  1996 〈워크래프트 II : 어둠의 문 너머(Warcraft II : Beyond the Dark Portal)〉
  1999 〈워크래프트 II : 배틀넷 에디션(Warcraft II : Battle.net Edition)〉
  2002 〈워크래프트 III : 혼돈의 시대(Warcraft III : Reign of Chaos)〉

2003 〈워크래프트 III : 얼어붙은 왕좌(Warcraft III : The Frozen Throne)〉

■ **참고 자료** Ed Dille, *WARCRAFT : Orcs and Humans Official Secrets and Solutions*, Prima Games, 1995.
| Todd Barron, *Strategy Game Programming with DirectX 9.0*, Wordware Publishing, 2003.

철권 Tekken / 鉄拳

출시연도 1994년
개발사 남코(Namco)
장르 대전 격투 게임
플랫폼 아케이드

스토리 미시마 헤이하치는 명문 무술인 가문이자 악마의 힘을 봉인하고 있는 미시마 집안의 후계자이다. 그는 자신의 아들 카즈야가 미시마가를 이을 재목인지 시험할 목적으로 카즈야를 절벽 밑으로 던져버린다. 가까스로 살아남은 카즈야는 그 이후로 아버지에 대한 증오심을 품게 되고 복수를 다짐한다. 몇 년 후, 미시마 가문의 수장이 된 헤이하치는 큰 상금을 걸고 '철권'이라는 무술 대회를 개최하고, 청년이 된 카즈야도 이 대회에 참여한다.

플레이 플레이어는 카즈야, 니나 윌리엄스, 폴 피닉스 등 다수의 캐릭터 중에서 하나를 선택하여 결투에서 승리해야 한다. 일대일 대전 방식이지만, 〈철권 태그 토너먼트〉에서는 2인의 캐릭터를 선택하고 대전 중 캐릭터를 번갈아가며 플레이할 수 있다. 캐릭터의 체력치가 정해져 있으며 타격하는 기술의 종류와 정도에 따라 대미지가 상이하다. 먼저 체력이 고갈되는 캐릭터가 나올 경우 한 라운드가 끝난다. 한 캐릭터가 상대 캐릭터로부터 2번의 라운드를 이기면 해당 대전이 종료된다.

평가 2011년에 이 게임을 원작으로 한 영화 〈철권 : 블러드 벤전스(Tekken : Blood Vengeance)〉가 제작됐다.

■ **핵심어** 일대일 대전, 격투, 라운드
■ **시리즈**
  1994 〈철권(Tekken)〉
  1995 〈철권 2(Tekken 2)〉
  1997 〈철권 3(Tekken 3)〉
  1999 〈철권 태그 토너먼트(Tekken Tag Tournament)〉

2001 〈철권 4(Tekken 4)〉
2004 〈철권 5(Tekken 5)〉
2005 〈철권 5 : 다크 레저렉션(Tekken 5 : Dark Resurrection)〉
2007 〈철권 6(Tekken 6)〉
2011 〈철권 태그 토너먼트 2(Tekken Tag Tournament 2)〉
2015 〈철권 7(Tekken 7)〉

■ **참고 자료** Douglas Arnold, J. Zach Meston, Mark Elies, *Tekken 1 and 2 Survival Guide*, Sandwich Island, 1996.

레이맨 Rayman

출시연도 1995년
개발사 유비소프트(Ubisoft)
장르 액션 플랫폼 게임
플랫폼 아타리 재규어, 플레이스테이션, 새가 새턴, PC

스토리 그레이트 프로툰과 일렉툰이라는 요정들이 세계의 평화를 이루며 살고 있었다. 어느 날 미스터 다크라는 악당이 등장해 그레이트 프로툰을 납치하고, 일렉툰들을 흩어지게 한다. 요정 베틸라는 그를 저지하려 하나 결국 패배한다. 세계는 균형을 잃고 괴물들이 등장해 일렉툰들을 감옥에 잡아 가둔다. 레이맨은 요정들을 구하고 세계의 평화를 되찾기 위해 여정을 시작한다.

플레이 플레이어는 레이맨이 돼서 세계 곳곳의 감옥에 갇힌 일렉툰들을 구하고, 미스터 다크를 처치해야 한다. 레이맨의 기본 능력은 걷기와 뛰어오르기이다. 스테이지를 완료할 때마다 요정 베틸라를 만나 주먹 날리기 능력, 매달리기 능력, 달리기 능력, 머리카락으로 날 수 있는 능력을 얻게 된다. 세계는 꿈의 숲, 밴드의 나라, 블루 마운틴, 사진의 도시, 전갈 스콥스의 동굴, 캔디 샤토의 6개 지역으로 나뉜다. 각 지역에서 플레이어는 감옥에 갇힌 일렉툰들을 구출하고 보스몹을 제거해야 한다.

평가 〈레이맨〉은 1995년에 잡지 《일렉트로닉 게이밍 먼슬리(Electronic Gaming Monthly's)》에서 '최고의 새로운 캐릭터 상(Best New Character)', '최고의 시디롬 게임 음악상(Best Music in a CD-ROM Game)', '최고의 애니메이션 상(Best Animation)'을 받았다.

- **핵심어** 횡스크롤, 구출, 게임 음악
- **시리즈**
  1995 〈레이맨(Rayman)〉
  1999 〈레이맨 2 : 대탈출(Rayman 2 : The Great Escape)〉
  2003 〈레이맨 3 : 후드럼 하복(Rayman 3 : Hoodlum Havoc)〉
  2011 〈레이맨 오리진(Rayman Origins)〉
  2013 〈레이맨 레전드(Rayman Legends)〉
- **참고 자료** Matt Fox, *The Video Games Guide : 1,000+ Arcade, Console and Computer Games, 1962-2012*, McFarland, 2013.

소울엣지 | Soul Edge / ソウルエッジ

출시연도 1995년
개발사 남코(Namco)
장르 대전 격투 게임
플랫폼 아케이드

스토리 '소울엣지'는 사람이 만든 검으로, 본래는 아무런 특징이 없는 단순한 검이었다. 그러나 계속된 싸움 속에서 원망, 증오 등의 감정을 배우고 스스로 판단하고 생각하는 자아를 습득한다. 결국 소울엣지는 사람을 베거나 혼을 먹는 등의 방법을 통해 힘을 키워나간다.

이 검의 첫 주인은 영웅왕 알골로, 그는 강인한 정신력으로 소울엣지를 지배했다. 그러나 그의 아들 악튜러스는 아버지의 업적을 시기한 나머지 검을 들게 되고, 결국 검에게 지배당한다. 알골은 어쩔 수 없이 검을 부수고 아들 역시 죽인다. 비탄에 빠진 그는 소울엣지의 파편을 정제해 영검을 만들고 이를 '소울칼리버'라 부른다.

그러나 소울칼리버 역시 소울엣지처럼 변해버리고 검의 주인들은 악에 물들게 된다. 많은 전사들이 이를 막기 위해 소울엣지에 도전한다.

플레이 상대 캐릭터와의 대전에서 승리하는 것이 목표이다. 모든 캐릭터가 무기를 지닌다는 점이 가장 특징적이다. 플레이어는 3개의 공격 버튼과 하나의 방어 버튼을 조작해 상대 캐릭터와 싸워야 한다. 플레이어 캐릭터는 8방향 이동(8-way run) 방식을 통해 자유롭게 움직일 수 있다.

'무기 게이지'와 '가드 임팩트'라고 불리는 독자적 시스템을 고안했다. 무기 게이지는 무기의 상태를 보여주는 척도로, 상대방의 공격을 방어할 때마다 줄어든다. 무기 게이지가 다하면 캐릭터는 무기를 잃게 되고, 비무장 상태로 전투가 진행된다. 가드 임팩트는 공격 방어 기술 중 하나로 플레이어에게 순간적으로 상대의 공격을 가로채거나 되갚아줄 수 있는 기회를 제공한다. 가드 임팩트 시스템과 8방향 이동 시스템의 결합을 통해 상대방의 행동을 예측해야 하는 심리전을 지향한다.

평가 후속작은 〈소울칼리버〉라는 이름으로 제작됐다. 남코의 시스템 12를 통해 구현된 최첨단 그래픽과 모션 캡처를 통해 구사한 유연한 움직임으로 호평을 받았다. 8방향 이동 시스템은 기존의 격투 게임에서는 볼 수 없었던 특이점이다. 1999년에는 〈소울칼리버〉를 기반으로 만화가, 2012년에는 소설이 출간됐다. 일본 주간지 《패미통(ファミ通)》의 크로스 리뷰에서 격투 게임 최초로 40점 만점을 기록했다.

- **핵심어** 8방향 이동 방식, 무기 게이지, 가드 임팩트, 시스템 12
- **시리즈**
  1996 〈소울엣지(Soul Edge)〉
  1998 〈소울칼리버(Soul Calibur)〉
  2002 〈소울칼리버 Ⅱ(Soul Calibur Ⅱ)〉
  2005 〈소울칼리터 Ⅲ(Soul Calibur Ⅲ)〉
  2007 〈소울칼리버 레전드(Soul Calibur Legends)〉
  2008 〈소울칼리버 Ⅳ(Soul Calibur Ⅳ)〉
  2009 〈소울칼리버 : 브로큰 데스티니(Soul Calibur : Broken Destiny)〉
  2012 〈소울칼리버 Ⅴ(Soul Calibur Ⅴ)〉
  2014 〈소울칼리버 Ⅱ 에이치디 온라인(Soul Calibur HD ONLINE)〉
      〈소울칼리버 : 로스트 스워즈(Soul Calibur : Lost Swords)〉
      〈소울칼리버 : 언브레이커블 소울(Soul Calibur : Unbreakable Soul)〉

- **참고 자료** Bill Loguidice, Matt Barton, *Vintage Game Consoles : An Inside Look at Apple, Atari, Commodore, Nintendo, and the Greatest Gaming Platforms of All Time*, Focal Press, 2014. | Matt Fox, *The Video Games Guide : 1,000+ Arcade, Console and Computer Games, 1962-2012*, McFarland, 2013. | Tony Mott, *1001 Video Games : You Must Play Before You Die*, Universe, 2010.

아크 더 래드 Arc the Lad / アークザラッド

출시연도 1995년
개발사 소니 컴퓨터 엔터테인먼트(Sony Computer Entertainment)
장르 역할수행 게임
플랫폼 플레이스테이션

스토리 시온의 불꽃을 지키는 스메리아 혈맹의 일원인 쿠쿠루는 귀족 가문의 자제와 혼인해야 하는 자신의 운명에 회의를 느낀다. 토우빌의 촌장은 그러한 쿠쿠루에게 시온 산의 결계인 불꽃을 꺼뜨리면 마을을 떠나게 해주겠다고 설득한다. 촌장의 꼬임에 넘어간 쿠쿠루는 300년 동안 몬스터들을 봉인했던 시온의 불꽃을 꺼뜨린다. 그 결과 악마 아크 데몬의 봉인이 해제된다.

한편, 행방불명된 아버지를 찾기 위한 모험을 준비하고 있던 소년 아크는 우연히 쿠쿠루를 만나게 된다. 아크는 쿠쿠로에게 다시 시온의 불꽃을 되살리겠노라 약속하지만 아크 데몬과의 대결에서 패배하고 만다. 아크의 수호 정령은 아크가 세상을 구할 성궤를 되찾아올 영웅이 될 것이라 예언하고, 그에게 힘을 북돋아준다.

이에 아크는 시온의 불꽃을 되살리고 아크 데몬을 다시 봉인하는 데 성공한다. 아크가 정령의 힘을 받은 전설의 용자라는 소문을 입수한 왕궁에서는 아크를 소환한다.

플레이 게임의 최종 목표는 행방불명된 아크 아버지에 관한 모든 진실을 해명하고 전설의 성궤를 찾는 것이다. 턴제 기반의 전투 방식을 채택하고 있다. 플레이어의 캐릭터와 전투 상대인 몬스터 모두 사각형의 푸른 타일로 표시된 범주의 영영에서만 이동 가능하다. 이때 캐릭터가 적과 마주보고 있지 않으면 직접 공격은 불가능하며 적의 후방이나 측면에서 공격하면 적의 회피와 반격을 막을 수 있다.

게임의 스토리가 진행됨에 따라 아크는 직업과 무기가 각자 다른 동료 쿠루루, 포코 등을 얻게 되며 이들과 함께 파티를 구성한다. 플레이어는 파티에 속한 모든 구성원을 조종할 수 있다. 〈아크 더 래드 II〉에서는 전편에서의 캐릭터 능력치를 그대로 가져올 수 있는 캐릭터 컨버트 시스템(character convert system)을 도입하고 있다.

평가 게임 비평 사이트 아이지앤(IGN)은 〈아크 더 래드〉의 직관적인 전투 방식, 런던 필하모닉 오케스트라의 연주가 포함된 화려한 사운드 트랙에 대해 호평했다.

- **핵심어** 턴제, 캐릭터 컨버트 시스템
- **시리즈**
  1995 〈아크 더 래드(Arc the Lad)〉
  1996 〈아크 더 래드 II(Arc the Lad Ⅱ)〉
  1999 〈아크 더 래드 III (Arc the Lad Ⅲ)〉
  2003 〈아크 더 래드 : 정령의 황혼(Arc the Lad : Twilight of the Spirits)〉
  2004 〈아크 더 래드 : 제너레이션(Arc the Lad : Generation)〉
- **참고 자료** Josiah Lebowitz, Chris Klug, *Interactive Storytelling for Video Games : A Player-centered Approach to Creating Memorable Characters and Stories*, Focal Press, 2011. | Thomas Layton, *Arc the Lad : Twilight of the Spirits Official Strategy Guide*, Brady Games, 2003. | IGN, "Arc The Lad Collection Review", www.ign.com/articles/2002/05/06/arc-the-lad-collection

웜즈 Worms

출시연도 1995년
개발사 팀17(Team17)
장르 대포 전략 게임
플랫폼 PC

플레이 플레이어는 무기를 사용하여 상대의 모든 '웜(worm)'을 없애야 한다. 플레이는 컴퓨터와 대전하는 싱글 플레이, 다른 플레이어와 대전하는 멀티 플레이로 나뉜다. 플레이어는 여러 마리의 웜에 순서를 두고 적을 공격, 추락 등으로 제거하는 턴제 방식을 따른다.

플레이어는 전략적으로 맵의 지형과 바람의 세기와 방향, 무기의 특성에 맞춰 웜을 이동시키거나 상대를 공격해야 한다. 플레이어는 맵 내부 지형을 파괴하여 은신처를 만들거나 지형을 무너뜨려 적을 익사시키는 등의 전략을 구사할 수 있다. 무기의 경우 투척 무기나 사격 무기, 설치 무기 등으로 구분되며, 유형에 따라 공격력이 다르므로 공격 기회를 얻을 시 적절히 선택해야 한다.

평가 잡지 《일렉트로닉 게이밍 먼슬리(Electronic Gaming Monthly's)》에서 '올해의 전략 게임 상(Strategy Game of the Year)'을 받았다.

- **핵심어** 턴제, 맵, 은신처

■ 시리즈

1995 〈웜즈(Worms)〉

1997 〈웜즈 2(Worms 2)〉

1999 〈웜즈 아마겟돈(Worms Armageddon)〉

2001 〈웜즈 월드 파티(Worms World Party)〉

2003 〈웜즈 3차원(Worms 3D)〉

2004 〈웜즈 포트 : 언더 시즈(Worms Forts : Under Siege)〉

2005 〈웜즈 4 : 메이헴(Worms 4 : Mayhem)〉

　　　〈웜즈 : 오픈 워페어(Worms : Open Warfare)〉

2007 〈웜즈(Worms)〉

　　　〈웜즈 : 오픈 워페어 2(Worms : Open Warfare 2)〉

2008 〈웜즈 : 스페이스 어디티(Worms : A Space Oddity)〉

2009 〈웜즈 2 : 아마겟돈(Worms 2 : Armageddon)〉

2010 〈웜즈 : 리로디드(Worms : Reloaded)〉

　　　〈웜즈 : 배틀 아일랜드(Worms : Battle Islands)〉

2011 〈웜즈 : 얼티메이트 메이헴(Worms : Ultimate Mayhem)〉

2012 〈웜즈 : 레볼루션(Worms : Revolution)〉

2013 〈웜즈 3(Worms 3)〉

　　　〈웜즈 : 클랜 워(Worms : Clan Wars)〉

2014 〈웜즈 배틀그라운드(Worms Battlegrounds)〉

■ **참고 자료** Bill Loguidice, Matt Barton, *Vintage Game Consoles : An Inside Look at Apple, Atari, Commondore, Nintendo, and Greatest Gaming Platforms of All Time*, Focal Press, 2014. | Jim Thompson, Barnaby Berbank-Green, Nic Cusworth, *Game Design : Principles, Practice, and Techniques-The Ultimate Guide for the Aspiring Game Designer*, Wiley, 2007. | Steve Bowden, *100 Computer Games to Play Before You Die*, John Blake, 2011.

위닝 일레븐 World Soccer Winning Eleven / Pro Evolution Soccer

출시연도 1995년

개발사 코나미(Konami)

장르 스포츠 게임

플랫폼 플레이스테이션

플레이 플레이어가 하나의 클럽을 선택해 축구 경기에서 승리하는 것이 게임의 목표이다. 이그지비션과 하이퍼 컵 2가지 모드가 있다. 이그지비션 모드에서 플레이어는 브라질, 스페인 등 전 세계 26개의 클럽 중 하나를 선택해 컴퓨터 혹은 다른 사람과 대결할 수 있다. 실제 축구와 유사한 규칙이 적용되며, 전반전과 후반전은 각각 2분으로 제한된다. 경기가 종료되면 승패와 함께 슈팅, 점유율, 누적 성적 등의 정보가 제시된다. 하이퍼 컵은 토너먼트 방식으로 진행된다. 플레이어는 26개의 클럽 중 하나를 선택하고 예선을 거쳐 본선에 진출하여 최종적으로 우승해야 한다.

평가 〈피파(FIFA)〉 시리즈와 함께 축구 게임의 대표작으로 꼽힌다. 매년 하반기에 새로운 시리즈가 출시된다. 2014년 게임스컴(Gamescom)에서 '최고의 스포츠 게임 상(Best Sports Game)'을 받았다.

- **핵심어** 축구
- **시리즈**

1995 〈J리그 실황 위닝 일레븐(Jリーグ 実況ウイニングイレブン)〉

1996 〈J리그 실황 위닝 일레븐 '97(Jリーグ 実況ウイニングイレブン '97)〉
　　　〈월드 사커 위닝 일레븐(Goal Storm)〉

1997 〈위닝 일레븐 97(Goal Storm 97)〉

1998 〈J리그 실황 위닝 일레븐 3(Jリーグ実況ウイニングイレブン 3)〉
　　　〈위닝 일레븐 3(International Superstar Soccer Pro '98)〉

1999 〈J리그 실황 위닝 일레븐 '98-'99(Jリーグ実況ウイニングイレブン '98-'99)〉
　　　〈위닝 일레븐 4(ISS Pro Evolution)〉

2000 〈J리그 실황 위닝 일레븐 2000(Jリーグ実況ウイニングイレブン 2000)〉

2001 〈월드 사커 위닝 일레븐 5(World Soccer Winning Eleven 5)〉
　　　〈J리그 위닝 일레븐 5(Jリーグウイニングイレブン 5)〉

2002 〈월드 사커 위닝 일레븐 2002(World Soccer Winning Eleven 2002)〉
　　　〈J리그 위닝 일레븐 6(Jリーグウイニングイレブン 6)〉

2003 〈월드 사커 위닝 일레븐 7 인터내셔널(World Soccer Winning Eleven 7 International)〉

2004 〈월드 사커 위닝 일레븐 8 인터내셔널(World Soccer Winning Eleven 8 International)〉
　　　〈J리그 위닝 일레븐 8 아시아 챔피언십(Jリーグウイニングイレブン 8 アジアチャンピオンシップ)〉

2005 〈월드 사커 위닝 일레븐 9(World Soccer Winning Eleven 9)〉
　　　〈J리그 위닝 일레븐 9 아시아 챔피언십(Jリーグウイニングイレブン 9 アジアチャンピオンシップ)〉

2006 〈월드 사커 위닝 일레븐 10(Winning Eleven : Pro Evolution Soccer 2007)〉
　　　〈J리그 위닝 일레븐 10+유럽 리그 '06-'07(Jリーグウイニングイレブン 10+欧州リーグ '06-'07)〉

2007 〈J리그 위닝 일레븐 2007 클럽 챔피언십(Jリーグウイニングイレブン 2007 クラブチャンピオンシップ)〉
　　　〈월드 사커 위닝 일레븐 2008(Pro Evolution Soccer 2008)〉

2008 〈J리그 위닝 일레븐 2008 클럽 챔피언십(Jリーグウイニングイレブン 2008 クラブチャンピオンシップ)〉
　　　〈월드 사커 위닝 일레븐 2009(Pro Evolution Soccer 2009)〉

2009 〈J리그 위닝 일레븐 2009 클럽 챔피언십(Jリーグウイニングイレブン 2009 クラブチャンピオンシップ)〉
　　　〈월드 사커 위닝 일레븐 2010(Pro Evolution Soccer 2010)〉

2010 〈J리그 위닝 일레븐 2010 클럽 챔피언십(Jリーグウイニングイレブン 2010 クラブチャンピオンシップ)〉
　　　〈월드 사커 위닝 일레븐 2011(Pro Evolution Soccer 2011)〉

2011 〈월드 사커 위닝 일레븐 2012(Pro Evolution Soccer 2012)〉

2012 〈월드 사커 위닝 일레븐 2013(Pro Evolution Soccer 2013)〉

2013 〈월드 사커 위닝 일레븐 2014(Pro Evolution Soccer 2014)〉

2014 〈월드 사커 위닝 일레븐 2015(Pro Evolution Soccer 2015)〉

2015 〈월드 사커 위닝 일레븐 2016(Pro Evolution Soccer 2016)〉

■ **참고 자료** Roger Pedersen, *Game Design : Foundations, 2nd Edition*, Jones & Bartlett Learning, 2009. | Tony Mott, *1001 Video Games : You Must Play Before You Die*, Universe, 2010.

창세기전 The War of Genesis

출시연도 1995년
개발사 소프트맥스(SOFTMAX)
장르 역할수행 게임
플랫폼 PC

스토리 태초의 혼돈 속에, 빛을 창조한 12인의 주신과 어둠을 창조한 13인의 암흑신은 안타리아 대륙에 인간을 창조한다. 그러던 중 주신과 암흑신 사이에 전쟁이 발발하고 잠들어 있던 파괴신을 깨운다. 파괴신의 무차별적인 파괴가 계속되자 신들은 전쟁을 멈추고 세상 어딘가에 자신들을 봉인한 채 사라진다. 살아남은 인간들은 암흑신을 믿는 다크 아머와 주신을 믿는 실버 애로우로 세력이 나뉘어 반목한다.

플레이 플레이어는 여러 명의 캐릭터 중 한 명을 선택하여 스토리에 따라 퀘스트 및 전투를 수행해야 한다. 선택한 캐릭터에 따라 사용되는 무기와 필살기가 달라지며, 게임 진행 순서에 따라 각기 다른 세부 시나리오가 제공된다. 플레이어는 무기의 특성과 직업, 유닛 간의 지원 효과를 조합하여 전투를 진행해야 한다. 맵은 색깔로 구역이 구분되어 있으며, 플레이어가 이동 가능한 곳이나 전투가 진행되는 곳을 확인할 수 있다.

평가 〈창세기전〉은 턴제 시뮬레이션과 역할수행 게임의 요소를 적절하게 조합하여 음모의 베라모드, 살라딘, 루시퍼 등 잊지 못할 캐릭터를 형상화한 한국 게임의 명작이다. 〈창세기전 3〉으로까지 이어지면서 게임을 출시할 때마다 10만 장 이상의 판매고를 올리는 시리즈가 됐다.

■ **핵심어** 한국 게임, 턴제 시뮬레이션, 소프트맥스
■ **시리즈**
1995 〈창세기전 (The War of Genesis)〉
1996 〈창세기전 2(The War of Genesis Ⅱ)〉
1998 〈창세기전 외전 : 서풍의 광시곡(The War of Genesis : The Rhapsody of Zephyr)〉

■ **참고 자료** 윤형섭 외, 『한국 게임의 역사』, 북코리아, 2012. | 이정엽, 『디지털 게임의 절차적 서사와 게임하기 과정 연구』, 서울대학교 대학원 국어국문학과 박사논문, 2014. | 조윤경, 『새로운 문화 새로운 상상력』, 이화여자대학교 출판부, 2006.

커맨드 앤 컨커 Command & Conquer

| **출시연도** 1995년
| **개발사** 웨스트우드 스튜디오(Westwood Studios)
| **장르** 실시간 전략 게임
| **플랫폼** PC

스토리 가까운 미래, 지구는 타이베리움이라는 알 수 없는 자원에 오염된다. 국제 연합 안정보장이사회는 지구 방위 기구를 설립하여 타이베리움 확산을 방지하기 위해 노력한다. 한편 노드 형제단으로 알려진 비밀 단체는 타이베리움의 가치를 알아차리고 이를 이용해 세계 정복을 노린다. 곧 전 세계에 무차별적인 공격이 이뤄지고 이와 같은 테러에 반발한 지구 방위 기구와 노드 형제단 간의 대립이 시작된다.

플레이 플레이어는 지구 방위 기구와 노드 형제단 중 하나의 진영을 선택해 전투에서 승리해야 한다. 플레이어는 자신이 선택한 진영에 따라 유닛의 힘이나 속도 등 유닛 간의 상성에 맞춰 다른 전략을 구상하는 것이 가능하다. 지구 방위 기구는 이동 속도가 느리고 체력이 강한 유닛을 중심으로 구성되어 있으며 유닛별 생산비가 높기 때문에 자원을 확보하는 것이 중요하다. 노드 형제단의 경우 이동 속도가 빠르고 체력이 약한 유닛을 중심으로 상대적으로 많은 유닛을 보유하는 것이 중요하다. 구축한 건물을 자금으로 전환하는 등 건물 및 유닛 등 생산 활동을 전반적으로 관리해야 한다.

평가 〈커맨드 앤 컨커〉 시리즈는 세부적으로 설정이 다르다는 점이 특징이다. 이는 공상 과학 기반의 '타이베리안 시리즈', 대체 역사를 배경으로 한 '레드 얼럿 시리즈', 근미래를 바탕으로 한 '제너럴 시리즈'로 나뉜다.

- **핵심어** 진영, 유닛, 상성, 공상 과학, 대체 역사, 근미래
- **시리즈**

  1995 〈커맨드 앤 컨커 : 타이베리안 던(Command and Conquer : Tiberian Dawn)〉

  1996 〈커맨드 앤 컨커 : 레드 얼럿(Command and Conquer : Red Alert)〉

  1999 〈커맨드 앤 컨커 : 타이베리안 선(Command and Conquer : Tiberian Sun)〉

  2000 〈커맨드 앤 컨커 : 레드 얼럿 2(Command and Conquer : Red Alert 2)〉

  2003 〈커맨드 앤 컨커 : 제너럴(Command and Conquer : Generals)〉

  2007 〈커맨드 앤 컨커 3 : 타이베리움 워(Command and Conquer 3 : Tiberium Wars)〉

  2008 〈커맨드 앤 컨커 : 레드 얼럿 3(Command and Conquer : Red Alert 3)〉

  2010 〈커맨드 앤 컨커 4 : 트와일라잇(Command and Conquer 4 : Tiberian Twilight)〉

  2012 〈커맨드 앤 컨커 : 타이베리움 얼라이언스(Command and Conquer : Tiberium Alliance)〉

- **참고 자료** Austin Grossman, *Postmortems from Game Developer : Insights from the Developers of Unreal Tournament, Black and White, Age of Empires, and Other Top-Selling Games*, Focal Press, 2003. | Michael Moore, *Basics of Game Design*, CRC Press, 2011. | Todd Barron, *Strategy Game Programming with DirectX 9.0*, Wordware Publishing, 2003.

크로노 트리거 Chrono Trigger / クロノ・トリガー

| 출시연도 1995년
| 개발사 스퀘어(Square)
| 장르 역할수행 게임
| 플랫폼 슈퍼 패미콤

스토리 가르디아 왕국의 서기 1000년 기념 축제에 참가한 크로노는 신분을 숨긴 채 축제에 온 공주 마르의 펜던트를 찾아주며 그녀와 친해진다. 이후 친구 루카가 공간 이동기를 선보이는 자리에서 마르의 펜던트가 오작동을 일으키고, 크로노, 루카, 마르는 차원의 틈으로 빨려 들어간다. 시간여행 중 서기 2400년에 왕국이 멸망한다는 사실을 알게 된 크로노는, 그 원인이 1999년에 등장한 악마 라보스 때문이라는 사실을 밝혀내고 라보스를 처치하는 모험에 나선다.

플레이 플레이어는 시간을 넘나들며 탐험과 전투를 진행한다. 과거에서 미래로 시간을 넘나드는 과정에서 이벤트가 발생하고 이에 따라 다양한 멀티 엔딩이 발생한다. 플레이어는 메인 캐릭터 크로노와 2명의 보조 캐릭터를 선택해 조작할 수 있다. 단, 필수 등장인물이 존재하는 에피소드의 경우에는 캐릭터 교체가 불

가능하다.

플레이어가 적을 공격하거나 매복해 있던 적에게 습격을 받으면 화면이 전투 모드로 전환된다. 전투 모드는 공격 기술을 선택하는 동안 적이 기다려주는 웨이트 모드와 기다리지 않고 공격하는 액티브 모드가 있으며 턴제 방식으로 진행된다. 사용 가능한 기술로는 마법 공격, 물리 공격, 강력한 대미지를 지닌 '테크'가 있으며 3명의 캐릭터 간 시너지로 발생하는 연계기가 특징이다.

평가 게임 〈드래곤 퀘스트〉의 프로듀서 호리이 유지(堀井雄二)가 시나리오를, 만화 『드래곤볼』의 작가 토리야마 아키라(鳥山明)가 작화를, 게임 〈파이널 판타지〉의 프로듀서 사카구치 히로노부(坂口博信)가 프로듀싱을 맡았다. 2008년 잡지 《게임프로(GamePro)》에서 그래픽, 음향, 컨트롤, 재미 부문 5점 만점에 5점을 받았다. 1995년 잡지 《일렉트로닉 게이밍 먼슬리(Electronic Gaming Monthly's)》는 '최고의 역할수행 게임(The Best RPG)'으로 〈크로노 트리거〉를 선정했다.

- **핵심어** 호리이 유지, 토리야마 아키라, 사카구치 히로노부, 멀티 엔딩
- **시리즈**
  1995 〈크로노 트리거(Chrono Trigger / クロノ・トリガー)〉
  2000 〈크로노 크로스(Chrono Cross / クロノ・クロス)〉
- **참고 자료** Gail Tilden, *Chrono Trigger Nintendo Player's Strategy Guide*, Nintendo of America Inc., 1995. | Tony Mott, *1001 Video Games : You Must Play Before You Die*, Universe, 2010. | Gameranking, "Chrono Trigger Ranking", www.gamerankings.com/snes/563538-chrono-trigger/index.html | IGN, "Chrono Trigger Review", www.ign.com/articles/2011/05/25/chrono-trigger-review

테일즈 오브 판타지아

Tales of Phantasia / テイルズ オブ ファンタジア

| 출시연도 1995년
| 개발사 남코(Namco)
| 장르 액션 역할수행 게임
| 플랫폼 슈퍼 패미콤

스토리 크레스는 자신의 부모를 죽이고 마을을 엉망으로 만든 다오스에게 원한을 가지고 있지만, 다오스가 너무 강력해 복수하지 못한다. 크레스는 시간여행

을 통해 과거, 현재, 미래를 넘나들며 동료들을 만나고 다오스를 이기기 위한 방법을 찾는다. 해답을 찾은 크레스와 동료들은 다시 미래의 세계로 이동해 다오스를 무찌른다.

플레이 플레이어가 최종 보스인 다오스를 이기는 것이 게임의 목표이다. 스토리를 따라 만나는 동료 캐릭터들과 팀을 이뤄 적을 함께 공격할 수 있다. 플레이어는 검술, 격투술 등의 특기와 화속성, 수속성 등의 마법 공격을 배워 적을 물리친다. 플레이어와 동료 캐릭터는 최종적으로 다오스를 죽이고 마지막 시간여행을 통해 다시 흩어지게 된다.

평가 〈테일즈 오브〉 시리즈는 각 시리즈물이 하나의 세계관 안에서 서로 다른 스토리를 진행함으로써 세계관을 점차 확장시킨다는 점에서 의의가 있다. 동명의 애니메이션이 발매됐다.

- **핵심어** 세계관, 시간여행, 애니메이션
- **시리즈**
  1995 〈테일즈 오브 판타지아(Tales of Phantasia)〉
  1997 〈테일즈 오브 데스티니(Tales of Destiny)〉
  2000 〈테일즈 오브 이터니아(Tales of Eternia)〉
  2002 〈테일즈 오브 데스티니 2(Tales of Destiny 2)〉
  2003 〈테일즈 오브 심포니아(Tales of Symphonia)〉
  2004 〈테일즈 오브 리버스(Tales of Rebirth)〉
  2005 〈테일즈 오브 레젠디아(Tales of Legendia)〉
  　　 〈테일즈 오브 디 어비스(Tales of the Abyss)〉
  2007 〈테일즈 오브 이노센스(Tales of Innocence)〉
  2008 〈테일즈 오브 베스페리아(Tales of Vesperia)〉
  　　 〈테일즈 오브 하츠(Tales of Hearts)〉
  2009 〈테일즈 오브 그레이스(Tales of Graces)〉
  2011 〈테일즈 오브 엑실리아(Tales of Xillia)〉
  2012 〈테일즈 오브 엑실리아 2(Tales of Xillia 2)〉
  2015 〈테일즈 오브 제스티리아(Tales of Zestiria)〉
- **참고 자료** P. L. Patrick Rau, *Cross-Cultural Design : 6th International Conference, CCD 2014, Held as Part of HCI International 2014, Heraklion, Crete, Greece, June 22-27, 2014, Proceedings*, Springer, 2014.

히어로즈 오브 마이트 앤 매직
Heroes of Might and Magic : A Strategic Quest

출시연도 1995년
개발사 뉴 월드 컴퓨팅(New World Computing)
장르 턴제 전략 게임
플랫폼 PC

스토리 모글린 아이언피스트는 왕실의 경비대장이다. 모글린은 왕을 시해하려 한다는 모함을 받아 죽을 위기에 처한다. 적들에게 쫓기던 모글린은 엔로스라는 다른 차원의 대륙으로 들어가게 된다. 수완이 좋고 뛰어난 군사적 재능을 지닌 모글린은 엔로스에서 새로운 세력을 규합하여 분열된 엔로스 대륙의 통일을 시도한다.

플레이 플레이어가 군대를 이끌고 적진의 성을 함락하여 영웅을 처치하면 전투에서 승리한다. 캠페인 모드에서는 자원을 일정량 모으는 등의 목표를 완수하면 승리할 수 있다. 플레이어는 나이트, 바바리안, 소서리스, 워록 중에서 하나의 진영을 선택하여 게임을 한다. 진영의 총사령관인 플레이어는 병참기지인 마을을 운영하며, 탐험하거나 다른 진영의 자원 생산지를 점령함으로써 건물 건설과 군대 생성을 위한 자원을 획득한다. 플레이어가 고용한 영웅은 군대의 지휘관 역할을 수행한다. 영웅의 능력치는 전투를 통한 경험치 획득, 탐험을 통한 아이템의 획득 등을 통해 향상된다. 턴제로 진행되며 플레이어는 육각형의 격자에 자신의 군대를 배치할 수 있다.

평가 1986년부터 뉴 월드 컴퓨팅에서 제작한 역할수행 게임 〈마이트 앤 매직(Might and Magic)〉 시리즈와 세계관을 공유한다. 〈문명(Civilization)〉에서 사용되기는 했지만 당시 대중에게 생소했던 턴제 방식의 전투가 주요 규칙으로 사용됐다. 이 게임이 성공한 뒤로 〈삼국지(Romance of the Three Kingdoms)〉 시리즈와 같은 전략 시뮬레이션 게임 장르에서 턴제 방식의 전투가 일반적으로 사용되기 시작했다.

- **핵심어** 턴제, 육각타일 전투, 캠페인 모드
- **시리즈**
  1995 〈히어로즈 오브 마이트 앤 매직(Heroes of Might and Magic : A Strategic Quest)〉
  1996 〈히어로즈 오브 마이트 앤 매직 II(Heroes of Might and Magic II : The Succession Wars)〉

1999 〈히어로즈 오브 마이트 앤 매직 III(Heroes of Might and Magic III : The Restoration of Erathia)〉
2002 〈히어로즈 오브 마이트 앤 매직 IV(Heroes of Might and Magic IV)〉
2006 〈히어로즈 오브 마이트 앤 매직 V(Heroes of Might and Magic V)〉
2011 〈마이트 앤 매직 히어로즈 VI(Might and Magic Heroes VI)〉

■ 참고 자료 Matt Barton, *Dungeons and Desktops : The History of Computer Role-Playing Games*, CRC Press, 2008.

다마고치 Tamagotchi / たまごっち

출시연도 1996년
개발사 반다이(Bandai)
장르 육성 시뮬레이션 게임
플랫폼 다마고치 콘솔

플레이 게임의 목표는 가상의 애완동물인 다마고치를 키우는 것이다. 다마고치는 처음에 알로 태어나 부화하게 된다. 다마고치의 나이와 몸무게, 질병 감염 여부, 배고픔, 행복감 등의 지수가 제시되며, 플레이어는 이를 고려해 먹이 주기나 놀아 주기, 배설물 치우기 등의 행위를 통해 다마고치를 관리 및 육성한다. 다마고치는 배고픔이나 행복감 등의 지수가 충족될 때 성장하며 플레이어의 육성 방식에 따라 타라코치, 마메코치 등 다양한 형태로 진화한다. 일정 나이가 되면 교육이나 교제, 대화 등 다마고치의 활동의 추가된다. 다른 플레이어와의 기기 결합이나 적외선 통신을 이용해 다마고치 간 짝짓기를 할 수 있으며 성공할 경우 새로운 알을 부여받는다.

평가 전자 애완동물 육성 시뮬레이션 게임으로 친근한 디자인과 단순한 조작법이 특징이다. 2015년 기준 전 세계적으로 약 8,000만 대가 판매됐다.

■ 핵심어 애완동물, 아바타, 휴대용 게임기
■ 시리즈
1996 〈다마고치(Tamagotchi)〉
1997 〈다마고치 엔젤(Tamagotchi Angel)〉
1998 〈다마고치 가든(Tamagotchi Garden)〉
　　　〈다마고치 오션(Tamagotchi Ocean)〉
2004 〈다마고치 커넥션(Tamagotchi Connection)〉
2008 〈다마고치 플러스 컬러(Tamagotchi Plus Color)〉
2009 〈다마고치 아이디(Tamagotchi iD)〉
2010 〈타마타운 바이 다마고치(TamaTown by Tamagotchi)〉

2012 〈다마고치 피에스(Tamagotchi P's)〉

2013 〈다마고치 프렌즈(Tamagotchi Friends)〉

2014 〈다마고치 포유(Tamagotchi 4U)〉

■ **참고 자료** 오철훈, 윤대영, 「캐릭터육성게임기 타마고치의 진화과정과 의미」, 『한국디자인포럼』, vol.22, no.0, 한국디자인트렌드학회, 2009. | Paola Antonelli, *Talk to Me*, The Museum of Modern Art, 2011. | Shirley R. Steinberg, Priya Parmar, Birgit Richard, *Contemporary Youth Culture*, Greenwood Publishing Group, 2005.

데드 오어 얼라이브 Dead or Alive

출시연도 1996년

개발사 테크모(Tecmo)

장르 대전 격투 게임

플랫폼 아케이드

스토리 전 세계 최고의 무술인을 가리는 대회인 '데드 오어 얼라이브 토너먼트(DOATEC)'가 열린다. 잭, 카스미 등의 참가자는 상금 획득, 오빠의 원수 갚기 등 서로 다른 목적으로 토너먼트에 참가해 무술을 겨룬다.

플레이 플레이어는 캐릭터 중 하나를 선택해 발차기, 펀치, 던지기 등의 기술을 사용해 상대 캐릭터를 공격해야 한다. 공격 방식은 잡기, 홀드, 타격의 3가지로 나뉘며 가위바위보와 같이 공격 종류가 서로 상성을 가진다. 홀드 공격은 타격에 대한 반격기이며 오펜시브 홀드와 디펜시브 홀드로 나뉜다. 오펜시브 홀드는 상단과 하단 반격을 가리키며, 디펜시브 홀드는 상단 타격, 중단 펀치, 중단 킥, 하단 타격에 대한 반격을 가리킨다. 〈데드 오어 얼라이브 2〉부터는 연속 공격을 위한 위치 전환, 상대방과의 동시 공격 플레이가 가능해졌다.

평가 〈철권(Tekken)〉과 〈스트리트 파이터(Street Fighter)〉 등 기존의 대전 격투 게임에서 캐릭터가 주로 남성으로 구성되었던 반면, 이 게임은 여성 캐릭터가 상당수 등장한다는 점에서 주목을 받았다.

■ **핵심어** 대전, 상성, 오펜시브 홀드, 디펜시브 홀드

■ **시리즈**

1996 〈데드 오어 얼라이브(Dead or Alive)〉

1999 〈데드 오어 얼라이브 2(Dead or Alive 2)〉

2002 〈데드 오어 얼라이브 3(Dead or Alive 3)〉

2005 〈데드 오어 얼라이브 4(Dead or Alive 4)〉
2012 〈데드 오어 얼라이브 5(Dead or Alive 5)〉

■ **참고 자료** Brian Johnson, Duncan Mackenzie, *Xbox 360 For Dummies*, John Wiley & Sons, 2006. | Matt Fox, *The Video Games Guide : 1,000+ Arcade, Console and Computer Games, 1962-2012*, McFarland, 2013.

디아블로 Diablo

| **출시연도** 1996년
| **개발사** 블리자드 노스(Blizzard North)
| **장르** 액션 역할수행 게임
| **플랫폼** PC

스토리 메피스토, 바알과 함께 지옥의 대악마 중 하나인 디아블로는 수천 년 전 영혼석에 감금된다. 디아블로를 감금한 수도원 주변에는 트리스트럼이라는 마을이 생기고 레오릭이 왕위에 오른다. 레오릭은 편집증과 광기를 다스리지 못하고 아들 아이단과 라크나단 대장을 보내 주변 국가를 침략한다. 침략 이후 레오릭의 막내아들 알브레히트가 실종되지만, 레오릭의 광기는 더욱 심해져 트리스트럼 백성들을 살해하는 지경에 이른다. 결국 전쟁에서 돌아온 라크나단은 레오릭을 죽이고, 아이단은 알브레히트를 구하기 위해 수도원 지하로 들어간다. 아이단은 디아블로의 영혼을 감금한 영혼석을 자신의 이마에 박아 넣는다.

플레이 플레이어의 목표는 최종 보스몹인 디아블로를 제거하는 것이다. 플레이어는 전사, 로그, 마법사 등의 직업군을 선택해 게임을 진행한다. 플레이어는 총 16개의 퀘스트를 수행하며 퀘스트는 플레이 방식에 따라 랜덤한 순서로 주어진다. 대주교 라자루스와 대악마 디아블로를 제거하는 퀘스트는 조건 없이 부여된다. 게임은 던전에서 몬스터를 무찌르고 돈과 아이템을 모으는 핵 앤드 슬래시(hack and slash) 방식으로 진행된다.

아이템은 '마법 아이템 발견 확률' 또는 '매직 찬스' 등의 아이템 확률에 따라 획득하게 된다. 아이템은 종류와 품질에 관계없이 무작위로 주어지고 플레이어는 장비 장착, 희귀몹 처치, 보스몹 처치 등을 통해 아이템 확률을 높일 수 있다. 하나의 던전에서는 동일한 아이템이 나오지 않는다.

【직업】 확장팩 및 시리즈를 통해 서사가 확장됨에 따라 각 직업군이 다음과 같이 세분화됐다.

〈디아블로〉 시리즈의 직업 분류		
시리즈	직업	설명
〈디아블로〉	전사 (warrior)	칸두라스의 전사로 병사, 용병, 모험가 등의 역할을 함.
	로그 (rogue)	'보이지 않는 눈의 자매단'의 궁수로, 뛰어난 활쏘기 실력을 소유함.
	마술사 (sorcerer)	비제레이의 수련생으로 악마를 없애는 마법을 소유함.
〈디아블로 2〉	아마존 (amazon)	정글에서 자란 여전사로 활, 재벌린, 창 등을 사용함.
	바바리안 (babarian)	야생에서 자란 호전적 전사로 육탄전에 유리함.
	네크로맨서 (necromancer)	라스마의 사제로 악을 파괴하는 마법을 소유함.
	성기사 (paladin)	서부원정지의 기사로 강력한 방어력을 소유함.
	마술사 (sorceress)	잔 에수의 마술사로 순수한 정령마법을 사용함.
〈디아블로 2 : 파괴의 군주〉	어새신 (assassin)	비쟈크타르의 암살자로 자연의 마법을 사용함.
	드루이드 (druid)	스코스글랜의 은둔자로 자연 마법과 변형 마법을 사용함.
〈디아블로 3〉	야만용사 (babarian)	아리앗 산을 지키던 부족 출신으로 건장하고 육중한 장비를 소유함.
	마법사 (wizard)	시안사이 출신으로 원거리 마법 기술을 사용함.
	악마 사냥꾼 (demon hunter)	서부 원정지 출신으로 활과 덫을 사용함.
	수도사 (monk)	베라다니 수도원의 수도사로 주먹이나 발을 사용함.
	부두술사 (witch doctor)	밀림 출신의 심령 전사로 혼령, 죽은 생물 소환술을 사용함.
〈디아블로 3 : 영혼을 거두는 자〉	성전사 (crusader)	동방 늪지의 전사로 육중한 무기와 주문을 사용함.

【난이도】 〈디아블로 2〉부터 게임 플레이에 난이도가 적용됐다. 플레이어는 낮은 난이도에서 순차적으로 아이템을 획득해야만 높은 난이도의 플레이를 진행할 수 있기 때문에, 난이도 분할은 플레이어가 동일한 콘텐츠를 반복하고 지속적인 플레이를 하도록 유도한다. 〈디아블로 2〉는 일반, 나이트메어, 헬의 3개 난이도로 나뉘며 〈디아블로 3〉은 일반, 악몽, 지옥, 불지옥의 4개 난이도로 나뉜다.

평가 〈디아블로〉는 역할놀이나 스토리보다 정교한 컨트롤로 눈앞의 적을 쓰러뜨리는 행위, 즉 전투 액션을 강조하는 핵 앤드 슬래시 방식의 대표적인 게임이다. 체력치를 나타내는 빨간 구슬과 마나를 나타내는 파란 구슬의 사용자 인터페이스는 이후 출시된 역할수행 게임의 표본이 됐다.

〈디아블로〉는 1998년 소프트웨어 배포사 연합(Software Publishers Association)에서 '1998 올해 최고의 역할수행 게임(1998 Best Role-Playing Game)'으로 선정됐다. 〈디아블로 2〉는 미국 잡지 《게임프로(GamePro)》에서 '편집자가 선정한 최고의 게임 상(Editor's Choice Awards)'을 받았으며 〈디아블로 3〉은 2012년 게임 개발자 컨퍼런스 온라인(Game Developers Conference Online, GDC Online)에서 '온라인 게임 최고의 오디오 상(Best Audio for an Online Game)'을 받았다.

〈디아블로 3〉은 물리 엔진을 적용해 플레이어에게 높은 타격감을 제공했으며, 몬스터 및 캐릭터 등에 랙돌(Ragdoll) 기술을 도입해 사실감 있는 움직임을 구현했다.

- **핵심어** 다크 판타지, 쿼터뷰, 물리 엔진, 타격감
- **시리즈**
  1996 〈디아블로(Diablo)〉
  1997 〈디아블로 : 헬파이어(Diablo : Hellfire)〉
  2000 〈디아블로 2(Diablo Ⅱ)〉
  2001 〈디아블로 2 : 파괴의 군주(Diablo Ⅱ : Lord of Destruction)〉
  2012 〈디아블로 3(Diablo Ⅲ)〉
  2014 〈디아블로 3 : 영혼을 거두는 자(Diablo Ⅲ : Reaper of Souls)〉
- **참고 자료** Erik Bethke, *Game Development and Production*, Wordware Publishing, 2003. | Steve Bowden, *100 Computer Games to Play Before You Die*, John Blake, 2011.

메탈슬러그 Metal Slug / メタルスラッグ

| 출시연도 1996년
| 개발사 나즈카(Nazka)
| 장르 슈팅 게임
| 플랫폼 아케이드

스토리 20XX년 지구, 세계를 지배하려는 야심가 도널드 모덴이 쿠데타를 일으킨다. 반군에게 습격당한 세계 주요 도시는 쑥대밭이 되고, 퇴각한 정규군은 공장을 비밀 기지로 삼고 흩어진 세력을 모은다. 이 사실을 알게 된 반군은 공장

을 덮쳐 만능 전차 메탈슬러그를 빼앗아간다. 정규군은 소수 인원으로 적의 거점을 공격하고 인질을 구출해야 한다. 메탈슬러그를 되찾고 반군을 제압하기 위해 마르코 로시와 타마 로빙이 출격한다.

플레이 원거리 화기로 적을 공격하는 횡스크롤 방식의 액션 게임이다. 플레이어는 선택한 캐릭터로 무기를 확보해 최종 스테이지를 끝내는 것을 목표로 게임을 진행한다. 최대 2인까지 동시에 플레이할 수 있고 슬러그를 타면 이동 속도가 빨라진다. 엔피시(NPC)를 구출하거나 정해진 사물을 파괴하면 보상으로 무기와 탄환을 받는다. 사용하는 무기와 공격 거리에 따라 점수가 차등 부여된다.

평가 캐릭터와 탈것의 자연스러운 움직임을 표현하기 위해 개체당 최소 600장 이상의 이미지가 사용됐다. 2008년에 게임 비평 사이트 아이지앤(IGN)은 〈메탈슬러그〉를 '최고의 네오지오(Neo-Geo) 게임'으로 선정했다. 2편부터는 에스엔케이(SNK)에서 개발했다.

- **핵심어** 횡스크롤, 네오지오
- **시리즈**
  1996 〈메탈슬러그(Metal Slug)〉
  1998 〈메탈슬러그 2(Metal Slug 2)〉
  1999 〈메탈슬러그 X(Metal Slug X)〉
  2000 〈메탈슬러그 3(Metal Slug 3)〉
  2002 〈메탈슬러그 4(Metal Slug 4)〉
  2003 〈메탈슬러그 5(Metal Slug 5)〉
  2006 〈메탈슬러그 6(Metal Slug 6)〉
  2008 〈메탈슬러그 7(Metal Slug 7)〉
  2009 〈메탈슬러그 XX(Metal Slug XX)〉
- **참고 자료** Matt Fox, *The Video Games Guide : 1,000+ Arcade, Console and Computer Games, 1962-2012*, McFarland, 2013. | Tony Mott, *1001 Video Games : You Must Play Before You Die*, Universe, 2010.

바람의 나라

출시연도 1996년
개발사 넥슨(Nexon)
장르 다중접속온라인 역할수행 게임
플랫폼 PC

스토리 고구려의 제3대왕 무휼은 위대한 영웅이다. 무휼은 신수를 물리치고 적군을 격퇴해 바다 건너 대륙까지 고구려의 이름을 떨쳤다. 왕의 위대함을 칭송하는 말로 왁자한 대장간에서, 주인공은 처음 만난 수병과 대화를 하다가 자신의 미래에 대한 예언을 듣는다. 주인공은 선택받은 존재이며 조만간 위대한 여정에 오를 운명이라는 것이다. 주인공은 반신반의하지만 연이은 사건과 만남을 통해 예언이 사실임을 알게 된다. 새로운 전설의 시작이 주인공의 손에 달려있다.

플레이 플레이어의 목표는 고구려와 부여 중 한 국가를 선택해 캐릭터를 생성하고 성장시키는 것이다. 599레벨까지 성장 가능하고 사망 시 성황당으로 이동되며 엔피시(NPC)의 도움을 받아 부활할 수 있다. 5레벨이 되면 전사, 도적, 주술사, 도사, 궁사, 천인의 6개 직업 중 하나를 고르게 된다. 레벨이 99 이상이 되면 직업별 승급 퀘스트를 통해 새로운 칭호와 스킬을 습득할 수 있다. 이 경우 일정 체력치와 마법력이 요구된다. 성내 기술자로부터 생산 기술을 학습하거나 땅을 구매해 집을 짓고 꾸밀 수 있다. 스토리 모드인 '바람 연대기'를 플레이할 경우 플레이어 캐릭터가 과거 시점의 해모수나 주몽이 되어 퀘스트를 수행한다.

【환수】 플레이어는 동물형 펫의 일종인 '환수'를 소환해 성장시킬 수 있다. 환수는 6가지 계열이 존재하며 둘 이상 보유할 수 있다. 환수를 얻기 위해서는 유료 아이템을 구매하거나 지정된 아이템을 조합해 '알'을 획득해야 한다. 알은 12시간 후 자동으로 부화하고 계열에 따라 5등급부터 8등급까지 진화 가능하다. 진화 시 플레이어의 레벨과 능력치, 환수의 레벨과 능력치가 최저 기준을 충족해야 하고, 환수에 따라 다른 퀘스트를 수행해야 한다. 진화한 환수는 플레이어의 전투를 보조하거나 플레이어 대신 전투한다. 8등급 이상의 환수 5종은 '신수'로 통칭한다. 주작, 청룡, 백호, 환령백호, 현무가 이에 해당한다.

【문파와 공성전】 99레벨 이상의 플레이어는 길드에 해당하는 문파를 만들어 공성전에 참가할 수 있다. 문파를 만든 플레이어를 문주, 문파에 가입한 플레이어를 문원이라 한다. 56레벨 이상이 되면 문원이 될 수 있고 단일 문파는 최대 500명의 문원을 보유할 수 있다. 둘 이상의 문파를 창설하거나 여러 문파에 동시에 소속될 수 없다. 문주는 문파 간 전쟁을 선포하거나 종전을 신청할 수 있으며, 특정 문원을 문파에서 강제로 탈퇴시킬 수 있다. 두 문파가 합의한 경우 동맹이 체결되고 공성전의 결과에 따른 보상을 공유한다.

〈바람의 나라〉에는 신수의 이름을 딴 4개의 성이 존재하고, 공성전에서 승리한 문파가 성을 차지한다. 매주 정해진 요일과 시간마다 이루어지는 공성전에서 문파들은 수성측과 공성측으로 나뉘어 대립한다. 양측은 수색병과 침투병을 고용해 성을 지키거나 성 안으로 침입할 수 있다. 공성측이 제한 시간 내에 특명을 성공적으로 수행하는 경우 공성 점수를 가장 많이 획득한 문파가 성을 차지하고 일주일간 점거한다. 공성측이 수행해야 하는 특명으로는 성문 파괴, 봉인석 파괴, 신물 봉헌이 있다. 성을 차지한 문파는 가상 통화, 아이템 등의 보상을 획득하고 성내 시설을 이용할 수 있다.

평가 〈바람의 나라〉는 텍스트 기반의 온라인 게임인 머드(MUD)에 그래픽을 결합한 국내 최초의 머그(MUG) 게임으로 1996년 4월 정식 서비스를 시작했다. 만화가 김진이 그린 『바람의 나라』를 바탕으로 한국의 건국 신화 및 설화, 민담의 인지명과 동물 등을 차용했다. 현실의 변화와 유행을 실시간으로 반영하는 라이브 서비스를 통해 맵과 아이템을 지속적으로 갱신했다. 1996년 4월 한국 온라인 게임 최초로 유료화를 시도했고 2005년 8월 부분 유료화로 전환했다.

2010년 9월 '세계 최장수 상용화 그래픽 다중접속온라인 역할수행 게임(The Longest-Running Commercial Graphical MMORPG)'으로 세계 기네스북에 등재됐다. 이듬해인 2011년 7월 누적 가입자 수 1,800만 명을 기록했다. 2014년 5월 과거의 기록을 보존하기 위해 최초 상용화 시점으로 복원된 프로그램 파일이 넥슨 개발자 컨퍼런스(Nexon Developers Conference, NDC)에서 공개됐다.

- **핵심어** 머그, 문파, 공성전, 환수
- **참고 자료** 두보CMC, 몬스터플래닛, 『바람의 나라 공식 가이드북 : 종합편』, 넥슨, 2012. | 전경란, 『디지털 게임의 미학 : 온라인 게임 스토리텔링』, 살림, 2005. | 한국게임산업개발원, 『2004 대한민국 게임백서』, 문화관광부 한국게임산업개발원, 2004.

바이오하자드 Biohazard / バイオハザード

출시연도 1996년
개발사 캡콤(Capcom)
장르 액션 어드벤처 공포 게임
플랫폼 플레이스테이션

스토리 미국의 제약회사 엄브렐라 코퍼레이션에서 바이러스 유출 사고가 발생한다. 유출된 바이러스는 생명체를 좀비로 만들어 사람을 공격하게 한다. 바이러스가 확산되어 실종, 사망 사고가 급증하자 원인을 규명하기 위해 정부는 엄브렐라 코퍼레이션으로 특수부대를 파견한다.

먼저 도착한 브라보 팀의 연락이 두절된 가운데 뒤이어 도착한 알파 팀도 의문의 습격을 받는다. 생존자는 단 4명, 살아남아 진실을 전달하기 위해서는 엄브렐라 코퍼레이션을 탈출해야 한다.

플레이 플레이어는 좀비의 습격을 피해 퍼즐을 풀고 폐쇄된 공간을 탈출해야 한다. 권총과 산탄총, 유탄발사기, 칼 등의 무기를 사용하여 좀비를 공격할 수 있다. 플레이 중 동료 캐릭터를 만나 대화하면 보상으로 아이템이나 문제 해결의 실마리를 얻을 수 있다.

평가 폐쇄된 공간에서 좀비와 사투를 벌이는 공포 생존 게임의 효시가 됐다. 끊임없이 출현하는 좀비들의 시각적, 원초적 공포와 수많은 메모, 신문, 일기, 사건 파일 등의 서사적 추리가 잘 융합된 명작이다. 3인칭 카메라 시점과 단서 수집을 통한 폐쇄 공간 탈출이라는 소재 면에서 〈어둠속에 나홀로(Alone in the Dark)〉의 영향을 받았다. 북미에서는 〈레지던트 이블(Resident Evil)〉이라는 이름으로 출시되었으며 동명의 영화가 시리즈로 제작됐다.

- **핵심어** 레지던트 이블, 좀비, 탈출, 바이러스
- **시리즈**
  1996 〈바이오하자드(Biohazard)〉
  1998 〈바이오하자드 2(Biohazard 2)〉
  1999 〈바이오하자드 3 : 라스트 이스케이프(Biohazard 3 : Last Escape)〉
  2000 〈바이오하자드 코드 : 베로니카(Biohazard Code : Veronica)〉
  2002 〈바이오하자드 0(Biohazard 0)〉
  2005 〈바이오하자드 4(Biohazard 4)〉
  2009 〈바이오하자드 5(Biohazard 5)〉
  2012 〈바이오하자드 : 레벌레이션스(Biohazard : Revelations)〉
       〈바이오하자드 6(Biohazard 6)〉
  2015 〈바이오하자드 : 레벌레이션스 2(Biohazard Revelations 2)〉

- **참고 자료** Bernard Perron, *Horror Video Games : Essays on the Fusion of Fear and Play*, McFarland, 2009. | Geoff King, Tanya Krzywinska, *Screenplay : Cinema/Videogames/Interfaces*, Wallflower Press, 2002.

블러드 오멘 : 레거시 오브 케인

Blood Omen : Legacy Of Kain

| 출시연도 1996년
| 개발사 실리콘 나이츠(Silicon Knights)
| 장르 액션 어드벤처 게임
| 플랫폼 플레이스테이션

스토리 노스고스의 젊은 귀족 케인은 여행 중 강도들에게 살해당한다. 네크로 맨서 모르타니우스에 의해 뱀파이어로 부활한 케인은, 아홉 기둥의 수호자들이 살인을 주도했음을 알고 복수를 결심한다. 이 과정에서 시간여행을 하게 된 케인은 마검 소울 리버를 이용해 폭군을 저지한다. 또한 자신이 30년 전 피살당한 아리엘의 후손이자 균형 기둥의 수호자임을 알게 된다. 대륙의 운명을 결정할 존재로서 케인은 자기희생과 대륙의 몰락 중 하나를 선택해야 한다.

플레이 퍼즐을 풀어 무기와 마법을 습득하고 보스를 물리치는 것이 게임의 목표이다. 플레이어는 시리즈에 따라 케인이나 라지엘을 선택하거나 두 캐릭터를 교차 플레이할 수 있다. 케인은 박쥐나 늑대, 인간으로 변신하고 마법을 사용한다. 낮에는 능력치가 떨어지고, 물에 닿으면 대미지를 입는다. 라지엘은 물질계의 체력치가 0이 되면 영혼계로 이동하고 영혼계에서 체력치를 모두 회복하면 포털을 이용해 물질계로 돌아올 수 있다.

평가 뱀파이어를 모티프로 한 대표적인 게임이다. 1999년부터 2015년 5월 현재 종합 리뷰 사이트 메타크리틱(Metacritic)에서 사용자 평점 100점 만점에 평균 91점을 받았다. 1999년부터는 크리스털 다이내믹스(Crystal Dynamics)로 개발사가 바뀌었다.

- **핵심어** 뱀파이어, 퍼즐, 영혼계
- **시리즈**
  1996 〈블러드 오멘 : 레거시 오브 케인(Blood Omen : Legacy of Kain)〉
  1999 〈레거시 오브 케인 : 소울 리버(Legacy of Kain : Soul Reaver)〉
  2001 〈소울 리버 2(Soul Reaver 2)〉
  2002 〈블러드 오멘 2(Blood Omen 2)〉
  2003 〈레거시 오브 케인 : 디파이언스(Legacy of Kain : Defiance)〉

- **참고 자료** Bill Loguidice, Matt Barton, *Vintage Game Consoles : An Inside Look at Apple, Atari Commodore, Nintendo, and the Greatest Gaming Platforms of All Time*, Focal Press, 2014. | Deborah Todd, *Game Design : From Blue Sky to Green Light*, Focal Press, 2007. | Josiah Lebowitz, Chris Klug,

Interactive Storytelling for Video Games : A Player-centered Approach to Creating Memorable Characters and Stories, Focal Press, 2011. | S. T. Joshi, *Icons of Horror and the Supernatural : An Encyclopedia of Our Worst Nightmares vol.2*, Greenwood Publishing Group, 2006.

여신이문록 페르소나 Revelations : Persona / 女神異聞録ペルソナ

출시연도 1996년
개발사 아틀러스(Atlus)
장르 역할수행 게임
플랫폼 플레이스테이션

스토리 평범한 고등학생인 난조와 8명의 학생들은 갑작스러운 유령의 공격에 병원으로 향하고, 도중에 도시에 침입한 악마들과 마주한다. 악마와 맞서 싸우던 9명의 학생들은 우연히 또 다른 인격체, 페르소나를 소환하게 되고, 자신의 페르소나가 특별한 힘을 지녔다는 사실을 깨닫는다. 악마를 피해 학교에 돌아온 학생들은 악의 지배를 막기 위한 전투를 준비한다.

플레이 플레이어는 9명의 캐릭터로 팀을 구성해 악마와의 대결에서 이기는 것을 목표로 한다. 게임 세계는 도시 내부와 외부로 나뉘며 도시 내부에서는 3인칭 시점, 도시 외부에서는 1인칭 시점을 사용한다. 플레이어는 전투 시 페르소나를 소환할 수 있으며 잡동사니와 화기, 마법 주문 등을 무기로 사용할 수 있다. 소환할 수 있는 페르소나는 캐릭터마다 다르며, 페르소나를 진화시키기 위해서는 악마와의 타협으로 스펠 카드를 얻어야 한다. 플레이어는 바닥에 그리드를 설정해 캐릭터들의 행동반경을 지정할 수 있으며, 정해진 범위 안에서만 적을 공격해야 한다. 이 규칙은 적대 캐릭터에도 동일하게 적용된다.

평가 아틀러스에서 발매한 역할수행 게임 〈여신전생(女神転生)〉 시리즈의 외전에 해당하는 게임이다. 출시 당시의 1990년대 일본 도시와 고등학교를 재현했다. 〈여신전생 페르소나 3〉은 역할수행과 연애 시뮬레이션 중 하나의 모드를 선택해 플레이할 수 있다는 점에서 다른 시리즈와 차별된다.

- **핵심어** 고등학교, 악마, 페르소나, 여신전생
- **시리즈**
1996 〈여신이문록 페르소나(Revelations : Persona)〉

1999 〈페르소나 2 : 죄(Persona 2 : Innocent Sin)〉
2000 〈페르소나 2 : 벌(Persona 2 : Eternal Punishment)〉
2006 〈여신전생 페르소나 3(Shin Megami Tensei : Persona 3)〉
2008 〈여신전생 페르소나 4(Shin Megami Tensei : Persona 4)〉

■ **참고 자료** Todd Harper, "Rules, Rhetorics, and Genre : Procedural Rhetoric in Persona 3", *Games and Culture*, vol.6, no.5, 2011.

퀘이크 Quake

출시연도 1996년
개발사 이드 소프트웨어(id Software)
장르 1인칭 슈팅 게임
플랫폼 PC

스토리 인간 세계 너머에는 퀘이크가 산다. 인간 세계와 퀘이크 세계 사이에는 차원 이동이 가능한 슬립 게이트가 존재한다. 퀘이크는 인간의 시체를 군대로 만들어 슬립 게이트를 통해 인간 세상을 침략한다. 인간 세계의 정부는 이를 막기 위해 레인저를 퀘이크 세계로 보낸다. 레인저는 동굴과 던전에서 적들을 막을 수 있는 마법 룬을 모으기 위해 고군분투한다.

플레이 적을 물리치고 모든 레벨을 통과하는 것이 목표이다. 플레이는 '싱글 플레이어 모드'와 '멀티 플레이어 모드'로 나뉜다. 싱글 플레이어 모드는 다크 레벨(dark level)과 고딕 레벨(gothic level)로 구분되는데, 플레이어는 버튼이나 열쇠를 발견해야 몬스터를 제거하고 출구를 열 수 있다. 멀티 플레이어 모드에서 플레이어는 다른 플레이어와 실시간으로 적군의 상태, 아이템 위치 등의 정보를 공유할 수 있으며 다양한 기술을 이용해 전략을 짤 수 있다.

평가 존 카맥(John D. Carmack II)이 개발한 퀘이크 엔진을 통해서 게임 엔진이 상용화됐다. 3차원 폴리곤 그래픽을 사용했다는 점에서 2차원 그래픽 기술을 사용해 개발한 이드 소프트웨어의 전작 〈둠(Doom)〉과 비교되기도 한다.

■ **핵심어** 퀘이크 엔진, 존 카맥, 폴리곤 그래픽
■ **시리즈**
1996 〈퀘이크(Quake)〉
1997 〈퀘이크 2(Quake 2)〉
1999 〈퀘이크 3 아레나(Quake 3 Arena)〉

2005 〈퀘이크 4(Quake 4)〉

2007 〈에너미 테러터리 : 퀘이크 워(Enemy Territory : Quake Wars)〉

■ **참고 자료** 서지스원 북, 『3차원 게임 엔진, 어떻게 발전해 왔을까?』, 유페이퍼, 2013. | Ashok Kumar, *Algorithmic and Architectural Gaming Design : Implementation and Development*, IGI Global, 2012. | Barry Atkins, Tanya Kryzywinska, *Videogame, Player, Text*, Manchester University Press, 2008. | Erik Bethke, *Game Development and Production*, Wordware Publishing, 2003.

크래쉬 밴디쿳 Crash Bandicoot

| 출시연도 1996년
| 개발사 너티 독(Naughty Dog)
| 장르 액션 게임
| 플랫폼 플레이스테이션

스토리 네오 콜텍스 박사는 초능력을 만드는 이볼브 광선과 마음을 조종하는 기계를 이용해 세계를 정복하려 한다. 주인공 크래쉬 밴디쿳은 광선과 기계에 대해 거부 반응을 보이고, 바다로 탈출한다. 그 과정에서 크래쉬 밴디쿳의 연인 타우나가 성에 남겨지게 된다. 표류하던 밴디쿳은 외딴 섬에 도착해 주술사 아쿠아쿠를 만난다. 밴디쿳은 아쿠아쿠와 함께 연인과 세계를 구하기 위한 여정을 떠난다.

플레이 플레이어는 크래쉬 밴디쿳이 되어 장애물과 함정을 통과하면서 콜텍스를 물리쳐야 한다. 플레이어는 점프, 슬라이딩, 회전, 몸통 박치기 기술을 이용해 함정과 장애물을 피하거나 몬스터를 물리칠 수 있다. 스테이지 중간에 나타나는 박스는 함정이나 게임을 저장하는 체크포인트의 역할을 하거나 일정량을 모으면 생명을 제공하는 과일 움파, 몬스터와 충돌을 무효화시키는 아쿠 가면을 제공한다. 박스는 기능에 따라 색과 모양이 다르다. 스테이지의 설정에 따라 설원, 정글, 사막, 우주 등을 배경으로 스노보드, 지프, 행글라이더 등에 탑승할 수 있다.

평가 〈크래쉬 밴디쿳〉은 1997년도 소니 플레이스테이션 수상식(Sony's '97 PlayStation Awards)에서 금상(Gold Prize)을 수상했다. 이후 모바일, 엑스박스, 닌텐도 위 등 다양한 매체로 확장됐다. 이 중 모바일 버전은 2004년에 게임 전문 사이트 게임스팟(GameSpot)에서 반복 플레이를 할 만한 가치가 있다는 평가를 받으며 10점 만점에 9점을 기록했다.

- **핵심어** 어드벤처
- **시리즈**
  1996 〈크래쉬 밴디쿳(Crash Bandicoot)〉
  1997 〈크래쉬 밴디쿳 2 : 코텍스 스트라이크 백(Crash Bandicoot 2 : Cortex Strikes Back)〉
  1998 〈크래쉬 밴디쿳 3 : 워프드(Crash Bandicoot : Warped)〉
  2001 〈크래쉬 밴디쿳 : 마왕의 부활(Crash Bandicoot : The Wrath of Cortex)〉
  2004 〈크래쉬 트윈새너티(Crash Twinsanity)〉
  2007 〈크래쉬 오브 타이탄(Crash of the Titans)〉
  2008 〈크래쉬 : 마인드 오브 뮤턴트(Crash : Mind over Mutant)〉
- **참고 자료** BradyGAMES, *Crash Bandicoot Official Strategy Guide*, BradyGAMES, 1996. | Gamerevolution, "Crash Bandicoot Review", www.gamerevolution.com/review/crash-bandicoot | Gamespot, "Crash Bandicoot Review", www.gamespot.com/reviews/crash-bandicoot-review/1900-6094057/

타임 크라이시스 Time Crisis

출시연도 1996년
개발사 남코(Namco)
장르 슈팅 게임
플랫폼 아케이드

스토리 세르시아 정치인 윌리엄 맥피어슨은 독재 정부에 대항해 혁명을 일으켜 대통령 자리에 오른다. 한편 독재 정부에 가담했던 셰루도 가토는 맥피어슨에 반감을 품고 그의 딸을 납치한다. 이에 맥피어슨은 국제 특수 첩보 기관의 베테랑 전사 리처드 밀러를 딸이 납치된 섬으로 보낸다. 리처드 밀러가 섬에 도착하면서 셰루도 가토 일당과의 총격전이 시작된다.

플레이 적과 총격전을 벌여 미션을 완수하는 것이 목표인 게임이다. 3개의 스테이지로 구성되며, 각 스테이지는 다시 3구역으로 나뉜다. 플레이어는 레일을 타고 가듯이 움직이는 레일 슈팅 방식을 사용하며, 1인칭 시점에서 적을 조준한 후 총을 쏜다. 체력 비축이 가능한 페달, 특정 공간 이미지를 저장한 후 다시 볼 수 있는 라이트 건 등의 특수 기능을 사용할 수 있다는 것이 특징이다.

평가 〈타임 크라이시스 4〉는 반응 속도가 빠르고 기능이 강화된 라이트 건 컨트롤러인 '건콘 3(Guncon 3)'을 사용했다.

- **핵심어** 아케이드 게임, 레일 슈팅 게임, 라이트 건 슈팅 게임, 플레이스테이션

■ 시리즈

1996 〈타임 크라이시스(Time Crisis)〉

1997 〈타임 크라이시스 2(Time Crisis 2)〉

2002 〈타임 크라이시스 3(Time Crisis 3)〉

2006 〈타임 크라이시스 4(Time Crisis 4)〉

2015 〈타임 크라이시스 5(Time Crisis 5)〉

■ **참고 자료** 송영덕, 유태영, 『게임기술』, 대림, 2004. | 양신덕, 「컴퓨터 게임에서 조작도구의 차이가 플레이어의 몰입에 미치는 영향 연구」, 『한국게임학회 논문지』, vol.10, no.1, 한국게임학회, 2010.

툼 레이더 Tomb Raider

출시연도 1996년

개발사 코어 디자인(Core Design)

장르 액션 어드벤처 게임

플랫폼 PC

스토리 캘커타의 어느 호텔, 라라 크로프트는 재클린 나트라의 부하 라슨 콘웨이를 만난다. 재클린은 나트라 테크놀로지를 소유한 여성 사업가로, 라라에게 '스키언'이라는 신비한 고대 유물을 찾을 것을 요청한다. 성공적으로 유물을 회수한 순간, 라라는 스키언을 빼앗으려는 라슨에게 공격당한다. 격전 끝에 라슨을 쓰러뜨린 라라는 유물에 대한 진실을 듣게 된다. 라라는 자신이 찾은 유물이 그저 한 조각에 불과하며, 나트라에게 고용된 피에르라는 남자가 모든 조각을 찾으려 한다는 사실을 알게 된다. 라라는 피에르의 행방을 찾기 위해 나트라 테크놀로지에 잠입하고 모험을 시작한다.

플레이 플레이어 캐릭터는 라라 크로프트로, 게임은 3인칭 시점으로 진행된다. 게임의 최종 목표는 고대 유물을 찾는 것이다. 플레이어는 아이템을 모으고 퍼즐을 풀어 유물에 대한 실마리를 얻어야 한다. 플레이어는 걷기, 달리기, 점프하기 등의 기본 동작 외에도 사이드 스텝, 바위에 매달리기, 구르기, 운전, 수영 등의 동작을 수행할 수 있다. 〈툼 레이더 Ⅲ〉에서는 전력질주 동작이 도입됐으며, 〈툼 레이더 : 마지막 계시록〉에서는 공중제비를 넘거나 공중에서 몸을 돌리는 동작이 가능해졌다.

라라 크로프트의 기본 무기는 2개의 피스톨이며, 샷건, 듀얼 매그넘, 듀얼 우

958

지 등의 무기를 추가로 소지할 수 있다. 스토리 전개가 특정 지점에 도달하면 라라 크로프트는 모든 무기를 잃게 되며, 플레이어는 적의 위험에 노출된 상태에서 피스톨을 되찾아야 한다. 기본 아이템으로는 총알과 의료 상자 등이 제공되며, 게임의 각 단계를 통과하기 위해 모아야 하는 열쇠 및 아티팩트(Artifact)도 존재한다.

평가 〈툼 레이더〉 시리즈는 주인공 캐릭터 라라 크로프트를 통해 대중적 인지도를 획득했다. 라라 크로프트는 『기네스 월드 레코드 2008 : 게이머스 에디션(Guinness World Records 2008 : Gamer's Edition)』에서 '가장 인지도 높은 여성 비디오 게임 캐릭터(Most Recognizable Female Video-Game Character)'로 기록됐으며, 게임 출시 이후 만화책, 영화 등 다양한 매체에서 활용됐다.

〈툼 레이더〉는 1998년에 오리진스 어워드(Origins Awards)에서 '1997년 최고의 액션 컴퓨터 게임(Best Action Computer Game of 1997)' 부문을 수상했으며, 2009년에 게임 전문 사이트 게임 인포머(Game Informer)가 선정한 '역사상 최고의 게임 100선(Top 100 Games Of All Time)'에서 86위로 뽑혔다.

- **핵심어** 라라 크로프트, 퍼즐
- **시리즈**
  1996 〈툼 레이더(Tomb Raider)〉
  1997 〈툼 레이더 II(Tomb Raider II)〉
  1998 〈툼 레이더 III(Tomb Raider III)〉
  1999 〈툼 레이더 : 마지막 계시록(Tomb Raider : The Last Revelation)〉
  2000 〈툼 레이더 연대기(Tomb Raider Chronicles)〉
  2003 〈툼 레이더 : 어둠의 천사(Tomb Raider : The Angel of Darkness)〉
  2006 〈툼 레이더 : 레전드(Tomb Raider : Legend)〉
  2007 〈툼 레이더 : 애니버서리(Tomb Raider : Anniversary)〉
  2008 〈툼 레이더 : 언더월드(Tomb Raider : Underworld)〉
  2013 〈툼 레이더(Tomb Raider)〉
    〈라라 크로프트 : 리플렉션즈(Lara Croft : Reflections)〉
  2015 〈라이즈 오브 더 툼 레이더(Rise of the Tomb Raider)〉

- **참고 자료** Angela Laflen, *Confronting Visuality in Multi-Ethnic Women's Writing*, Palgrave Macmillan, 2014. | Barry Atkins, *More Than a Game : The Computer Game as Fictional Form*, Manchester University Press, 2003. | Geoff King, Tanya Krzywinska, *Tomb Raiders and Space Invaders : Videogame Forms and Contexts*, I.B.Tauris, 2006.

포켓몬스터 적·녹

Pokémon Red and Green / ポケットモンスター 赤·緑

출시연도 1996년
개발사 게임 프리크(Game Freak)
장르 역할수행 게임
플랫폼 게임보이

스토리 태초 마을의 소년 레드는 포켓몬 트레이너가 되기로 결심한다. 그는 소꿉친구이자 라이벌인 그린과 함께 태초 마을의 포켓몬 연구가인 오 박사를 찾아가, 파트너가 될 포켓몬과 포켓몬 도감을 받고, 포켓몬 트레이너에게 있어서 꿈의 무대인 포켓몬 리그에 참가하기 위한 여행을 시작한다.

플레이 게임의 최종 목표는 전국 각지에서 모인 포켓몬 트레이너들과 대결을 벌이는 포켓몬 리그에 참가하여 우승하는 것이다. 게임을 시작하면서 플레이어는 오 박사를 찾아가 풀, 불꽃, 물 3가지 속성에 속하는 포켓몬 중 한 마리를 받는다. 각 트레이너는 포켓몬 볼에 담긴 포켓몬을 총 6마리까지 소지할 수 있다. 야생 포켓몬의 경우, 포획하면 자신의 포켓몬으로 만들 수 있다. 수집한 포켓몬에 대한 정보는 오 박사에게 받은 도감에 기입된다. 포켓몬의 경험치, 플레이어의 친밀도 등의 요건이 충족되면 포켓몬의 외형과 능력이 한 단계 향상되는 진화가 일어난다.

플레이어는 다른 트레이너의 포켓몬과 자신의 포켓몬이 대결을 벌이는 포켓몬 배틀을 진행할 수 있다. 포켓몬 배틀은 턴제 방식으로 진행되며, 상대 캐릭터의 체력치가 0이 되면 승리한다. 각 지역마다 트레이너들이 자신의 포켓몬을 훈련시킬 수 있는 체육관이 있으며, 그 체육관의 가장 강한 트레이너인 체육관 관장과 벌이는 대결에서 승리할 경우 배지를 획득할 수 있다. 배지를 총 8개 모으면 포켓몬 리그에 참가할 수 있는 자격이 주어진다.

평가 게임을 원작으로 한 동명의 애니메이션 시리즈가 1997년 처음으로 일본 지상파 채널 TV 도쿄(テレビ 東京)에서 방영됐으며, 문구와 의류, 식품 등 다양한 분야에서 관련 상품이 출시됐다.

- **핵심어** 포켓몬스터
- **시리즈**
  1996 〈포켓몬스터 적·녹(Pokémon Red and Green)〉

1999 〈포켓몬스터 금·은(Pokémon Gold and Silver)〉
2002 〈포켓몬스터 루비·사파이어(Pokémon Ruby and Sapphire)〉
2006 〈포켓몬스터 다이아몬드·펄(Pokémon Diamond and Pearl)〉
2010 〈포켓몬스터 블랙·화이트(Pokémon Black and White)〉
2013 〈포켓몬스터 X·Y(Pokémon X and Y)〉

■ **참고 자료** 김영한, 『닌텐도 이야기』, 한국경제신문사, 2009. | 김용희, 『우리시대 대중문화』, 생각의나무, 2005. | 박동숙, 전경란, 「〈포켓몬스터〉의 재미 요인 분석」, 『한국언론학보』, vol.44, no.3, 한국언론학회, 2000.

플라이트 시뮬레이터 Flight Simulator

출시연도 1996년
개발사 마이크로소프트(Microsoft)
장르 시뮬레이션 게임
플랫폼 PC

플레이 플레이어는 1인칭 시점으로 비행기를 조종하여 목적지에 무사히 착륙시켜야 한다. 플레이어는 자신이 조종할 항공기와 출발지, 목적지를 정할 수 있으며, 공항과 비행기는 실제 모델과 유사하게 재현됐다. 조종 방법 역시 실제 비행기 조종과 유사하며 악천후에 어떻게 대처하느냐에 따라 게임의 성패를 좌우한다.

평가 플라이트 시뮬레이터 시리즈는 비행기 조종을 사실적으로 재현했다는 점에서 호평을 받았다. 〈플라이트 시뮬레이터 2000〉부터는 미연방 항공국에서는 비행기 조종사들을 위한 훈련용 시뮬레이션으로 활용하기도 했다. 2008년 '가장 오랫동안 명맥을 유지한 시뮬레이션 게임 시리즈', '가장 성공적인 비행 시뮬레이션 시리즈'로 기네스북에 등재됐다.

■ **핵심어** 비행 시뮬레이션 게임
■ **시리즈**
1996 〈플라이트 시뮬레이터 윈도우 95(Flight Simulator for Windows 95)〉
1997 〈플라이트 시뮬레이터 98(Flight Simulator 98)〉
1999 〈플라이트 시뮬레이터 2000(Flight Simulator 2000)〉
2001 〈플라이트 시뮬레이터 2002(Flight Simulator 2002)〉
2003 〈플라이트 시뮬레이터 2004 : 센추리 오브 플라이트(Flight Simulator 2004 : A Century of Flight)〉
2006 〈플라이트 시뮬레이터 X(Flight Simulator X)〉
2007 〈플라이트 시뮬레이터 X 엑셀레이션(Flight Simulator X : Acceleration)〉
2012 〈마이크로소프트 플라이트(Microsoft Flight)〉

■ **참고 자료** 신용훈, 『전략적 게임학원론』, 북스홀릭, 2012. | Bill Loguidice, Matt Barton, *Vintage Games : An Insider Look at the History of Grand Theft Auto, Super Mario, and the Most Influential Games of All Time*, Focal Press, 2009.

하우스 오브 더 데드 The House of the Dead

출시연도 1996년
개발사 세가 에이엠1(SEGA AM1)
장르 라이트 건 슈팅 게임
플랫폼 아케이드

스토리 1988년 큐리안 박사가 퍼뜨린 바이러스로 전 세계 사람들이 좀비로 변하기 시작한다. 세상을 구할 수 있는 사람은 에이엠에스(AMS)의 두 요원뿐이다. 이들은 사건의 전말을 밝히기 위해 좀비를 죽이며 큐리안 박사의 실험실로 향한다.

플레이 플레이어는 2인의 요원 중에서 한 캐릭터를 선택한 후, 라이트 건을 들고 차례차례 덤벼오는 좀비들을 쏴 죽여야 한다. 시리즈마다 피스톨, 산탄총, 경기관총 등 무기의 종류가 달라지며, 재장전의 방식도 달라진다. 플레이어가 좀비에게 인질로 잡힌 특정 인물을 구해주거나 바닥이나 벽에 놓인 특정 물체를 파괴하면 분기가 등장한다. 첫 번째 시리즈의 경우 인질로 잡힌 연구원의 구출 여부에 따라 이후 플레이어가 가게 될 장소나 제거해야 할 좀비의 유형이 달라진다. 플레이어의 최종 점수 및 게임 중단 횟수에 따라 엔딩이 달라지기 때문에 전략적 타격이 필요하다.

평가 〈하우스 오브 더 데드〉 시리즈는 호러와 슈팅의 조화를 보여 준 게임으로 평가받는다. 〈하우스 오브 더 데드〉는 〈바이오하자드(Biohazard)〉와 더불어 좀비의 머리를 맞춰 치명적인 타격을 입히는 '헤드 샷(headshot)' 기능이 도입된 슈팅 게임이다. 2003년과 2005년에는 〈하우스 오브 더 데드〉의 스토리를 기반으로 한 영화도 제작됐다.

■ **핵심어** 좀비, 호러, 헤드 샷
■ **시리즈**
1996 〈하우스 오브 더 데드(The House of the Dead)〉

1998 〈하우스 오브 더 데드 2(The House of the Dead 2)〉
1998 〈하우스 오브 더 데드 3(The House of the Dead 3)〉
2005 〈하우스 오브 더 데드 4(The House of the Dead 4)〉

■ 참고 자료 Bernard Perron, *Horror Video Games : Essays on the Fusion of Fear and Play*, McFarland, 2009. | Christopher M. Moreman, Cory James Rushton, *Zombies Are Us : Essays on the Humanity of the Walking Dead*, McFarland, 2011. | Tony Mott, *1001 Video Games : You Must Play Before You Die*, Universe, 2010.

그란 투리스모 Gran Turismo / グランツーリスモ

출시연도 1997년
개발사 폴리포니 디지털(Polyphony Digital)
장르 레이싱 게임
플랫폼 플레이스테이션

플레이 플레이어는 실제 레이싱 게임과 유사한 환경에서 레이싱 선수로 플레이한다. 〈그란 투리스모〉 시리즈는 세계의 유수 자동차 회사와의 협업을 통해 실제 차량 모델과 동일한 모델을 게임 내 차량으로 재현했다. 〈그란 투리스모 6〉에서 플레이어는 페라리와 람보르기니 사의 차량을 포함하여 1,200여 대의 차량 중 하나를 선택할 수 있다. 오버스티어(oversteer), 스핀(spin), 그립(grip), 드리프트(drift), 코스아웃(course out) 등 실제 레이싱 기술을 익혀야 레이스 진행에 유리하다.

시리즈에 따라 명칭이 달라지기도 하지만 경기 모드는 아케이드 모드(arcade mode)와 커리어 모드(career mode)로 구분된다. 아케이드 모드는 플레이어의 기호에 따라 차종과 코스를 자유 선택하여 경기를 진행하는 것이다. 커리어 모드는 플레이어가 낮은 레벨에서 시작해 점차 승률을 올려 높은 레벨의 레이스에 참가하는 것이다. 커리어 모드에서 '비-스펙(B-spec) 모드'를 선택하면 플레이어가 감독이 되어 인공지능 레이싱 선수의 운전을 지휘할 수도 있다.

2008년부터는 닛산 자동차(Nissan Motors)의 후원으로 온라인 레이싱 경기에서 상위권에 든 플레이어에게 실제 전문 레이싱 선수가 될 수 있는 기회도 제공하고 있다.

평가 폴리포니 디지털의 야마우치 카즈노리(山內一典)가 제작한 레이싱 게임이다. 〈그란 투리스모〉 시리즈는 기존 아케이드 중심의 레이싱 게임에서 탈피해 시뮬레이션과 레이싱 게임을 조화시켰다는 평을 받는다. 〈그란 투리스모 5〉는 미국 게임 통계 사이트인 브이지차트(VGChartz)에서 선정한 '최고의 비디오 게임 75선'에 2013년 11월 9일까지 155주 동안 머무른 기록을 보유하고 있다.

- **핵심어** 시뮬레이션, 레이싱
- **시리즈**
  1997 〈그란 투리스모(Gran Turismo)〉
  1999 〈그란 투리스모 2(Gran Turismo 2)〉
  2001 〈그란 투리스모 3 : A-스펙(Gran Turismo 3 : A-Spec)〉
  2004 〈그란 투리스모 4(Gran Turismo 4)〉
  2010 〈그란 투리스모 5(Gran Turismo 5)〉
  2013 〈그란 투리스모 6(Gran Turismo 6)〉
- **참고 자료** 류청희, 「Game Review : Gran Turismo 6 Special, It's Virtually Real, Again」, 《오토카코리아》, 2014. 3. 7. | Guinness World Records, *Guinness World Records Gamer's Edition 2015 Ebook*, Guinness World Records, 2014. | Matt Fox, *The Video Games Guide : 1,000+ Arcade, Console and Computer Games, 1962-2012*, McFarland, 2013.

레고 아일랜드 Lego Island

출시연도 1997년
개발사 마인드스케이프(Mindscape)
장르 액션 어드벤처 게임
플랫폼 PC

스토리 페퍼 로니는 부모님 파파 브릭콜리니와 마마 브릭콜리니가 운영하는 피자리아의 배달원이다. 어느 날 레고 섬의 감옥에서 누군가 피자를 주문하고, 로니는 감옥으로 피자를 배달한다. 피자를 주문한 것은 수감자 브릭스터였고 그는 피자의 열기로 자물쇠를 녹여 감옥을 탈출한다. 브릭스터는 정보 센터에 있는 전력원인 파워 브릭을 훔쳐 헬리콥터를 타고 달아난다. 섬 반대편으로 간 그는 헬리콥터를 분해하고 도망친다. 레고 섬의 경찰관 닉 브릭과 로라 브릭 그리고 로니의 부모님은 헬리콥터를 조립하여 브릭스터를 잡기 위해 로니를 보내기로 한다. 브릭스터를 잡아 섬의 평화를 되찾기 위한 로니의 모험이 시작된다.

플레이 플레이어는 페퍼 로니와, 파파 브릭콜리니, 마마 브릭콜리니, 닉 브릭 그리고 로라 브릭을 포함한 총 5인의 캐릭터 중 1인을 선택할 수 있다. 방향키로 캐릭터를 움직이며 포인트 앤드 클릭(point and click)을 통해 운송 수단에 올라타거나 물건을 조립할 수 있다. 주인공인 페퍼 로니를 선택할 경우, 5가지 퀘스트를 수행하고 브릭스터를 잡으면 엔딩을 볼 수 있다. 차량이나 제트 스키를 조립하여 레이싱에 참가하는 등 퀘스트와 별개로 미니 게임이 구성되어 있다. 퀘스트를 수행하지 않고 레고 섬을 탐험하거나 다른 캐릭터와 대화하는 것도 가능하다.

평가 경쟁과 승패가 없는 개방형 게임이다. 퀘스트의 강제성이 낮고 비선형적으로 플레이하는 것이 가능하기 때문에 플레이어의 자유도가 높다. 조립형 장난감인 레고의 특성을 살려 플레이 중 특정 건물이나 탈것을 조립할 수 있다. 1997년 출시 당시 성별과 연령에 관계없이 많은 인기를 얻으며 약 100만 장이 판매됐다. 1998년 미국 예술과학 아카데미(Academy of Interactive Arts & Sciences, AIAS)에서 '올해의 가족 게임 상(Family Game of the Year)'을 수상했다.

- **핵심어** 캐주얼 게임, 어드벤처, 레고
- **시리즈**
  1997 〈레고 아일랜드(Lego Island)〉
  2001 〈레고 아일랜드 2 : 브릭스터의 복수(Lego Island 2 : The Brickster's Revenge)〉
  2002 〈아일랜드 익스트림 스턴트(Island Xtreme Stunts)〉
- **참고 자료** 데이비드 로버트슨, 빌 브린 저, 김태훈 역, 『레고 : 어떻게 무너진 블록을 다시 쌓았나』, 해냄, 2016. | Jason Molina, *Lego 430 Success Secrets*, Emereo Publishing, 2014. | Jonathan Bender, *LEGO : A Love Story*, Wiley, 2010. | Mark J. P. Wolf, *LEGO Studies*, Routledge, 2014.

모두의 골프 Hot Shots Golf / みんなのGOLF

출시연도 1997년
개발사 카멜롯 소프트웨어 플래닝(Camelot Software Planning)
장르 스포츠 게임
플랫폼 플레이스테이션

플레이 이 게임의 목표는 간단한 조작을 통해 골프를 배우는 것이다. 플레이어는 캐릭터와 코스를 선택해야 한다. 캐릭터마다 공 컨트롤과 스핀 조정 능력, 타격력이 다르다. 대전 모드에서 승리해 일정 점수를 획득하면 플레이할 수 있는 캐릭터와 코스가 추가된다.

플레이어는 3번의 동일 버튼 조작으로 샷을 날릴 수 있다. 처음 버튼을 누르면 백스윙이 시작된다. 두 번째 버튼을 누르면 공의 타격력 수치가 결정된다. 타격력 수치는 화면 하단에 형성된 바를 통해 확인 가능하다. 마지막 버튼을 누르면 샷을 날릴 수 있다. 골프채 머리부가 공을 가격했을 때 정확하게 버튼을 눌러야 원하는 방향에 맞게 공이 날아간다. 이때 바람의 방향, 지형의 굴곡 같은 주변 환경 요소도 샷에 영향을 미친다.

〈모두의 골프〉 시리즈는 스트로크, 매치, 미니 골프, 챌린지 등의 대전 모드를 지원한다. 스트로크 모드는 4인 동시 플레이 가능 모드로, 각 플레이어의 합계 점수로 승부를 가른다. 매치 모드는 2인 대전 모드로, 우위를 차지한 골프 코스 구역의 수로 승부를 가른다. 미니 골프 모드는 4인 동시 플레이 가능 모드로, 방식은 매치 모드와 동일하다. 챌린지 모드는 컴퓨터와 대전하는 모드로, 비기너, 아마추어, 프로, 브론즈, 실버, 골드 등급의 획득을 목적으로 컴퓨터와 대전해 승부를 가른다. 이 외에도 시리즈에 따라 네트워크 기능을 이용해 다른 플레이어와 스트로크를 겨룰 수 있는 리얼 대회 모드, 개별 플레이어의 실력에 따라 다른 규칙이 적용돼 대전 하는 슬롯 모드 등이 추가된다.

평가 〈모두의 골프〉는 개발사 카멜롯 소프트웨어 플래닝이 제작한 스포츠 게임이다. 이후 시리즈는 개발사 클랩 핸즈 리미티드(Clap Hanz Limited)에서 제작했다. 〈모두의 골프〉 시리즈는 간단한 조작으로 골프 기술을 구사할 수 있다는 점에서 호평을 받았다. 1998년부터 북미에서는 〈핫 샷 골프(Hot Shots Golf)〉, 유럽에서는 〈에브리바디즈 골프(Everybody's Golf)〉라는 제목으로 출시됐다. 북미 월간 게임 잡지 《게임 인포머(Game Informer)》는 2001년 '역대 100대 게임(Top 100 Games of All Time)' 중 87번째 게임으로 〈모두의 골프〉 시리즈를 선정했다.

- **핵심어** 골프 게임
- **시리즈**
  1997 〈모두의 골프(Hot Shots GOLF)〉
  1999 〈모두의 골프 2(Hot Shots GOLF 2)〉
  2001 〈모두의 골프 3(Hot Shots GOLF 3)〉
  2003 〈모두의 골프 4(Hot Shots GOLF 4)〉
  2007 〈모두의 골프 5(Hot Shots GOLF 5)〉
  2011 〈모두의 골프 6(Hot Shots GOLF 6)〉
- **참고 자료** Source Wikipedia, *Golf Video Games*, University-Press, 2013.

비트매니아 Beatmania

출시연도 1997년
개발사 코나미(Konami)
장르 리듬 게임
플랫폼 아케이드

스토리 주인공은 클럽 사가와에서 일하는 디제이다. 그의 목표는 인기 많은 디제이가 되어 큰돈을 버는 것이다.

플레이 플레이어는 5개의 건반 버튼과 턴테이블을 조작하여 노래를 연주한다. 기기 화면의 상단에서 내려오는 음표가 하단의 판정선에 도달하는 순간, 대응되는 건반이나 턴테이블을 조작하면 음이 나오면서 점수가 매겨진다. 타이밍이 정확할수록 좋은 점수를 받으며, 점수에 따라 매우 좋음, 좋음, 나쁨, 형편없음 등의 판정을 받는다. 스테이지는 총 4개로 이루어져 있다. 플레이할 수 있는 음악은 연주의 난이도에 따라 레벨 1부터 7까지 있으며, 후속작에서 레벨 12까지 확장되었다.

평가 1997년부터 2002년까지 개발사 코나미에서 제작한 리듬 게임이다. 코나미의 사운드 시뮬레이션 게임 브랜드인 '비마니(BEMANI)' 시리즈의 첫 번째 작품이다. 간단한 조작법, 질 높은 수록곡 등으로 선풍적인 인기를 끌었으며, 리듬 게임 장르를 형성하는 데 기여했다.

- **핵심어** 비마니 시리즈, 턴테이블
- **시리즈**
  1997 〈비트매니아(Beatmania)〉
  1998 〈비트매니아 2nd믹스(Beatmania 2ndMix)〉
  　　〈비트매니아 3rd믹스(Beatmania 3rdMix)〉
  　　〈비트매니아(Beatmania)〉
  　　〈비트매니아 어펜드 3rd믹스(Beatmania Append 3rdMix)〉
  1999 〈비트매니아 컴플리트 믹스(Beatmania Complete Mix)〉
  　　〈비트매니아 4th믹스 : 더 비트 고즈 온(Beatmania 4thMix : the Beat Goes On)〉
  　　〈비트매니아 포 원더스완(Beatmania for Wonderswan)〉
  　　〈비트매니아 어펜드 고타믹스(Beatmania Append GottaMix)〉
  　　〈비트매니아 5th믹스 : 타임 투 겟 다운(Beatmania 5thMix : Time to Get Down)〉
  　　〈비트매니아 어펜드 4th믹스(Beatmania Append 4thMix)〉
  2000 〈비트매니아 컴플리트 믹스 2(Beatmania Complete Mix 2)〉
  　　〈비트매니아 클럽 믹스(Beatmania Club Mix)〉
  　　〈비트매니아 어펜드 5th믹스(Beatmania Append 5thMix)〉
  　　〈비트매니아 피처링 드림스 컴 트루(Beatmania Featuring Dreams Come True)〉

〈비트매니아 베스트 힛(Beatmania Best Hits)〉

〈비트매니아 어펜드 고타믹스 2 : 고잉 글로벌(Beatmania Append GOTTAMIX 2 : Going Global)〉

〈비트매니아 코어 리믹스(Beatmania Core Remix)〉

〈비트매니아 어펜드 클럽믹스(Beatmania Append ClubMix)〉

2001 〈비트매니아 더 사운드 오브 도쿄(Beatmania The Sound of Tokyo)〉

〈비트매니아 6thMix : 더 유케이 언더그라운드 뮤직(Beatmania 6thMix : The UK Underground Musics)〉

2002 〈비트매니아 7thMix : 키핑 에볼루션(Beatmania 7thMix : Keepin' Evolution)〉

〈비트매니아 6thMix+코어 리믹스(Beatmania 6thMix+Core Remix)〉

〈비트매니아 더 파이널(Beatmania The Final)〉

■ **참고 자료** Jacqueline Edmondson, *Music in American Life : An Encyclopedia of the Songs, Styles, Stars, and Stories That Shaped Our Culture*, Greenwood Press, 2013. | Mark J. P. Wolf, *The Medium of the Video Game*, University of Texas Press, 2002. | Tony Mott, *1001 Video Games : You Must Play Before You Die*, Universe, 2010.

스네이크 Snake

출시연도 1997년
개발사 노키아(Nokia)
장르 액션 게임
플랫폼 모바일

플레이 이 게임의 목표는 뱀에게 먹이를 줘서 주어진 공간을 모두 채울 정도로 성장시키는 것이다. 먹이는 화면에 하나씩 무작위로 나타난다. 뱀은 앞으로만 나아가기 때문에 플레이어는 상, 하, 좌, 우에 해당하는 버튼을 눌러 뱀이 먹이를 먹을 수 있도록 방향을 조절해야 한다. 뱀은 먹이를 먹을수록 길어진다. 뱀은 벽이나 자신의 몸에 부딪히면 즉사하기 때문에 어떤 방향으로 뱀을 인도할지에 대한 플레이어의 신속한 판단력이 플레이의 핵심 요소이다.

평가 〈스네이크〉는 노키아가 제작한 모바일 게임이다. 노키아 6110(Nokia 6110) 등 일부 모델에 탑재되어 등장했다. 〈스네이크〉의 모티프와 구조는 1976년 그렘린(Gremlin) 사가 개발한 〈블록케이드(Blockade)〉라는 아케이드 게임에서 유래했다. 〈스네이크〉 등장 이후 〈퐁(Pong)〉, 〈틱택토(Tic-Tac-Toe)〉와 같이 단시간에 즐길 수 있는 게임들이 모바일에 탑재되면서 모바일 게임 발달의 기반이 마련됐다.

- **핵심어** 노키아, 모바일 게임
- **시리즈**

 1997 〈스네이크(Snake)〉

 2000 〈스네이크 II(Snake II)〉

 2002 〈스네이크 EX(Snake EX)〉

 2003 〈스네이크 EX2(Snake EX2)〉

 2005 〈스네이크스(Snakes)〉

  〈스네이크 III(Snake III)〉

 2006 〈스네이크 센지아(Snake Xenzia)〉

 2007 〈스네이크 서브소닉(Snake Subsonic)〉

 2015 〈스네이크 리와인드(Snake Rewind)〉

- **참고 자료** David Taniar, *Mobile Computing : Concepts, Methodologies, Tools, and Applications*, Information Science Reference, 2008. | Erin Staley, *Career Building Through Creating Mobile Apps*, Rosen Classroom, 2014. | Kimberly Unger, Jeannie Novak, *Game Development Essentials : Mobile Game Development*, Cengage Learning, 2011.| Michael Morrison, *Beginning Mobile Phone Game Programming*, Sams Publishing, 2004. | Penny de Byl, *Holistic Mobile Game Development with Unity*, CRC Press, 2014.

에이지 오브 엠파이어 Age of Empires

출시연도 1997년

개발사 앙상블 스튜디오(Ensemble Studios)

장르 실시간 전략 게임

플랫폼 PC

스토리 지중해, 메소포타미아, 아시아 등 세계 각지에서 문명이 발생한다. 이집트, 아시리아, 수메르, 바빌론, 페르시아, 히타이트, 상, 고조선, 야마토 문명을 통치하는 지도자들은 구석기 시대부터 철기 시대까지 자신의 문명을 이끈다. 자신이 다스리는 문명을 거대한 제국으로 발전시키기 위한 통치자들의 움직임이 시작된다.

플레이 플레이어는 12문명 중 하나를 선택해 게임을 한다. 게임의 목표는 구석기부터 철기 시대까지 문명을 이끌어 제국으로 성장시키고 각 문명을 대표하는 건축물을 짓는 것이다. 플레이어는 다양한 건물을 지어 군사, 경제, 종교, 사회 기반 시설의 기술을 향상시킬 수 있다. 또한 음식, 나무, 돌, 금 등 자원을 모아 인구 수를 관리해야 한다.

 게임 모드는 이집트, 그리스, 바빌론, 야마토 문명의 역사를 따라가는 싱글 플레이 캠페인 모드와 인공지능 캐릭터와 경쟁하는 배틀 모드로 나뉜다.

평가 게임의 인공지능 캐릭터가 자원이나 유닛이 아닌 순수한 전략만으로 플레이어와 경쟁하는 것으로 주목을 받았다. 확장팩인 〈에이지 오브 엠파이어 : 로마의 부흥(Age of Empire : The Rise of Rome)〉은 게임 사이트 게임랭킹스 (GameRankings)와 종합 리뷰 사이트 메타크리틱(Metacritic)에서 2015년 5월 기준 100점 만점에 92점을 받았다.

- **핵심어** 역사, 문명
- **시리즈**
  1997 〈에이지 오브 엠파이어(Age of Empire)〉
  1999 〈에이지 오브 엠파이어 Ⅱ : 에이지 오브 킹(Age of Empire Ⅱ : The Age of Kings)〉
  2005 〈에이지 오브 엠파이어 Ⅲ(Age of Empire Ⅲ)〉
- **참고 자료** Austin Grossman, *Postmortems from Game Developer : Insights from the Developers of Unreal Tournament, Black & White, Age of Empire, and Other Top-Selling Games*, Focal Press, 2003 | Mark Walker, *Games That Sell!*, Wordware Publishing, 2003. | Tobias Winnerling, Florian Kerschbaumer, *Early Modernity and Video Games*, Cambridge Scholars Publishing, 2014.

오드월드 : 에이브의 오딧세이 Oddworld : Abe's Oddysee

| 출시연도 1997년
| 개발사 오드월드 인해비탄츠(Oddworld Inhabitants)
| 장르 플랫폼 게임
| 플랫폼 플레이스테이션

스토리 주인공 에이브는 육류 가공 공장인 '파멸 농장'의 노동자이다. 에이브와 동족인 머도칸족은 글루콘족의 노예이다. 어느 날 밤늦게 공장에 남아 일을 하던 에이브는 글루콘 간부들의 회의 내용을 엿듣게 된다. 공장의 주력 상품 중 하나인 미치 먼치스의 재료였던 미치족이 멸종하자 머도칸을 육류로 가공해 판매할 음모를 세우는 내용이었다. 에이브는 동족을 살리기 위해 탈출을 결심한다.

플레이 플레이어는 주인공 에이브가 되어 게임을 진행한다. 게임의 목표는 머도칸들을 구하고 공장을 탈출하는 것이다. 최소 50인의 머도칸을 구해야 엔딩에서 살아남을 수 있다. 플레이어는 에이브를 조종해 플랫폼을 오가며 퍼즐을 풀고, 지뢰 같은 장애물과 플리치, 슬로그 등의 적들을 피해야 한다. 장애물에 부딪히거나 적에게 공격을 받으면 사망한다. 에이브는 기본적으로 공격 능력이 없지만 돌, 고기, 수류탄을 획득하여 적들에게 던질 수 있다. 또한 글루콘족의 하수인인 슬리그에게 빙의해 적들을 공격하기도 한다.

평가 2차원 게임이지만 모든 오브젝트가 3차원 프로그램으로 렌더링됐으며 배경이 정교하게 재현됐다. 1997년 세계 애니메이션 페스티벌(World Animation Festival)에서 '베스트 디렉터 시디롬/게임 플랫폼 어워드(Best Director CD-ROM/Game Platform Award)'를 수상했다.

- **핵심어** 어드벤처, 탈출 게임
- **시리즈**
  1997 〈오드월드 : 에이브의 오딧세이(Oddworld : Abe's Oddysee)〉
  1998 〈이상한 나라의 에이브 2 : 엑소더스(Oddworld : Abe's Exoddus)〉
  2001 〈오드월드 : 먼치스 오딧세이(Oddworld : Munch's Oddysee)〉
  2005 〈오드월드 : 스트레인저스 래쓰(Oddworld : Stranger's Wrath)〉
  2014 〈오드월드 : 에이브의 오딧세이 뉴 '엔' 테이스티(Oddworld : Abe's Oddysee New 'n' Tasty!)〉
- **참고 자료** Daniel Wade(Ed), Cathy Johnson(Ed), *The Art of Oddworld Inhabitants : The First Ten Years, 1994-2004*, Ballistic Publishing, 2004. | Rusel DeMaria, *Oddworld : Abe's Oddysee : The Official Strategy Guide*, Prima Games, 1997.

울티마 온라인 Ultima Online

출시연도 1997년
개발사 오리진 시스템즈(Origin Systems)
장르 다중접속온라인 역할 수행 게임
플랫폼 PC

스토리 소사리아의 마법사 몬데인은 생명체의 정신과 행동을 지배하는 능력을 갖고자 각종 실험을 일삼았다. 그 결과, 고블린, 오크 등의 몬스터가 탄생했고 평화롭던 소사리아는 위험에 처한다. 몬데인의 아버지는 아들을 저지하려 했으나 아들에게 살해당하고 루비 보석마저 빼앗긴다. 이후 몬데인은 루비 보석으로 불멸의 보석을 만들고 그 안에 소사리아를 가두려 한다. 지구에서 소사리아로 넘어온 로드 브리티시는 몬데인과 싸우기 위해 아바타를 소환한다. 아바타가 몬데인을 죽이고 불멸의 보석을 파괴하자 시공간이 뒤틀리고 소사리아에는 단 1개의 대륙 브리타니아만이 남는다. 깨진 보석 조각 안에는 각각 브리타니아 대륙이 복제되고, 사람들은 복제된 세계에서 몬스터와 싸우며 살아간다.

플레이 플레이어 캐릭터는 스킬 학습을 통해 성장한다. 캐릭터가 학습할 수 있는 스킬의 종류는 총 58개로, 각 스킬의 최대 학습 포인트는 100포인트이다. 특정 스킬을 최대치만큼 학습할 경우 그 스킬의 그랜드 마스터가 된다. 캐릭터가 소비할 수 있는 스킬 포인트는 총 720포인트로 한정되므로 주어진 스킬 포인트의 사용 방식에 따라 캐릭터를 다양한 방법으로 육성할 수 있다.

〈울티마 온라인〉의 능력치 조합과 스킬 사례		
제1능력치	제2능력치	스킬 사례
힘	지능	동물 길들이기, 기사도, 무사도 등
	재주	대장장이, 목공술, 곤봉술 등
지능	힘	마법, 명상, 해부학 등
	재주	요리, 치료, 탐지 등
재주	힘	낚시, 활 제작, 펜싱 등
	지능	구걸, 야영, 자물쇠 열기 등

【능력치】 플레이어 캐릭터를 생성할 때, 플레이어는 캐릭터의 3가지 능력치인 힘, 재주, 지능의 초기 값을 설정한다. 각 능력치의 최대값은 100포인트로, 세 능력치의 총합은 225포인트를 초과할 수 없다. 능력치는 스킬 학습에 따라 점차 상승한다. 75포인트에 이르기까지 상승하는 능력치를 제1능력치, 나머지 25포인트를 학습할 때 상승하는 능력치를 제2능력치로 구분한다. 제1능력치와 제2능력치의 조합에 따라 스킬의 유형을 6가지로 나눌 수 있다.

【스킬과 직업】 캐릭터의 직업은 그가 학습하는 스킬의 종류와 그가 보유한 능력치에 따라 결정된다. 스킬을 학습하는 방법은 크게 2가지로 나뉜다. 첫 번째 방법은 마을 엔피시(NPC)에게 가상 통화를 지급해서 배우는 것이며, 두 번째 방법은 직접 특정 행위를 수행해서 학습하는 방법이다.

한편 같은 스킬이라도 캐릭터의 학습량에 따라 요구되는 행위의 난이도가 향

〈울티마 온라인〉의 대표 직업 기본 수치							
직업	변수	상세	수치	직업	변수	상세	수치
팔라딘	능력치	힘	45	닌자	능력치	힘	40
		지능	20			지능	20
		재주	25			재주	30
	스킬	기사도	30		스킬	닌자술	30
		검술	30			잠복	30
		전술	30			펜싱	30
		집중	30			잠행	30

전사	능력치	힘	15	네크로맨서	능력치	힘	25
		지능	10			지능	45
		재주	35			재주	20
	스킬	검술	30		스킬	주술	30
		전술	30			심령술	30
		해부학	30			검술	30
		치유	30			명상	30
마법사	능력치	힘	25	대장장이	능력치	힘	60
		지능	45			지능	15
		재주	20			재주	15
	스킬	마법	30		스킬	대장장이	30
		지능평가	30			채굴	30
		명상	30			세공	30
		레슬링	30			재봉	30

상된다. 캐릭터의 스킬 학습량과 능력치가 일정한 수치에 도달하면, 수치에 따라 캐릭터의 직업이 결정된다. 대표적인 직업은 전사, 팔라딘, 사무라이, 닌자, 마법사, 네크로맨서, 대장장이 등이며, 각 직업은 상세 수치에 따라 '네크로맨서 팔라딘', '무사 팔라딘' 등으로 세분화된다. 〈울티마 온라인 : 몬데인의 유산〉부터는 캐릭터 생성 시 직업을 미리 선택할 수 있게 됐다.

【미덕 시스템】 〈울티마 온라인〉은 캐릭터의 도덕성을 수치화한 미덕 시스템을 도입했다. 미덕의 항목은 헌신, 겸양, 명예, 영성, 자비, 무용, 성실, 정의 등으로 총 8개이다. 미덕은 각 항목별로 축적하는 방법이 다르다. '성실'은 다른 플레이어가 길에 떨어트리고 간 물건을 주워 마을의 유실물 보관 상자에 넣을 경우 축적되며, '자비'는 특정 엔피시를 목적지까지 안내할 경우 축적된다. 축적된 미덕이 일정 단계에 이르면, 캐릭터가 추가 능력을 사용할 수 있게 된다. '헌신'의 경우 캐릭터가 스스로 부활할 수 있으며, '명예'의 경우 회피 능력과 보너스 대미지 기능이 생긴다. 미덕은 일주일을 기준으로 2,500포인트씩 부패하기 때문에 수치를 유지하려면 매일 반복하여 미덕 행위를 축적해야 한다. 미덕 포인트가 19,999 이하일 경우에는 부패가 발생하지 않는다.

〈울티마 온라인〉 미덕의 단계에 따른 칭호			
단계	미덕 포인트	문법	사례
1단계	20,000	(미덕의 이름)의 추구자	헌신의 추구자
2단계	50,000	(미덕의 이름)의 신봉자	헌신의 신봉자
3단계	100,000	(미덕의 이름)의 기사	헌신의 기사

【플레이어 간 전투】 플레이어 간 전투(PvP)는 정당한 전투와 부당한 전투로 나뉜다. 정당한 전투는 게임에서 규칙으로 설정한 다음과 같은 3가지 조건을 충족해야 발생한다. 첫째는 서로 다른 당파 간 대립이다. 〈울티마 온라인〉에는 진영에 해당하는 '당파'가 4개 있으며, 플레이어가 소속된 당파가 서로 다를 경우 정당한 전투로 인정된다. 둘째, 상대가 범죄자나 살인자로 규정된 경우이다. 캐릭터의 평판은 범죄 및 살인 이력을 보여주는 수치로, 부당한 전투를 하는 플레이어는 범죄자 또는 살인자로 규정된다. 이 경우, 플레이어는 상대와 같은 당파에 속한다 할지라도 정당한 전투를 인정받는다. 셋째, 길드전이 발생한 경우이다. 이 경우, 같은 당파에 속한 플레이어와의 전투도 정당한 전투로 취급된다.

정당한 전투를 통해 상대 플레이어를 죽일 경우 '킬 포인트'와 가상 통화인 '실버'를 획득할 수 있다. 킬 포인트는 당파 내 플레이어 캐릭터의 순위를 결정하는 값으로, 피케이(PK)에 성공할 경우 상대의 킬 포인트를 10%만큼 뺏어올 수 있다.

평가 〈울티마 온라인〉은 다중접속온라인 역할수행 게임이라는 장르를 정립한 게임으로, 기존 〈울티마〉의 6번째 시리즈인 〈울티마 Ⅵ : 더 폴스 프로핏(The Ultima Ⅵ : The Falls Prophet)〉의 세계관을 바탕으로 제작됐다. 1987년 출시 당시 6개월 만에 정식으로 등록된 플레이어 수가 10만여 명이 넘었다. 플레이어 캐릭터가 모험, 전투, 제작 등 다양한 활동을 통해 서로 다르게 성장한다는 기본 설정은 이후 제작된 다중접속온라인 역할수행 게임들의 토대가 됐다. 〈울티마 온라인 : 몬데인의 유산〉에서 도입된 종족 개념은 〈울티마 온라인 : 스티전 어비스〉를 통해 정착됐다.

2010년 게임 디벨로퍼 초이스 어워드(Game Developers Choice Awards, GDCA)의 '명예의 전당(Hall of Fame)'에 올랐다. 2012년에는 미국 주간지 《타임(Time)》이 선정한 '최고의 비디오 게임 100선(The 100 Greatest Video Games)'에 뽑혔다.

- **핵심어** 자유도, 종족, 미덕 시스템, 플레이어 간 전투
- **시리즈**
 1997 〈울티마 온라인(Ultima Online)〉
 1998 〈울티마 온라인 : 세컨드 에이지(Ultima Online : The Second Age)〉
 2000 〈울티마 온라인 : 르네상스(Ultima Online : Renaissance)〉
 2001 〈울티마 온라인 : 세 번째 새벽(Ultima Online : Third Dawn)〉
 2002 〈울티마 온라인 : 로드 블랙손의 복수(Ultima Online : Lord Blackthorn's Revenge)〉

2003 〈울티마 온라인 : 암흑의 시대(Ultima Online : Age of Shadows)〉

2004 〈울티마 온라인 : 사무라이 제국(Ultima Online : Samurai Empire)〉

2005 〈울티마 온라인 : 몬데인의 유산(Ultima Online : Mondain's Legacy)〉

2007 〈울티마 온라인 : 킹덤 리본(Ultima Online : Kingdom Reborn)〉

2009 〈울티마 온라인 : 스티전 어비스(Ultima Online : Stygian Abyss)〉

2010 〈울티마 온라인 : 하이 시즈(Ultima Online : High Seas)〉

■ **참고 자료** 김정남, 김정현, 『세계 최고의 게임 크리에이터 9인의 이야기』, 대림, 2006. | Katie Salen, Eric Zimmerman, *Rules of Play : Game Design Fundamentals*, The MIT Press, 2003. | Stephen Emond, *Ultima Online : The Ultimate Collector's Guide : 2013 Edition*, CreateSpace Independent Publishing Platform, 2012.

임진록 Imjinrok

출시연도 1997년

개발사 에이치큐 팀(HQ Team)

장르 실시간 전략 게임

플랫폼 PC

스토리 도요토미 히데요시는 명나라를 정벌하러 가는 길을 빌려달라는 요청을 거부했다는 핑계로 조선을 침략한다. 왜군이 동래성을 지나 한양까지 점령하는 위기의 순간 바다에서는 이순신 장군이, 육지에서는 권율 장군과 김시민 장군이 승리하며 전쟁은 막을 내린다. 조선이 왜군을 무찌르는 가상의 스토리도 있다.

플레이 플레이어는 스토리를 따라가는 '시나리오 게임'과 자원을 모아 적과 싸우는 '임의 게임'을 선택할 수 있다. 시나리오 게임은 조선군 미션과 왜군 미션이 별도로 나누어져 있다. 빠른 시간 안에 유닛과 군수품을 수송하거나 적군을 전멸시켜야 한다. 정사에 따른 사실 모드와 조선이 왜군을 점령하는 가상 모드를 선택할 수 있다. 임의 게임에서는 자원을 모아 건물을 짓고 유닛을 생산해 전투에서 승리하는 것이 목표이다.

자원은 쌀과 감자이며, 농부가 채취해 건물을 짓거나 유닛을 생산하는 데 사용한다. 유닛은 훈련소와 목장 등에서 생산하며 수는 제한이 없다. 플레이어는 다양한 무기와 배, 비행기도 생산해 활용할 수 있으며 전투에서 승리하기 위해서 자원을 잘 관리하고 다양한 전략을 수립해야 한다. 플레이어는 컴퓨터 대전 모드와 플레이어 대전 모드를 선택할 수 있다.

평가　임진왜란이라는 역사적 배경을 활용한 초창기 한국 실시간 전략 게임의 대표작으로 평가받는다.

- **핵심어** 임진왜란, 전쟁
- **시리즈**
  1998 〈임진록 : 영웅전쟁〉
  2000 〈임진록 2〉
  2001 〈임진록 2+ 조선의 반격〉
  2002 〈임진록온라인 거상〉
- **참고 자료** 윤종선, 『한국 고전과 콘텐츠 개발』, 커뮤니케이션북스, 2012. | 윤형섭 외, 『한국 게임의 역사』, 북코리아, 2012.

지티에이 Grand Theft Auto, GTA

| 출시연도 1997년
| 개발사 록스타 노스(Rockstar North)
| 장르 액션 게임
| 플랫폼 플레이스테이션, 엑스박스, PC

스토리　대도시(리버티 시티, 바이스 시티, 산 안드레아)에 살고 있는 주인공은 폭력 조직에 속한 범죄자이다. 조직 말단에서 작은 범죄들을 저지르며 살고 있던 그에게 어느 날 큰 임무가 주어진다. 그는 성공적으로 임무를 수행하기 위해 택시 절도에서부터 차량 테러, 암살 등을 자행하고, 수차례 배신과 죽음의 위기를 극복해 이름 높은 범죄자가 된다.

플레이　플레이어는 주어진 임무를 성공적으로 마쳐야 한다. 플레이어는 시작 장소와 캐릭터를 선택할 수 있으며, 다음 레벨로 가기 위해서 목표 점수를 획득해야 한다. 점수를 얻기 위해서는 훔친 차를 팔아 돈을 벌거나 경찰을 공격하는 등의 범죄를 저질러야 한다. 중범죄일수록 더 많은 점수를 얻을 수 있지만 경찰의 감시가 심해진다. 또한 퀘스트를 수행해 점수를 얻을 수도 있다. 퀘스트는 플레이어가 원하는 순서대로 선택해 수행할 수 있다.

평가　현실의 실감나는 재현과 과감한 액션이 커다란 반향을 일으켰다. 2012년 11월 기준 전 세계적으로 누적 1억 2,500만 장이 판매됐다. 폭력성으로 판매금지 논란의 대상이 되기도 했으며, 한국에서는 청소년 이용불가 등급으로 판매되고 있다.

- **핵심어** 샌드박스 게임, 범죄 게임
- **시리즈**
  1997 〈지티에이(Grand Theft Auto)〉
  1999 〈지티에이 2(Grand Theft Auto 2)〉
  2001 〈지티에이 3(Grand Theft Auto 3)〉
  2002 〈지티에이 : 바이스 시티(Grand Theft Auto : Vice City)〉
  2004 〈지티에이 : 샌 안드레아스(Grand Theft Auto : San Andreas)〉
  2008 〈지티에이 4(Grand Theft Auto 4)〉
  2013 〈지티에이 5(Grand Theft Auto 5)〉
- **참고 자료** Nate Garrelts, *The Meaning and Culture of Grand Theft Auto : Critical Essays*, McFarland, 2006. | Samuel Tobin, "Jacked : The Outlaw Story of Grand Theft Auto", *American Journal of Play*, vol.6, no.3, 2014.

투하트 To Heart / トゥハート

출시연도 1997년
개발사 리프(Leaf)
장르 비주얼 노벨
플랫폼 PC

스토리 고등학생 후지타 히로유키는 입학 후 소꿉친구 카미기시 아카리와 동급생 나가오카 시호, 멀티 등 다양한 여자 친구들을 만난다. 처음에는 단순한 친구로 만났지만 시간이 흐를수록 호감이 가는 사람이 생기게 된다.

플레이 비주얼 노벨 〈투하트〉는 일러스트 형식의 배경과 줄글로 구성돼 있다. 주인공 후지타의 1인칭 시점으로 서술된다. 게임 진행 중 플레이어에게 선택지가 제시된다. 플레이어가 특정한 행동이나 대사를 선택함으로써 원하는 인물과의 관계를 발전시킬 수 있다. 특정 시간대 혹은 장소에만 등장하는 이벤트 장면이 존재하며, 이벤트 장면은 인물들 간의 관계를 진전시키는 주요 요소로 추후 진행될 이야기와 엔딩에 영향을 미친다.

평가 개발사 리프에서 제작한 리프 비주얼 노벨 시리즈의 3번째 작품이다. 〈투하트〉는 비주얼 노벨 장르가 공식적인 게임 장르로 인정받을 수 있는 계기를 마런했다. 〈투하트〉에 나타난 캐릭터 중심 스토리텔링은 이후 미소녀 연애 시뮬레이션의 캐릭터 설정 방식의 근간이 됐다. 1999년에는 게임의 흥행에 힘입어 동명의 애니메이션이 제작됐다.

- **핵심어** 사운드 노벨, 미소녀 연애 시뮬레이션
- **시리즈**
  1997 〈투하트(To Heart)〉
  2004 〈투하트 2(To Heart 2)〉
  2008 〈투하트 2 어나더데이즈(To Heart 2 AnotherDays)〉
- **참고 자료** 김원보, 최유찬, 『컴퓨터 게임과 문화』, 이룸, 2005. | 아즈마 히로키 저, 장이지 역, 『게임적 리얼리즘의 탄생』, 현실문화연구, 2012.

포트리스 Fortress

| 출시연도 1997년
| 개발사 씨씨알(CCR)
| 장르 슈팅 게임
| 플랫폼 PC

플레이 게임의 목표는 포격전에서 승리하는 것이다. 플레이어는 성능이 각기 다른 여러 대의 탱크 중 한 대를 골라 개인이나 팀 단위로 전투를 진행한다. 턴제 방식으로, 한 턴마다 20초가 주어진다. 플레이어는 바람의 세기와 목표 지점까지의 거리를 고려하여 포탄의 발사각과 발사 힘을 조절해야 한다. 플레이어는 포탄을 발사해 상대 탱크를 격파하거나, 지형을 변형시킴으로써 상대 탱크를 낙하시킬 수 있다. 상대 탱크가 체력치가 0이 되거나 맵 밖으로 떨어질 경우 승리한다. 〈포트리스 2〉부터는 모드 설정이 도입되어 노멀전, 화력전, 보스전, 특수 무기전을 플레이할 수 있게 됐다.

평가 대표작은 〈포트리스 2〉이다. 〈포트리스 2〉는 대중적으로 큰 성공을 거두며 2001년 국내 온라인 게임 사상 최초로 회원 1,000만 명, 동시 접속자 10만 명을 달성했다. 같은 해 대한민국 게임대전의 캐릭터 부문에서 특별상을, 온라인 게임 부문에서 '2001년 최고의 S/W 상'을 받았다. 국내에서의 성공을 바탕으로 일본, 중국, 대만, 러시아 등 해외에도 진출했다.

- **핵심어** 온라인 게임, 캐주얼 게임

■ **시리즈**
 1997 〈포트리스(Fortress)〉
 1999 〈포트리스 2(Fortress 2)〉
 2003 〈포트리스 3(Fortress 3)〉
 2005 〈뉴 포트리스(New Fortress)〉
■ **참고 자료** 김용준, 최종현, 이상욱, 『좋은 게임을 만드는 핵심 원리』, 한빛미디어, 2003. | 예스퍼 율 저, 이정엽 역, 『캐주얼 게임 : 비디오게임과 플레이어의 재창조』, 커뮤니케이션북스, 2012. | 위정현, 『온라인 게임 비즈니스 전략』, 제우미디어, 2006. | 이성재, 『왕관 잡는 필승 공식 포트리스 전략집』, 길벗, 2002.

폴아웃 Fallout

출시연도 1997년
개발사 인터플레이 엔터테인먼트(Interplay Entertainment)
장르 역할수행 게임
플랫폼 PC

스토리 2052년 미국과 중국이 자원 고갈을 둘러싸고 마찰을 빚자 이를 계기로 세계 곳곳에서 전쟁이 일어난다. 25년의 오랜 싸움 끝에 인류는 결국 멸망하고, 일부 살아남은 사람들은 핵전쟁을 피해 방공호 지역인 '볼트'로 들어가게 된다. 볼트 거주민들은 수질 정화 장치인 '워터칩'을 통해 물을 공급받고 살아간다. 2061년, 볼트13의 워터칩에 문제가 발생하고 주민들은 물부족 현상에 직면한다. 볼트 관리자인 오버시어는 사람을 뽑아 새로운 워터칩을 찾아오라는 지시를 내린다. 임무를 받게 된 주인공은 워터칩을 찾기 위해 방사능에 감염된 생명체들이 있는 황무지로 나선다.

플레이 150일 안에 워터칩을 구해 볼트에 공급하는 것이 목표이다. 게임은 1인칭 시점에서 진행되며, 플레이 방식에 따라 게임의 엔딩이 달라진다. 퀘스트 해결 방식으로는 크게 전투, 기술, 화술의 3가지 방법이 있다. 플레이어는 엔피시(NPC)나 몹을 공격해 전투를 벌일 수도 있고, 말로 설득해 퇴치할 수도 있다. 그밖에도 숨어들어가는 은신 기술, 기지 시설을 고치는 방어 기술 등을 사용할 수도 있다. 게임의 시작 지점은 볼트13 지역으로, 플레이어는 이곳에서 메인 퀘스트를 받는다. 플레이어 캐릭터는 체력, 인지력, 지구력, 매력, 지능, 민첩성, 행운 등 7가지 능력을 보유하며, 이는 무기 기술, 격투 기술, 흥정 기술 등 총 18가지 기술에 영향을 미친다. 〈폴아웃〉에서는 기술을 향상시키는 특수 시스템인 퍽 (perk)을 사용하며, 플레이어는 레벨을 3개 통과할 때마다 퍽을 사용할 기회를 한 번 얻는다.

평가 1987년에 출시된 역할수행 게임 〈웨이스트랜드(Wasteland)〉를 리메이크한 게임으로, 제목은 '방사성 낙진'이라는 뜻이다. 핵전쟁으로 인한 포스트 아포칼립스(Post-apocalyps)를 배경으로 다룬다. 세기말적인 분위기와 높은 자유도로 대중적인 성공을 거뒀다. 최초작은 개발사 인터플레이 엔터테인먼트가 제작했으나 2008년부터는 베데스다 소프트웍스(Bethesda Softworks)가 판권을 구입하며 개발 및 발매하고 있다.

1997년 게임 전문 사이트 게임스팟(GameSpot)은 〈폴아웃〉을 '올해의 역할수행 게임(Role-Playing Game of the Year)'으로 선정했다. 보드 게임 〈폴아웃 : 워페어(Fallout : Warfair)〉, 그래픽 노블 『올 로드(All Road)』가 출시되는 등 다양한 방식으로 멀티 유즈(Multi Use)됐다. 팬들이 1편과 2편을 기반으로 다중접속온라인 역할수행 게임 모드인 〈폴아웃 온라인(Fallout Online)〉을 제작했으며, 팬픽 사이트를 별도로 운영하는 등 2차 창작이 활발하게 이루어졌다.

- **핵심어** 포스트 아포칼립스, 핵전쟁, 리메이크, 자유도, 멀티 엔딩
- **시리즈**
  1997 〈폴아웃(Fallout)〉
  1998 〈폴아웃 2(Fallout 2)〉
  2008 〈폴아웃 3(Fallout 3)〉
  2010 〈폴아웃 : 뉴 베가스(Fallout : New Vegas)〉
  2015 〈폴아웃 4(Fallout 4)〉
- **참고 자료** 앤드류 롤링스, 어니스트 아담스 저, 송기범 역, 『게임 기획 개론』, 제우미디어, 2004.

그림 판당고 Grim Fandango

출시연도 1998년
개발사 루카스아츠(LucasArts)
장르 어드벤처 게임
플랫폼 PC

스토리 매니(마누엘) 깔라베라는 엘모로우 시의 '죽음 부서'에서 일하는 여

행사 직원이다. 그가 하는 일은 저승으로 떠나려는 영혼들에게 표를 발부하는 것이다. 착한 삶을 산 영혼들은 4분 만에 저승으로 갈 수 있는 호화 급행열차 '넘버나인'의 표를 받고, 악행을 저지른 영혼들은 4년 동안 저승까지 걸어가야 한다.

매니 역시 하루 빨리 저승으로 떠나고 싶었으나, 생전의 죗값을 치루기 위해 억지로 일을 해야 했다. 설상가상으로 상사인 돈 코팔은 그가 4년짜리 표를 발부 받을 고객을 찾지 못할 경우 해고하겠다며 으름장을 놓았다. 매니는 결국 동료 도미노로부터 메치(메르체데스) 꼴로마라는 고객을 훔친다. 그녀는 착한 영혼이었기에 넘버나인 열차의 표를 받아야 했다. 그러나 예정과 다르게 컴퓨터는 그녀에게 4년짜리 표를 발부해 버린다.

메치가 떠난 후, 매니는 그동안 도미노가 컴퓨터를 조작해 넘버나인 표를 빼돌린 후 부자들에게 판매하고 있었음을 알게 된다. 그 길로 매니는 메치를 돕기 위해 여정을 떠난다.

플레이 플레이어 캐릭터는 매니로, 게임의 목표는 악당 도미노의 음모를 밝혀내고 메치를 구하는 것이다. 플레이어는 엔피시(NPC)와 대화를 통해 아이템을 찾거나 퍼즐을 푸는 데 필요한 단서를 얻을 수 있다. 그밖에도 다음 행동에 대한 안내나 지시를 받기도 한다.

평가 소프트 렌더링 방식으로 구현한 영상미, 재즈 음악, 아스텍 신화와 누아르를 접목한 독창적인 세계관, 블랙코미디 요소 등을 통해 완성도와 예술성 면에서 호평을 받았다.

1998년 게임 비평 사이트 아이지앤(IGN)에서 '최고의 어드벤처 게임 상(Best Adventure Game)'을 받았으며, 게임 전문 사이트 게임스팟(GameSpot)에서 역시 '1998년 최고의 게임(Best of E3 1998)', '올해의 피시 어드벤처 게임(PC Adventure Game of the Year)' 등에 선정됐다. 2015년에는 게임의 리마스터 버전이 제작되어 모바일, 플레이스테이션 등의 플랫폼으로도 확장됐다.

- **핵심어** 퍼즐, 아스텍 신화
- **참고 자료** Jo Ashburn, *Grim Fandango : Prima's Official Strategy Guide*, Prima Games, 1998.

날아라 슈퍼보드 : 환상서유기 The Flying Superboard

출시연도 1998년
개발사 케이시티 미디어(KCT Media)
장르 역할수행 게임
플랫폼 PC

스토리 옥황상제의 딸인 천궁의 공주 미로는, 엄마가 보고픈 마음에 난동을 부리다가 육마왕을 봉인한 금단의 알을 잃어버린다. 육마왕은 옥황상제와 대립하던 마황대제의 심복으로 세상을 위협하던 6인의 마왕이다. 화가 난 옥황상제는 미로에게 금단의 알을 찾아오라는 명을 내린다. 미로는 알을 찾기 위해 옥황상제의 명에 따라 200년 전 세상을 혼란스럽게 한 죄로 쇳덩이 아래 봉인된 손오공을 풀어주고 여행 동료로 삼는다. 본래 화과산 원숭이들의 왕이었던 손오공은 미로와 함께 금단의 알을 찾으러 떠난다.

플레이 모험을 통해 캐릭터를 모으고 각 캐릭터의 능력치를 향상시켜 육마왕을 처치하는 것이 주요 목표이다. 게임을 시작할 때는 캐릭터 미로만을 플레이할 수 있지만, 이후 다른 캐릭터를 만나 점차 파티의 규모를 확장할 수 있다. 추가 캐릭터로는 손오공, 사오정, 저팔계, 삼장법사, 복면, 소나타 등이 있으며 파티는 최대 10인의 캐릭터로 구성된다. 전투에 참여하게 되는 캐릭터는 최대 5인으로, 플레이어가 어떤 스토리를 진행하고 있는지에 따라 멤버 구성이 달라진다.

전투는 몬스터와 플레이어 캐릭터가 차례를 주고받으며 공격하는 턴제로 진행된다. 스킬, 아이템, 공격 위치, 공격 방향 등을 선택할 수 있으며 몬스터를 후방에서 공격하면 대미지가 상승한다. 맵의 곳곳에는 총 1,023개의 보물 상자가 숨겨져 있다. 플레이어는 보물 상자를 찾아 회복 아이템, 무기, 방어구 아이템 등을 획득하여 캐릭터의 능력치를 높일 수 있다.

평가 〈날아라 슈퍼보드 : 환상서유기〉는 케이비에스(KBS)에서 1990년부터 13년간 방영한 애니메이션 〈날아라 슈퍼보드〉를 토대로 제작됐다. 애니메이션은 중국의 고전 소설인 『서유기(西遊記)』를 각색한 허영만의 만화 『미스터 손』을 원작으로 한다. 1999년 '정보통신부 신소프트웨어 상품대상 멀티미디어 콘텐츠 부문'에서 수상했다.

■ **핵심어** 서유기, 날아라 슈퍼보드

■ 시리즈

1998 〈날아라 슈퍼보드 : 환상서유기〉

1999 〈날아라 슈퍼보드 외전 : 사오정랜드 대소동〉

2001 〈날아라 슈퍼보드 외전 2 : 격투 대소동〉

2002 〈날아라 슈퍼보드 : 이오니아 브레이크〉

■ **참고 자료** 연합뉴스, 〈1월 소프트웨어 상품대상 선정〉, http://news.naver.com/main/read.nhn?mode=LSD&mid=sec&sid1=105&oid=001&aid=0004423261

댄스 댄스 레볼루션

Dance Dance Revolution, DDR / ダンスダンスレボリューション

출시연도 1998년

개발사 코나미(Konami)

장르 리듬 게임

플랫폼 아케이드

플레이 플레이어는 음악의 박자에 맞춰 화면에 등장하는 화살표와 일치하는 발판을 밟아야 한다. 발판은 전후좌우 4개의 화살표로 구성되어 있다. 플레이어가 발판을 밟을 때 박자, 강도 등의 정확성에 따라 마블러스, 퍼펙트, 그레이트, 굿, 올모스트, 미스 순으로 판정이 뜨며, 판정 결과가 총점으로 합산된다. 반복해서 나쁜 판정을 받아 댄스 게이지를 모두 소모하면 게임이 종료된다. 플레이 모드에는 1인의 플레이어가 4개의 발판을 사용하는 싱글 플레어, 2인의 플레이어가 각각 4개의 발판으로 경쟁하는 버수스, 1인의 플레이어가 8개의 발판을 사용하는 더블이 있다.

평가 〈댄스 댄스 레볼루션〉 시리즈는 2013년까지 엑스박스, 플레이스테이션, 닌텐도 위 등 다양한 플랫폼에서 출시됐다. 안다미로(Andamiro)의 〈펌프 잇 업(Pump it up)〉과 락커 게임즈(Roxor Games)의 〈인 더 그루브(In the Groove)〉 등 리듬 게임에 영향을 줬다. 2006년 미국 웨스트버지니아 주에서는 비만 예방 프로그램이자 운동 게임으로 〈댄스 댄스 레볼루션〉을 학교에 보급하기도 했다.

■ **핵심어** 운동 게임, 디디알(DDR)

■ 시리즈

1998 〈댄스 댄스 레볼루션(Dance Dance Revolution)〉

1999 〈댄스 댄스 레볼루션 세컨드 믹스(Dance Dance Revoltion 2nd Mix)〉

〈댄스 댄스 레볼루션 베스트 오브 쿨 댄서(Dance Dance Revoltion Best of Cool Dancers)〉

〈댄스 댄스 레볼루션 세컨드믹스 위드 비트매니아 2디엑스 클럽 버전(Dance Dance Revolution 2nd Mix with Beatmania IIDX Club Version)〉

〈댄스 댄스 레볼루션 세컨드믹스 링크 버전(Dance Dance Revoltion 2nd Mix LINK Version)〉

〈댄스 댄스 레볼루션 세컨드믹스 앤드 비트매니아 2DX(Dance Dance Revolution 2nd Mix and Beatmania IIDX)〉

〈서브스트림 클럽 버전 2(Substream Club Version 2)〉

〈댄싱 스테이지 피처링 투루 키스 데스티네이션(Dancing Stage featuring TRUE Kiss DESTiNATiON)〉

〈댄스 댄스 레볼루션 서드믹스(Dance Dance Revoltion 3rd Mix)〉

〈댄스 댄스 레볼루션 가라오케 믹스(Dance Dance Revoltion KARAOKE Mix)〉

〈댄싱 스테이지 피처링 드림 컴 트루(Dancing Stage featuring Dreams Come True)〉

2000 〈댄스 댄스 레볼루션 서드믹스 플러스(Dance Dance Revoltion 3rd Mix Plus)〉

〈댄스 댄스 레볼루션 가라오케 믹스 세컨드(Dance Dance Revoltion KARAOKE Mix 2nd)〉

〈댄스 댄스 레볼루션 포스믹스(Dance Dance Revolution 4th Mix)〉

〈댄싱 스테이지 피처링 디즈니 레이브(Dancing Stage featuring Disney's RAVE)〉

〈댄스 댄스 레볼루션 키즈(Dance Dance Revolution Kids)〉

〈댄스 댄스 레볼루션 포스믹스 플러스(Dance Dance Revolution 4th Mix Plus)〉

2001 〈댄스 댄스 레볼루션 피프트믹스(Dance Dance Revolution 5th Mix)〉

〈디디알맥스 댄스 댄스 레볼루션 식스드믹스(DDRMAX -Dance Dance Revolution 6th Mix-)〉

2002 〈디디알맥스 2 댄스 댄스 레볼루션 세븐스믹스(DDRMAX 2 -Dance Dance Revolution 7th MIix-)〉

〈댄스 댄스 레볼루션 익스트림(Dance Dance Revolution EXTREME)〉

2006 〈댄스 댄스 레볼루션 슈퍼노바(Dance Dance Revolution SuperNova)〉

2007 〈댄스 댄스 레볼루션 슈퍼노바 2(Dance Dance Revolution SuperNova 2)〉

2008 〈댄스 댄스 레볼루션 X(Dance Dance Revolution X)〉

2010 〈댄스 댄스 레볼루션 X2(Dance Dance Revolution X2)〉

2011 〈댄스 댄스 레볼루션 X3 대 세컨드믹스(Dance Dance Revolution X3 vs. 2nd Mix)〉

2013 〈댄스 댄스 레볼루션 : 2013 에디션(Dance Dance Revolution : 2013 edition)〉

■ **참고 자료** Guinness World Records, *Guinness World Records Gamer's Edition 2008*, Guinness World Records, 2008. | 전자신문, 〈코나미, 美 웨스트버지니아주와 어린이 비만 방지 프로그램 개발〉, http://news.naver.com/main/read.nhn?mode=LSD&mid=sec&sid1=105&oid=030&aid=0000131776

리니지 Lineage

출시연도 1998년
개발사 엔씨소프트(NCSOFT)
장르 다중접속온라인 역할수행 게임
플랫폼 PC

스토리 아덴 왕국의 정통 후계자인 주인공은 반역자 켄 라우헬에게 왕위를 빼앗긴다. 주인공은 혈맹을 모아 왕위를 되찾기 위한 전투를 시작한다. 〈리니지 II〉는 전작 〈리니지〉로부터 150년 전 아덴 왕국의 통일 시대가 배경이다.

플레이 플레이어는 군주, 기사, 요정, 마법사, 다크엘프, 용기사, 환술사, 전사로 이루어진 8개의 직업 중 하나를 선택해 게임을 시작한다. 〈리니지 II〉에서는 휴먼(인간), 엘프, 다크엘프, 드워프, 오크, 카마엘, 아르테이아의 7개 종족과 워리어, 나이트, 위저드, 로그, 서머너, 아처, 인챈터, 힐러, 그라비티렝커, 사이하즈시어 등 10종의 직업군으로 확장되었다. 퀘스트 수행보다는 전투가 중심인 핵 앤드 슬래시(hack and slash) 방식의 게임이다. 레벨을 올리고 아이템을 획득하는 캐릭터의 성장 과정은 다른 역할수행 게임과 유사하나, 캐릭터가 사망할 경우 경험치를 잃고 아이템도 떨어뜨리게 된다. 플레이어 간 전투(PvP), 피케이(PK) 등으로 경험치와 아이템을 획득하는 플레이 방식이 성행했으며, 혈맹, 공성전, 영지전 등을 통해 플레이어 간 경쟁과 협력이 이뤄졌다.

【성향치 시스템】 성향치란 캐릭터의 선악을 의미하는 수치로, 플레이어 캐릭터의 행위에 따라 변동된다. 다른 플레이어 캐릭터를 처치하는 행위, 선한 엔피시(NPC)를 처치하는 행위, 카오틱 계열 마법을 사용하는 행위 등은 성향치를 하락시킨다. 몬스터를 사냥하거나 '속죄의 성서'라는 아이템을 사용할 경우 성향치가 상승한다. 캐릭터의 성향치에 따라 카오틱 캐릭터, 뉴트럴 캐릭터, 라우풀 캐릭터로 구분된다. 〈리니지 II〉에서는 '재개의 주문서'와 개인 명성치, 일일 퀘스트를 통해 피케이(PK) 수치를 감소시킬 수 있다.

〈리니지〉 성향치에 따른 캐릭터 분류		
캐릭터 구분	성향치 수치	설명
카오틱 캐릭터 (악한 캐릭터)	-1~ -32767	이름을 붉은색으로 표기. 경비병에게 공격 받음. 특정 상인 외의 일반 상인과의 거래 불가. 전투 시 사망하면 아이템을 떨어뜨리고 그 아이템은 사라짐. 치유 계열 마법을 사용할 경우 효과가 50% 감소.
뉴트럴 캐릭터 (중립 캐릭터)	0~500	이름을 하얀색으로 표기. 전투 시 사망하면 랜덤으로 아이템을 떨어뜨림. 회복 마법 효과가 50% 감소.
라우풀 캐릭터 (선한 캐릭터)	501~ 32767	이름을 파란색으로 표기. 전투 시 사망해도 아이템 떨어뜨릴 확률이 낮음. 수치가 높을수록 치유 계열 마법의 효과가 상승.

【혈맹 시스템】 혈맹이란 군주를 중심으로 같은 목적, 같은 뜻을 가진 플레이어 캐릭터가 모인 집단을 의미한다. 혈맹에 소속된 플레이어들은 함께 용을 사냥하거나 공성전을 치르기도 한다. 성을 차지한 혈맹에게는 전용 던전과 특수 아이템, 퀘

〈리니지〉에서 제시한 군주 매력수치에 따른 가입 가능 혈맹원 수	
조건	모집 가능한 혈맹원(명)
기본	매력수치 × 2
45레벨 이상의 연합군주	매력수치 × 6
50레벨 이상의 일반군주	매력수치 × 3
50레벨 이상의 연합군주	매력수치 × 9

스트 등의 보상이 주어진다. 다른 혈맹과의 연합이나 동맹도 가능하다. 혈맹은 공성전, 보스몹 사냥 등 대규모 플레이어 간 전투에서 중요하다. 〈리니지〉의 경우, 혈맹 창설은 5레벨 이상인 군주만 가능했으나 〈리니지 II〉부터는 10레벨 이상인 캐릭터라면 종족에 상관없이 혈맹 창설이 가능해졌다. 조건을 충족한 플레이어는 혈맹 창설 엔피시를 통해 혈맹을 만들 수 있다. 혈맹에 소속된 플레이어에는 계급이 존재하며, 계급에 따라 혈맹에서 할 수 있는 일이 차등적이다.

〈리니지〉의 계급 순위는 군주, 부군주, 수호기사, 정예기사, 일반기사, 수련기사로, 상위 계급일수록 임명 가능한 인원수가 제한된다. 혈맹을 만든 군주의 매력수치에 따라서도 혈맹원의 수에 차등이 발생한다. 〈리니지 II〉에서는 혈맹에 레벨을 부여해

〈리니지 II〉에서 제시한 혈맹 레벨에 따른 혜택					
레벨	스킬포인트	명성치	아이템	인원제한	혜택
1	20,000	–	650,000 아데나	–	혈맹 채팅 사용, 혈맹 창고 사용 (슬롯 200개).
2	100,000	–	2,500,000 아데나	–	혈맹 공지/게시판 사용, 아지트 입찰 및 소유 가능.
3	350,000	–	피의 증거	–	혈맹 문장/휘장 등록, 호칭 사용, 전쟁 선포 가능.
4	1,000,000	–	결의의 증거	–	아지트전/요새전 참가 및 소유 가능.
5	2,500,000	–	대망의 증거	–	동맹 창설 및 탈퇴, 공성 참가, 아카데미 창설.
6	–	5,000	–	30인 이상	근위대 창설, 계급 1단계 상승.
	–	20,000	–	–	
7	–	10,000	–	50인 이상	기사단 창설, 계급 2단계 상승.
	–	30,000	–	–	
8	–	20,000	–	80인 이상	계급 1단계 상승.
	–	50,000	–	–	
9	–	40,000	피의 맹세 150개	120인 이상	기사단 정원 증가.
10	–	40,000	피의 결의 5개	140인 이상	기사단 정원 증가.
11	–	75,000	찬란한 빛의 망토	170인 이상	근위대 정원 증가.

각기 차등적인 혜택을 제공했다. 혈맹 레벨을 올리기 위해서는 가상 통화(아데나), 특정 아이템, 스킬 포인트, 명성치, 인원 등이 일정 조건을 충족시켜야 한다.

【공성전 시스템】 공성전은 〈리니지〉가 세계 최초로 도입한 게임 시스템으로, 게임 내 성을 차지하기 위한 혈맹 간 대규모 전투이다. 공성전은 모든 성에서 매주 일요일 오후 8시에 동시에 진행된다. 공격 측과 수비 측 캐릭터 위에 혈맹 문장이 표시되고 자동으로 플레이어 간 전투 상태로 전환된다. 양측 중 한쪽이 승리 조건을 달성하면 종료된다. 수성 측 승리 조건은 오후 8시부터 8시 50분까지 성의 소유권을 유지하거나 9시가 되는 시점에 소유권을 지니는 것이다. 공성 측 승리 조건은 8시부터 9시까지 성의 소유권을 획득하고 20분간 소유권을 유지하거나 9시가 되는 시점에 소유권을 지니는 것이다. 승리한 혈맹은 성내 세율을 조정하고 여러 가지 아이템을 얻을 수 있다. 〈리니지 II〉의 경우, 공성 시 사용한 각인 스킬 종류에 따라 선악 중 택일해 각기 다른 혜택을 얻을 수 있다.

〈리니지 II〉에서 제시한 공성전 승리 후 선악 선택에 따른 혜택				
구분	세금 보상	보상	추가 이익	페널티
선 (빛의 성)	없음	망토 획득 거주지 스킬	어둠의 성 초기화 퀘스트, 경험치 증가 버프	–
악 (어둠의 성)	판매 세율 30% 구입 세율 10%	망토 획득 거주지 스킬	–	세금 회수 캠페인, 성 초기화 퀘스트

【플레이어 간 전투 시스템】 플레이어 간 전투는 게임 내 지역에 따라서 진행 가능 여부가 결정된다. 안전지역에서는 플레이어 간 전투가 불가능하며, 전투 지역에서는 성향, 경험치, 아이템의 손실 없이 자유롭게 전투가 가능하다. 일반 지역에서는 상호 전투는 허용되지만, 경험치 및 아이템 손실이 발생한다. 공성전 지역은 공성전이 시작되면 플레이어 간 전투가 자유로운 지역으로 전환된다.

〈리니지 II〉에서 제공하는 플레이어 간 전투 관련 콘텐츠		
플레이어 간 전투 콘텐츠	진행 방식	진행 장소
공성전	다양한 혜택을 얻을 수 있는 성을 놓고 벌어지는 혈맹 간의 경쟁.	글루디오 성, 디온 성, 기란 성, 루운 성, 아덴 성, 인나드릴 성, 고다드 성, 슈트가르트 성
차원 공성전	각 서버의 성을 소유한 혈맹들이 한 자리에 모여 진행되는 월드 공성전. 각 혈맹당 최대 70인 인원 제한.	차원 서버

그랜드 올림피아드	영웅을 선출하는 경기. 동일 클래스의 일대일, 클래스 무관의 일대일, 클래스 무관의 3대 3 경기.	올림피아드 경기장
혼돈의 제전	다수의 인원이 경쟁. 1대 다(多) 전투를 즐길 수 있는 혈맹 전용 전투 콘텐츠.	혼돈의 제전 경기장
지하 콜로세움	7대 7 이상의 인원이 모여 하는 개인전과 단체전이 혼합된 경기.	환상의 섬
크라테의 큐브	다수의 인원이 경쟁하여 최고 강자를 가리는 전략적 플레이어 간 전투 경기. 개인전.	환상의 섬
클레프트	공중 플레이어 간 전투 시스템으로 비행 변신이 가능 한 플레이어만 참여 가능.	그레시아 대륙- 클레프트

평가 엔씨소프트에서 제작한 다중접속온라인 역할수행 게임이다. 신일숙의 만화 『리니지』에 토대를 둔 중세 판타지 세계관을 차용했다. 한국 게임 회사에서 개발한 최초의 다중접속온라인 역할수행 게임으로, 한국 다중접속온라인 역할수행 게임의 기준을 세웠다.

출시 첫해인 1998년 대한민국 게임대상 '대상'을 받았고, 2003년 출시된 〈리니지 II〉 역시 당해 대한민국 게임대상 '대통령상'을 받았다. 2000년 미국의 베타 서비스 오픈을 시작으로, 일본, 홍콩, 중국 등으로 활발하게 진출했다. 〈리니지 II〉에서 발생한 '바츠 해방 전쟁'은 온라인 게임에서 사용자-사용자 상호작용의 대표적 사례로 꼽힌다.

- **핵심어** 성향치, 혈맹, 공성전, 플레이어 간 전투, 피케이
- **시리즈**
  1998 〈리니지(Lineage)〉
  2003 〈리니지 II(Lineage II)〉
- **참고 자료** 이인화, 『한국형 디지털 스토리텔링 : 「리니지 2」 바츠 해방 전쟁 이야기』, 살림, 2005. | 한혜원, 『디지털 게임 스토리텔링 : 게임 은하계의 뉴 패러다임』, 살림, 2005. | 머니투데이, 〈엔씨, 1분기 영업익 449억원… 전년 수준 성과 기록〉, http://news.joins.com/article/17789112?cloc=joongang%7Cext%7Cgooglenews

마블 vs. 캡콤 Marvel vs. Capcom / マーヴル vs. カプコン

출시연도 1998년
개발사 캡콤(Capcom)
장르 대전 격투 게임
플랫폼 플레이스테이션

플레이 게임의 목표는 대전을 통해 상대 플레이어를 진압하는 것이다. 플레

이어는 아케이드 모드와 스토리 모드 중 하나를 선택할 수 있다. 아케이드 모드의 경우, 플레이어들끼리 2대 2로 대전을 진행한다. 플레이어는 게임 시작 전 15인의 캐릭터 중 2인을 고를 수 있으며, 보조 전용 캐릭터인 스페셜 파트너 1인은 임의로 지정된다. 게임이 시작되면 일대일로 싸우다가, 첫 번째 캐릭터가 사망하면 두 번째 캐릭터로 교체된다. 위급한 상황에서는 한정된 횟수로 스페셜 파트너를 불러내어 공격하게 할 수 있다. 스토리 모드로 진행할 경우, 플레이어는 엔피시(NPC)들과 전투를 하게 된다. 목표는 최종 보스인 온슬로트를 무찌르는 것이다.

〈마블 vs. 캡콤 2 : 뉴 에이지 오브 히어로즈〉부터는 선택 가능한 캐릭터가 56인으로 증가했으며, 스페셜 파트너 시스템이 사라지고 3대 3 대전 시스템으로 바뀌었다.

평가 캡콤에서 개발한 크로스오버 대전 게임으로, 〈엑스맨 vs. 스트리트 파이터〉, 〈마블 슈퍼 히어로즈 vs. 스트리트 파이터〉에 이어 캡콤 배리어블 시리즈(variable series)의 3번째 작품이다. 2013년 잡지 《긱(GEEK)》에서 최고의 마블 비디오 게임 중 하나로 선정됐다. 〈마블 vs. 캡콤 2 : 뉴 에이지 오브 히어로즈〉는 대전 격투 게임 최초로 3대 3 배틀 시스템을 확립했다.

■ **핵심어** 배리어블 시리즈, 마블, 캡콤
■ **시리즈**
1998 〈마블 vs. 캡콤 : 클래시 오브 슈퍼 히어로즈(Marvel vs. Capcom : Clash of Super Heroes)〉
2000 〈마블 vs. 캡콤 2 : 뉴 에이지 오브 히어로즈(Marvel vs. Capcom 2 : New Age of Heroes)〉
2011 〈마블 vs. 캡콤 3 : 페이트 오브 투 월드(Marvel vs. Capcom 3 : Fate of Two Worlds)〉
   〈얼티메이트 마블 vs. 캡콤 3(Ultimate Marvel vs. Capcom 3)〉
2012 〈마블 vs. 캡콤 오리진스(Marvel vs. Capcom Origins)〉

발더스 게이트 Baldur's Gate

출시연도 1998년
개발사 바이오웨어(BioWare)
장르 역할수행 게임
플랫폼 PC

스토리 주인공과 이모엔은 발더스 게이트의 남쪽에 있는 캔들킵에서 현자 고라이온의 양자로 살아왔다. 그러던 어느 날, 철 생산이 중단되고 강철도 다 부스러지는 이상한 일들이 일어난다. 갑자기 산적들이 철을 찾기 위해 사방을 뒤지고 다녔으며, 용병들이 주인공의 목숨을 노리기 시작한다. 고라이온은 사건의 내막을 알았으나 주인공에게는 그 사실을 숨긴 채 함께 은신처로 도망가자고 한다. 그러나 캔들킵을 떠난 다음 날 밤, 주인공 일행 앞에 의문의 사내가 나타나 주인공을 내놓으라고 위협하고 주인공을 지키려던 고라이언은 싸움 끝에 살해당한다. 몰래 뒤따라오던 이모엔은 주인공을 위로하며 여정에 동행하겠다고 한다. 주인공과 이모엔은 고라이언이 마지막으로 남긴 유언에 따라 고라이언의 모험가 친구들을 찾아간다. 철 부족 사태의 원인을 알아내고자 나쉬켈 광산으로 향하는 과정에서 주인공은 자신의 존재에 얽힌 비밀과 철에 얽힌 음모들을 밝혀나간다.

플레이 플레이어는 주어진 임무를 수행하면서 자유롭게 게임 세계를 탐험한다. 싱글 플레이 모드와 멀티 플레이 모드가 모두 가능하다. 게임은 총 7개의 장으로 이루어져 있으며, 다음 장으로 넘어갈 때마다 음성 해설이 나온다. 캐릭터를 생성할 때 고른 직업에 따라 선택할 수 있는 능력치, 가치관, 무기의 숙련도 등이 달라진다. 플레이어는 엔피시(NPC)를 최대 6인까지 모아 파티를 구성할 수 있다. 전투로 얻은 경험치를 통해 플레이어 캐릭터를 포함한 파티원을 성장시킬 수 있다. 몬스터 사냥, 퀘스트 진행 외에도 엔피시를 살해해 수배범이 되거나 엔피시와 연애를 할 수 있는 등 게임의 자유도가 높다. 플레이 방식에 따라 엔딩이 달라진다.

평가 〈발더스 게이트〉는 〈던전 앤 드래곤(Dungeons & Dragons)〉 시리즈의 포가튼 렐름 세계관을 차용했다. 1999년 오리진 어워드(Origins Award)에서 '1998년 최고의 역할수행 게임(Best Role-Playing Game Computer Game of 1998)'에 선정됐다. 게임 비평 사이트 아이지앤(IGN)에서 2015년 6월 기준 10점 만점에 9.4점을 받았다.

〈어드밴스드 던전 앤 드래곤(Advanced Dungeons & Dragons)〉의 규칙을 성공적으로 컴퓨터 게임에 접목시켜 이후 〈플레인 스케이프 : 토먼트(Planescape : Torment)〉나 〈아이스윈드 데일(Icewind Dale)〉, 〈아이스윈드 데일 II(Icewind Dale II)〉에 영향을 미쳤다.

■ **핵심어** 던전 앤 드래곤, 자유도, 멀티 엔딩

■ 시리즈
1998 〈발더스 게이트(Baldur's Gate)〉
1999 〈발더스 게이트 : 테일즈 오브 더 소드 코스트 (Baldur's Gate : Tales of the Sword Coast)〉
2000 〈발더스 게이트 II : 쉐도우 오브 암(Baldur's Gate II : Shadows of Amn)〉
2001 〈발더스 게이트 II : 쓰론 오브 바알(Baldur's Gate II : Throne of Bhaal)〉
2012 〈발더스 게이트 : 인핸스드 에디션(Baldur's Gate : Enhanced Edition)〉
2013 〈발더스 게이트 II : 인핸스드 에디션(Baldur's Gate II : Enhanced Edition)〉
■ 참고 자료 Philip Athans, *Baldur's Gate : A Novelization*, Wizards of the Coast, 1999. | William H. Keith Jr., Nina Barton, *Baldur's Gate Official Strategy Guide*, Brady Games, 1998.

버스트 어 무브 Bust A Groove / バストアムーブ

출시연도 1998년
개발사 메트로 그래픽스(Metro Graphics)
장르 리듬 게임, 대전 게임
플랫폼 플레이스테이션

플레이 게임의 목표는 춤 대결에서 승리하는 것이다. 싱글 플레이 모드와 멀티 플레이 모드가 있으며, 플레이어는 10인의 캐릭터 중 한 명을 선택해 다른 캐릭터와 춤 대결을 한다. 노래 박자에 맞춰, 화면에 나타나는 네 방향의 화살표와 ○, ×, □, △ 표시 등에 대응되는 콘솔의 버튼을 눌러야 한다. 각각의 캐릭터는 상대 캐릭터의 춤을 방해하는 재머(jammer) 기술과 공격을 피하는 회피기를 사용할 수 있다. 재머 기술은 각 캐릭터의 특징과 관계 있다. 싱글 플레이 모드의 경우, 플레이어는 총 8인의 캐릭터와 대결한 후에 히든 보스 로보-제트와 대결한다.

평가 리듬 게임과 대전 게임을 결합한 게임이다. 독창적인 캐릭터 디자인과 개성 있는 춤 동작으로 대중적인 성공을 거뒀다.

■ 핵심어 춤, 대전, 회피기
■ 시리즈
1998 〈버스트 어 무브(Bust A Groove)〉
1999 〈버스트 어 무브 2(バストアムーブ2ダンス天国 mix)〉
2001 〈버스트 어 무브 : 댄스 서밋 2001(ダンスサミット2001バストアムーブ)〉
■ 참고 자료 Mark J. P. Wolf, *The Medium of the Video Game*, University of Texas Press, 2002.

스타크래프트 StarCraft

출시연도 1998년
개발사 블리자드 엔터테인먼트(Blizzard Entertainment)
장르 실시간 전략 게임
플랫폼 PC

스토리 〈스타크래프트〉 시리즈의 스토리는 각 타이틀의 캠페인 모드를 통해
제공된다. 23세기 이후 우주를 배경으로, 지성체를 상징하는 외계 종족 프로토
스와 집단의식을 가진 외계 괴물 저그, 지구에서 추방된 인류인 테란 사이에 일어
난 전쟁 이야기이다. 캠페인 모드는 테란의 차우 사라 정착과 저그의 진군, 저그
에 대한 프로토스의 공격, 이로 인한 세 종족 전쟁의 발발과 진행 과정을 연대기
순으로 제공한다. 각 종족의 특성 및 능력은 종족 세계관에 따라 설정된다.

【프로토스의 세계관】 우주를 방랑하는 고대 종족 젤나가는 프로토-유전자 진
화 공학을 발전시키기 위해 아이우 행성에 거주하는 부족을 진화 대상으로 결정
하고 프로토스라 명한다. 젤나가는 프로토스의 진화를 앞당겨 완전한 지성과 육
체를 부여하지만, 프로토스가 자신을 의심하기 시작하자 진화 계획을 실패로 단
정 짓고 아이우를 떠난다. 대울이라는 규율하에 지구인을 보호하던 프로토스는
지구인 행성 차우 사라에 진격한 젤나가의 두 번째 창조물 저그를 공격한다. 결
국 지구인에게 존재를 발각당한 프로토스는 행성을 떠나 지구인을 학살하지 않
고 저그를 막을 수 있는 방법을 연구하기 시작한다.

【저그의 세계관】 제러스 행성의 하등 동물 저그는 젤나가의 실험에 의해 숙주
를 통해 환경에 적응하는 종족으로 진화한다. 젤나가는 저그의 집단의식을 초월
체에 통합해 모든 개체를 조종하도록 만들고, 성장한 초월체는 자신의 창조주인
젤나가까지 흡수해 창조주의 지식과 능력을 얻고 프로토스의 존재를 깨닫는다.
프로토스와의 전쟁을 위해 아이우 행성으로 진격한 저그는 지구인을 발견하고,
이들을 흡수하기 위해 지구인 행성 차우 사라에 머무르다 프로토스의 공격을 받
는다. 이를 지켜보던 초월체는 저그 군단을 철수시킨 후, 우선 프로토스와 지구인
의 행적을 지켜보기로 한다.

【테란의 세계관】 2229년 지구의 국제 강대국 협의회는 인류의 신성성을 보존하
려는 목적하에 인간 사이버네틱스, 돌연변이, 범죄자를 우주로 추방한다. 4척의

수송선 중 3척의 수송선은 각기 다른 행성에 착륙해 문명을 만들고 상호 조약을 통해 번성한다. 이 중 가장 문명이 발달한 타소니아 인은 행성 식민지를 건설하고 지구 동맹을 설립하나, 이들의 지배에 반발한 세력들이 반동맹을 설립하면서 전쟁이 발발한다. 그러던 중 외계 함포가 식민지 행성 중 하나인 차우 사라를 습격하게 되면서, 지구인은 최초로 프로토스와 저그라는 외계 종족을 마주하게 된다.

플레이 싱글 플레이와 멀티 플레이로 게임을 진행할 수 있다. 싱글 플레이 모드는 인공지능(Artificial Intelligence, AI) 대전과 캠페인 모드로, 플레이어는 인공지능 대전에서 봇을 대상으로 다양한 전략을 시험해 볼 수 있고, 캠페인 모드를 통해 특정 종족의 입장에서 미션을 수행하고 게임 서사를 경험할 수 있다. 멀티 플레이 모드에서 플레이어는 배틀넷(Battle.net) 서비스를 이용해 최소 2인에서 최대 8인에 이르는 플레이어와 실시간 대전을 치를 수 있다.

플레이어는 프로토스, 저그, 테란 중 한 종족을 선택해 종족 특성에 따라 자원을 관리하고, 기회비용에 따라 전략적으로 유닛 및 건물을 생산하며 시야를 확보한다. 최종적으로 상대 기지를 점령하거나 항복을 받아내는 플레이어가 사령관이 되어 승리한다.

【자원 채취】 유닛과 건물 생산, 기술 연구에 사용되는 자원은 광물과 베스핀 가스 2가지로 분류된다. 광물은 모든 유닛과 건물을 생산하는 데 소모되는 기본 자원이며, 베스핀 가스는 고급 유닛과 기술 연구에 소모되는 희귀 자원이기 때문에 별도의 생산 건물이 있어야 채취할 수 있다. 맵에 배치된 자원은 각 종족의 노동형 유닛이 채취할 수 있으며, 채집 후 가까운 건물로 옮겨진다. 유닛 운용 및 건물 생산, 기술 발전 정도를 결정하는 중요한 요소이기 때문에 플레이어는 지속적이고 전략적으로 자원을 확보하고 사용해야 하며, 전투 중에도 자원 지역을 찾고 이를 확보하는 것이 중요한 전략으로 여겨진다.

【유닛 운용】 〈스타크래프트〉 시리즈는 유닛 간 상성을 체계적인 시스템으로 확립한 게임이다. 종족 세계관에 따라 유닛의 일반적인 특성이 결정되며, 같은 역할을 수행할지라도 유닛마다 크기, 공격 방식, 기본 능력치가 다르게 설정되기 때문에 플레이어는 자신이 플레이하는 종족 유닛의 특징뿐 아니라 상대 플레이어의 종족 유닛의 특징을 고려해 전략을 수립해야 한다. 가령 프로토스의 유닛은 생산에 소모되는 자원의 양이 많은 대신 개별 능력치가 높고, 공격과 방어의 중간 형

<table>
<tr><th colspan="4">〈스타크래프트 II : 군단의 심장〉 종족 및 역할에 따른 유닛 분류
(* : 변이 및 조합을 통해 생성되는 유닛)</th></tr>
<tr><th>종족＼유형</th><th>프로토스</th><th>저그</th><th>테란</th></tr>
<tr><td>노동형</td><td>탐사정(Probe)</td><td>일벌레(Drone)</td><td>건설로봇(SCV)</td></tr>
<tr><td>정찰형</td><td>관측선(Observer)</td><td>대군주(Overlord)
감시군주(Overseer)*</td><td>사신(Reaper)</td></tr>
<tr><td>수송형</td><td>차원 분광기(Warp Prism)</td><td>땅굴 벌레(Nydus Worm)</td><td>의료선(Medivac)</td></tr>
<tr><td>공격형</td><td>광전사(Zealot)
파수기(Sentry)
추적자(Stalker)
불멸자(Immortal)
거신(Colossus)
불사조(Phoenix)
공허 포격기(Void Ray)
암흑 기사(Dark Templar)
모선 핵(Mothership Core)
모선(Mothership)*
폭풍함(Tempest)</td><td>저글링(Zergling)
맹독충(Baneling)*
바퀴(Roach)
히드라리스크(Hydralisk)
뮤탈리스크(Mutalisk)
타락귀(Corruptor)
무리 군주(Brood Lord)*
울트라리스크(Ultralisk)</td><td>해병(Marine)
불곰(Marauder)
유령(Ghost)
화염차(Hellion)
공성전차(Crucio Siege Tank)
토르(Thor)
밴시(Banshee)
전투 순양함(Battle Cruiser)</td></tr>
<tr><td>마법형</td><td>고위 기사(High Templar)
집정관(Archon)*</td><td>여왕(Queen)
살모사(Salmosa)</td><td>밤까마귀(Raven)</td></tr>
<tr><td>기타</td><td>우주모함(Carrier)
예언자(Oracle)</td><td>애벌레(Larva)
감염충(Infestor)
군단 숙주(Swarm Host)</td><td>바이킹(Viking)
화염기갑병(Hellbat)
땅거미 지뢰(Widow Mine)</td></tr>
</table>

태를 지향한다. 반면 저그의 유닛은 공격형으로, 최소 비용으로 다량 생산이 가능하나 다른 종족 유닛에 비해 방어력이 낮은 편이다. 테란의 유닛은 방어력이 높고 이착륙이 가능하지만, 공격 및 이동 속도가 느리다는 단점이 있다.

이러한 종족별 유닛의 설정은 고급 유닛의 생산 방식에도 영향을 미친다. 테란의 고급 유닛은 모두 건물에서 직접 생산하는 방식을 따르지만, 프로토스는 하급 유닛을 조합해 일부 고급 유닛을 생산할 수 있으며, 저그는 하급 유닛을 고급 유닛으로 변이시킬 수 있다. 기본적인 역할에 따라 유닛은 위의 표와 같이 분류된다.

【건물 생산】 플레이어는 채취한 자원으로 건물을 짓고 기술을 발전시킬 수 있다. 건물마다 자원 수집, 개체 수 관장, 유닛 생산, 방어, 기술 연구 등 다양한 능력을 보유하고 있으며, 기본 건물인 프로토스의 연결체, 저그의 부화장, 테란의 사령부에서 시작해 선택과 조합을 통해 생산할 수 있다. 몇몇 건물을 제외하고는 특정 조건을 충족시켜야 다음 단계의 건물을 생산할 수 있기 때문에, 플레이어는 전략에 따라 가장 효율적인 방법을 선택해 건물 생산 순서를 정한다.

종족에 따라 자신의 특성에 맞는 건물 생산 순서인 기술 계통도(technology

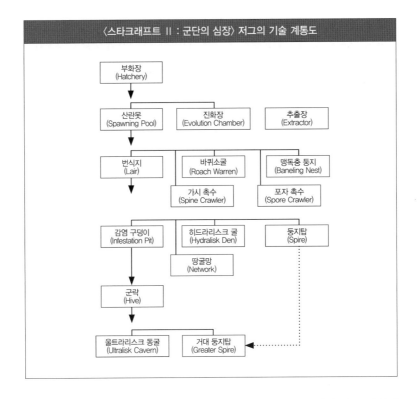

〈스타크래프트 II : 군단의 심장〉 저그의 기술 계통도

- 부화장 (Hatchery)
  - 산란못 (Spawning Pool)
    - 번식지 (Lair)
      - 감염 구덩이 (Infestation Pit)
        - 군락 (Hive)
          - 울트라리스크 동굴 (Ultralisk Cavern)
          - 거대 둥지탑 (Greater Spire)
      - 히드라리스크 굴 (Hydralisk Den)
        - 땅굴망 (Network)
      - 둥지탑 (Spire)
    - 바퀴소굴 (Roach Warren)
      - 가시 촉수 (Spine Crawler)
    - 맹독충 둥지 (Baneling Nest)
      - 포자 촉수 (Spore Crawler)
  - 진화장 (Evolution Chamber)
  - 추출장 (Extractor)

tree)를 보유하고 있으며, 플레이어는 기술 계통도를 고려해 자신의 건물 생산 순서인 빌드 오더(build order)를 결정하게 된다. 위 그림은 저그의 기술 계통도로, 저그의 경우 산란못과 진화장을 생산하기 위해서는 부화장을, 번식지와 바퀴 소굴, 맹독충 둥지, 가시 촉수, 포자 촉수를 생산하기 위해서는 산란못을 먼저 생산해야 한다.

【사용자 제작 게임】 〈스타크래프트〉 시리즈는 스타에디트(StarEdit)라는 맵 편집기를 게임 내에 도입해 사용자 제작 게임인 유즈맵(usemap) 제작을 지원한다. 플레이어는 직접 〈스타크래프트〉의 지형, 유닛, 미션 등의 요소를 이용해 새로운 모드의 게임을 제작하고, 이를 다른 플레이어와 공유 및 플레이할 수 있다. 특히 〈스타크래프트 II〉 시리즈는 아케이드 모드를 추가해 맵 편집기와 아트 툴을 비롯한 모든 개발 도구를 전면 공개해 플레이어들이 적극적으로 사용자 제작 게임을 만들고 공유할 수 있는 환경을 제공한다. 〈스타크래프트〉 시리즈의 사용자 제작 게임은 '블리자드 아케이드'라는 명칭하에 메인 콘텐츠로 확대되며 플레이어

에게 새로운 재미 요소를 부여한다.

평가 〈스타크래프트〉 시리즈는 실시간 전략 게임의 장르적 전형을 마련한 대표적인 사례로 평가된다. 실시간 전략 게임 최초로 3종족 시스템과 가로 인터페이스를 도입하고, 지속적인 업데이트 및 패치를 통해 안정적인 밸런싱 체계를 구축해 단순 물량전에 지나지 않았던 실시간 전략 게임의 한계를 극복했다. 이후 개발된 모든 실시간 전략 게임의 표준을 마련했다.

1998년 게임제조업협회(Game Manufacturers Association, GAMA)에서 '최고의 전략 컴퓨터 게임 상(Best Strategy Computer Game)'을 비롯한 다수의 상을 수상했다. 같은 해 게임 비평 사이트 아이지앤(IGN)에서 가장 많이 팔린 게임으로 기록됐으며, 2003년과 2005년에는 '역사상 최고의 게임 100선' 중 7위에 랭크했다.

한국에서 〈스타크래프트〉는 온라인 게임의 대중화와 이-스포츠(e-sports) 활성화에 기여했다. 한국의 〈스타크래프트〉 판매량은 2009년 1월 기준 전 세계 판매량의 약 64%에 육박했다. 1998년에는 최초의 프로게이머 리그인 한국 프로게이머 리그(Korea Professional Gamers League, KPGL)가 개최되었고, 이듬해 1999년에 프로게이머 코리아 오픈(Progamer Korea Open, PKO)이 개최됐다.

프로게이머 코리아 오픈은 온게임넷(Ongamenet)의 스타리그(StarLeague)로 발전해 2012년까지 〈스타크래프트〉와 〈스타크래프트 : 종족 전쟁〉 프로 대회를 진행했고, 2012년 이후부터 〈스타크래프트 Ⅱ〉 시리즈의 프로 대회를 진행 중이다. 2015년부터는 블리자드 엔터테인먼트의 월드 챔피언십 개편에 따라 블리자드 엔터테인먼트와 스포 티브이 게임즈(SPO TV Games)가 주최하는 스타크래프트 Ⅱ 스타리그(StarCraft Ⅱ StarLeague, SSL)가 신설됐다.

- **핵심어** 상성, 종족, 밸런싱, 자원, 유닛, 기술 계통도, 빌드 오더, 유즈맵, 이-스포츠
- **시리즈**

  1998 〈스타크래프트(StarCraft)〉

  1998 〈스타크래프트 : 종족 전쟁(StarCraft : Brood War)〉

  2010 〈스타크래프트 Ⅱ : 자유의 날개(StarCraft Ⅱ : Wings of Liberty)〉

  2013 〈스타크래프트 Ⅱ : 군단의 심장(StarCraft Ⅱ : Heart of the Swarm)〉

  2015 〈스타크래프트 Ⅱ : 공허의 유산(StarCraft Ⅱ : Legacy of Void)〉

- **참고 자료** 김원보, 최유찬, 『컴퓨터 게임과 문화』, 이룸, 2005. | Jessie Tatom, *Starcraft-The Experts Secrets Game and Strategy Guide*, Emereo Publishing, 2010. | Tony Mott, *1001 Video Games : You Must Play Before You Die*, Universe, 2010. | IGN, "STARCRAFT NAMED #1 SELLER IN 1998", www.ign.com/articles/1999/01/21/starcraft-named-1-seller-in-1998

입체닌자활극 천주 Tenchu : Stealth Assassins / 立体忍者活劇 天誅

출시연도 1998년
개발사 어콰이어(Acquire)
장르 액션 어드벤처 게임
플랫폼 플레이스테이션

스토리 16세기 일본, 어렸을 때부터 닌자 집단에서 자란 리키마루와 아야메는 영주인 고다의 명을 받아 잠입 활동을 하게 된다. 리키마루와 아야메는 고다의 영지를 돌아다니면서 부정부패를 찾아내고 정보를 모은다. 어느 날, 고다의 영지는 메이오가 조종하는 오니카게로부터 예상치 못한 공격을 받는다. 리키마루와 아야메는 위기에 빠진 영지를 지키기 위해 맞서 싸운다.

플레이 잠입을 통해 상대를 제압하는 것이 게임의 목표이다. 기본으로 제공되는 플레이어 캐릭터는 리키마루와 아야메이다. 플레이어는 스텔스 킬(stealth kills)이라는 동작을 통해 적을 제거하고, 기 미터(ki meter)를 사용하여 적의 감시를 피해야 한다. 몸을 웅크리거나 벽 뒤에 숨는 등의 행동을 통해 적에게 들키지 않도록 해야 한다. 플레이어는 게임 도중 얻게 되는 아이템과 기술을 통해 적을 제거하고 임무를 완수해야 한다.

평가 일본의 봉건시대를 배경으로 한 닌자 잠입 게임이다. 닌자술을 사실적인 그래픽으로 구현했으며 스텔스 게임(stealth gam) 장르의 기반을 마련했다는 평가를 받는다.

- **핵심어** 스텔스 게임, 잠입 액션 어드벤처 게임
- **시리즈**
  1998 〈입체닌자활극 천주(立体忍者活劇 天誅)〉
  2000 〈입체닌자활극 천주 2(立体忍者活劇 天誅 弐)〉
  2003 〈천주 3(天誅 参)〉
  2004 〈천주 홍(天誅 紅)〉
  2005 〈천주 인대전(天誅 忍大全)〉
  2006 〈천주 다크 쉐도우(天誅 DARK SHADOW)〉
      〈천주 천란(天誅 千乱)〉
  2008 〈쉐도우 어설트 ~천주~(Shadow Assault ~TENCHU~)〉
      〈천주 4(天誅 4)〉

- **참고 자료** Matt Fox, *The Video Games Guide : 1,000+ Arcade, Console and Computer Games, 1962-2012*, McFarland, 2013. | Guinness World Records, *Guinness World Records Gamer's Edition 2015 Ebook*, Guinness World Records, 2014. | Maureen Thomas, François Penz, *Architectures of Illusion : From Motion Pictures to Navigable Interactive Environments*, Intellect Books, 2003.

코만도스 : 사선에서 Commandos : Behind Enemy Lines

출시연도 1998년
개발사 파이로 스튜디오(Pyro Studios)
장르 전략 시뮬레이션 게임
플랫폼 PC

스토리 제2차 세계대전이 한창인 1940년 여름, 독일 나치군의 공세에 노르웨이, 프랑스 등 연합국 진영의 국가들이 하나둘 무너진다. 영국만이 유럽 국가 중 유일하게 독일 제국에 대항하는 상황이다. 독일은 영국을 탈환하기 위해 전군을 집결시켜 공격을 준비한다. 이에 영국은 게릴라전에 익숙하고 모든 무기를 자유자재로 다룰 수 있는 소수 정예 엘리트 특수부대인 '코만도스'를 설립한다. 코만도스의 대원들은 항시 죽음의 위협이 도사리는 나치군의 기지와 시설에 잠입한다.

플레이 플레이어 캐릭터는 코만도스의 사령관으로, 게임의 목표는 전략을 세워 코만도스 대원들을 나치군의 기지에 잠입시키고 임무를 수행하도록 명령하는 것이다. 플레이어는 그린 베레, 저격수, 해병, 철거 전문가, 스파이, 베테랑 운전병 등 6인의 대원에게 명령을 내릴 수 있다. 소총 쏘기, 주먹질하기, 곤봉 휘두르기 등 각 캐릭터마다 사용할 수 있는 전문 기술이 다르다. 임무는 총 20개로, 적의 기지 폭파, 적 요인 암살, 아군의 시설 보호로 분류할 수 있다. 수행 시간이 짧을수록 진급이 빨라진다. 화면 분할 기능이 도입되어 투입된 복수의 대원들을 효율적으로 조종하기에 용이하다. 캐릭터마다 전문 분야가 다르기 때문에 한 명이라도 사망하면 게임이 종료된다.

평가 제2차 세계대전 당시의 다양한 장비들을 사실적으로 재현했다는 점에서 호평을 받았다.

- **핵심어** 제2차 세계대전, 잠입, 특수부대, 화면 분할 기능
- **시리즈**
  1998 〈코만도스 : 사선에서(Commandos : Behind Enemy Lines)〉
  2001 〈코만도스 2 : 멘 오브 커리지(Commandos 2 : Men of Courage)〉
  2003 〈코만도스 3 : 데스티네이션 베를린(Commandos 3 : Destination Berlin)〉
- **참고 자료** 하이텔 모플리 동호회 외, 『나도 한다! 게임닷컴 2』, 삼각형프레스, 2000. | Rick Hall, Jeannie Novak, *Game Development Essentials : Online Game Development*, Cengage Learning, 2008.

톰 클랜시의 레인보우 식스 Tom Clancy's Rainbow Six

출시연도 1998년
개발사 레드 스톰 엔터테인먼트(Red Storm Entertainment)
장르 1인칭 슈팅 게임
플랫폼 PC

스토리 레인보우란 전직 미국 중앙정보국 요원 존 클라크가 창설한 국제적 대테러기관이며, 레인보우 식스는 클라크의 코드명이다. 레인보우의 존재는 협정국의 보안과 관련된 소수를 제외하고 철저하게 비밀에 부쳐져 있다. 정치적 성향과 관계없이 인명사상이 발생할 수 있는 테러에 대해서는 무조건 출동한다.

플레이 플레이어는 주어진 임무와 관련된 작전을 계획하고 완수해야 한다. 대부분의 임무는 적을 모두 섬멸하면 완수되지만, 일부 임무는 인질 구출, 폭발물 해체 등의 요건을 충족시켜야 한다. 캐릭터 중 최대 8인까지 작전에 투입할 수 있다. 각 캐릭터마다 공격력, 잠입능력, 폭파능력 등 능력치의 조합이 달라 임무에 맞춰 적절히 선별해야 한다. 선택된 캐릭터로 블루, 레드, 그린, 골드 총 4팀까지 분대를 구성할 수 있다. 한 분대당 최대 인원은 4인이다.

게임을 플레이하기 전, 플레이어는 캐릭터가 착용할 유니폼과 장착할 무기를 선택하고 분대별로 이동 경로를 설정한다. 플레이어는 분대 중 한 캐릭터의 시점으로 게임을 플레이하며 이외의 캐릭터들은 인공지능에 의한 자동 전투로 실행한다. 게임 진행 중 다른 분대의 대원으로 시점 전환을 할 수 있다. 심장박동 센서를 적용하면 미니맵상에 적의 위치가 표시되어 전략을 세우기에 용이하다. 부위에 따라 한 발만 맞아도 사살되므로 신중한 플레이가 요구된다.

평가 〈톰 클랜시의 레인보우 식스〉는 소설가 톰 클랜시(Tom Clancy)의 동명 소설을 원작으로 제작된 게임이다. 게임 전문 사이트 게임스팟(GameSpot)은 〈레인보우 식스〉의 전투 방식이 속도감 있고 사실적이라고 평가했다. 한국에서의 인기에 힘입어 〈레인보우 식스 : 로그 스피어〉에서는 한국 국적의 박서원 캐릭터가 추가됐다.

- **핵심어** 특수부대, 테러 진압, 1인칭 슈팅 게임
- **시리즈**
  1998 〈톰 클랜시의 레인보우 식스(Tom Clancy's Rainbow Six)〉
  1999 〈톰 클랜시의 레인보우 식스 : 로그 스피어(Tom Clancy's Rainbow Six : Rogue Spear)〉

2003 〈톰 클랜시의 레인보우 식스 : 레이븐 쉴드(Tom Clancy's Rainbow Six : Raven Shield)〉
2005 〈톰 클랜시의 레인보우 식스 : 락다운(Tom Clancy's Rainbow Six : Lock Down)〉
2006 〈톰 클랜시의 레인보우 식스 : 베가스(Tom Clancy's Rainbow Six : Vegas)〉
2008 〈톰 클랜시의 레인보우 식스 베가스 2(Tom Clancy's Rainbow Six Vegas 2)〉
2015 〈톰 클랜시의 레인보우 식스 : 시즈(Tom Clancy's Rainbow Six : Siege)〉

■ **참고 자료** 권기업, AvAtAr Clan, 『레인보우 식스 테이크다운 가이드북』, 게임브로드밴드, 2001. | 글로넷 기획팀, 『레인보우 식스 : 고수 살아서 돌아온다』, 글로넷, 2000. | GameSpot, "Tom Clancy's Rainbow Six Review", www.gamespot.com/reviews/tom-clancys-rainbow-six-review/1900-2532683/

하프라이프 Half-Life

출시연도 1998년
개발사 밸브 코퍼레이션(Valve Corporation)
장르 1인칭 슈팅 게임
플랫폼 PC

스토리 고든 프리먼은 뉴멕시코의 블랙 메사 연구 시설에서 이상 물질을 분석하는 연구원이다. 실험을 위해 이상 물질 견본을 스캐닝 빔에 넣는 순간, 폭발음과 함께 젠이라는 외계 행성과 연결된 포털이 형성된다. 그리고 포털을 통해 외계 생물이 지구로 침공한다. 외계인을 처리하기 위해 해병대가 투입되지만 정부는 기밀 사항의 유출을 막기 위해 관련자 모두를 사살하라고 명한다. 이에 프리먼은 외계 생물과 해병대로부터 벗어나 젠 행성에 있는 외계 생물의 우두머리인 니힐 란스를 죽이기 위해 떠난다.

플레이 게임의 목표는 외계 생물과 해병대를 물리치고, 젠 행성으로 가서 니힐란스를 죽이는 것이다. 적을 물리치는 전투와 퍼즐 요소로 게임이 진행된다. 플레이어는 쇠지레와 권총 등의 무기로 적을 물리칠 수 있다. 플레이어는 유해 환경 보호복 착용을 통해 캐릭터의 체력 상태나 소유한 무기 등의 성능, 주변의 위험 등을 확인하는 것이 가능하다. 유해 환경 보호복은 전용 충전기 및 응급 처치 기기 등을 통해 정기적으로 에너지를 충전해야 한다. 플레이어는 엔피시(NPC)인 연구원 등으로부터 필요한 정보를 얻어야 한다. 중요한 엔피시가 죽으면 게임이 끝난다.

평가 〈하프라이프〉는 키보드 중 WASD키를 이동키로 설정했다. 이를 통해

WASD 이동키가 대중화되어 이후 대부분의 1인칭 슈팅 게임은 WASD키 조작 방식을 따르게 되었다. 이 게임의 모드(MOD)로 제작된 게임이 〈카운터-스트라이크(Counter-Strike)〉이다.

- **핵심어** 존 카맥
- **시리즈**
  1998 〈하프라이프(Half-Life)〉
  2004 〈하프라이프 2(Half-Life 2)〉
  2006 〈하프라이프 2 : 에피소드 1(Half-Life 2 : Episode One)〉
  2007 〈하프라이프 2 : 에피소드 2(Half-Life 2 : Episode Two)〉
- **참고 자료** Barry Atkins, *More Than a Game : The Computer Game as Fictional Form*, Manchester University Press, 2003. | David Edery, Ethan Mollick, *Changing the Game : How Video Games Are Transforming the Future of Business*, FT Press, 2008. | Margaret Faulkner, *Half-life 95 Success Secrets*, Emereo Publishing, 2015. | Ralph Contreras, *Steam Machine 113 Success Secrets : 113 Most Asked Questions on Steam Machine-What You Need to Know*, Emereo Publishing, 2014.

대난투 스매시 브라더스
Super Smash Bros. / 大乱闘スマッシュブラザーズ

출시연도 1999년
개발사 할 연구소(Hal Laboratory)
장르 액션 게임
플랫폼 닌텐도 64

플레이 상대 플레이어의 캐릭터와 싸워 이기는 것이 목표이다. 플레이어가 상대를 공격할 때마다 대미지가 누적된다. 일반적인 대전 격투 게임과 달리, 대미지 누적게이지를 이용해 장외로 날려야 승리한다. 상대의 대미지가 누적될수록 플레이어의 공격력이 강화되며 공격받은 상대 캐릭터를 장외로 날리는 녹아웃이 용이하다. 플레이어가 공격의 유형을 바꾸지 않고 한 가지로 반복할 경우 공격력이 약해진다. 플레이 중 아이템 '스매시볼'을 획득할 경우, 필살기를 쓸 수 있다. 플레이어는 타임 모드와 스톡 모드 중 선택할 수 있다. 타임 모드의 경우 정해진 시간 내 누적된 녹아웃 수가 많은 쪽이, 스톡 모드의 경우 상대를 장외로 날려 상대의 목숨인 스톡을 먼저 바닥내는 쪽이 승리한다. 〈대난투 스매시 브라더스 DX〉부터 모든 캐릭터와 한 번씩 대결하는 올스타 모드가 가능하다.

평가 닌텐도의 유명 캐릭터가 하나의 게임에 모인다는 점이 특징이다. 플랫폼을 닌텐도 위 유(Wii U)로 전환한 〈대난투 스매시 브라더스〉의 경우, 최대 8인까지 대전이 가능하다.

- **핵심어** 대전 격투 게임
- **시리즈**
  1999 〈대난투 스매시 브라더스(Super Smash Bros.)〉
  2001 〈대난투 스매시 브라더스 DX(Super Smash Bros. DX)〉
  2008 〈대난투 스매시 브라더스 X(Super Smash Bros. X)〉
  2014 〈대난투 스매시 브라더스 포 닌텐도 3DS/위 유(Super Smash Bros. for Nintendo 3DS/Wii U)〉
- **참고 자료** Timothy Cantrell, *Super Smash Bros. 84 Success Secrets : 84 Most Asked Questions On Super Smash Bros.-What You Need To Know*, Emereo Publishing, 2014. | Todd Harper, *The Culture of Digital Fighting Games : Performance and Practice*, Routledge, 2013.

롤러코스터 타이쿤 RollerCoaster Tycoon

| 출시연도 1999년
| 개발사 마이크로프로즈(MicroProse)
| 장르 건설-경영 시뮬레이션 게임
| 플랫폼 PC

플레이 플레이어는 놀이공원의 운영자가 되어 정해진 예산으로 놀이기구를 제작하고 공원을 조성해야 한다. 고객을 유치하고 수익금을 내는 것이 목표이며 입장료 책정부터 놀이기구 제작비용까지 모든 금전적인 부분을 관리해야 한다. 플레이어가 직접 놀이기구를 제작할 수 있고, 지형지물을 바꿀 수 있기 때문에 놀이공원 구상이 자유롭다. 놀이기구 배치와 도로 환경, 여가 시설에 따라 고객의 만족도와 놀이공원의 평가가 달라진다. 맵별로 달성해야 하는 미션이 있으며 미션을 완료하면 새로운 맵이 제공된다.

평가 놀이공원의 경영을 사실적으로 재현했으며, 건설-경영 시뮬레이션 장르의 기반을 마련한 작품이라는 평가를 받았다. 고객의 만족도와 놀이 기구의 정비 지수 등을 시각화해 직관적으로 놀이동산 운영 상태를 확인할 수 있다. 〈롤러코스터 타이쿤 2〉의 경우 샌드박스 모드를 지원해 플레이어의 자유도를 높였다.

- **핵심어** 타이쿤

■ 시리즈

1999 〈롤러코스터 타이쿤(RollerCoaster Tycoon)〉

2002 〈롤러코스터 타이쿤 2(RollerCoaster Tycoon 2)〉

2004 〈롤러코스터 타이쿤 3(RollerCoaster Tycoon 3)〉

2012 〈롤러코스터 타이쿤 3D(RollerCoaster Tycoon 3D)〉

2014 〈롤러코스터 타이쿤 4 모바일(RollerCoaster Tycoon 4 Mobile)〉

■ **참고 자료** 김겸섭, 『(모두를 위한 놀이) 디지털게임의 재발견』, 들녘, 2012. | Clark Aldrich, *Simulations and the Future of Learning : An Innovative (and Perhaps Revolutionary) Approach to e-Learning*, Pfeiffer, 2003. | David Edery, Ethan Mollick, *Changing the Game : How Video Games Are Transforming the Future of Business*, FT Press, 2008. | Matt Fox, *The Video Games Guide : 1,000+ Arcade, Console and Computer Games, 1962-2012*, McFarland, 2013.

메달 오브 아너 Medal of Honor

출시연도 1999년

개발사 드림웍스 인터랙티브(DreamWorks Interactive)

장르 1인칭 슈팅 게임

플랫폼 플레이스테이션

스토리 제2차 세계대전 나치군을 무너뜨리기 위해 미국의 노르망디 상륙 작전인 '디데이 작전'이 시작된다. 미국의 특수부대 요원인 주인공은 디데이 작전을 성공하기 위해 주어진 임무를 완수해야 한다.

플레이 플레이어 캐릭터는 미국 특수부대의 중위로, 게임의 목표는 비밀 임무를 성공적으로 수행하는 것이다. 플레이어에게 주어지는 임무는 기밀문서 탈취, 기지 잠입, 독일군 잠수함 유보트 파괴, 수력발전소 파괴, 북아프리카 '횃불 작전(Operation Torch)'의 성공을 위한 알제리 잠입 등이다. 플레이어는 소총, 소형 기관총, 수류탄, 어깨에 메고 다니는 바주카포 등의 무기를 사용하여 적을 제거하거나 시설을 파괴할 수 있다.

평가 〈메달 오브 아너〉의 초기 시리즈들은 제2차 세계대전을, 2010년부터 등장한 시리즈들은 현대전을 배경으로 한다. 전장의 모습을 현실적으로 표현한 게임으로 평가받고 있다. 최초작의 경우, 영화감독 스티븐 스필버그가 스토리 작가로 참여했다. 〈메달 오브 아너 : 얼라이드 어설트〉와 〈메달 오브 아너 : 프런트라인〉은 영화 〈라이언 일병 구하기(Saving Private Ryan)〉에 등장하는 노르망디 상륙 작전의 '오마하 해변 전투'를 참고해 제작됐다.

- **핵심어** 제2차 세계대전, 스티븐 스필버그, 라이언 일병 구하기
- **시리즈**

  1999 〈메달 오브 아너(Medal of Honor)〉

  2000 〈메달 오브 아너 : 언더그라운드(Medal of Honor : Underground)〉

  2002 〈메달 오브 아너 : 얼라이드 어설트(Medal of Honor : Allied Assault)〉

  　　　〈메달 오브 아너 : 프런트라인(Medal of Honor : Frontline)〉

  2003 〈메달 오브 아너 : 라이징 선(Medal of Honor : Rising Sun)〉

  　　　〈메달 오브 아너 : 인필트레이터(Medal of Honor : Infiltrator)〉

  2004 〈메달 오브 아너 : 퍼시픽 어설트(Medal of Honor : Pacific Assault)〉

  2005 〈메달 오브 아너 : 유러피안 어설트(Medal of Honor : European Assault)〉

  2006 〈메달 오브 아너 : 히어로즈(Medal of Honor : Heroes)〉

  2007 〈메달 오브 아너 : 뱅가드(Medal of Honor : Vanguard)〉

  　　　〈메달 오브 아너 : 에어본(Medal of Honor : Airborne)〉

  　　　〈메달 오브 아너 : 히어로즈 2(Medal of Honor : Heroes 2)〉

  2010 〈메달 오브 아너 : 2010(Medal of Honor : 2010)〉

  2012 〈메달 오브 아너 : 워파이터(Medal of Honor : Warfighter)〉

- **참고 자료** Feona Attwood, Vincent Campbell, *Hunter, I. Q., Sharon Lockyer, Controversial Images : Media Representations on the Edge*, Palgrave Macmillan, 2012. | Gerald A. Voorhees, Joshua Call, Katie Whitlock, *Guns, Grenades, and Grunts : First-Person Shooter Games*, Bloomsbury Academic, 2012. | Jason C. Thompson, *The Games Culture Reader*, Cambridge Scholars Publishing, 2013. | Matt Fox, *The Video Games Guide : 1,000+ Arcade, Console and Computer Games, 1962-2012*, McFarland, 2013.

사이폰 필터 Syphon Filter

| 출시연도 1999년
| 개발사 989 스튜디오(989 Studios)
| 장르 3인칭 슈팅 게임
| 플랫폼 플레이스테이션

스토리 '에이전시'의 요원인 가브리엘 게이브 로건은 코스타리카에서 정보원 엘리스가 사살당한 것을 확인한다. 비밀 실험실에서 생화학 바이러스를 제조하고 있다는 사실이 드러나고 네팔에서 바이러스에 감염된 시체가 발견된다. 로건과 로건의 파트너인 리안 싱은 테러리스트인 에릭 로머가 기밀 바이러스인 사이폰 필터를 훔쳤다는 것을 알게 된다. 로머는 사이폰 필터로 세상을 지배하려는 계획을 세우고 워싱턴에 미사일과 바이러스를 설치한다. 요원 로건은 로머의 계

획을 막기 위해 나선다.

플레이 플레이어는 테러리스트와의 전투, 인질 구출, 시설 파괴, 잠입 등의 미션을 수행해야 한다. 숨겨진 공간이나 특정 물체를 찾는 등 미션의 유형이 다양하다. 일부 미션에서는 민간인을 죽이면 안 된다. 위성항법장치로 적의 위치를 확인할 수 있으며 화면 왼쪽 하단에 맵과 위치 정보가 게시된다. 사용하는 무기는 미션에 따라 달라지며 방탄조끼를 착용하면 체력이 회복된다. 소리를 내거나 잠입이 발각되면 게임이 끝난다.

평가 음모와 배신 등 기반 서사가 강화된 게임으로, 3인칭 슈팅 게임인 동시에 첩보 활동으로 진행되는 스텔스 게임의 핵심을 구현했다. 잠입해서 적을 공격하는 방법은 이후 출시된 3인칭 슈팅 게임에 영향을 미쳤다.

- ■ **핵심어** 스텔스 게임
- ■ **시리즈**
  1999 〈사이폰 필터(Syphon Filter)〉
  2000 〈사이폰 필터 2(Syphon Filter 2)〉
  2001 〈사이폰 필터 3(Syphon Filter 3)〉
  2004 〈사이폰 필터 : 오메가 바이러스(Syphon Filter : The Omega Strain)〉
  2006 〈사이폰 필터 : 다크 미러(Syphon Filter : Dark Mirror)〉
  2007 〈사이폰 필터 : 로건 쉐도우(Syphon Filter : Logan's Shadow)〉
- ■ **참고 자료** 송영덕, 유태영, 『게임기술』, 대림, 2004. | Kate Berens, Geoff Howard, *The Rough Guide to Videogaming*, Rough Guides, 2002. | Richard Porto, Kevin Sakamoto, Don Tica, *Syphon Filter(Prima's Official Strategy Guide)*, Prima Games, 1999.

사일런트 힐 Silent Hill / サイレントヒル

출시연도 1999년
개발사 코나미(Konami)
장르 공포 게임
플랫폼 플레이스테이션

스토리 소설가 해리는 입양한 딸 쉐릴과 함께 휴가를 가던 중, 도로에 갑자기 나타난 소녀를 피하려다 교통사고를 낸다. 해리는 사라진 딸 쉐릴을 찾기 위해 사일런트 힐로 들어간다. 사일런트 힐은 지진으로 인해 외부와 단절되고 안개가 많아 앞이 잘 보이지 않는 곳이다. 해리는 이곳에서 딸 쉐릴을 찾아야만 한다.

플레이 플레이 목표는 게임 곳곳의 흩어진 단서들을 수집하여 실종된 딸을 찾는 것이다. 플레이어는 시리즈마다 소설가, 회사원, 트럭 운전사 등 전투에 서툰 주인공 캐릭터로 플레이한다. 사일런트 힐의 외부는 안개로, 내부는 어둠으로 시야가 가려져 앞에 무엇이 있는지 알 수 없다. 손전등을 이용해 제한된 시야를 확보해야 하고 라디오 신호음을 통해 위험한 존재가 가까이 있음을 알아야 한다. 칼, 총 등의 무기를 이용해 마을에서 마주치는 괴물, 귀신 등을 무찌를 수 있다.

평가 안개와 어둠을 이용한 시각적 제한과 기괴한 배경음악을 통해 공포감을 조성했다. 동시대에 출시된 공포 게임인 〈바이오하자드(Biohazard)〉의 경우 끊임없이 등장하는 좀비로 시각적 공포를 극대화한 반면, 〈사일런트 힐〉은 죄책감, 상황에 대한 무지 등 심리적 공포를 느끼게 한다는 점에서 기존의 공포 게임들과 구별된다. 2006년 동명 영화가 개봉됐다.

- **핵심어** 게임의 영화화, 호러
- **시리즈**
  1999 〈사일런트 힐(Silent Hill)〉
  2001 〈사일런트 힐 2(Silent Hill 2)〉
  2003 〈사일런트 힐 3(Silent Hill 3)〉
  2004 〈사일런트 힐 4 : 더 룸(Silent Hill 4 : The Room)〉
  2007 〈사일런트 힐 : 오리진(Silent Hill : Origins)〉
  2008 〈사일런트 힐 : 홈커밍(Silent Hill : Homecoming)〉
  2009 〈사일런트 힐 : 섀터드 메모리즈(Silent Hill : Shattered Memories)〉
  2012 〈사일런트 힐 : 다운포어(Silent Hill : Downpour)〉
- **참고 자료** 김웅남, 김정남, 김정현, 『게임의 운명을 결정하는 기획과 시나리오』, e비즈북스, 2013. | Matt Fox, *The Video Games Guide : 1,000+ Arcade, Console and Computer Games, 1962-2012*, McFarland, 2013. | Peter Moormann, *Music and Game : Perspectives on a Popular Alliance*, Springer VS, 2012.

쉔무 Shenmue / 莎木

| 출시연도 1999년
| 개발사 세가(SEGA)
| 장르 액션 어드벤처 게임
| 플랫폼 드림캐스트

스토리 일본의 작은 마을 요코스카를 배경으로 진행되는 게임이다. 주인공 료는 이제 막 고등학교를 졸업한 18살 학생이다. 어느 날 료는 녹색 중국 옷을 입은

의문의 남자에게 아버지가 살해당하는 것을 목격하고, 그 싸움에 휘말려 다치게 된다. 며칠 동안 휴식을 취한 뒤 료는 아버지를 죽인 원수를 갚고자 한다.

플레이 플레이어가 단서를 찾아 아버지를 죽인 적을 찾아내어 전투 능력을 훈련해 원수를 무찌르는 게임이다. 플레이어는 동네를 돌아다니며 아버지를 죽인 사람이 타고 온 차, 가져간 물건, 그 조직의 정체 등의 단서를 찾는다. 게임 속 시간이 실시간으로 흐르고 귀가 시간이 정해져 있기 때문에 시간을 분배해 플레이해야 한다. 플레이 중 화면에 퀵 타임 이벤트(Quick Time Event)를 알리는 버튼이 나타나면 이벤트를 진행한다. 퀵 타임 이벤트는 주로 전투로 구성되며 승패에 따라 컷신과 스토리가 달라진다. 플레이어는 엔피시(NPC)를 만나 그들에게 전투 기술을 배운다.

평가 게임에 실증적인 요소들이 반영되었다는 점에서 의의가 있다. 예를 들어 게임 내부의 날씨는 1986년부터 1987년까지의 날씨 데이터를 반영한다.

- **핵심어** 퀵 타임 이벤트
- **시리즈**
  1999 〈쉔무(Shenmue)〉
  2001 〈쉔무 2(Shenmue 2)〉
- **참고 자료** 김웅남, 김정남, 김정현, 『게임의 운명을 결정하는 기획과 시나리오』, e비즈북스, 2013. | Kate Berens, Geoff Howard, *The Rough Guide to Videogaming*, Rough Guides, 2002. | Steve Bowden, *100 Computer Games to Play Before You Die*, John Blake, 2011.

애쉬론즈 콜 Asheron's Call

| 출시연도 1999년
| 개발사 터바인 엔터테인먼트(Turbine Entertainment)
| 장르 다중접속온라인 역할수행 게임
| 플랫폼 PC

스토리 휴먼, 루지안, 투메록 등 각 종족은 전쟁과 화합을 통해 수천 년 동안 각자의 문명을 발전시킨다. 데레쓰의 마법사 애쉬론은 세상을 파괴하려는 호프 슬레이어 벨자론을 무찌르고 마법진을 통해 벨자론을 다른 행성에 감금시킨다. 감금의 과정에서 데레쓰 곳곳에 이스파, 오베리안 등으로 연결되는 포털이 생기고 미지의 생물들이 유입된다.

플레이 플레이어는 휴먼 종족 중 하나의 캐릭터를 선택해야 한다. 이때 힘, 인내, 신속 등의 능력치를 직접 조절해 캐릭터 고유의 속성을 부여할 수 있다. 기술 사용 능력에 따라 훨씬 높은 레벨의 적을 이길 수 있다. 플레이어들끼리 충성을 맹세하고 아이템을 교환하거나 서로를 보호해주는 사제(allegiance) 시스템 플레이가 가능하다. 〈애쉬론즈 콜 2 : 폴른 킹즈〉에서는 휴먼 종족 외에도 〈애쉬론즈 콜〉에서 몬스터로 출현했던 루지안, 투메록 종족을 플레이 캐릭터로 선택할 수 있다.

평가 〈애쉬론즈 콜〉은 독창적이고 방대한 세계관과 인물들을 창조했다. 또한 레벨과 상관없이 게임 내의 광활한 세계를 자유롭게 탐험할 수 있도록 구성했다는 데 의의가 있다.

- **핵심어** 커뮤니티, 사제 시스템
- **시리즈**
  1999 〈애쉬론즈 콜(Asheron's Call)〉
  2002 〈애쉬론즈 콜 2 : 폴른 킹즈(Asheron's Call 2 : Fallen Kings)〉
- **참고 자료** Austin Grossman, *Postmortems from Game Developer : Insights from the Developers of Unreal Tournament, Black & White, Age of Empire, and Other Top-Selling Games*, Focal Press, 2003. | Richard A. Bartle, *Designing Virtual Worlds*, New Riders, 2003.

에버퀘스트 EverQuest

출시연도 1999년
개발사 소니(Sony)
장르 다중접속온라인 역할수행 게임
플랫폼 PC

스토리 공허하고 광활한 우주에 '이름 없는 자'가 있었다. '이름 없는 자'는 가장 깊은 틈에서 시간과 공간의 원소를 발견해 퍼뜨리고 선과 악, 중립을 상징하는 신들이 태어나 각자의 성지로 흩어진다. 하늘의 용 비샨이 세계를 지배하기 위해 노라스에 틈을 만들자, 신들은 각자의 종족을 남겨 용을 감시하기로 한다. 브렐의 드워프, 투나레의 엘프, 프렉서스의 케지, 렐로스의 거인은 서로를 감시하며 자신들의 영역을 발전시킨다. 그러나 전투와 약탈을 일삼던 거인족이 신들의 저주를 받아 몰락하고, 폐허가 된 땅에 도착한 남매신이 바바리안을 창조하면서 노라스는 변화를 맞이한다. 일부 바바리안들은 영토를 확장하며 인간의 시초가 되고, 노라스의 아이들은 끝까지 믿고 섬길 신을 선택해 투쟁한다.

플레이 플레이어는 파티를 구성해 캐릭터를 육성하고 모든 지역을 탐험하는 것을 목표로 한다. 종족과 직업, 종교를 선택할 수 있고 직업에 따라 스킬 트리가 달라진다. 파티 구성원과 퀘스트를 수행하고, 재료를 수집해 아이템을 만들어 거래한다. 최대 72인까지 참여 가능한 공격대를 구성해 던전을 공략할 수 있다. 지정된 서버에서는 플레이어 간 전투가 허용된다.

평가 14개 종족과 15개 직업, 375개 이상의 지역을 바탕으로 1만 개가 넘는 퀘스트를 제시해 플레이어 대 환경 간 전투(PvE)를 활성화했다. 플레이어의 위협 수치에 따라 몬스터의 공격 대상을 변화시키는 어그로 시스템을 도입했다. 그 결과 탱커·딜러·힐러를 위시한 파티 구성이 확립되고 공격대가 일반화됐다. 2011년 게임 개발자 컨퍼런스(Game Developers Conference, GDC)의 '명예의 전당'에 올랐다.

- **핵심어** 공격대, 어그로 시스템, 플레이어 대 환경 간 전투
- **시리즈**
  1999 〈에버퀘스트(EverQuest)〉
  2004 〈에버퀘스트 2(EverQuest 2)〉
- **참고 자료** 앤드류 롤링스, 어니스트 아담스 저, 송기범 역, 『게임 기획 개론』, 제우미디어, 2004. | Katie Salen, Eric Zimmerman, *The Game Design Reader : A Rules of Play Anthology*, The MIT Press, 2006.

엑스 : 비욘드 더 프런티어 X : Beyond the Frontier

| 출시연도 1999년
| 개발사 에고 소프트(Egosoft)
| 장르 시뮬레이션 게임
| 플랫폼 PC

스토리 30세기, 엑스-우주에는 항성들이 점프게이트를 통해서 연결되어 있다. 엑스페리먼탈 호의 선장인 카일 브레넌은 실험 운항을 하던 중 웜홀을 통해 알 수 없는 우주 공간으로 가게 된다. 그를 불쌍히 여긴 탈라디 외계인의 도움으로 브레넌은 우주선을 고치고 돈도 빌려 우주를 돌아다니며 교역을 한다. 그러던 중 인간과 닮은 아르곤 외계인을 만나게 되는데, 사실 그들은 수백 년 전 지구를

떠나온 인간의 후예였다. 브레넌은 아르곤족의 역사를 밝히는 데 도움을 주고, 그들을 도와 우주를 공격하려는 테라포머 외계인의 음모를 저지한다.

플레이 1인칭 시점으로 우주선을 조종하며 행성 간 무역을 통해 엑스페리먼탈 호를 강화하는 것이 이 게임의 목표이다. 플레이어는 엑스-우주에 있는 54개의 항성을 오가며 우주정거장과 태양발전소 같은 회사를 통해 거래를 하고 이윤을 쌓게 된다. 한 항성 내에서도 거래를 할 수 있지만 더 큰 이익을 얻기 위해서는 항성을 오가는 것이 좋다. 플레이어는 가상 통화를 모아 엑스페리먼탈 호에 장착할 무기를 구입하여 방어력을 높이고 화물 수송력을 높여야 한다. 엑스-우주의 경제는 수요 공급에 따라 지속적으로 달라진다.

평가 플레이어에게 다양한 플롯을 제공하고, 그중 원하는 플롯을 선택할 수 있다는 점에서 자유도가 높은 게임으로 평가된다.

- **핵심어** 자유도
- **시리즈**
  1999 〈엑스 : 비욘드 더 프런티어(X : Beyond the Frontier)〉
  2000 〈엑스 : 텐션(X : Tension)〉
  　　　〈엑스 : 골드(X : Gold)〉
  2003 〈엑스 2 : 더 스레트(X 2 : The Threat)〉
  2005 〈엑스 3 : 리유니온(X 3 : Reunion)〉
  2008 〈엑스 3 : 테란 컨플릭트(X 3 : Terran Conflict)〉
  2011 〈엑스 3 : 알비온 프렐류드(X 3 : Albion Prelude)〉
  2013 〈엑스 리버스(X Rebirth)〉
- **참고 자료** 에고 소프트, www.egosoft.com/games/x_rebirth/info_en.php

큐플레이 QPLAY

| 출시연도 1999년
| 개발사 넥슨(Nexon)
| 장르 퀴즈 게임
| 플랫폼 PC

플레이 이 게임은 퀴즈퀴즈와 아케이드 2가지 카테고리로 나뉜다. 퀴즈퀴즈는 제시된 힌트를 보고 단어를 추리하는 연상퀴즈, 크로스 워드 퍼즐인 가로세로 퀴즈, 학생들이 본 시험지를 채점하여 그 풀이가 맞았는지 판단하는 도전 채점

왕 등의 퀴즈 게임을 제공한다. 퀴즈 게임에 참여한 플레이어는 다른 플레이어들보다 더 빠른 속도로 정답을 맞히거나 더 많은 양의 정답을 찾아야 한다. 아케이드에는 블록 깨기 게임인 큐펑, 어뢰로 상대방의 잠수함을 파괴하는 아쿠아, 원카드 게임 등의 미니 게임이 있다. 아케이드 게임은 팀 대결이 가능하다. 플레이어는 채팅방과 광장으로 가서 다른 플레이어와 길드를 형성한다. 퀴즈와 아케이드 게임에서 번 게임 머니를 사용해 정답판 등의 아이템을 구입하고 애완동물이나 소품 등으로 캐릭터를 치장한다.

평가 1999년 〈퀴즈퀴즈〉로 발매됐으며 2003년에 게임명을 〈큐플레이〉로 변경했다. 캐릭터의 레벨을 높이는 퀘스트 형식의 퀴즈 시스템으로 플레이어 간 경쟁을 유도했다. 웅진씽크빅과 제휴하여 실제 시험에 적용 가능한 문제를 플레이어에게 제공함으로써 교육과 오락을 결합시켰다. 2015년에 서비스가 종료됐다.

- 핵심어 퀴즈
- 참고 자료 박정규, 『넥슨만의 상상력을 훔쳐라』, 비전코리아, 2007. | 유재혁, 『컬처 이노베이터』, 클라우드나인, 2015.

팀 포트리스 클래식 Team Fortress Classic

출시연도 1999년
개발사 밸브 코퍼레이션(Valve Corporation)
장르 1인칭 슈팅 게임
플랫폼 PC

플레이 이 게임은 군대의 병과 체제를 도입한 1인칭 슈팅 게임이다. 플레이어는 블루팀 또는 레드팀에 소속되어 주어진 과제를 해결하고 승리해야 한다. 주요 과제는 영토 점령, 공격·방어, 정보원 탈취, 경호 등이다. 캐릭터 선택 시 엔지니어, 데모맨, 솔저, 메딕, 스나이퍼, 스파이, 스카우트, 헤비, 파이로의 9가지 병과 중 하나를 선택한다. 병과에 따라 체력치와 이동 속도, 고유 무기, 장착 아이템이 달라지고 산탄총과 수류탄 같은 보조 무기를 추가 장착할 수 있다. 단, 경호 임무가 주어진 경우 플레이어 1인이 민간인이 되고 해당 플레이어는 무기를 소지할 수 없다. 최대 32인까지 동시에 플레이할 수 있다. 주요 임무와 승리 조건은 표와 같다.

〈팀 포트리스 클래식〉의 주요 임무와 승리 조건			
임무	내용	결과	승리
탈취	상대팀에 속한 1인 이상의 정보원을 확보함.	정보원 탈취	선취 팀
점령	목표 지점을 선점해 깃발을 꽂거나 지켜냄.	목표지 점령	선점 팀
공방	공격 팀과 방어 팀으로 나뉘어 방어 팀의 점령지를 공략해 탈취하거나 해당 지점을 지켜냄.	점령지 탈취	공격 팀
		점령지 방어	방어 팀
경호	1인의 플레이어가 민간인이 되어 경호원 팀의 보호 아래 암살자 팀의 공격을 피해 목적지까지 이동함.	민간인 사망	암살자 팀
		목표지 도착	경호원 팀

평가 1996년 〈퀘이크(Quake)〉의 모드(MOD)로 개발된 〈팀 포트리스〉를 리메이크한 게임으로, 1인칭 슈팅 게임 〈하프라이프(Half-Life)〉에 무료로 수록됐다. 역할과 개성이 뚜렷한 9개 직군을 분리함으로써 후속작인 〈팀 포트리스 2〉의 캐릭터 간 밸런스를 형성하는 기반을 마련했다.

- **핵심어** 모드, 하프라이프
- **시리즈**
  1999 〈팀 포트리스 클래식(Team Fortress Classic)〉
  2007 〈팀 포트리스 2(Team Fortress Ⅱ)〉
- **참고 자료** Joshua Call, Gerald A. Voorhees, Katie Whitlock, *Guns, Grenades, and Grunts : First-Person Shooter Games*, Bloomsbury Publishing, 2012. | Wendy Despain, *Writing for Video Game Genres : From FPS to RPG*, CRC Press, 2009. | 〈팀 포트리스〉 위키, http://wiki.teamfortress.com/wiki/Main_Page

홈월드 Homeworld

| 출시연도 1999년
| 개발사 렐릭 엔터테인먼트(Relic Entertainment)
| 장르 실시간 전략 게임
| 플랫폼 PC

스토리 카락 행성에 거주하는 쿠샨족은 우주를 탐사하던 중 자신들의 조상이 히가라족임을 알게 된다. 히가라족은 수천 년 전 발발한 전쟁에서 타이단족에게 패해 카락 행성으로 이주했던 것이다. 이 사실을 접한 쿠샨족은 척박한 카락 행성을 떠나 고향 히가라 행성으로 돌아갈 것을 결심한다. 고향을 되찾으려는 쿠샨

족과 귀환을 막으려는 타이단족 사이에 전투가 시작된다.

플레이 플레이어는 적군의 전함을 공격해 미션을 완수하는 것을 목표로 게임을 진행한다. 타이단족과 쿠샨족 중 한 종족을 선택한 후 각 유닛을 조합해 공격 대형을 만들고 적군을 포위하는 등 전략을 짠다. 속도가 빠른 스트라이크 크래프트, 화력이 강한 인터셉터, 방어용 전투기 디펜더, 은폐용 전투기 클록 파이터, 공격력이 높은 어택 봄버 등의 유닛이 있다. 리소스 컬렉터는 유닛의 동력이 되는 자원을 채취한다. 게임은 2가지 플레이 모드를 제공한다. 싱글 플레이 모드는 16개의 미션으로 구성되며, 미션을 완수하면 하이퍼스페이스 점프 버튼을 눌러 다음 미션으로 이동한다. 멀티 플레이 모드의 플레이어는 7팀 이상의 적대 엔피시(NPC)들과 대적하게 된다.

평가 1999년 게임 잡지 《피시 게이머(PC Gamer)》에서 '올해의 게임(Game of the Year)'으로 선정됐다. 3차원으로 구현한 우주와 유닛의 그래픽, 플레이어가 직접 전함을 조작할 수 있는 인터페이스가 특징이다.

- **핵심어** 3차원 실시간 전략 게임, 우주 게임
- **시리즈**
  1999 〈홈월드(Homeworld)〉
  2000 〈홈월드 : 카타클리즘(Homeworld : Cataclysm)〉
  2003 〈홈월드 2(Homeworld 2)〉
  2015 〈홈월드 리마스터드(Homeworld : Remastered)〉
- **참고 자료** 김영순, 백승국, 『문화산업과 에듀테인먼트 콘텐츠』, 한국문화사, 2008. | 이대영, 김선주, 유희범, 원선진, 성정환, 「차세대 스토리텔링기반 유저 인터페이스를 위한 게임분석」, 『한국HCI학회 학술대회』, vol.2008, no.2, 한국HCI학회, 2008.

2000년대

결전 Kessen / 決戦

출시연도 2000년
개발사 코에이(Koei)
장르 실시간 전략 게임
플랫폼 플레이스테이션 2

스토리 전국시대 말기, 일본은 동군 세력과 서군 세력으로 나뉘어 대립하게 된다. 도쿠가와 이에야스는 동군을 이끌며, 도요토미 가문의 이시다 미츠나리는 서군을 이끈다. 두 진영은 일본의 패권을 차지하기 위해 세키가하라 전투에 참여한다.

플레이 플레이어는 동군과 서군 중 한쪽 진영을 선택하고, 선택한 진영의 사령관이 되어 게임을 한다. 게임의 목표는 주어진 시간 안에 적군의 유닛을 모두 파괴하고 전투에서 승리하는 것이다. 플레이어는 듀얼과 레이드를 통해 전체 유닛의 사기를 조절할 수 있다. 듀얼은 장수들끼리 일대일 대결을 펼치는 것으로, 성공하면 플레이어 유닛의 사기가 높아진다. 레이드는 적군을 습격하는 것으로, 성공하면 적군 유닛의 사기가 낮아진다.

평가 일본의 전국시대를 잘 표현한 게임으로 평가받는다. 또한 전장의 분위기를 극대화시킨 배경음악으로 주목받았다. 종합 리뷰 사이트 메타크리틱 (Metacritic)에서 2015년 6월 기준 100점 만점에 75점을 받았다.

- **핵심어** 대체 역사
- **시리즈**
  2000 〈결전(Kessen)〉
  2001 〈결전 2(Kessen 2)〉
  2004 〈결전 3(Kessen 3)〉
- **참고 자료** Metacritic, "Kessen Review", www.metacritic.com/game/playstation-2/kessen | MobyGabes, "Kessen Review", www.mobygames.com/game/ps2/kessen

데이어스 엑스 Deus Ex

출시연도 2000년
개발사 이온 스톰(Ion Storm Inc.)
장르 역할수행 게임
플랫폼 PC

스토리 2052년 전 세계에 그레이 데스 바이러스가 퍼지고 세계 인구는 급속도로 감소한다. 일부 부자만이 백신을 구입할 수 있었기에 도처에서 폭동이 발생하고 저항 조직이 생겨난다. 이를 막기 위해 UNATCO(United Nations Anti-Terrorist Coalition)라는 국제적 대테러조직이 만들어진다. 주인공 제이씨 덴튼은 나노테크놀로지를 통해 강화된 신체를 가진 UNATCO의 요원으로, 임무를 수행하던 중 그레이 데스 바이러스가 인공적으로 만들어졌다는 비밀을 알게 된다. 덴튼과 그의 형은 사건을 파헤치며 악당 밥 페이지가 바이러스와 백신으로 세계를 지배하려 한다는 사실을 밝혀낸다. 음모를 막기 위한 주인공의 모험이 시작된다.

플레이 역할수행 게임과 슈팅 게임이 혼합된 형태이다. 플레이어는 캐릭터의 외향, 스킬, 능력을 선택할 수 있으며, 나노테크놀로지를 통해 신체를 강화하여 원하는 대로 캐릭터를 성장시킬 수 있다. 망원경, 소음기, 레이저 등 아이템을 구입하여 개조하는 것도 가능하다. 퀘스트를 완수하면 스킬 포인트를 획득하여 11개의 스킬 중 원하는 것을 강화할 수 있다. 캐릭터가 다리를 다칠 경우 이동 속도가 떨어지고, 팔을 다칠 경우 조준력이 떨어진다. 플레이어는 최대한 공격을 피하면서 목표 지점까지 이동해야 한다.

평가 〈데이어스 엑스〉 시리즈는 탄탄하고 방대한 배경 서사와 높은 자유도로 주목받았다. 또한 언리얼 엔진(Unreal Engine)을 통해 구현한 우수한 그래픽도 호평을 받았다. 2014년 게임 잡지 《피시 게이머(PC Gamer)》의 '역대 최고의 게임 100선(The PC Gamer Top 100)'에서 17위에 선정됐다.

- **핵심어** 공상 과학, 슈팅, 신체 강화
- **시리즈**
  2000 〈데이어스 엑스(Deus Ex)〉
  2003 〈데이어스 엑스 : 인비저블 워(Deus Ex : Invisible War)〉
  2010 〈데이어스 엑스 : 휴먼 레볼루션(Deus Ex : Human Revolution)〉
  2013 〈데이어스 엑스 : 더 폴(Deus Ex : The Fall)〉
- **참고 자료** Mark J. P. Wolf, Bernard Perron, *The Routledge Companion to Video Game Studies*, Routledge, 2014. | Harvey Smith, "The Future of Game Design : Moving Beyond Deus Ex and Other Dated Paradigms", IGDA-International game developers association, 2001. | PC Gamer, "The PC Gamer Top 100", www.pcgamer.com/the-100-best-pc-games-of-all-time/#page-10

쇼군 : 토탈 워 Shogun : Total War

| 출시연도 2000년
| 개발사 크리에이티브 어셈블리(Creative Assembly)
| 장르 실시간 전략 게임
| 플랫폼 PC

플레이 플레이어는 내정과 전투를 통해 게임 내 세계를 통일해야 한다. 게임은 턴제 방식으로 진행된다. 시리즈에 따라 센고쿠 시대의 일본, 고대 로마, 중세 유럽, 나폴레옹 시대 등을 배경으로 한다. 플레이어는 국가나 가문을 선택하고, 세율 조절, 건설, 군대 운용 등의 내정과 외교, 무역, 첩보 등의 활동을 통해 관할 도시의 만족도를 관리해야 한다. 도시의 만족도가 충족되지 않으면 반란과 폭동이 일어날 수 있다. 타국과의 원만한 관계를 유지하기 위해 요원 유닛을 고용하여 외교, 암살, 첩보 활동도 할 수 있다. 플레이어가 타 부대와 접촉하거나 공격을 지시한 경우에 전투 화면으로 전환된다. 각 병력 간의 상성 관계가 존재하므로 플레이어는 병과별 상성과 진형, 지형을 고려해야 한다.

전투에 승리하기 위해서 플레이어는 모든 적을 섬멸하거나 일정 시간 이상 특정 지역을 정복하는 등의 승리 조건을 만족시켜야 한다.

평가 〈토탈 워〉 시리즈는 3D 엔진을 사용해 전투 장면을 실감나게 재현했다. 〈엠파이어 : 토탈 워〉는 물리 엔진을 적용해 바다와 배의 출렁임까지 사실적으로 묘사했다는 평가를 받는다. 2002년 게임 잡지 《피시 게이머 유케이(PC Gamer UK)》는 〈토탈 워〉를 '역대 최고의 게임 100선(Top 100 PC Games of All Time)'으로 선정했다.

- **핵심어** 3D 엔진, 턴제 게임
- **시리즈**
  2000 〈쇼군 : 토탈 워(Shogun : Total War)〉
  2002 〈미디블 : 토탈 워(Medieval : Total War)〉
  2004 〈로마 : 토탈 워(Rome : Total War)〉
  2006 〈미디블 2 : 토탈 워(Medieval II : Total War)〉
  2009 〈엠파이어 : 토탈 워(Empire : Total War)〉
  2010 〈나폴레옹 : 토탈 워(Napoleon : Total War)〉
  2011 〈쇼군 2 : 토탈 워(Shogun 2 : Total War)〉
  2013 〈로마 2 : 토탈 워(Rome 2 : Total War)〉
  2015 〈아틸라 : 토탈 워(Attila : Total War)〉

- **참고 자료** Mark J. P. Wolf, Bernard Perron, *The Routledge Companion to Video Game Studies*, Routledge, 2014. | Melanie Swalwell, Jason Wilson, *The Pleasures of Computer Gaming : Essays on Cultural History, Theory and Aesthetics*, McFarland, 2008. | IGN, "Lessons on the art of war", www.ign.com/articles/1999/02/09/lessons-on-the-art-of-war

스파이더맨 Spider-Man

출시연도 2000년
개발사 액티비전(Activision)
장르 액션 게임
플랫폼 플레이스테이션

스토리 피터 파커는 기자의 신분으로 오토 옥타비우스 박사의 과학 박람회에 참석한다. 하지만 스파이더맨으로 변장한 악당이 옥타비우스 박사의 발명품을 훔치고, 현장을 촬영하던 초능력자 베놈의 카메라를 망가뜨리고 도주한다. 이 사건으로 스파이더맨은 경찰과 베놈의 추격에 쫓기게 된다. 한편 가짜 스파이더맨은 훔친 발명품을 작동시켜 도시를 위험에 빠뜨린다. 스파이더맨은 누명을 벗고 혼란에 빠진 도시를 구하기 위해 사건 조사에 나선다.

플레이 게임은 총 6가지 에피소드로 구성되어 있다. 플레이어는 스파이더맨 캐릭터를 조작하여 최종 보스몹인 닥터 옥토퍼스를 제거해야 한다. 방향키로 건물 외벽을 탈 수 있으며, 포인트 앤드 클릭(point and click)으로 거미줄을 발사해 고층건물 사이를 이동할 수 있다. 이밖에도 거미줄은 적을 공격할 때 상대를 잡아당기거나 던지는 연계기술로 사용할 수 있다. 인질을 붙잡고 있는 적과 전투할 경우, 적에게 들키지 않도록 주의해야 한다. 거미줄 사용량을 늘려주는 거미줄 통, 불타는 거미줄을 뿜을 수 있는 불꽃 통, 일시적으로 디자인이 바뀌면서 능력치가 향상되는 전투복 등의 아이템을 사용할 수 있다. 전투 외에도 탐험을 통해 특수한 기능이 있는 전투복을 수집하거나 게임 세계에 숨겨져 있는 32개의 만화를 감상할 수 있다.

평가 〈스파이더맨〉은 1982년 아타리 사에서 개발되어 아타리 2600, 피시, 게임보이, 아케이드 등 다양한 플랫폼을 거쳤고 2000년에 이르러 액티비전에 의해 플레이스테이션용 게임이 출시되었다. 게임 비평 사이트 아이지앤(IGN)에서 2015년 6월 기준 평점 10점 만점에 8.5점을 받았다. 원작 애니메이션 〈스파이더맨 언리미티드(Spider-Man Unlimited)〉의 성우를 더빙에 참여시켰으며 애니메이션 시리즈의 수록곡을 배경음악으로 사용했다.

- **핵심어** 마블(Marvel)
- **시리즈**

2002 〈스파이더맨(Spider-Man)〉

2004 〈스파이더맨 2(Spider-Man 2)〉

2005 〈얼티메이트 스파이더맨(Ultimate Spider-Man)〉

2006 〈스파이더맨 : 뉴욕의 전투(Spider-Man : Battle for New York)〉

2007 〈스파이더맨 3(Spider-Man 3)〉

　　　〈스파이더맨 : 친구 또는 적(Spider-Man : Friend or Foe)〉

2008 〈스파이더맨 : 웹 오브 쉐도우(Spider-Man : Web of Shadows)〉

2009 〈스파이더맨 : 톡식 시티(Spider-Man : Toxic City)〉

2010 〈스파이더맨 : 새터드 디멘션즈(Spider-Man : Shattered Dimensions)〉

2011 〈스파이더맨 : 엣지 오브 타임(Spider-Man : Edge of Time)〉

2012 〈어메이징 스파이더맨(The Amazing Spider-Man)〉

2014 〈어메이징 스파이더맨 2(The Amazing Spider-Man 2)〉

　　　〈스파이더맨 언리미티드(Spider-Man Unlimited)〉

■ **참고 자료** Jonathan Couper-Smartt, *Marvel Encyclopedia : Spider-Man(The Official Handbook of the Marvel Universe)*, Scholastic, 2006. | Phillip Marcus, *Spider-Man Official Strategy Guide*, BRADY GAMES, 2000. | Wallace Daniel, *Spider-Man Character Encyclopedia*, DK Children, 2014. | Eurogamer, Spider-Man Review, www.eurogamer.net/articles/r_spiderman_psx | IGN, Spider-Man Review, www.ign.com/articles/2000/11/22/spider-man-14

심즈 The Sims

출시연도 2000년

개발사 맥시스(Maxis)

장르 시뮬레이션 게임

플랫폼 PC

플레이 플레이어는 게임 캐릭터인 심을 생성하고 심이 가상 생활을 영위하도록 주거 환경과 이웃 관계를 형성한다. 플레이어는 1인 혹은 다수의 심을 플레이할 수 있으며 성별, 얼굴, 피부색, 체형 등을 커스터마이징할 수 있다. 명확한 퀘스트를 따라 목표를 수행하기보다 심의 상태에 따라 자유롭고 다양한 행위를 하게 할 수 있다.

심의 상태는 식욕, 배설, 편안함, 에너지, 재미, 위생, 사회성 등의 욕구충족도에 따라 달라진다. 잠자기, 먹기, 잡담하기 등의 일상적 행동뿐만 아니라 연애, 구직, 결혼 등의 사회적 행동도 가능하다. 플레이어가 행동을 부여하지 않을 때에도 심은 자체적으로 대화 등의 행동을 수행한다. 게임 내 가상 통화인 시몰레온을 사용해 생활을 영위하며 작물 수확, 직업, 대회 출전 등을 통해 시몰레온을 획득할 수 있다. 심은 시간에 따라 나이가 들게 되는데 심의 성장 주기를 설정하면 성장 속도를 조절할 수 있다.

【확장팩】 각 시리즈에 따라 다양한 확장팩이 발매된다. 확장팩은 게임 내 서사, 종족, 시스템 등이 추가되는 확장팩과 아이템이 추가되는 아이템팩으로 나뉜다. 〈심즈 3〉의 확장팩인 〈심즈 3 : 슈퍼내추럴〉에서는 심이 수행 가능한 행동에 마법과 연금술이 추가되고 늑대 인간, 요정 등의 종족이 추가됐다. 〈심즈 4〉의 경우 확장팩, 아이템팩과 별도로 확장팩과 아이템팩의 결합인 게임팩을 발매했다. 각 시리즈에 따른 확장팩은 다음과 같다.

〈심즈〉의 시리즈별 확장팩		
종류		**사례**
〈심즈〉	확장팩	별난 세상(Livin' Large), 신나는 파티(House Party), 두근두근 데이트(Hot Date), 지금은 휴가중(Vacation), 멍멍이와 야옹이(Unleashed), 슈퍼스타(Superstar), 수리수리 마수리(Makin' Magic)
〈심즈 2〉	확장팩	못말리는 캠퍼스(University), 화려한 외출(Night Life), 나도 사장님(Open for Business), 펫츠(Pets), 사계절 이야기(Seasons), 여행을 떠나요(Bon Voyage), 자유 시간(Free Time), 알콩달콩 아파트(Apartment Life)
	아이템팩	크리스마스 파티(Holiday Party Pack), 패밀리 펀(Family Fun), 럭셔리 쇼핑(Glamour Life), 즐거운 크리스마스(Happy Holiday), 꿈의 파티!(Celebration!), H&M 패션 따라잡기(H&M Fashion), 틴에이저 스타일(Teen Style), 주방 & 욕실 꾸미기(Kitchen & Bath Interior Design), 이케아 홈 데코(IKEA Home), 나의 집 나의 정원(Mansion and Garden)
〈심즈 3〉	확장팩	좌충우돌 세계모험(World Adventure), 달콤살벌 커리어(Ambitions), 모두 잠든 후에(Late Night), 브라보! 마이 라이프(Generations), 나는 심 너는 펫(Pets), 두근두근 쇼타임(Showtime), 슈퍼내추럴(Supernatural), 사계절 이야기(Seasons), 콩닥콩닥 캠퍼스 라이프(University Life), 아일랜드 파라다이스(Island Paradise), 신나는 미래세계(Into the Future)
	아이템팩	하이엔드 엣지 홈(High-End Loft Stuff), 패스트 레인(Fast Lane Stuff), 아웃도어 리빙(Outdoor Living Stuff), 타운 라이프(Town Life Stuff), 마스터 스위트(Master Suite Stuff), 케이티 페리의 달콤한 초대(Katy Perry's Sweet Treats), 디젤(DIESEL Stuff), 70·80·90년대(70's, 80's, 90's Stuff), 영화(Movie Stuff)
〈심즈 4〉	확장팩	겟투워크(Get To Work)
	아이템팩	럭셔리 파티(Luxury Party Stuff), 완벽한 테라스(Perfect Patio Stuff)
	게임팩	캠핑을 떠나요(Outdoor Retreat)

【사용자 생성 콘텐츠】 〈심즈〉는 공식 홈페이지의 다운로드 콘텐츠 외에도 캐릭터의 외모, 아이템, 플레이 기능 등을 추가하는 사용자 생성 콘텐츠 제작이 활발하다. 대표적인 모드(MOD) 제작자로 〈심즈 3〉의 'Nrass'를 꼽을 수 있다. 'Nrass'가 제작한 모드 중 '마스터 코어 모드(The Master Controller)'는 사회성 조절, 심 외

모 성형 등의 세분화된 관리를 가능하게 하며 '오버 와치 모드(Over Watch)'를 통해 불필요하게 소모되는 에너지를 비활성화시킬 수 있다.

평가 맥시스의 공동창업자인 윌 라이트(Will Wright)가 참여하여 개발한 게임이다. 2008년 '역대 가장 많이 팔린 피시 게임(Best Selling PC Game of All Time)'으로 기네스북에 등재됐다. 〈심즈 3〉은 2010년 미국 폭스(Fox) 사의 '10대가 선택한 비디오 게임 상(Teen Choice Awards Video Game)'을 받았다.

- **핵심어** 시뮬레이션 게임, 확장팩, 모드, 윌 라이트
- **시리즈**
  2000 〈심즈(The Sims)〉
  2004 〈심즈 2(The Sims 2)〉
  2009 〈심즈 3(The Sims 3)〉
  2014 〈심즈 4(The Sims 4)〉
- **참고자료** 곤살로 프라스카 저, 김경섭 역, 『억압받는 사람들을 위한 비디오게임』, 커뮤니케이션북스, 2008. | 김원보, 최유찬, 『컴퓨터 게임과 문화』, 이룸, 2005. | 한혜원, 『디지털 게임 스토리텔링 : 게임 은하계의 뉴 패러다임』, 살림, 2005.

아메리칸 맥기의 앨리스 American McGee's Alice

출시연도 2000년
개발사 로그 엔터테인먼트(Rogue Entertainment)
장르 어드벤처 게임
플랫폼 PC

스토리 화재로 가족을 잃고 홀로 살아남은 앨리스는 정신 분열을 일으켜 정신병원에 가게 된다. 식물인간처럼 누워있던 앨리스는 어린 시절 꿈을 통해 자주 가던 '이상한 나라'에 도착한다. '이상한 나라'는 붉은 여왕의 지배로 인해 이리저리 뒤틀리고 황폐해져 있다. 앨리스는 '이상한 나라'를 평화로운 나라로 되돌리기 위해 붉은 여왕을 찾아 무찌르고, 외면했던 과거의 기억을 마주해야 한다.

플레이 플레이어는 앨리스 캐릭터를 조작해 적들을 물리치며 붉은 여왕이 있는 곳에 도달해야 한다. 적으로는 재버워키, 카드 병사, 병정개미 등과 같이 하트 여왕을 따르는 자들이 등장한다. 플레이어는 식칼, 카드, 주사위, 나팔총 등의 무기를 활용해 적을 공격할 수 있다. '저주받은 마을'에서 시작하여 '문들의 요새', '눈물샘 계곡', '거울의 집' 등 9개의 지역을 돌아다니게 되며 각 지역은 퍼즐과 미로로

구성되어 있다. 물약을 사용하면 앨리스 캐릭터의 크기를 자유롭게 줄일 수 있다.

평가 루이스 캐럴(Lewis Carroll)의 소설 『이상한 나라의 앨리스』와 『거울 나라의 앨리스』를 모티브로 제작됐다. 후속작 〈앨리스 : 매드니스 리턴즈〉는 세계관과 설정을 보강했다. 2015년 6월 기준 북미 게임 사이트 게임랭킹스(GameRankings)에서 평점 82.09%를, 종합 리뷰 사이트 메타크리틱(Metacritic)에서 100점 만점에 85점을 받았다.

- **핵심어** 이상한 나라의 앨리스, 거울 나라의 앨리스, 아메리칸 맥기
- **시리즈**
  2000 〈아메리칸 맥기의 앨리스(American McGee's Alice)〉
  2011 〈앨리스 : 매드니스 리턴즈(Alice : Madness Returns)〉
- **참고 자료** 〈아메리칸 맥기〉 사이트, www.americanmcgee.com

악튜러스 Arcturus : The Curse and Loss of Divinity

출시연도 2000년
개발사 그라비티(Gravity), 손노리(Sonnori)
장르 컴퓨터 역할수행 게임
플랫폼 PC

스토리 남바렌시아 왕국의 섬마을 라그니 출신인 시즈는 이른 나이에 어머니를 여의고 술과 도박에 빠진 아버지를 도와 무기점을 운영하며 근근이 살아간다. 그러던 어느 날, 시즈는 아버지가 돈 때문에 어머니가 묻혀 있는 땅까지 팔아 넘기려한다는 사실을 알게 된다. 실망한 시즈는 아버지의 검 바제랄드를 훔치고 소꿉친구인 마리아와 함께 집을 떠나 새로운 모험을 시작한다.

플레이 턴제 방식 전투에 실시간 전투 개념을 결합한 하프 리얼 타임 배틀 시스템을 도입했다. 전투에는 최대 4인의 캐릭터가 참여할 수 있으며 플레이어는 캐릭터의 액션 게이지 충전 여부에 따라 움직이거나 상대방을 공격할 수 있다. 전투 중 적에게 대미지를 입을 경우 '폭렬' 게이지가 증가한다. 폭렬 게이지가 충전되어야 각 캐릭터별 특수 기술을 사용할 수 있다. 플레이어는 전투를 통해 캐릭터의 레벨을 올리거나 아이템을 획득한다.

평가 방대한 스토리와 심오한 세계관이 특징이다. 또한 하프 리얼 타임 배틀

시스템을 도입하여 기존의 턴제 역할수행 게임보다 전투의 긴박감을 증가시켰다.

■ **핵심어** 피시(PC) 게임
■ **참고 자료** 한국콘텐츠진흥원, 『2009 대한민국 게임백서』, 문화체육관광부 한국콘텐츠진흥원, 2009. | 심마니라이프 편집팀, 『한국 인터넷 현장 리포트』, 심마니, 2001.

진삼국무쌍 Dynasty Warriors / 真·三國無双

출시연도 2000년
개발사 코에이(Koei)
장르 액션 게임
플랫폼 플레이스테이션

스토리 중국 후한 말, 부패한 관료와 호족 지주들의 득세로 백성들의 삶은 날이 갈수록 피폐해진다. 급기야 신흥 종교 태평도의 교주였던 장각은 '황건적의 난'을 일으킨다. 정부에 불만을 가진 백성들의 동조로 황건적의 세가 갈수록 커져가고 전쟁으로 인한 혼란은 극에 달한다. 난세를 해결하기 위해 전쟁터에 나선 무장들은 후한을 위협하는 영웅이 되어 돌아온다. 황건적의 난은 끝났지만 천하를 통일하기 위한 영웅들의 전쟁이 다시 시작된다.

플레이 무장 한 명의 시점으로 게임을 진행하는 무쌍모드, 『삼국지연의(三國志演義)』의 세력별 스토리를 따라가는 스토리 모드, 클리어했던 스토리를 다시 선택할 수 있는 프리 모드 등 다양한 게임 방식이 있다. 플레이어는 조조, 조비, 손권, 관우, 제갈량, 장비, 유비 등 삼국지의 주인공을 게임 캐릭터로 선택할 수 있다. 적군의 총대장을 처치하는 것이 주요 승리 요건이다. 전투에서 장수를 처치할 경우 캐릭터의 공격력을 상승시키는 칼과 방어력을 상승시키는 방패를 획득할 수 있는데 이때 능력치의 상승폭은 처치한 장수에 따라 상이하다. 장수인 유비, 조조, 손견, 조비, 손상향, 공손찬을 처치하면 체력의 한계치를 10만큼 올려주는 '점심' 아이템을 획득할 수 있다. 맵에 위치한 항아리를 깨뜨려 획득하는 '만두'와 '우길선주' 아이템을 통해서 체력과 무쌍 능력을 회복할 수 있다.

평가 위·촉·오의 장수들을 시각적으로 화려하게 재현하였으며 조작 방식을 간단하게 하여 게임의 진입장벽을 낮췄다. 한 명의 무장이 단칼에 적들을 처치하는 공격 방식은 이후의 〈전국무쌍(Samurai Warriors)〉, 〈건담무쌍(Dynasty Warriors : Gundam)〉 등 다양한 액션 게임에 차용됐다.

- **핵심어** 삼국지, 무쌍 시리즈
- **시리즈**
  2000 〈진삼국무쌍(Dynasty Warriors 2)〉
  2001 〈진삼국무쌍 2(Dynasty Warriors 3)〉
  2003 〈진삼국무쌍 3(Dynasty Warriors 4)〉
  2005 〈진삼국무쌍 4(Dynasty Warriors 5)〉
  2007 〈진삼국무쌍 5(Dynasty Warriors 6)〉
  2011 〈진삼국무쌍 6(Dynasty Warriors 7)〉
  2013 〈진삼국무쌍 7(Dynasty Warriors 8)〉
- **참고 자료** 김정남, 김웅남, 김정현, 『게임의 운명을 결정하는 기획과 시나리오』, e비즈북스, 2013. | 한혜원, 『디지털 게임 스토리텔링 : 게임 은하계의 뉴 패러다임』, 살림, 2005.

카운터-스트라이크 Counter-Strike

출시연도 2000년
개발사 밸브 코퍼레이션(Valve Corporation)
장르 1인칭 슈팅 게임
플랫폼 PC

스토리 제2차 세계대전과 냉전이 종결되고 잠깐 평화를 되찾았던 세계는 곧 경제적·정치적 위기를 겪는다. 각지에서 사회에 불만을 가진 사람들이 모여 테러리스트 집단을 형성한 것이다. 기득권을 붕괴시키고 새로운 세상을 열기 위해 각지에서 테러가 일어나기 시작한다. 각국 정부는 테러리스트를 진압하기 위해 대테러리스트 군대를 창설하고 거대 자본을 투입해 전쟁 기술을 연구한다.

플레이 〈카운터-스트라이크〉는 1인칭 시점에서 진행되는 슈팅 게임으로, 플레이어는 테러리스트나 대테러리스트가 되어 적을 제거하고 임무를 완수해야 한다. 기본적으로 지급되는 무기 외에도 새로운 무기를 구매하거나 제작할 수 있다. 선택 가능한 무기는 권총과 기관총, 돌격소총, 저격소총을 비롯한 총기류와 도검류, 일부 특수 무기 등이다. 둘 이상의 무기를 선택해 라운드 도중 교체 장착할 수 있다. 게임에서 이기면 가상 통화를 지급받아 상점에서 무기를 구매하거나 탄환을 충전할 수 있다.

〈카운터-스트라이크〉의 주요 임무와 승리 조건			
임무	내용	결과	승리
폭탄	테러리스트는 특정 지역에 폭탄을 설치한다. 대테러리스트는 구역을 방어하거나 설치된 폭탄을 해체한다.	폭탄 설치	테러리스트
		테러리스트 섬멸	대테러리스트
		대테러리스트 섬멸	테러리스트
		제한 시간 종료	대테러리스트
인질	테러리스트는 확보한 인질을 억류한다. 대테러리스트는 인질을 구출하고 안전한 장소로 이송한다.	인질 전원 구출	대테러리스트
		테러리스트 섬멸	대테러리스트
		대테러리스트 섬멸	테러리스트
		제한 시간 종료	테러리스트
암살	대테러리스트 진영의 플레이어 한 명이 요인이 되어 대테러리스트의 보호를 받으며 이동한다. 테러리스트는 요인을 암살해야 한다.	요인 사망	테러리스트
		테러리스트 섬멸	대테러리스트
		대테러리스트 섬멸	테러리스트
		제한 시간 종료	대테러리스트
좀비	일정 수의 플레이어가 무작위로 좀비로 변한다. 좀비는 가장 먼저 탈출하거나 인간을 감염시켜야 한다.	좀비 탈출	좀비
		모든 인간이 감염됨	좀비
		좀비 섬멸	인간
		제한 시간 종료	인간
데스매치	플레이어 또는 플레이어 진영을 제외한 모든 적을 섬멸한다.	생존	생존자
		제한 시간 종료	최다 킬(kill) 보유자
봇	플레이어와 봇이 대결한다.	플레이어 생존	플레이어
		플레이어 사망	봇

라운드가 진행되는 도중 사망하면 곧바로 부활하거나 관전 모드로 전환된다. 관전 모드로 전환되면 다른 플레이어와 대화할 수 없고 라운드가 종료해야 부활하게 된다. 부활할 때는 기본 무기를 장착한 채 사망 시점에서 플레이를 재개한다. 새로운 라운드가 시작되기 전 일정 시간 동안 무기를 변경할 수 있으며 상대 플레이어를 공격할 수 없다. 일부 시리즈는 레벨에 따른 계급장을 부여한다.

【임무】 모든 게임은 하나 이상의 라운드로 구성되고 라운드별 임무를 완수하면 승리한다. 주로 구출 또는 사살, 생존, 암살, 폭파 등의 임무가 제시되고 소속 진영에 따라 승리 조건이 달라진다. 임무에 따라 사용하는 맵이 달라지며 플레이어는 지형과 벽 등의 엄폐물을 이용해 전략을 수립하고 상대 진영을 공격한다. 주요 임무와 승리 조건을 정리하면 표와 같다.

이밖에도 다른 모드를 적용하거나 특정 무기만 사용하기로 합의해 플레이할 수 있다. 저격소총만 허용되는 '스나전', 단검 등의 근접 무기만을 사용하는 '칼전'

이 이에 해당한다. 제한 시간 내에 상대 진영을 섬멸시킬 때 승리하고, 라운드가 종료되면 무승부로 끝난다.

평가 1999년 〈하프라이프(Half-Life)〉의 모드(MOD)로 개발되어 2000년 상용화됐다. 2001년부터 2011년까지 월드 사이버 게임즈(World Cyber Games, WCG)의 정식 종목이었으며 2012년 〈카운터-스트라이크 온라인〉으로 대체됐다. 2015년 〈카운터-스트라이크 : 글로벌 오펜시브〉가 국제 이-스포츠 연맹 (International e-Sports Federation, IeSF) 회원국으로부터 가장 많은 추천을 받으며 제7회 월드 챔피언십(World Championship)의 일반부 정식 종목으로 채택됐다.

- **핵심어** 모드, 무기, 관전 모드, 부활
- **시리즈**
  2000 〈카운터-스트라이크(Counter-Strike)〉
  2004 〈카운터-스트라이크 : 컨디션 제로(Counter-Strike : Condition Zero)〉
    〈카운터-스트라이크 : 소스(Counter-Strike : Source)〉
  2006 〈카운터-스트라이크 네오(Counter Strike Neo)〉
  2008 〈카운터-스트라이크 온라인(Counter-Strike Online)〉
  2012 〈카운터-스트라이크 : 글로벌 오펜시브(Counter-Strike : Global Offensive)〉
    〈카운터-스트라이크 온라인 2(Counter-Strike Online 2)〉
- **참고 자료** James Newman, *Playing with Videogames*, Routledge, 2008. | Minhua Ma, Andreas Oikonomou, Lakhmi C. Jain, *Serious Games and Edutainment Applications*, Springer Science & Business Media, 2011. | Wendy Despain, *Writing for Video Game Genres : From FPS to RPG*, CRC Press, 2009.

킹덤 언더 파이어 Kingdom Under Fire

| 출시연도 2000년
| 개발사 판타그램(Phantagram)
| 장르 전략 시뮬레이션 게임
| 플랫폼 PC

스토리 빛의 종족인 인간과 엘프는 동쪽 지역에, 마족인 오크와 오우거, 다크 엘프, 뱀파이어는 서쪽 지역에 자리를 잡고 공존하며 살아왔다. 어느 날 강력한 힘을 가진 리치족 킬리아니가 나타나 마족을 정복한다. 킬리아니는 세상을 멸망시키기 위한 '파멸의 제단'을 건설하고 고대의 유물인 '에인션트 하트'를 약탈하기 위해 '1차 영웅 전쟁'을 일으킨다. 히로니덴 왕국의 기사단장인 케져와 동료 릭 마

이너, 궁정 마법사 문라이트, 에인션트 하트의 수호자인 카알과 셀린, 드워프 군터, 주술사 루디아나가 킬리아니를 저지하기 위해 힘을 합친다. 치열한 전투 가운데 마이너가 죽자 동료들은 에인션트 하트의 힘으로 마이너를 부활시킨다. 마이너는 킬리아니를 제거하고 파멸의 제단까지 파괴해 전쟁을 종식시킨다.

그로부터 100년 후, 새로운 어둠의 지배자 릭 블러드가 나타난다. 블러드는 마족을 중심으로 한 암흑 연맹을 통솔하며 파멸의 제단을 재건하고 '2차 영웅 전쟁'을 일으킨다. 과거의 영웅들은 죽은 케져를 에인션트 하트로 부활시키고 인간 연합을 결성해 블러드를 저지하고자 한다.

플레이 영웅이 되어 미션을 완수하고 전쟁에서 승리하는 것이 목표이다. 플레이어는 인간 연합 3인의 영웅과 암흑 연맹 4인의 영웅 중 하나를 선택할 수 있다. 각 종족별로 12개의 미션이 구성되어 있다. 스토리 미션의 경우, 영웅 캐릭터 한 명을 조종하며 특수 아이템 100여 가지를 획득할 수 있다. 영웅 캐릭터는 최대 20레벨까지 성장시킬 수 있다. 영웅 캐릭터 외 일반 유닛을 대장으로 지정하여 진영을 짤 수 있다. 채취 가능한 자원은 금과 철, 마나 등 총 3가지로 금은 유닛과 건물 생산, 철은 업그레이드 및 유닛 활성화, 마나는 마법사 생산에 사용한다. 워게이트 서버를 통해 멀티 플레이가 가능하다.

평가 전략 시뮬레이션 게임에 영웅 캐릭터를 육성하는 역할수행 게임의 요소를 결합시킨 것이 특징이다. 이후 출시한 〈킹덤 언더 파이어 : 더 크루세이더즈〉는 국내 게임 중 최초로 엑스박스 플랫폼에 진출했다. 유닛 간의 상성 관계를 다양화하고 전략 및 전술 요소를 강화해 호평을 받았다. 2004년 대한민국 게임대상에서 대상인 '대통령상' 외 2개 분야를 석권했으며, 같은 해 프랑스 《엑스박스 공식 잡지 (Le Magazine Officiel Xbox)》에서 '이달의 게임 상(Game of the Month Award)' 및 '엘리트 상(Elite Award)'을 수상했다.

- **핵심어** 캐릭터 육성, 액션
- **시리즈**
  2000 〈킹덤 언더 파이어(Kingdom Under Fire)〉
  2004 〈킹덤 언더 파이어 : 더 크루세이더즈(Kingdom Under Fire : The Crusaders)〉
  2005 〈킹덤 언더 파이어 : 히어로즈(Kingdom Under Fire : Heroes)〉
      〈킹덤 언더 파이어 : 네메시스(Kingdom Under Fire : Nemesis)〉
  2007 〈킹덤 언더 파이어 : 서클 오브 둠(Kingdom Under Fire : Circle Of Doom)〉
  2013 〈킹덤 언더 파이어 : 에이지 오브 스톰(Kingdom Under Fire : Age Of Storm)〉

■ **참고 자료** 한국게임산업개발원, 『2005 대한민국 게임백서』, 문화관광부 한국게임산업개발원, 2005. | The Cheat Mistress, *EZ Cheats Multi Format*, M-Y Books Distribution, 2011.

히트맨 : 코드네임 47 Hitman : Codename 47

출시연도 2000년
개발사 아이오 인터랙티브(IO Interactive)
장르 액션 어드벤처 게임
플랫폼 PC

스토리 유전자 조작으로 신체 능력이 강화된 복제 인간 에이전트 47은 베일에 싸인 한 수용소에서 살인 기계로 자란다. 그러던 어느 날, 에이전트 47이 누군가 의 도움으로 수용소를 탈출하게 되고 에이전시라는 청부 살인 조직에 들어가게 된다. 에이전트 47은 부호나 범죄자 등을 제거하는 임무를 수행하기 위해 전 세 계를 떠돈다.

플레이 게임의 목표는 타깃을 찾아 제거하는 것이다. 플레이어는 위장과 잠입 을 통해 타깃에 접근하고 다양한 무기와 암살 방법을 사용해 타깃을 제거한다. 임 무 수행을 위해 적을 죽이고 옷을 훔친 뒤 시체를 유기할 수 있으며, 복장에 따라 접근 지역이나 소지할 수 있는 무기의 종류가 달라진다. 각 미션마다 수행 공간이 다르며, 미션이 진행될수록 타깃에 접근하기 어려워지고 부차적인 임무가 주어진 다. 이 과정에서 최대한 적에게 발각되지 않고 목적을 달성하는 것이 중요하다.

평가 물체의 관절마다 중력이 적용되는 기법인 랙돌(ragdoll) 물리 효과를 사 용한 게임으로, 캐릭터의 움직임을 사실적으로 표현했다는 평가를 받는다.

■ **핵심어** 랙돌
■ **시리즈**
2000 〈히트맨 : 코드네임 47(Hitman : Codename 47)〉
2002 〈히트맨 2 : 사일런트 어쌔신(Hitman 2 : Silent Assassin)〉
2004 〈히트맨 : 콘트랙츠(Hitman : Contracts)〉
2006 〈히트맨 : 블러드 머니(Hitman : Blood Money)〉
2012 〈히트맨 : 앱솔루션(Hitman : Absolution)〉
2014 〈히트맨 고(Hitman Go)〉
2015 〈히트맨 : 스나이퍼(Hitman : Sniper)〉
■ **참고 자료** Gino van den Bergen, Dirk Gregorius, *Game Physics Pearls*, CRC Press, 2010. | Linda

Burton, *Microsoft Windows 250 Success Secrets-250 Most Asked Questions On Microsoft Windows-What You Need To Know*, Emereo Publishing, 2014. | Matt Fox, *The Video Games Guide : 1,000+ Arcade, Console and Computer Games, 1962-2012*, McFarland, 2013. | Morgan McGuire, Odest Chadwicke Jenkins, *Creating Games : Mechanics, Content, and Technology*, CRC Press, 2008.

다크 에이지 오브 카멜롯 Dark Age of Camelot

출시연도 2001년
개발사 미식 엔터테인먼트(Mythic Entertainment)
장르 다중접속온라인 역할수행 게임
플랫폼 PC

스토리 아서 왕이 죽고 10년의 세월이 흐르자 궁지에 몰렸던 세력들이 알비온으로 몰려든다. 수도 카멜롯은 여전히 번창하고 활기차지만 몰락의 징조 또한 엿보인다. 강력한 왕권에 눌려있던 미드가르드의 북유럽인들과 히베르니아의 켈트인이 무력과 마법을 내세워 알비온을 공격하기 시작한 것이다. 알비온을 파멸시키고 수도를 점거하기 위해, 혹은 왕권의 영광을 지켜내고 밀려드는 적을 물리치기 위해 세 세력은 국경에서 부딪친다.

플레이 진영 간 전투(RvR)를 중심으로 하는 다중접속온라인 역할수행 게임이다. 플레이어는 알비온, 미드가르드, 히베르니아 3국 중 1개국에 소속돼 다른 국가의 플레이어와 전투해야 한다. 이 과정에서 국가별 성물을 수호하고, 성물이 자리한 성과 탑을 지키게 된다. 브리튼, 켈트, 코볼드를 비롯한 21개 종족과 45개 직업군을 지원하고 캐릭터는 최대 50레벨까지 성장시킬 수 있다. 진영 간 전투의 핵심인 성물은 나라마다 2개씩 존재하며 각각 해당 국가에 소속된 플레이어의 근접 공격력과 마법력을 강화시킨다. 자국의 성물을 보유한 상태에서 타국의 성물을 쟁취해 동일한 속성의 성물이 2개 이상이 되는 경우 속성 강화는 가중되지만 국가를 수호하는 엔피시(NPC)는 약화돼 성물의 독점이 어려워진다. 진영 간 전투 기여도를 올려 플레이어 캐릭터의 순위를 높이고, 순위 상승폭에 해당하는 포인트를 지급받아 특수 스킬을 구매할 수 있다. 한편 퀘스트를 수행해 마스터 레벨을 올려 스킬을 획득할 수도 있다.

평가 실존했던 인물과 신화를 혼합적으로 차용해 세계관을 구성했다. 수백 명

이상의 플레이어가 동시에 참가하는 진영 간 전투를 주요 콘텐츠로 활용했다. 국내에서는 버프 엔터테인먼트(Buff Entertainment)가 2002년 4월부터 2006년 6월까지 서비스했다.

- **핵심어** 대체 역사 게임, 레이드, 진영 간 전투, 프리 서버, 플레이어 간 전투(PvP)
- **참고 자료** Jessica Mulligan, Bridgette Patrovsky, *Developing Online Games : An Insider's Guide*, New Riders, 2003. | Melissa Tyler, *Dark Age of Camelot : Prima's Official Strategy Guide*, Prima Games, 2001. | William Sims Bainbridge, *Online Multiplayer Games*, Morgan & Claypool Publishers, 2010.

데빌 메이 크라이 Devil May Cry

출시연도 2001년
개발사 캡콤(Capcom)
장르 액션 어드벤처 게임
플랫폼 플레이스테이션 2

스토리 2,000년 전 악마 문두스는 인간계를 지배하려다 자신의 오른팔인 악마 마검사 스파다에 의해 마계에 봉인된다. 한편 스파다는 인간인 에바와의 사이에서 반인반마인 쌍둥이 단테와 버질을 낳고, 에바는 문두스의 부하에게 살해당한다. 단테는 에바의 복수를 위해 악마 사냥꾼이 되고 버질은 악마로 변한다. 어느 날 에바와 똑같이 생긴 트리시가 단테를 찾아와 단테를 문두스에게 인도한다.

플레이 플레이어는 악마를 물리치고 새로운 무기와 기술을 얻어 최종 보스인 문두스를 제거해야 한다. 게임의 스테이지는 '미션'이라 불리며 소요 시간에 따라 A, B, C 등으로 구분된다. 난이도는 이지 오토매틱, 노멀, 하드, 단테 머스트 다이의 4가지로 구분된다. 최종 보스인 문두스를 만나기 전 각 미션에 따라 문두스의 하수인 악마들과 전투를 하며, 악마를 제거할 때마다 새로운 외모와 무기, 기술을 획득할 수 있다. 플레이어가 적을 공격하는 횟수가 누적됨에 따라 '딜'과 '쿨', '브라보', '앱솔루트', '스타일리시'의 순서로 게이지 바가 채워지고, 다 채워지면 적이 쓰러지며 미션이 종료된다.

평가 〈데빌 메이 크라이 3〉 스페셜 에디션에서 플레이어는 단테와 버질을 모두 플레이할 수 있다. 선인과 악인의 입장을 모두 플레이할 수 있는 독특한 경험을 '지킬 박사와 하이드 효과'라 일컫는다. 액션의 화려함이 돋보이는 영상으로 '스타일리시 액션' 장르로 평가된다.

■ **핵심어** 스타일리시 액션, 지킬 박사와 하이드 효과
■ **시리즈**
 2001 〈데빌 메이 크라이(Devil May Cry)〉
 2003 〈데빌 메이 크라이 2(Devil May Cry 2)〉
 2005 〈데빌 메이 크라이 3(Devil May Cry 3)〉
 2008 〈데빌 메이 크라이 4(Devil May Cry 4)〉
 2013 〈디엠시 : 데빌 메이 크라이-스페셜 에디션(DMC : Devil May Cry)〉
■ **참고 자료** 한혜원, 『디지털 게임 스토리텔링 : 게임 은하계의 뉴 패러다임』, 살림, 2005. | Chris Mark Bateman, Richard Boon, *21st Century Game Design*, Charles River Media, 2006.

동물의 숲 Animal Crossing / どうぶつの森

출시연도 2001년
개발사 닌텐도(Nintendo)
장르 소셜 시뮬레이션 게임
플랫폼 닌텐도 64

스토리 기차를 타고 가던 주인공은 낯선 고양이를 만나 동물의 숲에 도착한다. 집은 구했지만 생활비가 없어 곤란을 겪던 주인공에게 잡화점 주인 너굴이 아르바이트를 제안한다. 주인공은 아르바이트를 하면서 집세를 내고 마을의 동물들과 친분을 쌓는다.

플레이 플레이어는 마을의 촌장이 되어 게임 내에서 달성 가능한 목표를 골라 플레이한다. 집의 면적을 넓히는 데서 시작해 가구 수집, 내부 인테리어, 어류 및 토용 수집, 원예, 패턴 디자인 등을 겸할 수 있다. 도감을 완성하거나 마을을 최고 환경으로 유지하는 퀘스트를 완수하면 황금 잠자리채나 황금 낚싯대와 같은 특수 아이템을 얻는다. 개와 고양이, 너구리, 두더지, 펠리컨, 토용을 비롯한 여러 이웃 동물과 교류하고 그들의 부탁을 들어줄 수 있다. 동물들은 성별과 성격에 따라 서로 다른 대화 패턴과 생활 습관을 가지고 있으며, 이사를 통해 마을을 떠나거나 들어오기도 한다. 현실과 같은 시간 흐름에 따라 배경이 변하고 계절별 행사가 열린다. 최대 4명의 플레이어가 한 마을에서 생활할 수 있고 카트리지 팩을 연결하거나 무선 통신 기능을 이용해 다른 마을로 놀러갈 수 있다.

평가 닌텐도 64용으로 제작되어 시리즈별로 다른 플랫폼을 채택했다. 가족과 즐길 수 있는 커뮤니케이션 게임으로 20~30대 여성층에서 주로 인기가 있었다. 500개 이상의 가구, 50곡 이상의 음악, 200마리가 넘는 동물들로 시작해 시리즈가 거듭될수록 그 수가 늘어나고 있다.

- **핵심어** 무선 통신
- **시리즈**
  2001 〈동물의 숲(Animal Crossing)〉
  2005 〈놀러오세요 동물의 숲(Animal Crossing : Wild World)〉
  2008 〈타운으로 놀러가요 동물의 숲(Animal Crossing : City Folk)〉
  2012 〈튀어나와요 동물의 숲(Animal Crossing : New Leaf)〉
- **참고 자료** 예스퍼 율 저, 이정엽 역, 『캐주얼 게임 : 비디오게임과 플레이어의 재창조』, 커뮤니케이션북스, 2012. | Jim Thompson, Barnaby Berbank-Green, Nic Cusworth, *Game Design : Principles, Practice, and Techniques*, John Wiley & Sons, 2007. | Steve Bowden, *100 Computer Games to Play Before You Die*, John Blake, 2011. | P. L. Patrick Rau, *Cross-Cultural Design*, Springer, 2014.

마그나카르타 : 눈사태의 망령
MagnaCarta : The Phantom of Avalanche

출시연도 2001년
개발사 소프트맥스(SOFTMAX)
장르 역할수행 게임
플랫폼 PC

스토리 국왕의 총애를 받는 기사 칼린츠는 정치적 견제로 수도방위기사단으로 좌천된다. 10여 년 만에 돌아온 수도는 몬스터들의 공격과 반제국주의로 인해 혼란스럽다. 수도의 질서 유지를 위해 임무에 충실하던 칼린츠는 베일에 싸인 여인 아도라를 만나 제국의 비밀을 파헤쳐 나간다.

플레이 이 게임의 목표는 플레이어가 칼린츠가 되어 주어진 임무를 단계별로 완성하여 게임의 엔딩을 보는 것이다. 임무에 따라 몬스터나 적들과 전투를 벌일 수 있으며, 전투는 턴제 전투 방식으로 진행된다. 전투가 발생하면 칼린츠 외에도 같은 편 캐릭터를 조작하여 이동과 공격을 할 수 있다. 캐릭터마다 이동과 공격의 기회는 3번이며, 적이 사정거리 안에 들어서면 스페이스 바를 이용해 공격한다. 전투를 통해 얻게 되는 경험치 '카르타'는 지(地), 화(火), 풍(風), 암(暗), 수(水),

운(雲), 광(光)으로 구성된다. 플레이어는 획득한 카르타를 가슴과 머리, 팔, 배, 다리 등 신체 각 부위에 부여할 수 있다.

평가 〈마그나카르타 : 눈사태의 망령〉은 턴제 전투 방식에 리듬감을 가미했다는 평가를 받았다. 이는 플레이스테이션 2에서 발매된 〈마그나카르타 : 진홍의 성흔〉의 '트리니티 액션 시스템'으로 계승됐다. 엑스박스 360에서 발매된 〈마그나카르타 Ⅱ〉는 2009년 대한민국 게임대상에서 '우수상'을 수상했다.

- **핵심어** 턴제 전투
- **시리즈**
  2001 〈마그나카르타 : 눈사태의 망령(MagnaCarta : The Phantom of Avalanche)〉
  2004 〈마그나카르타 : 진홍의 성흔(MagnaCarta : Crimson Stigmata)〉
  2009 〈마그나카르타 Ⅱ(MagnaCarta Ⅱ)〉
- **참고 자료** 소프트맥스, www.softmax.co.kr

맥스 페인 Max Payne

출시연도 2001년
개발사 레머디 엔터테인먼트(Remedy Entertainment)
장르 3인칭 슈팅 게임
플랫폼 PC

스토리 형사였던 맥스 페인은 아내와 딸이 마약 발키리에 중독된 괴한들에게 살해당하자 복수를 위해 마약단속국에 들어가고, 발키리 유통을 전담하는 마피아 조직에 잠입한다. 마피아와의 접선 과정에서 동료가 괴한의 손에 사망하자, 맥스 페인은 살인 누명을 쓰게 된다. 수배범이 된 맥스는 마약 범죄 소탕을 시작한다.

플레이 플레이어 캐릭터는 맥스 페인으로, 게임의 목표는 범죄의 배후를 밝혀내는 것이다. 게임은 3인칭 시점에서 총격전을 중심으로 진행된다. 첫 무기로는 반자동 권총 하나만 주어지지만, 게임을 진행하면서 베레타 M9, 스나이퍼 라이플, 쇠파이프, 화염병, 수류탄 등 다양한 무기를 획득하고 장착할 수 있다. 시간의 경과 속도를 느리게 하는 불렛 타임(bullet time)을 사용할 경우, 총알을 피하거나 다수의 적을 손쉽게 제압할 수 있다.

게임의 스토리는 플레이어 캐릭터의 독백을 통해 진행되며 특정 상황에서 주어지는 선택지 중 무엇을 선택했느냐에 따라 이후 전개가 달라진다. 플레이어가 맵을 탐색하다가 텔레비전을 발견하면 극중극을 감상할 수 있다.

〈맥스 페인 3〉부터는 멀티 플레이 모드를 지원한다. 멀티 플레이 모드의 경우, 정해진 시간 안에 상대와 킬 수를 놓고 경쟁하는 데스매치, 다섯 판 동안 성공한 미션의 수를 경쟁하는 갱 워즈, 플레이어 팀과 엔피시(NPC) 팀 간의 전투인 페인 킬러 등으로 구성된다.

【불렛 타임】 불렛 타임이란 임의로 시간의 진행을 느리게 하는 기술로, 영화 〈매트릭스〉에서 등장했다. 게임 중에서는 〈맥스 페인〉에서 최초로 재현됐다. 플레이어 캐릭터는 적을 공격해 아드레날린을 모아야 불렛 타임을 사용할 수 있다. 불렛 타임이 시작되면 주변의 움직임, 소리, 총알 등 시야의 모든 것들이 천천히 움직인다. 불렛 타임의 영향을 받은 적들은 플레이어 캐릭터보다 느리게 움직이기 때문에 플레이어 캐릭터는 날아오는 총알을 보고 피하거나 상대를 쉽게 제압할 수 있게 된다. 플레이어는 화면 하단의 바를 통해 남은 시간을 확인할 수 있으며, 불렛 타임을 연장하려면 더 많은 적을 제거해야 한다.

평가 〈맥스 페인〉은 맥스-에프엑스 엔진(MAX-FX engine)을 기반으로 제작됐으며, 실제 사진을 디지털로 전환하고 라디오시티(radiocity) 조명을 사용해 영상의 사실감을 높였다. 2001년 일렉트로닉 엔터테인먼트 엑스포(Electronic Entertainment Expo, E3)에서 '최고의 피시 게임(Best PC Game)'과 '최고의 액션 게임(Best Action Game)'에 지명됐으며, 게임 비평 사이트 아이지앤(IGN), 게임존(GameZone), 게임스팟(GameSpot) 등에서 최고의 게임으로 선정됐다. 2008년 동명의 영화로도 개봉됐다.

- **핵심어** 누아르, 불렛 타임, 모드
- **시리즈**
  2001 〈맥스 페인(Max Payne)〉
  2003 〈맥스 페인 2 : 맥스 페인의 몰락(Max Payne 2 : The Fall of Max Payne)〉
  2012 〈맥스 페인 3(Max Payne 3)〉

- **참고 자료** 김정남, 김웅남, 김정현, 『게임의 운명을 결정하는 기획과 시나리오』, e비즈북스, 2013. | Brian Johnson, Duncan Mackenzie, *Xbox 360 For Dummies*, John Wiley & Sons, 2011. | John Robles, *Rockstar Games 198 Success Secrets-198 Most Asked Questions On Rockstar Games : What You Need To Know*, Emereo Publishing, 2014.

뮤 온라인 Mu Online

| 출시연도 2001년
| 개발사 웹젠(WEBZEN)
| 장르 다중접속온라인 역할수행 게임
| 플랫폼 PC

스토리 요정의 왕국 노리아와 흑마법사의 국가 아르카, 기사의 국가 로렌시아로 이루어진 연합군은 암흑신 세크네움에 맞서 싸워 총사령관 쿤둔의 몸에 세크네움을 봉인한다. 4년 뒤 쿤둔은 세크네움의 지배를 받아 뮤 대륙을 지배하려 든다. 연합군은 쿤둔을 봉인하고 대륙을 통일해 뮤 제국을 건국하지만, 1,000년 후 쿤둔은 봉인에서 풀려나 뮤 대륙을 파괴한다. 뮤 제국의 지도자들은 예언서 아르카나를 해독한 후 과거 봉인 마법에 사용됐던 봉인석을 이용해 쿤둔의 음모를 저지하기로 한다.

플레이 플레이어의 목표는 몬스터를 처치하고 퀘스트를 수행하면서 자신의 캐릭터를 육성하는 것이다. 캐릭터의 레벨이 150에 도달하면 흑기사, 흑마법사, 요정, 소환술사 중 하나를 골라 1차 전직을 하며, 220레벨에서는 2차 전직을, 380레벨에서는 3차 전직을 수행해 상위 직업을 선택할 수 있다. '겐스 듀프리언'이나 '겐스 바네르트' 세력 중 하나를 선택해 분쟁 지역에서 상대 세력에 속한 플레이어와 진영 간 전투(RvR)를 할 수 있다. 뮤 도우미 시스템은 자동사냥과 아이템 자동 획득, 물약 자동 사용 기능을 제공해 플레이어의 편의를 도모한다. 특정 조건을 만족시키면 입장할 수 있는 이벤트 맵이 존재하며, 플레이어는 플레이 결과에 따라 보상을 받을 수 있다. 플레이어가 참여할 수 있는 이벤트로는 최대한 많은 몬스터를 사냥해 최고득점을 획득한 팀이 우승하는 '악마의 광장'을 비롯해 총 4개가 제공된다.

평가 국내 최초의 3차원 온라인 역할수행 게임이다. 화려한 사운드 도입을 통해 주목받았다. 2001년 문화관광부와 《전자신문》, 《스포츠조선》이 주최하는 대한민국 게임대상 온라인 부문에서 '우수상'을 수상했다. 2015년에는 모바일 버전 〈뮤 오리진〉이 출시됐다.

- **핵심어** 3차원 게임, 배경음악, 공성전, 전직
- **시리즈**
  2001 〈뮤 온라인(Mu Online)〉
  2015 〈뮤 오리진(Mu Origin)〉
- **참고 자료** 〈뮤〉 사이트, www.muonline.co.kr

붕어빵 타이쿤

출시연도 2001년
개발사 컴투스(Com2uS)
장르 경영 시뮬레이션 게임
플랫폼 모바일

플레이 게임의 목표는 붕어빵 장사를 통해 노점을 확대하는 것이다. 플레이어는 붕어빵 틀에 반죽을 붓고, 정확한 타이밍에 틀을 뒤집어 붕어빵을 구워내야 한다. 시간을 맞추지 못할 경우 붕어빵이 덜 익거나 탄다. 손님에게 덜 익거나 탄 붕어빵을 줄 때마다 생명 게이지가 줄어든다. 〈붕어빵 타이쿤 3〉부터는 레벨을 올려 애완동물을 획득할 수 있다. 레벨 상승에 따라 특급 요리장, 붕어 사업가, 붕어빵 재벌, 붕어 마스터 등의 호칭을 얻게 된다.

평가 한국적인 소재와 정감이 담긴 경영 시뮬레이션 게임으로 평가받는다. 모바일 게임 전문 사이트였던 '엠플러그(Mplug)'에서 2003년 12월에 네티즌을 대상으로 실시한 인기투표에서 '올해 최고의 모바일 게임'으로 선정됐다.

- **핵심어** 타이쿤, 모바일 게임
- **시리즈**
  2001 〈붕어빵 타이쿤〉
  2002 〈붕어빵 타이쿤 2〉
  2004 〈붕어빵 타이쿤 2+〉
  2006 〈붕어빵 타이쿤 3〉
- **참고 자료** 한국데이터베이스진흥원, 『디지털콘텐츠』, vol.1, no.0, 한국데이터베이스진흥원, 2004.

블랙 앤 화이트 BLACK & WHITE

출시연도 2001년
개발사 라이온헤드(Lionhead)
장르 시뮬레이션 게임
플랫폼 PC

스토리 태초의 신들은 강력한 힘으로 기적을 일으키는 불사의 존재였다. 신들은 땅을 만들고 자신들의 분신 크리처를 내려보내 지상을 다스리게 했다. 하지만 크리처 간 갈등이 대재앙을 초래하여 지상의 크리처들은 멸망하고 신들은 부상당하게 된다. 권능을 잃은 신들은 인간을 창조해 믿음을 얻고 힘을 회복하려 했지만 신과 크리처의 보호 아래 성장한 인간들은 지상의 문명에 심취해 신앙을 잃어버린다. 과거의 믿음이 부활하길 기다리며 깊은 잠에 빠져든 신은 어느 날 자신을 부르는 간절한 목소리를 듣는다.

플레이 플레이어는 신의 입장에서 크리처를 육성하고 도시를 발전시켜 영토를 확장해야 한다. 선이나 악의 조언 중 하나를 선택해 플레이하게 되는데 선을 선택할 경우 감화력을 높여 적과 동맹을 맺을 수 있고, 악을 선택할 경우 군대를 육성해 상대 문명을 공격 또는 점령할 수 있다. 동물 형태의 크리처를 학습시켜 특정 행동을 반복하거나 기적을 사용하게 할 수 있다.

평가 〈블랙 앤 화이트〉는 일명 '신 게임(god game)'으로 통용되는 장르를 정착시켰다. 플레이어가 신의 입장에서 선과 악 중 하나를 선택하는 방식으로 진행되기 때문에 철학적 주제까지 담고 있다는 평가를 받았다.

- **핵심어** 신 게임, 인공지능 엔피시(NPC), 피터 몰리뉴
- **시리즈**
  2001 〈블랙 앤 화이트(Black & White)〉
  2002 〈블랙 앤 화이트 : 크리처의 섬(Black & White : Creature Isleland)〉
  2005 〈블랙 앤 화이트 2(Black & White 2)〉
  2006 〈블랙 앤 화이트 2 : 배틀 오브 더 갓즈(Black & White 2 : Battle of the Gods)〉

- **참고 자료** Bill Loguidice, Matt Barton, *Vintage Game Consoles*, CRC Press, 2014. | Deborah Todd, *Game Design : From Blue Sky to Green Light*, CRC Press, 2007. | Josiah Lebowitz, Chris Klug, *Interactive Storytelling for Video Games*, Taylor & Francis, 2012. | Penny Sweetser, *Emergence in Games*, Cengage Learning, 2008.

비주얼드 Bejeweled

| 출시연도 2001년
| 개발사 팝캡 게임즈(PopCap Games)
| 장르 퍼즐 게임
| 플랫폼 PC

플레이 플레이어는 같은 종류의 보석을 3개 이상 가로 혹은 세로로 연결시켜야 점수를 획득할 수 있다. 같은 보석은 5개까지 연결시킬 수 있는데, 연결된 보석의 개수가 많거나 특수 보석을 연결시켜야 더 높은 점수를 얻을 수 있다. 플레이

어는 일정 점수 이상을 획득해 게이지 바를 채우면 다음 레벨로 넘어갈 수 있다. 〈비주얼드 2〉부터는 제한 시간 안에 일정 점수를 획득해야 하는 시간제한 규칙이 추가됐다.

평가 〈비주얼드〉의 성공으로 '타일 3개 맞추기'가 퍼즐 게임의 하부 장르로 정착했다. 〈주얼퀘스트(JewelQuest)〉, 〈애니팡(Anipang)〉, 〈캔디 크러쉬 사가(Candy Crush Saga)〉 등이 '타일 3개 맞추기' 형식을 사용한 대표적인 퍼즐게임이다.

- **핵심어** 타일 3개 맞추기 게임
- **시리즈**
  2001 〈비주얼드(Bejeweled)〉
  2004 〈비주얼드 2(Bejeweled 2)〉
  2008 〈비주얼드 트위스트(Bejeweled Twist)〉
  2010 〈비주얼드 블리츠(Bejeweled Blitz)〉
      〈비주얼드 3(Bejeweled 3)〉
- **참고 자료** 예스퍼 율 저, 이정엽 역, 『캐주얼 게임 : 비디오게임과 플레이어의 재창조』, 커뮤니케이션북스, 2012. | Emanuele Feronato, *Flash Game Development by Example : Build 9 Classic Flash Games and Learn Game Development Along the Way*, Packt Publishing Ltd., 2011. | Michael Thornton Wyman, *Making Great Games : An Insider's Guide to Designing and Developing the World's Greatest Games*, Taylor & Francis, 2012.

슈퍼 몽키 볼 Super Monkey Ball

| **출시연도** 2001년
| **개발사** 어뮤즈먼트 비전(Amusement Vision)
| **장르** 플랫폼 게임
| **플랫폼** 게임큐브

플레이 플레이어는 원숭이 캐릭터를 트랙 위에서 움직여 결승점에 도착하도록 해야 한다. 플레이 모드는 메인 게임, 파티 게임, 미니 게임으로 나뉜다. 메인 게임에서 플레이어는 컨트롤러로 트랙 자체의 기울기를 조절하여 투명한 공 안에 들어가 있는 원숭이가 트랙에서 떨어지지 않도록 한다. 파티 게임은 1인에서 4인까지 플레이가 가능하며, 구성은 상대방 원숭이와 경주하는 몽키 레이스, 권투 글러브를 이용해 상대 원숭이를 링 밖으로 내보내는 몽키 파이트, 공을 타고 날아가 목표 지점에 정확히 착륙하는 몽키 타깃으로 나뉘어 있다. 미니 게임에서는 원숭이들 간의 당구, 볼링, 골프 플레이가 가능하다.

평가 〈슈퍼 몽키 볼〉은 아케이드 게임 〈몽키 볼〉이 닌텐도 게임큐브용으로 출시된 것이다. 비디오 게임 잡지 《에지(Edge)》는 〈슈퍼 몽키 볼〉을 2009년 '최고의 게임 100선(The 100 Best Games to Play Today)'에 선정했다.

- **핵심어** 게임큐브
- **시리즈**
  2001 〈슈퍼 몽키 볼 (Super Monkey Ball)〉
  2002 〈슈퍼 몽키 볼 2(Super Monkey Ball 2)〉
  　　　〈슈퍼 몽키 볼 주니어(Super Monkey Ball Jr.)〉
  2005 〈슈퍼 몽키 볼 디럭스(Super Monkey Ball Deluxe)〉
  　　　〈슈퍼 몽키 볼 : 터치 앤 롤(Super Monkey Ball : Touch & Roll)〉
  2006 〈슈퍼 몽키 볼 어드벤처(Super Monkey Ball Adventure)〉
  　　　〈슈퍼 몽키 볼 : 바나나 블리츠(Super Monkey Ball : Banana Blitz)〉
  2007 〈슈퍼 몽키 볼 : 팁 앤 틸트(Super Monkey Ball : Tip'n Tilt)〉
  2008 〈슈퍼 몽키 볼 : 팁 앤 틸트 2(Super Monkey Ball : Tip'n Tilt 2)〉
  2010 〈슈퍼 몽키 볼 : 스텝 앤 롤(Super Monkey Ball : Step & Roll)〉
  2011 〈슈퍼 몽키 볼 3D(Super Monkey Ball 3D)〉
  　　　〈슈퍼 몽키 볼 : 티켓 블리츠(Super Monkey Ball : Ticket Blitz)〉
  2012 〈슈퍼 몽키 볼 : 바나나 스플리츠(Super Monkey Ball : Banana Splitz)〉
  2014 〈슈퍼 몽키 볼 : 바운스(Super Monkey Ball : Bounce)〉
- **참고 자료** Steve Bowden, *100 Computer Games to Play Before You Die*, John Blake Publishing, 2011. | Tony Mott, *1001 : Video Games You Must Play Before You Die*, Universe, 2010.

역전재판 Phoenix Wright : Ace Attorney / 逆転裁判

| 출시연도 2001년
| 개발사 캡콤(Capcom)
| 장르 어드벤처 게임
| 플랫폼 게임보이 어드밴스

스토리 변호사 나루호도는 선임 변호사 아야사토 치히로의 도움으로 첫 재판을 성공적으로 끝낸다. 다음날 치히로는 의문의 살인사건에 휘말려 사망한다. 사건의 용의자는 치히로의 여동생 아야사토 마요이다. 마요이는 나루호도에게 자신을 변호해줄 것을 부탁한다. 나루호도는 법정에서 마요이의 무죄를 입증하고, 전통 영매사 가문인 아야사토 가문에 얽힌 음모를 해결해야 한다.

플레이 플레이어는 변호사가 되어 피고인의 무죄를 입증해야 한다. 게임은 조사 구간과 재판 구간으로 나뉜다. 조사 구간은 증거품과 정보를 수집하는 구간으로, 범행과 관련된 장소에서 진행된다. 탐색을 통해 증거품을 발견하거나 관련 인물들과의 대화를 통해 정보를 모을 수 있다. 재판 구간은 법정에서 진행된다. 플레이어는 조사 구간에서 수집한 증거품과 정보를 토대로 증언의 모순을 짚어내고, 피고인의 무죄를 입증해야 한다. 정확한 타이밍에 '이의'를 제기하고 증거를 제시해서 재판을 무죄로 이끌어내는 것이 중요하다. 재판장이나 검사의 질문에 적합하지 않은 증거품을 제시하거나 잘못된 답을 말하면 페널티를 받는다. 일정치 이상의 페널티를 받으면 재판이 종료되며, 피고인은 유죄 판결을 받는다.

평가 재판이라는 소재를 개성 있는 캐릭터를 통해서 재해석했다는 점에서 호평을 받았다. 〈대역전재판 : 나루호도 류노스케의 모험〉의 경우 종합 리뷰 사이트 메타크리틱(Metacritic)에서 2015년 6월 기준 100점 만점에 81점을 받았다.

- **핵심어** 법정 배틀, 추리
- **시리즈**
  2001 〈역전재판(Pheonix Wright : Ace Attorney)〉
  2002 〈역전재판 2(Pheonix Wright : Ace Attorney-Justice for All)〉
  2004 〈역전재판 3(Pheonix Wright : Ace Attorney-Trials and Tributions)〉
  2007 〈역전재판 4(Apollo Justice : Ace Attorney)〉
  2009 〈역전검사(Ace Attorney Investigations : Miles Edgeworth)〉
  2011 〈역전검사 2(逆転検事 2)〉
  2013 〈역전재판 5(Pheonix Wright : Ace Attorney-Dual Destinies)〉
  2014 〈대역전재판 : 나루호도 류노스케의 모험(大逆転裁判 : 成歩堂龍ノ介の冒險)〉
- **참고 자료** 〈역전재판〉 사이트, www.capcom.co.jp/gyakutensaiban/

오퍼레이션 플래시포인트 : 콜드 워 크라이시스
Operation Flashpoint : Cold War Crisis

출시연도 2001년
개발사 보헤미아 인터랙티브(Bohemia Interactive)
장르 1인칭 슈팅 게임
플랫폼 PC

스토리 1980년대 미하일 고르바초프는 당에서 숙청될 위기에 놓인다. 장군 알렉세이 구바는 자신의 입지를 강화하고 정권을 차지하기 위해 소련 근처 에버론 섬을 침략하여 미군을 공격한다. 이에 미국 동부 몰든에서 주둔 중이던 나토군이 패하게 된다. 구바는 몰든을 점령하기 위해 핵무기인 스커드 미사일과 군대를 총동원한다. 몰든 섬에서 훈련 중인 데이비드 암스트롱의 부대는 핵무기를 저지하고 제3차 세계대전을 막기 위해 작전을 펼친다.

플레이 플레이어는 데이비드 암스트롱이 되어 미션을 완수하고 전쟁에서 승리해야 한다. 스토리 기반의 캠페인 모드로 진행되며 별도의 싱글 미션을 수행하는 것도 가능하다. 암스트롱은 미션에 따라 분대원으로 귀속되거나 분대장으로 승급한다. 직위에 따라 명령어가 다르며 각 명령어는 단축키를 지정하여 사용한다. 캠페인별로 미션 브리핑이 제시되며 자유도가 높아 미션 수행 후 맵을 탐험하는 등 다양한 플레이가 가능하다.

평가 전투 시뮬레이션 장르를 개척한 작품으로 분대 지휘체제와 액션 트리거(action trigger) 등의 요소를 도입했다. 난이도와 타격감이 높은 것이 특징이다. 총알의 방향을 예측하는 탄도학을 도입하고 무기의 무게에 따라 달리는 속도를 느리게 했다는 면에서 리얼리즘이 강조된 게임으로 평가받는다. 2011년 판권이 보헤미아 인터랙티브로 넘어가면서 첫 타이틀의 공식 명칭은 〈아르마 : 콜드 워 어설트(Arma : Cold War Assault)〉가 됐다.

■ **핵심어** 슈팅 게임, 전략 게임, 전쟁 게임
■ **시리즈**
　2001 〈오퍼레이션 플래시포인트 : 콜드 워 크라이시스(Operation Flashpoint : Cold War Crisis)〉
　2002 〈오퍼레이션 플래시포인트 : 레지스탕스(Operation Flashpoint : Resistance)〉
　2005 〈오퍼레이션 플래시포인트 : 엘리트(Operation Flashpoint : Elite)〉
■ **참고 자료** James Paul Gee, *What Video Games Have to Teach Us about Learning and Literacy*, Macmillan, 2014. | Stefan Werning, *Real Wars on Virtual Battlefields*, transcript Verlag, 2009.

이코 Ico

출시연도 2001년
개발사 팀 이코(Team Ico)
장르 어드벤처 게임
플랫폼 플레이스테이션 2

스토리 머리에 한 쌍의 뿔을 가진 이코는 마을의 관습에 따라 성의 제물이 되어 석관 안에 갇힌다. 그러나 갑작스레 지진이 일어나면서 석관에서 빠져 나오게 된다. 성을 탈출하기 위해 헤매던 이코는 새장 속에 갇혀있던 소녀 요르다를 구출한다. 둘은 함께 성에서 빠져나가기 위한 여정을 시작한다.

플레이 플레이어는 주인공 이코가 되어 요르다와 함께 안개의 성을 탈출해야한다. 검은 그림자는 이코와 요르다가 떨어져 있을 때마다 나타나 요르다를 데려가려 하기 때문에 플레이어는 항상 요르다의 손을 잡고 나아가야 한다. 요르다는 걷고, 뛰고, 오르는 등의 간단한 행동만 할 수 있기 때문에 플레이어는 장애물들을 마주할 때마다 요르다가 극복할 수 있을 만큼 장애물을 재조정해야 한다. 이때 사슬, 상자, 석상 등 주어진 오브젝트를 이용할 수 있다. 플레이어는 요르다와 손을 잡을 때마다 주기적으로 패드를 통해 진동을 감지할 수 있다.

평가 〈이코〉는 몽환적인 배경, 절제된 배경음악과 대사, 게임 패드의 진동 효과를 통해 주인공의 감정을 살리고 있어, 서정성이 강조된 게임으로 평가받는다. 2002년 진행된 제2회 게임 디벨로퍼 초이스 어워드(Game Developers Choice Awards, GDCA)에서 각각 '우수 레벨 디자인(Excellence in Level Design)', '우수 비주얼 아트(Excellence in Visual Arts)', '게임 혁신 스포트라이트(Game Innovation Spotlight)' 부문에서 수상했다. 2002년 진행된 제5회 연례 인터랙티브 공로상(Annual Interactive Achievement Awards, AIAA)에서 '아트 디렉션(Art Direction)', '캐릭터 스토리 개발(Character or Story Development)' 부문에서 수상했다. 2004년 일본의 소설가 미야베 미유키(宮部 みゆき)가 게임을 소설화한『이코-안개의 성(ICO : 霧の城)』을 출간했다.

- **핵심어** 액션 어드벤처, 미야베 미유키, 이코-안개의 성
- **참고 자료** 유원준,『뉴미디어 아트와 게임 예술』, 커뮤니케이션북스, 2013. | 이상우,『게임, 게이머, 플레이: 인문학으로 읽는 게임』, 자음과모음, 2012. | Friedrich von Borries, Steffen P. Walz, Matthias Böttger, *Space Time Play*, Birkhäuser Architecture, 2007.

크레이지 아케이드 Crazy Arcade

출시연도 2001년
개발사 로두마니 스튜디오(Lodumani studio)
장르 액션 게임
플랫폼 PC

스토리 버블힐 마을 사람들은 물풍선을 이용해 보석을 채굴하고 사냥을 하며 살아간다. 어느 날 보석을 탐낸 악당 로두마니가 마을 어른들을 납치하고 보석을 모두 가져가버린다. 안전한 곳에 숨어있던 아이들은 어른들을 구출하고 보석을 되찾기 위한 대표를 선발하기 위해서 물풍선 경연인 비엔비를 시작한다.

플레이 제한 시간 3분 안에 주어진 목표를 달성하는 팀이나 플레이어가 승리한다. 게임에 참가할 때마다 이동 속도, 보유한 물풍선의 개수, 물풍선의 위력 등 각기 다른 능력치의 캐릭터를 고를 수 있다.

플레이어는 캐릭터를 이동시켜 물풍선을 원하는 위치에 놓을 수 있다. 물풍선은 일정 시간이 지나면 십자 방향으로 물줄기를 뿜으면서 폭발하며 인접한 다른 물풍선을 연쇄적으로 폭파시킨다.

물줄기에 닿은 장애물은 제거되고, 캐릭터는 물방울 속에 갇힌다. 플레이어는 물줄기의 방향을 예측하여 미리 물풍선을 피하거나 남아있는 장애물 뒤에 몸을 숨겨야 한다. 일정 시간이 지나거나 적군과 접촉할 경우 물방울이 터지면서 갇혀있던 캐릭터가 사망한다. 제한 시간까지 더 많은 팀원이 살아남아 있는 쪽이 승리한다.

다른 플레이어와 협동해 몬스터를 물리치는 몬스터 모드, 인공지능 컴퓨터와 겨루는 협공 배틀 모드를 진행할 수도 있다. 이 외에도 제한 시간 동안 가장 많은 캐릭터를 공격한 플레이어가 승리하는 부활대전, 상대팀의 대장을 쓰러트리면 승리하는 대장잡기 등의 다양한 게임 모드를 선택할 수 있다.

평가 〈크레이지 아케이드〉는 계정 가입자 2,000만, 동시 접속자 30만을 돌파하며 한국 게임 시장에서 캐주얼 게임의 저변을 확대했다.

- **핵심어** 폭탄
- **참고자료** 제우미디어 편집부, 『크레이지 아케이드 공식 가이드북』, 제우미디어, 2002. | 디지털타임스, 〈크레이지아케이드 오픈 1주년 다양한 유료화 모델 성공〉, http://news.naver.com/main/read.nhn?mode=LSD&mid=sec&sid1=105&oid=029&aid=0000003473

태고의 달인 Taiko : Drum Master / 太鼓の達人

출시연도 2001년
개발사 반다이 남코 게임즈(Bandai Namco Games)
장르 리듬 게임
플랫폼 아케이드

플레이 플레이어는 음악에 맞춰 북을 쳐서 높은 점수를 얻어야 한다. 화면 오른쪽에서 나오는 노트가 왼쪽 판정선에 닿는 순간에 맞춰 북채로 북을 치는 방식이다. 노트의 모양과 색깔에 따라 플레이어는 다른 방식으로 북을 쳐야 한다. 붉은색 노트인 동은 북의 면을, 푸른색 노트인 캇은 북의 측면을, 노란색 노트인 연타는 북면을 연속으로 치라는 의미이다. 큰 노트가 나오면 북을 세게 치면 된다. 플레이어는 먼저 음악을 선택하고, 쉬움, 보통, 어려움, 매우 어려움 중 난이도를 선택한다.

플레이어는 한 곡이 끝나기 전에 할당된 개수만큼의 노트를 맞춰야 하며, 화면 상단에 게이지를 통해서 목표 도달 정도를 확인할 수 있다. 노트가 나오는 속도가 빨라지는 2배속, 3배속, 4배속 모드, 한 곡을 틀리지 않고 완주하는 완벽 모드 등을 지원한다.

평가 〈태고의 달인〉은 간단한 조작과 풍부한 사운드가 특징이다. 일본의 축제에서 사용하는 북을 소재로 만들어진 게임이다. 닌텐도 디에스(Nintendo DS)에서는 전용 펜으로 터치패드를 두드리는 방식을 사용했으며 닌텐도 위(Nintendo Wii), 플레이스테이션(Playstation)용으로 북 모양의 컨트롤러를 판매했다.

■ 핵심어 북
■ 시리즈
2001 〈태고의 달인(太鼓の達人)〉
　　　〈태고의 달인 2(太鼓の達人 2)〉
2002 〈태고의 달인 타타콘으로 두둥둥(太鼓の達人 タタコンでドドンがドン)〉
　　　〈태고의 달인 3(太鼓の達人 3)〉
　　　〈태고의 달인 4(太鼓の達人 4)〉
2003 〈태고의 달인 신곡 가득한 봄 축제(太鼓の達人 ドキッ! 新曲だらけの春祭り)〉
　　　〈태고의 달인 마음껏 3대째(太鼓の達人 あっぱれ 三代目)〉
　　　〈태고의 달인 두근두근 애니메이션 축제(太鼓の達人 わくわくアニメ祭り)〉
　　　〈태고의 달인 5(太鼓の達人 5)〉
2004 〈태고의 달인 모여라! 축제다!! 4대째(太鼓の達人 あつまれ! 祭りだ!! 四代目)〉
　　　〈태고의 달인 고-! 고-! 5대째(太鼓の達人 ゴー! ゴー! 五代目)〉

〈태고의 달인 드럼 마스터(太鼓の達人 TAIKO DRUM MASTER)〉

〈태고의 달인 6(太鼓の達人 6)〉

2005 〈태고의 달인 애니메이션 스페셜(太鼓の達人 とびっきり! アニメスペシャル)〉

〈태고의 달인 와이와이해피! 6대째(太鼓の達人 わいわいハッピー! 六代目)〉

〈태고의 달인 포터블(太鼓の達人 ぽ〜たぶる)〉

〈태고의 달인 7(太鼓の達人 7)〉

2006 〈태고의 달인 빠각! 하고 수북이 담아 7대째(太鼓の達人 ドカッ! と大盛り 七代目)〉

〈태고의 달인 포터블 2(太鼓の達人 ぽ〜たぶる 2)〉

〈태고의 달인 8(太鼓の達人 8)〉

〈태고의 달인 9(太鼓の達人 9)〉

2007 〈태고의 달인 DS 터치로 두둥!(太鼓の達人 DS タッチでドコドン)〉

〈태고의 달인 10(太鼓の達人 10)〉

2008 〈태고의 달인 DS 일곱 섬의 대모험(太鼓の達人 DS 7つの島の大冒険)〉

〈태고의 달인 위(太鼓の達人 Wii)〉

〈태고의 달인 11(太鼓の達人 11)〉

〈태고의 달인 12(太鼓の達人 12)〉

2009 〈태고의 달인 위 도동하고 2대째!(太鼓の達人 Wii ドーンと 2代目!)〉

〈태고의 달인 12 동하고 증량판(太鼓の達人 12 ド〜ン! と増量版)〉

〈태고의 달인 13(太鼓の達人 13)〉

2010 〈태고의 달인 DS 도로론! 요괴대결전!!(太鼓の達人 DS ドロロン! ヨーカイ大決戦!!)〉

〈태고의 달인 위 모두 함께 파티☆ 3대째(太鼓の達人 Wii みんなでパーティ☆ 3代目)〉

〈태고의 달인 14(太鼓の達人 14)〉

2011 〈태고의 달인 포터블DX(太鼓の達人 ぽ〜たぶるDX)〉

〈태고의 달인 위 결정판(太鼓の達人 Wii 決定版)〉

〈신 태고의 달인(新太鼓の達人)〉

2012 〈태고의 달인 위 초호화판(太鼓の達人 Wii 超ごうか版)〉

〈태고의 달인 꼬마 드래곤과 이상한 오브(太鼓の達人 ちびドラゴンと不思議なオーブ)〉

〈태고의 달인 가츠-동(太鼓の達人 KATSU-DON)〉

2013 〈태고의 달인 위 U 버전!(太鼓の達人 Wii U ば〜じょん!)〉

〈태고의 달인 하늘색 버전(太鼓の達人 ソライロ ver.)〉

〈태고의 달인 분홍색 버전(太鼓の達人 モモイロ ver.)〉

2014 〈태고의 달인 동과 카츠의 시공대모험(太鼓の達人 どんとかつの時空大冒険)〉

〈태고의 달인 분홍색 버전 아시아판(太鼓の達人 モモイロ ver. アジア版)〉

〈태고의 달인 녹색 버전(太鼓の達人 キミドリ ver.)〉

■ 참고 자료 Tina Blaine, "The Convergence of Alternate Controllers and Musical Interfaces in Interactive Entertainment", Proceedings of the 2005 Conference on New Interfaces for Musical Expression, National University of Singapore, 2005. | IGN, "Taiko Drum Master Review", www.ign. com/articles/2004/10/26/taiko-drum-master-2?page=1

트로피코 Tropico

출시연도 2001년
개발사 팝탑 소프트웨어(PopTop Software)
장르 시뮬레이션 게임
플랫폼 PC

스토리 카리브 해에 있는 트로피코 섬은 냉전 시대 강대국들에 둘러싸인 곳이다. 트로피코의 통치자는 국내외 정세를 파악하고 전략을 세워 정권을 유지해야 한다.

플레이 중남미 카리브 해의 작은 섬나라 트로피코의 통치자가 되어 정권을 유지하고 나라를 발전시키는 것이 이 게임의 목표이다. 플레이어는 캐릭터로 체 게바라, 피델 카스트로 등 냉전 시대 라틴 아메리카에 영향을 준 실제 인물들 중한 명을 선택할 수 있고, 새로운 인물을 만들 수도 있다.

정권 유지를 위해 플레이어는 시민들의 요구사항을 파악하고, 다른 이해관계를 지닌 정당들 또는 강대국들과의 관계도 원만하게 유지해야 한다. 또한 나라를 발전시키기 위해 공장을 세워 제품을 만들고 무역을 통해 자본을 축적해야 한다.

〈트로피코 2 : 파이릿 코브〉에서 플레이어는 17세기 카리브 해의 우두머리 해적이 되어 해적 섬을 발전시켜야 한다. 〈트로피코 5〉부터 플레이할 수 있는 시대가 식민지 시대, 세계대전 및 대공황 시대, 냉전 시대, 현대 등으로 확장됐다.

평가 〈트로피코〉 시리즈는 '트로피코'라는 섬의 통치자가 되어서 섬을 발전시켜나가는 경영 시뮬레이션 게임이다. 시리즈 1편은 팝탑 소프트웨어가 개발했고, 2편은 프로그 시티 소프트웨어(Frog City Software)가 개발했으며, 나머지 시리즈들은 헤미몬트 게임즈(Haemimont Games)가 개발했다. 게임의 설정과 규칙에 중남미 국가들의 정치, 경제, 사회와 관련된 현실 문제들에 대한 풍자가 담겨있다는 것이 특징이다.

- **핵심어** 냉전 시대, 풍자
- **시리즈**
  2001 〈트로피코(Tropico)〉
  2003 〈트로피코 2 : 파이어릿 코브(Tropico 2 : Pirate Cove)〉
  2009 〈트로피코 3(Tropico 3)〉
  2011 〈트로피코 4(Tropico 4)〉
  2014 〈트로피코 5(Tropico 5)〉

■ 참고 자료 Austin Grossman, *Postmortems from Game Developer : Insights from the Developers of Unreal Tournament, Black and White, Age of Empires, and Other Top-Selling Games*, Taylor & Francis, 2013. | Game Revolution, "Tropico 5 Review", www.gamerevolution.com/review/tropico-5-ps4 | We Got This Covered, "Tropico 5 Review", www.wegotthiscovered.com/gaming/tropico-5-ps4-review/

피크민 Pikmin

출시연도 2001년
개발사 닌텐도(Nintendo)
장르 액션 게임
플랫폼 게임큐브

스토리 캡틴 올리마는 우주선인 돌핀 호로 소형 화물 및 우주자원을 운반하는 베테랑 우주 비행사이다. 갑작스런 사고로 올리마는 미지의 행성에 불시착한다. 올리마는 우연히 만나게 된 피크민과 함께 고장난 돌핀 호를 고치기 위해 흩어진 부품을 찾아 나선다.

플레이 이 게임의 목표는 피크민들과 함께 30일 이내에 우주선 부품을 회수하여 행성을 탈출하는 것이다. 플레이어는 여러 명의 피크민을 조작해 적을 무찌른다. 피크민은 종류에 따라 기능이 다르다. 예를 들어 파란 피크민은 물속에서도 움직이며, 노란 피크민은 폭탄 바위를 다룬다. 플레이어는 올리마를 이용해 피크민을 땅속에서 뽑아낼 수 있으며 최대 100마리까지 조종이 가능하다. 후속작에서는 하얀 피크민, 보라 피크민, 돌 피크민 등 피크민의 종류가 다양해진다. 게임의 스테이지는 '불시착한 지점'부터 '희망의 숲', '삼림의 배꼽', '거대한 샘' 등 총 4곳으로 구성된다.

평가 여러 명의 피크민을 조종하는 시스템을 통해 인공지능 액션 게임이라는 새로운 장르를 만들어냈다는 평가를 받았다. 2001년 일렉트로닉 엔터테인먼트 엑스포(Electronic Entertainment Expo, E3)에서 '최고의 퍼즐 상(Best Puzzle/Trivia/Parlor Game)'을 수상했다. 또한 2002년 영국 필름 및 텔레비전 예술 아카데미(British Academy of Film and Television Arts, BAFTA)에서는 사실적인 그래픽 구현과 캐릭터 움직임으로 '상호작용성(Interactivity)' 분야에 선정됐다. 2008년 닌텐도 위(Nintendo Wii) 전용으로 재발매됐다.

- **핵심어** 인공지능 액션, 게임큐브 게임
- **시리즈**
  2001 〈피크민(Pikmin)〉
  2004 〈피크민 2(Pikmin 2)〉
  2013 〈피크민 3(Pikmin 3)〉
- **참고 자료** 와타나베 슈우지, 나카무라 아키노리 저, 김성재 역, 『왜 게임에 빠질까 : 사람을 유혹하는 게임의 심리학』, 길벗, 2014. | James Paul Gee, *What Video Games Have to Teach Us About Learning and Literacy*, Macmillan, 2014.

헤일로 : 컴뱃 이볼브드 Halo : Combat Evolved

출시연도 2001년
개발사 번지 스튜디오(Bungie Studio)
장르 1인칭 슈팅 게임
플랫폼 엑스박스

스토리 26세기 우주를 개척한 인류는 지구 연합 정부를 창설하고 반군 제거를 목적으로 한 '스파르탄 프로젝트'를 기획한다. 존을 포함한 소수의 아이들은 프로젝트를 위해 비밀리에 납치되어, 신체 개조 수술과 가혹한 훈련을 통해 생체병기로 거듭난다. 한편 뛰어난 과학 기술을 보유한 외계 종족 연합체인 코버넌트는 인류를 정복하기 위해 전쟁을 선포한다. 스파르탄 병사인 존은 지구 연합 정부의 극비 사항이 저장된 인공지능 로봇 코타나와 함께 인류 수호를 위해 임무를 수행한다.

플레이 게임은 주인공인 존의 시점으로 진행된다. 코버넌트, 플러드 등 플레이어를 급습하는 외계 종족을 처치하고 인류를 위협하는 대량 살상무기인 헤일로를 파괴하는 것이 게임의 최종 목표이다. 싱글 플레이 모드와 함께 화면이 분할된 멀티 플레이 모드가 지원되며, 2개의 아날로그 스틱을 이용하여 무기의 조준과 캐릭터의 움직임을 개별적으로 조작할 수 있다. 자동으로 적에게 조준점이 맞춰지는 자동 조준 보정 시스템을 도입하고 있으며, 수류탄 투척을 위한 버튼이 별도로 존재한다. 탄약을 모두 소진했을 경우 적의 무기를 노획해 사용할 수 있다.

평가 2001년 미국 인터랙티브 아츠 앤 사이언스(America Interactive Arts & Science)에서 '올해의 게임(Game of the Year)'으로 선정됐다. 게임의 인기를 바탕으로 주인공의 과거, 비하인드 스토리를 담고 있는 『헤일로 : 리치 행성의 함락

(Halo : The Fall of Reach)』 등의 소설이 발매됐다.

- **핵심어** 자동 조준 보정 시스템
- **시리즈**
  2001 〈헤일로 : 컴뱃 이볼브드(Halo : Combat Evolved)〉
  2004 〈헤일로 2(Halo 2)〉
  2007 〈헤일로 3(Halo 3)〉
  2012 〈헤일로 4(Halo 4)〉
- **참고 자료** Benjamin Colon, *Video Game Design 141 Success Secrets*, Emereo Publishing, 2014. | Eric Nylund, *Halo : The Fall of Reach*, Macmillan, 2010.

화이트데이 : 학교라는 이름의 미궁
Whiteday : A Labyrinth Named School

출시연도 2001년
개발사 손노리(Sonnori)
장르 공포 게임
플랫폼 PC

스토리 고등학생 희민은 동급생 소영을 짝사랑한다. 화이트데이 전날 밤, 소영의 자리에 사탕을 몰래 두려고 학교에 가지만 갑자기 문이 잠기면서 그곳에 갇힌다. 그러다 우연히 소영과 지현을 만나 함께 탈출을 시도한다. 과거 학교에서 일어난 화재로 죽은 성아는 원한을 품고 귀신으로 남아 학교를 떠돈다. 소영과 지현을 이용해 환생할 음모를 꾸민 성아는 희민에게 접근한다. 희민은 온갖 미스테리와 음모를 피하고 탈출구를 찾기 위해 고군분투한다.

플레이 주인공 캐릭터인 희민이 학교에서 탈출하는 것이 목표이다. 학교의 본관 1구역에서 시작해 본관, 신관, 강당, 미궁 등의 순서로 이동하며 퀘스트를 완수한다. 이 게임의 핵심 퀘스트는 화·수·목·금·토 총 5개의 부적을 획득하는 것으로 부적들을 반드시 정해진 순서대로 모아야 한다.

플레이어는 퀘스트를 수행하는 동시에 귀신과 수위의 공격에 대비해야 한다. 아이템 획득 방법을 추리해 위생장갑, 태극패 등의 공격 아이템을 찾거나 자판기에서 커피, 두유, 도시락 등을 구입해 체력을 회복한다. 엔딩은 상대 엔피시(NPC)인 소영, 성아, 지현과의 호감도 구축 여부에 따라 해피 엔딩, 노멀 엔딩, 배드 엔딩으로 나뉜다.

평가 〈화이트데이〉는 음양오행을 기반으로 한 부적 아이템, 처녀귀신, 태극패 등을 소재로 사용해 동양적 공포감을 조성했다. 공포 게임에 연애 시뮬레이션 요소를 도입했으며 국내 공포 게임의 효시로 꼽힌다.

- **핵심어** 어드벤처, 호러
- **참고 자료** 김겸섭, 『(모두를 위한 놀이) 디지털게임의 재발견』, 들녘, 2012. | 윤형섭 외, 『한국 게임의 역사』, 북코리아, 2012. | 이재홍, 「호러어드벤처게임 〈화이트데이〉의 순기능성에 관한 연구」, 『한국게임학회 논문지』 vol.12, no.3, 한국게임학회, 2012.

겟앰프드 GetAmped

출시연도 2002년
개발사 사이버스텝(Cyberstep), 윈디소프트(Windysoft)
장르 액션 게임
플랫폼 PC

스토리 우주 세력 X132년 악의 제왕 덴저러스 밥이 우주 연방 교도소를 급습한다. 덴저러스 밥은 범죄자들을 모아 비합법 무장 조직 데스트로소를 설립하고 전쟁, 테러, 약탈을 일삼으며 여러 나라들을 점령한다. 위협을 느낀 국제 연합은 특수부대 노벨을 창설하고, 중립을 지키던 스페이스 폴리스와 연맹을 맺어 데스트로소에 대항한다. 결국 오랜 전쟁 끝에 두 진영은 휴전을 맞는다. 수년 후 중립국의 수도에서 대전 격투 토너먼트인 겟앰프드가 열리고, 덴저러스 밥이 관심을 보이면서 평화롭던 우주가 다시 동요하기 시작한다.

플레이 게임의 목표는 대전 격투에서 승리하는 것이다. 플레이어는 캐릭터의 직업에 해당하는 '스타일'과 장비에 해당하는 '액세서리'를 선택할 수 있다. 스타일과 액세서리의 조합에 따라 캐릭터의 성능이 달라지므로, 둘 간의 상성을 고려해야 한다. 플레이어는 '오리지널 스킨 기능'이라 불리는 스킨 편집 시스템을 통해 캐릭터의 외양과 복장 등을 원하는 대로 제작·개조해 나만의 캐릭터를 만들 수 있다.

대전의 경우 토너먼트 모드와 서바이벌 모드로 나뉜다. 개인전과 팀전이 모두 가능하며, 팀킬이 허용된다. 누적 점수로 랭킹이 결정되며 점수와 랭킹에 따라 계급이 정해진다.

평가 〈겟앰프드〉는 한국과 일본이 공동으로 제작한 온라인 액션 게임이다. 스킨 편집기를 통해 개성 있는 아바타를 생성할 수 있다는 점에서 호평을 받았다. 2003년 누적 가입자 수 300만 명, 동시 접속자 수 4만 명을 돌파하면서 대중적인 성공을 입증했다. 일본, 대만 등에서도 성공을 거뒀으며, 2007년, 2008년, 2010년에 세계 대회인 겟앰프드 월드 페스티벌(GetAmped World Festival, GWF)이 열렸다.

- **핵심어** 스킨 편집 시스템
- **시리즈**
  2002 〈겟앰프드(GetAmped)〉
  2012 〈겟앰프드 2(GetAmped 2)〉
- **참고 자료** 한국콘텐츠진흥원, 『2009 대한민국 게임백서(상)』, 문화체육관광부 한국콘텐츠진흥원, 2009. | 시공사 편집부, 『겟앰프드 플레이 : Ver 2.163』, 시공사, 2007. | 한국정보산업진흥원, 『2014 한국산업총람』, 한국정보산업진흥원, 2013.

네버윈터 나이츠 Neverwinter Nights

출시연도 2002년
개발사 바이오웨어(BioWare)
장르 역할수행 게임
플랫폼 PC

스토리 페이룬 대륙의 북서쪽에 위치한 해안가 도시 네버윈터에 전염병 웨일링데스가 퍼진다. 주인공은 전염병의 확산을 막기 위해 아카데미의 레이디 아리베스를 찾아간다. 그러나 의문의 암살자들이 교수와 학생들을 살해하고, 주인공은 결국 레이디 아리베스를 만나지 못한다. 워터딥에서 치료제의 재료가 되는 4종의 생물을 보내오지만, 설상가상으로 그들마저 혼란을 틈타 달아나 버린다. 주인공은 전염병 치료제를 만들기 위해 생물들을 찾으러 모험을 떠난다.

플레이 싱글 캠페인 모드와 멀티 플레이 모드의 2가지 방식으로 플레이할 수 있다. 플레이어는 게임 시작 전, 캐릭터의 성별, 이름, 외모, 종족, 직업군, 가치관, 스킬 등을 선택한다. 싱글 캠페인 모드의 경우, 서장을 비롯해 4개의 장으로 구성돼 있다. 플레이어는 기반 서사를 따라 퀘스트를 진행하며 캐릭터를 육성한다. 캐릭터가 수행해야 하는 주요 임무는 광신도 물리치기, 질병 확산을 막기 위해 시약 수집하기, 네버윈터 시를 파괴하려는 공격 막기 등이다. 전체적인 체계는 테이블탑 역할수행 게임 〈던전 앤 드래곤(Dungeons & Dragons)〉 3판의 규칙에 기반을 두며, 전투, 추적 등 플레이어 캐릭터의 행위 또한 주사위를 굴려서 결정한다. 플레이어 캐릭터는 한 명의 엔피시(NPC)를 동료로 동반할 수 있다. 멀티 플레이 모드의 경우, 다른 플레이어와 오리지널 캠페인 모드를 함께 플레이한다. 던전 마스터는 서버의 제어권을 제공받으며, 캠페인의 진행에 관여할 수 있다.

평가 〈네버윈터 나이츠〉는 공개 툴셋을 제공해 다양한 사용자 콘텐츠가 제작될 수 있는 기반을 마련했다. 플레이어는 오로라 툴셋을 통해 온라인 가상 세계, 싱글 플레이 모험 등의 모듈을 제작할 수 있고 오로라 툴셋은 사용자 제작 콘텐츠 중심의 커뮤니티 운영, 게임 디자인 교육 등에 폭넓게 응용되었다. 종합 리뷰 사이트인 메타크리틱(Metacritic)으로부터 100점 만점에 91점을 받았다. 그리고 2000년부터 2002년까지 일렉트로닉 엔터테인먼트 엑스포 (Electronic Entertainment Expo, E3)의 '최고의 역할수행 게임 상(Best Role-Playing Game Award)'을 수상했다.

- **핵심어** 던전 앤 드래곤, 던전 마스터, 모듈, 툴셋
- **시리즈**
  2002 〈네버윈터 나이츠(Neverwinter Nights)〉
  2006 〈네버윈터 나이츠 2(Neverwinter Nights 2)〉
- **참고 자료** Hugh Hancock, Johnnie Ingram, *Machinima For Dummies*, John Wiley & Sons, 2007. | Matt Barton, *Dungeons and Desktops : The History of Computer Role-Playing Games*, CRC Press, 2008. | Michael Lummis, *Neverwinter Nights : Shadows of Undrentide Official Strategy Guide*, BradyGames, 2003.

던전 시즈 Dungeon Siege

출시연도 2002년
개발사 가스 파워드 게임(Gas Powered Game)
장르 역할수행 게임
플랫폼 PC

스토리 주인공은 에브 왕국에서 평범하게 살던 농부였다. 어느 날 크러그라 불리는 흉폭한 괴물 군단이 농부들의 마을을 덮치면서 주인공의 삶이 바뀌게 된다. 주인공은 이웃 농부의 죽음을 접하고, 도움을 청하기 위해 중간에서 만난 조력

자들과 스톤브릿지로 떠난다. 그러나 스톤브릿지에 당도하기 전 에브 왕국 전체가 악한 괴물 때문에 고통받고 있다는 사실을 알게 된다. 주인공은 에브 성 밑에 감금되어 있던 휴머노이드 괴물 종족인 세크를 멈추기 위해 에브 성으로 향한다.

플레이 플레이어 캐릭터는 농부이며, 선형적인 퀘스트를 따라 게임을 진행한다. 최종 목표는 세크의 은신처에 들어가 보스몹인 곰을 무찌르는 것이다. 탑다운 시점으로 진행되며, 싱글 플레이 모드와 멀티 플레이 모드를 모두 지원한다. 멀티 플레이 모드의 경우 싱글 플레이 모드용 시나리오를 다른 플레이어와 함께 플레이하거나 전용 시나리오를 따라 플레이한다.

최대 5인의 엔피시(NPC)를 고용해 파티원으로 만들고 역할을 지정할 수 있다. 전투의 경우 핵 앤드 슬래시 방식을 차용하며 포인트 앤드 클릭을 통해 자동으로 공격이 적용된다.

평가 뛰어난 3차원 그래픽과 최적화 방식으로 플레이어들의 호평을 받았다. 사용자가 제작한 모드(MOD)를 적용할 수 있어 콘텐츠 확장이 활발하게 이뤄졌다. 〈던전 시즈 2〉부터는 인간을 비롯해 엘프, 자이언트와 같은 종족이 도입됐다. 2007년에 감독 우베 볼(Uwe Boll)이 3부작 영화 〈왕의 이름으로(In the Name of the King : A Dungeon Siege Tale)〉로 제작했다.

- **핵심어** 역할수행 게임, 영화화, 핵 앤드 슬래시
- **시리즈**
  2002 〈던전 시즈(Dungeon Siege)〉
  2005 〈던전 시즈 2(Dungeon Siege 2)〉
  2006 〈던전 시즈 : 고뇌의 왕좌(Dungeon Siege : Throne of Agony)〉
  2011 〈던전 시즈 3(Dungeon Siege 3)〉

디바인 디비니티 Divine Divinity

출시연도 2002년
개발사 라리안 스튜디오(Larian Studios)
장르 역할수행 게임
플랫폼 PC

스토리 2,000년 전 어둠의 마법사 집단인 블랙 링은 세상을 지배하고자 마법의 땅 라벨론을 수호하는 신성한 영혼을 파괴한다. 그러나 신성한 영혼은 파괴되

지 않고 3개로 쪼개어져 3명의 인간에게 나눠졌다. 주인공은 이 중 한 명으로, 멸망해가는 라벨론을 구할 선택받은 영웅이다. 주인공은 라벨론을 지키기 위해 신성한 영혼을 파괴하려는 블랙 링의 추격으로부터 도망쳐 3개의 신성한 영혼을 모두 모아야 한다.

플레이 탑다운 시점에서 진행된다. 플레이어는 6명의 캐릭터 중 한 명을 선택할 수 있으며, 전사, 마법사, 생존가 중 직업을 고를 수 있다. 플레이어 캐릭터의 능력치는 힘, 민첩성, 지능, 체력으로 구성되어 있으며, 이는 퀘스트 수행, 전투, 아이템 적용 등으로 높일 수 있다. 플레이어는 포인트 앤드 클릭을 통해 특정 아이템을 조작할 수도 있다. 전투는 핵 앤드 슬래시 방식으로 진행된다. 엔피시(NPC)의 경우 조력자와 적대자가 섞여 있으며 이동 경로도 일정하지 않다. 퀘스트 순서가 정해져 있지 않기 때문에 플레이어는 자율적으로 게임을 진행할 수 있다.

평가 〈디바인 디비니티〉는 정통 역할수행 게임에 핵 앤드 슬래시 요소 결합한 점, 탄탄한 기반 서사, 쉬운 플레이 난이도, 뛰어난 그래픽과 배경음악 등으로 호평을 받았다. 2014년 발매된 〈디비니티 : 오리지널 신〉의 경우 캐릭터와 사물 간 상호작용, 드래그 앤드 드롭을 통한 제작 시스템, 자율적인 플레이 방식 등 많은 부분에서 〈울티마 Ⅶ(Ultima Ⅶ)〉의 게임 스타일을 표방했다. 게임 비평 사이트 아이지앤(IGN)에서 평점 10점 만점 중 8.5점을, 게임 전문 사이트인 게임스팟(GameSpot)에서 10점 만점 중 8.6점을 받았다.

- **핵심어** 핵 앤드 슬래시
- **시리즈**
  2002 〈디바인 디비니티(Divine Divinity)〉
  2004 〈비욘드 디비니티(Beyond Divinity)〉
  2009 〈디비니티 2 : 에고 드라코니스(Divinity Ⅱ : Ego Draconis)〉
  2013 〈디비니티 : 드래곤 커맨더(Divinity : Dragon Commander)〉
  2014 〈디비니티 : 오리지널 신(Divinity : Original Sin)〉
- **참고 자료** 〈디바인 디비니티〉 사이트, www.larian.com/Site/english/divinity/divinity.html

라그나로크 온라인 Ragnarok Online

■ 출시연도 2002년
■ 개발사 그라비티(Gravity)
■ 장르 다중접속온라인 역할수행 게임
■ 플랫폼 PC

스토리 세계는 신과 인간, 마족의 전쟁으로 혼란에 휩싸인다. 모든 종족이 멸망할 위기에 처하자 신과 인간, 마족은 휴전을 선언한다. 인간은 미드가르드 대륙에서 문화를 발전시키며 과거의 전쟁으로 인한 아픔과 상처를 잊는다. 1000년의 시간이 흐른 뒤, 미드가르드 대륙 곳곳에서 이상 징후가 나타나기 시작한다. 세계의 평화를 유지시켜준다는 이미르의 조각에 대한 소문도 모험가들을 중심으로 퍼져나간다. 인간들은 본분을 망각한 채 탐욕에 눈이 멀어 이미르의 조각을 찾으려 한다.

플레이 플레이어는 캐릭터의 직업을 정하고, 캐릭터를 성장시키는 것을 목표로 한다. 플레이어가 게임에 가입할 때, 인증 정보를 통해 캐릭터의 성별이 미리 결정된다는 점이 특징이다. 캐릭터는 '전직'과 '전승'을 통해 상위 직업을 갖게 되면서 성장한다. 직업별로 달성해야 할 '베이스 레벨'과 '잡 레벨'이 다르다. 베이스 레벨은 캐릭터의 능력치이며, 잡 레벨은 캐릭터가 사용할 수 있는 스킬이다. 결혼과 입양 시스템이 있어 일정 레벨에 도달한 캐릭터는 결혼을 통해 부부만이 가질 수 있는 스킬을 획득할 수 있으며, 다른 캐릭터를 입양할 수도 있다.

평가 이명진의 만화 『라그나로크』를 원작으로 제작되었으며 3차원의 공간과 2차원의 캐릭터를 조합한 2.5차원 게임이다. 개발사 그라비티는 개별 국가의 종교적 특성을 반영하여 직업군이나 몬스터의 외형을 변화시키는 등 전략적으로 현지화 작업을 진행했다. 〈라그나로크 온라인〉은 2002년 일본 및 대만을 시작으로 하여 2014년까지 57개국에 서비스됐다. 2003년부터 2005년까지 3년 연속 문화관광부 선정 '대한민국 문화콘텐츠 수출대상'에서 대상을 받았다.

■ **핵심어** 만화 『라그나로크』, 결혼 시스템
■ **시리즈**
  2002 〈라그나로크 온라인(Ragnarok Online)〉
  2007 〈라그나로크 온라인 2 : 세계의 문(Ragnarok Online 2 : The Gate of the World)〉
  2012 〈라그나로크 2 : 레전드 오브 더 세컨드(Ragnarok Online 2 : Legend of the Second)〉
■ **참고 자료** 〈라그나로크 온라인〉 사이트, http://ro.gnjoy.com/

라쳇 앤 클랭크 Ratchet & Clank

출시연도 2002년
개발사 인섬니악 게임즈(Insomniac Games)
장르 액션 어드벤처 게임
플랫폼 플레이스테이션 2

스토리 클랭크는 로봇 군대를 생산하는 기계 행성에서 시스템의 오류로 만들어진 작은 로봇이다. 폐기 처분 직전에 가까스로 행성을 탈출한 클랭크는 라쳇의 기계수리점 근처에 추락한다. 클랭크는 라쳇의 도움으로 구조되고, 둘은 좋은 친구이자 든든한 동료가 된다. 한편, 블라그족 외계인 드렉은 환경오염으로 고통받는 동족을 구하기 위해 솔라나 은하의 행성들을 파괴하고 재조립해 새로운 행성을 건설하려 한다. 우연히 이를 알게 된 라쳇과 클랭크는 드렉의 음모를 막기 위해 여행을 떠난다.

플레이 플레이어는 라쳇을 조종해 적들을 공격하고 장애물을 파괴하며 게임 세계를 탐험한다. 라쳇의 기본 무기는 옴니렌치 8000과 폭탄장갑이지만, 탐험, 미션 수행, 무기 구매 등을 통해 새로운 무기를 획득할 수 있다. 클랭크는 라쳇의 등 뒤에 매달려 질주, 활공을 돕는 부스터 역할을 한다. 라쳇이 탐사할 수 없는 좁은 지역에서는 클랭크를 조종해 게임을 진행할 수 있다. 별도의 도전 과제를 수행하는 '스킬 포인트' 시스템이 존재하며, 렌치만 사용해 보스 쓰러트리기, 배경으로 등장하는 새 쏘기 등의 미션이 있다. 일련의 도전 과제를 수행한 후에는 제작자의 개발 비화와 게임의 초기 버전에 대한 정보를 볼 수 있는 인섬니악 박물관에 입장할 수 있다.

평가 2015년 5월 15일 칸 영화제(Cannes Film Festival)에서 〈라쳇 앤 클랭크〉의 내용을 다룬 애니메이션이 공개되었다.

- **핵심어** 도전 과제
- **시리즈**
  2002 〈라쳇 앤 클랭크(Ratchet & Clank)〉
  2003 〈라쳇 앤 클랭크 : 공구전사 대박몰이(Ratchet & Clank : Going Commando)〉
  2004 〈라쳇 앤 클랭크 : 공구전사 리로디드(Ratchet & Clank : Up Your Arsenal)〉
  2005 〈라쳇 앤 클랭크 : 공구전사 위기일발(Ratchet & Clank : Deadlocked)〉
  2007 〈라쳇 앤 클랭크 : 공구 들고 바캉스(Ratchet & Clank : Size Matters)〉
       〈라쳇 앤 클랭크 퓨처 : 파괴의 도구(Ratchet & Clank Future : Tools of Destruction)〉
  2008 〈라쳇 앤 클랭크 퓨처 : 해적 다크 워터의 보물(Ratchet & Clank Future : Quest for Booty)〉

2009 〈라쳇 앤 클랭크 퓨쳐 : 시간의 틈새(Ratchet & Clank Future : A Crack In Time)〉
2013 〈라쳇 앤 클랭크 : 인투 더 넥서스(Ratchet & Clank : Into the Nexus)〉

■ **참고 자료** Matt Fox, *The Video Games Guide : 1,000+ Arcade, Console and Computer Games*, McFarland, 2013. | Tony Mott, *1001 Video Games : You Must Play Before You Die*, Universe, 2010.

마스터 오브 소드 Master of Sword

출시연도 2002년
개발사 놀 엔터테인먼트(NOL Entertainment)
장르 액션 역할수행 게임
플랫폼 모바일

스토리 왕국의 기사 로빈과 공주 로가 꽃밭에서 평화로운 시간을 보내던 어느 날 1,000년 전 왕국 최고의 기사 바리스가 봉인했던 마왕 테트라쿤이 나타나 공주를 납치해 간다. 로빈은 공주를 되찾기 위해 마왕의 성으로 들어간다.

플레이 기본 플레이어 캐릭터는 로빈이며, 게임은 횡스크롤 방식으로 진행된다. 플레이어는 던전에서 길을 찾아다니며 몬스터를 무찔러 아이템을 획득한다. 모든 맵이 상하좌우로 연결되어 있다. 〈마스터 오브 소드〉에서는 선택 가능한 캐릭터와 무기가 각각 기사 로빈과 검뿐이었으나, 이후 시리즈에서는 양손검을 사용하는 검사, 쌍권총을 사용하는 거너, 부메랑을 사용하는 헌터 등으로 종류가 다양해졌다. 〈마스터 오브 소드 3〉부터는 펫 시스템이 도입됐으며, 〈마스터 오브 소드 5〉의 경우 몬스터와 대전해 아이템을 얻을 수 있는 투기장, 업적 시스템 등이 추가되었다. 이 시리즈부터는 네트워크를 사용할 수 있어 네트워크 던전이 생겼으며 개인 간 아이템 거래가 가능해졌다.

평가 〈마스터 오브 소드〉는 2002년부터 2009년까지 출시된 모바일 게임이다. 최초 발매 플랫폼은 피처폰(feature phone)으로, 당시 통신사별 핸드폰 용량이 달랐기 때문에 통신사에 따라 담을 수 있는 게임의 정보량이 달랐다. 후속 시리즈가 나오면서 스토리는 점차 보강됐으며, 던전에서 길을 찾아다니며 아이템을 획득하는 퍼즐 요소가 들어가면서 플레이어들의 몰입감을 높였다는 평가를 받았다.

■ **핵심어** 횡스크롤 게임, 던전, 모바일 게임, 액션 게임

■ 시리즈

　2002 〈마스터 오브 소드(Master of Sword)〉

　2005 〈마스터 오브 소드 2(Master of Sword 2)〉

　2006 〈마스터 오브 소드 3(Master of Sword 3)〉

　2008 〈마스터 오브 소드 4(Master of Sword 4)〉

　2009 〈마스터 오브 소드 5(Master of Sword 5)〉

■ **참고 자료** 헝그리앱, 〈마스터 오브 소드 5〉, www.hungryapp.co.kr/web/master5

배틀필드 1942 Battlefield 1942

출시연도 2002년

개발사 다이스(Digital Illusions Creative Entertainment, DICE)

장르 1인칭 슈팅 게임

플랫폼 PC

스토리 1939년, 제2차 세계대전이 시작된다. 독일, 이탈리아, 일본은 3국 조약을 맺어 추축국 진영을 형성하고, 영국, 프랑스, 미국, 소련, 중국은 이에 맞서 연합군을 형성해 대립한다. 주인공은 한쪽 진영에 속한 군사가 되어 전쟁에 참여한다.

플레이 싱글 플레이 모드와 멀티 플레이 모드를 모두 지원하지만 최대 64인의 플레이어가 대규모 전투를 벌이는 멀티 플레이 중심의 게임이다. 무기, 장비, 탈 것을 동원하여 적군을 사살하고 도전 과제를 완수하는 것이 목표이다. 플레이어는 게임 시작 전 소속 진영을 선택할 수 있으며, 정찰병, 돌격병, 대전차병, 위생병, 공병 중 하나의 역할을 고른다.

기본 모드는 컨퀘스트 모드로, 각 진영이 일정한 수의 티켓으로 게임을 시작한다. 티켓의 수가 0이 되거나 점령지를 모두 잃은 상태에서 살아남은 팀원이 없는 경우 패배한다. 멀티 플레이의 경우 팀원끼리 목표물을 지정해 협업하는 분대 플레이가 가능하다. 〈배틀필드 4〉에서는 협동 및 지원 행위에 따른 조직적인 점수 체계가 구축됐으며, 위장의 종류가 다양화되고 총기 및 장비의 도색도 가능해졌다.

평가 〈배틀필드〉 시리즈는 대규모 맵, 멀티 플레이, 탈것과 장비의 자율적인 조종 등으로 주목을 받았다. 전 시리즈를 통해 10년 이상 계승되고 있는 완성도 높은 배경음악도 특기할 만하다. 사용자들이 직접 제작한 모드(MOD)를 게임에 적용할 수 있으며, '데저트 컴뱃(Dessert Combat)', '포가튼 호프(Forgotten Hope)' 모드 등이 대표적인 사례이다. 2010년 스웨덴 게임산업협회의 '10년간 최고의 게임 상(Swedish Game of the Decade Award)'을 수상했다. 〈배틀필드 3〉은 2015년 6월 기준 게임 비평 사이트 아이지앤(IGN)에서 10점 만점에 평점 9점을, 게임 전문사이트 게임스팟(GameSpot)에서 10점 만점에 8.5점을 받았다.

- **핵심어** 모드, 맵, 탈것
- **시리즈**
  2002 〈배틀필드 1942(Battlefield 1942)〉
  2005 〈배틀필드 2(Battlefield 2)〉
  2006 〈배틀필드 2142(Battlefield 2142)〉
  2011 〈배틀필드 3(Battlefield 3)〉
  2013 〈배틀필드 4(Battlefield 4)〉
- **참고 자료** Jon Cogburn, Mark Silcox, *Philosophy Through Video Games*, Routledge, 2009. | Tony Mott, *1001 Video Games : You Must Play Before You Die*, Universe, 2010.

사이베리아 Syberia

출시연도 2002년
개발사 마이크로이드(Microïds)
장르 어드벤처 게임
플랫폼 PC

스토리 케이트 워커는 미국의 거대 완구 회사의 변호사로, 전통 태엽인형을 만드는 회사의 인수 계약을 하기 위해 프랑스의 작은 산골 마을에 찾아간다. 마을에 도착한 케이트는 회사의 소유주가 죽고, 한스 보랄버그가 회사를 물려받았다는 사실을 알게 된다. 케이트는 계약을 완수하기 위해 한스를 만나려 하지만 이미 오래전에 마을을 떠난 한스와 연락이 닿지 않는다. 결국 케이트는 한스를 직접 찾아 나서기로 결심한다.

플레이 플레이어 캐릭터는 케이트 워커이며 게임의 목표는 한스의 행방을 찾는 것이다. 플레이어 캐릭터는 광활한 맵을 탐사하며 돌아다닌다. 플레이 도중 획득한 아이템을 사용 및 조합하여 다양한 퍼즐을 풀고 스토리를 진행해야 한다.

평가 뛰어난 그래픽 디자인으로 주목을 받았다. 2002년, 게임 비평 사이트 아이지앤(IGN)의 '독자가 선택한 어드벤처 게임 상(Reader's Choice Award for

Adventure Games)'을 수상했다.

- **핵심어** 퍼즐
- **시리즈**
  2002 〈사이베리아(Syberia)〉
  2004 〈사이베리아 2(Syberia II)〉
- **참고 자료** Sara de Freitas, Paul Maharg, *Digital Games and Learning*, Bloomsbury Publishing, 2011. | Kirsten Pohl, "Ethical Reflection and Emotional Involvement in Computer Games", Conference Proceedings of The Philosophy of Computer Games 2008, Universitätsverlag Potsdam, 2009. | IGN, "Best of 2002", www.archive.is/Wns7

소콤 : U.S. 네이비 씰 SOCOM : U.S. Navy SEALs

출시연도 2002년
개발사 지퍼 인터랙티브(Zipper Interactive)
장르 3인칭 슈팅 게임
플랫폼 플레이스테이션 2

스토리 미국 특수전 사령부 '소콤' 소속의 해군 엘리트 특수부대인 네이비 실은 아이언 브라더후드라는 테러 조직을 무력화시키기 위해 알래스카로 파견된다. 아이언 브라더후드는 암시장에서 무기 밀거래를 주도하고 알래스카 근해에 있는 석유 굴착 기지를 점령한 상황이다. 이에 맞서 네이비 실은 군사 정보를 모으고 테러 조직을 제거하는 임무를 수행한다. 위기에 봉착한 테러 조직은 석유 굴착 기지를 폭파시켜 기름 유출 참사를 일으키겠다고 협박하지만, 실 대원들은 기지에 잠입해 테러리스트를 진압하고 폭탄을 해체한다.

플레이 플레이어 캐릭터는 실 소속의 분대장 카후나이며, 목표는 분대를 이끌고 적진에 잠입한 후 주어진 임무를 수행하는 것이다. 알래스카, 태국, 콩고, 투르크메니스탄 등 4개 지역에서 12개의 임무를 완수해야 한다. 플레이어는 3명의 인공지능 캐릭터를 선택하여 분대를 꾸릴 수 있으며, 각 미션 수행 전에 1·2차 무기와 탄약, 폭탄, 야시경 등 팀원의 장비를 고른다. 플레이어는 전용 유에스비(USB) 헤드셋을 통해 인공지능 팀원들과 교신하며, '대상→행동→목적' 순으로 행동을 지시하면 팀원은 음성 인식을 통해 지시대로 움직인다. 임무는 테러리스트 사살, 인질 구조, 테러리스트 기지 파괴 등으로 구성된다. 각 미션의 끝에서 잠입, 정확성, 협업 등에 근거해 등급이 매겨진다. 온라인 모드의 경우, 플레이어는 다른 플레이어와 멀티 플레이를 할 수 있다. 실 진영과 테러리스트 진영 중 한쪽을 선택할 수 있으며, 상대편 기지에 폭탄을 설치하여 파괴하는 폭파전, 상대편에 잡혀 있는 인질을 구하는 구출전, 상대를 모두 섬멸하는 전멸전 등을 플레이한다.

평가 〈소콤〉은 소니 컴퓨터 엔터테인먼트 아메리카(SCEA)가 2002년 일렉트로닉 엔터테인먼트 엑스포(Electronic Entertainment Expo, E3)에서 공개한 게임이다. 네이비 실 대원들의 움직임을 재현하고, 실제 존재하는 무기를 게임에 등장시켜 사실감을 극대화시켰다. 종합 리뷰 사이트 메타크리틱(Metacritic)에서 2015년 6월 기준 100점 만점 중 82점을 받았다.

- **핵심어** 슈팅, 해군
- **시리즈**
  2002 〈소콤 : U.S. 네이비 씰(SOCOM : U.S. Navy SEALs)〉
  2003 〈소콤 2 : U.S. 네이비 씰(SOCOM 2 : U.S. Navy SEALs)〉
  2005 〈소콤 3 : U.S. 네이비 씰(SOCOM 3 : U.S. Navy SEALs)〉
    〈소콤 : U.S. 네이비 씰 특공대 브라보(SOCOM : U.S. Navy SEALs Fireteam Bravo)〉
  2006 〈소콤 : U.S. 네이비 씰 컴바인드 어설트(SOCOM : U.S. Navy SEALs Combined Assault)〉
    〈소콤 : U.S. 네이비 씰 특공대 브라보 2(SOCOM : U.S. Navy SEALs Fireteam Bravo 2)〉
  2007 〈소콤 : U.S. 네이비 씰 태티컬 스트라이크(SOCOM : U.S. Navy SEALs Tactical Strike)〉
  2010 〈소콤 : U.S. 네이비 씰 특공대 브라보 3(SOCOM : U.S. Navy SEALs Fireteam Bravo 3)〉
  2011 〈소콤 4 : U.S. 네이비 씰(SOCOM 4 : U.S. Navy SEALs)〉
- **참고 자료** BradyGames, *Socom U.S. Navy Seals Combined Assault Bradygames Signature Guides*, Brady, 2006. | Jeannie Novak, *Game Development Essentials : An Introduction*, Cengage Learning, 2011. | 〈소콤〉 포럼, www.community.us.playstation.com/t5/SOCOM-Series/ct-p/12684 | IGN, "SOCOM : US Navy SEALs Review", www.ign.com/articles/2002/08/26/socom-us-navy-seals

이니셜 디 아케이드 스테이지

Initial D Arcade Stage / 頭文字D ARCADE STAGE

출시연도 2002년
개발사 세가(SEGA)
장르 레이싱 게임
플랫폼 아케이드

스토리 주인공은 공공도로 경주에서 최고 속도를 기록하기 위해 군마 현 시부카와 시에 있는 경쟁자들과 실력을 겨룬다.

플레이 플레이어의 목표는 경주를 통해 각 코스별로 등장하는 라이벌을 물리치는 것이다. 닛산, 도요타, 마츠다, 혼다, 미츠비시, 스바루 등 일본 제조사의 차량이 등장하며, 경주 코스로는 초급 코스, 중급 코스, 상급 코스, 초상급 코스가 있다. 플레이어는 아케이드 기기로 재현된 핸들, 브레이크, 엑셀, 변속기를 조작해 게임을 한다. 아웃-인-아웃, 브레이킹, 쉬프트락, 마사키 등 변속기를 이용한 코너링 기술을 구현할 수 있으며, 언더스티어 및 드리프트를 활용해 코스 안쪽을 공략할 수도 있다.

플레이어는 자신의 기록과 게임의 진행 상황, 차량의 튜닝 상태를 마그네틱 카드인 '이니셜 디 운전면허증'에 저장해 다른 게임 센터에서도 자신이 설정한 환경을 불러올 수 있다. 플레이 모드로는 원작의 캐릭터들과 경쟁하는 공도최속 전설 모드, 단독으로 코스를 돌파한 기록으로 다른 플레이어와 경쟁하는 타임어택 모드가 있다.

평가 시게노 슈이치(重野秀一)의 만화책 『이니셜 D』를 기반으로 제작됐다. 레이싱 아케이드 게임기 최초로 540도까지 회전이 가능한 핸들을 제작해 현실감 있는 플레이 경험을 제공했다. 선두 차량이 받는 압박감을 구현하기 위해 그 뒤를 쫓아가는 차량의 속도가 높아지는 시스템도 추가했다.

- **핵심어** 만화책 『이니셜 D』
- **시리즈**
  2002 〈이니셜 디 아케이드 스테이지(Initial D Arcade Stage)〉
  2003 〈이니셜 디 아케이드 스테이지 버전 2(Initial D Arcade Stage ver.2)〉
  2004 〈이니셜 디 아케이드 스테이지 버전 3(Initial D Arcade Stage ver.3)〉
  2007 〈이니셜 디 아케이드 스테이지 버전 4(Initial D Arcade Stage ver.4)〉
  2009 〈이니셜 디 아케이드 스테이지 버전 5(Initial D Arcade Stage ver.5)〉
  2011 〈이니셜 디 아케이드 스테이지 버전 6 더블 에이스(Initial D Arcade Stage ver.6 AA)〉
  2012 〈이니셜 디 아케이드 스테이지 버전 7 더블 에이스 크로스(Initial D Arcade Stage ver.7 AA X)〉
  2014 〈이니셜 디 아케이드 스테이지 버전 8 : 인피니티(Initial D Arcade Stage ver.8 : Infinity)〉

- **참고 자료** SEGA, *Initial D : Arcade Stage Arcade Game Service & Repair Manual*, SEGA Entertainment Inc., 2002. | 게임투데이, 〈[GT뮤지엄]짜릿한 질주의 느낌… 레이싱 게임의 역사〉, www.gametoday.co.kr/news_read.html?mode=read&keyno=9383&db=game_news

임진록온라인 거상 Great Merchant

출시연도 2002년
개발사 조이온(Joyon)
장르 다중접속온라인 역할수행 게임
플랫폼 PC

스토리 배경은 16세기 조선시대이다. 플레이어는 아시아를 무대로, 교역을 통해 거상이 되어야 한다.

플레이 게임의 목표는 전투를 통해 용병의 레벨을 높이고, 교역을 통해 이윤을 남기는 것이다. 플레이어는 조선, 중국, 일본, 대만 중 하나의 국가를 선택하여 '본 캐릭터'를 생성하고, 전투, 임무, 교역을 통해 경험치와 신용도를 높여 캐릭터를 성장시킨다. 본 캐릭터가 레벨 150이 되면 국적에 따라 전직을 할 수 있다. 또한 플레이어는 본 캐릭터 외에 최대 11개의 유닛을 고용한다. 유닛은 용병 계열, 몬스터 계열, 환수 계열로 나뉘며, 용병은 장수로 전직할 수 있다. 몬스터와 환수를 합성하여 상위의 전직몬스터, 흉수, 신수로 만들 수 있다.

전투는 플레이어가 각 유닛을 개별로 컨트롤하는 실시간 전략 방식으로 진행된다. 플레이어가 몬스터를 공격하여 전투를 시작하면 전투 화면으로 전환된다. 플레이어 간 전투(PvP)는 '무투장'에서만 제한적으로 가능하며, 길드에 해당하는 '상단'에 가입하여 공성전을 할 수도 있다. 〈임진록온라인 거상〉에서는 도시별, 시간별 물건의 시세 차이를 이용하여 아이템을 판매하는 교역, 낮은 레벨의 용병을 고용하여 레벨을 높인 후 판매하는 용병 장사 등을 통해 가상 재화를 획득할 수

〈임진록온라인 거상〉의 유닛 종류			
구분	종류	설명	예시
용병 계열	용병	플레이어가 고용한 유닛	창잡이, 야수전사, 도술사 등
	1차 장수	용병의 전직 유닛	이순신, 와키자카, 조승훈 등
	2차 장수	1차 장수의 전직 유닛	김유신, 야수왕, 맹호 흑룡차 등
몬스터 계열	몬스터	특수 아이템으로 고용한 비인간형 유닛	당나귀, 구미호, 귀묘 등
	전직 몬스터	몬스터 3마리를 합성한 유닛	백룡, 독조, 갑마 등
	흉수	전진몬스터 3마리를 합성한 유닛	혼돈, 궁기, 도철, 도올
환수 계열	환수	'환수의 명패'를 사용하여 소환한 유닛	두신, 누에, 원공, 기
	신수	환수 3마리를 합성한 유닛	백호 청룡, 주작, 현무, 기린

있다. 플레이어는 성을 소유하거나 지분을 투자하여 수익금을 얻기도 한다.

평가 〈임진록〉의 온라인 버전이다. 조선시대를 배경으로 당대 정치, 사회, 문화 등을 재현했다는 점에서 역사 교육 효과가 있는 게임으로 평가된다. 또한 교역에 바탕을 둔 경제 시스템은 실제 경제를 잘 반영하고 있어 2006년 중앙대학교에서 교구로 활용한 바 있다.

- **핵심어** 임진록, 용병, 전직, 무역
- **참고 자료** 한국게임산업개발원, 『2006 대한민국 게임백서』, 문화관광부 한국게임산업개발원, 2006.

킹덤 하츠 Kingdom Hearts

출시연도 2002년
개발사 스퀘어 에닉스(SQARE ENIX)
장르 역할수행 게임
플랫폼 플레이스테이션

스토리 데스티니 아일랜드에 사는 소라, 리쿠, 카이리는 뗏목을 타고 새로운 세계를 탐험하기로 한다. 그러나 출발 전날 섬이 암흑으로 뒤덮이고, 세 친구는 뿔뿔이 흩어진다. 킹덤 하츠는 어둠의 탐구자 안셈이 세상을 어둠으로 덮을 수 있는 에너지를 얻기 위해 만든 것으로, 세상 모든 마음의 결정체이다. 소라는 우연히 킹덤 하츠가 존재하는 어둠의 문을 자유롭게 열고 닫을 수 있는 전설의 무기 키블레이드를 얻는다. 안셈의 음모를 눈치 챈 디즈니 캐슬의 왕은 도널드와 구피에게 소라를 도우라는 명령을 내린다. 이에 따라 셋은 의문의 사건들을 파혜치며 소라의 친구들을 구하기 위한 여정을 떠난다.

플레이 게임 목표는 각 세계에서 벌어진 의문의 사건들을 해결해 악의 캐릭터들이 열어둔 어둠의 문들을 닫는 것이다. 해당 세계마다 악역 캐릭터와 동료가 될 수 있는 디즈니 캐릭터가 있다. 플레이어는 슈팅 게임을 통해 여러 세계를 이동하게 되며 각 세계마다 주어진 임무를 수행해야 한다. 모든 세계의 임무를 완수해 어둠의 문을 전부 닫을 경우 숨겨진 엔딩을 볼 수 있다. 소라를 포함한 세 캐릭터가 함께 파티를 이뤄 전투를 하게 된다. 플레이어는 소라 캐릭터로 설정되어 키블레이드로 검술 또는 마법과 유사한 스킬을 활용해 몹을 공격하며, 나머지 두 캐릭터는 자동으로 전투를 보조한다.

평가 〈킹덤 하츠〉는 스퀘어 에닉스와 월트 디즈니 사가 협업해 제작한 게임이다. 메인 디렉터는 노무라 테츠야(野村哲也)로, 우수한 디자인과 탄탄한 스토리로 호평받았다. '게임스팟 선정 2002년 최고와 최악의 게임(GameSpot's Best and Worst of 2002)'에서 '〈캡콤 vs. 에스엔케이〉 이후 최고의 크로스오버 게임(Best Crossover Since Capcom vs. SNK)'으로 뽑혔다.

- **핵심어** 월트 디즈니
- **시리즈**
  2002 〈킹덤 하츠(Kingdom Hearts)〉
  2004 〈킹덤 하츠 체인 오브 메모리즈(Kingdom Hearts Chain of Memories)〉
  2005 〈킹덤 하츠 2(Kingdom Hearts 2)〉
  2008 〈킹덤 하츠 코디드(Kingdom Hearts Coded)〉
  2009 〈킹덤 하츠 358/2 데이즈(Kingdom Hearts 358/2 Days)〉
  2010 〈킹덤 하츠 버스 바이 슬립(Kingdom Hearts Birth by Sleep)〉
  2012 〈킹덤 하츠 3D 드림 드롭 디스턴스(Kingdom Hearts 3D Dream Drop Distance)〉
  2013 〈킹덤 하츠 키(Kingdom Hearts X)〉
  2015 〈킹덤 하츠 언체인디드 키(Kingdom Hearts Unchained X)〉
- **참고 자료** Josiah Lebowitz, Chris Klug, *Interactive Storytelling for Video Games : Proven Writing Techniques for Role Playing Games, Online Games, First Person Shooters, and more*, Taylor & Francis, 2012. | Robert Alan Brookey, *Hollywood Gamers : Digital Convergence in the Film and Video Game Industries*, Indiana University Press, 2010. | GameSpot, www.gamespot.com

포트 로얄 Port Royale

출시연도 2002년
개발사 아스카론 엔터테인먼트(Ascaron Entertainment)
장르 시뮬레이션 게임
플랫폼 PC

플레이 게임의 목표는 카리브 해와 인접한 4개국 60여 개 도시로부터 이윤을 창출하고 평판과 지위를 올리는 것이다. 이 과정에서 해적이 되어 도시와 함선을 약탈하거나 교역상이 되어 부를 축적할 수 있다. 교역은 도시별 특산품의 수요와 공급을 파악한 후 배를 출항시켜 시세 차익을 벌어들이는 방식으로 진행된다. 시장 또는 부시장과 같은 엔피시(NPC)를 통해 퀘스트를 받는다. 플레이어는 마을

축제 개최, 해적 퇴치 등을 통해 도시별 평판을 높일 수 있다. 도시 내 건설 허가
증을 구매하면 생산 건물과 임대주택을 지을 수 있으며 조선소를 통해 함선을 구
입, 수리, 판매한다. 선장은 마을 여관에서 선원들을 고용할 수 있는데 선원들의
사기가 낮아 출항할 수 없는 경우 교회 소속 엔피시(NPC)의 축복을 받아야 한다.
해상 전투가 발발하면 선장을 조종해 함선을 통제해야 한다.

평가 카리브 해를 중심으로 캠페인을 도입하고 실시간 시세 변동을 적용한 해
상 무역 게임이다.

- **핵심어** 해상 무역
- **시리즈**
  2002 〈포트 로얄 : 골드, 파워 앤 파이러츠(Port Royale : Gold, Power and Pirates)〉
  2003 〈포트 로얄 2 : 토르투가(Tortuga : Pirates of the New World)〉
  2004 〈포트 로얄 2(Port Royale 2)〉
  2012 〈포트 로얄 3 : 파이러츠 앤 머천트(Port Royale 3 : Pirates & Merchants)〉
- **참고 자료** Jason Darby, *Wizards and Warriors : Massively Multiplayer Online Game Creation*, Cengage
Learning, 2011. | Matthew Kapell, Andrew Elliott, *Playing with the Past : Digital Games and the
Simulation of History*, Bloomsbury Academic, 2013.

놈 NOM

출시연도 2003년
개발사 게임빌(Gamevil)
장르 러닝 액션 게임
플랫폼 모바일

스토리 주인공 놈은 이 세상의 모든 것에서 벗어나고 싶어 달리기를 시작한다.
놈은 앞길을 막는 모든 장애물을 넘고 몬스터를 차며 달린다. 후속작에서는 자
신의 정신세계 속과 우주를 달리며 시간을 거슬러 달리기도 한다. 프리퀄에 해당
하는 〈놈 제로〉에서는 한 여자를 만나 사랑에 빠져 그 뒤를 쫓아간다. 그 과정에
서 남을 속이며 살아가는 가짜 인간들을 차버리며 달린다.

플레이 플레이어는 놈을 조종해 장애물을 통과하고 몬스터를 차고 구멍을 뛰
어 넘으며 10개의 스테이지를 플레이한다. 게임의 목표는 모든 스테이지를 클리
어하고 보스를 무찌르는 것이다. 세 번째 시리즈 〈놈 3〉에서 플레이어는 제한된

공간에서 최대한 오래 살아남아 특정 조건을 완수해 다음 스테이지로 넘어가야한다. 이를 위해 화면을 가득 채운 사각형들을 피해 달려야 한다. 총 100개의 스테이지로 구성된다. 클리어 조건으로는 일정 점수 획득, 사운드를 줄인 채 플레이하기, 게임 도중 전화 받기 등이 있다. 네 번째 시리즈 〈놈 제로〉부터 다음 스테이지로 넘어갈 수 있는 쩐 아이템, 무적 상태인 정열, 버프 아이템인 보약 등이 추가됐다.

평가　국내 모바일 게임 최초로 360도 회전, 3차원 화면, 원버튼 조작 방식을 도입했다. 2003년 〈놈〉은 '제3회 모바일 기술대상 정보통신부 장관상'을 수상했다. 〈놈 2〉는 2005년 2분기 '디지털콘텐츠대상 모바일 콘텐츠 부문 정보통신부 장관상'을 받았다. 〈놈 3〉은 2007년 대한민국 게임대상에서 '모바일 부문 우수상'을 받았다.

- **핵심어** 360도 회전, 원버튼 조작
- **시리즈**
  2003 〈놈 (NOM)〉
  2005 〈놈 2(NOM 2)〉
  2007 〈놈 3(NOM 3)〉
  2009 〈놈 제로(NOM ZERO)〉
  2010 〈놈 4(NOM 4)〉
  2011 〈놈 5(NOM 5)〉
- **참고 자료** 대한민국 게임대상, www.k-idea.or.kr/2014gameawards/history/award_2007.asp

도타 Defence of the Ancients, DotA

출시연도 2003년
개발자 율(Eul)
장르 모바
플랫폼 PC

플레이　10명의 플레이어가 센티널과 스컬지 두 진영으로 나뉘어 5대 5의 대전을 벌인다. 각 진영은 화면의 우측 상단과 좌측 하단에 위치하며, 상대 진영에 위치한 탑을 파괴하는 팀이 승리한다. 플레이어는 자신이 속한 진영에서 영웅을 선택한다. 영웅은 특성에 따라 힘, 민첩, 지능으로 나뉘며 최대 레벨 10까지 성장할 수 있고, 레벨에 따라 기술과 스킬을 업그레이드할 수 있다. 양 진영에서는 일정 시간마다 영웅을 엄호하는 보조 유닛 크립이 생성된다. 골드는 시간에 따라 축적되기도 하지만 상대 영웅이나 크립을 처리하거나 탑을 파괴하며 획득할 수 있다. 플레이어는 골드를 사용해 아이템을 구입할 수 있으며, 스킬 업그레이드와 아이템 구입 순서에 따라 전략을 수립한다.

평가 유즈맵 제작자 율이 〈워크래프트 III : 혼돈의 시대(Warcraft III : Reign of Chaos)〉와 〈워크래프트 III : 얼어붙은 왕좌(Warcraft III : The Frozen Throne)〉의 모드(MOD)로 개발했다. 상대 진영을 파괴하고 크립을 제거하는 전형적인 디펜스 게임의 형식을 지닌다. 〈도타〉를 기반으로 〈도타 올스타즈〉, 〈도타 카오스〉와 같은 유즈맵이 활발히 개발됐다. 초기 모바(MOBA) 게임으로, 〈히어로즈 오브 뉴어스(Heroes of Newearth)〉, 〈카오스 온라인(Chaos Online)〉, 〈리그 오브 레전드(League of Legends)〉, 〈도타 2〉에 영향을 미쳤다.

- **핵심어** 모바, 유즈맵, 모드, 율
- **시리즈**
  2003 〈도타(Defence of the Ancient, DotA)〉
  2004 〈도타 올스타즈(DOTA Allstars)〉
      〈도타 카오스(DOTA Chaos)〉
  2013 〈도타 2(DOTA 2)〉
- **참고 자료** IT동아, 〈유즈맵에서 시작해 게임시장의 대세로, AOS게임 역사〉, http://it.donga.com/8933/ | Eurogamer, "The Story of DOTA : How a bastard mod became its own genre", www.eurogamer.net/articles/2011-08-16-the-story-of-dota-article

메이플스토리 MapleStory

출시연도 2003년
개발사 넥슨(Nexon)
장르 다중접속온라인 역할수행 게임
플랫폼 PC

스토리 까마득한 옛날, 태초의 신은 3인의 오버시어를 선택하고 세계를 창조케 했다. 빛, 생명, 시간을 관장했던 오버시어들은 서로의 분신인 초월자를 두어 세계의 균형을 잡았다. 그러나 빛의 힘을 연구하고 수호하던 단체 오로라의 수장이 검은 마법사로 변했다. 검은 마법사에게 남아있던 마지막 빛의 결정마저 분리되자 세계의 평화는 흔들리기 시작한다. 별의 아이 루미너스와 위대한 영웅들은 악의 세력을 규합해 시간의 초월자 륀느를 유폐한 검은 마법사를 저지하고자 한 자리에 모인다.

플레이 플레이어의 목표는 세력과 직업을 선택해 자신의 캐릭터를 성장시키는 것이다. 플레이어는 모험가, 시그너스 기사단, 레지스탕스, 영웅, 노바, 제로, 키네시스 중 한 세력을 선택해 직업을 고른다. 직업은 전사, 마법사, 궁수, 도적, 해적 계열로 나뉘고 세력에 따라 선택 가능한 직업 계열과 직업명이 달라진다. 교환, 상점, 경매를 이용해 가상 통화와 아이템을 매매할 수 있으며 툴 팁(tool tip) 기능을 통해 장비 정보를 확인할 수 있다.

【레벨 시스템】 제로를 제외한 모든 세력은 5차례 전직할 수 있고 전직 대상 레벨은 10레벨, 30레벨, 60레벨, 100레벨, 140레벨이다. 최고 레벨인 250레벨을 달성하면 명예의 전당에 오른다. 플레이어는 레벨업 가이드를 통해 추천 퀘스트, 사냥터, 관련 엔피시(NPC) 정보를 확인하고 몬스터를 사냥해 경험치와 아이템을 획득할 수 있다.

30레벨이 되면 육성 중인 캐릭터에 해당하는 캐릭터 카드가 생성되고 캐릭터 레벨에 따라 카드 등급 또한 높아진다. 카드는 최대 15장까지 획득할 수 있고, 보유한 카드를 덱에 장착하면 카드의 종류와 등급에 따른 버프를 받는다. 3장의 카드가 덱 하나를 구성하며 3개 덱까지 생성할 수 있다. 35레벨을 달성하면 제작 기술과 채집, 채광 기술을 습득할 수 있다. 장비 제작, 장신구 제작, 연금술 중 하나를 고른 후 필요한 약초와 광물을 채집하는 형태가 보편적이다.

【몬스터 라이프】 〈메이플스토리〉는 '몬스터 라이프'라는 농장 시스템을 도입했다. 플레이어는 자신의 농장에 건물을 설치해 가상 통화 와르를 획득하고 몬스터 상자 및 관련 아이템을 구매한다. 돌보기와 놀아주기 기능을 이용해 몬스터를 30레벨까지 성장시킬 수 있으며, 3레벨 이상의 몬스터끼리 조합하면 새로운 몬스터를 얻을 수 있다.

몬스터의 잠재 능력에 따라 특정 버프를 받을 수 있고 해당 버프는 동일한 아이디로 등록된 모든 플레이어 캐릭터에 적용된다. 농장의 몬스터를 필드로 방출하면 몬스터의 등급과 레벨에 따라 보상을 받는다. 필드로 방출된 몬스터를 사냥하면 해당 몬스터가 살던 농장으로 이동하는 티켓이 지급된다.

【아르바이트】 플레이어는 아르바이트 메뉴를 이용해 30레벨 이상의 비접속 캐릭터에게 임무를 부여하고 보상을 획득할 수 있다. 휴식, 약초 채집, 채광, 잡화 상점, 무기·방어구 상점 중 1개를 선택하며 월드별로 3개 캐릭터까지 선택할 수 있다. 최대 6시간까지 임무 설정을 할 수 있고 아르바이트가 적용된 캐릭터로는 플레이할 수 없다. 보상은 아르바이트의 종류와 지속 시간에 따라 차등적으로 지급되며, 1시간 이후 지급되는 노멀 보상과 2시간부터 확률적으로 지급되는 스페셜 보상으로 나뉜다. 채집 및 채광 기술을 습득한 플레이어 캐릭터가 관련 아르바이트를 할 경우, 전문 기술을 습득하지 않은 캐릭터에 비해 더 좋은 보상을 얻을 수 있다.

평가 〈메이플스토리〉는 세계 최초의 2차원 횡스크롤 다중접속온라인 역할수행 게임이다. 대만, 미국, 싱가포르, 일본, 홍콩을 비롯한 60여 개국으로 진출했으며 국가별 특성을 고려한 현지화에 성공했다. 2007년 중국 게임산업연회가 선정한 '중국 최고 인기 캐주얼 게임 10선(Top 10 Most Popular Casual Games in China)'에 뽑혔으며, 2008년 일본 웹머니 어워드(WebMoney Award)에서 최고상인 '그랑프리(Grand Prix)'를 받았다. 개발사의 적극적인 원 소스 멀티 유즈(One Source Multi Use, OSMU) 전략을 통해 애니메이션, 팬시용품, 학용품 등 1,000여종의 파생 상품으로 출시됐다.

- **핵심어** 농장 시스템, 횡스크롤, 아르바이트, 전직
- **시리즈**

2003 〈메이플스토리(MapleStory)〉
2004 〈메이플스토리 나만의 큐티 세상(Mobile MapleStory)〉
　　〈메이플스토리 : 전사편(MapleStory : Warrior)〉
　　〈메이플스토리 : 마법사편(MapleStory : Magician)〉
2005 〈메이플스토리 : 궁수편(MapleStory : Archer)〉
　　〈메이플스토리 배틀 그라운드(MapleStory Battle Ground)〉
2007 〈메이플 퍼즐(Maple Puzzle)〉
　　〈메이플스토리 2007(MapleStory 2007)〉
2008 〈메이플메이트(MapleMate)〉
　　〈메이플스토리 : 도적편(MapleStory : Thief)〉
　　〈메이플스토리 핸디 월드(MapleStory Handy World)〉
2010 〈메이플스토리 디에스(MapleStory DS)〉
　　〈메이플스토리 : 해적편(MapleStory : Pirates)〉
2011 〈메이플스토리 : 시그너스 기사단(MapleStory : Cygnus Knights Edition)〉

〈메이플스토리 어드벤처(MapleStory Adventure)〉
〈메이플스토리 던전 마스터(MapleStory Cave Crawlers)〉
2012 〈메이플스토리 라이브(MapleStory Live)〉
〈메이플스토리 : 히어로즈(MapleStory : Heroes)〉
〈메이플스토리 빌리지(MapleStory Village)〉
2013 〈메이플스토리 : 운명의 소녀(MapleStory 3DS)〉
2014 〈포켓 메이플스토리(Pocket MapleStory)〉
2015 〈메이플스토리 2(MapleStory 2)〉

■ **참고 자료** 넥슨코리아, 『메이플스토리 공식가이드북 10주년 특별판』, 넥슨, 2013.

세컨드 라이프 Second Life

출시연도 2003년
개발사 린든랩(Linden Lab)
장르 시뮬레이션 게임
플랫폼 PC

플레이 이 게임에는 특정한 목표나 레벨, 승패가 없다. 플레이어는 온라인 가상 세계에서 자신의 아바타를 생성해 다양한 활동을 할 수 있다. 플레이어는 미디어 객체 창작 자동화 도구를 통해 자발적으로 콘텐츠를 생성할 수 있다. 주로 건축, 인테리어, 예술품 등 게임 내에서 사용 가능한 오브젝트를 제작한다. 이러한 창작물에 대한 권리는 플레이어에게 위임되며, 창작물을 중심으로 온라인뿐만 아니라 오프라인까지 연계된 상거래가 발생한다. 플레이어는 상거래를 통해 게임 내에서 통용되는 가상 통화인 린든 달러를 현실의 재화로 교환해 수익을 창출할 수 있다.

평가 2008년에 제59회 테크놀로지 앤드 엔지니어링 에미 어워드(Technology & Engineering Emmy Awards)에서 '사용자 생성 콘텐츠 부문'을 수상했다.

■ **핵심어** 가상 세계
■ **참고 자료** 유원준, 『뉴미디어 아트와 게임 예술』, 커뮤니케이션북스, 2013. | 이동은, 『가상세계(Virtual World)의 장소성 획득을 위한 스토리텔링 : 세컨드 라이프〈세라코리아〉기획을 중심으로』, 이화여자대학교 대학원 디지털미디어학부 석사논문, 2008. | 류철균, 안진경, 「가상세계의 디지털 스토리텔링 연구 : 〈세컨드 라이프〉와 MMORPG의 비교를 중심으로」, 『게임산업저널』, vol.1, no.16, 한국콘텐츠진흥원, 2007. | Phylis Johnson, *Second Life, Media, and the Other Society*, Peter Lang, 2010. | Thomas M. Malaby, *Making Virtual Worlds : Linden Lab and Second Life*, Cornell University Press, 2011.

콜 오브 듀티 Call of Duty

출시연도 2003년
개발사 인피니티 워드(Infinity Ward)
장르 1인칭 슈팅 게임
플랫폼 PC

플레이 플레이어는 1인칭 주인공 시점에서 적을 제거하고 미션을 모두 수행하는 것을 목표로 한다. 이 게임은 멀티 플레이어 모드와 스토리 기반의 싱글 플레이어 모드로 구성된다. 싱글 플레이는 총 24개의 미션으로 이루어져 있으며 미션이 종료될 때마다 일시, 지리적 위치, 진행 상황에 대한 정보가 일기 형식으로 제공된다. 플레이어는 게임 캐릭터인 분대원들과 공동으로 미션을 수행한다. 무기는 총과 수류탄이며 전투 중 쓰러진 캐릭터의 소지품과 교환하거나 획득할 수 있다. 자동 체력 회복 기능을 통해 시간이 지나면 자동으로 주인공의 체력이 회복된다.

평가 〈콜 오브 듀티〉는 제2차 세계대전을 배경으로 제작된 게임으로, 노르망디 상륙 작전부터 베를린 시청 함락까지의 과정을 담았다. 미국의 마틴 일병의 시점에서 시작하여 영국의 잭 에반스 병장, 러시아의 알렉세이 이바노비치 보로닌의 입장을 오간다. 편지, 일기, 라디오 방송을 통해 제2차 세계대전 당시 상황을 사실적으로 반영했다. 이후 시리즈에 따라 제1차 세계대전, 현대전, 미래전을 벌인다.

- **핵심어** 제2차 세계대전
- **시리즈**
  2003 〈콜 오브 듀티(Call of Duty)〉
  2005 〈콜 오브 듀티 2(Call of Duty 2)〉
  2006 〈콜 오브 듀티 3(Call of Duty 3)〉
  2007 〈콜 오브 듀티 4 : 모던 워페어(Call of Duty 4 : Mordern Warfare)〉
  2008 〈콜 오브 듀티 : 월드 앳 워(Call of Duty : World at War)〉
  2009 〈콜 오브 듀티 : 모던 워페어 2(Call of Duty : Mordern Warfare 2)〉
  2010 〈콜 오브 듀티 : 블랙 옵스(Call of Duty : Black Ops)〉
  2011 〈콜 오브 듀티 : 모던 워페어 3(Call of Duty : Mordern Warfare 3)〉
  2012 〈콜 오브 듀티 : 블랙 옵스 2(Call of Duty : Black Ops 2)〉
      〈콜 오브 듀티 : 블랙 옵스 3(Call of Duty : Black Ops 3)〉
  2013 〈콜 오브 듀티 : 고스트(Call of Duty : Ghosts)〉
  2014 〈콜 오브 듀티 : 어드밴스드 워페어(Call of Duty : Advanced Warfare)〉
- **참고 자료** Bart Farkas, *Call of Duty(TM) Official Strategy Guide(Bradygames Take Your Games Further)*, Brady Games, 2003.

테일즈위버 TalesWeaver

출시연도 2003년
개발사 소프트맥스(SOFTMAX)
장르 다중접속온라인 역할수행 게임
플랫폼 PC

스토리 게임은 아노마라드 왕국의 도시들을 배경으로 진행된다. 쉐도우 앤드 애쉬 집단의 나야트레이, 시벨린, 막시민, 이스핀과 액시피터 집단에 속한 밀라, 루시안, 보리스, 티치엘은 서로 적대적인 관계이다. 그러나 동일한 임무 수행을 위해서 8명의 캐릭터 모두가 케이레스 사막의 '통곡의 탑'으로 간다. 에피소드 1에서 8명의 캐릭터가 최종 보스인 흑의 검사를 무찔러야 한다.

플레이 게임은 에피소드별로 나뉘며 각 에피소드 하위의 챕터를 따라 스토리가 진행된다. 각 캐릭터마다 3개의 스타일을 설정할 수 있으며, 능력치는 물리 방어, 마법 방어, 명중률 등 7가지로 나뉜다. 스킬은 검계, 도계, 화염계 등의 계열로 나뉜다. 캐릭터의 능력을 다시 설정할 수 있는 재분배 시스템이 있다. 플레이어는 재분배를 통해 상급 퀘스트에 필요한 기술과 능력을 다시 획득할 수 있다.

평가 전민희의 소설『룬의 아이들』, 온라인 커뮤니티 '포리프(4Leaf)'와 캐릭터, 세계관을 공유한다. 2008년 일본의 웹머니 어워드(Webmoney Award)에서 '최고의 게임(Best Games)'으로 선정됐다.

- **핵심어** 룬의 아이들
- **참고 자료** 김정남, 김웅남, 김정현,『게임의 운명을 결정하는 기획과 시나리오』, e비즈북스, 2013.

괴혼 굴려라! 왕자님! Katamari Damacy

출시연도 2004년
개발사 남코(Namco)
장르 액션 게임
플랫폼 플레이스테이션 2

스토리 코스모의 왕 아바마마가 술을 마시고 천체를 하늘에서 쓸어버리는 실수를 저지른다. 술에서 깬 아바마마는 성체를 복구하기 위해 왕자에게 필요한 재료를 모아올 것을 명한다. 이제 왕자는 지구로 떠나 덩어리를 굴리며 물건을 붙여 하늘로 띄워 올려야 한다.

플레이 이 게임의 목표는 퀘스트에 맞춰 덩어리를 굴려 물건을 붙여나가는 것 이다. 플레이어는 제한 시간 내로 덩어리의 크기와 무게를 목표치만큼 키우거나 특정 물질을 주어진 개수 이상 붙여 퀘스트를 완수해야 한다.

덩어리란 자신보다 작은 물건은 무엇이든 붙일 수 있는 물체로, 주로 연필, 지 우개, 클립 등의 작은 물질에서 시작해 자동차, 건물 등을 붙일 수 있게 된다. 덩 어리의 크기가 커질수록 굴리는 속도가 느려진다.

시리즈가 진행됨에 따라 왕자의 사촌을 비롯한 친인척이 등장하며, 해당 엔피 시(NPC)와 조우하는 경우 플레이 캐릭터를 전환하거나 대전 모드를 선택해 격투 한다. 퀘스트를 완수하지 못한 경우 미니 게임 형태로 벌칙을 수행할 수 있다.

평가 2004년 비디오 게임 최초로 일본산업디자인진흥회의 '굿 디자인 상 (Good Design Award)'을 받았다. 같은 해 11월 미국의 주간지 《타임(Times)》은 〈괴 혼〉 시리즈를 '올해의 비디오 게임(Best Games of the Year)' 10선 중 하나로 선정 했다.

- **핵심어** 덩어리
- **시리즈**
  2004 〈괴혼 굴려라! 왕자님!(Katamari Damacy)〉
  2005 〈데굴데굴 쫀득쫀득 괴혼(We Love Katamari)〉
  　　　〈아바마마 오셨다! 어서 굴려라!(Me & My Katamari)〉
  2007 〈뷰티풀 괴혼(Beautiful Katamari)〉
  2009 〈굴리기 퍼즐 괴혼(Korogashi Puzzle Katamari Damacy)〉
  　　　〈괴혼 트리뷰트(Katamari Forever)〉
  2011 〈괴혼 아모레(Katamari Amore)〉
  　　　〈괴혼 노비~타(Touch My Katamari)〉

- **참고 자료** Steven Jones, *The Meaning of Video Games : Gaming and Textual Strategies*, Routledge, 2008. | William Muehl, Jeannie Novak, *Game Development Essentials : Game Simulation Development*, Cengage Learning, 2007.

디제이맥스 온라인 DJMax Online

출시연도 2004년
개발사 펜타비전(Pentavision)
장르 리듬 게임
플랫폼 PC

플레이 플레이어는 제시된 음악의 박자에 따라 해당 키보드 버튼을 눌러, 아래로 내려오는 노트를 정확한 순간에 제거해야 한다. 플레이 방식에 따라 연습 모드인 프리 모드, 3개의 곡을 선택해 플레이하고 그 점수를 합산하는 랭킹 모드, 1회 사용 가능한 아이템을 제공하는 코스 플레이 모드, 최대 6인의 플레이어가 대결하는 디제이 배틀 모드로 나뉜다.

내려오는 노트의 개수에 따라 5키 모드와 7키 모드를 지원한다. 플레이어가 얼마나 정확한 박자로 버튼을 조작하고 노트를 제거하느냐에 따라 점수가 맥스 퍼센트(max percent)로 표기된다. 퍼센트는 맥스 1퍼센트에서 맥스 100퍼센트까지 책정되며 박자를 놓쳤을 때에는 브레이크 판정을 받는다.

일정 정확도 이상을 달성한 플레이어는 보상으로 아이템인 디스크를 획득한다. 디스크의 종류로는 100퍼센트로 스테이지를 완수하면 받는 스틸맥스 디스크, 77.7퍼센트로 완수 시 받는 레인보우 디스크, 이벤트 기간에만 제공한 네이트 디스크 등이 있다.

평가 퍼센트로 점수를 책정함으로써 플레이어의 연주 정확도를 세분화했다는 점에서, 1997년에 발매된 〈비트매니아(Beatmania)〉와 구분된다. 〈디제이맥스 포터블 2〉는 대한민국 게임대상에서 '피시·비디오 부문 우수상'을 받았다.

- 핵심어 음악
- 시리즈
  2004 〈디제이맥스 온라인(DJMax Online)〉
  2005 〈디제이맥스 모바일(DJMax Mobile)〉
  2006 〈디제이맥스 포터블(DJMax Portable)〉
      〈디제이맥스 포터블 인터내셔널(DJMax Portable International)〉
  2007 〈디제이맥스 포터블 2(DJMax Portable 2)〉
  2008 〈디제이맥스 포터블 클래지콰이 에디션(DJMax Portable Clazziquai Edition)〉
      〈디제이맥스 포터블 블랙 스퀘어(DJMax Portable Black Square)〉
      〈디제이맥스 테크니카(DJMax Technika)〉
      〈디제이맥스 트릴로지(DJMax Trilogy)〉
  2009 〈디제이맥스 모바일(DJ Max Mobile)〉

〈디제이맥스 피버(DJMax Fever)〉

2010 〈디제이맥스 테크니카 2(DJMax Technika 2)〉

〈디제이맥스 포터블 핫 튠즈(DJMax Portable Hot Tunes)〉

〈디제이맥스 포터블 3(DJMax Portable 3)〉

2011 〈탭 소닉(Tap Sonic)〉

〈디제이맥스 테크니카 3(DJMax Technika 3)〉

2012 〈디제이맥스 테크니카 튠(DJMax Technika Tune)〉

〈디제이맥스 레이(DJMax Ray)〉

2013 〈디제이맥스 테크니카 큐(DJMax Technika Q)〉

■ **참고 자료** 한국콘텐츠진흥원, 『2009 대한민국 게임백서(상, 하)』, 문화체육관광부 한국콘텐츠진흥원, 2009.

디지몬 레이싱 Digimon Racing / デジモンレーシング

출시연도 2004년
개발사 그립토나이트 게임즈(Griptonite Games)
장르 레이싱 게임
플랫폼 게임보이 어드밴스

플레이 게임의 목표는 디지몬 월드에서 경주를 펼쳐 우승하는 것이다. 멀티 플레이 모드를 통해 총 4명까지 함께 플레이할 수 있다. 플레이 가능한 캐릭터는 공중파 애니메이션에 등장했던 디지몬 11마리이며, 부스팅 시스템인 디지볼루션(digivolution)을 통해 캐릭터들을 진화시킬 수 있다. 정글, 화산, 도시 등을 배경으로 한 15개의 트랙이 있다.

경주하는 과정에서 플레이어는 상대방 카트를 뛰어 넘는 카트 호핑(kart hopping) 등을 사용할 수 있다. 한 트랙을 완료하면 타임 트라이얼 모드(time trial mode)와 보스전을 할 수 있다. 보스전은 보스 디지몬을 공략하는 액션 게임 방식으로 진행된다.

평가 게임보이 무선어댑터 기능을 지원하여 플레이어 간 멀티 플레이를 가능하게 했다.

■ **핵심어** 디지몬
■ **참고 자료** Metacritic, www.metacritic.com

루미네스 Lumines / ルミネス

출시연도 2004년
개발사 큐엔터테인먼트(QEntertainment)
장르 퍼즐 게임
플랫폼 플레이스테이션 포터블

플레이 작은 블록 4개로 구성된 정사각형 블록이 위에서 떨어지면, 블록을 돌리고 정렬하여 같은 색의 정사각형 블록을 만들어야 한다. 가로 세로 2칸이 똑같은 색의 정사각형 블록을 만들면 블록이 화려한 빛과 함께 제거된다.

바탕 화면인 스킨이 점수나 시간에 따라 달라지는데 스킨마다 다른 배경음악이 사용되는 것이 특징이다. 게임 모드는 챌린지, 타임 어택, 퍼즐, 컴퓨터와의 대전 등 4가지가 있다.

평가 소리와 빛의 패턴을 사용해 플레이의 리듬감을 더했다. 2005년 게임 전문 사이트 게임스팟(GameSpot)은 '올해의 플레이스테이션 포터블 게임(PSP Game of the Year)'으로 〈루미네스〉를 선정했다.

- **핵심어** 퍼즐, 소리 패턴
- **시리즈**
  2004 〈루미네스(Lumines)〉
  2006 〈루미네스 라이브!(Lumines Live!)〉
       〈루미네스 2(Lumines 2)〉
  2008 〈루미네스 온라인(Lumines Online)〉
  2009 〈루미네스 수퍼노바(Lumines Supernova)〉
  2012 〈루미네스 일렉트로닉 심포니(Lumines Electronic Symphony)〉
- **참고 자료** 예스퍼 율 저, 이정엽 역, 『캐주얼 게임 : 비디오게임과 플레이어의 재창조』, 커뮤니케이션북스, 2012. | Gamespot, www.gamespot.com

마비노기 Mabinogi

출시연도 2004년
개발사 넥슨(Nexon)
장르 다중접속온라인 역할수행 게임
플랫폼 PC

스토리 어느 날 주인공의 꿈속에 여신 모리안이 나타나 위험에 빠진 낙원 티르 나 노이를 구해줄 것을 요청한다. 주인공은 티르 나 노이를 향해 출발하지만, 낙원이 이미 폐허로 변했다는 소문이 돌고, 사람들은 모리안의 저의를 의심하기 시작한다. 주인공은 여신과 마족을 둘러싼 비밀을 파헤치면서 동료들과 목적지로 향한다.

플레이 플레이어는 캐릭터 카드를 사용해 아바타를 생성하고, 아바타의 나이와 종족을 선택한다. 종족은 인간, 엘프, 자이언트로 나뉜다. 직업에 따른 역할이 고정적이지 않기 때문에 플레이어는 원하는 스킬을 자유롭게 향상시킬 수 있다. 스킬은 전투, 마법, 생활, 연금술, 격투술, 음악, 인형술 등으로 나뉜다. 생활 스킬은 마비노기의 대표적인 스킬로, 양털 깎기, 농작물 수확, 옷 만들기 등 아이템 생산 및 가공, 여행, 무역과 관련한 것들이 포함된다.

플레이어는 환생을 통해 습득한 기술을 유지한 채 캐릭터의 레벨을 초기화하고 성별, 외모, 나이 등을 바꿀 수 있다. 최고 나이인 25세부터는 레벨업을 해도 더 이상 능력치가 오르지 않으므로 반드시 환생을 해야 한다.

플레이어는 염색 앰플을 사용해 의상의 색을 자유롭게 변경할 수 있다. 이 외에도 생명력을 회복할 수 있는 캠프파이어 주변에서 악기를 연주하면서 다른 플레이어와의 친목을 도모하기도 한다.

평가 전투가 아닌 스토리와 커뮤니티, 사회적 친교 활동을 발전시켜 성공한 비폭력적 게임 세계로 높이 평가되었다. 2004년 영상물등급위원회는 〈마비노기〉를 '올해의 좋은 영상물'로 선정했다. 같은 해, 대한민국 게임대상에서 '최우수상'을 받았고, 2012년에는 대만 바하무트 게임대상에서 '다중접속온라인 역할수행 게임 부문 금상'을 받았다.

- **핵심어** 스킬, 판타지
- **참고 자료** 도영임, 『온라인 게임 세계 속에서 경험하는 자기 인식과 자기 변화 : 마비노기 사용자의 발달적 경험을 중심으로』, 연세대학교 대학원 심리학과 박사논문, 2009. | 박정규, 『넥슨만의 상상력을 훔쳐라』, 비전코리아, 2011. | 박태순, 「MMORPG 가치체계 비교연구」, 『한국콘텐츠학회논문지』, vol.11, no.10, 한국콘텐츠학회, 2011.

몬스터 헌터 Monster Hunter / モンスターハンター

출시연도 2004년
개발사 캡콤(Capcom)
장르 액션 게임
플랫폼 플레이스테이션 2

스토리 주인공은 몬스터가 서식하는 세계의 사냥꾼(헌터)으로, 마을과 도시를 위협하는 몬스터를 포획하거나 토벌하며 사람들의 안전을 지킨다.

플레이 몬스터를 사냥하는 것이 목표이다. 퀘스트 기반의 게임으로, 플레이어는 촌장이나 길드를 통해 퀘스트를 받아 곧바로 던전에 입장한다. 레벨 시스템이 없으며, 플레이어의 능력치는 장비에 의존한다. 몬스터 공략에 성공하면 보상으로 재료 아이템이 제공되고 플레이어는 이를 활용해 직접 장비를 제작한다.

장비는 크게 검사용과 거너용으로 나뉘며, 착용 장비에 따라 사용할 수 있는 스킬이 다르다. 검사용 장비는 근거리 전투에 효율적이며, 절단을 위한 한손검, 쌍검, 대검, 태도, 건랜스 등과 타격을 위한 해머, 수렵피리 등을 포함한다. 거너용 장비는 원거리 전투에 효과적이며, 헤비보우건, 라이트보우건, 활 등을 포함한다. 퀘스트를 완료하면 헌터 랭크가 상승하며, 헌터 랭크가 높아질수록 더 많은 퀘스트를 받을 수 있다. 플레이어들은 협력을 통해 혼자서 잡기 어려웠던 몬스터를 사냥하기도 한다. 최대 4명이 함께 같은 퀘스트를 수행할 수 있다.

평가 2004년부터 가정용과 휴대용 콘솔, 피시(PC) 온라인 게임과 모바일 등 다양한 플랫폼을 통해 출시됐다. 〈몬스터 헌터 포터블 3rd〉는 2011년 개최된 일본 게임대상(Japan Game Awards)에서 '연간작품 부문 대상(Grand Awards)'을 받았다.

■ **핵심어** 장비 제작, 몬스터 사냥
■ **시리즈**
2004 〈몬스터 헌터(Monster Hunter)〉
2005 〈몬스터 헌터 G(Monster Hunter G)〉
　　　〈몬스터 헌터 포터블(Monster Hunter Portable)〉
2006 〈몬스터 헌터 2(Monster Hunter 2)〉
2007 〈몬스터 헌터 포터블 2nd(Monster Hunter Portable 2nd)〉
2008 〈몬스터 헌터 포터블 2nd G(Monster Hunter Portable 2nd G)〉
2009 〈몬스터 헌터 3(Monster Hunter 3)〉
2010 〈몬스터 헌터 포터블 3rd(Monster Hunter Portable 3rd)〉

2011 〈몬스터 헌터 3G(Monster Hunter 3G)〉

2013 〈몬스터 헌터 4(Monster Hunter 4)〉

2014 〈몬스터 헌터 4G(Monster Hunter 4G)〉

■ **참고 자료** 글파버드나무 편집부, 『몬스터헌터 프론티어 온라인 오피셜 가이드북』, 글파버드나무, 2008. | 이상우, 「컴퓨터 게임의 성장 시스템과 스토리텔링 : 〈드래곤퀘스트〉와 〈몬스터헌터〉를 중심으로」, 『디지털스토리텔링연구』, vol.6, no.0, 디지털스토리텔링학회, 2011. | 〈몬스터헌터〉 인벤, http://mhf.inven.co.kr/

스페셜포스 Special Force

출시연도 2004년

개발사 드래곤플라이(Dragonfly)

장르 1인칭 슈팅 게임

플랫폼 PC

플레이 특수부대원이 되어 임무를 완수하는 것이 게임의 목표이다. 플레이어는 대한민국 육군 특전사, 영국 공수특전단, 미국 육군 델타 포스 등 특정 국가의 특수부대를 선택한 후, 총기 및 아이템을 골라서 자신만의 캐릭터를 생성할 수 있다. 게임은 개인전, 단체전, 클랜전 등으로 나뉘어 진행된다. 개인전의 경우, 정해진 사살 횟수까지 도달하는 것이 목적이다. 단체전에서 플레이어는 동료들과 협력해 각 맵마다 주어지는 임무를 해결해야 한다. 이때 주어지는 임무로는 폭탄을 설치해 특정 지역을 파괴하는 '폭파 미션', 특정 목표물을 가져와야 하는 '탈취 미션', 고립된 상황에서 벗어나야 하는 '탈출 미션', 하나의 목표물을 두고 상대팀과 대결해야 하는 '듀얼 미션' 등이 있다.

평가 〈스페셜포스〉에 등장하는 총기, 군복의 위장무늬 등은 군사 관련 전문 잡지인 《플래툰(Platoon)》의 고증을 받아 구현됐다. 2005년 2월, 문화관광부 주관의 '이달의 우수 게임'에 선정됐으며 한국이스포츠협회의 공인 이-스포츠 종목으로 발탁됐다. 유럽과 북미에서는 〈솔저 프런트(Soldier Front)〉라는 타이틀로 발매됐다.

■ **핵심어** 특수부대, 이-스포츠, 미션

■ **시리즈**

2004 〈스페셜포스(Special Force)〉

2011 〈스페셜포스 2(Special Force 2)〉

■ **참고 자료** 한국이스포츠협회, www.e-sports.or.kr | 한국콘텐츠진흥원 '이달의 우수 게임', http://bestgame.kocca.kr/bestgame/main.do

시티 오브 히어로 City of Heroes

출시연도 2004년
개발사 크립틱 스튜디오(Cryptic Studios)
장르 다중접속온라인 역할수행 게임
플랫폼 PC

스토리 미국 로드 아일랜드의 파라곤 시티는 범죄의 위협으로 가득한 곳이다. 이곳에서 정의를 지키려는 히어로 진영과 세력을 넓히려는 빌런 진영의 목숨을 건 싸움이 시작된다.

플레이 플레이어의 목표는 미션을 수행하고 상대 진영과 전투를 벌이면서 도시 안에서 영향력을 확장하는 것이다. 플레이어는 히어로나 빌런 중 한 진영을 선택할 수 있으며, 각 진영의 캐릭터는 전투 타입에 따라 주력 파워가 상이하다. 이후 각각 직업에 해당하는 '전투 타입', 종족에 해당하는 '탄생 배경', 기술과 무기의 조합에 해당하는 '파워'를 선택해 캐릭터를 생성한다.

명성치 시스템이 존재하며, 플레이어는 엔피시(NPC)가 준 미션을 수행하거나 악당에게 위협받는 시민을 구하는 경우 등에서 명성치를 획득할 수 있다. 플레이어는 명성치를 사용해 캐릭터 강화 아이템을 구입하거나 파워를 강화함으로써 캐릭터를 성장시킬 수 있다. 효과적으로 미션을 수행하거나 상대 진영을 공격하기 위해 파티 플레이도 가능하다.

〈시티 오브 히어로〉의 전투 타입		
구분	전투타입	주력 파워
히어로 진영	블래스터	총, 활 등의 무기나 얼음, 불 등을 사용하여 강력한 대미지를 가함.
	디펜더	힐링, 버프, 방어 마법으로 팀원을 지원함.
	컨트롤러	군중 제어기를 사용하여 상대를 무력화함.
	스크래퍼	괭이, 삽, 칼 등의 근접 무기나 맨손 공격으로 적을 공격함.
	탱커	강력한 대미지 저항이 있어 적에게 돌격하여 어그로를 이끌어냄.

	피스브링어	딜러 및 보조 탱커. 레벨 50 이상의 캐릭터가 있어야 생성 가능함.
	워세이드	다크 에너지를 사용하여 원거리에서 적을 공격함.
빌런 진영	브루트	강력한 방어력과 공격을 받을 때마다 강해지는 분노지수로 공격함.
	커럽터	힐링, 버프, 디버프로 팀원을 지원함.
	스토커	암살자에 해당하며 은신기술을 사용하여 적을 습격함.
	마스터마인드	전투에 언데드, 로봇, 닌자, 악마 등을 소환함.
	도미네이터	강력한 저항력과 메즈 능력으로 팀을 지원함.
	아라크노스 솔저	딜러. 계정에 레벨 20이 넘는 캐릭터가 있어야 생성 가능함.
	아라크노스 위도우	무기를 활용한 밀리 공격과 광역 공격으로 상대를 공격함.

평가 2003년 일렉트로닉 엔터테인먼트 엑스포(Electronic Entertainment Expo, E3)의 게임 크리틱스 어워드(Game Critics Awards)에서 '최고의 온라인 멀티 플레이어 상(Best Online Multiplayer)'을 받았으며, 2004년 5월 게임 전문 사이트 게임스팟(GameSpot)에서 '이달의 게임(Game of the Month)'으로 선정됐다.

- **핵심어** 히어로, 빌런
- **참고 자료** Eric Mylonas, *City of Heroes Binder : Prima's Official Game Guide; Issues 1-6*, Random House Information Group, 2005. | Pat Harrigan, Noah Wardrip-Fruin, *Second Person : Role-Playing and Story in Games and Playable Media*, The MIT Press, 2010.

열혈강호 온라인 Scions of FATE

출시연도 2004년
개발사 케이알지소프트(KRGSOFT)
장르 다중접속온라인 역할수행 게임
플랫폼 PC

스토리 세계의 중심인 중원에서 무인들은 무공에 정진한다. 궁극적 인간의 완성인 '도'를 추구하는 무인들은 깨달음을 전파하기 위해 문파를 형성한다. 그러나 문파에 가입하는 사람의 수가 늘어나고 깨달음의 전수라는 목적이 변질되면서 문파는 정파와 사파라는 두 세력으로 나뉜다. 정파와 사파가 무림 제패를 목적으로 영역 확장을 시도하면서 무인들 간 충돌이 시작된다.

플레이 플레이어는 자신의 캐릭터를 성장시켜야 한다. 플레이어 캐릭터의 경우, 검, 도, 창, 궁, 의, 단, 악, 격투가 중 하나의 직업을 선택해서 생성할 수 있고, 한비광, 담화린이라는 캐릭터 중 하나를 선택할 수도 있다. 플레이어는 무공과 기공을 배워 캐릭터의 내공력과 공격력, 방어력, 민첩성, 생명력 등을 올릴 수 있다. 무공은 캐릭터의 공격력에 직접적인 영향을 주는 기술이며 기공은 공격력 외에도 방어력, 회복력, 공격 명중률 등 캐릭터의 전반적 능력에 영향을 주는 기술이다.

플레이어는 레벨에 따라 일정한 기공 점수를 얻을 수 있으며, 이를 원하는 기공에 투자하여 해당 기술을 획득할 수 있다. 플레이어는 35레벨 이상이 되면 정파와 사파 중 한 세력을 선택해야 한다.

평가 전극진, 양재현의 만화 『열혈강호(熱血江湖)』를 기반으로 제작됐다. 2005년 12월, 대한민국 게임대상에서 '대상'과 '인기 게임 상'을 수상했다. 같은 해, 중국의 골드핑거상(金手指狀)에서 '무료 온라인 게임 부문 최우수상', '최우수 게임 동영상 상'을 받았다. 2006년 1월, 2005 중국 온라인 게임산업연회에서 '10대 인기 게임 상', '온라인 게임 운영상', '온라인 사업 지원상', '게임 기업 신예상'을 받았다. 미국에서는 〈사이온스 오브 페이트(Scions of FATE)〉라는 제목으로 2006년부터 서비스됐다.

- **핵심어** 만화 『열혈강호』, 무협
- **시리즈**
  2004 〈열혈강호 온라인(Scions of FATE)〉
  2013 〈열혈강호 온라인 2(Scions of FATE 2)〉
- **참고 자료** 한국콘텐츠진흥원, 『2014 창조산업과 콘텐츠 5, 6월호』, 한국콘텐츠진흥원, 2014.

오디션 Audition Online

출시연도 2004년
개발사 티쓰리엔터테인먼트(T3Entertainment)
장르 리듬 액션 게임
플랫폼 PC

스토리 주인공은 빈 교실에서 우연히 만난 클로이, 바비와 함께 춤 대결을 펼치게 된다. 대결을 마친 주인공은 춤에 대해 자신감을 갖게 되지만, 진과 진의 일행들과의 춤 대결에서 지고 만다. 이후 주인공은 진을 이기기 위해 여러 고수들과 춤 경연을 벌이며 실력을 쌓는다. 열심히 노력한 끝에 진과의 대결에서 이긴 주인공은 새로운 동료들과 함께 댄스 대회 우승을 목표로 새로운 꿈을 키워나간다.

플레이 플레이어는 키보드를 조작해 음악에 맞는 춤을 추며, 상대 플레이어 캐릭터보다 높은 점수를 획득해야 한다. 최대 6명의 플레이어와 경합을 벌일 수 있다. 게임이 시작되면 음악과 함께 박자에 맞춰 눌러야 하는 키노트와 타이밍 게이지 바가 제시된다. 어려운 춤을 성공할수록 주목 포인트가 높아져, 캐릭터가 중앙에 서있는 비율이 증가한다.

플레이 모드는 개인전 모드, 팀전 모드, 스페셜 모드가 있다. 각 모드는 프리스타일 배틀, 안무 배틀, 다이나믹 댄스 배틀 등 춤 종류에 따라 세부적으로 구분되며 스페셜 모드에는 엔피시(NPC)와 함께 춤을 추거나 이성 캐릭터와 함께 클럽 댄스를 추는 등의 세부 모드가 있다. 이 외에도 스토리에 따른 미션이 제공되는 스토리 모드와 춤 대신 기타를 연주하는 기타 모드가 있다.

평가 〈오디션〉은 세계 최초의 온라인 댄스 대전 게임으로 중국, 대만, 영국, 일본 등 다양한 국가에서 출시되었다. 2006년 대한민국 문화 콘텐츠 수출유공자 포상식에서 '문화부장관상'을 받았으며, 중국 포털 사이트 '바이두(Baidu)'에서 온라인 게임 부문 1위를 차지했다.

- **핵심어** 오디션 게임, 댄스 게임
- **시리즈**
  2004 〈오디션(Audition)〉
  2009 〈오디션 잉글리시(Audition English)〉
  2010 〈오디션 2(Audition 2)〉
  2013 〈오디션 3 : 월드 인 오디션(Audition 3 : World in Audition)〉
- **참고 자료** 게임동아, 〈이모션, 중국은 지금 '오디션' 열풍〉, http://game.donga.com/27524/ | 게임동아, 〈티쓰리엔터테인먼트, 김기영 대표 문화부장관상 수상〉, http://game.donga.com/32402/ | 게임메카, 〈떨어지는 작대기만 보지말고 춤추자(오디션)〉, www.gamemeca.com/preview/view.php?gid=121125

월드 오브 워크래프트 World of Warcraft

출시연도 2004년
개발사 블리자드 엔터테인먼트(Blizzard Entertainment)
장르 다중접속온라인 역할수행 게임
플랫폼 PC

스토리 타락한 티탄 살게라스는 사악한 악마들을 규합해 불타는 군단을 만들고, 드레노어의 오크들을 피에 굶주린 호드로 변화시킨다. 어둠의 문을 넘어 아제로스로 진격한 호드가 왕국 스톰윈드를 함락시키자, 인간, 노움, 엘프, 드워프는 용사 안두인 로서를 중심으로 얼라이언스 진영을 구축해 호드를 격퇴한다. 오크 주술사 넬쥴은 나머지 병력을 아제로스로 진격시키고 얼라이언스의 영웅들은 드레노어를 침공해 마지막 위협까지 제거하려 한다. 패배 위기에 놓인 넬쥴이 다른 세계로 통하는 차원의 문을 한꺼번에 열어 버리자, 드레노어는 쏟아지는 마력을 감당하지 못해 산산이 부서진다.

아제로스의 영웅들이 파괴된 행성의 아웃랜드에 갇혔을 때, 아제로스의 포로가 되어 고통스러운 생활을 영위하던 오크들은 주술사 스랄의 도움으로 해방되어 칼림도어로 도망친다. 같은 시기 로데론의 아서스 메네실이 언데드 스컬지의 리치 왕과 손잡자, 호드와 얼라이언스는 오랜 증오를 뒤로 한 채 불타는 군단을 저지하기 위해 서로 손잡는다. 하이잘 산 정상에서 전쟁 군주 아키몬드의 군대를 막아낸 동맹이 회복을 도모할 무렵, 죽음의 기사가 된 아서스는 자신의 영혼을 리치 왕과 결합한다.

때마침 스톰윈드의 국왕 바리안 린이 행방불명되고 파멸의 군주 카자크가 다시 한 번 어둠의 문을 열자 불타는 군단의 악마들이 아제로스로 쏟아져 들어온다. 이에 맞서 언데드와 블러드 엘프, 나이트 엘프와 드레나이가 합세한 원정대는 어둠의 문을 통과해 역으로 아웃랜드를 공격한다. 원정대는 오래전 아웃랜드에 남았던 옛 영웅들과 타락하지 않은 오크 집단 마그하르를 만난다. 언데드 스컬지는 아제로스의 주요 도시와 마을들을 공습하고 스랄은 가로쉬 헬스크림의 군대를 노스렌드에 파견한다. 돌아온 국왕 역시 볼바르 폴드라곤을 사령탑으로 세운 얼라이언스 병력을 노스렌드로 보내어 호드 군대를 해치우려 한다.

어둠의 문을 넘은 원정대는 승리했지만, 파괴자 데스윙이 정령계 깊은 곳을 벗어나 아제로스로 돌아오면서 전 세계에는 대격변이 일어난다. 이를 막아낸 후의 평화도 잠시, 호드의 대족장 가로쉬는 얼라이언스를 공격해 칼림도어 내에서의 호드 영토를 확장하려 하고, 가로쉬의 호드 군단은 인간 도시 테라모어를 송두리째 소멸시킨다. 아제로스 전반에 걸친 진영 간 분쟁이 촉발되면서 해상전이 벌어지고, 살아남은 얼라이언스와 호드는 안개로 둘러싸인 신비로운 섬 판다리아에 상륙한다. 각각 거점을 세운 얼라이언스와 호드는 고귀한 고대 종족 판다렌과 접촉하고, 판다렌은 검은 영혼 샤를 물리치기 위해 이들과 손잡는다.

플레이 플레이어가 선택할 수 있는 종족은 각 진영마다 상이하며, 진영, 종족, 직업의 선택에 따라 캐릭터의 능력치가 달라진다. 상대 진영 캐릭터를 공격하는 플레이어 간 전투(PvP)의 허용 여부에 따라 전쟁 서버와 일반 서버로 나뉜다. 플레이어는 하나의 서버에서 최대 11개의 캐릭터를 생성할 수 있으며, 각 캐릭터는 과금을 통해 다른 서버로 이전시킬 수 있다.

〈월드 오브 워크래프트〉는 〈워크래프트(Warcraft)〉를 계승하는 세계관을 바탕으로 방대한 양의 퀘스트를 제공한다. 플레이어는 퀘스트 수행, 던전 공략 등을 통해 얻은 경험치로 레벨업에 주력하며, 최고 레벨 달성 이후에는 플레이어 간 전투, 공격대 등을 진행한다. 플레이어는 일정한 조건을 달성해 업적을 취득할 수 있으며, 업적에 따라 특수한 칭호를 얻기도 한다. 길드에 가입한 플레이어는 길드 은행을 이용하거나 경험치 추가 아이템 등을 구매할 수 있다.

【종족과 직업】 호드와 얼라이언스 진영을 합쳐 총 13개의 종족이 있다. 호드 진영에는 오크, 언데드, 타우렌, 트롤, 블러드 엘프, 고블린이 속해있으며, 얼라이언스 진영에는 인간, 드워프, 노움, 나이트 엘프, 드레나이, 늑대 인간이 속해있다. 판다렌의 경우, 중립 종족이나 일정한 퀘스트를 완료하면 진영을 선택할 수 있다. 같은 진영에 속해있는 종족끼리만 길드 형성 및 파티 구성 등의 협력이 가능하다.

전투 중 역할에 따른 직업의 종류 및 특성	
역할	종류
탱커	전사(방어), 성기사(보호), 드루이드(수호), 죽음의 기사(혈기), 수도사(양조)
딜러	도적(암살, 전투, 잠행), 사냥꾼(야수, 사격, 생존), 마법사(비전, 화염, 냉기), 흑마법사(고통, 악마, 파괴), 사제(암흑), 성기사(징벌), 주술사(고양, 정기), 드루이드(야성, 조화), 죽음의 기사(냉기, 부정), 수도사(풍운), 전사(무기, 분노)
힐러	사제(신성, 수양), 성기사(신성), 주술사(복원), 드루이드(회복), 수도사(운무)

직업은 전사, 사냥꾼, 드루이드, 마법사, 흑마법사, 주술사, 도적, 사제, 성기사, 죽음의 기사, 수도사 등으로 총 11개이며, 종족에 따라 제한적으로 선택 가능하다. 확장팩 〈월드 오브 워크래프트 : 리치 왕의 분노〉에서 새로 추가된 죽음의 기사의 경우, 55레벨 이상의 캐릭터를 이미 소지한 플레이어만 선택할 수 있다. 전투 중 역할에 따른 직업의 종류 및 직업별 특성은 표와 같다.

【전투 시스템】 전투의 경우, 크게 진영 간 전투(RvR), 플레이어 대 환경 간 전투(PvE), 플레이어 간 전투로 나뉜다. 진영 간 전투는, 전쟁 서버에서 대규모 플레이어끼리 벌이는 전투이다. 플레이어 대 환경 간 전투는 개별 혹은 다수의 플레이어와 엔피시(NPC)가 벌이는 전투이다. 다수 플레이어 대 엔피시 간 전투는 파티, 레이드, 시나리오를 통해 이뤄진다. 참여 인원은 난이도에 따라 다르게 구성되며, 파티는 5인, 레이드는 10인 혹은 25인, 시나리오는 3인이 기준이다. 파티와 레이드에서 획득한 전리품은 구성원들의 합의하에 배분된다. 플레이어 간 전투는 전장, 투기장 입장을 통해 이뤄지기도 한다. 이 외에도 애완동물 대전은 확장팩 〈월드 오브 워크래프트 : 판다리아의 안개〉에서 추가된 미니 게임이다.

【확장팩에 따른 변화】 확장팩에 따른 주요 변화를 정리하면 다음과 같다.

출시 연도	확장팩	주요 업데이트	추가지역	보스몹	최고 레벨
	〈월드 오브 워크래프트〉 확장팩별 주요 변화				
2007	〈월드 오브 워크래프트 : 불타는 성전(World of Warcraft : Burning Crusade)〉	종족 추가 (드레나이, 블러드 엘프)	아웃랜드	일리단	70
2008	〈월드 오브 워크래프트 : 리치 왕의 분노(World of Warcraft : Wrath of the Lich King)〉	직업 추가 (죽음의 기사)	노스렌드	아서스	80
2010	〈월드 오브 워크래프트 : 대격변 (World of Warcraft : Cataclysm)〉	종족 추가 (고블린, 늑대 인간)	지역 리뉴얼	데스윙	85
2012	〈월드 오브 워크래프트 : 판다리아의 안개(World of Warcraft : Mists of Pandaria)〉	종족 추가(판다렌), 직업 추가(수도사)	판다리아	가로쉬	90
2014	〈월드 오브 워크래프트 : 드레노어의 전쟁군주(World of Warcraft : Warlords of Draenor)〉	주둔지 추가, 캐릭터 리모델링	드레노어	아키몬드	100

평가 〈월드 오브 워크래프트〉는 전략 시뮬레이션 게임 〈워크래프트〉의 세계관을 바탕으로 실시간 전투와 다사용자 플레이를 결합시켰다. 〈월드 오브 워크래프

트 : 불타는 성전〉은 2008년 전 세계 온라인 게임 시장 점유율 62%를 차지했으며, 같은 해 1월 유료 가입자 1,000만 명, 월 매출 1,300억 원을 기록했다. 2번째 확장팩 〈월드 오브 워크래프트 : 리치 왕의 분노〉와 3번째 확장팩 〈월드 오브 워크래프트 : 대격변〉은 출시 하루 만에 각각 280만 장과 330만 장을 판매하면서 '역사상 가장 빨리 팔린 피시(PC) 게임'이라는 기록을 세웠다.

2005년 브이지엑스 어워드(VGX Award)에서 '최우수 역할수행 게임 상(Best RPG)' 및 '최고의 피시 게임 상(Best PC Game)'을 받았으며, 2008년에는 테크놀로지 앤드 엔지니어링 에미 어워드(Technology and Engineering Emmy Awards)에서 '다중접속온라인 역할수행 게임 상(Massively Multiplayer Online Graphical Role-Playing Games)'을 받았다.

- **핵심어** 진영 간 전투, 종족, 직업, 업적 시스템, 인스턴트 던전, 레이드, 경매
- **참고 자료** 데이비드 에더리, 에선 몰릭 저, 최영재 역, 『게임의 변신 : 게임은 비즈니스의 미래를 어떻게 바꾸고 있는가?』, 커뮤니케이션북스, 2009. | Luke Cuddy, John Nordlinger, *World of Warcraft and Philosophy : Wrath of the Philosopher King*, Open Court, 2009.

전국무쌍 Samurai Warriors / 戦国無双

| 출시연도 2004년
| 개발사 코에이(Koei)
| 장르 액션 게임
| 플랫폼 플레이스테이션 2

스토리 1467년 15대 쇼군 아시카가 요시아키가 교토에서 추방되면서 무로마치 막부가 무너진다. 많은 세력이 주인 잃은 권력을 차지하기 위해 전쟁을 벌이면서 전국시대가 시작된다. 사무라이와 닌자들의 수장인 사나다 유키무라 또한 혼란에 빠진 일본의 질서를 바로 세우기 위해 전쟁에 참여한다. 무장 오다 노부나가가 부하 아케치 미쓰히데의 반역으로 자결한 사건인 '혼노지의 변'을 중심으로 진행된다. 이후 시리즈에서는 세키가하라 전투, 오사카 전투, 지방 세력들끼리의 대립 등을 다룬다.

플레이 적의 공격을 막고 적군 장수를 물리치는 것이 이 게임의 목표이다. 플레이어 캐릭터는 사나다 유키무라 혹은 전국시대의 유명한 장수이다. 뉴 오피서

모드(new officer mode)에서는 미니 게임을 통해 새로운 장수 캐릭터를 생성할 수도 있다. 90개가 넘는 스테이지가 존재한다. 미션으로는 특정 캐릭터 보호하기, 성 안의 적 모두 제거하기 등이 주어진다. 스테이지 플레이 결과에 따라 E, D, C, B, A, S의 랭크가 매겨진다. 플레이어 캐릭터의 미션 수행 결과에 따라 엔딩이 달라진다.

평가 〈전국무쌍〉의 배경은 일본의 전국시대이다. 〈진삼국무쌍(Dynasty Warriors / 眞三国無双)〉 시리즈와 함께 코에이의 액션 게임 작품군인 무쌍 시리즈에 포함된다.

- **핵심어** 난이도, 대체 역사, 멀티 엔딩, 스테이지, 육성
- **시리즈**
  2004 〈전국무쌍(Samurai Warriors)〉
  2006 〈전국무쌍 2(Samurai Warriors 2)〉
  2009 〈전국무쌍 3(Samurai Warriors 3)〉
  2014 〈전국무쌍 4(Samurai Warriors 4)〉
- **참고 자료** Elliott Chin, Mark Cohen, *Samurai Warriors : Prima Official Game Guide*, Prima Games, 2004. | Johnny Davidson, *329 Samurai Hacks That Organizers Should Know About*, Emereo Publishing, 2015.

크레이지레이싱 카트라이더 Crazyracing Kartrider

출시연도 2004년
개발사 넥슨(Nexon)
장르 레이싱 게임
플랫폼 PC

스토리 초보 라이더 다오는 카트를 몰며 붐힐 최고의 레이서가 되는 날을 꿈꾼다. 라이더 친구들과 우정을 쌓아가며 좌충우돌 모험을 감행해온 다오에게 어느 날 월드 카트 챔피언십 초대장이 날아든다. 친구들과 함께 붐힐을 떠난 다오의 프로 레이서 도전기가 시작된다.

플레이 테마별로 다른 트랙을 달리며 승부를 겨루는 레이싱 게임이다. 플레이어는 라이더와 카트 바디를 지정해 트랙을 완주하고 상대 플레이어보다 높은 점수를 기록해야 한다. 싱글 플레이 모드와 멀티 플레이 모드를 지원하며 플레이 모드에 따라 승리 요건이 달라진다. 싱글 플레이 모드는 시나리오와 타임어택, 도

전 타임어택 3개 모드 중 선택할 수 있고 멀티 플레이 모드는 아이템전과 스피드전, 길드전, 모드전 중 선택할 수 있다.

주행 중 시프트(Shift) 키를 눌러 드리프트를 구현할 수 있다. 트랙 위 아이템 박스를 지나면 아이템이 무작위로 획득된다. 순위에 따라 레이싱 포인트(Racing Point, RP)가 지급되며 누적 레이싱 포인트에 따라 레벨과 이용할 수 있는 게임 채널이 달라진다. 커리어 미션을 수행하면 커리어 포인트에 따라 아이템과 엠블럼을 보상으로 지급받는다. 카트 바디는 2륜, 4륜, 6륜으로 나뉘며 튜닝과 업그레이드를 통해 성능을 높일 수 있다.

평가 국내 온라인 레이싱 게임 최초로 별도의 드리프트 버튼을 도입했다. 카트 바디에 따라 다른 물리 엔진을 적용해 움직임의 차이를 구현했다. 2004년 9월 문화관광부가 선정한 '이달의 우수 게임'으로 뽑혔고, 같은 해 12월 대한민국 게임 대상에서 '인기상'을 수상했다. 2006년 한국능률협회컨설팅이 발표한 '2006 브랜드파워 온라인 게임 부문' 1위에 올랐다. 2011년 12월 카트라이더 리그로 대한민국 이-스포츠 대상에서 'SK텔레콤 올해의 종목상'을 받았다.

- 핵심어 카트
- 참고 자료 김지현, 『(한국 땅에서 울고 웃는) 대한민국 E-비즈니스 성공 리포트』, 길벗, 2012. | 박정규, 『넥슨만의 상상력을 훔쳐라』, 비전코리아, 2011. | 한국문화콘텐츠진흥원, 『2007 캐릭터 산업백서』, 한국문화콘텐츠진흥원, 2007.

크루세이더 킹즈 Crusader Kings

출시연도 2004년
개발사 패러독스 개발 스튜디오(Paradox Development Studio)
장르 전략 게임
플랫폼 PC

스토리 주인공은 중세 유럽, 혹은 서아시아의 영주이다. 권모술수와 전쟁을 통해 세력을 넓히고 가문을 번영시켜야 한다.

플레이 가문의 존속과 번영을 중심으로 하는 전략 시뮬레이션 게임이다. 싱글 플레이 모드의 경우 실제 역사적 사건인 헤이스팅스 전투, 제3차 십자군 전쟁, 백년전쟁 시나리오 중 하나를 선택할 수 있다. 플레이어는 가문의 주인이 되어 혼인, 동맹, 전쟁, 음모와 같은 전략을 통해 인접 지역을 수복하고 세력을 확장해나간다. 혼인 전략은 후계자를 낳고 혼인 관계에 놓인 가문과의 동맹을 형성할 수 있도록 한다. 플레이어 캐릭터 사망 시 후계자가 있으면 게임을 이어서 플레이할 수 있다. 동맹을 맺은 지역과의 관계는 해당 지역에서 징집 가능한 병사의 수에 따라 결정되며, 관계도를 통해 살펴볼 수 있다.

전략을 실행하기 위해서는 자문회에 소속된 유닛이 필요하다. 유닛에는 외교를 담당하는 재상, 군사력을 담당하는 대장군, 경제를 담당하는 재무관, 스파이의 역할을 하는 첩보관, 종교 문제를 담당하는 궁중사제가 있다. 세력의 확장 정도에 따라 플레이어 캐릭터의 신분이 상승하거나 하락할 수 있으며, 가문 내에 후계자가 없거나 가문의 직위가 백작 아래로 강등되면 게임이 종료된다.

평가 2015년까지 누적 110만 장이 판매된 〈크루세이더 킹즈〉 시리즈는 2012년 게임 잡지 《텐톤 해머(Tenton Hammer)》에서 '최고의 온라인 전략 게임 상(Best Strategy Gaming Award)'을 받았다. 2012년 게임 비평 사이트 아이지앤(IGN)은 플레이어의 선택에 따라 달라지는 이벤트와 사용자 경험에 대해 호평하며 10점 만점에 9점을 주었다.

- **핵심어** 중세 시대
- **시리즈**
  2004 〈크루세이더 킹즈(Crusader Kings)〉
  2012 〈크루세이더 킹즈 II(Crusader Kings II)〉
- **참고 자료** IGN, "Crusader Kings II Review", www.ign.com/articles/2012/03/05/crusader-kings-ii-review

클라나드 Clannad / クラナド

출시연도 2004년
개발사 키(Key)
장르 연애 시뮬레이션 게임
플랫폼 PC

스토리 아버지와의 불화로 농구부를 그만둔 고등학생 오카자키 토모야는 등교하던 중 처음 보는 소녀 후루카와 나기사를 만나 이야기를 나눈다. 몸이 아파 오랜 기간 휴학했던 나기사는 학교 생활에 자신 없어 하고, 토모야는 학교에서 즐길 수 있는 것을 찾아보라는 조언을 해준다. 이후 나기사는 자신의 꿈인 연기 활동을 위해 사라진 연극부를 재건하고자 한다. 토모야는 나기사와 여러 사건을 함께 겪으며 그녀에게 호감을 가지게 된다.

플레이 플레이어는 오카자키 토모야 캐릭터로 플레이하면서 5명의 여자 캐릭터 및 7명의 조연 캐릭터를 공략해야 한다. 주인공인 오카자키 토모야의 학창 시절을 다루는 학원편과 졸업 이후의 이야기를 다루는 애프터 스토리, 중간에 삽입되어 있는 환상 세계로 구성되어 있다. 플레이어는 이야기의 분기점마다 행동 혹은 답변에 대한 선택지를 선택해야 한다. 선택 결과에 따라 15개의 결말을 볼 수 있다.

평가 2007년 일본 게임 잡지 《전격G's 매거진(電擊G's Magazine)》이 주최한 '독자가 뽑은 최고의 미소녀 연애 시뮬레이션 게임 랭킹 50'에서 1위로 선정됐다.

- **핵심어** 비주얼 노벨
- **시리즈**
  2004 〈클라나드(Clannad)〉
  2005 〈토모요 애프터 ~아름다운 인생~(智代アフター ~It's a Wonderful Life~)〉
- **참고 자료** Dani Cavallaro, *Kyoto Animation : A Critical Study and Filmography*, McFarland, 2012. | 塚田正晃, 『電擊G's Magazine 2007年 10月号』, メディアワークス, 2007.

킬존 Killzone

| 출시연도 2004년
| 개발사 게릴라 게임즈(Guerrilla Games)
| 장르 1인칭 슈팅 게임
| 플랫폼 플레이스테이션 2

스토리 헬가 행성을 탐험하던 지구인들이 바이러스에 감염된다. 그들은 전체 지구인들이 전염될 것을 우려해 헬가 행성에 남는다. 이후 지구인의 후손이 헬가 행성의 원주민인 헬가스트를 무력으로 진압한다. 행성을 뺏긴 헬가스트는 지구를 침공하고, 성간전략연합은 그들의 침략을 막기 위해 나선다.

플레이 플레이어는 부대원들을 지휘해 적을 제거하고 미션을 모두 수행하는 것을 목표로 한다. 게임은 싱글 플레이어 모드인 캠페인 모드와 2인 대전 모드인 배틀필드 모드로 구성된다. 캠페인 모드를 선택한 플레이어는 성간전략연합을 이끌어 헬가의 군사들과 대적한다. 배틀필드 모드를 선택할 경우 플레이어는 성간 전략연합과 헬가군 중 하나를 선택해야 한다. 온라인 배틀필드 모드는 총 16명의 플레이어가 동시에 참여할 수 있다. 단검, 기관총, 캐논 등 26개의 무기가 제공된다.

평가 2004년 게임 잡지《플레이스테이션 오피셜 매거진(PlayStation : The Official Magazine, PSM)》에서 100점 만점에 평점 95점을 받았다.

- **핵심어** 공상 과학
- **시리즈**
  2004 〈킬존(Killzone)〉
  2006 〈킬존 : 리버레이션(Killzone : Liberation)〉
  2009 〈킬존 2(Killzone 2)〉
  2011 〈킬존 3(Killzone 3)〉
  2013 〈킬존 쉐도우 폴(Killzone Shadow Fall)〉
       〈킬존 : 머시너리(Killzone : Mercenary)〉
- **참고 자료** Matt Fox, *The Video Games Guide : 1,000+ Arcade, Console and Computer Games, 1962-2012*, McFarland, 2013.

파 크라이 Far Cry

| 출시연도 2004년
| 개발사 크라이텍(Crytek)
| 장르 1인칭 슈팅 게임
| 플랫폼 PC

스토리 은퇴한 군인 잭 카버는 남태평양에서 보트 임대업을 하고 있다. 어느 날 잭은 발레리 콘스탄틴이라는 여자에게 미크로네시아의 어느 섬에 데려다 달라는 의뢰를 받게 된다. 발레리를 섬에 내려주자마자 잭의 보트는 미확인 로켓의 폭격을 받는다. 섬에 표류하게 된 잭은 도일의 도움을 받아 용병 집단, 트라이젠이라 불리는 괴물과 싸우며 발레리를 찾아다닌다. 탐험 중 잭은 크리거 박사의 그룹이 실행한 유전자 조작 실험에 섬이 관련되었다는 사실을 알게 되고 진실을 찾아 나선다.

플레이 게임의 목표는 유전자 조작 실험에 대한 진실을 알아내고 섬에서 탈출하는 것이다. 플레이어는 여러 섬들을 오가며 미션을 수행하고 용병 집단이나 트라이젠과 싸워서 살아남아야 한다. 플레이어는 망원경으로 안개 속에 숨어있는 적들의 위치를 파악할 수 있다. 이야기 전개에 따라 진행하는 싱글 플레이 모드 외에도 데스매치, 팀데스매치, 어설트(assault) 등의 멀티 플레이 모드가 있다.

평가 크라이텍은 〈파 크라이〉 개발을 위해 크라이엔진(CryEngine)을 제작 및 활용했다. 〈파 크라이 3〉은 2013년 게임 디벨로퍼 초이스 어워드(Game Developers Choice Awards, GDCA)에서 '최고의 기술 부문'을 수상했다.

- **핵심어** 데스매치, 멀티 플레이, 모드, 샌드박스, 크라이엔진
- **시리즈**
  2004 〈파 크라이(Far Cry)〉
  2008 〈파 크라이 2(Far Cry 2)〉
  2012 〈파 크라이 3(Far Cry 3)〉
  2014 〈파 크라이 4(Far Cry 4)〉
- **참고 자료** Nancy Medina, *Far Cry 3 69 Success Secrets-69 Most Asked Questions On Far Cry 3-What You Need To Know*, Emereo Publishing, 2015. | Sean Tracy, Pau Reindell, *Cryengine 3 Game Development : Beginner's Guide*, Packt Publishing Ltd., 2012.

팡야 PangYa

출시연도 2004년
개발사 엔트리브 소프트(NTREEV Soft)
장르 스포츠 게임
플랫폼 PC

스토리 평화로운 팡야 섬에 악의 무리가 등장해 마법의 결계를 치기 시작한다. 마법의 결계로 인해 팡야의 근원인 생명력이 사라져간다. 사람들은 팡야를 살리기 위해 고군분투하고, 자연의 기를 응집해 만든 공 형태의 결정체 '아즈텍'을 발명한다. 사람들은 생명력을 앗아가는 구멍을 막기 위해 마법의 막대기 '에어 나이트'를 사용해 아즈텍을 안전하게 옮기기 시작한다.

플레이 게임의 목표는 여러 플레이어들과 코스를 돌면서 골프 게임을 진행하고 가장 높은 점수를 획득하는 것이다. 플레이어는 대전 모드, 대회 모드, 배틀 모드 등 다양한 플레이 모드를 선택할 수 있으며, 실력이나 개최지에 따라 19개의 코스를 경험할 수 있다.

마우스 드래그를 통해 타점을 결정하고, 화면 하단에 나타나는 타구 바를 통해 힘을 조절하고 공을 친다. 코스에 따라 공의 비거리에 영향을 줄 수 있는 지형, 바람, 샷의 강도, 공의 상태 등의 변수가 존재하기에 플레이어는 변수를 고려해

장비 및 아이템을 선택하고 게임을 플레이해야 한다.

평가 일상적 배경이 아닌 환상 세계를 배경으로 한 스포츠 게임이라는 점에서 주목을 받았다. 2009년 게임 비평 사이트 아이지앤(IGN)에서 진행한 '올해의 게임 상(Game of the Year)' 중 플레이스테이션 포터블(PSP) 부문 '최고의 스포츠 게임 상(Best Sports Game)'을 받았다.

- 핵심어 골프
- 시리즈
  2004 〈팡야(PangYa)〉
  2006 〈스윙골프 팡야(Super Swing Golf)〉
  2007 〈스윙골프 팡야 2nd 샷!(Super Swing Golf : Season 2)〉
  2009 〈판타지 골프 팡야 포터블(PangYa : Fantasy Golf)〉
- 참고 자료 김정남, 김웅남, 김정현, 『게임의 운명을 결정하는 기획과 시나리오』, e비즈북스, 2013. | 한국콘텐츠진흥원, 『2013 창조산업과 콘텐츠 9, 10월호』, 한국콘텐츠진흥원, 2013.

페이블 Fable

출시연도 2004년
개발사 빅 블루 박스(Big Blue Box)
장르 액션 역할수행 게임
플랫폼 엑스박스

스토리 주인공은 어린 시절 도적에 의해 가족을 잃고 영웅 길드의 일원인 메이즈 밑에서 자란다. 영웅 길드는 제국에서 가장 영향력이 센 용병 집단이다. 오랜 훈련 끝에 영웅 길드의 수장이 된 주인공은 죽은 줄 알았던 누나 테레사와 재회한다. 예언가가 된 테레사는 주인공에게 어머니를 죽인 잭 블레이드가 고향인 오크베일을 파괴하려 한다는 사실을 알려준다. 주인공은 잭 블레이드를 막기 위한 모험을 시작한다.

플레이 게임의 목표는 퀘스트를 수행하고 적대자인 잭 블레이드를 제거하는 것이다. 플레이어가 몬스터를 처치하거나 이야기에 나오는 인물을 구출해 퀘스트를 완수하면 골드, 명성, 트로피 등을 제공받는다. 골드는 무기, 아이템을 구매하는 데 사용되며, 트로피는 명성을 높이는 데 쓰인다. 플레이어는 명성을 쌓아 엔피시(NPC)인 마을 사람들과 결혼을 할 수 있다.

선과 악으로 구분된 성향 시스템을 지니고 있어, 플레이어의 선택에 따라 영웅의 성향이 변하고 결말이 달라진다. 마을 사람들을 구하거나 선신인 아보에게 기도를 하면 선 성향의 점수가 오르고, 몬스터가 아닌 사람들을 죽이거나 악신인 스콤에게 제물을 바치면 악 성향의 점수가 올라간다. 플레이어는 영웅의 옷차림을 변경할 수 있는데, 어두운 색의 옷을 선택하면 악 성향 점수가 오르고 밝은 색의 옷을 선택하면 선 성향의 점수가 오른다.

평가 〈페이블〉의 플레이어는 퀘스트의 성패뿐만 아니라 의식주와 관련한 일상적인 행위들을 결정할 수 있다. 2005년 게임 사이트 '1업닷컴(1Up.com)'에서 A등급을 받았다.

- **핵심어** 영웅, 성향 시스템
- **시리즈**
  2004 〈페이블(Fable)〉
  2008 〈페이블 2(Fable 2)〉
     〈페이블 2 퍼브 게임(Fable 2 Pub Games)〉
  2010 〈페이블 3(Fable 3)〉
  2012 〈페이블 히어로즈(Fable Heroes)〉
     〈페이블 : 더 저니(Fable : The Journey)〉
- **참고 자료** 한국콘텐츠진흥원, 『2009 대한민국 게임백서(상, 하)』, 문화체육관광부 한국콘텐츠진흥원, 2009.

페이트/스테이 나이트 Fate/stay night / フェイト/ステイナイト

출시연도 2004년
개발사 타입문(Type-Moon)
장르 비주얼 노벨
플랫폼 PC

스토리 에미야 시로는 10년 전, 제4차 성배전쟁으로 부모님을 잃고 홀로 살아남는다. 이후 시로는 양아버지 에미야 키리츠구에게 입양되어 정의의 사도를 꿈꾸며 살아간다. 그러던 어느 날 시로는 마술사의 영령인 서번트들의 싸움에 휘말려 죽을 위기에 처한다. 시로는 죽기 직전, 무의식중에 서번트 '세이버'를 소환하는 데 성공하고 자신이 마술사란 사실을 깨닫는다. 운명을 깨달은 시로는 세이버와 함께 제5차 성배전쟁에 참여한다.

플레이 플레이어는 선택을 통해 캐릭터 사이의 호감도를 높이고, 원하는 엔딩에 도달해야 한다. 멀티 엔딩 시스템으로 구성되어 있으며, 플레이 루트는 공략 가능한 3명의 히로인에 따라 페이트(Fate), 언리미티드 블레이드 워크스(Unlimited Blades Works, UBW), 헤븐스 필(Heaven's Feel, HF) 루트로 나뉜다. 각각의 루트는 순차적으로 플레이할 수 있으며, 선택에 따라 스토리 전개가 달라진다.

평가 아서 왕 전설을 기반으로 한 게임이다. 〈페이트/스테이 나이트〉는 성인용 게임으로 제작됐지만, 후속 작품들은 15세 이상 이용가로 제작됐다. 2006년에는 페이트 루트가, 2014년에는 언리미티드 블레이드 워크스 루트가 애니메이션으로 제작됐다. 이 외에도 페이트 루트를 기반으로 한 만화가 《소년에이스(少年エース)》에 연재됐다.

- **핵심어** 타입문, 성배, 아서 왕 전설
- **시리즈**
  2004 〈페이트/스테이 나이트(Fate/stay night)〉
  2005 〈페이트/할로우 아타락시아(Fate/hollow ataraxia)〉
  2007 〈페이트 스테이 나이트 레아르타 누아(Fate/stay night Realta Nua)〉
- **참고 자료** Type-Moon x Ufortable Project, www.tm-ufo.com

프리스타일 Freestyle Street Basketball

출시연도 2004년
개발사 조이시티(Joycity)
장르 스포츠 게임
플랫폼 PC

플레이 플레이어는 농구 선수가 되어 자신의 캐릭터를 성장시켜야 한다. 경기는 턴제로 진행되며 플레이어는 센터와 포워드, 가드 중 자신의 포지션을 선택할 수 있다. 게임 모드는 팀 대전 모드, 일반 플레이 모드로 나뉜다. 팀 대전 시, 경기 길이에 따라 3인 혹은 5인으로 팀을 구성한다. 일반 플레이 모드 시, 게임 방을 먼저 만들고 설정한 인원수에 도달하면 그 안에서 팀을 나누어 게임을 진행한다. 리그는 루키, 메이저, 올스타로 구분되며, 플레이어는 레벨 향상을 통해 상위 리그로 진출할 수 있다. 한 달간의 시즌 동안 기록된 플레이어의 총득점, 득점 성공률, 평균 블록 수 등에 따라 플레이어의 순위가 결정된다.

평가 간단한 조작으로 다양한 농구 기술을 구사할 수 있다. 길거리 농구 특유의 자유스럽고 스타일리쉬한 복장과 개성있는 캐릭터들이 돋보이는 게임이다. 주석, 피타입, 가리온, 에픽하이 등 국내 힙합 가수들이 배경음악 작업에 참여했다.

- **핵심어** 턴제, 농구
- **시리즈**
  2004 〈프리스타일(Free Style)〉
  2011 〈프리스타일 2(Free Style 2)〉
- **참고 자료** IGN, "FreeStyle Street Basketball Review", www.ign.com/articles/2007/06/29/freestyle-street-basketball-review

RF 온라인 RF Online

출시연도 2004년
개발사 씨씨알(CCR)
장르 다중접속온라인 역할수행 게임
플랫폼 PC

스토리 우주 변방의 태양계인 노바스를 통치하던 아케인 문명이 쇠퇴하고, 기계 문명에 기반한 아크레시아 제국, 숫자의 신 디셈을 숭배하는 신성동맹 코라, 스팀펑크 문화를 이룩한 벨라토 연방의 세 신흥 국가가 아케인 문명의 뒤를 이어 노바스를 통치하고자 경쟁한다.

플레이 플레이어는 세 국가 중 하나의 국가를 선택하고 해당 문명의 전사가 된다. 다른 국가들과의 전투에서 승리하는 것이 목표이다. 광석 채취, 몬스터와의 전투, 진영 간 전투(RvR) 등이 주요 콘텐츠이다. 숙련도에 따라 장착 가능한 무기나 캐릭터의 능력치 등이 달라지므로 몬스터를 죽여 숙련도를 올려야 한다.

스킬 트리는 저급, 중급, 고급, 최고급의 4단계로 구성되며 각 단계마다 스킬 포인트가 30까지 쌓이면 다음 단계로 넘어간다. 대규모 전쟁 플레이는 모든 레벨의 플레이어가 참여할 수 있으며, 전쟁에서 이긴 국가는 불사의 몬스터인 홀리스톤 키퍼에게 보호를 받는다. 종족별로 유동적인 세율 및 환율이 적용된다. 아이템을 거래하는 경우 세율에 따라 아이템 가격이 달라지며 공통 화폐인 골드로 환전하는 경우 환율에 따라 환전 금액이 달라진다.

평가 베트남, 러시아, 중국 등에 수출됐다. 전투 결과에 따라 달라지는 환율 시스템을 도입해 주목을 받았다. 2004년 10월 문화관광부의 '이달의 우수 게임'에 선정됐으며, 2004년 대한민국 게임대상에서 '온라인 게임 부문 우수상'을 받았다.

- **핵심어** 진영 간 전투(RvR)
- **참고 자료** 이재홍, 박석진, 박헌진, 『실전! MMORPG 시나리오 무작정 따라쓰기』, 북큐브, 2015.

갓 오브 워 God of War

출시연도 2005년
개발사 소니 컴퓨터 엔터테인먼트 아메리카(Sony Computer Entertainment America)
장르 액션 어드벤처 게임
플랫폼 플레이스테이션 2

스토리 주인공 크레토스는 올림푸스의 신들을 위해 일하는 전사이다. '스파르타의 유령'이라 불리며 전투에서 항상 승리하던 크레토스에게도 패배의 그림자가 드리운다. 크레토스는 전쟁의 신 아레스에게 영혼을 바치며 도움을 요청하지만 아레스는 크레토스를 농락하고 그의 가족들을 몰살시킨다. 분노한 크레토스는 아레스를 죽이기 위한 여정을 떠난다.

플레이 플레이어는 3인칭 시점에서 크레토스를 조종하여 아레스의 신전에 도착해, 아레스를 죽여야 한다. 연속 공격의 전투가 특징이다. 크레토스의 주요 무기는 혼돈의 검과 아르테미스의 검이며, 마법을 사용하여 여러 적을 동시에 공격할 수도 있다. 그리스 신화에 등장하는 시체병사, 하피, 미노타우루스, 메두사, 고르곤, 사이클롭스와 같은 적을 무찔러야 한다. 벽을 오르거나 사다리를 타거나 장애물을 피하는 플랫폼 게임의 요소도 접목되어 있다. 게임이 종료되면 플레이어는 신의 시련이라는 챌린지 모드를 플레이할 수 있다.

평가 2005년 스파이크 비디오 게임 어워드(Spike Video Game Awards)에서 '올해의 액션 게임 상(Action Game of the Year)'을 받았다. 2010년에 게임의 세계관을 바탕으로 한 소설이 출간됐다.

- **핵심어** 그리스 신화, 연속 공격
- **시리즈**
  2005 〈갓 오브 워(God of War)〉
  2007 〈갓 오브 워 2(God of War 2)〉
  2008 〈갓 오브 워 체인 오브 올림푸스(God of War Chain of Olympus)〉
  2010 〈갓 오브 워 3(God of War 3)〉
       〈갓 오브 워 고스트 오브 스파르타(God of War Ghost of Sparta)〉
  2013 〈갓 오브 워 어센션(God of War Ascension)〉
- **참고 자료** IGN, "God of War Wiki Guide", www.ign.com/wikis/god-of-war

기타 히어로 Guitar Hero

출시연도 2005년
개발사 하모닉스(Harmonix)
장르 리듬 게임
플랫폼 플레이스테이션 2

플레이 플레이어는 기타리스트가 되어 일련의 곡을 완주해야 한다. 리드 기타와 베이스 기타 중 세션을 선택할 수 있으며, 싱글 플레이 모드, 일대일 대전 모드 중에서 게임 방식을 선택할 수 있다. 동시에 등장하는 노트의 개수에 따라, 이지, 미디엄, 하드, 엑스퍼트로 난이도가 분류되며 '깁슨 지에스(Gibson GS)'라는 실제 기타 모양의 전용 컨트롤러를 사용한다. 플레이어는 해머스 온(Hammers-on), 풀 오프스(Full-offs), 스타 파워(star power)와 같이 추가 득점을 할 수 있는 고급 기술도 사용할 수 있다.

평가 〈기타 히어로〉 시리즈는 2008년과 2009년, 2010년 월드 사이버 게임즈(World Cyber Games, WCG)의 정식 종목으로 채택됐다.

- **핵심어** 기타, 깁슨 지에스
- **시리즈**
  2005 〈기타 히어로(Guitar Hero)〉
  2006 〈기타 히어로 2(Guitar Hero 2)〉
  2007 〈기타 히어로 3(Guitar Hero 3)〉
  2008 〈기타 히어로 월드 투어(Guitar Hero World Tour)〉
  2009 〈기타 히어로 5(Guitar Hero 5)〉
  2011 〈기타 히어로 6(Guitar Hero 6)〉
  2015 〈기타 히어로 라이브(Guitar Hero Live)〉

■ **참고 자료** 김원제,『콘텐츠 실크로드 미디어 오디세이』, 이담북스, 2009. | 이상우,『게임, 게이머, 플레이 : 인문학으로 읽는 게임』, 자음과모음, 2012. | Michael Thornton Wyman, *Making Great Games : An Insider's Guide to Designing and Developing the World's Greatest Video Games*, Focal Press, 2010.

길드워 Guild Wars

출시연도 2005년
개발사 아레나넷(ArenaNet), 엔씨소프트 북미 스튜디오
장르 다중접속온라인 역할수행 게임
플랫폼 PC

스토리 대륙 티리아에는 고대 종족을 멸망시킨 엘더 드래곤에 대한 전설이 전해진다. 간신히 살아남은 고대 종족은 마법의 힘을 봉인한 채 몸을 숨기며 살아간다. 엘더 드래곤의 사건 이후 9,000년이 지나고, 6명의 신에게 보호를 받는 새로운 종족 인간이 티리아에 정착한다. 인간은 티리아 대륙에서 유일하게 마법을 사용할 수 있는 종족으로 그 영향력은 날이 갈수록 강해진다.

그러던 어느 날, 물과 비밀의 수호신 아바돈이 다른 종족에게 마법을 사용할 수 있는 능력을 부여한다. 각 종족이 마법의 힘을 회복하자 전 세계의 마나가 폭주하고 힘의 균형이 깨진다. 티리아의 패권을 차지하기 위해 종족 간의 전쟁이 발발하자 인간 종족의 도릭 국왕은 아바돈을 제외한 5명의 신에게 구원을 요청한다. 신들은 도릭 국왕의 피를 이용해 대륙의 구심점에 '블러드스톤'을 세우고 거기에 모든 마나를 봉인한다. 이후 분란을 야기한 아바돈은 '마우스 오브 토먼트'에 봉인되고 5명의 신은 티리아를 떠난다.

신의 보호에서 벗어난 인간은 오르, 크라이타, 아스칼론으로 분리된 3개의 국가를 건립하고 나라 간 거래와 연구 등을 목적으로 길드를 형성한다. 그러나 블러드스톤에 봉인한 마나가 잇따른 자연재해를 일으키자 각 나라는 블러드스톤에 잠재된 거대한 힘을 탐내게 된다. 그리고 국가의 지휘 아래 블러드스톤을 차지하기 위한 길드 간의 전쟁이 시작된다.

플레이 이 게임의 스토리 챕터는 플레임시커 예언, 깨어진 동맹, 나이트 폴 등 총 3개이다. 플레임시커 챕터부터, 순서대로 선택할 수 있는 캐릭터의 직업이 늘어난다. 챕터 1의 경우, 캐릭터의 기본 직업은 워리어, 레인저, 몽크, 네크로맨서, 메스

너, 엘리멘탈리스트 등 6가지이다. 각 캐릭터는 주 직업 외의 보조 직업군을 설정할 수 있다.

게임의 모드는 롤플레잉 캐릭터 모드와 대인전 캐릭터 모드 2가지이다. 롤플레잉 캐릭터는 사냥과 퀘스트를 통해 캐릭터의 레벨을 올린다. 달성 가능한 최대 레벨은 20이다. 대인전 캐릭터의 경우, 처음부터 레벨 20의 캐릭터를 생성할 수 있으며 길드원과 파티를 조합하여 대인전을 진행한다. 플레이어는 다른 플레이어 외에 마을에 상주하는 용병 엔피시(NPC)로 파티를 조합할 수 있다.

확장팩인 '아이 오브 더 노스(Eye of the North)'에서는 아이템 장착이 가능하고 스탯을 찍을 수 있는 영웅 엔피시(NPC)를 활용할 수 있다. 〈길드워 2〉에서는 서버별 전투가 가능한 '월드 대 월드(World vs. World, WvW)' 모드를 지원한다.

평가 전략 구성이 중요한 다중접속온라인 역할수행 게임이다. 2015년 엔씨소프트의 공식 발표에 따르면 〈길드워〉는 시리즈 합산 1,000만 장 이상 판매됐다. 2012년 〈길드워 2〉는 미국 잡지인 《타임(Time)》의 '2012년 최고의 게임(Best Game of 2012)' 10편 중 하나로 선정됐다.

- **핵심어** WvW
- **시리즈**
  2005 〈길드워(Guild Wars)〉
  2012 〈길드워 2(Guild Wars 2)〉
- **참고 자료** 이인화, 『한국형 디지털 스토리텔링 : 「리니지 2」 바츠 해방 전쟁 이야기』, 살림출판사, 2005. | Peter Ludlow, Mark Wallace, *The Second Life Herald : The Virtual Tabloid that Witnessed the Dawn of the Metaverse*, The MIT Press, 2007. | Woody Evans, *Information Dynamics in Virtual Worlds : Gaming and Beyond*, Chandos Publishing, 2011.

네오스팀 Neo Steam : The Shattered Continent

출시연도 2005년
개발사 스튜디오 마르스(Studio Mars)
장르 다중접속온라인 역할수행 게임
플랫폼 PC

스토리 과거 몬스터 대륙에는 인간족과 엘프족, 난쟁이족, 맹수족이 공존했다. 4종족은 난쟁이 섬의 지하자원으로 만든 강력한 에너지 '네오스팀'을 이용해 운송 수단과 무기를 만들었다. 하지만 거대한 지각변동으로 난쟁이 섬은 바다에 가라앉고 고대 문명은 멸망한다. 몬스터 대륙은 3개의 대륙으로 나뉘고 대륙 사이에는 거대한 소용돌이가 불어 서로 교류할 수 없게 된다.

신비 대륙의 엘리어드 왕국, 기술 대륙의 로그월 공화국, 자연 대륙의 타크샨 연합은 각각 엘프족, 난쟁이족, 맹수족의 지배를 받으며 서로 다른 종교와 문화를 발전시켜나간다.

플레이 국가 간 공성전이 주가 되는 게임으로, 플레이어는 게임 내 자원인 네오스팀을 이용해 캐릭터를 육성하고 아이템을 제작한다. 대륙 전체에서 생산되는 네오스팀의 양은 한정되어 있으므로, 플레이어는 적국의 스팀 코어를 탈취해 자국의 네오스팀 보유량을 늘려야 한다. 스팀 코어는 로프 아일의 가메디스 성, 킬리엔 성, 랑딜 성에 각각 1개씩 존재한다. 공성전은 주 1회 가능하며 50레벨 이상부터 참여 가능하다.

평가 과학과 마법을 결합한 스팀펑크 장르를 3차원 그래픽으로 구현했다. 2008년 1월 한국소프트웨어진흥원이 선정한 '온라인 글로벌 서비스 플랫폼'에 뽑혔으며, 일본과 중국, 대만에서 서비스됐다.

- **핵심어** 공성전, 스팀펑크
- **참고 자료** Jason Woo, "Can You Smell What Hanbit's Cooking?", *GameAxis Unwired*, no.23, SPH Magazines, 2005. | IGN, "Neo Steam : The Shattered Continent Designer Diary", www.ign.com/articles/2009/05/22/neo-steam-the-shattered-continent-designer-diary

닌텐독스 Nintendogs / ニンテンドッグス

출시연도 2005년
개발사 닌텐도 이에이디(Nintendo EAD)
장르 육성 시뮬레이션 게임
플랫폼 닌텐도 디에스

플레이 스크린 터치와 음성 입력을 통해 강아지를 훈련시키고 보살피는 게임이다. 처음 분양받을 수 있는 강아지는 6종이나, 플레이어의 경험치 상승과 아이템 획득에 따라 다른 12종의 강아지가 순차적으로 공개된다.

강아지가 배가 고프고 목이 마르기 전에 제때 먹이와 물을 챙겨주어야 하고

털이 지저분해지면 목욕과 빗질을 시켜주어야 한다. 강아지의 상태를 살피지 않고 일정 시간 이상 방치할 경우, 강아지가 가출하기도 한다.

음성 입력을 통해 강아지에게 '손, 엎드려, 굴려, 돌아, 점프, 일어서' 등의 명령어도 가르칠 수 있다. '엇갈림 통신'이라는 자동 연결 기능을 이용하여 다른 플레이어의 강아지와 교류할 수 있다.

평가 2005년 일본의 주간 게임 잡지인 《파미츠(ファミ通)》의 리뷰에서 40점 만점을 받았다. 2006년 영국의 디자인 앤드 아트 디렉션 어워드(Design & Art Direction Award, D & AD Award)의 게임 디자인 부문에서 '옐로우 펜슬 상(The Yellow Pencil Award)'을 받았다.

- **핵심어** 애완견, 엇갈림 통신
- **시리즈**
  2005 〈닌텐독스 : 치와와 & 친구들(Nintendogs : Chihuahua & Friends)〉
       〈닌텐독스 : 닥스훈트 & 친구들(Nintendogs : Dachshund & Friends)〉
       〈닌텐독스 : 래브라도 & 친구들(Nintendogs : Lab & Friends)〉
  2011 〈닌텐독스+캣츠 : 시바이누 & 뉴 프렌즈(Nintendogs+Cats : Shiba & New Friends)〉
       〈닌텐독스+캣츠 : 프렌치 불독 & 뉴 프렌즈(Nintendogs+Cats : French Bulldog & New Friends)〉
       〈닌텐독스+캣츠 : 골든 리트리버 & 뉴 프렌즈(Nintendogs+Cats : Golden Retriever & New Friends)〉
       〈닌텐독스+캣츠 : 토이 푸들 & 뉴 프렌즈(Nintendogs + Cats : Toy Poodle & New Friends)〉
- **참고 자료** 김정남, 『미야모토 시게루』, e비즈북스, 2011. | 김정남, 김웅남, 김정현, 『게임의 운명을 결정하는 기획과 시나리오』, e비즈북스, 2013.

던전 앤 파이터 Dungeon Fighter Online

출시연도 2005년
개발사 네오플(Neople)
장르 다중접속온라인 역할수행 게임
플랫폼 PC

스토리 '위대한 의지 칼로소'는 우주를 창조하고, '테라'라는 행성에서 인류가 탄생한다. 인류는 칼로소의 사념(邪念)을 바탕으로 12사도를 창조해 숭배했으나, 12사도의 이간질로 멸망의 위기에 처한다. 칼로소는 12사도를 처단해 흩어지게 만들지만 자신 또한 조각으로 나뉘어져 우주로 흩어진다. 이후 6개의 파편이 모여 칼로소는 형체를 갖추고 완전한 힘을 회복하려 하지만, 파편들이 합쳐지면서 발생한 힘 때문에 대전이 발생하고 '플레인'이라는 복수의 평행우주가 생겨난다.

플레인 중 하나인 아라드 대륙에는 차원의 틈을 통해 타 플레인의 생명체가 유입된다. 혼돈에 빠진 대륙을 구하기 위해 모험가들이 등장한다.

플레이 게임은 횡스크롤 방식으로 진행된다. 플레이어는 던전에서 몬스터를 잡거나 아이템을 획득하며 캐릭터를 성장시킨다. 플레이어는 직업으로 귀검사, 거너, 격투가, 마법사, 프리스트, 도적, 나이트, 다크나이트, 크리에이터 중 하나를 선택할 수 있다 게임 공간은 마을과 던전으로 구성된다. 마을에서는 타 플레이어와의 만남, 엔피시(NPC)를 통한 퀘스트 입수, 아이템 거래 등이 가능하다. 던전에서는 사냥을 통한 경험치 획득이 가능하다. 던전의 수색이나 탐색보다는 보스몹의 신속한 제거가 중요하다. 던전을 클리어한 속도와 콤보를 통해 적에게 입힌 대미지 양으로 SSS, SS, S, A, B, C, D, E, F의 랭크가 결정된다.

평가 일본에서는 〈아라드 전기(アラド戦記)〉라는 이름으로 2006년부터 서비스됐고, 중국에서는 〈지하성과 용사((地下城与勇士)〉라는 이름으로 2008년부터 서비스됐으며, 북미에서는 〈던전파이터 온라인(Dungeon Fighter Online)〉이라는 이름으로 2009년부터 서비스됐다. 2005년 '디지털콘텐츠대상 온라인 게임 부문 정보통신부 장관상'을 받았다. 중국 게임 순위 통계 사이트 바차이나(Barchina)에 따르면 2012년 9월 24일을 기준으로 19.65%의 점유율을 기록하며, 중국 온라인 게임 순위 2위를 기록했다.

- **핵심어** 횡스크롤, 평행우주, 던전
- **참고 자료** 한국콘텐츠진흥원, 『글로벌 게임산업 트렌드』, 한국콘텐츠진흥원, 2012. 9.

데카론 Dekaron

출시연도 2005년
개발사 게임하이(GameHi)
장르 다중접속온라인 역할수행 게임
플랫폼 PC

스토리 불멸의 대륙 트리에스테의 현자 칼리지오는 알로켄족과 인간의 오랜 전쟁을 끝내기 위해 이계 물체의 소환 의식을 거행한다. 그러나 열린 차원의 문을 통해 이계의 수문장 카론과 괴물들이 트리에스테로 몰려들며 살육이 시작된다.

목숨을 걸고 카론을 봉인한 칼리지오가 숨을 거두고, 괴물들을 피해 '신성한 계곡'에 모인 인간들은 도시 방주 아르카나를 세운다. 오랜 시간이 지나 괴물들이 사라지고 방주에서 나온 인간은 언제 돌아올지 모를 카론을 막기 위한 준비를 시작한다.

플레이 파티 플레이 중심의 다중접속온라인 역할수행 게임이다. 플레이어는 기사, 궁수, 소환사 등 12개의 직업 중 하나를 선택해 캐릭터를 성장시켜야 한다. 공성전과 길드전을 지원하며 인스턴스 던전인 '데드 프론트'와 '로스트 호라이즌'에서 대규모 플레이어 간 전투(PvP)가 가능하다.

평가 게임이 출시된 2005년에 동명의 소설과 만화도 출간됐다. 2010년 5월 한국과 중국, 대만 등 50여 개국에서 약 2,000만 명의 누적 가입자를 확보했다.

- **핵심어** 파티 플레이, 플레이어 간 전투
- **참고 자료** 박산하, 『데카론』, 제우미디어, 2005. | 최애주, 『데카론 1, 2』, 지오북스, 2005.

매트릭스 온라인 The Matrix Online

출시연도 2005년
개발사 모노리스 프로덕션(Monolith Productions)
장르 다중접속온라인 역할수행 게임
플랫폼 PC

스토리 네오는 매트릭스와의 전쟁 끝에 인간의 도시 시온을 구했다. 그러나 아직 인간의 근원적 해방은 요원하다. 주인공은 자신이 사는 세계가 매트릭스라는 사실을 깨닫는다. 주인공은 자신이 어떤 조직을 위해 싸울 것인지 결정해야 한다. 시오니스트와 기계 조직, 메로빈지언은 매트릭스 속 가상의 도시 메가 시티에서 다시 한 번 전쟁을 시작한다.

플레이 플레이어는 푸른 약과 붉은 약 중 붉은 약을 선택해야 게임을 시작할 수 있다. 플레이어는 코더, 해커, 오퍼레티브 중에서 직업을 선택할 수 있으며, 모든 전투는 실시간으로 진행된다. 전투 방식은 '프리 파이어'와 '인터락'으로 나뉜다. 프리 파이어는 화기를 사용한 공격과 해커의 코드 조작 공격 같은 원거리 전투이다. 인터락은 격투 기술을 활용한 근접 전투이다.

시온을 선택한 플레이어는 기계로부터 인간을 해방시키는 활동을 하게 된다. 머신을 선택한 플레이어들은 인간들이 매트릭스가 조작된 공간이라는 것을 눈치채지 못하게 해야 한다. 매로빈지언을 선택한 플레이어는 인간도 기계도 아닌 조직의 이익을 위해 싸운다.

평가 트랜스미디어 콘텐츠의 대표적 사례로 꼽힌다. 영화 〈매트릭스〉 3부작과 애니메이션, 만화와 세계관을 공유하며 스토리를 이어나간다.

- **핵심어** 영화 〈매트릭스〉, 트랜스미디어 스토리텔링
- **참고 자료** William Sims Bainbridge, *Online Worlds : Convergence of the Real and the Virtual*, Springer Science & Business Media, 2009.

미니게임천국 Mini Game Paradise

출시연도 2005년
개발사 컴투스(Com2uS)
장르 액션 게임
플랫폼 모바일

플레이 플레이어는 멀리뛰기, 높이뛰기, 달리기 등 여러 미니 게임 중 하나를 선택해 고득점을 얻어야 한다. 플레이어는 가상 통화인 별을 획득해 새로운 미니 게임이나 캐릭터, 아이템을 구입할 수 있다. 원버튼 방식으로 조작한다.

〈미니게임천국〉 시리즈의 조작법 예시		
시리즈	미니게임명	조작법
미니게임천국	달려달려	길을 벗어나지 않고 달려야 한다.
	붙어붙어	'친구'들을 잡아 꼬리에 길게 붙여야 한다.
미니게임천국 2	놓아놓아	줄을 쏘아 줄을 갈아타며 앞으로 가야 한다.
	올라올라	발판을 갈아타며 높이 올라가야 한다.
미니게임천국 3	받아받아	위에서 떨어지는 '친구'만 받아야 한다.
	흔들흔들	시소 위에서 균형을 잡아야 한다.
미니게임천국 4	돌아돌아	빈틈을 통해 원의 가운데 부분으로 계속 내려가야 한다.
	쏘아쏘아	미사일을 쏘아 적을 맞춰서 떨어뜨려야 한다.
미니게임천국 5	넘어넘어	적과 닿지 않게 뛰어 넘으며 전진해야 한다.
	어푸어푸	적과 닿지 않게 아래위로 피하며 헤엄쳐야 한다.

평가 단순한 조작법과 다양한 미니 게임으로 대중적 인기를 얻었다. 〈미니게임천국 3〉은 2007년 대한민국 게임대상에서 '모바일 부문 인기상'을 받았으며, 2010년 모바일 게임 최초로 시리즈 누적 1,000만 다운로드를 달성했다.

- **핵심어** 캐주얼 게임, 미니 게임
- **시리즈**
  2005 〈미니게임천국〉
  2006 〈미니게임천국 2〉
  2007 〈미니게임천국 3〉
  2009 〈미니게임천국 4〉
  2010 〈미니게임천국 5〉
- **참고 자료** 게임동아, 〈미니게임천국 5, 10만 다운로드 돌파〉, http://game.donga.com/54026/

블리츠 1941 Blitz 1941

| 출시연도 2005년
| 개발사 모웰소프트(MowelSoft)
| 장르 다중접속온라인 역할수행 게임
| 플랫폼 PC

플레이 플레이어는 독일과 소련 중 한 진영의 전차장이 되어 게임을 한다. 전차는 전차, 구축전차, 돌격포, 자주포 등 4가지 종류가 있으며 각각 경(輕), 중(中), 중(重)의 3가지 등급으로 나뉜다. 총 15개의 전장으로 구성되어 있으며 전투를 통해 통신소와 비행장, 보급소, 군수공장, 발전소, 중앙 야전 사령부 등의 건물을 점령하면 해당 도시의 경제권, 물자 보급권 등을 소유할 수 있다. 대규모 전차전에서는 최대 200대의 전차를 투입할 수 있어 플레이어 간의 협동과 전략이 요구된다.

평가 제2차 세계대전의 전차전을 모티프로 실제 사용됐던 전차를 구현했다. 후속작 〈블리츠 2 : 배틀라인〉은 2013년 7월 문화체육관광부에서 '이달의 우수 게임' 일반 부문에 선정됐다.

- **핵심어** 제2차 세계대전, 전차
- **시리즈**
  2005 〈블리츠 1941(Blitz 1941)〉
  2013 〈블리츠 2 : 배틀라인(Blitz 2 : Battleline)〉
- **참고 자료** 디스이즈게임, 〈누구나 즐길 수 있는 슈퍼전차대전, 블리츠2〉, www.thisisgame.com/webzine/game/nboard/16/?n=42393

서든어택 Sudden Attack

출시연도 2005년
개발사 넥슨지티(Nexon GT)
장르 1인칭 슈팅 게임
플랫폼 PC

스토리 국방장관 하바루냐의 쿠테타로 탄지리로 공화국은 내전에 휩싸인다. 강대국과 유엔의 개입으로 내전은 소강상태에 접어들지만, 하바루냐의 정부군이 유엔군을 학살한 사건으로 전쟁은 다시 악화된다. 이를 두고 볼 수 없던 강대국 연합군 소속 잔호크 중령은 자신의 부대를 이끌고 정부군을 이탈해 혁명군의 가담한다. 강대국 연합군은 잔호크를 생포하고 그의 부대를 저지하기 위해 서든어택이란 특수부대를 파견한다.

플레이 게임의 목표는 1인칭 시점에서 적을 제거하고 미션을 완수하는 것이다. 플레이어는 레드팀과 블루팀 중 선택할 수 있다. 무기 종류에는 소총 무기, 보조 무기, 근접 무기, 폭탄, 저격 무기, 투척 무기 등이 있다. 모드에는 적 기지를 초토화시키는 전차전 모드, 2배의 화력으로 전투를 진행할 수 있는 듀얼 건 모드, 진영과 상관없이 플레이어가 협동하여 적을 사살하는 협동 플레이 모드 등 총 17가지 모드가 있다. 플레이어는 길드의 일종인 클랜에 가입하여 클랜전을 진행할 수 있으며, 클랜에 가입하지 않을 경우 용병으로도 참가할 수 있다.

평가 국내의 대표적인 1인칭 슈팅 게임이다. 2006년 대한민국 게임대상에서 '최고 인기상' 및 '온라인 게임 우수상'을 받았다. 2006년부터 10월부터 2008년 11월까지 총 106주 동안 피시(PC)방 점유율 연속 1위, 최고 동시 접속자 수 약 35만 명의 기록을 가지고 있다.

- **핵심어** 피시방 점유율, 동시 접속자 수
- **시리즈**
  2005 〈서든어택(Sudden Attack)〉
  2014 〈서든어택 M : 듀얼리그 포 카카오(Sudden Attack M : Duel League for Kakao)〉
- **참고 자료** 헤드미디어 편집부, 『서든어택 스페셜 가이드북』, 헤드미디어, 2008. | 아이뉴스24, 〈침체 시장 속 성장 일궈낸 게임업계 '루키 3인방'〉, http://news.inews24.com/php/news_view.php?g_serial=240849&g_menu=020500 | 한국경제, 〈'서든어택2', 신규 폭파미션 맵 '워터폴(Waterfall)' 공개〉, www.hankyung.com/news/app/newsview.php?aid=201504242662v

아크로드 Archlord

출시연도 2005년
개발사 엔에이치엔(NHN)
장르 다중접속온라인 역할수행 게임
플랫폼 PC

스토리 칸트라 대륙에는 고대 유물인 아콘을 모두 획득하는 자가 세계를 지배할 아크로드가 될 것이라는 전설이 있다. 인간 검사 네이단과 오크 마법사 왈큐레는 아콘을 찾아 떠난다. 네이단은 불의 아콘을, 왈큐레는 땅의 아콘을 획득한다. 그들은 각자 고향으로 돌아가 영웅으로 성장한다. 시간이 흘러 인간 지안과 오크 우드그라실은 전장에서 각 종족의 수장으로 만나게 된다. 평화를 추구하는 지안은 우드그라실을 설득하여 전쟁을 중단하려고 하지만 우드그라실은 그런 지안을 비웃는다. 지안은 전쟁을 끝내기 위해 네이단의 검에 깃든 아콘의 힘을 사용하고, 지안과 우드그라실을 제외한 모든 병사들이 무력화된다. 황량한 전장에서 지안과 우드그라실의 전투가 시작된다.

플레이 플레이어의 목표는 절대 군주인 아크로드가 되는 것이다. 플레이어가 선택할 수 있는 종족은 휴먼, 오크, 문 엘프, 드래곤 시온 등 4가지이다. 각 종족마다 12개의 직업 중 3개의 선택지가 주어진다. 퀘스트는 일반 퀘스트와 아크로드 퀘스트로 나뉜다. 아크로드 퀘스트는 일종의 스토리 퀘스트로 한 명의 엔피시(NPC)가 지속적으로 퀘스트를 안내하며 게임과 관련된 정보를 제공한다.

핵심 아이템은 정령석이며, 속성별로 최상위 정령석을 모두 획득하면 아콘 열쇠를 만들 수 있다. 이를 통해 아크로드 유적지에 출입할 수 있는 권한을 얻는다. 아크로드 유적지는 28일 간격으로 문이 열리며 7일 동안 개방된다. 이곳에서 5개의 아콘을 가장 먼저 획득하는 플레이어가 아크로드가 된다. 아크로드의 재위 기간은 21일로 그동안 절대 권력을 행사할 수 있다.

평가 런던 심포니 오케스트라의 연주곡을 게임 음악으로 사용했다. 2005년 게임을 원작으로 한 동명의 만화가 출간됐다.

■ **핵심어** 아콘, 정령석
■ **시리즈**
2005 〈아크로드(Archlord)〉

2013 〈아크로드 2(Archlord 2)〉

■ **참고 자료** 디지털타임스, 〈[특집-게임] MMORPG/NHN '아크로드'〉, http://news.naver.com/main/read. nhn?mode=LSD&mid=sec&sid1=105&oid=029&aid=0000073997 | GameSpot, "ArchLord Review", www.gamespot.com/reviews/archlord-review/1900-6162258/

요구르팅 Yogurting

출시연도 2005년
개발사 레드덕(Redduck)
장르 다중접속온라인 역할수행 게임
플랫폼 PC

스토리 어느 날 각 학교의 세계수(世界樹)가 공명을 일으키고 차원이 뒤틀린다. 학교에서는 대부분의 교사들이 사라지고 수업도 진행되지 않는 무한방학 현상이 일어난다. 각 학교의 학생회는 학생위원회를 구성하고 사건의 진상을 파헤치고자 한다.

플레이 플레이어는 학생이 되어 미스터리를 풀고 학교의 평화를 되찾아야 한다. 플레이어는 에스티바와 소월 중 한 학교의 학생이 되며, 스테이지는 1학년부터 6학년까지의 6단계로 구성된다. '퐈르룽' 표시를 클릭하면 에피소드를 진행할 수 있는 대기실로 입장할 수 있으며, 일정 인원이 모이면 함께 에피소드를 진행한다. 에피소드는 주로 사냥 퀘스트로, 플레이어는 스피릿(Spirit), 뮤라(Mura), 블레이드(Blade), 글로브(Glorb)의 4가지 무기를 사용한다. 적을 공격할 때마다 '우구우 게이지'가 쌓이고 스킬을 사용할 때마다 1개의 우구우 게이지가 차감된다. 에피소드의 기여도에 따라 점수가 부여되고, 각 학년의 모든 에피소드에서 B+ 이상의 점수를 획득하면 다음 학년으로 진급한다.

평가 애니메이션 형태의 프로모션 비디오를 통해 대중적 인기를 얻었다. 2005년 8월 문화관광부의 '이달의 우수 게임'에 선정됐으며, 같은 해 12월 2005년 대한민국 게임대상에서 캐릭터 부문 '기술창작상'을 수상했다.

■ **핵심어** 우구우 게이지, 프로모션 비디오
■ **시리즈**
2005 〈요구르팅(Yogurting)〉
2014 〈퍼즐 요구르팅 포 카카오(Puzzle Yogurting for Kakao)〉

2015 〈요구르팅 스매시(Yogurting Smash)〉
■ **참고 자료** 디스이즈게임, 〈레드덕, 모바일 개발작 '퍼즐 요구르팅 for Kakao' 공개〉, www.thisisgame.
com/webzine/news/rboard/1/?n=58278

용과 같이 Yakuza / 龍が如く

출시연도 2005년
개발사 세가(SEGA)
장르 액션 어드벤처 게임
플랫폼 플레이스테이션 2

스토리 키류는 도쿄 카무로쵸를 주름잡고 있는 야쿠자 동성회의 조직원이다. 어느 날 조직의 보스인 도지마가 키류와 니시키야마의 소꿉친구인 유미를 강간하려 하자 니시키야마는 유미를 구하려다 도지마를 죽인다. 키류는 병든 여동생이 있는 니시키야마를 대신해 복역한다. 10년 후 가석방으로 풀려난 키류는 실종된 유미를 찾아다니는 한편, 과거 자신이 속했던 동성회가 보스를 잃고 100억을 강탈당했다는 사실을 알게 된다. 키류는 100억과 유미의 실종이 연관되어 있음을 알게 되고, 100억의 행방을 알고 있는 소녀 하루카의 보호자가 되어 동성회와 맞서 싸운다.

플레이 플레이어는 키류가 되어 돈을 노리는 적과 싸우며 100억의 행방을 찾아야 한다. 게임은 어드벤처 모드, 배틀 모드, 이벤트로 구성된다. 어드벤처 모드에서 플레이어는 길거리를 돌아다니며 메인 퀘스트를 수행한다. 배틀 모드에서는 무작위로 마주치는 폭주족 건달 엔피시(NPC)와 싸움을 하게 된다. 이벤트는 배틀 중간에 삽입되는 컷신이다.

평가 소설 『불야성(不夜城)』의 작가 하세 세이슈(馳星周)가 시나리오 작업에 참여했다. 2007년 게임을 원작으로 한 동명의 영화가 개봉됐다.

■ **핵심어** 야쿠자, 하세 세이슈
■ **시리즈**
2005 〈용과 같이(Yakuza)〉
2006 〈용과 같이 2(Yakuza 2)〉
2009 〈용과 같이 3(Yakuza 3)〉
2010 〈용과 같이 4 : 전설을 잇는 자(Yakuza 4)〉

2012 〈용과 같이 5 : 꿈, 이루는 자(Yakuza 5)〉

2015 〈용과 같이 0 : 맹세의 장소(龍が如く0 : 誓いの場所)〉

■ **참고 자료** Martin French, *Operating Profit 95 Success Secrets-95 Most Asked Questions On Operating Profit-What You Need To Know*, Emereo Publishing, 2014. | Matt Fox, *The Video Games Guide : 1,000+ Arcade, Console and Computer Games, 1962-2012*, McFarland, 2013.

워록 War Rock

출시연도 2005년

개발사 드림익스큐션(Dreamexecution)

장르 1인칭 슈팅 게임

플랫폼 PC

스토리 중동의 가상 국가인 데르바란에서 정부군과 강대국 연합의 비밀 군사 조직 엔아이유가 유전을 두고 대립한다. 한편 정부군은 엔아이유의 과학자들이 개발한 광인을 저지하기 위한 작전을 수행한다.

플레이 게임의 목표는 적을 사살하고 전투에서 승리하는 것이다. 플레이어가 선택할 수 있는 역할은 정찰병, 전투병, 중화기병, 공병, 의무병이다. 정찰병은 저격수의 역할을 하며, 전투병은 소총과 수류탄으로 근접 전투를 한다. 중화기병은 중화기와 대전차 지뢰를 이용해 중장비에 대응한다. 공병은 장비를 수리하며, 의무병은 아군의 체력을 회복시킨다. 전투는 비무장 전투나, 근거리 혹은 소규모 전투가 이루어지는 보병전, 장비를 이용한 대규모 전투가 이루어지는 장비전, 광인과 대립하는 광인전으로 나뉜다.

평가 자체 개발한 '진도 엔진'을 사용해 전투를 사실감 있게 재현했다. 2005년 9월 문화관광부의 '이달의 우수 게임 상'에 선정됐다.

■ **핵심어** 진도 엔진

■ **참고 자료** 온라이프존, 《워록》, 문화관광부 선정 "이달의 우수 게임" 수상〉, http://flash.onlifezone.net/zero/zboard.php?id=news&page=5&sn1=&divpage=2&sn=off&ss=on&sc=off&select_arrange=subject&desc=asc&no=10163 | Gamevortex, "War Rock", www.gamevortex.com/gamevortex/soft_rev.php/3449/war-rock-pc.html

카발 온라인 : 트랜센던스 Cabal Online : Transcendence

출시연도 2005년
개발사 이스트소프트(ESTsoft)
장르 다중접속온라인 역할수행 게임
플랫폼 PC

스토리 가장 발전된 문명을 이룩한 아너러블 에이지에 새로운 힘인 5번째 포스가 발견된다. 각 정부는 포스에 대한 기밀 연구를 진행하고, 이 과정에서 실험에 동원된 수많은 일반인들이 희생된다. 정부는 아카데미를 세워 포스에 대해 한정된 정보만을 공개한다.

어느 날 프로메테우스는 초상 과학 연구소와 아카데미에 테러를 일으킨다. 대규모 유혈 사태가 발생한 밤, 절대적인 힘을 가진 앱솔루트 소울 코어의 소유자 마왕이 나타나 도시를 파괴한다. 초성 능력자 7현자와 스승인 세인트 발렌타인이 마왕을 저지한다. 세인트 발렌타인은 자신을 희생해 마왕을 봉인하지만 1,000년 후 봉인이 풀리면서 마왕이 부활할 것이라고 예언한다. 1,000년 후, 예언의 시기가 다가오고 전 인류가 기다리고 있던 '전사의 별'(플레이어)이 후안 대륙에 나타난다.

플레이 플레이어는 워리어, 블레이더, 위저드, 포스아처, 포스실더, 포스블레이더, 글래디에이터 등 총 7가지 캐릭터 중 하나를 선택한다. 퀘스트는 시나리오, 승급, 용병, 캡슐, 일일 퀘스트 등 총 5종류이다. 시나리오 퀘스트의 경우, 퀘스트를 완료하면 해당 스토리의 엔딩 영상을 볼 수 있다. 전투 중 국가전의 경우, 52레벨 이상을 달성한 뒤 카펠라와 프로키온 2개의 국가 중 하나를 선택한 후 참여할 수 있다. 기본적인 퀘스트와 전투 외에 일정 기간 동안 진행되는 '미션 전쟁', 통합 서버의 '미션 배틀', 공성전이 결합된 '망향의 숲' 등의 전쟁 콘텐츠가 있다.

평가 개발사에서 자체 개발한 게임 엔진을 사용해 화려한 3D 인터페이스를 구현하고, 시나리오 퀘스트와 엔딩 영상을 도입했다. 2015년, 개발사 이스트소프트는 공식적으로 전 세계 60여 개국에서 약 2,800만 명 이상이 플레이했다고 밝혔다.

- **핵심어** 엔딩 영상
- **시리즈**
  2005 〈카발 온라인 : 트랜센던스(Cabal Online : Transcendence)〉

2012 〈카발 2(Cabal II)〉

■ **참고자료** 김정남, 김웅남, 김정현, 『게임의 운명을 결정하는 기획과 시나리오』, e비즈북스, 2013.

콘스탄틴 Constantine

출시연도 2005년
개발사 비츠 스튜디오(Bits Studios)
장르 어드벤처 게임
플랫폼 플레이스테이션 2

스토리 존 콘스탄틴은 인간들 속에 숨어있는 악마를 찾아 지옥으로 돌려보내는 퇴마사이다. 성스러운 무기로 악마를 제거하던 콘스탄틴은 악마에게 잡혀 지옥의 하늘로 내동댕이쳐진다. 이제 콘스탄틴은 악마들과 결투를 벌이며 지옥에서 탈출해야 한다.

플레이 게임의 목표는 각 스테이지마다 악마를 물리치고 지상으로 돌아오는 것이다. 플레이어 캐릭터는 콘스탄틴이다. 플레이어는 무기와 마법을 사용해서 공격해오는 악마들을 제거해야 한다. 무기는 메인 무기와 보조 무기로 나뉘며, 플레이어가 맵을 탐험하며 획득해야 한다.

메인 무기는 마녀의 저주, 성스러운 샷건과 같은 장거리 무기 위주로 구성된다. 보조 무기는 성수폭탄, 모세의 옷 조각 등이 있다. 또한 플레이어는 제한 시간 안에 연속키를 입력해 번개 폭풍, 항마, 혼돈 등의 마법을 사용할 수 있다. 아군이나 민간인을 공격하면 콘스탄틴의 체력이 낮아지며, 특별한 미션이나 보스몹을 상대할 때 컷신을 볼 수 있다.

평가 〈콘스탄틴〉은 워너 브라더스(Warner Bros.)의 동명 영화와 디시 코믹스(DC Comics)의 『헬블레이저(Hellblazer)』를 원작으로 하는 아이피(IP) 게임이다.

■ **핵심어** 아이피 게임, 헬블레이저, 영화 원작 게임
■ **참고 자료** IGN, "Constantine Review", www.ign.com/articles/2005/02/17/constantine-3

클럽 펭귄 Club Penguin

출시연도 2005년
개발사 디즈니 인터랙티브 스튜디오(Disney Interactive Studios)
장르 온라인 게임
플랫폼 PC

플레이 플레이어는 펭귄이 되어 가상 세계인 남극을 탐험한다. 플레이어는 미니 게임을 통해 가상 통화인 티켓이나 코인을 얻을 수 있다. 재화로 주거 공간인 이글루를 꾸미거나 애완동물 퍼플을 획득할 수 있다. 플레이어는 다른 플레이어와 친구를 맺거나 친구를 자신의 주거 공간에 초대해 파티를 열 수 있다. 기존 플레이어가 비밀요원이나 투어 가이드로서 신규 플레이어를 도와주는 역할을 맡기도 한다.

평가 〈클럽 펭귄〉은 아동용 가상 세계 게임이며, 2010년 칠드런스 비에이에프티에이 어워드(Children's BAFTA Awards)에서 우승을 차지했다. 게임 내 얼티메이트 세이프 챗(Ultimate Safe Chat) 모드는 거래개선협회(Better Business Bureau, BBB)에서 수여하는 '어린이 개인 정보 보호상(Kids' Privacy Seal of Approval)'을 받았다.

- **핵심어** 소셜 네트워크 게임, 아동, 가상 세계, 비밀요원
- **참고 자료** Katherine Noll, *The Ultimate Official Guide to Disney Club Penguin vol.1*, Grosset & Dunlap, 2008. | 아이뉴스24뉴스, 〈디즈니는 게임회사?… 작년 게임 매출 29조원〉, http://news.inews24.com/php/news_view.php?g_serial=863848&g_menu=020600&rrf=nv

테일즈런너 Tales Runner

출시연도 2005년
개발사 라온엔터테인먼트(Rhaon Entertainment)
장르 레이싱 게임
플랫폼 PC

스토리 왕국 '매우 매우 아름답고 환상적인 나라'는 환상 속의 공간으로 이야기를 읽는 사람들의 꿈, 환상, 희망이 원동력이다. 어느 날, 이야기를 읽는 사람이 점점 줄어들어 현실 세계의 사람들은 더 이상 꿈과 희망을 갖지 않고 어린이들마저 동화책을 읽지 않게 된다. 결국 통치자인 앙리 3세는 사람들에게 새로운 꿈과

희망을 심어줄 수 있는 '매우 매우 아름답고 환상적인 나라 관광 달리기 대회'를 개최한다. 대회에 참가하는 사람들은 '테일즈런너'라고 불리며 우승자는 어떤 소원이든 한 가지를 들어주는 마법 과학의 결정체인 '소원의 돌'을 상품으로 받는다.

플레이 플레이어는 달리기 시합에서 우승해 소원의 돌을 차지해야 한다. 플레이어가 선택할 수 있는 기본 캐릭터는 밍밍과 초원이다. 나머지 캐릭터는 게임 내 가상 화폐인 티알(TR)로 구매할 수 있다. 티알은 시합에서 우승하면 획득한다. 플레이어는 방향키와 시프트, 컨트롤, 제트(Z) 키를 조합해 캐릭터를 조작할 수 있다. 아이템은 헤어나 신발 등 장비 아이템과 경기 도중 무작위로 생성되는 캡슐 아이템, 퀘스트 아이템으로 분류된다. '연금'이라고 불리는 아이템 제작 시스템을 통해 장비 아이템의 능력을 강화시킬 수 있다. 맵은 테마에 따라 동화, 트레이닝, 서바이벌 등으로 나뉜다. 경기 방식은 개인전, 팀전, 이어달리기, 서바이벌 등 총 4가지이다.

평가 달리기를 소재로 다룬 레이싱 게임이다. 그 외에도 점프, 수영, 줄타기 등의 액션을 지원하며, 두뇌 개발 퀴즈 모드인 '달려라! 암산왕'과 같은 퍼즐 요소를 추가해 콘텐츠를 다양화했다. 2005년 문화체육관광부와 게임 잡지인 《더게임즈(Thegames)》가 공동 주최하는 '온라인·비디오·피시 게임 부문 우수 게임상'을 수상했다. 2014년 라온엔터테인먼트에서 공식 발표한 통계에 따르면 최고 동시 접속자 수 약 15만 명을 기록했으며 누적 플레이어 수 약 1,700만 명을 돌파했다.

- **핵심어** 달리기 게임, 연금
- **참고자료** Mark J. P. Wolf, Toru Iwatani, *Video Games Around the World*, The MIT Press, 2015.

피어 F.E.A.R.

출시연도 2005년
개발사 모노리스 프로덕션(Monolith Productions)
장르 1인칭 슈팅 게임
플랫폼 PC

스토리 뛰어난 반사 신경을 지닌 주인공은 미국 정부 산하의 초자연적인 현상을 다루는 특수부대 피어에 포인트 맨으로 들어간다. 어느 날 팩스톤 페텔이 텔레파시 능력으로 클론 부대를 조종하여 반란을 일으키자, 주인공은 팩스톤 페텔을 제거하기 위한 미션에 투입된다.

플레이 플레이어는 적진에 침투하여 팩스톤 페텔을 제거해야 한다. 텔레파시에 의해 조종되는 클론 부대와 악령 등 초자연적인 힘을 가진 존재들이 적으로 등장한다. 플레이어는 피스톨과 같은 실제 총기류부터 입자 빔 무기와 같은 가상의 무기까지 다양한 종류의 무기를 사용할 수 있다. 리플렉스 타임의 도입으로 플레이어는 게임 세계의 시간을 늦춰 초자연적인 적의 공격을 피하거나 짧은 시간 내에 적에게 많은 대미지를 가할 수 있다.

평가 2005년 게임 웹진 게임스파이(GameSpy)에서 주최하는 '올해의 게임 상(Best Game of the Year)'에서 '최고의 스토리 상(Best Story)'을 받았다.

- **핵심어** 리플렉스 타임
- **시리즈**
  2005 〈피어(F.E.A.R.)〉
  2006 〈피어 : 익스트랙션 포인트(F.E.A.R. : Extraction Point)〉
  2007 〈피어 : 페르세우스 맨데이트(F.E.A.R. : Perseus Mandate)〉
       〈피어 : 파일즈(F.E.A.R. : Files)〉
  2009 〈피어 2 : 프로젝트 오리진(F.E.A.R. 2 : Project Origin)〉
       〈피어 2 : 리본(F.E.A.R. 2 : Reborn)〉
  2011 〈피어 3(F.E.A.R. 3)〉
  2014 〈피어 온라인(F.E.A.R. Online)〉
- **참고 자료** Bernard Perron, *Horror Video Games : Essays on the Fusion of Fear and Play*, McFarland, 2009. | Grant Tavinor, *The Art of Videogames*, John Wiley & Sons, 2009.

그라나도 에스파다 Granado Espada

출시연도 2006년
개발사 아이엠씨게임즈(IMC Games)
장르 다중접속온라인 역할수행 게임
플랫폼 PC

스토리 대항해 시대가 도래하자, 베스파놀라 왕국은 세력을 넓히기 위해 그라나도 에스파다 대륙을 침략한다. 베스파놀라 왕국의 여왕은 대륙의 공화주의자들이 왕국에 저항하며 내전을 일으키자 대륙을 효과적으로 지배하기 위해 왕국의 국민을 대륙으로 이주시킨다. 주인공은 그라나도 에스파다 대륙에서의 탐험을 기대하며 이주를 선택한 사람 중 하나였다. 그러나 대륙에는 온갖 위험이 도사리고 있다. 주인공은 왕국의 횡포와 내전의 공포로부터 대륙의 주민들을 지키기 위해 새로운 여정을 시작한다.

플레이 팀을 이뤄 퀘스트를 해결하고 적의 침입으로부터 왕국을 지키는 것이 목표이다. 플레이어는 주요 마을인 리볼도외, 코임브라 항구, 오슈 중 한 곳에서 출발해 퀘스트를 수행한다. 퀘스트를 완료하면 게임 내 가상 통화인 비스, 엔피시(NPC)를 고용할 수 있는 엔피시 카드 등을 획득한다.

플레이어는 기본적으로 5종의 캐릭터를 보유한다. 팀원 캐릭터는 자동으로 한 가족이 돼 동일한 성을 가진다. 플레이어는 듀얼 시스템을 통해 상대 플레이어의 동의를 얻어 일대일 결투를 한다.

사전 합의 없이 상대 플레이어를 공격해 전투 불능 상태로 만들 경우, 그에 대한 표식이 나타나는 버론 상태에 돌입한다. 버론 상태인 플레이어는 마을 엔피시의 경계 대상이 되며 다른 플레이어에게 몬스터로 인식된다.

평가 캐릭터 3명을 한 팀으로 구성하는 3MCC(3 Multi Character Control) 시스템을 통해 다양한 플레이 조합을 구성했다. 2006년 대한민국 게임대상에서 대상인 '대통령상'과 게임 그래픽 부문의 '기술창작상'을 받았다.

- **핵심어** 대한민국 게임대상
- **참고 자료** 김정남, 김웅남, 김정현, 『게임의 운명을 결정하는 기획과 시나리오』, e비즈북스, 2013. | 백철호, 「감성공학을 활용한 MMORPG 캐릭터디자인의 이용자 및 개발자 선호도 분석」, 『디지털디자인학연구』, vol.21, no.0, 한국디지털디자인학회, 2009.

기어스 오브 워 Gears of War

| 출시연도 2006년
| 개발사 에픽 게임즈(Epic Games)
| 장르 3인칭 슈팅 게임
| 플랫폼 엑스박스 360

스토리 전선에서 이탈한 죄로 영창에 갇힌 전 씨오지 군인 마커스 피닉스는

동료이자 친구인 도미닉 산티아고의 도움으로 석방된 뒤 델타 스쿼드 부대에 소속된다. 이후 마커스는 인간과의 전쟁을 선포한 정체불명의 존재 로커스트 호드와 맞서기 위해 공진기를 설치하고 작동시키는 임무를 맡고, 부대원들과 함께 적진에 잠입한다.

플레이 게임의 목표는 주인공 마커스 피닉스가 되어 동료들과 함께 로커스트 호드를 제거하는 것이다. 1인 플레이인 캠페인 모드와 엑스박스 라이브(Xbox Live)를 통한 멀티 플레이 모드 중 하나를 선택해 진행한다. 게임은 총 5개의 액트로 구성되며 캐주얼, 하드코어, 인세인의 3가지 난이도로 나뉜다.

게임 내에서 플레이어는 2가지 총기류와 수류탄, 작은 휴대용 무기를 소지한다. 엄폐 기술을 중심으로 적과의 총격전이 벌어지며, 플레이어는 교전 상황에 따라 엄폐물을 방패 삼아 이동하거나 엄폐물 뒤에 은신해 적을 공격하는 등의 전략을 구현할 수 있다.

이 외에도 총격전 도중에 달려가는 플레이어 캐릭터의 흔들리는 시야를 구현한 로디 런 시스템이나 타이밍에 맞춰 탄창을 장전하는 액티브 리로드 시스템 등을 활용하여 사실적인 플레이를 구현할 수 있다.

평가 2006년에 일렉트로닉 엔터테인먼트 엑스포(Electronic Entertainment Expo, E3)의 게임 크리틱스 어워드(Game Critics Awards)에서 '최고의 콘솔 게임 상(Best Console Game)'과 '최고의 액션 게임 상(Best Action Game)'을 받았다.

- **핵심어** 언리얼 엔진
- **시리즈**
  2006 〈기어스 오브 워(Gears of War)〉
  2008 〈기어스 오브 워 2(Gears of War 2)〉
  2011 〈기어스 오브 워 3(Gears of War 3)〉
  2013 〈기어스 오브 워 : 저지먼트(Gears of War : Judgement)〉
- **참고 자료** Roger Pedersen, *Game Design Foundations, 2nd Edition*, Jones & Bartlett Publishers, 2009. | Brent Rabowsky, *Interactive Entertainment : A Videogame Industry Guide*, gameindustrybook, 2010.

데드라이징 Dead Rising

출시연도 2006년
개발사 캡콤(Capcom)
장르 액션 게임
플랫폼 엑스박스 360

스토리 포토저널리스트 프랭크 웨스트는 쇼핑몰 윌라멧에 폭동이 일어나 주 방위군에 의해 봉쇄됐다는 소식을 접한다. 특종 기사가 될 만한 사건이라 여긴 프랭크는 헬기를 이용해 윌라멧 침투에 성공한다. 쇼핑몰 입구에는 바리케이트를 사이에 두고 좀비 무리와 사람들이 대치한다. 좀비들은 쇼핑몰로 들이닥쳐 사람들을 공격하기 시작한다. 헬기가 돌아오기까지 남은 72시간 동안 프랭크는 좀비들과 사투를 벌이고 사건의 진실을 파헤친다.

플레이 게임의 목표는 플레이어 캐릭터를 공격하는 좀비와 사이코패스들을 제거하고 구조될 때까지 살아남는 것이다. 플레이어가 72시간 안에 사건의 진상을 밝히는 케이스 파일 미션을 완수하면 오버타임 모드(overtime mode)로 돌입할 수 있다. 오버타임 모드에서는 24시간 동안 다른 미션을 수행한다. 모든 미션을 수행할 경우 인피니트 모드(infinite mode)로 플레이할 수 있다. 인피니트 모드에서는 다른 생존자와 좀비들과 식량을 두고 경쟁한다.

플레이어는 라이플, 알코올, 프라이팬, 전기톱 등 250여 종의 상품들을 무기로 활용할 수 있다. 좀비 처치, 사진 촬영, 생존자 구조를 통해 경험치를 획득할 수 있다. 캐릭터의 능력치와 획득 가능한 스킬은 무작위로 설정되나 〈데드라이징 3〉부터는 플레이어가 직접 설정할 수 있도록 시스템이 변경됐다.

평가 2006년 게임 전문 사이트 게임스팟(GameSpot)은 〈데드라이징〉을 '최고의 액션/어드벤처 게임(Best Action/Adventure Game)', '최고의 음향 효과를 갖춘 게임(Best Sound Effect)'으로 선정했다. 2010년, 게임을 원작으로 한 영화 〈시병오염 데드라이징(屍病汚染 Dead Rising)〉이 디브이디(DVD)판으로 출시됐다.

- **핵심어** 액션 어드벤처 게임, 샌드박스 게임
- **시리즈**
  2006 〈데드라이징(Dead Rising)〉
  2010 〈데드라이징 2(Dead Rising 2)〉
  2013 〈데드라이징 3(Dead Rising 3)〉
- **참고 자료** GameSpot, "Dead Rising Review", www.gamespot.com/reviews/dead-rising-

review/1900-6155398/ | GameSpot, "Best and Worst of 2006", www.gamespot.com/articles/best-and-worst-of-2006/1100-6163270/

로스트 플래닛 : 익스트림 컨디션
Lost Planet : Extreme Condition

출시연도 2006년
개발사 캡콤(Capcom)
장르 3인칭 슈팅 게임
플랫폼 엑스박스 360

스토리 인류는 환경오염으로 황폐해진 지구를 버리고 빙하로 뒤덮인 행성 에덴Ⅲ로 이주한다. 정착민들은 토착 생명체인 아크리드와 대적하고, 스노우 파이러츠를 창설해 아크리드를 사냥한다. 정착민을 관리하는 조직인 네벡은 아크리드를 멸종시킬 '프런티어 프로젝트'를 개시하려 하지만, 게일과 같은 일부 사람들의 반대에 부딪쳐 무산된다. 한편 게일은 아들 웨인과 함께한 아크리드 사냥에서 곤충형 아크리드의 공격을 받아 사망한다. 행방불명됐던 웨인은 30년 후 유리 소로토프가 이끄는 스노우 파이어러츠 일행에게 발견된다. 자신의 이름과 아버지가 아크리드에 의해 죽었다는 사실 외에 모든 기억을 상실한 웨인은 아버지의 복수를 위해 스노우 파이어러츠에 가담한다.

플레이 플레이어 캐릭터는 웨인이며, 게임은 3인칭 시점에서 진행된다. 싱글 모드 혹은 온라인 멀티 플레이 모드 중에서 택할 수 있다. 게임의 최종 목표는 게일을 위한 복수를 완료하고 네벡의 진상을 파악하는 것이다. 플레이어는 착용형 병기 바이털 슈트(vital suit)를 조종해 이동할 수 있다. 이 경우 체인 건이나 로켓 런처와 같은 무거운 무기를 이용할 수 있으며 이동 속도도 향상된다. 혹한의 환경에서 캐릭터가 생존할 수 있게 해주는 열에너지는 시간에 따라 지속적으로 감소한다.

평가 2006년, 독일 라이프치히 게임 컨벤션(Leipzig Games Convention)의 '최고의 엑스박스 360 게임(Best Xbox 360 Game)' 부문에서 수상했다.

- **핵심어** 바이털 슈트, 열에너지 , 아크리드
- **시리즈**
2006 〈로스트 플래닛 : 익스트림 컨디션(Lost Planet : Extreme Condition)〉

2010 〈로스트 플래닛 2(Lost Planet 2)〉

2013 〈로스트 플래닛 3(Lost Planet 3)〉

■ **참고 자료** gamesindustry.biz, "Lost PlanetTM: Extreme Condition Awarded Best Xbox 360 Game at Leipzig Games Convention", http://www.gamesindustry.biz/articles/lost-planet-extreme-condition-awarded-best-xbox-360-game-at-leipzig-games-convention

마구마구 MaguMagu

출시연도 2006년

개발사 애니파크(ani-park)

장르 스포츠 게임

플랫폼 PC

플레이 플레이어는 캐릭터들을 조합해서 야구팀을 만들고 경기에 출전해 우승하는 것을 목표로 한다. 16개 구단 중 기본 팀을 선택하고 팀명을 정한다. 플레이어는 타자, 포수, 1루수 등의 포지션을 조합하고 타구력, 속도, 수비력 등의 능력치를 고려해 해당 경기에 출전할 선수 캐릭터를 정한다. 타자 9인과 투수 5인으로 출전 팀을 구성하며, 각각 18인과 9인의 후보 선수를 등록할 수 있다.

〈마구마구〉는 각각 선수와 스태프를 영입하는 선수 카드 및 스태프 카드, 유니폼, 신발 등의 장비를 구입하는 장비 카드와 같은 카드 시스템을 제공한다. 선수 카드 및 스태프 카드 중에는 구성원 캐릭터를 잃게 되는 배신 카드가 있다. 플레이어는 최하위 레벨인 동네 시(C)에서 게임을 시작해 최상위 레벨인 올스타 에이(A)에 도달한다. 아마추어 에이(A) 레벨 이상이 되면 클럽 하우스에서 클럽을 개설할 수 있다.

평가 〈마구마구〉는 한국야구위원회(Korea Baseball Organization, KBO)와 메이저리그(Major League Baseball, MLB)의 공식 허가를 받고, 실존하는 야구 선수를 모델로 게임 캐릭터를 개발했다.

■ **핵심어** 야구 게임

■ **시리즈**

2006 〈마구마구(MaguMagu)〉

2010 〈마구마구 2010(MaguMagu 2010)〉

2011 〈마구마구 2011(MaguMagu 2011)〉

2012 〈마구마구 2012(MaguMagu 2012)〉

〈마구 : 감독이 되자(Magu Be a Coach)〉
2013 〈마구마구 2013 포 카카오(MaguMagu 2013 for KaKao)〉
〈마구 더 리얼(Magu The Real)〉

■ **참고 자료** 예다미디어 외, 『마구마구 오피셜 가이드북』, 에버엠앤비, 2008.

바이오니클 히어로즈 Bionicle Heroes

출시연도 2006년
개발사 티티 게임즈(TT Games)
장르 3인칭 슈팅 게임
플랫폼 플레이스테이션 2

스토리 악당 피라카가 보야 누이 섬을 장악하고 마타 누이가 가진 힘의 원천인 '생명의 가면'을 약탈한다. 마타 누이는 힘을 잃고 피라카들은 생명의 가면을 이용해 보야 누이 섬의 생명체를 악의 생명체로 바꾸며 세력을 확장한다. 이에 토아 잴러와 토아 누파루, 토아 할리, 토아 휴키, 토아 콩구 그리고 토아 마토로는 생명의 가면을 되찾아 마타 누이를 부활시키기 위해 보야 누이 섬을 향해 떠난다.

플레이 악의 세력인 피라카를 저지하고 생명의 가면을 되찾는 것이 목표이다. 게임의 배경인 보야 누이 섬은 6개의 지역으로 나뉘며 지역별로 각각 4개의 스테이지가 있다. 플레이어는 카노히를 모아 토아를 토아 이니카로 만든 후, 퍼즐을 풀고 적을 물리쳐야 한다. 모아야 하는 카노히는 속성별로 총 6개이다. 캐릭터는 기본적으로 레이저빔을 가지고 있으며 각 캐릭터의 속성에 따라 추가로 무기를 구매하거나 얻을 수 있다. 지형지물을 파괴하거나 적을 물리칠 경우, 해당 대상은 레고 조각으로 부서지며 화면 중앙 상단에 점수로 누적된다. 일정 수준 이상의 점수가 모이면 히어로 모드로 플레이할 수 있다. 히어로 모드의 경우 캐릭터가 황금색으로 변화하고 공격력이 강화된다.

평가 캐릭터를 사실적으로 구현한 그래픽과 캐릭터의 컷신 유머가 특징이다. 음향 효과를 통해 타격감과 몰입을 강화했다. 2015년 6월 기준 게임 비평 사이트 아이지앤(IGN)에서 10점 만점에 7.6점을 받았다.

■ **핵심어** 레고
■ **참고 자료** Mark J. P. Wolf, *LEGO Studies*, Routledge, 2014.

블루 드래곤 Blue Dragon / ブルードラゴン

출시연도 2006년
개발사 미스트워커(Mistwalker)
장르 역할수행 게임
플랫폼 엑스박스 360

스토리 타타 마을에 괴물 지자메가 나타난다. 슈와 지로, 클루크는 마을을 지키기 위해 지자메와 싸우던 중, 알 수 없는 힘에 의해 고대유적의 지하 동굴에 빠진다. 셋은 동굴에서 지자메를 조종하는 악의 지배자 네네를 만나고 세계를 정복하려는 네네의 속셈을 알게 된다. 슈와 지로, 클루크는 네네에게 저항하다가 쓰러져 거대한 기계 속으로 빨려들어가고, 갑자기 나타난 빛에 의해 목숨을 구한다. 알 수 없는 목소리가 권한 빛의 구슬을 먹은 뒤 각기 다른 형태의 그림자와 힘을 얻어 로봇 군단으로부터 탈출한다. 지브랄 왕으로부터 네네가 북쪽에 있다는 사실을 알게 된 이들은 그림자의 힘을 가진 데비족의 마루마로와 지브랄 왕국의 조라와 함께 네네를 막기 위한 모험을 떠난다.

플레이 악의 지배자인 네네를 물리치고 세상을 구하는 것이 목표이다. 플레이어는 슈, 지로, 클루크, 마루마로, 조라 등 5개의 캐릭터 중 하나를 선택해 게임을 플레이한다. 각 캐릭터별로 환수 형태의 그림자가 지정되며 드래곤, 피닉스, 배트, 미노타우로스, 세이버 타이거의 형태로 나타난다. 그림자는 캐릭터가 사용할 수 있는 공격 속성으로, 플레이어는 그림자의 능력을 기반으로 전투를 진행한다. 전투는 5명이 1팀을 이루는 파티 플레이 형식이며 턴제 방식을 따른다. 필드에서 적을 마주치면 전투 모드로 전환되며 적의 뒤를 잡으면 공격의 우선권을 차지할 수 있다.

플레이어는 이벤트 달성, 오브젝트 조사 등을 통해 아이템을 습득할 수 있다. 아이템의 유형은 회복, 공격, 보조, 성장, 장신구, 특별 아이템 등 6가지로 나뉜다. 필드마다 지정된 세이브 큐브에 접근하면 게임 저장이 가능하다.

평가 2006년 도쿄 게임쇼(Tokyo Game Show)에서 역할수행 게임인 〈파이널 판타지(Final Fantasy)〉 시리즈 제작자 사카구치 히로노부(坂口博信)와 만화 『드래곤볼』의 작화자 토리야마 아키라(鳥山明)가 참여한 게임으로 큰 관심을 모았다. 2007년 일본 게임대상(Japan Game Awards)에서 '우수상'을 수상했다. 2007년 엑스박스 360에서 공식 집계한 결과에 따르면 약 20만 장 이상 판매했다. 엑스박스 360 게임 중 상위 10%에 속하는 대표 타이틀로 2009년 플래티넘 히트 타이틀에 포함됐다.

- **핵심어** 토리야마 아키라, 역할수행 게임, 엑스박스 360, 턴제
- **시리즈**
  2006 〈블루 드래곤(Blue Dragon)〉
  2008 〈블루 드래곤 플러스(Blue Dragon Plus)〉
  2009 〈블루 드래곤 : 이계의 거수(Blue Dragon : Awakened Shadow)〉
- **참고 자료** Bill Loguidice, Matt Barton, *Vintage Games : An Insider Look at the History of Grand Theft Auto, Super Mario, and the Most Influential Games of All Time*, Focal Press, 2012. | Nicole Bauer, *Xbox 360 186 Success Secrets*, Emereo Publishing, 2014. | Tom Apperley, *Gaming Rhythms*, Lulu.com, 2009.

위 스포츠 Wii Sports

| 출시연도 2006년
| 개발사 닌텐도(Nintendo)
| 장르 스포츠 게임
| 플랫폼 닌텐도 위

플레이 동작기반 스포츠 게임으로, 플레이어의 움직임을 감지하는 위 리모컨과 조이스틱 형태의 눈차크 컨트롤러를 사용한다. 게임 종목은 테니스, 야구, 볼링, 골프, 복싱 등 총 5가지이며 해당 종목의 행동을 모사하는 방식으로 게임이 조작된다. 플레이 모드는 싱글 모드와 대전 모드로 나뉜다. 대전에 참여 가능한 최대 인원수는 4명이다. 플레이어는 자신의 아바타를 생성하여 게임 스코어와 숙련도를 기록할 수 있다. 숙련도는 그래프로 기록되며, 1,000포인트가 넘으면 프로 호칭을 받는다.

기본적인 플레이 모드 외에 트레이닝 모드와 체력 측정이 있다. 트레이닝 모드는 최대 4명이 3종목을 플레이한다. 스코어에 따라 메달을 받으며 위 알림판에 메달 기록이 남는다. 체력 측정의 경우, 한 명의 플레이어가 3종목을 랜덤으로 플레이한다. 밸런스, 스태미나, 스피드를 기준으로 체력 연령이 측정된다.

평가 모방적 인터페이스를 사용한 대표적인 키네틱(kinetic) 게임이다. 신체를 직접 움직이는 플레이어 공간이 부각되어 플레이어와 게임이 지속적으로 상호작

용한다는 것이 특징이다. 2007년 일본 게임대상(Japan Game Awards)에서 연간 작품 부문 '대상'에 선정됐으며 같은 해 전 세계 게임 개발자들이 선정한 게임 디벨로 퍼 초이스 어워드(Game Developers Choice Awards, GDCA)의 '혁신(Innovation)'과 '최고의 게임 디자인(Best Game Design)' 부문에서 수상했다. 2014년 닌텐도 공식 발표 기준, 전 세계적으로 총 8,000만 장 이상을 판매했다.

- **핵심어** 캐주얼 게임, 스포츠, 동작기반 게임
- **시리즈**
  2006 〈위 스포츠(Wii Sports)〉
  2009 〈위 스포츠 리조트(Wii Sports Resort)〉
  2013 〈위 스포츠 클럽(Wii Sports Club)〉

- **참고 자료** Ben H. Rome, Chris Hussey, *Games' Most Wanted*, Potomac Books, 2013. | Christopher A. Paul, *Wordplay and the Discourse of Video Games*, Routledge, 2012. | Mia Consalvo, Konstantin Mitgutsch, Abe Stein, *Sports Videogames*, Routledge, 2013. | Thomas P. Oates, Robert Alan Brookey, *Playing to Win : Sports, Video Games, and the Culture of Play*, Indiana University Press, 2015.

쿠킹마마 Cooking Mama / クッキングママ

출시연도 2006년
개발사 오피스 크리에이트(Office Create)
장르 시뮬레이션 게임
플랫폼 닌텐도 디에스

플레이 게임의 목적은 터치 스크린을 사용해 다양한 종류의 음식을 요리하는 것이다. 플레이어는 하나의 음식을 완성하기 위해 마마의 지시에 따라 스크린을 터치하여 야채를 다지거나, 고기를 써는 등 요리와 관련된 미니 게임들을 수행한 다. 요리 재료를 정확한 시간에 맞춰 냄비 혹은 오븐에 넣거나 제한 시간 내에 재 료들을 썰기 위해 빠르게 움직여야 한다. 플레이어가 요리 과정에서 실수를 하거 나 제한 시간 내에 요리를 완성하지 못할 경우 요리는 실패로 끝난다. 최종 점수 에 따라 금메달, 은메달, 동메달 중 하나를 받을 수 있다.

평가 2006년에 게임 비평 사이트 아이지앤(IGN)의 '일렉트로닉 엔터테인먼트 엑스포 2006 최고의 디에스 상(DS Best of E3 2006 Awards)' 부문에서 '가장 혁 신적인 디자인 상(Most Innovative Design)'을 받았다.

- **핵심어** 터치 스크린, 요리 게임

■ 시리즈

2006 〈쿠킹 마마(Cooking Mama)〉

2007 〈쿠킹 마마 : 모두와 함께 요리대회!(Cooking Mama : お料理大会!)〉

〈쿠킹 마마 2 : 디너 위드 프렌즈(Cooking Mama 2 : Dinner With Friends)〉

2008 〈쿠킹 마마 : 큰일!! 엄마는 너무 바빠(Cooking Mama : World Kitchen)〉

2009 〈쿠킹 마마 3 : 샵 & 챱(Cooking Mama 3 : Shop & Chop)〉

2011 〈쿠킹 마마 4 : 키친 매직(Cooking Mama 4 : Kitchen Magic)〉

2013 〈쿠킹 마마 5 : 보나베띠!(Cooking Mama 5 : Bon Appétit!)〉

■ **참고 자료** Kyle Orland, *Wii For Dummies* , John Wiley & Sons, 2010. | Matt Fox, *The Video Games Guide : 1,000+ Arcade, Console and Computer Games, 1962-2012*, McFarland, 2013.

플로우 flOw

출시연도 2006년

개발사 댓게임컴퍼니(Thatgamecompany)

장르 육성 시뮬레이션 게임

플랫폼 PC

플레이 게임의 목표는 여러 개의 세포로 구성된 생물체를 성장·진화시켜 바닷속 가장 깊은 곳에 도달하는 것이다. 플레이어가 육성하는 캐릭터 주변에는 캐릭터가 섭취할 수 있는 먹이가 언제나 떠다닌다. 캐릭터는 먹이를 먹을수록 몸집이 커지고 세포와 관절 수가 증가한다. 먹이를 모두 섭취하면 푸른색과 붉은색의 아이콘이 생성된다. 푸른색의 아이콘을 누를 경우 이전 스테이지로 되돌아가 캐릭터의 에너지를 보충할 수 있고 붉은색의 아이콘을 누를 경우 다음 스테이지로 넘어간다. 최종 스테이지인 밑바닥에서 만난 개체를 처치하면 원형으로 외형이 변화하면서 가속 스킬을 획득하게 된다.

평가 간단하고 직관적인 게임의 조작 방식으로 호평받았다. 게임 그래픽의 미적 수준과 관련하여 게임 비평 사이트 아이지앤(IGN), 게임 전문 사이트 게임스팟(GameSpot)에서 긍정적인 평가를 받았다. 2008년 게임 디벨로퍼 초이스 어워드(Game Developers Choice Award, GDCA)의 '최고의 다운로드 게임 상(Best Downloadable Game)'을 받았다.

■ **핵심어** 육성 시뮬레이션 게임

■ **참고 자료** GameSpot, "FlOw Review", www.gamespot.com/reviews/flow-review/1900-6187847/ | IGN, "FlOw Review", www.ign.com/articles/2007/02/20/flow-review-2

더 위쳐 The Witcher

출시연도 2007년
개발사 시디 프로젝트 레드(CD Projekt RED)
장르 역할수행 게임
플랫폼 PC

스토리 특수 능력을 가진 몬스터 헌터인 게롤트는 전쟁에서 사고로 상처를 입고 기억을 상실한다. 케어모헨의 전문 몬스터 헌터인 위쳐들은 쓰러져있던 게롤트를 데려가 기억을 회복시키려 애쓰지만 번번이 실패한다. 그러던 어느 날 마법사 아자르 자베드와 청부업자 프로페서가 범죄 조직을 동원해 케어모헨 성을 침범한다. 그들은 위쳐가 마법사의 약물 실험 과정에서 태어난 존재라는 사실을 알고, 위쳐의 생성과정에 대한 비밀을 빼돌린다. 위쳐들은 빼앗긴 비밀을 되찾기 위해 동서남북으로 흩어지고, 게롤트는 남쪽 테메리아 왕국으로 향한다.

플레이 플레이어는 엘프를 중심으로 구성된 게릴라 부대 스코이어텔, 테메리아를 지키는 비밀 결사대 플레이밍 로즈 기사단, 어느 쪽에도 속하지 않은 그룹인 중립적 위쳐 중 하나의 그룹을 택한다. 상황에 따라 3가지 공격 방식 중 한 가지를 선택할 수 있는데 빠른 스타일(fast style)은 공격과 잠복 속도를 상승시키고, 강한 스타일(strong style)은 공격력이 강화되며 공격 속도 및 타격 횟수는 감소한다. 그룹 스타일(group style)을 선택하면 한 번의 공격이 영향을 미치는 범위가 넓어지므로, 캐릭터가 적에 둘러싸인 경우 유용하다.

상대방에 따라 다른 무기를 사용할 수 있으며, 검은 금속 인간과 자연 생물체를 제거하는 데 사용하고, 은검은 몬스터와 같은 초자연적 생물체를 제거하는 데 쓰인다. 〈더 위쳐〉의 플레이어는 질문지를 통해 상황에 따른 선택을 한다. 선택에 따라 이후 만나는 엔피시(NPC)의 태도, 퀘스트 내용 및 결말이 달라진다.

평가 〈더 위쳐〉는 안제이 사프콥스키(Andrzoj Sapkowski)의 소설 『위쳐(The Wicher)』를 바탕으로 제작됐다. 2007년, 미국 게임 사이트인 게임존(GameZone)에서 10점 만점에 8.8점을 받았다.

- **핵심어** 중세 판타지, 선택
- **시리즈**

2007 〈더 위쳐(The Witcher)〉
　　　〈더 위쳐 : 크림슨 트레일(The Witcher : Crimson Trail)〉
2008 〈더 위쳐 : 버수스(The Witcher : Versus)〉

2011 〈더 위처 2 : 어쌔신 오브 킹즈(The Witcher 2 : Assassins of Kings)〉
2015 〈더 위처 3 : 와일드 헌트(The Witcher 3 : Wild Hunt)〉
　　　〈더 위처 배틀 아레나(The Witcher Battle Arena)〉
■ **참고 자료** Prima Games, Fletcher Black, *The Witcher : Prima Official Game Guide*, Random House Information Group, 2007.

레이튼 교수와 이상한 마을

Professor Layton and the Curious Village / レイトン教授と不思議な町

출시연도 2007년
개발사 레벨파이브(Level-5)
장르 어드벤처 게임
플랫폼 닌텐도 디에스

스토리 레이튼 교수는 미망인 달리아로부터 대부호 아우구스투스 라인포드의 유산 상속에 관한 조사를 의뢰받는다. 라인포드의 유언장에는 마을에 숨겨둔 '황금 열매'를 발견한 자에게 모든 재산을 상속하겠다고 적혀있었으나, 마을 사람 중 누구도 황금 열매를 찾지 못한다. 레이튼 교수와 그의 조수 루크는 황금 열매를 찾고, 마을의 숨겨진 비밀을 풀어야 한다.

플레이 게임의 목적은 등장인물이 출제하는 수수께끼를 풀어, 마을에 얽힌 비밀을 밝히는 것이다. 수수께끼는 그림을 활용한 퍼즐이나 수리력과 논리적 사고를 요하는 문제들로 구성되어 있다. 수수께끼와 관련된 정보는 마을을 조사하여 얻을 수 있지만, 수수께끼가 어려울 경우 힌트 메달을 통해 힌트를 받을 수 있다. 힌트 메달의 총 개수는 한정되어 있으며, 힌트를 적게 사용할수록 높은 점수를 받는다.

평가 다양한 수수께끼를 제공하는 추리 기반의 어드벤처 게임이다. 시리즈의 첫 작품인 〈레이튼 교수와 이상한 마을〉은 2007년 한 해 동안 일본 내에서만 약 70만 장의 판매고를 올렸다. 게임 외에도 극장판 애니메이션, 소설, 만화 등의 작품이 제작됐다.

■ **핵심어** 수수께끼
■ **시리즈**
2007 〈레이튼 교수와 이상한 마을(Professor Layton and the Curious Village)〉
　　　〈레이튼 교수와 악마의 상자(Professor Layton and the Diabolical Box)〉

2008 〈레이튼 교수와 최후의 시간여행(Professor Layton and the Unwound Future)〉

2009 〈레이튼 교수와 마신의 피리(Professor Layton and the Last Specter)〉

2011 〈레이튼 교수와 기적의 가면(Professor Layton and the Miracle Mask)〉

〈레이튼 교수 로열(レイトン教授ロワイヤル)〉

2012 〈레이튼 브라더즈 미스터리 룸(Professor Brothers : Mystery Room)〉

〈레이튼 교수와 세기의 7괴도(レイトン教授と世紀の七怪盗)〉

〈레이튼 교수 vs. 역전재판(Professor Layton vs. Phoenix Wright : Ace Attorney)〉

2013 〈레이튼 교수와 초문명 A의 유산(Professor Layton and the Azran Legacy)〉

■ **참고 자료** IGN, "PROFESSOR LAYTON TOPS THE CHARTS", www.ign.com/articles/2007/12/07/professor-layton-tops-the-charts

레퀴엠 온라인 Requiem Online

출시연도 2007년

개발사 그라비티(Gravity)

장르 다중접속온라인 역할수행 게임

플랫폼 PC

스토리 미스트 헤이븐 세계에서 뛰어난 지능을 가진 종족 제노아는 자신들을 위협하는 밤의 종족 나츠를 제거하기 위해 돌연변이 타나토스를 창조한다. 하지만 타나토스는 세계를 황폐화시키고 8종족 중 제노아를 포함한 4종족만이 살아남는 비극을 초래한다. 이후 제노아는 황폐화된 세계를 탐사·개척하기 위해 템페리언이란 강화인간을 만들고, 강화인간은 트란, 바르투크, 크루제나 등의 이(異)종족에게 용병으로 팔려간다. 전투와 탐사의 임무를 수행하던 강화인간은 자신이 사냥한 몬스터들이 자신과 같은 돌연변이로, 과거 전쟁에서 쓰다 버려진 실험체란 사실을 깨닫는다. 자신 역시 버려질 것이란 사실을 알게 된 강화인간은 동족과 연합해 반란을 일으킨다.

플레이 플레이어는 각 종족의 강화인간이 되어 길드를 형성하고 공성전을 통해 도시를 점령해야 한다. 기사와 수도사 계열의 트란, 전사와 힐러 계열의 바르투크, 흑마법사나 암살자 계열의 크루제나, 마법사나 힐러 계열의 제노아 중 직업과 종족을 선택할 수 있다. 플레이어는 캐릭터의 능력치인 디엔에이(DNA)를 설정하여 직업적 특성을 강화하고 특화된 기술을 보유할 수 있다.

어드벤처 던전에서는 함정, 퍼즐, 이벤트 등의 액션 어드벤처 게임 요소를 경험할 수 있다. 플레이어는 특정 도시를 수호하는 수호길드에 가입해 다른 도시의 수호길드와 공성전을 벌이거나 소속된 도시가 없는 길드에 가입해 용병으로 공성전에 참여할 수 있다. 2시간이 하루로 책정되어, 게임 내 시간에 따라 낮과 밤이 존재한다. 게임 시간으로 밤 11시부터 새벽 2시까지 강력한 나이트메어 몬스터가 나타난다.

평가 〈레퀴엠 온라인〉은 하복 엔진(Havok engine)을 이용해 물리 효과를 도입했다. 이를 통해 사실적인 액션과 타격감, 액션 어드벤처 게임 요소를 적용한 던전을 구현했다.

- **핵심어** 이-스포츠, 물리 엔진
- **시리즈**
  2007 〈레퀴엠 온라인(Requiem Online)〉
  2008 〈레퀴엠 : 메멘토 모리(Requiem : Memento Mori)〉
  2009 〈레퀴엠 : 얼라이브(Requiem : Alive)〉
  2013 〈블러디메어 레퀴엠 : 리턴즈(Bloodymare Requiem : Returns)〉
    〈레퀴엠 : 라이즈 오브 더 래버(Requiem : Rise of the Reaver)〉
- **참고 자료** 게임샷, 〈레퀴엠 온라인 초보자 가이드〉, www.gameshot.net/common/con_view.php?code=GA474248fab47b3 | Reauiem Wiki, www.requiem.irowiki.org/wiki/Main_Page | IGN, "Requiem : Bloodymare Preview", www.ign.com/games/requiem-bloodymare/pc-14227962

록 밴드 Rock Band

| 출시연도 2007년
| 개발사 하모닉스(Harmonix)
| 장르 리듬 게임
| 플랫폼 플레이스테이션 3

플레이 플레이어는 노래에 맞춰 기타, 베이스, 드럼, 보컬 역할을 수행하고 밴드를 성장시켜야 한다. 게임의 컨트롤러는 버튼이 달린 기타와 베이스, 드럼스틱 및 발판을 사용하는 드럼, 마이크로 구성된다. 악기 연주를 맡은 플레이어는 박자에 맞춰 노트를 제거하고, 보컬 역할을 맡은 플레이어는 화면의 가사를 보며 노래를 부른다. 박자의 정확도와 음정의 정확도를 기준으로 점수를 획득한다. 게임은 밴드 월드 투어 모드와 솔로 투어 모드로 나뉜다. 밴드 월드 투어 모드는 멀티 플레이 모드에 해당하며, 플레이어들은 밴드를 구성하고 밴드의 이름과 로

고를 설정해 로스앤젤레스, 시애틀 등 17개 도시를 순회한다.

플레이어가 직접 연주 순서를 구상하거나 세트리스트를 선택할 수 있다. 밴드는 작은 도시에서 공연을 시작하며, 큰 도시로 진출하거나 연주곡의 개수를 늘리기 위해서는 돈을 벌고 팬을 모아야 한다. 기부 공연을 선택하면 팬의 수가 상승하고, 만석 공연을 펼치면 돈이 축적된다. 특정 공연을 성공적으로 끝내면 음반 제작사와 계약을 하기도 한다. 솔로 투어 모드의 플레이어는 캐릭터를 설정하고 주어진 곡을 플레이한다.

평가 2007년 일렉트로닉 엔터테인먼트 엑스포(Electronic Entertainment Expo, E3)에서 '최우수상(Best of Show)'과 '최우수 하드웨어 및 장치(Best of Hardware and Peripheral)' 부문에 선정됐다.

- ■ **핵심어** 콘솔 게임, 컨트롤러
- ■ **시리즈**
  2007 〈록 밴드(Rock Band)〉
  2008 〈록 밴드 2(Rock Band 2)〉
  2009 〈더 비틀즈 : 록 밴드(The Beatles : Rock Band)〉
  　　 〈레고 록 밴드(LEGO Rock Band)〉
  　　 〈록 밴드 언플러그드(Rock Band Unplugged)〉
  　　 〈록 밴드 모바일(Rock Band Mobile)〉
  2010 〈록 밴드 3(Rock Band 3)〉
  　　 〈그린 데이 : 록 밴드(Green Day : Rock Band)〉
  　　 〈록 밴드 리로디드(Rock Band Reloaded)〉
  2012 〈록 밴드 블리츠(Rock Band Blitz)〉
  2015 〈록 밴드 4(Rock Band 4)〉

- ■ **참고 자료** Michael Thornton Wyman, *Making Great Games : An Insider's Guide to Designing and Developing the World's Greatest Games*, CRC Press, 2012.

매스 이펙트 Mass Effect

출시연도 2007년
개발사 바이오웨어(BioWare)
장르 역할수행 게임
플랫폼 엑스박스 360

스토리 22세기 인류는 고대 우주 문명의 유물을 발견한다. 유물은 프로시언 외계인이 멸망하기 전에 남긴 것으로, 빛보다 빠른 속도로 우주를 가로지르는 '매스 릴레이'로 밝혀진다. 인류는 매스 릴레이를 통해 시타델 우주로 진출한다. 데이빗 앤더슨 대령은 프로시언 유물을 극비리에 운반하라는 명령을 받고 노르망디 호를 지휘한다. 하지만 목적지에 도착하자 유물은 파괴돼 있었고, 동지들은 의문의 세력에게 살해당한다. 시타델 우주를 둘러싼 음모가 시작된다.

플레이 플레이어는 앤더슨 대령의 후임인 셰퍼드 대령이 되어 은하계의 행성을 탐험하며 퀘스트를 수행한다. 퀘스트는 각 행성의 외계인들이 제공하며, 모든 퀘스트를 완수해야 게임이 종료된다. 전투는 실시간으로 진행되며, 플레이어는 분대원에게 정찰, 공격, 집결 등의 명령을 내리거나 분대원들의 무기를 변경할 수 있다. 플레이어 캐릭터는 권총, 샷건, 돌격소총, 저격총을 비롯한 다양한 무기와 방어구를 사용할 수 있다.

평가 〈매스 이펙트〉는 화려한 그래픽과 탄탄한 스토리텔링을 통해 게임 비평 사이트 아이지앤(IGN), 게임 전문 사이트 게임스팟(GameSpot), 게임 사이트 게임랭킹스(GameRankings) 등에서 10점 만점에 평점 9점 이상을 받았다. 2010년과 2012년에 각각 〈매스 이펙트 2〉와 〈매스 이펙트 3〉이 브이지엑스 어워드(VGX Award)의 '최고의 역할수행 게임(Best RPG)'에 선정됐다.

- **핵심어** SF, 우주, 외계인, 비행 시뮬레이션, 슈팅
- **시리즈**
  2007 〈매스 이펙트(Mass Effect)〉
  2009 〈매스 이펙트 갤럭시(Mass Effect Galaxy)〉
  2010 〈매스 이펙트 2(Mass Effect 2)〉
  2012 〈매스 이펙트 3(Mass Effect 3)〉
      〈매스 이펙트 인필트레이터(Mass Effect Infiltrator)〉
      〈매스 이펙트 3 : 데이터패드(Mass Effect 3 : Datapad)〉
- **참고 자료** Gamespot, "Mass Effect Review", www.gamespot.com/reviews/mass-effect-review/1900-6183119/ | IGN, "Mass Effect Collector's Edition Review", www.ign.com/articles/2007/11/20/mass-effect-collectors-edition-review

바이오쇼크 BioShock

출시연도 2007년
개발사 이래셔널 게임즈(Irrational Games)
장르 1인칭 슈팅 게임
플랫폼 PC

스토리 1960년, 아폴로 항공 여객기를 타고 어디론가 향하던 잭은 비행기 추락 사고로 대서양에 떨어진다. 망망대해에서 그는 등대를 발견하고 접근한다. 잭은 등대 안에 존재하던 잠수정을 타고 해저 도시인 랩처로 향하고, 무전기를 통해 랩처에 살고 있는 아틀라스라는 사람에 대해 알게 된다. 잭은 가족을 구해달라는 아틀라스의 부탁으로 랩처를 탐험하게 되고, 그곳에서 자신의 정체에 대해 서서히 깨달아간다.

플레이 게임의 목표는 주인공 캐릭터인 잭이 되어 무기와 초능력의 일종인 플라스미드를 사용해 스플라이서, 빅 대디 등의 적을 제거하는 것이다. 플레이어는 랩처를 탐험하거나 적을 제거해 무기 및 달러를 획득한다. 렌치, 권총, 기관총 등의 무기를 이용해 적을 처치할 수 있으며, 리틀 시스터에게 채취한 아담을 통해 플라스미드를 구매하고 이브로 플라스미드를 활성화하여 전기 충격, 염력 등과 같은 능력을 적에게 사용할 수 있다.

구분	명칭	설명
〈바이오쇼크〉에 등장하는 주요 엔피시(NPC) 및 아이템		
엔피시	리틀 시스터	아담을 생산하기 위해 숙주로 길러진 어린 소녀. 체내에 아담을 생성할 수 있는 능력을 지니고 있으며 호위로 빅 대디를 데리고 다님.
	빅 대디	리틀 시스터를 보호하기 위해 만들어진 인간. 뛰어난 힘을 발휘하기 위해 아담을 사용하여 신체를 강화하고 개조함.
	스플라이서	아담의 부작용으로 인해 유전자가 변형되어 정신이 붕괴된 인간. 공격성이 높으며 보통 인간을 뛰어넘는 힘을 사용함.
아이템	플라스미드	아담의 능력을 쉽게 사용할 수 있도록 상용화한 제품. 몸에 주입하면 특수 능력을 획득할 수 있음.
	아담	특수한 능력을 사용하게 만들어주거나 신체의 재생 능력을 높여주는 물질. 유전자에 변형을 가져오는 부작용이 존재함.
	이브	플라스미드를 사용 가능한 상태로 만들어주는 활성화 물질. 플라스미드를 사용할 때마다 필요함.

【무기 및 플라스미드】 무기와 플라스미드를 사용해 전투에 참여한다. 무기로는 렌치, 권총, 기관총, 샷건, 유탄발사기, 화학약품 방사기, 석궁 등 총 7가지를 사용

한다. 플레이어는 강화제, 업그레이드 등을 통해 무기의 공격력을 높이거나 성능을 개선할 수 있다. 적과의 거리, 적의 인원, 적의 공격 여부에 따라 획득할 수 있는 점수와 사진의 등급이 달라진다.

플라스미드는 유전자 변형을 통해 플레이어가 초능력을 사용할 수 있도록 해준다. 플레이어는 전기 충격, 화염 공격, 염력, 냉각 공격, 곤충 소환, 분노, 빅 대디최면, 보안 표적, 가짜 표적, 회오리 함정, 소닉붐, 정찰, 엘레노어 소환, 중력 우물등의 능력을 사용할 수 있다.

플라스미드를 사용할 경우 부작용으로 인해 캐릭터의 모습이 변하거나, 플라스미드를 사용하기 위해 채취하는 아담의 양에 따라 게임의 엔딩이 달라지기 때문에 이를 전략적으로 활용해야 한다.

【멀티 엔딩】 플레이어는 플라스미드를 구매하기 위해 리틀 시스터로부터 아담을 채취해야 한다. 이 과정에서 플레이어는 리틀 시스터를 죽일지 구원할지 선택할 수 있다. 리틀 시스터를 죽이면 더 많은 아담을 얻을 수 있으나 배드 엔딩에 도달하게 된다. 반면 리틀 시스터를 구원하면 상대적으로 더 적은 아담을 얻게 되지만 게임의 마지막에 해피 엔딩을 볼 수 있다.

평가 게임의 스토리와 시스템을 통해 플레이어에게 도덕적 가치와 선택에 대해 생각하고 경험해볼 수 있는 기회를 제공했다. 2007년에 스파이크 티브이 비디오 게임 어워드(Spike TV Video Game Awards)에서 '올해의 게임 상(Game of the Year)', '최고의 엑스박스 360 게임(Best Xbox 360 Game)', '최고의 음악상(Best Original Score)'을 받았으며, 영국 필름 및 텔레비전 예술 아카데미(British Academy of Film and Television Arts, BAFTA)가 수여하는 '최우수 게임 상(Best Game)'을 받았다.

- **핵심어** 디스토피아, 디젤펑크
- **시리즈**
  2007 〈바이오쇼크(BioShock)〉
  2010 〈바이오쇼크 2(BioShock 2)〉
  2013 〈바이오쇼크 : 인피니트(BioShock : Infinite)〉
- **참고 자료** Miguel Sicart, *The Ethics of Computer Games*, The MIT Press, 2011.

베오울프 Beowulf : The Game

출시연도 2007년
개발사 유비소프트(Ubisoft)
장르 액션 게임
플랫폼 PC, 엑스박스 360, 플레이스테이션 3

스토리 베오울프는 동료 호족들과 해변가를 걷던 중 바다뱀의 공격을 받는다. 바다뱀의 공격으로 물에 빠진 베오울프는 물속에서 괴물 그렌델의 어머니를 만나게 되고, 그렌델의 어머니는 베오울프를 새로운 영웅으로 칭하며 초인적인 힘을 부여한다.

초인적인 힘을 얻게 된 베오울프는 덴마크로 건너가 그렌델의 공격을 받는 데 인족을 구해준다. 덴마크의 왕이 된 베오울프는 호족들과 함께 왕국을 지키고, 괴물과 타이탄족을 무찌른다.

플레이 플레이어는 베오울프가 되어 주어진 시간 동안 몹(Mob)을 물리쳐야 한다. 물리검, 도끼, 해머, 창 등의 무기를 사용하여 적을 공격해야 한다. 호족 전사 엔피시(NPC)에게 명령을 내려 길을 트게 하거나 적을 함께 무찌를 수 있다. 영웅 게이지와 육체 게이지의 2가지 게이지 충족에 따라 다른 기술이 발현된다.

영웅 게이지가 가득 차면 '영웅 부스터'가 발동해 호족 전사를 일정 시간 동안 불사의 존재로 만든다. 반면 육체 게이지가 가득 차 '육체의 분노' 상태를 발동시키면 베오울프가 일정 시간 동안 불사의 존재가 되어 적과 아군을 모두 공격하게 된다. 영웅 게이지와 육체 게이지를 얼마나 사용하느냐에 따라 상이한 2가지의 엔딩을 볼 수 있다.

평가 로버트 저메키스(Robert Zemeckis) 감독의 영화 〈베오울프〉를 바탕으로 제작된 게임이다. 영화 〈베오울프〉에서 나타난 서사 외에, 베오울프가 왕위에 오른 뒤의 30년을 배경으로 삼아 원작의 서사를 확장했다.

- **핵심어** 영화의 게임화, 베오울프
- **참고 자료** Daniel T Kline, *Digital Gaming Re-imagines the Middle Ages*, Routledge, 2013.

스토커 : 쉐도우 오브 체르노빌

S.T.A.L.K.E.R. : Shadow of Chernobyl

출시연도 2007년
개발사 GSC 게임 월드(GSC Game World)
장르 1인칭 슈팅 게임
플랫폼 PC

스토리 2차 방사능 사고로 이상 현상이 일어나고 있는 체르노빌에서 정신을 잃고 쓰러져 있던 주인공은 암시장 상인 시도로비치에게 구출된다. 목숨은 건졌으나 모든 기억이 사라져버린 주인공에게 남은 유일한 단서는 팔에 새겨진 S.T.A.L.K.E.R.라는 문신과 피디에이(PDA)에 저장된 '스트렐록을 죽일 것'이라는 문장뿐이다.

시도로비치는 주인공에게 마크드 원이라는 별칭을 붙여주고, 여러 가지 잠입 임무를 시킨다. 임무를 수행하는 과정에서 주인공은 자신의 과거와 관련된 정보를 얻게 되고, 마침내 모든 일의 진실을 알게 된다.

플레이 플레이어는 주인공 캐릭터인 마크드 원이 되어 미션을 수행하며 잃어버린 기억을 찾아야 한다. 구역은 크게 황무지, 인간 거주지, 군사 기지로 나뉜다. 플레이어는 구역을 돌아다니면서 여러 캐릭터들과 만나 과거에 대한 실마리를 얻거나 공격해오는 적을 제거하고 무기, 방어구, 식량, 아티팩트 등을 획득할 수 있다.

아티팩트는 일종의 아이템으로 플레이어에게 긍정적인 영향과 부정적인 영향을 동시에 끼친다. 따라서 플레이어는 상황에 맞는 무기와 아티팩트를 선택하여 미션을 수행하고, 최종적으로 스트렐록의 행방을 찾아야 한다.

평가 에이라이프 인공지능 엔진을 통해 엔피시(NPC)의 자유도를 높여 공격 패턴을 다양화했다.

- **핵심어** 잠입
- **시리즈**
  2007 〈스토커 : 쉐도우 오브 체르노빌(S.T.A.L.K.E.R. : Shadow of Chernobyl)〉
  2008 〈스토커 : 클리어 스카이(S.T.A.L.K.E.R. : Clear Sky)〉
  2009 〈스토커 : 콜 오브 프리피야트(S.T.A.L.K.E.R. : Call of Pripyat)〉
- **참고 자료** Dan Birlew, *S. T. A. L. K. E. R. : Shadow of Chernobyl : Prima Official Game Guide*, Prima Games , 2007. | Drew Davidson, *Well Played 2.0 : Video Games, Value and Meaning*, ETC Press, 2010.

액션퍼즐패밀리 Action Puzzle Family

출시연도 2007년
개발사 컴투스(Com2uS)
장르 퍼즐 게임
플랫폼 모바일

스토리 아쿠의 집안은 불의의 사건으로 망해버렸다. 하루아침에 길바닥으로 쫓겨난 아쿠와 가족들은 돈을 모아서 더 크고 좋은 집으로 이사를 가야 한다.

플레이 플레이어는 10여 개의 퍼즐 게임 중 선택하여 플레이할 수 있다. 제한된 시간 내에 최다 득점을 해야 한다. 플레이어가 얻은 점수는 경험치로 누적된다. 경험치가 높아질수록 캐릭터는 더 높은 단계의 집으로 이사를 갈 수 있다. 가상 통화인 별을 모으면 캐릭터의 능력치를 높이기 위한 아이템을 구입할 수 있다. 별을 많이 모으기 위해서는 피버 모드인 '별콤보' 상태에서 점수를 많이 내야 한다.

플레이어는 도전 모드, 릴레이 모드 등 미션을 수행하는 방식으로 플레이할 수도 있다. 〈돌아온 액션퍼즐패밀리〉의 경우 메신저 서비스인 카카오톡(KakaoTalk)과 연동하여 친구들과 기록을 경쟁할 수 있다.

평가 〈액션퍼즐패밀리〉 시리즈는 2014년 기준 누적 3,000만 회 다운로드됐으며, 〈돌아온 액션퍼즐패밀리〉는 2013년 11월 19일 출시 당일 애플 앱스토어(Apple Appstore) 무료 애플리케이션 1위에 올랐다.

- **핵심어** 모바일, 앱스토어, 카카오톡
- **시리즈**
  2007 〈액션퍼즐패밀리〉
  2008 〈액션퍼즐패밀리 2〉
  2009 〈액션퍼즐패밀리 3〉
  2010 〈액션퍼즐패밀리 4〉
  2012 〈액션퍼즐패밀리 UP〉
  2013 〈아쿠의 퍼즐패밀리〉
  　　　〈돌아온 액션퍼즐패밀리〉
- **참고 자료** 한국경제, 〈'액션퍼즐패밀리' 시리즈 누적 3,000만 다운 돌파!〉, http://www.hankyung.com/news/app/newsview.php?aid=201402147874v

어쌔신 크리드 Assassin's Creed

출시연도 2007년
개발사 유비소프트(Ubisoft)
장르 잠입 액션 게임
플랫폼 플레이스테이션 3, 엑스박스 360

스토리 데스몬드 마일즈는 평범한 바텐더로 살아가던 중, 비밀조직 앱스테르고에게 납치를 당한다. 앱스테르고는 인류를 통치하기 위한 음모의 일환으로 아니무스를 개발하고 있었다. 아니무스는 죽은 이의 유전자를 추출해 그 사람의 기억을 되살리는 기계장치로, 앱스테르고는 이 장치를 사용해 행방을 알 수 없는 전설의 유물을 찾으려 한다. 강제로 아니무스에 연결된 데스몬드는 조상인 알테어의 기억 속으로 들어가고, 알테어가 3차 십자군 전쟁 당시 활약하던 중동 암살단의 일원이었음을 알게 된다. 데스몬드는 알테어의 의식에 따라 암살자로서의 여정을 떠난다.

세계관 게임 세계는 데스몬드가 살아가는 현재의 세계와 알테어가 존재했던 과거의 세계로 나뉜다. 현재 세계의 주요 배경은 아니무스 프로젝트의 거점인 로마이며, 과거 세계는 십자군 전쟁이 발발한 중동 지역을 주 배경으로 한다.

플레이 게임의 목표는 암살단의 수장인 알 무알림의 지령을 받고 성지를 찾아가 퀘스트를 완수하는 것이다. 플레이어는 예루살렘, 아크레, 다마스쿠스 등의 행선지로 이동해 암살단원을 만나고 퀘스트에 대한 정보를 획득한다. 각 도시는 빈민 지구, 중산 지구, 귀족 지구로 나뉜다. 중심 퀘스트는 암살이며 암살 대상은 총 9인이다. 대상을 찾는 과정에서 왕궁 경비병 등의 감시자를 피하거나 제거할 수 있다. 이 외에도 도청하기, 서신 전달하기, 시민 구하기, 깃발 모으기 등의 임무를 수행한다. 플레이어의 주요 무기는 팔에 착용하는 암살검인 히든 블레이드이다.

【소셜 스텔스】 〈어쌔신 크리드〉의 가장 큰 특징은 군중을 활용한 잠입이 가능하다는 점이다. 소셜 스텔스(social stealth)란 플레이어 캐릭터가 군중 속에서 자신의 정체를 숨기고 적의 시선을 분산시키는 행위, 혹은 그 행위가 유발한 상태를 지칭한다. 플레이어는 위험에 빠진 시민을 도와줌으로써 우호적 관계를 맺기도 하고, 학자나 자경단의 도움을 받기도 한다. 군중 앞에서 폭력을 행사하거나 무기를 꺼내들면 시민들이 플레이어 캐릭터의 존재를 경계하기 시작하고, 잠입

및 암살 수행이 어려워진다. 벤치에 앉는 행위는 적들로 하여금 플레이어를 시민으로 인식하도록 한다.

사회 평판 아이콘(social status icon)은 플레이어의 신분 노출 상태를 알려주는 레벨 시스템으로, 플레이어가 취하는 행위의 영향을 받는다. 익명(anonymous), 노출(exposed), 시야에서 벗어남(unseen) 등 총 5개 레벨로 구성된다. 사회 평판 아이콘의 레벨이 노출 상태에 들어서면 플레이어에 대한 시민 엔피시(NPC)의 경계심이 상승한다.

평가 2006년 게임 리뷰 사이트인 게임 크리틱스(Game Critics)는 〈어쌔신 크리드〉를 '최고의 액션/어드벤처 게임(Best Action/Adventure Game)'으로 선정했고, 같은 해에 게임 비평 사이트 아이지앤(IGN)은 이 게임을 '최고의 액션 게임(Best Action Game)'으로 뽑았다.

- **핵심어** 잠입 액션, 군중 잠입, 유비소프트, 소셜 스텔스, 사회 평판 아이콘
- **시리즈**
  2007 〈어쌔신 크리드(Assassin's Creed)〉
  2009 〈어쌔신 크리드 2(Assassin's Creed 2)〉
  2010 〈어쌔신 크리드 : 브라더후드(Assassin's Creed : Brotherhood)〉
  2011 〈어쌔신 크리드 : 레벌레이션(Assassin's Creed : Revelations)〉
  2012 〈어쌔신 크리드 3(Assassin's Creed 3)〉
  2013 〈어쌔신 크리드 4 : 블랙 플래그(Assassin's Creed : Black Flag)〉
  2014 〈어쌔신 크리드 로그(Assassin's Creed Rogue)〉
      〈어쌔신 크리드 유니티(Assassin's Creed Unity)〉
- **참고 자료** David Knight, David S.J. Hodgson, Damien Warples, *Assassin's Creed-Prima Official Game Guide*, Prima Games, 2007.

언차티드 : 엘도라도의 보물 Uncharted : Drake's Fortune

출시연도 2007년
개발사 너티 독(Naughty Dog)
장르 액션 어드벤처 게임
플랫폼 플레이스테이션 3

스토리 네이선 드레이크는 전설적인 모험가 프랜시스 드레이크의 후손으로, 전문 보물 사냥꾼이다. 네이선은 프랜시스의 유물을 찾기 위해 상속받은 반지에 적

힌 좌표를 따라 파나마 해협으로 간다. 그곳에서 다큐멘터리 저널리스트인 엘리나 피셔의 도움으로 프랜시스의 관을 찾고, 엘도라도의 보물에 대해 적힌 일기장을 습득한다. 그러나 보물을 탈취하려는 해적들이 쫓아와 네이선과 엘리나의 보트를 폭파시키고 그들을 추격한다. 오랜 파트너인 빅터 설리반의 도움으로 위험에서 벗어난 네이선은 일기장에 적힌 황금 석상의 흔적을 찾기 위해 엘리나, 빅터와 함께 아마존으로 향한다. 이 사실을 알게 된 네이선의 경쟁자 가브리엘 로만은 용병을 고용하여 네이선의 뒤를 쫓는다. 숨겨진 엘도라도의 보물을 차지하기 위한 사냥꾼들의 모험이 시작된다.

플레이 게임의 목표는 엘도라도의 숨겨진 보물을 찾는 것이다. 플레이어 캐릭터는 네이선이며 3인칭 시점으로 진행된다. 이동하거나 전투가 진행되는 액션 파트와 숨겨진 단서를 찾고 보물의 행방을 추리하는 어드벤처 파트로 진행된다.

【액션 파트】 액션 모드에서 플레이어는 플랫폼 액션을 통해 이동하거나 전투를 할 수 있다. 플레이어는 점프, 수영, 암벽 등반 등으로 이동 경로를 확보하거나 적에게 접근한다. 전투는 육탄전과 총격전의 2가지 방식으로 진행된다. 육탄전의 경우, 총알이 떨어지거나 기습 공격을 할 때 사용하며 격투(melee)와 콤보(combo)로 이루어진다. 격투는 맨주먹으로 상대를 공격하는 유형을 총칭한다. 콤보는 컨트롤러의 버튼을 연타하는 방식으로, 연쇄 공격을 통해 공격력을 강화시킨다.

총격전의 경우, 플레이어는 최대 2개의 무기를 소지할 수 있으며 적의 무기를 탈취할 경우 무기를 교체하는 것이 가능하다. 이동 수단은 지프 혹은 제트 스키이다. 네이선이 차량이나 제트 스키를 조종할 경우, 플레이어는 아바타를 엘리나로 전환하여 적을 공격해야 한다. 네이선이 공격을 받거나 체력이 떨어질 경우, 체력 게이지 대신 그래픽의 채도가 낮아지며 화면이 흑백으로 바뀐다.

【어드벤처 파트】 어드벤처 모드는 플레이어가 맵상의 오브젝트를 파악하고 단서를 획득하는 방식으로 진행된다. 플레이어는 프랜시스의 일기장에 기록된 지도를 확인하여 이동이 가능한 경로를 확보하고 숨겨진 단서를 찾아야 한다. 단서는 지형지물, 유적, 해골의 소지품 등에서 반짝이는 형태로 나타나며 단서에 근접하면 획득 가능 표시가 뜬다. 획득한 단서는 프랜시스의 일기장에 기록된다. 숨겨진 60여 가지의 보물을 찾거나 특정 과업을 달성하면 보상 포인트를 획득할 수 있다.

평가 개발사에서 자체적으로 제작한 '너티 독 엔진'을 통해 광원 효과를 구현하고 지형지물의 형태 및 사물의 움직임을 사실적으로 표현했다. 실제 배우의 음성 녹음과 모션 캡처를 동시에 진행해 캐릭터에 역동감을 부여했다. 2010년 게임 개발자 컨퍼런스(Game Developers Conference, GDC)에서 수여하는 '올해의 게임상(Game of the Year)'을 포함해 5개 분야의 상을 받았다.

■ **핵심어** 액션 어드벤처, 플랫폼 액션, 너티 독 엔진
■ **시리즈**
  2007 〈언차티드 : 엘도라도의 보물(Uncharted : Drake's Fortune)〉
  2009 〈언차티드 2 : 황금도와 사라진 함대(Uncharted 2 : Among Thieves)〉
  2011 〈언차티드 3 : 황금 사막의 아틀란티스(Uncharted 3 : Drake's Deception)〉
     〈언차티드 : 새로운 모험의 시작(Uncharted : Golden Abyss)〉
■ **참고 자료** Constance Steinkuehler, Kurt Squire, Sasha Barab, *Games, Learning, and Society : Learning and Meaning in the Digital Age*, Cambridge University Press, 2012. | Matt Fox, *The Video Games Guide : 1,000+ Arcade, Console and Computer Games, 1962-2012*, McFarland, 2013.

창천 온라인 Changchun Online

출시연도 2007년
개발사 위메이드 엔터테인먼트(Wemade Entertainment)
장르 다중접속온라인 역할수행 게임
플랫폼 PC

스토리 게임의 배경은 한 말기 위, 촉, 오로 분할된 삼국지 시대. 주인공은 소속된 국가의 영토를 늘리기 위한 전쟁에서 공적을 쌓고 관직에 오른다. 창궐하는 황건적이나 도적을 물리쳐 도시의 일꾼으로 편입시키기도 한다. 또한 주인공은 황건의 난, 적벽대전 등의 역사적인 전투와 임무 등에서 만난 영웅에게 가르침을 받고 성장해나간다.

플레이 게임의 목표는 적국의 도시를 침략해 플레이어가 속한 국가의 영토를 늘리는 것이다. 플레이어는 캐릭터를 정할 때 위, 촉, 오 세 국가 중 하나를 선택할 수 있다. 캐릭터의 직업으로는 무사, 검객, 협객, 역사가 있다. 플레이어는 임무수행을 통해 공적을 쌓아 관직을 얻을 수 있다. 관직을 얻은 플레이어는 전쟁이나 전쟁 시 아군을 지원하는 수송과 원군을 제안하여 국가 정책에 참여할 수 있다. 제

안한 정책은 자국에 소속된 플레이어에게 일정 수 이상의 동의를 얻어 진행된다.

또한 플레이어는 임무 수행을 통해 기술을 습득하고 획득한 포로와 무기재료로 도시를 발전시킨다. 도시가 발전함에 따라 군량과 무장도가 증가하여 전쟁에 동원할 수 있는 영웅과 병사의 수가 늘어난다. 여기서 전쟁이란 각 국가에 소속된 플레이어가 서로 전투를 벌이는 대규모 플레이어 간 전투(PvP)로 국경전이라 불린다. 국경전을 일으킨 공성측은 보유한 군량이 모두 소모되기 전까지 상대의 성문을 함락시키고 도시를 차지하려 한다. 이때 군량은 시간이 지나면서 소모되며 이를 보충하기 위해 자국의 도시에서 보급을 받아야 한다. 이에 반해 수성측은 성문을 수호하고 공성 측 도시의 보급로를 차단해야 한다.

평가 플레이어가 실제 역사적 전투, 전략을 통해 삼국지의 역사를 직접 경험할 수 있다. 다양한 그래픽 효과를 통해 사실적인 타격감을 구현했다는 평가를 받았다. 2007년에 개최된 대한민국 게임대상에서 '최우수상'을 수상했다.

- **핵심어** 이-스포츠, 무협
- **참고 자료** 디스이즈게임, 〈[체험기] 신개념 삼국지 '창천 온라인'〉, http://thisisgame.com/webzine/game/nboard/16/?page=103&n=6400 | 지지게임, 〈창천 온라인〉, www.ggemguide.com/game_view.htm?uid=517

크라이시스 Crysis

| 출시연도 2007년
| 개발사 크라이텍(Crytec)
| 장르 1인칭 슈팅 게임
| 플랫폼 PC

스토리 2020년 미국 델타 포스 소속의 제이크 노마드 던 중위는 랩터 팀의 일원으로 난사 군도의 링산 섬에 파견된다. 노마드의 임무는 조선민주주의인민공화국 군대가 억류하고 있는 일군의 연구단을 구출해내는 일이다. 그러나 공수 낙하 도중 발생한 사고로 노마드와 동료들은 뿔뿔이 흩어지고, 팀과 합류해 임무를 완수하려던 노마드는 예기치 못한 적과 맞닥뜨린다.

플레이 플레이어는 나노수트와 무기, 탄약을 활용해 적을 물리치고 임무를 완수해야 한다. 강화복의 일종인 나노수트는 속도 모드, 강도 모드, 장갑 모드, 은신 모드를 지원하고 열과 수소전지를 이용해 필요한 에너지가 자체 충전된다. 플레이어에게는 권총과 기관단총, 미사일 발사기, 산탄총, 자동 소총, 코일 건(coil gun) 등의 무기가 지급된다. 모터보트와 탱크, 트럭을 비롯한 탈것을 이용할 수 있고 드럼통과 같은 오브젝트를 활용한 공격이 가능하다. 멀티 플레이 시 최대 32명의 플레이어가 데스매치 모드나 권력투쟁 모드에 참가할 수 있다. 권력투쟁 모드의 경우 모든 플레이어는 델타 포스 소속이 되어 무기와 탈것을 획득하고 조선민주주의인민공화국 지도부를 물리쳐야 한다.

평가 크라이엔진(CryEngine)을 활용한 풍광 묘사, 넓은 시야각, 현실에 근접한 물리 효과가 특징이다. 2012년 독일 컴퓨터 게임 어워드(German Computer Games Award)에서 '독일 최고의 게임 상(Best German Game)'을 받았다.

- **핵심어** 나노수트, 크라이엔진
- **시리즈**
  2007 〈크라이시스(Crysis)〉
  2011 〈크라이시스 2(Crysis 2)〉
  2013 〈크라이시스 3(Cryrsis 3)〉
- **참고 자료** Jonathan P. Bowen, Suzanne Keene, *Electronic Visualisation in Arts and Culture*, Springer Science & Business Media, 2013.

크로스파이어 CrossFire

출시연도 2007년
개발사 스마일게이트(SmileGate)
장르 1인칭 슈팅 게임
플랫폼 PC

스토리 글로벌 리스크는 특수부대 출신 요원들로 구성된 국제 용병주식회사로 테러리스트를 지원하는 또 다른 용병회사 블랙 리스트와 적대적 관계를 유지하고 있다. 글로벌 리스크는 세계의 평화를 위해 전쟁에 참가하며, 블랙 리스트는 약소국가들의 이익을 위해 참전한다.

플레이 플레이어는 선택한 진영의 승리를 목표로 한다. 캐릭터의 기장은 플레이어가 선호하는 플레이 방향에 따라 정해진다. 기장의 종류로는 돌격병, 저격병, 척후병, 특수병, 엘리트 등 총 5종류가 있다. 전투의 모드는 일반 모드, 나노 모드,

도전 모드, 섀도 모드, 특수전으로 나뉜다. 일반 모드는 세부적으로 팀 매치, 팀 데스매치, 고스트 매치, 전멸전, 데스매치로 구분된다. 이 중 고스트 매치는 크로스파이어를 대표하는 모드로, 고스트 팀인 블랙 리스트와 이들을 방어하는 글로벌 리스크 간의 전투이다. 고스트 팀은 투명화 장비를 이용해 자신의 몸을 숨길 수 있지만, 근접 공격만 가능하다. 글로벌 리스크는 고스트 팀이 움직일 때 드러나는 실루엣과 발걸음 소리, 숨소리 등을 포착하여 공격해야 한다.

평가 2015년 기준으로 중국 브라질, 베트남 등 80여 개국에서 서비스 중이다. 2011년부터 2013년까지 3년 연속으로 세계 최대 규모의 게임 대회인 월드 사이버 게임즈(World Cyber Games, WCG)의 정식 종목으로 선정됐다. 월드 사이버 게임즈가 해체된 이후 2013년부터는 전 세계의 〈크로스파이어〉 플레이어들을 대상으로 한 글로벌 리그인 크로스파이어 스타즈(CrossFire Stars, CFS)가 개최됐다.

■ **핵심어** 월드 사이버 게임즈, 크로스파이어 스타즈, 고스트 매치
■ **참고 자료** 게임동아, 〈전세계 420만 동접의 크로스파이어, 12일 정식 서비스 돌입〉, http://game.donga. com/70878/ | CrossFire stars, www.crossfirestars.com/kr/2015.php

텍사스 홀덤 포커 Texas HoldEm Poker

출시연도 2007년
개발사 징가(Zynga)
장르 시뮬레이션 게임
플랫폼 웹

플레이 포커 게임 〈텍사스 홀덤(Texas hold'em)〉과 동일한 규칙을 따른다. 최대 9명의 플레이어가 참여할 수 있다. 플레이어는 5장의 카드를 조합하여 다른 플레이어들보다 높은 패를 만들어 승리해야 한다. 한 패는 총 5장의 카드로 구성되며, 높은 패는 카드의 그림, 숫자, 배열 순서 등을 통한 포커 카드 계산법에 따라 정해진다.

게임이 시작되면 엔피시(NPC)인 딜러는 각 플레이어에게 2장의 홀 카드(hole card)를 제공하고, 총 5장의 커뮤니티 카드(community card)를 정중앙에 놓는다. 게임이 끝날 때까지 자신이 받은 2장의 카드와 앞에 놓인 5장의 카드를 자유롭

게 조합하여 총 5장의 카드를 완성해야 한다. 배팅은 차례가 올 때마다 〈텍사스 홀덤〉 규칙에 따른다. 마지막에 플레이어들은 자신의 패를 보여주고 누가 가장 높은 패를 가졌는지 확인한다. 가장 높은 패를 가진 사람은 배팅에 걸었던 모든 칩을 받고 게임을 종료한다.

플레이어는 페이스북 친구가 게임에 접속했을 시 게임 진행에 필요한 칩을 보너스로 더 받을 수 있으며, 친구끼리 아이템 선물 교환도 가능하다. 매주 우승 상금을 두고 경쟁하는 토너먼트가 열리며, 우승할수록 플레이어의 랭킹이 높아진다.

평가 〈팜빌(FarmVille)〉과 더불어 〈텍사스 홀덤 포커〉는 미국 소셜 게임 업체인 징가를 대표적인 페이스북 콘텐츠 제작 업체 중 하나로 자리 잡게 했다. 미국 케이블 방송사 이에스피엔(ESPN)은 〈텍사스 홀덤 포커〉를 기반으로 발전한 〈징가 포커(Zynga Poker)〉를 세상에서 가장 큰 포커 사이트라 칭했다.

- **핵심어** 페이스북
- **참고 자료** Emily Howell, *Zynga 232 Success Secrets-232 Most Asked Questions On Zynga-What You Need To Know*, Emereo Publishing, 2014. | Sarah Machajewski, *Mark Pincus and Zynga*, Rosen Classroom, 2013. | ESPN, "PokerCon makes debut this weekend", www.espn.go.com/blog/poker/post/_/id/277/zynga-poker-set-make-live-debut-pokercon-palms-las-vegas

파타퐁 Patapon / パタポン

출시연도 2007년
개발사 피라미드(Pyramid), 에스시이 재팬 스튜디오(SCE Japan Studio)
장르 리듬 게임
플랫폼 플레이스테이션 포터블

스토리 멸망 직전의 파타퐁족은 북을 통해 신을 만난다. 파타퐁족은 신을 절대적으로 믿고 따르며, 전설로 전해져 내려오는 세계의 끝을 보기 위해 신의 북소리에 따라 행군한다. 그러나 파타퐁족은 지고톤족과 맞닥뜨리고 서로 대립하게 된다.

플레이 플레이어는 파타퐁족이 믿는 신이 되어 게임을 진행한다. 게임의 목표는 4박자의 리듬을 조합해 파타퐁족의 군대를 이끌고 적을 무찌르는 것이다. 플레이어는 북을 통해 파타, 퐁, 챠카, 동이라는 4가지 소리를 낼 수 있으며, 이를 조합해 파타퐁족에게 명령을 내릴 수 있다. 기본 명령은 전진, 공격, 방어이며, 스테이지가 진행됨에 따라 후퇴, 점프와 같은 명령을 추가로 사용할 수 있다.

평가 2008년에 게임 전문 사이트 게임스팟(GameSpot)에서 주최한 '2008년 최고의 게임 상(Best of 2008 Awards)'에서 '최고의 음악상(Best Original Music)'과 '가장 혁신적인 게임 상(Most Innovative Game)'을 받았다.

- **핵심어** 명령, 리듬 조합, 북
- **시리즈**
  2007 〈파타퐁(Patapon)〉
  2008 〈파타퐁 2 동챠카♪(Patapon 2)〉
  2011 〈파타퐁 3(Patapon 3)〉
- **참고 자료** Thomas J. Papa, *Poetic Videogames : A Haiku Perspective*, Lulu.com, 2014.

포탈 Portal

출시연도 2007년
개발사 밸브 코퍼레이션(Valve Corporation)
장르 퍼즐 플랫폼 게임
플랫폼 PC

스토리 애퍼처 사이언스의 피실험자로 자원한 첼은 텅 빈 실험실에서 눈을 뜬다. 인공지능 글라도스의 안내에 따라 방을 나선 첼은 포탈 건이라 불리는 애퍼처 사이언스 휴대용 포탈 장치를 지급받는다. 글라도스는 포탈 건의 사용법에 대해 안내하며 첼이 실험 계획을 충실하게 따른다면 자유와 케이크를 제공하겠다고 약속한다. 그러나 실험이 진행될수록 글라도스의 의도는 불분명해지고, 첼은 생존을 위해 탈출해야만 하는 처지에 몰린다.

플레이 〈포탈〉은 층을 이동하며 도전 과제를 수행하는 퍼즐 어드벤처 게임이다. 플레이어는 포탈 건을 발사해 파란색과 주황색 포탈을 생성할 수 있다. 두 포탈은 서로 이어져 있으며, 플레이어 캐릭터는 포탈을 통해 이동하거나 정해진 대상을 이동시켜야 한다. 포탈 내 운동량은 항시 보존되므로 들어가는 속도와 나가는 속도가 동일하다는 점을 이용해 이동 방향과 속도를 조절할 수 있다. 같은 색의 포탈은 둘 이상 존재할 수 없고 동일한 색의 포탈을 2개 만들면 첫 번째 포탈은 소멸하고 2번째 포탈만 남는다. 포탈 안에 포탈을 만들 수 없고, 특수 재질의 평면에는 포탈을 만들 수 없다. 〈포탈 2〉부터 멀티 플레이 모드가 가능하며 최대 4개의 포탈을 사용할 수 있게 됐다.

평가 2006년 인디 게임 페스티벌(Independent Game Festival, IGF)에서 발표된 〈나바큘라 드롭(Narbacular Drop)〉의 콘셉트를 차용해 제작됐다. 제29회 골든 조이스틱 어워드(Golden Joystick Awards)에서 '올해 최고의 게임 상(Ultimate Game of the Year)'으로 뽑혔다. 제8회 영국 필름 및 텔레비전 예술 아카데미(British Academy of Film and Television Arts, BAFTA)에서 게임 부문 '최우수상(Best Game)'을 받았다.

- **핵심어** 포탈 건, 포탈, 인디 게임 페스티벌
- **시리즈**
  2007 〈포탈(Portal)〉
  2011 〈포탈 2(Portal 2)〉
- **참고 자료** Constance Steinkuehler, Kurt Squire, Sasha Barab, *Games, Learning, and Society : Learning and Meaning in the Digital Age*, Cambridge University Press, 2012. | Felicia Patrick, *Developments in Current Game-Based Learning Design and Deployment*, IGI Global, 2012.

헬게이트 : 런던 Hellgate : London

출시연도 2007년
개발사 플래그십 스튜디오(Flagship Studios)
장르 액션 역할수행 게임
플랫폼 PC

스토리 2020년 영국 런던, 헬게이트가 열려 악마 무리가 지상으로 나온다. 악마는 인간을 잔혹하게 죽이고 도시를 초토화시킨다. 전멸 위기에 처한 인류 앞에 중세 시대 기사단이 등장해 불가사의한 무기와 주문으로 악마를 해치운다. 이후 기사단은 악마의 공격 대상이 인간이 아닌 기사단으로 변경됐으며, 악마가 위협이 되는 존재만을 공격한다는 것을 깨닫는다. 기사단은 도시 밑에 건설된 안전지대로 인간을 대피시킨 뒤, 헬게이트로 몰려가 총 공세를 펼친다. 그동안 인류는 지하에서 악마에게 대적할 힘을 키우고, 2038년이 되자 악마에게 반격을 시작한다.

플레이 플레이어는 기사단 중 한 명이 되어 악마를 처치해야 한다. 선택할 수

있는 기사단은 템플러(검기사, 수호사), 헌터(전투요원, 기술요원), 카발리스트(암흑술사, 악마술사)로 총 6가지이다. 플레이어는 코벤트 가든, 홀본 역, 채링 크로스 역, 대영 박물관, 런던 타워 등 악마의 침공으로 파괴된 런던의 곳곳을 탐험한다. 게임은 1인칭과 3인칭 시점 중 플레이어가 선택한 방식에 따라 진행되나, 근접 무기를 사용하는 직업의 경우 3인칭 시점으로만 진행된다. 플레이어는 무기의 소켓에 탄창, 배터리 팩, 연료 탱크, 로켓 등의 강화 부품을 장착해 무기의 특성과 외형을 변화시킬 수 있다. 플레이어는 악마를 처치해 획득한 아이템을 분해해서 가상 통화인 팔라듐이나 아이템을 강화 및 제작하는 데 사용할 수 있는 재료를 얻는다.

평가 〈헬게이트 : 런던〉의 서사적 설정을 바탕으로 동명의 만화가 출간됐으며, 소설로 각색한 작품도 나왔다. 2008년 한국의 한빛소프트가 〈헬게이트 : 런던〉의 지식재산권을 획득해 확장팩인 〈헬게이트 : 레저렉션(Hellgate : Resurrection)〉과 〈헬게이트 : 도쿄(Hellgate : Tokyo)〉를 발매했다.

- **핵심어** 런던, 악마, 기사단
- **참고 자료** Nicholas Lovell, *Gamesbrief Unplugged Volume 1 : On Copyright, Politics And Opinion*, lulu. com, 2011. | Gamespot, "Hellgate : London Review", www.gamespot.com/reviews/hellgate-london-review/1900-6182588/ | IGN, "Hellgate : London Review", www.ign.com/articles/2006/12/08/hellgate-london-hands-on-with-the-hunter

검은방 : 밀실탈출 Panic Room

출시연도 2008년
개발사 일렉트로닉 아츠 모바일 코리아(Electronic Arts Mobile Korea, EA Mobile Korea)
장르 어드벤처 게임
플랫폼 모바일

스토리 의문의 초대를 받은 8명의 남녀가 폐저택에 갇혔다. 그들은 건물에서 탈출하기 위해 힘을 합치지만 연이어 벌어지는 기괴한 사건들이 숨기고 있던 각자의 죄를 드러낸다. 단죄라는 명목으로 한 사람씩 죽기 시작하자 남은 자들은 공포에 떨기 시작한다.

플레이 플레이어의 목표는 저택에서 탈출하는 것이다. 게임은 분기형 서사에 따라 진행되며, 분기점에서 플레이어가 선택한 답에 따라 이후 전개 및 엔딩이 달라진다. 플레이어는 자신이 위치한 방을 조사해 탈출과 관련된 단서나 아이템을 얻을 수 있다. 플레이어는 획득한 정보의 키워드를 통해 살인범을 추리할 수 있으며, 키워드는 회의, 고찰, 언쟁과 같은 이벤트를 통해서도 얻을 수 있다. 이 외에도 범인이나 탈출에 관한 단서를 얻기 위해서는 다양한 미니 게임을 클리어해야 한다.

평가 추리 서사 중심의 모바일 어드벤처 게임으로, 이후 〈하얀섬(White Island)〉, 〈회색도시(City of Mist)〉 등의 모바일 추리 게임이 출시되는 계기가 됐다.

- **핵심어** 방 탈출, 추리, 밀실, 멀티 엔딩
- **시리즈**
  2008 〈검은방 : 밀실탈출(Panic Room)〉
  2009 〈검은방 2 : 밀실탈출(Panic Room 2)〉
  2010 〈밀실탈출 : 검은방 3(Panic Room 3)〉
  2011 〈검은방 4 : 밀실탈출(Imprison 4)〉
- **참고 자료** 한국콘텐츠진흥원, 『2013 창조산업과 콘텐츠 9, 10월호』, 한국콘텐츠진흥원, 2013. | 스포츠조선, 〈소소한 모바일게임 역사. '방탈출부터 회색도시까지, 한국모바일 어드벤처의 계보'〉, http://sports.chosun.com/news/ntype.htm?id=20150103010022170000908&servicedate=20150102

레프트 4 데드 Left 4 Dead

출시연도 2008년
개발사 터틀락 스튜디오(Turtle Rock Studios), 밸브 코퍼레이션(Valve Corporation)
장르 1인칭 슈팅 게임
플랫폼 PC

스토리 미국 펜실베이니아에 전염병 '그린 플루'가 퍼져나간다. 감염자들은 유전자 변이로 인해 극심한 공격성을 보이고 뇌의 기능을 상실한다. 전염병 창궐 2주 뒤 베트남 참전 군인 빌, 대학생 조이, 정보통신기술 분석가 루이스, 폭주족 프란시스는 자신들이 바이러스에 면역이 있다는 사실을 알게 되고 안전한 곳을 찾아 떠난다.

플레이 플레이어의 목표는 감염자를 처치하고 안전지대로 이동하는 것이다. 게임은 캠페인에 따라 진행되며, 캠페인은 총 4개로 각각 5개의 챕터로 구성된다. 플레이어는 권총, 사냥용 소총, 화염병 등의 무기로 감염자를 공격할 수 있고 치료 키트, 제세동기, 아드레날린 주사 등의 회복 아이템을 사용할 수 있다. 게임 모드는 싱글 플레이어 모드, 4인 플레이어 모드, 합동 캠페인 모드, 4인 플레이어 서바이벌 모드로 구분된다.

평가 '감독(director)'이라 불리는 게임의 인공지능이 플레이어의 수행 능력에 따라 유동적으로 게임의 난이도를 변경한다. 게임 비평 사이트 아이지앤(IGN)에서 '2008년 최고의 멀티 플레이어 게임(Best Multiplayer Game of 2008)'으로 선정됐으며, 게임 전문 사이트 게임스팟(GameSpot)에서 10점 만점에 8.5점을 받았다.

- **핵심어** 공포, 좀비, 생존, 멀티 플레이어
- **시리즈**
  2008 〈레프트 4 데드(Left 4 Dead)〉
  2009 〈레프트 4 데드 2(Left 4 Dead 2)〉
- **참고 자료** Matt Fox, *The Video Games Guide : 1,000+ Arcade, Console and Computer Games, 1962-2012*, McFarland, 2013. | Steve Bowden, *100 Computer Games to Play Before You Die*, John Blake Publishing, 2011. | Tony Mott, *1001 Video Games : You Must Play Before You Die*, universe, 2010. | IGN, "Left 3 Dead, Team Fortress 2, and Valve", www.ign.com/articles/2008/12/06/left-4-dead-team-fortress-2-and-valve

리틀 빅 플래닛 Little Big Planet

출시연도 2008년
개발사 미디어 몰레큘(Media Molecule)
장르 퍼즐 플랫폼 게임
플랫폼 플레이스테이션 3

스토리 리틀 빅 플래닛에는 세계의 창조자인 큐레이터들이 만들어낸 신기한 창조물이 많다. 어느 날 큐레이터 중 하나인 콜렉터가 창조물을 훔치고, 자신의 창조물을 독점하면서 문제가 일어난다. 주인공 리빅은 리틀 빅 플래닛의 안정을 되찾기 위해 콜렉터를 찾아 나선다.

플레이 플레이어는 주인공 리빅을 조종해 리틀 빅 플래닛을 탐험한다. 플레이어의 목표는 장애물을 피하거나 점프를 통해서 최종 레벨에 도달하는 것이다. 미리 제작된 게임 세계에서 플레이하는 스토리 모드, 플레이어가 게임 세계를 직접 만드는 창조 모드, 플레이어가 만든 게임 요소를 공유하는 커뮤니티 모드 등 총

3개의 모드가 제공된다. 스토리 모드는 8개의 세계로 구성되며, 일본식 정원, 멕시코 사막, 뉴욕 길거리 등이 배경이다.

플레이어는 움직이는 플랫폼을 통과하면서 아이템에 해당하는 스티커와 오브젝트를 수집할 수 있다. 창조 모드의 플레이어는 스토리 모드에서 수집한 오브젝트를 조립해서 새로운 오브젝트를 만들거나 스테이지를 창조한다. 커뮤니티 모드를 선택한 플레이어는 직접 만든 오브젝트 및 스테이지를 다른 플레이어들과 공유한다.

평가 2009년 게임 개발자 컨퍼런스(Game Developers Conference, GDC)에서 '최우수 데뷔작(Best New Debut)', '최우수 게임 디자인(Best Game Design)', '최우수 기술 및 혁신(Best Technology and Innovation)' 부문을 수상했다.

- **핵심어** 창조 모드, 스토리 모드, 커뮤니티 모드
- **시리즈**
  2008 〈리틀 빅 플래닛(Little Big Planet)〉
  2009 〈리틀 빅 플래닛 포터블(Little Big Planet Portable)〉
  2011 〈리틀 빅 플래닛 2(Little Big Planet 2)〉
  2012 〈리틀 빅 플래닛 플레이스테이션 비타(Little Big Planet PS Vita)〉
  　　 〈리틀 빅 플래닛 카팅(Little Big Planet Karting)〉
  2014 〈리틀 빅 플래닛 3(Little Big Planet 3)〉
- **참고 자료** Oil Smith, *LittleBigPlanet : Ultimate Official Guidebook,*, Grosset & Dunlap, 2012.

미러스 엣지 Mirror's Edge

출시연도 2008년
개발사 다이스(Digital Illusions Creative Entertainment, DICE)
장르 어드벤처 게임
플랫폼 엑스박스 360, 플레이스테이션 3

스토리 감시카메라가 세상을 완벽히 통제하는 시대, 주인공 페이스는 진실을 알리는 러너로 살아간다. 어느 날 페이스와 경찰관인 그녀의 언니는 차기 시장 후보를 살해했다는 누명을 쓴다. 페이스는 누명을 벗기 위해 조사를 시작하고, 곧 현 시장 켈러한의 음모에 대해 알아챈다. 켈러한은 러너를 학살해 자신의 부정한 정권을 유지하려 했으나 차기 시장 후보가 이 사실을 알게 되자 그를 살해한 것이다. 페이스는 켈러한을 처치하고 진실을 밝히고자 한다.

플레이 플레이어 캐릭터는 페이스로, 게임은 1인칭 시점에서 진행된다. 플레이어 캐릭터는 주변 지형지물을 활용해 건물과 구조물 사이를 이동하는 파쿠르와 맨손 격투를 중심으로 게임을 진행한다. 적을 제압하거나 적으로부터 뺏은 무기를 이용해 전투를 할 수도 있다. 조력자 엔피시(NPC)는 육성을 통해 임무와 목적지, 적의 움직임에 대한 정보를 알려준다. 플레이어가 임무를 하나씩 완수할 때마다 챕터가 완료된다.

평가 2009년 미국 예술과학 아카데미(Academy of Interactive Arts & Sciences, AIAS)에서 '올해의 어드벤처 게임(Adventure Game of the Year)'으로 선정됐다.

- **핵심어** 파쿠르, 맨손 격투, 컷신, 디스토피아, 음모
- **참고 자료** Bryan Stratton, *Mirror's Edge : Prima Official Game Guide*, Prima Games, 2008. | Academy of Interactive Arts & Sciences, "2009 Awards Category Details", www.interactive.org/awards/award_category_details.asp?idAward=2009&idGameAwardType=5

브레이드 Braid

출시연도 2008년
개발사 넘버 논(Number None Inc.)
장르 플랫폼 퍼즐 게임
플랫폼 엑스박스 라이브 아케이드

스토리 과학자 팀의 실수로 공주가 괴물에게 잡혀간다. 팀은 공주를 구하기 위해 모험을 떠나지만, 오랜 모험을 하면서 공주와의 관계에 대해 끊임없이 고민한다. 마침내 팀은 공주와 재회하지만, 알고 싶지 않은 진실과 마주한다.

플레이 플레이어 캐릭터는 과학자 팀이며, 게임은 횡스크롤 방식으로 진행된다. 게임은 '월드'라 불리는 총 6개의 스테이지로 구성돼 있다. 게임의 시작 지점은 월드 2로, 플레이어 캐릭터는 퍼즐을 모아 잃어버린 기억을 되찾아야 한다. 시간 조종 기능을 도입했으며, 플레이어는 되감기 기능 등을 활용해 언제든 과거로 돌아갈 수 있다. 이 외에도 시간 조종을 통해 지형지물이나 몬스터의 속도를 조절할 수도 있다.

평가 '만약 시간을 마음대로 되돌릴 수 있다면'이라는 상상으로부터 개발된 인디 게임이다. 상징과 은유로 가득한 세계관을 통해 철학적 내용을 풀어냈으며,

초기 기획만으로 2006년 인디 게임 페스티벌(Independent Game Festival, IGF)에서 '게임 디자인 혁신(Innovation in Game Design)' 상을 받았다. 이후 2008년 게임 전문 사이트 게임스팟(GameSpot), 잡지 《공식 엑스박스 매거진(Official Xbox Magazine)》, 게임 비평 사이트 아이지앤(IGN) 등에서 다수의 상을 받았다.

■ **핵심어** 인디 게임, 시간 조종, 퍼즐, 되감기

■ **참고 자료** Gamasutra, "The Art Of Braid : Creating A Visual Identity For An Unusual Game", www.gamasutra.com/view/feature/132147/the_art_of_braid_creating_a_.php?print=1 | Gamestudies, "Against Procedurality", www.gamestudies.org/1103/articles/sicart_ap

스포어 Spore

출시연도 2008년
개발사 맥시스(Maxis)
장르 시뮬레이션 게임
플랫폼 PC

플레이 플레이어는 한 행성에서 생명체를 진화시키고 문명을 가꿔야 한다. 게임은 세포, 크리처(creature), 부족, 문명, 우주의 5개 단계로 구성된다. 플레이어가 행성을 선택하면 운석이 떨어져 생명체가 생겨난다. 생명체는 세포 상태로, 플레이어는 '행성 조각(meteor bits)'을 찾아 해당 생명체가 입, 지느러미 등을 갖춘 크리처로 진화할 수 있도록 해야 한다. 크리처 단계에서 생명체는 다른 크리처와 소통하는 법을 배울 수 있다. 크리처가 무리를 이루어 부족을 만들면 문명 단계에 진입한다. 문명이 행성을 통일한 경우, 우주선을 개발해 다른 종족을 지배하거나 다른 행성으로 이주하는 등의 플레이가 가능하다. 각 단계별로 다양한 생명체를 만들 수 있으며, 이 과정을 백과사전인 '스포어피디아(sporepedia)'로 제작해 다른 플레이어와 공유할 수도 있다.

평가 〈스포어〉는 〈심즈(The Sims)〉 시리즈의 제작자 윌 라이트(William Wright)가 개발한 게임이다. 영국 잡지 《피시 게이머 유케이(PC Gamer UK)》에서 100점 만점에 91점을, 텔레비전 게임 방송 〈엑스 플레이(X-Play)〉에서 5점 만점에 5점을 받았다.

■ **핵심어** 샌드박스 게임, 윌 라이트, 자유도, 진화, 문명

■ 시리즈

2008 〈스포어(Spore)〉

　　〈스포어 크리처(Spore Creatures)〉

　　〈스포어 오리진(Spore Origins)〉

2009 〈스포어 히어로(Spore Hero)〉

　　〈스포어 히어로 아레나(Spore Hero Arena)〉

2011 〈다크스포어(Darkspore)〉

■ **참고 자료** John Bohannon, "'Spore' Documentary Spawns Protest By Scientists Who Starred in It.", *Science*, vol.322, no.0, 2008.

아이온 : 영원의 탑 AION : The Tower of Eternity

출시연도 2008년

개발사 엔씨소프트(NCSOFT)

장르 다중접속온라인 역할수행 게임

플랫폼 PC

스토리 태초에 아트레이아는 영원의 탑을 중심으로 이루어진 하나의 세계였으나, 용족과 창조주의 전쟁으로 천계와 마계로 분열된다. 분열된 영원의 탑은 세계의 에너지 흐름을 불안정하게 만들어 어비스라는 이공간을 생성한다. 천족과 마족은 어비스를 통로로 삼고 종족의 생존을 위해 상대 진영의 남은 탑을 무너트리려 한다. 주인공은 본래 종족의 수호자였으나 전투에 의해 기억을 잃는다. 주인공은 잃어버린 기억과 과거의 영광을 되찾고자 전쟁에 가담한다.

플레이 플레이어는 천족과 마족 중 하나의 진영을 선택해 플레이한다. 모든 캐릭터는 처음에는 인간으로 시작하나, 레벨 10이 되면 데바로 승급해 비행할 수 있게 된다. 캐릭터들은 승급과 동시에 직업을 선택할 수 있다. 직업으로는 검성, 수호성, 궁성, 살성, 정령성, 마도성, 치유성, 호법성, 사격성, 기갑성, 음유성이 있다.

레벨 25가 되면 천계와 마계 사이의 어비스에 진입할 수 있다. 어비스에는 천족과 마족이 제약 없이 돌아다니며 플레이어 간 전투(PvP)가 가능하며, 요새에서는 공성전이 발생하기도 한다. 공성전과 플레이어 간 전투(PvP)로 얻은 어비스 포인트(AP)와 공훈 훈장으로 플레이어 간 전투 아이템인 어비스 아이템을 얻을 수 있고, 인스턴스 던전 공략을 통해 플레이어 대 환경 간 전투(PvE) 아이템을 얻을 수 있다. 레벨 65가 되면 잃어버렸던 창조력을 되찾아 하이데바로 각성하게 되고 성장할 때마다 얻는 창조력으로 자신이 원하는 능력을 강화시킬 수 있다.

어비스는 크고 작은 부유도로 이루어진 입체적인 공간으로 어비스에서의 기본 이동 방법은 비행이며, 이곳에서의 몬스터 사냥 혹은 상대 종족 처치 시 어비스 포인트를 얻을 수 있다. 어비스에 위치한 아티팩트를 점령한 종족은 이를 발동시켜 일정 범위 내 상대 종족에게 디버프를 가하거나 아군의 공격력과 방어력을 높일 수 있다. 아티팩트의 활용은 전력에 영향을 주고 공성전의 승패를 좌우한다. 상대 종족의 요새 내부에 있는 수호 신장을 처치하면 해당 요새를 점령할 수 있다.

평가 〈아이온 : 영원의 탑〉은 2006년 일렉트로닉 엔터테인먼트 엑스포(Electronic Entertainment Expo, E3)에서 처음 공개되어 '최우수 그래픽 상(Best Graphics Awards)'을 받았으며, 2008년에는 대한민국 게임대상에서 대통령상인 '대상'을 받았다. 2009년 독일 게임스컴(Gamescom)에서 '최고의 온라인 게임 상(Best Online Game Award)'을, 2011년에는 아시아 온라인 게임 어워드(Asia Online Game Awards)에서 '아시아 온라인 게임 대상(Asia Online Game Grand Award)'을 받았다.

- **핵심어** 천족, 마족, 어비스, 요새, 공성전, 아티팩트
- **참고 자료** 게임메카, 〈[5주년 기념] 리그오브레전드도 못 깬 아이온의 'PC방 160주 연속 1위' 기록〉, www.gamemeca.com/d.community/aion/mecareport.php?gid=453427

아틀란티카 Atlantica Online

출시연도 2008년
개발사 엔도어즈(Ndoors)
장르 다중접속온라인 역할수행 게임
플랫폼 PC

스토리 과거 아틀란티스는 오르하리콘을 중심으로 강력한 마법 문명을 설립했다. 그러나 오르하리콘이 지닌 마법력이 역류하면서 아틀란티스는 멸망의 길을 걷게 된다. 주인공은 사라진 아틀란티스 대륙을 찾고 오르하리콘의 마법력을 막아야 한다.

플레이 플레이어 캐릭터는 아틀란티스의 후예, 영웅, 아틀란티스인의 3개 종족 중에서 하나를 선택해야 한다. 플레이어는 주인공뿐만 아니라 8인의 용병을 합해 총 9인의 캐릭터를 조작할 수 있다. 전투 방식은 턴제로, 일반 전투와 티비에스 전투(Tactical Battle System, TBS)로 나뉜다. 티비에스 전투는 일반 전투와는 다르게 다수의 플레이어가 벌이는 전투이다. 일반 사냥에서는 최대 5인의 캐릭터까지만 조작 가능하지만 티비에스 전투에서는 모든 캐릭터를 조작할 수 있다. 각 용병마다 고유의 스킬이 있으며 무기별 상성도 다르므로 이를 고려하여 팀을 구성해야 한다.

이 외에도 길드 활동을 통해 인구 정책을 세우고 식량 생산을 하는 등 도시를 경영할 수도 있다. 도시의 영향력을 키워 국가를 이루는 것도 가능하다.

평가 〈아틀란티카〉는 북미, 일본, 유럽, 남미 등 여러 국가에서 서비스됐다. 2008년 태국 게임쇼(Thailand Game Show, TGS)에서 '최고의 온라인 게임 상(Best Online Game)'을 받았으며, 2008년 대한민국 게임대상에서 '최우수 게임상(국무총리상)'과 '우수 개발자상'을 받았다. 2009년에는 한국국제게임컨퍼런스 어워드(Korea Games Conference Awards, KGC)에서 '게임 디자인 부문 대상(KGC Awards Game Design)'을 받았다.

- **핵심어** 턴제 전투, 용병, 티비에스, 도시 경영
- **참고 자료** 디스이즈게임, 〈아틀란티카, 태국 게임쇼 최고 게임 선정〉, www.thisisgame.com/webzine/news/rboard/1/?n=23262

에이지 오브 코난 : 하이보리안 어드벤처
Age of Conan : Hyborian Adventures

출시연도 2008년
개발사 펀컴(Funcom)
장르 다중접속온라인 역할수행 게임
플랫폼 PC

스토리 1만 년 전의 세상은 잔인한 신과 전설의 괴수로 가득하다. 위대한 바바리안 코난은 마침내 아킬로니아 왕좌를 차지하나, 세상은 고대 악마와 어둠

〈에이지 오브 코난〉의 종족별 선택 가능 직업					
구분	직업	아킬로니아	시메리아	스티지아	카이타이
무법자(Rogue)	바바리안(Barbarian)	○	○		
	암살자(Assassin)	○		○	○
	레인저(Ranger)	○	○	○	○
전사(Soldier)	가디언(Guardian)	○	○		○
	다크 템플러(Dark Templar)	○	○		○
	컨쿼러(Conqueror)	○	○		
사제(Priest)	미트라의 사제(Priest of Mitra)	○			
	템페스트의 셋(Set of Tempest)			○	
	곰주술사(Bear Shaman)		○		○
마법사(Mage)	데모놀로지스트(demonologist)			○	○
	네크로맨서(Necromancer)			○	○
	소틀리의 레럴드(Herald of Xotli)			○	○

의 주술로 파멸해간다. 어두운 세상에서 모든 인간은 자신만의 운명을 개척해나가
야 한다.

플레이 플레이어는 아킬로니아, 스티지아, 시메리아, 카이타이 중 하나의 종족
을 선택해 캐릭터를 생성한다. 전투의 경우, 플레이어의 공격에 엔피시(NPC)가 실
시간으로 반응한다. 서버에 따라 플레이어 간 전투(PvP)도 가능하다. 길드에 가입
해 도시를 건설하거나 거점 도시를 놓고 길드전을 벌이기도 한다.

평가 뛰어난 그래픽과 섬세한 캐릭터 커스터마이징 시스템을 도입했다. 웅장한
배경음악과 발자국 소리, 물 튀는 소리 등의 효과음도 특징적이다. 북미 게임 사
이트 게임존(GameZone)에서 10점 만점에 9.4점을 받았다.

- **핵심어** 실시간 전투, 플레이어 간 전투, 길드
- **참고 자료** 인벤, 〈에이지 오브 코난 과연 할만한가? 북미섭 리포트〉, www.inven.co.kr/webzine/
news/?news=16432 | IGN, "Age of Conan : Hyborian Adventures Minute View", www.ign.com/
articles/2008/06/27/age-of-conan-hyborian-adventures-minute-view

월드 오브 구 World of Goo

출시연도 2008년
개발사 투디 보이(2D Boy)
장르 퍼즐 게임
플랫폼 PC

스토리 평화로운 세계에 살아가는 '구(goo)'들은 끈적거리는 기름 방울이다. 어느 날, 구들의 세계에 낯선 파이프가 등장한다. 파이프는 '월드 오브 구 회사'가 화장품과 에너지 드링크 등의 재료로 쓰일 구를 포획하려고 만든 것이다. 순진하고 호기심 많은 구들은 파이프를 새로운 탐험을 위한 선물로 여기고 파이프에 닿기 위해 고군분투한다.

플레이 게임의 목표는 각 레벨마다 정해진 수의 구를 파이프에 투입하는 것이다. 플레이어는 구를 이용해 다리·탑 등 구조물을 만들거나 퍼즐을 풀어 파이프에 접근할 수 있다. 구조물의 붕괴를 막기 위해서는 관성 및 중력의 작용과 구의 움직임을 고려해 구조물을 설계해야 한다. 플레이어는 능력과 형태가 상이한 20종의 구 중 적절한 구를 골라 구조물의 재료로 활용한다. 구의 종류로는 정사각형 형태인 블록 헤드, 접착력과 폭발력을 갖춘 밤 스티키, 비행 능력이 있는 벌룬 등이 있다. 게임은 4개의 기본 챕터와 한 개의 에필로그 챕터로 구성돼 있으며, 여분의 구를 이용해 가장 높은 건축물을 쌓는 것이 목표인 보너스 챕터도 있다.

평가 2008년 스파이크 티브이 비디오 게임 어워드(Spike TV Video Game Awards)에서 '최고의 인디 게임 상(Best Independent Game Award)'을 받았다.

- **핵심어** 인디 게임, 구조물, 관성, 중력
- **참고 자료** SpikeTV.com, "VIDEO GAME AWARDS 2008 WINNERS", www.spike.com/articles/mg5akh/video-game-awards-video-game-awards-2008-winners

유로 트럭 시뮬레이터 Euro Truck Simulator

출시연도 2008년
개발사 SCS 소프트웨어(SCS Software)
장르 이동수단 시뮬레이션 게임
플랫폼 PC

플레이 플레이어 캐릭터는 트럭 운전사로, 목표는 화물 운송업으로 돈을 버는 것이다. 플레이어는 벨기에, 프랑스, 독일 등 12개의 유럽 국가 중 하나를 선택하고, 초기 자본금 10만 유로로 트럭을 구매한 후 해당 나라에서 운송업을 시작한다. 화면 왼쪽 중앙에는 텍스트로 지시 사항이 전달되고, 화면 오른쪽 상단에 상세 맵이 제공된다. 물류 센터에서 화물의 목록을 확인한 후 운송할 화물을 정한다. 운송비는 목적지와 물품의 위험도나 수요 현황에 따라 결정된다. 위험도가 높은 화물의 경우, 위험물 도로운송에 대한 인증을 받아야 운송이 가능하다.

운전 중에는 도로 법규를 지켜야 하며, 이를 위반하거나 사고가 발생하면 벌금 및 수리비 등을 내야 한다. 운송을 성공적으로 완료하면 영업 지역을 추가로 확보할 수 있다. 운송 완료 및 수입 등을 기준으로 성취 등급이 5개로 나뉘며, 등급이 오르면 다른 나라에 대한 출입권을 획득하거나 최상급 트럭으로 트럭을 업그레이드 시킬 수 있다.

평가 트럭을 통한 화물 운송업을 그대로 재현한 시뮬레이션 게임이다. 실존 차량, 나라별 도로 현황 및 교통 법규를 구현해 플레이어의 몰입을 강화했다. 2012년 발매한 〈유로 트럭 시뮬레이터 2〉의 경우, 운송 회사를 설립하고 운전수를 고용하는 등의 경영 시뮬레이션 요소를 추가했다. 2012년 영국의 게임 잡지 《피시 게이머 유케이(PC Gamer UK)》에서 '올해의 게임 상(Best Game of the Year)'을 받았다.

- **핵심어** 이동수단 시뮬레이션 게임, 트럭
- **시리즈**
  2008 〈유로 트럭 시뮬레이터 (Euro Truck Simulator)〉
  2012 〈유로 트럭 시뮬레이터 2(Euro Truck Simulator 2)〉
- **참고 자료** Simon Egenfeldt-Nielsen, Jonas Heide Smith, Susana Pajares Tosca, *Understanding Video Games : The Essential Introduction*, Routledge, 2012.

유비트 Jubeat / ユビート

출시연도 2008년
개발사 코나미(Konami)
장르 리듬 게임
플랫폼 아케이드

플레이 게임 화면은 4개의 칸과 열로 구분된 16개의 스크린 터치 버튼으로 구성된다. 게임이 시작되면 화면에는 음악에 맞춰 노트가 표시되며, 플레이어는 정확한 타이밍에 해당 버튼을 눌러야 한다. 플레이어의 반응 속도에 따라 훌륭함(great), 좋음(good), 빠름(fast), 느림(slow)으로 판정이 나뉜다. 플레이어가 선택할 수 있는 노래의 레벨은 1부터 10까지이며, 각각의 레벨 안에서 베이직, 어드밴스드, 익스트림으로 난이도가 나뉜다. 온라인으로 멀티 플레이가 가능하다. 이-어뮤즈먼트(e-Amusement) 카드를 소지한 플레이어는 자신의 점수를 기록하고 저장할 수 있으며, 경험치를 모아 새로운 곡을 획득할 수 있다.

평가 코나미의 사운드 시뮬레이션 게임 브랜드인 비마니(BEMANI) 시리즈에 포함된다. 노트의 표시 화면과 입력 화면이 분리되지 않은 일체형으로 직관적인 플레이를 가능하게 했다. 버튼을 눌렀을 때 발생하는 타격감으로 플레이어들에게 호응을 얻었다.

- **핵심어** 타격감, 버튼, 타이밍, 난이도
- **시리즈**
  2008 〈유비트(Jubeat)〉
  2009 〈유비트 리플즈(Jubeat Ripples)〉
  2010 〈유비트 리플즈 어펜드(Jubeat Ripples APPEND)〉
      〈유비트 니트(Jubeat Knit)〉
  2011 〈유비트 니트 어펜드(Jubeat Knit APPEND)〉
      〈유비트 코피어스(Jubeat Copious)〉
  2012 〈유비트 코피어스 어펜드(Jubeat Copious APPEND)〉
      〈유비트 소서(Jubeat Saucer)〉
  2014 〈유비트 소서 풀필(Jubeat Saucer Fulfill)〉
  2015 〈유비트 프롭(Jubeat Prop)〉
- **참고 자료** 김겸섭, 『(모두를 위한 놀이) 디지털게임의 재발견』, 들녘, 2012.

제노니아 Zenonia

출시연도 2008년
개발사 게임빌(Gamevil)
장르 역할수행 게임
플랫폼 모바일

스토리 지상계를 파괴하려던 악마 라돈은 기사단장에 의해 봉인된다. 라돈은 봉인되기 전에 아기 리그릿의 몸에 자신을 부활시킬 수 있는 사악한 힘을 숨겨놓는다. 기사단장은 리그릿을 양자로 삼았으나 어느 날 악의 힘을 각성한 아들을 저지하다 목숨을 잃는다. 진실을 모르는 리그릿은 양아버지의 죽음을 밝히기 위해 여행을 떠난다.

플레이 플레이어는 마검사, 검투사, 암살자 중 하나의 직업을 선택할 수 있다. 스토리는 총 2가지로, 마족을 돕는 '밤'의 조합과 성당기사단을 돕는 '낮'의 조합이 있다. 플레이어가 선택하는 방향에 따라 전투 보조 캐릭터인 '페어리'의 기능이 결정된다. 마족을 도와주는 퀘스트를 진행할 경우에는 플레이어 캐릭터의 치명타율이, 그렇지 않을 경우에는 회피율이 올라간다.

평가 〈제노니아〉는 2008년 대한민국 게임대상의 기획시나리오 부문에서 '기술창작상'을 받았다. 게임 비평 사이트 아이지앤(IGN)에서 '뛰어난 조작법과 그래픽까지 갖춘 최고의 아이폰 게임'이란 평가를 받았다.

- **핵심어** 전투 보조 캐릭터, 치명타율, 회피율
- **시리즈**
  2008 〈제노니아(Zenonia)〉
  2010 〈제노니아 2 : 잃어버린 기억들(Zenonia 2 : The Lost Memories)〉
  2011 〈제노니아 3 : 미드가드 스토리(Zenonia 3 : The Midgard Story)〉
     〈제노니아 4 : 전설의 귀환(Zenonia 4 : Return of the Legend)〉
  2012 〈제노니아 5 : 운명의 수레바퀴(Zenonia 5 : Wheel of Destiny)〉
- **참고 자료** 최선규, 『자동전투 시스템의 지속적 사용의도에 관한 연구 : 스마트폰 RPG를 중심으로』, 고려대학교 컴퓨터정보통신대학원 석사논문, 2015. | 에이빙뉴스, 〈제노니아, "게임빌만의 리얼리티 구현으로 대표 RPG가 될 것"〉, http://kr.aving.net/news/view.php?articleId=97035

다크폴 Darkfall

출시연도 2009년
개발사 어벤추린 SA(Aventurine SA)
장르 다중접속온라인 역할수행 게임
플랫폼 PC

스토리 2013년 발매된 〈다크폴 : 잔혹한 전쟁〉의 스토리는 다음과 같다. 여신 가디스는 황폐한 땅에 생명을 부여하고 아곤이라 칭한다. 이어 여신은 자신을 도와 세상을 관리할 소신을 창조하고 두 발로 살아가는 종족들에게 지혜를 부여한다. 몇 세기 동안 평화로운 시절이 지속됐지만 우르셋을 비롯한 일부 소신의 반란으로 가디스가 살해된다. 소신들이 아곤을 분할 통치하면서 아곤은 황폐해진다. 15만 년 후, 가디스를 상징하는 3개의 달이 충돌하면서 가디스의 부활을 알린다.

플레이 2009년 발매된 〈다크폴〉의 플레이 방식은 다음과 같다. 플레이어는 인간, 오크, 마히림, 미르다인, 알파리, 드워프 중에서 하나의 종족을 선택할 수 있으며, 종족은 3진영으로 나뉜다. 직업·레벨 대신 스킬별 숙련도를 도입했다. 인스턴스 던전이 없는 개방형 맵을 채택하며, 플레이어가 직접 무기, 방어구, 배, 건물 등을 제작할 수 있어 자유도가 높다. 플레이어는 해군이나 해적이 되어 바다로 진출할 수도 있다.

맵의 어느 곳에서든 플레이어 간 전투(PvP)를 실시할 수 있으며 논타깃팅 공격 방식을 채택한다. 같은 진영이나 같은 종족을 공격하면 가치관 수치가 하락한다. 가치관 수치가 0 이하로 내려가면 엔피시(NPC)와의 거래가 금지되고 퀘스트도 받을 수 없다. 일정 수 이상의 플레이어가 모이면 클랜을 구성할 수 있으며 여러 클랜이 연합할 경우 국가 건설도 가능하다.

평가 국내에서는 〈다크폴 : 잔혹한 전쟁〉이 서비스됐다.

- **핵심어** 무기 제작, 개방형 맵, 자유도, 논타깃팅, 클랜
- **시리즈**
  2009 〈다크폴(Darkfall)〉
  2013 〈다크폴 : 잔혹한 전쟁(Darkfall : Unholy Wars)〉
- **참고 자료** 게임메카, 〈다크폴 : 잔혹한 전쟁 1차 테스트, 울티마 잇는 무한 자유도가 핵심〉, www.gamemeca. com/preview/view.php?gid=318943 | 한국경제, 〈2013년판 울티마 온라인 왔다! '다크폴 : 잔혹한 전쟁'〉, 2013. 8. 27. | MMORPG.COM, Darkfall Online Review, www.mmorpg.com/gamelist.cfm/game/4/ view/reviews/load/89

두들 점프 Doodle Jump

출시연도 2009년
개발사 리마 스카이(Lima Sky)
장르 플랫폼 게임
플랫폼 모바일

스토리 두들은 다리가 4개 달린 녹색 외계 동물이다. 두들은 우주선이나 블랙홀, 외계인을 피해 공중으로 올라가야 한다.

플레이 플레이어는 발판을 계속 밟아 위로 올라가는 것을 목적으로 게임을 진행한다. 휴대폰의 기울기를 조절해 두들을 좌우로 움직인다. 발판 위에 있는 스프링, 프로펠러 모자, 제트팩, 로켓, 트램펄린 등의 부스터(booster)를 이용해 여러 개의 발판을 한 번에 올라갈 수 있다. 발판에서 떨어지거나 유에프오(UFO), 블랙홀 등에 끌려 들어갈 경우 게임이 종료된다. 오리지널, 크리스마스, 아마존, 할로윈 등 다양한 맵에서의 플레이가 가능하다.

평가 와이어드닷컴(Wired.com)의 '2009년 아이폰 최고의 애플리케이션 20선(Top 20 Best iPhone Apps of 2009)'에 선정됐다. 2014년 메레디스 그랜(Meredith Gran)은 〈두들 점프〉를 동명의 만화로 출간했다.

- **핵심어** 틸트 기법
- **참고 자료** 김정남, 김웅남, 김정현, 『게임의 운명을 결정하는 기획과 시나리오』, e비즈북스, 2013. | Rana Sobhany, *Mobilize : Strategies for Success from the Frontlines of the App Revolution*, Vanguard Press, 2011.

드래고니카 Dragonica

출시연도 2009년
개발사 바른손 인터랙티브(Barunson Interactive)
장르 다중접속온라인 역할수행 게임
플랫폼 PC

스토리 평화로운 용의 대륙 드래고니카에서 어둠의 용 엘가는 드래곤 로드의 후계자 자리를 차지하고자 반란을 일으킨다. 드래곤 로드를 따르는 용과 용감한 인간은 힘을 합쳐 엘가를 격퇴하고 지하 감옥에 봉인한다. 1,000년의 시간이 흐른 뒤, 한 흑마법사가 엘가를 부활시킨다. 엘가를 물리치고 평화를 되찾을 드래곤 원정대의 모험이 시작된다.

플레이 플레이어의 목표는 드래곤 원정대의 구성원이 돼 캐릭터를 성장시키는 것이다. 플레이어는 전사, 마법사, 궁수, 도적 중 하나의 직업을 선택할 수 있다. 게임은 횡스크롤 방식으로 진행되며, 주된 플레이 방식은 콤보 공격을 통한 몬스터 사냥이다. 라이징 콤보 액션을 사용해 공중에 몬스터를 띄워 공격할 수도 있다. 몬스터 사냥 외에도 인스턴스 던전 참여가 가능한 미션 맵, 플레이어 간 전투(PvP)가 가능한 배틀 스퀘어, 길드전이 가능한 엠포리아 쟁탈전을 통해 경험치를 쌓고 레벨을 올릴 수 있다.

평가 2009년 중국, 북미, 유럽 등에서 국내보다 먼저 서비스됐으며, 북미 타이틀명은 〈드래곤사가(Dragon Saga)〉이다. 국내에서는 2010년 9월 서비스를 시작해 2011년 7월 종료했다. 2010년 10월 그라비티(Gravity)는 바른손 인터랙티브를 인수해 〈드래고니카〉의 그래픽, 인터페이스 등을 수정해 2012년 5월 〈드래곤사가〉로 국내에 재출시했다. 〈드래곤사가〉는 2013년 7월 국내 서비스를 종료하였으나, 2015년 12월부터 스팀(Steam)을 통해 서비스를 재개했다.

■ **핵심어** 횡스크롤, 드래곤, 몬스터 사냥, 콤보
■ **참고 자료** Eurogamer, "Dragonica Review", www.eurogamer.net/articles/dragonica-review | IGN, "Gragon Saga Goes Live", www.ign.com/articles/2010/10/29/dragon-saga-goes-live

리그 오브 레전드 League of Legends

출시연도 2009년
개발사 라이엇 게임즈(Riot Games)
장르 모바 게임
플랫폼 PC

스토리 룬테라의 대륙 발로란에는 다양한 도시국가가 존재한다. 강력한 마법 에너지인 룬을 두고 도시국가들은 몇백 년간 전쟁을 벌였다. 이 전쟁으로 발로란 대륙에서는 기상이변이 일어나고 대륙은 황폐해진다.

모든 도시국가가 공멸할 수 있다는 심각성을 깨닫게 된 고위 마법사들은 '리그 오브 레전드'라는 협회를 결성하고 세력 간 분쟁이 발생할 경우 협회 소속의

경기장에서 해결하기로 결의한다.

플레이 게임의 기본적인 방식은 10명의 플레이어가 두 진영으로 나뉘어 대전하는 것이다. 게임은 승리하기 위한 조건에 따라 클래식 모드, 도미니언 모드로 나뉜다. 클래식 모드는 상대팀 진영에 위치한 넥서스를 먼저 파괴하는 쪽이 승리하며 도미니언 모드는 맵의 주요 거점을 더 많이 점령하는 진영이 승리한다. 클래식 모드는 소환사의 협곡, 뒤틀린 숲, 칼바람의 나락 맵에 적용되며 도미니언 모드는 수정의 상처 맵에 적용된다.

클래식 모드가 적용되는 소환사의 협곡은 아군과 적군을 연결하는 공격로와 중립 지역인 정글로 구성된다. 아군 기지에서 적의 기지까지 연결되는 공격로는 3갈래로 나뉘는데 어떤 챔피언을 어느 공격로에 배치하느냐가 승리의 관건이다. 게임을 시작할 때마다 플레이어는 다른 챔피언을 선택할 수 있다. 시작 시 모든 챔피언의 레벨은 1이며 경험치와 골드를 획득해 빠르게 레벨을 올려 사용할 수 있는 스킬을 늘리거나 아이템을 구입해야 한다.

도미니언 모드가 적용된 수정의 상처 맵에는 중립 지역을 둘러싼 원형의 전장에 총 5개의 거점이 배치되어 있으며 각 진영마다 1개의 넥서스가 있다. 이 중 상대보다 적은 수의 거점을 점령한 진영 넥서스는 시간이 지남에 따라 점차 체력치가 낮아진다. 총 500인 넥서스의 체력치(HP)가 먼저 0이 되는 진영이 패배한다. 상대팀의 챔피언을 처치하는 또다른 방법은 넥서스의 체력치를 감소시키는 것이다.

일반적인 플레이어 간 전투(PvP) 모드 외에 인공지능과 전투하는 에이아이(AI) 대전 모드, 모든 챔피언이 랜덤으로 선택된다거나 사용할 수 있는 공격로를 제한하는 등 게임 방식을 전환할 수 있는 사용자 설정 모드가 있다.

평가 2010년 골든 조이스틱 어워드(Golden Joystick Awards)에서 '올해 최고의 온라인 게임 상(Online Game of the Year)'을 받았다. 2011년 개발사인 라이엇 게임즈는 '리그 오브 레전드 월드 챔피언십(League of Legends World Championship)'을 개최했다.

- **핵심어** 챔피언, 넥서스, 도미니언 모드, 클래식 모드
- **참고 자료** 〈리그 오브 레전드〉 사이트, http://kr.leagueoflegends.com

마인크래프트 Minecraft

출시연도 2009년
개발사 모장(Mojang)
장르 샌드박스 게임
플랫폼 PC

플레이 플레이어가 수집한 목재·석재·점토 등의 자재를 이용하여, 아이템을 제작하고 건물을 건설하는 것이 기본적인 게임 진행 방식이다. 마우스의 왼쪽 버튼으로 땅, 바위와 같은 대상을 클릭하여 자재를 확보하며 오른쪽 버튼으로 이 자재들을 서로 부착한다. 이 과정을 반복하여 플레이어는 다양한 건물을 지을 수 있다. 획득하는 건설 자재나 아이템이 많아질수록 견고하고 화려한 건물을 지을 수 있다. 게임의 세부적인 진행 방식은 플레이어가 선택하는 게임 모드에 따라 달라진다.

이 외에도 사용자가 제작하여 배포하는 다양한 게임 모드들이 있다. 일례로 좀비 아포칼립스 모드를 게임에 적용할 경우, 플레이어는 좀비로 가득한 마을에서 모드 제작자가 지정한 6개의 임무를 완수해야 한다. 〈마인크래프트〉는 코드에 대한 이해 없이도 플레이어가 게임의 구성 요소를 변경할 수 있는 리소스 팩 시스템(resource pack system)을 지원한다. 플레이어는 이를 이용해 게임의 텍스처, 배경음악, 폰트 등을 변경할 수 있다.

〈마인크래프트〉의 게임 모드	
종류	설명
서바이벌 모드	플레이어는 적대적인 몹(Mob)들의 공격에 맞서기 위해 자원을 채집하고 은신처를 건설함.
크리에이티브 모드	건물의 건설 자체가 목표인 모드로 플레이어를 공격하는 적대적인 몹들이 부재한 상태이며 원하는 자원을 인벤토리에서 즉시 획득할 수 있음.
하드코어 모드	서바이벌 모드와 기본적인 게임 방식은 동일하나 플레이어의 캐릭터가 죽으면 부활되지 않음.
어드벤처 모드	서바이벌 모드와 기본적인 게임 방식은 동일하나 맵 제작자가 지정한 블록만을 채광할 수 있음.
스펙테이터 모드	플레이어와 게임월드 간에 상호작용이 불가능한 게임 모드로서 플레이어는 특정 몹이나 다른 플레이어의 시선에서 게임을 진행할 수 있음.
멀티 플레이어 모드	하나의 월드에서 여러 플레이어가 상호작용이 가능함.

【시간 및 공간】 게임의 시간은 밤과 낮으로 구분된다. 밤에는 스켈레톤, 좀비,

거미와 같은 몹이 출몰하여 플레이어를 공격하며 모든 식물은 성장을 중단한다. 낮에는 스켈레톤과 좀비가 태양빛에 불타죽고 각종 아이템을 남긴다.

공간은 오버월드, 엔더월드, 네더의 3개 차원으로 구성되는데, 각 차원에 따라 지형, 시간 설정, 서식하는 몹의 종류에 차이가 발생한다. 이 3개의 차원은 포털을 통해 각각 연결되어 있으며 플레이어와 일부 몹은 이 포털을 이용하여 차원 간 이동을 할 수 있다.

【블록 및 아이템】 블록은 〈마인크래프트〉의 게임 환경을 구성하는 기본 단위이다. 광물, 액체, 식물 등 다양한 구성 성분의 블록이 있다. 형태에 따라 블록은 정육각형 모양의 블록, 높이가 정육각형의 반인 반블록, 계단 모양인 계단 블록 세 가지로 나뉜다. 플레이어는 채광, 채집, 사냥, 재배, 아이템 조합 등의 방법을 통하여 블록을 획득한다.

블록 외에 플레이어가 게임 진행에 있어 도움을 받을 수 있는 아이템들이 있는데, 몹을 사냥하여 획득하거나 다른 아이템을 조합하여 생성한다. 몹이 사망하면서 떨어뜨리는 아이템의 경우, 5분 내에 습득하지 않으면 자연 소멸된다. 플레이어가 소지하고 있는 아이템은 최대 64개까지 인벤토리에 보관되며, 인벤토리 내에 위치한 조합창을 이용하여 아이템을 조합할 수 있다.

최대 4개의 아이템들을 조합할 수 있는 2×2 조합창이 기본적으로 제공되는데, 최대 9개의 원재료를 조합할 수 있는 3×3 조합창을 이용하려면 작업대를 배치해야만 한다.

〈마인크래프트〉의 아이템		
종류	설명	예
원재료	다른 원재료 아이템 혹은 블록과 함께 조합하여 음식·도구·염료 등 다른 아이템을 생성함.	실, 조약돌, 철괴, 레드스톤 가루
음식	캐릭터의 허기와 손실된 체력을 보충함.	빵, 버섯스튜, 닭고기
도구	자원을 보다 효율적으로 획득하고 사용할 수 있음.	양동이, 낚싯대, 가위
정보 아이템	자신의 위치나 시간을 파악할 수 있음.	지도, 나침반, 시계
무기	방어, 공격 사냥의 용도로 쓰임.	검, 도끼, 활
갑옷	질식·중독 외의 물리적 공격으로부터 보호함.	헬멧, 흉갑, 신발
탈것	지상이나 수면 위에서 빠르게 이동할 수 있음.	마인카트, 보트
장식	심미적 기능을 수행함.	그림, 코드, 염료

〈마인크래프트〉의 몹		
종류	설명	예
수동적 몹	어떠한 경우에도 플레이어를 공격하지 않음.	닭, 돼지, 말, 소, 양, 오징어, 토끼
중립적 몹	도발하지 않는 이상 플레이어를 공격하지 않음. 단, 거미와 동굴 거미는 어두운 곳에서 적대적으로 변함.	거미, 늑대, 동굴거미, 엔더맨, 좀비 피그맨
적대적 몹	플레이어가 공격 범위 내에 있을 때 공격하며 플레이어를 추격함.	가스트, 마그마 큐브, 마녀, 블레이즈, 살인토끼
호의적 몹	적대적 몹을 공격함. 단, 플레이어가 마을 주민을 공격하면 적대적으로 변함.	눈 골렘, 철 골렘

【몹】 게임 월드 내의 모든 생물들을 통칭한다. 몹은 사망이나 피격 시, 고기·갈색, 버섯·눈과 같은 아이템을 제공한다. 닭이나 소와 같은 일부 몹의 경우, 사육하면 알이나 우유와 같은 식품을 지속적으로 얻을 수 있으며 교배를 통해 개체수를 증가시킬 수 있다. 플레이어를 대하는 태도에 따라 몹은 크게 4종류로 구분된다.

평가 게임 전문 사이트 게임스팟(GameSpot), 게임 비평 사이트 아이지앤(IGN)은 〈마인크래프트〉의 자유도 높은 게임 진행 방식에 대해 혁신적이라고 평가했다. 단순한 도트(DoT)와 블록 형태의 개체로 구성된 그래픽과 직관적인 조작 방식은 이후 〈에덴-월드 빌더(EDEN-World Builder)〉, 〈서바이벌크래프트(Survivalcraft)〉, 〈포트리스크래프트(FortressCraft)〉와 같은 게임에서 차용됐다.

2011년 게임 디벨로퍼 초이스 어워드(Game Developers Choice Awards, GDCA)에서 '혁신상(Innovation)', '최고의 데뷔 상(Best Debut)', '최고의 다운로드 게임상(Best Downloadable Game)'을 받았다.

■ **핵심어** 샌드박스 게임, 블록, 몹, 조합
■ **시리즈**
2011 〈마인크래프트(Minecraft)〉
2015 〈마인크래프트 : 스토리 모드(Minecraft : Story Mode)〉
■ **참고 자료** 다니엘 골드버그, 리누스 라르손 저, 이진복 역, 『마인크래프트 이야기 : 블록, 픽셀, 페도라, 그리고 억만장자 되기』, 인간희극, 2014. | The Independent, "Built to last : the Minecraft model", www.independent.co.uk/news/business/analysis-and-features/built-to-last-the-minecraft-model-9788669.html | GameSpot, "Minecraft Review", www.gamespot.com/reviews/minecraft-review/1900-6376433/ | IGN, "Minecraft Review", www.ign.com/articles/2011/11/24/minecraft-review

마피아 워즈 Mafia Wars

출시연도 2009년
개발사 징가(Zynga)
장르 역할수행 게임
플랫폼 PC

플레이 이 게임의 목표는 마피아가 되어 자신만의 조직을 만들고 성장시키는 것이다. 플레이어는 뉴욕과 시카고 중 하나의 지역을 선택한다. 선택한 지역을 중심으로 다른 플레이어들과 상호작용하여 자신의 세력을 확장해야 한다.

기본적으로 임무 수행, 다른 플레이어와의 싸움, 세력 확장하기를 통해 게임을 진행한다. 플레이어는 임무를 수행하여 레벨을 올리고 돈과 무기를 획득할 수 있다. 또한 이를 기반으로 원하는 상대에게 싸움을 신청, 능력치를 비교하여 승패를 가르고 세력을 확장해나갈 수 있다.

게임에서 가장 핵심적으로 작용하는 요소는 친구로 등록된 플레이어 수이다. 플레이어는 친구 수가 많을수록 보상이 높은 임무를 수행할 수 있으며, 공격력과 방어력이 높아져 상대 플레이어와의 싸움에서 승리할 확률이 높아진다. 따라서 플레이어는 게임에서 높은 위치를 차지하고, 큰 세력을 만들기 위해 페이스북 메시지를 통해 보다 많은 수의 친구를 게임에 참여시켜야 한다.

평가 2009년에 웨비 어워드(Webby Award)의 게임 부문에서 '피플스 보이스 상(People's Voice)'을 수상했다.

- **핵심어** 소셜 네트워크 게임
- **시리즈**
2009 〈마피아 워즈(Mafia Wars)〉
2011 〈마피아 워즈 2(Mafia Wars 2)〉
- **참고 자료** Lon Safko, *The Social Media Bible : Tactics, Tools, and Strategies for Business Success*, John Wiley & Sons, 2010.

배트맨 : 아캄 어사일럼 Batman : Arkham Asylum

출시연도 2009년
개발사 록스테디 스튜디오(Rocksteady Studios)
장르 역할수행 게임
플랫폼 플레이스테이션 3

스토리 고담 시티의 악당인 조커는 배트맨에게 체포된다. 아캄 수용소로 송치되던 조커는 아캄 수용소 내부로 도망친다. 조커는 자신이 계획한 대로 모든 수감자들을 풀어주고 수용소의 경비와 소장을 인질로 삼아 수용소를 장악한다. 배트맨은 이를 저지하기 위해 무법 지대가 된 아캄 수용소로 들어간다.

플레이 게임의 최종 목표는 수용소를 장악한 조커와 그의 잔당들을 처치하는 것이다. 조준한 적에게 자동으로 공격이 구사되는 프리 플로(free flow) 전투 방식을 채택하고 있어서, 공격 기술에 대한 숙지 없이 플레이가 가능하다. 전투에서 승리하면 보상으로 경험치 포인트가 제공된다. 경험치가 일정 수준 이상 누적되면 새로운 무기를 사용할 수 있으며 캐릭터의 체력 한계치가 향상된다.

적과의 전투와 별도로 조커의 이빨, 리들러 트로피, 지도 등을 수집하고 수수께끼를 푸는 리들러 챌린지(Riddler's Challenge)가 있다. 리들러 챌린지를 완수할 경우, 제한된 시간 내에 적을 모두 처치해야 하는 프리데터(predator) 모드와 비무장 상태인 적들을 가능한 한 많이 처치해야 하는 프리 플로 모드의 접근 제한이 해제된다.

디텍티브 모드(detective mode)는 게임 진행과 관련해 플레이어에게 도움이 될 만한 정보를 알려주는 기능이다.

평가 고전 만화 중에서도 손꼽히는 동명의 만화를 바탕으로 하였다. 게임 비평 사이트 아이지앤(IGN)에서는 〈배트맨 : 아캄 어사일럼〉을 두고 "그래픽 노블이 원작인 어떠한 게임보다 훌륭하다"고 평가했다. 2009년 브리티시 아카데미 비디오 게임 어워드(British Academy Video Games Awards)에서 〈배트맨 : 아캄 어사일럼〉은 '최고의 게임(Best Game)', '예술적 성취(Artistic Achievement)', '게임 플레이(Gameplay)' 부문을 수상했다.

■ **핵심어** 그래픽 노블, 히어로

■ 시리즈
2009 〈배트맨 : 아캄 어사일럼(Batman : Arkham Asylum)〉
2011 〈배트맨 : 아캄 시티(Batman : Arkham City)〉
2015 〈배트맨 : 아캄 나이트(Batman : Arkham Knight)〉
■ 참고 자료 BradyGames, *Batman Arkham Origins Signature Series Strategy Guide*, BradyGames, 2013.
| GameSpot, "Batman Arkham Asylum wins BAFTA Game Of The Year 2009", www.gamespot.
com/forums/xbox-association-1000003/batman-arkham-asylum-wins-bafta-game-of-the-
year-2-27230337/ | IGN, "Batman : Arkham Asylum Review", www.ign.com/articles/2010/05/27/
batman-arkham-asylum-game-of-the-year-review?page=3

베요네타 Bayonetta / ベヨネッタ

출시연도 2009년
개발사 플래티넘게임즈(PlatinumGames)
장르 액션 게임
플랫폼 플레이스테이션 3

스토리 루멘 현자단과 엄브라 마녀단은 시간을 관장하는 힘을 가진 '세계의 눈'을 각각 한 쪽씩 나눠 가지고 천계와 마계를 대표하며 오랜 시간 공존해왔다. 그러나 마녀사냥의 발발로 대다수의 현자와 마녀가 사라지고 당시 어린 마녀였던 베요네타는 500년 동안 관 속에 봉인된다. 이후 베요네타는 자신이 마녀라는 사실 외의 모든 기억을 잃은 채 현세에 부활한다. 그녀는 천사를 사냥하며 지내다가 자신이 지닌 보석이 '세계의 눈'의 왼쪽 눈이라는 사실을 알게 된다. 그리고 기억을 되찾기 위해 나머지 오른쪽 눈이 있다는 유럽의 변방 도시인 비그리드로 향한다.

자신을 공격하는 또 다른 마녀 잔느를 만난 베요네타는 자신이 어떤 존재였는지 차츰 깨닫게 된다. 누군가 창조신인 주빌리우스를 부활시키기 위해 베요네타의 보석을 약탈하려 하고, 베요네타는 기억을 되찾기 위해 천사들과의 치열한 전투를 시작한다.

플레이 플레이어 캐릭터는 베요네타로, 3인칭 시점에서 진행된다. 전투 중심의 액션 게임으로 무기 혹은 마법을 사용하여 적을 공격한다. 기본적으로 총기를 사용하며 4정 권총인 스카보로우 페어를 손과 발에 장착해 360도로 난사하는 것이 가능하다. 총기류 외에도 칼, 채찍, 쌍절곤 등을 상점에서 구매하거나 퀘스트에 대한 보상으로 얻을 수 있다.

베요네타는 머리카락에 마력을 보관하며 기본 기술이 가중되는 콤보를 유지하면 마력 게이지가 누적된다. 사용 가능한 마법으로는 표범이나 까마귀 등으로 변신할 수 있는 비스트 위딘, 머리카락으로 마수의 팔과 다리를 소환하는 위키드 위브, 중세 고문 기구를 소환하는 토쳐 어택, 건물 벽 등을 달릴 수 있는 위치 워크 등이 있다. 상대하는 천사의 계급에 따라 머리카락에 보관해둔 마력을 해제하여 거대 마수를 소환하는 대마수 소환이 가능하다.

평가 〈데빌 메이 크라이(Devil May Cry)〉의 개발자 카미야 히데키(神谷 英樹)가 제작했다. 타격감을 강화한 그래픽과 음향 효과 등으로 완성도를 높였다. 구매 연령 제한에도 불구하고 2010년 기준 전 세계 누적 판매량 130만 장을 기록했다. 일본의 게임 주간 잡지인《파미츠(ファミ通)》에서 엑스박스 타이틀 중 최초로 40점 만점을 받았다. 2009년 일본 게임대상에서 '퓨처 디비전(Future Division)' 분야에서 수상했다. 2010년 게임 비평 사이트 아이지앤(IGN)에서 선정한 '올해의 게임 상(Game of the Year)'을 수상했다.

- **핵심어** 마녀, 카미야 히데키,《파미츠》만점
- **시리즈**
  2009 〈베요네타(Bayonetta)〉
  2014 〈베요네타 2(Bayonetta 2)〉
- **참고 자료** Steve Bowden, *100 Computer Games to Play Before You Die*, John Blake Publishing, 2011.

보더랜드 Borderlands

출시연도 2009년
개발사 기어박스 소프트웨어(Gearbox Software)
장르 1인칭 슈팅 게임
플랫폼 엑스박스 360

스토리 판도라 행성은 에리디안 문명이 발전했으나 오래 전 멸망하고 그 흔적만 남아있다. 거대 기업인 달은 광물을 채취하고 여행 사업을 구축하기 위해 범죄자와 노예를 데리고 판도라 행성에 정착한다. 또 다른 거대 기업인 아트라스는 프로메테우스 행성에서 볼트라고 불리는 외계 문명의 기술과 무기를 발견한 후 급속도로 성장한다.

이후 새로운 볼트를 찾기 위해 아트라스를 포함한 수많은 기업이 판도라 행성으로 모여든다. 그러나 아트라스 사의 실수로 차원의 문이 열려 외계 생물이 판도라 성에 나타난다.

외계 생물의 공격이 거듭되자 대다수의 기업이 철수하고 판도라 행성은 황폐화된다. 남겨진 범죄자와 노예, 그리고 외계 생물이 공존하는 판도라 행성은 무법지대로 변한다. 아무도 찾지 못한 볼트에 대한 전설이 전해지면서 수많은 보물 사냥꾼들이 판도라 행성으로 모여들고, 그들의 경쟁이 시작된다.

플레이 1인칭 슈팅 게임에 역할수행 게임의 요소가 결합된 형식이다. 플레이어는 롤랜드, 모데카이, 릴리스, 브릭 등 총 4명의 캐릭터 중 한 명을 선택해 판도라 행성의 외계 생물들을 제거해야 한다. 강도 집단인 밴딧을 공격하거나 특정 엔피시(NPC)로부터 받은 퀘스트를 수행해야 한다. 획득 가능한 아이템은 가상 통화(달러), 무기, 탄약 등으로, 퀘스트에 대한 보상이나 상점에서 거래를 통해 얻을 수 있다. 각 무기는 폭발, 화염, 전기, 산성 등의 속성을 지니며 백색, 녹색, 보라색, 노란색, 금색의 순으로 등급이 올라간다. 무기 슬롯은 2개로 시작하며 퀘스트를 완수하여 최대 4개까지 확장 가능하다.

플레이어는 안내자 엔피시인 클립트랩을 따라 맵을 탐험한다. 각 맵에는 '유 스테이션'이라 불리는 체크포인트가 있으며, 캐릭터가 죽을 경우 가진 돈의 일부를 차감하여 부활할 수 있다.

평가 1인칭 슈팅 게임에 역할수행 게임을 더한 역할수행 슈팅(Role-Playing Shooter, RPS) 장르를 표방한 게임이다. 그래픽은 카툰 렌더링 방식으로 구현했으며, 무한대 개수의 다양하고 차별화된 무기 체계를 도입했다. 2011년 게임 비평 사이트 아이지앤(IGN)에서 선정한 '현대 최고의 게임 100선(Top 100 Modern Video Games)' 명단에 올랐다. 〈보더랜드 2〉의 경우 2015년 기어박스에서 공식 발표한 결과, 전 세계적으로 1,200만 장을 판매했다.

■ **핵심어** 역할수행 게임, 카툰 렌더링, 포스트 아포칼립스
■ **시리즈**
  2009 〈보더랜드(Borderlads)〉
  2012 〈보더랜드 2(Borderlads 2)〉

2014 〈보더랜드 : 더 프리 시퀄(Borderlads : The Pre-Sequel)〉
　　 〈테일즈 프롬 더 보더랜드(Tales From The Borderlands)〉
■ **참고 자료** Paul Rosin, John Collomosse, *Image and Video-Based Artistic Stylisation*, Springer Science & Business Media, 2012.

심애니멀 SimAnimals

출시연도 2009년
개발사 일렉트로닉 아츠(Electronic Arts, EA)
장르 시뮬레이션 게임
플랫폼 닌텐도 디에스

플레이 플레이어는 동식물을 양육해 해당 서식지의 호감도를 상승시키는 것을 목적으로 한다. 숲을 가꾸고 삼림, 늪지, 황무지 등의 지역을 동물들이 살 수 있는 공간으로 개척하는 것이 목표이다.

플레이어가 새로운 장소를 발견하면 그곳에서 동식물을 생성하고 키울 수 있다. 서식지에 물, 꽃, 나무, 동물, 바위 등을 배치가 가능하고, 물을 이용해 구름을 만들고 비를 내려 식물을 키우며 식물이 자라 열매를 맺으면 동물들의 먹이로 사용한다. 플레이어가 게임 컨트롤러의 마이크 부분에 입김을 불어넣을 경우 열매를 수확하거나 꽃씨를 퍼뜨리는 게 가능하다.

플레이어는 동식물의 특성을 잘 파악해 알맞은 환경을 조성하고 먹이사슬을 고려해 적절한 위치에 배치하고 양육해야 한다. 곰, 여우, 북극여우, 다람쥐, 까마귀 등 30여 종의 북반구 동물을 선택해 양육하고 동물은 같은 종류끼리 짝짓기를 해 알이나 새끼를 낳고 번식한다.

평가 자연 생태계를 시뮬레이션의 대상으로 삼아 동식물의 환경 조건을 고려한다는 점에서, 새로운 시뮬레이션 장르로써 의의를 가진다.

■ **핵심어** 시뮬레이션
■ **시리즈**
2009 〈심애니멀(SimAnimals)〉
　　 〈심애니멀 아프리카(SimAnimals Africa)〉
■ **참고 자료** Winifred Phillips, *A Composer's Guide to Game Music*, The MIT Press, 2014.

애니팡 Anipang

출시연도 2009년
개발사 선데이토즈(SundayToz)
장르 퍼즐 게임
플랫폼 PC, 모바일

플레이 3개 이상의 블록을 맞춰 점수를 획득하는 퍼즐 게임이다. 플레이어는 제한 시간 60초 동안 최대한 높은 점수를 기록해 순위를 올려야 한다. 화면 상단에는 점수와 폭탄 게이지가 표시되고 7×7칸으로 구성된 정방형에 7종의 블록 49개가 무작위로 배치된다. 블록을 끌어 상하좌우의 다른 블록과 위치를 바꿀 수 있고 같은 종류의 블록 3개를 맞추면 점수를 획득한다. 4개를 맞추면 웃는 동물 블록이 남아 터질 때 주위 블록 8개를 터뜨리고, 5개를 맞추면 랜덤 팡이 만들어져 블록 1종을 한꺼번에 터뜨린다.

블록을 맞출 때마다 폭탄 게이지가 차고 게이지가 전부 차면 파이어 팡이 설치되어 주위 블록을 가로세로로 1열씩 없어진다. 콤보가 늘수록 획득할 수 있는 점수가 올라가고 5콤보 달성 시 피버 모드가 발동된다. 제한 시간 내에 사용하지 못한 특수 효과들은 게임이 끝나고 라스트 팡으로 구현된다. 돋보기, 긴급 폭탄, 황금 폭탄 등의 아이템을 이용해 점수를 높일 수 있다.

게임을 한 판 할 때마다 1개씩 소모되는 하트는 8분마다 하나씩 충전되며 5개까지 자동 충전된다. 하트는 구매하거나 친구를 초대해 얻을 수 있으며 일 1회 친구와 하트를 주고받을 수 있다.

평가 2009년 9월 싸이월드 앱스토어 게임으로 제작돼 2012년 7월 〈애니팡 포 카카오(Anipang for Kakao)〉로 카카오 게임 서비스를 시작했다. 2012년 12월 삼성경제연구소가 선정한 '2012년 10대 히트 상품' 중 하나이다. 2013년 1월 대한민국 콘텐츠 대상 '차세대 콘텐츠 부문 대통령상'을 받았다.

- **핵심어** 모바일, 카카오 게임
- **시리즈**
  2009 〈애니팡(Anipang)〉
  2012 〈애니팡 포 카카오(Anipang for Kakao)〉
  2014 〈애니팡 2 포 카카오(Anipang 2 for Kakao)〉
- **참고 자료** 강재민, 김진영, 『비즈니스 모델 게임 : 성공하는 사업모델을 만드는 9단계의 비밀』, 한빛미디어, 2013. | 모바일마케팅연구소, 『모바일 인사이트』, 행간, 2014. | Larissa Hjorth, Ingrid Richardson, *Gaming in Social, Locative and Mobile Media*, Palgrave Macmillan, 2014.

앵그리 버드 Angry Birds

출시연도 2009년
개발사 로비오(Rovio)
장르 액션 게임
플랫폼 모바일

스토리 돼지들은 다양한 기술과 도구를 이용해 끊임없이 새들의 소중한 알을 훔쳐간다. 화가 난 새들은 알을 되찾기 위한 싸움을 시작한다.

플레이 플레이어의 목표는 화면 곳곳에 배치되어 있는 장애물을 격파하고 알을 되찾는 것이다. 플레이어는 새총을 이용해 새를 날려 보낸다. 플레이어는 터치와 드래그를 통해 스크린 속 새총을 조작한다. 새가 날아가서 부딪쳐야 할 방향, 각도, 힘의 크기 등을 조절할 수 있다.

새총에 매달려있던 새는 날아가서 장애물이나 돼지와 부딪친다. 장애물과 부딪칠 경우, 중력이나 관성 등에 의해 장애물이 부서진다. 주변에 숨어있던 돼지가 깔려죽기도 한다.

빨간 새, 노란 새, 주황 새 등이 등장하며 각자 능력이 다르다. 스테이지당 새총을 날릴 수 있는 횟수가 제한되어 있다. 아이템 구매를 통해 돼지의 방어력 저하시키거나 새의 공격력을 강화시킬 수 있다. 또는 새총 강화, 정확도 강화 등의 기능을 추가할 수 있다. 스테이지마다 목표 달성율과 획득 점수에 따라 최소 1개에서 최대 3개까지 별점을 받을 수 있다.

평가 인터넷 뉴스 '디지털타임즈'에 따르면 게임 내에 현실감 있는 물리 엔진을 적용하였으며, 난이도 밸런싱을 통해 단순한 게임 방식에 비해 다양한 변수와 결과를 도출할 수 있었다. 2012년 글로벌 모바일 어워드(Global Mobile Awards)에서 '소비자를 위한 최고의 모바일 앱 상(Best Mobile App for Consumers)'을 수상했다. IT 전문 온라인 미디어 '지디넷코리아(ZDNet Korea)'에 따르면 2013년 기준으로 다운로드 수는 17억을 넘어섰다.

- **핵심어** 물리 엔진, 모바일 게임
- **시리즈**
  2009 〈앵그리 버드(Angry Birds)〉
  2010 〈앵그리 버드 시즌스(Angry Birds Seasons)〉
  2011 〈앵그리 버드 리오(Angry Birds Rio)〉
  2012 〈앵그리 버드 프렌즈(Angry Birds Friends)〉

〈앵그리 버드 스페이스(Angry Birds Space)〉

〈앵그리 버드 스타워즈(Angry Birds Star Wars)〉

2013 〈앵그리 버드 스타워즈 ll(Angry Birds Star Wars II)〉

〈앵그리 버드 고!(Angry Birds Go!)〉

2014 〈앵그리 버드 에픽(Angry Birds Epic)〉

〈앵그리 버드 트랜스포머(Angry Birds Transformers)〉

2015 〈앵그리 버드 파이트!(Angry Birds Fight!)〉

〈앵그리 버드 2(Angry Birds 2)〉

■ **참고 자료** Josh Abbott, *Angry Birds Go! Game Guide*, CreateSpace Independent Publishing Platform, 2013. | 디지털타임즈, 〈새 알 훔쳐간 돼지 폭탄투하식 응징 '앵그리버드'〉, www.dt.co.kr/contents.html?article_no=2010102902011431699004 | IGN, "Angry Birds Fever", www.ign.com/articles/2011/03/17/angry-birds-fever-2

인퍼머스 inFAMOUS

| **출시연도** 2009년
| **개발사** 서커 펀치(Sucker Punch)
| **장르** 액션 게임
| **플랫폼** 플레이스테이션 3

스토리 퀵서비스맨 콜 맥그래스는 소포를 거리 한복판에서 열어달라는 주문을 받는다. 콜이 상자를 열자 대규모의 폭발 사고가 터지고 수천 명의 시민이 목숨을 잃는다. 아수라장의 중심에서 눈을 뜬 콜은 간신히 자리를 벗어난다. 생사의 고비를 넘긴 콜은 곧 몸을 타고 흐르는 전력을 느끼고, 자신이 전기를 다루는 초능력자가 됐음을 깨닫는다.

그러나 뉴스는 콜을 테러리스트로 지목하고 트리쉬와 다른 사람들이 콜을 적대하며 상황은 악화된다. 콜은 범죄와 폭력의 세계에서 생존하기 위해 수단과 방법을 가리지 않아야 한다.

플레이 플레이어 캐릭터는 콜 맥그래스가 되어 엠파이어 시티를 돌아다니며 주어진 임무를 수행하고 이야기를 전개시켜 나간다. 전기를 다루는 능력을 이용해 적을 공격하거나 대상을 탐색한다. 벽을 만들어 플레이어 캐릭터를 방어할 수 있다. 탈것은 이용할 수 없으나 기차 바깥에 붙어 이동하는 일은 가능하다. 지정된 아이템을 수집하면 숨겨진 메시지를 찾아내거나 경험치를 쌓을 수 있다. 매 분기점에서 선하거나 악한 선택을 내려야 하고 선택 결과로 누적된 카르마에 따라 미션의 전개 방향과 동맹 양상이 달라진다.

평가 세계관 설정의 측면에서 거대한 규모의 대재앙으로 무너진 도시를 배경으로 하는 그래픽 노블 『배트맨 : 노 맨스 랜드(Batman : No Man's Land)』와 『디엠지(DMZ)』 시리즈의 영향을 받았다. 2009년 8월 비디오 게임 시상식 지포리아(G-Phoria)에서 '올해의 액션 게임(Action Game of the Year)'으로 뽑혔다. 2009년 12월 게임 전문 사이트 게임스팟(GameSpot)이 선정한 '최고의 오리지널 아이피(Best Original IP)' 작품이다.

- **핵심어** 그래픽 노블
- **시리즈**
  2009 〈인퍼머스(inFAMOUS)〉
  2011 〈인퍼머스 2(inFAMOUS 2)〉
  2014 〈인퍼머스 : 세컨드 선(inFAMOUS : Second Son)〉
      〈인퍼머스 : 퍼스트 라이트(inFAMOUS : First Light)〉
- **참고 자료** Chris Andrews, *InFAMOUS : The Official Strategy Guide*, Bradygames, 2009. | Neal Roger Tringham, *Science Fiction Video Games*, CRC Press, 2014.

트라인 Trine

| 출시연도 2009년
| 개발사 프로즌바이트(Frozenbyte)
| 장르 액션 게임
| 플랫폼 플레이스테이션 3

스토리 오랜 평화를 누리던 왕국이 언데드 군단의 침략으로 혼란에 빠지고, 아스트랄 아카데미에 모인 사람들은 과거의 영광과 평화를 수복할 계획을 세운다. 그러던 중 보물을 찾아 담을 넘은 도둑 조야와 수련 중이던 마법사 아마데우스, 아카데미에 파견된 기사 폰티우스가 무언가의 부름을 받은 듯 아카데미의 지하로 모인다. 세 사람은 빛나는 고대의 성물 앞에서 만나 동시에 성물에 손을 뻗고 사라져 버린다.

자신이 다른 두 사람과 함께 성물에 갇혔다는 사실을 알게 된 아마데우스는 곧 이것이 사람의 영혼을 묶는 성물 트라인임을 깨닫는다. 트라인의 마법으로부터 자유로워지기 위해 세 영웅은 아카데미 지하의 카타콤을 여행한다.

플레이 이 게임은 적대 캐릭터를 물리치고 퍼즐을 푸는 3차원 액션 게임이다. 플레이어는 도적, 기사, 마법사의 3개 캐릭터를 교차 선택해 플레이하며 모든 스테이지를 통과해야 한다. 도적, 기사, 마법사 순으로 퍼즐, 물리 공격, 마법 공격에 특화되어 있다. 경험치가 50씩 쌓일 때마다 포인트를 지급 받아 각각의 능력치를 올릴 수 있다. 은색 구체 형태의 체크포인트를 지나면 일정량의 체력치와 마법력을 회복한다.

한 캐릭터가 사망하는 경우 남은 캐릭터를 선택하여 플레이하고, 세 캐릭터가 모두 사망하면 직전 체크포인트에서 다시 시작한다. 적대 캐릭터는 주로 걸어 다니는 해골, 거미, 박쥐 등이며 각기 무장했거나 마법을 사용한다.

평가 2009년 6월 일렉트로닉 엔터테인먼트 엑스포(Electronic Entertainment Expo, E3)에서 '최고의 다운로드 게임(Best Downloadable Game)'으로 선정됐다. 같은 해 12월 게임 사이트 게이밍넥서스(GamingNexus)에서 '올해의 게임 상(Game of the Year)'을 받았다.

- **핵심어** 성물, 판타지, 횡스크롤
- **시리즈**
  2009 〈트라인(Trine)〉
  2011 〈트라인 2(Trine 2)〉
  2015 〈트라인 3 : 디 아티팩츠 오브 파워(Trine 3 : The Artifacts of Power)〉
- **참고 자료** Juho Kuorikoski, *Finnish Video Games : A History and Catalog*, McFarland, 2015.

팜빌 FarmVille

출시연도 2009년
개발사 징가(Zynga)
장르 시뮬레이션 게임
플랫폼 PC

플레이 게임의 목표는 다양한 작물과 가축을 생산하여 농장을 경영하는 것이다. 플레이어는 페이스북에 연동된 다른 플레어와 함께 상호작용하여 농장을 확장할 수 있다. 플레이어는 자신의 땅을 경작하거나 이웃의 농장을 도와주면서 경험치를 쌓고 레벨을 올린다. 레벨이 상승하면 한 단계 더 높은 작물이나 가축을 얻어 더 많은 돈을 벌 수 있다. 게임 초반에는 기본적인 아이템만으로도 농장을 확장할 수 있지만, 레벨이 상승할수록 작물과 가축의 수확 시간이 증가하기 때문에 유료 아이템이나 다른 플레이어의 도움이 게임 플레이에 큰 영향을 미친다. 플레이어는 농장을 확장하기 위해 페이스북 메시지를 통해 다른 플레이어들과 이웃 관계를 맺어 선물을 보내거나 필요한 물자를 서로 공급하고 특별한 퀘스트를 수행하여 보상을 받을 수 있다.

평가 2010년에 게임 디벨로퍼 초이스 어워드(Game Developers Choice Awards, GDCA)에서 '최고의 새로운 소셜/온라인 게임 상(Best New Social/Online)'을 받았다.

- **핵심어** 소셜 네트워크 게임
- **시리즈**
  2009 〈팜빌(FarmVille)〉
  2012 〈팜빌 2(FarmVille 2)〉
  2014 〈팜빌 2 컨트리 이스케이프(FarmVille 2 Country Escape)〉
- **참고 자료** Mary Flanagan, Helen Nissenbaum, *Values at Play in Digital Games*, The MIT Press, 2014. | Sam Haines, *The Social Gaming Handbook-Everything You Need to Know about Social Gaming*, Emereo Pty Limited, 2011.

프로토타입 Prototype

출시연도 2009년
개발사 래디컬 엔터테인먼트(Radical Entertainment)
장르 액션 어드벤처 게임
플랫폼 PC

스토리 어느 날 뉴욕 전역에 신종 바이러스인 '블랙라이트'가 빠르게 퍼지고, 바이러스에 감염된 이들은 괴물로 변해 사람들을 공격하기 시작한다. 한편, 주인공 알렉스 머서는 모든 기억을 잃은 채 맨해튼에 있는 생체 연구소의 지하실에서 눈을 뜬다.

그는 자신이 이미 바이러스에 감염됐으며, 자신에게 다른 사람의 기억을 흡수하는 능력과 변신 능력이 생겼음을 알게 된다. 지상으로 나간 알렉스 머서는 생물학 실험 부대인 블랙 와치와 몬스터가 활보하는 맨해튼 거리를 마주한다.

플레이 플레이어는 신기술을 익혀 적을 제거하고 바이러스에 대한 진실을 파헤치는 것을 목표로 한다. 게임 세계는 블랙 와치의 구역인 블루 존, 몬스터가 활보하는 레드 존, 블루 존과 레드 존이 교차하는 퍼플 존으로 구성된다. 각 구역에서 플레이어가 취하는 태도에 따라 해당 구역 엔피시(NPC)의 대우가 달라지며, 플레이어는 블랙 와치 및 몬스터와의 우호관계 여부를 선택할 수 있다.

몬스터는 바이러스에 감염된 일반 시민과 블랙 와치의 실험으로 인해 탄생한 워커 및 헌터로 나뉜다. 이 중 워커나 헌터만을 식별해 제거해야 한다. 게임에 등장하는 모든 건물의 벽을 타고 오르거나 건물 위를 넘어 다닐 수 있고, 전차, 헬기 등을 조종할 수도 있다. 플레이어는 엔피시를 흡수하는 기술을 이용해 다른 모습으로 변신하거나 팔·손가락 등 신체 일부를 무기 형태로 바꿔 사용한다.

평가 게임 전문 사이트인 게임스팟(GameSpot)에서 10점 만점에 8.5점의 평점을 받았고, 미국 엔터테인먼트 전문 사이트 오디오비주얼 클럽(AudioVisual Club, A.V. Club)에서 'A 등급'을 받았다.

- **핵심어** 몬스터
- **시리즈**
  2009 〈프로토타입(Prototype)〉
  2012 〈프로토타입 2(Prototype 2)〉
- **참고 자료** Matt Fox, *The Video Games Guide : 1,000+ Arcade, Console and Computer Games, 1962-2012*, McFarland, 2013.

플라워 Flower

출시연도 2009년
개발사 댓게임컴퍼니(Thatgamecompany)
장르 어드벤처 게임
플랫폼 플레이스테이션 3

플레이 플레이어는 바람의 속도를 조절해 꽃잎의 비행을 도와야 한다. 게임은 총 6개의 레벨과 1개의 추가 레벨로 구성되며, 각 레벨은 도심 속 아파트 창가에 놓인 화분에서 시작된다. 바람이 불면 화분 속 꽃잎이 날기 시작하고, 도심을 벗어나 들판, 산, 골짜기 등의 자연 공간을 가로지른다. 플레이어는 바람의 강약을 조절해 꽃잎이 순항하도록 돕고, 비행 도중 꽃밭을 목격하면 그곳에서 새로운 꽃잎을 수집한다. 이때 플레이어가 접촉한 지점의 풍경은 지속적으로 변한다. 해당 레벨에서의 모든 여행을 끝낸 플레이어는 도심으로 회귀하고, 다음 레벨의 시작점인 화분에 도착한다.

평가 2008년 미국 예술과학 아카데미(Academy of Interactive Arts & Sciences, AIAS)의 '올해의 캐주얼 게임(Casual Game of the Year)' 부문, 2009년 게임 비평 사이트 아이지앤(IGN)의 '최우수 혁신 공로(Special Achievement for Innovation)' 부문에 선정됐다. 아이지앤의 라이언 클레멘츠(Ryan Clements)는 시각적 즐거움과 함께 미션 수행의 재미도 제공한다고 평가했다.

- **핵심어** 캐주얼 게임
- **참고 자료** IGN, "Flower Review Who knew the meaning of life could be so simple?", www.ign.com/articles/2009/02/09/flower-review

플랜츠 대 좀비 Plants vs. Zombies

출시연도 2009년
개발사 팝캡 게임즈(PopCap Games)
장르 타워 디펜스 게임
플랫폼 PC

플레이 플레이어는 좀비로부터 집을 지키기 위해 앞뜰에 식물을 심어 좀비가 집으로 접근하는 것을 막는다. 플레이어는 격자형의 게임 맵에 식물을 심을 수 있다. 식물은 햇빛을 받아 자원을 생산하는 해바라기, 포탄을 쏘는 공격용 식물들과 방어용 식물들로 구분된다. 플레이어는 해바라기로 모은 자원으로 해바라기와 공격용 식물, 방어용 식물을 적절히 배치해 좀비의 접근을 막는다.

평가 피시(PC) 게임으로 시작했지만 모바일에서 인기를 얻었다. 《타임(Time)》은 '2011년 최고의 아이폰 애플리케이션 50선(50 Best iPhone Apps of 2011)' 중 하나로 〈플랜츠 대 좀비〉를 선정했다. 〈플랜츠 대 좀비 2〉는 애플의 '2013년 올해를 빛낸 애플리케이션(Best Apps of 2013)'의 대작 게임 부문에 선정됐다. 2014년 동명의 만화가 출간됐다.

- **핵심어** 타워 디펜스, 좀비
- **시리즈**

  2009 〈플랜츠 대 좀비(Plants vs. Zombies)〉

  2013 〈플랜츠 대 좀비 2(Plants vs. Zombies 2 : It's About Time)〉

  〈플랜츠 대 좀비 어드벤처(Plants vs. Zombies Adventures)〉

  2014 〈플랜츠 대 좀비 : 가든 워페어(Plants vs. Zombies : Garden Warfare)〉
- **참고 자료** Nicholas Lee, *Plants vs. Zombies 41 Success Secrets-41 Most Asked Questions On Plants vs. Zombies-What You Need To Know*, Emereo Publishing, 2014.

2010년대

다크사이더스 Darksiders

출시연도 2010년
개발사 버질 게임즈(Vigil Games)
장르 액션 게임
플랫폼 엑스박스 360, 플레이스테이션 3

스토리 천국과 지옥, 지구로 이루어진 세계에서 천국과 지옥은 끊임없이 전쟁
한다. 고대 창조주들은 재의 평의회를 결성하고 4인의 기사와 휴전 협정을 수호
하는 7개의 봉인을 통해 전쟁을 중재한다. 전쟁이 중지된 틈을 타 인류는 문명을
발전시킨다. 그러던 중 지구에서 악마와 천사의 전쟁이 벌어지고, 4인의 기사 중
하나인 워는 홀로 지구로 소환된다. 워는 전쟁 중재를 위해 악마와 천사를 제거
한다. 그러나 재의 평의회는 전쟁을 부추겼다는 이유로 워를 추궁하고 힘을 제약
한다. 워는 힘을 되찾고 누명을 벗기 위해 지구로 향한다.

플레이 게임의 목표는 워가 되어 주어진 퀘스트를 수행해 본래의 힘을 되찾고,
누명을 벗는 것이다. 퀘스트는 몬스터 제거와 퍼즐 해결로 구성된다. 플레이어는
무기 및 스킬의 사용, 변신을 통해 몬스터를 제거할 수 있다. 주무기는 대검 카이
오스이터로 게임 시작 시 플레이어에게 주어진다. 낫, 진동을 일으키는 장갑 등은

보조 무기로, 퀘스트를 수행하면서 획득할 수 있다. 상황에 따라 자동차, 표지판 등의 주변 사물도 무기로 사용된다.

몬스터를 제거하면 소울 아이템을 획득하고 변신할 수 있는 힘을 축적할 수 있다. 소울은 색에 따라 화폐, 체력, 분노로 구분된다. 화폐의 영혼은 무기나 스킬의 교환 및 획득, 체력의 영혼은 플레이어의 체력치 향상, 분노의 영혼은 특수 스킬 획득과 관련 있다. 변신할 수 있는 힘은 혼돈 게이지라는 수치로 표현되며, 일정 수치 이상 획득하면 불로 뒤덮인 거대 형상의 카오스 형태로 변신해 적에게 높은 대미지를 줄 수 있다.

평가 포스트 아포칼립스 장르의 게임으로, 퍼즐과 액션을 결합시켰다. 게임 사이트 게임랭킹스(GameRankings)에서 엑스박스 버전은 100점 만점에 83.98점을, 플레이스테이션 버전은 83.13점을 받았다.

- **핵심어** 포스트 아포칼립스, 변신
- **시리즈**
  2010 〈다크사이더스(Darksiders)〉
  2012 〈다크사이더스 Ⅱ(Darksiders Ⅱ)〉
- **참고 자료** Gamespot, "Darksiders Review", www.gamespot.com/reviews/darksiders-review/1900-6245020/

단테스 인페르노 Dante's Inferno

출시연도 2010년
개발사 일렉트로닉 아츠(Electronic Arts, EA)
장르 액션 어드벤처 게임
플랫폼 플레이스테이션 3

스토리 주인공 단테는 십자군 원정에 참전한 성기사이다. 단테는 전투 중 자신의 영혼을 가지러 온 사신을 물리치고 사신의 낫인 이클립스를 얻게 된다. 이후 고향으로 돌아온 단테가 마주한 것은 폐허가 된 마을과 약혼녀 베아트리체의 죽음이다. 단테는 루시퍼에 의해 지옥으로 끌려간 베아트리체의 영혼을 구출하기 위해 지옥으로 뛰어든다. 9개의 지옥을 탐험하는 과정에서 십자군 전쟁 중 저지른 단테의 악행이 폭로되고, 단테는 반성과 용서의 시간을 갖고 구원 받는다.

플레이 플레이어는 림보, 색욕, 식탐, 탐욕, 분노, 이단, 폭력, 사기, 배신이라는 9가지 스테이지로 구성된 지옥을 탐험하며, 게임 시작 전 설정한 마법과 십자가, 사신의 낫을 기본 무기로 전투를 진행한다. 엔피시(NPC) 버질을 통해 각 스테이지에 대한 설명을 들을 수 있고 설명을 끝까지 들으면 전투에 필요한 특수 아이템이나 포인트가 부여된다.

각 스테이지마다 단테의 죄악과 관련된 컷신을 볼 수 있다. 게임 내 구조물을 파괴하거나 몬스터를 처치하면 보상으로 신성함과 불경함의 능력치를 얻고 이를 통해 연계기와 반격기 등의 기술을 추가할 수 있다.

평가 게임 웹진 게임프로(Gamepro)는 "게임 내에서 등장하는 9단계의 지옥이 인상적으로 구현됐다"고 평했다. 게임 전문 사이트 디스트럭토이드(Destructoid)는 전투시스템과 타격감에 대해 긍정적인 평가를 내리며 10점 만점에 9점을 부여하기도 했다.

- **핵심어** 액션 어드벤처 게임
- **참고 자료** Bryan Dawson, *Dante's Inferno : Prima Official Game Guide(Prima Official Game Guides)*, Prima Games, 2010. | Destructoid, "Review : Dante's Inferno", www.destructoid.com/review-dante-s-inferno-162463.phtml | Gamepro, "Dante's Inferno", www.web.archive.org/web/20100206063136/www.gamepro.com/article/reviews/213817/dantes-inferno/

드래곤 네스트 Dragon Nest

출시연도 2010년
개발사 아이덴티티 게임즈(Eyedentity Games)
장르 다중접속온라인 역할수행 게임
플랫폼 PC

스토리 여신 아르테아는 아름다운 세계 '알테런가'를 창조했다. 대신 데스모데우스의 총애를 받는 아르테아를 질투한 자매 베스티넬은 독을 먹여 아르테아를 타락시킨다. 아르테아의 타락으로 인해 탐욕과 이기심으로 물든 고대인과 선한 고대인 사이에서 드래곤을 이용한 전쟁을 일어난다. 타락한 고대인은 금지된 실험을 통해 비욘드 드래곤을 탄생시킨다. 그러나 비욘드 드래곤은 선한 고대인의 드래곤에게 파괴된다. 타락한 고대인은 비욘드 드래곤의 파편을 이용해 블랙 드래곤을 창조하지만 현자와 용사의 희생으로 세계의 평화가 유지된다.

플레이 게임의 목표는 인스턴트 던전에 탐험하며 퍼즐을 풀고 몬스터와의 전투에서 승리하는 것이다. 인스턴트 던전의 종류에는 스테이지와 네스트가 있다. 스테이지의 난이도는 쉬움, 보통, 어려움, 마스터, 어비스 순이다. 고레벨 플레이어를 위한 특수 스테이지가 존재하며 일부 특수 스테이지에서는 부활 시스템이 적용되지 않는다.

네스트는 5~6개의 관문으로 이루어진 던전이며 각 관문을 지키는 몬스터를 처치하고 모든 관문을 통과하면 최종 보스가 등장한다. 각 네스트를 클리어할 때마다 희귀 아이템을 획득할 수 있는 드래곤 네스트의 입장에 필요한 입장권이 주어진다.

이 외에도 플레이어 간 전투(PvP) 시스템인 콜로세움이 있으며 농장을 통해 다양한 보조 스킬과 재배, 낚시, 요리 등을 경험할 수 있다. 게임에서 얻은 일부 아이템을 엔피시(NPC)에게 선물하여 호감도를 쌓고 보상을 받기도 한다.

평가 일간, 주간 기준의 피로도 시스템을 사용하는 것이 특징이다. 피로도가 모두 소모되면 플레이어는 더 이상 스테이지를 플레이할 수 없게 된다. 중국과 일본, 태국, 러시아 등에 출시됐다. 2012년 중국 게임산업연회에서 '2011년 중국 10대 온라인 게임'으로 선정했다.

- **핵심어** 피로도 시스템
- **참고 자료** 지디넷코리아, 〈아이덴티티게임즈, 中 샨다에 1천200억원 매각〉, http://news.naver.com/read.nhn?mode=LSD&mid=sec&sid1=105&oid=092&aid=0001968147 | 지디넷코리아, 〈중국 동접 70만 게임… 국내 돌풍 이유는?〉, http://news.naver.com/read.nhn?mode=LSD&mid=sec&sid1=105&oid=092&aid=0001985073

레드 데드 리뎀션 Red Dead Redemption

출시연도 2010년
개발사 록스타 샌 디에고(Rockstar San Diego)
장르 액션 어드벤처 게임
플랫폼 플레이스테이션 3, 엑스박스 360

스토리 1911년 미국 서부 개척 시대가 끝나갈 무렵, 전직 갱이었던 존 마스턴은 과거 생활을 청산하고 가족들과 평화로이 살고 있다. 그러던 어느 날 연방 정부는 존의 아내와 아들을 납치하고, 풀어주는 대가로 예전 동료였던 빌 윌리엄슨을 살해할 것을 존에게 요구한다. 이에 따라 존은 가족을 되찾기 위한 여정을 떠난다.

플레이 플레이어는 미국 서부를 배경으로 한 오픈월드에서 스토리 퀘스트를 수행하고, 호위, 약탈, 습격과 같은 부수적인 퀘스트와 이벤트를 선택적으로 수행한다. 플레이 요소로는 말타기, 보물 사냥, 현상금 사냥, 도박, 약탈 등이 있으며, 전투는 3인칭 슈팅 게임 방식으로 진행된다. 플레이어는 엔피시(NPC)를 살해하고 괴롭히는 범죄자가 될 수도 있고, 현상범을 잡는 현상금 사냥꾼이나 보물 사냥꾼 등이 될 수도 있다.

퀘스트나 이벤트를 완수할 경우, 명성은 올라가지만 완수 방식에 따라 명예 수치는 올라가거나 낮아진다. 싱글 플레이 외에 멀티 플레이도 가능하며, 이를 통해 다른 플레이어들과 대전을 하거나 마을에서 총격전을 펼치는 등의 플레이가 가능하다.

평가 〈레드 데드 리뎀션〉은 미국 서부를 구현한 그래픽과 플레이어가 즐길 수 있는 다양한 이벤트 요소로 2010년을 대표하는 게임이라는 호평을 받았다. 2010년 게임 전문 사이트 게임스팟(GameSpot)에서 '올해의 게임(Game of the Year)'으로 선정되었고, '최고의 스토리 상(Best Story)', '최고의 분위기 상(Best Atmosphere)', '최고의 액션/어드벤처 게임 상(Best Action/Adventure Game)' 등 총 12개의 상을 받았다.

게임 비평 사이트 아이지엔(IGN)에서도 '최고의 스토리 상', '최고의 캐릭터 상(Best Character)', '가장 재미있는 게임(Funniest Game)'으로 선정됐으며, 디자인·혁신·소통·오락 어워드(Design, Innovate, Communicate, Entertain Awards, D.I.C.E. Awards), 게임 디벨로퍼 초이스 어워드(Game Developers Choice Awards, GDCA) 등 다양한 시상식에서 '2010년 올해의 게임(2010 Game of the Year)'으로 선정됐다.

- **핵심어** 서부극, 오픈월드
- **시리즈**
  2004 〈레드 데드 리볼버(Red Dead Revolver)〉
  2010 〈레드 데드 리뎀션(Red Dead Redemption)〉

〈레드 데드 리뎀션 : 언데드 나이트메어(Red Dead Redemption : Undead Nightmare)〉

■ **참고 자료** Jean Ferguson, *Red Dead Redemption 103 Success Secrets*, Emereo Publishing, 2015. | Dennis Walker, *Red Dead Redemption Context Immersion Guide*, Emereo Publishing, 2010.

림보 Limbo

출시연도 2010년
개발사 플레이데드(Playdead)
장르 어드벤처 게임
플랫폼 엑스박스 360

스토리 검은 들판에서 한 소년이 깨어나고 여동생을 찾기 위한 여정을 시작한다.

플레이 게임의 목표는 소년의 여동생을 찾는 것이다. 플레이어는 검은 들판에 존재하는 가시덤불, 거미, 덫, 바위 등의 장애물을 극복해 앞으로 나아가야 한다. 캐릭터는 걷기, 뛰기, 높이뛰기, 잡기의 기본적인 행동만 할 수 있으며, 상황마다 주어지는 밧줄, 고목, 나무상자 등의 오브젝트를 이용해 장애물을 극복해야 한다. 화면은 흑백이며, 게임 진행 중 텍스트와 대화가 등장하지 않는 것이 이 게임의 특징이다.

평가 흑백의 화면, 잔잔한 배경음악 등을 통해 음울한 분위기를 효과적으로 자아냈다고 평가받았다. 2010년 인디 게임 페스티벌(Independent Game Festival, IGF)에서 '최고 기술 상(Technical Excellence)'과 '최고 비주얼 아트 상(Excellence in Visual Art)'을 받았다. 2010년 국제애니메이션필름협회 할리우드 지부(International Animated Film Society, ASIFA-Hollywood)가 주최한 제38회 애니 어워드(38th Annie Awards)에서 '최고의 애니메이티드 비디오 게임 상(Best Animated Video Game)'을 받았다.

■ **핵심어** 인디 게임
■ **참고 자료** Steve Bowden, *100 Computer Games to Play Before You Die*, John Blake, 2011.

마비노기 영웅전 Vindictus

출시연도 2010년
개발사 넥슨(Nexon)
장르 다중접속온라인 역할수행 게임
플랫폼 PC

스토리 3개의 시즌마다 상이한 스토리가 전개된다. 이 세계에는 마족을 물리치면 여신 모리안이 강림해 고통이 없는 세계 에린이 시작된다는 전설이 전해 내려온다. 어느 날, 콜헨 마을의 무녀 티이가 기르는 거대 거미 벤샤르트가 마을을 공격한다. 마을을 수호하는 칼브람 용병단은 이를 저지하기 위해 신입 용병을 고용한다. 신입 용병은 벤샤르트의 공격에서 티이를 구하고 능력을 인정받는다.

이후 주변 마을이 마족에 점령당하고, 용병단과 신입 용병은 사건의 정황을 알아내고자 한다. 시즌 2는 시즌 1과 동일한 시간대의 다른 이야기로, 보물을 찾기 위한 여행을 중심으로 스토리가 진행된다. 시즌 3은 시즌 1 직후의 스토리로 진행된다.

플레이 2015년 5월 기준으로 플레이어는 리시타, 피오나, 이비, 카록, 카이, 벨라, 허크, 린, 아리샤의 9개 캐릭터 중 하나를 선택해 플레이를 진행한다. 플레이어 캐릭터는 신입 용병으로, 던전을 돌며 몬스터를 죽여야 한다. 각 던전에서 몬스터 사냥, 보너스 목표, 일정 시간 안에 던전을 클리어하는 기사의 맹세를 완수할 경우 목표 달성률이 올라간다.

몬스터의 특정 부위만을 공격하는 '부위 파괴'에 성공할 경우 높은 경험치, 희귀 아이템 등의 보상을 얻는다. 논타깃팅 시스템, 히트박스 시스템 등의 도입을 통해 정확하고 사실적인 타격감을 제공한다.

평가 〈마비노기(Mabinogi)〉 시리즈의 스핀오프 버전이다. 물리 엔진을 도입해 흔들다리의 밧줄을 끊어 몬스터를 절벽으로 떨어뜨리거나 기둥을 무너뜨려 몬스터를 압사시키는 등 사실적인 플레이가 가능하다. 2010년 대한민국 게임대상에서 '대상'을 수상했다.

- **핵심어** 부위 파괴, 물리 엔진, 논타깃팅 시스템
- **참고 자료** 김겸섭, 『(모두를 위한 놀이) 디지털게임의 재발견』, 들녘, 2012.

메트로 2033 Metro 2033

출시연도 2010년
개발사 포에이 게임즈(4A Games)
장르 1인칭 슈팅 게임
플랫폼 PC, 엑스박스 360

스토리 2013년 발생한 핵폭발로 지구는 폐허가 된다. 구름이 전 지구를 덮어 태양 빛이 차단되고, 방사능에 의한 대기 오염으로 돌연변이가 생겨난다. 살아남은 인류는 모스크바의 지하 터널에 모여 살게 된다. 돌연변이 괴생물체들은 지하 터널로 몰려와 인류를 위협하지만 인류는 이념과 이해관계에 따라 여러 세력으로 나뉘어 분란을 거듭한다. 어느 날 북부의 한 터널에 살던 아르티옴은 양아버지의 친구인 헌터를 만나고, 폴리스 지역에서 밀러라는 사람을 찾아 북부 터널의 상황을 전해달라는 부탁을 받는다. 아르티옴은 헌터의 부탁을 들어주기 위해 터널을 떠나 폴리스로 향한다.

플레이 플레이어는 지하터널과 지상을 오가며 주어지는 임무들을 수행하고, 마주치는 돌연변이들을 제거해야 한다. 이를 위해 게임 초반에 주어지는 총, 탄약, 방독면, 조명 충전기, 일지 등을 전략적으로 운용해야 한다.

총은 5.45구경의 기관단총이 지급되고, 상점이나 무기고에서 교환이 가능하다. 탄약은 핵전쟁 이전에 만들어진 군용 탄환과 이후에 만들어진 일반 탄환으로 구분된다. 군용 탄환은 일반 탄환보다 적에게 높은 대미지를 줄 수 있으며, 희소성이 높기 때문에 화폐로 이용될 수도 있다. 방독면은 방사능으로 인한 호흡 곤란을 막기 위한 것으로, 지상으로 나갈 때 필수적으로 착용해야 한다. 일정 시간이 지난 후에는 산소 보충을 위해 필터를 교체해야 한다.

플레이어는 일지를 통해 퀘스트를 확인하고, 나침반으로 목적지의 방향을 찾을 수 있다. 게임의 엔딩은 두 갈래로 나뉘는데, 이는 플레이어가 게임 도중 특정 인물에게 말을 걸거나 특정 오브젝트와 접촉하는 등의 행위를 하면 주어지는 '모럴 포인트'의 획득량에 따라 달라진다.

평가 드미트리 글루코프스키(Dmitry Glukhovsky)의 소설 『메트로 2033(Metro 2033)』을 원작으로 개발됐다. 핵전쟁 이후 멸망한 세계를 배경으로 하고 있어 〈스토커 : 쉐도우 오브 체르노빌(S.T.A.L.K.E.R. : Shadow of Chernobyl)〉, 〈폴아웃

3〈Fallout 3〉)과 더불어 포스트 아포칼립스 장르의 대표적 게임으로 꼽힌다.

- **핵심어** 핵전쟁, 포스트 아포칼립스
- **시리즈**

  2010 〈메트로 2033(Metro 2033)〉

  2013 〈메트로 : 라스트 라이트(Metro : Last Light)〉

  〈메트로 : 리덕스(Metro : Redux)〉

- **참고 자료** Drew Davidson, *Well Played 2.0 : Video Games, Value and Meaning*, ETC Press, 2010. | Forbes, "The End is Nigh : The Ten Best Post-Apocalyptic Video Games", www.forbes.com/sites/insertcoin/2012/12/18/the-end-is-nigh-the-ten-best-post-apocalyptic-video-games/ | IGN, "Metro 2033 Review", www.ign.com/articles/2010/03/20/metro-2033-review

슈퍼 미트 보이 Super Meat Boy

출시연도 2010년

개발사 팀 미트(Team Meat)

장르 플랫폼 게임

플랫폼 엑스박스 360

스토리 미트 보이와 밴디지 걸은 서로 사랑하는 연인 사이다. 이를 시기한 닥터 페투스는 밴디지 걸을 납치하고, 미트 보이는 밴디지 걸을 구하러 간다.

플레이 플레이어 캐릭터는 미트 보이로, 장애물을 피해 납치되어 있는 밴디지 걸을 구해야 한다. 게임은 6개의 장으로 구분되고 마지막 장을 제외한 모든 장은 20개의 스테이지로 나뉜다. 각 장의 마지막에는 보스 스테이지가 존재하며, 전 단계의 스테이지를 과반수 이상 완료하면 보스 스테이지에 입장할 수 있다. 장애물은 톱날, 레이저, 미사일 등이 있다. '피부가 존재하지 않는 고깃덩이'라는 캐릭터의 설정 때문에 미트 보이의 이동 경로에 따라 핏자국이 남는 것이 특징이다. 특정 스테이지를 일정 시간 내에 완료해 A+ 등급을 받을 경우, '다크 월드'라는 새로운 스테이지가 열린다. 게임 중 등장하는 반창고 아이템을 모을수록 플레이 가능한 캐릭터의 종류가 다양해진다.

평가 2010년 게임 전문 사이트 게임스팟(GameSpot)에서 '최고의 다운로드 콘솔 게임(Best Downloadable Console Game)'으로, 게임 비평 사이트 아이지앤(IGN)이 주최한 베스트 오브 2010(Best of 2010) 엑스박스 360 플랫폼 부문에서

'가장 도전적인 게임(Most Challenging)'으로 선정됐다.

- **핵심어** 인디 게임
- **참고 자료** Mike Rose, *250 Indie Games You Must Play*, AKPeters/CRC Press, 2011. | Gamespot, "Super Meat Boy Review", www.gamespot.com/reviews/super-meat-boy-review/1900-6282520/ | IGN, "Super Meat Boy Review", www.ign.com/articles/2010/12/01/super-meat-boy-review

시티빌 CityVille

출시연도 2010년
개발사 징가(Zynga)
장르 건설 시뮬레이션 게임
플랫폼 PC

플레이 플레이어는 작은 마을이 대도시가 될 수 있도록 마을을 경영·관리해야 한다. 게임을 시작하면 플레이어는 농장에 자신이 원하는 작물을 경작한다. 각 작물의 파종에서 추수까지 걸리는 시간과 수확량은 상이하다. 수확한 작물을 상점에 제공하고, 이를 재료로 상점이 이익을 내면 세금을 수금할 수 있다. 상점 외에 도시에 사는 모든 시민에게도 세금이 부과된다. 벌어들인 코인을 이용해 집과 경찰서, 시청, 병원, 백화점과 같은 공공시설을 건설하고, 캐시를 이용해 공공시설에서 일할 인력을 고용한다. 에너지는 세금을 걷거나 건물을 짓는 등 생산적인 활동에 소모되는 자원이며, 5분마다 재생성된다.

플레이어는 페이스북 친구인 다른 플레이어와 협력하여 게임을 진행할 수 있다. 플레이어가 친구의 도시를 방문해 세금 수금 등을 대신 수행할 경우, 코인이나 에너지와 같은 아이템을 보상으로 받는다. 경찰서, 시청과 같은 특정 공공시설을 지을 때에는 경찰 서장, 시청 카운슬러 등의 관리직에 친구를 채용해야 하기 때문에 도시를 확장하기 위해서는 친구의 도움이 필수적이다.

평가 2011년 출시 한 달 만에 페이스북 게임 월간 사용자 최고치를 갱신했으며, 2011년 페이스북 10대 인기 게임 중 3위를 기록했다.

- **핵심어** 페이스북 게임, 소셜 게임, 건설
- **시리즈**
2010 〈시티빌(CityVille)〉

2012 〈시티빌 2(CityVille 2)〉

■ **참고 자료** Kyle Orland, Michelle Oxman, *CityVille For Dummies*, John Wiley & Sons, 2011. | Matthew Miller, *Facebook Compnion*, John Wiley & Sons, 2011.

앨런 웨이크 Alan Wake

출시연도 2010년
개발사 레머디 엔터테인먼트(Remedy Entertainment)
장르 액션 게임
플랫폼 엑스박스 360

스토리 베스트셀러 작가인 앨런 웨이크는 형사 시리즈로 큰 성공을 거둔 후 슬럼프에 빠진다. 2년간 작품을 집필하지 못한 앨런에게 아내 앨리스는 브라이트 폴즈로의 휴가를 제안한다. 휴가지에 도착한 앨런과 앨리스는 말다툼을 벌이고, 앨런은 앨리스를 홀로 두고 별장을 떠난다. 그 순간 별장의 전기가 나가고 어둠이 닥쳐온다. 앨런은 급히 별장으로 돌아와 아내를 찾지만 앨리스는 사라지고 없다. 알 수 없는 사건들과 함께 기억까지 잃게 된 앨런은 자신이 썼던 소설이 실제로 일어나고 있다는 사실을 깨닫는다. 앨런은 잃어버린 소설의 원고 조각들을 모아 앨리스를 찾기 위해 나선다.

플레이 플레이어는 앨런이 되어 잃어버린 원고 조각들을 모아야 한다. 챕터가 에피소드 형식으로 구분되어 있으며, 게임 내 시간은 낮과 밤으로 나뉘어 있다. 낮에는 엔피시(NPC)들과의 대화를 통해 브라이트 폴즈에 대한 정보를 얻을 수 있는 반면, 밤에는 그림자 괴물인 테이큰과 전투를 벌여야 한다. 전투에 사용할 수 있는 무기로는 손전등, 총기류, 섬광탄 등이 있다. 테이큰은 빛을 맞으면 경직되므로, 플레이어는 손전등과 같이 빛을 낼 수 있는 도구와 지형지물을 활용해 테이큰을 공격하거나 공격을 피해 도망쳐야 한다. 플레이어는 수집한 소설 원고 조각들을 통해 게임에 나오지 않은 뒷이야기들을 알 수 있다. 다른 수집 요소로는 나이트 스프링스 텔레비전 쇼, 라디오, 간판 등이 있다.

평가 〈앨런 웨이크〉는 인간 내면의 공포를 다룬 스릴러물로 탄탄한 스토리와 분위기, 이에 어울리는 게임 음악으로 호평받았다. 2010년 게임 비평 사이트 아이지앤(IGN)에서 '최고의 공포 게임(Best Horror Game)'에 선정됐으며, 게임스팟 (GameSpot)에서는 플레이어들이 선정한 '최고의 오리지널 아이피(Best Original IP)'로 뽑혔다.

- **핵심어** 심리 스릴러, 악몽
- **시리즈**
  2010 〈앨런 웨이크(Alan Wake)〉
  2012 〈앨런 웨이크의 아메리칸 나이트메어(Alan Wake's American Nightmare)〉
- **참고 자료** 릭 버로스 저, 김지현 역, 『앨런 웨이크』, 제우미디어, 2014.

월드 오브 탱크 World of Tanks

출시연도 2010년
개발사 워게이밍(Wargaming)
장르 액션 게임
플랫폼 PC

플레이 플레이어의 목표는 전차를 이끌어 전투에서 승리하는 것이다. 플레이어는 전차를 조종해 적의 전차를 모두 파괴하거나 적진을 점령해야 한다. 전차는 경전차와 중형전차, 중전차, 구축전차, 자주포 등으로 분류된다. 나라별로 전차의 특징이 다르며 전차마다 연구 계통도에 따라 선택할 수 있는 상위 전차가 다르다.

특정 단계의 전차를 선택하기 위해서는 하위 단계의 전차를 운용하고 연구해야 한다. 전차의 사양에 따라 최대 중량 및 장갑의 두께 등을 고려해야 전차의 부위별 기능을 향상할 수 있다. 전차에 탑승한 승무원의 능력이나 부가 장비를 사용해 전차 자체의 성능을 향상시키는 것도 가능하다.

전투 방식은 무작위 전투, 역사 전투, 중대 전투 등으로 분류되며 공격과 수비가 정해진 강습전이나 중립 기지를 두고 격돌하는 조우전 등도 있다. 무작위 전투의 경우, 최대 30명의 전차장과 함께 진행하며 개인전 및 소대전이 가능하다. 전투 중 전차의 부위별 피격 판정에 따라 전투의 승패가 판가름 난다.

평가 역사적 고증을 바탕으로 제2차 세계대전 당시의 격전지와 나라별 전차를 정밀하게 구현했다. 짧은 전투 시간과 강한 타격감, 사실적인 피격 판정 등이 특징이다. 2013년 골든 조이스틱 어워드(Golden Joystick Awards)에서 '최고의 온라인 게임(Best Online Game)'에 선정됐다. 같은 해 단일 서버 최다 동시 접속자 수인 19만 명을 달성하며 기네스북에 등재됐다.

■ **핵심어** 탱크, 전차, 제2차 세계대전
■ **시리즈**
  2010 〈월드 오브 탱크(World of Tanks)〉
  2014 〈월드 오브 탱크 블리츠(World of Tanks Blitz)〉
■ **참고 자료** Debra Ramsay, *American Media and the Memory of World War II*, Routledge, 2015. | 워게이밍, http://kr.wargaming.net

인피니티 블레이드 Infinity Blade

출시연도 2010년
개발사 에픽 게임즈(Epic Games), 체어 엔터테인먼트(Chair Entertainment)
장르 액션 역할수행 게임
플랫폼 모바일

스토리 죽지 않는 자들이 인간 세계에 강림해 인류를 학살하며 세계를 지배한다. 신비의 장인은 이러한 혼돈에서 벗어나기 위해 죽지 않는 자들의 장군인 오우사르와 동맹을 맺고 그들을 죽일 수 있는 검, '인피니티 블레이드'를 만든다. 오우사르는 인피니티 블레이드를 독차지하기 위해 신비의 장인을 배신하고 그를 눈물의 감옥에 가둔다. 하지만 인피니티 블레이드의 강한 힘에 휩싸인 오우사르는 사라지고 인피니티 블레이드는 불완전한 상태로 남는다.

신들의 왕인 레이드리아는 남겨진 인피니티 블레이드를 완전한 검으로 만들기 위해 살육을 자행한다. 이에 자유의 목소리라는 전사가 나타나 레이드리아에게 결투를 신청하지만 패배하고, 전사의 아들인 사이리스가 아버지의 원수를 갚기 위해 길을 떠난다.

플레이 플레이어의 캐릭터는 사이리스로, 게임의 목표는 파괴된 성에서 적을 물리치고 신들의 왕을 쓰러뜨리는 것이다. 캐릭터가 환생하는 시스템으로 진행되며 적과의 대결에서 패배하면 기존의 레벨과 아이템을 그대로 소유한 채 기존 캐릭터의 자손으로 태어난다. 플레이어는 패배하기 직전 상태에서 게임을 다시 시작한다.

스와이프 앤드 탭(swipe & tap)을 통해 적을 공격하거나 적의 공격을 막아낸다.

상하좌우와 대각선 방향 등 총 8가지 방향으로 공격할 수 있다. 작동 방법을 조합해 공격할 경우 적에게 강한 대미지를 준다. 무기와 갑옷, 방패, 투구 그리고 마법 반지 총 5개 장비를 장착하며 사용하는 무기 유형에 따라 컨트롤 방식이 다르다. 플레이 모드는 싱글 모드와 아레나 모드 총 2가지이다. 싱글 모드에서는 신들의 왕을 찾는 스토리로 진행된다. 아레나 모드에는 플레이어 간의 전투가 가능한 멀티 플레이 모드와 회복 없이 타이탄 군단과의 전투를 겨루는 서바이벌 모드가 있다.

평가 언리얼 엔진 3을 최초로 모바일에 적용한 게임이다. 시리즈 간의 스토리가 연결 및 확장되며 경험치를 축적한 캐릭터가 대를 거듭하여 재탄생한다는 설정이 특징이다. 2011년 앱스토어 누적 매출 상위 10위권 안에 들었다. 2011년 애플 디자인 어워드(Apple Design Award)의 아이폰 부문을 수상했다.

- **핵심어** 언리얼 엔진 3, 스와이프 앤 탭, 환생
- **시리즈**
  2010 〈인피니티 블레이드(Infinity Blade)〉
  2011 〈인피니티 블레이드 2(Infinity Blade 2)〉
  2013 〈인피니티 블레이드 3(Infinity Blade 3)〉
- **참고 자료** James Newman, *Videogames*, Routledge, 2012. | Ryan Rigney, *Buttonless: Incredible iPhone and iPad Games and the Stories Behind Them*, CRC Press, 2012.

초차원게임 넵튠 Hyperdimension Neptunia / 超次元ゲイム ネプテューヌ

출시연도 2010년
개발사 컴파일 하트(Compile Heart)
장르 역할수행 게임
플랫폼 플레이스테이션 3

스토리 '게임 업계'라 불리는 이계에는 4명의 수호 여신이 존재한다. 세계를 수호해야 할 여신들은 서로 싸움을 하고, 그 와중에 넵튠이라는 여신 하나가 기억을 잃어버린 채 하계로 떨어진다. 한편 하계에서는 선대 수호 여신인 마제콘이 몬스터를 불러 세상을 어지럽히고 있다. 그때 기억을 잃은 넵튠에게 이계를 창조한 사서 이스트와르의 목소리가 들리고, 넵튠은 '게임 업계'를 구하기 위해 모험을 떠난다.

플레이 플레이어가 다른 여신들의 협력을 얻어내는 경우와 그렇지 못한 경우에 따라 2가지 다른 엔딩을 경험할 수 있다. 게임 공간은 이야기를 진행하거나 미

션을 받을 수 있는 월드 파트와 던전을 탐험할 수 있는 던전 파트로 나뉜다. 월드 파트에서 플레이어는 장비나 아이템을 구매하고, 정보 수집이나 탐색을 통해 미션을 수령하고 던전을 탐색할 수 있는 기회를 얻는다. 던전 파트에서는 던전을 돌아다니며 미션을 수행하거나 몬스터를 처치한다.

전투는 턴제로 진행되며, 플레이어는 4단계에 걸쳐 공격할 수 있는데 사전에 각 단계에 스킬을 배치하여 차례로 사용한다.

평가 실제 게임 업계를 반영하여 게임의 세계관 및 캐릭터를 제작했다. 게임기를 의인화하여 주인공 캐릭터를 만들었으며, 모에(萌え) 요소가 부각된 여성 캐릭터가 특징이다.

- **핵심어** 턴제, 모에
- **시리즈**
  2010 〈초차원게임 넵튠 1(Hyperdimension Neptunia)〉
  2011 〈초차원게임 넵튠 MK 2(Hyperdimension Neptunia MK 2)〉
  2012 〈신차원게임 넵튠 V(Hyperdimension Neptunia Victory)〉
  2013 〈초차차원게임 넵튠 리;버스 1(Hyperdimension Neptunia Re:Birth 1)〉
    〈신차원아이돌 넵튠 PP(Hyperdimension Neptunia : Producing Perfection)〉
  2014 〈초여신신앙 누아르 : 격신 블랙하트(Hyperdevotion Noire : Goddess Black Heart)〉
    〈초차원액션 넵튠 U(Hyperdimension Neptunia U : Action Unleashed)〉
    〈초차차원게임 넵튠 리;버스 2 : 시스터 제너레이션(Hyperdimension Neptunia Re:Birth 2 : Sisters Generation)〉
    〈신차차원게임 넵튠 리;버스 3 : V 센츄리(Hyperdimension Neptunia Re:Birth 3 : V Generation)〉
  2015 〈신차원게임 넵튠 VII (Hyperdimension Neptunia Victory II)〉
- **참고 자료** CheatsUnlimited, *EZ Cheats : Cheat Codes & Tips for Playstation 3 & PSP, 6th Edition*, ICE Games Ltd., 2012.

컷 더 로프 Cut the Rope

| 출시연도 2010년
| 개발사 젭토랩(ZeptoLab)
| 장르 퍼즐 게임
| 플랫폼 모바일

플레이 플레이어는 정해진 시간 내에 밧줄을 끊고 사탕을 이동시켜 입을 벌리고 있는 공룡의 입 안에 사탕을 떨어뜨려야 한다. 플레이어가 밧줄을 터치하면

사탕이 연결된 밧줄이 끊어지는데, 중력과 관성에 따른 밧줄의 움직임과 보조
장치를 이용해 사탕을 이동시킨다. 밧줄을 끊는 순서나 밧줄의 길이에 따라 사탕
의 이동 경로가 달라지며 이동 과정에서 별을 획득해야 한다. 〈컷 더 로프 2〉부터
일대일 대전을 지원한다.

평가 '줄을 끊는다'는 새로운 콘셉트를 퍼즐 게임에 도입했다. 드래그 앤드
터치만을 사용한 간단한 조작법으로 2010년 3월 게임 개발자 컨퍼런스(Game
Developer Conference, GDC)에서 '베스트 핸드헬드 게임(Best Handheld Game)'으
로 선정됐다. 2011년 6월 애플 디자인 어워드(2011 Apple Design Awards)를 수
상했다.

- **핵심어** 모바일 게임, 로프
- **시리즈**
  2010 〈컷 더 로프(Cut the Rope)〉
       〈컷 더 로프 : 홀리데이 기프트(Cut the Rope : Holiday Gift)〉
  2011 〈컷 더 로프 : 엑스페리먼트(Cut the Rope : Experiments)〉
  2013 〈컷 더 로프 : 타임 트래블(Cut the Rope : Time Travel)〉
       〈컷 더 로프 2(Cut the Rope 2)〉
  2014 〈컷 더 로프 : 트리플 트리트(Cut the Rope : Triple Treat)〉
- **참고 자료** Jinny Gudmundsen, *iPad Apps For Kids For Dummies*, John Wiley & Sons, 2013. | Joe
Welinske, *Developing User Assistance for Mobile Apps*, Lulu.com, 2014.

헤비 레인 Heavy Rain

출시연도 2010년
개발사 퀀틱 드림(Quantic Dream)
장르 액션 어드벤처 게임
플랫폼 플레이스테이션 3

스토리 에단 마스는 연쇄살인마 오리가미 킬러에게 납치당한 아들 숀을 되찾
기 위해 애쓴다. 그러나 경찰은 정신 병력을 이유로 에단을 용의자로 몰아간다.
한편 살인마는 아들을 돌려주겠다며 에단에게 신체 절단, 살인 등 악행을 강요한
다. 사립탐정 스캇 셸비, 미 연방 수사국 프로파일러 노먼 제이든, 기자 매디슨 페
이지는 에단이 아들을 찾고 연쇄살인마를 추적할 수 있도록 돕는다.

플레이 플레이어는 단서를 찾아 살인마를 검거하고 숀을 구출해야 한다. 이때

플레이어는 에단, 스캇, 노먼, 매디슨 등 4명의 캐릭터를 조종할 수 있다. 각 캐릭터의 관점에서 에피소드를 진행하면서 고른 선택지와 수집한 단서에 따라 결과가 달라지는 멀티 엔딩을 제공한다.

플레이어의 선택에 따라 캐릭터가 사망하거나 부상을 입을 수도 있으나 게임은 캐릭터 사망 여부와 상관없이 지속된다. 캐릭터가 정신적 또는 육체적인 위협을 겪을 때 선택지와 조작 버튼이 흐릿해지거나 빠르게 캐릭터 주변을 맴돌면서 캐릭터의 심리나 상황을 반영하기도 한다.

평가 스릴러 영화를 보는 것 같은 완성도 높은 스토리로 마니아층의 지지를 받으며 인터랙티드 드라마 장르로도 분류된다. 게임 전문 사이트 게임존(GameZone)은 〈헤비 레인〉에 평점 10점 만점에 9점을 주며 "훌륭한 소설이나 누아르 영화 이상의 상호작용적 경험을 제공한다"고 평가했다.

- **핵심어** 스릴러, 인터랙티브 드라마, 연쇄살인마
- **참고 자료** Chris Melissinos, Patrick O'Rourke, *The Art of Video Games : From Pac-Man to Mass Effect*, Welcome Books, 2012. | Tony Mott, Peter Molyneux, *1001 Video Games You Must Play Before You Die*, Universe, 2010. | GameZone, "Heavy Rain : The Origami Killer-PS3-Review", www.gamezone.com/reviews/heavy-rain-the-origami-killer-ps3-review

후르츠 닌자 Fruit Ninja

출시연도 2010년
개발사 하프브릭 스튜디오(Halfbrick Studios)
장르 액션 게임
플랫폼 모바일

플레이 플레이어는 날아오는 폭탄과 과일 중에 폭탄을 피하고 과일을 칼로 베어야 한다. 플레이 모드는 클래식, 젠, 아케이드 등 3가지이다. 클래식 모드에서 플레이이가 과일을 베지 못하거나 폭탄을 베면 생명이 줄어든다. 젠 모드에서 플레이어는 3개 이상의 과일을 베는 콤보 달성을 통해 점수를 획득해야 한다. 아케이드 모드에서는 1분이라는 제한된 시간 내에 최대한 많은 과일을 베어야 한다.

평가 스크린 터치를 이용해 조작 방식이 직관적이고 쉽다. 과일을 벨 때 과즙이 튀는 이미지와 과일을 베는 소리 등 생동감 있는 그래픽과 사운드가 특징이

다. 미국 시사 주간지 《타임(Time)》에서 선정한 '2011년 최고의 아이폰 애플리케이션 50선(50 Best iPhone Apps of 2011)'에 선정됐고, 2014년 하프브릭 스튜디오의 발표에 따르면, 전 세계에서 누적 다운로드 수 5억 회를 달성했다.

- **핵심어** 자르기 게임, 라이트 유저
- **시리즈**
  2010 〈후르츠 닌자(Fruit Ninja)〉
  2011 〈후르츠 닌자 키넥트(Fruit Ninja Kinect)〉
  2015 〈후르츠 닌자 키넥트 2(Fruit Ninja Kinect 2)〉
  　　〈후르츠 닌자 아카데미 : 매스 마스터(Fruit Ninja Academy : Math Master)〉
- **참고 자료** 채드 뮤레타 저, 최선영 역, 『나는 앱으로 백만장자가 되었다』, 티즈맵, 2012. | Rui Wang, *Augmented Reality with Kinect*, Packt Publishing Ltd., 2013.

다크 소울 Dark Souls

출시연도 2011년
개발사 프롬소프트웨어(FromSoftware)
장르 액션 역할수행 게임
플랫폼 플레이스테이션 3

스토리 그윈 왕이 세계를 통치하는 불의 시대에 '다크 링'이라는 표식을 가진 인간들이 나타나기 시작한다. 표식을 가진 자는 불사의 육체를 얻게 되지만 정신이 육체의 수명을 따라가지 못해 이성을 잃은 망자가 되어버린다. 망자들은 세계가 끝날 때까지 격리시설에 수용되어 살아간다. 다크 링의 표식이 나타나 격리시설에 갇힌 주인공은 한 아스토라 상급기사의 도움으로 시설을 탈출하고, 로드란으로 모험을 떠난다.

플레이 플레이어는 세계의 운명을 결정할 장소인 최초의 화로로 향하기 위해 게임 세계를 탐험하며 몬스터들을 처치한다. 적을 해치울 때마다 가상 통화와 경험치 역할을 하는 영혼을 획득한다.

캐릭터의 상태는 인간과 망자로 구분된다. 인간 상태의 플레이어는 동료를 소환하거나 플레이어 간 전투(PvP)를 진행할 수 있다. 인간 상태에서 사망하면 망자가 되고 인간으로 돌아가려면 화톳불에서 '인간성' 아이템을 소모해야 한다. 이 아이템은 적의 시체나 필드에서 획득할 수 있다.

평가 지도 없이 방대한 세계를 탐험해야 하고, 전투의 난이도가 높은 편이다. 다른 플레이어의 호스트에 암령이라는 몬스터의 형태로 침입해 플레이어 간 전투를 진행하거나, 보스 몬스터를 처치 시 다른 플레이어에게 백령으로 소환되어 협력할 수 있는 멀티 플레이를 지원한다. 2015년 게임 비평 사이트 아이지앤(IGN)에서 평점 9.0점을, 게임 전문 사이트 게임스팟(GameSpot)에서 평점 9.5점을 받았다.

- **핵심어** 멀티 플레이, 협력 플레이, 난이도, 하드코어 플레이
- **시리즈**
  2011 〈다크 소울(Dark Souls)〉
  2014 〈다크 소울 2(Dark Souls 2)〉
- **참고 자료** Tony Mott, *1001 Video Games : You Must Play Before You Die*, universe, 2010. | Gamespot, "Dark Souls Review", www.gamespot.com/dark-souls/ | IGN, "Dark Souls Review", www.ign.com/games/dark-souls-prepare-to-die-edition/pc-131930

데드 아일랜드 Dead Island

출시연도 2011년
개발사 테크랜드(Techland)
장르 공포 게임
플랫폼 PC, 플레이스테이션 3, 엑스박스 360

스토리 아름다운 열대의 섬 바노이에 좀비 바이러스가 퍼져, 사람들이 좀비로 변해 서로를 죽이기 시작한다. 래퍼 샘B, 중국인 스페이 메이, 전직 미식축구 영웅 로건 카터, 전직 경찰관 푸르나는 인터폰에서 흘러나오는 명령에 따라 피신해 극적으로 생존한다.

생존자들은 자신들이 좀비 바이러스에 면역이 있는 것을 발견하고, 인터폰의 목소리에 의문을 가진다. 목소리의 주인은 스스로를 바노이 방어군 소속의 코로넬 라이더 화이트 대령이라고 밝히며, 자신의 아내가 좀비에게 물렸지만 곧 치료제와 백신이 완성될 것이라고 말한다. 그리고 생존자들에게 자신을 만나러 감옥 섬으로 올 것을 권유한다. 정글을 헤치고 감옥 섬에 도착한 생존자들은 화이트 대령의 음모를 알게 된다.

플레이 플레이어는 공격해오는 좀비를 피해 모든 퀘스트를 완료하고 섬에서 탈출해야 한다. 플레이어는 물리 공격이나 근접 무기, 화기 등을 사용해 좀비를

공격할 수 있다. 무기는 무작위로 제공되며, 맵을 탐험하며 발견하거나 좀비를 처치하면 획득할 수 있다. 캐릭터가 달리기, 점프, 무기 휘두르기 등의 행동을 하면 스태미나 게이지가 줄어든다. 스태미나 게이지가 제로가 되면 공격을 할 수 없기 때문에, 플레이를 정지하고 스태미나를 충전해야 한다. 레벨 상승에 따라 캐릭터의 체력과 스태미나가 높아지며, 플레이어는 스킬 포인트를 획득하여 스킬 트리를 구축한다.

평가 잔디밭에 쓰러진 소녀의 눈을 비추면서 시작하는 트레일러 영상은 시간을 되감으며, 바노이가 좀비의 섬으로 변하는 과정을 보여준다. 2011년 일렉트로닉 엔터테인먼트 엑스포(Electronic Entertainment Expo, E3)에서 공개되어 큰 관심을 모은 트레일러는 같은 해 칸 국제 광고제(Cannes Lions International Festival of Creativity)에서 '황금 사자(Gold Lion)' 상을 받았다.

- **핵심어** 좀비, 슈팅, 트레일러
- **시리즈**
  2011 〈데드 아일랜드(Dead Island)〉
  2013 〈데드 아일랜드 : 립타이드(Dead Island : Riptide)〉
  2014 〈이스케이프 데드 아일랜드(Escape Dead Island)〉
  2015 〈데드 아일랜드 : 에피데믹(Dead Island : Epidemic)〉
- **참고 자료** 게임메카, 〈좀비게임 '데드 아일랜드' 칸 국제 광고제에서 금상〉, www.gamemeca.com/news/view.php?gid=96092

룰더스카이 Rule the Sky

출시연도 2011년
개발사 조이시티(Joycity)
장르 소셜 네트워크 게임
플랫폼 모바일

플레이 플레이어는 건물과 나무, 꾸미기 아이템으로 섬을 가꾸고 골드를 축적해 섬을 확장하는 것을 목표로 한다. 기본적인 활동은 건물을 짓고 열매, 작물을 수확해 골드와 경험치를 획득하는 일이다. 다른 플레이어와의 교류는 케어와 페이버로 나뉜다. 케어는 친구의 섬에서 작물이나 나무를 돌보는 활동으로 친구와의 친밀도인 소셜 점수와 골드, 경험치를 얻는다. 페이버는 친구의 섬에서 건물 생산을 돕는 행위로 완료 시 골드와 경험치를 얻는다. 친구가 신청한 페이버를 수락하면 건물 생산 시간을 5% 단축하는 부스터 효과를 얻는다.

그 외에도 미니 게임에 참여해 추가 수익을 얻기도 한다. 대표적 예로 건물의 레벨을 높이는 벽돌을 획득하는 벽돌공장 게임이 있다. 플레이어는 프로필 창에 근황을 기록해 다른 플레이어와 소식을 주고받으며 친구추가 및 팔로우 기능을 사용해 교류하기도 한다.

평가 국내 소셜 네트워크 게임의 대표작으로 꼽힌다. 건물과 아이템을 활용해 공간을 꾸밀 수 있는 자유도가 높다는 평가를 받았다. 2012년 대한민국 게임대상에서 '게임 비즈니스 혁신상'을 받았다.

- **핵심어** 캐주얼 게임, 친구추가, 팔로우
- **참고 자료** 송지혜, 『건설 경영 시뮬레이션 게임에서 플레이어에 의해 우발적으로 나타나는 조형놀이의 양상 연구』, 성균관대학교 대학원 영상학과 석사논문, 2013. | 황지은, 『사이버 게임의 언어 사용 사례에 대한 국어교육적 연구 : 소셜 네트워크 게임 '룰 더 스카이'를 중심으로』, 이화여대학교 대학원 국어교육전공 석사논문, 2014.

배스천 Bastion

출시연도 2011년
개발사 슈퍼자이언트 게임즈(Supergiant Games)
장르 액션 역할수행 게임
플랫폼 PC

스토리 세계는 세일란디아와 유라 두 나라로 나뉜다. 어느 날 원인불명의 대재앙으로 인해 사람들은 재가 되고, 대륙은 조각나서 하늘로 떠오르게 된다. 폐허 속에서 눈을 뜬 소년은 생존자를 찾아 세일란디아 최후의 보루 배스천으로 향한다. 배스천에서 소년은 유일한 생존자인 럭스를 만난다. 소년은 럭스에게 대륙을 재건하기 위한 기계장치를 작동시킬 수 있는 코어를 구해달라는 부탁을 받고 모험을 떠난다.

플레이 플레이어는 대재앙의 원인을 알아내고 배스천을 재건하기 위해 폐허가 된 대륙을 탐험한다. 폐허가 된 대륙은 공중에 떠 있는데, 가장자리에 도달하면 새로운 경로가 생성되어 이동이 가능하다. 탐험 도중 들려오는 내레이션은 게임의 서사, 플레이어의 행동에 대한 평가 등을 알려준다. 각 구역에 미션을 완료하면 코어나 샤드를 획득할 수 있다. 코어는 몬스터를 강력하게 만들어 경험치와 돈을 추가로 획득하게 만드는 성지와 같이 특별한 기능이 있는 건물들을 짓는 데 사용된다. 샤드는 배스천의 영역을 확장하는 데 사용된다.

평가 2011년 6월 일렉트로닉 엔터테인먼트 엑스포(Electronic Entertainment Expo, E3)에서 '게임 비평가상(Game Critics Award)'과 '최고의 다운로드 게임(Best Downloadable Game)' 부문을 수상했다. 2012년 게임 개발자 컨퍼런스(Game Developer Conference, GDC)에서 개발사인 슈퍼자이언트 게임즈는 '최고의 데뷔상(Best Debut)'을 받았다.

- **핵심어** 인디 게임, 내레이션
- **참고 자료** 2012 GDC, http://www.gamechoiceawards.com/archive/gdca_12th.html

블렛스톰 Bulletstorm

출시연도 2011년
개발사 피플 캔 플라이(People Can Fly), 에픽 게임즈(Epic Games)
장르 1인칭 슈팅 게임
플랫폼 엑스박스 360

스토리 26세기, 행성 연합이 우주를 지배한다. 연방의 엘리트 부대 데드 에코의 부대장 그레이슨 헌트는 민간인 사살을 명한 서라노 장군에게 반기를 들고 우주 해적이 된다. 10년 뒤, 헌트의 부대는 외부 항성계에서 서라노 장군의 전함과 전투를 벌이던 중 스티지아라는 행성에 추락한다. 헌트의 부대는 행성 토착민의 습격을 받아 전멸하고, 헌트와 동료 이시 사토만이 살아남는다. 헌트와 사토는 연합군에게 복수하기 위해 집결지로 향한다.

플레이 게임의 목표는 적인 연합군을 처치하고 서라노 장군을 찾아 복수하는 것이다. 플레이어는 발차기와 전기 채찍 휘두르기, 사격 등으로 적을 공격할 수 있다. 플레이어가 채찍이나 발을 이용해 적을 공중에 띄울 경우, 슬로모션 연출과 함께 스킬샷 사용의 기회를 얻는다. 스킬샷은 창의적인 방법을 사용해 적을 죽이는 것으로, 일반적인 킬보다 높은 점수를 받는다. 스킬샷을 통해 얻은 점수는 현금처럼 사용이 가능하며 무기를 업그레이드할 수 있다. 플레이어는 스킬샷 전용 에코 모드에서 다른 플레이어와 점수 경쟁을 할 수도 있다. 최대 4인의 플레이어가 참여하는 아나키 모드에서는 각 단계별로 등장하는 적을 처치해 목표 점수를 달성해야 한다.

평가 에픽 게임즈의 감수 아래 언리얼 엔진 3으로 개발되어, 화려한 그래픽과 풍부한 사운드로 호평을 받았다.

- **핵심어** 우주, 공상 과학(SF), 스킬샷
- **참고 자료** 디스이즈게임, 〈거침없이 쏴라! 스킬샷의 미학, 블렛스톰〉, www.thisisgame.com/webzine/game/nboard/16/?n=21436

사이퍼즈 Cyphers

출시연도 2011년
개발사 네오플(Neople)
장르 모바 게임
플랫폼 PC

스토리 1860년 거대 일식 이후 황무지에는 정체불명의 도시 포트레너드와 메트로폴리스, 트와일라잇이 나타난다. 그리고 세계 곳곳에서 초능력자가 태어나기 시작한다. 사람들은 초능력자를 사이퍼라 부르며 그들을 차별하거나 공포의 대상으로 여기게 된다. 그러자 사이퍼의 권익을 보호하고 일자리를 창출하는 회사 헬리오스와 지하연합이 등장한다.

이 과정에서 국가는 두 조직을 통제하고 관리하기 위해 사이퍼에게 능력에 따른 등급과 코드명을 부여하게 된다. 그러나 두 조직은 부족한 일거리와 자원 경쟁, 거듭된 반목과 오해, 그리고 사이퍼를 말살하려는 안타리우스의 음모로 인해 서로 대립한다.

플레이 5대 5로 팀을 구성한 각 진영이 상대편 본진을 먼저 함락하면 승리한다. 각 진영은 하나의 본진과 본진을 보호하는 유닛인 수호자, 본진의 방어막을 유지하는 4개의 타워, 그리고 상대팀을 저지하는 여러 유닛으로 구성되어 있다. 플레이어가 서로 협력하여 인공지능과 전투를 벌이는 협력전, 플레이어

간 전투(PvP)가 벌어지는 일반전, 플레이어 간 전투의 결과에 따라 랭킹이 결정되는 공식전, 플레이어가 원하는 대로 전투 환경을 조성할 수 있는 친선전 모드가 있다.

평가 다른 에이오에스(AOS) 게임에 비해 간략한 요소를 통해 게임의 몰입도와 액션성을 강화했다. 2011년 대한민국 게임대상에서 '최우수상'과 '인기상'을 받았다.

- **핵심어** 초능력자, 에이오에스(AOS)
- **참고 자료** 전자신문, 〈[대한민국게임대상] 최우수상 네오플 '사이퍼즈'〉, www.etnews.com/201111090083

아이러브커피 | I Love Coffee

출시연도 2011년
개발사 파티게임즈(PATIGAMES)
장르 경영 시뮬레이션 게임
플랫폼 모바일

스토리 주인공은 할아버지가 물려준 커피숍을 운영하게 된다. 잘생긴 건물주인 가브리엘, 새로운 메뉴 개발을 도와주는 친구 제이, 할아버지의 비서실장 케이트의 도움을 받아 가게를 키워 나간다.

플레이 플레이어는 커피숍을 운영해 성장시켜야 한다. 길거리 영업으로 손님을 모을 수 있으며 새로운 커피를 판매하기 위해 커피 만드는 법을 배우는 미니 게임을 통과해야 한다. 단골 손님은 주기적으로 가게를 방문하는 엔피시(NPC) 캐릭터로 플레이어가 직접 음료를 제조해야 하는 '특별 주문'을 요청한다. 플레이어는 본인이 원하는 테마에 맞게 가게를 꾸밀 수 있다. 미투데이, 블로그, 카페, 앱 이용자들과 친구를 맺을 수 있다. 가게를 확장할 때 친구들의 동의를 받아야 하며, 선물 보내기, 친구 가게 방문하기 등의 부수적인 활동이 가능하다.

평가 국내에서 인기 있는 창업 소재인 커피숍에 아기자기한 인테리어 요소들이 접목해 라이트 유저들의 호응을 얻었다. 2012년 모바일에서 〈아이러브커피 포카카오(I Love Coffee for Kakao)〉가 출시됐으며, 같은 해 문화체육관광부와 한국콘텐츠진흥원이 주관한 156회 '이달의 우수 게임'으로 선정됐다.

■ 핵심어 소셜 네트워크 게임, 커피, 카카오톡
■ 참고 자료 파티게임즈 공식 커뮤니티, http://cafe.naver.com/patistudio | 한국콘텐츠진흥원, www.kocca.kr/cop/main.do

에프시매니저 FCManager

출시연도 2011년
개발사 티쓰리엔터테인먼트(T3Entertainment)
장르 육성 시뮬레이션 게임
플랫폼 PC

플레이 플레이어는 구단주가 되어 축구 구단을 운영해야 한다. 플레이어는 선수에게 특화된 속성에 맞는 포지션을 지정해주고, 해당 속성을 강화시킬 수 있도록 트레이닝을 통해 선수를 관리해야 한다. 플레이어는 입단 테스트와 신입 드래프트를 통해 유망주를 물색하거나, 에프에이(FA) 시장과 선수 카드를 구입할 수 있는 쇼핑센터를 통해 선수를 영입할 수 있다.

1주일 단위로 한 시즌이 끝나며, 시즌 성적에 따라 컵 대회에 참가 여부가 결정된다. 리그는 크게 루키 리그, 아마 리그, 프로 리그, 국가통합 리그로 구성된다. 플레이어가 게임에 접속하지 않아도 정규 시즌은 그대로 진행되며, 경기 시간이 되면 플레이어의 특별한 조작 없이 선수들이 자동으로 경기를 진행한다. 모든 경기는 생중계되며 플레이어는 2차원 시점, 3차원 시점 등 원하는 시점을 선택하여 경기를 관람할 수 있다.

평가 K리그, 국제축구선수협회(FIFPRO)와의 라이선스 계약을 통해 실제 선수 캐릭터와 데이터가 사용됐다. 2011년에 태국과 일본으로 수출됐으며, 2015년 4월 〈에프시매니저〉 모바일 버전이 중국에서 출시됐다.

■ 핵심어 K리그, 축구
■ 시리즈
　2011 〈에프시매니저(FCManager)〉
　2014 〈에프시매니저 모바일 2014 (FCManager Mobile 2014)〉
■ 참고 자료 한국경제, 〈한빛소프트, FC매니저 모바일 中 출시 앞두고 상승〉, http://stock.hankyung.com/news/app/newsview.php?aid=20150409508769

차일드 오브 에덴 Child of Eden

출시연도 2011년
개발사 큐엔터테인먼트(QEntertainment)
장르 리듬 슈팅 게임
플랫폼 엑스박스 360

스토리 2019년 국제 우주정거장에서 루미라는 소녀가 태어난다. 지구를 동경한 루미는 자신의 마음을 노래로 표현해 지구의 사람들에게 전달하고 싶었다. 루미가 죽은 후 루미의 육체와 기억은 인류에 대한 기억을 담은 자료가 된다. 시간이 흘러 23세기가 되고 우주 어디에서나 연결 가능한 인터넷으로 에덴이라는 공간에 인류 전반에 대한 모든 정보를 간직하게 된다. 과학자들은 루미를 부활시켜 과거 인류에 대한 기억을 되살리고자 한다. 프로젝트가 완성되기 직전에 깨어난 루미는 에덴에 닥쳐오는 위험을 발견하고 이를 경고한다.

플레이 플레이어는 네트워크에 침입한 바이러스들을 제거하여 위험에 빠진 루미와 에덴을 구해야 한다. 원형 모양의 조준점을 움직여 바이러스를 쏘는 방식으로 공격할 수 있으며, 공격 방식으로는 잠금 공격과 발포 공격 2가지가 있다. 오렌지색의 바이러스는 잠금 공격을 통해 행동을 제어하고, 보라색 바이러스는 발포 공격을 통해 제거해야 한다. 공격에 성공할 경우 배경음악과 어우러지는 효과음이 발생한다. 스테이지는 총 5개의 음악으로 구성되어 있으며, 각각 매트릭스(matrix)와 진화(evolution), 뷰티(beauty), 열정(passion), 여정(journey)을 테마로 삼는다.

평가 〈차일드 오브 에덴〉은 〈루미네스(Lumines)〉를 제작한 미즈구치 테츠야(水口哲也)가 만든 슈팅 게임으로, 우주와 네트워크 연결망을 묘사한 화려한 그래픽과 음악을 선보였다. 2010년 일렉트로닉 엔터테인먼트 엑스포(Electronic Entertainment Expo, E3)에서 '최고의 모션 센서 게임 상(Best Motion Sensor Game)'과 '최고의 리듬 게임 상(Best Rhythm Game)'을 받았다. 정식 발매 후 2011년 게임존(GameZone)에서 '최고의 키넥트 게임 상(Best Kinect Game)'을 받았다.

- **핵심어** 미즈구치 테츠야, 키넥트
- **참고 자료** Matt Fox, *The Video Games Guide : 1,000+ Arcade, Console and Computer Games, 1962-2012*, McFarland, 2013.

탭소닉 Tap Sonic

출시연도 2011년
개발사 네오위즈 인터넷(Neowiz Internet)
장르 리듬 게임
플랫폼 모바일

플레이 플레이어는 화면 상단에서 떨어지는 노트를 하단 판정선에 맞춰 터치하여 점수를 획득한다. 난이도에 따라 플레이 단계가 베이직과 프로, 레전드로 나뉘고 옵션으로 배속과 랜덤, 페이드 여부를 지정할 수 있다.

보조 아이템을 활용하여 일정 시간 동안 노트당 획득 점수를 높이거나 소닉 게이지를 회복할 수 있다. 노트를 놓칠 때마다 소닉 게이지가 감소하고 10회 연속으로 놓치면 게임이 종료된다. 뮤직 포인트를 구매해 인기곡을 플레이할 수 있다. 한 곡을 플레이하는 싱글 모드와 3곡을 선택해 연속으로 플레이하는 논스톱 모드를 지원한다.

평가 〈디제이맥스(DJMax)〉 모바일 버전의 스핀오프로 제작되어 가요 위주의 플레이를 지원했다. 국내에서 서비스된 모바일 게임 중 최초로 2012년 1월 누적 다운로드 수 1,000만 건을 기록했다.

- **핵심어** 오디션
- **시리즈**
  2011 〈탭소닉(Tap Sonic)〉
  2012 〈탭소닉 링스타 포 카카오(Tap Sonic Ringstar for Kakao)〉
- **참고 자료** 한국콘텐츠진흥원, 『2010 대한민국 게임백서』, 문화체육관광부 한국콘텐츠진흥원, 2010. | 〈탭소닉〉 사이트, www.tapsonic.co.kr/kr

템플런 Temple Run

출시연도 2011년
개발사 이맨지 스튜디오(Imangi Studios)
장르 액션 게임
플랫폼 모바일

스토리 정글을 탐험하던 주인공은 오래된 사원에서 금으로 만든 신상을 발견한다. 그것을 훔쳐 들고 나오던 중 주인공은 난폭한 데몬 멍키들을 만나 추격전을 벌인다.

플레이 3차원 종스크롤 방식을 채택하고 있다. 플레이어는 처음에 기본 캐릭터인 가이 데인저러스로 게임을 진행하다가 게임 레벨이 높아질수록 스칼릿 폭스, 배리 본즈, 카르마 리, 몬태나 스미스, 프란시스코 몬토야, 잭 윈더 등 6명의 캐릭터를 선택할 수 있게 된다. 게임을 진행할수록 캐릭터가 달리는 속도가 빨라지고 길이 복잡해지기 때문에 빈번한 방향 전환이 필요하다.

플레이어는 데먼 멍키들을 따돌리고 각종 장애물을 피하면서 동전을 모아야 한다. 동전에는 1점 골드 코인, 2점 레드 코인, 3점 블루 코인의 3종류가 있다. 수집한 동전으로는 캐릭터의 능력치를 상승시키거나 동전 수집을 더 빠르게 할 수 있는 아이템을 구매할 수 있다.

평가 〈템플런〉은 조작 방식이 간단하고 긴박감 넘치는 플레이 경험을 제공한다는 평가를 받으며 2013년 가장 많이 다운로드한 애플리케이션 4위에 랭크되었다. 게임의 인기를 바탕으로 2014년 에그먼트 출판사(Egmont Publishing)는 게임을 원작으로 한 소설 시리즈를 발매했다.

- **핵심어** 코인, 업적 시스템
- **시리즈**
  2011 〈템플런(Temple Run)〉
  2013 〈템플런 2(Temple Run 2)〉
- **참고 자료** Egmont, *Temple Run Downloaded Apptivity Book*, EgmontUSA, 2014.

팔라독 Paladog

| 출시연도 2011년
| 개발사 페이즈캣(Fazecat)
| 장르 액션 게임
| 플랫폼 모바일

스토리 먼 미래, 인간들이 끝없는 욕심으로 지구를 파괴하자 신은 인간들을 멸망시키고 자연을 섬기던 동물들에게 높은 지능을 선사한다. 악한 영혼이 사라지자 굶주린 악마들은 죽은 인간을 좀비와 해골로 만들어 동물 세계를 침략한다. 그러자 강아지 전사 팔라독이 나타나 동물 전사들을 모아 악마로부터 세상

을 구하기 위한 전투를 시작한다.

플레이 팔라독이 동물 유닛들을 소환해 적진을 파괴하고 스테이지를 통과하는 것을 목표로 한다. 플레이어는 팔라독의 보조 역할을 하는 유닛을 소환할 수 있다. 유닛은 쥐, 토끼, 캥거루, 거북이, 원숭이 등 총 9종의 동물로 구성되며, 각 동물은 하나의 공격만 구사할 수 있고 체력을 소진하면 사라진다. 유닛의 속도, 공격력, 방어력, 기술 종류를 고려해 유닛의 소환 순서를 정하는 것이 중요하다. 게임의 모드는 일반 전투 모드, 데스티니 모드, 마차 호위 모드, 배틀 모드 등이 있다.

평가 귀여운 외모의 동물 캐릭터를 유닛으로 소환한다는 점이 이 게임의 재미 요소로 꼽힌다. 2011년 코리아 모바일 어워드(Korea Mobile Award)에서 '최우수 애플리케이션'으로 선정됐다.

- **핵심어** 모바일, 유닛, 동물
- **참고 자료** 노기영, 이영수, 『디지털 게임과 현대사회』, 커뮤니케이션북스, 2015. | 백성미, 『스마트폰 게임의 사용자 유인 요인 연구』, 한양대학교 대학원문화콘텐츠학과 석사논문, 2013. | 카류리트, 『카류리트의 게임 기획』, 티앤아이북스, 2014.

도쿄 정글 Tokyo Jungle

| 출시연도 2012년
| 개발사 크리스피즈(Crispy's)
| 장르 액션 게임
| 플랫폼 플레이스테이션 3

스토리 어느 날 인류가 알 수 없는 이유로 사라지고, 10년 후 도쿄는 동물들만 이 존재하는 정글로 변한다. 동물들은 약육강식의 세계에서 살아남아야 한다.

플레이 플레이어 캐릭터는 도쿄의 수컷 동물이다. 플레이 모드는 서바이벌 모드와 스토리 모드로 나뉜다. 서바이벌 모드의 경우, 플레이어는 병아리, 고양이, 사자 등의 동물 중 하나를 선택해 다른 동물보다 더 오래 살아남아야 한다. 서바이벌 모드에서 획득할 수 있는 아카이브 아이템을 모아야 스토리 모드를 진행할 수 있다. 스토리 모드의 경우, 플레이어는 스테이지마다 정해진 동물이 돼서 인류가 사라진 이유를 찾아내야 한다. 동물은 초식 동물과 육식 동물로 나뉘며, 종류에 따라 전투 능력이 상이하다.

플레이어 캐릭터에게는 공격력, 방어력, 속력 등의 능력 게이지와 체력, 배고픔, 오염도 등의 상태 게이지가 주어진다. 이 중 오염도 게이지의 경우 도시의 스모그를 마시거나 썩은 물을 마실 경우 올라가며, 게이지가 가득 차면 체력이 감소한다. 플레이어 캐릭터는 물, 식물, 동물의 시체 등을 식량으로 삼고, 암컷과의 교배를 통해 다음 세대를 번식시킬 수 있다.

평가 2012년 6월 일본 발매 첫 주에 11만 장의 판매량을 기록했다. 스토리 모드의 배경음악 제작에 일본의 유명 일렉트로닉 음악 작곡가 사카키바라 타쿠(榊原 琢)가 참여했다. 2012년 일본의 월간 만화 잡지 《챔피언 레드(チャンピオン RED)》에 동명의 만화로 연재됐다.

- **핵심어** 동물
- **참고 자료** 김정남, 김웅남, 김정현, 『게임의 운명을 결정하는 기획과 시나리오』, e비즈북스, 2013.

드래곤 플라이트 Dragon Flight

출시연도 2012년
개발사 넥스트플로어(NextFloor)
장르 슈팅 게임
플랫폼 모바일

플레이 종스크롤 비행 슈팅 게임으로 플레이어는 캐릭터를 좌우로 조종해 등장하는 적을 미사일로 쏴 제거해야 한다. 적은 5마리의 일반 용과 운석, 보스몹(Mob)이다. 일반 용은 미사일로 제거할 수 있으며, 운석은 피해야 한다. 플레이어는 일반 용이나 보스몹을 제거할 때마다 등장하는 골드와 보석, 수정을 모아 미사일과 아이템의 기능을 향상시킬 수 있으며, 캐릭터도 교환할 수 있다.

플레이어 캐릭터로는 기본 캐릭터 써니와 아이템 습득 능력이 강화된 프린세스 엘리자베스, 부활 능력을 지닌 어새신 넬라, 방어 능력이 강화된 팔라딘 잔느 등이 있다. 새끼 용과 함께 비행을 할 수도 있으며, 새끼 용은 총알 또는 화염 발사, 전기 공격 등을 통해 플레이어의 공격을 보조한다.

평가 1980년대 비행 슈팅 게임 〈갤러가(Galaga)〉, 〈제비우스(Xevious)〉의 플레이 방식과 유사하다. 원버튼 플레이 형태의 간편한 조작, 캐릭터의 성장이 특징이다. 2012년 6월 아이오에스(iOS) 플랫폼에서 처음 출시됐으며, 2012년 9월부터 〈드래곤 플라이트 포 카카오(Dragon Flight for Kakao)〉가 출시됐다.

- **핵심어** 종스크롤, 카카오 게임
- **참고 자료** 김정남, 김웅남, 김정현, 『게임의 운명을 결정하는 기획과 시나리오』, e비즈북스, 2013.

드로우 섬씽 Draw Something

출시연도 2012년
개발사 오엠지팝(OMGPop)
장르 퍼즐 게임
플랫폼 모바일

플레이 게임의 목표는 주어진 단어를 보고 그림을 그려 상대가 맞히도록 하는 것이다. 2명의 플레이어가 한 턴씩 돌아가면서 상대에게 문제를 내고 답한다. 플레이어는 게임에 연동된 소셜 네트워크 서비스를 통해 원하는 상대를 선택할 수 있으며, 무작위로 선정된 상대와 플레이할 수도 있다. 주어진 단어가 마음에 들지 않으면 폭탄 아이템을 사용하여 다른 단어로 변경할 수 있다. 그림을 완성하면 상대에게 그림을 그리는 과정이 영상으로 전달된다. 상대가 답을 맞히면 코인을 받을 수 있기 때문에 상대가 쉽게 이해할 수 있도록 그려야 한다.

플레이어는 단어의 난이도에 따라 최대 3개의 코인을 받을 수 있으며 코인으로 다양한 색깔의 펜과 폭탄을 구입할 수 있다.

평가 페이스북과 모바일 기반의 소셜 퍼즐 게임이다. 출시 50일 만에 5,000만 다운로드를 달성했다. 2012년 애플이 선정한 '올해의 애플리케이션', 페이스북이 선정한 '인기 소셜 게임'이다.

- **핵심어** 페이스북, 소셜 네트워크 서비스
- **참고 자료** The New York Times, "A Chance to Draw Attention to Yourself", www.nytimes.com/2012/04/23/arts/video-games/omgpops-draw-something-a-variation-on-pictionary.html?_r=0

디스아너드 Dishonored

출시연도 2012년
개발사 아케인 스튜디오(Arkane Studios)
장르 잠입 액션 게임
플랫폼 PC, 엑스박스 360, 플레이스테이션 3

스토리 그리스톨, 서코노스, 몰리, 티비아라 불리는 4개의 섬은 여제 재스민 콜드윈이 통치하는 군도 제국이다. 여제의 호국경인 코르보 아타노는 그리스톨에 퍼진 역병을 막기 위해 위해 군도 제국을 탐방한다. 왕궁으로 돌아온 코르보는 여제를 알현하던 중 한 무리의 자객이 여제를 살해하고 공주 에밀리를 납치하는 것을 목격한다. 여제를 죽인 범인으로 몰린 코르보는 감옥에 갇힌다. 의문의 세력에 의해 감옥에서 나온 코르보는 방랑자에게 초능력을 부여 받고, 여제를 죽인 배후 세력과 에밀리를 찾아 나선다.

플레이 1인칭 시점으로 진행되며 플레이어 캐릭터는 코르보이다. 플레이어의 목표는 공주 에밀리를 찾고 여제를 살해한 자에게 복수하는 것이다. 엔피시(NPC)가 주는 미션에 따라 게임을 진행한다. 대부분의 미션은 특정 인물을 제거하는 것으로, 플레이어의 선택에 따라 인물을 살상할 수도 살상하지 않을 수도 있다. 살상을 선택하는 경우가 많아질수록 플레이어 캐릭터의 혼돈 지수가 올라간다. 혼돈 지수에 따라 스토리 진행과 엔딩이 달라진다. 플레이어는 코르보의 칼, 쇠뇌, 수류탄 등의 무기와 그림자 살해, 점멸, 정신 침투, 시간 왜곡 등의 스킬을 통해 적을 물리칠 수 있다.

평가 19세기 유럽의 모습에 스팀펑크 세계관을 결합한 게임이다. 2013년 영국 필름 및 텔레비전 예술 아카데미(British Academy of Film and Television Arts, BAFTA)의 게임 부문에서 '최우수 게임(Best Game)'으로 선정됐으며, 게임 전문 사이트 아이지앤(IGN)에서 '2012년 최우수 피시 액션 게임 상(2012 Best PC Action Game)'을 받았다.

- **핵심어** 혼돈 지수, 스팀펑크, 잠입
- **참고 자료** Jeff Howard, *Game Magic : A Designer's Guide to Magic Systems in Theory and Practice*, CRC Press, 2014. | Neal Roger Tringham, *Science Fiction Video Games*, CRC Press, 2014.

락스미스 Rocksmith

출시연도 2012년
개발사 유비소프트(Ubisoft)
장르 리듬 게임
플랫폼 플레이스테이션 3

플레이 게임의 목표는 실제 기타와 유사한 컨트롤러를 조작해 높은 점수를 획득하는 것이다. 노트가 화면 하단에 닿는 순간 해당되는 프렛을 누르고 현을 튕겨야 하며 정확도에 따라 점수가 달라진다. 플레이어의 숙련도에 따라 동일곡 내에서도 자동으로 난이도 조절이 된다.

게임의 진행 방식은 저니 모드, 기타케이드, 송 모드 등 3가지이다. 저니 모드의 최종 목표는 최고 레벨의 기타리스트인 락스미스가 되는 것이다. 기타케이드는 미니 게임으로 구성된 모드로 게임을 즐기며 기타 운지법을 학습할 수 있도록 고안됐다. 송 모드에서는 플레이에 성공하여 플레이 해제된 연주곡 중에서 원하는 곡을 자유롭게 선택하여 연습할 수 있다.

평가 미국 월간지《와이어드(Wired)》는 이 게임에 10점 만점 중 9점을 주며 실제 기타를 배울 수 있는 학습용 기기라고 호평했다.

- **핵심어** 기타, 프렛, 노트
- **시리즈**
  2012 〈락스미스(Rocksmith)〉
  2013 〈락스미스 2014(Rocksmith 2014)〉
- **참고 자료** Wired, "Rocking Out With Rocksmith(Bring Your Own Guitar)", http://archive.wired.com/geekdad/2011/10/rocking-out-with-rocksmith-bring-your-own-guitar/

모두의마블 Modoo Marble

출시연도 2012년
개발사 엔투 플레이 스튜디오(N2 play studio)
장르 보드 게임
플랫폼 PC

스토리 투자자인 주인공은 다른 투자자들과의 경쟁에서 승리하고 보다 많은 자본을 축적하기 위해 전 세계를 돌아다닌다.

플레이 플레이어의 목표는 파산하지 않고 게임 내 자본을 독점하는 것이다. 때문에 상대 플레이어가 모두 파산하거나 플레이어가 독점을 달성하면 게임은 종료된다. 제한 시간 10분을 초과했을 때에는 총 자본이 가장 많은 플레이어가 승리한다. 한 면(라인)에 8개의 지역이 있는 사각 보드판 위에서 플레이하며 지역은 도시와 관광지, 그리고 버프 혹은 디버프 효과가 일어나는 특수지역으로 나뉜다. 이 중 관광지 혹은 한 면에 있는 모든 도시를 독점한 플레이어는 게임에서 승리한다. 플레이어는 주사위를 던져 나온 숫자만큼 자신의 캐릭터를 전진시킨다.

게임은 최대 4명의 플레이어가 동일한 자본을 가지고 시작하며 자본금은 게임의 난이도에 따라 인당 200만 원에서 최대 1,000만 원까지 지급된다. 게임이 시작되면 '선' 카드를 뽑은 플레이어부터 시계 방향으로 차례가 돌아간다. 플레이어는 도착한 지역에 돈을 내고 건물을 지을 수 있다. 이미 다른 플레이어가 구입한 지역에 도착한 경우 지역을 구매한 플레이어에게 통행료를 지불하거나 2배의 가격을 내고 지역을 빼앗을 수 있다.

건물은 총 3단계로 지을 수 있는데 3번째 단계인 랜드마크를 지으면 상대 플레이어에게 지역을 빼앗기지 않는다. 게임을 통해 얻은 가상 통화로 행운을 올려주는 아이템을 구매하거나 캐릭터와 주사위를 강화할 수 있다.

평가 한국을 포함한 아시아 지역에서 흥행에 성공한 게임이다. 온라인 종합 경제 미디어 '뉴스핌'에 따르면 태국 최대 게임쇼인 TGS & 빅 페스티벌(Thailand Game Show & Big Festival)에서 2014년 '모바일 최우수 게임 상(Mobile Best Game Awards)'을 수상했다. 또한 2014년 기준으로 글로벌 6,000만 다운로드 및 일일 게임 이용자 수 1,000만 명을 돌파했다.

인터넷 스포츠 및 연예 언론사 오센(OSEN)에 따르면 2014년 인도네시아에서는 정식 버전이 출시되기 전부터 태국판 〈모두의마블〉을 경험한 이용자의 긍정적인 평가가 확산되면서 현지 애플 앱스토어와 구글 플레이 스토어에서 인기 1위, 최고매출 2위를 달성했다.

- **핵심어** 모바일 게임, 부루마블
- **참고 자료** 한국콘텐츠진흥원, 『2013 창조산업과 콘텐츠 7, 8월호』, 한국콘텐츠진흥원, 2013. | 한국콘텐츠진흥원, 『2014 창조산업과 콘텐츠 5, 6월호』, 한국콘텐츠진흥원, 2014. | 뉴스핌, 〈모두의마블, 태국 'TGS & 빅페스티벌' 베스트 게임 상 수상〉, www.newspim.com/view.jsp?newsId=20141020000260 | 오센, 〈모두의마블', 인도네시아서 인기가도..대만 출시 예정〉, http://news.naver.com/read.nhn?mode=LSD&mid=sec&sid1=105&oid=109&aid=0002897493

블레이드 & 소울 Blade & Soul

출시연도 2012년
개발사 엔씨소프트(NCSOFT)
장르 다중접속온라인 역할수행 게임
플랫폼 PC

스토리 전설의 무림 고수 홍석근이 이끄는 홍문파의 본거지 무일봉. 기억을 잃은 채 홍석근의 밑에서 수련하던 막내가 드디어 정식 제자로 인정받던 날, 무일봉에는 붉은 화염이 피어오른다. 의문의 여인 진서연 그리고 그녀의 부하 유란과 거거봉의 습격으로 무일봉은 파괴되고, 홍석근은 귀천검의 봉인을 해제하여 사력을 다해 맞서지만, 막내를 인질로 잡은 진서연에게 결국 귀천검을 내어주고 살해당한다. 사부님의 희생으로 가까스로 목숨을 건진 막내는 진서연을 향한 복수의 여정을 떠난다.

플레이 게임의 목표는 퀘스트를 수행해나가며 캐릭터를 성장시켜 진서연에게 복수하고 악의 세력을 처단하는 것이다. 플레이어 캐릭터는 홍문파의 막내이다. 플레이어는 진·곤·린·건 4개의 종족과 검사, 권사, 역사, 기공사, 암살자, 소환사, 린검사, 주술사, 기권사의 9가지 직업 중 하나를 선택하여 캐릭터를 만들 수 있다. 또한 혼천교나 무림맹 중 세력을 선택할 수 있다.

자신이 속한 세력에 기여한 수치를 공헌도라 하며 이를 일정량 누적시키면 세력 내에서 계급이 상승된다. 같은 세력에 속한 플레이어끼리 문파를 결성할 수 있다. 문파의 소속 인원, 소유한 재산과 세력 인장에 따라 문파는 15계급으로 구분된다.

평가 영웅담의 이야기를 무협의 세계관과 잘 조화시켰다. 물 위를 달리는 수상비, 높은 곳에서 뛰어내려 하늘을 가르는 경공 등 동양의 무술을 응용한 캐릭터 이동 방식을 도입했다. 2012년 대한민국 게임대상에서 대통령상인 '대상'을 받았다.

- **핵심어** 무협, 문파, 경공
- **참고 자료** 인벤, 〈2012 한국게임대상 "블소 대상 포함 4관왕, 우수상은 삼국지를 품다"〉, http://inven.co.kr/webzine/wznews.php?site=bns&iskin=bns&l=87579&p=18&idx=49642

워킹 데드 The Walking Dead

출시연도 2012년
개발사 텔테일 게임즈(Telltale Games)
장르 어드벤처 게임
플랫폼 PC

스토리 살인사건 용의자인 리 에버렛은 교도소로 이송된다. 리를 호송하던 경찰차가 도로에서 사람을 치게 되고 이를 틈타 리는 탈출을 시도한다. 그러나 죽은 줄 알았던 경찰관이 좀비가 되어 리를 습격하고 뒤이어 나타난 좀비 무리가 리를 쫓는다. 도망치던 리는 우연히 어떤 집에 숨어드는데 그곳에서 클레멘타인이란 소녀를 만난다. 리는 클레멘타인이 부모님을 찾을 때까지 보살펴 주기로 하고 함께 길을 떠난다.

플레이 이 게임의 목표는 플레이어 캐릭터인 리가 생존자들과 함께 좀비로부터 살아남는 것이다. 플레이어는 게임에서 지역을 탐사하거나 아이템을 조사하고 주변의 캐릭터와 이야기를 나누어 정보를 얻을 수 있다. 총 5개의 에피소드로 구성돼 있으며, 플레이어가 어떤 선택지를 결정하느냐에 따라 게임의 세부 스토리가 달라진다. 첫 번째 에피소드의 경우 위험에 처한 칼리와 더그 중 누구를 선택하느냐가 선택지로 제시된다. 시즌 1의 경우 엔딩이 하나지만 〈워킹 데드 400 데이즈〉는 멀티 엔딩이다.

평가 동명의 미국 만화가 원작이다. 2012년에 게임 전문 사이트 게임스레이더(GamesRadar)에서 '올해의 게임 상(Game of the Year)'을 받았다. 2012년 출시된 게임을 대상으로 하는 2012년 인사이드 게이밍 어워드(2012 Inside Gaming Awards)에서 주인공 캐릭터 리 에버렛으로 '최고의 캐릭터 디자인 상(Best Character Design)'을 받았다.

- **핵심어** 로버트 커크만, 만화 원작 게임
- **시리즈**
  2012 〈워킹 데드(The Walking Dead)〉
  2013 〈워킹 데드 400 데이즈(The Walking Dead 400 days)〉
     〈워킹 데드 : 시즌 투(The Walking Dead : Season Two)〉

- **참고 자료** Anna Anthropy, Naomi Clark, *A Game Design Vocabulary : Exploring the Foundational Principles Behind Good Game Design*, Addison-Wesley Professional, 2014. | Tracy Fullerton, *Game Design Workshop : A Playcentric Approach to Creating Innovative Games Third Edition*, CRC Press, 2014.

저니 Journey

출시연도 2012년
개발사 댓게임컴퍼니(Thatgamecompany)
장르 어드벤처 게임
플랫폼 플레이스테이션 3

스토리 한 여행자가 사막 한가운데에서 설산으로 떠나는 여정을 시작한다. 여행자는 세계의 문명과 역사가 벽화로 기록된 유적지들을 탐험하고 선조의 역사와 문명의 흥망성쇠에 대한 진실을 알게 된다. 깨달음을 얻은 여행자의 여정은 새로운 벽화로 기록된다. 이후 여정의 끝을 향해 험난한 설산을 오르던 여행자는 결국 정상을 목전에 두고 쓰러진다. 그러자 선조의 그림자가 나타나 힘을 북돋아 주고 여행자는 빛나는 정상을 향해 날아간다. 여행자는 계곡에서 한줄기의 빛줄기가 되어 사막 한가운데로 다시 돌아온다.

플레이 이 게임의 목적은 유적지를 탐험하며 최종 목적지인 설산으로 가는 것이다. 플레이어는 싱글 플레이 모드와 멀티 플레이 모드 중 선택이 가능하다. 멀티 플레이 모드 시 무작위로 나타나는 다른 플레이어와 협력할 수 있다. 채팅 기능은 지원되지 않아 대화가 불가능하나 캐릭터 조작을 통한 보디랭귀지나 버튼 조작 시 발생하는 음파를 통해 서로의 의사를 전달한다.

맵 곳곳에 있는 붉은 천과 접촉하거나 다른 플레이어와 음파를 주고받을 때마다 캐릭터의 붉은 목도리에 빛나는 문양이 새겨진다. 이 문양을 에너지원으로 이용하여 비행하고 장애물을 극복할 수 있다. 목도리에 새겨진 빛나는 문양의 길이와 플레이어의 비행 가능 시간은 비례한다.

유적지마다 게임의 세계관을 알 수 있는 컷신과 획득할 수 있는 트로피와 심벌이 숨겨져 있다. 모든 심벌을 수집해야 장시간 비행이 가능한 흰색 로브를 획득할 수 있다. 플레이를 반복할수록 목도리에 새겨지는 문양은 화려해지고 비행 가능 시간이 길어진다. 유적지에는 종종 목도리를 빼앗기 위해 플레이어를 공격하는 몬스터가 숨어있다. 멀티 플레이 모드에서 게임 완료 시 함께 플레이한 플레이어의 문양과 아이디, 인원수가 엔딩 크레디트로 올라온다.

평가 아름다운 음향과 그래픽으로 주목받은 예술 게임이다. 게임 비평 사이트 아이지앤(IGN)은 〈저니〉를 이 시대 가장 아름다운 게임이라 평했다. 2013년 연레 인터랙티브 공로상(Annual Interactive Achievement Awards, AIAA)에서 '올해의 게임 상(Game of the Year)', '올해의 캐주얼 게임 상(Casual Game of the Year)' 등을 포함한 8개 부문을 수상했다. 이 외에도 2013년 게임 디벨로퍼 초이스 어워드(Game Developers Choice Awards, GDCA)에서 6개 부문, 2013년 영국 필름 및 텔레비전 예술 아카데미(British Academy of Film and Television Arts, BAFTA)에서 5개 부문을 수상했다.

- **핵심어** 예술 게임
- **참고 자료** IGN, "Journey Review", www.ign.com/articles/2012/03/01/journey-review

캔디 크러쉬 사가 Candy Crush Saga

출시연도 2012년
개발사 킹(King)
장르 퍼즐 게임
플랫폼 PC

스토리 평화로웠던 캔디왕국에 어느 날 주민들을 괴롭히는 방해꾼들이 나타난다. 이에 티피와 미스터 토피는 캔디왕국의 주민들을 구하고자 모험을 떠난다.

플레이 플레이어는 제한된 턴 안에 같은 색의 캔디를 3개 이상 정렬해 제거시키며 스테이지의 미션을 완료해야 한다. 플레이어는 제한된 턴 안에 목표 점수를 달성하거나 재료를 맨 하단으로 가져오거나, 화면 안에 있는 장애물들을 모두 없애는 등의 미션을 받는다. 화면은 각기 다른 모양의 캔디로 차 있으며, 인접한 두 캔디를 클릭 앤드 드래그 방식으로 가로·세로 방향으로 이동시킬 수 있다.

일직선상에 같은 색의 캔디가 3개 이상 모이면, 캔디가 제거되면서 점수를 얻는다. 4개 이상의 캔디를 한 번에 제거하면 특수한 캔디가 생성된다. 이 캔디는 가로·세로 줄의 캔디를 모두 없애거나 같은 색상의 캔디를 모두 없애는 등의 기능을 가진다. 스테이지에 따라 제거해야 하는 장애물(머랭, 초콜릿)과 재료(체리, 헤이즐넛)가 배치되어 있기도 하다. 페이스북, 카카오톡과 같은 소셜 네트워크 서비스와 연계하여 친구들과 경쟁할 수 있다.

평가 〈캔디 크러쉬 사가〉는 2013년 기준 월 평균 4,600만 명이 플레이하는 페이스북 인기 게임으로 기록됐으며 이후 모바일로 플랫폼을 확대했다. 2014년 7월 기준 구글 플레이 스토어와 애플 앱스토어에서 게임 다운로드 부문 1위를 기록했다. 영국의 잡지 《가디언(The Guardian)》에 따르면 2014년 13억 3,000만 달러의 게임 아이템 판매 수익을 창출했다.

- **핵심어** 소셜 네트워크
- **시리즈**
  2012 〈캔디 크러쉬 사가(Candy Crush Saga)〉
  2014 〈캔디 크러쉬 소다(Candy Crush Soda)〉
- **참고 자료** 윤가희, 『모바일 게임 캔디 크러쉬 사가의 구매의도 결정 요인 연구』, 한양대학교 대학원 뉴미디어전공 석사논문, 2015. | Jacob Jett, Simone Sacchi, Jin Ha Lee, Rachel Ivy Clarke, "A Conceptual Model for Video Games and Interactive Media", *Journal of the Association for Information Science and Technology*, vol.67, iss.3, 2016.

클래시 오브 클랜 Clash of Clans

출시연도 2012년
개발사 슈퍼셀(Supercell)
장르 전략 시뮬레이션 게임
플랫폼 모바일

플레이 플레이어의 목표는 자원 채취 및 건물 건설, 유닛 생산 등을 통해 마을 회관을 업그레이드하고 마을을 확장하는 것이다. 마을 회관의 레벨이 오를수록 배치 가능한 건물과 운용 가능한 유닛이 늘어난다.

전투는 싱글 플레이 모드와 멀티 플레이 모드로 나뉜다. 싱글 플레이 모드는 총 50개의 고블린 마을을 순차적으로 공격해야 한다. 멀티 플레이 모드는 매칭 시스템을 통해 공격할 다른 플레이어의 마을을 자동으로 배정받는다. 공격은 3분 동안 진행되며, 한번 전투에 투입한 유닛은 컨트롤하거나 회수할 수 없다. 유닛에 따라 공격 유형이 다르며, 전투에 투입한 순서, 위치, 방향 등의 운용·전략에 따라 승패가 좌우된다. 마을 회관을 파괴하거나 마을을 50% 이상 파괴하면 승리한다.

플레이어의 마을 역시 다른 플레이어에게 공격당할 수 있다. 따라서 플레이어는 방어 건물 업그레이드, 폭탄 설치 등을 통해 마을을 방어해야 한다. 방어에 성공하면 트로피를 획득하며, 실패하면 일정 시간 동안 다른 플레이어의 공격을 방어할 수 있는 보호막이 생성되는 대신 트로피와 자원을 잃는다.

클랜전은 최대 50명이 함께 플레이할 수 있는 대규모 플레이어 간 전투(PvP)로, 특정 클랜에 가입한 후 참여 가능하다. 전투는 이틀에 거쳐 진행되며 클랜원들은 다른 클랜의 플레이어를 총 2번 공격할 수 있다. 상대 마을의 파괴도에 따라 별의 개수가 정해진다. 상대 클랜보다 많은 별을 획득하면 승리한다.

평가 적극적인 마케팅을 통해 신규 플레이어 유입에 성공한 사례이다. 2014년 구글에서 발표한 '올해 최고의 게임(Best Games of 2014)'에 선정됐다.

■ **핵심어** 소셜 네트워크 게임, 전략 시뮬레이션 게임, 클랜
■ **참고 자료** Aaron Williams, *Clash Of Clans : The Ultimate Strategy Guide*, CreateSpace Independent Publishing Platform, 2015.

페즈 FEZ

출시연도 2012년
개발사 폴리트론 코퍼레이션(Polytron Corporation)
장르 퍼즐 게임
플랫폼 엑스박스 360

스토리 2차원 세계에 사는 고메즈는 어느 날 중요한 이야기가 있다는 지저의 편지를 받고 집을 나선다. 지저를 만난 순간 고메즈는 정체불명의 황금색 큐브를 목격하게 되고, 3차원 세계를 탐험할 수 있는 모자 페즈를 얻는다. 그러나 갑자기 큐브가 부서지고 이로 인해 우주가 붕괴될 위험에 처한다. 고메즈는 위기에 빠진 우주를 구하기 위해 눈앞에 나타난 안내자 도트(DoT)와 함께 큐브의 조각을 찾으러 새로운 차원으로 모험을 떠난다.

플레이 이 게임의 목표는 게임 세계를 탐험하며 퍼즐을 풀고 큐브 조각을 모으는 것이다. 게임 세계는 3차원으로 이루어져 있지만 게임 화면은 4개의 면으로 구성된 2차원으로 표시된다. 플레이어는 평면처럼 보이는 게임 화면을 좌우로 회전시켜 각각 다른 4가지 시점으로 세계를 탐험할 수 있다. 화면의 회전을 통해 플레이어는 멀리 떨어진 발판 사이를 가깝게 만들어 뛰어넘거나 끊어진 사다리를 이어 새로운 길을 찾거나 열쇠, 지도 등의 아이템을 획득한다. 각 단계마다 숨겨

진 차원의 문을 찾거나 고대 문자를 해독하는 등의 다양한 퍼즐이 등장하며, 단계가 올라갈수록 퍼즐의 난이도 또한 상승한다.

평가 2012년에 인디 게임 페스티벌(Independent Game Festival, IGF)에서 최고 상인 '시머스 맥널리 최우수상(Seumas McNally Grand Prize)'을 받았으며, 게임 전문 사이트인 유로게이머(Eurogamer)에서 '올해의 게임 상(Game of the Year)'을 받았다.

■ **핵심어** 인디 게임
■ **참고 자료** Miguel DeQuadros, *GameSalad Essentials*, Packt Publishing Ltd., 2015.

확산성 밀리언 아서

Kaku-San-Sei Million Arthur / 拡散性ミリオンアーサー

출시연도 2012년
개발사 마이티크래프트(MightyCraft)
장르 보드 게임
플랫폼 모바일

스토리 마법사 멀린은 브리튼 대륙을 통일하여 굳건한 왕국을 세울 수 있는 왕을 찾고 있다. 우연히 엑스칼리버를 뽑고 선택된 아서는 멀린으로부터 브리튼 대륙에 얽힌 이야기를 듣게 된다. 마법력이 깃든 브리튼 대륙은 선대 왕 우서에 의해 통일됐으나, 왕이 서거하자 대륙은 분열되어 외적의 침입을 받게 된 것이다. 이에 엑스칼리버를 뽑은 수많은 아서들은 외적을 물리치고 브리튼 대륙의 왕이 되기 위해 각자 기사를 모아 힘을 키운다.

플레이 플레이어는 기사 카드를 모으고 타 플레이어 또는 엔피시(NPC)와 카드 대전하여, 브리튼을 다스리는 왕으로 성장해야 한다. 플레이어는 마법의 파, 기교의 장, 검술의 성 중 하나의 세력을 선택해 게임을 시작한다. 강한 세력으로 성장하기 위해서는 액션 포인트와 배틀 코스트가 필요하다. 액션 포인트는 타 지역으로 이동할 때 소모되는 점수로, 액션 포인트를 사용해 '비경'이라는 지역을 탐색하고 골드와 경험치를 얻거나 기사 카드를 찾을 수 있다. 배틀 코스트는 요정 엔피시 또는 타 플레이어와 카드 대전을 벌일 때 필요한 점수이다.

플레이어는 보유한 배틀 코스트 내에서 최대 12장의 카드로 덱을 꾸려 타 플레이어 또는 요정과 대전할 수 있다. 플레이어는 소유한 카드들을 서로 합성해 공격 수치와 체력치(HP), 레벨을 올릴 수 있으며, 합성 방법에는 강화합성과 진화합성이 있다. 2014년 출시된 〈괴리성 밀리언 아서〉에서는 플레이어들 간 협동이 강조되어 4명이 팀을 이루어 적과 대결할 수 있다.

평가 카드를 수집해 대결하는 플레이 방식과 캐릭터를 성장시켜나가는 역할수행 게임의 재미 요소를 결합했다. 아서 왕 전설을 기반으로 게임의 스토리가 진행된다. 국내에서는 액토즈소프트(ActozSoft)가 2012년 12월 한글화하여 서비스를 시작했다.

- **핵심어** 카드, 아서 왕 전설
- **시리즈**
  2012 〈확산성 밀리언 아서(Kaku-San-Sei Million Arthur / 拡散性ミリオンアーサー)〉
  2014 〈괴리성 밀리언 아서(Kai-ri-Sei Million Arthur / 乖離性ミリオンアーサー)〉
- **참고 자료** 노기영, 이영수, 『디지털 게임과 현대사회』, 커뮤니케이션북스, 2015.

곤 홈 Gone Home

출시연도 2013년
개발사 풀브라이트(Fullbright)
장르 어드벤처 게임
플랫폼 PC

스토리 케이틀린 그린브라이어는 1년간 유럽 여행을 마치고 1995년 6월 미국에 있는 집으로 돌아온다. 자신을 찾지 말라는 여동생 사만다의 메모를 발견한 케이틀린은 동생의 행방을 알기 위해 빈집을 뒤지기 시작한다. 그리고 지난 1년 동안 동생 사만다와 가족들에게 일어난 일과 그들의 비밀에 대해 알아간다.

플레이 플레이어 캐릭터는 케이틀린이다. 플레이어는 1인칭 시점으로 집안을 탐색할 수 있다. 조작 가능한 사물은 색이 변하며 조작하는 방법이 자막으로 제시된다. 플레이어는 마우스와 버튼을 조종해 집안의 사물을 움직일 수 있다. 집안을 탐험하면서 퍼즐을 해결하고 열쇠나 암호, 지도를 획득한다. 획득한 아이템을 이용해 비밀통로를 발견하고 잠겨있는 방을 열면서 탐험 가능한 공간을 늘려나간다. 그곳에서 발견한 메모, 그림, 편지, 서류, 테이프 등을 단서로 가족들의 일상과 비밀에 대해 알아간다.

동생 사만다의 비밀과 관련된 아이템을 발견할 때 사만다의 일기가 자막과 함께 육성으로 재생된다. 일기는 플레이어인 케이틀린을 향한 고백조로 이루어져 있다. 동생이 집을 나가기까지 1년 동안 있었던 일기의 내용을 모두 수집하면 동생의 일기장을 획득하는 것을 끝으로 게임을 클리어할 수 있다.

평가 게임 전문 사이트 폴리곤(Polygon)은 2013년 '올해의 게임 상(Game of the Year)'과 함께 평점 10점 만점에 10점을 수여했다. 게임 전문 사이트 유로게이머(Eurogamer)는 당시의 소품과 음악, 방송 등을 이용해서 게임의 배경인 미국의 1995년을 사실적으로 구현했다고 평가했다. 2014년 영국 필름 및 텔레비전 예술 아카데미(British Academy of Film and Television Arts, BAFTA)와 게임 디벨로퍼 초이스 어워드(Game Developers Choice Awards, GDCA)에서 '최우수 데뷔 게임 상(Best Debut Game)'을 받았다.

- **핵심어** 인터랙티브 스토리
- **참고 자료** Eurogamer, "Gone Home transports players back to 1995", www.eurogamer.net/articles/2012-11-15-gone-home-preview-an-authentic-look-back-at-1995 | VIDEOGAMER, "BAFTA Games Awards 2014 : Full list of winners", www.videogamer.com/news/bafta_games_awards_2014_full_list_of_winners.html

더 라스트 오브 어스 The Last of Us

출시연도 2013년
개발사 너티 독(Naughty Dog)
장르 액션 어드벤처 게임
플랫폼 플레이스테이션 3

스토리 조엘은 미국 텍사스 근방에서 딸 사라와 함께 생활한다. 인간을 숙주로 삼아 식인 괴물로 변이시키는 곰팡이가 미국 전역으로 퍼지며 조엘은 감염 사태에 휘말린다. 부녀는 조엘의 동생 토미와 함께 감염 지대를 탈출하려 한다. 그러나 도로는 폐쇄된 후였고 사라마저 무장 군인의 총에 사살당한다. 20년의 시간이 지나고 격리 지구에서 밀수업으로 연명하던 조엘은 14살 소녀 엘리와 함께 또 다른 격리 지구 파이어플라이로 떠난다.

플레이 플레이어는 12개 챕터를 순차적으로 공략해야 한다. 3인칭 시점으로 진행되며 조엘을 제외한 캐릭터는 주로 인공지능으로 조작된다. 격리 지구가 배경인 2번째 챕터에서 사격과 엄폐, 이동, 운반, 전투에 관한 튜토리얼을 학습한다. 화기와 활을 이용해 감염체 및 약탈자와 전투를 벌이거나 맵을 수색해 탄약과 지도, 재료, 강화 아이템을 습득한다. 아이템을 조합해 화염병이나 폭탄과 같은 전투 보조품을 제작할 수 있다. 아이템의 내구도와 재료가 한정적이므로 교전을 피할수록 장기간 생존에 유리하다. 최대 8인이 참여하는 온라인 멀티 플레이를 지원한다.

평가 포스트 아포칼립스를 표현하는 정밀하고 사실적인 그래픽과 사운드가 특징이다. 2013년 한 해 동안 게임 디벨로퍼 초이스 어워드(Game Developers Choice Awards, GDCA)를 포함한 249개 단체에서 '올해의 게임 상(Game of the Year)'을 받았다.

- **핵심어** 서바이벌, 포스트 아포칼립스, 좀비
- **시리즈**
  2013 〈더 라스트 오브 어스(The Lost of Us)〉
  2014 〈더 라스트 오브 어스 리마스터드(The Last of Us : Remastered)〉
- **참고 자료** Michae Owen, Kenny Sims, *The Last of Us : Official Strategy Guide*, Brady, 2013. | 〈라스트 오브 어스〉 사이트, www.thelastofus.playstation.com

돈 스타브 Don't Starve

출시연도 2013년
개발사 클레이 엔터테인먼트(Klei Entertainment)
장르 생존 게임
플랫폼 PC

스토리 과학자 윌슨은 진행하던 연구가 진전되지 않아 고민한다. 어느 날 밤, 라디오에서 윌슨에게 자신의 지식을 공유해준다는 목소리가 들려온다. 지식을 전수받은 윌슨은 큰 기계장치를 만들어낸다. 라디오에서 들려오는 목소리의 지시에 따라 기계를 작동시킨 순간 검은 손길이 나타나 윌슨을 데려간다. 정신을 잃고 쓰러진 윌슨 앞에 맥스웰이라는 사내가 나타나 경고를 하고 사라진다. 윌슨은 끌려온 세계에서 살아남아 집으로 돌아가기 위해 모험을 시작한다.

플레이 게임의 목적은 최대한 오래 살아남는 것이다. 게임의 지형은 초원, 암석 지대, 목초지 등 10개로 구성된다. 캐릭터의 배고픔, 체력, 정신력 수치를 관리하기 위해 획득한 아이템을 조합해 새로운 아이템을 제작해야 한다.

밤이 찾아오면 캐릭터의 정신력 수치가 낮아지고 몬스터의 습격을 받으므로 불을 피워야 한다. 모험 도중 맥스웰의 문을 발견하면 서바이벌 모드 대신 스토리를 진행할 수 있는 어드벤처 모드로 플레이할 수 있다. 5개의 스테이지로 이루어진 어드벤처 모드에서 죽으면 다시 서바이벌 모드로 돌아오게 된다.

서바이벌 모드에서 사망하면 경험치가 축적되고, 발화 능력을 가진 윌로우 등 특수 능력을 지닌 캐릭터들을 획득할 수 있다. 서바이벌 모드에서 크랭크, 링, 메탈 포테이토, 박스 등 4개의 열쇠를 모아 텔레폴테이토(teleportato)에 장착시키면 다음 세계로 넘어갈 수 있다. 다음 세계에서는 이전에 획득한 아이템들을 가지고 처음부터 다시 게임을 진행하게 된다.

평가 캐릭터가 사망하면 저장 정보도 함께 삭제되는 로그라이크 형식의 게임이다. 2013년 게임 저널리즘 사이트인 인디 게임 리뷰어(Indie Game Reviewer)에서 '올해의 인디 게임 상(Indie Game Of The Year)'을 수상했다.

■ **핵심어** 생존, 로그라이크

■ **참고 자료** Indie Game Reviewer, "IGR'S TOP 10 BEST INDIE GAMES OF 2013 AND HONORABLE MENTIONS", www.indiegamereviewer.com/igrs-top-10-best-indie-games-of-2013-and-honorable-mentions

브라더스 : 어 테일 오브 투 선즈 Brothers : A Tale of Two Sons

출시연도 2013년
개발사 스타브리즈 스튜디오(Starbreeze Studios)
장르 어드벤처 게임
플랫폼 엑스박스 라이브 아케이드

스토리 형제의 어머니는 물에 빠져 목숨을 잃고 아버지는 원인 모를 병에 걸린다. 형제는 아버지의 병을 치료할 수 있다는 명약을 찾아 떠난다.

플레이 플레이어 캐릭터는 두 형제로, 플레이어의 목표는 치료제를 구하는 것이다. 플레이어 한 명이 패드 하나를 통해 형과 동생 캐릭터를 동시에 조작할 수 있다는 점이 특징이다. 형 캐릭터는 물리적 힘이 강하며, 동생 캐릭터는 체구가 작아 좁은 곳을 쉽게 통과할 수 있다. 플레이어는 각 형제의 신체 특성을 활용해 전략적인 플레이를 해야 한다. 높은 절벽, 닫힌 문, 깊은 물, 늑대 등이 장애물로 등장하며, 플레이어는 주변의 사물 및 아이템을 활용해 장애물을 극복해야 한다.

평가 형제를 동시에 움직이는 조작 방식을 통해 형제의 모험이라는 주제를 살렸다. 2014년 영국 필름 및 텔레비전 예술 아카데미(British Academy of Film and Television Arts, BAFTA)에서 주최한 영국 아카데미 게임 어워드(British Academy Games Awards)에서 '올해의 게임 혁신상(Game Innovation in 2014)'을 받았다. 2014년 미국 예술과학 아카데미(American Academy of Arts and Sciences, AAAS)가 주최한 제17회 디아이시이 어워드(17th Annual D.I.C.E. Awards)에서 '올해의 다운로드 게임 상(Downloadable Game of the Year)'을 받았다.

- **핵심어** 동시 조작, 장애물
- **참고 자료** GameSpot, "Brothers : a Tale of Two Sons Review", www.gamespot.com/reviews/brothers-a-tale-of-two-sons-review/1900-6412546/ | IGN, "Brothers : a Tale of Two Sons Review", www.ign.com/articles/2013/08/06/brothers-a-tale-of-two-sons-review

비욘드 : 투 소울즈 BEYOND : Two Souls

출시연도 2013년
개발사 퀀틱 드림(Quantic Dream)
장르 액션 어드벤처 게임
플랫폼 플레이스테이션 3

스토리 조디 홈즈는 자신과 영적으로 연결된 존재인 에이든을 통해 사람의 마음을 읽거나 사물을 조종할 수 있다. 조디의 양부모와 과학자 네이선은 이 사실을 알고 조디를 연구소에 격리한다. 네이선은 조디의 특수 능력을 사용해 죽은 사람과 소통하는 장치인 인프라 월드를 고안하나 조디는 이것이 죽은 이의 영혼에 고통을 준다는 사실을 알게 된다. 미국 중앙정보국의 비밀요원이 된 조디는 소말리아의 대통령을 사살하라는 임무를 거부하고 탈영한 후, 인프라 월드를 제거하기 위한 모험을 시작한다.

플레이 플레이어의 목표는 주어지는 선택지 중 하나를 골라 사건에 대처하고 게임의 결말에 도달하는 것이다. 주된 플레이어 캐릭터는 조디 홈즈이나, 에이든으로 전환해 특수 능력을 구사할 수도 있다. 에이든을 플레이할 경우, 영혼을 빼앗거나 사람을 치료할 수 있으며 건물의 벽과 천장을 꿰뚫어볼 수 있다. 플레이어가 고른 선택지에 따라 각 사건과 관련된 엔피시(NPC)의 생존 여부가 달라지며, 플레이어가 살리거나 방치하는 엔피시의 수는 게임 결말에 영향을 미친다. 마지막 선택지는 현실에 해당하는 삶과 사후 세계에 해당하는 저편 중에서 행선지를 고르는 것이다. 미션의 성패 여부, 생존한 엔피시의 수, 마지막 행선지 선택 등에 따라 23개의 엔딩 중 하나가 제공된다.

평가 엘런 페이지(Ellen Page), 윌렘 대포(Willem Dafoe) 등의 배우가 약 100개의 센서를 얼굴에 부착하고 주인공의 움직임을 재현함으로써 현실감 있는 영상을 구현했다. 이를 통해 인터랙티브 드라마를 표방한 3시간 분량의 컷신이 완성됐다. 2013년 미국 트라이베카 영화제(Tribeca Film Festival)에 공식 초청을 받았다.

- **핵심어** 인터랙티브 드라마, 분기형 서사, 선택지, 멀티 엔딩
- **참고 자료** James J. Jong Hyuk Park, Albert Zomaya, Hwa-Young Jeong, Mohammad S. Obaidat, *Frontier and Innovation in Future Computing and Communications*, Springer Science & Business, 2014.

아웃라스트 Outlast

출시연도 2013년
개발사 레드 배럴스(Red Barrels)
장르 생존 공포 게임
플랫폼 PC

스토리 기자 마일즈 업셔는 머코프 사가 운영하는 정신병원에서 환자를 대상으로 한 생체실험이 일어난다는 제보를 받는다. 마일즈는 취재를 위해 병원에 잠입하지만 정신병자들의 공격을 받고 쓰러진다. 이때 미치광이 의사가 나타나 마일즈를 구해준 뒤 병원을 탈출하는 길을 알려준다. 마일즈는 미치광이 의사가 알려준 정보에 따라 병원을 탈출하려 한다.

플레이 플레이어의 목표는 정신병원에서 탈출하는 것이다. 대부분의 경우 플레이어는 정신병자를 직접 공격할 수 없으므로 공격을 피해 숨거나 도망치고 노

트북과 캠코더만으로 주변 환경을 탐사하여 출구를 찾아야 한다. 맵 곳곳에는 극비 문서가 숨겨져 있으며, 플레이어는 노트북을 통해 문서에 적힌 병원의 비밀을 알아낼 수 있다. 캠코더의 경우, 마우스 오른쪽 버튼을 사용하면 어두운 환경에서 적을 감지할 수 있는 야간투시 기능을 사용할 수 있다. 캠코더의 기능을 유지하기 위해 플레이어는 맵에 숨겨진 여분의 배터리를 찾아야 한다.

평가 〈아웃라스트〉는 게임 사이트 게임랭킹스(GameRankings)와 종합 리뷰 사이트 메타크리틱(Metacritic)에서 100점 만점에 평점 80점을 받았다. 일렉트로닉 엔터테인먼트 엑스포(Electronic Entertainment Expo, E3)에서 '기절 일보직전(Most Likely to Make you Faint)' 상과 '최고의 E3(Best of E3)' 상, 2013년 피어 어워드(FEAR Award)에서 '올해의 게임(Game of the Year)', '최고의 인디 호러(Best Indie Horror)' 상을 받았다.

- ■ **핵심어** 인디 게임, 야간투시, 탈출, 단서
- ■ **시리즈**
  2013 〈아웃라스트(Outlast)〉
  2014 〈아웃라스트 : 휘슬블로어(Outlast : Whistleblower)〉
- ■ **참고 자료** Playstation blog, "E3 2013 : Indie Awards Round-Up", http://blog.us.playstation.com/2013/06/28/e3-2013-indie-awards-round-up/ | Bloody Disgusting, "Your Picks For The Best And Worst Horror Games Of 2013!", www.bloody-disgusting.com/news/3277429/your-picks-for-the-best-and-worst-horror-games-of-2013/?utm_source=dlvr.it&utm_medium=twitter&utm_campaign=your-picks-for-the-best-and-worst-horror-games-of-2013

아키에이지 ArcheAge

출시연도 2013년
개발사 엑스엘게임즈(XLGAMES)
장르 다중접속온라인 역할수행 게임
플랫폼 PC

스토리 12인의 위대한 영웅은 최초의 원정대를 결성하고 원대륙의 수도 델피나드를 떠난다. 여신의 정원을 찾는 여정의 끝에서 일부 영웅은 신이 되어 돌아온다. 신과 영웅은 원대륙의 국가들을 발전시키는 데 앞장서지만, 급격한 변화는 결국 전쟁으로 이어지고 원대륙은 멸망한다. 이후 전통과 조화를 중시하는 누이

아 대륙과 도시 문명의 하리하라 대륙으로 양분된 세계에서 누이안과 하이하란, 페레, 엘프의 4개 종족이 대립한다.

플레이 플레이어의 목표는 자신의 캐릭터를 육성하고 게임 세계를 탐험하는 것이다. 격투, 낭만, 마법, 사랑, 사명, 죽음, 야성, 의지, 철벽, 환술 등 10종의 캐릭터 능력치가 있으며, 이 중 3종의 능력치를 조합해 직업을 설계할 수 있다. 선택 가능한 직업은 총 120종이다. 각 능력치는 11종의 전투 스킬과 5종의 지속 스킬을 지원하며 스킬 포인트(SP)를 이용해 능력치 레벨을 올릴 수 있다. 게임 내 지형을 활용한 탐험과 건축, 농사, 원정, 전투가 가능하다.

평가 소설가 전민희가 집필한 『아키에이지 연대기』 시리즈를 세계관으로 채택했다. 2014년 2월 러시아 지역에서 정식 서비스를 시작했으며 북미와 일본, 중국 등지에서 현지화를 진행했다.

- **핵심어** 최초의 원정대, 능력치, 스킬 포인트, 직업, 종족
- **참고 자료** 전민희, 『전나무와 매』, 제우미디어, 2011. | 전민희, 『상속자들(상) : 아키에이지 연대기』, 제우미디어, 2012. | 전민희, 『상속자들(하) : 아키에이지 연대기』, 제우미디어, 2013.

윈드러너 포 카카오 WIND runner for Kakao

출시연도 2013년
개발사 위메이드 엔터테인먼트(Wemade Entertainment)
장르 액션 게임
플랫폼 모바일

스토리 주인공은 보물을 찾는 탐험가이다. 보물이 숨겨진 지역에 도착한 주인공은 보물을 찾는 여정에 떠난다.

플레이 게임은 횡스크롤 방식으로 진행되며, 게임의 목표는 장애물을 피하고 별을 획득하며 최대한 멀리 달려 높은 점수를 획득하는 것이다. 화면을 탭하면 플레이어 캐릭터가 점프하며, 캐릭터가 공중의 별을 획득하거나 장애물을 피해 지속적으로 달릴 수 있도록 조작해야 한다. 플레이어 캐릭터는 펫에 탑승하거나 소환수를 이용해 공중의 별을 먹는 데 도움을 받을 수 있다. 별을 일정량 이상 획득해 화면 하단의 별 게이지가 100%에 달하면 피버 타임이 가동된다. 피버 타임

동안에는 일반 플레이 모드보다 훨씬 많은 별이 제공되며, 장애물이 등장하지 않고 낙사도 발생하지 않는다. 이 외에도 아이템인 룬스톤을 장착할 경우 캐릭터에게 고유한 능력이 부여돼 몬스터를 처리할 때 얻을 수 있는 점수, 별 획득 점수 등을 높일 수 있다.

평가 모바일 러닝 어드벤처 게임으로, 카카오톡을 통해 서비스됐다. 출시된 지 12일 만에 1,000만 다운로드를 달성해 최단기간 동안 최다 다운로드 기록을 세웠다. 2013년 대한민국 게임대상에서 모바일 부문 '우수상'을 받았다.

- **핵심어** 러닝 게임, 카카오톡, 횡스크롤, 피버 타임
- **시리즈**
  2013 〈윈드러너 포 카카오(WIND runner for Kakao)〉
  2014 〈윈드러너 2 포 카카오(WIND runner 2 for Kakao)〉
- **참고 자료** 한국일보, 〈대한민국 게임대상, 모바일 부문 우수상은 '윈드러너'〉, http://news.naver.com/main/read.nhn?mode=LSD&mid=sec&sid1=105&oid=038&aid=0002439113

쿠키런 Cookie Run

출시연도 2013년
개발사 데브시스터즈(DEVSISTERS)
장르 액션 게임
플랫폼 모바일

스토리 뜨거운 오븐 속, 쿠키들은 마녀에게 잡아먹힐 날만을 기다리다가 탈출을 결심한다. 최초로 탈출을 시도한 용감한 쿠키는 다른 쿠키들을 이끌고 마녀의 오븐을 탈출한다. 가까스로 탈출에 성공한 쿠키들은 멸망한 쿠키 왕국을 발견한다. 왕국을 멸망시킨 원흉을 찾아 새로운 모험을 떠난 쿠키들은 신비한 마법사들의 도시에 도착한다.

플레이 플레이어 캐릭터는 쿠키이며, 게임은 횡스크롤 방식으로 진행된다. 게임의 목표는 장애물을 피하고 젤리를 먹으면서 최대한 멀리 달려 높은 점수를 획득하는 것이다. 플레이어는 점프와 슬라이드를 통해 쿠키를 조작하며, 가상 통화를 지불하고 젤리를 업그레이드할 수도 있다.

영문 단어 '보너스 타임(BONUS TIME)'을 구성하는 알파벳 젤리를 모으면 보

너스 타임이 발동된다. 보너스 타임 동안에는 젤리가 일반 플레이 모드보다 훨씬 많이 제공되며, 장애물이 등장하지 않고 낙사도 발생하지 않는다.

뽑기 시스템을 통해 높은 점수를 획득하는 데 도움이 되는 펫과 캐릭터의 능력치를 높여주는 보물을 획득할 수 있다. 쿠키와 펫은 8레벨까지, 보물은 9레벨까지 강화할 수 있다. 보물은 진화 시스템을 통해 추가로 기능을 향상시킬 수 있다.

평가 〈오븐 브레이크(Oven Break)〉란 타이틀로 해외에서 먼저 출시됐다. 국내에서는 2013년에 카카오톡을 통해 서비스됐으며, 타이틀은 〈쿠키런〉으로 변경됐다. 해외 서비스를 위해 모바일 메신저인 라인(Line)과 큐큐(QQ)를 통해서도 서비스됐다. 2013년 한국콘텐츠진흥원으로부터 오픈 마켓 게임 부문 '이달의 우수 게임'으로 선정됐다.

- **핵심어** 뽑기, 강화, 진화, 펫, 러닝 게임
- **참고 자료** 한국콘텐츠진흥원, www.kocca.kr

페이퍼스, 플리즈 Papers, Please

- **출시연도** 2013년
- **개발자** 루카스 포프(Lucas Pope)
- **장르** 퍼즐 게임
- **플랫폼** PC

스토리 1982년 10월 공산주의 국가 아스토츠카, 주인공은 노동부에서 발행한 노동 복권에 당첨돼 검문소 심사관으로 발령받는다. 주인공은 국경을 통과하려는 내국인과 외국인의 제출 서류를 심사하고, 입국 허가 여부를 결정하는 업무를 부여받는다.

플레이 플레이어 캐릭터는 검문소 심사관으로, 플레이어의 목표는 최대한 많은 서류를 실수 없이 처리해 높은 임금을 받는 것이다. 국경을 넘으려는 엔피시(NPC)들이 입국에 필요한 서류를 플레이어 캐릭터에게 제시하면, 플레이어는 규정에 어긋나는 사항이 없는지 확인한 후 엔피시의 여권에 입국 허가 또는 거부 도장을 찍는다. 엔피시의 방문 목적에 따라 플레이어는 추가 서류를 요구할 수 있으며, 불일치 정보를 발견했을 때는 추가 인터뷰, 탐지기 사용, 구금 등을 신청할

수 있다. 도장을 잘못 찍을 경우 경고를 받게 된다. 경고를 3번 이상 받을 경우 임금이 깎이고, 가족의 생계를 지원하지 못해 플레이어의 가족이 사망할 수도 있다. 엔피시가 조작된 서류를 제시하거나 총기 난사 테러가 발생하는 등의 이벤트가 발생하기도 한다. 이벤트 과정에서 플레이어의 결정에 따라 20개의 엔딩 중 하나가 제시된다.

평가 개발자 루카스 포프가 제작한 인디 게임이다. 미국의 주간 잡지 《더 뉴요커(The New Yorker)》에서 시몬 파킨(Simon Parkin)은 〈페이퍼스, 플리즈〉를 2013년 최고의 게임으로 꼽았다. 2014년 영국 필름 및 텔레비전 예술 아카데미(British Academy of Film and Television Arts, BAFTA)에서 '2014년 최우수 전략 및 시뮬레이션 게임 상(Strategy And Simulation in 2014)'을 받았으며, 인디 게임 페스티벌(Independent Game Festival, IGF)에서는 '시머스 맥널리 최우수상(Seumas McNally Grand Prize)'을 받았다.

- **핵심어** 인디 게임, 멀티 엔딩, 입국 심사, 이벤트
- **참고 자료** Anna Anthropy, Naomi Clark, *A Game Design Vocabulary : Exploring the Foundational Principles Behind Good Game Design*, Addison-Wesley Professional, 2014.

포코팡 Pokopang

출시연도 2013년
개발사 트리노드(Treenod)
장르 퍼즐 게임
플랫폼 모바일

스토리 분홍토끼 보니의 마을에 무시무시한 악마가 등장한다. 악마는 촌장인 보니의 할아버지를 데려가고 옆 마을 동물들의 영혼을 조종해 마을을 습격한다. 보니는 할아버지를 되찾기 위해 동물 친구들과 함께 숲 속 마을 구출 대작전을 벌인다.

플레이 플레이어의 목표는 제한 시간 1분 안에 최대한 많은 블록을 제거하고 높은 점수를 얻는 것이다. 화면은 각기 다른 색상의 육각형 블록으로 차 있으며, 인접한 블록이 같은 색상일 경우 터치 앤드 드래그로 연결할 수 있다. 플레이어

는 한붓그리기 방식으로 같은 색상의 블록을 최대한 많이 연결시켜야 한다. 연결된 블록의 개수에 따라 점수가 정해지며, 점수는 플레이어 캐릭터의 공격력으로 치환돼 화면 상단의 몬스터에게 타격을 가한다. 블록을 7개 이상 연결할 경우 '일반폭탄'을, 10개 이상 연결할 경우 '슈퍼폭탄'을 얻을 수 있으며, 폭탄으로 더 많은 블록을 제거할 수 있다. 3초 이상의 지연 없이 지속적으로 블록을 연결할 경우 추가 점수가 주어진다. 플레이어는 소셜 네트워크 서비스와 연동시켜 친구들과 점수를 경쟁할 수 있다.

평가 〈포코팡〉은 해외에서 성공을 거둔 후 역수입된 한국 게임이다. 게임 전문 웹진 인벤에 따르면 2013년 기준 전 세계 10개국 앱스토어와 구글 플레이 스토어에서 1위를 기록했다.

- **핵심어** 한붓그리기, 소셜 네트워크 서비스, 블록 제거
- **참고 자료** 한국콘텐츠진흥원, 『2013 글로벌 게임산업 트렌드 상반기 보고서』, 한국콘텐츠진흥원, 2013. | 한국콘텐츠진흥원, 『2013 창조산업과 콘텐츠 11, 12월호』, 한국콘텐츠진흥원, 2013. | 한국경제, 〈전세계 매출 3위 '포코팡', "쭉쭉팡팡한 국민 게임!"〉, 2013. 10. 8. | 이비앤, 〈'1천만 다운로드' 포코팡, 내달 초 시즌2 돌입〉, www.ebn.co.kr/news/view/671951 | 인벤, 〈10개국 다운로드 1위 달성 '포코팡', 카카오 타고 국내 상륙한다〉, www.inven.co.kr/webzine/news/?news=64477

회색도시 City of Mist

출시연도 2013년
개발사 알테어(ALTAIR), 네시삼십삼분(4 : 33 Creative Lab)
장르 어드벤처 게임
플랫폼 모바일

스토리 서울 강북에서 2명의 여자아이가 유괴되는 사건이 발생한다. 사건에 휘말린 양시백, 권혜영, 배준혁, 하태성은 주위에서 일어난 살인사건의 단서를 기반으로 유괴 사건의 진상을 밝혀야 한다.

플레이 플레이어의 목표는 단서 수집을 통해 유괴 사건의 범인을 찾는 것이다. 총 4개의 스토리가 인물 간 대화, 주변 탐색, 선택지 제시 등을 통해 진행된다. 플레이어는 양시백, 권혜영, 배준혁, 하태성 등 4인의 주인공과 나머지 보조 인물의 입장에서 게임을 진행한다. 플레이 과정에서 금고 열기나 조각 맞추기와

같은 미니 게임이 제공되기도 한다. 플레이어는 인물 정보, 사건 정보, 엔딩, 도전 과제 등을 수집할 수 있으며, 플레이 방식에 따라 총 55개의 엔딩 중 하나가 제공된다.

평가 〈회색도시〉는 모바일 어드벤처 게임 〈검은방 : 밀실탈출(Panic Room)〉의 제작진이 제작했으며 카카오톡을 통해 서비스됐다. 전문 성우진이 캐릭터들의 목소리를 연기했으며, 출시 3일 만에 가입자 수가 100만 명을 넘었다. 〈검은방 : 밀실탈출〉에 이어 스토리 중심의 어드벤처 게임의 상업적 성공을 이뤘다.

- **핵심어** 추리, 단서, 범인 찾기, 선택지
- **시리즈**
  2013 〈회색도시 포 카카오(City of Mist for Kakao)〉
  2014 〈회색도시 2(City of Mist 2)〉
- **참고 자료** 존 라도프 저, 박기성 역, 『Gamification & 소셜게임』, 에이콘, 2011. | 디스이즈게임, 〈회색도시의 모험과 성공, "어드벤처는 계속된다"〉, www.thisisgame.com/mobile/news/nboard/1/?n=48494&xkdlq=oc

검은사막 Black Desert

- **출시연도** 2014년
- **개발사** 펄 어비스(Pearl Abyss)
- **장르** 다중접속온라인 역할수행 게임
- **플랫폼** PC

스토리 엘리언력 235년, 발렌시아에서 시작된 질병 '검은 죽음'은 칼페온까지 영향을 미친다. 검은 죽음에 피해를 입은 칼페온 시민들의 분노는 귀족들과 사제들로 향한다. 사제들은 책임을 회피하기 위해 발렌시아가 고대 문명의 원동력인 검은 돌을 악용해 질병이 발생했다고 선동한다. 결국 칼페온과 발렌시아는 전쟁을 치르고, 그 과정에서 상권을 획득한 도시국가 메디아는 급속도로 성장하게 된다. 전쟁이 끝난 후 칼페온은 메디아의 성장 뒤에 검은 돌이 있었다는 사실을 알게 되고 각국은 검은 돌을 찾아 나선다. 각국이 검은 돌을 두고 갈등을 조성하는 가운데 의지의 탑이 폭발하며 각지에서 이상 현상이 발생하고 몬스터들이 출몰하기 시작한다.

플레이 게임을 시작한 플레이어는 흑정령을 만나 튜토리얼을 진행한다. 흑정령은 이외에도 스토리를 진행하고, 행선지의 정보와 레벨에 맞는 퀘스트를 제공하는 역할을 한다. 흑정령은 고대 유물을 통해 성장시킬 수 있다. 포털, 워프, 귀환 시스템이 없기 때문에 플레이어는 탈것을 이용해 게임 세계를 탐험한다. 플레이어가 선택할 수 있는 직업은 워리어, 금수랑, 발키리를 포함하여 10가지가 있다.

캐릭터를 성장시키려면 레벨뿐만 아니라 기술 포인트, 기운, 공헌도가 필요하다. 기운은 채집이나 엔피시(NPC)의 친밀도 상승에 쓰이며 인물, 지형 등에 관한 정보를 획득하는 지식 시스템을 통해 최대치로 증가시킬 수 있다. 공헌도는 무역에 사용된다. 탐험 지역의 거점은 노드로 연결되어 있고 이를 활성화시키면 아이템의 드롭율이 상승하거나 무역 시 추가 이익을 얻는 등 혜택을 받을 수 있다.

평가 캐릭터의 외형을 세밀하게 조정할 수 있는 정교한 커스터마이징 시스템으로 주목을 받았다. 2015년 5월 일본에서 오픈 베타 서비스를 시작했다.

- **핵심어** 커스터마이징, 탈것
- **참고 자료** 〈검은사막〉 사이트, http://black.daum.net

데스티니 Destiny

출시연도 2014년
개발사 번지(Bungie)
장르 1인칭 슈팅 게임
플랫폼 플레이스테이션 3

스토리 미래의 인류는 태양계 곳곳에 식민지를 개척하는 황금기를 맞이한다. 그러나 정체불명의 힘에 의해 행성들이 붕괴되고 인류는 전멸의 위기에 처한다. 바로 그때, 트래블러라 불리는 하얀 구체의 도움으로 인류는 간신히 인류 마지막 도시를 세우고 살아남는다. 이후 트래블러는 도시를 지키는 수호자들에게 빛의 힘을 부여하여 수호자들이 이종족 다크니스와 맞서 싸울 수 있도록 돕는다.

플레이 게임의 목표는 수호자가 되어 인류를 위협하는 이종족을 제거하는 것이다. 플레이어는 종족과 클래스를 선택할 수 있다. 클래스는 타이탄, 헌터, 워록으로 나뉘며 각 클래스마다 능력치가 상이하고, 서브 클래스가 2가지씩 존재한다. 게임은 크게 미션을 수행할 수 있는 플레이어 대 환경 간 전투(PvE)와 대전을 벌일 수 있는 플레이어 간 전투(PvP)로 나뉜다.

전자의 경우 플레이어는 개인 혹은 팀으로 플레이할 수 있으며, 주어진 미션을 수행하여 경험치를 쌓아 레벨을 올리거나 아이템 등을 획득한다. 후자의 경우 플레이어가 지니고 있는 무기를 활용하여 클래시, 럼블 등 다양한 모드의 대전에 참여할 수 있으며, 아이템 및 아이템을 살 수 있는 크루시블 포인트 등을 얻게 된다.

평가 2015년에 출시된 게임을 대상으로 하는 2015년 영국 필름 및 텔레비전 예술 아카데미(British Academy of Film and Television Arts, BAFTA)에서 수여하는 '최우수 게임 상(Best Game)'을 받았다.

- **핵심어** 우주, 공상 과학(SF), 타격감
- **참고 자료** GameSpot, "Destiny Wins BAFTA Best Game Award", www.gamespot.com/articles/destiny-wins-bafta-best-game-award/1100-6425891/

디 이블 위딘 The Evil Within

출시연도 2014년
개발사 탱고 게임웍스(Tango Gameworks)
장르 액션 어드벤처 게임
플랫폼 플레이스테이션 4

스토리 크림스 시티의 형사 세바스찬은 동료 조셉, 줄리와 함께 비컨 정신병원으로 출동한다. 병원에 들어선 순간 세바스찬은 섬뜩한 대량 학살의 현장을 마주한다. 병원의 시시티브이(CCTV)를 확인하던 세바스찬은 갑작스러운 공격을 받고 정신을 잃는다. 세바스찬은 다시 깨어나 흉측한 생물들이 시체들 사이를 돌아다니고 있는 것을 발견하고, 병원에 얽힌 비밀을 밝히고 이곳에서 탈출하기 위한 모험을 시작한다.

플레이 플레이어의 목표는 학살 현장을 탈출해 살아남는 것이다. 플레이어 캐릭터는 세바스찬으로, 게임은 3인칭 시점에서 진행된다. 플레이어는 주변의 지형지물을 활용해 무기를 찾거나 탈출 경로를 파악해야 한다. 게임은 총 15개 챕터로 구성되어 있으며 적과의 전투 및 은신, 부비트랩 회피, 퍼즐 풀이 등으로 진행된다. 부비트랩을 역이용해 적을 공격하거나 분해해 그 부품을 무기로 사용할 수 있다.

플레이어 캐릭터 주변에 적이 나타나면 화면 상단 중앙에 눈 모양의 아이콘이 생기며, 적과의 거리가 가까울수록 눈동자의 크기가 커진다. 특정 사물을 부수거나 불태우면 열쇠를 획득하며, 이를 이용해 보급 상자를 열 수 있다. 보급 상자를 열면 무기나 아이템이 무작위로 제공된다. 거울 속의 세계로 들어가면 게임을 저장하거나 캐릭터를 강화할 수 있다.

평가 〈바이오하자드(Biohazard)〉의 개발자 미카미 신지(三上真司)가 제작했다. 아이디 테크 5(id Tech 5) 엔진을 기반으로 다양한 부비트랩과 기괴한 생물체 등을 사실적으로 구현했다. 2014년 게임스컴(Gamescom)에서 '최고의 콘솔 게임(Best Consol Game)' 분야와 '최고의 피시 게임(Best PC Game)' 분야의 후보로 올랐다. 같은 해 게임 전문 사이트 게임 디베이트(Game Debate)에서 선정한 '최고의 공포(Best Horror)' 게임 2위에 선정됐다. 게임 비평 사이트 아이지앤(IGN)에서 누적 평점 10점 만점에 8점을 받았다.

- **핵심어** 미카미 신지, 공포, 생존
- **참고 자료** Bethesda, *Art of Evil Within*, Dark Horse Comics, 2014. | IGN, "GAMESCOM 2014 : EVOLVE LEADS GAMESCOM 2014 AWARDS WITH 5 NOMINATIONS", www.ign.com/ articles/2014/08/06/gamescom-2014-evolve-leads-gamescom-2014-awards-with-5-nominations

머더드 : 소울 서스펙트 Murdered : Soul Suspect

출시연도 2014년
개발사 에어타이트 게임즈(Airtight Games)
장르 액션 어드벤처 게임
플랫폼 PC

스토리 세일럼의 한 마을, 경찰 로난 오코넬은 '초인종 살인마'라 불리는 연쇄 살인마를 추적하던 도중 살인마의 총을 맞고 목숨을 잃는다. 유령이 된 로난은 오래 전에 사망한 아내 줄리아의 영혼과 마주하고, 이승에서의 남은 임무를 모두 끝내야만 영원히 아내와 함께 할 수 있음을 알게 된다. 또한 마을을 떠도는 수많은 유령의 존재를 알게 된다. 로난은 유령의 몸으로 마을을 활보하며 초인종 살인마를 추적하기 시작한다.

플레이 플레이어 캐릭터는 로난 오코넬로, 플레이어의 목표는 사건의 단서를 획득하고 초인종 살인마의 정체를 밝히는 것이다. 플레이어는 로난 오코넬이 살해된 현장에서 게임을 시작한다. 이후 세일럼 마을의 교회, 주거 지역, 공동묘지, 정신병원 등을 찾아가 초인종 살인마에 대한 단서를 수집하는데 유령의 메시지, 종이에 기록된 글, 사건 현장에 놓인 물건 등 총 100여 개의 단서가 존재한다.

경찰 및 주민 엔피시(NPC)의 몸에 들어가 마음이나 기억을 읽고 유령 엔피시와 대화해 단서를 획득한다. 마을의 유령이 의뢰하는 사건을 해결하고 사건에 대한 정보를 획득하기도 한다. 유령을 잡아먹는 악마가 등장하면 뒤로 습격해 퇴치해야 한다. 초인종 살인마에 대한 진실을 모두 밝힌 후 로난 오코넬은 아내와 함께 사후세계로 떠난다.

평가 1692년 실제 마녀재판이 진행됐던 세일럼을 무대로 삼음으로써 유령을 소재로 한 배경 스토리에 현실감을 더했다. 2014년, 게임 비평 사이트 유로게이머(Eurogamer)의 댄 화이트헤드(Dan Whitehead)는 이 게임의 주된 특징으로 추리적 요소와 주인공 캐릭터 로난 오코넬을 꼽았다.

- **핵심어** 탐정, 유령, 악마, 추리
- **참고 자료** Eurogamer, "Murdered : Soul Suspect review Waith against time", www.eurogamer.net/articles/2014-06-03-murdered-soul-suspect-review | IGN, "Murdered : Soul Suspect Review Unfinished Business", www.ign.com/articles/2014/06/03/murdered-soul-suspect-review

모뉴먼트 밸리 Monument Valley

출시연도 2014년
개발사 어스투(USTWO)
장르 퍼즐 게임
플랫폼 모바일

스토리 공주 아이다는 과거에 자신이 훔쳤던 신성한 조각을 되돌려 놓기 위해 모뉴먼트 밸리로 여정을 떠난다.

플레이 게임의 목표는 공주 아이다를 미로로 이루어진 건물에서 네모 문양이 있는 출구로 안내하는 것이다. 플레이어는 길을 만들기 위해 레버, 블록, 토템을 조작해야 한다. 레버를 돌리거나 블록을 옮기고 토템을 발판으로 활용하여 게임의 시점을 바꾸거나 착시현상을 일으켜야 길을 찾을 수 있다. 게임은 총 10단계로 이루어져 있으며, 단계가 높아질수록 건물 구조가 복잡해지고 까마귀와 같은 장애물이 등장하거나 새로운 조작 장치가 등장하여 난이도가 상승한다.

평가 2015년에 게임 디벨로퍼 초이스 어워드(Game Developers Choice Awards, GDCA)에서 '최고의 모바일 게임 상(Best Handhold/Mobile Game)'을 받았다.

- **핵심어** 착시, 미로
- **참고 자료** 최세웅, 이지연, 『디자이너's PRO 모바일 게임 컨셉 아트 디자인(by 포토샵) : 디자이너가 디자이너에게 선물하는』, 길벗, 2015.

블레이드 포 카카오 Blade for Kakao

| 출시연도 2014년
| 개발사 액션스퀘어(ACTION SQUARE)
| 장르 역할수행 게임
| 플랫폼 모바일

스토리 아곤 제국의 대장군인 레오는 암살자로 모함을 받아 제국에서 추방당한다. 제국 밖에서 야만인이라 불리는 무리들과 함께 살아가던 레오는 우연히 악령들과 맞닥뜨린다. 이때 대천사 라미엘이 나타나 레오를 구한다. 라미엘은 레오에게 어둠의 신 드락이 부활할 것이라는 이야기를 전한다. 레오는 드락의 부활을 막기 위해 여정을 떠난다.

플레이 게임의 목표는 캐릭터를 성장시켜 모든 던전의 몬스터를 처치하는 것이다. 캐릭터에는 레오, 나래, 리몬이 있으며 플레이어가 처음 선택할 수 있는 캐릭터는 레오이다. 특정 레벨을 달성하면 골드를 이용해 리몬과 나래를 구매할 수 있다. 게임 모드는 에피소드 모드, 무한 던전, 일대일 대전, 난투장, 팀 대전, 공성전이 있다.

에피소드 모드는 게임의 가장 기본적인 모드로 엘레원 대륙과 하투샤 대륙에 분포되어 있는 일반 던전을 순차적으로 진행한다. 무한 던전은 최대 100개의 스테이지로 구성된 대규모 던전으로, 심연의 탑, 시공의 틈, 영혼의 안식처, 대천사의 전당 등 총 4개가 있다.

일대일 전투, 난투장, 팀 대전은 플레이어 간 전투(PvP)를 포함한다. 일대일 전투의 경우, 제한 시간은 100초이며 자신의 레벨보다 최대 6만큼 차이나는 플레이어와 매칭된다. 난투장은 8인이 5분 동안 맞붙는 모드로 상대를 죽인 횟수에 따라 순위가 결정된다. 팀 대전은 10인의 플레이어가 5대 5로 나뉘어 5분 동안 결투하는 모드이다. 경기에서 승리하려면 필드 정중앙에 나타난 왕관을 차지해야 하는데, 왕관을 쓰고 90초를 버티거나 팀 대전이 종료된 시점에 왕관을 쓰고 있는 쪽이 승리한다.

공성전은 토요일 오전 12시부터 일요일 오전 12시까지 참전할 수 있다. 특정 길드에 속한 플레이어가 요새, 거성, 왕궁에 포진한 몹(Mob)을 처치하면 해당 길드의 점령도가 상승하고, 공성전 종료 후 점령도가 가장 높은 길드가 요새, 거성, 왕궁을 차지한다.

평가 한국 모바일 게임 중 최초로 언리얼 엔진을 적용했다. 2014년 4월 30일, 〈블레이드 포 카카오〉는 출시 8일 만에 한국 구글 플레이에서 게임 부문 일간 매출 1위를 기록했다. 2014년 대한민국 게임대상에서 모바일 게임으로는 최초로 대통령상인 '대상'을 받았다.

- **핵심어** 던전, 무한 던전, 몬스터, 공성전, 팀 대전
- **참고 자료** 한국경제, 〈블레이드, 몬스터길들이기-애니팡2 제치고 1위 등극〉, 2014. 4. 30.

슈퍼스타 에스엠타운 SuperStar SMTOWN

출시연도 2014년
개발사 에스엠엔터테인먼트(SMENTERTAINMENT), 달콤 소프트(DALCOM SOFT)
장르 리듬 게임
플랫폼 모바일

플레이 게임의 목표는 음악에 맞춰 스크린 아래로 떨어지는 노트가 판정선에 닿는 타이밍에 터치해 높은 점수를 얻는 것이다. 이지, 노멀, 하드 3가지의 모드가 존재하며, 각 모드마다 플레이 완성도에 따라 점수가 차등적으로 주어진다. 매주 플레이어들은 20명 단위로 무작위 매칭된 리그 안에서 합산된 점수를 기준으로 순위를 겨루고 보상을 받는다. 점수에 영향을 미치는 핵심 요소는 카드 시스템이다. 플레이어는 에스엠엔터테인먼트 소속 가수의 카드를 모을 수 있다. 카드에는 C·B·A·S·R등급이 존재하며, 각 등급마다 1성에서 5성까지 성장 가능하다. 플레이어는 카드의 조합과 강화를 통해 차등적으로 추가 점수를 획득할 수 있다.

평가 에스엠엔터테인먼트의 음악 콘텐츠를 소재로 하여 기존의 에스엠엔터테인먼트 소속 아티스트의 팬덤을 활용했다. 모션 그래픽 디자인을 통해 게임 배경 화면을 동적으로 구현하여 리듬 게임에 생동감을 부여했다.

- **핵심어** 카드, 음악, 아이돌
- **참고 자료** 에스엠엔터테인먼트, www.smtown.com

와치독스 Watch Dogs

출시연도 2014년
개발사 유비소프트 몬트리올(Ubisoft Montreal)
장르 액션 어드벤처 게임
플랫폼 PC

스토리 에이든 피어스는 천재 해커로, 미국의 모든 네트워크와 연결이 가능한 슈퍼컴퓨터 시티오에스(Central Operating System, CTOS)의 허점을 공략해 해킹을 일삼는다. 어느 날 에이든은 메를로 호텔의 전자 계좌를 해킹하는 임무에 실패하고, 살인청부업자 모리스 베가의 습격을 받는다. 에이든은 가족을 데리고 급히 피신하지만 조카인 레나가 살해당한다. 이후 에이든은 해커 집단인 자경단에 합류하고, 모리스 베가의 배후에 있는 거대 세력을 뒤쫓기 시작한다.

플레이 플레이어 캐릭터는 에이든 피어스로, 게임은 3인칭 시점에서 진행된다. 플레이어의 목표는 적의 공격을 피해 해킹 임무를 완수하는 것이다. 게임은 싱글 플레이어 모드와 멀티 플레이어 모드로 나뉜다.

싱글 플레이어 모드의 경우, 플레이어는 특정 엔피시(NPC)를 만나 정보를 캐내거나 전화 내용을 도청하는 등의 임무를 수행한다. 주요 장비인 휴대전화에는 시민의 정보를 제공하는 프로파일러 기능과 주변에서 일어날 범죄를 예고하는 범죄 예측 시스템 기능이 내장돼 있다. 플레이어는 휴대전화의 기능을 이용해 엔피시의 계좌에서 돈을 훔치거나 도시 전체에 정전을 일으킬 수 있다. 플레이어가 범죄를 저지를 때마다 범죄 레벨인 '악명'이 상승하고 경찰의 추격을 받는다.

멀티 플레이어 모드의 경우, 게임 속 다른 플레이어에게 해킹을 시도하고 추적을 피하는 온라인 해킹 모드, 최대 8인의 플레이어가 팀 대결을 벌이는 프리 롬 모드, 팀별 전투 중에 다른 팀보다 먼저 문서를 해독해 승리하는 해독 모드 등으로 나뉜다.

평가 컴퓨터, 휴대전화 등 다양한 기기를 사용해 해킹 임무를 완수하는 게임으로 게임 내 등장 캐릭터의 휴대전화 정보를 다르게 설정함으로써 현실감을 높였다. 2013년, 일렉트로닉 엔터테인먼트 엑스포(Electronic Entertainment Expo, E3)가 주관하는 게임 크리틱스 어워드(Game Critics Awards)에서 '최고의 액션/어드벤처 게임 상(Best Action/Adventure Game)'을 받았다.

- **핵심어** 해킹, 프로파일러, 범죄 예측 시스템, 악명
- **참고 자료** IGN, "Bullets over Broadband", www.ign.com/articles/2014/05/27/watch-dogs-review

차일드 오브 라이트 Child of Light

| 출시연도 2014년
| 개발사 유비소프트 몬트리올(Ubisoft Montreal)
| 장르 역할수행 게임
| 플랫폼 PC

스토리 부활절 전날, 오스트리아 공작의 딸 오로라는 깊은 잠에 빠져들고, 신비로운 세계 레무리아 왕국에서 눈을 뜬다. 레무리아 왕국은 본래 빛으로 가득했으나 밤의 여왕 블랙 퀸이 태양과 달, 별을 훔쳐 달아나자 어둠에 잠식당한다. 블랙 퀸의 힘으로 어둠의 정령이 생겨나고 레무리아 왕국은 혼돈에 빠진다. 빛의 아이로 선택받은 오로라 공주는 어둠의 정령을 물리치고 블랙 퀸에게 도둑맞은 태양과 달, 별을 되찾아 아버지에게 돌아가기 위한 여정을 시작한다.

플레이 플레이어의 캐릭터는 오로라로, 게임의 목표는 블랙 퀸으로부터 태양과 달, 별을 되찾는 것이다. 파트너 캐릭터인 반딧불이는 적을 물리치거나 보물상자 및 길을 찾는 역할로서 플레이어의 캐릭터를 보조한다. 게임은 횡스크롤 방식으로 진행되며 몬스터를 만나면 턴제 전투 모드로 바뀐다. 전투가 시작되면 여정 중에 만난 동료와 파티 플레이가 가능하다. 레벨업을 하거나 보석 아이템인 눈망울을 획득할 경우 캐릭터의 능력을 향상시킬 수 있다.

평가 유비아트 프레임워크(Ubiart Framework) 엔진을 기반으로 수채화 느낌의

2차원 그래픽을 구현했다. 몽환적인 분위기의 배경음과 운율을 맞춘 대사가 특징이다. 게임 비평 사이트 아이지앤(IGN)에서 누적 평점 10점 만점에 9.3점을 받았다.

- **핵심어** 동화, 수채화, 어드벤처, 플랫폼, 파트너 캐릭터, 유비아트 프레임워크 엔진
- **참고 자료** Sharon Marks, *Health is Your Wealth magazine*, David Marks, 2015. | 인벤, 〈차일드 오브 라이트, 유비소프트가 만든 디지털 '게임동화'〉, www.inven.co.kr/webzine/news/?news=108586 | IGN, "Child of Light Review", www.ign.com/articles/2014/04/29/child-of-light-review

타이탄폴 Titanfall

출시연도 2014년
개발사 리스폰 엔터테인먼트(Respawn Entertainment)
장르 1인칭 슈팅 게임
플랫폼 엑스박스 360

스토리 가까운 미래, 인류는 우주 개발에 성공하고 태양계에 흩어져 살고 있다. 천연 자원 추출 회사로 시작한 해먼드 엔지니어링은 로봇 병기인 타이탄을 생산하면서 거대 기업 아이엠시(IMC)로 성장한다. 이들은 자신의 이윤에 반하는 움직임을 막기 위해 무력을 동원한다. 뿐만 아니라 자원을 추출하기 위해 사람이 살고 있는 도시에 계엄령을 선포한다. 이에 맞서 정착민, 범죄자, 용병, 해적 등 다양한 구성원으로 조합된 저항군이 아이엠시의 전횡에 반기를 든다.

플레이 게임의 목표는 상대 진영 소속 파일럿과 타이탄을 모두 처치해 자신이 속한 진영을 승리로 이끄는 것이다. 플레이어는 저항군과 아이엠시 중 자신의 진영을 선택한 후 타이탄 파일럿이 돼 전투를 수행한다. 기본적으로 6대 6 멀티 플레이 방식을 채택하고 있다. 플레이어는 자신의 캐릭터인 파일럿과 탑승할 수 있는 로봇인 타이탄의 역할, 기술, 무기를 설정할 수 있다. 파일럿에는 소총수, 암살자, 근접 전투 타입이 있으며, 타이탄의 경우 돌격, 방어, 민첩성 등 각각의 능력이 특화된 아틀라스, 오우거, 스트라이더가 있다.

게임 시작 후, 4분이 지나면 플레이어는 타이탄을 호출한 뒤 탑승할 수 있다. 전투 과정에서 타이탄이 파괴된 경우, 다시 호출할 수 있을 때까지 2분이 소요된다. 모드는 소모전, 깃발 빼앗기, 하드 포인트, 최후의 타이탄, 파일럿 사냥꾼 등 총 5개다. 타이탄은 파일럿에 비해 공격력, 내구도, 속도가 우월하다. 파일럿은 이

중 점프를 이용하여 벽면을 타고 달릴 수 있으며, 은신할 경우 타이탄의 광학 센서에 추적당하지 않는다.

〈타이탄폴〉에는 플레이어보다 방어력, 공격력이 낮은 인공지능 봇 캐릭터가 존재한다. 플레이어와 마찬가지로 이들을 사살하면 경험치를 획득할 수 있다. 게임의 최고 레벨인 50레벨이 되면 레벨을 처음으로 되돌리는 리젠(regeneration) 기능을 이용할 수 있다. 일종의 명예 시스템으로서 닉네임 옆에 리젠 횟수에 해당하는 숫자가 붙는다.

평가 2013년 브이지엑스 어워드(VGX Award)에서 '가장 기대되는 게임(Most Anticipated Game)'으로 선정됐다. 같은 해 게임 크리틱스 어워드(Game Critics Awards)에서 '최우수상(Best of Show)'과 '최고의 콘솔 게임 상(Best Console Game)', '최고의 오리지널 게임 상(Best Original Game)', '최고의 피시 게임 상(Best PC Game)', '최고의 액션 게임 상(Best Action Game)', '최고의 다중접속온라인 게임 상(Best Online Multiplayer)'을 받았다.

- **핵심어** 타이탄, 파일럿, 근미래, 로봇
- **참고 자료** Endgadget, "Titanfall cleans up in E3 2013 Game Critics Awards", www.engadget.com/2013/07/02/titanfall-cleans-up-in-e3-2013-game-critics-awards/

하스스톤 : 워크래프트의 영웅들
Hearthstone : Heroes of Warcraft

출시연도 2014년
개발사 블리자드 엔터테인먼트(Blizzard Entertainment)
장르 수집형 카드 게임
플랫폼 PC

플레이 턴제로 진행되는 수집형 카드 게임이다. 영웅 또는 손패의 카드를 이용해 상대 영웅의 체력치를 0으로 만들면 승리한다. 영웅은 9종의 직업에 따라 고유 능력과 무기를 보유한다. 튜토리얼과 연습전을 통해 기본 조작법을 파악하고 영웅과 기본 카드를 수집할 수 있다. 추가 카드 팩은 대전에서 승리하거나 퀘스트를 수행해 획득한 골드로 구매한다. 보유 카드 30장을 조합해 하나의 덱을 구성하며 사용하지 않는 카드를 파기해 새로운 카드를 만들 수 있는 재료를 얻는다.

카드는 무기 카드, 하수인 카드, 주문 카드로 나뉘며 각각 일반, 희귀, 영웅, 전설 등급이 있다. 주로 마나를 소모해 사용할 수 있으며, 카드의 특성에 따라 영웅의 생명력 등을 추가로 소모하기도 한다.

목적에 따라 연습전, 대전, 투기장 중 택일할 수 있고 플레이 방식은 동일하다. 동전 던지기로 선공을 결정하며 보유한 덱에서 무작위로 뽑힌 3장이 손패로 들어온다. 시작 시 1회에 한해 보유 카드를 교환할 수 있으며 후공 플레이어는 비용 소모 없이 일시적으로 마나 1을 생성하는 카드를 추가로 지급 받는다. 카드 뽑기로 덱에서 카드를 가져오고 최대 10장까지 손패로 보유할 수 있다. 턴이 시작되면 제한 시간 70초 동안 영웅의 무기와 손패의 카드를 이용해 공격하거나 방어한다. 7장까지 전장에 내려놓을 수 있고 제한 시간이 종료되거나 턴 종료 버튼을 누르면 상대 플레이어의 차례가 된다. 마나 수정은 턴이 진행될 때마다 1개씩 늘어나 최대 10개까지 증가하며 매회 마나 수정의 수만큼 마나가 충전된다.

실제 플레이어와 대결하는 대전은 승패만 결정되는 일반전과 결과에 따라 등급이 변동되는 등급전으로 나뉜다. 25등급부터 시작해 1등급까지 올라갈 수 있고 일정 기준을 충족하면 전설 등급이 된다. 매 시즌이 종결될 때마다 성적에 따라 보상을 받는다. 투기장의 경우 골드를 지불해 입장하고 입장 시 무작위로 제시된 영웅 3종 중 하나를 선택해 직업을 정한다.

이후 매회 3장씩 제시되는 카드 중 1장을 골라 덱을 채워나가게 된다. 30회에 걸친 선택이 끝나면 투기장 전용 덱이 구성되어 9승하거나 3패할 때까지 해당 덱으로 플레이한다.

평가 2014년 12월 게임 어워드(Game Awards)에서 '최고의 모바일/핸드헬드 게임 상(Best Mobile/Handheld Game)'을 받았으며 영국 필름 및 텔레비전 예술 아카데미(British Academy of Film and Television Arts)에서 '최고의 멀티 플레이어 게임(Best Multiplayer Game)'에 선정됐다. 2015년 5월 개발사 블리자드는 〈하스스톤 : 워크래프트의 영웅들〉이 전 세계 누적 사용자 3,000만 명을 넘겼다고 발표했다.

■ **핵심어** 워크래프트, 카드
■ **참고 자료** IGN, "HEARTHSTONE : HEROES OF WARCRAFT REVIEW-Still Having Fun, 1000 Games Later", www.ign.com/articles/2014/03/13/hearthstone-heroes-of-warcraft-review | The Guardian, "Bafta video game awards : Destiny triumphs, while indies dominate", www.theguardian.com/technology/2015/mar/13/bafta-video-game-awards-destiny-triumphs-indies-dominate

이볼브 Evolve

출시연도 2015년
개발사 터틀락 스튜디오(Turtle Rock Studios)
장르 1인칭 슈팅 게임
플랫폼 PC, 플레이스테이션 4, 엑스박스 원

스토리 외계 생명체인 몬스터들이 인간들의 우주 식민지인 시어 행성을 점령하여 더이상 인간이 살 수 없는 공간으로 만든다. 이들에 맞서 생존자를 구조하고 몬스터를 제거하기 위해 헌터들이 시어 행성으로 파견된다.

플레이 플레이어는 4명으로 구성된 헌터 팀 혹은 이와 대결하는 몬스터 중 한쪽을 선택하여 플레이한다. 멀티 플레이와 싱글 플레이 둘 다 가능하다. 헌터 팀에 지원할 경우 플레이어는 나머지 3명의 플레이어들과 호흡을 맞춰 몬스터를 사냥해야 한다. 헌터의 직업으로는 돌격병, 사냥군, 의무병, 지원병이 있으며, 팀을 구성할 경우 직업 중복은 불가능하다. 몬스터로 플레이할 경우 야생 동물을 사냥하고, 최대한 빠르게 진화하여 헌터 팀을 전멸시켜야 한다. 최대 3단계까지 진화할 수 있으며, 몬스터 종류로는 골리앗, 크라켄, 레이스, 베헤모스 등이 있다.

플레이 모드는 게임의 목적에 따라 몬스터를 사냥하는 사냥 모드, 몬스터의 알을 두고 전투하는 네스트 모드, 인간 생존자를 구출하는 구출 모드, 헌터의 연료 공급대를 놓고 싸우는 방어 모드, 5번의 전투를 진행하는 대피 모드 등으로 구분된다. 이 중 대피 모드는 게임 내의 모든 맵과 모드를 활용한 5번의 전투를 하는 모드로, 전투의 승패에 따라 다음 전투에서 받을 수 있는 혜택이 달라진다. 전투는 숲, 사막, 빙설 등 총 4가지 기후를 바탕으로 16개의 지역에서 이루어진다.

평가 〈레프트 4 데드(Left 4 Dead)〉를 제작한 터틀락 스튜디오에서 개발한 게임이다. 출시되기 전, 2014년 일렉트로닉 엔터테인먼트 엑스포(Electronic Entertainment Expo, E3)에서 '최우수상(Best of Show)', '최고의 콘솔 게임 상(Best Console Game)', '최고의 액션 게임 상(Best Action Game)', '최고의 다중접속온라인 게임 상(Best Online Multiplayer)'을 받았다.

■ **핵심어** 몬스터, 헌터
■ **참고 자료** 디스이즈게임, 〈터틀락의 2015년 상반기 기대작, '이볼브'는 어떤 게임?〉, www.thisisgame. com/webzine/game/nboard/19/?n=57740 | IGN, "THRILL OF THE HUNT", www.ign.com/ articles/2015/02/12/evolve-review

| ㄴ |

| ㄷ |

| ㅍ |

| 기타 |

게임사전

초판 1쇄 2016년 6월 30일
초판 3쇄 2016년 11월 5일

편찬 | 엔씨소프트문화재단
감수 | 이어령
책임 집필 | 이인화 · 한혜원
펴낸이 | 송영석

편집장 | 이진숙 · 이혜진
기획편집 | 박신애 · 박은영 · 정다움 · 정다경 · 김단비
디자인 | 박윤정 · 김현철
마케팅 | 이종우 · 허성권 · 김유종 · 한승민
관리 | 송우석 · 황규성 · 전지연 · 황지현

펴낸곳 | (株)해냄출판사
등록번호 | 제10-229호
등록일자 | 1988년 5월 11일(설립일자 | 1983년 6월 24일)

04042 서울시 마포구 잔다리로 30 해냄빌딩 5 · 6층
대표전화 | 326-1600 **팩스** | 326-1624
홈페이지 | www.hainaim.com

ISBN 978-89-6574-549-5

파본은 본사나 구입하신 서점에서 교환하여 드립니다.

이 도서의 국립중앙도서관 출판예정도서목록(CIP)은 서지정보유통지원시스템 홈페이지(http://seoji.nl.go.kr)와
국가자료공동목록시스템(http://www.nl.go.kr/kolisnet)에서 이용하실 수 있습니다.(CIP제어번호:CIP2016013923)